4000
champagnes

À Sara, ma femme bien-aimée.
À mes enfants, Stella et Henrik.

Richard Juhlin

4000 champagnes

Flammarion

Sommaire

Préface

Richard ne parle pas du vin, il parle vin comme d'autres parlent suédois ou français… et, qui plus est, avec cette pointe d'accent qu'on retrouve en Champagne!

Et il ne contemple pas le vin dans le verre placé devant lui, comme on pourrait le croire, mais il y plonge, l'étudie de l'intérieur tel un acteur pénétrant son rôle.

Richard est journaliste œnologue de métier, mais en fait il est plutôt un médium, un intermédiaire hypersensible avec la capacité de l'artiste capable de rendre l'inconscient manifeste.

Déjà, lors de nos premières rencontres sur mes terres, à Reims, et à Gamla Stan, la vieille ville de Stockholm, d'où nous avons pu contempler la vue magnifique sur l'eau, il m'était apparu comme une évidence que ce jeune connaisseur, outre son charme indéniable et son impressionnante expérience, avait la faculté de connaître le vin de l'intérieur : il se livre à des études approfondies dont il ressort ensuite heureux ou déçu de ses découvertes.

Sa connaissance de la Champagne est le fruit de nombreux voyages qu'il y a effectués en toutes saisons et qui l'ont rendu familier de la région, de ses vignobles et de son histoire ; sa rencontre avec nos vins a la même fraîcheur qu'un amour juvénile – qui s'est renforcé pour devenir passion sans avoir émoussé l'enthousiasme des premiers temps.

Les vins de Champagne ont séduit génération après génération pendant trois cents ans sans jamais vieillir.

Qu'en sera-t-il à l'avenir ?

Le temps est devenu aussi précieux que le caviar iranien et la culture a dû se plier au zapping. Mais le vin est justement affaire de temps ; le temps exigé par l'élaboration et le temps qu'il faut pour apprendre à l'aimer.

Comment allons-nous obtenir de nos contemporains qu'ils s'abstiennent de la griserie de la vitesse pour lui substituer le réveil de sensations oubliées ?

Longue vie à Bacchus ! et à Richard !

Ce ne sont pas seulement les mots bien choisis, la richesse des connaissances et la symbiose quasi physique entre le vin et lui qui suscitent notre envie et notre joie mais aussi la jeunesse et l'authenticité de son ton.

Je rêve que chaque génération donne naissance à des voix nouvelles semblables à la sienne, des voix qui racontent au monde entier la beauté de la Champagne et le goût délicieux de son vin !

Prince Alain de Polignac
Reims, le 14 février 2002

Suédois et
fou de champagne

On m'a si souvent demandé pourquoi j'avais choisi de m'intéresser au champagne que j'ai été contraint de m'interroger.

Dès l'adolescence, j'étais très enclin à discuter de mes impressions gustatives. J'ai toujours éprouvé de l'intérêt pour les senteurs de quelques milieux qu'elles émanent, ce que je tiens de ma mère. Sinon, c'est plutôt à mon père que je dois ma passion pour le vin. Mon grand-père maternel et lui avaient en commun l'amour de la musique classique, du sport, de la géographie et du vin. Je voyais à quel point ils étaient bien ensemble, assis, évoquant un vin de rêve inaccessible tout en buvant un Ockfener Bockstein Kabinett plus abordable. C'est à dix ans que j'effectuai mon premier parcours initiatique du vin dans cette ravissante vallée de la Moselle offrant ses délicieux vins doux que j'ai tout de suite aimés. C'est sans doute ce qui m'a permis de saisir à quel point le Vino Tinto, le Kir et le Beyaz pouvaient avoir mauvais goût. À l'époque où, adolescent, j'entrais avec hésitation dans le monde des adultes, j'étais alors autant dépendant que mes camarades de l'effet à la fois enivrant et libérateur de l'alcool, mais je découvrais alors que cela valait la peine de dépenser un peu plus pour jouir d'un vin plus agréable à boire.

Le cinéaste Hannes Holm et moi étions de grands amis à l'époque du lycée. Un producteur de cinéma désireux de nous impressionner nous fit goûter du vrai champagne à l'occasion de la fête de la Saint-Jean que nous célébrions dans l'archipel de Stockholm. Nous l'appréciâmes tant que Hannes et moi avions oublié complètement le producteur pour sombrer dans une méditation philosophique dont le champagne fut la source d'inspiration. J'étais définitivement pris au piège!

À plusieurs années de là, ma passion pour le champagne en sourdine dans mon inconscient, je louai une maison en Bretagne avec quelques amis où nous rejoignirent mes parents, ma sœur et son compagnon, une bouteille de Pommery à la main. Ils étaient tout feu tout flamme après leur passage en Champagne en route vers la Bretagne, décrivant avec fascination et de façon colorée les rangées de bouteilles dans les caves de craie et comment les bulles voient le jour.

De retour de Bretagne, je voulus visiter Reims. La visite et la promenade en train dans les caves de Piper-Heidsieck ne firent qu'accentuer mon intérêt. Rentré à la maison en possession de cet intérêt renaissant, je me jetai sur le peu de livres traitant du champagne, et je découvris mon talent pour la dégustation. Je fais partie aujourd'hui du groupe restreint des *happy few* qui ont le privilège et le plaisir de faire de leur hobby un métier. Je dirige, avec un groupe de collaborateurs passionnés, The Juhlin Champagne Company dont l'activité essentielle tourne autour du champagne.

Quand je regarde par la fenêtre, contemplant un timide soleil de février qui éclaire les arbres encore dénudés, c'est alors que je sens que mes narines commencent à se réveiller et mon désir renaît. Désir du printemps et d'un jeune et pétillant champagne millésimé dégusté sur la terrasse. Le printemps va-t-il enfin venir? Va-t-il faire suffisamment chaud dans ce pays pour qu'on puisse être assis à l'extérieur et étancher sa soif avec un blanc de blancs? Pour l'instant, ça n'en prend pas le chemin, mais je peux toujours prendre un verre de champagne. Une bouteille de Bonnaire, peut-être dès ce soir. Un bon champagne, c'est un peu boire le printemps!

Oui le champagne peut être beaucoup de choses. Il peut être imposant comme un monument, enchanteur et aérien, élégant, d'une intensité pénétrante ou d'une subtilité sensuelle ou encore trompeur. Il peut être sensationnel dans sa jeunesse, profond et pousser à la réflexion dans son grand âge. Un champagne magnifique a la longévité comparable à celle d'un être humain. Cette boisson est fabriquée par des gens passionnés et savourée par des gens tout aussi passionnés. Il est si frappant et si fréquent de voir que tant de gens sympathiques et passionnés font de bons vins. Ce n'est peut-être pas si étrange étant donné que les personnes moins spirituelles qui ne possèdent pas l'intuition subtile nécessaire à tout processus de création ont plutôt tendance à s'appuyer davantage sur la technique. Il y a bien sûr des exceptions et c'est dans ces cas-là que mon humilité et mon objectivité sont mises à rude épreuve. Je me souviens par exemple d'une visite chez un viticulteur qui paraissait totalement inintéressé par ma personne, ma passion pour ce breuvage et ses propres vins. Il savait à peine comment il composait les principales cuvées et si peu sur l'assemblage des cépages. Dans une pièce à l'odeur nauséabonde, la cigarette à la main, il sortit quelques verres ordinaires en duralex qu'il remplit à ras bord d'un merveilleux champagne.

Lors d'une autre visite, j'étais extrêmement bien reçu par la plus charmante des familles de producteurs de vins qu'on puisse imaginer. Après une conversation fructueuse incluant les choses essentielles de la vie, nous fîmes le tour de leur propriété jusqu'aux installations de vinification et jusqu'à leur cave remarquablement soignées. Dans des conditions parfaites, j'allais maintenant boire un champagne élaboré dans les règles de l'art y compris quelques détails particulièrement coûteux concernant l'élévation de la qualité pour finalement découvrir un vin d'une tristesse infinie. Sans doute, l'exception qui confirme la règle.

Mon style de vie à la française fait croire à beaucoup que je vais à terme m'établir en France et élaborer mon propre vin. J'ai beau aimé la Méditerranée, les Alpes, les pommeraies de Normandie, les couchers de soleil bretons et la brise parfumée de calcaire de Champagne, mais c'est en Suède que je suis chez moi et que j'ai mes racines.

J'adore retourner en France pour vivre, découvrir et humer la vie de tous mes sens, mais je crois qu'on peut mieux le faire et avec plus de passion en tant que visiteur plutôt que comme résident.

Mon amour de la France et de son champagne, ma passion de dégustateur m'ont valu l'honneur d'être fait chevalier des Coteaux de Champagne en 1997. En 2001, j'ai eu le plaisir de publier *Champagne, la grande dégustation*, racontant la grande dégustation qui avait vu 1959 Billecart Salmont arriver en tête de tous les champagnes du xxᵉ siècle, livre qui a été distingué comme le Meilleur livre du vin français au Salon du livre gourmand de Périgueux.

Pour mon précédent livre consacré à la dégustation de 3 000 champagnes (ouvrage publié en suédois), j'étais bien décidé à trouver un très bon photographe qui partage ma passion pour cette région et qui sache mettre en valeur les bouteilles de champagne et leurs bulles.

Parfois, je crois au destin. Comment en serait-il autrement quand nos chemins se sont croisés, Pål Allan et moi, d'une aussi curieuse façon? J'examinais tous les livres de cuisine et autre littérature illustrée de photos pour voir si quelqu'un correspondait au style que je recherchais. Dans un livre fabuleusement beau intitulé *La Cuisine asiatique moderne*, je trouvai enfin ce que je cherchais. Pål Allan y avait photographié d'une façon unique et en gros plans extraordinaires, des matières premières asiatiques qui paraissaient flotter dans l'air comme des planètes dans l'espace ou des cellules dans notre organisme. Le problème était seulement que Pål Allan vivait à New York. Il était sans doute américain d'origine scandinave. Le temps passait et j'avais plus ou moins abandonné l'espoir de trouver une illustration de couverture convenable. C'est à l'instant fébrile où nous mettions la dernière main à la réalisation de l'ouvrage qu'intervint un événement étonnant. Je reçus une missive que j'interprétais d'abord comme une lettre de menace bien formulée écrite par une jeune femme. Dans les dernières lignes de cette mystérieuse lettre, elle en venait aux raisons qu'elle avait de tant m'en vouloir. Son mari ne la rejoignait plus dans le lit conjugal. Non, désormais, c'est avec mon livre sur le champagne qu'il allait se coucher! Elle estimait donc être en droit d'exiger de moi que je vienne chez eux en secret pour fêter l'anniversaire de son mari. Elle se présentait elle et son mari, pur Suédois, du nom de Pål Allan, et photographe de son métier!

Une ou deux semaines plus tard, je me retrouvais caché dans un placard jusqu'à ce qu'un Pål, plutôt perplexe, l'ouvre, comprenant ainsi soudain pourquoi la table avait été dressée de trois verres de champagne. Quelques heures après, Pål acceptait le projet et depuis ce jour, nous travaillons dans une étroite collaboration qui, je l'espère, traduit la même harmonie que les différents éléments d'une très grande cuvée de champagne.

CHAMPAGNES ET PRIX NOBEL

Étant suédois, je me suis bien évidemment intéressé aux champagnes servis à l'occasion de la remise du prix Nobel qui a lieu chaque année à Stockholm. Lors de ce banquet annuel, on sert 300 bouteilles de champagne aux 1 100 hôtes de marque. Après des recherches approfondies, je suis en mesure de donner la liste complète des champagnes servis à cette occasion. Celle-ci est intéressante à étudier puisqu'elle reflète ce qui était au goût du jour, à différentes époques. Plusieurs marques aujourd'hui disparues figurent en début de liste. Il est à noter que Veuve Clicquot qui a été la plus grande marque de champagne représentée en Suède jusqu'en 1987, où elle fut dépassée par Moët & Chandon, n'a pas été une seule fois servie au banquet du prix Nobel! Louis Roederer qui, pendant de nombreuses années, a été en seconde position et qui devint fournisseur de la Cour, le 9 mai 1951, est plusieurs fois représenté sur cette liste. Krug apparaît curieusement sans interruption dans les années 1970. Mumm est dix fois représenté et Moët quatorze fois. Pommery semble avoir désormais acquis un brevet d'établissement pour ces repas de gala et se retrouve en toute majesté à vingt reprises. Jusqu'en 1961, on servait essentiellement le champagne avec le dessert, mais parfois avec des plats aussi inattendus que le filet d'agneau. Aujourd'hui, le champagne est plus sec et sa place est tout indiquée avec l'entrée.

Voici les champagnes qui ont été servis aux banquets du prix Nobel :

1901	Crème de Bouzy Extra Dry
1902	Mumm Crémant de Cramant, Desbordes Brut
1903	Mumm Crémant de Cramant, Dumigny Sec
1904	Mumm Crémant de Cramant, Dumigny Sec
1905	Mumm Crémant de Cramant, Dumigny Sec
1906	Mumm Crémant de Cramant, Pol Roger Demi-Sec
1908	Louis Roederer Carte Blanche
1909	Charles Heidsieck Extra Dry
1910	Charles Heidsieck Extra Dry
1911	Charles Heidsieck Millésimé 1900
1912	Charles Heidsieck Millésimé 1904, Goût Américain
1913	Charles Heidsieck Millésimé 1904, Goût Américain
1921	Georges Goulet Sec
1922	Ayala Goût Américain
1925	Pommery Goût Américain
1926	Georges Goulet Extra Sweet
1927	Dumigny Goût Américain
1928	Dumigny Goût Américain
1929	Bollinger Extra Dry
1930	Mumm Cordon Rouge
1931	Louis Roederer Grand Vin Sec
1932	Louis Roederer Grand Vin Sec
1933	Louis Roederer Grand Vin Sec
1934	Louis Roederer Grand Vin Sec, Pommery Sec
1935	Louis Roederer Grand Vin Sec, Pol Roger Millésime
1936	Louis Roederer Grand Vin Sec, Pol Roger Brut
1937	Louis Roederer Grand Vin Sec, Pol Roger Brut
1938	Louis Roederer Grand Vin Sec, Pol Roger Brut
1950	Perrier-Jouët Brut
1953	Deutz Brut
1954	Heidsieck & Monopole Brut
1955	Eugène Barbier Brut
1956	Lanson Brut
1957	Lanson Brut
1959	Moët & Chandon Brut Impérial
1960	Moët & Chandon Brut Impérial
1961	Pommery Brut Royal
1962	Pommery Brut Royal
1963	Pommery Brut Royal
1964	Pommery Brut Royal
1965	Pommery Brut Royal
1966	Pommery Brut Royal
1967	Pommery Brut Royal
1968	Pommery Brut Royal
1969	Krug Private Cuvée
1970	Krug Private Cuvée
1971	Krug Private Cuvée
1972	Krug Private Cuvée
1973	Krug Private Cuvée
1974	Krug Private Cuvée
1975	Krug Private Cuvée
1976	Pommery Brut Royal
1977	Pommery Brut Royal
1978	Pommery Brut Royal
1979	Mumm Cordon Rouge
1980	Mumm Cordon Rouge
1981	Mumm Cordon Rouge
1982	Mumm Cordon Rouge
1983	Pommery Brut Royal
1984	Moët & Chandon Brut Impérial
1985	Moët & Chandon Brut Impérial
1986	Moët & Chandon Brut Impérial
1987	Moët & Chandon Brut Impérial
1988	Moët & Chandon Brut Impérial
1989	Moët & Chandon Brut Impérial
1990	Moët & Chandon Brut Impérial
1991	Moët & Chandon Brut Impérial
1992	Moët & Chandon Brut Impérial
1993	Moët & Chandon Millésime 1988
1994	Moët & Chandon Cuvée anniversaire Millésime 1983
1995	Taittinger Millésime 1989
1996	Pommery Millésime 1990
1997	Pommery Millésime 1991
1998	Pommery Millésime 1991
1999	Pommery Millésime 1992
2000	Pommery Millésime 1992
2001	Louise Pommery Millésime 1989
2002	Dom Pérignon Millésime 1993
2003	Dom Pérignon Millésime 1993

Tout sur
le champagne

1

Un vin de fête

Champagne… Ne suffit-il pas d'avoir ce mot sur les lèvres pour créer un air d'espoirs scintillants ?

Depuis trois siècles, le champagne est synonyme de luxe, de frivolité, d'élégance et de glamour. Peu de victoires ou de fêtes sont célébrées sans ce précieux breuvage.

Pour la plupart des gens, le champagne est une boisson de fête et ils sont peu à se demander s'ils boivent un bon champagne ou un vin pétillant bon marché, tout ce qui fait des bulles étant pour eux du champagne.

Ces préjugés sont à ce point répandus que même de sérieux dégustateurs de vins délaissent le sens critique et le rituel appris de dégustation quand on leur met un verre de champagne entre les mains.

Mais les attitudes évoluent et aujourd'hui peu nombreux sont journalistes œnologues et sommeliers qui remettent en question la supériorité du champagne face aux autres vins pétillants. Le champagne reste pour moi l'un des plus grands cadeaux de la France au monde civilisé.

On produit, chaque année, dans le monde, près de deux milliards de bouteilles de vins pétillants, mais seulement 250 millions d'entre elles contiennent du vrai champagne. Ce n'est uniquement que sur un petit territoire dans le nord de la France, et nulle part ailleurs, qu'on peut utiliser l'appellation champagne.

Le caractère unique de la région est dû à une série de circonstances qui ont fait d'elle l'endroit le plus approprié au monde pour la production de vins pétillants. C'est au climat frais que les vins doivent d'être naturellement effervescents. Ce n'est qu'au début du XVIIIe siècle, qu'on a appris progressivement à contrôler la seconde fermentation en bouteille, ce qui donne aujourd'hui environ 47 millions de jolies bulles dans chaque bouteille. Le moine Dom Pérignon, souvent appelé le père du champagne, n'est qu'un parmi tous ceux qui ont développé le procédé que nous appelons aujourd'hui la méthode champenoise. Cette méthode est utilisée partout ailleurs dans le monde avec des fortunes diverses, mais jamais avec d'aussi bons résultats qu'en Champagne.

La marche triomphale de cette boisson qui se poursuit à travers le monde, commença par la création des maisons de Champagne à la fin du XVIIIe siècle pour culminer au changement de millénaire. L'un des principaux avantages du champagne est qu'il est un vin fantastique en toutes occasions.

Outre son rôle naturel comme boisson de fête, il offre une abondance de plaisirs, pouvant accompagner différents plats ou être dégusté seul pour créer l'ambiance, dès l'apéritif.

Ce vin magique possède tout ce qu'on peut désirer : beauté dans sa jeunesse, épanouissement total dans sa maturité et, finalement, la capacité de mûrir dans un complexe assemblage et devenir plus captivant encore avec l'âge.

Le champagne possède tous les éléments nécessaires à entretenir la passion d'une vie tout entière. Dans la plupart des pays, ce vin précieux a toujours été l'apanage des plus riches, mais les choses évoluent et ce breuvage se démocratise peu à peu, tendance qui se confirme plus vite que prévu.

Le champagne ne sera jamais bon marché, mais le prix d'une bouteille est en fait aujourd'hui plus bas que jamais en comparaison des revenus disponibles.

Vous qui lisez ce livre, vous deviendrez peut-être un ambassadeur du champagne auprès de vos amis, contribuant ainsi à augmenter la sphère des amateurs de ce vin inégalable ?

AMATEURS D'AUTREFOIS ET DE TOUJOURS

Des amateurs célèbres, le champagne en a connu de tout temps : Winston Churchill qui buvait quotidiennement sa bouteille de Pol Roger en est le meilleur exemple. « Le champagne rend

Aube sur les vignes de Champagne.

joyeux, courageux et excite l'imagination. Sous son influence, l'intelligence se ravive », disait-il. Le champagne selon lui, devait être « frais, sec et gratuit ». À la différence de la plupart des gens, il pouvait l'obtenir gratuitement. Il avait rencontré Madame Odette Pol-Roger lors d'un lunch en 1944 et, dès lors, Pol Roger devint son ordinaire. Il le suivait aussi partout dans ses déplacements, spécialement mis en bouteilles d'une pinte. Churchill se procura les grands millésimes 1928, 1934, 1943 et 1945. Quand il goûta, au début des années 1950 le millésime 1947, il s'écria : « le meilleur champagne d'après-guerre que j'ai jamais bu, mettez-en de côté un stock suffisant jusqu'à ma mort ! » On lui réserva 20 000 bouteilles. À sa mort, les étiquettes de Pol Roger furent pourvues d'un bandeau noir et aujourd'hui encore le champagne est livré au 10 Downing Street.

Le beau-frère de Churchill, Christopher Soames, était aussi un grand amateur de champagne Pol Roger. Quand on l'envoya en Rhodésie pour surveiller le passage du pays à l'indépendance, on lui demanda quand la paix allait s'installer en Rhodésie. Il répondit : « La Rhodésie connaîtra la paix dans 30 jours exactement, étant donné qu'il ne me reste plus que 30 bouteilles de Pol Roger. »

Longtemps avant Churchill, d'autres célébrités ont montré également qu'elles appréciaient le champagne. Madame de Pompadour a déclaré. « Le champagne est le seul vin qui laisse à la femme sa beauté après qu'elle en ait bu. » Il y a fort à croire qu'il y ait eu un nombre important d'invités au bal masqué qui eut lieu à l'Hôtel de ville, en 1739 où on ne but pas moins de 1800 bouteilles !

Alexandre Dumas exigeait un verre de champagne près de son encrier pour donner de l'inspiration à sa plume. Richard Wagner, au demeurant ami de monsieur et madame Chandon, lorsqu'il connut le fiasco de *Tannhäuser* à Paris, écrivit qu'il n'avait dû sa réconciliation avec la France que grâce au champagne, qui lui avait redonné la joie de vivre.

Ernest Hemingway n'appréciait pas seulement les alcools forts, mais également le champagne. « Le seul vin coûteux que je puisse boire doit être un bon champagne sec », a-t-il déclaré. On trouve encore parmi les grands amateurs de champagne Marlène Dietrich, qui exigeait toujours d'avoir du champagne à portée de main pendant ses tournées. « Ça vous donne l'impression que c'est dimanche et, que le bonheur n'est pas loin. » Elle avait de toute évidence une autre vision des jours de la semaine que la plupart d'entre nous.

Coco Chanel ne buvait du champagne qu'en deux occasions « quand elle était amoureuse et quand elle ne l'était pas ». Elle nous donne l'impression d'avoir le même raisonnement que Lily Bollinger qui aurait dit : « Je bois du champagne quand je suis gaie et quand je suis triste. Parfois, je le bois seule. Quand j'ai de la compagnie, je le considère comme obligatoire. J'en sirote un petit peu si j'ai faim. Sinon, je n'y touche pas – à moins que j'ai soif, bien entendu. »

Madonna apprécie Amour de Deutz ; Marylin Monroe préférait Piper-Heidsieck, firme qui a vraiment lié son destin à celui d'Hollywood et sponsorise aujourd'hui la plupart des grands festivals du cinéma. Si on veut vraiment mener grand train, on peut faire comme Michael Jackson qui, à l'occasion de son anniversaire, a déboursé la somme incroyable de 1,2 million de dollars pour deux bouteilles de champagne livrées dans une caisse de chêne dorée à l'or fin.

Oui, la liste des célébrités amoureuses du champagne est infinie : personnages réels ou fictifs qui tous célèbrent les heures joyeuses à l'aide d'un verre de champagne. Combien de milliers de personnes n'ont pas entendu Don Juan chanter sur la musique de Mozart les louanges du champagne, pendant près de deux cents ans et qui peut s'imaginer la scène d'ouverture de *La Traviata* de Verdi sans champagne ?

Dans *My Darling Clementine*, John Ford met en scène un personnage qui, en plein cœur de l'Ouest américain, ne boit rien d'autre que du champagne. Alfred Hitchcock est un amoureux convaincu du champagne, ce qui se reflète dans ses films. L'exemple le plus célèbre du monde cinématographique demeure cependant James Bond, qui débuta avec Comtes de Champagne, passa au Bollinger R.D. pour se contenter du Dom Pérignon dans les autres films du genre. Ma scène favorite est celle du film *L'Homme au pistolet d'or* où Scaramanga débouche d'un coup de revolver une « Dompa » servie par l'étrange nain Nic-Nac sur une plage de sable thaïlandaise désormais célèbre. Plus malheureux fut George Lazenby quand il choisit pour son film *Au service secret de Sa Majesté* de nous montrer un Bond qui commande un Dom Pérignon 1957, un millésime qui n'a jamais été produit ! Depuis que Timothy Dalton et Pierce Brosnan ont pris la relève de Roger Moore, Bond s'est remis à boire du « Bolly ». La raison en est que les réalisateurs sont soucieux de donner à Bond un profil exclusivement britannique et le Dom Pérignon est alors trop américain.

Après la guerre, le champagne est aussi parvenu à pénétrer le monde du sport. On ne compte plus les victoires qui se fêtent au champagne. Certaines manifestations sportives baignent véritablement dans cette boisson pétillante. À Wimbledon, champagne et fraises sont incontournables. Les grandes maisons sponsorisent désormais de nombreux événements sportifs tels que, par exemple, la course à la voile America Cup, de grands tournois de golf et les grandes compétitions automobiles. Dans les sports mécaniques, nous sommes habitués à

Les verres que j'ai créés à l'occasion de la dégustation du millénaire.

voir comment les vainqueurs s'aspergent eux-mêmes et leurs supporters avec des magnums de Moët & Chandon. Le fait est que Moët & Chandon sponsorisait au départ cette activité pour décider ensuite de se retirer, considérant que c'était une publicité aussi négative que positive.

Étant donné que les organisateurs de ces Grands Prix ont les moyens d'acheter eux-mêmes leurs bouteilles, on continue à s'asperger de Moët & Chandon lors des remises de prix.

Le champagne et l'automobile vont de pair depuis longtemps. Déjà, au début du siècle précédent, on organisait des compétitions automobiles avec champagne avant, pendant et après la course. Les choses devinrent sérieuses, le 12 octobre 1936, lorsque le vainqueur de la compétition américaine Vanderbilt Cup reçut en prix un jeroboam Moët & Chandon de 1926.

La tradition de baptiser les navires au champagne semble débuter au XVIIIᵉ siècle en France. À l'origine, c'est un mélange de tradition chrétienne où on bénit les bateaux nouvellement construits, et de rite païen où on offre à boire aux dieux. Les Anglais adoptèrent très vite cette tradition et inventèrent l'expression « un vaisseau qui n'a pas goûté au vin bientôt goûtera au sang ». Un adage qui malheureusement prit tout son sens dans la catastrophe du *Titanic* étant donné que la bouteille du baptême refusa de se briser.

Le champagne à l'occasion du mariage est désormais classique dans la plupart des pays, mais en bien des endroits, c'est surtout Noël qui est le plus grand moment du champagne. Enfin, le réveillon du nouvel An est la seule fête où on célèbre un instant précis réclamant qu'on porte un toast solennel. La nature même de cette boisson avec son flot vertical de bulles, la beauté de sa mousse et son rapide effet enivrant a certainement aussi contribué à la rendre obligatoire à cette occasion.

Comme vous pouvez le remarquer, les excuses sont légion pour ouvrir une bouteille de champagne. Le dénominateur commun des occasions où les bouchons sautent est une joie partagée. Les Français ont si bien réussi à commercialiser le champagne comme symbole de fête et de joie que cela semble désormais évident pour tous.

Histoire du champagne

Des fouilles archéologiques indiquent qu'on a fait du vin depuis plus de 7000 ans. Des pressoirs égyptiens vieux de 5000 ans sont une preuve incontestable d'une fabrication très ancienne. Mais l'évolution dans la fabrication du vin et l'emploi des cépages actuels semble, sans conteste, être originaire du Caucase. C'est-à-dire une région couvrant l'est de la Turquie, le nord de l'Irak, l'Azerbaïdjan et la Géorgie d'aujourd'hui. À partir du Caucase, la culture de la vigne s'est étendue à la Palestine, à la Syrie, à l'Égypte et à la Mésopotamie. De là, elle a bientôt atteint la région méditerranéenne et plus tard le nord de l'Europe centrale.

La plupart de ces vins anciens étaient probablement des vins demi-secs transformés en vinaigre au printemps suivant.

Avant d'entamer l'histoire du champagne, constatons simplement que le champagne n'est pas n'importe quel vin pétillant. Si le bourgogne, le rioja ou le moselle proviennent de régions géographiques bien délimitées, il en va de même pour le champagne. Mais le mot champagne a trois significations différentes : la Champagne (la province), la Champagne viticole, le champagne (le vin).

Champagne signifie à peu près « paysage ouvert » et c'est une bonne description de cette région avec ses coteaux en pente douce alignés à l'infini, environnée d'une vaste contrée agricole. La province de Champagne s'étend sur quatre départements : les Ardennes, la Marne, l'Aube et la Haute-Marne. Du nord au sud sur 320 kilomètres et d'est en ouest sur 150 kilomètres, ce qui correspond à peu près à la surface de la Belgique. Avant la colonisation romaine, la Champagne faisait partie de la Gaule. On prétend que même les Gaulois cultivaient la vigne en cet endroit, mais l'avis le plus répandu est que ce sont les Romains eux-mêmes qui ont planté les premiers pieds de vigne en Champagne. D'importantes trouvailles archéologiques d'objets touchant à la fabrication du vin renforcent la thèse que les Romains cultivaient la vigne en Champagne 50 ans après la naissance du Christ.

Les plus anciennes preuves écrites de la fabrication du vin en Champagne datent de l'an 800 quand l'archevêque de Reims écrit une lettre à l'évêque de Laon pour lui recommander les vins d'Épernay et les vins particulièrement toniques de Mailly.

L'histoire de la Champagne par ailleurs est marquée par de nombreuses et sanglantes batailles. Aucun autre endroit en France n'a été aussi touché par la guerre, les pillages et le vandalisme que la Champagne. Les Francs, les Goths, les Burgondes et les Vandales y figurent en place d'honneur, mais le Hun Attila décroche la timbale en étant le pire de tous. Sur les champs catalauniques, eut lieu en l'an 451, l'un des plus meurtriers combats de l'histoire humaine, qui contraint Attila à battre en retraite et à fuir l'Europe de l'Ouest.

Le rôle de la Champagne comme théâtre de la guerre ne s'arrêta pas pour autant là. Pendant le Moyen Âge, Épernay fut brûlée et pillée à 25 reprises, et lors des Première et Seconde Guerres mondiales, la ville se trouva au centre des principaux combats.

Pourtant, la situation centrale de la région en France et en Europe n'a pas été uniquement négative. La proximité de Paris a grandement favorisé la réputation du vin. Le premier couronnement d'un roi de France à Reims, celui de Clovis en 496, contribua à faire de la ville le centre culturel du pays.

Au IXᵉ siècle, on faisait déjà la différence entre les vins de la Montagne et les vins de la Rivière. Les villages les plus réputés étaient Bouzy et Verzenay sur les hauteurs et Ay en contrebas dans la vallée de la Marne. Petit à petit, l'appellation Vin de Champagne fut commercialisée. Après que Louis XIV eut déclaré que « le champagne est la seule boisson concevable », la réputation de ce vin atteignit les plus hauts sommets puisque

Pour le plaisir des yeux, l'un des très beaux bas-reliefs de la cave de Pommery.

tous ceux qui en avaient la possibilité suivaient les conseils du Roi-Soleil. À cette époque le champagne n'était autre qu'un vin rouge pâle, et les descriptions qu'on en fait au XVIᵉ siècle témoignent d'un vin s'apparentant par ses notes à un vin rosé. L'acidité était probablement trop élevée par rapport à la concentration du vin, et aujourd'hui, avec notre goût, nous l'aurions certainement trouvé trop aigre. Les arômes se rapprochaient de la pêche, une saveur qu'on trouve dans l'actuel Rosé des Riceys, un vin tranquille rosé de l'Aube assez unique. On peut aussi être presque sûr que les millésimes jouaient un rôle encore plus important qu'aujourd'hui pour la qualité. Le climat froid de la Champagne faisait de la récolte un jeu de hasard n'assurant des gains que lors des années vraiment chaudes. (Les grands pinots de Bourgogne sont encore aujourd'hui trop pâles et dépourvus de concentration une année sur trois environ.)

Ay, avec ses coteaux orientés au sud, avait la meilleure réputation des villages de Champagne à l'époque où Louis XII lui-même était propriétaire de vignobles en ce haut lieu du champagne. C'est aussi à Ay qu'on retrouve la plus ancienne maison de Champagne. Dès 1584, la famille Gosset commençait à élaborer des vins tranquilles. C'est cependant Ruinart qui fut le premier à vendre du champagne, en 1729.

Ce n'était cependant pas d'Ay que venaient les plus grands producteurs de vins aux XVIᵉ et XVIIᵉ siècles. C'est en 1543 que le noble Pierre Brulart créa sa firme au village de Sillery, Grand cru, début d'une aventure couronnée de succès. Nicholas, son fils, obtint le titre de baron de Sillery en 1621, et, à cette époque, la famille était déjà le plus grand propriétaire de la région. Tous les vins étaient vendus sous l'appellation Sillery, bien que la base de leurs meilleurs vins provint souvent des pentes ensoleillées de Verzeray, juste en contrebas de l'endroit où se trouve encore aujourd'hui le célèbre Moulin de Verzeray.

Dom Pérignon avait à peine réussi à faire du vin blanc à partir de ses raisins noirs que le marquis de Sillery suivit son exemple. Sa firme réussit de ce fait à garder sa première place dans la région jusqu'à la Révolution française, où le dernier marquis fut guillotiné comme beaucoup d'autres nobles. Le village de Sillery possède, encore aujourd'hui, un statut de Grand cru injustifié, étant donné qu'on le confond souvent avec le village de Verzenay, qui lui est bien supérieur.

DOM PÉRIGNON

Dom Pierre Pérignon (1638-1715) est probablement la personnalité la plus célèbre de l'histoire du vin. Il était moine bénédictin à l'abbaye de Hautvillers, près d'Épernay. Je ne compte plus le nombre de fois où, lors de dégustations, on m'a demandé si c'était bien lui qui était l'inventeur du champagne

et où j'ai dû répondre que non. En revanche, c'est lui qui est à l'origine de la méthode qui consiste à faire du champagne en assemblant des vins tranquilles et en les laissant fermenter une seconde fois, en utilisant un bouchon de liège et un muselet. Le mythe autour de Dom Pérignon a en partie été créé par Moët & Chandon au moment où ils ont acheté le droit d'appellation à Mercier au début des années 1900. Moët & Chandon reprit l'abbaye où Dom Pérignon exerça et en fit un musée très fréquenté. C'est en 1936 qu'ils lancèrent leur premier champagne de prestige qui porta à bon escient le nom du moine. Le succès ne se fit pas attendre. Toute la région a bénéficié du mythe du champagne, œuvre d'un seul homme, mais la vérité est tout autre : la transformation d'un vin tranquille en un vin pétillant est le fruit d'un long processus, et non d'une découverte soudaine.

Les vins originaires de climats froids ont fermenté depuis la nuit des temps, qu'on le veuille ou non. Tous les vins de récolte tardive ont toujours eu du mal à achever la fermentation avant les premiers froids. La levure, qui transforme le sucre en alcool, n'agit plus, repoussant la fermentation au moment de la mise en bouteille. Quand la température extérieure s'élève de nouveau au retour du printemps, du gaz carbonique se forme qui produit l'effervescence, énorme « échec » !

On retrouve des citations de la Bible qui montrent que le vin qu'on buvait, il y a 2000 ans, était effervescent. Dans les Bibles anglo-saxonnes, on trouve par exemple dans le Livre des proverbes 23:31 « ... *wine... when it sparkles in the cup...* » Dans la Bible, on peut lire dans l'Évangile selon saint Matthieu 9,17 : « Et l'on ne met point non plus de vin nouveau dans de vieux vaisseaux parce que, si on le fait, les vaisseaux se rompent, le vin se répand, et les vaisseaux sont perdus. Mais on met le vin nouveau dans des vaisseaux neufs ; et ainsi le vin et les vaisseaux se conservent. »

C'est en 1531 que les moines de Saint-Hilaire, dans le sud de la France, élaborèrent consciemment un vin effervescent par la méthode dite naturelle. Ce vin existe encore aujourd'hui sous le nom de Blanquette de Limoux. Nous avons de bonnes raisons de penser que ce sont les Anglais qui sont à l'origine des premiers vins effervescents de Champagne. Les Français rencontraient des problèmes de bouchage dans l'obturation des bouteilles, étant donné qu'ils n'utilisaient pas le liège et que le verre d'embouteillage utilisé était trop faible pour supporter la pression du vin. Les Anglais utilisaient déjà le liège 130 ans avant les Français et tous les vins expédiés en tonneaux étaient mis en bouteilles munies de bouchons de liège dans les îles Britanniques. Ce n'est qu'en 1685 que les Français commencèrent à utiliser le liège. Dans un document datant de 1662, écrit par Christophe Merret, on peut lire que les Anglais eux-mêmes

Le fameux moine possède sa statue devant la propriété de Moët & Chandon, à Épernay.

DOM PERIGNON

1638 – 1715

CELLERIER DE L'ABBAYE D'HAUTVILLERS
DONT LE CLOITRE ET LES GRANDS VIGNOBLES
SONT LA PROPRIETE DE LA MAISON

MOËT & CHANDON

ajoutaient du sucre aux vins tranquilles de Champagne et utilisaient des bouchons de liège pour en faire un vin pétillant ! Cela se produisait six ans avant l'arrivée de Dom Pérignon à l'abbaye de Hautvillers. En d'autres termes, c'est, comme pour beaucoup d'autres choses, les Anglais qui furent les premiers à fabriquer du champagne.

Dom Pérignon fut l'un des précurseurs, mais ne fut pas le seul, tant s'en faut, à essayer d'élaborer un vin de Champagne pétillant. Il fut, en tout cas, un fabricant de tout premier ordre déjà renommé de son vivant.

Au début, Dom Pérignon voyait la disposition du vin à mousser comme un problème, mais paradoxalement, sa recherche de la perfection augmenta le risque de rendre le vin plus gazeux.

Dom Pérignon ne laissait rien au hasard dans sa recherche ambitieuse d'une qualité aussi parfaite que possible. La minutie se faisait déjà sentir dès la vigne. Il perçut très tôt les avantages d'un rendement faible et taillait sérieusement les pieds de vigne et leur apportait le plus grand soin à longueur d'année. Il utilisait surtout des raisins provenant de vieux ceps, donnant une plus haute concentration et une meilleure qualité.

Il révolutionna également la conception de la vendange. Avant lui, on vendangeait intentionnellement sous un soleil de plomb pendant les après-midi d'automne les plus chauds pour obtenir un raisin donnant la plus forte coloration possible. Dom Pérignon estimait à l'inverse qu'on devait vendanger par un jour de brume ou lorsque la rosée recouvre encore le sol, c'est-à-dire à des moments autrement plus frais. De cette façon, le vin serait plus frais et plus élégant. De plus, cela permettait de cueillir davantage de raisins qui se détachaient plus facilement des sarments. Les raisins étaient ensuite précautionneusement transportés dans de grands paniers à claire-voie de cent kilos appelés « mannequins ». Tout comme les maisons de champagne actuelles, Dom Pérignon avait ses pressoirs le plus près possible des vignes. Il estimait que, plus le raisin était rapidement pressé, plus le vin serait clair et de bonne qualité. Il ne se demandait pas seulement quand on devait presser le raisin, mais aussi comment on devait le faire. Il fut l'inventeur du pressoir vertical traditionnel de Champagne qui s'avère encore aujourd'hui imbattable pour ce qui est de presser rapidement mais avec précaution. Ce moine soucieux de qualité remarqua bien évidemment très vite que la première presse des raisins donnait le jus le plus délicat.

Il fut probablement le premier à séparer les vins lors des trois pressurages, concept partout répandu en Champagne aujourd'hui. Après la première fermentation, le vin était transvasé d'un tonneau dans un autre à deux reprises. Le vin était ensuite clarifié à l'aide d'un filtre fait d'une peau de poisson.

Grâce à sa nouvelle approche et à ses expérimentations, Dom Pérignon fut le premier à élaborer du vin blanc à partir de raisins noirs. De plus, il fut le premier à permettre aux vins blancs de chardonnay de conserver leur couleur. Avant lui, ils jaunissaient après quelques mois. Dom Pérignon finit par produire des vins plus clairs et supérieurs à tous ceux qu'on avait pu produire auparavant dans la région. La question reste de savoir si la contribution la plus importante du célèbre moine à l'élaboration du champagne n'est pas la cuvée, c'est-à-dire l'assemblage de différents cépages ? Jusqu'à il y a quelques années, sa thèse de l'assemblage faisait encore tellement autorité dans le monde vinicole que celui qui aurait prétendu que les champagnes monocrus pouvaient très bien se mesurer aux vins d'assemblage serait passé pour un incapable.

Les raisins de Dom Pérignon provenaient pour l'essentiel des villages aux alentours d'Hautvillers. Il pouvait reconnaître avec une certitude presque terrifiante la provenance de chaque raisin. Il était également passé maître dans l'art d'assembler les raisins provenant de différents villages. Il s'agissait alors – comme aujourd'hui – d'équilibrer des vins puissants avec des vins acides, des vins de base presque verts, pour atteindre l'harmonie parfaite du champagne.

Comme Dom Pérignon vendangeait dans des conditions climatiques si fraîches, l'acidité du vin était importante et la disposition à l'effervescence était plus importante encore qu'auparavant. Pour empêcher que le vin naturellement effervescent ne provoque l'explosion des bouteilles, il en rechercha de plus résistantes ainsi que de meilleures méthodes pour empêcher le vin de s'échapper. On commença à utiliser le « verre anglais ». C'est dans la forêt d'Argonne qu'on trouve la plupart des verreries qui fabriquaient le nouveau verre, forêt qui approvisionnait la région du chêne dont on faisait les tonneaux. Le chêne-liège faisant malheureusement défaut, Dom Pérignon se rendit en Espagne pour se persuader de l'excellence du bouchon de liège. Étant donné que de plus en plus de vins étaient effervescents, Dom Pérignon commença, comme beaucoup d'autres, à en vendre, mais le vin pétillant de Champagne reçut, au début, un accueil mitigé. Les fabricants à la page de l'époque pouvaient désormais choisir soit d'éviter l'effervescence, soit de l'encourager. Dom Pérignon fut le chef de file de ceux qui choisirent de favoriser cette effervescence. Il élabora probablement ses premiers vins pétillants aux environs de 1690, mais cela prit plus de 100 ans pour que ce nouveau vin se répande à travers la France.

Finalement, il faut bien constater que si le moine de Hautvillers a beaucoup fait, il fut loin d'être le seul à faire cette découverte. Le moine Dom Oudard travaillait de la même façon dans son abbaye de Pierry, mais il faut dire que l'abbaye était moins connue et que le cépage chardonnay qu'il avait à sa disposition était moins bien considéré que le noble pinot, et le moine de Pierry n'eut pas la tâche facile. Sinon, Dom Oudard aurait peut-être été considéré comme « le père du champagne ».

LE DÉBUT DU COMMERCE DES CHAMPAGNES

Il a fallu attendre jusqu'en 1728 pour voir disparaître la loi qui interdisait le transport du vin en bouteilles. Cela permit enfin la création de la première maison de champagne. Ruinart fut le premier, dès 1729, suivi de plusieurs noms très connus : Chanoine en 1730, Forneaux (aujourd'hui Taittinger) en 1734, Moët en 1743, Vander-Veken (aujourd'hui Abelé) en 1757, Lanson et Dubois en 1760, Clicquot en 1772, Heidsieck en 1785 et Jacquesson en 1798. Au milieu des années 1730, ce vin pétillant avait resserré son étreinte sur la vie nocturne à Paris qui était inondée de champagne. Toutes les festivités devaient soudainement s'ouvrir au bruit de l'explosion d'un bouchon qui sautait.

Jusqu'au début du XIXᵉ siècle, on pouvait constater que toutes les bouteilles de champagne avaient un dépôt. En 1918, La Veuve Clicquot eut avec son habile fabricant, Antoine Müller, la géniale idée de disposer les bouteilles, la tête en bas, sur des pupitres de façon que le dépôt se trouve en contact avec le bouchon. Ce procédé s'appelle le remuage. Le dépôt pouvait ensuite par une rapide manœuvre être expulsé et le vin muni d'un nouveau bouchon. Ce procédé s'emploie lui aussi encore aujourd'hui et s'appelle le dégorgement.

Au début du XIXᵉ siècle, un chimiste français du nom de M. François inventa un instrument appelé le densimètre au moyen duquel on pouvait mesurer le taux de sucre après la fermentation. Invention importante puisqu'il était indispensable de connaître avec exactitude la quantité de levure et de sucre nécessaires à la seconde fermentation en bouteille. Ce procédé était primordial pour éviter l'explosion des bouteilles, mais c'était aussi une façon d'obtenir de délicates petites bulles dans le champagne. Mais bien que cet instrument fut bon marché et simple d'emploi, il fallut attendre de nombreuses années pour que ce système de mesure entre en vigueur de façon sérieuse. L'explosion des bouteilles a longtemps représenté un problème pour la région et en 1828, 80 % des bouteilles explosaient encore, ce qui obligeait les travailleurs à porter des masques de fer dans les caves.

Napoléon portait beaucoup d'intérêt au vin en général et au champagne en particulier. Beaucoup de firmes avaient sa faveur. Jacquesson, qui fut récompensée d'une médaille par l'empereur pour la beauté et la richesse de ses caves, doit être considérée comme la firme favorite numéro deux après Moët & Chandon. Napoléon devint en fait l'ami de Jean-Rémy Moët qui, par ailleurs, était maire d'Épernay. Leur admiration réciproque était sans limite. Jean-Rémy fit construire deux maisons pour Napoléon, avenue de Champagne, et l'attitude de Jean-Rémy lors de l'occupation russo-prussienne d'Épernay en 1814 lui valut d'être élevé au grade de chevalier de la Légion d'honneur par Napoléon.

Sans les relations avec Napoléon, Moët & Chandon n'aurait définitivement pas eu la place qu'elle a aujourd'hui. Certains prétendent que Napoléon faisait toujours un détour par la Champagne avant les grandes batailles pour faire des provisions de cette boisson tonifiante. Une exception à cette règle – en chemin pour Waterloo !

Pendant l'occupation prussienne de 1814, les envahisseurs burent d'énormes quantités de champagne provenant de Reims et d'Épernay. Mais d'un mal naît toujours un bien. Les Russes se mirent à aimer cette boisson pétillante et propagèrent rapidement la rumeur de sa supériorité en terre natale. Monsieur Bohne, l'agent de La Veuve Clicquot, rapporta que le vin était considéré comme un nectar et que le champagne rosé était devenu le plus populaire en Russie.

Tout comme les autres agents des maisons de champagne de cette époque, les agents de Clicquot et de Roederer se livraient à des visites sur les champs de bataille aussitôt après les combats. Louis Roederer aurait de cette façon attiré l'attention sur ses produits en Russie, surtout auprès du tsar. C'est le souverain russe qui commanda une bouteille de champagne spécialement conçue, fabriquée en authentique cristal transparent. Mais le « Cristal » que but Alexandre II était autrement plus sucré que le champagne prestige du même nom qui fait aujourd'hui le succès de la maison Roederer.

Bollinger et Krug, dont la fondation remonte à 1843, se tournaient au contraire vers le marché britannique avec une grande réussite. Vers le milieu du XIXᵉ siècle, 40 % de tout le champagne produit était exporté vers les îles Britanniques. Les firmes qui s'efforçaient d'amadouer les Anglais, eurent très vite la réputation d'élaborer le meilleur champagne. Les Anglais préféraient un champagne plus vieux et plus mûr que les Français, et surtout plus sec. À l'opposé des Français qui buvaient souvent le champagne au dessert, les Anglais désiraient l'avoir en apéritif. Bollinger, Clicquot. Pommery et Ayala lancèrent un « très sec 1865 » et Pommery lança à son tour en l'année 1874, devenue légendaire, le premier champagne sec marqué « extra dry, réservé à l'Angleterre ».

Quant à nous Suédois, nous étions à l'époque des adeptes du goût très sucré, ce dont nous souffrons encore. Lors de mes voyages en Champagne, je rencontre des vignerons qui refusent encore de vendre leur champagne en Suède, puisque nous n'aimons pas les champagnes secs. Au milieu du XIXᵉ siècle, on exportait vers la Suède et la Norvège un champagne qui contenait 30 grammes de sucre par litre. Les Russes exigeaient 20 grammes, les Allemands 17 grammes, les Français 15 grammes et les Anglais se contentaient avant 1874 de 12 grammes. Nous pouvons donc à juste titre prétendre que nous devons remercier les Anglais de pouvoir aujourd'hui boire du champagne sec.

Grâce aux conquêtes techniques de la deuxième moitié du XIXᵉ siècle, la vente du champagne s'est dramatiquement accrue. Il faut se souvenir que la plupart des ventes n'était assurée que par quelques rares maisons de champagne. À cette époque, la taille de l'entreprise était déterminante dans l'utilisation bénéfique des nouvelles techniques.

La plupart des maisons les plus prospères ont été fondées par des immigrés allemands tels que Bollinger, Heidsieck, Krug, Delbeck, Deutz et Mumm. Leurs connaissances linguistiques les avantagèrent sur le marché de l'exportation aux dépens de leurs collègues qui ne parlaient que le français. Charles Heidsieck – « Champagne Charlie » – et Mumm s'implantèrent sérieusement par la suite sur le marché nord-américain. Mumm obtint même des Américains qu'ils ne fassent plus la distinction entre les vins ordinaires et le vin de Champagne. Une distinction qu'énormément de gens font encore aujourd'hui.

LE PHYLLOXÉRA

Au moment même où l'industrie du champagne était la plus florissante, apparut un nuage noir à l'horizon : le puceron parasite du phylloxéra.

Ce petit puceron jaune, appelé Phylloxéra, fit bien plus de ravages dans les vignobles de Champagne que n'en firent les hordes humaines qui y sévirent. Le puceron est si minuscule qu'on ne peut le découvrir qu'au microscope, mais il peut vous détruire tout le vignoble. Quand il s'attaque aux racines de la vigne, il laisse après lui une salive empoisonnée qui infecte tant la plaie que celle-ci ne peut jamais se refermer.

C'est dans le Mississipi, en 1854, qu'un entomologiste américain découvrit le puceron sur des plants de vigne sauvage. Le puceron existait bien sûr depuis bien plus longtemps, mais étant donné que les pieds de vigne sauvage américains étaient résistants au phylloxéra, personne ne se préoccupait de cette découverte.

Ce n'est qu'en 1863, quand le puceron traversa l'Atlantique pour la première fois, qu'on reconnut le problème. C'est à partir d'un navire stationné dans le port de Marseille que le puceron se propagea d'abord à un vignoble des environs de Nîmes, en Provence, et ensuite à travers toute l'Europe. Du fait que les pieds de vigne européens n'étaient pas résistants à la piqûre du puceron, la dévastation fut considérable. Pratiquement toutes les grandes régions viticoles furent atteintes : le Bordelais et le Portugal en 1869 (à l'exception de Colares), le Beaujolais et la vallée du Rhône en 1870, la Bourgogne en 1878, l'Italie en 1888. Des régions hors de l'Europe furent, elles aussi, atteintes, comme la Californie, en 1873, l'Australie en 1874, l'Afrique du Sud en 1874 et l'Algérie en 1887.

Les seuls vignobles de renom à avoir d'abord été épargnés furent ceux situés le plus au nord : la vallée du Rhin, la Moselle et la Champagne. On espérait que le puceron ne survivrait pas

à un climat aussi froid, mais en 1890, tous les espoirs furent ruinés quand on le découvrit à la périphérie ouest de la vallée de la Marne. Moët & Chandon achetèrent le vignoble et brûlèrent tous les pieds de vigne dans l'intention d'enrayer la progression du puceron. Mais deux ans plus tard, quelques pieds furent à nouveau attaqués et aussitôt brûlés. Quand, en 1894, l'infestation du puceron s'étendit partout, on jugea vain d'utiliser « la tactique de la terre brûlée ». On expérimenta, à la place, différents insecticides. Certains d'entre eux se montraient efficaces, mais en même temps presque aussi dangereux pour l'homme. La Champagne n'en demeurait pas moins une région privilégiée puisque le puceron se propageait plus lentement dans ce climat froid que dans le reste de la France.

Le salut vint finalement des États-Unis d'Amérique et du Canada où les robustes ceps de vigne sauvage s'étaient montrés plus résistants aux attaques du puceron. Le problème était simplement que la qualité de cette vigne était trop médiocre pour pouvoir prétendre coloniser les pentes de Montrachet ou d'Ay. On finit par découvrir qu'on pouvait utiliser les pieds de vigne américains comme porte-greffes pour les boutures européennes et obtenir ainsi des ceps plus résistants produisant des raisins du goût des Européens. Quasiment tous les pieds Vitis-Vinifera furent arrachés et remplacés de par le monde.

Aujourd'hui, il y a presque unanimité pour dire que la qualité potentielle des pieds de vigne était supérieure avant la croisade contre le puceron de la vigne. Certains prétendent que l'augmentation du rendement résultant de la greffe des vignes est déterminant par rapport à la diminution de la longévité des vignes.

Celui qui a goûté un Bollinger Vieilles Vignes Françaises provenant de ceps non greffés ou un Romanée Conti d'un millésime antérieur aux années du phylloxéra, souhaite en tout cas que le puceron n'ait jamais traversé l'Atlantique.

RÉVOLTE EN CHAMPAGNE

Au début du XXᵉ siècle, eurent lieu plusieurs événements de grande importance sur la configuration actuelle de la Champagne viticole. Le point culminant en fut ce qu'on appela la révolte du champagne, en 1911.

Étant donné que la région de l'Aube est géographiquement et géologiquement plus près du Chablis que le reste de la Champagne, le droit de cette région à être intégrée à la Champagne fut – à juste titre – remis en cause. Un camp à la tête duquel on trouvait des vignerons de l'Aube prétendit que l'intégration était une évidence, puisque Troyes avait auparavant été la capitale de toute la province de Champagne. L'autre camp se référait aux différences de qualité et estimait qu'il ne fallait pas confondre la province de Champagne avec le vin de Champagne.

La distance entre les rangées de ceps a une influence importante sur les parfums que le vin va développer.

À cette époque, les 20 000 hectares étaient surtout plantés de cépages arbanne, petit meslier et du cépage de Beaujolais, le gamay. Le rendement était élevé et très peu de producteurs de l'Aube se préoccupaient de la qualité des raisins. En un mot, les raisins de l'Aube étaient de si basse qualité qu'aucune maison de champagne ne pouvait pour tout l'or du monde imaginer utiliser ces raisins dans leurs cuvées. Les vignerons de l'Aube se tournèrent à la fois vers la Champagne et la Bourgogne, mais aucune de ces deux régions ne voulait entendre parler de l'Aube dans leur région viti-vinicole.

La rivalité entre les deux camps prit une telle ampleur que le gouvernement finit par intervenir. Le 17 décembre 1908 il décida des cépages qui devaient composer le champagne et des territoires pouvant conférer l'appellation Champagne. Il s'agissait de deux départements : la Marne (toutes les communes au pourtour de Reims et d'Épernay, y compris 35 communes autour de Vitry-le-François) et l'Aisne (82 communes au pourtour de Château-Thierry et Soissons).

La région de l'Aube était définitivement exclue ! Ses vignerons devinrent bien évidemment fous furieux. Qui pis est, la région venait de connaître plusieurs années de mauvaises récoltes. La plupart des producteurs de la vallée de la Marne utilisaient, en dépit d'une réglementation draconienne, des raisins du Midi, ce qui révoltait plus encore les vignerons aubois.

La Champagne devint une véritable poudrière susceptible d'exploser à tout moment. En février 1911, la législation se fit plus rigoureuse encore en menaçant de punir ceux qui utilisaient des cépages provenant de l'Aube et d'autres régions de France dans leur champagne. Ce fut la goutte qui fit déborder la coupe de champagne. Tous les vignerons aubois se réunirent à Troyes et organisèrent des manifestations énormes et très vindicatives. Le Sénat pressentit ce qui allait arriver et décida d'annuler temporairement la loi. Mais la décision vint trop tard. À deux heures du matin, dans la nuit du 11 avril 1911, des habitants de l'Aube défoncent les portes des caves d'un vigneron de Cumières et celles d'un vigneron de Damery. À l'aurore, l'armée des vignerons forte de 5 000 personnes atteint Ay, où tous les viticulteurs soupçonnés d'utiliser des cépages provenant du Midi virent leurs caves, leurs tonneaux et leurs bouteilles totalement détruits. Les rues étaient inondées de vin. Les autorités dormaient encore et les premières forces de l'ordre venues d'Épernay ne pouvaient que constater les dégâts.

Quand les caves furent détruites, les émeutiers se dirigèrent vers les habitations des viticulteurs d'Ay auxquelles ils réservèrent un sort identique. Bollinger fut l'une des rares maisons à être épargnées. Madame Lily Bollinger aurait entendu par la suite que les révoltés s'étaient donné le mot pour montrer leur respect en baissant leurs étendards en passant devant cette maison.

La région fut déclarée zone de guerre par le gouvernement et 40 000 soldats y furent envoyés pour maintenir l'ordre.

La nouvelle décision gouvernementale eut pour conséquence une nouvelle répartition des vins pétillants en quatre catégories :
Le champagne (comme auparavant)
Le champagne de deuxième zone (Aube, Seine-et-Marne)
Le vin pétillant (reste de la France)
Le vin gazéifié (obtenu par ajout de gaz carbonique)
En pratique, cette nouvelle classification permettait aux viticulteurs de l'Aube de produire du champagne, un droit qu'ils n'auraient jamais obtenu sans cette violente révolte. En 1927, la loi fut à nouveau changée ; la catégorie « deuxième zone » fut supprimée et l'Aube fut incorporée à la région de Champagne.

Je vais peut-être être l'instigateur d'une nouvelle révolte du champagne en proposant un retour à la deuxième zone pour les raisins de l'Aube. J'estime, en tout cas, que leur qualité ne pourra jamais se mesurer aux raisins du cœur de la Champagne et que cela devrait figurer sur les étiquettes.

LE VINGTIÈME SIÈCLE

Les nantis, bien heureux d'ignorer tout de la révolte du champagne et du phylloxéra, boivent comme jamais du champagne en ces années qu'on dénommera plus tard la Belle Époque.

La Belle Époque commence à vrai dire lors de l'Exposition universelle de 1889. La France entre dans l'ère industrielle et les temps changent. Gustave Eiffel vient d'achever la construction du monument le plus imposant de l'époque, la tour qui va porter son nom, haute de 300 mètres, symbole d'une croyance positive dans l'avenir. La Tour abritait quatre restaurants où le champagne coulait à flots. Eugène Mercier fit construire le plus grand tonneau de l'histoire humaine, d'une contenance correspondant à 200 000 bouteilles. Le tonneau fut tiré par 24 bœufs blancs et mit trois semaines à atteindre Paris. On dut abattre des maisons et construire des routes pour que le tonneau puisse atteindre l'exposition.

Eugène Mercier projeta aussi le premier film publicitaire jamais réalisé lors de cette exposition. Bien évidemment le film avait pour sujet la maison de champagne Mercier.

On but pendant toute la durée de l'exposition des quantités impressionnantes de champagne et la rumeur des propriétés euphorisantes du vin se répandit à travers le monde. Maxim's devint l'endroit à la mode du Tout-Paris où on y dégustait caviar, homard et huîtres accompagnés de cette boisson assez sucrée à l'époque. La vie en société devint très importante pour les Français. Il fallait se montrer dans le beau monde. Et si on avait de l'argent, il fallait aussi le montrer.

Au début du siècle, les Français consommaient quatre fois plus de champagne par rapport au milieu du XIXᵉ siècle.

La maison de champagne Perrier-Jouët a pieusement conservé le souvenir de ce temps heureux d'avant la Première Guerre mondiale et a installé, en face de ses chais à Épernay, un musée où sont exposés des meubles et des objets de la période dite « Art Nouveau ». La maison vend également un de ses champagnes de prestige sous le nom « Belle Époque ». La bouteille ornée d'une anémone est l'œuvre de l'artiste Émile Gallé et date du début du siècle. Il devint très rapidement l'un des plus grands maîtres verriers de l'époque aux côtés de Daum et Tiffany. Personne ne se doutait alors que cette bouteille deviendrait le symbole de la Belle Époque tout entière.

Le déclenchement en 1914 de la Première Guerre mondiale inaugure une longue suite d'années difficiles pour la population de Champagne. Peu après l'évacuation d'Épernay et de Château-Thierry, les troupes allemandes firent, le 7 septembre 1914, leur entrée en France par la vallée de la Marne. Il ne leur restait que quelques kilomètres à parcourir pour atteindre le point stratégique que représentait la Seine, et de là, Paris. Reims fut occupée pendant dix jours avant que les Français ne retournent la situation lors du combat le plus héroïque de leur histoire, « la première bataille de la Marne ». Heureusement, les Allemands n'atteignirent jamais la Seine.

La ligne de front traversait la Champagne et la guerre s'installa.

Les assauts se succédaient et, au début d'octobre 1914, toute la Champagne fut reconquise. En dépit des combats, certains enthousiastes réussirent à se frayer un chemin en direction des vignobles pour y faire une récolte, minimale mais superbe, en 1914 comme en 1915, mais plus d'une vingtaine d'enfants y laissèrent la vie en 1914.

Maurice Pol-Roger était alors maire d'Épernay et bien que les Allemands aient menacer d'incendier sa ville et de l'exécuter, il se tint droit comme un chêne. Son Pol-Roger 1914 devint par la suite son champagne favori qu'il choisissait toujours pour de grandes occasions. Mais une fois, en 1914, il fut déçu que le vin soit si vert qu'il pria son maître de chai de dégorger un grand nombre de bouteilles à l'avance, ce qui lui permettrait de toujours avoir un champagne à maturité.

En mai 1994, j'eus l'insigne honneur, en présence du propriétaire actuel de la firme, Christian Pol-Roger, de boire une bouteille de ce champagne 1914, tardivement dégorgé. Je n'avais jamais auparavant ressenti ainsi que je buvais le « vin de l'histoire ». Que ce champagne fût par ailleurs proprement magnifique avec ses arômes de café et sa richesse en sucres n'avait rien pour déplaire.

Après la Première Guerre mondiale, Reims rassembla toutes ses forces dans une rapide reconstruction de la ville. Le marché de l'exportation était difficile à séduire. Les Allemands étaient en faillite après la guerre et en Russie, la famille tsariste, qui était le plus grand client, n'était plus au pouvoir après la révolution d'Octobre. Les Américains entraient dans l'ère de la prohibition et les Scandinaves allaient dans le même sens, avec le carnet de rationnement de l'alcool. De plus, la rigueur du climat de Champagne ne permit pas d'obtenir un bon millésime avant l'année 1926.

La région de Champagne ne s'était qu'à peine remise du Phylloxéra et des ravages de la guerre qu'apparurent, au milieu des années 1920, les signes précurseurs de la dépression mondiale. En 1927, les ventes de champagne sur le marché intérieur français diminuèrent de moitié. En 1929, éclata à New York le krack boursier de Wall Street, tristement célèbre et véritable détonateur de la dépression à l'échelle planétaire. La pire année de la dépression, 1934, fut cependant un merveilleux millésime, encore buvable aujourd'hui pour celui, bien sûr, qui en dénichera une bouteille.

De nombreuses maisons affublèrent leurs grands vins d'étiquettes des plus ordinaires pour éviter la perte de prestige que représentait la vente d'un champagne de tout premier ordre à vil prix. Les fabricants de champagne eurent recours à toutes sortes d'expédients pour survivre, et il n'était pas rare qu'ils vendent directement leurs vins comme des vins tranquilles à Paris pour trois fois rien. Les vins tranquilles devinrent très vite populaires. C'est terrible de penser qu'un vin extraordinaire comme celui de 1928 fut bradé comme vin tranquille. De nombreux viticulteurs trouvaient bien malheureux de vendre un vin tranquille qui aurait pu faire un très grand champagne, mais ignorants des connaissances techniques requises pour élaborer eux-mêmes un vin effervescent, ils se réunirent en coopératives pendant la Dépression. C'est avant tout à l'importance du marché intérieur que les maisons de champagne doivent leur survie.

Pendant la Seconde Guerre mondiale, le président de Moët & Chandon, Robert-Jean de Voguë, lança la proposition révolutionnaire de décupler le prix du raisin pour garantir à la fois sa haute qualité et la survie des viticulteurs. La proposition de Voguë ne fut pas bien vue des autres maisons, mais elles durent admettre plus tard que Voguë avait sauvé l'industrie du champagne par cette proposition radicale. Il fut aussi, en 1941, à l'origine de la formation du Comité Interprofessionnel du Vin de Champagne, avec l'assentiment des Allemands.

Au moment où les chars allemands pénétrèrent en France en 1940, les producteurs de vin étaient bien mieux préparés que lors de la Première Guerre mondiale. Hitler était déjà apparu sur la scène internationale depuis un certain temps et cela a suffi pour qu'on ait eu le temps de construire de faux murs derrière lesquels on mit à l'abri des Allemands d'importantes réserves de bouteilles de champagne. Les Allemands burent d'énormes quantités de champagne à Reims et à Épernay, mais après la capitulation, Hitler mit un terme à ces pillages. Il souhaitait que la production suive son cours et que l'Allemagne soit approvisionnée en champagne de toute première classe. Un vigneron de la vallée du Rhin, du nom de Klaebisch, devint le « Führer de Champagne ».

La vente aux particuliers fut interdite et 350 000 bouteilles devaient, chaque semaine, être envoyées aux troupes allemandes sur les différents fronts. Malheureusement pour les Allemands, les bouteilles étaient expédiées dans la mauvaise direction, et la qualité du champagne était la plus mauvaise possible. De plus, on avait procédé à aucune nouvelle plantation durant la guerre, et les vieux plants ne donnaient que de maigres récoltes.

Aussi Robert-Jean de Voguë fut convoqué chez le « Führer » un jour d'automne 1942 pour s'entendre signifier que la Gestapo l'avait condamné à mort. La condamnation à mort ne fut heureusement jamais appliquée, mais il se retrouva jusqu'à la fin de la guerre dans différents camps de concentration.

Les fabricants de champagne furent contraints à une grande prudence dans leur résistance passive, Himmler ayant menacé de faire sauter toutes les caves de champagne pour donner quelques coudées d'avance à l'industrie allemande du Sekt après la guerre. Mais le général Patton intervint avec son armée, le 28 août 1944 et, dès que les Allemands eurent quitté la Champagne, on abattit les faux murs des caves. Une quantité tout à fait inattendue de champagne avait, de cette façon, été sauvée pour la postérité.

Le pessimisme était de règle concernant l'avenir du champagne après la guerre. L'économie des maisons de champagne n'était pas bonne et le champagne manquait, en partie à cause des agissements des Allemands pendant le conflit. Pratiquement toute l'Europe flirtait avec le socialisme et les fidèles cours royales disparaissaient les unes après les autres. Seuls les nouveaux riches américains avaient les moyens de se procurer de grandes quantités de champagne.

LES VENTES DE CHAMPAGNE

(nombre de bouteilles à l'année)

1850	7 millions
1880	20 millions
1900	32 millions
1920	14 millions
1940	25 millions
1960	50 millions
1980	176 millions
1996	256 millions
1999	327 millions

La situation n'apparaissait pas vraiment bonne, mais les sceptiques s'étaient trompés. Grâce à ces fantastiques millésimes que furent 1943, 1945, 1947, 1949, 1952, 1953 et 1955, les ventes de champagne doublèrent en douze ans. En vingt ans, entre 1960 et 1980, les ventes triplèrent. En 1976, on vendit 153 millions de bouteilles et en 1999 environ 327 millions. De toute évidence, quelque chose d'exceptionnel était arrivé.

L'explication première était que l'économie des pays industrialisés s'était rapidement améliorée après guerre. Comme beaucoup d'autres produits de luxe, le champagne s'était « démocratisé », et devint une boisson pour tous.

LE CHAMPAGNE AUJOURD'HUI

Aujourd'hui, les médias ont largement contribué à diffuser les mérites du champagne. Les vignerons de la région doivent être également reconnaissants de l'énorme publicité que Moët & Chandon a donné à leur région dans toutes les occasions imaginables. Le champagne est désormais considéré comme indispensable dans les occasions de fête ou pour souligner le luxe. L'image que les films de James Bond ont donné du Dom Pérignon et du Bollinger R. D. n'a pas d'équivalent dans les tentatives des autres producteurs de vin pour commercialiser leurs produits vers un large public. Celui qui voudrait impressionner par son choix de vins au restaurant n'aura qu'à commander un magnum de Dom Pérignon, Cristal, Krug ou même la dernière coqueluche d'Hollywood, un Belle Époque. Beaucoup de gens améliorent l'ordinaire avec une bouteille de champagne. Luxueux ? Extravagant ? Bien sûr, mais pas si coûteux, si vous comparez avec quelques bières consommées au restaurant. Pourquoi ne pas s'offrir ce luxe qui vaut bien son prix, si on sait l'apprécier à sa juste valeur ? Le champagne est par ailleurs la boisson idéale à offrir à ses hôtes. La grande majorité des gens se sentent honorés qu'on leur offre quelque chose d'aussi unique. Il est inutile de dire que le champagne coûte à peine plus que d'autres alcools.

Jetons un coup d'œil sur ce qui s'est passé en Champagne après la guerre. Le volume des récoltes a malheureusement augmenté, la superficie des vignobles s'est étendue, et au fur et à mesure de l'amélioration technique, la production s'est considérablement accrue. Au début des années 1960, la plupart des maisons de champagne ont adopté les cuves en acier inoxydable aux dépens des foudres de chêne, plus coûteux. Le remuage et le dégorgement ont été mécanisés. On a de plus en plus utilisé le raisin chardonnay dans ses cuvées, une tendance toujours actuelle. Les avis sont partagés pour savoir si ce sont les cuvées ou le goût des consommateurs qui sont à l'origine de ce changement. Mais les vignerons ont soudainement eu la possibilité de produire eux-mêmes leur champagne.

En 1950, les vignerons ne vendaient que 2,4 millions de bouteilles. Aujourd'hui, ils en produisent environ 70 millions.

C'est une évolution qui a du bon et du mauvais. Les maisons les plus renommées n'ont pas toujours accès aux meilleurs raisins, ce qui a pour effet une baisse de qualité, mais d'un autre côté, apparaissent constamment de nouveaux vignerons très intéressants qui produisent de véritables champagnes monocrus de haute qualité à des prix défiant toute concurrence.

Bouteilles récemment dégorgées dans la cave d'Anselme Selosse.

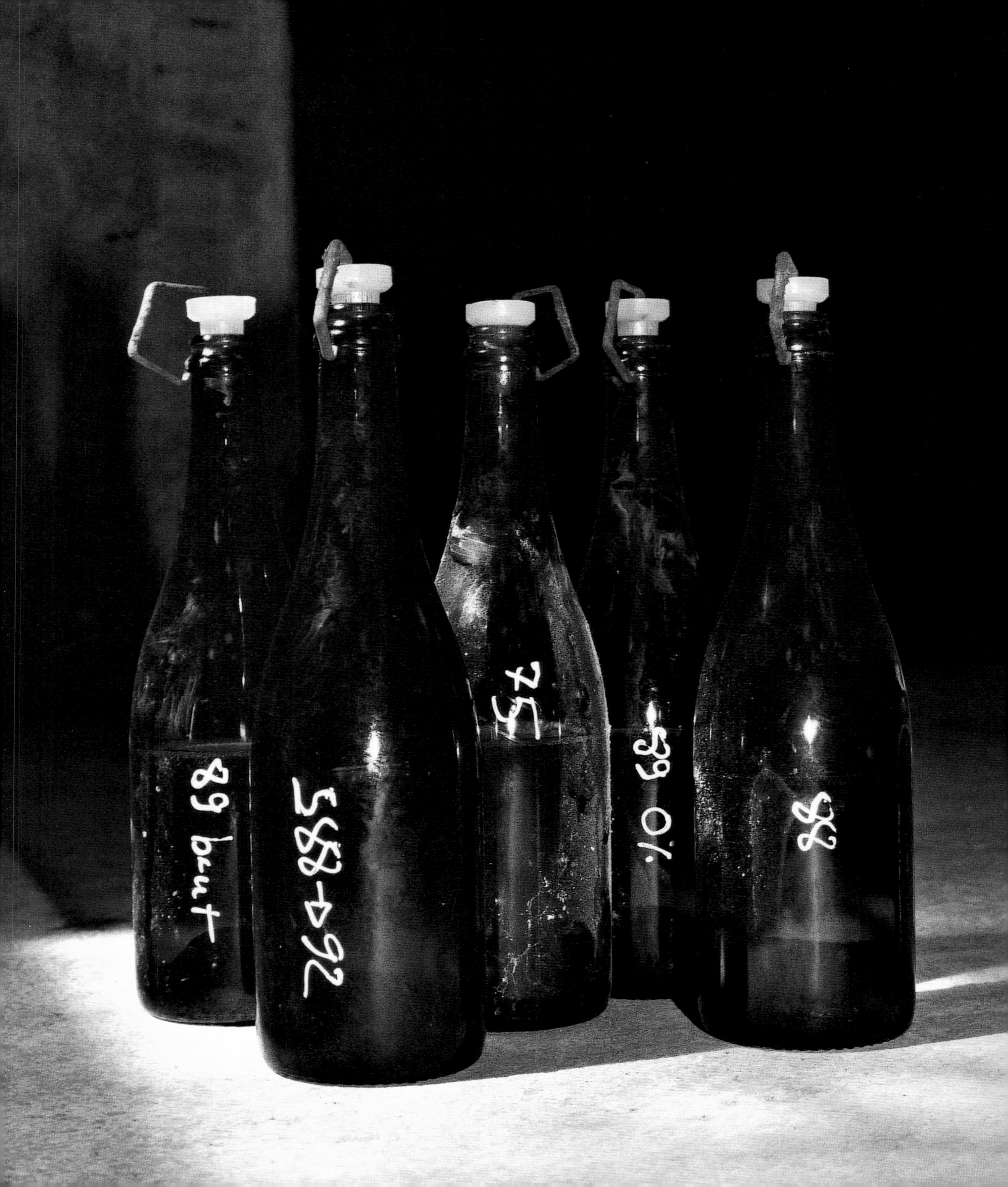
89 brut
75
88

Il y a une plus grande variété de goûts et le consommateur d'aujourd'hui n'est plus dépendant des dix-huit grandes maisons de champagne comme c'était le cas avant la guerre. Le système coopératif a lui aussi beaucoup plus d'importance. Aujourd'hui, de nombreux villages viticoles possèdent une coopérative qui engage la plupart de la population villageoise. Quant aux maisons de champagne, les plus grandes se sont agrandies. Les maisons s'achètent entre elles et forment de nouvelles constellations commerciales. Moët-Hennessy fait partie aujourd'hui d'un plus grand groupe appelé LVMH. Veuve Clicquot, Ruinart, Krug, Mercier et Canard-Duchêne font actuellement partie du groupe qui contrôle près de 50 % de tout le marché à l'exportation. Une autre association importante est celle du groupe Vranken dont l'écurie est formée de marques comme Heidsieck & Monopole, Charles Lafitte, Charbaut, Demoiselle, Sacotte, Germain, Pommery et Barancourt. Perrier-Jouët et Mumm sont aujourd'hui la propriété de Allied Domecq. Charles Heidsieck, Piper-Heidsieck et F. Bonnet appartiennent à Rémy-Cointreau. Un autre groupe puissant, en expansion continue, est BCC sous la houlette de Bruno Paillard. Les firmes qui participent à cette constellation sont Chanoine, Boizel, De Venoge, Abel Lepitre, Philipponnat et Alexandre Bonnet. Laurent-Perrier a pris l'initiative de constituer un groupe aux noms respectables tels que De Castellane, Joseph Perrier, Delamotte et Salon.

Parmi les grands qui ont encore leur indépendance, on trouve Bollinger, Pol Roger, Taittinger et Louis Roederer. Le fait qu'ils y soient parvenus tient beaucoup à la commodité de leur taille. Louis Roederer était, il y a deux ans, encore l'entreprise vinicole aux bénéfices les plus importants au niveau mondial, en grande partie grâce au nombre important de ses vignobles.

Un autre facteur de taille réside dans le brillant succès de leur Cristal champagne. Il répond aujourd'hui pour une grande part de la production totale de la firme et chaque bouteille coûte une petite fortune. Roederer est aussi propriétaire de la maison de champagne Deutz qui a tout de même la liberté, sous la direction de Fabrice Rosset, de cultiver son propre style.

Au début des années 1990, la Champagne fut touchée par la récession et les ventes chutèrent. Puis vinrent, comme on le sait, les festivités quelque peu exagérées du millénaire.

La nuit du millénaire ne fut pas le succès attendu bien que tous les records de vente fussent battus. Partout s'élevèrent des voix prédisant que le champagne serait vite épuisé et nombreux furent ceux qui constituèrent d'importantes réserves qu'ils eurent ensuite du mal à écouler. Moët & Chandon surtout connut un difficile lendemain de fête et dut attendre presque un an avant de voir arriver une nouvelle commande de son agent américain. Je reste cependant persuadé que l'hystérie autour du millénaire est à terme positive pour l'industrie du champagne. Je pense plus particulièrement à l'unique occasion que nous avons eue, nous qui travaillons avec ce sublime breuvage, de faire notre propre promotion, ainsi que celle du vin de Champagne et de sa région. Personne ne pouvait échapper à ce qui a été dit et écrit dans les médias sur ces nobles bulles. Le Dom Pérignon, la méthode champenoise, les différents types de verres à champagne ou la passion de Winston Churchill pour cette boisson étaient soudainement sur toutes les lèvres. Cela a eu pour conséquence une connaissance plus approfondie sur le sujet et une exigence accrue de la part des consommateurs.

L'AVENIR DU CHAMPAGNE

On boit de plus en plus de champagne de par le monde, mais il y a 50 ans, la région de Champagne représentait 30 % de la consommation mondiale de vins pétillants contre 13 % aujourd'hui. Les deux plus grands producteurs de vins pétillants à l'échelle mondiale sont espagnols : Freixenet et Codorníu.

Les acteurs de l'industrie du champagne ont-ils besoin d'être inquiets face à cette évolution ? Pas vraiment, car le marché des vins pétillants est en pleine expansion et le simple vin pétillant comme le noble champagne peuvent y trouver leur place. La concurrence qualitative est plutôt venue des États-Unis, où les maisons de champagne, grâce à leur savoir-faire, ont lancé les firmes les plus performantes. Cette saine concurrence a réveillé de nombreux fabricants dans les années 1970. Le CIVC a très tôt vu le danger et a vraiment contribué à l'élévation de la qualité moyenne en Champagne, ces dernières années. Le dernier changement de loi où le troisième pressurage est interdit et où le temps de stockage a été prolongé a eu pour conséquence que même les champagnes les plus simples possèdent aujourd'hui une élégance et une pureté de style que peu de vins pétillants ailleurs dans le monde peuvent concurrencer. Il y a 15 ans, rares étaient les experts vinicoles à chanter les louanges du champagne de vigneron. Aujourd'hui, la plupart de ces champagnes doivent être traités avec le plus grand respect. Les maisons de champagne qui négligent la concurrence des meilleurs vignerons des villages Grand cru pourraient bien le regretter.

Au cours de ce nouveau siècle, il est probable que la plupart des fabricants reviennent à la fermentation en fûts de chêne, étant donné qu'il est plus facile d'attirer notre attention en choisissant la qualité plutôt que la quantité. Le développement du champagne est entre nos mains, à nous consommateurs. Si nous faisons savoir que nous voulons un champagne de haute qualité avec une grande personnalité, les fabricants nous le fourniront. C'est aussi très réjouissant de constater que de plus en plus de vignerons de la région ont enfin une conscience écologique et misent sur une culture plus biodynamique.

La fameuse veuve elle-même, Madame Veuve Clicquot.

Terroirs et cépages

Comment se fait-il que le champagne soit si renommé ? Peut-on vraiment justifier les prix figurant sur les étiquettes qui ornent les bouteilles des meilleurs champagnes ? Y a-t-il une différence véritable entre le champagne et un banal pétillant ? C'est le genre de questions auxquelles je dois le plus souvent répondre lors de dégustations et conférences. Permettez-moi d'y répondre ici dans la perspective plus particulière du nordique que je suis.

Nous, Scandinaves, sommes fiers de nos pommes de terre nouvelles, de nos pommes et de nos fraises. J'ai toujours pensé, pour ma part, qu'il y avait quelque chose de particulier avec nos fruits et légumes suédois nouvellement récoltés, mais je croyais alors qu'il y avait derrière cette pensée, plus de raisons sentimentales que de faits scientifiques. Cependant le jour où, lors d'un merveilleux repas pris à la terrasse d'un restaurant ligurien à la vue stupéfiante sur la Méditerranée, on nous servit des fraises fraîchement cueillies provenant tout droit du jardin du restaurant, cela me donna à réfléchir. Je m'étais figuré que ces délicatesses suédoises l'étaient avant tout parce qu'elles étaient des denrées d'une rare fraîcheur. Et on me servait maintenant, comme chez moi, des fraises qui, cependant, étaient loin d'être aussi bonnes. Comment cela pouvait-il se faire ?

Il faut en trouver l'explication dans le fait que fruits et légumes sont les plus délicieux lorsqu'ils sont cultivés dans la zone la plus au nord de l'hémisphère Nord comme dans la zone la plus au sud de l'hémisphère Sud. Il est difficile aux pommes de terre, comme aux fraises et aux pommes de survivre à notre climat frais mais, pendant le long processus de maturation, se développent des combinaisons chimiques compliquées qui donnent aux fruits comme aux légumes une saveur particulièrement élégante, fraîche et équilibrée. Une fraise bien mûre, cultivée en Suède, contient le même taux de sucre qu'une fraise provenant d'Italie, mais l'acidité sera plus élevée dans la première.

Une douceur et une acidité conjointes favorisent le développement de nouveaux arômes subtiles et complexes. C'est là qu'on trouve l'explication première à la fraîcheur et à l'élégance que nous constatons les années où les fraises peuvent mûrir sans avoir souffert de l'humidité. Ce phénomène concerne plus encore les raisins destinés à la vinification après fermentation.

Tous les nombreux cépages que l'homme utilise pour faire du vin exigent des conditions uniques en regard du climat et du sol.

Certains d'entre eux s'épanouissent facilement sous un climat chaud quand d'autres réussissent tout de même à porter des fruits, bien que cultivés dans des régions situées plus au nord comme la Champagne ou la Moselle.

La Champagne est la région AOC située la plus au nord où règne un climat que seuls quelques cépages supportent.

Lors de l'élaboration d'un vin pétillant, les raisins arrivés à maturité doivent avoir atteint un degré tel d'acidité qu'il serait impensable de les utiliser pour élaborer un vin tranquille.

Le raisin chardonnay qu'on récolte en Champagne ne serait par exemple pas considéré comme mûr en Bourgogne tandis qu'un viticulteur champenois trouverait trop mûr le raisin de Bourgogne.

On s'efforce toujours de rechercher un équilibre entre l'acidité et la teneur en sucre, mais les critères utilisés varient en fonction du vin qu'on désire produire. Sous un climat à peine plus chaud que celui de la Champagne, les vins deviennent aussitôt lourds et déséquilibrés en comparaison de l'original. La Champagne elle-même souffre, certaines années, d'un excédent de chaleur. Les années 1947, 1959, 1976, 1989 et 2003 ont donné un raisin avec une teneur potentielle en alcool d'un ou deux points supérieur au taux normal. L'acidité était trop

Une grappe mûre de pinot noir recouverte de rosée.

faible et les vins ont dû se reposer sur leur haute teneur en alcool et leur richesse en extrait pour se maintenir. Le fait que les champagnes de ces années ne sont pas lourds, dépend essentiellement du caractère unique du sol calcaire de la région. Il est peut-être rassurant de noter ce fait face au réchauffement général qui, à court terme, devrait peut-être aussi toucher la Champagne.

La basse température annuelle moyenne de 10,6 °C de cette région contraint les racines du pied de vigne à s'enfoncer en terre à la recherche d'eau et d'éléments nutritifs. À cette profondeur, la vigne absorbe une grande quantité de minéraux qui donnent au champagne sa finesse unique. Il est par ailleurs intéressant de remarquer que la température moyenne à l'extérieur est identique à celle qu'on trouve dans les caves à vin de Champagne de l'époque romaine. Le vin se développe au mieux à une température qui avoisine celle dans laquelle la vigne a poussé.

Étant donné que l'arrosage artificiel est pour diverses raisons interdit en Champagne, comme ailleurs en France, une quantité de pluie nécessaire au bon moment est déterminante dans cette région. La moyenne pluviométrique annuelle de 662 mm la situe entre une Bourgogne plus aride et un Bordelais plus humide.

La Champagne est convenablement irriguée sur l'ensemble de son territoire grâce à un large réseau de fleuves et de canaux. La Marne, qui est la principale source d'irrigation de la région, réfléchit également les rayons du soleil sur ses versants sud et contribue aussi à égaliser la température annuelle. Elle répand une fraîcheur bienfaisante en été et empêche quelque peu le refroidissement des vignobles en période hivernale.

LE SOL

On peut constater que de nombreux endroits sur la planète correspondent bien à la description qui est faite des conditions climatiques qui doivent exister pour la culture d'une vigne de haute qualité. L'élaboration de vins de haute tenue exige que les conditions climatiques s'accompagnent d'un sol approprié. La géologie de la Champagne est tout à fait unique et représente un facteur déterminant dans la différence qui existe entre le champagne et les autres vins pétillants. Il est peut-être plus aisé de comprendre l'importance du sol si on examine les variations qualitatives existant dans cette région.

L'Aube au sud, où l'argile kimméridgienne remplace la craie, n'atteint jamais les hauts sommets qui caractérisent souvent les villages Grand cru. Et il n'est pas vraiment nécessaire d'aller jusqu'à l'Aube pour comprendre combien les différences dans la composition des sols sont essentielles. De nombreux villages situés à proximité les uns des autres et bénéficiant d'un climat similaire produisent des raisins aux caractéristiques très

différentes. Bien qu'une large ceinture de calcaire s'étende depuis les falaises blanches de Douvres sur des centaines de kilomètres vers l'est de l'Europe, aucun autre endroit au monde ne possède comme la Champagne une telle concentration d'une couche superficielle de bélemnite et de micraster. On trouve surtout la bélemnite sur les coteaux et le micraster en contrebas. La craie à bélemnites (*Belemnita quadrata*) tire son nom du mollusque bélemnite, proche de la seiche et du calmar qui vivait dans la mer qui recouvrait le Bassin parisien et qui, en se retirant, laissa d'innombrables fossiles. Ce fossile était riche en calcaire se transformant par la suite en craie. Les avis divergent concernant la supériorité de la craie à bélemnite sur le micraster. Mon point de vue est qu'on obtient plus aisément des champagnes de haut de gamme avec ces tons minéraux particuliers à partir de raisins provenant de sols riches en craie à bélemnite. La plupart des villages Grand cru reposent sur la craie à bélemnite tout comme quelques-uns des meilleurs Premier cru bénéficient largement de la création laissée par ce céphalopode. Ce type de craie dégage davantage de calcaire, donne aux raisins une acidité plus élevée, agit positivement sur la photosynthèse de la plante et prévient de la chlorose qui peut faire jaunir les feuilles du pied de vigne. La craie à bélemnite procure également un excellent drainage, ce qui est excellent pour les vignes qui n'aiment pas avoir les pieds dans l'eau. De plus toutes les sortes de craie ont la capacité de conserver une température égale à longueur d'année. Étant donné que les racines de la vigne s'enfoncent très profondément dans le sol à la recherche de l'eau, la richesse des raisins en minéraux est très élevée, donnant à un champagne de qualité son goût de craie caractéristique.

Il est facile de confondre le calcaire et la craie. Toutes les craies sont des calcaires, mais seul un type de calcaire est de la craie. La très particulière terre crayeuse donne aux pieds de vigne de Champagne cette unique capacité à produire des raisins mûrs possédant un haut niveau d'acidité. Seulement la haute teneur en calcaire du sol représente un désavantage en limitant l'apport en fer et en magnésium dont la vigne a besoin pour éviter la chlorose.

La région bénéficie, en dehors des qualités exceptionnelles de son sol, d'une topographie appropriée. Les collines adoucies toutes en longueur – Falaises de Champagne – sont également très propices à la production de vins effervescents de grande classe. Géologiquement, la province est divisée en trois régions :

• La Champagne humide est formée par la partie est de cette ancienne mer intérieure devenue le Bassin parisien. Cette mer intérieure s'assécha il y a environ 70 millions d'années et laissa derrière elle une couche d'argile. La région s'étend des Ardennes à la frontière franco-belge jusqu'à la Bourgogne au

Cette crayère naturelle à Mareuil montre bien à quoi ressemble sous la surface la terre magique du champagne.

sud-est. La terre est très fertile et convient à merveille à la culture maraîchère. Par contre, un grand vin pétillant exige une terre maigre et, de ce fait, la Champagne humide est tout à fait inadéquate.

• En bordure immédiate de la Champagne humide, à l'ouest, court un étroit couloir géologique appelé Champagne pouilleuse où ont été déposées en profondeur des couches de craie recouvertes d'argile maigre incapable de retenir les eaux de pluie au niveau des racines. Les conditions ne sont pas, là aussi, adéquates à la culture de la vigne,

• La seule région autorisée à cultiver les nobles cépages destinés au champagne est dénommée Champagne viticole. À l'époque tertiaire, il y a environ 30 millions d'années, eut lieu le plissement du centre du Bassin parisien. Ce plissement occasionna une importante surélévation du fond de la mer. 20 millions d'années plus tard, un nouveau plissement provoqua une élévation du sol de 150 mètres environ qui donna naissance à une chaîne de collines de craie assez abruptes. Avec le temps, elles s'arrondirent et se recouvrirent d'une fine couche de terre superficielle. Pour pouvoir pleinement tirer profit des avantages du sol, il est également nécessaire de renouveler cette couche en la fertilisant. Cette couche de terre n'a que quelques centimètres d'épaisseur. Elle est constituée de sable, de marne, d'argile, de lignite et de gravier de craie. Cette terre s'épuise peu à peu et se détache même par gros morceaux des pentes, lors de fortes pluies.

Sous les forêts de la Montagne de Reims, il y a l'or noir de la Champagne, les Cendres noires. Une terre noire, humide et riche notamment en soufre et en fer. Les vignerons l'ont pendant des centaines d'années renouvelée au point qu'elle est aujourd'hui constituée pour l'essentiel d'apports extérieurs. Certaines personnes soucieuses de l'environnement dans la région commencent à s'inquiéter et se demandent si cet or noir subsistera longtemps encore. Un siècle ou deux, peut-être. Il paraît impossible de renouveler rapidement ce que la nature a créé au cours de millions d'années. Mais il arrive encore qu'on fertilise, dans de rares cas, il est vrai, avec des boues de ville – déchets provenant de Paris. Ce mélange bleu dangereux pour l'environnement doit en grande partie sa couleur aux sacs en plastique des Parisiens. Une trouvaille malsaine provenant des années 1960 et 1970, antérieure à la prise de conscience écologique, qui reste le grand déshonneur de la Champagne. Par malchance, cela touche même les vignerons sérieux qui doivent nettoyer leurs vignes de toutes sortes de détritus que l'eau et le vent font circuler d'un vignoble à l'autre. Tout cela exige beaucoup de la part des gens soucieux de bien gérer l'héritage de la nature. Le choix du cépage est également déterminant pour l'obtention d'un bon résultat. Il est prouvé à travers le monde que le pinot noir et le chardonnay conviennent le mieux à l'élaboration des vins pétillants. Leur structure et leurs

arômes de grande qualité les rendent inégalables. Ces cépages sont cultivés depuis bien longtemps en Champagne, ce qui a rendu possible un choix minutieux de clones adaptés à la région.

Le pinot noir est de plus un cépage qui mute facilement. Depuis des siècles, des variantes locales uniques ont été créées, contribuant ainsi à augmenter considérablement la variété au niveau du goût et de la qualité. Comme dans toutes les autres grandes régions viticoles, différentes sortes de champignons de levure se sont acclimatés en certains endroits et ont laissé leur empreinte sur les raisins de la plupart des vignobles. Les conditions uniques de la culture de la vigne en Champagne ont permis l'élaboration du seul vin pétillant atteignant la perfection. La hauteur des collines, leur inclinaison et le sol combinés au climat propice est un réel cadeau de la nature à l'humanité.

Toutes ces possibilités qu'offre la Champagne, poussent les hommes à œuvrer pour une qualité accrue. Tout vigneron qui se respecte est placé devant le choix qu'il doit faire entre une production qualitative ou quantitative. Si on a la possibilité d'élaborer un très grand vin, il est bien évident qu'on choisira la qualité. Que la méthode champenoise ait vu le jour en cet endroit, n'est pas le fait du hasard. Libre à tous les vignerons qui voudraient l'imiter à travers le monde de s'y essayer. Le problème est que le procédé est coûteux et que le bénéfice qualitatif est faible en dehors de la Champagne. De plus, le savoir-faire transmis d'une génération à l'autre fait défaut. Un savoir-faire indispensable à l'élaboration du vin pétillant le plus prestigieux.

LES TROIS GRANDS CÉPAGES

Le raisin est le fruit le plus cultivé dans le monde. Plus de neuf millions d'hectares de la planète sont recouverts de vignobles. 71 % des raisins sont destinés à la fabrication du vin, 27 % à la table et 2 % sont transformés en raisins secs. Presque trois quarts de tous les vignobles se trouvent en Europe et les variétés de raisins se comptent par milliers.

Pour le champagne, on ne doit normalement utiliser que trois sortes de raisins : le pinot noir, le pinot meunier et le chardonnay. 38 % de la surface des vignobles est couverte de pinot noir, 35 % de pinot meunier et 27 % de chardonnay. Dans les villages Grand cru, c'est le coûteux chardonnay qui est le plus fréquent. Dans l'Aube, c'est le pinot noir qui est la variété la plus cultivée tandis que le pinot meunier domine largement dans l'Aisne et la Seine-et-Marne. Même si la plupart des champagnes sont le résultat d'un mélange de raisins, le caractère des différents cépages doit se faire sentir. De bons blancs de blancs et blancs de noirs doivent naturellement exprimer le caractère de raisins de différentes origines.

Le pinot noir : le pinot noir est à la fois le cauchemar du viticulteur et le paradis du buveur de vin. Ce raisin est très difficile à cultiver, mais peut donner un vin fantastique. Le pinot noir avec ses grappes compactes est très sensible à la pourriture. Le virus de l'enroulement était autrefois un grand problème jusqu'à ce qu'on commence à contrôler si le plant était atteint par un virus quelconque. Ce raisin n'est pas seulement difficile à cultiver et fragile, il exige aussi qu'on évite le contact avec la peau si l'on veut que le vin garde sa couleur blanche. Le moût est de plus toujours plus sombre que celui provenant du chardonnay.

À la différence du Cabernet Sauvignon, qui est cultivé avec succès dans le monde entier, le pinot noir de haute qualité ne l'est qu'en Bourgogne et en Champagne. En Bourgogne, ce raisin donne les meilleurs vins rouges au monde avec un bouquet riche en nuances et inimitable ainsi qu'une saveur en fruits veloutée et sucrée. On trouve cependant, même en Bourgogne, des vins pâles, insipides et sans caractère. On n'y trouve qu'un petit nombre de vins de premier ordre élaborés par un nombre tout aussi restreint de producteurs. Même si le pinot noir de Champagne n'atteindra jamais la même force et la même profondeur que celles d'un bourgogne rouge, on peut cependant retrouver des arômes similaires. En Champagne, on utilise avant tout le pinot noir pour donner aux mélanges des firmes de la structure et du caractère.

Le pinot noir ne peut jamais à lui seul présenter la même élégance que le chardonnay, mais il donne plus de poids et une meilleure profondeur. Dans sa jeunesse, le pinot noir présente un bouquet très fruité et un goût assez doux mais quelque peu déséquilibré pour, dans sa maturité, prolonger et adoucir la longueur en bouche du vin.

Les champagnes pinot noir ont en fait besoin de temps pour développer les passionnants arômes à notes animales et végétales.

Même si le Bollinger Vieilles Vignes Françaises est le meilleur exemple de champagne pinot noir, on trouve également de merveilleux produits élaborés par des viticulteurs d'Ay, de Bouzy, d'Ambonnay et de Verzenay.

Le pinot noir a une disposition à opérer des mutations ce qui fait qu'on peut trouver plusieurs centaines de clones de pinot noir en Champagne. Ce raisin doit son instabilité génétique au fait qu'il est l'un des cépages les plus anciens. On s'est vraiment efforcé dans cette région de trouver des clones plus résistants au gel, celui-ci demeurant un grand problème. Aujourd'hui, chaque village a un clone adapté à ses conditions climatiques et à son sol. La réussite du pinot noir en Champagne dépend surtout de la teneur en calcaire du sol de cette région et également du fait que les arômes du raisin se développent surtout dans un climat frais. Une longue période de maturité sans perturbations est la clé du succès pour ce cépage que je considère comme le plus passionnant du monde viticole.

Le pinot meunier : le pinot meunier qui fait peu parler de lui est pourtant employé par la plupart des vignerons en Champagne et domine largement dans l'Aisne et la Seine-et-Marne. Ce cépage a vu le jour au XVIe siècle et est un proche parent du pinot noir. On peut facilement le distinguer de son parent grâce à ses feuilles duveteuses qui donnent l'impression d'être recouvertes de farine, d'où son nom, meunier.

Le pinot meunier est un cépage très résistant et le seul à mûrir lors des années très froides. Il est moins sensible au gel printanier, ce qui explique pourquoi il est tant cultivé dans la vallée de la Marne, très exposée au gel. De plus, il a un rendement de 10 à 15 % supérieur au pinot noir, ce qui justifie son extrême popularité.

Les producteurs qui utilisent beaucoup le pinot meunier chantent souvent les louanges du fruité du raisin. Les vins élaborés à partir du pinot meunier arrivent plus vite à maturité et présentent un bouquet d'arômes de pain grillé ou de pain frais, de caramel et un fruité simple en même temps qu'un goût terreux. En revanche, les vins assemblés à partir d'une grande quantité de pinot meunier ne peuvent vieillir. Dans quelques vieux millésimes des grandes maisons, on peut sentir que les caractères de pinot noir et de chardonnay ont encore leur vitalité, tandis que le pinot meunier s'est effondré en détruisant l'impression d'unité de la cuvée. Les purs blancs de noirs de pinot meunier sont rares et tiennent tout au plus dix ans.

Les grandes exceptions qui confirment la règle concernant le mauvais potentiel de vieillissement du pinot meunier demeurent Krug et José Michel. Le légendaire millésime 1953 de Krug contient 30 % de pinot meunier et les bouteilles bien affinées ont su garder leur jeunesse.

Le José Michel 1921 qui ne contient que du pinot meunier est l'un des champagnes les plus somptueux qu'il m'ait été donné de boire. Il faut tout de même se souvenir que le pinot meunier que Krug utilise a été incorporé aux autres cépages au cours du long stockage en bouteille avant le dégorgement. Les raisins de Krug et de Michel sont par ailleurs issus de vieux pieds de vigne provenant des villages de Leuvrigny et Moussy. Ni l'un ni l'autre n'utilisent la fermentation malolactique, ce qui explique probablement que le pinot meunier possède une acidité suffisamment élevée pour un vieillissement prolongé. Les petits fûts de chêne de 205 litres contribuent également à la bonne tenue de leur champagne lors du vieillissement.

Louis Roederer affirme qu'il utiliserait volontiers le pinot meunier si on le maîtrisait comme le fait Krug, tout en reconnaissant sans ambages qu'on n'y est pas parvenu. La fonction la plus importante du raisin est de donner de la douceur aux champagnes destinés à être consommés jeunes. Au contraire de son noble parent le pinot noir, le pinot meunier donne déjà, après trois ans de vieillissement, un champagne doux qui se laisse boire.

Le chardonnay: le plus élégant des cépages de vins blancs au monde! Nombreux sont les producteurs à travers le monde à rêver de copier les grands chardonnay de Bourgogne, de Chablis et de Champagne. En Australie et aux États-Unis, des producteurs comme Leeuwin, Peter Michael, Mayacamas et Kistler élaborent des copies très proches de l'original, mais sans jamais atteindre le niveau des vins français les plus prestigieux. Le chablis Grand cru de Raveneau et de Dauvissat ou les grands bourgognes de Ramonet, Coche-Dury, Lafon ou Marc Colin mêlent les caractéristiques aromatiques du cépage à une élégance due au sol que seuls peuvent atteindre les champagnes d'Avize, de Cramant ou du Mesnil.

L'origine du cépage chardonnay n'est pas très bien définie. En certains endroits, le raisin est appelé « Pinot chardonnay » ce qui conduit à tort à vouloir faire du chardonnay un parent du pinot noir et du pinot blanc. Toutes les Vitis vinifera (tous les raisins donnant du vin aujourd'hui) proviennent de la vigne sauvage avec le Muscat vert comme ancêtre. Le chardonnay a probablement été l'un des premiers nouveaux cépages issus du muscat. Il est venu du Moyen-Orient en Europe. C'est aujourd'hui un cépage à la mode de plus en plus cultivé en France. L'augmentation la plus importante a lieu en Champagne où les viticulteurs le considèrent comme le roi des cépages. Il est fréquent que le caractère du raisin soit mêlé au goût de chêne, ce qui pousse certains producteurs à utiliser des foudres de chêne neufs pour leur chardonnay. Le « Nouveau Monde », en particulier l'Amérique du Nord et l'Australie, sont les principaux coupables à présenter des chardonnay au goût de chêne exagéré. Il arrive parfois que le vin ait plus un goût boisé et de crayon que de fruit.

Le chardonnay est pourtant le raisin blanc qui vieillit le mieux en fût de chêne. C'est avant tout un raisin résistant et modelable. Le caractère particulier du raisin est assez atténué, mais se laisse façonner à la perfection en fonction de différents climats et sols. L'arôme du raisin est ample, beurré et élégant. Les notes fruitées vont de la pomme en climat froid jusqu'à celles proches du melon fade en climat trop chaud.

Les ceps de chardonnay gaspillent facilement leur énergie à développer leur feuillage aux dépens de la maturité du raisin. En Champagne, on combat ce phénomène par une taille sévère et en plantant plus serrés les pieds de vigne. Il n'est pas rare de trouver 7 500 plants à l'hectare en Côte des Blancs. La haute qualité du chardonnay n'empêche pas un rendement élevé. Ce raisin est facile à cultiver et ne présente en fait qu'un seul inconvénient. il est très sensible au gel, comme le pinot noir, du fait qu'il bourgeonne plus tôt que la plupart des autres sortes.

Il donne en Champagne des vins légers de corps au départ, avec une acidité élevée et un bouquet raffiné. Jeune, il a un bouquet léger et fleuri avec des touches évidentes de fleurs blanches et de pomme Granny Smith. Le goût peut être âpre (skarp) et métallique avec agrumes et une grande richesse minérale. Celui qui a été déçu par la révélation discrète d'un blanc de blancs doit déguster un champagne chardonnay à maturité. Âpre dans sa jeunesse, ce vin atteint une incomparable richesse et exubérance.

Les arômes d'agrumes sont plus mûrs et se complètent de fruits exotiques comme fruits de la passion, ananas et mangue. Le parfum devient agréablement grillé avec des arômes de toast et de café. Étant donné que l'acidité est si élevée, les vins de chardonnay ont une longue vie. Celui qui a eu une fois l'occasion de déguster de vieux millésimes de Salon sait de quoi je parle.

LES AUTRES CÉPAGES

Le CIVC et les autres organismes n'évoquent qu'à mots couverts des cépages autres que les trois classiques de Champagne. Il est certes interdit de les cultiver, mais ils peuvent être employés dans l'élaboration du champagne. L'arbanne, le petit meslier, le gamay, le fromenteau et le pinot blanc peuvent en fait entrer dans la composition de cette boisson de réputation mondiale. Aujourd'hui, il faut chercher longtemps avant de trouver quelques vestiges de ces plants de vigne et ceux qui subsistent seront bientôt remplacés. Un producteur de Jouy-les-Reims, Aubry, élabore encore des champagnes passionnants à partir de ces cépages aujourd'hui négligés.

L'arbanne: au XIXᵉ siècle l'arbanne était un cépage important en Aube. Son bouquet fleuri caractéristique pouvait dominer toute une cuvée, bien que son utilisation soit d'un pourcentage faible dans la composition de la cuvée. La réceptivité du raisin au mildiou a fait qu'il a disparu plus vite de Champagne que le petit meslier (voir plus bas). L'arbanne est apparenté au chardonnay blanc musqué, qu'on trouve encore chez un pépiniériste du Mâconnais. À ma connaissance, il n'y a que Moutard-Diligent à Buxeuil qui utilise exclusivement l'arbanne.

Le petit meslier: le petit meslier est le plus important des cépages secondaires moins répandus. Il est surtout cultivé dans l'Aube mais régresse considérablement. Il est très sensible aux virus et à la pourriture grise. De plus, il bourgeonne très tôt au moment où le gel printanier représente une sérieuse menace pour la récolte dans l'Aube. Ce cépage ne parvient pas toujours à maturité au cœur de la région Champagne et ne mûrit vraiment que lors des années chaudes dans le sud de l'Aube. Les cépages classiques élevés dans l'Aube donnent des vins de haut degré d'alcool les années chaudes, et autrefois on les allégeait

Le chardonnay prêt à être vendangé.

avec le petit meslier plus acide et plus léger. Employé seul, ce raisin blanc donne des vins acides avec un arôme fruité qui rappelle le pinot meunier. Je suis vraiment impatient de déguster le blanc de blancs élevé en fûts de chêne que Jacquesson a élaboré uniquement à partir de petit meslier, dès qu'il sortira sur le marché.

Le pinot blanc : le pinot blanc est à l'origine issu du pinot gris et une mutation du pinot noir. En Champagne et ailleurs en France, on l'a confondu avec le chardonnay. C'est en examinant de plus près le feuillage qu'on peut facilement faire la différence entre les deux cépages. Le pinot blanc a des feuilles plates tandis que celles du chardonnay sont concaves et nues à l'endroit où la tige devient feuille. Le pinot blanc qui s'est infiltré dans certains des vignobles champenois s'y trouve souvent à l'insu du viticulteur. Ce raisin est nettement inférieur au chardonnay et donne des vins neutres, de haute teneur en alcool et vieillissant mal. Son haut rendement justifie qu'on le cultive tant en Alsace et en certaines régions d'Allemagne.

Le fromenteau : fromenteau est une appellation locale pour une variante de pinot gris. Le fromenteau donne un fruité généreux avec une note tropicale et un corps généreux. Ce cépage est surtout représenté dans la région d'Aubry en Champagne. Sinon, il est surtout à l'origine des vins gras et riches d'Alsace.

Le gamay : ce cépage de l'Aube fut interdit par la loi dès 1927, mais l'application en fut retardée pour permettre aux viticulteurs de faire de nouvelles plantations de cépages nobles. Ce n'est qu'en 1952, que fut finalement interdite l'utilisation de ce raisin de Beaujolais, léger au goût de framboise, dans les vins de Champagne. Que l'on continue de cultiver ce cépage, reste pour moi un mystère, étant donné qu'on exige une dispense qui n'est attribuée que si le viticulteur a dépassé les 95 ans et que les ceps de vigne ont été plantés avant 1948 !

LE CYCLE ANNUEL DE LA VIGNE

La vigne suit un cycle de vie très précis, quel que soit le cépage. Il repose pendant tout l'hiver et accumule des forces avant le printemps. Les bois sont nus durant cette période et leur sève s'est réfugiée dans les racines. Ce n'est que lorsque la température du sol dépasse les 9 °C que l'activité du pied de vigne reprend, ce qui a lieu généralement en février-mars. C'est ensuite la période active de la plante (de 160 à 200 jours) qu'on a coutume de diviser en onze étapes :

Les pleurs : la sève est sécrétée de la plaie de taille.

Le débourrement : la montée de sève contraint les bourgeons à s'ouvrir lentement. À la fin mars, les bourgeons ont définitivement éclos.

La feuillaison : au début d'avril apparaissent les premières feuilles.

La montre ou sortie du raisin : apparition d'un embryon de grappe. Plus il y en a, plus la récolte sera riche.

La floraison : cette époque de la floraison à la fin mai rend inoubliable le séjour en Champagne. Le soir, les vignobles dégagent de délicieux arômes exotiques proches des fruits de la passion. Malheureusement, cette floraison ne dure guère plus de trois semaines.

La fécondation : une température de l'air supérieure à 20 °C est nécessaire ainsi qu'un vent faible capable de semer le pollen au-dessus des vignobles pour que la pollinisation ait lieu. Et pour que cette dernière soit réussie, il faut qu'elle ait lieu en deux ou trois jours, une période de pollinisation trop longue pouvant empêcher la formation des grappes.

La nouaison : aussitôt après la pollinisation, durant les mois d'été, le cep de vigne utilise toute son énergie à la formation des fruits. Les raisins sont toujours à leur naissance, verts, petits, durs, acides et dépourvus de sucre.

La véraison : au mois d'août, les fruits commencent à mûrir. Ils deviennent plus mous et les raisins Pinot commencent à prendre une coloration bleu-noir. La chlorophylle disparaît, l'acidité diminue et la teneur en sucre augmente.

L'aoûtement : au moment de la récolte, les rameaux et les pousses durcissent pour mieux affronter les épreuves de l'hiver suivant. Une très légère écorce recouvre maintenant la pousse qui, auparavant, respirait et transpirait.

Le dessèchement des feuilles : quand, à l'automne, la chlorophylle s'est retirée des feuilles, celles-ci deviennent jaune et rouge et les champs de vigne sont alors d'une beauté sans pareille.

La chute des feuilles : au début de novembre, les feuilles sèchent et tombent facilement dans le vent d'automne. La sève décroît pour rassembler ses forces en prévision des efforts de l'année suivante, et le pied de vigne entre dans sa phase d'hibernation.

Le feuillage protecteur procure la fraîcheur nécessaire sous la brûlure du soleil estival.

Élaboration du champagne

La méthode champenoise est un procédé assez long et compliqué. Pour résumer cette méthode en quelques mots, nous dirons que le vin, après une fermentation habituelle en fût ou en cuve d'acier, fermente une seconde fois en bouteille. Il s'agit, avant tout, d'élaborer un vin pétillant qui, en chemin, pourra acquérir certains avantages aromatiques. Prenons les choses en leur début.

Le travail du viticulteur s'étend sur toute l'année. Il doit, à des moments bien précis, tailler, fertiliser et traiter par pulvérisation ses plantations. Le combat contre les virus, les parasites et les champignons est incessant. Le climat peut également lui jouer des tours. Le gel printanier, au moment de la floraison, peut prendre les allures d'un véritable fléau. La règle de base de toute production de vin est qu'une récolte minimale donne la plus grande qualité de raisins. Le fait est cependant que, pour les vins pétillants, une récolte trop abondante n'a rien de gênant. C'est tant mieux pour les viticulteurs de Champagne qui ont tendance à faire de grandes récoltes, conscients qu'ils sont de vivre dans une contrée où le climat rend une très mauvaise récolte toujours possible. On a coutume de mesurer la récolte en hectolitres par hectare. En fonction de la taille de la récolte, on décide chaque année en Champagne d'une récolte maximale. Lors de la récolte exceptionnelle de 1982, la région atteignit le chiffre important de 86 hectolitres par hectare. La plupart des producteurs de vins de qualité essayent de maintenir les chiffres en dessous de 50 hectolitres par hectare.

Une autre règle de base importante est que plus les ceps de vigne sont anciens, plus élevée est la qualité. Ces deux règles mettent les viticulteurs dans une situation délicate : ils veulent vendre autant de vin que possible, mais étant donné que quantité et qualité ne vont pas de pair, ils sont bien obligés de choisir.

L'âge moyen d'un pied de vigne en Champagne est d'environ 15 ans. Un pied de vigne qui a atteint l'âge de 30 ans, parfait pour la qualité, est aujourd'hui remplacé par la plupart des producteurs. C'est bien sûr très coûteux de laisser de vieilles vignes peu productives et au système racinaire très développé occuper beaucoup de place dans les vignobles, mais il y a aujourd'hui encore des enthousiastes qui récoltent des raisins issus de pieds de vigne vieux de 60 à 80 ans. Diebolt, Moncuit, Pierre Peters et Larmandier-Bernier séparent même leurs raisins de leurs vieilles vignes de chardonnay pour en faire un champagne de luxe. Et le plus surprenant est que ces champagnes ne coûtent pas plus cher que les champagnes millésimés des autres maisons. Une vraie trouvaille !

C'est entre l'âge de 10 et 25 ans que le pied de vigne est le plus productif. Beaucoup d'énergie va alors à la production des raisins, ce qui diminue la concentration en goût. Les raisins des très vieilles vignes contiennent toujours beaucoup plus d'extrait et moins d'eau que celles plus jeunes.

La disposition des vignes sur le vignoble a une grande importance sur le résultat. Avant la croisade du phylloxéra en Europe, les pieds de vigne non greffés de Champagne étaient plantés en foule. Cela signifie qu'ils étaient plantés n'importe comment à raison de cinq ou six pieds par mètre carré. Le rendement à la surface était plus élevé qu'aujourd'hui, mais chaque pied produisant bien moins de raisins, la qualité était maintenue.

Bollinger utilise toujours cette méthode pour ses pieds non greffés à Ay et Bouzy, qui, pour une raison impénétrable, n'ont jamais été touchés par le phylloxéra. Que ces parcelles y aient échappé, reste un vrai mystère.

En plus de la plantation en foule, quatre systèmes de taille sont autorisés en Champagne : Chablis, Cordon, Guyot et Vallée de la Marne.

D'énormes fûts de chêne dans la cave de Vilmart à Rilly-la-Montagne.

Le système de taille Chablis provient bien évidemment du chablis. À partir d'un pied de vigne, quatre brins de vigne peuvent être utilisés. Moins il y aura de brins, plus le fruit sera concentré. Anselme Selosse à Avize n'utilise que deux rameaux. Si on jette un coup d'œil aux vignes des grandes maisons environnantes, on n'y trouvera que des vignes à quatre rameaux. Tous les pieds de chardonnay en Champagne sont traités selon ce système de taille Chablis.

Le système Cordon est le plus répandu pour le pinot noir. Seul un bois principal est autorisé.

Le système Guyot n'est pas autorisé dans les villages Grand cru et Premier cru, mais est couramment utilisé dans l'Aube pour les trois cépages.

Le système Vallée de la Marne n'est utilisé que pour les pieds de vigne de qualité inférieure pinot meunier. La quasi totalité de l'Aisne, si sensible aux gelées, a adopté ce système.

Tout comme en Bourgogne, le pinot noir de Champagne est sensible à la pourriture grise qu'il ne faut pas confondre avec la pourriture noble qui permet l'élaboration des vins liquoreux de Sauternes. La pourriture grise et la pourriture noble sont causées par un champignon appelé *Botrytis cinerea*. La pourriture grise qui donne un arôme de moisi est cependant très rare en Champagne. Étant donné que la cueillette du raisin se fait à la main, il est possible d'éliminer directement les grappes atteintes. Si d'aventure il devait se glisser des raisins atteints de pourriture grise dans les pressoirs de champagne, le goût n'en serait que peu altéré, puisque ce n'est que la peau du raisin qui est en cause. En Champagne, on évite tout contact avec la peau du raisin dans la production des vins blancs.

VENDANGES

Dans tous les vignobles, la récolte est le grand moment de l'année. Partout ont lieu des fêtes, des vendanges colorées et bien arrosées qui nous paraissent à nous, hommes du Nord, plutôt exotiques.

Même si la vieille garde trouve que c'était autre chose autrefois, les vendanges donnent encore lieu aujourd'hui en Champagne à des festivités impressionnantes. C'est la seule région où est proscrit la récolte mécanique, ce qui signifie que chaque grappe est délicatement cueillie à la main et déposée dans un mannequin (corbeille d'osier).

Le CIVC décide de la date du début des vendanges en proclamant l'« Ouverture des vendanges » où elle indique deux dates, une pour le Pinot et une pour le chardonnay. Autrefois, on laissait la nature décider de la date des vendanges : cent jours exactement après la fin de la floraison. Il arrive fréquemment que cette date coïncide avec celle décidée par le CIVC.

La date des vendanges varie bien sûr d'une année sur l'autre, mais c'est habituellement à la mi-septembre. Bientôt des milliers de personnes viennent de tous les coins de France pour aider à cueillir le raisin. La récolte débute toujours à l'aube pour éviter la fermentation spontanée du raisin. On évite de cueillir au soleil ou sous la pluie. Les vendangeurs sont équipés d'« épinettes », un instrument qui tient à la fois des ciseaux et du sécateur.

Le sucre et l'acidité décident de la date de la vendange : les raisins doivent avoir atteint une teneur en sucre assez élevée pour titrer 10 à 11 % d'alcool tout en conservant assez d'acidité pour que le vin soit équilibré. Les Allemands mesurent les *oechsle* et le poids du moût, tandis qu'en Champagne, on se contente de contrôler l'ampleur de l'acidité et de la teneur en sucre.

Le vieux moine Dom Pérignon examinait et tâtait les raisins pour décider du moment de la récolte. Il comprit aussi les avantages d'une vendange en période fraîche et d'un transport rapide vers l'atelier de pressurage. Sa façon de procéder prévaut aujourd'hui encore. Toutes les opérations de récolte sont strictement divisées et organisées de façon que le contenu des corbeilles pleines soit rapidement chargé sur les véhicules et acheminé vers l'atelier de pressurage.

PRESSURAGE

Il est important que tous les raisins soient entiers et en excellent état lorsqu'ils arrivent à l'atelier de pressurage, qui est, pour ce faire, toujours situé aussi près possible du vignoble. Beaucoup de petits vignerons font presser leur raisin dans les énormes installations de la coopérative. Les grandes maisons de champagne utilisent toujours leurs propres ateliers de pressurage pour avoir la possibilité de surveiller de près toutes les étapes du maniement.

Au moment de la récolte, les ateliers de pressurage grouillent d'inspecteurs du CIVC qui contrôlent que la bonne quantité de moût soit obtenue lors de chaque pressurage. En 1992, on a changé la loi concernant les volumes pour chaque pressurage. La nouvelle législation signifie qu'on doit extraire 2 550 litres de 4 000 kg de raisin.

La première presse (la cuvée) : la cuvée s'élève à 2 050 litres de moût de raisin. Ce terme est malheureusement identique à celui que les Français utilisent pour l'assemblage, ce qui peut prêter à confusion. La première presse donne le moût le plus pur et le plus délicat à partir de la pulpe du raisin, sans le moindre contact avec la peau ou les pépins. Très peu de producteurs, à part Jacquesson et Vilmart, par exemple, vont plus loin dans la recherche de la qualité. On a découvert qu'une partie seulement de la cuvée est de très haute qualité et ce moût est appelé le « cœur de cuvée ».

Naguère on utilisait pour les vendanges de grands et beaux paniers, les mannequins.

La seconde presse (première taille) : elle donne 500 litres de jus de raisin. Très peu de maisons de champagne avouent utiliser autre chose que la première presse, mais en fait elles sont rares à avoir les moyens de s'offrir le luxe de n'utiliser que la cuvée. Les vins élaborés à partir d'une seconde presse sont un peu plus âpres et grossiers. Si on utilise la « première taille » des deux Pinots Noirs, on risque de donner au champagne une coloration rougeâtre.

La troisième presse (deuxième taille) : la troisième presse était à l'origine de l'élaboration de nombreux champagnes destinés aux grandes surfaces qui étaient la honte de la région. Dans la nouvelle législation, on a interdit cette troisième presse de façon à éviter ces champagnes médiocres.

La rebêche : la rebêche est ce qui subsiste après les dernières presses. Le pressurage des peaux pratiquement sèches produit un jus de haute teneur en tannins et n'est bon qu'à distiller.

On s'est livré à beaucoup d'expériences dans la région en utilisant de nouveaux types de pressoirs, mais on en arrive souvent à la conclusion que le vieux pressoir vertical de Dom Pérignon – le Coquard – demeure le meilleur. Le pressoir Coquard est toujours en bois et peut être rond ou carré de forme. À l'aide d'un grand plateau de bois, les raisins sont pressés rapidement et délicatement.

L'autre type assez répandu est le pressoir moderne horizontal, qui peut être pneumatique ou hydraulique. Il a rencontré à son apparition beaucoup d'attention et d'enthousiasme, mais il n'est plus en vogue depuis quelques années.

OXYDATION ET DÉBOURBAGE

Il est très important que le moût soit à l'abri d'une oxydation excessive pendant toute la durée de la vinification. Certains vignerons prétendent cependant qu'on peut « vacciner » le vin contre une future oxydation en acidifiant le moût à un stade précoce. Toute élaboration de vin signifie qu'il y a oxydation, ce qui signifie que l'oxydation en soi n'est pas nuisible. Ce qui est décisif, c'est l'étendue de l'acidification du vin et la rapidité tolérée de l'oxydation. Un vin qui est vinifié en fûts de chêne est sujet à une oxydation plus importante qu'un vin qui est hermétiquement conservé dans une cuve en inox.

La réaction chimique lors d'une oxydation excessive est que les enzymes oxydants attaquent les phénoles du vin et lui donnent une coloration brune ainsi qu'un goût amer et âpre rappelant le sherry. Pour protéger le moût frais, on doit y incorporer environ huit grammes de bioxyde de soufre par hectolitre. Le sulfite aide également à tuer les levures sauvages qui pourraient démarrer une fermentation incontrôlée. Mais il est rare qu'on puisse détecter le soufre au niveau du bouquet ou du goût. La dose est trop infime.

Pour se débarrasser de toutes les matières étrangères en suspension, on procède à une décantation appelée débourbage,

qui peut être naturelle ou artificielle. Le procédé artificiel consiste en une centrifugation, un filtrage ou précipitation à l'aide de bentonite. La plupart des fabricants de vins de Champagne utilisent cependant le procédé naturel, où la sédimentation a lieu par un refroidissement du moût juste au-dessus du point de congélation. Il y a de nombreuses étapes dans l'élaboration d'un vin, et le débourbage est la première étape vers la fabrication du champagne.

FERMENTATION

Dès que le moût a été transvasé en cuve commence la fermentation. Elle a lieu grâce à la levure qui se trouve dans cette fine pellicule cireuse à la surface de la peau du raisin appelée pruine. Il y a deux catégories de levures : levure naturelle et levure de culture. Un des secrets derrière « le style » Moët & Chandon réside dans la levure de culture utilisée dans la totalité des cuvées et qui donne un bouquet de pain grillé avec des notes de crème de champignon.

Chaque village de champagne peut contenir des centaines de variantes de levure sauvage. Les levures de culture sont produites en laboratoire, mais proviennent toutes de levure sauvage. Le type de levure le plus employé en Champagne aujourd'hui est *Saccharomyses ellipsoideus.* Toutes les levures utilisées dans l'élaboration du champagne ont en commun d'être particulièrement adaptées à la fermentation à basse température et à une pression élevée en bouteille. Les rares champagnes fermentés avec une levure sauvage sont dans la plupart des cas des vins provenant d'un seul et même vignoble.

L'argument avancé en faveur d'une telle pratique est que la caractéristique du vignoble est soulignée grâce à l'utilisation de la levure issue de la peau du raisin.

La levure a besoin d'un aliment pour parvenir à transformer le sucre du raisin en alcool et en gaz carbonique, et celui-ci se trouve dans le moût. On y trouve toutes les protéines, les vitamines et les minéraux dont la levure a besoin. Les 20 % de sucre environ que contient un raisin chardonnay à maturité suffisent amplement pour que la levure entame la transformation en alcool et en gaz carbonique. En réalité, ce n'est pas la cellule de levure elle-même qui est à l'origine du processus de fermentation, mais bien plutôt une vingtaine d'enzymes dont cette cellule est porteuse. Chaque enzyme a une fonction particulière pendant le déroulement compliqué de la fermentation.

Lors de la première fermentation normale, la fermentation alcoolique, on n'utilise pas le gaz carbonique qui s'est formé. Le seul souci est d'augmenter la teneur en alcool éthylique et de transformer le jus de raisin en vin.

Deux facteurs importants lors de la fermentation sont le temps et la température. Habituellement, la fermentation prend dix jours et a lieu à une température de 18 à 20 °C, mais quelques fabricants font fermenter leurs vins à une température inférieure et peuvent mieux préserver le fruit du vin. Billecart-Salmon est le pionnier de la fermentation à froid. Une fois encore, Anselme Selosse se distingue comme le plus extrême des fabricants de vin, en laissant ses vins fermenter pendant près de deux mois.

Le processus de la fermentation est l'étape qui transforme le jus de raisin ordinaire en une boisson aux multiples facettes appelée vin. Le vin provenant du raisin est la seule boisson qui peut contenir les arômes de tous les autres fruits dans un seul verre ! Bien sûr, il peut être passionnant de participer à une dégustation de bières ou de whiskies, mais les inépuisables combinaisons de goût que le vin peut obtenir ne se retrouvent dans aucune autre boisson. Les composants aromatiques d'un grand vin peuvent se compter par centaines et inclure les acides, les alcools, les aldéhydes, les esters et les cétones. Quelqu'un qui retrouve un arôme aux notes de pomme ou de pêche dans un champagne ne se trompe pas. Les 50 éléments qui composent l'arôme de pomme peuvent faire partie de la composition complexe du vin. Quelques arômes consistent en un nombre moins important d'éléments, par exemple l'amande (benzaldéhyde, acétine), la noisette (diacétyle), le miel (acide phénylacétique), la pêche (undecalactone) et la banane (acétate de butyle, éthanoate de butyle).

Personnellement, je trouve plus appétissant de décrire un vin comme ayant un arôme de pêche que d'undecalactone.

La fermentation malolactique : les avantages et les inconvénients de la fermentation malolactique (également appelée fermentation d'acide malique) peuvent vraiment provoquer des discussions entre les différents fabricants de vins. Qu'ils l'utilisent ou non, ils sont persuadés que leur méthode est la bonne. Ce procédé biologique tant controversé consiste à transformer l'acide malique âpre en acide lactique plus doux.

La fermentation malolactique est activée si on chauffe la cuve de fermentation, et elle est ralentie si on ajoute du soufre dans le vin à basse température. L'avantage avec les vins qui ont subi la fermentation malolactique est qu'ils deviennent plus doux et sont plus facilement appréciés comme jeunes. Les vins qui n'ont pas subi la fermentation malolactique sont en revanche âpres et râpeux quand ils sont jeunes, mais gardent très longtemps un haut niveau d'acidité à l'effet conservateur.

La plupart des champagnes considérés comme les meilleurs et les plus aptes au vieillissement, par exemple Krug, Salon et Selosse, peuvent être ressentis comme agressifs au berceau, mais étant donné qu'ils n'ont pas subi la fermentation malolactique, leur temps de conservation s'en trouve considérablement augmenté. Quand, en revanche, une firme comme Lanson évite cette fermentation pour son léger champagne standard, le but en devient inefficace. Il faut tout de même ajouter que Piper-Heidsieck et Lanson élaborent des champagnes

millésimés qui commencent leur vie à l'état de chrysalide, et qui, avec le temps, deviennent de merveilleux papillons riches en couleur et prêts à l'envol.

Il y a, à propos de la fermentation malolactique, beaucoup de points obscurs. Certains œnologues prétendent qu'elle a toujours lieu, la question restant de savoir à quel moment elle a lieu dans l'existence du vin. Il est clair en tout cas que cette fermentation diminue l'acidité du vin : 10 grammes d'acide malique se transforment en 6,7 grammes d'acide lactique, le reste disparaissant sous la forme de gaz carbonique. En résumé, on peut constater que la fermentation malolactique possède trois effets distincts sur la qualité du vin : l'acidité diminue, une stabilité bactériologique s'établit et le goût se transforme. Vous trouverez davantage d'information sur la position des producteurs à propos de la fermentation malolactique dans la partie qui leur est réservée.

Quand le vin a achevé sa première fermentation au cours de l'hiver, on procède souvent à une double clarification. La clarification consiste à transvaser dans une nouvelle cuve le vin séparé du dépôt tombé au fond de la cuve. Certains producteurs, qui ont très peur que le vin ait trop de caractère, filtrent leur vin une seconde fois. Ils sont par bonheur de plus en plus nombreux à comprendre qu'ils ne doivent pas le faire étant donné qu'ils perdent de nombreux et importants composants aromatiques.

FÛTS DE CHÊNE OU CUVES INOXYDABLES ?

Depuis le début des années 1960, la plupart des cuves de fermentation des fabricants de champagne sont en acier inoxydable. Les cuves en émail, en verre et en fibre de verre ne sont que très peu utilisées, tandis qu'une petite élite soucieuse de qualité, avec Bollinger et Krug en tête, fait encore fermenter ses vins dans des fûts de chêne de toutes tailles. La taille standard en Champagne est le fût de 205 litres, appelé pièce. La plupart des viticulteurs de Côte des Blancs qui utilisent aujourd'hui des fûts de chêne les achètent à Chablis : des barriques de 225 litres. Le champagne de prestige de Jacquesson, Signature, fermente dans des foudres de 1 000 litres, tandis qu'un nombre restreint de fabricants disposent de demi-muids de 600 litres.

Les grandes maisons de champagne prétendent que la qualité s'est améliorée depuis qu'on a commencé à faire fermenter les vins dans d'énormes cuves inox. Personnellement, je suis charmé par les champagnes vinifiés en fûts de chêne. Il est évident que le vin prend une autre dimension dans son contact avec le bois. Les arômes sont plus riches et le vin acquiert plus de force. Cependant il n'est pas dit qu'on ne puisse pas obtenir un champagne de grande classe dans des cuves en inox. Le Taittinger Comtes de Champagne, le Roederer Cristal, le Pol Roger Winston Churchill et le Salon sont tous d'excellents exemples de champagnes fermentés en cuve inox possédant un fruité très pur et une élégance imbattable. Les vins fermentés en fûts de chêne de Krug, Bollinger et Jacques Selosse sont uniques pour ce qui est de leur profondeur et concentration.

Puisque le champagne est un vin si bien assemblé et fragile, il est important de veiller avec prudence à ce que les arômes de chêne ne dominent pas sur le fruité du vin. C'est très inhabituel de n'utiliser que des fûts de chêne neufs comme on le fait aux États-Unis et en Australie. Un fût de chêne de champagne est souvent si vieux que le tannin et la vanilline du chêne doivent avoir disparu avant l'emploi. C'est en 1993 qu'un œnologue a pu démontrer à l'aide de la chimie que les champagnes de Krug contenaient effectivement des matières provenant du chêne. Avant cela, les chimistes prétendaient que le goût de chêne qu'on peut retrouver assez facilement dans les vins de Krug, venait uniquement de l'aération dont bénéficiait le vin dans les vieux petits fûts de chêne.

Le tannin et la vanilline sont plus présents dans le champagne fermenté en fûts de chêne que dans celui fermenté en cuves inox. Une autre différence notoire est que les champagnes fermentés en fûts de chêne contiennent davantage de glycérole, qui rend le vin plus gras et plus huileux. Étant donné que les fûts de chêne laissent pénétrer de petites quantités d'air, l'oxydation a lieu plus rapidement, ce qui augmente également la teneur en ester et aldéhyde.

Quelques sommeliers sensibles à l'oxydation montrent souvent du doigt les champagnes élevés en fûts de chêne de Bollinger et de Krug comme défectueux lors de dégustations aveugles, étant donné qu'ils découvrent un soupçon d'arôme proche du sherry et pensent qu'il s'agit d'une oxydation exagérée.

Je prétends au contraire que cette note est une faible composante tout à fait naturelle dans le caractère classique d'oxydation qu'un champagne classique doit avoir. Il est par ailleurs difficile de distinguer entre le goût de chêne et un vieux chardonnay dans le champagne – tout comme dans les vins de Chablis. Tous deux possèdent une note de base de grillé, de noisette et de fumé qui va parfois jusqu'au pain et café. Même le caractère autolytique, l'arôme qui se développe dans les champagnes qui sont restés longtemps en contact avec le dépôt avant le dégorgement, peut être facilement confondu avec le goût de chêne.

Les maisons de champagne soucieuses de qualité qui utilisent aujourd'hui des fûts de chêne avouent rarement qu'elles utilisent dans une petite proportion des fûts neufs pour donner au vin une épice personnelle. Mais sans donner de noms, je puis affirmer que j'ai vu de mes propres yeux des fûts de chêne neufs contenant du vin dans plusieurs maisons renommées.

Anselme Selosse et les fabricants de vin de chez Vilmart ne cachent pas leurs expérimentations. Selosse soutient que 50 %

de fûts neufs sont profitables pour ses champagnes proches de bourgognes. Il est également le premier à avoir commercialisé un champagne élevé exclusivement en fûts de chêne neufs. Certains de ses vins nécessitent cependant une décantation avant consommation.

L'utilisation de fûts de chêne est beaucoup plus hasardeuse en comparaison de la fermentation en cuves inox. Les vins qui sont élaborés artisanalement en petits fûts de chêne présentent parfois une variation gênante en bouteille. Ils peuvent parfois, mais de façon exceptionnelle, avoir été élaborés dans des conditions d'hygiène insatisfaisantes ayant pour résultat un vin défectueux. Pour la plupart des firmes qui produisent à grande échelle, les cuves inox sont une vraie bénédiction, car il est alors quasi impossible d'échouer. La qualité des raisins et la capacité du chef de caves à assembler les raisins ont davantage d'importance sur le goût final du champagne.

ASSEMBLAGE

En mars-avril, débute l'assemblage, l'une des étapes les plus difficiles dans l'élaboration du champagne. C'est à ce moment là que le chef de caves imprime son style et la marque de la maison sur le champagne. Les vins dont la fermentation est achevée sont encore tranquilles et reposent pour la plupart dans des cuves séparées, provenant chacune d'un village particulier. Plus la palette du chef de caves est riche, plus il a de possibilités d'influencer le vin. Krug est unique avec ses 4 000 petits fûts de chêne. Si on est déçu par le contenu d'un de ces fûts, il n'y a qu'à refuser le vin.

Le chef de caves de Moët & Chandon, monsieur Blanck, a également à sa disposition une mosaïque extraordinaire de vins tranquilles provenant de différents villages. Ses 800 grandes cuves contiennent des vins provenant de 150 villages différents. D'une qualité inférieure à celle de Krug, mais quand même !

Les petits vignerons ont la vie plus facile. Ils séparent souvent leurs meilleurs vins pour en faire des champagnes de prestige, mais n'ont pratiquement jamais de problème pour savoir quels sont les vins qui doivent être assemblés entre eux. La plupart du temps, ils n'ont à leur disposition que des raisins provenant d'un ou deux villages différents. Anselme Selosse va comme d'habitude plus loin que les autres quand il répartit chaque parcelle de Grand cru village d'Avize dans un fût particulier.

Il faut avoir de grandes connaissances et beaucoup d'expérience pour parvenir à élaborer chaque année un champagne standard qui possède le style propre à une maison étant donné que la matière de base varie tant d'une année sur l'autre. Le chef de caves a également à sa disposition une grande quantité de vins de réserve des années antérieures, qu'il utilise pour

Les outils traditionnels encore utilisés chez Krug.

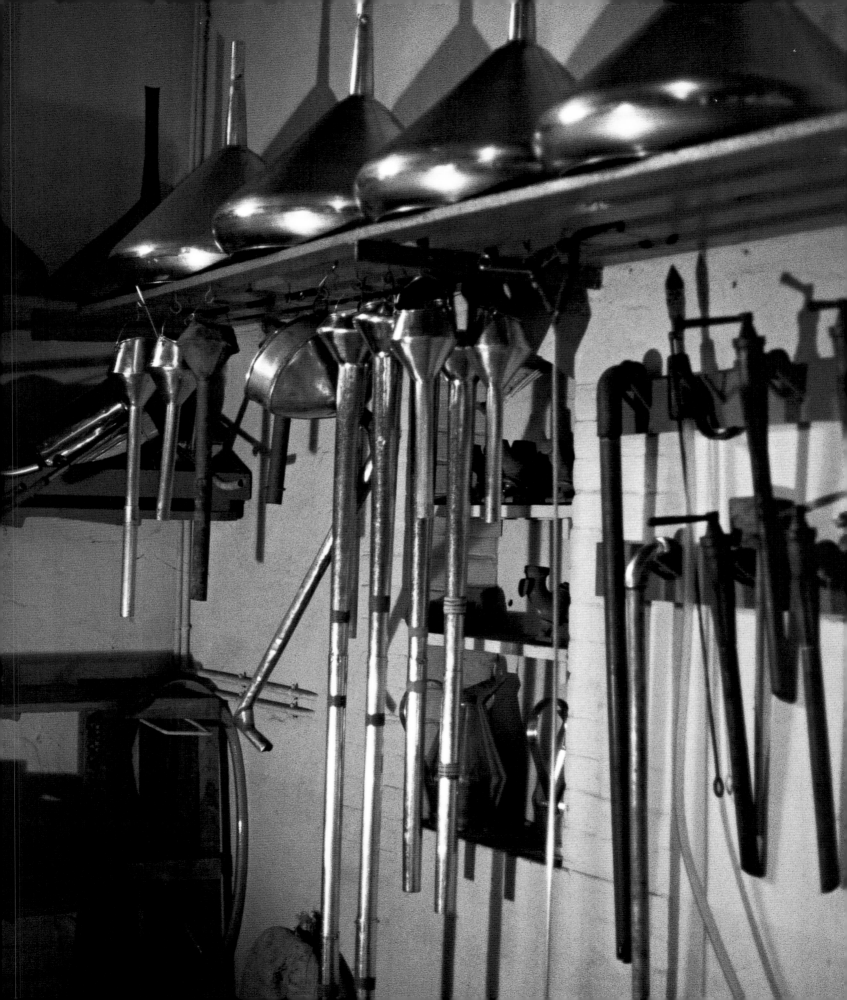

équilibrer le goût. Krug conserve ses vins de réserve en cuves inox, étant donné qu'on cherche à éviter l'oxydation à ce stade de la vinification. Louis Roederer, qui fait fermenter ses vins dans des cuves inox, fait vieillir ses vins de réserve dans de grands fûts de chêne. Bollinger utilise la méthode la plus sophistiquée : les vins de réserve vieillissent sous pression faible en bouteilles magnum.

Quand le chef de caves élabore la cuvée, il doit prendre en compte plusieurs aspects : le vin va-t-il évoluer harmonieusement sans que le Pinot et le chardonnay diffèrent dans leur stade d'évolution ? Doit-il s'efforcer de se conformer au style de la maison ou au caractère du millésime ? À quoi le vin va-t-il ressembler devenu effervescent ? Avant tout, il doit se demander : quels sont les vins qui vont le mieux ensemble ? Il n'est pas si facile de simplement assembler les meilleurs vins tranquilles. Un vin déséquilibré et vert peut donner du nerf à un assemblage trop lourd, et un vin tranquille inexpressif et neutre peut servir de passerelle entre les vins les plus légers et les plus lourds d'une cuvée. Certains villages ne vont pas bien ensemble, même s'ils proposent individuellement de grands vins.

Le travail du chef de caves rappelle beaucoup celui d'un chef de cuisine qui doit savoir avec précision la quantité à utiliser de chaque ingrédient. L'assemblage est devenu quelque chose de sacré depuis le temps où Dom Pérignon commença à mélanger les raisins provenant de différents villages.

Je fais partie de ceux qui estiment que les champagnes monocrus non assemblés peuvent atteindre le même niveau, mais il est vrai qu'un habile chef de caves peut réaliser de fabuleux prodiges à partir de vins de base assez simples.

PRISE DE MOUSSE

Quand le chef de caves a décidé de la façon dont les vins tranquilles devaient être assemblés, on les mélange dans d'énormes cuves avant de les mettre en bouteilles. C'est à ce moment que le champagne acquiert ses lettres de noblesse sous la forme d'une mousse blanche comme neige.

Lors de la première fermentation alcoolique se forme du gaz carbonique qui s'échappe dans l'air, mais lors de la seconde fermentation, le gaz carbonique reste prisonnier de la bouteille.

Étant donné que le vin tranquille préalablement assemblé a déjà perdu toute sa levure, une incorporation de sucre et de levure supplémentaire est nécessaire. Ce sucre et cette levure sont dilués dans du vin et forment un mélange appelé liqueur de tirage. La quantité de liqueur est très strictement calculée en fonction de la quantité de mousse recherchée. Généralement on ajoute 22 grammes de sucre par litre de vin. La teneur en alcool augmente alors d'environ 1,2 %.

TAUX DE SUCRE DANS LE CHAMPAGNE

Extra Brut	0-6 grammes/litre
Brut	0-15 grammes/litre
Sec	17-35 grammes/litre
Demi-Sec	33-50 grammes/litre
Doux	50 < grammes/litre

Quand la solution est incorporée, le vin est mis en bouteilles et provisoirement bouché à l'aide d'une capsule ou d'un vrai bouchon. L'intérieur de la capsule est recouvert de plastique pour protéger le vin d'une rouille éventuelle. Les bouteilles sont ensuite descendues en caves à 10-12 °C et sont déposées à l'horizontale (sur lattes) entassées les unes sur les autres sur une hauteur impressionnante. C'est une vision inoubliable que celle que vous rencontrez en visitant les caves de ces grandes firmes, aux interminables allées remplies de bouteilles à perte de vue.

Tout ce processus a pris énormément de temps à se développer. Même si les Anglais ajoutaient déjà du sucre en 1662, il fallut attendre 1801 pour que Chaptal puisse prouver les effets de différentes adjonctions de sucre et 1857 pour que le rôle de la levure dans le processus de fermentation soit totalement maîtrisé grâce aux découvertes de Pasteur.

L'expression de « liqueur de tirage » sera pour la première fois employée par le professeur Robinet, originaire d'Épernay, en 1877. Ce n'est probablement que dans les années 1880 qu'on commença à ajouter sucre et levure. Jusque-là, les bulles provenaient donc de la poursuite de la première fermentation et non comme aujourd'hui d'une seconde fermentation.

VIEILLISSEMENT

D'après la loi, le champagne standard doit reposer de cette façon sans être remué pendant au moins 15 mois.

Un champagne millésimé ne peut être privé de son dépôt que trois ans après la mise en bouteille. La plupart des producteurs de champagnes de qualité laissent reposer leurs vins une ou deux années de plus.

Plus la température de la cave est basse, plus les bulles qui se forment lors de la fermentation seront petites et belles.

La fermentation ne dure que deux semaines. Pendant cette période, les bouteilles sont remuées à la main à plusieurs reprises. Cette étape s'appelle le poignetage. Il est très rare aujourd'hui que les bouteilles explosent lors de la prise de mousse, mais avant qu'on ne connaisse bien les quantités nécessaires de levure et de sucre exigées, de nombreux fabricants réputés perdaient la moitié de leur production annuelle.

Un bon remueur peut tourner des milliers de bouteilles en quelques heures.

Lors de la fermentation se forme un dépôt aussi appelé lie. Il est constitué de cellules de levure mortes et de particules chimiques indésirables. Le dépôt enrichit le vin de son propre arôme appelé le caractère autolytique, élément très important dans la réalisation du champagne. L'autolyse a plusieurs effets positifs. Un enzyme de réduction se libère par exemple qui empêche l'oxydation et a un effet de conservation sur le champagne aussi longtemps qu'il est en contact avec le dépôt. De plus les acides aminés augmentent en nombre en donnant au champagne ce caractère de pain et cet arôme d'acacia qu'on retrouve si souvent dans les champagnes nouvellement dégorgés. Une mannoprotéine appelée MP 32 se développe également. Certains éléments nutritifs provenant de la levure sont absorbés en donnant une note de levure et de champignon tout en empêchant le déclenchement d'une troisième fermentation après l'adjonction du dosage. Le plus bel exemple de champagne à caractère autolytique est peut-être le champagne de prestige Bollinger R. D qui est dégorgé au bout de 8 à 12 ans.

Après l'étape « sur lattes », les bouteilles sont placées, le goulot incliné vers le bas, dans de grands casiers appelés pupitres. Au début, les bouteilles sont orientées à 45°. L'orifice dans lequel elles sont fixées est conçu de façon à pouvoir les remonter progressivement jusqu'à un angle de 90°. Un remueur tourne d'un geste rapide les bouteilles d'un huitième de tour pour détacher le dépôt de la paroi de la bouteille. C'est le remuage qui se fait aujourd'hui à l'aide de grandes machines appelées gyropalettes. Le gyropalette est une version française du girasol catalan. Les machines informatisées peuvent en moyenne accomplir un remuage complet en huit jours au lieu de huit semaines que prend en moyenne le remuage manuel. Cela épargne beaucoup de temps, mais prive de charme l'artisanat des méthodes traditionnelles de vinification. Du point de vue de la qualité, je ne vois qu'un inconvénient avec les gyropalettes, c'est que les bouteilles ne sont pas toutes remuées de la même façon. Avec un gyropalette, les bouteilles qui se trouvent le plus près du centre sont moins remuées que celles qui sont à la périphérie.

Après le remuage, les bouteilles sont tête en bas et prêtes à perdre leur dépôt, mais de nombreux vignerons préfèrent laisser vieillir le vin « sur pointes », de façon à pouvoir rapidement ouvrir une bonne vieille bouteille à la demande. Moët & Chandon essaye de révolutionner la conception du remuage en commençant à utiliser des capsules de levure qui ne se déposent pas à l'intérieur de la bouteille et qu'on appelle les billes. Malheureusement cette technique n'a pas vraiment donné entière satisfaction.

DÉGORGEMENT

La dernière étape importante dans l'élaboration du champagne est appelée le dégorgement. Aujourd'hui on congèle l'extrémité du goulot en le plongeant dans un bain de saumure à une température de -28 °C. Le dépôt devient à moitié gelé et visqueux et est expulsé au moyen d'un rapide mouvement mécanique.

Le dégorgement à la glace, c'est le nom de cette méthode, date de 1884 et fut inventé par le Belge Armand Walfart.

Quelques fabricants dégorgent encore leur champagne à la main « à la volée ». Le dépôt est expulsé d'un mouvement précis et rapide en même temps qu'on remet la bouteille debout. Cette technique exige des années d'entraînement pour obtenir un vin libre de toute levure sans avoir vidé la moitié de la bouteille. La maison Salon au Mesnil dégorge tous ses champagnes à la volée pour pouvoir contrôler et aérer le vin. Dom Pérignon pratiquait déjà le dégorgement sur ses bouteilles enterrées la tête en bas dans le sable.

Le volume de vin perdu lors du dégorgement est ajusté par du vin et un peu de sucre. La quantité de sucre varie en fonction du type de champagne que l'on veut obtenir. Cette solution sucrée est appelée liqueur d'expédition ou de dosage. Certains utilisent parfois dans leur dosage des vins vieillis pour obtenir un goût plus mûr, mais d'autres se contentent d'ajouter quelques gouttes du vin de même cuvée.

Jusqu'en 1960 on avait coutume d'ajouter une petite quantité de cognac dans la liqueur d'expédition. Étant donné que c'est illégal, j'ai promis de ne pas dénoncer ceux qui utilisent encore du cognac. Il y a aussi ceux qui ont leur propre dosage. Un petit vigneron d'Ay m'a raconté qu'il employait même du miel dans son mélange !

LE RÔLE DU BOUCHON

Après l'ultime dosage du vin, la bouteille doit être munie d'un bouchon dont le rôle est primordial dans le vieillissement. Au début du siècle dernier, tous les bouchons de champagne étaient fabriqués d'un seul bloc, mais le prix élevé du liège a conduit à utiliser des bouchons faits de plusieurs tranches. La partie supérieure est en liège synthétique et les parties inférieures sont faites de deux ou trois plateaux de liège naturel. La partie en contact direct avec le vin est toujours de la meilleure qualité. La longueur et la qualité du bouchon sont peut-être les facteurs les plus importants pour que le champagne puisse vieillir pendant plusieurs décennies.

Tous les vieux champagnes qui ont obtenu une note élevée dans la partie de ce livre consacrée aux producteurs avaient des bouchons en parfait état de conservation. On devient un peu circonspect quand on compare la longueur d'un bouchon de 1938 à celle d'un bouchon de 1979. Le premier est presque deux fois plus long et fait d'un seul bloc !

Au moment du bouchage, la bouteille est à nouveau agitée pour que le dosage soit bien mélangé au vin. Le bouchon est tenu en place à l'aide d'un muselet.

LES ÉTIQUETTES DE CHAMPAGNE

Une fois le bouchon en place, c'est ensuite le moment de l'étiquetage, manuel ou mécanique. L'histoire des étiquettes de champagne est assez limitée. À l'origine les bouteilles étaient aussi nues qu'Adam et Ève. Pour pouvoir distinguer les différentes cuvées, on apposait un cachet de cire sur le cordon qui maintenait le bouchon en place. Au milieu du XIXᵉ siècle, les bouteilles étaient souvent munies d'une discrète étiquette fixée sous le cul de bouteille. L'information était lapidaire mais précisait, dans le meilleur des cas, le type et l'origine du vin, très rarement le nom du producteur. Les premières étiquettes dignes de ce nom apparurent en Champagne en 1820 sur le modèle allemand. Leur utilisation fut longtemps un phénomène assez rare et le client devait payer pour voir ses bouteilles habillées d'une étiquette. Au début le mot champagne ne figurait jamais seul mais était souvent accompagné du mot pétillant destiné à préciser la nature du vin. Aujourd'hui l'étiquetage qui paraît aller de soi ne me semble pas assez mis en valeur. Y a-t-il au monde un vignoble dont les étiquettes peuvent revendiquer une beauté pareille à celle qui décore les bouteilles de champagne ? On pourrait cependant reprocher aux maisons de champagne d'aujourd'hui de trop se préoccuper de lancer des bouteilles de forme nouvelle, d'étiquettes et d'emballages de toutes sortes de matières plutôt que de se concentrer sur le contenu des bouteilles. Mais avouez qu'une belle étiquette peut rendre le vin plus attirant ! Après l'étiquetage, les bouteilles sont stockées un court moment chez le producteur, avant d'être expédiées aux quatre coins du monde. Le long et laborieux processus qui prit naissance dans les vignes il y a de nombreuses années a maintenant pris fin. Il n'y a plus qu'à ouvrir la bouteille et à apprécier !

COMMENT LIRE UNE ÉTIQUETTE ?

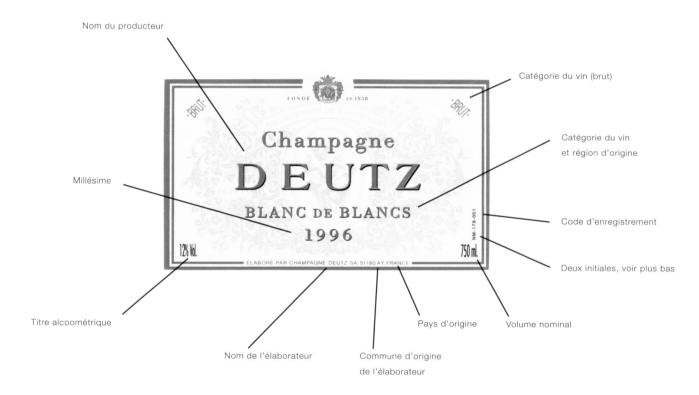

N-M : Négociant-manipulant. Maison de champagne autorisée à acheter des raisins nécessaires à l'élaboration du champagne.

R-M : Récoltant-manipulant. Des vignerons qui ne champagnisent et ne commercialisent que leur propre raisin.

C-M : Coopérative. Groupement de récoltants.

R-C : Récoltant-coopérateur. Vignerons qui récupèrent leurs bouteilles avec leur propre étiquette après l'élaboration par la coopérative.

M-A : Marque d'acheteur. Un grand acheteur. Par exemple une chaîne hôtelière dont le nom figure sur l'étiquette bien que le vin vienne d'une coopérative ou d'une maison de champagne.

Acheter, conserver et déguster

La meilleure façon d'acheter du champagne est de s'adresser directement à un producteur. Le vin est alors garanti en parfait état. Il est même possible la plupart du temps de goûter le vin avant de l'acheter.

À la différence de leurs collègues allemands, les vignerons de Champagne ne seront pas vexés s'ils doivent déboucher une bouteille pour n'en vendre qu'une seule. Le simple fait qu'on veuille acheter leur champagne paraît les satisfaire.

On trouve à Reims comme à Épernay de luxueux magasins qui vous vendent le champagne à un prix exorbitant. Seule Madame Salvatori sur la grand-place d'Épernay pratique des prix équivalents à ceux des producteurs. Avec un peu de chance, on peut faire des trouvailles à « La Cave d'Erlon », à la « Boutique nominée », à « Délices champenoises » et à « La Vinocave », toutes quatre situées au centre de Reims. Un seul magasin s'est spécialisé dans la vente des champagnes de producteurs : « Champagne sélection » juste en face de la cathédrale. On ne peut pratiquement trouver de vieux champagnes qu'en Grande-Bretagne. Cela s'explique par le fait que les Anglais ont, par tradition, voué un amour particulier au grand champagne doux, à maturité appelé goût anglais. Nombreux sont les lords et autres nobles à avoir depuis plus d'un siècle rempli leurs caves de ce champagne. À Londres, le flâneur peut fureter chez différents marchands de vin et trouver en quelques heures davantage de vieux champagnes qu'il n'y en a à vendre ailleurs dans le monde. Les vieux champagnes sont aussi relativement bon marché aux enchères de Sotheby's et de Christie, mais étant donné que la qualité des vieux champagnes dépend beaucoup de la façon dont les bouteilles ont vieilli, acheter sans goûter auparavant est loin d'être sans risque. Un autre problème est que les vins se vendent par caisse, ce qui peut grever le budget d'une famille avec des enfants. Si on a la chance de trouver un vieux champagne en France ou en vacances dans un pays touristique, il est tout à fait possible de marchander et de faire baisser les prix par rapport aux jeunes champagnes de même marque qu'ils proposent à la vente. Beaucoup de mes amis m'ont raconté, le sourire aux lèvres, comment ils avaient acheté un Mumm 1979 au prix d'un Cordon Rouge ou un Comtes de Champagne 1966 la moitié du prix d'un 1995 de même marque. Le cas le plus incroyable est celui de cet expert très écouté, Håkan Nilsson, originaire de la Suède du Sud qui, en Provence, avait acheté au début des années 1990, une caisse de Dom Pérignon 1975 dans une épicerie de campagne pour 200 francs la bouteille (environ 24 euros).

GRANDES OU PETITES BOUTEILLES

Le Nabuchodonosor	20 bouteilles	15 litres
Le Balthazar	16 bouteilles	12 litres
Le Salmanazar	12 bouteilles	9 litres
Le Mathusalem	8 bouteilles	6 litres
Le Réoboam	6 bouteilles	4,5 litres
Le Jéroboam	4 bouteilles	3 litres
Le Magnum	2 bouteilles	1,5 litres
La bouteille		75 centilitres
La Demie		37,5 centilitres
Le Quart		18,8 centilitres

CHOISIR LE CHAMPAGNE

Beaucoup de gens se demandent pourquoi le champagne doit coûter si cher.

Cela dépend surtout des règles rigoureuses du maintien de la qualité mais aussi de la coûteuse méthode champenoise. Les

Chez Billecart Salmon, les bouteilles lauréates de la dégustation du millénaire : les 1959 et 1961.

coûts de la bouteille, du bouchon, des raisins, de la fabrication et du vieillissement rendent impossible un prix de vente inférieur à 9 euros. Quand il s'agit de vin, tout est, bien entendu, une affaire de goût, mais en pensant à ce que coûte un Château Petrus ou un Romanée Conti, un millésime Krug pour 100 euros représente une trouvaille.

Le vin millésimé est souvent le meilleur achat que l'on puisse faire dans la plupart des maisons de champagne : pour quelques euros de plus, on peut aujourd'hui obtenir un Moët & Chandon de 1998 et un Clicquot de 1996, tous deux nettement supérieurs aux champagnes standard de même marque. Le champagne de prestige est souvent encore un peu plus raffiné et concentré, mais la question est de savoir si le prix motive la différence de qualité.

Je trouve qu'on doit éviter les champagnes les moins chers. Ils ont souvent un goût terreux impropre à la consommation et on en a rarement pour son argent. Ils contiennent souvent un pourcentage élevé de vin de seconde presse et proviennent de l'Aisne ou de l'Aube. Le raisin prédominant dans ces champagnes est principalement le pinot meunier. La plupart des champagnes de grandes surfaces en Europe correspondent bien à cette description. Les vraies trouvailles dans cette véritable jungle de champagnes sont tout de même les blancs de blancs de grande classe des producteurs de Grand cru.

En Bourgogne, les vins de producteurs sont plus chers que ceux des négociants mais en Champagne, c'est l'inverse, étant donné que les entreprises à fort capital soutiennent efficacement la thèse que les bons champagnes doivent être le résultat du mélange des trois cépages. Au fur et à mesure que les producteurs se font de plus en plus remarquer, ils ne vont pas tarder à apprendre à se faire payer. C'est pourquoi nous devons en tant que consommateurs au courant des prix, nous dépêcher d'acheter ces chefs-d'œuvre à des prix défiant toute concurrence. Quelques producteurs comme Selosse et Vilmart font déjà l'objet d'un tel culte, ce qui signifie que leurs vins sont hors de prix à Paris comme à New York.

Quel que soit le champagne qu'on choisisse, il est important de s'assurer qu'il est en bonne condition. N'achetez jamais une bouteille de champagne qui a été conservée debout dans la boutique. Le bouchon peut rapidement sécher et le vin sera alors détruit. Tenez le champagne à la lumière pour vous assurer de sa clarté et contrôler l'absence de dépôt. Si le champagne est âgé, vous devez alors sentir le bouchon. Si vous reconnaissez la moindre odeur de madère, c'est qu'il y a alors de grands risques pour que le bouchon ait laissé passer une quantité importante d'oxygène dans la bouteille. Le niveau du contenu dévoile également la condition du vin. Une très nette baisse de niveau est un autre signal d'alarme.

Si vous faites vos achats en Champagne en plein été, ne gardez pas trop longtemps le champagne dans le coffre surchauffé de votre voiture. Si vous pouvez, montez le vin dans la chambre d'hôtel jusqu'au moment du retour à la maison. Conservez de préférence l'emballage d'origine pour éviter d'exposer le champagne à une lumière trop intense. Conservez toujours les bouteilles couchées pendant toute la durée du voyage de retour.

Ces quelques tuyaux peuvent vous aider à éliminer les plus mauvais exemplaires, mais il demeure toujours un défaut qu'on ne peut même pas découvrir dans le vin servi : le défaut de bouchon, de plus en plus fréquent. On fait sans cesse des recherches intensives pour savoir la raison de ces problèmes de bouchon pour certains vins. On n'a toujours pas trouvé de réponse satisfaisante. Il est en tout cas clairement établi que la plupart des défauts de bouchon sont dus au Trichloroanisole (2,4,6-TCA). Cette matière fait que le vin est attaqué par un champignon qui lui procure une odeur de moisi et de liège déjà à basse concentration. Cette matière provient très probablement d'un liège de mauvaise qualité et d'un maniement maladroit de celui-ci mis en contact avec des produits chimiques volatils. Il n'est pas impossible que le responsable soit en l'occurrence le produit de pulvérisation PCP qui est paradoxalement utilisé pour protéger le chêne-liège des champignons. Une autre explication serait l'utilisation de chlorine.

CONSERVER LE CHAMPAGNE

Les conditions de vieillissement que les producteurs de champagne ont dans leurs caves froides, sombres et humides, sont difficiles à atteindre pour les particuliers amateurs de champagne. Mais nous qui habitons dans les contrées nordiques y parvenons plus aisément grâce à notre climat frais. Beaucoup d'entre nous ont la chance d'avoir un garde-manger en souterrain ou ailleurs dans leur jardin. Même si la température varie sensiblement entre l'été et l'hiver, la cave conserve une température relativement constante. Il est plus important d'avoir une température qui soit toujours la même qu'une température très fraîche, à condition que celle-ci n'excède jamais 16 à 18 °C. Si on a l'intention de faire vieillir son vin très longtemps, la température idéale doit alors être de 10 à 12 °C. Si on habite en appartement, on peut toujours conserver le champagne au réfrigérateur pendant une période assez courte. Il n'est pas recommandé de le faire très longtemps, puisque certains arômes étrangers provenant de la nourriture peuvent pénétrer dans la bouteille et détruire complètement le vin. Il existe également un risque d'assèchement du bouchon, si on conserve le vin plus de six, sept ans au frigidaire. Les vibrations sont également considérées comme pouvant précipiter l'évolution du vin, mais les recherches tendent à prouver que leur importance est considérablement exagérée.

Si vous n'avez pas les moyens d'acheter les très coûteuses armoires à vin, vous pouvez toujours acheter un réfrigérateur d'occasion et y entreposer exclusivement votre champagne. Le champagne stocké de cette façon conserve beaucoup plus long-temps sa fraîcheur et son élégance que s'il l'avait été à tempéra-ture ambiante. Un de mes amis fait gagner des années à tous ses champagnes dans son garde-manger. Si l'on veut obtenir un champagne au goût plus doux et avec plus de rondeur en sachant qu'on ne conservera pas la bouteille plus de deux ans, on peut suivre l'exemple de mon ami avec un certain profit.

Le vieillissement n'est malheureusement pas une science exacte. J'ai beaucoup trop souvent bu des vins trop fatigués et sans vie qui avaient vieilli de la façon la plus exemplaire, mais j'ai aussi bu des vins fabuleux dont le vieillissement avait été lamentablement exécuté.

Le vin est un produit vivant et chaque bouteille vit sa propre vie, ce qui rend le tout encore plus fascinant.

Si on a la chance de posséder une vraie cave à vin, on en retirera un véritable bénéfice en l'organisant par régions, type de vin et millésime. Pour avoir un bon aperçu de son contenu, il est recommandé de tout noter dans un livre ou sur ordinateur.

Quand on fait vieillir du champagne, il est utile de savoir qu'un magnum mûrit plus lentement et que c'est l'inverse pour une demi-bouteille. Cela tient tout simplement au fait que le rapport entre l'air et le vin dans une bouteille magnum est optimal pour un long et parfait vieillissement. Une trop forte proportion d'air par rapport à la quantité de vin accélère le vieillissement. Les vins élaborés dans de très grandes bou-teilles comme le Jéroboam et le Mathusalem vieillissent encore plus lentement à condition d'avoir subi la seconde fermenta-tion dans ces bouteilles.

Voici un cas de conservation tout à fait particulier : en novembre 1916, en pleine guerre mondiale, le ketch *Jönköping*, un navire d'une vingtaine de mètres, se heurtait au sous-marin allemand U22 entre la Suède et la Finlande. Après contrôle du livre de bord du navire, le capitaine commandant le sous-marin ordonna de couler le navire à l'explosif, après que l'équi-page du navire fut monté à bord du sous-marin. Les 5 000 bouteilles de champagne que transportait le ketch ne représen-taient en fait qu'une infime partie de la cargaison. Il y avait aussi 40 tonnes de cognac dans 67 fûts de chêne et une grande quantité de vins divers adressés à la banque de Finlande.

Deux Suédois, Peter Lindberg et Claes Bergvall, ont long-temps rêvé d'entrer en possession de ce trésor. Les pessimistes estimaient impossible la localisation d'un aussi petit navire dans les eaux profondes de l'archipel finlandais. Très peu de gens pouvaient imaginer que la cargaison fût buvable, si tant est qu'elle se trouvât encore à bord. Après des années de recherche, le navire fut repéré pendant l'été 1997 par 64 mètres de fond et sa cargaison paraissait presque intacte. On déboucha la première bouteille en mer et les heureux plon-geurs comprirent immédiatement que ce champagne était

exceptionnel. Comme les Allemands s'étaient copieusement servis avant de couler le navire et que de nombreuses bouteilles s'étaient brisées, la quantité de vin avait diminué. Il restait cependant des milliers de bouteilles de Heidsieck & Co de 1907, Goût américain. J'ai bu plusieurs fois de ce vin rare et suis toujours aussi surpris de sa jeunesse. Pour une raison sin-gulière, l'eau autour de l'épave devait être peu salée, la tempé-rature, elle, avoisinait, selon les mesures des plongeurs, les 2 °C au lieu de 4 °C attendus. Ces conditions ajoutées à l'obscurité et à l'immobilité des profondeurs marines ont créé un milieu où le champagne a pu bien mieux conserver sa jeunesse que dans les caves à 10 °C de Reims et d'Épernay.

Ce merveilleux trésor que Peter et Claes ont découvert valait son pesant d'or. La question du droit de propriété a évi-demment été une question juridique particulièrement épi-neuse, de même que la vente du champagne. La totalité de la cargaison devait-elle être remontée à la surface en même temps ? Comment fallait-il changer les muselets détruits par la rouille ? Comment le vin allait-il vieillir quand les bouchons auraient bientôt séché ?

L'intérêt fut énorme bien entendu quand les vins furent pour la première fois mis aux enchères, soutenus par les notes de dégustation quelque peu euphoriques de Tom Stevenson. Le prix en fut donc très élevé : entre 2 000 et 3 000 euros la bouteille. Compte tenu du prix très élevé, il s'avéra difficile d'écouler le stock représentant plusieurs milliers de bouteilles et l'on partit à la recherche d'un seul acheteur. La chaîne de produits de luxe Caviar House (qui commercialise des produits fins et possède des bars dans tous les grands aéroports) décida d'en acquérir un certain nombre mais cela prit du temps et les prix furent sérieusement revus à la baisse. Malgré cela, toutes les bouteilles ne furent pas vendues et je suis persuadé que les œnophiles qui ont de la patience pourront bientôt acheter ces passionnantes bouteilles à moins de 500 euros la bouteille.

COMBIEN DE TEMPS PEUT-ON GARDER UN CHAMPAGNE ?

Une question cruciale est de décider de l'âge auquel un cham-pagne doit se boire. C'est là encore une affaire personnelle. Est-ce que vous préférez un champagne jeune et acide ou un champagne plus âgé à la robe dorée et au bouquet de miel ? Les nombreuses dégustations pour débutants que j'ai dirigées ces dernières années m'ont appris que tous les styles de champagne ont leurs adeptes. La moyenne de goût chez les Suédois est quelque part entre le goût anglais et la jeunesse de goût français.

Le dégorgement rend plus difficile de prévoir le vieillisse-ment du champagne en comparaison avec les autres vins. Le vieillissement reste très lent aussi longtemps que le vin est en contact avec le dépôt de levure. Le gaz carbonique agit comme un conservateur et très peu d'oxygène entre en contact avec le vin lors de la mise en bouteille initiale. Au moment du dégorgement, le vin est exposé à une quantité non négligeable d'oxygène qui provoque un début d'oxydation tout à fait normal. L'inconvénient est qu'un vieillissement prolongé du vin lors du dégorgement accélère l'oxydation. De vieux champagnes du début de l'autre siècle et de dégorgement tardif peuvent être très jeunes et vifs de caractère, mais deviennent quelques jours seulement après le dégorgement, plats et oxydés. Une bouteille « normalement dégorgée » est par contre bien supérieure à celle de dégorgement tardif pendant la première journée, pour ensuite mieux résister à l'épreuve du temps.

C'est la raison pour laquelle le Bollinger R. D. de dégorgement tardif est à déguster de préférence un ou deux ans après dégorgement.

Un champagne âgé d'un à quatre ans qu'on dégorge n'aura pas le temps de bénéficier du caractère provenant du dépôt de levure, ce qui ne lui donne pas beaucoup de perspectives d'avenir malgré son dégorgement précoce. L'âge idéal du dégorgement, si on veut laisser vieillir un champagne, est en général de 5 à 8 ans.

QUAND CONSOMMER
DES CHAMPAGNES MILLÉSIMÉS

Âge du vin au moment du dégorgement	Moment idéal de consommation après dégorgement
3 à 4 ans	1 à 5 ans
5 à 8 ans	3 à 30 ans (et encore plus longtemps dans certains cas)
10 à 15 ans	1 à 5 ans
15 à 20 ans	6 mois à 2 ans
30 ans	0 à 6 mois
40 ans	0 à 2 mois
50 ans	0 à 1 semaine
60 ans	immédiatement

Pour compliquer le tout, certains vieux vins plus âgés reçoivent un choc lors du dégorgement mais retrouvent longtemps après une seconde beauté, le plus souvent quand on a déjà bu les bouteilles restantes croyant qu'elles perdaient déjà de leur qualité.

Une bouteille de Pol Roger 1914 dégorgée en 1944 était absolument fabuleuse 50 ans après. La raison en est sans doute que le vin malgré son grand âge au moment du dégorgement était encore dur et n'était pas encore arrivé à maturité. Ce n'est donc pas le temps qui est décisif mais l'état de développement du champagne au moment du dégorgement.

OUVRIR ET SERVIR
UNE BOUTEILLE DE CHAMPAGNE

Il y a bien sûr différentes façons d'ouvrir une bouteille de champagne. Lors d'une fête on veut peut-être entendre le bruit produit par le bouchon qui saute. Mais si on ne veut pas perdre une seule de ces précieuses gouttes, il est bon de suivre ces quelques conseils.

Veillez à ce que la bouteille soit à la bonne température (7 à 9 °C), un champagne plus froid est pratiquement sans goût et plus chaud il perd très vite sa fraîcheur et sa mousse, même si les arômes sont alors plus importants et plus riches. Personnellement, je préfère le champagne servi à 11-12 °C, mais il faut être conscient qu'il se réchauffe très vite à la température ambiante. C'est pour cela qu'il est de loin préférable de servir le vin trop froid plutôt que trop chaud, de façon que votre invité puisse attendre la température de dégustation idéale et se familiariser progressivement avec un vin qui sera d'abord quelque peu fermé. Si on ne boit pas à vitesse grand V, il est recommandé de resservir continûment quelques gouttes de champagne bien frais. Rafraîchir un champagne doux riche en arômes d'une mousse vive.

Essuyez la bouteille avec une serviette et présentez le champagne aux personnes qui vont le boire.

Ôtez l'habillage du goulot au-dessus de la perforation. Détordez la boucle du muselet en tournant six fois tout en ayant le pouce sur le bouchon. Après avoir ôté le muselet, tenez d'une main ferme le fond de la bouteille, tenez le bouchon de l'autre main par le pouce, les autres doigts autour du col de la bouteille. Inclinez la bouteille à 45 degrés, tournez la bouteille, et non le bouchon, en le retenant du pouce. Quand le bouchon se sépare de la bouteille, vous évitez ainsi de laisser échapper le vin. Si le bouchon résiste, vous pourrez, en dernier recours, utiliser une pince que vous fixerez entre la tête du bouchon et le goulot de la bouteille. Le risque que le bouchon saute est plus grand si vous tournez le bouchon que si vous tournez la bouteille. N'ouvrez jamais une bouteille en la dirigeant vers une personne. La plupart des accidents de l'œil en France sont occasionnés par des bouchons de champagne. J'ai toujours douté de ce fait jusqu'au jour de 1999, où j'ai réalisé pour une chaîne de télévision internationale, en compagnie d'un présentateur de télévision célèbre, l'interview du médecin-chef d'une clinique ophtalmologique d'Épernay.

Essuyez le goulot de la bouteille avec une serviette propre ou avec le miroir du bouchon.

Versez un fond de verre et laissez reposer la mousse. Il est alors plus facile de verser la quantité désirée sans perdre de mousse. Comme pour la bière, le champagne mousse moins si on le verse dans la boisson appropriée. Le gaz carbonique reste dans le liquide.

Remplissez le verre aux deux tiers.

Remettez la bouteille dans le seau ou au réfrigérateur avec ou sans obturateur en fonction de la qualité et de l'âge du champagne.

Vous servirez avec élégance en n'utilisant qu'une seule main. La prise classique consiste à avoir le pouce dans le renfoncement de la bouteille et les autres doigts placés en éventail à la base de la bouteille. Si vous devez servir d'une main, c'est cette prise seule qui peut être utilisée quand vous servez un magnum. Tournez quelque peu la bouteille en même temps que vous achevez de verser. Les dernières gouttes suivent alors au lieu de se retrouver sur la nappe de la table.

Quelques petits détails supplémentaires :

Si vous utilisez une serviette à la manière d'un sommelier au restaurant, ne cachez pas l'étiquette.

Ne refroidissez jamais un verre avec de la glace avant de servir. Cela pourrait modifier le goût et embuer le verre.

N'utilisez jamais de fouet à champagne. En 30 secondes vous aurez détruit des années de travail.

Ne remettez jamais la bouteille de champagne vide tête en bas dans le seau à glace, ce geste serait considéré comme infamant pour le producteur.

Si vous n'avez pas le temps de réfrigérer le vin à temps, la façon la plus rapide de le faire est d'utiliser des glaçons et de passer la bouteille sous le robinet d'eau froide. Certains disent que le congélateur est à proscrire, mais dix minutes passées au congélateur n'ont jamais altéré les champagnes que j'ai bus, à condition que le vin ne soit pas exposé à une température inférieure à 5-6 °C.

La façon la plus audacieuse d'ouvrir une bouteille de champagne est peut-être d'en briser le goulot avec un sabre ! L'histoire du sabrage est des plus obscures.

Elle commence probablement au début du XIXe siècle. Les Français prétendent évidemment qu'ils furent les premiers. Le mythe circule que Napoléon, après avoir remporté la bataille, distribuait du champagne aux plus brillants de ses soldats qui, émus par ce cadeau, sabraient les bouteilles d'un geste théâtral. Un autre mythe est celui de Madame Clicquot qui aimait à s'entourer de militaires qu'elle récompensait de quelques bouteilles. De retour de chez la veuve, ils auraient, à même leur monture, sabrer les bouteilles pour gagner du temps. Tous ceux qui ont pratiqué le sabrage savent en tout cas qu'on ne peut donc plus boire au goulot sans risquer de se retrouver propriétaire d'un trop large sourire pour le restant de ses jours.

Ces deux légendes ont cette faiblesse que les deux personnages centraux sont sujets aux mythes les plus divers cultivés pour des raisons publicitaires.

Une théorie plus plausible est celle des cosaques russes. Ils ne manquaient pas en Champagne et à Paris après la chute de Napoléon en 1814. Sous la conduite du prince Serguei Alexandrovitch Volkowski se trouvait stationnée à Reims une armée entière, ce qui renforce la thèse que les troupes se réconfortaient avec du pétillant fraîchement sabré.

Le sabrage peut être également apparenté à la tradition de briser son verre après avoir porté le toast à la santé du tsar.

Sabrer est plus facile qu'il n'y paraît. Il suffit simplement de suivre quelques conseils.

Mettez d'abord le champagne au congélateur un moment, mais sans qu'il ait le temps de geler. Enlevez ensuite l'habillage. Cherchez ensuite l'endroit où se joignent les deux parties de la bouteille et tournez celle-ci de façon que la jointure se trouve au milieu de la bouteille dans la direction du nez. Ôtez ensuite le muselet avant de tenir fermement d'une main la partie inférieure de la bouteille et le sabre de l'autre. Inclinez la bouteille à 45 degrés et posez la lame sur son corps. Opérez ensuite un geste glissé et horizontal avec une technique s'apparentant à un revers de tennis de table à partir du ventre et droit devant vous. Frappez perpendiculairement du sabre le bord du goulot et, si tout se passe bien, l'extrémité de la bouteille se brisera en formant une couronne autour du bouchon volant : grâce à la pression dans la bouteille, il y a peu de risque pour que des éclats de verre viennent se mêler au vin.

Servez ensuite le champagne comme à l'accoutumée et laissez-le se réchauffer dans le verre.

J'ai présenté le sabrage comme une opération facile, mais il faut tout de même souligner que ça peut devenir une entreprise périlleuse pour les imprudents. Prenez toujours vos distances et veillez à ne pas sabrer en état d'ébriété. J'ai vu un sabreur habile échouer au milieu de la foule. Les choses se terminèrent bien cette fois-là mais la catastrophe n'était pas loin.

Le problème demeure que, même si on suit toutes les instructions, il y a parfois un déséquilibre dans certaines bouteilles qui fait qu'elles peuvent exploser en mille morceaux.

Je préfère de très loin qu'on ouvre un champagne de façon traditionnelle même si c'est au cours d'un concours de sabrage que j'ai rencontré ma femme, Sara.

VERRE, COUPE OU FLÛTE

L'instrument le plus important pour le dégustateur est, à part ses connaissances, le verre. L'importance du verre ne sera jamais assez soulignée. Les quelques billets supplémentaires nécessaires à l'achat d'un champagne de meilleure qualité sont gaspillés si on n'utilise pas les verres adéquats.

En Champagne, la tradition a voulu qu'on utilise essentiellement la flûte. La forme de la flûte dont l'origine remonte à l'époque romaine est loin d'être le verre idéal. Au XIXe siècle, la plupart des plus belles flûtes étaient fabriquées en Italie, à Murano. On en fabrique toujours aujourd'hui, richement décorées de métaux précieux. Ce n'est qu'au cours du XVIIIe siècle que les verres italiens firent leur apparition en Champagne.

Avant qu'on développe la technique du dégorgement du vin, le dépôt restait dans la bouteille. Grâce à la forme du verre on pouvait recueillir le dépôt au fond du verre.

L'autre verre typique pour le champagne est la coupe. C'est en 1663 qu'elle est fabriquée pour la première fois par des souffleurs de verre vénitiens installés en Angleterre. La coupe de champagne tiendrait sa forme, selon la légende, de la poitrine de Marie-Antoinette ! Quatre originaux couleur de lait décorés de mamelons discrets soutenus par trois boucs en porcelaine de Sèvres furent fabriqués pour le château de la Reine, semblable à un temple, à Rambouillet. Il n'en reste qu'un. Après avoir remporté un succès énorme en Angleterre, la coupe traversa la Manche pour s'établir sur le continent.

Quand le film américain connut sa période de gloire, le verre fut rebaptisé sous le nom de coupe Hollywood. Mais force est de constater qu'elle est toujours utilisée dans les films américains, bien que ce verre soit tout à fait impropre au champagne. À la fois le bouquet et les bulles disparaissent par l'ouverture large comme l'océan, énorme surface en contact avec l'air. La flûte retient au moins les bulles, mais diffuse le bouquet hors de portée du nez du dégustateur. La plupart des flûtes sont étroites et très droites. Elles concentrent certes le bouquet à leur ouverture minimale mais la surface de vin exposée est si limitée que l'arôme du champagne n'est que très peu libéré. De plus il est pour la plupart très difficile d'y mettre le nez !

Il faut leur préférer des verres de dégustation ordinaires. Ils permettent de capter ce bouquet si important dans toute sa splendeur. Un problème insoluble demeure : aucun verre de dégustation ne peut maintenir la mousse aussi longtemps qu'une flûte étroite. Il faut donc décider soi-même de l'importance à donner à la mousse par rapport à l'arôme.

Quel que soit le verre qu'on utilise pour son champagne, j'estime qu'il est important de toujours utiliser le même verre lors de toutes les dégustations pour avoir le même cadre de référence. Pendant les quinze années où j'ai dégusté le champagne, j'ai toujours été déçu par les verres qui m'ont été proposés. Beaucoup de verres sont beaux à voir et agréables à la main, mais très peu d'entre eux ont été conçus pour mettre en valeur la subtile caractéristique essentielle du vin : le bouquet.

La pensée d'un verre qui conviendrait mieux à la fois à la dégustation et à la consommation a longtemps occupé mon esprit. Grâce à une collaboration fructueuse avec la verrerie de qualité Reijmyre, mon rêve s'est réalisé à temps pour la dégustation du millénaire. Je possède aujourd'hui toute une série de verres convenant aux personnes qui attachent surtout de l'importance à la sensation aromatique. Le verre de champagne s'appelait d'abord « Perfect » mais tous les verres de la série s'appellent désormais « Juhlin ».

Quand j'ai dessiné le verre de champagne, je suis parti de ce qui distinguait le plus le champagne des vins tranquilles : les bulles. Pour que la mousse soit belle à contempler et reste longtemps dans le verre, il fallait un verre assez haut. L'important pour tous les bons verres à vin est que la surface du verre soit supérieure à celle de l'orifice, pour qu'il contribue à capter les centaines d'arômes passionnants que le vin dégage.

Le bouquet très accentué que vous reconnaissez dans le verre sera peut-être un choc pour certains, mais je crois que la plupart d'entre vous considéreront mes verres comme de parfaits outils dans la recherche de la jouissance et d'une plus grande connaissance des vins du monde entier.

La façon de traiter le verre est presque aussi importante que sa forme même. Ne lavez jamais vos verres avec de la lessive ou un liquide de rinçage, étant donné que ça peut affecter et le bouquet et la mousse. Le liquide de rinçage polit l'intérieur du verre au point que le gaz carbonique n'a plus la possibilité de s'accrocher aux irrégularités du verre, ce qui est nécessaire pour qu'il y ait des bulles. Rincez toujours les verres à la main et essuyez-les avec un torchon en lin propre et inodore.

Ne servez pas davantage le champagne dans des verres venant directement d'un placard où une note de renfermé poussiéreux se faufile même dans la cuisine la mieux soignée. Veillez également à avoir les doigts propres quand vous rincez les verres. Il est même nécessaire de sentir le verre pour s'assurer qu'il est absolument propre. C'est surtout important si c'est vous qui préparez également le repas. Si vous avez par exemple ôté les arêtes d'un saumon, laissez à un autre le soin de rincer les verres.

DÉGUSTER LE CHAMPAGNE

Si on veut en savoir un peu plus sur le champagne et se faire rapidement une idée de ce qu'il peut proposer, il n'y a rien de tel qu'une sérieuse dégustation pour y parvenir. Les conditions de dégustation qui prévalent pour les vins en général sont exactement les mêmes pour le champagne.

Tout d'abord le dégustateur doit être lui-même en bonne condition. Un rhume peut empêcher la dégustation. Le palais et la langue ne doivent pas avoir été exposés à la fumée, à la nourriture épicée, à la pâte dentifrice, aux confiseries sucrées, à l'alcool ou quoi que ce soit qui influence le goût. Aucune odeur gênante ne doit se répandre dans l'environnement proche. Les parfums, les odeurs de nourriture et la fumée sont les habituelles distractions. La pièce doit avoir une température aussi normale que possible, c'est-à-dire 20 à 22 °C. Un bon éclairage est indispensable pour pouvoir juger de la robe du vin. Une nappe blanche peut s'imposer pour la table. Étant donné que toute appréciation sérieuse exige une intense

Un crachoir discret de la verrerie Reijmyre.

concentration, la partie initiale de la dégustation doit se dérouler en silence. Même les dégustateurs expérimentés peuvent être influencés par les commentaires spontanés que font leurs collègues sur le vin. Il est tout à fait de mise d'enrichir son propre jugement sur le vin en attrapant au vol ce que les autres ont pu noter, mais jamais avant de s'être fait sa propre idée. C'est très fructueux de noter ses dégustations et de cataloguer les vins d'après son propre goût. D'une part la concentration augmente pendant la dégustation elle-même quand on est contraint de formuler ses impressions pour soi-même, d'autre part les notes de dégustation sont un excellent support pour la mémoire.

La dégustation du vin peut en principe se diviser en trois moments principaux : l'apparence, le nez et le goût.

L'apparence : l'apparence d'un vin provient de sa capacité à absorber et à réfléchir des rayons visibles à l'œil. L'apparence seule peut déjà donner des indications sur le type de champagne qu'on a versé dans le verre. Si le champagne est trouble avec une surface et une couleur mates, il y a de fortes chances pour qu'il soit défectueux. Très vraisemblablement il est alors atteint par une maladie microbiologique. Un dépôt qui tombe au fond du verre est tout à fait normal si le champagne est très vieux. Tous les grands champagnes ont une clarté lumineuse et une intensité de couleur, indépendamment de leur nuance et de leur profondeur. Les nuances de couleur sont liées avant tout à l'assemblage des cépages et au niveau de maturité.

Une grande quantité de Pinot et un âge avancé donnent les couleurs les plus sombres. Par conséquent un jeune blanc de blancs sera le vin le plus clair que vous pourrez trouver en Champagne.

Comme il faut tenir compte de deux paramètres, il peut être très difficile de décider en se fiant uniquement à l'apparence de quel type de champagne il s'agit.

Un vieux chardonnay est à peu près aussi sombre qu'une cuvée d'âge moyen ou un jeune blanc de noirs. Par chance on peut dans une certaine mesure distinguer les nuances de couleur des raisins. Les raisins chardonnay donnent souvent une nuance allant d'un léger verdâtre au jaune citron, tandis que les raisins Pinot peuvent donner des tons rougeâtres, comme le cuivre ou le bronze. Les champagnes à maturité sont presque toujours dorés avec un lustre d'ambre avant que l'oxydation les rendent finalement brun foncé.

L'importance de l'apparence de la mousse dans le verre est particulièrement exagérée. Certes les raisins chardonnay donnent souvent des bulles plus petites tout comme les champagnes plus âgés qui sont naturellement plus pauvres en mousse que les jeunes champagnes, mais les différences individuelles d'un verre à l'autre sont tout aussi sensibles.

La plupart des champagnes qui sont élaborés aujourd'hui, ont une belle mousse et ce n'est qu'en bouche qu'on peut juger de sa qualité. Une belle mousse doit toujours être faite de petites bulles rapides et continues. Une mousse de grande qualité doit fondre dans la bouche comme de la glace et éclater contre le palais comme un feu d'artifice tout en agaçant la langue de petites irritations sources de jouissances indéniables. La pire des mousses est celle qui s'apparente à la pâte dentifrice et qui ôte une partie des sensations gustatives au lieu de les augmenter.

Le cercle de bulles qui se forme au bord du verre une fois que la mousse a disparu est appelé le cordon. Il arrive même qu'on reproche à un champagne possédant une très belle mousse d'avoir de grosses bulles. Cela dépend donc souvent du fait que le vin contient des bulles d'air qui se produisent quand on verse le champagne. On s'en débarrasse aisément en frappant énergiquement le pied du verre contre la table une ou deux fois. La raison pour laquelle on préfère des bulles de petite taille n'est pas qu'elles sont plus belles mais bien qu'elles donnent une sensation plus douce et plus crémeuse sur la langue.

Lors d'une dégustation, on juge également de la viscosité du vin. Quand on le fait vriller dans le verre, une partie du vin coule très lentement le long de la paroi du verre et forme ce qu'on appelle les jambes. « Les jambes » ou « les larmes » comme elles sont encore dénommées, peuvent être formées par le glycérol, le sucre ou l'alcool. Plus ces composants sont présents dans le vin, plus « les jambes » sont longues et visibles.

Le nez : c'est par le nez que l'on obtient le plus grand nombre d'indications sur le caractère d'un vin.

Lors d'une dégustation on laisse le champagne versé dans le verre en repos sur la table quelques instants pour que le piquant du gaz carbonique disparaisse. Ensuite c'est le moment du « premier nez ». Sans vriller le verre, on plonge un peu le nez dans celui-ci et on hume prudemment les arômes intacts du vin. Le « deuxième nez » est beaucoup plus fort, après qu'on a vrillé le verre pour que le vin circule dans le verre. Ceci pour qu'il s'oxygène et pour supprimer des gaz indésirables, mais avant tout pour libérer les arômes du vin. Quand on inhale les vapeurs, il est important de ne pas le faire violemment ou trop longuement. Il est bon d'aller d'un vin à l'autre pendant la dégustation, étant donné que le cerveau a la capacité de s'accoutumer aux odeurs. Cela explique aussi pourquoi les gens qui habitent à proximité d'une usine aux odeurs nauséabondes ne déménagent pas. Ils ne reconnaissent plus l'odeur, les neurones olfactifs sont insensibilisés après un temps.

Les millions de cellules nerveuses que nous avons dans le nez peuvent donc percevoir des milliers de parfums, mais pour simplifier les choses, on a coutume de les regrouper en huit catégories principales. Tous les arômes peuvent être rangés dans ces catégories, mais j'ai moi-même sélectionné ceux qui se manifestent dans le champagne :

Arômes à notes animales : gibier, ragoût de bœuf, bœuf cru, poisson, crustacés, huître, mer, crème.

Arômes balsamiques : pin, résine, peuplier balsam.

Arômes empyreumatiques : toute fumée, brûlé et grillé, pain, foin, amande, noix, café, bois, cuir, massepain, caramel au lait, caramel, gâteaux.

Arômes éthérés : alcool, acétone, vinaigre, mercaptan, soufre, levure, oxydation, vin de Xérès, Madère, lessive en poudre, colle.

Arômes épicés : toutes épices mais surtout vanille, poivre, cannelle, menthe, gingembre.

Arômes floraux : toutes fleurs mais surtout chèvrefeuille, fleurs de pommier, aubépine, acacia, muguet, jasmin, fleur de tilleul, rose, violette et miel.

Arômes fruités : tous les fruits mais surtout citron, pomme, abricot, pêche, fraise, framboise, fraise des bois, cerise, groseille à maquereau, citron vert, pamplemousse, banane, mangue, kiwi, fruit de la passion, raisin, mandarine, orange, figue, datte.

Arômes minéraux et végétaux : craie, calcaire, minéral, silex, pierre, plantes, feuilles d'automne, champignon, cave souterraine, thé, légumes cuits, poivron, brocoli, chou-fleur, betterave, haricots verts.

Une autre façon de répartir les arômes est la suivante :

Arômes primaires : ils proviennent du raisin lui-même.

Arômes secondaires : les odeurs liées à la fermentation.

Arômes tertiaires : les arômes provenant du procédé de vinification et du vieillissement. Quand on hume un champagne, on est confronté à un bouquet très riche en nuances dont l'élégance et la finesse ne se retrouvent que dans les meilleurs Riesling sucrés originaires d'Allemagne. Les arômes fruités et floraux doivent se retrouver en abondance. Le caractère autolytique doit également être présent dans des arômes qui rappellent le pain et la pâtisserie. L'arôme caractéristique de terre doit aussi laisser une note de craie et de minéral.

S'il y a en plus de cela une quantité d'arômes de grillé, de crème et de miel, je suis alors au paradis.

Il est important de donner au vin le temps de s'épanouir dans le verre pour ne rien manquer. La découverte d'un excès de notes se rapprochant du vin de Xérès est due à une trop grande quantité d'aldéhydes, ce qui signifie que le champagne a perdu ses qualités. Si le vin en revanche a un bouquet trop faible, c'est sans doute qu'il est trop jeune.

Le goût : étant donné que les papilles gustatives ne peuvent discerner que le sucré, l'acide, le salé, l'amer et éventuellement l'umami (voir le lexique) ainsi que les notes métalliques, l'odorat est le principal instrument même pour ce que nous appelons le goût.

Il est facile de comprendre combien nous « goûtons » grâce au nez quand l'odorat disparaît presque totalement lors d'un rhume.

On a coutume de distinguer le goût objectif du goût subjectif. Le goût objectif est fondé sur des faits et peut être prouvé tandis que le goût subjectif est fondé sur une opinion. Ce que nous aimons ou n'aimons pas est dépendant de notre capacité à nous habituer progressivement à de nouveaux goûts. Ce processus s'appelle « l'accoutumance ». C'est exactement ce qui se produit quand nous apprenons lentement au cours de l'existence à éduquer notre goût. Dans certains pays et dans certains groupes de population, l'enfant qui grandit n'est jamais confronté à de nouvelles expériences gustatives et conserve ainsi un sens gustatif infantile. Ceci est un phénomène largement répandu aux États-Unis et est sans doute une des raisons pour lesquelles si peu d'Américains apprécient les vins secs. En tant que parents, nous devons peut-être en tirer la leçon qu'il serait par exemple bon d'apprendre à nos enfants à aimer le poisson en leur en donnant en petites portions progressivement mélangées à d'autres aliments. L'accoutumance en matière de dégustation conduit le dégustateur à développer une tolérance à l'acidité et à l'âcreté que des buveurs de vin inexpérimentés n'ont pas. Il m'arrive souvent de parler à des groupes de dégustateurs novices d'un champagne crémeux et doux alors qu'ils le considèrent au contraire beaucoup trop acide.

L'adaptation est un autre phénomène important quand il s'agit du goût. Cela signifie que la mémoire olfactive qui est très forte influence notre perception du goût suivant.

Normalement le goût éprouvé au contact d'un produit frais demeure quelques minutes, mais beaucoup plus longtemps au niveau de la mémoire olfactive, influant ainsi sur l'appréciation du suivant. Quand nous mangeons tout en buvant du vin, notre langue et notre mémoire vont être influencées, et cela modifie notre appréciation du vin. C'est à cause de l'adaptation qu'un vin peut soudainement être perçu comme acide ou amer quand nous le percevions comme sucré l'instant d'avant. Quand on goûte un vin, on doit faire la même chose que lorsqu'on fait vriller le verre pour libérer les arômes dominants. On fait circuler le vin dans la bouche en même temps qu'on essaye d'aspirer de l'air. De cette façon, certains composants du vin se volatilisent et atteignent les cellules gustatives par la partie postérieure du nez. Il est également important de bien faire circuler le vin dans toute la bouche, avant de l'avaler ou de le recracher.

Si on déguste assez souvent des vins ou si on a devant soi une importante batterie de vins, il est nécessaire de recracher les vins pour que l'acuité puisse être maintenue.

De nouvelles découvertes ont montré que nous ne sentons pas seulement le sucré sur la pointe de la langue, l'amer sur l'extrémité postérieure, et le salé et l'acide sur les côtés de la langue. Il existe au contraire des quantités de détecteurs olfactifs dispersés sur toute la langue, même s'ils sont surtout concentrés sur les parties susnommées. Il y a, qui plus est, des papilles gustatives sur le palais, la gorge et l'épiglotte. Chaque papille gustative possède une cinquantaine de cellules épitéliales destinées à la réception des impressions gustatives. La langue est également sensible au contact, à la température, au mouvement et à la consistance et c'est pourquoi cet organe s'impose pour apprécier au mieux la qualité de la mousse.

La qualité est évidemment un sujet très discuté dans le monde vinicole. Subjectif bien sûr, mais certains critères sont indispensables pour élever la qualité du vin. Il s'agit d'équilibre, de symétrie, de complexité, de longueur, d'harmonie, de subtilité, de potentiel d'évolution, de personnalité et de capacité du vin à éveiller l'intérêt. Il est quasi impossible de définir ces notions du fait de la perception très individuelle chez l'être humain.

Quand on juge du goût d'un vin, il ne faut pas s'arrêter aux seuls arômes, mais tenir compte également de sa structure. De nombreux dégustateurs peuvent être aveuglés par la beauté des arômes sans remarquer que le vin n'a pas de structure. D'autres se moquent pas mal des arômes pour peu que le vin soit bien charpenté et équilibré. Par chance, les bonnes propriétés aromatiques d'un vin vont souvent de pair avec une bonne structure.

Un vin agréable doit être composé selon des principes identiques à ceux de toute autre forme d'art. Un tableau de Chagall est fait de contrastes et d'éléments harmonieusement composés. Les couleurs, les formes et la lumière expriment des sentiments d'harmonie et de tension. Une symphonie de Mozart est un ensemble. Si nous pouvons distinguer chaque instrument et suivre la dynamique, la cadence et le rythme tout en ressentant l'harmonie, notre jouissance n'en devient que plus profonde. Un grand champagne doit être composé à l'identique pour une même jouissance.

Pour pouvoir saisir l'ensemble, il faut d'abord analyser les différents éléments. Le jeu entre la condensation, la concentration, l'extension et l'élargissement est aussi important pour le vin que pour l'œuvre musicale. Le vin doit aussi avoir une base autour de laquelle peuvent s'équilibrer des contraires tels que lourdeur et légèreté, dureté et mollesse, douceur et acidité…

Quand on juge du goût, on analyse la relation interne de ces contraires. On essaye aussi de sentir si le vin a une bonne « attaque » dès qu'on le goûte, avant de juger de la longueur en bouche si importante dans l'appréciation qualitative. Une grande longueur en bouche est toujours la marque d'un grand vin. La force aromatique de la longueur en bouche peut parfois se prolonger si le vin est de grande classe. Il est important de souligner que ce n'est pas toujours le goût du vin qui tinte sur la langue. Parfois, quelques acides peuvent demeurer sans dispenser d'arômes quelconques. C'est toujours un avantage supplémentaire qu'un vin qui possède déjà une bonne longueur offre également une nuance tout à fait nouvelle dans l'arrière-goût.

LES EFFETS DU CHAMPAGNE

Il n'échappe à personne que le champagne produit une ivresse particulière. Certains prétendent que le champagne leur donne mal à la tête tandis que d'autres prétendent qu'ils peuvent boire des quantités de champagne sans pour autant être malades. Une description habituelle de l'enivrement par le champagne est qu'on se sent bien dans sa tête mais que les jambes ne suivent pas. La façon dont on réagit est très individuelle mais on peut cependant dégager certains schémas généraux. Comme d'habitude, il s'agit d'explications à la fois physiologiques et psychologiques.

Étant donné que le gaz carbonique accélère le passage de l'alcool dans le sang, l'ivresse est plus immédiate que si on boit un vin tranquille. Cela lié à une ambiance positive et le fait qu'on attend beaucoup de l'instant où l'on va boire le champagne a pour résultat que la créativité et la volonté de parler sans retenue augmentent. Si on est en plus dans un environnement favorable où tout le monde réagit de la même façon, le sentiment de bien-être s'en trouve renforcé. L'alcool en soi est justement une drogue qui accentue l'état d'esprit dans lequel on se trouve quand on commence à boire. C'est pour cette raison qu'il peut être désastreux de boire pour noyer son chagrin.

Que certains aient la gueule de bois après avoir bu du champagne alors que d'autres ne ressentent rien le lendemain tient au fait que les enzymes qui se trouvent dans le foie et qui vont décomposer l'alcool reconnaissent la boisson qui le contient. Si les enzymes reconnaissent la liaison qui retient l'alcool, leur degré d'activité augmente, ce qui a pour résultat qu'on a moins la gueule de bois. Personnellement je constate ce phénomène quand, une fois ou deux par an, je bois de la bière avec mes vieux copains de foot. Je suis plus facilement saoul et j'ai davantage la gueule de bois après avoir bu une quantité de bière équivalente à celle de champagne bien que la teneur en alcool de la bière soit très inférieure. Pour la défense du champagne, je me dois d'ajouter que cette boisson doit être presque considérée comme bienfaisante, nonosbstant la présence de l'alcool. Peu de boissons sont aussi propres et aussi riches en minéraux que le vrai champagne.

L'ART DU DÉGUSTATEUR

Le champagne peut se boire en toutes occasions. Le plus important est bien sûr que ceux qui le boivent en retirent la plus grande satisfaction. Qu'on ait quelque chose à fêter ou qu'on boive le vin pour la simple jouissance, on ne doit pas moins toujours accorder au vin quelques minutes de réflexion.

Des mains fermes sont requises pour verser le champagne et maintenir en équilibre un plateau bien garni de verres à champagne.

Il faut de préférence utiliser le type de verre adéquat et éviter les odeurs gênantes telles que les odeurs de cuisine, de fumée, de fleurs et parfums. S'il s'agit de boire sans cérémonie, il est préférable de sortir de la cave un champagne plus ordinaire.

Pour ma part, je réserve mes champagnes les moins précieux pour les boire dehors, grelottant, à l'occasion du réveillon du nouvel an. Les meilleures bouteilles font leur apparition lors de dégustations sérieuses qui se prolongent souvent par des repas bien composés où le champagne se retrouve à la place d'honneur.

Boire le champagne à l'extérieur en été procure sûrement le plus grand plaisir. C'est un fait qu'il est difficile de juger convenablement de toutes les caractéristiques du vin, quand le vent, le soleil et les senteurs de la nature se mêlent au bouquet du vin. Il est évident que le champagne qui entre en contact avec le soleil n'a pas le même goût. C'est très rare d'entendre un expert évoquer le phénomène, mais, fort de l'avis de mes amis les plus proches, j'ose prétendre qu'il se dégage un bouquet particulier de tous les champagnes exposés aux rayons du soleil. Je peux au mieux décrire ce parfum comme lourd, huileux avec une note de pétrole. Cela va jusqu'à trouver qu'un blanc de blancs se rapproche d'un pinot noir à maturité. Une dégustation à l'aveugle à l'extérieur réclame donc une grande expérience.

Les vignerons prétendent même avec détermination que le clair de lune peut, lui aussi, modifier le bouquet d'un vin. Personnellement je dois dire que ce goût de lune m'échappe.

Il m'est souvent arrivé de contempler un coucher de soleil, en compagnie de ma femme ou en celle d'un ami, une vue fantastique tout en buvant religieusement un de mes champagnes favoris. La sensation euphorique que l'on ressent quand le spectacle de la nature renforce le goût merveilleux du champagne est quelque chose que tout vrai romantique se doit d'éprouver.

Il faut bien comprendre que devenir un bon dégustateur prend du temps. Je suis personnellement persuadé qu'une bonne condition physique générale est d'une grande aide, pas seulement pour la faculté de concentration. Avant la grande dégustation du millénaire, j'ai vécu en ascète en me soumettant à un très dur entraînement physique qui me fut bénéfique quand je dus déguster 150 champagnes dans des conditions stressantes en peu de jours. Si on fume, le goût et l'odorat se dégradent tous deux. Il faut aussi penser à la possibilité qu'il y a de développer l'odorat en toutes circonstances. On est toujours entouré d'odeurs qu'on enregistre souvent inconsciemment. En humant par exemple systématiquement les fleurs tout en retenant leur nom, il est possible d'enrichir son vocabulaire des senteurs et d'élargir le champ de ses références. Mais il n'y a pas de raccourci pour maîtriser l'art difficile de la dégustation. Une bonne préparation, une bonne faculté de concentration, un odorat développé, une bonne mémoire, une capacité à bien se formuler, une bonne imagination, et un intérêt indéniable sont les qualités requises pour devenir un grand dégustateur.

En plus des aptitudes déjà citées pour devenir un bon dégustateur, il faut une énorme dose de connaissances et d'expérience. Étant donné que toutes les formes d'art nécessitent une formation, le goût du dégustateur va changer au fur et à mesure qu'il ou elle en apprend davantage sur le vin. Les arômes qu'on jugeait au départ repoussants peuvent devenir, plus tard dans la carrière, les arômes favoris du dégustateur.

Qu'il soit question de vin, de cuisine, de musique, de cinéma, de littérature ou de peinture, chaque consommateur retire davantage du produit s'il contient une base d'éléments reconnaissables. Si on devait reconnaître la totalité du produit, on s'en fatiguerait sans doute très vite, mais si, au contraire, on ne reconnaît rien du tout dans ce produit, la confrontation pourrait être un choc. C'est pourquoi il est important qu'il y ait dans un vin une base connue à laquelle se référer quand de nouvelles nuances apparaissent et suscitent l'intérêt. S'il est question d'une dégustation à l'aveugle, il est important, dès que l'aspect du champagne, son bouquet et son goût ont été analysés, d'essayer de rassembler les différentes impressions de façon à émettre une hypothèse. On doit se demander l'âge du champagne, quand il a été dégorgé, si c'est le Pinot ou le chardonnay qui domine. Le champagne est-il l'œuvre d'un grand ou d'un petit producteur? Le vin a-t-il subi la fermentation malolactique? A-t-il vieilli en fût de chêne? Et sans doute le plus important: quel est le niveau de qualité de ce champagne?

Après quelques années d'entraînement et après avoir dégusté une certaine quantité de champagnes, on arrive assez souvent à deviner juste, ce qui bien sûr stimule quelque peu et encourage à vouloir en savoir encore plus sur les secrets de ce noble vin. Il faut peut-être aussi souligner que le raisonnement qui vient d'être tenu n'a rien d'unique pour le champagne mais vaut tout aussi bien pour toute dégustation d'autres types de vins.

LA DÉGUSTATION DU MILLÉNAIRE

En 1997, je découvris que ma cave contenait suffisamment de bonnes bouteilles pour pouvoir organiser une grande dégustation à partir d'une sélection de mes vins favoris. Comme tout chroniqueur gastronomique, j'adore mon travail et je ne peux m'empêcher de déguster des vins dans le privé, aussi ai-je constitué au fil des ans ma propre cave de champagne. Chaque fois que j'ai eu la possibilité de mettre la main sur le double de l'un des champagnes de ma liste des cent premiers, j'en ai immédiatement profité.

Je n'étais pas pressé d'organiser ce superconcours, c'est pourquoi j'ai continué pendant un an à collecter des vins à cet effet. Mon idée à l'origine était d'organiser une dégustation privée avec des amis proches du milieu suédois du vin. Au cours d'une réunion, quelqu'un fit remarquer que notre concours était trop important pour se limiter au cadre national. Mon collaborateur du moment et moi décidâmes alors de mettre en route un appareil dont nous ne soupçonnions pas l'ampleur à ce moment-là. Le premier obstacle à franchir fut la manière dont le jury serait sélectionné. L'une était de privilégier le côté publicitaire, en invitant des superstars ayant un rapport avec le vin, au détriment du côté sérieux, l'autre était d'inviter exclusivement les plus grands dégustateurs afin de donner le plus de poids possible aux résultats. Comme il se doit en Suède, nous choisîmes un compromis en essayant de mettre la main sur une mégastar du cinéma ou du spectacle afin d'éclairer le travail de fond des experts en vin.

Après coup, je suis très heureux que nous n'ayons pas réussi à faire venir une vedette qui, par la suite, aurait pu être utilisée pour discréditer le choix du jury pendant ces trois journées magiques de juin à Stockholm. La couverture médiatique fut de toute façon largement suffisante.

Il fut beaucoup plus facile de résoudre la question du lieu où le concours devait se dérouler. En effet, nous étions tous d'accord sur le fait que ce serait une très bonne occasion de placer la Suède sur la carte internationale des vins. Les deux amis d'enfance que nous étions, élevés à un jet de pierres de Stockholm, étaient également heureux de pouvoir faire connaître la beauté de notre ville pendant la belle saison.

Notre choix se porta sur la Villa Pauli connue pour ses réunions gastronomiques de grande classe où sont invités de grands cuisiniers étrangers. Parmi les participants à cette dégustation, figurait Alain Passard qui avait vu quelques mois plus tôt notre invitation pour le jury alors qu'il était invité à la Villa pour exercer son art culinaire. Et les champagnes ? Comment seraient-ils sélectionnés ? Nous avions déjà une collection impressionnante de vins, mais nous serions évidemment heureux de bénéficier de la collaboration des maisons de champagne. Je commençai donc par écrire une lettre aux plus grands producteurs de la région en leur présentant une liste des vins pouvant se qualifier pour le concours. Chaque producteur avait aussi la possibilité d'apporter le vin dont il était le plus fier. La réaction des maisons et de la plupart des viticulteurs fut extraordinaire.

À part quelques rares exceptions, ils allèrent tous rechercher au fin fond de leurs caves les dernières bouteilles des millésimes recherchés. Certaines bouteilles étaient tellement rares qu'il serait impossible de reproduire aujourd'hui ce concours historique.

En janvier 1999, je fis un voyage en Champagne pour tester des champagnes de dégustation que je ne connaissais pas. C'est là que je découvris de véritables trésors. Un Pol Roger 1911 et une Veuve Clicquot 1955, deux champagnes merveilleux. Mais la visite la plus importante fut sans doute Billecart-Salmon. Je compris alors que je pouvais combler une grande lacune avec les vieux millésimes de cet extraordinaire champagne. Antoine Billecart que j'avais déjà rencontré en 1988, réfléchit longtemps avant de se décider pour un 1959 et un 1961. J'avais compris à Mareuil-sur-Ay que les jeux s'annonçaient importants.

Lorsque, enfin, les bouteilles arrivèrent à la Villa Pauli, il ne nous restait plus qu'à croiser les doigts pour que tous les membres du jury et de l'équipe de tournage soient présents comme prévu, que l'organisation mûrement réfléchie de notre manifestation tienne la route et que le beau temps soit de la partie.

Le jury international était composé de sept connaisseurs respectés. De Grande-Bretagne vint Serena Sutcliffe, chef du département vinicole chez Sotheby's, auteur de plusieurs livres sur le champagne, ainsi que son compatriote Robert Joseph, fondateur du *Wine Magazine* à Londres ; de France vint Michel Dovaz, expert en œnologie, auteur de plusieurs livres sur le vin ; du Danemark vint Jörgen Christian Krüff, chroniqueur du magazine danois *Vinbladet* et de Suède Josephine Nordlind, sommelier, travaillant à l'époque du concours à la Villa Pauli, Anders Röttorp, célèbre chroniqueur œnologue à *Dagens Industri* et votre serviteur.

Nous utilisions mon échelle de 1 à 100 en prenant en considération uniquement les points potentiels pour ne pas désavantager les champagnes les plus jeunes. La dégustation des 150 vins de 1911 à 1990 était semi-aveugle et le travail du jury n'était que d'apprécier les vins, et non de deviner de quel champagne il s'agissait.

Les appréciations du jury dans leur totalité constituèrent la liste des prix.

Le palmarès en surprit plus d'un avec tous ces noms relativement peu connus tout en haut de la liste et quelques outsiders vainqueurs dans certaines catégories, par exemple le Paul Bara 1959 comme meilleur blanc de noirs. Nous qui étions les heureux membres du jury de ce concours vinicole en or étions tout à fait conscients d'écrire une page importante de l'histoire du vin. J'étais comme en transe pendant ces trois jours et je m'effondrais complètement quelques jours plus tard. J'étais cependant conscient d'avoir participé à quelque chose qu'il n'est pas donné à tout le monde de vivre. J'avais réalisé l'un de mes plus grands rêves.

LES DIX MEILLEURS CHAMPAGNES DE LA DÉGUSTATION DU MILLÉNAIRE

1	1959 Billecart-Salmon Cuvée N. F	98,5
2	1961 Billecart-Salmon Cuvée N.F.	97,7
3	1952 Gosset	97,7
4	1964 Dom Pérignon	97,3
5	1961 Dom Pérignon	97,0
6	1959 Pol Roger Blanc de chardonnay	96,9
7	1979 Dom Ruinart	96,9
8	1961 Krug Collection	96,9
9	1979 De Venoge Des Princes	96,4
10	1959 Paul Bara	96,2

Les différents champagnes

Chaque producteur de champagne essaye d'avoir une gamme complète de produits de différents styles et à tous les prix. L'assortiment le plus fréquent comprend habituellement un brut, un rosé, un millésimé et un prestige, mais de nombreuses firmes vendent également un blanc de blancs, un blanc de noirs, un non-dosé, du champagne doux, du crémant, des champagnes de dégorgement tardif, des vins tranquilles et d'autres boissons alcooliques. Les produits commercialisables dépendent des ressources de la firme, de sa localisation, des vignobles et du style de la maison. Certains producteurs tiennent une qualité égale à travers tout l'assortiment, tandis que d'autres peuvent élaborer un champagne de prestige grandiose en même temps qu'un brut non millésimé équivalent à un pétillant bon marché.

J'ai choisi quelques vins que je recommande après la présentation de chaque type de vin. Je ne tiens compte ni du millésime ni du prix. Pour une description plus détaillée, voir la partie consacrée aux producteurs.

BRUT NON MILLÉSIMÉ

La loi dit que le brut non millésimé doit être vendu au plus tôt un an après sa fabrication et qu'il doit avoir un degré d'alcool d'au moins 10 %. Le brut non millésimé est presque toujours le champagne le plus simple de la firme. Il doit se boire facilement et refléter le style de la maison. Au cours d'une suite d'années médiocres, la qualité baisse surtout chez les producteurs de brut non millésimé tandis que, chez ceux qui ont de grandes quantités de vins de réserve à leur disposition, le niveau de qualité reste relativement constant.

Cependant rares furent les producteurs qui ne firent pas une cuvée standard inhabituellement bonne après la trilogie de qualité 1988, 1989, 1990. Ces derniers temps, nous avons pu voir quelques bruts non millésimés merveilleux avec notamment 1995 et 1996. Cette dernière cuvée fut si exceptionnelle qu'il fut très difficile de faire la différence au niveau de la qualité entre les différentes maisons. D'autres cuvées ultérieures ont également montré la même tendance. Un producteur de champagne utilise le plus souvent la première et la deuxième presse pour son champagne non millésimé et a un dosage plus élevé dans ses vins millésimés. La part de pinot meunier est aussi fréquemment plus importante dans le brut non millésimé, d'une part parce que la qualité est inférieure, d'autre part parce que les raisins mûrissent plus vite et que ce champagne se vend pour une consommation plus précoce. La plupart des bruts non millésimés gagnent cependant à vieillir quelques années après le dégorgement.

Le mûrissement en bouteilles donne au vin des arômes de pain et de miel tout en éliminant les acides plus grossiers, plus verts de la jeunesse du champagne.

Les firmes qui ont les moyens de faire vieillir leur brut de quatre à cinq ans, au lieu de deux à trois ans, produisent toujours un champagne de classe supérieure. Pour la plupart des producteurs, le brut non millésimé est le plus important de leurs vins étant donné qu'il répond en moyenne pour 80 % de leur production. C'est pourquoi quelques producteurs misent beaucoup sur une hausse de qualité de leur vin le plus simple en vinifiant une partie du vin en fûts de chêne ou en utilisant une grande partie de vins de réserve plus âgés et seulement la cuvée. Krug Grande Cuvée est indiscutablement le vin le plus simple de la firme et de plus non millésimé, il devrait donc être classé comme un brut non millésimé. Mais avec un prix et un niveau de qualité qui est souvent supérieur au Dom Pérignon et au Belle Époque, il est difficile de ne pas

De nombreuses pierres décoratives indiquant le propriétaire de la terre sont placées dans les vignobles en Champagne.

être d'accord avec Krug quand les responsables prétendent que ce vin est un champagne de prestige non millésimé.

Meilleurs vins : Bollinger, Charles Heidsieck mis en cave, De Sousa Caudalies, Henriot, Leclerc-Briant « Les Authentiques », Roederer Brut Premier et Selosse Extra Brut, Gosset Grande Réserve, Moët les Sarments d'Ay.

CHAMPAGNE DOUX

Très peu de champagnes demi-sec, sec ou doux sont heureusement élaborés aujourd'hui. De plus la totalité des producteurs utilisent leurs plus mauvais vins de base pour les sortes les plus douces. Le jus de raisin provient presque exclusivement de la seconde presse et la présence de pinot meunier est importante. Le sucre camoufle les caractéristiques du vin et anéantit les arômes les plus nuancés. Je dois cependant reconnaître que mes premières rencontres enthousiastes avec cette boisson pétillante furent souvent avec des champagnes doux. Mais il me fallut peu de mois pour que mon palais leur préfère les plus classiques champagnes secs, et aujourd'hui, il m'est même devenu difficile de jouir d'un verre de demi-sec ou de sec. Comme vin d'ouverture ou pour accompagner certains desserts, ces vins peuvent assurément remplir leur fonction.

Une nouvelle mode a fait son apparition lancée par Veuve Clicquot avec Rich Réserve qui consiste à élaborer un millésimé doux de grande qualité destiné à accompagner le foie gras de canard, le saumon mariné avec sa sauce ou encore un dessert.

Meilleurs vins : Delamotte, Deutz, Philipponnat Sublime, Selosse Exquise et Veuve Clicquot Rich Réserve.

CHAMPAGNE MILLÉSIMÉ

Les premiers champagnes millésimés ont probablement été élaborés au milieu du XVIIIᵉ siècle. D'après le règlement du CIVC la totalité du jus de raisin doit provenir d'une seule et même année et cela doit figurer sur l'étiquette. Le degré d'alcool doit être au minimum de 11 %, et le vin ne doit être vendu que trois ans après la mise en bouteille. De plus le producteur ne doit pas vendre plus de 80 % de la récolte comme champagne millésimé. Cela pour garantir la possibilité d'utiliser des vins de réserve lors de la récolte suivante, et permettre une qualité plus élevée du champagne millésimé. Des firmes moins scrupuleuses vendent des champagnes millésimés des années médiocres comme 1974, 1977, 1984, 1987, 1991. L'idée est que seules les meilleures années doivent donner des champagnes millésimés. Bollinger insiste sur le fait en appelant son champagne millésimé Grande Année. Avant le lancement du champagne de prestige, le champagne millésimé était ce qu'une firme avait de mieux à proposer. Aujourd'hui encore le champagne millésimé est le meilleur achat puisque la qualité est nettement supérieure à celle des champagnes standard et le prix bien inférieur à celui du champagne de prestige. La quasi-totalité des producteurs de champagne de renom commercialisent leur champagnes millésimés âgés de cinq ans environ, ce qui donne de bonnes chances pour un vieillissement prolongé.

Si vous trouvez un champagne millésimé à bon marché et à votre goût, vous avez tout intérêt à en acheter quelques bouteilles pour vous constituer une petite réserve, ce qui vous permettra de suivre sa plaisante évolution année après année.

La plupart des champagnes millésimés sont le résultat d'un assemblage de raisins Pinot et chardonnay. Jusqu'aux années 1980, la plupart étaient composés de 60 à 70 % de pinot noir. Aujourd'hui la tendance est à l'élaboration de vins plus légers et plus élégants, et un pourcentage de 60 % de chardonnay n'est pas rare. Dans la transition entre les vins millésimés de 1985 et 1988, il apparaît que les raisins chardonnay dominent pour la première fois les champagnes millésimés. Krug et Bollinger sont encore des vins vraiment majestueux grâce à la présence importante de chardonnay et deviennent puissamment mielleux avec l'âge. Billecart-Salmon, Roederer, Perrier-Jouët et Clicquot nous ont également gâtés avec de fabuleux vins millésimés au fil des ans.

Meilleurs vins : Billecart-Salmon, Bollinger, Clicquot, Gosset, Henriot, Krug, Perrier-Jouët, Pol Roger et Roederer.

BLANC DE BLANCS

Blanc de blancs est une expression qui signifie « vin blanc à partir de raisins blancs ». Jusqu'en 1980, un blanc de blancs pouvait contenir du chardonnay, de l'arbane, du petit meslier et du pinot blanc, mais désormais tout blanc de blancs ne peut être élaboré qu'à partir du noble chardonnay. C'est manifestement toujours possible d'élaborer un blanc de blancs à partir d'autres raisins que du chardonnay si on fait comme Jacquesson et demande une dispense pour son petit petit meslier Blanc de Blancs. Dans d'autres régions, le blanc de blancs peut contenir n'importe quelle sorte de raisins blancs. Le blanc de blancs est représenté dans toutes les régions de Champagne : l'Aube, Sézanne, Montagne de Reims et vallée de la Marne. Les fabuleux et élégants champagnes produits en Côte des Blancs n'ont pas d'équivalent dans le monde vinicole. Aucun autre vin ne peut développer d'arômes

Un verre de Louis Roederer Brut Premier pour ouvrir l'appétit.

aussi nobles, élégants et trompeurs qu'un blanc de blancs d'Avize, Cramant ou Le Mesnil.

Beaucoup de critiques trouvent ces vins souvent quelque peu légers et acides, mais peu de vins gagnent tant en complexité avec l'âge que ces rares beautés. Un jeune blanc de blancs est toujours très clair avec une coloration verdâtre. Le bouquet peut être fermé et légèrement fleuri. Le goût contient une touche d'agrumes ou de pomme avec une acidité acerbe et entêtante. Même la persistance en bouche peut être ressentie comme rapide et verte, mais déjà dans sa jeunesse on note la pureté du vin et son élégance minérale.

On peut, après avoir aéré le vin, percevoir des arômes beurrés et grillés qui vont se développer à merveille avec l'âge. Les blancs de blancs d'âge moyen contiennent une profusion de fruits exotiques mûrs : mangue, pêche et abricot dominent les arômes de citron désormais mûrs. La sensation en bouche est crémeuse et fraîche à la fois. À pleine maturité, ils prennent une robe dorée et le bouquet est infini avec une symphonie de café torréfié, de pain et de noix. L'arôme de noix dans un vieux champagne de Charlemagne, Pierre Peters ou Salon représente pour moi l'Olympe du bouquet. Quelques rares producteurs refusent d'élaborer un blanc de blancs, désireux qu'ils sont de réserver leurs meilleurs raisins chardonnay à leurs champagnes de prestige.

Perrier-Jouët en est un exemple bien qu'une exception fût faite avec un Belle Époque pour le nouveau millénaire, destiné au marché américain. Sinon la tendance est qu'un producteur doit proposer un blanc de blancs pour prétendre avoir une gamme complète de champagnes.

Le blanc de blancs a été élaboré tout au long de l'histoire du champagne, mais le premier blanc de blancs à avoir été commercialisé fut le Salon 1911, qui fut un grand succès chez Maxim's à Paris. Salon est encore aujourd'hui l'un des meilleurs champagnes.

Salon est de style classique sobre et acidulé avec un merveilleux arôme de noix.

Taittinger Comtes de Champagne doit être considéré comme le meilleur dans le style un peu plus sucré, exotique et doux. Krug Clos du Mesnil domine le troisième style qui est moins sobre que Salon mais plus sérieusement vineux que le charmeur Comtes de Champagne.

En plus de ces trois blancs de blancs, il y a beaucoup de producteurs dans les villages Grand cru Côte des Blancs, qui frappent à la porte, et un nombre restreint qui, certaines années, atteint les sommets comme Selosse et Diebolt. Parmi les grandes maisons nombreuses sont celles qui élaborent de très bons et parfois somptueux blancs de blancs, notamment Pol Roger, Deutz, Billecart-Salmon, Roederer et Ruinart qui peuvent présenter la même combinaison de pureté et de complexité que chez les meilleurs vignerons.

Meilleurs vins : blancs de blancs non millésimés : A. Robert, B. Schmitte, Charlemagne, De Sousa, Henriot, Legras, Selosse, Sugot-Feneuil et Turgy.

Blancs de blancs millésimés : Billecart-Salmon, Bonnaire, Charlemagne, Diebolt, Launois, Legras, Pierre Peters, Pol Roger, Selosse, Sugot-Feneuil, et Roederer.

Prestige-Blancs de Blancs : Amour de Deutz, Diebolt Fleur de Passion, Des Princes, Dom Ruinart, Krug Clos du Mesnil, Mesnillésime, Peters Cuvée Spéciale, Salon, Selosse « N » et Taittinger Comtes de Champagne.

BLANC DE NOIRS

Ce type de champagne est beaucoup moins fréquent que le blanc de blancs, bien qu'on cultive beaucoup plus de raisins noirs que de raisins blancs dans la région. Un blanc de noirs peut être élaboré à partir de pinot meunier ou de pinot noir, ou contenir ces deux cépages. Il est très rare que le producteur utilise l'appellation blanc de noirs même si le vin est sans chardonnay. Malheureusement trop peu de producteurs des villages Pinot élaborent aujourd'hui leurs meilleurs vins dans ce style. On assemble à la place du pinot noir de première classe avec du chardonnay provenant du même village, étant donné qu'ils ont dû entendre pendant des années que leurs champagnes Pinot étaient lourds et déséquilibrés. Un blanc de noirs ne peut pas, bien entendu, se mesurer avec un blanc de blancs quand il s'agit de sa finesse et de son élégance, mais comme de grands vins, ils remplissent absolument un rôle important. Peu de blancs de noirs conviennent cependant à l'apéritif, réclamant à corps et à cris d'accompagner la nourriture. Le blanc de noirs d'Ay est incomparable quand il s'agit de son caractère proche du bourgogne et de son fruité doux comme du velours. Des producteurs comme Fliniaux et Pierre Laurain se rapprochent de la force et de la richesse inimitables du Bollinger Vieilles Vignes Françaises. Les arômes peuvent varier entre des notes animales et végétales, mais sont toujours soutenus par un lourd fruité sombre.

Avec l'âge apparaissent des notes de fumée, de miel, de chèvrefeuille, de caramel et de champignon. Le cuir, le poisson, et le fromage bien fait sont aussi des comparaisons utilisées pour décrire les grands blancs de noirs. Les villages Grand cru de Verzy, Verzenay, Bouzy, Ambonnay et Mailly sont également capables d'élaborer des champagnes Pinot de première classe. L'exemple de Bernard Hattés de Verzenay montre clairement la dureté et l'agressivité que de nombreux blancs de noirs peuvent avoir dans leur jeunesse.

Beaucoup de gens sont portés à croire que le champagne Pinot a une vie courte due au peu d'acidité qu'ils ont comparé au blanc de blancs, mais derrière le fruité simple proche du bonbon figure une quantité d'extraits non développés, qui exigent davantage de temps qu'un blanc de blancs pour s'adoucir. Le vin de Pinot se maintient ensuite presque aussi longtemps au sommet qu'un blanc de blancs de qualité moyenne. Cependant ce n'est pas la chose la plus facile au monde que d'apprécier les qualités d'un vieux blanc de noirs quand les arômes aux notes animales et végétales peuvent être trop présents au goût de certains.

Meilleurs vins : Bollinger Vieilles Vignes Françaises, Fliniaux, Jacquesson Blanc de Noirs d'Ay, P. Bara et P. Laurain.

CUVÉES DE PRESTIGE

Les cuvées de prestige sont toujours les vins les plus chers de la firme et ils doivent toujours être la quintessence de ce que le producteur propose. Un champagne de prestige typique est toujours élaboré à partir des meilleurs raisins Grand cru des coteaux les mieux exposés On utilise les plus vieux pieds de vigne, on a un rendement moins élevé et on vinifie d'une façon plus ambitieuse.

Certains utilisent des fûts de chêne et la plupart n'élaborent des champagnes de prestige que lors des très bonnes années. Certains pratiquent le dégorgement à la volée ou utilisent de vrais bouchons lors de la fermentation en cave. Le temps de vieillissement est plus long que pour les vins millésimés, et la présentation est la plus luxueuse possible : caisses de bois ou cartons décorés avec des bouteilles spécialement dessinées, dont la forme rappelle très souvent les bouteilles du XVIIIᵉ siècle que Dom Pérignon et ses contemporains utilisaient. Le Moët & Chandon 1921 Dom Pérignon doit être considéré comme le premier champagne de prestige quand il fut lancé en 1936. Le Roederer Cristal fut vendu vraisemblablement plus tôt au tsar de Russie, mais n'apparut sur le marché que dans les années 1950 avec son premier millésime 1945. Le premier millésime Taittinger Comtes de Champagne fit son apparition en 1952.

En 1961, Bollinger prit la décision de commencer à commercialiser ses vins des années 1950 de dégorgement tardif sous l'appellation R.D. En 1959, Dom Ruinart était le second champagne de prestige à être élaboré uniquement à partir de chardonnay. À l'occasion des soixante-dix ans de Duke Ellington fut lancé le Perrier-Jouët 1964 Belle Époque décoré de ses belles anémones blanches, dessinées par Émile Gallé. C'est aujourd'hui le champagne de prestige qui gagne le plus rapidement du terrain. Le dernier en date des champagnes de prestige de grandes maisons ayant connu le succès est le Pol Roger Winston Churchill, dont le premier millésime 1975 n'apparut qu'en magnum.

Il n'y a pas de réglementation particulière pour l'élaboration du champagne de prestige. Certains producteurs élaborent des cuvées de prestige non millésimées comme Krug Grande Cuvée, Laurent-Perrier Grand Siècle, Perrier-Jouët Blason de France, Alfred Gratien Cuvée Paradis et Cattier Clos de Moulin.

Nombreuses sont les firmes qui produisent de merveilleux champagnes de prestige mais, outre Krug Vintage et Collection, Bollinger Vieilles Vignes et les vins que j'ai présentés sous la rubrique blanc de blancs, voici les meilleurs champagnes :

Meilleurs vins : champagnes de prestige non millésimés : Clos de Moulin, Grand Siècle, Krug Grande Cuvée, L'Exclusive Ruinart, Réserve Charlie et Selosse Substance.

Champagne de prestige : Belle Époque, Vilmart Cœur de Cuvée, Billecart-Salmon Grande Cuvée, Clos des Goisses, Cristal, Diamant Bleu, Dom Pérignon, Joséphine, La Grande Dame, P.R., Winston Churchill, Signature et William Deutz.

SPÉCIAL CLUB

Moët & Chandon fut le premier avec son Dom Pérignon 1921 et Cristal 1945 de Roederer suivit. Ce n'est qu'au milieu des années 1960 que le concept des champagnes de prestige s'établit. Aujourd'hui pratiquement toutes les maisons de champagne ont une cuvée prestige. Dans d'autres régions vinicoles, il est courant que chaque vigneron mette de côté un tonneau ou deux de son meilleur vin pour lui-même ou ses amis.

Cela arrive encore même s'il est de plus en plus fréquent de vinifier séparément cette crème de tête et de vendre un petit nombre de bouteilles à des prix astronomiques. Le consommateur ne paie pas seulement pour la qualité mais aussi pour la rareté du vin. Malheureusement on utilise aussi aujourd'hui ces vins d'exception quand on souhaite qu'un journal d'œnologie ou un chroniqueur de réputation mondiale fasse la critique du vin de table. Par chance la Champagne est pratiquement épargnée de tels abus. Il peut arriver qu'on fraude en envoyant des vins qui sont à maturité quand le champagne standard doit être évalué. Un champagne vieilli quelques années après dégorgement passe presque toujours pour plus impressionnant qu'un champagne nouvellement dégorgé.

Depuis que les champagnes de prestige ont fait leur apparition, le débat n'a cessé de savoir s'ils valaient leur prix. Étant donné que le choix des raisins est si rigoureux et toute la vinification si coûteuse, leur prix s'en trouve justifié. Par contre c'est une tout autre question de savoir si le vin du point de vue de son goût vaut ou non son prix élevé. J'achèterais par exemple plutôt deux bouteilles et demie de Clicquot Vintage qu'une bouteille de La Grande Dame.

En même temps il est merveilleux de pouvoir, de temps en temps, s'offrir ce supplément de luxe que les tout premiers vins procurent. Si on peut donc discuter de la valeur de ces champagnes de prestige des maisons, il est cependant plus certain que les cuvées de prestige des vignerons valent davantage leur prix. La plupart des cuvées de prestige des vignerons coûtent 7 à 8 euros de plus que le champagne millésimé et la différence de qualité est évidente.

Les champagnes de prestige des vignerons sont toujours élaborés à partir des raisins provenant des meilleurs endroits et des pieds de vigne les plus anciens. Le soin apporté à la récolte est plus grand encore. De plus ils laissent plus longuement reposer le vin en contact avec la levure pour augmenter le caractère autolytique. Tout cela pour 7 à 8 euros de plus !

Les vignerons avaient pendant de nombreuses années regardé avec envie du côté des cuvées de prestige des maisons de champagne avant de comprendre qu'il était finalement possible d'imiter le concept. Leur problème était d'avoir les moyens de dessiner une bouteille qui témoignerait du caractère exceptionnel du vin. À l'initiative de Michel Gimonnet de Cuis, quelques vignerons se rencontrèrent pour discuter de la question. La solution vint de la formation du Club de Viticulteurs champenois, une association des principaux vignerons dont chaque membre devait envoyer son champagne de prestige à l'approbation d'un jury avant de pouvoir être vendu sous l'appellation Spécial Club.

Étant donné qu'un grand nombre de vignerons rejoignirent le club, on put baisser le coût de revient de l'extravagante bouteille. L'idée est que toutes les bouteilles de Spécial Club doivent être identiques de même que l'étiquette qui doit cependant comporter des informations particulières sur le millésime, le producteur du vin et son village d'origine. Au début des années 1980, on changea, pour le mieux à mon avis, et la forme de la bouteille et la forme et la couleur de l'étiquette. La forme de la bouteille rappelle celle de La Grande Dame avec une jolie étiquette discrète verte, blanche et or. Une nouveauté toute récente est le Spécial Club en magnum. L'idée est également que cette bouteille soit garante de qualité et de plaisir, mais pour que les gens aient la possibilité de l'apprécier, il est nécessaire d'avoir un nombre suffisant de membres étant donné que chaque vigneron ne produit qu'un millier ou deux de bouteilles. Maintenant il n'est pas toujours facile pour tous ces vignerons de collaborer. Les disputes ont été nombreuses au fil des ans. Certains membres veulent que seuls les vignerons des villages Grand cru aient accès au club tandis que d'autres parlent de discrimination. De plus certains vignerons sont devenus célèbres au point qu'ils se sont retirés du club pour commercialiser leur propre champagne de prestige. Les meilleurs exemples sont Cuvée spéciale de Pierre Peters, Mesnillésime de Guy Charlemagne, « N » de Selosse et Prestige de Bonnaire. Ces quatre champagnes sont inimitables du point de vue de la qualité, c'est un fait, mais je dois cependant

reconnaître que je frémis de ravissement dès que je vois un Spécial Club. La qualité est bien évidemment variable au sein de ce club, mais il n'existe pas de mauvais vins sous cette étiquette. De plus c'est là l'occasion unique de contempler la diversité du champagne et le caractère de terroir quand la vinification est optimale. Tous les vins élaborés dans cette bouteille unique ont en commun un crémeux concentré et gras. Il est arrivé que lors d'une dégustation à l'aveugle, je devine que nous buvions un Spécial Club, mais que j'étais incertain quant à l'assemblage des cépages et le lieu de culture. Ces vins sont bien loin d'avoir le style neutre, au demeurant si séduisant, que l'on rencontre si souvent chez les grandes maisons de champagne de la région. Les vieux pieds de vigne et la faible récolte donne une essence concentrée qui est toujours grasse et saturée de nectar.

Les meilleurs sont le plus souvent les chardonnay des vignerons de Grand cru étant donné qu'ils peuvent équilibrer la puissance du vin avec une quantité suffisamment importante d'acide pour procurer une resplendissante sensation gustative. Le conseil que je vous donne est d'acheter tous ces vins qui pourraient vous tomber sous la main et de les laisser vieillir cinq ans ou plus après l'achat. Mes préférés sont Bonnaire (1990 dernier millésime) et Launois qui est fait de 50 % de Cramant et 50 % de Mesnil, un mélange plutôt somptueux, n'est-ce pas ? D'autres grandes bouteilles sont les champagnes de Sugot-Feneuil, Larmandier, Larmandier-Bernier et les brillants champagnes Pinot de Paul Bara et Bernard Hatté.

Les membres actuels du Club sont : Paul Bara, Bouzy ; H, Beaufort, Bouzy ; Yves Beautrait, Louvois ; Roland Champion, Chouilly ; Charlier, Montigny ; Marc Chauvet, Rilly-la-Montagne ; Gaston Chiquet, Dizy ; Jean-Paul Deville, Verzy ; Forget-Chemin, Ludes ; François-Delage, Ludes ; Gérard Fresnet, Verzy ; Gimonnet, Cuis ; François Gonet, Le Mesnil ; Philippe Gonet, Le Mesnil ; Michel Gonet, Avize ; Vincent Gonet, Épernay ; Henri Goutorbe, Ay ; Grongnet, Etoges ; Bernard Hatté, Verzenay ; Marc Hébrart, Mareuil-sur-Ay ; Hervieux-Dumez, Sacy ; André Jacquart, Le Mesnil ; Pierre Lallement, Verzy ; Lamiable, Tours-sur-Marne ; Larmandier, Cramant ; Larmandier-Bernier, Vertus ; Lassalle, Chigny-les-Roses ; Launois, Le Mesnil ; Margaine, Villers-Marmery ; José Michel, Moussy ; Nominé Renard, Villevenard ; Charles Orban, Troissy ; Pertois-Moriset, Le Mesnil ; Michel, Pithois, Verzenay ; Quenardel, Verzenay ; Sugot-Feneuil, Cramant.

CHAMPAGNES DE DÉGORGEMENT TARDIF

Les fabricants de vins de Champagne ont toujours mis de côté les vieux millésimes qu'ils font vieillir « sur pointes » jusqu'au

Peu de bouteilles sont aussi belles que celles du Taittinger Comtes de Champagne et reflètent aussi bien leur contenu.

dégorgement. À l'occasion de fêtes, on dégorge les vieilles bouteilles et on en jouit directement sans les doser ou les reboucher. Quand Bollinger se décida en 1961 à vendre ses millésimes 1952, 1953 et 1955 et de les dégorger juste avant qu'ils quittent la cave, il nous accorda, à nous consommateurs, un privilège qui jusque-là était réservé aux fabricants de vin.

Comme je l'ai déjà raconté, le contact prolongé avec le dépôt de levure donne un goût de pain spécial qui est appelé le caractère autolytique. J'ai aussi souligné les avantages et les inconvénients du dégorgement tardif. Mais il est évident que Bollinger donne une autre dimension avec ses vins R.D. R. D signifie *Recently disgorged*, récemment dégorgé, et se trouve être une marque déposée. Les autres producteurs ont été obligés de donner à leurs vins de dégorgement tardif une autre appellation. Il existe aujourd'hui un groupe de producteurs qui occasionnellement vendent un vieux millésime qu'ils dégorgent tardivement, mais les marques qui vendent de façon continue dans cette catégorie sont très peu nombreuses. Dans la plupart des restaurants de la région, il est désormais fréquent de proposer quelques vieux vins récemment dégorgés à des prix abordables.

Au restaurant « Royal Champagne », on peut parfois trouver une bouteille nouvellement dégorgée de chez Henriot. J'ai eu moi-même le grand plaisir de tomber sur un exemplaire de 1959 de ce même vin absolument fabuleux et ce fana de vin qu'est Mats Hanzon me téléphona du restaurant, ému jusqu'aux larmes, après avoir bu un 1955 magique. Le Roederer 1979 est très répandu dans la région, de même que des bouteilles des années 1970 de ce vin monumental qu'est le Clos des Goisses et le plus frêle Grand Blanc. Dans un autre restaurant, « Le Berceau », j'ai dégusté avec plaisir quelques délicieux magnums de Moët & Chandon 1964 et de Dom Pérignon 1971.

De plus Moët a été très généreux vis-à-vis de son propre restaurant « Royal Champagne » où j'eus l'occasion en une seule soirée de partager quelques vins insensés avec des compagnons de voyage tout aussi généreux. Ou que dire d'un Moët & Chandon 1952, 1928, 1921 et d'un 1914 fabuleusement frais. Quelle chance d'avoir des amis aussi fous !

Laurent-Perrier Millésimé Rare est un champagne nouvellement dégorgé relativement bon marché que j'aimerais trouver dans les boutiques de champagne. Bruno Paillard commercialise une série de millésimes de dégorgement tardif, qui sont appréciés de beaucoup. Certains millésimes de Krug Collection sont une variante de dégorgement tardif du millésime. Un autre champagne d'exception est le Jacquesson D.T. (dégorgement tardif). Il a un caractère autolytique de pain très prononcé et rappelle beaucoup les champagnes substantiels R.D. de Bollinger, bien que le cépage employé le plus souvent soit le chardonnay d'Avize. Jacquesson vend par ailleurs son D.T. à un âge plus avancé que Bollinger. En janvier 2002, on mit en vente le Bollinger R.D.1990 et le Jacquesson D.T.

1985. Le dernier nouveau venu parmi les champagnes de dégorgement tardif, le Dom Pérignon œnothèque est aussi l'un des meilleurs. En résumé, on peut dire que les champagnes de dégorgement tardif vous offrent à coup sûr un jeune champagne très frais avec des arômes anciens.

La dégustation du millénaire a cependant prouvé avec l'évidence souhaitée que les vins les plus impressionnants sont issus de bouteilles normalement dégorgées qui n'ont pas été manipulées dans la cave des producteurs avant leur ouverture.

C'est alors seulement que toute la maturité de la bouteille se manifeste par une exubérance d'arômes rappelant le miel, le chocolat, les noix, la mélasse, le caramel dans une structure huileuse et grasse soutenue par les bulles les plus harmonieuses qui soient.

Meilleurs vins : Bollinger R.D., Jacquesson D.T., Dom Pérignon Œnothèque.

CHAMPAGNES NON DOSÉS

On trouve des exemples de champagnes non sucrés depuis que les Anglais à la fin du XIXe siècle réclament des champagnes plus secs. Laurent-Perrier a dominé dans ce domaine depuis qu'il a sorti en 1893 son Grand Vin sans Sucre et élabore aujourd'hui le champagne extra-sec le plus vendu, le Laurent-Perrier Ultra Brut. Piper-Heidsieck a sorti un champagne sans dosage appelé Brut Sauvage et la contribution de Besserat de Bellefons à cette catégorie s'appelle Brut Intégral. La plupart des champagnes jeunes qui n'ont pas été dosés sont trop acides. Les champagnes d'un grand âge ne nécessitent pas de dosage, étant donné que la maturité en soi forme des arômes sucrés et doux. C'est pourquoi on peut s'étonner que les maisons de champagne qui se sont spécialisées dans l'élaboration de champagnes très secs ne font pas vieillir davantage leurs vins pour les rendre plus équilibrés.

Le Jacquesson D.T. que j'ai mentionné sous la rubrique « champagnes de dégorgement tardif », est grâce à son âge le meilleur champagne non dosé qu'on puisse trouver dans le commerce. De Venoge va bientôt lancer sur le marché quelques vieux champagnes mûrs de dégorgement tardif sans dosage, tout à fait dans la ligne de recherche de qualité imprimée par la direction de cette maison.

Parmi les vins millésimés les plus conventionnels et non sucrés apparaît le diabolique Jacques Selosse avec son Extra Brut comme une classe à part.

Voici les quelques appellations qui peuvent exister pour désigner les champagnes non sucrés : Extra Brut, Sans Sucre, Ultra Brut, Brut Sauvage, Sans liqueur, Non Dosé.

Meilleur vin : Selosse Extra Brut.

CHAMPAGNES LÉGÈREMENT PÉTILLANTS

La Champagne a récemment perdu le droit à l'appellation Crémant qui signifiait champagne légèrement pétillant. Le Crémant d'Alsace, le Crémant de Bourgogne et le Crémant de Loire ont tous pu conserver l'appellation pour ceux de leurs vins qui contiennent une effervescence normale. Ce n'est pas étrange si les fabricants de champagne sont indignés de ne plus avoir le droit d'utiliser cette appellation originaire de Champagne.

Certains producteurs élaborent encore un champagne moins effervescent avec une pression de 3,6 atmosphères au lieu de la pression normale de 6 atmosphères. Les vins ne tiennent pas aussi longtemps que leurs correspondants plus effervescents, mais la mousse douce et crémeuse peut être appréciée comme très délicate et fondante comme du beurre dans la bouche. Dans le village de chardonnay, Cramant, il y avait autrefois la tradition du crémant de Cramant. Mumm élabore encore aujourd'hui un pareil vin, mais l'appelle Mumm de Cramant. Chauvet est seul à fabriquer un crémant rosé, en l'occurrence très réussi. Du côté des millésimes, Alfred Gratien est le plus grand, même si on pense rarement au fait que le vintage – millésime – est légèrement effervescent.

Meilleur vin : Alfred Gratien Millésime.

CHAMPAGNE ROSÉ

Le champagne rosé est devenu populaire au début du XIXᵉ siècle. Les Anglais et les Russes appréciaient tout particulièrement cette boisson romantique. Clicquot, qui élabora son premier champagne rosé en 1977, doit être considérée comme la firme pionnière du champagne rosé, mais pendant plus d'un siècle, cette boisson ne fut pas même prise au sérieux par les fabricants eux-mêmes.

Le champagne rosé eut la réputation d'être une boisson pour les femmes que les hommes, dans le meilleur des cas, pouvaient boire à leur mariage. Le champagne rosé est aujourd'hui encore avant tout le champagne du mariage.

Jusqu'aux années 1970, très peu de producteurs élaboraient du champagne rosé et rares étaient ceux qui produisaient un rosé millésimé. Il est très rare que les salles de vente anglaises mettent aux enchères des millésimes antérieurs à 1970. Le rosé de prestige est avant tout un phénomène des années 1980.

Étant donné que le jus des raisins Pinot est incolore, la couleur vient de la peau du raisin. Dans les autres régions de France, tous les vins rosés doivent obtenir leur coloration par macération de la peau, ce qui donne une pigmentation. Cela peut se produire au cours des différentes phases de la vinification, mais la coloration ne doit jamais se faire par adjonction de vin rouge dans le vin blanc, à l'exception d'une région : la Champagne !

Habituellement on utilise 8 à 20 % de vin rouge tranquille de Bouzy ou d'un autre village producteur de vin rouge additionné de la liqueur de tirage (voir le lexique). Bien que la méthode soit sévèrement critiquée, la plupart des meilleurs champagnes rosés sont élaborés selon cette méthode, et il est pratiquement impossible de remarquer une quelconque différence entre ces rosés assemblés et des vins macérés lors d'une dégustation à l'aveugle. Dans le meilleur des cas, on peut peut-être trouver davantage d'arômes de framboise et de fraise dans un champagne rosé élaboré avec macération de la peau, étant donné que ces arômes proviennent pour la plupart de la peau des raisins pinot noir. Les producteurs qui n'adjoignent pas de vin rouge mais qui utilisent la méthode dite de saignée, prétendent que leur vin vieillit mieux, ce dont les dégustations ne m'ont jamais persuadé. En revanche un champagne rosé auquel on a adjoint du vin rouge mettra davantage de temps pour devenir harmonieux puisque ce même vin rouge doit s'intégrer au reste du vin.

C'est pourquoi il faut attendre un an ou deux après le lancement avant d'ouvrir les champagnes rosés élaborés selon cette méthode. Ce qui signifie qu'il faut procéder ainsi avec plus de 95 % de tous les champagnes rosés !

Les champagnes rosés se font aujourd'hui selon un prisme de couleur allant du rose le plus pâle au rouge le plus sombre. Ils ont souvent une nuance bleu-rouge quand ils sont jeunes pour devenir presque orange à 12-15 ans et ambrés après 20 ans. À 40 ans, ils rappellent beaucoup un vieux champagne « blanc ». Le champagne rosé est souvent plus coûteux à produire, ce qui revient à dire que son prix est de quelques euros plus élevé que pour le champagne standard. La plupart du temps, la qualité du rosé est légèrement inférieure.

Les champagnes de vigneron des meilleurs villages de Pinot peuvent souvent atteindre leur sommet grâce aux rosés. Étant donné qu'on recherche les arômes de framboise et de fraise de la peau du Pinot, on doit utiliser le plus possible de pinot noir dans son rosé. Si on a à sa disposition des raisins Pinot d'Ay proches par leur arôme du Chambolle-Musigny, il est tout à fait possible d'élaborer des champagnes rosés savoureux et délicieux. Des vignerons comme Pierre Laurain et Fliniaux l'emportent sur la plupart des rosés de prestige par leur concentration et l'arôme de raisin.

Une fois de plus, je cite le vin de Bernard Hatté de Verzenay comme un exemple resplendissant de Pinot de première classe dans un autre style que le Pinot d'Ay, cajoleur et à l'arôme de cuir.

Son rosé est plus épicé avec des arômes de pomme et de prune, accompagnés de baies rouges. Un petit nombre de rosés de prestige sont tout de même supérieurs encore à ces rosés de vigneron. Le problème est qu'ils coûtent quatre fois plus. Krug Rosé et Jacquesson Signature Rosé sont les poids lourds avec une finesse extra de fût de chêne. Le Cuvée William Deutz Rosé rappelle beaucoup le Pierre Laurain Rosé avec sa distinction aristocratique que ne peuvent atteindre les champagnes de vigneron.

Mes deux autres favoris ne le sont pas en qualité de rosés typiques, mais bien parce qu'il s'agit de grands champagnes. Il serait impossible de les désigner comme rosés dans une « véritable » dégustation à l'aveugle. Cristal Rosé et Belle Époque Rosé sont tous deux des chefs-d'œuvre de sensualité avec des arômes « blancs » de noix, de fleurs et de miel. Dom Pérignon Rosé et Taittinger Comtes de Champagne Rosé sont indiscutablement de beaux champagnes qui évoluent superbement au fil des ans. Dom Ruinart Rosé est la meilleure preuve qu'on peut fabriquer un rosé resplendissant avec un vin où le chardonnay domine totalement.

Meilleurs vins : Rosés non millésimés : Bernard Hatté, Billecart-Salmon, Blason de France, Clouet, Fliniaux, Gosset Grand Rosé, Krug, Paul Bara et Pierre Laurain.

Rosés millésimés : Belle Époque Rosé, Billecart-Salmon Elisabeth, Gosset Grand Millésimé Rosé, Cristal Rosé, Cuvée William Deutz Rosé, Dom Ruinart Rosé, La Grande Dame Rosé, Roederer Rosé, Signature Rosé et Taittinger Comtes de Champagne Rosé.

VIEUX CHAMPAGNE

L'immense capacité de vieillissement du champagne est l'un des facteurs qui différencient le vin de la région des autres régions vinicoles. Quand on visite les grandes maisons en touriste, on vous apprend que le champagne est une denrée fraîche qui ne supporte pas le vieillissement après dégorgement. Après avoir fait plus ample connaissance avec les fabricants de vin, on découvre vite qu'ils sortent des champagnes vieux de quarante ou cinquante ans dès qu'ils ont quelque chose à fêter.

La plupart boivent leurs vieilles bouteilles récemment dégorgées sans dosage, mais préfèrent déguster le champagne vieilli à l'anglaise, c'est-à-dire plusieurs années après dégorgement.

La richesse qu'un vieux champagne normalement dégorgé peut révéler n'a pas sa pareille. Le bouquet est développé et riche en fruité grâce à la grande quantité d'esters et d'aldéhydes qui se forment au contact de la quantité minimale d'oxygène qui existe entre le bouchon et le vin. Le dosage lui-même joue un rôle important dans le développement de nouveaux arômes lors d'un long vieillissement en bouteilles après dégorgement. Le procédé s'appelle réaction Maillard, ce qui signifie que le sucre réagit aux acides aminés du vin et donne un goût de grillé, proche du miel et de la vanille. Cela comporte tout de même toujours un risque d'acheter un très vieux champagne, mais si le bouchon a tenu bon et si le vieillissement s'est correctement effectué, vous connaîtrez alors une expérience œnologique hors du commun. Des champagnes qui ont parfaitement vieilli ont un bouquet exotique de miel, avec des notes de café et de chocolat. Le goût devient facilement caramélisé et riche avec une sensation augmentée de douceur. La quantité de sucre n'augmente pas mais les esters et les aldéhydes donnent des arômes de diverses confiseries. La complexité augmente et les champagnes rappellent beaucoup de vieux bourgognes blancs. Les meilleurs champagnes des années 1960 sont aujourd'hui merveilleux. Si on veut déguster de plus vieux champagnes, il faut s'attendre à ce que deux ou trois bouteilles sur dix soient madérisées et aient perdu leur mousse. J'ai cependant bu quelques fantastiques champagnes des années 1940 et 1950, dont la mousse fut invisible à l'œil mais tout à fait présente sur la langue. S'il y a une réserve de gaz carbonique dans le vin, il vous sera donné de vivre un grand moment culinaire.

Afin d'éviter les morsures du gel, des poêles primitifs sont encore placés dans les vignes pour les maintenir au chaud.

Vins et alcools de la région de Champagne

Même si on a élaboré des vins tranquilles depuis plus longtemps que les vins effervescents en Champagne, l'appellation Coteaux Champenois n'a fait son apparition qu'en 1974. En 1927, on dénommait les vins tranquilles de la région « Vin originaire de la Champagne viticole » dénomination changée en 1953 en « Vin nature de la Champagne ».

On élabore sous cette appellation trois types de vin : rosé, blanc et rouge. Le rosé est rare, pâle, léger et acidulé, le blanc est un peu supérieur et le rouge excellent. La difficulté à élaborer des vins tranquilles en Champagne est due au climat froid. Les raisins contiennent trop peu de sucre et trop d'acidité. On est encore plus dépendant des années chaudes qu'en Bourgogne pour obtenir un pinot noir et un chardonnay qui soient mûrs. Les meilleures années d'après-guerre sont 1947, 1959, 1976, 1989, 1990 et 1996. Les maisons de champagne produisent peu de vins tranquilles intéressants. Les vignerons qui ont à leur disposition de petites parcelles de haute qualité à Avize pour le blanc, et à Bouzy, Ay, Ambonnay, Cumières et Mareuil-sur-Ay pour le rouge élaborent les vins les plus intéressants.

VINS ROUGES

Lors des années très chaudes, les meilleurs vignerons des villages Grand cru produisent un vin rouge qui rappelle beaucoup un bon bourgogne, sans plus. Les arômes peuvent être de très grande classe, mais la structure ne peut que, dans de très rares cas, se mesurer à celle d'un banal bourgogne Premier cru. Framboise, cerise, fraise, et épices de pays exotiques dominent dans les arômes typiques de raisin. Le goût est léger, acidulé et élégant. J'ai récemment bu un Bouzy rouge 1989 de Georges Vesselle pour accompagner un poulet de Scanie aux fines herbes – un fantastique mariage culinaire ! Tous les dégustateurs

autour de la table étaient persuadés que je leur avais sorti un grand bourgogne, ce qui prouve quand même la haute tenue de ces vins tranquilles rangés sous cette appellation. Bollinger fait un des meilleurs vins rouges de la région, La Côte aux Enfants, à partir d'un coteau d'Ay exposé au sud. On utilise de petits fûts de chêne neufs et on ne vend que des vins des bonnes années. C'est justement à Ay qu'on élabore les deux meilleurs vins rouges de la région. Gosset-Brabant élabore le vin le plus impressionnant et Gatinois propose une variante du même vin mais avec un peu plus d'élégance et un peu plus d'acidité.

Sinon c'est Bouzy qui est le plus connu pour ses vins rouges. Personnellement je trouve que le Bouzy Rouge est en moyenne de qualité inférieure à ceux de Cumières et d'Ambonnay, mais les trois producteurs de Bouzy, Georges Vesselle, André Clouet et Paul Bara, appartiennent à l'élite. Le roi du vin rouge à Cumières répond au nom de René Geoffroy et réussit fort bien depuis 1990. À Ambonnay, Secondé-Prevoteau a, pendant plusieurs générations, approvisionné Roederer en raisins pour son Cristal et a en même temps élaboré un Ambonnay Rouge exemplaire. C'est malheureusement très rare de rencontrer la possibilité de déguster des vins rouges de cette région. Étant donné que les parents de la famille Clouet sont nés en 1946 et 1953, on a gardé une petite réserve de vin rouge de ces années fait à partir d'un vignoble clos qui se trouve derrière leur maison à Bouzy. Il faut dire qu'en général, j'ai développé un goût relativement jeune quand il s'agit des vins rouges et je bois volontiers mon Clos de la Roche ou Hermitage âgé de cinq ans. C'est pourquoi je fus très surpris d'être autant fasciné par le développement fantastique de ces vins au fil des ans. Ces deux vins sont les deux seuls vins tranquilles de Champagne à m'avoir donné la chair de poule. C'est bien sûr encore cette même insurmontable acidité présente ici qui tient les vins

Rangées de petits fûts de chêne de Bourgogne chez Selosse à Avize.

effervescents en vie si longtemps et qui en même temps a la possibilité de développer en toute tranquillité une complexité rarement constatée. Je vous recommande de laisser vieillir votre Bouzy rouge même si les vignerons eux-mêmes aiment la légèreté de cerise et de framboise dans les vins jeunes.

Meilleurs vins : Bollinger La Côte aux Enfants (Ay), Clouet (Bouzy), Gatinois (Ay), Georges Vesselle Cuvée Véronique-Sylvie (Bouzy), Gosset-Brabant (Ay), Paul Bara (Bouzy), René Coutier Rouge (Ambonnay) et Secondé-Prevoteau (Ambonnay).

VINS BLANCS

Bien que les vins blancs servent de base aux fantastiques champagnes chardonnay, ce type de vin n'a rien d'enthousiasmant. Le Laurent-Perrier, grand succès de vente, illustre bien la légèreté et l'acidité que peuvent souvent avoir ces vins. Le bouquet rappelle le grattoir de la boîte d'allumettes. Et si on trouve un fruité, ce sera celui du citron encore vert. Une des raisons pour lesquelles si peu de vins blancs tranquilles sont de qualité, est que les meilleurs vins sont destinés à la boisson pétillante. Des vins tranquilles d'Azize, de Selosse et Jacquesson dégustés directement du fût de chêne rappellent un jeune Corton-Charlemagne ou un Grand cru de Chablis. Le meilleur vin blanc de Champagne commercialisé est le Saran de Moët & Chandon, élaboré à partir de raisins qui autrement sont utilisés pour le Dom Pérignon.

Le goût rappelle par ailleurs un « Dom » quelque peu dilué et éventé. Le meilleur reste l'exceptionnel vin blanc de Clos des Goisses qui n'est malheureusement pas en vente.

ROSÉ DES RICEYS

Bien que le Rosé des Riceys soit un vin rosé tranquille, il ne figure pas sous l'appellation Coteaux Champenois et possède sa propre dénomination. Louis XIV, le Roi-Soleil, a rendu ce vin célèbre et on a pu de ce fait maintenir la tradition. Dans ce petit village de l'Aube, les Riceys, les producteurs mettent toute leur énergie dans l'élaboration d'un vin rosé de première classe. On considère qu'avec le Tavel de la vallée du Rhône, les vins rosés provenant de ce lieu sont les meilleurs au monde. Pour être un rosé, cette fierté de l'Aube vieillit bien. La robe relativement sombre prend une coloration orange, et les arômes de fraise et de pêche ressemblent alors plus au chocolat et à la menthe. Le goût peut être très intéressant avec son ampleur et l'impression sur la langue est toujours douce. Alexandre Bonnet élabore les plus chers et les meilleurs vins du village.

Meilleurs vins : A. Bonnet, Devaux, Morel.

RATAFIA

Le ratafia est un vin fort en alcool qui est élaboré à partir de jus de raisin non fermenté provenant des trois cépages de la région auquel on incorpore de l'alcool à 90 degrés. Les Français boivent leur ratafia comme vin apéritif ou comme digestif après le repas. Le ratafia est une boisson brun clair, sucrée, forte, avec un parfum de raisin sec, dont les raisins ont subi le même contrôle de qualité que pour ceux utilisés dans l'élaboration du champagne. Étant donné que le jus de raisin est déjà sucré, aucun ajout de sucre n'est nécessaire, mais la plupart des producteurs de ratafia en ajoutent tout de même une petite quantité. La teneur en alcool est de 20 % environ, mais la boisson ne donne pas l'impression d'être aussi forte. Très peu de producteurs utilisent la première presse pour leur ratafia, mais la plupart des meilleurs producteurs de ratafia utilisent le pinot noir qui donne un goût plus doux et plus raisineux que le chardonnay. Après l'adjonction d'alcool – qu'on appelle le mutage –, le ratafia est vieilli en fûts ou en cuves pendant un an à peu près. Ceux qui sont vieillis en fûts obtiennent un goût de vin de Xérès oxydé qui convient bien à la destination de ce vin. J'en ai dégusté si peu qu'il m'est difficile de donner mon avis sur la qualité des principaux ratafias, mais la plupart sont élaborés par les plus grandes distilleries de la région, Goyard à Ay. Jacques Selosse produisit en 1976 un ratafia pour sa propre consommation qui était absolument fabuleux !

ALCOOLS ET EAUX-DE-VIE

Étant donné que Cognac est le nom d'une région et non celui d'un type de vin, il est impossible d'utiliser ce nom en Champagne. Le vin qu'on élabore selon les mêmes principes que le cognac s'appelle, dans la région, marc de Champagne. L'alcool s'élabore toujours à partir de la peau du raisin. Le marc est fait à partir de restes de raisins complètement pressés qu'on fait fermenter et distiller pour obtenir une teneur en alcool supérieure à 40 %.

Le marc de Champagne en revanche est élaboré à partir de vin destiné à être transformé en champagne mais qui ne remplit pas les exigences de qualité, en même temps que de résidus de la clarification et du débourbage. Tout doit être récupéré et doit pouvoir se boire, la question reste de savoir s'il en est ainsi. À part quelques vieux marcs de Bourgogne et un vieux cognac, je n'aime aucune sorte d'alcool, et ne suis donc pas habilité à juger ici des alcools forts de la région. Les plus agréables marcs de Champagne que j'ai cependant eu l'occasion de goûter du bout des lèvres venaient de Comte de Dampierre et Pierre Peters.

La route des champagnes, à travers les différents crus.

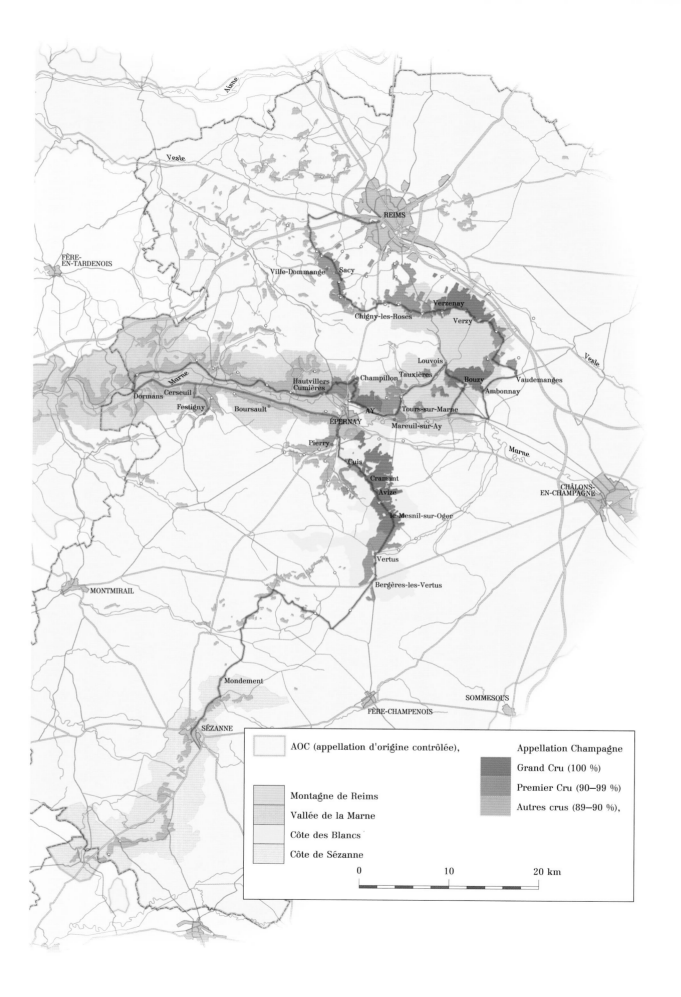

REIMS

FÈRE-
EN-TARDENOIS

Aisne

Vesle

Vesle

Ville-Dommange   Sacy

Verzenay

Chigny-les-Roses   Verzy

Marne

Louvois

Hautvillers   Champillon   Tauxières   Bouzy
Cumières   Vaudemanges
Dormans   Cerseuil   Ambonnay
            Festigny   Tours-sur-Marne
                      Boursault   AY
                              ÉPERNAY   Mareuil-sur-Ay   Marne

                      Pierry
                          Cuis   CHÂLONS-
                          Cramant   EN-CHAMPAGNE
                          Avize
                          le-Mesnil-sur-Oger

                          Vertus

MONTMIRAIL   Bergères-les-Vertus

                  Mondement
                                              SOMMESOUS
                      FÈRE-CHAMPENOIS

SÉZANNE

AOC (appellation d'origine contrôlée),   Appellation Champagne

                                                Grand Cru (100 %)

Montagne de Reims   Premier Cru (90—99 %)

Vallée de la Marne   Autres crus (89—90 %),

Côte des Blancs

Côte de Sézanne

0   10   20 km

Champagne et gastronomie

En France, on boit le plus souvent le champagne avec le dessert et ailleurs dans le monde, comme apéritif. C'est un fait que le champagne est le parfait apéritif avec ses acides qui éveillent l'appétit et avec son rapide effet stimulant mais convenablement accompagné de nourriture, il procure encore plus de jouissance. Les Français, on le sait, sont champions du monde de cuisine et leur grandeur trouve son origine dans la tradition, le savoir-faire et des matières premières de premier choix. Chaque province propose des spécialités qui ont elles aussi une réputation mondiale, mais à l'échelle française, la Champagne n'est pas une grande région culinaire. Dans la plupart des restaurants, on sert des plats originaires des autres régions de France. La cuisine locale est cependant riche et variée. Les fleuves environnants sont riches en poissons d'eau douce, et comme les forêts ardennaises au nord de Reims appartiennent encore aux régions d'Europe les plus riches en gibier et en volatiles de toutes espèces, on trouve le chevreuil, le daim, la volaille sauvage dans de nombreux plats locaux. Les plats à base de viande d'agneau et de porc sont aussi plus fréquents que ceux à base de bœuf. En Champagne, on raffole de soupes et de salades de toutes sortes, où pommes de terre, haricots, lentilles et autres légumes sont les principaux ingrédients. Le poisson est préparé de toutes les façons imaginables, avec bien évidemment le vin comme ingrédient obligatoire.

La contribution la plus importante à la cuisine française est celle des fromages. C'est un vrai plaisir que de faire le tour de la Champagne et d'acheter des fromages directement à la ferme. Il est préférable d'éviter les fromages sans caractère fabriqués en usine, si on veut quelque chose d'extra. Les fromages les plus connus dans la région sont les Brie avec en tête, le Brie de Meaux, le plus délicat avec son goût crémeux. Si vous avez un jour la possibilité de vous trouver en Champagne en face d'un plateau de fromages bien assorti, laissez-vous donc tenter par un morceau d'Arrigny, de Boursault, de Caprice des Dieux, de Chaumont, de Chaource, d'Explorateur ou de Maroilles.

La Champagne est également connue pour ses pâtisseries, plus particulièrement les gâteaux aux fruits. Pour ceux qui aiment surtout les friandises, je recommande une visite chez les chocolatiers extravagants et dans les pâtisseries de Reims. Veillez simplement à ne pas sortir des truffes au chocolat au moment de boire le champagne, ce que font malheureusement certains Français. Si, contre tout bon sens, on insiste pour boire le champagne avec le dessert, il est préférable de choisir un champagne doux. Le sucre est en effet le pire ennemi du champagne sec qui a immanquablement un goût acide avec le dessert. Les fraises nature sont, selon moi, le seul dessert qui aille bien avec le champagne. Je dois quand même avouer que je choisis plutôt un Riesling Spätlese allemand pour accompagner ces délicates baies de l'été.

ACCORDS PARFAITS

Quand il s'agit de combiner le vin et les plats, la règle en vigueur depuis toujours est que plus le plat est lourd et fort, plus le vin doit lui aussi être lourd et corsé, et inversement. C'est très à la mode aujourd'hui de déroger à la règle dans un esprit expérimental, mais des analyses prouvent que certaines matières réagissent négativement en entrant en contact avec d'autres. Un exemple est la salinité de l'eau de mer dans les crustacés, qui détonne avec le tanin du vin rouge. Les vins blancs avec la viande sont souvent plus acceptables, mais ont du mal à supporter les saveurs puissantes que contiennent souvent les sauces et les épices qui les accompagnent.

Des champagnes bien frais au restaurant Les Crayères.

De quelque façon qu'on compose son repas, il est important de penser à l'équilibre entre la nourriture et la boisson. Il peut être atteint quand le vin apporte quelque chose qui fait défaut à la nourriture, ou en choisissant un vin qui contient des arômes similaires à ceux qui existent déjà dans la nourriture. Un plat de gibier peut, par exemple, être accompagné d'un vin rouge aux arômes à notes animales, ou un plat au caviar au goût de noix d'un champagne ayant lui aussi cette note de noix. Les sommeliers à travers le monde recherchent de nouvelles combinaisons, où l'équilibre tient toujours la première place, qu'il soit atteint par des arômes qui complètent ou soient similaires dans la nourriture et dans le vin.

C'est justement l'importance des arômes qui est le plus souvent oubliée dans l'école nord-américaine de la science du goût. Tim Hanni, devenu une autorité mondiale dans ce domaine, s'appuie au contraire entièrement sur nos goûts de base. Le plus controversé est sans doute de considérer l'umami comme un goût de base. Il est cependant évident que l'umami existe réellement et qu'il est une composante importante dans la combinaison de la nourriture et du vin. Ce mot d'origine japonaise signifie à peu près « riche en arômes et savoureux ». Du point de vue purement scientifique, l'umami est le sel de sodium dans l'acide glutamique qui est un banal acide aminé. Le nom complet de ce sel est le glutamate de sodium, dont le sigle est MSG. Le goût propre à l'umami serait riche d'arômes sucrés et crémeux. Les denrées les plus riches en umami seraient les poissons gras, le caviar extra, les fromages à pâte dure faits, les fonds de sauce et la viande bien tendre. Si j'ai bien perçu ce goût, c'est précisément dans ces matières premières que je retrouve parfois ce sucré crémeux proche du caramel sans la sensation directe du sucre. Il y a peu de temps, j'ai justement eu l'occasion de manger un des plus délicieux caviars iraniens aux notes de réglisse, de mer, de noix et de caramel. Était-ce l'umami ?

La rencontre du vin avec l'umami peut souvent être négative avec un arrière-goût métallique et amer. On peut essayer de neutraliser l'effet en ajoutant une matière première adéquate. Le sel et l'acide sont souvent des ingrédients utilisables dans ce cas. L'enseignement de Tim Hanni consiste entièrement à créer une harmonie entre la nourriture et le vin de façon qu'aucune saveur n'entre en conflit avec une autre. Je crois avoir cependant remarqué que bien des vins fins perdent de leur définition et de leur pureté quand ils sont liés à la nourriture de cette façon. Si j'ai acheté un chablis Grand cru et que, selon ses principes, je l'équilibre avec un plat riche en acide et en salé, j'aurai un goût harmonieux agréable et doux en bouche, mais les petites notes nuancées qui m'aidaient à reconnaître de quel millésime et de quel producteur il s'agissait, se sont effacées.

Personnellement je veille beaucoup à ce que je mange ne contienne pas en excès l'un des goûts de base qui pourrait anesthésier mes papilles. Je commence toujours par choisir le vin et ensuite le plat dont la douceur lui conviendra. Ma critique la plus sévère ira vers l'emploi exagéré du sel comme moyen d'atténuer l'acidité du vin. C'est un fait qu'elle s'en trouve diminuée mais je veux éprouver l'acidité de mon champagne que je considère au départ comme équilibré. Le sel a vraiment un effet anesthésiant s'il n'est pas utilisé prudemment.

Il y a bien sûr une grande part de vérité dans la doctrine de Tim Hanni. C'est par exemple frappant de constater combien un champagne sucré peut être perçu comme étant sec, élégant et équilibré quand il accompagne un dessert sucré. Il faut donc que le vin soit sucré pour aller à la rencontre du sucré de la nourriture. Une autre observation est qu'un vin acide doit également être confronté à l'acidité d'un plat. Il est aussi incontestable que le salé peut rendre un vin plus doux. Hanni a également identifié les ennemis du vin de façon remarquable. Les denrées les plus difficiles sont le vinaigre, les agrumes, les fruits tropicaux, le raisin, les baies d'airelle, les asperges crues, l'oseille, les topinambours, les artichauts, la rhubarbe, le sel, les épices fortes et les œufs. Là encore, il est possible de contourner la difficulté en cuisinant de la bonne façon, en utilisant une passerelle du goût et un bon choix de vin. L'œuf est intéressant parce qu'il n'est pas seulement riche en umami et en soufre mais aussi parce qu'il a une consistance si grasse que les papilles gustatives sont recouvertes et empêchent de sentir le goût du vin.

Ce qui est amusant, c'est que l'acidité élevée du champagne neutralise le soufre et que la mousse nettoie la langue de telle façon que le jaune d'œuf cru et le champagne peuvent former une alliance d'un contraste agréable. Je ne connais rien de meilleur que de boire le champagne avec le caviar iranien accompagné d'œufs de caille mollets préparés par Alain Passard. Beaucoup de gens pensent que le champagne peut accompagner tous les plats sans convenir véritablement à un plat particulier. C'est tout à fait vrai que le champagne convient à un nombre exceptionnel de plats, mais ce vin peut atteindre un niveau extraordinaire en combinaison avec les plats qui lui conviennent. Les bulles et l'acidité tranchent violemment sur les sauces à la crème et au beurre, les purées, les œufs et autres plats gras et doux. Les plats de légumes, le poisson et les crustacés sont relevés par l'élégant champagne, tandis que cette boisson, dans d'autres cas, peut nettoyer la bouche après certains goûts un peu plus forts. Mais il faut prendre garde aux plats trop acidulés. Les agrumes et la sauce vinaigrette avec le champagne produisent une impression d'ensemble plutôt acide, de la même façon que des plats chauds trop épicés peuvent avoir un effet catastrophique sur la plupart des vins.

Pour accompagner la viande, j'ai plutôt coutume d'éviter le champagne pour lui préférer un bon vin rouge. Mais un de mes classiques que je vous recommande est un Clos des Goisses avec le filet de bœuf.

HUÎTRES, TRUFFES, FOIE GRAS... ET CUISINE JAPONAISE

Il est certain qu'on peut combiner le champagne avec des plats relativement simples et bon marché mais je trouve qu'on peut s'offrir des plats un peu plus recherchés lorsqu'on a l'occasion d'ouvrir une bouteille de champagne. Huîtres et champagne font partie des classiques, de même que champagne et caviar russe. Il est important dans ce cas de choisir un jeune champagne chardonnay sec et léger pour qu'il supporte mieux le goût d'eau de mer. Les huîtres gagnent en douceur à être gratinées au four avec un peu de sauce à la crème ou avec un fromage doux. Pour ce qui est du caviar russe ou iranien, on doit éviter le Sevuga trop salé et lui préférer le Beluga plus doux ou l'Oscietra au goût de noix, beaucoup plus rare. Servez volontiers le caviar sur un blini russe avec du smetana ou de la crème fraîche (évitez la rondelle de citron!).

Tous les crustacés conviennent bien au champagne, mais la question est de savoir si le homard et le champagne vont bien ensemble. Le saumon ou les poissons plats avec une sauce au vin accompagnés d'un champagne de cuvée d'âge moyen sont aussi un bon mariage. Même des poissons légèrement fumés se marient bien à un champagne possédant des arômes de grillé, par exemple un blanc de blancs. Les sauces qui vont faire face au champagne doivent être faites à base de bouillon clair, avant tout fond de poisson ou fond de poulet qui sont montés ou cuits au beurre, avec de la crème épaisse ou de la fleurette. Du vin riche en acides doit compléter le tout, de préférence du champagne.

Les truffes seront délicieuses avec un champagne à base de Pinot aux légères notes animales et végétales. Les asperges sont en général considérées comme se mariant assez mal au vin, mais le champagne est une exception évidente. Des asperges sauce hollandaise ou au parmesan accompagnées d'un champagne de cuvée bien assemblé vous donne l'impression de boire le printemps. Évitez cependant les asperges accompagnées d'une sauce au vinaigre. Comme toujours un vinaigre balsamique bien vieilli sera l'exception qui confirme la règle.

Les discrètes saveurs de la cuisine japonaise conviennent très bien à cette boisson pétillante et le grand cuisinier de Champagne Gérard Boyer – qui vient tout juste de quitter Les Crayères – est l'un des pionniers dans l'utilisation du curry et du gingembre, réussissant à merveille dans ses compositions. Il faut tout de même faire attention aux plats asiatiques contenant du Wasabi, beaucoup de soja ou d'épices fortes.

Pour la volaille, un blanc de noirs convient parfaitement. Les champagnes Pinot sont aussi les seuls, avec les champagnes rosés, à convenir aux fromages à pâte dure et à pâte molle à croûte lavée.

Personnellement, je trouve que la combinaison suprême est celle d'un vieux champagne avec le foie gras de canard. Les arômes sucrés et caramel dans un champagne à complète maturité sont un choix beaucoup plus raffiné pour le foie gras que le Sauternes ou les lourds Gewürztraminer d'Alsace. Les acides du champagne contribuent à diminuer l'impression de puissance que peut procurer la graisse du foie. La terrine de foie de canard est supérieure encore à sa variante cuite, étant donné que les notes de grillé venant de la cuisson peuvent facilement dominer. Les foies gras de canard et d'oie sont affreusement chers en Suède, mais il existe des alternatives bon marché, par exemple le pâté d'oie ou la mousse de canard avec quelques morceaux de vrai foie gras. Accompagnez volontiers ce foie de canard de quelque chose de sucré comme par exemple de la gelée de Sauternes, de la purée de mangue ou de figue, mais faites-le avec mesure sinon le vin pourrait être ressenti comme acide et amer. J'ai d'abord dégusté seul la plupart des vieux champagnes qui sont décrits dans la partie consacrée aux producteurs avant de les accompagner d'un morceau conséquent de foie gras de canard.

Si on veut choisir un thème pour un dîner au champagne, je propose une variante délicate : le dîner rosé. Servez uniquement du champagne rosé d'abord pour accompagner une entrée au homard, un plat principal de saumon rose en terminant par des fraises ou un soufflé à la framboise sans vin. Veillez à ce que les bougies, les serviettes et la nappe soient dans les tons roses. Fleurissez la table de roses. Vous ne pourrez offrir un dîner plus romantique que celui-ci.

Une alternative plus simple est le pique-nique sur l'herbe au champagne avec une salade de poulet ou un toast avec œufs de poisson et crème fraîche.

Classification des champagnes

En se basant sur leurs propres critères, toutes les régions viticoles sérieuses classent ou répertorient les différences entre les vignobles en matière de qualité. Elles sont parfois plus intéressées par le producteur ou par l'élaboration du vin, mais le plus souvent, c'est la géographie qui est le principal critère utilisé pour établir le classement. En Champagne, l'origine des raisins prend une importance croissante pour le consommateur. Les producteurs doivent donc concentrer leurs efforts sur l'achat des raisins les plus hauts placés sur l'échelle de qualité.

LE SYSTÈME DES CRUS

Puisque les exploitations viticoles de Champagne vendent la majeure partie de leurs raisins aux grandes maisons, le système de classement en Champagne est basé sur le prix des raisins. Ce système instauré en 1919 s'appelle l'échelle des crus et repose sur le fait que toutes les exploitations vinicoles sont placées sur une échelle des crus entre 80 % et 100 %. Le mot cru qui vient du verbe croître désigne l'endroit où poussent les vignes.

De nos jours le marché est libre, mais autrefois c'était le CIVC qui fixait, en accord avec les viticulteurs et les maisons de champagne, le prix du kilo de raisins pour l'année en cours. Pour les raisins des crus classés à 100 %, les maisons payaient le prix fort. Les prix baissaient ensuite proportionnellement au classement de pourcentage, donc au fur et à mesure que le statut des crus diminuait.

Quand on a instauré le système des crus, l'échelle variait de 50 % à 100 %. De nombreuses voix se sont élevées pour revenir à une échelle plus ample.

Les détracteurs du système clament que la différence de prix n'est pas assez sensible entre, par exemple, des raisins d'un simple pinot meunier du Val-de-Marne et un chardonnay de Grand cru. Un autre problème que pose cette échelle est que ce système tient uniquement compte du cru d'origine mais non de la localisation exacte à l'intérieur d'une même exploitation.

En 1985, certains villages viticoles ont été reclassés. Cinq nouveaux villages viticoles ont accédé au titre de Grands crus en plus des douze crus initiaux. Beaucoup virent s'améliorer leur statut sans qu'aucun d'entre eux ne soit déclassé. Encore aujourd'hui, certains villages viticoles sont surestimés et d'autres mériteraient d'être valorisés. On trouve parmi les villages viticoles classés Premier cru, quelques entités qui atteignent le niveau de qualité d'un Grand cru. Personnellement, je trouve que l'échelle des crus adoptée pour les vins de Bourgogne est plus équitable, parce qu'on y juge chaque vignoble isolément.

GRAND CRU

En Bourgogne, il va de soi que les vins les plus prisés et les plus coûteux proviennent des villages viticoles classés Grand cru. Ce qui n'est pas aussi connu est que la Champagne a un système similaire avec des villages viticoles Grand cru et Premier cru. Je soutiens que la différence est aussi grande entre un champagne d'Ay et un de Verzenay qu'entre un chambertin et un musigny.

De nombreux producteurs de champagne soulignent, à juste titre, l'importance d'avoir des vins de Grand cru. Le fait que le concept de Grand cru ne soit pas plus connu s'explique par le rôle que jouent les grandes maisons de champagne qui ont toujours recommandé des cuvées constituées d'une mosaïque de vignobles, incluant même des catégories médiocres de raisins. Les plus petits producteurs et viticulteurs qui ont utilisé les raisins de premier choix n'ont pas eu le même appareil de promotion que les géants comme Moët, Mumm, Clicquot, Pommery, Lanson entre autres. D'un autre côté, ces entreprises n'ont pas

Une magnifique porte Belle Époque chez Perrier-Jouët.

manqué de claironner qu'elles n'utilisent que des raisins classés Grand cru pour leurs prestigieux champagnes.

Les meilleurs producteurs des villages viticoles Grand cru font des champagnes classiques avec de merveilleux goûts de terroir. Le prix des champagnes Grand cru achetés directement aux producteurs n'est pas comparable avec celui qu'on paie pour des vins de Bourgogne Grand cru. C'est donc une très bonne affaire.

Certaines vignes donnent des raisins d'une toute autre qualité que d'autres. Mes favoris sont Ay et Verzenay pour les raisins noirs et Avize, Cramant ainsi que Le Mesnil pour le chardonnay. Ces villages viticoles ont un éclat spécial, que ce soit pour la production de quelque champagne classique et prestigieux d'une des grandes maisons ou plus modestement un champagne monocru de viticulteurs indépendants.

La qualité des matières premières est déterminante pour obtenir un champagne de tout premier choix. Heureusement, de plus en plus de consommateurs ont compris l'importance de ces champagnes Grand cru, ce qui a entraîné une prise de conscience des producteurs et une utilisation de ce concept dans leur publicité. Ces vins sont bien sûr très rares puisqu'il existe 324 villages viticoles producteurs de champagne au total et seulement 17 d'entre eux sont classés Grand cru.

Villages viticoles Grand cru 100 % : Ambonnay, Avize, Aÿ, Beaumont-sur-Vesle, Bouzy Chouilly (1985), Cramant, Louvois, Mailly, Le Mesnil-sur-Oger (1985), Oger (1985), Oiry (1985), Puisieulx, Sillery, Tours-sur-Marne, Verzenay et Verzy (1985).

Il est intéressant de noter que les raisins d'un chardonnay de Tours-sur-Marne ne sont classés qu'à 90 % et que les raisins si rares de Chouilly affichent 95 % sur l'échelle des crus.

PREMIER CRU

On classe parmi les villages viticoles de Premier cru ceux qui ont obtenu entre 90 % et 99 % sur l'échelle des crus. Si l'on compte comme raisins de Premier cru les raisins que les villages viticoles de Grand cru Chouilly et Tours-sur-Marne produisent, il existe 43 villages viticoles de Premier cru, mais en fait le chiffre exact de villages viticoles entièrement de Premier cru est de 41. Certains villages de Premier cru surpassent certains villages de Grand cru, donc il est souhaitable d'être bien informé sur les caractéristiques et la réputation de chacun de ces villages. Même si le village est correctement classé, il peut arriver que certains de ses clos soient en mesure de produire du champagne dont la qualité est en fait Grand cru. À Mareuil-sur-Ay, le Clos des Goisses donne des raisins de toute première qualité et devrait absolument obtenir le statut de Grand cru.

Autres villages viticoles de Premier cru de haute qualité : Cuis, Dizy, Grauves, Trepail, Vertus, Chigny-les-Roses, Rilly-la-Montagne, Avenay, Champillon et Cumieres.

Villages viticoles de Premier cru :

99 % : Mareuil-sur-Ay et Tauxieres.

95 % : Bergères-les-Vertus (uniquement raisins blancs), Billy-le-Grand, Bissueil, Chouilly (uniquement raisins noirs), Cuis (uniquement raisins blancs), Dizy, Grauves (uniquement raisins blancs), Trépail, Vaudemanges, Vertus, Villeneuve-Renneville, Villers-Marmery et Voipreux.

94 % : Chigny-les-Roses, Ludes, Montbre, Rilly-la-Montagne, Taissy et Trois-Puits.

93 % : Avenay, Champillon, Cumieres, Hautvillers, Mutigny.

90 % : Bergères-les-Vertus (seulement raisins noirs), Bezannes, Chamery, Coligny (seulement raisins blancs), Cuis (seulement raisins noirs), Écueil, Étrechy (seulement raisins blancs), Grauves (seulement raisins noirs), Jouy-les-Reims, Les Mesneux, Pargny-les-Reims, Pierry, Sacy, Tours-sur-Marne (seulement raisins blancs), Villedommange, Villers-Allerand et Villers-aux-Nœuds.

Villages viticoles non classés :

Seule une infime partie de la surface cultivée de vignobles de champagne est constituée de villages viticoles classés Grand et Premier cru. Une partie conséquente de la production de champagne se compose uniquement de raisins qui se rangent entre 80 % et 89 % sur l'échelle des crus et entrent sous la dénomination non classés. Les régions périphériques de la Champagne telles que l'Aube, Sézanne et l'Aisne ne comptent que des villages viticoles de cette catégorie. Rares sont ceux des villages qui ont un rang peu élevé et qui présentent des personnalités hors du commun mais il existe quelques exceptions tels Bethon, Damery, Urville, Leuvrigny, Mancy, Montgenost et Les Riceys.

Le rôle principal de ces vignobles non classés est de tenir lieu de « diffuseurs de goût » dans les cuvées de champagne. Ces vins relativement neutres peuvent équilibrer les vins extrêmes aux caractères très tranchés entre eux et contribuer à la création d'un ensemble harmonieux. Les cuvées classiques des grandes maisons de champagne sont souvent constituées de centaines de vins non classés.

Villages viticoles non classés de 80 % à 89 % :

89 % : Coulommes-la-Montagne, Damery, Moussy, Sermiers, Venteuil et Vrigny.

88 % : Chavot-Courcourt, Épernay, Mancy, Monthelon et Reims.

Les villages viticoles de Premier cru.

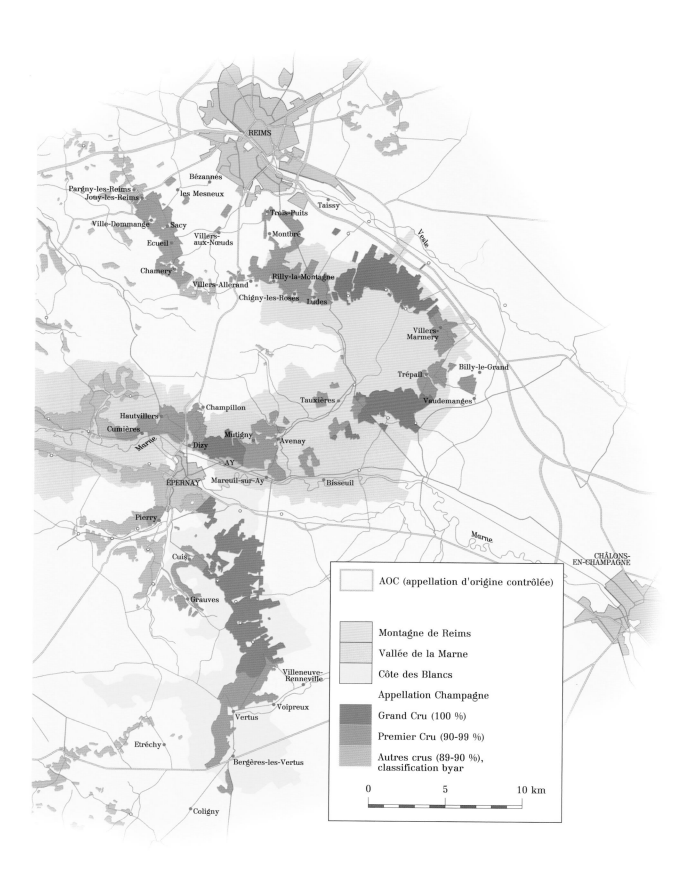

REIMS

Bézannes
Pargny-les-Reims
Jouy-les-Reims
les Mesneux
Taissy
Trois-Puits
Ville-Dommange
Sacy
Montbré
Villers-aux-Nœuds
Ecueil
Chamery
Rilly-la-Montagne
Villers-Allerand
Chigny-les-Roses
Ludes
Villers-Marmery
Billy-le-Grand
Trépail
Tauxières
Vaudemanges
Champillon
Hautvillers
Cumières
Mutigny
Avenay
Marne
Dizy
AY
ÉPERNAY
Mareuil-sur-Ay
Bisseuil
Vesle
Marne
CHÂLONS-EN-CHAMPAGNE
Pierry
Cuis
Grauves
Villeneuve-Renneville
Voipreux
Vertus
Etréchy
Bergères-les-Vertus
Coligny

AOC (appellation d'origine contrôlée)

Montagne de Reims

Vallée de la Marne

Côte des Blancs

Appellation Champagne

Grand Cru (100 %)

Premier Cru (90-99 %)

Autres crus (89-90 %),
classification byar

0   5   10 km

87 % : Allemant (84 % Pinot), Barbonne-Fayel (85 % Pinot), Bethon (84 % Pinot), Broyes (85 % Pinot), Celle-sous-Chantemerle (85 % Pinot), Chantemerle (85 % Pinot), Courmas, Fontaine-Denis (84 % Pinot), Montgenost (84 % Pinot), Nogent l'Abbesse, Saint-Thierry, Saudoy (85 % Pinot), Sézanne (85 % Pinot), Thil, Trigny (85 % Pinot), Vindey, Villenauxe-la-Grande (85 % Pinot) et Villers-Franqueux.

86 % : Binson-Orquigny, Bouilly, Branscourt, Brouillet, Brugny-Vaudancourt, Courthiezy, Crugny, Cuisles, Faverolles, Hourges, Lagery, Lhery, Montigny-surVesle, Reuil, Sainte-Euphraise, Saint-Martin d'Ablois, Savigny-sur-Ardres, Serzy et Prin, Soulières, Tramery, Treslon, Unchair, Vandeuil, Vandière, Vauciennes, Verneuil, Villers-sous-Châtillon, Vinay et Vincelles.

85 % : Barzy-sur-Marne, Bassu, Bassuet, Baye, Beaunay, Celles-sur-Ource, Cernay-les-Reims, Coizard-Joches, Congy, Cormoyeux, Courjeonnet, Etoges, Ferebrianges, Fleury-la-Rivière, Germigny, Givry-les-Loisy, Gueux, Janvry, Loisy-en-Brie, Mondement, Ormes, Oyes, Passy-sur-Marne, Prouilly, Romery, Saint-Lumier, Talussaint-Prix, Trelou-sur-Marne, Vert-Toulon, Villevenard et Vitry-en-Perthois.

84 % : Baslieux-sous-Châtillon, Belval-sous-Châtillon, Berru, Boursault, Broussy-le-Grand, Cerseuil, Châlons-sur-Vesle, Champvoisy, Chenay, Cuchery, Festigny, Hermonville, Jonchry-sur-Vesle, Jonquery, Leuvrigny, Mardeuil, Mareuil-le-Port, Marfaux, Merfy, Mesnil-le-Hutier, Montigny-sur-Vesle, Morangis, Moslins, Nesle-le-Repons, Neuville-aux-Larris, Œuilly, Olizy-Violaine, Passy-Griny, Pevy, Port-à-Binson, Pontfaverger-Moronvilliers, Pouillon, Pourcy, Prouilly, Sainte-Gemme, Selles et Villers-Franqueux.

83 % : Bligny, Breuil, Brimont, Cauroy-les-Hermonville, Celles-les-Conde, Chambrecy, Champlat-Boujacourt, Chapelle-Monthodon, Chaumuzy, Chavenay, Châtillon-sur-Marne, Cormicy, Connigis, Courcelles-Sapicourt, Courthiezy, Crezancy, Dormans, Igny-Conblizy, Poilly, Reuilly-Sauvigny, Rosnay, Saint-Agnan, Sarcy, Soilly, Try, Vassieux et Vassy.

82 % : Arcis-le-Ponsart, Aubilly, Bergères-sous-Montmirail, Bouleuse, Cortagnon, Courville, Mery-Premecy, Nanteuil-la-Forêt, Orbais-l'Abbaye, Romigny, Saint-Gilles et Ville-en-Tardenois.

81 % : Châlons-sur-Vesle.

80 % : Tous les villages viticoles restants dans les départements de la Marne et de l'Aube. Les villages à retenir pour leur qualité dans cette catégorie sont Avirey-Lingey, Balnot-sur-Laignes, Bar-sur-Seine, Bligny, Buxeuil, Charly-sur-Marne, Château-Thierry, Columbé-le-Sec, Fontette, Gye-sur-Seine, Les Riceys, Urville et Ville-sur-Arce.

MAISONS DE CHAMPAGNE, VITICULTEURS ET COOPÉRATIVES

Dans la plupart des régions viticoles de France, chaque viticulteur produit du vin à partir de ses propres raisins. En Champagne, depuis l'époque de Dom Pérignon, c'est le concept de mélanges qui domine la production de cette région. C'est ainsi que se sont créées de grandes maisons de champagne avec la capacité de faire du champagne à partir de raisins de nom-breux villages viticoles différents.

De nos jours, l'évolution est autre. Coopératives et viticulteurs représentent une partie croissante de la production annuelle. Il devient de plus en plus crucial pour les maisons de posséder leurs propres vignobles ou du moins d'avoir des contrats de longue durée avec les producteurs pour couvrir leurs besoins en raisins.

Une maison de champagne totalement autonome produisant la totalité des raisins qu'elle utilise n'existe pas. Si on veut comprendre d'où viennent les raisins d'un champagne, il faut savoir lire l'étiquette. Le plus souvent on trouve en bas à droite de l'étiquette une des combinaisons de lettres suivantes accompagnée d'un numéro de producteur : N.M. (Négociant-Manipulant) est la désignation de la Maison de champagne, R.M. sont les initiales des producteurs (Récoltant-Manipulant) et C.M. (Coopérative-Manipulant) indiquent que le champagne est produit par une coopérative.

Au total, il y a 19 000 viticulteurs en Champagne et seulement 5 091 d'entre eux vendent du champagne sous leur propre étiquette. Ce que ce chiffre ne révèle pas, c'est que la plupart de ces viticulteurs ne font pas leur champagne eux-mêmes mais font faire la vinification par une des coopératives. Le chiffre réel des producteurs qui produisent leur vin eux-mêmes s'élève seulement à 2 200. En tout, on dénombre, il est vrai, 5 419 producteurs déclarés avec maison et coopérative, mais moins de la moitié, soit 2 500, font effectivement leur propre champagne. Dans ce livre, j'ai volontairement omis de citer les producteurs qui vendent, sous leur étiquette, le vin provenant d'une coopérative, R.C. (Récoltant-Coopérateur), puisque ces vins sont identiques à ceux que vend la coopérative en question.

Supposons que les producteurs d'une région fassent en moyenne quatre champagnes différents chacun, cela revient à environ 10 000 champagnes différents par an. Ajoutez à cela tous les millésimes qui se sont succédé au cours des années, il est facile de comprendre pourquoi on ne peut jamais prétendre à une érudition parfaite dans ce domaine. Pour compliquer encore les choses, on peut aussi considérer que plusieurs noms sont enregistrés pour un même vin sous la dénomination « la marque

Un panneau de signalisation insolite sur la route allant de Reims à Montagne-de-Reims.

propre de l'acheteur » ou sous un sous-nom au sein d'une même maison de champagne. Un exemple extrême est Marne & Champagne à Épernay qui, chaque année, produit une quinzaine de cuvées sous 200 noms différents. Il existe globalement plus de 12 000 marques enregistrées. Il n'est donc pas étrange que certains lecteurs se plaignent et disent qu'ils n'ont pas trouvé dans mon livre la marque de champagne qu'ils boivent.

Les maisons de champagne : la différence entre une maison de champagne et un viticulteur est que la maison a le droit de faire du champagne avec des raisins achetés dans toute la région. En dépit du fait que les maisons ne possèdent que 12 % des vignobles, elles assurent 66 % de la totalité des ventes d'une région viticole. Les maisons de champagne ont toujours eu une position prépondérante dans ce domaine. Actuellement, on dénombre 280 maisons de tailles différentes. Les dix plus grandes maisons couvrent environ 50 % de la

vente et en 1964, on a créé le « Syndicat des Grandes Marques de Champagne » pour sauvegarder la place à part des maisons. L'appartenance ne signifie pas grand-chose de nos jours parce que certaines de ses maisons produisent un champagne médiocre et que beaucoup de très grands noms sont absents de la liste.

Les premiers membres étaient Ayala, Billecart-Salmon, Bollinger, Clicquot, Delbeck, Deutz, Heidsieck & Co. Monopole, Charles Heidsieck, Irroy, Krug, Lanson, Masse, Moët & Chandon, Montebello, Mumm, Perrier-Jouet, Joseph Perrier, Piper-Heidsieck, Pol Roger, Pommery, Prieur, Roederer, Ruinart, Salon et Taittinger. En 1997, le syndicat fut dissous malgré de nombreuses tentatives pour se regrouper et renouveler les règles pour les membres.

Les viticulteurs : comme je l'ai déjà indiqué, les viticulteurs sont en train d'acquérir un pouvoir avec lequel il faut compter

puisque, avec l'aide des nouvelles techniques, ils sont en mesure de produire des vins plus performants qu'auparavant. Certains sont propriétaires de terres dans les communes dont les raisins manquent de qualités requises pour faire une vinification séparée alors que d'autres cultivent des raisins exceptionnels.

Aujourd'hui, il existe 5 091 viticulteurs qui vendent du champagne et 2 200 d'entre eux font leur propre champagne à partir de leurs propres raisins. Ces derniers ont comme initiales R.M. et ceux qui sont produits par une coopérative les initiales R.C. Outre ces deux catégories, il existe encore une variante selon laquelle plusieurs viticulteurs créent une société pour faire et vendre du champagne sous plusieurs noms. S.R. (Société de Récoltants) sont les initiales qui correspondent à cette variante rare.

Les coopératives : le nombre des coopératives en Champagne a considérablement augmenté ces dernières années. De nos jours, on trouve 48 coopératives dans lesquelles les vignerons des villages se sont regroupés pour s'entraider au moment de la vinification des raisins. Auparavant, ils vendaient presque tous leurs raisins aux grandes maisons de champagne, mais, aujourd'hui, la possibilité existe de devenir Récoltant-Manipulant ou de se faire aider par ses voisins dans une coopérative.

On distingue quatre catégories de coopératives : les coopératives de pressoir qui ne font que le pressurage des autres ; les coopératives qui pressent les raisins et font des vins tranquilles ; les coopératives sur lattes qui pressent les raisins, vinifient les vins tranquilles et font des vins pétillants qui sont ensuite vendus sous l'étiquette de quelqu'un d'autre ; les coopératives de vente qui font du champagne et le vendent sous leur propre nom. Sur leurs étiquettes figurent toujours les initiales C.M. (Coopérative-Manipulant).

Maintenant il existe plusieurs coopératives de haute technologie qui produisent des champagnes purs et conformes au champagne original, mais peu d'entre elles atteignent le niveau de qualité des vignerons particuliers des villages viticoles. Les ressources existent mais seul un petit nombre de coopératives osent miser sur un champagne prestigieux obtenu à partir de raisins soigneusement sélectionnés ou en utilisant des méthodes de vinification sophistiquées. Cela dépend souvent du fait que les membres de la coopérative ne sont pas d'accord quand il s'agit de décider qui récolte les meilleurs raisins.

La coopérative de Mailly qui est bien établie est une coopérative modèle qui produit sans conteste un meilleur champagne que tout vigneron particulier du village. Les coopératives d'Avize et Le Mesnil ne jouissent pas d'une réputation d'excellence dans leurs villages respectifs, mais grâce aux matières premières impeccables qu'elles ont à leur disposition, elles parviennent à produire des champagnes savoureux à tous les prix.

C'est surtout dans les villages à dominante pinot meunier que les coopératives ont considérablement amélioré la qualité des vins. Beaumont des Crayères à Mardeuil ou H. Blin à Vincelles ont véritablement contribué au progrès de ces villages. Le fait qu'un nombre sans cesse croissant de vignerons se joignent aux coopératives facilite aussi la tâche de ceux d'entre nous qui désirent goûter les vins des différents vignerons.

Il devient plus simple ainsi de répertorier les vignerons et d'avoir une idée de leur production. Ce qui, par contre, complique encore les choses, c'est que de nombreux membres de coopératives vendent aussi du champagne provenant de la coopérative sous leurs propres étiquettes de vignerons R.C. (Récoltant-Coopérateur).

La Marque d'Acheteur (M.A.) indique qu'un grand acheteur, par exemple, une chaîne hôtelière ou une grande surface, utilise son propre nom sur l'étiquette alors que le vin est entièrement produit par une coopérative ou une maison de champagne. En Grande-Bretagne, il arrive fréquemment que les grands magasins tiennent à vendre leur « propre champagne » mais, pour ne pas tromper le consommateur, il est obligatoire maintenant de faire figurer le numéro de producteur avec les initiales M.A.

Certaines maisons de champagne se sont spécialisées dans la production de champagnes M.A. D'autres maisons sont trop fières et trop soucieuses de leur réputation pour laisser une autre étiquette que la leur figurer sur leurs vins. Si on a de la chance, une grande marque de vins se cache sous l'étiquette. Plus d'un restaurant gastronomique en France sert par exemple un Legras de Chouilly comme champagne maison sous le nom du restaurant.

Les champagnes des chaînes de grandes surfaces, par contre, proviennent souvent d'un producteur de vin médiocre puisque les magasins cherchent alors à vendre un champagne aussi bon marché que possible. Les initiales que l'on trouve le plus rarement sur les étiquettes de bouteilles de champagne sont N.D. (Négociant-Distributeur) qui signifient que le champagne est vendu par une société qui n'a pas produit le vin. Pour chacun des producteurs particuliers, j'ai noté ces initiales. Je vous engage à relire ces paragraphes à l'occasion pour vous remémorer ces explications si vous sentez que vous perdez pied. Dans toutes les régions viticoles situées au nord, la qualité des millésimes est plus variable que sous des climats plus cléments. En Champagne, on a résolu le problème en mélangeant les millésimes pour ainsi équilibrer le vin. Les années où les raisins mûrissent à la perfection, on produit du champagne millésimé. Ces vins doivent représenter le style du producteur et l'année où les raisins ont été vendangés.

La carte des Grands crus, des champagnes de tout premier choix.

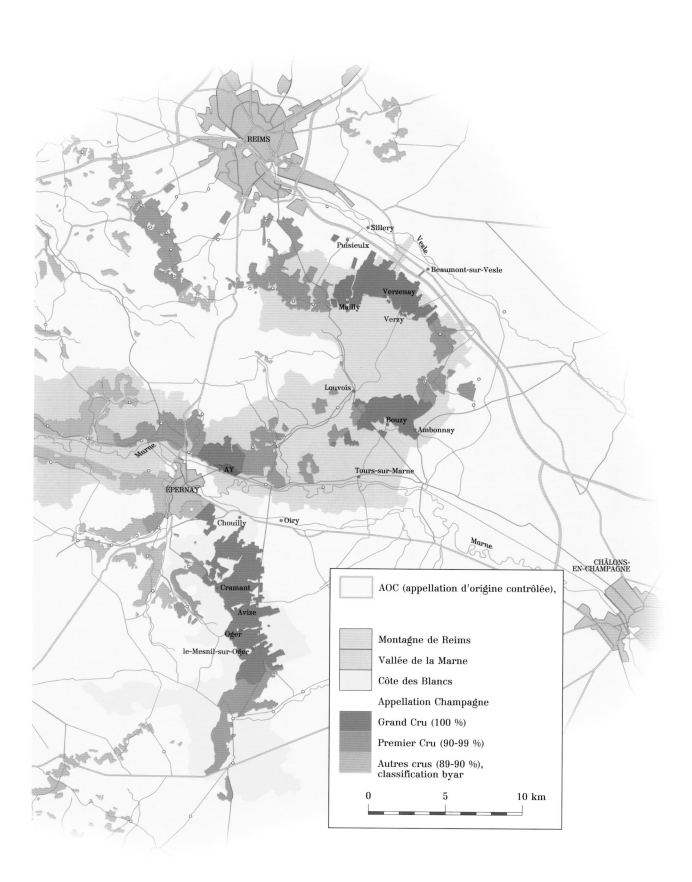

REIMS

Sillery

Puisieulx

Beaumont-sur-Vesle

Vesle

Verzenay

Mailly

Verzy

Louvois

Bouzy

Ambonnay

Marne

AY

Tours-sur-Marne

ÉPERNAY

Chouilly

Oiry

Marne

CHÂLONS-
EN-CHAMPAGNE

Cramant

Avize

Oger

le-Mesnil-sur-Oger

AOC (appellation d'origine contrôlée),

Montagne de Reims

Vallée de la Marne

Côte des Blancs

Appellation Champagne

Grand Cru (100 %)

Premier Cru (90-99 %)

Autres crus (89-90 %),
classification byar

0   5   10 km

Les millésimes

En Champagne, on mélange les millésimes pour équilibrer le vin. Les années où les raisins mûrissent à la perfection, on produit du champagne millésimé. Ces vins doivent représenter le style du producteur et l'année où les raisins ont été vendangés.

Il n'y a pas de modèle à suivre pour atteindre une année parfaite. Le style du millésime est influencé par toute une série compliquée de facteurs où la température, l'ensoleillement et les précipitations jouent tous un rôle important. Ce qui est déterminant est surtout la façon dont ces paramètres se conjuguent au cours de l'année. Les différentes caractéristiques des millésimes sont le sujet de conversation favori des dégustateurs de vins. Certains préfèrent les millésimes corsés comme ceux de 1947, 1959, 1976, 1989, 1990 et 1996, tandis que d'autres penchent plutôt pour les millésimes plus élégants et nuancés comme ceux des années 1966, 1969, 1971, 1979, 1985, 1988, 1995 et 1998. Quel que soit le choix adopté, les divers millésimes ont une richesse de variation qui accroît la fascination de la dégustation de vin.

C'est une tâche ardue d'établir un classement des millésimes selon leurs qualités d'ensemble du fait que certains millésimes sont généreux quand ils sont jeunes alors que d'autres demandent plusieurs années avant d'atteindre leur apogée. Souvenezvous que le classement des millésimes qui suit est très général. Les millésimes qui sont très bien notés sont ceux dont les vins sont destinés à la longévité et qui atteignent un niveau maximum très élevé. Il se peut que plusieurs des millésimes qui sont mal notés soient très bons à boire maintenant parce qu'ils sont au mieux de leur potentiel. Prenez donc la peine de toujours bien contrôler les appréciations des différents vins dans le chapitre consacré aux évaluations plus loin dans ce livre.

***** = Millésime parfait dans son style
**** = Millésime exceptionnel
*** = Bonne année de champagne avec des vins fiables
** = Millésime simple avec peu de bons champagnes
* = Lillésime vraiment médiocre, à ignorer

1900 ****	1949 *****	1980 **
1904 ****	1950 *	1981 ****
1906 ****	1951 **	1982 *****
1907 **	1952 ****	1983 ***
1911 ****	1953 ****	1985 ****
1914 *****	1954 ***	1986 ***
1915 ****	1955 *****	1987 **
1919 ****	1958 ***	1988 *****
1921 *****	1959 *****	1989 ****
1923 ***	1961 *****	1990 *****
1926 ***	1962 ***	1991 **
1928 *****	1964 *****	1992 **
1929 ****	1965 *	1993 ***
1932 **	1966 *****	1994 ***
1933 ***	1967 *	1995 ****
1934 ****	1969 ****	1996 *****
1937 ****	1970 **	1997 ***
1938 ****	1971 ****	1998 ****
1941 ***	1973 ***	1999 ****
1942 **	1974 *	2000 ***
1943 ****	1975 ****	2001 *
1944 **	1976 *****	2002 ****
1945 ****	1977 *	2003 ***
1947 *****	1978 ***	
1948 ***	1979 *****	

Une vue impressionnante de l'œnothèque de Pommery.

LE DIX-NEUVIÈME SIÈCLE

1874 est l'année phare du XIXe siècle en ce qui concerne le champagne. Les autres années qui resteront à la postérité sont 1804, 1811, 1825, 1834, 1846, 1858, 1862, 1870, 1880, 1884, 1892, 1898 et 1899.

1900 : Grande récolte de haute qualité. Souvent comparée avec le millésime 1899 mieux stockable.

1904 : Une récolte abondante de vins réputés d'un style élégant et d'une bonne longévité.

1906 : Une récolte normale et une qualité moyenne. Des vins qui ont pourtant mieux tenu qu'on ne s'y attendait.

1907 : Récolte normale et vins assez simples avec un corps léger et un taux d'acidité élevé. C'est justement cette haute teneur en acidité alliée aux parfaites conditions de conservation qui règnent au fond des océans qui ont rendu le fameux et tant apprécié champagne de 1907 Heidsieck & Co si léger qu'il danse encore comme une jeune adolescente.

1911 : Un millésime dont certains vins sont toujours vivaces. Pol Roger et Pommery en magnum semble provenir des années 1970.

1914 : Un grand millésime vendangé en pleine guerre mondiale. Le mordant des vins jeunes a mis longtemps à s'atténuer, mais, en revanche, les vins se sont bien maintenus. Le Pol Roger est légendaire ainsi que le Moët & Chandon aux notes caramélisées.

1915 : Un millésime bien considéré qui cependant n'a pas eu la même longévité que celui de 1914. De Castellane reste toutefois un vin qui a conservé toute sa magnificence.

1919 : On a conclu en premier lieu que le millésime était assez mince, mais avec une acidité marquée et des vins d'une extrême longévité même s'ils sont un peu légers.

1921 : Dans toute l'Europe, ce millésime est l'un des plus grands pour les vins blancs. En Champagne, il est vrai que le millésime de 1928 a été encore plus loué, mais la qualité était superbe avec des bouteilles qui continuent à être performantes encore aujourd'hui. Le Dom Pérignon de cette année-là fut le premier de tous les champagnes de prestige. Pour ma part, je préfère, à quelques exceptions près, le millésime 1921 au si célébré 1928.

1923 : Millésime inconnu avec une toute petite récolte. À l'origine, les vins étaient élégants et mordants. Certains champagnes des maisons les plus réputées devraient encore avoir un brin de vie s'il restait quelques bouteilles. Le Roederer est fantastique !

1926 : Un millésime qui est presque totalement tombé dans l'oubli, éclipsé par le millésime 1928. Une bouteille de Krug 1926, bue en 1994, manquait bien sûr de mousse, mais n'était pas sans évoquer un noble Château d'Yquem des années 1920 par sa douceur et ses arômes caramélisés.

1928 : Le millésime du siècle ! Beaucoup de dégustateurs s'accordent à dire qu'un Krug de cette année-là est le champagne le plus parfait qui ait jamais existé. Un champagne de 1974 ans est toujours hasardeux et, hélas, je dois avouer que je ne suis plus aussi séduit par ce millésime que je l'étais initialement. Bien sûr, il y a encore de beaux exemples et l'acidité est toujours impressionnante, mais la plupart sont corrodés par une madérisation à outrance à la différence des délicats 1921. Une exception de taille reste ma plus grande sensation de champagne, le lumineux et magique Pol Roger Grauves.

1929 : Un très bon millésime qu'on oublie fréquemment par comparaison à celui de 1928, mais qui est souvent plus délicieux avec sa douceur moelleuse et son caractère suave aux pointes d'orange. Bollinger est le modèle du genre.

1933 : Présente peu d'intérêt aujourd'hui, mais un bon millésime du temps de sa jeunesse, dit-on.

1934 : Des vins élégants et de longue vie qui peuvent encore être fantastiques aujourd'hui. Le Pol Roger 1934 est une vraie perle.

1937 : De très grands vins riches qui offrent souvent des sensations intenses si le stockage a été correctement exécuté. Comme presque toujours, mon numéro un est Krug.

1938 : Une grande récolte avec des vins acidulés qui, au début, avaient la réputation d'être bons sans être exceptionnels. Jugez de mon étonnement quand un Krug de 1938 s'avéra être le champagne qui arrive en deuxième place de tous ceux que j'ai bus jusqu'ici bien qu'il ait plus d'un demi-siècle d'âge.

Le fameux château d'eau de Castellane à Épernay.

1941 : Un millésime qu'on trouve rarement et qui est souvent négligé. Pourtant les bouteilles que j'ai bues avaient un caractère printanier. Le Pommery est exceptionnel.

1943 : Un bon millésime qui a donné des vins puissants, un peu corsés. Il nous reste aujourd'hui peu de bons exemplaires. José Michel à Moussy est le souvenir le plus marquant que j'ai de ce millésime de guerre.

1944 : On a produit une quantité infime de champagne cette année de guerre. C'est pourquoi j'ai été fort surpris récemment de boire un Mailly 1944 tout à fait superbe.

1945 : Le grand millésime de la fin de la Seconde Guerre mondiale. Tournez-vous vers Bollinger, Roederer ou Clicquot si vous voulez éprouver la grandeur d'un millésime par ailleurs manifestement fatigué. 1945 était en outre l'année du Cristal de Roederer.

1947 : Tous les amateurs de Bordeaux ont bien sûr entendu parler du fameux Cheval-Blanc de 1947. Sans atteindre tout à fait ce haut niveau, les vins de Champagne de ce millésime sont connus pour leur douceur, leur richesse en extrait et leur force. En dépit d'un taux d'acidité peu élevé, ces vins ont très bien vieilli. Salon et Launois de Le Mesnil est le plus brillant.

1948 : Une année méconnue par comparaison aux millésimes 1947 et 1949, mais bénéfique pour la Côte des Blancs.

1949 : Presque aussi robustes que les vins de 1947 et d'une longévité comparable, avec en outre une meilleure acidité. Cristal et Krug sont des monuments dans l'histoire du vin.

1951 : Une année déplorable où Salon démontre sa magnificence et sa vitalité.

1952 : Des vins équilibrés avec une belle longévité, mais malheureusement leur jeunesse relative constitue le premier mérite de ce millésime. Certains vins 1952 sont incroyablement jeunes sans pour cela être des champagnes impressionnants. Cette année-là, Taittinger Comtes de Champagne faisait ses débuts. En 1952, Gosset a obtenu la troisième place de la dégustation du millénium.

1953 : Exactement à l'opposé des vins de 1952, de nombreux 1953 sont légèrement madérisés et sans fraîcheur. Les bouteilles qui sont encore vivaces donnent cependant une sensation sensuelle et savoureuse. Salon, Clos des Goisses et Diebolt sont stupéfiants.

1954 : Un millésime dont peu connaissaient l'existence avant que Henriot ne surprenne avec un magnum aux senteurs de printemps à l'occasion de la dégustation du millénaire (voir page 66). Un des 100 points accordés par le représentant danois Jörgen Krüffs.

1955 : Un millésime fantastique qui continue à nous offrir des moments privilégiés. Des vins fins et acides, au bouquet agréablement grillé et parfaitement harmonieux. Clos des Goisses, Cristal et Billecart-Salmon font partie de mes très rares 99 points.

1958 : Il existe un nombre très restreint de survivants du millésime 1958 en Côte des Blancs. Pour ma part, je n'en ai trouvé qu'une seule bouteille.

1959 : Une récolte abondante de champagnes qui souvent dépassaient les 13 % d'alcool en raison de la canicule. Les vins ont fait preuve de remarquables qualités de vieillissement, en dépit du peu d'acidité. La puissance et la concentration sont magistrales, que les vins soient à dominante chardonnay ou pinot noir. Un merveilleux champagne dans son style. De nombreux champagnes prestigieux débutèrent en 1959, par exemple Dom Ruinart et Pol Roger Blanc de chardonnay. Ce fut, de loin, le millésime le plus primé du millénaire (voir page 66). Un Billecart-Salmon 1959 l'a emporté !

1961 : Comme les vins de Bordeaux de 1961 étaient tellement célèbres, les champagnes de 1961 sont plus onéreux que ceux de 1959, 1964 et 1966, alors que leur qualité n'est pas supérieure. En 1961, Krug est colossal et nombreux sont ceux qui considèrent que le Dom Pérignon est le meilleur champagne qu'ils aient jamais goûté. Le Billecart-Salmon de 1961 obtient la deuxième place à la dégustation du millénaire.

1962 : Une année souvent sous-estimée dans les milieux du champagne, mais qui a donné de grands, riches et onctueux champagnes, le seul reproche qu'on puisse leur faire, c'est qu'ils manquent un peu d'âpreté. Diamant Bleu, Dom Pérignon Œnothèque et Dom Pérignon Rosé sont pour moi les chefs-d'œuvre de ce millésime.

1964 : Ce merveilleux millésime est souvent comparé à celui de 1966. Les vins de 1964 ont aujourd'hui, à de rares exceptions près, un parfum de chocolat à la menthe, de bergamote et de pain frais allié à un goût plein, caramélisé et concentré à son apogée. Si l'on veut essayer du vieux champagne sans prendre de risques, les vins de 1964 sont la meilleure garantie. Le prestigieux champagne décoré de fleurs de la Belle Époque fait son apparition dans ce millésime. Dom

Pérignon est mon premier choix rudement concurrencé par Cristal et Diamant Bleu.

1966 : Le gel et la grêle ont limité la récolte et porté aux nues un millésime dont on n'attendait rien d'extraordinaire. Les grandes cuvées sont vibrantes, regorgeant d'arômes de fruits exotiques et d'une élégante structure. Les précieux blancs de blancs sont d'une élégance rare et les grands noms de Pinot ont donné des champagnes très puissants aux notes végétales. Il n'y a qu'à penser au Bollinger 1966 dont le bouquet rappelle un grand La Tâche par ses arômes.

1969 : Après de nombreuses difficultés, une maigre récolte de raisins acides a donné au début des vins simples et tranchants. Aujourd'hui, les meilleurs se sont épanouis offrant une grandeur remarquable et une élégance supérieure. Salon, Comtes de Champagne et Jacquesson Blanc de Blancs sont les meilleurs.

1970 : Potentiellement un bon millésime, mais une surproduction a légèrement altéré la qualité. Une année médiocre avec beaucoup de champagnes fatigués et fades avec une exception monumentale Bollinger Vieilles Vignes Françaises.

1971 : Une année difficile pour les pieds de vigne, avec une récolte peu abondante le 18 septembre. Des vins un peu inégaux. Ordinairement élégants et légers, mais fragilisés par le manque d'acidité. À noter que le Comtes de Champagne Rosé 1971 est probablement le meilleur rosé connu jusqu'à ce jour.

1973 : Encore une année chaude qui donna une vendange tardive fin septembre. Les vins considérés comme des éphémères luxurieux ont surpris en vieillissant remarquablement bien. Comme pour l'année 1971, certains exemplaires sont déjà fatigués, mais les 1973 offrent toujours plus de rondeur et sont davantage riches avec des blanc de blancs particulièrement réussis. Peters, Belle Époque et le Don Pérignon aux senteurs de noix se distinguent nettement du lot.

1974 : Une année froide et pluvieuse a donné des vendanges humides le 28 septembre. Les vins étaient médiocres et dilués, seuls Vertus et Aube ont produit des raisins dignes de ce nom. Roederer Cristal est le numéro un de cette année maigre. Souvent, on peut sentir des notes distinctes de feuilles de thé et d'herbes dans ces vins de 1974.

1975 : Les experts sont en désaccord profond sur ce millésime. Certains clament que 1975 est l'année archétype de stockage. D'autres soutiennent qu'il fallait boire les vins dans leur prime jeunesse pour préserver leur caractère fruité si attrayant.

Personnellement je trouve qu'ils manquent de charme mais je reconnais qu'ils se conservent parfaitement et qu'ils sont bien équilibrés. Le pinot noir était en règle générale plus performant que le chardonnay, ce que montrent bien les petites merveilles que sont Winston Churchill, La Grande Dame et Bollinger R.D. 1975.

1976 : Une grande récolte de raisins gorgés de soleil a donné des champagnes très riches et légèrement gras qui rappellent les millésimes de 1947 et 1959 sans toutefois atteindre tout à fait le niveau d'excellence de ces années. Souvent il existe un arrière-goût de terre et de fumée qui transparaît sous la structure onctueuse. Ce millésime est celui qui s'est le mieux épanoui ces cinq dernières années et aujourd'hui, c'est un de ceux que je préfère savourer une soirée à la maison, gorgée après gorgée onctueuse et moelleuse. Cristal, Billecart-Salmon et Salon sont autant de vins exquis qui ont réussi à éviter la lourdeur de cette année si chaude. Les plus savoureux restent le Des Princes et l'inimitable Comtes de Champagne.

1977 : Une année catastrophique avec de très abondantes précipitations et des raisins moisis. Que Cristal ait été si délicieux est proprement miraculeux.

1978 : Lors de mes derniers déplacements, j'ai rencontré de plus en plus de vignerons qui ont vanté les mérites de leurs champagnes 1978. Les champagnes ont le don d'évoluer en nous réservant d'heureuses surprises. En ce qui me concerne, je suis à la fois sous le charme de leur juvénile fraîcheur florale et gêné par leur structure creuse et ténue. Le Clos des Goisses est sans conteste le vin le plus concentré de ce millésime. Par ailleurs, c'est un millésime qui illustre sans équivoque le fait que les qualités des millésimes ne sont nullement identiques en Champagne et en Bourgogne. Le pendant d'un Richebourg 1978 de Bourgogne n'existe pas en Champagne.

1979 : Un merveilleux millésime classique avec des vins incroyablement élégants soutenus par une bonne concentration. Si on considère les conditions météorologiques au cours de l'année 1979, presque rien ne laissait présager une année vedette. La plupart des vins 1979 sont délicieux à boire maintenant avec leurs subtiles notes grillées et noisette. Seul l'avenir nous dira s'ils vont encore s'épanouir en vieillissant. Pendant de nombreuses années, Krug 1979 était le champagne le plus complexe que j'aie dégusté et le Clos du Mesnil lui est encore supérieur.

1980 : Le sucre des raisins suffisait à peine pour atteindre un taux d'alcool de 8 %, ce qui a donné des vins chaptalisés à outrance. Certains producteurs des versants sud qui ont vendangé début novembre ont en revanche produit des raisins d'assez bonne qualité. Comte Dampierre Blanc de Blancs, Dom Pérignon, Clos des Goisses et Bonnaire sont quelques-uns des meilleurs champagnes de 1980 après le Clos du Mesnil, nettement supérieur à tous les autres.

1981 : Une année passée sous silence qui s'est avérée bien meilleure qu'il n'y paraissait. Comme il y avait eu une succession de petites années, il ne restait presque plus de vins de réserve. Tout le monde espérait une récolte abondante mais ce ne fut pourtant pas le cas. Les champagnes 1981 sont racés, élégants et lents à mûrir avec un équilibre extrêmement féminin pour le pinot noir et même ultérieurement pour le chardonnay initialement si modeste. Malheureusement on a utilisé les vins de ce millésime à potentiel prometteur pour produire du champagne standard. Recherchez les champagnes où dominent le Pinot de Ay ou le chardonnay du Mesnil et Cramant de cette année. Clos du Mesnil, Bollinger Vieilles Vignes Françaises et Krug ont une place à part dans ce millésime.

1982 : Enfin une année tant attendue avec une récolte gigantesque (295 millions de bouteilles). Les pieds de vigne de Côte des Blancs étaient si chargés de raisins qu'ils ployaient sous le poids. La surproduction fut néfaste puisque beaucoup trop de 1982 ont moins bien résisté au temps que prévu. 1982 fut avant tout l'année chardonnay. Si on trouve un Grand cru de 1982, on peut être pratiquement assuré d'exotisme. En 1993, lors d'une grande dégustation de vins de 1982 où tous les grands noms étaient représentés, les premières places du palmarès comptaient beaucoup de blancs de blancs. Krug et Bollinger Vieilles Vignes Françaises furent les seules exceptions. Le Clos du Mesnil de Krug l'a emporté de justesse devant Jacques Selosse et le Krug 1982.

1983 : Le record de 295 millions de bouteilles de 1982 semblait impossible à battre et pourtant dès 1983, on a atteint le chiffre colossal de 300 millions de bouteilles. Depuis 1957 et 1958, on n'avait pas vu deux années de suite qui alliaient la quantité à la qualité. Les vins ont certes un taux plus élevé d'acidité que ceux de 1982, mais bon nombre d'entre eux ont mûri avec une rapidité alarmante et la plupart auraient dû être bus avant que les notes fumées de sécheresse ne deviennent trop marquées. Les vins les plus frais et les plus typiques de 1983 sont sans nul doute les Billecart-Salmon Blanc de Blancs et Krug Clos du Mesnil.

1985 : Une de mes années favorites entre toutes qui malheureusement a ralenti son épanouissement depuis deux ou

trois ans. Est-ce que les vins sortiront de ce tunnel ? Et, si oui, quand ? Seul l'avenir nous le dira. Pendant l'hiver, des températures tombées jusqu'à -25 °C, ont endommagé 10 % des pieds de vigne. Un été indien en septembre-octobre a sauvé une petite récolte qui s'est révélée être d'une qualité exceptionnelle. Le Pinot, comme le chardonnay, sont parfaitement équilibrés. Seul Clos du Mesnil a reçu 99 points.

1986 : Un hiver rigoureux suivi d'un bourgeonnement tardif. Il a plu au début des vendanges, mais ceux qui ont eu l'audace d'attendre la chaleur ont récolté des raisins riches et pleinement mûrs. Un millésime moyen avec une « superstar » : le Jacques Selosse 1986 très chargé en acides.

1987 : Ceux qui ont choisi de faire un millésime 1987 n'ont obéi qu'a des considérations économiques. Les vins sont un peu minces et bruts. Louise Pommery, au contraire, est un enchantement.

1988 : La trilogie qui débute par l'année 1988 n'a pas d'équivalent dans toute l'histoire du champagne. S'il faut choisir entre ces trois années, il s'agit davantage de style que de qualité. 1988, la plus classique, évoque par son style retenu et harmonieux les millésimes 1985, 1979 et 1966. Le pinot noir s'était surpassé cette année-là. Krug est d'une finesse incomparable et Cristal Rosé est, selon moi, le meilleur rosé de tous les temps.

1989 : 1989 s'est tout de suite distingué comme le plus généreux et le plus épanoui des millésimes. Les conditions météorologiques ne sont pas sans rappeler celles des années 1947, 1959 et 1976. Par conséquent, on a obtenu des vins à taux élevé en alcool, peu acides, moelleux, riches en extraits aromatiques. J'imagine sans peine que le grand public est particulièrement friand des vins de 1989. Un merveilleux millésime à boire maintenant. Et puis on n'a que l'embarras du choix.

1990 : Pendant longtemps les champagnes de 1990 étaient considérablement plus tendus que les 1989, mais plus amples que les 1988. Il se peut que le millésime de 1988 soit plus classique, mais 1990 est vraiment spécial. Je suis trop jeune pour avoir connu les vins de 1928 dans leur prime jeunesse, mais je peux m'imaginer qu'ils avaient la même structure dense et impressionnante, alliée à de magnifiques arômes. Les vins sont si riches en extraits aromatiques qu'on peut les mâcher. Vers dix ans d'âge, beaucoup de champagnes de 1990 se sont épanouis et ont pris des notes de miel avec un arrière-goût de

La splendide maison Bollinger, à Ay.

safran qui en a dérouté plus d'un lors de dégustations à l'aveugle. Il sera passionnant de suivre cette fameuse trilogie dans leur voyage à travers le temps. Pour le moment, les seuls champagnes ayant reçu 99 points sont, ce qui n'est pas surprenant, Bollinger Vieilles Vignes et Krug Clos du Mesnil.

1991 : Les raisins Pinot qui ont été vendangés cette année-là étaient de première qualité, mais on les a utilisés pour faire des champagnes standard plutôt que des millésimes. Tenez-vous-en aux marques avec des vins au caractère fruité et pur pour retirer le maximum de votre dégustation. Vilmart, Clos des Goisses et Billecart-Salmon sont les plus belles réussites de cette année.

1992 : Une année maigre avec des vins faibles en acide et en alcool. Là non plus, pas de qualité de millésime. Les 97 points obtenus par Bollinger Vieilles Vignes sont à considérer comme l'exception qui confirme la règle. Vilmart Couer de Cuvée aussi est un régal sans pareil.

1993 : D'abondantes pluies avaient détruit tout espoir de réaliser de bonnes vendanges. Les vignerons commençaient à perdre patience. Trois années de suite sans qualité de millésime. Comme la qualité était tout de même décente avec une acidité élevée, la plupart ont pris le parti de passer outre et de faire des millésimes. Je n'ai pas un seul vin de 1993 dans ma cave, mais je ne dirais pas non à un Vilmart Couer de Cuvée ou un Winston Churchill.

1994 : Un hiver doux et un printemps normal, mais avec un nombre inhabituel d'orages de grêle locaux. Je me souviens de ce merveilleux été avec ces records de chaleur. En Champagne, tout semblait aller bien jusqu'aux vendanges qui, une fois de plus, ont été gâchées par la pluie. Une grande partie des raisins a été attaquée par la pourriture grise. Les contrôles de champagne en fûts de Jacques Selosse et Krug, entre autres, montrent qu'on produisait quand même de bons vins dans cette région en 1994. Le vrai vainqueur de cette année reste Roederer qui occupe à lui seul les quatre premières places de mes dix premiers choix.

1995 : Enfin un grand millésime. Des vins séduisants d'un fruité délicieux et généreux au caractère caramélisé bien dosé. Avec leur faible teneur en alcool, les vins sont catalogués par certains d'éphémères. J'adore les millésimes qui sont déjà agréables et dont je pense qu'ils vieilliront bien. Bien des années vont passer avant que les millésimes marathon de 1996 surpassent ces merveilleux bijoux. Bollinger Grande Année est sublime, Cristal et Cristal Rosé irrésistibles et d'autres suivront.

1996 : Probablement un des plus grands millésimes de tous les temps. Depuis 1928, on n'avait pas vu une telle acidité alliée à un haut potentiel d'alcool, ce qui devrait garantir une longévité peu commune. Tout comme en 1990, il y a quelques exemples de vins issus de raisins à la limite de la surmaturité et peu acides. Ceux-ci sont pleins et amples. Sinon la plus grande partie des vins de 1996 sont très juvéniles avec une acidité mordante et une puissance monumentale. Je suis extrêmement impressionné par les producteurs de Grand cru, Fleur de Passion de Diebolt en tête. Le Dom Pérignon est magnifique ainsi que la Cuvée William Deutz Rose, Cristal, Bollinger et le monumental Bollinger Vieilles Vignes.

1997 : L'histoire du vin est pleine de ces millésimes oubliés, éclipsés par les années phares précédentes. Ce n'est pas facile pour les vins de 1997 de succéder directement aux délicieux 1995 et aux magiques 1996. Toutes les composantes techniques laissent présager un bon millésime et la plupart des producteurs ont sorti un champagne millésimé. Les vins qui sont pleins de charme devraient se boire relativement jeunes. Les deux vins de prestige de Vilmart sont une classe à part.

1998 : La récolte de 1998 est la plus abondante jamais connue par cette région. Chaque appellation réussit à atteindre la limite maximale autorisée de 10 400 kg de raisins par hectare. On autorisa en outre les vignerons à récolter 2 600 kg supplémentaires destinés à des réserves de champagne appelées « blocage ». En tout, nous parlons ici de 330 millions de bouteilles de champagne au total. Le « système de blocage » (qui consiste à autoriser une production excédentaire pour répondre à la demande) a constitué l'outil indispensable pour maintenir un niveau de prix stable pendant les années 1990. Il est possible que l'année 1998 n'ait pas été une année hors du commun mais cela n'empêche pas que nous attendions avec impatience et ardeur les plaisirs que ces vins ne manqueront de nous procurer à l'avenir. La plupart des maisons ont considéré que le vin était assez bon pour en faire un millésime. J'ai eu l'immense plaisir de goûter les vins tranquilles de base de la Veuve Clicquot avec le chef de cave Jacques Peters qui m'a demandé si j'estimais que ces matières premières pourraient rendre justice à la Grande Dame. Avec l'éventail de choix qu'il a à sa disposition, je le crois sans peine. Par ailleurs ce millésime, tout en étant bon en règle générale, ne se présente pas comme extraordinaire, ce qui devrait être un critère pour sortir des millésimés.

1999 : Quelle que soit la qualité des vins, il était établi d'avance que ce millésime serait historique et très demandé. Pensez ! L'idée de boire à la nouvelle année avec un vin pétillant fait avec les raisins de la dernière vendange du millénaire précédent! Il se trouva en outre que les caprices de la météo ont épargné les vignerons de Champagne. De la même manière qu'en 1982, on assista à un heureux mariage de la quantité et de la qualité. En ce qui concerne le style, beaucoup parlent d'un mélange intermédiaire entre justement le millésime de 1982 et les vins si généreux de 1989. Le niveau de maturité des raisins était hors pair et la seule petite ombre au tableau était une légère carence en acide de pomme. De ce millésime 1989, seuls ont été à la hauteur d'une réputation surfaite les vins qui font l'objet d'une vinification et d'un choix scrupuleux. Ce sera vraisemblablement aussi le cas pour 1999. Les responsables de Bollinger affirment que 1999 est un millésime très irrégulier où la différence qualitative entre Grand cru et Premier cru et les autres villages est encore plus manifeste qu'en temps normal. L'année vinicole 1999 a commencé par un hiver assez doux avec un ensoleillement record. Les premiers jours de mars furent pluvieux, mais fin mars, le soleil et la chaleur étaient au rendez-vous et ce beau temps s'est prolongé les dix premiers jours d'avril. Ces conditions ont contribué à un bourgeonnement précoce. Quelques nuits de gel importunèrent certains vignerons avant le retour de la chaleur à la fin du mois. Le mois de mai fut beau et sec en dépit de quelques violents orages de grêle localement dévastateurs. La floraison eut lieu fin juin dans de bonnes conditions et une grande quantité de raisins se formèrent. Le mois de juillet fut très variable. La fin de l'été agréablement chaude et ensoleillée. Les raisins étaient mûrs bien à temps et la vendange s'effectua dans d'excellentes conditions. Sur la Côte des Blancs, les vendanges débutèrent le 14 septembre. Elle ont demandé deux semaines et les raisins étaient abondants et bien équilibrés. Dans la vallée de la Marne, on a commencé la récolte le 16 septembre. Le taux potentiel d'alcool était très élevé pouvant monter dans certains cas jusqu'à 12,5, ce qui donne du champagne à plus de 13 % d'alcool après la deuxième fermentation. Les raisins étaient totalement sains, sans insectes ou pourriture. Dans la montagne de Reims, les vendanges n'ont commencé que le 18 septembre. Les raisins n'avaient pas tout à fait les mêmes taux que dans la vallée de la Marne. Le volume des vendanges de Verzy et Verzenay avoisinait les niveaux records. La récolte la plus abondante atteignait 12 000 kg par hectare, plus 1 000 kg mis de côté comme qualité de réserve. Les vins offrent de la rondeur et sont prometteurs.

2000 : Un hiver chaud et humide suivi d'un printemps tout aussi mouillé. La chaleur s'est fait attendre jusqu'en mai et a donné une rapide floraison autour du 14 juin. La chlorose et la moisissure étaient flagrantes. Juin et août furent chauds et secs. Mais si tout comme moi vous avez essayé de passer votre mois de juillet de vacances en Champagne, vous savez par expérience comme il a fait froid et pluvieux. Le temps était presque aussi mauvais qu'en Suède avec une pluie constante et des orages de grêle par endroits. Tout semblait sans espoir, mais le beau temps revenu pour les vendanges a sauvé un nombre considérable de raisins sains. Les vendanges commencées le 11 septembre se terminèrent début octobre. Le chardonnay et le pinot meunier ont mieux résisté que le fragile pinot noir. Le millésime sera prisé surtout en vertu de son chiffre magique. La qualité ne semble pas remarquable pour le moment. Il faut sans doute s'attendre à plusieurs années de vins sans étoffe de l'année 2000, mais la saveur fruitée est plaisante dans les premiers exemplaires qui nous ont été donnés de déguster.

2001 : Comme la Champagne est située tellement au nord, cette région est plus exposée que les autres aux intempéries. 2001 est une année qui a connu des problèmes de taux. Jusqu'à la deuxième quinzaine de juillet, les taux étaient sensiblement identiques à ceux de l'année 1982 avec des grappes lourdes, abondantes et saines. C'est alors que le ciel déversa des trombes continuelles d'eau pendant de longues semaines. Les vendanges commencèrent le 25 septembre sous une pluie battante. Malheureusement la vigne fut considérablement endommagée par la pourriture et la quantité comme la qualité en ont souffert, donnant en fin de compte un vin médiocre. Espérons qu'il n'y aura pas de millésime cette année. Par contre les champagnes non millésimés des maisons les plus éminentes seront de bonne qualité puisqu'on aura trié les raisins attaqués par la moisissure.

2002 : C'est un millésime qui ne laissera pas sa marque dans l'histoire même s'il existe de belles exceptions.

2003 : Ce millésime est un des plus importants pour la Champagne. Cela parce que la chaleur extrême qui le caractérise va sans doute devenir courante lorsque le changement de climat deviendra un fait établi. Les raisins étaient par trop sucrés et le taux d'acidité était bien trop bas. Pourtant il existait des similitudes avec les années 1976 et 1959 qui ont été de remarquables millésimes. La question est de savoir si le sol crayeux et la vinification peuvent corriger le manque d'acidité et donner quand même assez d'élégance au costume riche en extraits de ce vin. Espérons-le pour tous nos futurs petits-enfants!

Vins pétillants du monde entier

Ces bulles qui ne sont pas de Champagne

Aucune autre région ne bénéficie des conditions exceptionnelles de la Champagne lorsqu'il s'agit de produire des vins pétillants. C'est la raison pour laquelle le nombre de producteurs de vins pétillants soucieux de la qualité de leur production est nettement inférieur à celui des producteurs de vin tranquille. Pourtant, au cours des dix dernières années, la production a connu des évolutions positives et un développement rapide.

À l'époque où j'ai écrit mon premier livre, j'étais loin de penser qu'il serait un jour possible de produire des vins pétillants aussi prestigieux, en dehors de la région champenoise, que ceux qu'est parvenu à produire le Roederer Estate en Californie, notamment ses cuvées prestige L'Ermitage de 1991 et 1993. Même dans des régions où, jusqu'à présent, tout ce que l'on avait réussi à produire contenant des bulles restait catastrophique, on commence à découvrir des bouteilles tout à fait honorables.

Les meilleurs vins pétillants en dehors de la Champagne sont produits avec les mêmes cépages et les mêmes procédés de vinification utilisés en Champagne. Les quelques vins tranquilles auxquels on a appliqué les procédés champenois et qui ont vieilli avec des dépôts de levure aussi longtemps qu'un champagne de prestige peuvent dans de rares cas atteindre le niveau de qualité d'un champagne simple. Ces vins pétillants de prestige ont un coût de production très élevé. On laisse peut-être fermenter le vin dans de petits fûts de chêne et on ne consacre qu'une petite partie de la récolte à ce joyau. Il ne faut par conséquent pas s'étonner que le prix de ces vins pétillants atteigne des sommets proches de ceux des millésimes des maisons champenoises. Le marché de ces vins reste cependant minime, puisqu'on ne peut considérer que leur prix correspond à leur qualité.

Les endroits bénéficiant d'un terroir favorable jouissent rarement d'un climat adapté et vice versa. La région de Franciacorta en Italie bénéficie d'un terroir très minéral, mais le climat est trop chaud pour pouvoir produire des raisins avec un taux d'acidité suffisamment élevé. Le climat néo-zélandais est semblable à celui de la Champagne, mais le terroir est loin d'être idéal. Si quelques-uns des meilleurs vins pétillants sont produits en Californie, dans un climat subtropical, c'est avant tout parce qu'on y a exporté le savoir-faire des maisons champenoises.

Tous les producteurs de vins pétillants à travers le monde devraient se poser la question de savoir s'ils ont intérêt à essayer de produire un vin qui ressemble au champagne ou s'ils obtiendraient un meilleur résultat en utilisant les cépages locaux, qui donneraient des vins plus caractéristiques. Les meilleurs vins allemands sont tous faits à partir du Riesling. Ils ne font absolument pas penser au champagne, mais restent néanmoins de très bons vins pétillants, aux arômes caractéristiques et à la fraîcheur élégante.

La plupart des vins pétillants ont la même pression que les bouteilles de champagne, à savoir six fois la pression atmosphérique. On les appelle « pétillants » en français, *espumante* en portugais, *sparkling* en anglais, *spumante* en italien, *espumoso* en espagnol. Pour les vins dont la pression est de 3,6 fois la pression atmosphérique, il n'y a qu'une appellation : « crémant ». Entre 2,5 et 3,5, le vin est qualifié de « pétillant », de *spritsigt* ou *pärlande* en suédois, de *semi-sparkling* en anglais, de *spritzig* en allemand, et, en italien, du poétique *frizzante*.

En français, les vins dont la pression est encore plus faible sont appelés « perlant » ou « perlé ». Les Anglais parlent de *prickle*, les Allemands de *perl-wein*, les Espagnols de *vino de Aguja*, et les Italiens continuent sur leur lancée avec leur *frizzantino*.

IL N'Y A PAS QUE LA MÉTHODE CHAMPENOISE...

Jusqu'à très récemment, il était permis de montrer que l'on appliquait la méthode champenoise en l'indiquant sur l'étiquette. Malheureusement, il est maintenant interdit d'utiliser cette expression. Outre la méthode champenoise, il existe de nombreuses façons de produire des vins pétillants. Aucune de ces méthodes ne donne des bulles aussi délicates et durables ou ne permet même de s'approcher de ce qui fait le caractère autolytique de la méthode champenoise.

Cuve close ou méthode Charmat

C'est Eugène Charmat qui a inventé cette méthode en 1907 et qui lui a donné son nom. Elle consiste à rajouter du sucre et de la levure au vin afin de provoquer une seconde fermentation dans une cuve à vide en acier inoxydable. Ensuite, le vin est filtré sous pression directement dans la bouteille avec un dosage. Ce processus ne durant qu'une quinzaine de jours environ, on comprend aisément que cette méthode soit appréciée. Le résultat obtenu est meilleur que celui que l'on obtient avec les méthodes de gazéification, mais bien loin de celui de la méthode champenoise.

Actuellement, la méthode Charmat est la plus répandue pour obtenir des bulles dans un vin tranquille. L'Asti Spumante italien, avec sa grande douceur, est produit selon cette méthode. En effet, il s'agit là de conserver le taux de sucre et d'éviter le caractère autolytique pour privilégier les saveurs mêmes du raisin.

Les Russes utilisent souvent une variante de cette méthode, appelée « méthode russe » ou « méthode continue ». Elle consiste à relier entre elles une série de cuves pressurisées. On verse le vin et une quantité définie de sucre et de levure dans une cuve où le mélange va fermenter. Pendant le processus de fermentation, il circule entre plusieurs cuves, ce qui permet de le délester des cellules de levure mortes. C'est une méthode très compliquée qui ne présente pas d'avantage clair.

La méthode rurale

Cette méthode est le précurseur de la méthode champenoise ; on l'appelle également méthode ancestrale. Les moines de l'abbaye Saint-Hilaire produisaient déjà en 1531 un vin pétillant, la Blanquette de Limoux, selon cette méthode. À cette époque, les vins commençaient à fermenter une seconde fois après l'hiver, puisqu'ils restaient en contact avec le dépôt. De nos jours, on met les vins en bouteille avant la fin de la fermentation, pour qu'une faible couche de mousse se forme. De fait, le vin ne fermente pas une seconde fois, puisque la fermentation en bouteille n'est que la continuation de la première fermentation. La Blanquette de Limoux est aujourd'hui encore le seul vin produit selon ce principe. Puisque le vin n'est ni filtré ni dégorgé, il y a un risque pour que le vin ne soit jamais tout à fait terminé.

La méthode par transfert

Au vin mis en bouteilles, on ajoute une solution à base de sucre et de levure qui provoque une deuxième fermentation à l'intérieur de la bouteille (prise de mousse). Au lieu de faire passer au vin les étapes de remuage et de dégorgement, on le transfère dans une cuve où le dépôt va tomber au fond. Le vin est ensuite filtré avant d'être mis en bouteilles sous pression.

Cette méthode, à mi-chemin entre la méthode rurale et la méthode Charmat un peu plus simple, est surtout utilisée aux États-Unis. La méthode par transfert est en outre une méthode qui a longtemps été utilisée en Champagne, mais qui va d'ici peu être interdite. La raison pour laquelle cette méthode est utilisée en Champagne est que la taille de certaines bouteilles rend leur manipulation difficile lors de la prise de mousse. C'est notamment le cas des bouteilles de 25 cl qui sont servies dans les avions : le contenu a fermenté dans des bouteilles de taille normale. Le transfert est également utilisé pour les Jéroboams et autres bouteilles de grande taille. Il faut cependant noter que certains producteurs se sont spécialisés dans la seconde fermentation en grandes bouteilles. On peut citer le Pommery, la Veuve Clicquot et Henriot.

La méthode dioise

La méthode découle de la méthode ancestrale et n'est utilisée que pour le vin pétillant de la vallée du Rhône, la Clairette de Die. Le vin fermente pendant quatre mois avant d'être filtré.

La méthode gaillacoise

Cette méthode n'est utilisée qu'à Gaillac, dans le Sud-Ouest de la France. Ici aussi il s'agit d'une variante de la méthode ancestrale. La fermentation n'est cependant que le prolongement de la première fermentation. On n'ajoute ni sucre ni levure.

La méthode de gazéification

C'est la méthode la plus simple et la moins onéreuse pour mettre des bulles dans le vin. Le gaz carbonique est injecté dans un grand conteneur rempli de vin. La mise en bouteilles est ensuite effectuée sous pression. Les grosses bulles que provoque cette méthode sont dans le meilleur des cas adaptées à l'eau minérale et aux sodas, mais absolument pas au vin pétillant.

VINS PÉTILLANTS FRANÇAIS

S'il est vrai que la Blanquette de Limoux est le premier vin pétillant dans son genre, apparu en 1531, ce n'est qu'autour de 1820 que les méthodes de fabrication plus recherchées inventées en Champagne se sont étendues au reste de la France. Sur les deux milliards de bouteilles de vin pétillant produites chaque année dans le monde, les Français sont responsables d'un quart. Les vins pétillants existent sous 52 appellations différentes. Malheureusement, la plupart des producteurs français produisent des vins pétillants à partir de leurs plus mauvais raisins. Ils considèrent que lorsque le vin est à peine buvable, du gaz carbonique dissimula la réalité. Pourtant, la vérité est que le gaz carbonique tend à souligner les impuretés des vins, au lieu de les camoufler. On peut éviter cet écueil en servant le vin très froid, pour que le goût disparaisse quasiment. Un autre problème, c'est la quantité de soufre que l'on ajoute à ces vins médiocres, qui les rend d'autant plus piquants et repoussants.

Loire

Même dans la Loire où sont parfois produits de très bons crémants de Loire à partir de cépages Chenin Blanc, les meilleurs producteurs ne fabriquent des vins pétillants que les années qu'ils considèrent trop mauvaises pour les vins tranquilles. Gaston Huet, à Vouvray, qui produit quelques-uns des meilleurs vins doux du monde, affirme cependant que seules les mauvaises années donnent des raisins avec un taux d'acidité suffisamment élevé pour convenir au vin pétillant. Il serait néanmoins intéressant de voir ce que donneraient des vins pétillants produits à partir des raisins des meilleurs coteaux une bonne année. En 1979, Huet n'a pratiquement pas produit de vin tranquille, et tous les raisins qui constituent normalement son magnifique vin moelleux ont été utilisés pour faire du vin pétillant. Ce vin-là est le meilleur vin pétillant à base de raisins Chenin Blanc. Sinon, ce raisin pose problème dans la mesure où il est bien trop aromatique pour laisser place au caractère autolytique. De plus, ces arômes forts empêchent la formation de nouveaux arômes de maturité après le dégorgement.

Les vins pétillants de la région de Vouvray et de Saumur sont très appréciés. De fait, le Saumur est la plus grande appellation de vins pétillants de France après le champagne.

On peut ainsi se procurer sans trop dépenser un vin léger et rafraîchissant, avec un peu de l'élégance champenoise. Mais, il arrive trop souvent que ces raisins donnent un arrière-goût de caoutchouc, très persistant dans les vins un peu vieillis.

Les vins pétillants de Marc Bredif peuvent sans doute être considérés comme ceux qui ressemblent le plus au champagne dans la région, avec un caractère autolytique correct et de bons arômes minéraux. Le meilleur vin pétillant de la Loire, le Trésor, n'est, quant à lui, pas uniquement composé de Chenin Blanc, il contient également 30 % de chardonnay. Le vin fermenté dans des fûts de chêne est constitué de Bouvet-Ladubay, et le résultat est si bon qu'on peut facilement le prendre pour un champagne sans prétention.

Taittinger, qui a des intérêts dans le Bouvet-Ladubay, est loin d'être la seule maison de Champagne à s'intéresser au Crémant de Loire. Gratien & Meyer en Saumur appartient à la famille Seydoux, qui possède également la maison Alfred Gratien à Épernay, considérée au mieux comme un passe-temps. Les vins produits dans la Loire ne ressemblent que de très loin aux champagnes de Gratien. En tout et pour tout, environ 25 millions de Crémant de Loire sont produits chaque année, et la région est l'une des premières après la Champagne.

Bourgogne

C'est la seule région de France qui produit de temps en temps de meilleurs vins pétillants – champagne excepté – que la Loire. Ce qui est perdu en terme de qualité de climat et de terroir est compensé par la qualité des raisins. Il est vrai que l'aligoté et le pinot blanc ne sont utilisés que de façon exceptionnelle, et la majorité des crémants de Bourgogne sont élaborés à partir de pinot noir et de chardonnay. La plus grande partie des crémants de Bourgogne est hélas produite par des coopératives qui ont tendance à privilégier la quantité plus que la qualité. En règle générale, l'impression d'ensemble est mise à mal par le caractère trop terreux de ces vins, les bulles n'étant pas considérées comme une chose sérieuse par les producteurs.

Un des principaux producteurs est Simonnet-Febvre à Chablis qui, avec son Crémant de Bourgogne Blanc rivalise avec les moins bons producteurs de l'Aube. Citons également un autre producteur qui produit de bons vins quelque peu semblables au champagne : il s'agit de la Cave de Bailly, au sud d'Auxerre, près de Chablis.

Parce que Chablis est situé sur le même sol riche en craie à bélemnites que l'Aube, non loin de là, il n'est pas très étonnant que les vins aient certains points communs.

Le principal représentant du Mâconnais est Henry Mugnier de Charnay. Un autre vin très agréable est le Ruban Mauve, fait presque entièrement à partir de pinot noir de la Côte Chalonnaise. Le vin provient d'un minuscule domaine, le Domaine Déliance, et il est très difficile de s'en procurer.

Ce n'est pas le cas des vins pétillants de Kriter qui s'élèvent à 15 millions de bouteilles par an, plus que n'importe quelle maison champenoise, à l'exception du colosse qu'est Moët & Chandon. André Delorme est un autre grand producteur de vin pétillant de la région.

Il est vraiment dommage que la Bourgogne, avec ses vins blancs et rouges fantastiques, ne produise pas de meilleurs vins pétillants à partir de pinot noir ou de chardonnay. Le problème réside dans le fait que, même si un Montrachet pétillant était puissant et profond, sa puissance ne serait pas équilibrée, et il serait pratiquement impossible d'en faire un vin pétillant, puisque la seconde fermentation ferait monter le taux d'alcool aux alentours de 15 %. Si, malgré cela, on y parvenait, le vin resterait bien trop cher par rapport à sa qualité. Personnellement, si j'avais carte blanche pour produire un vin pétillant de Bourgogne, je miserais plutôt sur un Chablis Premier Cru, tel qu'un Montée de Tonnerre, qui combine de manière heureuse des caractéristiques fruitées à des traits nettement calcaires. Je me contenterais d'une année légère, avec un taux d'acidité élevé et je ne ferais vinifier qu'un quart du vin dans des fûts de chêne. La moitié de ces fûts seraient neufs. La récolte aurait lieu tôt, je ferais en sorte d'éviter la fermentation malolactique, puis je conserverais le vin en contact avec la levure pendant six ans, dans une cave à neuf degrés. J'attendrais ensuite encore quatre ans avant de présenter mon œuvre. Cela pourra-t-il donner des idées à Raveneau, Dauvissat, Michel ou Droin ?

Alsace

La troisième région autorisée à utiliser l'appellation crémant est l'Alsace. En 1976, la région a reçu l'appellation « Crémant d'Alsace ». Bien que la majorité des vins de l'appellation soient produits selon la méthode champenoise, leur qualité est nettement inférieure à celle des crémants de Loire et de Bourgogne. La plupart des vins pétillants d'Alsace sont faits à partir de pinot blanc, raisin insipide. Hélas, il est rare de trouver des Riesling purs en pétillant. On cultive de plus en plus de cépages de chardonnay dans le but de produire des crémants d'Alsace. Peut-être est-on en droit d'attendre des surprises en matière de vins pétillants de cette région. Actuellement, le vin le plus surprenant de la région est le crémant d'Alsace rosé, fait à partir de pinot noir. Comme en Bourgogne, ce sont les coopératives qui produisent le plus de vins pétillants en Alsace.

Autres régions de France

Le Jura et la Savoie produisent des vins pétillants très bons à partir de cépages locaux. Le Seyssel Mousseaux, vin frais produit selon la méthode champenoise, contient de la Roussette, de la Molette, du Jacquère, de la Clairette et du Chenin Blanc. Dans le Sud-Ouest, où les premiers vins pétillants ont été produits dès le XIVe siècle, plusieurs domaines produisent encore de la Blanquette de Limoux. La cuvée Saint-Laurent de Roger Antech est un vin frais agréable, qui fait penser au Seyssel Mousseaux. La coopérative de Limoux, qui compte 360 membres, utilise surtout le cépage local, le mauzac, mais également des petites quantités de chenin blanc et de chardonnay. À Gaillac, région voisine de Limoux, le mauzac est utilisé dans la production de vins pétillants, mais le résultat n'est pas aussi bon.

Le vin pétillant le moins français, si je puis dire, qui est produit en France est la Clairette de Die, à base de mauzac. Cette contribution de la vallée du Rhône au fleuve de vin pétillant fait penser au Spumante au goût de fleurs de sureau d'Asti, en Italie. Les principaux producteurs de la région sont Buffardel Frères et Achard-Vincent.

Producteurs recommandés : Bouvet-Ladubay (Loire), Huet (Loire), Simonnet-Febvre (Chablis), Cave Bailly (Chablis), Domaine Deliance (Côte Chalonnaise), Henri Mugnier (Mâconnais), Roger Antech (Limoux).

VINS PÉTILLANTS ITALIENS

L'Italie produit à peu près autant de vin pétillant par an que la Champagne, mais très peu de producteurs considèrent leur vin comme un produit de qualité. L'Italie a plus d'appellations pour les vins pétillants que n'importe quel autre pays. Le Spumante comme ils l'appellent, est avant tout une boisson destinée à la fête et pour laquelle on ne se donne pas autant de mal que pour les vins rouges sérieux. La grande majorité des Spumante est produite selon la méthode Charmat.

L'Asti Spumante du Piémont est sans doute le vin pétillant le plus célèbre du pays. Il est le plus souvent sucré, toujours musqué, avec un parfum de sureau. Le raisin muscat donne souvent un arrière-goût de pépins. Personnellement, je ne fais pas partie des gens qui apprécient ce vin très doux. Le Lambrusco et le Prosecco sont d'autres horreurs que ce pays par ailleurs merveilleux a sur la conscience.

En revanche, les vins du Trentin, Haut-Adidge, au nord de l'Italie, sont bien plus intéressants. Le producteur de Trente, Ferrari, fait partie des producteurs de vins pétillants très intéressants. Son Ferrari Brut est bon mais coûte hélas aussi cher que le champagne, sans arriver à son niveau. Ni le millésime, ni la cuvée prestige Giuilio Ferrari Riserva ne parviennent à dépasser le niveau du vin de base.

Le meilleur vin pétillant d'Italie, le Franciacorta, est produit en Lombardie, autour du lac Iseo. Le district, un DOCG, est le seul où la méthode champenoise doit être utilisée dans la production de tous les vins pétillants. Ca del Bosco produit là des vins pétillants bien structurés et minéraux, qui font partie des meilleurs, champagne excepté. Le plus raffiné est la cuvée de prestige Annamaria Clementi. Le viticulteur Maurizio Zanella a fourbi ses armes chez Moët & Chandon et utilise des fûts de chêne pour ses vins de garde. Outre le pinot noir et le chardonnay, on utilise également le pinot blanc, plus neutre. Le concurrent principal de Ca del Bosco est son voisin, Bellavista, qui produit à la fois un bon rosé et un millésime pétillant bon et souple. L'Ombrie est un district viticole intéressant, avec un exemple, le plus élégant jusqu'ici, de vin pétillant qui combine à parts égales le pinot noir et le chardonnay, celui de Lungarotti.

Rien d'intéressant, pour des raisons évidentes, en termes de vin pétillant des jolis coteaux de Toscane. Le seul vin du genre qui présente un intérêt est l'Antinori Millesimato.

Je suis d'avis que tous ces vins doivent se boire un peu plus frais que le champagne, car ils deviennent vite lourds.

Producteurs recommandés : Cá del Bosco (Franciacorta), Bellavista (Franciacorta), Antinori (Toscane), Lungarotti (Ombrie) ainsi que Ferrari de Trente.

VINS PÉTILLANTS ESPAGNOLS

En Espagne, les vins qui ont subi la méthode champenoise sont appelés *cava*. Le point commun de tous ces vins est que la garde ne leur réussit pas. Les saveurs que développent les cava avec le temps sont terreuses et fumées. Le fait est que le développement naturel du vin lui confère des arômes qui ne sont pas sans rappeler les vins bouchonnés ! Pendant plusieurs années, j'ai cru que les bouchons espagnols étaient de très mauvaise qualité, mais après avoir dégusté de nombreux cavas d'âges différents, j'ai fini par comprendre que ce goût bouchonné était inévitable quand les vins avaient quelques années.

En réalité, le climat espagnol est beaucoup trop chaud pour la production de vins pétillants, mais malgré cela, les cavas espagnols sont appréciés dans de nombreuses régions du monde. Cela est-il dû à l'esthétique des bouteilles ou au prix peu élevé ? On pense que le premier vin pétillant a été produit en Espagne en 1862 et, à partir de 1974, on s'est mis à considérer sa production comme un atout en termes de volumes.

La gigantesque entreprise Freixenet, qui produit 80 millions de bouteilles par an a notamment fait une carrière brillante avec son Cordon Negro, grâce à la belle bouteille toute noire. La qualité du vin, hélas, ne correspond pas à la bouteille ! Ce vin sirupeux a des odeurs toxiques et immondes de produit capillaire et de plastique brûlé. Les producteurs espagnols me semblent par ailleurs très sérieux, mais ils doivent lutter contre un ennemi très puissant, le climat ! Si les méthodes actuelles de vinification permettent de conserver un moût de raisin plus frais et plus fruité qu'avant, tous les vins pétillants espagnols gardent néanmoins un goût et une odeur de terre assez désagréable, qui se mélange à un fruité grossier, robuste et quelque peu huileux.

En Catalogne, la région qui domine la production de cava, on cultive avant tout les cépages Parellada, mais aussi du Macabeo et du Xarel-Lo. De nombreuses maisons s'essayent au chardonnay. Cela permet d'éviter le caractère terreux, mais le climat très chaud donne, au mieux, des arômes *tutti frutti.*

Le premier producteur mondial de vins pétillants, Cordoniu, avec ses 120 millions de bouteilles par an (incroyable, non ?), produit un vin simple mais agréable, le Anna de Cordoniu, à partir de cépages locaux et de chardonnay. Les deux géants commerciaux d'Espagne, Cordoniu et Freixenet, sont malgré tout battus par Segura Viudas. C'est en effet le seul producteur du monde qui parvient à produire des vins au goût riche et complexe, avec une pointe citronnée. Le caractère autolytique est reconnaissable entre tous dans tous leurs vins, mais il est particulièrement présent dans le Reserva Heredad Brut.

Producteurs recommandés : Segura Viudas.

VINS PÉTILLANTS ALLEMANDS

Comme je l'ai déjà dit, l'Allemagne a beaucoup influencé la production de champagne. Parmi les personnalités les plus connues de Champagne ayant des origines allemandes, on peut citer Joseph Bollinger, Frederick Delbeck, William Deutz, Pierre Gelderman, Florens-Louis Heidsieck, Charles Koch, Johann-Josef Krug, Jean-Baptiste Lanson, Philipp Mumm, Louis Roederer et Pierre Taittinger. Les premiers vins pétillants allemands ont probablement été produits à la fin du XVIIIe siècle et, déjà à l'époque, on s'est vite rendu compte qu'on ne pourrait rivaliser avec la France en termes de qualité. Pour cette raison, on a longtemps ajouté des raisins étrangers en croyant que l'on parviendrait ainsi à produire des vins plus puissants. Les Allemands ont malheureusement longtemps eu des complexes par rapport au faible taux d'alcool de leurs vins sublimes.

Ils commencent enfin à régler ces problèmes de cépages étrangers dans leurs vins pétillants. Aujourd'hui, pratiquement tous les vins allemands sont faits à partir de raisins cultivés en Allemagne. D'horribles vins de cépages mélangés tels que le Henkell Trocken ont fait une réputation injustifiée au sekt. S'il est vrai que la plupart des pétillants allemands ont un goût de cidre très sucré, les bonnes maisons qui produisent leur sekt exclusivement à partir de Riesling obtiennent un vin très différent du champagne, et extrêmement agréable. Les sekts âgés de 10 à 15 ans de la maison du Rheingau Fürst von Metternich développent des arômes très particuliers de pétrole, avec des tons de caramel et de chèvrefeuille. Le taux élevé d'acidité des raisins Riesling permet aux vins de conserver une fraîcheur tout au long du processus de vieillissement. Le Deinhard Lila, très apprécié, a des saveurs de sureau, mais certaines années, Deinhard produit également un vin pétillant merveilleux, bien que ridiculement cher, dans le fameux Bernkasteler Doctor. Ce vin ne rappelle pas du tout le champagne, mais reste pourtant un des meilleurs vins pétillants qu'il m'ait été donné de goûter hors de Champagne. Un de mes vins préférés, toutes catégories confondues, le eiswein, avec son acidité très fraîche et son goût doux et fruité, existe en pétillant. Je n'ai malheureusement pas encore eu l'occasion de goûter ce vin rare et cher. Kurt Schales, du Rheinhasse, est un pionnier de cette nouvelle production.

Producteurs recommandés : Deinhard och Fürst von Metternich.

VINS PÉTILLANTS D'AUTRICHE ET D'EUROPE DE L'EST

Les Autrichiens feraient bien de s'inspirer des Allemands et de produire des vins pétillants à base de Riesling. Actuellement, la plupart des vins sont faits à partir de Welchriesling et de Grüner Veltliner. Ni l'un ni l'autre de ces cépages n'ont un taux d'acidité assez élevé pour convenir à la production de vin pétillant.

La maison Schlumberger est la plus grande et la meilleure d'Autriche. Elle fait partie de ces très rares producteurs qui utilisent la méthode champenoise classique pour la fabrication de leurs vins.

Avant la révolution d'Octobre, on consommait en Russie de grandes quantités de véritable champagne. En raison de l'intérêt du tsar pour le champagne doux, plusieurs régions viticoles de Russie se sont mises à produire un vin pétillant appelé Champanskoïe. À l'époque, et encore aujourd'hui, de grandes quantités de ce vin pétillant très doux, doux et mi-doux sont produites, fortement appréciées par les Russes.

La réputation mensongère sur la bonne qualité de ces vins s'explique par le fait qu'ils sont souvent servis avec du caviar russe. C'est en Crimée que sont situées les plus belles propriétés, et les amateurs s'accordent pour considérer l'Abrau Durso comme le meilleur vin pétillant de Russie. Ce vin est l'un des seuls que l'on produit selon la méthode champenoise. La Géorgie est l'autre grande région vitivole de l'ancien empire, mais on y produit des vins simples et mauvais.

L'ex-URSS produit à peu près autant de vin pétillant que la Champagne, mais la qualité des produits est incomparable. Même des vins slovènes tels que la Zlata Radgonska Penina au goût de poire, et la Backarska Vodika m'ont fait une meilleure impression que n'importe quel vin pétillant russe.

VINS PÉTILLANTS DE GRANDE-BRETAGNE

La Grande-Bretagne est sans conteste l'un des pays dont on parle le plus et qui présente le plus de similitudes avec la Champagne. Personnellement, j'ai toujours cru qu'il devrait être possible de produire de très bons vins pétillants sur les coteaux exposés au sud du pays de Galles ou du Sussex.

Le climat de ces régions est très proche de celui de la Champagne, et une année très chaude devrait donner des fruits bien mûrs avec un taux d'acidité exemplaire, permettant de produire un vin pétillant très élégant. Pourtant, il semble que l'on se situe à la frontière de la température idéale.

J'ai le plus grand respect pour mes homologues britanniques, et j'étais convaincu de la justesse de leur jugement quand ils m'ont affirmé que le Nyetimber était un vin de la meilleure qualité. Par deux fois on m'a fait déguster ce vin à l'aveugle, et par deux fois j'ai jugé qu'il s'agissait d'un vin pétillant simple, sans finesse.

Deux explications sont possibles : soit il faut attribuer le jugement des œnologues à l'influence des forces économiques, soit les Britanniques sont aussi patriotes avec leur vin qu'avec leurs équipes de football, qui sont toujours déclarées favorites sans jamais réussir à gagner quoi que ce soit d'important.

Il est cependant possible que les vins britanniques nous réservent à l'avenir de grosses surprises. Gardons à l'esprit que les premiers vins pétillants ont été produits en 1976, et qu'il faut du temps pour sélectionner les pieds et faire vieillir les cépages. Pour l'instant, c'est vraiment beaucoup de bruit pour

rien. Notons cependant que les dernières années, assez chaudes, semblent prometteuses.

VINS PÉTILLANTS AMÉRICAINS

Environ la moitié des États américains produisent du vin pétillant. L'exploitation la plus exotique est sans doute le Tedeschi Vineyard à Hawaï. La Californie est évidemment la principale région, suivie de l'État de New York. Le premier vin pétillant américain fut produit dès 1842 par Nicholas Longworth, près de Cincinatti, mais il faudra attendre longtemps avant que les vins pétillants ne percent aux États-Unis.

Moët & Chandon ont essuyé de sévères critiques lorsque, en 1973, ils se sont installés au Domaine Chandon dans la vallée de Napa. Les Français avaient sans doute peur de la concurrence, puisqu'on avait déjà pu vérifier que les Américains étaient capables de rivaliser avec les bordeaux rouges. En outre, les États-Unis sont exploité sans vergogne l'appellation Champagne. Presque tous les vins pétillants de Californie portaient l'inscription champagne en lettres majuscules. En effet, il est tout à fait légal de faire figurer ce nom sur les bouteilles américaines puisqu'elles tombent sous le coup de la législation américaine et qu'aucun accord entre la France et les États-Unis n'a été conclu pour l'empêcher. Heureusement, la plupart des producteurs sérieux ont cessé leurs bêtises.

C'est le domaine Chandon et le bon producteur américain Schramsberg qui sont parvenus à donner un certain dynamisme à la production de vins pétillants en Californie. Dans les années 1980, le savoir-faire français a envahi le pays et plusieurs maisons champenoises se sont installées dans la région. Piper-Sonoma a initié le mouvement en 1980, puis ont suivi Maison Deutz en 1981, Roederer Estate en 1982, Mumm Napa Valley en 1985 et Domaine Carneros des Taittinger en 1987. Clicquot, Bollinger, Laurent-Perrier et Pommery ont ou ont eu des parts dans de grandes exploitations américaines.

Aujourd'hui, la grande majorité des producteurs californiens cherchent à imiter le champagne. Et de fait, ce sont les copies américaines qui ressemblent le plus au champagne. On utilise la levure spéciale de Moët & Chandon et la méthode de vinification est celle que l'on utilise en Champagne.

Pour que le vin ressemble le plus possible à l'original, les vendanges ont lieu alors que les raisins ne sont pas tout à fait mûrs, afin de s'assurer que le taux d'acidité est suffisamment élevé. Voilà un sujet sensible. Ces derniers temps, on a découvert de nombreux inconvénients même si les taux de sucre et d'acidité sont satisfaisants. Quand les raisins ne sont pas mûrs, il manque les qualités qui confèrent au vin sa complexité et sa profondeur.

En outre, si l'on vendange trop tôt, le taux d'acide maltique des raisins pour le même taux total d'acidité que les fruits en Champagne est beaucoup trop élevé. En conséquence, les vins suffisamment acides sont en même temps trop verts et pas assez mûrs. Il semblerait que le seul moyen d'atteindre un bon résultat est d'utiliser des raisins entièrement ou quasiment mûrs qui ont poussé au frais.

En général, les vendanges ont lieu de nuit, aux heures les plus fraîches. De plus, pendant le processus de vinification, il importe d'éviter toute oxydation et de veiller à ce que la fermentation se fasse dans un environnement le plus frais possible. Les raisins chardonnay qui poussent en Californie ont tendance à devenir lourds, c'est pourquoi ce sont les régions les plus fraîches de Californie qui sont adaptées à la production de vins pétillants. Anderson Valley et Potter Valley semblent présenter les meilleures conditions. C'est dans l'Anderson Valley que le Roederer Estate produit les vins pétillants les plus semblables au champagne. Ils ressemblent non seulement au vin français mais font de plus très exactement penser au Louis Roederer Brut Premier. Seule une tonalité chocolat un peu trop exagérée que l'on sent lorsque l'on réchauffe le verre dévoile la provenance du vin. Au cours des dernières années, les vins de ce domaine se sont encore améliorés et la cuvée prestige l'Ermitage est tout à fait exceptionnelle, avec un fruité exotique mélangé à une élégance toute champenoise. Suivant l'exemple des Français, plusieurs viticulteurs européens se sont installés en Californie. Le producteur de Chianti Antinori travaille avec Bollinger, et les deux géants espagnols Cordoniu et Freixenet possèdent bien sûr des terres là-bas.

Outre le Roederer Estate, deux maisons locales produisent un très bon vin pétillant. Forrest Tancer chez Iron Horse est très fier de ses vins secs et sèchement acides. À la fois le millésime et le blanc de blancs sont très propres et élégants.

L'autre concurrent entièrement américain du Roederer Estate est la maison pionnière de la vallée de Napa, Schramsberg. Ses vins sont plus controversés que les autres vins haut de gamme, parce qu'ils sont plus puissants et plus corsés. Ils se qualifient eux-mêmes de Krug américain, et utilisent des méthodes de fermentation en fûts de chêne et de vieillissement prolongé avant le dégorgement. Comme nombre d'autres producteurs américains, on utilise du brandy dans le dosage. La Cuvée de Pinot de Schramsberg est un grand vin pétillant les années où le taux d'acidité est suffisamment élevé, mais j'ai du mal à lui trouver des points communs avec le Krug. Un vin inhabituel, intéressant et goûteux, est le Cabernet Sauvignon pétillant du producteur aux origines suédoises, Sjoebloms Estate, qui a des arômes de cèdre et un caractère autolytique.

Les États de Washington et de l'Oregon n'ont pour l'instant pas produit de vin pétillant remarquable, bien que les conditions dont ils jouissent, semblent objectivement meilleures qu'en Californie. En revanche, certaines exploitations de la côte Est semblent prometteuses, notamment avec des vins pétillants fins de Fingers Lake et quelques autres projets de bon

augure près de Charlottesville, en Virginie, où les vins tranquilles ont tendance à manquer de corps. Je vous conseille de garder un œil sur les productions de Kluge Estate, où vit Patricia Kluge, une femme très déterminée à produire le meilleur vin pétillant du continent.

Producteurs recommandés : Roederer Estate, Iron Horse, Schramsberg.

VINS PÉTILLANTS DE NOUVELLE-ZÉLANDE ET D'AUSTRALIE

Dans les régions septentrionales de l'île du sud de la Nouvelle-Zélande ainsi que dans les zones orientales de l'île du nord, on trouve un climat quasi idéal pour la production de vin pétillant. Les raisins que l'on y cultive ont un taux naturellement élevé d'acidité et sont bien équilibrés. Comme la Nouvelle-Zélande est un pays tout récemment viticole, de nombreux producteurs de vins potentiellement hors pair n'en sont encore qu'au stade expérimental. Ce n'est que depuis les vingt dernières années que les espèces classiques de raisins se sont implantées et il a fallu attendre jusqu'en 1988, lorsque Deutz et Montana ont commencé à travailler ensemble, pour que le potentiel indiscutable de ce pays soit enfin pris au sérieux. La star incontestée des vins de Nouvelle-Zélande est Cloudy Bay Pelorus. Ce vin est exotique, acidulé et fruité tout en ayant un caractère agréablement grillé. Veuve Clicquot est un des copropriétaires du domaine, mais adopte un profil bas.

En 1980, un Champenois nommé Daniel Le Brun a créé un domaine valorisé qui est renommé pour sa production des meilleurs vins pétillants, les seuls à soutenir la comparaison avec les vins de Champagne. Malheureusement je n'ai pas encore eu l'occasion de déguster ces vins. Au domaine Morton, on fait de superbes vins chardonnay assimilables aux bourgognes, et les vins pétillants sont aussi très prometteurs. Si l'on excepte Pelorus, les meilleurs résultats sont obtenus par ceux qui font une large place au chardonnay dans leurs cuvées.

En comparaison avec la Nouvelle-Zélande, l'Australie en est à un stade nettement plus avancé de fabrication du vin. Le premier vin pétillant australien date déjà de 1843. Plusieurs maisons de champagne ont, tout comme aux États-Unis, des intérêts en Australie. La collaboration entre Bollinger et le légendaire viticulteur Brian Croser pour Petaluma est des plus réussies. Petaluma produit actuellement, avec Pelorus, les meilleurs vins pétillants de l'hémisphère Sud. Moët & Chandon produit des vins plus performants en Australie qu'aux États-Unis avec son Green Point riche et intensément fruité. Seaview produit aussi d'excellents vins pétillants dans un style plus classique et retenu. Ceux qui recherchent un vin riche et une puissance de chêne façon « Nouveau Monde » doivent absolument goûter une des cuvées époustouflantes de Yalumba.

Le premier vin champagnisé légendaire provenant d'Australie fut le Great Western Show Champagne de Seppelt. On l'appelle généralement Le Bollinger R.D. australien puisqu'il reste au contact de la lie au moins dix ans. La Tasmanie avec son climat plus frais pourrait être une région intéressante. C'est le jugement de Roederer qui a créé Jansz, un domaine qu'il a ensuite laissé en 1994.

Producteurs recommandés : Pelorus (Nouvelle-Zélande), Morton Estate (Nouvelle-Zélande), Seaview (Australie) Petaluma (Australie), Green Point (Australie).

AUTRES VINS PÉTILLANTS

Un nombre considérable de vins pétillants proviennent également de pays fort inattendus.

Au Canada, le climat frais convient assez bien aux vins pétillants mais, jusqu'à maintenant, il n'y a pas de vins secs remarquables dans ce pays. Les grands maîtres en vins de dessert frais, Château des Charmes et Inniskillin, font cependant de rapides progrès dans le domaine des vins pétillants.

En Amérique du Sud, Moët & Chandon est très présent. Au Brésil comme en Argentine, on produit des vins sous l'appellation M. Chandon. On peut se demander combien de personnes sont déçues en goûtant ces M. Chandon alors qu'ils croyaient que c'était un vrai champagne.

L'Afrique du Sud est aussi un pays viticole digne d'intérêt et qui produit des vins pétillants depuis 1929. Le premier vin pétillant produit selon la méthode champenoise n'est apparu qu'en 1971 quand Simonsig a sorti son Kaapse Vonkel. On utilise toujours des cuves closes pour la plupart des vins pétillants. Le vin dénommé Cap Classique est un vin simplement fruité mais qui s'améliore sans cesse. Dans mon pays, on apprécie beaucoup le Pongrácz, un vin de Bergkelder au caractère de pain et à mousse abondante. Malheureusement ce vin une fois dans le verre a tendance à être lourd et doit se boire bien frappé. Autre vin très prisé, le Twee Jongegezellen avec son Cap Cuvée pour Mumm, un vin que je n'ai pas encore eu la chance de trouver. Dans l'ensemble, il faut ajouter que l'évolution de la production viticole dans ce pays est fort prometteuse.

Le plus célèbre des producteurs de vins espagnols, Miguel Torres, vient récemment de lancer un vin pétillant convenable provenant du Chili. Le produit de pointe des maisons espagnoles est Concha y Torro.

Quant au reste du monde, le vin le plus remarquable est sans conteste Omar Khayham (anciennement Marquise de Pompadour) qui nous vient des Indes. Avec l'aide de la maison de champagne Pieper-Heidsiecks, on parvient à produire un vin pétillant frais et bien équilibré à partir de Ugni Blanc, pinot blanc et chardonnay. Le climat chaud du district de Maharashtra, près de Bombay, est un obstacle conséquent que l'on parvient à vaincre avec une technologie de pointe et le savoir-faire francais. Pour éviter les rayons brûlants du soleil, on vendange les raisins aux heures fraîches de la nuit.

Même les pays nordiques se sont lancés dans les vins pétillants. La plupart, cependant, sont faits avec des raisins de qualité médiocre importés des pays méridionaux. Certains sont à base de pomme ou de sureau.

Citons pêle-mêle les autres pays disparates qui produisent des vins pétillants dignes d'être mentionnés : les Pays-Bas, le Luxembourg, la Hongrie, la Roumanie, la Bulgarie, la Tchéquie, la Grèce, le Portugal, la Suisse, Malte, la Turquie, Israël, le Mexique, la Colombie, le Pérou, la Bolivie, le Venezuela, le Kenya, le Zimbabwe, la Chine et le Japon.

LES VINGT MEILLEURS VINS PÉTILLANTS

1. Roederer Estate L'Ermitage, Californie
2. Roederer Estate Anderson Valley Brut, Californie
3. Iron Horse Blanc de Blancs, Californie
4. Schramsberg Blanc de Noirs, Californie
5. Iron Horse Vrais Amis, Californie
6. Bernkasteler Doctor Sekt, Moselle
7. Annamaria Clementi Brut, Italie
8. Pelorus, Nouvelle-Zélande
9. Ca del Bosco Brut, Italie
10. Iron Horse Sonoma Green Valley, Californie
11. Schramsberg Napa Valley Brut, Californie
12. Bellavista Brut, Italie
13. Petaluma Croser Brut, Australie
14. Tresor, Loire
15. Roederer Estate Rosé, Californie
16. Ruban Mauve Cremant de Bourgogne
17. Simonnet-Febre Blanc de Blancs, Chablis
18. Cuvée Saint Laurent, Limoux
19. Cave Bailly Blanc de Noirs, Bourgogne.
20. Seaview Vintage Brut, Australie

Terres
de Champagne

Villes et villages de la région de Champagne

Dans cette partie du livre, je donne une description détaillée des différents villages et les encépagements. Vous pourrez aussi trouver ici le classement de chaque village sur l'échelle des crus, la superficie des vignobles, de quelle façon les différents cépages sont répartis ainsi que la situation géographique. Vous trouverez également des renseignements sur le nombre de vignerons produisant leur propre vin au village et, dans certains cas, sur ceux qui savent le mieux mettre en valeur le caractère de l'encépagement dans leurs vins. Vous trouverez ces villages rangés dans l'ordre alphabétique et non en fonction de leur classement sur l'échelle des crus ou de leur emplacement géographique. Je peux bien m'imaginer qu'un grand nombre de lecteurs se contenteront de survoler cette partie du livre et ne l'utiliseront que pour chercher, comme dans un dictionnaire, à en savoir plus sur un producteur et le village d'où il est originaire. Il est tout à fait légitime de procéder ainsi, mais si vous souhaitez devenir de vrais connaisseurs et vraiment comprendre pourquoi les vins peuvent avoir un goût différent, cette partie du livre est une lecture indispensable. L'importance de l'encépagement pour les grands vins français ne sera jamais assez soulignée à une époque où le monde vinicole connaît une uniformisation et une internationalisation qui résultent en une production de vins au fruité abusivement explosif et aux notes de fût de chêne exagérées, trop marqués par des traits de caractère voulus par les fabricants de vin.

Un vrai amateur de champagne doit pouvoir saisir les différences qu'il y a entre des champagnes de grande classe issus de villages voisins tels que Avize, Cramant et Le Mesnil. Et si la dégustation est tout de même le meilleur moyen d'avoir une connaissance parfaite, il n'en demeure pas moins que la tâche est facilitée si on sait par avance que la plupart des gens retrouvent dans les vins d'Avize un fruité et des arômes de pomme dominants, éprouvent les vins de Cramant comme crémeux, gras et avec un goût de caramel au lait et ceux du Mesnil comme pierreux, minéraux, très riches en nuances et d'une grande complexité.

Autrement dit, ces pages qui pourraient paraître ennuyeuses valent tout de même qu'on s'y arrête.

Ambonnay | 100 %

Ambonnay est l'un des plus grands villages Grand cru avec 383 hectares de vignobles. Il compte aujourd'hui de nombreux vignerons qui sont membres de la coopérative du village, ce qui ne les empêche pas de vendre leur propre champagne en petites quantités. Quelques-uns des meilleurs vignobles de ce village sont la propriété de R. Coutier, H. Billiot, Soutiran-Pelletier ainsi que des grandes maisons Moët, Clicquot, Mumm et Taittinger. C'est avant tout les cuvées qui font la grandeur d'Ambonnay. Leur goût doux, huileux mais un peu neutre est un peu un intermédiaire entre, par exemple, le Pinot d'Ay, très aromatique, et le chardonnay d'Avize, très élégant et acide. En lui-même Ambonnay atteint rarement le niveau des blancs de noirs purs d'Ay et de Verzenay. À l'instar de Sillery et Bouzy, les vins d'Ambonnay gagnent beaucoup au contact des fûts de chêne. Malheureusement il n'y a aujourd'hui qu'un vigneron qui utilise le chêne. Celui qui douterait du fait que le fût de chêne peut procurer une plus grande complexité aux vins Pinot devrait déguster le vin d'Ambonnay de Krug. Géographiquement et géologiquement, Ambonnay est le prolongement vers l'est des vignobles de Bouzy. Les meilleurs coteaux sont exposés au sud-est et sont situés au nord-ouest de ce pittoresque village aux rues étroites. À l'identique des vignobles de Bouzy, la qualité varie considérablement. Les

Peu de champagnes ont leurs vignes situées au coin de la maison comme c'est le cas pour Jacquesson à Dizy.

meilleurs raisins se récoltent à une altitude de 150 à 180 mètres. Malheureusement pour nous, amateurs de champagne, on utilise une quantité trop importante de ces raisins à l'élaboration de vins rouges tranquilles, sous le nom d'Ambonnay rouge.
Superficie cultivée : 80 % PN, 20 % CH.

Arconville | 80 %

Un village vinicole de 50 hectares situé à 10 kilomètres au sud de Bar-sur-Aube.
Superficie cultivée : 90 % PN, 5 % PM, 5 % CH.

Avenay | 93 %

Comme pour de nombreux autres villages de la vallée de la Marne, on peut rapprocher le nom de ce village de sa situation par rapport à Avenay. La qualité est celle d'un très grand Premier cru. Plus particulièrement la ceinture des versants sud avec des vignes à une altitude de 140 à 180 mètres. La ressemblance avec le vin rond et velouté d'Avenay est frappante. C'est un village important pour Bollinger, Gosset, Mumm, Henriot, Philipponnat et Pommery.
Superficie cultivée : 73 % PN, 15 % PM, 12 % CH.

Avirey-Lingey | 80 %

Le village est situé au sud-ouest de la région de l'Aube au nord-ouest des Riceys.
Superficie cultivée : 90 % PN, 10 % CH.

Avize | 100 %

Les versants est d'Avize sont entièrement couverts de chardonnay. Les raisins qui proviennent des versants abrupts donnent des vins meilleurs et plus délicats, mais dans un assemblage de raisins, les vins un peu plus robustes provenant d'un sol relativement plat situé en bas du village peuvent remplir leur fonction. Pour l'essentiel, Avize produit généralement des vins un peu plus puissants que ceux un peu plus parfumés, provenant de Cramant ou du Mesnil. Le village ne regorge pas de façon aussi marquante de vignerons de classe comme dans ces villages. À part cet extraordinaire Anselme Selosse, les meilleurs vins du village sont l'œuvre des grandes maisons. Jacquesson D.T. est un pur produit d'Avize qui témoigne du style puissant du village sous une forme très concentrée. Les arômes de noix et de grillé ne sont pas ceux qu'on retrouve chez les voisins laissant la place à des arômes de chocolat, de cuir et de truffes, l'âge aidant. On retrouve souvent dans les célèbres champagnes de prestige des grandes maisons un pourcentage élevé de chardonnay d'Avize. La superficie cultivée est de 455 hectares

et donne environ un peu plus d'un million de bouteilles par an.
Superficie cultivée : 100 % CH

Ay | 100 %

Ay – prononcer [Ai] – était déjà très connu dans la région longtemps avant que les vins ne deviennent effervescents. Innombrables étaient les rois et les papes qui donnaient la préférence au vin d'Ay. Aujourd'hui la ville, riche de 14 000 habitants, abrite dix-neuf maisons de Champagne, plus ou moins connues, et une cinquantaine de vignerons producteurs. Les vignobles sont situés sur les pentes escarpées du Bois de Charlefontaine, village au bord de la Marne. Les meilleures parcelles sont situées juste au-dessus de la ville, à l'abri du vent, et bénéficient d'un ensoleillement maximum. Il y a là plusieurs emplacements qui font la base des vins de Bollinger, Deutz, Gosset, Krug, Fliniaux et Laurain. Anselme Selosse, l'expert en chardonnay, a accès aux parcelles voisines de la Côte des Enfants appartenant à Bollinger, à partir desquelles il élabore un blanc de noirs fermenté en fût de chêne. Le pinot noir d'Ay est une combinaison inimitable de pureté dans les arômes, de richesse dans le goût et d'une structure veloutée.
Superficie cultivée : 86 % PN, 4 % PM, 10 % CH.

Bagneux-la-Fosse | 80 %

Cinq vignerons et plusieurs maisons se partagent les 129 hectares du village.
Superficie cultivée : 99 % PN, 1 % CH.

Balnot-sur-Laignes | 80 %

On découvre ce village situé à 34 kilomètres au sud-est de Bar-sur-Aube (80 % sur l'échelle des crus), où la plupart des habitants sont plus ou moins impliqués dans la maison de champagne Gremillet.
Superficie cultivée : 90 % PN, 10 % CH.

Bar-sur-Aube | 80 %

Une ville de 7 000 habitants située à 200 kilomètres au sud-est de Paris et à 52 kilomètres à l'est de Troyes. La ville est construite sur la rive droite de l'Aube et peut être contemplée à partir des collines magnifiquement boisées. Cette cité médiévale recèle un trésor de curiosités telles que l'église Saint Maclou et toutes les charmantes petites habitations de pierre.
Superficie cultivée : 75 % PN, 17 % PM, 8 % CH.

Bar-sur-Seine | 80 %

Tous les vignerons du village sont absorbés par la coopérative Union Auboise (Devaux). Bar-sur-Seine est la seconde localité de l'Aube.
Superficie cultivée : 68 % PN, 3 % PM, 29 % CH.

Beaumont-sur-Vesle | 100 %

Les 28 hectares de surface cultivable du village sont en plaine et ne méritent pas le statut de Grand cru. Les vins de cet endroit sont légers. Le village est limitrophe des plus mauvaises parcelles des grandes surfaces cultivées de Verzenay et a, tout comme Sillery et Puisieulx, tiré avantage de sa renommée. Aujourd'hui, les terres sont surtout cultivées par des vignerons qui vendent leurs raisins aux grandes maisons. Le village n'a que trois producteurs, ce qui est très peu en l'occurrence.
Superficie cultivée : 95 % PN, 5 % CH.

Bergères-les-Vertus | 95 %

[95% CH, 90 % PN].
Ce village forme la pointe sud de la Côte des Blancs. De même qu'à Vertus, une partie du sol est trop riche et fertile, ce qui donne des vins un peu plus grossiers et plus fruités. Un pourcentage étonnamment élevé de pinot noir (5 %) y est cultivé, tout comme à Vertus. Il n'y a pas de producteur connu mais les raisins sont utilisés par plusieurs maisons respectables.
Superficie cultivée : 5 % PN, 95 % CH.

Bethon | 85 %

[85% PN, 87 % CH]
Un village très haut classé dans le district de Sézanne. Considéré par beaucoup comme le meilleur de la région. Presque entièrement dominé par la coopérative Le Brun de Neuville.
Superficie cultivée : 20 % PN, 80 % CH.

Bezannes | 90 %

[90, réévalué en 1985]. Un village plutôt méconnu situé à deux kilomètres au sud-ouest de Reims. 12 malheureux hectares qui donnent uniquement du chardonnay, vendu aux maisons de champagne.
Superficie cultivée : 100 % CH.

Billy-le Grand | 95 %

« Billy-le-Grand » sonne plus comme un héros de western que comme un nom de village de Champagne. Curieusement on cultive surtout du chardonnay dans ce village de la Montagne de Reims. Le vin qu'on y produit est considéré comme très proche de celui provenant du village voisin de Vaudemanges. Je n'ai, pour ma part, jamais dégusté de champagne venant de Billy-le-Grand.
Superficie cultivée : 25 % PN, 75 % CH.

Bisseuil | 95 %

Bisseuil est situé à l'est de Mareuil-sur-Ay et d'Avenay. Un village injustement oublié qui rappelle davantage Hautvillers et Cumières que Ay et Bouzy, pourtant plus proches géographiquement parlant. Des vins riches, peu complexes, fruités y sont produits qu'on apprend le mieux à connaître en dégustant les champagnes de la maison Chauvet et Tours-sur-Marne. Ils contiennent un pourcentage très élevé de pinot noir provenant des meilleures pentes de Bisseuil. Même Bollinger y possède des vignobles, tout comme Charbaut. Des analyses faites à partir des fûts ont montré que l'acidité des vins de Bisseuil est ressentie comme moins importante que pour les villages voisins. Le style de maturité précoce de Chauvet me rend sceptique au regard de sa capacité de vieillissement.
Superficie cultivée : 80 % PN, 20 % CH.

Bligny | 80 %

Un village de l'Aube qui est connu pour compter l'un des plus beaux châteaux de Champagne.
Superficie cultivée : 81 % PN, 5 % PM et 14 % CH.

Bouilly | 86 %

Deux vignerons produisent à eux seuls 60 000 bouteilles à partir de 50 hectares cultivés.
Superficie cultivée : 18 % PN, 72 % PM, 10 % CH.

Boursault | 84 %

La commune de Boursault est surtout connue pour son beau château de Boursault, véritable château de conte de fées à l'image du château d'Ussé, dans la vallée de la Loire. Le château a été jadis la propriété de la veuve Clicquot et héberge aujourd'hui la maison de champagne du même nom.
Superficie cultivée : 26 % PN, 67 % PM, 7 % CH.

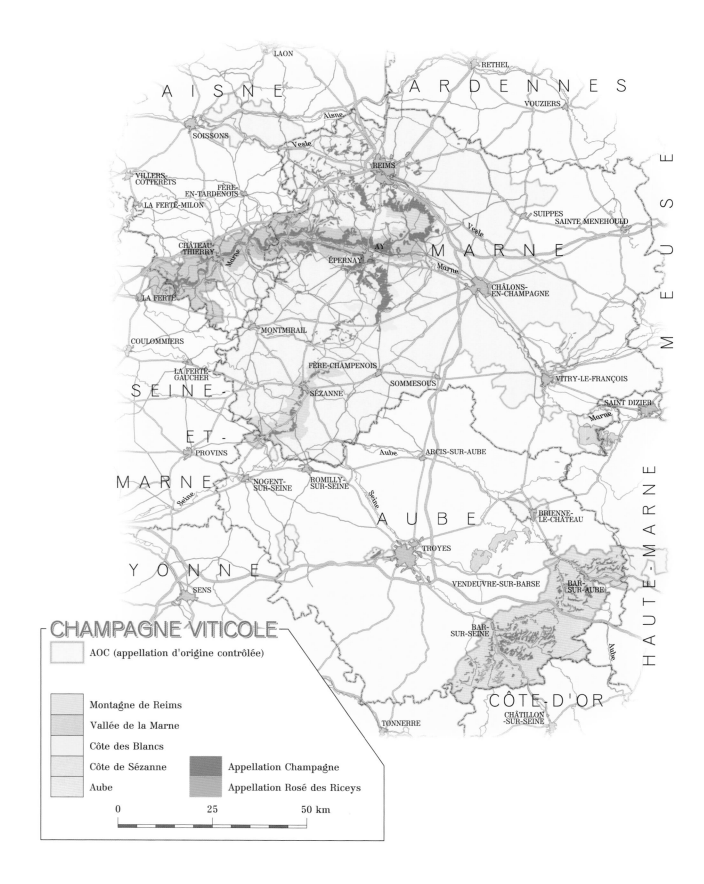

LAON

RETHEL

A I S N E

A R D E N N E S

VOUZIERS

Aisne

SOISSONS

Vesle

REIMS

VILLERS-
COTTERÊTS

FÈRE-
EN-TARDENOIS

SUIPPES
SAINTE MENEHOULD

LA FERTÉ-MILON

Vesle

M A R N E

M E U S E

CHÂTEAU-
THIERRY

AY

ÉPERNAY

Marne

Marne

CHÂLONS-
EN-CHAMPAGNE

LA FERTÉ

COULOMMIERS

MONTMIRAIL

VITRY-LE-FRANÇOIS

LA FERTÉ-
GAUCHER

FÈRE-CHAMPENOIS

SAINT DIZIER

S E I N E -

SÉZANNE

SOMMESOUS

Marne

PROVINS

E T -

M A R N E

NOGENT-
SUR-SEINE

ROMILLY-
SUR-SEINE

Aube

ARCIS-SUR-AUBE

Seine

Seine

H A U T E - M A R N E

Y O N N E

BRIENNE-
LE-CHÂTEAU

A U B E

TROYES

SENS

VENDEUVRE-SUR-BARSE

BAR-
SUR-AUBE

BAR-
SUR-SEINE

Aube

CÔTE-D'OR

TONNERRE

CHÂTILLON
-SUR-SEINE

CHAMPAGNE VITICOLE

☐ AOC (appellation d'origine contrôlée)

- Montagne de Reims
- Vallée de la Marne
- Côte des Blancs
- Côte de Sézanne   ■ Appellation Champagne
- Aube   ■ Appellation Rosé des Riceys

0   25   50 km

Bouzy | 100 %

Bouzy, avec ses 380 hectares, est l'un des villages les plus connus de Champagne. Sa réputation est en partie due à son vin rouge tranquille, qui peut aussi bien s'apparenter à un beaujolais plutôt fade qu'à un magnifique bourgogne, produit par des vignerons tels que Paul Bara, Clouet et Georges Vesselle. Cette différence de qualité évidente dans ce village vaut plus encore pour les raisins utilisés pour les vins effervescents. Il faut en trouver l'explication dans les conditions géologiques ainsi que dans la déclivité du terrain. Le domaine cultivable est divisé en trois bandes. Celle la plus au nord et la plus haute située produit des raisins Grand cru de grande classe qui donnent des vins très profonds et au fruité juteux. La partie centrale donne des vins avec les mêmes arômes de pêche, mais dépourvus de la concentration que procurent les vignobles les plus haut situés. Les vignobles de la partie plane autour du village donnent des vins un peu fades, parfumés avec une structure manquant de vigueur et relâchée. Même si Bouzy est un village surestimé, il n'en est pas moins de grande classe. Presque la totalité des plus grandes maisons de champagne possèdent ou achètent des raisins des versants sud du village pour leurs cuvées de prestige.
Superficie cultivée : 88 % PN, 1 % PM, 11 % CH.

Breuil, Le | 83 %

Le Breuil abrite à l'intérieur de ses limites l'une des plus grandes firmes de l'ouest de la vallée de la Marne, Jean Moutardier. Comme dans la plupart des villages de l'Aisne, on y cultive le très résistant raisin Meunier. Le Breuil est situé sur un affluent de la Marne appelé Surmelin.
Superficie cultivée : 10 % PN, 87 % PM, 3 % CH.

Brouillet | 85 %

La superficie totale de la commune est de 430 hectares mais 70 hectares seulement sont cultivés. Le village est situé à 22 kilomètres de Reims et abrite quatre producteurs.
Superficie cultivée : 20 % PN, 60 % PM, 20 % CH.

Buxeuil | 80 %

Buxeuil avec sa belle église de pierre est situé en plein cœur de l'Aube. Il y a au village neuf vignerons producteurs et une maison de champagne.
Superficie cultivée : 90 % PN, 1 % PM, 9 % CH.

Celles-sur-Ource | 85 %

Un village important de l'Aube avec 50 producteurs ! Vous le trouverez à 29 kilomètres au sud-est de Bar-sur-Aube.
Superficie cultivée : 85 % PN, 10 % PM, 5 % CH.

Cerseuil | SANS

Le village n'est pas classé et ne possède aucun vignoble, mais abrite cependant deux maisons de champagne avec S. A. Dehours, propriété du groupe Frey.

Châlons-en-Champagne | 98 %

Châlons-en-Champagne était autrefois une ville importante de Champagne. Aujourd'hui, il n'y a que deux maisons de champagne dans la ville et le vignoble le plus proche se trouve en fait assez loin. L'histoire de Châlons est particulièrement riche et la ville compte encore de nombreux vestiges de l'époque romaine. Au Moyen Âge, Châlons était le chef-lieu de la Champagne. Aujourd'hui, on s'occupe de tout autre chose que de la boisson effervescente, principalement d'une industrie agro-alimentaire très développée. Le prix du champagne peut y être légèrement inférieur à celui pratiqué dans les villes d'Épernay et de Reims, plus fréquentées par les touristes. Les restaurants sont à coup sûr meilleur marché et de haut standing. Une visite à « l'Hôtel d'Angleterre » est un must !

Chamery | 90 %

Situé à l'ouest du cœur de la Montagne de Reims. De ce côté de la nationale 51, on ne produit aucun grand vin. La lumière du soleil ne suffit pas pour produire des raisins riches en extrait comme c'est le cas sur le côté est de la nationale.

Lors du reclassement de 1985, Chamery est passé de 88 % à 90 %. Un témoignage probant de la diversité de la Champagne est qu'on trouve 52 producteurs différents dans ce village relativement inconnu.
Superficie cultivée : 27 % PN, 55 % PM, 18 % CH.

Champillon | 93 %

Le village est surtout connu pour son grand restaurant « Royal Champagne ». Il est situé au sommet d'une colline où s'étendent à ses pieds des vignobles de toute beauté. Lors de mes voyages dans la région, j'ai, à plusieurs reprises, repris haleine avec mes compagnons de voyage, en m'octroyant une bouteille de champagne au milieu des vignes. La vue panoramique sur

La Champagne viticole et l'AOC Champagne.

Épernay et cet océan de vignes me rend presque méditatif. À cet endroit plus qu'en aucun autre, on peut se sentir comme une partie du tout. Les vignes sont plantées à une altitude allant de 120 à 250 mètres. Les raisins qui y poussent sont exposés au sud, sud-est et sont le plus souvent parmi les plus rapides à mûrir de toute la Champagne. Leur qualité atteint le niveau d'un très grand Premier cru. Hélas on s'entête à cultiver en cet endroit par trop de Pinot-Meunier. Les meilleures parcelles sont la propriété de Louis Roederer (PN) et certaines sont celles de Mercier et Oudinot. De nombreuses firmes achètent leurs raisins aux 48 vignerons du village.
Superficie cultivée : 45 % PN, 47 % PM et 8 % CH.

Charly-sur-Marne | 80 %

Situé à 13 kilomètres au sud-est de Château-Thierry dans l'ouest de la vallée de la Marne.
Superficie cultivée : 5 % PN, 85 % PM, 10 % CH.

Château-Thierry | 80 %

Château-Thierry est le chef-lieu de l'ouest de la vallée de la Marne, à mi-chemin de Paris et de Reims et les 16 000 habitants sont isolés de la région principale de Champagne. La ville garde encore la trace de l'époque romaine et a durement été éprouvée lors des deux guerres mondiales.
Superficie cultivée : 14 % PN, 78 % PM, 8 % CH.

Châtillon-sur-Marne | 83 %

Situé à 18 kilomètres au nord-ouest d'Épernay où exercent 13 vignerons se partageant une superficie cultivable de 250 hectares.
Superficie cultivée : 20 % PN, 60 % PM, 20 % CH.

Chaumuzy | 83 %

Ce village est situé à 18 kilomètres au nord d'Épernay et comprend 77 hectares. En plus de la coopérative locale, il y a là quinze vignerons qui cultivent uniquement le pinot meunier.
Superficie cultivée : 1 % PN, 98 % PM, 1 % CH.

Chavot | 88 %

Situé au sud même de Pierry. À Vinay, au restaurant de première classe, « La Briqueterie » à l'extérieur d'Épernay, on peut contempler la très belle église de pierre de Chavot qui se dresse étonnamment au milieu des vignobles. L'église est connue tout alentour mais beaucoup moins les champagnes du village.
Superficie cultivée : 5 % PN, 65 % PM, 30 % CH.

Chenay | 84 %

Il n'y a, au nord de Reims, aucun bon vignoble. Comme on cherche sans cesse à fabriquer davantage de champagne, la zone de culture est de ce fait en expansion continue. Il y a 100 ans, les villages situés au nord de Reims produisaient un volume négligeable. Aujourd'hui, la quantité est pour le moins importante. La notoriété de Chesnay est due au fait que le comte Audoin de Dampierre, homme charismatique, y a son domaine et sa maison de champagne.

Chigny-les-Roses | 94 %

Une magnifique roseraie a donné, au début du siècle, son nom actuel au village qui, auparavant, s'appelait uniquement Chigny. C'est l'un des meilleurs Premier cru, possédant, qui plus est, de nombreux vignerons de talent. Sa situation sur le versant nord de la Montagne de Reims devrait signifier des conditions parfaites uniquement pour les raisins Pinot. Mais selon moi, Chigny-les-Roses est le seul village où Pinot et chardonnay ont la même qualité élevée. Ni les raisins blancs ni les raisins noirs n'atteignent le niveau Grand cru, mais plutôt un haut niveau de Premier cru. Cela donne aux vignerons la possibilité d'élaborer de bonnes cuvées bien qu'il s'agisse de champagnes monocrus. Les vins ne sont jamais aussi puissants et riches que ceux du village voisin de Mailly. Pour ce qui est de l'équilibre et du charme, Chigny est rarement surpassé.
Superficie cultivée : 20 % PN, 65 PM, 15 % CH.

Chouilly | 100 %

[100 % CH, 95 % PN]
Notez que Chouilly est l'un des villages qui possèdent différents statuts de cru pour le pinot noir et le chardonnay. À vrai dire, cela n'a pas grande importance puisque le pourcentage de raisins Pinot n'est que de deux pour cent. Les meilleurs emplacements du village sont tous à la limite de Cramant et de nombreux vignerons sont propriétaires de terrains dans les deux villages. Une bande étroite sur le versant sud de la Butte de Saran est de très haute qualité et donne des raisins ressemblant à ceux de Cramant. Mais, à Chouilly, la qualité est très variable. Une grande partie des 498 hectares du village est située en plaine et donne des raisins chardonnay assez ordinaires. À mon avis, Chouilly est un cran en dessous d'Avize, de Cramant, d'Oger et du Mesnil. Beaucoup de vins de Chouilly ont une note très nette d'amandes. Il est exceptionnel que les champagnes du village soient de caractère aux notes grillées et de noix. Ils sont généralement plus grossiers et ont plus de corps que leurs voisins plus renommés. Le village abrite 68 vignerons producteurs et plusieurs maisons de champagne sont fières d'avoir du

terrain à Chouilly. Pol Roger, Moët et Roederer utilisent tous un gros pourcentage de raisins de Chouilly.
Superficie cultivée : 2 % PN, 98 % CH.

Coligny | 90 %

[90 % CH, 87 % PN]
Ce village peu connu se trouve au sud-ouest de la Côte des Blancs. Les vignobles sont, pour la plupart, situés dans la plaine et n'auraient pas dû être élevés au rang de Premier cru en 1985.
Superficie cultivée : 10 % PN, 90 % CH.

Columbé-le-Sec | 80 %

Situé à 8 kilomètres au nord-est de Bar-sur-Aube avec une surface cultivée de 120 hectares.
Superficie cultivée : 80 % PN, 10 % PM, 10 % CH.

Courteron | 80 %

[93 % PN, 1 % PM, 6 % CH]
Ce village de l'Aube abrite 24 vignerons se partageant 67 hectares.

Cramant | 100 %

Cramant est peut-être le plus beau des villages de la Côte des Blancs. Le paysage est vallonné avec une vue merveilleuse sur le château de Saran, prestigieuse propriété de Moët. Le village lui-même est entouré d'une mer de pieds de vigne chardonnay. L'exposition est sud-est. Les emplacements qui sont immédiatement au sud du village en direction d'Avize, de même que ceux qui se trouvent sur les pentes en contrebas du château de Saran, à Chouilly, donnent quelques-uns des plus beaux raisins de Champagne. Les vins ont un bouquet qui n'est surpassé que par le Mesnil et un merveilleux goût de caramel au lait. Parmi les mérites de ce village, il faut signaler la qualité égale de ses vins. Il n'est pas rare de rencontrer de mauvais champagnes au Mesnil, mais jusqu'à présent, il ne m'est jamais arrivé de boire un vin médiocre de Cramant. Le vin y est de maturité plus précoce que dans les villages voisins, mais conserve sa haute qualité aussi longtemps. Outre Diebolt, Bonnaire, Lilbert et Sugot-Feneuil et quelques autres, les grandes maisons de champagne possèdent aussi quelques-uns des emplacements les plus estimés de Cramant. Les vignobles de Perrier-Jouët sont réputés, mais Moët, Taittinger, Clicquot, Laurent-Perrier, Pol-Roger, Oudinot, Mercier, Pommery et Mumm possèdent eux aussi d'importantes parties de terres cultivables.
Superficie cultivée : 100 % CH

Cuchery | 84 %

[13 % PN, 83 % PM, 4 % CH]
Ce village de la vallée de la Marne est fortement dominé par le Meunier et n'abrite pas moins de 91 vignerons qui se partagent l'importante surface de 137 hectares.

Cuis | 95 %

Cet excellent village Premier cru est situé au nord-ouest de Cramant. Les vins de réserve de Bollinger prouvent que les meilleurs emplacements peuvent donner des vins d'une grande élégance. Les meilleurs ceps de vigne sont plantés à une altitude de 160 à 200 mètres. On peut dire généralement que les vins de Cuis sont un peu plus puissants que ceux de Cramant, mais avec un bouquet moins raffiné. Bollinger est propriétaire des meilleurs emplacements, de même que Pol Roger et Moët. Parmi les producteurs de moindre taille, on trouve Larmandier et Gimonnet.
Superficie cultivée : 1 % PN, 9 % PM, 90 % CH.

Cumières | 93 %

Le village est très réputé pour son coteau champenois rouge qui, à mon avis, surpasse fréquemment le Bouzy rouge. Cumières aurait très bien pu devenir un Grand cru si le pourcentage de pinot meunier eût été moindre. Ses versants orientés au sud donnent les raisins qui mûrissent le plus vite de toute la Champagne. Pascal Leclerc de chez Leclerc-Briant à Épernay est l'un des fabricants de vin qui ont compris la grandeur de Cumières. Il élabore aujourd'hui trois vins de Clos fantastiques possédant la magnifique personnalité de ce village. Les meilleurs raisins poussent à une altitude qui est, en général, entre 50 et 150 mètres, et donnent des vins fruités et bien structurés qui surpassent de nombreux champagnes Grand cru. Les maisons qui y possèdent des vignobles sont, outre Leclerc-Briant, Joseph Perrier, Moët et Roederer.
Superficie cultivée : 47 % PN, 39 % PM, 14 % CH.

Damery | 89 %

Damery devrait absolument être classé comme Premier cru. Le village a souffert, tout comme son voisin Cumières, du fait qu'une partie si importante de la superficie cultivée soit occupée par le pinot meunier. Quelques-uns des 352 hectares sont situés sur des versants abrupts qui donnent des raisins Pinot mûris au soleil et très virils. Damery est en fait un village de Champagne important abritant 92 vignerons et 11 maisons de champagne.
Superficie cultivée : 19 % PN, 72 % PM et 9 % CH.

Dizy | 95 %

Ce village au nom enivrant est situé au cœur de la vallée de la Marne. Il est limitrophe d'Ay, roi du Pinot, et a beaucoup de ressemblance dans le caractère avec ce dernier. Les pieds de vigne poussent à une altitude de 100 à 200 mètres et sont exposés au sud-ouest. Les emplacements à proximité d'Ay sont ceux qui donnent les meilleurs raisins. L'un de mes favoris parmi les villages Premier cru.
Superficie cultivée : 29 % PN, 41 % PM, 30 % CH.

Écueil | 90 %

Ce village de Pinot est situé à 7 kilomètres au sud-ouest de Reims. Intéressant par son passé historique.
Superficie cultivée : 85 % PN, 5 % PM, 10 % CH.

Épernay | 88 %

Il n'y a pratiquement personne à Épernay qui n'ait pas un lien quelconque avec l'industrie du champagne. La ville possède 25 maisons de champagne dont Moët, Pol Roger, Perrier-Jouët et Mercier sont les plus connues. La plupart sont situées dans cette imposante avenue de Champagne où on trouve d'abord Moët & Chandon à proximité de l'obélisque de la ville. Le fait est qu'Épernay peut s'enorgueillir de vignobles immédiatement à l'extérieur de la ville qui ont obtenu 88 % sur l'échelle des crus. Ces 222 hectares sont possédés par les maisons de champagne et 26 vignerons producteurs.

Etoges | 85 %

Situé à 25 kilomètres au sud d'Épernay avec 86 hectares de vignobles.
Superficie cultivée : 7 % PN, 72 % PM, 21 % CH.

Etréchy | 90 %

Situé à 30 kilomètres au sud d'Épernay en dehors de la Côte des Blancs. C'est le plus petit de tous les villages Premier cru. On ne produit aucun champagne avec des raisins provenant uniquement d'Etréchy.
Superficie cultivée : 100 % CH.

Festigny | 84 %

J'ignore vraiment pourquoi presque tous les journalistes œnologues oublient ce village. Mais son style rappelle absolument son voisin, Leuvrigny.
Superficie cultivée : 4 % PN, 95 % PM, 1 % CH.

Fontette | 80 %

C'est au milieu de l'Aube que se situe Fontette qui n'a que deux producteurs. Un petit vigneron et une maison, Cristian Senez.
Superficie cultivée : 80 % PN, 20 % CH.

Grauves | 95 %

[95% de CH, 90 % de PN /PM.]
Très bon village situé à l'ouest d'Avize. Les meilleurs coteaux sont à une altitude de 220 mètres, avec une exposition est. Le village a la réputation de donner les vins de chardonnay les plus lourds et les plus corsés de toute la Côte des Blancs. Le plus important propriétaire terrien est Bollinger qui récolte les raisins chardonnay se prêtant le mieux au style viril de ses vins. Les autres maisons possédant des terres à Grauves sont Moët et Pol Roger.
Superficie cultivée : 1 % PN, 15 % PM, 84 % CH.

Gueux | 85 %

[8% PN, 89 % PM, 3 % CH]
Gueux, avec son circuit automobile et son beau terrain de golf, n'aligne que 18 hectares de vignobles que se partagent 9 vignerons à Petite Montagne.

Gyé-sur-Seine | 84 %

Village voisin de Buxeuil dans le sud de l'Aube. La superficie cultivée est de 202 hectares avec une prépondérance de Pinot. Les quatre maisons de champagne répondent pour les deux tiers des 350 000 bouteilles que le village produit chaque année. Le reste est assuré par 16 vignerons-producteurs.
Superficie cultivée : 94 % PN, 2 % PM, 4 % CH.

Hautvillers | 93 %

Au nord-est de Cumières se trouve en quelque sorte le berceau du champagne, Hautvillers. Le joli monastère où Dom Pérignon exerçait est toujours là et transmet à tout le village une atmosphère historique particulière. Les vignobles s'étalent en pentes à partir du village dans différentes directions et la qualité en est variable. La renommée provient évidemment du vin de Dom Pérignon, mais en réalité ses vins étaient issus de nombreux villages. J'ai à plusieurs reprises dégusté les vins tranquilles de Hautvillers au tonneau, mais en revanche jamais un champagne provenant uniquement de Hautvillers. Les vins ne sont pas à la hauteur de ceux de Cumières et de Dizy.
Superficie cultivée : 34 % PN, 53 % PM, 13 % CH.

Janvry | 85 %

Janvry est situé au nord de Petite Montagne. Un village où huit vignerons et deux coopératives se partagent 35 hectares. Superficie cultivée : 20 % PN, 75 % PM, 5 % CH.

Jouy-les-Reims | 90 %

Des coteaux exposés au sud à côté de Villedommange qui obtint le statut de Premier cru en 1985.
Superficie cultivée : 23 % PN, 68 % PM, 9 % CH.

Landreville | 80 %

Un village de l'Aube dominé par la famille Dufour.
Superficie cultivée : 80 % PN, 20 % CH.

Leuvrigny | 84 %

Un village magique sur la rive ombrée de la Marne. Il s'est approprié cette magie en étant un élément important dans les majestueux champagnes Krug. Le clone très spécial qui y pousse donne indiscutablement un vin de pinot meunier avec un nez unique et une excellente capacité de vieillissement. Les arômes des raisins de ce village rappellent en fait beaucoup l'abricot et la violette. Du fait de l'exposition nord des vignobles les raisins y mûrissent plus lentement. De cette façon l'acidité est plus importante et le potentiel de vieillissement s'améliore. Il faut cependant faire remarquer que les raisins que Krug utilise sont très sévèrement sélectionnés et proviennent de très vieux pieds de vigne. Leur traitement spécial en fûts de chêne et le fait qu'on évite la fermentation malolactique contribuent aussi à cette qualité unique. Les vins tranquilles de ce village que j'ai pu déguster n'ont pas le même caractère exceptionnel.
Superficie cultivée : 8 % PN, 90 % PM, 2 % CH.

Louvois | 100 %

Les vignobles de Louvois sont, fait rare, situés dans une grande clairière. C'est une vision étonnante que de contempler des rangées de vigne alignées le long des pentes à l'orée du bois. Le village est très retiré et, bien qu'il soit classé Grand cru, ses vins ne sont pas particulièrement connus. La plupart de ceux avec lesquels je me suis entretenu pendant mon travail sur ce livre sont d'accord pour dire que ce village ne devrait pas être classé Grand cru. Ils ont probablement raison, mais la dégustation de vins tranquilles m'a beaucoup impressionné. Du point de vue géologique, Louvois et Bouzy sont issus du même plissement de l'écorce terrestre. Louvois est à la pointe le plus à

l'ouest du Bois des Dames. Aujourd'hui, 18 fabricants de vin cultivent le raisin sur les 41 hectares du village. Les maisons de champagne propriétaires de la plus grande partie des terres sont Bollinger, Clicquot, Roederer et Laurent-Perrier.
Superficie cultivée : 90 % PN, 10 % CH.

Ludes | 94 %

Ce village est situé sur des terres au relief assez plat entre Mailly et Chigny-les-Roses. Quand on prend la « Route du champagne », on découvre un énorme et affreux cube de béton égaré au milieu des vignobles. C'est la nouvelle installation de Canard-Duchêne dans ce village de la Montagne de Reims. Les plantations sont pour la plupart orientées au nord. Les vins ont en moyenne un niveau de Premier cru et procurent corps et caractère à de nombreuses cuvées.
Superficie cultivée : 30 % PN, 50 % PM, 20 % CH.

Mailly | 100 %

Mailly mérite bien d'être un village Grand cru. Je voudrais cependant souligner que les conditions au premier coup d'œil ne paraissent pas être les meilleures. De grandes étendues de vignobles sont en plaine, mais au lieu d'être entièrement dépendants des rayons du soleil, les plantes sont réchauffées par un courant d'air chaud qui précipite la maturité des raisins. Les plantations du village sont orientées dans toutes les directions à l'exception de l'ouest. Le mésoclimat et d'autres conditions font que les meilleurs emplacements se trouvent sur les pentes nord et sud dans la commune. Les meilleurs emplacements du village sont situés juste en dessous de la coopérative de Mailly et sont la propriété des coopérants. Certains prétendent que Mailly dispute à Verzenay la première place en Montagne de Reims. Mon avis est qu'il manque à Mailly ce petit quelque chose qui est nécessaire aux grands vins. Les vins de Mailly sont en tout cas très fiables, bien structurés et développent très tôt des arômes de chocolat typiques du pinot noir de grande classe. Le village a aussi une quantité considérable de pieds de chardonnay qui ont acquis le statut de Grand cru en 1972.
Superficie cultivée : 89 % PN, 4 % PM, 7 % CH.

Mancy | 88 %

C'est entre Chavot et Grauves que se trouve Mancy joliment situé sur les hauteurs avec vue sur la Côte des Blancs. On devrait y replanter les vignobles avec le plus possible de chardonnay. Avec un pourcentage plus élevé de raisins de vins blancs, le village aurait certainement été récompensé par un statut de Premier cru en 1985.
Superficie cultivée : 5 % PN, 55 % PM, 40 % CH.

Mardeuil | 84%

Je ne connais pas très bien les vins de Mardeuil, mais je suis familier de toutes les côtes après les joggings effectués dans cette nature à l'ouest d'Épernay. En 1985, le village est passé de 82 à 84 % dans le classement. C'est aujourd'hui la coopérative Beaumont des Crayères qui est prédominante dans ce village. Superficie cultivée : 30 % PN, 60 % PM, 10 % CH.

Mareuil-sur-Ay | 99%

Mareuil-sur-Ay est situé immédiatement à l'est d'Ay. Ce village pittoresque abrite 1 200 habitants qui presque tous travaillent avec le vin. Sa situation à proximité de la Marne est très belle. Le village est surtout connu pour l'emplacement exceptionnel du Clos des Goisses, entière propriété de Philipponnat. Mareuil devrait absolument faire partie des villages Grand cru. La plus grande partie des vignobles a presque la même qualité que ceux d'Ay. Ce qui peut distinguer les vins de Mareuil dans leur jeunesse de ceux d'Ay réside dans un bouquet fleuri proche de l'aubépine. Quand ils vieillissent, il est pratiquement impossible de les distinguer. Le Clos des Goisses a, de par ses pentes très escarpées près du fleuve, la température moyenne la plus élevée de tous les vignobles de Champagne. Il en résulte que le vin qu'on y produit a le plus fort potentiel au niveau de la teneur en alcool.
Superficie cultivée : 82 % PN, 9 % PM, 9 % CH.

Merfy | 84%

Situé à 7 kilomètres au nord-est de Reims sur les versants sud du massif de Saint-Thierry. Les collines de Merfy étaient déjà exploitées par les Romains, et la surface cultivée aujourd'hui fut délimitée par les moines du monastère local il y a 1 300 ans.
Superficie cultivée : 30 % PN, 45 % PM, 25 % CH.

Merrey-sur-Arce | 80%

Six vignerons produisent 150 000 bouteilles sur 116 hectares.
Superficie cultivée : 85 % PN, 10 % PM, 5 % CH.

Mesneaux, Les | 90%

Situé tout près de Reims sur un sol plat. Ne mérite pas son statut de Premier cru. Mercier possède la plupart des vignobles.
Superficie cultivée : 50 % PM, 50 % CH.

Mesnil-sur-Oger, Le | 100%

Pendant plus de 40 ans, il n'a manqué qu'un ridicule point pour que Le Mesnil obtienne le statut de Grand cru. Cela n'a changé qu'en 1985, bien que le village ait longtemps été considéré comme le premier de tous. Les raisins qui poussent dans une ceinture à une altitude de 160 à 220 mètres donnent les champagnes les plus élégants que le monde ait jamais connus. Le village produit un clone de chardonnay très spécial qui donne un bouquet très pénétrant même si sa présence dans une cuvée s'en trouve réduite. Les vins du Mesnil sont souvent timides et acidulés quand ils sont jeunes, pour ensuite exploser en une symphonie colorée de jouissances sensationnelles. Des arômes de noix et de café en combinaison avec un arôme moqueur de fruits exotiques forment l'ingrédient majeur des champagnes de ce village arrivés à maturité. Mais on rencontre également un champagne du Mesnil de qualité médiocre, ce qui montre à quel point le mésoclimat peut varier dans les limites du village. Les emplacements les plus réputés sont Chétillon, Musettes, Jutées, Cocugneux, Champ d'Alouettes et avant tout Clos du Mesnil, qui fut jadis la propriété de Julien Tarin. Cet unique emplacement clos en plein milieu du village fut acheté en 1971 par Krug qui entama immédiatement de nouvelles plantations. Il fallut cependant attendre 1979 pour que les frères Krug estiment que le vin atteignait une qualité suffisante pour être commercialisé. D'un point de vue historique, c'est plutôt Salon, qui est également un champagne monocru, qui a conféré au village sa renommée mondiale. La superficie cultivée est aujourd'hui de 432 hectares, répartis entre une quarantaine de vignerons ainsi que quelques maisons qui sont parvenues à acheter à temps des terres très coûteuses. Krug, Clicquot, Salon et Moët sont parmi les quelques heureux élus.
Superficie cultivée : 100 % CH.

Montbré | 94%

Les vignobles sont implantés en plaine ce qui ne permet pas une culture de haut niveau. Le village n'abrite aucun producteur.
Superficie cultivée : 30 % PN, 40 % PM, 30 % CH.

Montgeaux | 80%

[12% PN, 1 % PM, 87 % CH]
Le chardonnay de ce village de l'Aube a longtemps été louangé par les fabricants de vin de Charles Heidsieck et Veuve Clicquot. Il y a là un style particulièrement fruité sans la lourdeur qui caractérise la plupart des champagnes de l'Aube. Alexander L est l'étoile montante parmi les 74 vignerons que le village héberge. La superficie totale cultivée est de 189 hectares.

Montgenost | 85 %

[85% PN/PM, 87 % CH]

Avec Bethon, c'est le principal village de Sézanne. Les raisins chardonnay y ont une richesse minérale proche du chablis qui les rend absolument dignes d'intérêt.
Superficie cultivée : 6 % PN, 3 % PM, 91 % CH.

Moslins | 83 %

Le village est situé à 8 kilomètres d'Épernay et ne compte qu'un seul vigneron. 15 hectares seulement avec un pourcentage égal des trois cépages.

Moussy | 89 %

Situé à 7 kilomètres au sud d'Épernay et avec une superficie cultivée de 133 hectares, ce village est le siège du merveilleux José Michel.
Superficie cultivée : 4 % PN, 76 % PM, 20 % CH.

Mutigny | 93 %

Des coteaux fantastiques juste en contrebas du village. Malheureusement pour Mutigny ils appartiennent à Mareuil-sur-Ay. Les 75 hectares qui se trouvent dans les limites de Mutigny atteignent un niveau moyen de Premier cru. Le village met en évidence la supériorité du pinot noir sur les autres cépages de la rive nord de la Marne.
Superficie cultivée : 65 % PN, 30 % PM, 5 % CH.

Neuville-aux-Larris | 84 %

Situé au nord de la vallée de la Marne, à l'ouest de la forêt de Reims. Les plantations se trouvent au nord d'un affluent de la Marne appelé Belval. A obtenu lors du classement de 1945 81 % réévalué à 84 %. Un village qui a contribué à ce que le pinot meunier ait longtemps été le cépage le plus cultivé en Champagne.
Superficie cultivée : 5 % PN, 90 % PM, 5 % CH.

Neuville-sur-Seine | 80 %

Une des principales localités de l'Aube. La quasi-totalité des raisins récoltés dans ce paysage relativement plat le sont pour le compte de la coopérative Clérambault.
Superficie cultivée : 90 % PN, 5 % PM, 5% CH.

Œuilly | 84 %

Œuilly est situé à 10 kilomètres à l'ouest d'Épernay dans la vallée de la Marne. On y trouve 12 vignerons et une coopérative. Superficie cultivée : 40 % PN, 55 % PM, 5 % CH.

Oger | 100 %

Oger obtint légitimement son statut de Grand cru en 1985, obtenant le fatidique 1 pour cent manquant. Le village repose sur de la craie bélimnite.

Oiry | 100 %

Certes, le village lui-même est situé loin de l'artère principale de la Côte des Blancs, mais les plantations qui appartiennent au village poussent à proximité de Cramant et de Chouilly. Je me suis moi-même trouvé en compagnie d'un vigneron en cette « croisée des trois royaumes », qui se fâchait de ce que ses plus vieilles vignes et ses meilleurs raisins poussaient du côté d'Oiry, ce qui les rendait moins précieux. La qualité des raisins qui poussent sur les pentes inférieures de la Butte de Saran est donc très élevée. La plus grande partie des 89 hectares de vignobles d'Oiry est située en contrebas des pentes. La principale explication au fait que la qualité est inférieure à celle qu'on trouve à Avize et à Cramant, réside dans l'absence de craie bélimnite. Il y a là au contraire une large bande de craie micraster. Les meilleurs emplacements du village sont à 150 mètres d'altitude, et sont la propriété de Pol Roger et de Larmandier. Avant 1985, Oiry n'était qu'un Premier cru.
Superficie cultivée : 100 % CH.

Pargny-les-Reims | 90 %

Élevé de façon inattendue au statut de Premier cru en 1985, ce petit village avec son agréable restaurant « Le Pargny » est situé juste au nord de Jouy-les-Reims. On trouve au village le Clos des Chaulins de Médot.
Superficie cultivée : 14 % PN, 82 % PM, 4 % CH.

Pierry | 90 %

Le moine Dom Oudart, contemporain de Dom Pérignon, exerçait dans cette localité à l'extérieur d'Épernay. Aujourd'hui, ce village est peut-être surtout connu pour le château de la Marquetterie, propriété de Taittinger. La vue qu'on a des vignobles de Pierry est époustouflante. Derrière vous, vous avez une forêt riche en oiseaux et en gibier, à gauche vous découvrez Épernay et Champillon. À vos pieds, Pierry avec l'imposant château de Taittinger, et de l'autre côté de la route,

la merveilleuse église en pierre de Chavot. Loin à l'horizon, vous pouvez apercevoir le cœur de la Côte des Blancs, avec ces perles que sont Cramant et Avize. Les vignobles de Pierry reposent sur une terre crayeuse mêlée de silex. Plusieurs fabricants de vin des grandes maisons affirment que les vins de Pierry ont une note évidente de silex dans leur goût.
Superficie cultivée : 20 % PN, 65 % PM, 15 % CH.

Pouillon | 84 %

Un village relativement inconnu à 11 kilomètres au nord de Reims. La superficie de la commune est de 277 hectares dont 49 sont plantés de vigne. Ce village produit à l'année 143 000 bouteilles provenant de 21 vignerons et d'une coopérative.
Superficie cultivée : 10 % PN, 82 % PM, 8 % CH.

Prouilly | 85 %

La majorité des 130 hectares du village sont la propriété de différentes maisons de champagne. Prouilly n'abrite aucun vigneron-producteur et tous les vignerons sont membres de la coopérative locale.
Superficie cultivée : 20 % PN, 75 % PM, 5 % CH.

Puisieulx | 100 %

C'est un mystère que ce village à la consonance difficile puisse être membre du club des Grands crus. Puisieulx a profité de la réputation de Sillery, qui, à son tour, a obtenu sa renommée grâce aux raisins cultivés à Verzenay. Puisieulx est, avec ses 18 hectares, le plus petit village Grand cru. Il est situé à l'est de Reims dans la plaine au nord de la Montagne de Reims. La vigne y pousse sur une terre singulièrement caillouteuse et pauvre en craie. La plupart de la surface cultivée est la propriété de Moët et il n'y a aucun producteur parmi les 300 habitants du village. Puisieulx est peut-être le meilleur exemple de l'injustice du système des crus de Champagne.
Superficie cultivée : 60 % PN, 9 % PM, 31 % CH.

Reims | 88 %

Même si Reims possède tout de même 49 hectares de vignoble, ce n'est vraiment pas pour cette raison que la ville est devenue célèbre comme haut lieu du champagne. On y trouve quinze des maisons de champagne les plus connues, la plupart bénéficiant de caves de craie gallo-romaines où peuvent vieillir des millions de bouteilles. La ville a une histoire très riche et attire aujourd'hui les touristes en leur offrant de multiples activités. Partout se fait sentir la présence du vin effervescent. Il est toujours facile d'entrer dans un bar quelconque pour boire une coupe de champagne provenant d'une maison établie à Reims. Reims est en compétition avec Épernay pour le titre de capitale du champagne, mais avec des maisons comme Krug, Roederer, Taittinger, Clicquot, Heidsieck, Mumm, Lanson et Pommery, il n'y a d'autre choix pour moi que Reims, bien évidemment.
Superficie cultivée : 31 % PN, 38 % PM, 31 % CH.

Reuil | 86 %

Le village qui est situé à 12 kilomètres au nord d'Épernay abrite 61 producteurs qui cultivent 151 hectares.
Superficie cultivée : 25 % PN, 70 % PM, 5 % CH.

Riceys, Les | 80 %

Sans le moindre doute Les Riceys est le village le plus connu de l'Aube. La raison essentielle est que le village a la plus importante surface cultivée de toute la Champagne. Plusieurs fabricants de vin innovateurs s'y sont établis en raison du vin rosé et dans leur sillage une quantité de champagnes de qualité ont été élaborés. Le fait que le journaliste œnologue Tom Stevenson ait avec d'autres attiré l'attention sur plusieurs vignerons de ce village a contribué à élever leur statut. Bonnet, Horiot, Gallimard et Laurenti sont devenus l'objet d'un culte à Paris et à Londres. J'estime que l'agitation provoquée autour de ce village est particulièrement exagérée, mais je suis d'accord pour dire que c'est le village le plus important et le plus intéressant de l'Aube. Le vin rosé est de plus le meilleur au monde avec le Tavel de la vallée du Rhône. Les Riceys est la seule commune de Champagne à avoir droit à trois appellations différentes : champagne, rosé des Riceys et coteaux champenois. Ce que peu de gens savent c'est que Les Riceys comprend en fait trois petits villages avec le droit à l'appellation (Haut, Haut-Rive, et Bas).
Superficie cultivée : 96 % PN, 2 % PM, 2 % CH.

Rilly-la-Montagne | 94 %

Les meilleures vignes poussent à une altitude de 140 à 200 mètres. Les vins rappellent beaucoup ceux du village voisin de Chigny-les-Roses. Même à Rilly, les raisins chardonnay sont, de façon inattendue, de grande qualité. Le village fourmille de fabricants de vin intéressants à découvrir.
Superficie cultivée : 40 % PN, 30 % PM, 30 % CH.

Romery | 85 %

Romery qui est situé au nord-ouest de Hautvillers est passé de 83 à 85 % lors du reclassement de 1985. La première moitié de la surface cultivée est la propriété des maisons de champagne, l'autre moitié est celle des vignerons qui vendent la plus grande partie de leurs récoltes.
Superficie cultivée : 20 % PN, 60 % PM, 20 % CH.

Sacy | 90 %

Il n'y a pas un seul vignoble à Petite Montagne qui produise des raisins qui soient vraiment de grande qualité. Sacy a cependant la meilleure réputation avec son voisin Villedommange. La grande firme Mercier possède la plupart des vignobles comme aux Mesneaux.

Saint-Martin-d'Ablois | 86 %

Situé à la pointe ouest de cette bande de terre où sont situés Pierry et Vinay.
Superficie cultivée : 5 % PN, 85 % PM, 10 % CH.

Saulchery | 80 %

Un petit village de l'Aisne, situé à 10 kilomètres de Château-Thierry. 16 vignerons se partagent 110 hectares.
Superficie cultivée : 3 % PN, 95 % PM, 2 % CH.

Sept-Saulx |

Le village est situé en dehors de la région de culture du champagne mais possède l'un des restaurants les plus agréables de la région, le « Cheval blanc ».

Sermiers | 89 %

157 hectares partagés entre 14 vignerons et une coopérative.
Superficie cultivée : 20 % PN, 75 % PM, 5 % CH.

Serzy-et-Prin | 86 %

Il y a là 7 vignerons et une coopérative. La moitié des 736 hectares du village est cultivée par différentes maisons.
Superficie cultivée : 5 % PN, 93 % PM, 2 % CH.

Sillery | 100 %

Au début de ce livre il est fait allusion au marquis de Sillery, qui élaborait de célèbres vins dès le XVIᵉ siècle. Étant donné que tous les vins du marquis étaient vendus sous le nom de Sillery, le village a conservé une bonne réputation en fait imméritée, qui devrait plutôt revenir à Verzenay. Les vignobles de Sillery sont situés en plaine sur un sol sensible au gel, au nord de la Montagne de Reims et recouvrent aujourd'hui une superficie de 94 hectares. Les conditions de culture de la vigne sont loin d'être des meilleures. De nombreuses grandes firmes sont propriétaires des vignobles de ce village. Il faut être conscient du fait que plusieurs des plus grandes firmes de champagne de prestige utilisent de grandes quantités de vins provenant des plus mauvais villages Grand cru. Il est alors encore possible pour elles de faire valoir que le vin n'est élaboré qu'à partir de raisins Grand cru. En tenant compte de la quantité sans cesse grandissante de certains super-champagnes produits à l'heure actuelle, on est en droit de soupçonner que la part de vins Grand Cru de qualité médiocre s'est accrue ces dernières années.

Ruinart est fier que son Dom Ruinart Blanc de Blancs contienne une grande quantité de raisins chardonnay de Sillery. Le village est surtout connu pour son pinot noir. Habituellement les vins de Sillery manquent de concentration et sont sans caractère, mais une dégustation du vin de Sillery de Lanson vieilli en fûts de chêne chez Jacquesson, m'a fait comprendre qu'il existe un pinot noir de premier ordre à Sillery.
Superficie cultivée : 48 % PN, 8 % PM, 44 % CH.

Taissy | 94 %

À part un coteau orienté au sud du nom de Mont Ferré, la plus grande partie des vignobles du village est située en plaine. Un village surestimé où Moët & Chandon est le plus grand propriétaire terrien.
Superficie cultivée : 23 % PN, 45 % PM, 32 % CH.

Tauxières | 99 %

Un des deux villages auxquels il ne manque qu'un point pour obtenir le statut de Grand cru. À l'inverse de Mareuil-sur-Ay, Tauxières est surestimé. Ses vins n'ont qu'un niveau de Premier cru et sont surtout utilisés dans les cuvées. Bollinger a les plus vieilles vignes et les meilleures pentes du village. Moët et Mercier possèdent des terres à proximité de la route.
Superficie cultivée : 80 % PN, 5 % PM, 15 % CH.

Tours-sur-Marne | 100 %

[100% PN, 90 % CH]

Ce village a une place toute particulière dans mon cœur suite aux nombreux séjours que j'y ai effectués. Il n'est pas trop grand et rassemble tout ce qui fait l'âme de la Champagne : la Marne, les vignobles, les vignerons et deux maisons de champagne connues. L'atmosphère dans le village est détendue et décontractée. En revanche les raisins qu'on y produit ne sauraient être source de fierté. Les meilleurs coteaux exposés au sud donnent dans le meilleur des cas un vin qui rappelle celui qu'on produit à la lisière de Bouzy. Les arômes peuvent être parfumés et d'un fruité simple. La structure est souvent correcte mais pas autant qu'on pourrait l'exiger d'un Grand cru. Il est à noter que les raisins chardonnay de ce village n'ont pas le statut d'un Grand cru.
Superficie cultivée : 60 % PN, 40 % CH.

Trépail | 95 %

On trouve Trépail au nord-est, dans le prolongement de Bouzy et d'Ambonnay. Le village a beaucoup en commun avec ses voisins. Les meilleures parcelles avec une exposition au sud-est sont situées à une altitude de 160 à 200 mètres. Comme à Bouzy il faut être conscient de la provenance des raisins à l'intérieur du village. C'est un village qu'il faut mieux découvrir.
Superficie cultivée : 13 % PN, 87 % CH.

Trigny | 84 %

38 vignerons ne produisent pas moins de 600 000 bouteilles à partir de 168 hectares cultivés.
Superficie cultivée : 25 % PN, 69 % PM, 6 % CH.

Trois-Puits | 94 %

C'est aujourd'hui presque la banlieue de Reims. Les cultures sont situées en plaine tout à côté des constructions. La qualité est considérée comme médiocre.
Superficie cultivée : 45 % PN, 45 % PM, 10 % CH.

Urville | 80 %

On trouve Urville, qui héberge la célèbre firme Drappier, à 10 kilomètres de Bar-sur-Aube.
Superficie cultivée : 70 % PN, 20 % PM, 10 % CH.

Vandières | 86 %

Vandières est situé à 20 kilomètres au nord-ouest d'Épernay. Je n'ai jamais dégusté les vins de cet endroit, et je n'ai pas davantage lu ou entendu quoi que ce soit d'une personne qui l'aurait fait, bien qu'il y ait 50 producteurs dans le village!
Superficie cultivée : 8 % PN, 85 % PM, 7 % CH.

Vaudemange | 95 %

En principe c'est ici que la célèbre firme rémoise Georges Goulet a son siège. Vaudemange forme avec Billy-le-Grand la pointe est de la Montagne de Reims. On a ici encore un village qui s'acharne à cultiver d'autres raisins que ceux pour lesquels il est le plus approprié. Vaudemange devrait être un village à prédominance Pinot! Mumm possède aujourd'hui la plupart des ceps de vigne de Pinot.
Superficie cultivée : 20 % PN, 80 % CH.

Venteuil | 89 %

Le village est passé de 85 à 89 % sur l'échelle des crus de 1985. Quelques coteaux orientés au sud méritent le statut Premier cru, mais le niveau, pour la majeure partie du village, est moyen. Venteuil est limitrophe de Damery sur la rive nord de la Marne.
Superficie cultivée : 35 % PN, 55 % PM, 10 % CH.

Vert-Toulon | 85 %

Situé au sud-ouest de la Côte des Blancs et à 20 kilomètres au nord de Sézanne. Presque la totalité des 30 vignerons du village vinifient leurs raisins à la coopérative de la Grappe d'Or.
Superficie cultivée : 10 % PN, 14 % PM, 76 % CH.

Vertus | 95 %

Vertus est, de par sa superficie, le plus grand de tous les villages Premier cru. C'est aussi celui situé le plus au sud de tous les villages de grande qualité. D'un point de vue historique il est curieusement plus connu pour ses raisins Pinot que pour son chardonnay. Les nombreuses dégustations au tonneau de pinot noir de Verus ne m'ont pas impressionné, malgré le fait que les ceps de vigne sont originaires de ceps de Beaune antérieurs au phylloxéra. À mon avis les raisins chardonnay sont beaucoup plus intéressants. Ils n'atteignent certes pas la classe des villages Grand cru mais avec leur style riche et fruité ils appartiennent à l'élite de la deuxième division. De nombreuses maisons de champagne réputées achètent des raisins de ce village, et un nombre relativement important d'entre elles y ont

leurs propres vignobles. Duval-Leroy et Louis Roederer sont, avec leurs 22 hectares chacun, les plus grands propriétaires terriens. Moët, Henriot et Larmandier disposent également de surfaces importantes. Peu de vignerons élaborent un champagne entièrement originaire de Vertus. La plupart sont des cuvées de différents villages chardonnay des environs.
Superficie cultivée : 12 % PN, 82 % CH.

Verzenay | 100 %

Comme je l'ai déjà signalé, Puisieulx, Sillery et Beaumont-sur-Vesle ont obtenu leur statut de Grand cru grâce à la proximité de Verzenay. Des 420 hectares du village on extrait les raisins les plus noirs de toute la Champagne. C'est un mystère du monde vinicole qu'on puisse produire, à partir des coteaux nord d'un des villages viticoles le plus au nord dans le monde entier, des vins de Pinot aussi riches, poivrés et virils. La plupart des emplacements nord du village sont en fait au nord-est et sont exposés aux rayons du soleil pendant une longue partie de la journée. Tout comme à Mailly, les vignobles sont réchauffés par un courant d'air chaud local. Quelques-uns des vignobles les plus réputés sont la propriété de Bollinger, Mumm, Roederer et Heidsieck et Monopole et sont situés en contrebas de l'historique Moulin de Verzenay. Même les raisins chardonnay qui sont cultivés au village ont depuis 1972 le statut de Grand cru. Malheureusement de plus en plus de vignerons élaborent des champagnes de mélanges au lieu de se concentrer sur ce qu'ils font de mieux, le pinot noir ! Jean-Paul Morel produit même un blanc de blancs du village. En tant que village Pinot, Verzenay est définitivement la véritable étoile de la Montagne de Reims. Certes les vins du village n'obtiennent jamais la douce richesse aromatique des champagnes d'Ay, mais ils possèdent encore un plus grand poids avec l'âge et sont très importants comme base des grandes cuvées comme par exemple Bollinger R.D. et Roederer Cristal. Le parfum des champagnes uniquement originaires de Verzenay est très fort et spécial. Des notes de fer et de poivre se mêlent à l'arôme du raisin. La persistance est dure et longue pendant de nombreuses années avant de s'adoucir jusqu'à la perfection. Les dégustations au tonneau de Bollinger et de Krug sont majestueuses.
Superficie cultivée : 90 % PN, 10 % CH.

Verzy | 100 %

La terre de Verzy est composée de craie bélemnite et de deux sortes de craie micraster. Les plantations de Verzy sont le prolongement des célèbres vignobles de Verzenay sur le versant nord de la Montagne de Reims. Les coteaux les mieux exposés sont à une altitude de 150 à 200 mètres. Curieusement Verzy a jadis été un village chardonnay. Le village est aujourd'hui renommé pour son vin de Pinot poivré et viril. Avec Verzenay, les raisins de pinot noir de ce lieu forment la base stable des plus belles cuvées de Champagne. On remarque souvent ici une amorce de pierre et de fumée de poudre dans l'arrière-goût, tout comme à Verzenay. 105 hectares donnent chaque année une production de 800 000 bouteilles. J'ai dégusté quelques vins tranquilles de Verzy merveilleusement structurés produits par Bollinger et Jacquesson. Mais le plus stupéfiant reste encore une dégustation au tonneau particulièrement fabuleuse d'un Krug qui explosait en bouche.
Superficie cultivée : 80 % PN, 20 % CH.

Villedommange | 90 %

Avec Sacy, on a là le meilleur village de Petite Montagne. Les pieds de vigne sont plantés à une altitude de 115 à 240 mètres au-dessus du niveau de la mer et sont éparpillés tout autour du village. Clicquot et Oudinot y sont de grands propriétaires terriens.
Superficie cultivée : 30 % PN, 65 % Pinot Mercier, 5 % CH.

Villeneuve-Renneville | 95 %

Situé à l'est de la région principale de la Côte des Blancs en plaine. Les vins y sont très purs et élégants mais justifient à peine leur classement élevé. Une bande étroite en prolongement des basses collines du Mesnil donne les meilleurs raisins chardonnay du village. Il n'y a aucun producteur au village.
Superficie cultivée : 100 % CH.

Villers-Allerand | 90 %

Malgré sa situation au nord, les vignobles du village sont quotidiennement exposés à la lumière un nombre suffisant d'heures pour que les raisins mûrissent. Une production annuelle de 50 000 bouteilles dont 38 % reviennent aux maisons de champagne. Les 31 000 bouteilles restantes sont vendues par deux familles : Prévot et Stroebel. Le champagne qu'ils vendent est un blanc de noirs, essentiellement élaboré à partir de pinot meunier.
Superficie cultivée : 27 % PN, 55 % PM, 18 % CH.

Villers-aux-Nœuds | 90 %

Encore un village en dehors de la région principale. Réévalué en 1985.

Villers-Marmery | 95 %

Situé entre Verzy et Trépail sur le versant est de la Montagne de Reims. Le clone spécial de raisins qui poussent ici est très controversé. Après m'être entretenu avec plusieurs fabricants de vins, j'ai compris que les vins de Villers-Marmery sont ou bien haïs ou bien révérés. Un détail intéressant en l'occurrence est que Deutz utilise de 5 à 10 % de chardonnay de Villers-Marmery dans son excellent Blanc de Blancs. Il est certain que les vins ont beaucoup de personnalité, un bon degré d'alcool potentiel et une bonne acidité.
Superficie cultivée : 5 % PN, 95 % CH.

Villers-sous-Châtillon | 86 %

En 1971, le classement du village a été réévalué de 83 à 85 %. En 1976, il est passé à 86 %, comme aujourd'hui. Même si la région de culture s'étend vers l'ouest à des dizaines de kilomètres, on est déjà en dehors du cœur de la région en ce qui concerne la qualité. Le sol est surtout composé d'argile, de grès et de composés calcaires tendres. Le village est situé sur une ceinture sensible au gel, ce qui fait que les vignerons préfèrent le pinot meunier aux cépages plus nobles. On arrive à produire chaque année presque un million de bouteilles à partir des 20 hectares du village. Un rendement sacrément élevé !
Superficie cultivée : 4 % PN, 95 % PM, 1 % CH.

Ville-sur-Arce | 80 %

À l'est de Bar-sur-Seine coule un affluent de la Seine appelé l'Arce. Le seul village de champagne de qualité reconnue à orner son cours est Ville-sur-Arce. La surface cultivée est de taille respectable. À partir des 192 hectares, on produit près de 500 000 bouteilles.
Superficie cultivée : 93 % PN, 3 % PM, 4 % CH.

Villevenard | 85 %

Une production annuelle d'un demi-million de bouteilles à partir de 120 hectares.
Superficie cultivée : 3 % PN, 70 % PM ; 27 % CH.

Vinay | 86 %

Géologiquement à peu près identique à Pierry, mais avec une plus grande surface cultivée et un rendement trop élevé. Le village est surtout connu pour son merveilleux restaurant « La Briqueterie » et son inimitable terrine de foie de canard.
Superficie cultivée : 11 % PN, 71 % PM, 18 % CH.

Vincelles | 86 %

Situé à mi-chemin de Château-Thierry et d'Épernay, le long de la vallée de la Marne. Sur un sol relativement plat on y cultive des raisins qui donnent des vins charmants destinés à être consommés jeunes.
Superficie cultivée : 30 % PN, 55 % PM, 15 % CH.

Voipreux | 95 %

Un village inconnu situé en dehors de la Côte des Blancs, mais quelques pentes sont limitrophes de Vertus et de Villeneuve-Renneville et donnent de très beaux raisins chardonnay. Mais pas aussi beaux que le classement pourrait le laisser entendre.
Superficie cultivée : 100 % CH.

Vrigny | 89 %

À 8 kilomètres de Reims. 24 vignerons pour 83 hectares.
Superficie cultivée : 20 % PN, 40 % PM, 40 % CH.

Les villages de Champagne, hors Grands crus et Premiers crus.

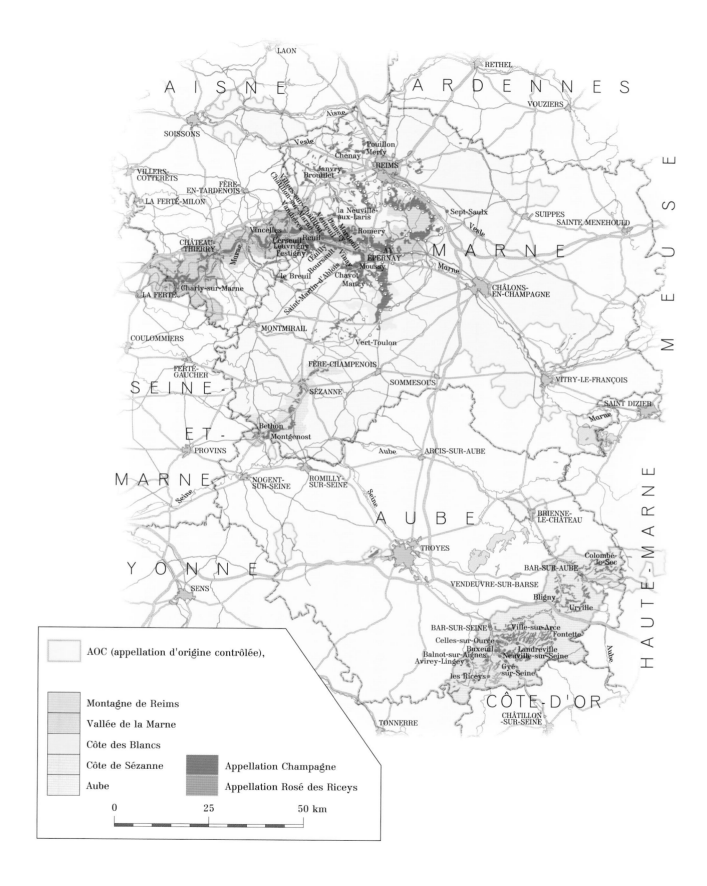

AISNE

ARDENNES

LAON

RETHEL

VOUZIERS

SOISSONS

Aisne

Vesle

Pouillon
Merfy
Chénay

REIMS

VILLERS-
COTTERÊTS

FÈRE-
EN-TARDENOIS

Janvry
Brouillet

LA FERTÉ-MILON

Sept-Saulx

SUIPPES

SAINTE MENEHOULD

la Neuville-
aux-Laris

Vesle

Vincelles

Villers-sur-Châtillon
Châtillon-sur-Marne
Vandières
Verneuil
Damery
Marveuil
Romery

MARNE

CHÂTEAU-
THIERRY

Cerseuil
Leuvrigny
Festigny

Reuil
Œuilly
Boursault
le Breuil
Saint-Martin-d'Ablois

Vinay

ÉPERNAY
AY
Moussy
Chavot
Mancy

Marne

CHÂLONS-
EN-CHAMPAGNE

Marne

Charly-sur-Marne

LA FERTÉ-

MONTMIRAIL

Vert-Toulon

COULOMMIERS

FÈRE-CHAMPENOIS

SOMMESOUS

VITRY-LE-FRANÇOIS

FERTÉ-
GAUCHER

SÉZANNE

SAINT DIZIER

Marne

SEINE-

Bethon
Montgenost

ET-

PROVINS

Aube

ARCIS-SUR-AUBE

MARNE

NOGENT-
SUR-SEINE

ROMILLY-
SUR-SEINE

Seine

Seine

BRIENNE-
LE-CHÂTEAU

YONNE

AUBE

Colombé-
le-Sec

SENS

TROYES

BAR-SUR-AUBE

VENDEUVRE-SUR-BARSE

Bligny

Urville

BAR-SUR-SEINE

Ville-sur-Arce
Fontette

Celles-sur-Ource
Buxeuil
Balnot-sur-Aignes
Avirey-Lingey

Landreville
Neuville-sur-Seine

Gyé-
sur-Seine

les Riceys

Aube

HAUTE-MARNE

MEUSE

CÔTE-D'OR

TONNERRE

CHÂTILLON
-SUR-SEINE

Légende

	AOC (appellation d'origine contrôlée),
	Montagne de Reims
	Vallée de la Marne
	Côte des Blancs
	Côte de Sézanne
	Aube
	Appellation Champagne
	Appellation Rosé des Riceys

0   25   50 km

4000
champagnes

4

Notation
des champagnes

Dans cette partie du livre, j'ai essayé de répertorier très soigneusement les villages viticoles les plus importants de Champagne, les producteurs et leurs vins. Les producteurs comme les villages sont classés par ordre alphabétique pour que le lecteur puisse trouver le plus rapidement possible le vin qu'il recherche. Pour chaque producteur, les vins sont placés selon un ordre qui va du champagne standard jusqu'au champagne de prestige. Les millésimes vont du vin le plus jeune au vin le plus vieux.

La qualité particulière de chaque producteur est plutôt difficile à évaluer puisque certains producteurs ont un assortiment disparate et inégal, alors que d'autres, qui produisent un champagne standard fantastique, n'ont jamais la possibilité de sortir des millésimes.

En outre, il y a une perspective historique qui joue un rôle. Certaines des maisons de champagne parmi les plus réputées font un champagne médiocre de nos jours, alors que certains producteurs géniaux sont de nouvelles étoiles au firmament des champagnes.

En dépit des embûches que l'on rencontre dans ce type de classement, j'ose, après bientôt vingt ans de dégustation, décerner des étoiles à chaque producteur en tenant compte du poids et de l'importance de la perspective historique.

J'utilise une échelle allant d'une à cinq étoiles pour les producteurs les plus célèbres de cette région.

Pour éviter de me faire trop d'ennemis, je n'ai pas attribué une seule ni même deux étoiles et n'ai utilisé que les trois meilleures notes.

Mon jugement, qui est subjectif, se base sur de très sérieuses dégustations effectuées entre 1987 et 2004 et il représente l'évaluation la plus exhaustive qui ait jamais été faite sur le champagne.

Les millésimes et les rares champagnes non millésimés mais datés auront deux notes : une pour la qualité du vin lors de la dernière dégustation en date, et une pour la qualité du vin quand il a atteint sa performance maximale.

Les champagnes non millésimés n'auront qu'une note sur la qualité du vin quand il est livré à la vente. Certains vins non millésimés, cependant, se bonifient tellement au stockage que si vous buvez le vin à son meilleur, vous trouverez certainement la note trop sévère.

Généralement, on indique aussi quand le vin aura atteint son plein épanouissement, mais puisque l'âge de maturité d'un champagne est une question très subjective et dépend des goûts, je me suis abstenu de porter un tel jugement.

S'il y a une très grande différence entre les deux notes (dégustation et potentiel), on peut en conclure que le vin a besoin de plus de temps en cave que dans le cas inverse. Ensuite, chacun par expérience peut déterminer quel stade de vieillissement convient le mieux à son choix personnel.

J'ai choisi de me servir de l'échelle de Juhlin, qui va jusqu'à 100 points, parce que je considère qu'il est souhaitable que l'éventail soit aussi large que possible. Un vin qui n'apporte pas de plaisir ne doit pas, selon moi, recevoir de point du tout. C'est pourquoi je commence par zéro point. Il faut pourtant ajouter que tous les champagnes, s'ils ne sont pas défectueux, ont une qualité telle qu'ils procurent du plaisir aux gens qui les boivent. 50 points est la moyenne pour un champagne standard. La moyenne de cette catégorie est au-dessus de cette note dans mon livre et cela vient du fait que je me suis concentré sur les plus connus des 5 419 producteurs. Si j'avais vraiment eu l'occasion de déguster tous les vins, je suis persuadé que la moyenne serait plus proche de 50. 100 points devraient être alloués à la perfection faite champagne et j'ai longtemps cru

Voyez comme la belle rosace se reflète dans le verre chez De Venoge à Epernay !

que je n'attribuerais jamais une telle note. Beaucoup disent qu'en fait les champagnes auxquels j'ai donné 99 points sont si accomplis qu'ils méritent 100 points, mais je ne veux pas me retrouver un jour en train de goûter un vin qui est encore meilleur que tous ceux que j'ai goûtés jusqu'alors et ne pas avoir une note supérieure à lui attribuer. Lors de la grande dégustation du millénaire, le cas s'est justement produit et quelques dégustateurs ont donné officieusement 101 points. Après avoir écrit mon livre *Trois mille champagnes,* je suis tombé un jour sur ce champagne parfait qui méritait 100 points. Ou plutôt sur la parfaite bouteille. Maintenant j'espère en mon for intérieur que je ne vais jamais trouver un vin qui soit encore supérieur et qui m'obligerait à dépasser les limites de mon échelle.

Comme 4 000 champagnes est pour le moins un chiffre imposant, j'ai choisi dans ce livre de ne décrire avec des mots que les champagnes dont la note dépasse 80 points ou plus. Si vous voulez avoir accès à l'ensemble de mes commentaires et notes prises pendant les dégustations et suivre mes activités courantes dans le domaine de la dégustation, vous pouvez consulter mon site sur internet www.champagneclub.com.

Mon système de points ne se divise pas en sous-notes pour les différents aspects d'un vin, mais correspond plutôt à un jugement d'ensemble sur la qualité totale du vin. Je sais bien que certains de mes lecteurs, familiers de Robert Parker ou de l'échelle du Winespectator, rejettent les vins qui ont moins de 80 points et se moquent d'un 66 points. Ne faites pas une chose pareille! S'il s'agit d'un champagne standard de la périphérie, les vinificateurs ont peut-être très bien fait leur métier et le vin peut être délectable s'il est bu dans de bonnes conditions. À la suite de la présentation des producteurs, vous trouverez une récapitulation des meilleurs vins de chaque année et chaque décennie ainsi qu'une liste des 100 meilleurs champagnes toutes catégories confondues. Je répète que ces jugements n'engagent que moi, qu'ils sont éminemment subjectifs et que les vins sont des produits vivants qui varient d'une bouteille à l'autre. Il faut pourtant bien donner des notes et mettre des points pour que vous ayez une idée approximative de la qualité d'un vin. Ma description de la personnalité et du style de chaque champagne vous en apprendra certainement plus sur le vin. Espérons que ce soit une aide efficace pour vous au moment de faire un choix dans la « jungle des champagnes ».

Il faut aussi se souvenir que ces notes et ces points ne peuvent pas rendre compte du bonheur qu'il y a à boire un champagne sans prétention sur le terrain, avec vue sur les vignobles et/ou en bonne compagnie. Ce sont justement ces facteurs que j'ai tenté de ne pas considérer dans mes jugements sur les vins. Surtout je veux ici insister sur le fait que votre goût personnel est de loin ce qui compte le plus et que mes notations ne sont nullement des vérités universelles.

CLÉ DES SYMBOLES

*****	Un producteur irréprochable de classe mondiale pour l'ensemble de son assortiment.
****	Un producteur fantastique dont certains de ses vins sont de classe mondiale.
***	Un très bon producteur à ne pas perdre de vue.
N-M	Maison de champagne avec licence d'acheter des raisins.
R-M	Viticulteur qui produit son propre champagne.
C-M	Coopérative.
R-C	Viticulteur qui met sa propre étiquette sur un vin produit par une coopérative.
N-D	Champagne issu des raisins d'un viticulteur et vendu sous sa propre étiquette, mais le vin est fait par une maison qui en assure la distribution.
98 %	Classement du village sur l'échelle de 100 points.
69	Dernière note.
JUILLET 2002	Date de la dernière dégustation.
] 87	Points maximums du potentiel.
(>)	Le vin a atteint son apogée et décline constamment.
(50 % PN, 20 % PM, 30 % CH)	Vins non millésimés. La composition approximative du vin varie beaucoup d'une année sur l'autre. En outre, il faut bien préciser que peu de vinificateurs attachent une réelle importance à ce facteur, ce qui explique que ces indications peuvent considérablement varier selon les publications.
PN	Pinot noir
PM	Pinot meunier
CH	Chardonnay

Notes de dégustation

ABELÉ*** N-M
50, rue de Sillery
51100 Reims
03 26 87 79 80
Production : 400 000

Lorsque Téodore Vander-Veken a créé son entreprise en 1757, il a également fondé la cinquième maison de champagne de l'histoire. Abelé est resté dans la famille jusqu'en 1828. Auguste de Brimont a repris les rênes et a commencé une coopération expérimentale avec Antoine Müller, le créatif chef de caves de Clicquot. Après une courte période passée à Ludes, la maison de champagne est maintenant de retour à Reims. Lors d'une dégustation, José Ferrer Sala, de la société espagnole Freixenet, a tellement aimé les vins Abelé qu'il a acheté la maison en 1985. Hervé Ruin crée les vins Abelé dont la pureté et la légèreté nous rappellent beaucoup Henriot. La maison est connue en particulier pour le dégorgé à la glace inventé dans sa cave.

• ABELÉ BRUT   74
(60 % PN, 13 % PM, 27 % CH)

• ABELÉ EXTRA DRY   84
(depuis les années 40)
Hervé chez « Le Vigneron » est bien le seul à faire un tel vin. Un vieux champagne riche proche du tokay. Des notes discernables de datte, de figue, de raisin et de miel dominent dans la matière riche aussi douce que la saveur d'un dessert.

• ABELÉ ROSÉ   67
(100 % PN)

• 1998 SOIRÉES PARISIENNES   84, FÉVRIER 2004] 87
Marqué par une réelle pointe d'acidité. Sa beauté nerveuse et d'une franche pureté a évolué lentement. Le nez distingue cependant déjà de faibles traces de maturité dont des notes de crème, de noix, de pain grillé mélangées avec une note d'agrume et une touche florale jeune.

• 1997 SOIRÉES PARISIENNES   83, MAI 2003] 83
(30 % PN, 70 % CH)
Un vin de 1997 charmant et typique. Un magnifique champagne de repas de printemps, vif, rayonnant comme un soleil et irradiant de douceur. Nez léger de fruit exotique avec une note jeune et vigoureuse. Ce vin n'est pas à garder en cave en raison de son pauvre niveau d'alcool et de sa faible acidité. Néanmoins, tout le monde aimera ce champagne.

• 1996 ABELÉ   80, JANVIER 2004] 85
(24 % PN, 29 % PM, 47 % CH)
Exceptionnellement, le nez est peu développé et avare. Fort caractère minéral se confinant à la terre et à la pierre. Une note légère torréfiée et des tons verts tendant vers l'écorce de citron vert. Moyennement étoffé et jeune.

• 1990 SOIRÉES PARISIENNES   87, JUIN 2003] 87
(30 % PN, 70 % CH)
Un champagne pour l'apéritif, très rafraîchissant et joliment floral, avec des notes fraîches de pomme et d'agrume. Supporte bien la conservation en cave, mais son plus grand charme est peut-être en apéritif printanier.

• 1988 SOIRÉES PARISIENNES   84, MAI 1998] 87
(35 % PN, 25 % PM, 40 % CH)
Très jeune et élégant, avec une belle acidité et astringence. Jolie finale franche. Je me demande à quoi il ressemble maintenant.

• 1986 ABELÉ   84, AOÛT 1999] 86
(60 % PN, 40 % CH)
Beaucoup de millésimes de 1986 sont maintenant dans une belle phase de vieillissement, aux notes de caramel et de fruit exotique. Le style rafraîchissant de la maison aidera à maintenir en vie ce vin encore pendant longtemps. Il devrait être maintenant arrivé à maturité.

• 1985 ABELÉ   70, MARS 1994] 82
(60 % PN, 40 % CH)
Nez moins développé que le magnifique Abelé Brut. Le corps acide franc et plus charpenté indique que le millésime 1985 vieillira bien. Je préfère cependant le champagne non millésimé.

• 1982 ABELÉ   88, OCTOBRE 2002] 88
(60 % PN, 40 % CH)
Bouquet joliment développé et fort de café torréfié, fumée de poudre, orchidée et nougat. Moyennement étoffé. Bouche joliment ronde avec des notes de fruits beurrés caractéristiques du millésime. Finale délicieuse et douce.

• 1966 ABELÉ   93, JANVIER 2003] 93
(60 % PN, 40 % CH)
Nez fleuri épanoui. Bouche sensuelle et élégante comme si souvent dans cette année parfaite.

• 1964 ABELÉ
(60 % PN, 40 % CH)

• 1983 ABELÉ BLANC DE BLANCS   88, JUIN 2003] 88
(100 % CH)
La bouteille la plus récente de Royal Champagne était récemment dégorgée et d'une magnifique beauté. Arômes délicats torréfiés et belles notes de pain. Bouche douce et rafraîchissante. J'ai bu ma première bouteille assez âgée de ce vin dans un restaurant en Champagne, où la conservation était parfaite. Un vin qui vous rendra heureux.

• 1990, SOURIRE DE REIMS   85, MAI 2003] 86
(25 % PN, 75 % CH)
Nez de malt, de cacao et de thé vert. Bouche douce, plaisante mais quelque peu courte, aux notes de vanille. Fruité généreux évoquant les fraises, les fraises des bois et les groseilles à maquereau. Une belle personnalité claire.

• 1986, SOURIRE DE REIMS   85, AVRIL 2003] 85
(25 % PN, 75 % CH)
Une énorme bouteille très chère, décorée avec un ange en plastique doré. Au nez, le champagne apparaît presque comme un blanc de blancs avec des notes florales et animales. Bouche équilibrée avec un beau caractère riche en minéraux.

• 1983 ABELÉ REPAS   80, JANVIER 2003] 80
(100 % CH)
Sûrement un bon champagne autrefois mais, comme beaucoup
d'autres millésimes de 1983, le vin a un caractère trop oxydé et
ténébreux. La plupart des vins Abelé doivent se boire relativement
jeunes.

• 1976 ABELÉ IMPERIAL CLUB   83, FÉVRIER 2003] 83
(40 % PN, 60 % CH)
Bouche sèche et persistante bien qu'en fait sans notes
intéressantes.

• 1975 ABELÉ IMPERIAL CLUB   85, JANVIER 2000] 85
(40 % PN, 60 % CH)
Une jeunesse légère, pétillante et ouvrant l'appétit.
Malheureusement, cela ne suffit pas. Il manque quelques
nuances en bouche ainsi qu'une dose de concentration.
Longueur en bouche courte et sèche.

ADNOT, ROBERT R-M
51130 Bergères-les-Vertus
03 26 52 16 57
Colin, à Vertus, a acheté un stock de ses millésimes les plus anciens
à ce producteur de Bergères-les-Vertus. Les vins étant déjà dégorgés,
l'étiquette Colin ne peut donc être utilisée pour ces bouteilles.
La production s'est arrêtée.

• ROBERT ADNOT BLANC DE BLANCS   64
(100 % CH)

• 1977 ROBERT ADNOT BLANC DE BLANCS   75, DÉCEMBRE 2003] 75
(100 % CH)

• 1975 ROBERT ADNOT BLANC DE BLANCS   88, DÉCEMBRE 2003] 88
(100 % CH)
Le plus beau vin dans cette collection de millésimes âgés achetés
par Colin à Adnot. C'est un grand blanc de blancs classique aux
notes de noix de l'école de Salon. En plus de ces notes, le nez est
composé de céréale, de beurre brun, de fruits secs et d'une note
minérale un peu rêche. Bouche qui libère des notes évoquant
du pain de seigle. Persistant en bouche avec une forte sensation
d'embruns portés par des vents marins.

• 1973 ROBERT ADNOT BLANC DE BLANCS
(100 % CH)

• 1971 ROBERT ADNOT BLANC DE BLANCS
(100 % CH)

• 1970 ROBERT ADNOT BLANC DE BLANCS   80, DÉCEMBRE 2003] 80
(100 % CH)
Nez large, mature et fumé avec une petite touche de pétrole.
Bouche riche légèrement grossière conservant sa jeunesse.
Sans notes marquées.

AGRAPART *** R-M
57, avenue Jean-Jaurès
51190 Avize
03 26 57 51 38
Production : 65 000
Agrapart possède 10 hectares à Avize, Cramant, Oger et Oiry.
Il produit également des vins de garde vinifiés en fûts de chêne
de diverses tailles. Les vins sont un peu rustiques mais très riches.

• AGRAPART BRUT   75
(100 % CH)

• AGRAPART RÉSERVE   77
(100 % CH)

• CUVÉE DE DEMOISELLES ROSÉ   73
(7 % PN, 93 % CH)

• 1996 AGRAPART   83, JUIN 2003] 87
(100 % CH)
Bouche ample, arrondie, aux notes de fruit mûr. L'acidité se dévoile
mais elle est bien camouflée. Dans un style extraverti, Agrapart
produit des champagnes très riches en bouche et très expressifs.

• 1995 AGRAPART   86, JANVIER 2004] 88
(100 % CH)
Nez sublime aux notes florales de lys et d'aubépine. Matière très
crémeuse et charnue. Très bonne bouche aux notes rondes de
caramel mais longueur un peu trop courte.

• 1988 AGRAPART   80, MARS 1997] 87
(100 % CH)
Beau nez de pâtisserie. Bouche puissante et vineuse laissant
présager un bon vieillissement.

• 1985 AGRAPART   87, MAI 2003] 87
(100 % CH)
Grand vin masculin aux nombreux extraits encore verts donnant
une longueur en bouche légèrement amère. Une structure proche
de celle du pinot. C'est donc un champagne de repas.

ALEXANDRE, L. N-M
7, chemin du Coteau
10300 Montgueux
03 25 74 84 83
Production : 60 000
Les fils de Jacques Lassaigne ont choisi de faire un vin très classique
à Montgueux. Le chardonnay de ce village de l'Aube a longtemps
été encensé par les vinificateurs de Charles Heidsieck et de Veuve
Clicquot. Un style fruité particulier est notable sans toutefois être
marqué par la lourdeur caractérisant des années de champagnes de
l'Aube. Les jeunes frères, avec Emmanuel à leur tête, sont très
sérieux et composent très bien leurs vins dont seulement une partie
subit une fermentation malolactique. Des expériences ont été
menées avec des fûts de chênes plus vieux.

• ALEXANDRE L. BRUT   70
(100 % CH)

• ALEXANDRE L. ROSÉ   53
(20 % PN, 80 % CH)

• 1995 ALEXANDRE L.   81, AVRIL 2003] 82
(100 % CH)
Une tout autre profondeur que le champagne non millésimé.
Belle couleur jaune profond, bonne tenue de mousse aux petites
bulles délicates. Nez intéressant et généreux aux touches de
menthe, de miel et de pain doux. Belle bouche ronde dotée
d'un caractère cohérent et stable.

• LE COUTET   75
(100 % CH)

ARISTON N-M
4, Grande-Rue
51170 Brouillet
03 26 97 43 46
Production : 80 000
Depuis 1794, cinq générations d'Ariston se sont consacrées au vin
dans la région. Le vinificateur actuel, Rémi Ariston, est à la tête de
la maison depuis 1964. La maison possède 10 hectares de cépages
anormalement âgés, plus de 35 ans environ.

• ARISTON ASPASIE BLANC DE BLANCS   78
(100 % CH)

ARNOULD, MICHEL *** R-M
28, rue de Mailly
51360 Verzenay
03 26 49 40 06
Production : 80 000

Patrick Arnould nous prépare quelque chose de grandiose. Il vend
toujours ses raisins à Bollinger tout en conservant maintenant les
meilleurs pour son propre champagne. Il a échangé des raisins avec
Bonnaire à Cramant. Il produira bientôt des crus de la plus grande
classe. Son père et lui règnent aujourd'hui sur 12 hectares donnant
les raisins les plus noirs de Champagne. Le style de la maison
est très sophistiqué avec une élégance inattendue si on considère
ses origines.

- M. ARNOULD BRUT 70
(100 % PN)
- M. ARNOULD CARTE D'OR 83
(50 % PN, 50 % CH)
La fierté de Patrick. La moitié du vin provient cependant de
Bonnaire à Cramant. Nez très voluptueux, sensuel et moelleux.
Bouche caressante. Toujours d'un bon millésime.
- M. ARNOULD CUVÉE 2000 .... 81, JANVIER 2003] 87
(85 % PN, 15 % CH)
Une cuvée à la fois puissante et équilibrée du tournant du siècle
devant encore être conservée en cave pendant longtemps.
La matière a une solide base de pain. Une acidité sublime porte
le vin vers l'avenir.
- M. ARNOULD CUVÉE RÉSERVE 72
(67 % PN, 33 % CH)
- M. ARNOULD ROSÉ 70
(100 % PN)
- M. ARNOULD CUVÉE PRESTIGE 79
(100 % PN)

ARNOULT, JEAN N-M
100, Grande-Rue
10110 Celles-sur-Ource
03 25 38 56 49
Production : 150 000

Lorsque Jean Arnoult a fondé la maison en 1919, elle est devenue
la première maison de champagne dans le département de l'Aube.
Alain Cheurlin la dirige maintenant en veillant constamment au
respect de la qualité. Les principaux vins : Carte Noir Brut, Rosé,
Brut Prestige.

- JEAN ARNOULT BRUT RÉSERVE 48
(80 % PN, 10 % PM, 10 % CH)

ASSAILLY-LECLAIRE R-M
6, rue de Lombardie
51190 Avize
03 26 57 51 20
Production : 25 000

Purs vins de chardonnay Avize grand cru.

- ASSAILLY-LECLAIRE BLANC DE BLANCS 71
100 % PN

AUBRY, L.*** R-M
6, Grande-Rue
51390 Jouy-les-Reims
03 26 49 20 07
Production : 100 000

Au cœur de Petit Montagne de Reims, les frères jumeaux Pierre et
Philippe Aubry ont hérité d'un terrain cultivé depuis 1790 avec
16,5 hectares de terre provenant de 60 différents champs. Pierre,
œnologue diplômé français, et Philippe, passionné de biologie,
gèrent la maison en lui donnant une direction très innovante.
Le rendement est faible et seulement le « cœur de cuvée » est utilisé
pour les millésimes. Les raisins sont divisés en cinq niveaux de qualité.
Une partie considérable de la production est vinifiée dans des vieux
fûts de chêne traditionnels de 205 litres. Le plus intéressant
à noter est qu'en se transformant presque en archéologues cherchant
des plantes anciennes, les frères ont réussi à faire un champagne
époustouflant en utilisant trois sortes de raisins oubliés : pinot gris,
arbanne et petit meslier. De plus, de nombreux ceps ont été plantés
« en foule » comme à l'époque précédent le phylloxéra.

- AUBRY CLASSIC 74
(30 % PN, 40 % PM, 30 % CH)
- AUBRY ROSÉ .... 66, MAI 2001] 66
(22 % PN, 18 % PM, 60 % CH)
- 1998 AUBRY CUVÉE MANNERSTRÖM .... 82, NOVEMBRE 2003] 84
(5 % PN, 15 % PM, 10 % CH, 30 % PINOT GRIS,
30 % PETIT MESLIER, 10 % ARBANNE)
- 1996 AUBRY .... 83, JUILLET 2003] 87
(30 % PN, 70 % CH)
Complètement vinifié dans des fûts de chêne. C'est grâce au
bouquet à la Selosse que je remarque nettement que le vin n'a pas
subi la fermentation malolactique. Nez peut-être un peu piquant
jusqu'à maintenant. Bouche absolument acide pas encore développée.
Matière largement élégante. Il faudra attendre longtemps avant
de pouvoir déboucher une bouteille de ce vin prometteur.
- 1996 AUBRY CUVÉE MANNERSTRÖM .... 83, AOÛT 2003] 87
(30 % PN, 70 % CH)
Le vin est similaire au millésime Aubry de 1996.
- 1995 AUBRY BLANC DE BLANCS .... 78, MARS 2001] 81
(100 % CH)
Voilà donc à quoi ressemble le chardonnay de Jouy. Caractère très
individuel et particulier avec une certaine note onctueuse beurrée.
Le lien de parenté le plus notable est avec un bon Sancerre !
Des notes inattendues et intéressantes de pierre à feu, de feuille
de cassis et de groseille à maquereau. Le vin se marie très bien
avec un risotto aux champignons.
- 1996 AUBRY SABLÉ ROSÉ .... 81, AVRIL 2001] 87
(25 % PN, 25 % PM, 50 % CH)
Les millésimes Aubry de 1996 doivent être encore conservés un
peu en cave pour obtenir ce caractère plus arrondi et accessible.
Ce champagne à peine coloré possède une belle matière crémeuse.
Nez élégant avec une note de pain caractéristique d'une grande
maison. Bouche jeune et franche. Qu'est-ce qui nous attend ?

• 1998 AUBRY LE NOMBRE D'OR   82, NOVEMBRE 2003] 84
(5 % PN, 15 % PM, 10 % CH, 30 % PINOT GRIS, 30 % PETIT MESLIER,
10 % ARBANNE)
Nez jeune, élégant avec des notes de fruit de la passion sans,
cette fois, de trait dominant caractéristique ou de style provocant.
Bouche persistante et moyennement étoffée aux notes de réglisse
et de fruits secs. Attaques nettes lors de l'aération.

• 1997 AUBRY LE NOMBRE D'OR   84, SEPTEMBRE 2002] 85
(60 % PINOT GRIS, 20 % PETIT MESLIER, 20 % ARBANNE)
Entièrement marqué par le charme, la légèreté rafraîchissante
de ce millésime. Sophistiqué et presque cristallin avec des notes
claires de prune, de melon, d'ananas et de vanille. Un brin court
en bouche avec une douceur agréable et un fondant doux.
Impossible de déterminer quels sont les raisins utilisés.

• 1996 AUBRY LE NOMBRE D'OR   84, NOVEMBRE 2001] 87
(60 % PINOT GRIS, 20 % PETIT MESLIER, 20 % ARBANNE)
Grand et riche champagne aux notes de raisin sec, de banane
et de prune dévoilant un contenu remarquable en raisins.
Bouche beaucoup plus classique aux notes mélangées de raisin
et de pomme dans un champagne très corsé à l'acidité tranchante.
Pas aussi élégant que le millésime de 95 parce qu'il contient autant
de pinot gris, ai-je raison ?

• 1995 AUBRY DE HUMBERT   87, MAI 2003] 89
(33 % PN, 33 % PM, 34 % CH)
Nez fort et plein de caractère de raisins mûrs de premier choix.
Belle bouche concentrée de fruits exotiques tels que la mangue,
l'ananas et le litchi. Bouche douce et persistante. Il semble
que le vin soit composé de raisins de vieux cépages.

• 1995 AUBRY LE NOMBRE D'OR   87, MAI 2003] 89
(33 % PINOT GRIS, 33 % PETIT MESLIER, 34 % ARBANNE)
Vin sensationnel au charme irrésistible. Caractère de fermentation
lisse et très influencé par le style de la maison. Nez de gâteau et de
chocolat. Matière douce, sombre au fruité élégant. Finale soyeuse
et agréable. Vin véritablement fascinant composé de raisins rares.
Je ne comprends pas comment le pinot gris, le petit meslier
et l'arbanne peuvent créer une telle élégance classique.

AUTRÉAU DE CHAMPILLON R-M
15, rue René-Bandet
51160 Champillon
03 26 59 46 00
Production : 150 000
Pendant les 15 années durant lesquelles j'ai rendu visite
aux producteurs en Champagne, j'ai toujours été frappé par
l'attachement que portaient les viticulteurs au vin. L'impression
de négligence ou de manque de savoir s'est très rarement fait sentir.
Je dois malheureusement dire qu'Autréau fait exception à cette
règle. Malgré ses impressionnants 21 hectares à Champillon, Ay,
Dizy et Chouilly, je trouve que leur production est douce et
que leurs champagnes ne sont pas assez structurés même si
une amélioration récente est à noter.

• AUTRÉAU BRUT   48
(40 % PN, 50 % PM, 10 % CH)

• AUTRÉAU RÉSERVE   51
(50 % PN, 50 % CH)

• 1988 AUTRÉAU   66, MAI 1994] 66
(66 % PN, 34 % CH)

1997 CUVÉE LES PERLES DE LA DHUY   82, JUIN 2003] 83
(10 % PN, 90 % CH)
Pas aussi doux que les millésimes précédents. Belle fraîcheur.
Caractère de chardonnay charnu avec une note nette de caramel.
Malheureusement, une acidité légère en finale altère sensiblement
l'impression générale.

• 1996 CUVÉE LES PERLES DE LA DHUY   83, JANVIER 2003] 86
(100 % CH)
Lors de ma visite de mai 1994, j'ai été si déçu par ces vins que
je n'étais pas tenté d'en déguster d'autres de cette maison. J'en suis
d'autant plus ravi d'avoir pu constater que le millésime de 1996
est très éloigné des autres vins d'Autréau que j'avais dégustés
auparavant. Le dosage semble des plus faibles et l'acidité très forte,
presque crue. Le vin est très pur et prometteur.

• 1988 CUVÉE LES PERLES DE LA DHUY   72, MAI 1994] 75
(5 % PN, 95 % CH)

• 1982 CUVÉE LES PERLES DE LA DHUY   79, JUILLET 1990] 81
(5 % PN, 95 % CH)
Mêmes notes que le 1988 avec cependant une petite nuance
agréable de pain grillé qui rend le vin plus intéressant et plus frais.

AYALA *** N-M
2, boulevard du Nord
51160 Ay
03 26 55 15 44
Production : 800 000
Lorsqu'en 1860, Edmond de Ayala, fils de diplomate colombien,
épousa une fille du village d'Ay, il fonda une maison de champagne
qui est rapidement devenue l'une des plus populaires. Elle a connu
son plus grand succès au Royaume-Uni. Il possède toujours le
Château de Mareuil et la maison Montebello. Ses propres vignes
se situent à Mareuil-sur-Ay. 80 % des raisins sur 95 % sont achetés.
Le légendaire J.-M. Ducellier, ancien président de la C.I.V.C.,
a longtemps été à la tête de la maison. Thierry Budin a quitté
Perrier-Jouët pour Ayala et le Château La Lagune à Bordeaux.
Nicolas Klym est le vinificateur. Le style de la maison a toujours
été marqué par le pinot. Les vins possèdent une belle rondeur.
Le blanc de blancs est un peu décevant alors que le millésime est
toujours fiable.

• AYALA BRUT   73
(75 % PN, 25 % CH)

• AYALA DEMI-SEC   50
(50 % PN, 40 % PM, 10 % CH)

• AYALA ROSÉ   67
(55 % PN, 20 % PM, 25 % CH)

• 1998 AYALA   83, FÉVRIER 2004] 86
(80 % PN, 20 % CH)
Un champagne sombre et un peu « à l'ancienne » aux notes
rouges, au caractère étoffé et destiné aux repas. Belle bouche
de réglisse, de cuir, de pommes rouges et de viande. Peut-être
un peu trop monotone.

• 1996 AYALA   83, MARS 2004] 87
(80 % PN, 20 % CH)
Ce vin est généreux et ouvert. Nez richement composé dans un
registre épicé de notes de réglisse et de fruit mûr. Bouche douce
et ronde comme un caramel. Cela faisait bien longtemps que je
n'avais pas été enthousiasmé par un cru d'Ayala. Bonne solidité
caractéristique d'Ay. Bouche joliment arrondie avec une note
chocolatée. Dimensions savoureuses et amples.

- 1995 AYALA   84, SEPTEMBRE 2003] 85
(70 % PN, 30 % CH)
Un champagne formidable qui tient témérairement la route. Vin
rustique et sans compromis traditionnel. Pinot plein de caractère
aux notes épicées et végétales. Décrire des touches végétales, de
chocolat à la menthe poivrée semble un peu tiré par les cheveux
mais fait bien ressortir l'image aromatique que j'ai de ce vin.

- 1993 AYALA   82, SEPTEMBRE 2003] 84
(80 % PN, 20 % CH)
Matière dense et robuste avec de bonnes notes de fruits de pinot
noir en profondeur, ce qui peut nous laisser penser que le vin va
bien vieillir. Il ne semble cependant pas qu'il ait la possibilité de
le faire. Les notes miellées, de fruit tombé sont déjà apparues.
Notes chocolatées à l'aération avec une touche légère de prune.

- 1990 AYALA   77, JANVIER 2002] 81
(70 % PN, 30 % CH)
Ayala a créé une belle œuvre d'art mais sans plus avec son
millésime 1990 riche et relativement mature. Les fruits sucrés
nous rappellent beaucoup le cru de 1989.

- 1989 AYALA   81, JUILLET 1995] 86
(75 % PN, 25 % CH)
Un beau champagne fruité prêt à exploser, où le pinot domine.
Bouche persistante et douce.

- 1985 AYALA   81, DÉCEMBRE 1996] 85
(70 % PN, 30 % CH)
Arôme de pinot très solide, charnu dans ce millésime de 1985
bien composé.

- 1983 AYALA   83, MARS 2000] 83
(75 % PN, 25 % CH)
Une note agréable citronnée relève ce vin mature. À part cela,
il n'y a pas grand-chose à dire. Je peux ajouter que le chardonnay
se fait plus sentir qu'habituellement dans cette année.

- 1982 AYALA   88, NOVEMBRE 2002] 88
(75 % PN, 25 % CH)
Nez Ayala typiquement généreux et fruité. Bouche aux notes de
noix et de riche fruité. À l'aération, belle matière de chocolat noir
et de tabac. Champagne très étoffé et voluptueux montrant
certaines similitudes avec le voisin très connu de l'autre côté
de la colline.

- 1979 AYALA   87, AOÛT 1996] 88
(75 % PN, 25 % CH)
Un vin intense et fruité. Belle longueur en bouche de caramel
au beurre.

- 1975 AYALA   91, AVRIL 1996] 91
(75 % PN, 25 % CH)
Très vivant et plein de feu aux notes de pinot très marquées.
Longueur en bouche puissante.

- 1973 AYALA   84, JUIN 1997] 84
(75 % PN, 25 % CH)
Il est toujours possible de le déguster même si ce vin arrive
déjà en bout de course.

- 1964 AYALA   95, NOVEMBRE 2001] 95
(75 % PN, 25 % CH)
Un formidable classique de 1964! Robe d'or jaune profond et
petites bulles remontant sans interruption à la surface du verre.
Nez large et intense au vaste spectre de beaux arômes tels que
le caramel dur, le chocolat à la menthe, le miel et les fruits secs.
Bouche magnifiquement caressante, douce, très persistante et
romantique de caramel.

- 1961 AYALA   92, JUILLET 1995] 92
(75 % PN, 25 % CH)
Lors de la dégustation, ce millésime de 33 ans s'avère assez pâle et
vif. Nez un peu végétal aux notes de réglisse, de tabac, de goudron
et de cuir. Champagne persistant, riche, sec avec une acidité
austère. L'une des dernières années Ayala en fût de chêne.

- 1959 AYALA   93, OCTOBRE 2001] 93
(75 % PN, 25 % CH)
En dehors d'un nez aux notes secondaires aligotées étranges,
c'est un vin classique dans le style de Krug. Séquences en bouche
magnifiques avec une touche de caramel dur. Équilibre parfait.
Un peu plus léger que prévu si on considère le millésime.
J'avais pensé à un millésime de 1955.

- 1945 AYALA
(75 % PN, 25 % CH)

- 1943 AYALA   92, JANVIER 2003] 92
(75 % PN, 25 % CH)
Cette demi-bouteille faiblement perlée est légèrement voilée et
sombre. Nez lourd de bois rare, de biscotte italienne aux amandes
et d'abricot sec. Bouche corsée avec le même profil aromatique
que le nez, persistante et compacte avec un gargouillement sec.

- 1941 AYALA   90, OCTOBRE 2001] 90
(75 % PN, 25 % CH)
À l'apogée de la deuxième guerre, Ayala a composé ce vin toujours
aussi fascinant. Presque âgées de 60 ans, les bulles sont un pur
souvenir. Malgré cela, le vin se tient bien dans le verre et libère
des notes de Madère. Notes de roses séchées. Nez qui nous
rappelle l'huile de teck.

- 1928 AYALA
(75 % PN, 25 % CH)

- 1923 AYALA
(75 % PN, 25 % CH)

- 1998 AYALA BLANC DE BLANCS   84, FÉVRIER 2004] 87
(100 % CH)
Jolie robe verte, belle mousse et nez floral bien composé. Milieu
de bouche aux belles rondeurs. Note de citron vert en finale.

- 1996 AYALA BLANC DE BLANCS   85, DÉCEMBRE 2003] 87
(100 % CH)
Rond et très corsé avec des nuances de fruit charnu. L'un des
millésimes les plus riches de ce vin. Il sera intéressant de découvrir
la voie qu'il choisira. Il semble qu'il prenne un aspect plus torréfié
avec le temps puisque la dernière bouteille que j'ai dégustée
respirait le café et le pain grillé.

- 1992 AYALA BLANC DE BLANCS   79, SEPTEMBRE 2002] 79
(100 % CH)

- 1990 AYALA BLANC DE BLANCS   76, AOÛT 1999] 78
(100 % CH)

- 1988 AYALA BLANC DE BLANCS   67, MARS 1995] 71
(100 % CH)

- 1985 AYALA BLANC DE BLANCS   83, MARS 1998] 83
(100 % CH)
Chardonnay très torréfié et déjà arrivé à maturité.
Agréable à la dégustation mais à peine élégant.

- 1982 AYALA BLANC DE BLANCS   66, JUILLET 1989] 70
(100 % CH)

- 1979 AYALA BLANC DE BLANCS   78
(100 % CH)

• 1975 AYALA BLANC DE BLANCS   84, MARS 2000] 84
(100 % CH)
Chardonnay toujours charpenté sans les premiers raffinages.
Matière robuste, corsée et passablement corpulente. Il se marie
très bien avec des filets de pigeons à la sauce aux morilles, ce que
je ne recommanderais pas habituellement avec un blanc de blancs.

• 1997 PERLE D'AYALA   87, DÉCEMBRE 2003] 89
(20 % PN, 80 % CH)
Champagne fleuri et volontaire évoquant les mêmes tons de
sauvignon blanc que le Pavillon Blanc de Château Margaux. Une
impression un peu pauvre à la limite du bourgogne blanc. Thierry
Budin pense que les notes proviennent de la conservation en cave
avec un vrai bouchon ou du dosage utilisé dans le fût de chêne.
La menthe est un autre arôme qui me fait réfléchir.

• 1996 PERLE D'AYALA   84, DÉCEMBRE 2003] 88
(80 % PN, 20 % CH)
Mélange équilibré de raisins d'Ay, de Mareuil-sur-Ay, de Chouilly,
de Mesnil et de Cramant. Plus franc et plus clair que
les champagnes de la même année. Des notes piquantes et
de réglisse se discernent. Même note mais deux fois plus cher
que l'Ayala de 1996.

• 1993 AYALA GRANDE CUVÉE   85, SEPTEMBRE 2003] 85
(30 % PN, 70 % CH)
Ce n'est pas un champagne âgé ou vieilli mais je ne lui donne
cependant pas de points supplémentaires. Les jeunes prédécesseurs
de ce vin sont si beaux que je considère que celui-ci va se banaliser
en vieillissant. La finesse florale et les notes croustillantes de
groseille à maquereau sont belles. Elles sont bien harmonisées
avec les notes douces de caramel dur.

• 1990 AYALA GRANDE CUVÉE   85, JUILLET 2002] 88
(30 % PN, 70 % CH)
Raffiné, encore jeune, avec une belle apparence et expression
générale. Le nez change énormément dans le verre en passant
d'un floral fortement citronné à des notes beurrées et exotiques
d'amandes torréfiées.

• 1988 AYALA GRANDE CUVÉE   84, JUILLET 1995] 89
(30 % PN, 70 % CH)
Un champagne très délicat aux notes de chocolat blanc et
de jasmin. Léger et plein de style.

BANCHET-LEGRAS R-M
8, rue du Pont
51530 Chouilly
03 26 55 41 53
Production : 60 000
Je ne suis jamais allé chez ce petit viticulteur mais j'ai souvent goûté
ses vins dans les restaurants d'Épernay. Je n'ai jamais rencontré
un seul producteur de champagne hors de Chouilly connaissant
l'existence de cette maison.

• BANCHET-LEGRAS BLANC DE BLANCS   70
(100 % CH)

BARANCOURT N-M
B.P. 3
51150 Bouzy
03 26 53 33 40
Production : 800 000
Un trio de vinificateurs de Bouzy s'est réuni en 1966 pour créer
Barancourt. Douze ans plus tard, Brice, Martin et Tristan ont
acheté un vignoble à Cramant pour produire des cuvées de raisins
de grand cru. Pendant des années, on a considéré que Barancourt

produisait des beaux vins de garde. Malgré ma passion pour ce
style, je n'ai jamais été convaincu par la grandeur de cette maison.
Certains vins ont en effet un style personnel avec leurs notes végétales
mais je n'ai jamais été persuadé de leur force. Le groupe Vranken a
repris Barancourt en 1994. Les raisins proviennent aujourd'hui de
dix villages différents dont deux communes de l'Aube.

• BARANCOURT BRUT   67
(50 % PN, 10 % PM, 40 % CH)

• BARANCOURT BOUZY BRUT   56
(80 % PN, 20 % CH)

• BARANCOURT CRAMANT BLANC DE BLANCS   68
(100 % CH)

• BARANCOURT ROSÉ   70
(40 % PN, 60 % CH)

• 1985 BARANCOURT BOUZY BRUT   79, AVRIL 1995] 79
(90 % PN, 10 % CH)

• 1979 BARANCOURT   84, AVRIL 2000] 85
(90 % PN, 10 % CH)
Corps jeune et bien musclé avec un extrait toujours un peu
sous-développé. Quelque peu grossier avec des notes particulières,
presque typiques, de cassis et d'herbe. Force impressionnante.
Il se marie bien avec la viande.

• 1971 BARANCOURT   88, MARS 2004] 88
(80 % PN, 20 % CH)
Un champagne très corsé et très bon exemple de dominance du
pinot. La légèreté et l'élégance de cette année sont très discrètes.
Mon groupe de dégustation pense que les arômes dominants sont
les légumes, la viande et les champignons. Je suis d'accord.

• CUVÉE FONDATEURS   80
(80 % PN, 20 % CH)
Uniquement Bouzy. Nez faiblement musqué relevé par
des notes végétales. Belle mousse et structure prometteuse.
Peut se garder en cave.

• CUVÉE FONDATEURS ROSÉ   83
(95 % PN, 5 % CH)
Presque un rosé de noirs. Champagne de repas très riche et étoffé,
qui se marie très bien avec un bon plateau de fromages. Fortement
marqué par le caractère du terroir de Bouzy.

• 1988 CUVÉE FONDATEURS   82, MAI 1995] 87
(80 % PN, 20 % CH)
Les notes végétales et animales réapparaissent ici. Elles sont
maintenant renforcées par une onctuosité très souhaitable et
un fruité craquant faisant de ce vin le meilleur de cette maison.

• 1983 CUVÉE FONDATEURS   78, SEPTEMBRE 1993] 79
(50 % PN, 50 % CH)

BARA, PAUL **** R-M
4, rue Yvonnet
51150 Bouzy
03 26 57 00 50
Production : 90 000
Paul Bara est une légende vivante en Champagne. Il a repris
la maison à l'adolescence, cela fait presque 60 ans. Il se souvient
de tous les millésimes dans les moindres détails. Il appartient à la
sixième génération de viticulteurs depuis la fondation de la maison
en 1833. Au fil du temps, de nombreuses grandes maisons de
champagne ont approché Bara afin d'essayer d'acheter les
30 emplacements exceptionnels qu'il possède dans le village.
L'âge moyen des cépages est de 25 ans mais ceux produisant les
millésimes ont presque 40 ans. Ce collectionneur de papillons
légendaire est, avec Camille Savès et André Clouet, le viticulteur le

plus soucieux de la qualité à Bouzy. Le premier pressurage est le seul utilisé. Les vins restent en cave pendant au moins quatre ans et le rendement est maintenu au niveau le plus bas possible. Malgré les méthodes traditionnelles utilisées, les vins Bara possèdent un fruité très élégant unique à Bouzy. Il est incompréhensible qu'il ne soit pas plus connu pour son vin rouge alors que son champagne est de classe internationale. Son cru de 1959 a été élu le meilleur blanc de noirs lors de la dégustation du millénaire de 1999 (voir page 66).

• PAUL BARA BRUT   80
(80 % PN, 20 % CH)
Boire un verre de ce pinot champagne riche et fruité est une expérience magnifique et voluptueuse. Notes de pomme verte dominant la jeunesse de ce vin. Avec le temps, une riche note de chocolat dominera.

• PAUL BARA ROSÉ   84
(90 % PN, 10 % CH)
Champagne rosé masculin et bien construit avec une élaboration et un arôme cohérent évoquant un bourgogne. Peut se conserver en cave.

• 1995 PAUL BARA   83, MAI 2003] 89
(100 % PN)
Très vigoureux, charmant et jeune. Notes délicieuses et flatteuses de bonbons s'harmonisant avec la groseille à maquereau croustillante. Autres notes discernées au début de la maturation de ce vin : feuille de cassis, crème et fleurs du début de l'été. Le champagne va naturellement s'étoffer avec l'âge.

• 1993 PAUL BARA   85, FÉVRIER 2004] 88
(90 % PN, 10 % CH)
Jeune, léger et minéral dans un style anormalement retenu. Le fruit dominant ressemble aux pommes jaunes et plus précisément aux prunes jaunes. Beau vieillissement.

• 1990 PAUL BARA   86, AVRIL 2000] 92
(100 % PN)
Nez élégant aux notes inattendues de crème. Les vins Bara apparaissent toujours plus légers et plus influencés par le chardonnay qu'en réalité. Au fil du temps, le raisin et l'origine première du vin apparaissent. À l'âge de 10 ans, le vin est crémeux, charmant et exotique. Seule la longueur en bouche poivrée me persuade que je bois un blanc de noirs.

• 1989 PAUL BARA   86, AVRIL 1998] 92
(100 % PN)
Un blanc de noirs mordoré. Nez unique et dense miellé. Bouche aux nombreuses notes beurrées de caramel. Matière concentrée et cohérente sans être lourde. Le vin possède une complexité douce particulière que peuvent uniquement donner les vieux cépages et une année ensoleillée.

• 1961 PAUL BARA   93, AOÛT 1999] 93
(100 % PN)
Ravi du succès obtenu lors de la dégustation du millénaire (voir page 66), Paul Bara a choisi ce millésime de 1961 pâle et jeune. J'ai été un peu déçu par sa force mais tout aussi plaisamment surpris par sa subtilité et son élégance. Des arômes minéraux, de draps frais et de cigares éteints me viennent spontanément à l'esprit.

• 1959 PAUL BARA   97, JUIN 1999] 97
(100 % PN)
J'ai demandé à Paul Bara de quel millésime il était le plus satisfait depuis qu'il dirigeait la maison. « Venez, je vais vous montrer », dit-il. Il est allé chercher dans l'œnothèque une demi-bouteille dégorgée normalement d'un vin unique. La mousse était délicate et la robe ambrée. Au nez, une sensation formidable et indescriptible m'envahit : chocolat à la menthe, rhum, pêche, bois

et miel. Comme si c'était possible, la bouche était encore plus impressionnante. Sa structure et sa douceur étaient celles d'un Yquem. Matière précipitée unifiant le chocolat à la menthe et le rhum. Lorsque le pinot noir a ce goût, même l'amateur le plus passionné de chardonnay est converti. Grand gagnant dans la catégorie des pinots noirs lors de la dégustation du millénaire (voir page 66).

• 1994 PAUL BARA SPECIAL CLUB   80, NOVEMBRE 1999] 85
(70 % PN, 30 % CH)
Bon 1994. Vin assez riche et accompli aux nombreuses notes de pommes jaunes. Bouche agréable de groseille à maquereau. Le Special Club de Bara était vraiment plus grand et plus musculeux.

• 1993 COMTESSE MARIE DE FRANCE   85, JANVIER 2004] 90
(100 % PN)
Il semblerait que Paul Bara produit toujours un vin concentré dans cette bouteille Prestige. Très étoffé et spectre classique du pinot. Nez déjà très mature mais je recommanderais de le conserver en cave encore quelques années afin que les arômes secondaires formidables se développent aisément. Un des premiers blanc de noirs de la région et l'un des plus sûrs !

• 1991 COMTESSE MARIE DE FRANCE   85, JUIN 2002] 88
(100 % PN)
Champagne incroyablement lisse, fleuri, aux multiples facettes avec malgré tout une élégance presque féminine dans sa composition en raisins. Nez de litchi, de fleurs d'oranger et de feuilles de tomate. Bouche dense, jeune mais avec la capacité intrinsèque de se transformer avec le temps.

• 1990 COMTESSE MARIE DE FRANCE   86, MARS 2003] 92
(100 % PN)
Abrupt, follement animal et très coquin, que seul un amateur d'érotisme apprécie actuellement. En mai 2000, chez l'importateur Vindirekt à Riche, un groupe de dégustation a été divisé en deux groupes. Je suis convaincu que ce vin deviendra un grand champagne de repas proche d'un bourgogne, mais je comprends que certaines personnes pensent maintenant que le vin est un peu trop orgueilleux.

• 1990 PAUL BARA SPECIAL CLUB   85, MARS 2001] 93
(67 % PN, 33 % CH)
Matière riche en minéraux, en finesse et en élégance avec sous la surface une onctuosité dormante. Encore jeune.

• 1989 COMTESSE MARIE DE FRANCE   87, JUIN 2003] 89
(100 % PN)
Nez de fausse mûre, de prune mûrie au soleil, mises en valeur par le miel, la mélasse et les coquilles d'huître. Ce sont les notes les plus importantes dans ce doux blanc de noirs dense et harmonieux. À la lumière de la durée normale de conservation des vins Bara, le garder en cave peut être intéressant même s'il semble assez mature.

• 1989 PAUL BARA SPECIAL CLUB   85, AVRIL 1998] 90
(70 % PN, 30 % CH)
Ce que le vin gagne en élégance, il le perd en concentration avec l'ajout de chardonnay. Nez fermé mais avec une note de jasmin supplémentaire. Très belle attaque mais longueur en bouche plus courte que les autres millésimes.

• 1988 COMTESSE MARIE DE FRANCE   92, NOVEMBRE 2003] 94
(100 % PN)
Matière douce et équilibrée avec une magnifique concentration de fruits. Vin très élégant montrant à ceux qui en doutent encore que les raisins de pinot n'ont pas besoin de chardonnay des Côtes des Blancs. Notes sensuelles et claires. Nez de chèvrefeuille, de mandarine, d'ananas et de noix de coco. Ce vin se comporte dans beaucoup de cas comme un bourgogne blanc.

• 1986 PAUL BARA SPECIAL CLUB   85, MARS 2003] 85
(70 % PN, 30 % CH)
La plupart des 1986 ont déjà atteint leur apogée, comme celui-ci.
Cela n'implique pas que le vin est fatigué ou oxydé mais simplement
qu'il a acquis des notes accentuées, étoffées et matures de prune
devenant trop dominantes. Robe profonde et intense, mousse
exemplaire très pétillante. Le vin va sûrement bien se comporter
les années à venir. Grande variation en bouteille.

• 1985 COMTESSE MARIE DE FRANCE   85, AVRIL 1995] 91
(100 % PN)
Un 1985 incroyablement élégant et délicat. Nez de champagne typique
avec des notes de pain grillé, de châtaigne et de zeste de citron.
Au palais, le vin donne une impression de clarté cristalline et pure
avec sa longueur en bouche retenue à la recherche d'un équilibre.

• 1983 COMTESSE MARIE DE FRANCE   85, JANVIER 2003] 85
(100 % PN)
Nez étrangement parfumé, aux notes exagérées de banane et de
cassis. Bouche plus intéressante avec ses notes de noisette un peu
monotones. Ces dernières années, il est devenu plus solide.

• 1982 COMTESSE MARIE DE FRANCE   94, OCTOBRE 2003] 94
(100 % PN)
Nez formidable aux notes extrêmes de caramel au beurre. Presque
comme un blanc de blancs lourd, étoffé et très explosif tout en
étant, à l'aération, épicé, animal et avec des notes de réglisse. Il
est rare que la personne guidant une dégustation s'aperçoive que
les participants vont se tromper, mais je savais que personne ne
trouverait un blanc de noirs aussi charnu, franchement délicat,
aux arômes de caramel aux noix. Formidable, mais avec une
mousse un peu trop délicate et un petit manque de nuance
qui l'empêchent de faire partie des millésimes légendaires.
C'est cependant un champagne fantastique.

• 1978 PAUL BARA SPECIAL CLUB   90, MAI 1996] 90
(100 % PN)
Champagne riche, soyeux. Bouche de prune et de raisin. Bonne
longueur particulièrement si on considère le millésime.

BARDOUX R-M
5, rue Saint-Vincent
51390 Villedommange
03 26 49 23 15
Production: 25 000
La famille Bardoux s'est intéressée à la viticulture depuis que Pierre
Bardoux a commencé à travailler sa terre en 1684! Le champagne
de la maison est fabriqué depuis 1929. Le vinificateur actuel,
Pascal Bardoux, a été formé à Beaune.

• PASCAL BARDOUX BRUT   53
(15 % PN, 65 % PM, 20 % CH)

• PASCAL BARDOUX RÉSERVE   61
(20 % PN, 40 % PM, 40 % CH)

BARDY PÈRE & FILS R-M
3, rue d'Oiry
51190 Le Mesnil-sur-Oger
03 26 57 57 59
Production: 60 000
Malheureusement, M. Bardy ne produit plus de ce champagne
millésimé sur ses six hectares de vignes âgées de 25 ans.

• BARDY CUVÉE RÉSERVE   75
(100 % CH)

• BARDY BLANC DE BLANCS   65
(100 % CH)

BARNAUT, E.*** R-M
2, rue Gambetta
51150 Bouzy
03 26 57 01 54
Production: 70 000
La maison a été fondée en 1874 et possède 12 hectares à Bouzy.
Philippe Secondé récolte toujours ses raisins en dernier et effectue
un tri sévère sur place. Les vins sont laissés en cave pendant au
moins cinq ans avec d'être mis en vente. La première cuvée Edmond
de champagne Prestige a été produite pour le 25ᵉ anniversaire
de la maison. Elle contient quelques gouttes de pinot meunier
que Philippe a échangées dans la vallée de la Marne.

• E. BARNAUT EXTRA BRUT   80
(90 % PN, 10 % CH)
Champagne composé de vins plus vieux. Incroyablement dense et
cohérent. Robe pourpre. Nez libérant des notes proches de la viande.

• E. BARNAUT GRANDE RÉSERVE   71
(80 % PN, 20 % CH)

• E. BARNAUT BLANC DE NOIRS   79
(100 % PN)

• E. BARNAUT CUVÉE DOUCEUR SEC   55
(66 % PN, 34 % CH)

• E. BARNAUT ROSÉ   79
(100 % PN)

• 1995 E. BARNAUT   86, FÉVRIER 2004] 90
(50 % PN, 50 % CH)
Plus léger et davantage influencé par le chardonnay que prévu.
Nez un peu floral à la note de pomme. Belle bouche torréfiée et
nuancée. Joli vin élancé!

• 1990 E. BARNAUT   76, MAI 1997] 86
(50 % PN, 50 % CH)
Nez inattendu et élégant aux notes de pomme et d'amande.
Bouche acide et moyennement corsée aux notes minérales
intéressantes. Comme d'habitude, l'origine est très facile
à déterminer après une longue aération.

• E. BARNAUT CUVÉE EDMOND   87
(40 % PN, 20 % PM, 40 % CH)
Ce champagne Prestige sans date du viticulteur a un très beau
bouquet de cannelle, de pain fraîchement cuit et de menthe.
Bouche riche mais pas très mature et aux extraits un peu amers.
Très bon potentiel de conservation. Rappelle la Cuvée Juline de
Georges Vesselle.

BARNIER, ROGER N-M
1, rue du Marais-de-Saint-Gond,
51270 Villevenard
03 26 52 82 77
Production: 50 000
La maison a été fondée en 1932. Frédéric Berthelot cultive
plus de 7 hectares.

• ROGER BARNIER CARTE NOIRE   48
(20 % PN, 40 % PM, 40 % CH)

• ROGER BARNIER EXQUISE   67
(40 % PM, 60 % CH)

• ROGER BARNIER ROSÉ   50
(50 % PN, 5 % PM, 45 % CH)

• ROGER BARNIER   73, OCTOBRE 1997] 76
(45 % PN, 5 % PM, 50 % CH)

BARON ALBERT N-M
Grand-Porteron,
02310 Charly-sur-Marne
03 23 82 02 65
Production : 500 000

La famille Baron est établie à Charly depuis 1677. Avec leurs 32 hectares, Claude, Gilbert et Gervais font aujourd'hui du champagne. L'âge moyen des cépages, qui est de 35 ans, impressionne. Les vins ne subissent pas la fermentation malolactique afin de préserver leur fraîcheur. Pour les meilleurs vins de cette maison, un nouveau petit fût de chêne est utilisé afin de donner de la solidité et un arôme de vanille.

• BARON ALBERT CARTE D'OR	52
(35 % PN, 35 % PM, 30 % CH)	
• JEAN DE LA FONTAINE SEC	51
(5 % PN, 45 % PM, 50 % CH)	
• BARON ALBERT ROSÉ	62
(5 % PN, 50 % PM, 45 % CH)	
• JEAN DE LA FONTAINE ROSÉ	62
(5 % PN, 50 % PM, 45 % CH)	
• 1996 JEAN DE LA FONTAINE	79, JANVIER 2003] 83
(5 % PN, 45 % PM, 50 % CH)	

Un vin prestigieux à 15 % de fermentation en fût de chêne issu de 7 villages. Certaine rondeur en bouche avec une mousse vive et pétillante. Belle finale aux arômes de vanille.

• 1995 BARON ALBERT	62, MAI 2003] 63
• 1996 LA PRÉFÉRENCE DE BARON ALBERT	76, JUIN 2003] 79
(5 % PN, 30 % PM, 65 % CH)	

BAUCHET R-M
Rue de la Crayère
51150 Bisseuil
03 26 58 92 12
Production : 365 000

Cette propriété relativement inconnue produit une quantité importante de vin avec ses 37 hectares dont 25 se situent dans l'Aube. Les principaux raisins proviennent de Bisseuil et de Grauves. En fait, c'est l'un des plus grands viticulteurs en Champagne. Félicien Bauchet a fondé la maison en 1920. Laurent Bauchet dirige actuellement 27 personnes.

• BAUCHET BRUT SÉLECTION	66
(50 % PN, 50 % CH)	
• BAUCHET BRUT RÉSERVE	66
(40 % PN, 60 % CH)	
• BAUCHET ROSÉ	61
(10 % PN, 90 % CH)	
• BAUCHET LE PREMIER JOUR	79
(50 % PN, 50 % CH)	

BAUDRY, P. N-M
51390 Pargny-les-Reims

Une sous-marque de Charles de Cazanove de Reims, située à Pargny-les-Reims.

• BAUDRY CHADELIES	40
(35 % PN, 60 % PM, 5 % CH)	
• PRINCESSE DE BAUDRY	49
(50 % PN, 40 % PM, 10 % CH)	
• BAUDRY MALHERBE	60
(50 % PN, 50 % PM)	

BAUGET-JOUETTE N-M
60, rue Chaude-Ruelle
51200 Épernay
03 26 54 44 05
Production : 200 000

Une production d'Épernay qui était jusqu'à récemment une rareté. Le travail a commencé en 1822 avec des raisins des 15 hectares de Mancy, Monthelon, Grauves, Damery, Venteuil et Hautvillers. Ces dernières années, leurs vins ont beaucoup attiré la presse internationale. Des méthodes traditionnelles sont utilisées. Pour le large public, le style de la maison est composé de champagnes simples aux notes de pain. Le champagne Prestige ne coûte pas plus cher que le champagne non millésimé des grandes maisons.

• BAUGET-JOUETTE CARTE BLANCHE	54
(20 % PN, 40 % PM, 40 % CH)	
• BAUGET-JOUETTE GRANDE RÉSERVE	60
(20 % PN, 20 % PM, 60 % CH)	
• BAUGET-JOUETTE ROSÉ	62
(80 % PN, 20 % CH)	
• 1990 BAUGET-JOUETTE	78, JUILLET 1995] 81
(30 % PN, 70 % CH)	

Arrivé à maturation un brin trop tôt pour un 1990 beurré et crémeux au nez comme en bouche.

• 1990 BAUGET-JOUETTE BLANC DE BLANCS	78, JUILLET 1995] 84
(100 % CH)	

Un peu plus élégant et retenu que le mélange de 1990. Court en bouche.

• CUVÉE JOUETTE	81
(30 % PN, 70 % CH)	

Nez minéral fin et bouche délicatement minérale avec des touches de sablés. Peut vieillir !

• BAUGET-JOUETTE CUVÉE 2000	79, OCTOBRE 2001] 81
(30 % PN, 70 % CH)	

Matière jeune, anormalement fraîche avec des notes fruitées vigoureuses et simples. Beau caractère de chardonnay. Les premiers arômes de pomme laissent apparaître le melon et les agrumes dans une longueur en bouche relativement sèche.

BEAUFORT, ANDRÉ R-M
1, rue de Vaudemanges
51150 Ambonnay
03 26 57 01 50
Production : 25 000

La maison d'André Beaufort a été fondée en 1933 à Ambonnay. Jacques Beaufort possède aujourd'hui 7 hectares plantés à 65 % de pinot noir. Le viticulteur appartient à un groupe privé vendant des millésimes plus âgés. Ses vins sont véritablement très personnels.

• ANDRÉ BEAUFORT BRUT	47
(66 % PN, 34 % CH)	
• 1990 ANDRÉ BEAUFORT	78, OCTOBRE 1997] 85
(66 % PN, 34 % CH)	

Nez fort d'aneth et de bœuf bourguignon. Assez lourd et maladroit en dehors des repas. Bonne structure.

• 1989 ANDRÉ BEAUFORT	80, OCTOBRE 2001] 80
(65 % PN, 35 % CH)	

Jaune profond presque doré avec des jolies petites bulles. Nez riche de fruit lourd. Notes de vanille et de fleurs. Caractère de pinot puissant. Bouche de pomme grillée et possédant la même chaleur que le millésime.

- 1987 ANDRÉ BEAUFORT   82, OCTOBRE 1997] 82
  (66 % PN, 34 % CH)
  Complètement différent des autres vins. Nez crémeux de beurre
  fondu, de pêche, de banane et de chewing-gum. Bouche légèrement exotique et arôme de chardonnay.
- 1986 ANDRÉ BEAUFORT   66, OCTOBRE 1997] 66
  (66 % PN, 34 % CH)
- 1985 ANDRÉ BEAUFORT DEMI-SEC
  (66 % PN, 34 % CH)

BEAUFORT, CLAUDE R-M
16, boulevard des Bermonts
51150 Ambonnay
03 26 57 01 32
Production : 40 000
Claude est aujourd'hui maire d'Ambonnay. Sa fille a épousé le plus
grand viticulteur du village, R. H. Coutier.
- CLAUDE BEAUFORT CUVÉE RÉSERVE   65
  (15 % PN, 85 % CH)
- CLAUDE BEAUFORT BLANC DE BLANCS   65
  (100 % CH)
- CLAUDE BEAUFORT ROSÉ   63
  (50 % PN, 50 % CH)
- 1988 CLAUDE BEAUFORT   75, DÉCEMBRE 1998] 82
  (35 % PN, 65 % CH)
  Nez ample et un peu musqué avec des notes de fromage et de
  légumes cuits. Impression en bouche considérablement plus
  fraîche, où domine le chardonnay.

BEAUFORT, C. R-M
5, rue des Neigettes
51380 Trépail
03 26 57 05 63
Production : 40 000
Encore un viticulteur de la famille Bouzy de Beaufort. La famille
est exploitant à Trépail depuis 5 générations. Arnaud Beaufort est
aujourd'hui à la tête de la maison. Pas de fermentation malolactique.
- C. BEAUFORT BRUT RESERVE   65
  (20 % PN, 80 % CH)

BEAUFORT, HERBERT R-M
32, rue de Tours
51150 Bouzy
03 26 57 01 34
Production : 140 000
Beaufort possède 17 hectares à Bouzy et son Bouzy rouge a
une très bonne réputation. Ce viticulteur est connu en Suède
parce que l'association Monarque Bleu a choisi d'investir dans
le champagne non millésimé de Beaufort pour le déguster alors
que les douze coups annonçant l'an 2000 résonnaient. Il serait
donc intéressant de savoir quel goût a ce champagne de Bouzy
normalement dégorgé.
- H. BEAUFORT CARTE BLANCHE   69
  (70 % PN, 30 % CH)
- H. BEAUFORT CARTE D'OR   74
  (100 % PN)
- LE MONARQUE BLEU   69
  (70 % PN, 30 % CH)
- H. BEAUFORT ROSÉ   70
  (100 % PN)

- 1981 H. BEAUFORT   82, JUILLET 1990] 87
  (80 % PN, 20 % CH)
  Robe brillante. Nez aux nombreuses notes de pomme et
  d'aubépine. Bouche persistante et impressionnante.
- 1998 H. BEAUFORT CUVÉE LA FAVORITE   83, MAI 2003] 88
  Vrai bon et magnifique champagne complet, très charpenté et
  charnu en profondeur. Bouche concentrée dévoilant des notes
  élégantes et franches de fraise et de caramel aux noix.

BEAUMET N-M
3, rue Malakoff
51200 Épernay
03 26 59 50 10
Production : 1 500 000
Beaumet a été fondé en 1878 à Pierry. Jacques Trouillard est
le propriétaire actuel de la maison avec Oudinot et Jeanmaire
dans le joli « Parc Malakoff ». Beaumet possède plus de 80 hectares
répartis dans toute la Champagne. La part des raisins achetés est
d'environ 50 %. Pendant plusieurs années, nous avons pu nous
familiariser avec les vins Beaumet en Suède puisque le Couronne
d'Or est produit par la maison d'Épernay. Le vinificateur, Denis
Colombier, travaille également pour Jeanmaire et Oudinot.
- COURONNE D'OR   50
  (40 % PN, 30 % PM, 30 % CH)
- MARQUIS D'AUVIGNE   50
  (40 % PN, 30 % PM, 30 % CH)
- COURONNE D'ARGENT   25
  (40 % PN, 30 % PM, 30 % CH)
- BEAUMET ROSÉ   50
  (70 % PN, 30 % PM)
- 1994 BEAUMET GRAND CRU   68, MAI 2001] 70
  (60 % PN, 40 % CH)
- 1990 BEAUMET GRAND CRU   66, NOVEMBRE 2003] 66
  (60 % PN, 40 % CH)
- 1989 BEAUMET GRAND CRU   77, OCTOBRE 1999] 66
  (60 % PN, 40 % CH)
- 1985 CUVÉE MALAKOFF   83, JUILLET 1999] 85
  (100 % CH)
  Riche et corsé avec une note fumée. Longueur en bouche douce
  comme un caramel mou. Autrement, un peu monotone.
- 1982 CUVÉE MALAKOFF   85, JUIN 1999] 88
  (100 % CH)
  Grand blanc de blancs beurré impressionnant au magnifique style
  mature.
- 1982 CUVÉE MALAKOFF ROSÉ   80, JUIN 1995] 81
  (100 % PN)
  Un 1982 bien conservé mais au fruité insignifiant sans complexité.
- 1995 BEAUMET MILLENIUM CUVÉE   73, JUILLET 2001] 75
  (60 % PN, 40 % CH)
  La bouteille que j'ai dégustée était pleine de notes de colle blanche
  épaisse, qui a fait connaître auparavant Laurent-Perrier. Vin doux,
  moyennement étoffé avec une belle douceur et des notes
  flagrantes d'amande persistant longtemps en bouche.

BEAUTRAIT, YVES R-M
4, rue des Cavaliers
51150 Louvois
03 26 57 03 38
Production : 65 000
Le viticulteur possède 16,5 hectares à Bouzy, Louvois, Tauxières et
Tours-sur-Marne. La cave de Beautrait est extrêmement propre et

l'équipement très moderne si on considère que la production est relativement modeste.

- YVES BEAUTRAIT BRUT   76
  (75 % PN, 25 % CH)
- 1983 YVES BEAUTRAIT SPECIAL CLUB   76, JUIN 1989] 80
  (60 % PN, 40 % CH)

Complètement constitué de raisins de Bouzy. Nez moins entier que le champagne non millésimé. En revanche, la bouche libère un arôme de pinot persistant et concentré.

BECKER N-M
51100 Reims
Une maison qui appartient au passé. Trouver des bouteilles d'une telle maison est d'autant plus intéressant.

- 1964 BECKER MEMORIAL CUVÉE

BEERENS, ALBERT R-M
10200 Bar-sur-Aube
Production : 35 000
Petit viticulteur de l'Aube possédant 6 hectares plantés à 80 % de pinot noir et à 20 % de chardonnay. Il produit seulement deux champagnes : un rosé et un blanc.

- ALBERT BEERENS BRUT   54
  (90 % PN, 10 % CH)

BENARD, ROGER R-M
25, rue Louis-Lange
51530 Moslins
03 26 59 49 69
J'ai découvert ce champagne sur la Grande Canarie, où il était présenté comme le champagne attitré de mon hôtel à Puerto Rico. Ce n'était pas l'endroit où je pensais découvrir un champagne que je ne connaissais pas. Allez à l'hôtel « El Greco » si vous souhaitez déguster le produit de ce viticulteur.

- ROGER BENARD BRUT   51
  (33 % PN, 33 % PM, 34 % CH)

BÉRAT, JACQUES R-M
8, rue Saint-Roch
51480 Boursault
03 26 58 42 45
Production : 100 000
Les Bérat sont viticulteurs en Champagne depuis le XVIIIe siècle. Mais ce n'est qu'en 1950 que Jacques Bérat commercialisa son propre champagne. La maison possède 12 hectares à Œuilly et Boursault. Isabelle et Vincent Bérat sont les propriétaires actuels. Principaux vins : millésime, Carte Perle, Carte Blanche.

- JACQUES BÉRAT SPECIAL CUVÉE   59
  (50 % PN, 25 % PM, 25 % CH)
- JACQUES BÉRAT ROSÉ   60
  (5 % PN, 95 % CH)

BERGÈRE, ALAIN R-M
81, Grand-Rue
51270 Étoges
03 23 70 29 82
Production : 70 000

- ALAIN BERGÈRE RÉSERVE BRUT   68
  (25 % PN, 50 % PM, 25 % CH)

BERGERONEAUX, FRANÇOIS R-M
10, rue Aurore
51390 Villedommange
03 26 49 24 18
Production : 15 000
Selon beaucoup de gens, c'est l'un des meilleurs viticulteurs de Petit Montagne. Malheureusement je n'ai jamais pu le rencontrer. En tant que journaliste spécialisé en œnologie, il est rare de se faire vilipender lorsque l'on souhaite recevoir des informations sur un producteur. Mais cela a mis François Bergeroneaux dans une colère noire !

- PHILIPPE BERGERONEAUX BRUT   65
  (30 % PN, 50 % PM, 20 % CH)

BERTHELOT, PAUL R-M
889, avenue du Général-Leclerc
51530 Dizy
03 26 55 23 83
Production : 150 000
La famille Berthelot possède 20 hectares dans la vallée de la Marne. Principaux vins : Rosé, Brut.

- PAUL BERTHELOT BRUT RÉSERVE   69
  (30 % PN, 40 % PM, 30 % CH)
- 1983 BERTHELOT CUVÉE DU CENTENAIRE   84, OCTOBRE 2001] 84
  (60 % PN, 40 % CH)

Un vin prestigieux rustique de Dizy aux notes matures et richement étoffé. Il se marie très bien avec un plateau de fromages. J'ai goûté ce vin lors d'une dégustation à l'aveugle et j'étais très loin de la bonne réponse en devinant un Vilmart 1985.

BERTRAND, GILBERT R-M
5, ruelle des Godats
51500 Chamery
03 26 97 63 19
Production : 80 000
Ce viticulteur possède 9,5 hectares à Éceuil, Chamery, Villedommanges et Montbré. Trois parts égales de raisins différents. Cinq cuvées sont produites, dans lesquelles le chardonnay fermente parfois dans des fûts de chêne. La fermentation malolactique n'est pas utilisée. Didier Bertrand est le vinificateur actuel de la maison.

- GILBERT BERTRAND BRUT   50
  (20 % PN, 60 % PM, 20 % CH)

BESSERAT DE BELLEFON N-M
19, avenue de Champagne
51200 Épernay
03 26 78 50 50
Production : 1 300 000
Fondée en 1843 à Ay et achetée par Pernod-Ricard en 1971. Besserat appartient aujourd'hui à Marne et Champagne. Marie-Laurence Mora veille à ce que la qualité chez Besserat se situe toujours à un niveau acceptable. Vincent Malherbe est l'homme derrière les cuvées. La maison ne possède pas de vignobles propres. Elle achète du raisin dans 110 communes. Les vins sont vinifiés de façon ultramoderne et si filtrés que le potentiel de conservation en cave est très faible. La maison a une bonne réputation en France pour ses crémants fruités, mais il faut les boire jeunes. Seulement 14 % de la production est exportée. Les autres marques sont : de Monterat, de Vauzelle.

- CUVÉE DES MOINES   67
  (45 % PN, 35 % PM, 20 % CH)

- GRANDE TRADITION 75
  (35 % PN, 25 % PM, 40 % CH)
- CUVÉE DES MOINES ROSÉ 61
  (60 % PN, 20 % PM, 20 % CH)
- 1996 BESSERAT DE BELLEFON 79, AVRIL 2003] 84
  (25 % PN, 15 % PM, 60 % CH)
  Beau vin élégant et gracieux. Bouquet léger, pur et bien composé.
  La forte acidité domine des séquences en bouche crémeuses et
  plus tendres. Beau caractère de chardonnay surpassant les raisins
  de vin rouge.
- 1990 BESSERAT DE BELLEFON 84, MARS 2003] 84
  (25 % PN, 15 % PM, 60 % CH)
  Une belle note piquante et torréfiée se cache pour se libérer autour
  du fruité floral. Bouche persistante, intense et pétillante. Un 1990
  frais dont la profondeur se développera bien avec le temps. Mais
  personnellement, je préfère boire du champagne plus jeune.
- 1989 BESSERAT DE BELLEFON 80, AOÛT 1997] 82
  (25 % PN, 14 % PM, 61 % CH)
  Nez discret, fleuri et jeune. Bouche correcte bien que sans charme.
- 1985 BESSERAT DE BELLEFON 79, OCTOBRE 2001] 79
  (25 % PN, 15 % PM, 60 % CH)
- 1982 BESSERAT DE BELLEFON 85, NOVEMBRE 2001] 85
  (50 % PN, 50 % CH)
  Vin voluptueux au magnifique bouquet de café. Quelque peu
  moins impressionnant en bouche, même s'il est très bon grâce à
  ses belles notes minérales et de chocolat à l'orange. Mature et pas
  trop cher.
- 1975 BESSERAT DE BELLEFON 84, JANVIER 2000] 84
  (25 % PN, 25 % PM, 50 % CH)
  Les vins de Besserat ne sont pas destinés à la conservation.
  Ce millésime âgé de 25 ans n'est pourtant pas marqué par
  le temps. La matière, le nez et la bouche font preuve d'une jeune
  vitalité et énergie. Ce vin est néanmoins trop aqueux et manque
  de concentration.
- 1982 BESSERAT DE BELLEFON ROSÉ 86, AVRIL 2002] 86
  (50 % PN, 50 % CH)
  Un vin aimable au caractère sublime et légèrement estival.
  Nez aux rondeurs du millésime de la même année mêlées
  à une bonne dose de café et un vent léger de framboise.
  Bouche aux notes principales constantes, charnues et beurrées,
  libérant une légèreté rafraîchissante.
- 1964 BESSERAT DE BELLEFON ROSÉ 89, MARS 2004] 89
  (50 % PN, 50 % CH)
  Nez impressionnant de caramel et de fruit somptueux avec une
  touche de cuir. Mousse délicate mais piquante avec un arôme
  fondamentalement chocolaté. Champagne de repas très charmant.
- GRANDE CUVÉE BESSERAT DE BELLEFON 67
  (40 % PN, 60 % CH)
- 1996 GRANDE TRADITION 85, SEPTEMBRE 2003] 88
  Nez presque franc aux belles touches fleuries. Beau caractère
  minéral et de fruit retenu. Acidité retenue. Champagne
  prestigieux prometteur.
- 1979 BRUT INTÉGRAL 84, DÉCEMBRE 2003] 84
  (50 % PN, 50 % CH)
  Vin vif à la matière moyennement âgée. En revanche, le nez
  est mature avec des notes de thé, de café, de légume, de pain
  et d'arbre fruitier. Il est d'autant plus fascinant que le nez soit
  moelleux, arrondi alors que la bouche n'est pas douce mais âpre,
  crue, acide et sèche comme un craquement. Ce champagne se
  marie bien avec les fruits de mer en raison de son caractère
  demi-sel et malté.

- 1977 BRUT INTÉGRAL 75, DÉCEMBRE 2003] 75
  (50 % PN, 50 % CH)
- 1975 BRUT INTÉGRAL 88, DÉCEMBRE 1995] 88
  (50 % PN, 50 % CH)
  Sec, persistant et assez charpenté d'une façon charmante mais abrupte.
  J'ai malheureusement bu ce champagne de repas comme apéritif.

BICHOIT N-M
51100 Reims
N'existe plus depuis longtemps.
- 1955 BICHOIT 92, OCTOBRE 2001] 92
  Quel petit délice! Ce vin charmeur est irrésistible. Délicatement
  léger. Nez et bouche légers, exquis, doux, frais et étoffés par
  des notes de fraise, de bergamote et de sucre d'orge.

BILLECART-SALMON ***** N-M
40, rue Carnot
51160 Mareuil-sur-Ay
03 26 52 60 22
Production : 600 000
C'est un véritable plaisir pour un amateur de vins de visiter la petite
maison bien dirigée de Mareuil-sur-Ay. Elle est à la mode en ce
moment. Leurs grands vins sportifs et élégants se marient très bien
avec « la nouvelle cuisine ». La maison a été fondée en 1818 et s'est
toujours concentrée sur un champagne de qualité de style léger.
Billecart a une attitude très innovante dans la vinification des vins.
Ils sont les pionniers de la stabilisation à froid, qui implique que
la température des jus soit abaissée pour atteindre les 5 °C. Cette
température est maintenue pendant deux jours, de la levure en
poudre est ensuite ajoutée, la fermentation a lieu dans des cuves
d'acier et dure trois semaines. La lente fermentation est rendue
possible en maintenant la température des cuves autour de 12 °C. Puis
le vin est chauffé pour atteindre les 18 °C afin que la fermentation
malolactique commence. Depuis 1998, le vinificateur, François
Domi, réussit cette expérience avec des fûts de chêne de Louis Jadot
en Bourgogne. Une autre nouveauté passionnante est le vin du Clos
Saint Hilaire. Un blanc de noirs grandiose élaboré à partir de cépages
âgés de cinquante ans à Mareuil-sur-Ay. La philosophie de la maison
est d'éviter à tout prix l'oxydation. Dans la plus grande mesure
possible, le parfum doit provenir des raisins eux-mêmes et non des
arômes secondaires de la vinification. Billecart achète environ 95 %
des raisins à 23 vignobles de premier ordre. Leurs propres raisins
sont des pinots noirs du village. Ils ont conclu des accords avec
plusieurs viticulteurs respectés des villages de grands crus d'Avize,
de Cramant et de Mesnil. Le style de la maison, rafraîchissant,
fruité et élégant, m'a laissé croire pendant des années que les
champagnes Billecart devaient se consommer jeunes. Leur grandeur
réside dans le fait que malgré leur charme direct et précoce, ils
vieillissent en cave de façon incomparable. Je ne suis pas tout à fait
d'accord avec l'idée que cette petite maison aurait créé, jusqu'à
aujourd'hui, deux des plus grands champagnes au monde. Je suis
néanmoins convaincu que le millésime de 1959 aurait gagné lors de
la dégustation du millénaire (voir page 66) avec un autre jury. C'est
tout simplement un champagne parfait sans arômes fermes. La maison a fait plusieurs vins de premier ordre. Il faut en profiter pour
acheter les vins Billecart-Salmon avant qu'ils ne deviennent aussi
chers que les champagnes Krug!
- BILLECART-SALMON BRUT 81
  (35 % PN, 30 % PM, 35 % CH)
  Création du fils, Antoine Billecart, je dirais que c'est le meilleur
  champagne non millésimé au style extrêmement fruité. Nez vif

et frais comme un matin de printemps. Bouche légère, fraîche et citronnée. Persistant en bouche et équilibré aux notes de pommes Granny Smith. Ces derniers temps, plus doux, onctueux et sucré.

- BILLECART-SALMON BLANC DE BLANCS   86
(100 % CH)
Un nouveau vin captivant de la collection de Billecart. Probablement un vin excellent à conserver. Personnellement, il me rappelle beaucoup l'introuvable chardonnay sans année Jacquesson – peut-être légèrement moins épicé et un tantinet plus pur. Il n'appartient pas du tout à la même catégorie que les vins millésimés. C'est néanmoins un vin très respectable et abordable.

- BILLECART-SALMON DEMI-SEC   65
(35 % PN, 30 % PM, 35 % CH)

- BILLECART-SALMON ROSÉ   86
(40 % PN, 20 % PM, 40 % CH)
Contrairement à beaucoup de personnes écrivant sur les vins, je ne pense pas que ce vin doit être bu au tout début de sa maturation! Après cinq ou six ans, la bouteille prendra une robe rose saumonée avec une touche d'orangé. Le nez élégant et fruité deviendra plus profond et libérera plus de notes de noix. Parallèlement, la bouche sera plus sérieuse et plus persistante. Une demi-bouteille au bouchon aussi droit qu'une pointe dégustée au restaurant « la Tour d'Argent » à Paris en mars 93 était unique.

- 1997 BILLECART-SALMON CUVÉE N.F.   89, AOÛT 2003] 92
(60 % PN, 40 % CH)
Un très bon vin charmant, léger, au doux profil. Les arômes sont bons et délicieux avec une note riche et douce de vanille, et également une note juteuse et fastueuse de fruit mûr et tendre. Moins amer que d'habitude. Je serais surpris si le vin se conservait longtemps en cave, mais on ne sait jamais avec un Billecart-Salmon.

- 1996 BILLECART-SALMON CUVÉE N.F.   89, JUIN 2004] 95
(60 % PN, 40 % CH)
Assurément, le fruité est voluptueusement mûri par le soleil. La richesse aromatique est en outre fantastique. Mais, c'est un vin jeune et inachevé qui doit être conservé vraiment longtemps afin d'atteindre son meilleur niveau. Les notes de vanille, de pomme d'hiver, de compote de prunes et de groseille rouge vont finir par respirer la grandeur et la boulangerie française.

- 1995 BILLECART-SALMON CUVÉE N.F.   89, AVRIL 2004] 93
(60 % PN, 40 % CH)
Vin très difficile à évaluer qui n'est pas très prometteur pour le moment. Il n'a pas encore trouvé son équilibre et le pinot noir domine aujourd'hui de façon un peu trop excentrique. Des notes jeunes proches du Gosset se discernent ainsi que celles de peaux de pommes rouges. Je n'aurais jamais donné autant de points pour son potentiel si je n'avais pas été aussi déçu auparavant par le potentiel de vieillissement de Billecart. C'est la voix de l'expérience qui s'exprime, n'est-ce pas ?

- 1991 BILLECART-SALMON CUVÉE N.F.   85, FÉVRIER 2000] 89
(60 % PN, 40 % CH)
Ce champagne est anormalement doux. Il possède de nombreuses notes de fruit exotique beurrées et de réglisse. Moins tendu et élégant qu'habituellement avec un certain manque de profondeur. Mais, parallèlement, le vin est très bon et léger. Le Billecart-Salmon est toujours un choix sûr.

- 1990 BILLECART-SALMON CUVÉE N.F.   93, AVRIL 2004] 96
(60 % PN, 40 % CH)
Magnifique vin rafraîchissant et très jeune. Nez extraordinaire d'écorces de citron, de kiwi et de chocolat blanc. Équilibre et finesse exemplaires. Malgré sa richesse exotique, le vin est terriblement rafraîchissant.

- 1989 BILLECART-SALMON CUVÉE N.F.   90, FÉVRIER 2003] 92
(60 % PN, 40 % CH)
Fraîcheur, équilibre et charme extraordinaires. Sophistiqué et presque impossible à différencier d'un 1988.

- 1988 BILLECART-SALMON CUVÉE N.F.   94, NOVEMBRE 2003] 95
(60 % PN, 40 % CH)
Un exemple d'équilibre réussi! Le vin danse comme un bel elfe dans la brume de l'aube à la mi-juin. Les belles impressions sont libérées comme un tourbillon avec légèreté et précision. Le vin a toujours été beau et équilibré avec des notes nerveuses de fleurs et d'agrumes. À l'âge de 15 ans, tous les manques sont comblés par de belles séquences de café, de caramel dur, de crème brûlée et de chocolat aux noisettes. C'est fou de voir les beautés à retardement produites par Billecart!

- 1986 BILLECART-SALMON CUVÉE N.F.   90, AVRIL 2004] 90
(60 % PN, 40 % CH)
Nez beurré de premier ordre légèrement étouffé par des notes de vanille. Bouche aux nombreuses facettes et harmonieuse.

- 1985 BILLECART-SALMON CUVÉE N.F.   92, FÉVRIER 1999] 94
(40 % PN, 60 % CH)
N.F. a toujours une robe jaune d'or brillante avec une mousse extrêmement belle. Une œuvre d'art symphonique dans un style relativement léger. Nez aristocratique, plein de finesse. Bouche de chardonnay féminine construite autour d'un caractère de pinot noir très classique.

- 1983 BILLECART-SALMON CUVÉE N.F.   92, FÉVRIER 2004] 92
(45 % PN, 55 % CH)
Le millésime de 1983 commence déjà à montrer des signes de maturité. Nez mature, torréfié et délicieux. Bouche moins riche que les autres millésimes. À boire aujourd'hui. Splendide bouteille dégustée au restaurant « Lucas Carton » à Paris.

- 1982 BILLECART-SALMON CUVÉE N.F.   95, AVRIL 2004] 95
(60 % PN, 40 % CH)
Le vin s'est montré encore meilleur que ce que j'avais prédit. Torréfié, aux notes légères de noix avec un éventail d'arômes soyeux en bouche.

- 1979 BILLECART-SALMON CUVÉE N.F.   95, MAI 2001] 96
(60 % PN, 40 % CH)
Je l'ai seulement dégusté deux fois d'un magnum. Bouquet jeune, lent pétillement très chaleureux. Comme une peinture de Monet avec sa complexité de couleurs légères et estivales. Bouche déjà pétillante et fraîche aux accents légers de café torréfié.

- 1978 BILLECART-SALMON CUVÉE N.F.   93, MAI 2001] 93
(60 % PN, 40 % CH)
Ce n'est pas souvent que je compliment un millésime de 1978. Le vin est encore plus riche que l'angélique 1979 avec des séquences charnues de fruits concentrés, de caramel aux noix, de mélasse, de miel et de vanille. À l'aération, l'élégance s'évapore un peu sans faire diminuer la note.

- 1976 BILLECART-SALMON CUVÉE N.F.   95, OCTOBRE 1999] 96
(50 % PN, 50 % CH)
Le style élégant de Billecart-Salmon mêlé au riche millésime fait de ce vin une réussite garantie. L'un des millésimes de champagne les meilleurs et les plus frais. Le vin est si riche en notes fraîches de citronné, où le citron vert domine, qu'il explose en bouche. La robe est étonnamment pâle et la mousse des plus crémeuses. Le tout enrobé dans le plus doux des bonbons.

- 1975 BILLECART-SALMON CUVÉE N.F.   94, NOVEMBRE 2003] 94
(60 % PN, 40 % CH)
Initialement, on aurait pu parier sur un accord léger et fruité. Le vin libère maintenant des arômes secondaires magnifiques

mettant en valeur des touches charmantes de pomme. La vanille et le chocolat dominent dans ce vin qui possède aujourd'hui une grande complexité.

• 1971 BILLECART-SALMON CUVÉE N.F.   95, MAI 2003] 95
(60 % PN, 40 % CH)

Il n'est jamais amusant de renvoyer une bouteille bouchonnée dans un restaurant. C'est encore pire lorsque la bouteille est, en plus, l'un des derniers magnums restant. Cela m'est arrivé avec un groupe de dégustation lors de notre visite au café trois étoiles d'Alain Passard à Paris. Mais il est malgré tout rassurant de savoir que nous avions raison. L'autre magnum était très différent du premier avec un caractère profond évoquant dans une grande mesure l'automne. Les champignons, l'humidité, l'écorce mouillée, les fruits tombés, les feux de feuilles. Moyennement étoffé et sérieux, sans notes supplémentaires de fruits comme Billecart possède souvent.

• 1966 BILLECART-SALMON CUVÉE N.F.   96, MARS 2000] 96
(60 % PN, 40 % CH)

Pas le même mordant que le 1959 et le 1961. Ce vin est plus doux avec une note minérale sous-jacente comme les millésimes de 1966 de la maison. J'ai dégusté deux bouteilles dans la même journée. L'une libérait plus de notes torréfiées et de noix, alors que l'autre dévoilait des notes de fruits secs et des arômes de caramel. Le niveau de qualité était le même pour les deux bouteilles.

• 1961 BILLECART-SALMON CUVÉE N.F.   98, JANVIER 1999] 98
(60 % PN, 40 % CH)

« L'un des millésimes de 1961 les plus élégants et les plus harmonisés que j'ai dégusté. Nez aux notes exquises de chardonnay, mais c'est surtout une impression exotique et presque tropicale qui domine. Pas aussi grandiose que le millésime de 1959 mais tout aussi agréable avec sa finale et son essence à la Yquem en bouche. Pas aussi bien conservé qu'un millésime de 1949 avec son moelleux fruité concentré. « Un vainqueur potentiel », avais-je écrit dans mes notes. Élu le second plus grand champagne de tous les temps lors de la dégustation du millénaire (voir page 66).

• 1959 BILLECART-SALMON CUVÉE N.F.   99, JUIN 1999] 99
(60 % PN, 40 % CH)

Ce millésime de 1959 était très facile à deviner lors de la dégustation à l'aveugle chez Antoine Billecart. Aucune autre année ne possède une telle force. J'ai du mal à imaginer un vin meilleur que le grandiose 1959, parfaitement élaboré avec la subtilité unique et la richesse en minéraux de la maison Billecart. Un champagne complètement parfait dans sa catégorie avec une bouche douce extrêmement persistante, fumée et miellée, aux notes de noix, de fleurs d'oranger et de miel. Par la suite, j'ai appris que le frère d'Antoine ne voulait pas que Billecart-Salmon participe à la dégustation du millénaire. Vous connaissez la suite, il a gagné !

• 1955 BILLECART-SALMON CUVÉE N.F.   99, MARS 2000] 99
(60 % PN, 40 % CH)

Antoine Billecart m'a demandé quel était le premier vin sur ma liste de millésimes que je souhaitais absolument découvrir chez Billecart-Salmon. Quand je lui ai répondu sans hésiter un millésime de 1955, il a eu une étincelle dans le regard. Quelques secondes plus tard, il dit : « Cela devait être une surprise mais tu peux bien l'apprendre maintenant. J'ai déjà préparé un 1955 pour le repas de ce soir au Royal Champagne. » Je ne vais pas vous raconter ce que j'ai fait. Il faudra lui demander. Mais je lui ai témoigné ma joie d'une façon très peu suédoise. Vous pensez que c'est pour cela que je lui ai donné 99 points. Pas du tout ! En vérité, je prends toujours un peu de distance dans ma tête pour enlever les facteurs redondants lors de mon évaluation d'un vin.

En fait, le cru de 1955 est encore plus élégant et plus profond que le millésime de 1959 ou de 1961. Le style de la maison est étonnamment constant avec un ton à la Grand Siècle de draps fraîchement lavés et de beurre brun. La Cuvée N.F. de Billecart est l'un des meilleurs champagnes de l'histoire.

• 1997 BILLECART-SALMON BLANC DE BLANCS   92, MAI 2003] 93
(100 % CH)

Champagne merveilleusement rafraîchissant, très jeune et sublime, à la fraîcheur glacée. Léger et volatile comme un vin de printemps. Antoine Billecart a raison d'être fier de sa création sensuelle et légère.

• 1995 BILLECART-SALMON BLANC DE BLANCS   94, JUIN 2003] 95
(100 % CH)

Puisque le chardonnay a été récolté quelques jours avant les raisins noirs, il a échappé aux dommages causés par la pluie qui a frappé le pinot en 1995. C'est notable chez Billecart dont le N.F. est cette fois beaucoup moins bon que le blanc de blancs. Nez fleuri jeune et léger. Bouche incroyablement pure avec beaucoup de minéraux.

• 1990 BILLECART-SALMON BLANC DE BLANCS   95, AOÛT 2003] 96
(100 % CH)

Billecart a réellement créé des vins magnifiques pour ce millésime. Ce blanc de blancs ne fait pas exception à la règle. L'élégance rayonne et le vin possède tout ce qu'un grand champagne doit avoir : nombreuses notes minérales, d'agrumes ainsi qu'une mousse exemplaire, douce et veloutée. Lorsque le verre est resté immobile pendant vingt minutes, le nez décèle une note magnifique de caramel aux noix qui se libère.

• 1989 BILLECART-SALMON BLANC DE BLANCS   91, JANVIER 2003] 93
(100 % CH)

« Ce vin est un favori évident parmi beaucoup d'autres maisons. La réputation de Billecart en Champagne est intouchable. Jusqu'à présent, j'étais légèrement déçu par ce vin pur mais un peu introverti. Ce vin franc aux arômes d'herbe, de minéraux devrait être conservé en cave pendant de nombreuses années. » C'est ce que j'ai écrit il y a deux ans. Une maturité formidable aux notes de noix et de crème se libérant déjà. Comme quoi on peut se tromper.

• 1988 BILLECART-SALMON BLANC DE BLANCS   93, AVRIL 2004] 94
(100 % CH)

La première fois que j'ai dégusté ce vin, il était servi beaucoup trop froid. À la bonne température, il libère des arômes subtils d'herbe, d'aubépine, de minéraux et de foin. Un vin à garder en cave.

• 1986 BILLECART-SALMON BLANC DE BLANCS   77, JANVIER 1997] 84
(100 % CH)

Peut-être un peu léger pour moi mais à part cela, très pur et élégant.

• 1985 BILLECART-SALMON BLANC DE BLANCS   70, MARS 1993] 85
(100 % CH)

Provient uniquement des meilleurs villages de côte des Blancs. Un style pur et fruité mais un peu impersonnel et nu. Beaucoup mieux que ce que j'avais cru alors.

• 1983 BILLECART-SALMON BLANC DE BLANCS   93, AVRIL 2003] 94
(100 % CH)

« Robe presque transparente avec une mousse riche. Nez aux notes de foin et d'herbe. Bouche fine avec une acidité prononcée », écrivais-je en 1990. Puisque je sais que les vins Billecart vieillissent de façon inattendue et exceptionnelle, j'ai seulement donné 80 points pour le potentiel de ce vin. La plupart des millésimes de 1983 sont fatigués et presque tous ont des notes fumées et de liège évoquant le bouchon. Lorsque ces grands vins, qui ont vieilli lentement comme ceux de Salon, sont au bord du déclin il est terriblement rafraîchissant de déguster ce vin magnifique, acide et jeune. Nez joliment sublime où s'harmonisent les grains de café torréfiés et les fleurs. Bouche sensuelle, mordante et fraîche.

• 1976 BILLECART-SALMON BLANC DE BLANCS 94, JANVIER 2004] 94
(100 % CH)
La richesse du millésime va très bien à un vin normalement introverti.

• 1973 BILLECART-SALMON BLANC DE BLANCS 94, JUIN 1999] 94
(100 % CH)
Âgé de 17 ans, ce vin est toujours très jeune avec une légère nuance verte dans sa robe jaune d'or pâle. La mousse était superbe, le nez discret de notes chocolatées renforcées par du citron vert et des fleurs blanches. Bouche pas complètement mature mais très belle et riche en minéraux. Vin maintenant très mature aux notes élégantes de noix

• 1966 BILLECART-SALMON BLANC DE BLANCS 98, MARS 2000] 98
(100 % CH)
Un voyage inhabituel dans le monde du vin effectué dans un verre à champagne. Au premier abord, ce vin est lourdement marqué par des notes minérales et surtout par la pierre, une note qui peut être confondue avec du bouchon. Lorsque j'ai dégusté avec Antoine Billecart et de bons amis trois crus de 1966, nous nous sommes tous interrogés sur leurs attaques proches du liège. Nous avons conclu que cela dépendait de la réduction liée au caractère fortement fossile du millésime. Une fois que ce blanc de blancs a fini d'étaler tout son éventail, nous avons découvert l'Alsace. La robe jaune profond, la note intensive de pétrole et de citron vert de ce vin me rappellent un exquis Clos St. Hune 1971. Après une demi-heure, le vin se rapproche du Bourgogne avec ses arômes de raisins typiques de Montrachet cultivés sur un sol de premier ordre. Alors que nous buvions les dernières gouttes de ce vin, ma note est passée de 95 à 98. Nous étions de retour en Champagne avec une empreinte marquée du Mesnil. Les arômes forts de noix, de café, de citron vert, d'acacia et de craie constituent une description embarrassante de l'impression laissée par ce vin. Merci pour ce voyage inoubliable.

• 1974 BILLECART-SALMON ROSÉ 91, MAI 2001] 91
(35 % PN, 35 % PM, 30 % CH)
Un millésime sensationnel pour ce bon vin à la mousse délicate, à la robe pâle légèrement jaune et au nez fleuri avec des touches de crème brûlée et de fleurs d'oranger. Persistant et soyeux en bouche.

• 1973 BILLECART-SALMON ROSÉ 88, JUIN 2000] 88
(35 % PN, 35 % PM, 30 % CH)
Plus solide, beaucoup plus sombre et mature qu'un millésime de 1974. Au nez. des notes de figue, de datte et de tokay luttent pour la primauté aromatique. Bouche charnue typique du millésime qui coule bien en bouche.

• 1969 BILLECART-SALMON ROSÉ 94, JUIN 2000] 94
(35 % PN, 35 % PM, 30 % CH)
Vin superbe, aux diverses facettes, à la structure classique et à l'équilibre magnifique. Les arômes sont similaires à ceux du Dom Pérignon des années soixante. Le style est un peu plus léger avec une évanescence inspirante et fraîche.

• 1966 BILLECART-SALMON ROSÉ 94, MARS 2000] 94
(35 % PN, 35 % PM, 30 % CH)
J'ai enfin pu faire connaissance avec ce charmeur connu aux notes délicieuses de caramel dur. Robe très pâle et aussi rose saumonée que son appellation. Mousse abondamment pétillante mettant en valeur le caractère minéral de pierre qui me rappelle une dégustation au tonneau de Verzenay. Le champagne s'est avéré être léger malgré une attaque un peu forte. Magnifique et facile à boire avec une finale irrésistible douce et sexy.

• 1990 BILLECART-SALMON GRANDE CUVÉE
(40 % PN, 60 % CH) 91, DÉCEMBRE 2001] 95
Il est difficile de le différencier du N.F. de la même année. Fruité pompeux et intensif avec une jeunesse intense. Bouche aux notes de groseille à maquereau verte et une autre exotique de fruit de la passion. Toutes ces notes fruitées assez froides se mélangent très bien avec des tons de vanille.

• 1989 BILLECART-SALMON GRANDE CUVÉE
(40 % PN, 60 % CH) 92, JANVIER 2003] 94
Plus de pinot au nez que d'habitude ce qui dérange légèrement la note de raisin et de prune à la Gosset. Comme jamais auparavant, en bouche, ce vin est séduisant avec sa belle netteté riche en minéraux et avec sa douce saveur veloutée et onctueuse. La dernière bouteille que j'ai dégustée possédait l'élégance sans faille de la maison et un nez torréfié magnifique.

• 1988 BILLECART-SALMON GRANDE CUVÉE
(40 % PN, 60 % CH) 96, FÉVRIER 2004] 96
Champagne très beau et très harmonieux aussi pur et clair que de l'eau de source. Le fruité est comme d'habitude très frais. Une note de beurre discrète et une belle nuance de pain grillé soutiennent cette première impression. Ce vin deviendra avec le temps plus charpenté avec un ton incroyablement beau de pralines à la vanille.

• 1982 BILLECART-SALMON GRANDE CUVÉE
(20 % PN, 80 % CH) 96, JANVIER 2004] 96
L'un des plus riches et des plus charnus des millésimes de 1982 mais, malgré cela, il libère une grande fraîcheur, une élégance unique et une richesse inégalée en nuances. Dans ce grand vin léger, la note la plus présente est celle du caramel aux noix. Beaucoup d'éléments me rappellent un blanc de chardonnay légendaire de Pol Roger de la même année.

• 1997 BILLECART-SALMON ROSÉ CUVÉE ELISABETH
(55 % PN, 45 % CH) 89, MARS 2004] 92
Vin vraiment délicieux plein de charme et de chaleur de fin de printemps. Robe pâle et belle, nez unique, fruité et caressant de baies d'été, de fleurs du début de l'été. Ton moelleux de vanille qui se retrouve également dans la bouche sophistiquée, moelleuse, équilibrée et assez légère. Un vin que l'on ne doit pas conserver aussi longtemps que les autres vins de cette maison unique.

• 1995 BILLECART-SALMON ROSÉ CUVÉE ELISABETH
(44 % PN, 56 % CH) 90, JANVIER 2003] 93
Un millésime de 1985 non encore développé et séduisant avec en bouche des « notes blanches » de champagne épicées et un arôme de framboise. Finesse, équilibre, à bon potentiel.

• 1991 BILLECART-SALMON ROSÉ CUVÉE ELISABETH
(55 % PN, 45 % CH) 87, OCTOBRE 2000] 90
Brillant Billecart! Comment est-ce qu'un millésime de 1991 peut être si sensuel et plein de séduction est une énigme. Bouche incroyablement bien composée. Vin agréable à déguster dans toutes ses phases de développement.

• 1990 BILLECART-SALMON ROSÉ CUVÉE ELISABETH
(45 % PN, 55 % CH) 91, OCTOBRE 2000] 94
Un grand champagne rosé aux merveilleux arômes croustillants de raisins frais et de minéraux. Longueur et équilibre parfaits. À boire maintenant ou à déguster à sa maturité complète dans une dizaine d'années.

• 1989 BILLECART-SALMON ROSÉ CUVÉE ELISABETH
(45 % PN, 55 % CH) 91, SEPTEMBRE 2003] 93
Billecart est l'un des maîtres en matière de champagne rosé. Grande élégance, bonne prise. La richesse des années se libère distinctement sans cependant prendre le dessus. Un vin très intéressant à suivre à l'avenir.

• 1988 BILLECART-SALMON ROSÉ CUVÉE ELISABETH
(45 % PN, 55 % CH)   95, OCTOBRE 2003] 95
Quel vin débutant superbe! Belle robe rose saumonée comme
celle du non millésime. Riche finesse, nez de baie, bouche de
vanille inattendue douce et riche où le fruité est si intense qu'il
libère parfaitement la douceur. Mature à cette période avec le
fantastique croquant du caramel dur et des notes de nougat. Un
rêve à boire à grandes gorgées. Gagnant à Paris en 2003 dans la
catégorie des rosés lors de la dégustation « Spectacle du Monde ».

• BILLECART-SALMON 150 ANNIVERSARY CUVÉE
(60 % PN, 40 % CH)   87, MARS 2004] 87
Il est toujours fascinant de trouver de telles raretés.
Malheureusement, ce vin s'est facilement effrité avec le temps
et en raison d'un traitement pas tout à fait convenable.
Une mousse légère pétillante qui élève le vin sombre et assez
exigeant. Notes fascinantes de vin rouge, d'épice, de bois ancien,
de cendre et de champignon mélangées à des amandes torréfiées
et de la mélasse.

• BILLECART-SALMON 150 ANNIVERSARY CUVÉE DEMI-SEC
(60 % PN, 40 % CH)   86, MARS 2004] 86
Un grand vin des années soixante au nez angélique d'orange,
de caramel dur et de sauternes mature. Bouche un peu épicée.
L'un des meilleurs champagnes doux que j'ai dégusté. Plus jeune
et plus pétillant que sa variante sèche.

BILLIARD, G. N-M
78, rue du Général-de-Gaulle
51530 Pierry
03 26 54 02 96
Production : 80 000
La maison a été fondée en 1935 et possède plus de deux hectares à
Pierry. 85 % des raisins sont achetés. Le viticulteur est l'un des rares
qui n'a pas de vins de réserve. Principaux vins : Blanc de Blancs,
Rosé, Millésime.

• G. BILLIARD CACHET ROUGE   25
(40 % PN, 40 % PM, 20 % CH)

BILLION, F. *** R-M
4, rue des Lombards
51190 Le Mesnil-sur-Oger
03 26 57 51 24
Production : 80 000
Robert Billion était auparavant responsable des vins à Salon mais
il a toujours produit une petite quantité de champagne sous son
propre nom. Encore aujourd'hui Billion vend des raisins à Salon.
Son style a certaines ressemblances avec celui de Salon. Le caractère
fumé et la note de noix sont très marqués mais Billon n'a pas
l'élégance commune à tous les plus grands producteurs au Mesnil.
A. Robert et F. Billion sont les précurseurs dans l'école du Mesnil
pour la fermentation en fût de chêne.

• F. BILLION BRUT   75
(100 % CH)
• F. BILLION VINESIME   73
(100 % CH)
• 1989 F. BILLION   83, AVRIL 1997] 86
(100 % CH)
Le millésime et le producteur produisent habituellement
des vins charnus mais celui-ci maintient son équilibre. Si vous
doutez que le champagne se marie bien avec les asperges, je vous
recommande ce vin qui dépasse plusieurs niveaux avec « le trésor
doré du printemps. »

• 1988 F. BILLION   80, DÉCEMBRE 1994] 84
(100 % CH)
Très riche en bouche et épatant. Rempli de fruité exotique
de chardonnay et d'un charme beurré mais un peu faible
en corpulence.
• 1985 F. BILLION   90, AOÛT 1999] 92
(100 % CH)
Variante rustique des arômes de Salon. Robe mordorée. Nez de
chêne renforcé par des notes de beurre et de miel. Aussi vineux
qu'un bourgogne blanc. Un côté « à l'ancienne » impressionnant.

BILLIOT, HENRI *** R-M
Place de la Fontaine
51150 Ambonnay
03 26 57 00 14
Production : 45 000
La petite quantité de bouteilles produite annuellement par Billiot
est pratiquement entièrement achetée par des amateurs au
Royaume-Uni. Ces vins sont si rares que je n'en avais jamais
dégusté avant ma visite chez ce viticulteur en 1994. J'étais très
enthousiaste lorsque j'ai ouvert le portail de cette propriété.
À quoi ressemble ce vigneron légendaire ? Est-ce que sa renommée
lui est montée à la tête comme pour beaucoup de petits viticulteurs
démoniaques de bourgogne ? Non. Je fus soulagé de constater que
tout comme MM. Selosse, Peters et Diebolt, il avait gardé les pieds
sur terre. M. Billiot est une personne très humble et très modeste
qui, lors de ma visite, portait des jeans usés et un pull tricoté main.
Lorsque vous arrivez directement de l'une des plus grandes maisons
dont les responsables habillés en Armani pensent uniquement aux
affaires, il est fantastique de rencontrer un véritable viticulteur dans
le plein sens du terme. Les Anglais pensent qu'il fait fermenter ses
vins dans des fûts de chêne. Est-ce que c'est cette image erronée
qui pousse Billiot à parler allemand à ses visiteurs ? Les Anglais
pensent également que ses deux vignes de deux hectares contiennent
uniquement du pinot noir. Il est très fier de ses plants de
chardonnay et utilise la plupart des raisins pour sa cuvée Prestige,
la Cuvée Laetitia, baptisée du nom de sa fille. La grandeur de Billiot
dépend principalement de son dur labeur dans le vignoble.
La recette consiste en de vieux cépages et en un faible rendement.
Malgré leur haute qualité, les champagnes Billiot ne sont pas pour
les débutants parce que la fermentation malolactique n'est pas
utilisée. La concentration et la richesse sous la surface sont difficiles
à apprécier dans la jeunesse du vin. Tous ces vins doivent vieillir
encore cinq ans en bouteille.

• H. BILLIOT TRADITION   70
(70 % PN, 30 % CH)
• H. BILLIOT CUVÉE DE RÉSERVE   79
(90 % PN, 10 % CH)
• H. BILLIOT CUVÉE DE RÉSERVE ROSÉ   78
(100 % PN)
• 1975 H. BILLIOT
(100 % PN)
• 1959 H. BILLIOT   90, AVRIL 1995] 92
(100 % PN)
Encore une fois récemment dégorgé et plein de jeunesse mais rempli
de puissance et d'arômes typiques des raisins. Construit héroïquement
mais sans finesse. Il serait intéressant de le déguster à nouveau.
• H. BILLIOT CUVÉE LAETITIA   85
(40 % PN, 60 % CH)
Selon le vinificateur, beaucoup de secrets se cachent dans cette
cuvée. C'est un mélange de neuf millésimes différents. Il nie avoir

utilisé des fûts de chêne. Robe vert jaune profond. Nez beurré et mature. Bouche au doux fruité en harmonie avec une persistance miellée. L'année qui domine dans ma bouche est 1982. C'est un très bon et somptueux champagne mais j'aurais préféré voir un champagne Prestige composé uniquement de raisins de pinot. Les dernières productions sont plus jeunes, plus glissantes, composées d'une façon plus homogène et avec une densité impressionnante non encore libérée. La quantité de vin de réserve a diminué.

BINET N-M
31, rue de Reims
51500 Rilly-la-Montagne
03 26 03 49 18
Production : 300 000
Le plus beau cadeau au monde fait par le fondateur, Léon Binet, est le dégorgement à la glace. Il a tenu les rênes de la maison de 1849 à 1893. La maison a presque entièrement été détruite par les bombes allemandes durant la Première Guerre. Afin de pouvoir survivre, Binet a intégré Piper-Heidsieck. Après la Seconde Guerre mondiale, c'est au tour de Germain d'acheter Binet. Auparavant, Binet et Germain appartenaient au groupe Frey. Germain fait maintenant partie du groupe Vranken. Hervé Ladouce est le maître de chai.

- BINET BRUT ELITE   62
 (40 % PN, 20 % PM, 40 % CH)
- BINET SÉLECTION   79
 (60 % PN, 40 % CH)
- 1961 BINET   87, NOVEMBRE 2001] 87
 (60 % PN, 40 % CH)
 Champagne très dense et puissamment élaboré qui se marie parfaitement avec un dîner chaud pris en hiver devant la cheminée. Bouche sèche, fumée et animale.
- 1945 BINET
 (60 % PN, 40 % CH)
- 1988 BINET BLANC DE BLANCS   78, AVRIL 1995] 83
 (100 % CH)
 Le caractère de ce champagne est véritablement influencé par les raisins de la vallée de la Marne et de la montagne de Reims. Manque de finesse et de fraîcheur. Bouche robuste et riche avec une finale longue.
- 1979 BINET BLANC DE BLANCS   84, AVRIL 1996] 84
 (100 % CH)
 Belle opalescence verte avec un éclat mordoré. Beau pétillement de belles petites bulles. Nez faible. Bonne longueur.

BLIARD-MORISET R-M
2, rue Grand-Mont
51190 Le Mesnil-sur-Oger
03 26 57 53 42
Production : 20 000
Le viticulteur possède 6 hectares au Mesnil divisés en dix lots.

- BLIARD-MORISET RÉSERVE   68
 (100 % CH)

BLONDEL N-M
B.P. 12
51500 Ludes
03 26 03 43 92
Production : 35 000
Une maison bien dirigée qui possède 10 hectares (50 % pinot noir, 50 % chardonnay) au village. Dans un style populaire, ses champagnes sont riches en bouche et on prend beaucoup de plaisir à les déguster.

- BLONDEL CARTE D'OR   64
 (75 % PN, 25 % CH)
- BLONDEL ROSÉ   74
 (80 % PN, 20 % CH)
- 1996 BLONDEL VIEUX MILLÉSIME   82, NOVEMBRE 2003] 83
 (100 % CH)
 Bien que vendu, pour une raison non fondée, comme un millésime mature, ce champagne a un milieu de bouche rond. Le volume et le caractère corsé impressionnent. Le vin respire le miel et les fleurs jaunes. Longueur en bouche évoquant certains vins au nez de jonquille de Lassalle à Chigny-les-Roses. Profil assez rustique.
- 1992 BLONDEL VIEUX MILLÉSIME   76, OCTOBRE 2001] 77
 (100 % CH)
- 1985 BLONDEL VIEUX MILLÉSIME   85, AOÛT 1997] 85
 (50 % PN, 50 % CH)
 Nez merveilleux de sablés. À la base, la bouche de fruits secs est persistante et mature.
- 1999 BLONDEL BLANC DE BLANCS   78, NOVEMBRE 2003] 82
 (100 % CH)
 Prix incroyablement bas. Il appartient à la même catégorie que les champagnes millésimés de la maison. Presque la même qualité que les meilleurs de ces vins. Champagne simple et rond, à la douce impression d'arômes forts de poire au nez comme en bouche. Le vin est un coquelet libéré trop rapidement de sa cage. Légèrement rafraîchissant et glacé surtout lorsque le champagne dégusté est bien froid. Déjà six mois après son lancement, le vin commence à devenir plus concentré et plus intéressant. Les notes de miel et le caractère charnu deviendront plus proéminents.
- 1993 BLONDEL BLANC DE BLANCS   75, OCTOBRE 2001] 79
 (100 % CH)
- 1990 BLONDEL BLANC DE BLANCS   80, AOÛT 1995] 84
 (100 % CH)
 Des notes de vanille et de caramel au beurre dominent dans ce merveilleux blanc de blancs riche et rond.
- BLONDEL CUVÉE 2000   70, AOÛT 2003] 73
 (55 % PN, 45 % CH)

BOIZEL N-M ***
46, avenue de Champagne
51200 Épernay
03 26 55 21 51
Production : 3 000 000
Boizel a toujours 11 bouteilles de 1834, l'année de sa fondation à Épernay. Ce magasin révélant de petits trésors est unique en Champagne avec plusieurs vins non dégorgés du XIXe siècle. Les caves sont situées sous l'avenue de Champagne près de la maison de Christian Pol-Roger. Boizel a toujours été plus connu à l'étranger qu'en France. Evelyne Roques-Boizel est aujourd'hui à la tête de la maison, mais elle prend toutes ses décisions avec son sympathique mari. Chanoine et Bruno Paillard sont actionnaires dans cette noble maison de champagne. Boizel achète des raisins de 50 différents villages mélangés par Pascal Vautier, l'œnologue de l'équipe composée de dix-neuf personnes. Boizel est surtout connue pour ses prix bas, mais je pense que la qualité vaut plus cher que cela. Le chardonnay et le champagne Prestige Joyau de France sont de premier ordre dans leurs catégories respectives. Plusieurs des millésimes les plus vieux au nez de girolle sont vraiment très bons.

- BOIZEL BRUT   63
 (55 % PN, 15 % PM, 30 % CH)
- BOIZEL CHARDONNAY   78
 (100 % CH)

• BOIZEL ROSÉ   72
(50% PN, 40% PM, 10% CH)

• 1996 BOIZEL   78, JANVIER 2002] 85
(50% PN, 10% PM, 40% CH)
Très prometteur et jeune avec une acidité malique forte dans le
même style que Lanson. Structure classique, acidités mordantes et
puissantes avec un nez naissant de pain au ton sous-jacent de noix.

• 1990 BOIZEL   81, JANVIER 1999] 86
(60% PN, 10% PM, 30% CH)
Nez solide et riche aux notes de viande et de pain avec une nuance
de chocolat jusqu'ici retenue. Bouche fraîche, charpentée
et vigoureuse. Un vrai vin âpre avec une structure charnue.

• 1990 BOIZEL CUVÉE SUR BOIS   86, JANVIER 1999] 90
(50% PN, 50% CH)
15 000 bouteilles contenant des vins de Chouilly, Mesnil, Oger,
Vertus, Cuis, Ay, Mailly, Mareuil et Tauxières conservés et
fermentés dans des vieux fûts de Meursault. Une tout autre
profondeur et structure que le millésime habituel. Nez dont les
diverses facettes se libéreront dans le verre. Bouche douce à la
Gosset avec une grande profondeur.

• 1989 BOIZEL   81, JANVIER 1999] 86
(60% PN, 10% PM, 30% CH)
Nez trop soufré mais avec une note florale agréable. Un peu plus
élégant et léger que le millésime de 1990.

• 1988 BOIZEL   73, AVRIL 1995] 81
(60% PN, 10% PM, 30% CH)
Champagne légèrement vigoureux, extraverti, au nez épicé. Bouche
riche aux notes de réglisse. Il est difficile d'estimer son évolution!

• 1976 BOIZEL   85, FÉVRIER 1996] 85
(60% PN, 10% PM, 30% CH)
Bouche riche chocolatée. Beau bouquet aux noix.

• 1971 BOIZEL   88, MARS 2000] 88
(61% PN, 9% PM, 30% CH)
J'apprécie de plus en plus 1e millésime de 1971. Le vin millésimé
de Boizel possède souvent une âpreté difficile à adoucir. Ce n'est
pas le cas ici. Au contraire, le vin est marqué par une douceur
beurrée inhabituelle et par plusieurs séquences en bouche soyeuses
– rappelant toutes divers bonbons et douceurs.

• 1961 BOIZEL   95, JUIN 1999] 95
(65% PN, 35% CH)
Produit complètement élaboré dans du chêne. Robe très pâle
aux nuances pétillantes de vert. Millésime typique avec sa note
évidente de truffe soutenue par des nuances aromatiques, torréfiées
et balsamiques. La saveur nouvellement dégorgée est très retenue
et mordante, mais les notes intéressantes de maturité évoquent le
goudron et le tabac. Elles remettent un peu d'ordre dans ce mélange.

• 1955 BOIZEL   92, OCTOBRE 2001] 92
(65% PN, 5% PM, 30% CH)
Intellectuellement bon, presque un grand vin. J'ai cependant le
sentiment que c'est un vin de bibliothèque, que l'on déguste en
hochant la tête au lieu de crier de joie. Un peu comme c'est souvent
le cas avec un bordeaux en comparaison avec les vins de Bourgogne
plus charmants et romantiques. Sec, structuré, retenu et persistant.

• 1945 BOIZEL   94, JUIN 1999] 94
(65% PN, 35% CH)
Le meilleur Boizel de tous les temps! Robe intense, jaune pâle.
Nez de girolle nouvellement ramassée et de forêt en automne.
J'aime ce nez mais il est bien moins frappant que le légendaire
millésime de 1945 selon Evelyne. Mousse douce et parfaite. La
concentration du vin et la structure charnue sont uniques. Même
la bouche est marquée par un arôme délicat de champignons.

• 1991 JOYAU DE FRANCE   82, DÉCEMBRE 2001] 84
(65% PN, 35% CH)
Je n'ai jamais été enthousiasmé par les millésimes de 1991!
Il n'y a rien de mal avec ce vin, mais un champagne Prestige d'une
maison comme Boizel devrait donner beaucoup plus de plaisir.
Les notes les plus frappantes sont la vanille et le pain. Certain
déséquilibre en bouche.

• 1989 JOYAU DE CHARDONNAY   84, JANVIER 1999] 91
(100% CH)
Seulement 12 000 bouteilles ont été produites. Les raisins
proviennent de villages de premier ordre comme Vertus, Oger
et Mesnil. Nez merveilleusement complexe et délicat aux notes
d'acacia. Bouche très jeune et peu développée. Il deviendra
un beau bijou dans une dizaine d'années.

• 1989 JOYAU DE FRANCE   85, NOVEMBRE 2003] 88
(65% PN, 35% CH)
Nez expressif avec une note animale évoquant certains bourgognes
blancs de Chassagne-Montrachet. Bouche très prometteuse et
retenue. Vieillissement pas aussi impressionnant que je l'aurais cru.

• 1988 JOYAU DE FRANCE   88, MARS 2003] 91
(65% PN, 35% CH)
Champagne grand cru pur avec une réelle classe.
Nez incroyablement dense et prometteur avec un spectre
proche de la Belle Époque où le café, le citron vert et les minéraux
donnent le ton. Bouche ferme mais concentrée.

• 1982 JOYAU DE FRANCE   92, JANVIER 1999] 92
(65% PN, 35% CH)
Nez inattendu, jeune et faible. Touche légère de caramel et de
crème brûlée. Millésime de 1982 élégant, frais, étoffé, à l'acidité
intacte. Caractère fumé. Bouche persistante de beau chardonnay.

BOLLINGER ***** N-M
16, rue Jules-Lobet
51160 Ay
03 26 53 33 66
Production: 1 300 000
Jacques Joseph Bollinger, Allemand de Wurtemberg, a fondé cette
ancienne maison en 1829. Les Français l'appellent tout simplement
Jacques. Les plus grandes propriétés de la maison sont les meilleurs
villages de pinot et ils ont été achetés par ses fils, Georges et Joseph.
C'est en 1918 qu'un autre Jacques, le fils de Georges, a repris les
rênes. Il a été élu maire d'Ay mais il est décédé sous l'occupation
allemande à l'âge de 47 ans. La personne la plus haute en couleurs
dans l'histoire de la maison est sa veuve, Lily Bollinger, qui gardait
un œil sur les vignes en pédalant sur sa bicyclette. Ses exigences
rigoureuses en matière de qualité sont toujours reflétées dans la
production de la maison actuelle. Ghislain de Montgolfier et
Michel Villedey dirigent maintenant Bollinger et règnent sur
144 hectares, couvrant 70% des besoins en raisins. Le vinificateur
actuel est le très apprécié Gérard Liot. En plus des vignobles
exceptionnels de la maison, des méthodes de vinification onéreuses
sont également utilisées. Tous les millésimes fermentent dans de
petits fûts de chêne vieillis. Ils ne sont jamais filtrés. La fermentation
malolactique n'est pas encouragée quand elle se produit tardivement
dans le processus. Les vins de réserve sont conservés dans
des magnums à basse pression. Malheureusement, les champagnes
artisanaux de Bollinger varient selon les bouteilles. Actuellement,
il n'est pas rare de découvrir des bouteilles Bollinger sans charme
manquant de fruité. Mais, lorsque tout se passe bien, ces champagnes
ont peu de concurrents. Bollinger produit les champagnes les
plus solides et les plus étoffés de toutes les maisons. Leurs vins ont

toujours un nez complexe fumé aux notes de noisette qu'il est difficile de surpasser. Les vins millésimés sont parmi les meilleurs, mais la question est de savoir si le vin fantastique et rare Vieilles Vignes Françaises, élaboré d'après des cépages non greffés, atteint encore des sommets.

• BOLLINGER SPÉCIAL CUVÉE   82
(60 % PN, 15 % PM, 25 % CH)
L'un de mes champagnes non millésimés préférés. Depuis le début des années quatre-vingt-dix, ce vin est commercialisé à quatre ans et il est vinifié dans des cuves d'acier. Il est néanmoins fascinant de voir comment 12 % de vins de réserve vinifiés en fût de chêne et conservés ensuite en magnums, élèvent le niveau du vin. Le style Bollinger profond, de chêne fumé vieilli après deux ans en bouteille.

• 1996 BOLLINGER GRANDE ANNÉE   94, MARS 2004] 96
(70 % PN, 30 % CH)
Dans une grande mesure, le vin rappelle le cru de 1990 durement critiqué avec son fruité riche, exotique, à la robe cristalline un peu moins masculine que les millésimes plus classiques. L'élégance Krug des millésimes de 1985 est absente. Mais la grande acidité fantastique pourrait compenser ce manque. Grand vin charpenté qui respire de plus en plus de la grandeur à chaque fois que je débouche une nouvelle bouteille.

• 1995 BOLLINGER GRANDE ANNÉE   95, MARS 2004] 96
(61 % PN, 39 % CH)
Alors que je devais déguster un repas composé de dix plats dans un grand restaurant, j'ai choisi un 1990 R.D. et une bouteille de Grande Année 1995 pour accompagner tous les plats. Ces deux vins se sont comportés de manière particulièrement brillante. Le millésime de 1990, étoffé et charpenté, s'est très bien marié avec le risotto à la truffe et le riz de veau avec des pommes de terre à la Georges Blanc. Ce magnifique champagne subtil brillait, seul ou avec les huit autres plats. L'attaque est merveilleusement directe avec le rare fruité élégant aux notes d'agrume de chardonnay superbe mêlé à une complexité de chêne dans le style Krug. Ce n'est pas l'un des millésimes les plus grands de Bollinger, mais c'est l'un des plus sophistiqués et des plus agréables à déguster.

• 1992 BOLLINGER GRANDE ANNÉE   92, MARS 2004] 92
(70 % PN, 30 % CH)
On peut s'interroger quant à savoir si Bollinger a eu raison de produire un millésime de 1992. Dans le milieu, il est connu qu'il faut limiter le lancement d'un millésime. Bollinger défend son 1992 en soulignant que la sélection a été très stricte lors de la récolte. Cela se remarque. Le vin mature s'est développé assez tôt. Le style de la maison est évident avec ce pinot noir masculin et fumé. Des notes d'abricot et de mangue sont également à remarquer tout comme c'était le cas avec le millésime de 1990. S'agit-il d'un changement de direction dans un cadre de travail par ailleurs très traditionnel et étroit ?

• 1990 BOLLINGER GRANDE ANNÉE   92, JUIN 2003] 94
(69 % PN, 31 % CH)
Vin merveilleusement bon et charpenté, au caractère de chardonnay et au fruité plus riche que d'habitude. Les notes de noix typiques de la maison sont adoucies et laissent la place à une vague d'arômes doux de fruits et très plaisants. Superbe longueur.

• 1988 BOLLINGER GRANDE ANNÉE   93, NOVEMBRE 2003] 94
(75 % PN, 25 % CH)
Je suis toujours enthousiaste lorsque je découvre qu'un nouveau millésime de champagne de Bollinger est lancé sur le marché. Le 1988 est classique et prometteur mais le déguster était comme ouvrir un cadeau avant Noël.

• 1985 BOLLINGER GRANDE ANNÉE   92, JUIN 1997] 95
(65 % PN, 35 % CH)
Voilà ce qu'est un Bollinger. Robe profonde. Le champagne concentré riche en glycérol possède des « jambes » le long du verre. Nez mêlé de solidité et de complexité. Des notes de gâteau, de noisette, de chocolat et de pain grillé se libèrent avec une touche légère de coquille d'huître. L'acide malique est retenu, il relève ce vin charpenté qui se comporte bien en bouche et lui donne sa place parmi les plus grands.

• 1983 BOLLINGER   92, JANVIER 2003] 92
(70 % PN, 30 % CH)
Le vin était fantastique lors de son lancement sur le marché mais il a commencé à perdre son fruité. Des notes de noix se libèrent avec douceur.

• 1982 BOLLINGER   93, OCTOBRE 2003] 93
(70 % PN, 30 % CH)
Certaines bouteilles commencent déjà à montrer des signes de maturité alors que d'autres ressemblent à la version réussie R.D. Je ne sais pas si cela dépend de la date de dégorgement. Le meilleur vin est rond et riche avec une bonne longueur en bouche.

• 1979 BOLLINGER   93, DÉCEMBRE 2003] 93
(70 % PN, 30 % CH)
Élégant, aux notes de noix avec un corps beaucoup plus léger, mais un meilleur fruité que le R.D. de la même année.

• 1976 BOLLINGER   87, OCTOBRE 1998] 87
(50 % PN, 50 % CH)
Totalement mature au jeune âge de douze ans. Beurré et riche mais la matière est un peu lâche dans la corpulence.

• 1975 BOLLINGER   94, MAI 2003] 94
(70 % PN, 30 % CH)
Comme on s'y attend après avoir dégusté une trentaine de fois un R.D., ce vin est ample avec des notes de noix et de chocolat.

• 1973 BOLLINGER   92, MARS 2003] 92
(75 % PN, 25 % CH)
En considérant le vieillissement du R.D. de 1973, j'avais peur que les plus beaux jours de ce vin soient déjà passés. Mais il ressemble beaucoup aux autres. Seule une note de foin et de caramel dur les différencie.

• 1970 BOLLINGER   93, MARS 2003] 93
(70 % PN, 30 % CH)
Bouche de baies entourée d'un caractère de chêne. Ce bouquet est agréable au nez. Il est stimulé par de grandes notes de ma plante favorite, le chèvrefeuille.

• 1969 BOLLINGER   95, SEPTEMBRE 1998] 95
(70 % PN, 30 % CH)
Un Bollinger classique !

• 1966 BOLLINGER   97, JUIN 2002] 97
(75 % PN, 25 % CH)
Grandiose et fameux comme peu de champagnes. À cette période, les raisins de cépages non greffés d'Ay et de Bouzy étaient incorporés dans le millésime. On les sent bien ici. Le vin laisse une impression de pinot d'Ay à son summum. Robe orange. Arômes animaux et végétaux, notes torréfiées se libèrent contre le bord du verre. Nez évoquant un La Tâche mature de D.R.C. Remarquable attaque malgré la structure charnue et le riche fruité. Persistance en bouche qui s'accélère. Après un long instant, seul reste en bouche un arôme de pop-corn.

• 1964 BOLLINGER   96, JANVIER 2003] 96
(75 % PN, 25 % CH)
Un peu plus étroit et sec que le cru de 1966. Le vin regorge de notes sèches et passionnantes de cacao, de tabac, de truffe

et de goudron. Bouche fabuleusement persistante. Les douze bouteilles que j'ai dégustées étaient toutes très bonnes mais aucune n'était aussi magique que la première.

• 1962 BOLLINGER   95, DÉCEMBRE 1998] 95
(75 % PN, 25 % CH)
Merveilleux vin agréable aux doux arômes. Il est intéressant de souligner que Bollinger est la seule maison de champagne qui ait atteint la moyenne de 95 points pour l'année 1962. Nez évoquant l'odeur s'échappant d'une boulangerie un matin d'été. Nombreuses notes de vanille, d'amande et de petit pain. Bouche moins classique que les plus grands millésimes des années 1960 de Bollinger, mais il n'est pas moins facile à apprécier.

• 1961 BOLLINGER   90, JANVIER 2003] 90
(75 % PN, 25 % CH)
Robe jaune pâle. Le vin n'est pas très nuancé mais l'astringence est bonne. Arômes de la terre des caves et caractère de tonneau de poudre sèche. Fruité manquant dans une certaine mesure.

• 1959 BOLLINGER   97, OCTOBRE 1999] 97
(75 % PN, 25 % CH)
Champagne majestueux aux dimensions incroyables.

• 1955 BOLLINGER
(75 % PN, 25 % CH)

• 1953 BOLLINGER   94, AOÛT 1994] 94
(75 % PN, 25 % CH)
Ce n'est pas un champagne directement pétillant mais c'est véritablement un grand vin. Le millésime 1953 est un vin à la couleur ambrée, aux faibles réserves en acide carbonique. Nez dominé par des notes de chêne et de roses séchées. Bouquet très personnel et proche du vin rouge. Champagne bien construit et musculeux, aux dimensions remarquables. La longueur en bouche, sèche comme du cognac, a duré trois minutes !

• 1952 BOLLINGER   80, DÉCEMBRE 1996] 80
(75 % PN, 25 % CH)
Malgré un haut niveau et un manque total de dépôt, les deux bouteilles dégustées avaient dépassé depuis longtemps leur summum. Surprenante oxydation forte pour ce millésime.

• 1949 BOLLINGER
(70 % PN, 30 % CH)

• 1947 BOLLINGER   80, AVRIL 1996] 80
(75 % PN, 25 % CH)
Je l'ai seulement dégusté d'une demi-bouteille. Pas de mousse visible. Note évidente de madère gênante. À part cela, ce vin a une très belle structure sans égale qui pourrait probablement atteindre les 95 points pour un magnum.

• 1945 BOLLINGER   99, NOVEMBRE 2000] 99
(75 % PN, 25 % CH)
Il est rare qu'un millésime de 1945 rayonne autant. Bollinger a produit un vin délicat aux arômes moqueurs. Bouquet romantique. Il est facile d'avaler cette caresse avec son doux fruité et sa fraîcheur vitale. Pour moi, ce vin fait partie des trois gagnants de la dégustation du millénaire (voir page 66). Notes puissantes et passionnément animales.

• 1929 BOLLINGER   97, MARS 2003] 97
(80 % PN, 20 % CH)
Mousse délicate. Robe jaune d'or brillante. Nez aux nombreuses facettes. Nectar à la matière moyennement étoffée, aux notes d'abricot et de pêche. Longue finale soyeuse de miel.

• 1928 BOLLINGER   97, AVRIL 2003] 97
(75 % PN, 25 % CH)
C'est l'un des champagnes les plus légendaires de l'histoire. Je ne sais pas quoi dire. Le nez de la première bouteille que j'ai dégustée

était franchement déplaisant. Honnêtement, des traces de mort et de décomposition ou plutôt de pénicilline pour être plus gentil. En revanche, la bouche était angélique avec une force et une dimension comme j'en ai rarement connues. La deuxième bouteille n'était pas aussi remarquable en matière de force ; le nez était des plus délicats avec une note légère de sablés et de crème. Bouche très persistante, onctueuse et caressante. Plus proche du style du chardonnay qu'habituellement et, en fait, plus proche d'un millésime de 1929 avec son style soyeux et doux.

• 1923 BOLLINGER
(75 % PN, 25 % CH)

• 1914 BOLLINGER   98, MARS 2002] 98
(75 % PN, 25 % CH)
L'un des plus impressionnants champagnes que j'ai jamais dégusté. Robe toujours pâle, mousse délicate. Nez grandiose avec ses notes de pain, de chocolat et de légère fumée. La bouche était irréelle avec son caractère minéral accéléré et son astringence sèche et puissante sans mesure.

• 1971 BOLLINGER CHOUILLY RÉSERVE   96, JANVIER 1996] 96
(100 % CH)
Il est connu que Bollinger conserve ses vins de réserve dans des magnums à une faible pression. À deux occasions, j'ai eu le plaisir de déguster des beautés proches du bourgogne, délicatement mousseuses. Après cette expérience, on peut douter que Bollinger considère ces vins comme des champagnes. J'ai néanmoins choisi de mentionner ces curiosités étranges parmi mes vins préférés. Âgé de 25 ans, ce vin est parfait, avec un style évoquant beaucoup un chablis grand cru de Dauvissat ou de Raveneau. Nez exotique et fleuri aux notes de lanoline, de laine mouillée, de pop-corn et de fumée. Bouche incroyablement complexe à l'acidité souveraine, claire, mousse légèrement piquante et sortie charpentée.

• 1996 BOLLINGER ROSÉ   89, DÉCEMBRE 2002] 94
Il a fallu quelques minutes dans le verre avant que les arômes de fumée, de champignons et de sauna se dévoilent. De plus, ce vin apparaît comme un charmeur juteux, onctueux et doux, où le chardonnay domine. Il est probable qu'il évolue dans les prochaines années. Nouveau venu sur le marché, ce vin chante le fruité comme une belle chanson populaire.

• 1995 BOLLINGER ROSÉ   85, JUIN 2002] 89
(70 % PN, 30 % CH)
On ne peut que constater combien les millésimes de Bollinger pâtissent lorsqu'on leur ajoute du vin rouge local. Le temps pourrait améliorer ce vin en créant harmonie et finesse. Jusqu'ici, il est un peu grossier et déséquilibré surtout en comparaison avec le blanc de 1995.

• 1990 BOLLINGER ROSÉ   88, JUIN 1999] 92
(71 % PN, 29 % CH)
Évoque énormément son vin de base, le blanc de 1990. Grande Année. Robe relativement pâle. Belle nuance de crème. Bouche aux notes intenses matures comme des fruits tombés de l'arbre.

• 1988 BOLLINGER ROSÉ   88, NOVEMBRE 2003] 91
(74 % PN, 26 % CH)
Très beau style de la maison à robe orangée. Nez de Bollinger. Bouche classique sèche fortement marquée par des raisins mûrs.

• 1985 BOLLINGER ROSÉ   73, JANVIER 1993] 78
(68 % PN, 32 % CH)

• 1983 BOLLINGER ROSÉ   89, NOVEMBRE 2002] 89
(70 % PN, 30 % CH)
Sans aucune marque de fatigue. Belle apparence et belle impression sèche au palais ; ce sentiment est également perceptible grâce aux séquences en bouche. Note minérale

et de coquille de noix légèrement âgée avec une touche animale et de cave. Plus léger que prévu avec une belle mousse vive et une complexité aux nuances de noix.

• 1982 BOLLINGER ROSÉ   68, JUIN 1988] 75
(70 % PN, 30 % CH)

• 1976 BOLLINGER ROSÉ   90, OCTOBRE 2003] 90
(60 % PN, 40 % CH)
Charnu, riche et fruité avec une finale à la note luxueuse de caramel. Complètement mature.

• 1975 BOLLINGER ROSÉ   95, SEPTEMBRE 2000] 95
(75 % PN, 25 % CH)
Vin fantastique et agréable au goût! Mousse délicate dans le verre mais belle en bouche. Robe assez marquée par le temps. Nez insolent, magnifique et flatteur, aux notes de crème et de vanille auxquelles je ne m'attendais pas. Sous cette lourdeur d'arômes doux, la force Bollinger aux notes de noix et ses beaux tons de champignons des bois se dévoilent.

• 1973 BOLLINGER ROSÉ   84, SEPTEMBRE 1996] 84
(75 % PN, 25 % CH)
Champagne rosé aux notes de chêne, un peu lourd, sans élégance. C'est cependant un bon champagne étoffé de repas.

• 1996 VIEILLES VIGNES FRANÇAISES   97, NOVEMBRE 2003] 99
(100 % PN)
Comme je m'y attendais, c'est une expérience incroyable dans le monde des vins! Ce vin est l'un des rares à posséder une autorité si évidente qu'elle rend superflus les commentaires et les comparaisons. Selon moi, seul le millésime de 1990 est proche de ce vin avec sa force et son onctuosité jeune et veloutée. Robe jaune d'or profond et bulles minuscules s'élevant très lentement vers la surface du verre. Bouquet mat, dense et puissant comme le tonnerre qui résonne au loin. Bouche aux essences charnues et onctueuses de fruits noirs et de réglisse. Le style de ce champagne est complet. À boire rapidement ou attendre dix ans la nouvelle phase de maturation. Le risque est grand que ce vin entre dans un tunnel pendant quelques années. La deuxième bouteille dégustée six mois après le lancement de ce vin montrait des signes d'étroitesse.

• 1992 VIEILLES VIGNES FRANÇAISES   95, MARS 2004] 97
(100 % PN)
Vin supérieur et sans équivalent. Bouquet jeune aux notes pétillantes de pomme. Bouche similaire avec l'évidence et l'autorité de l'année. Si riche et concentré que la douceur fruitée et la composition en raisins prédominent. Je me réjouis pour toutes les personnes qui, une fois dans leur vie, ont pu déguster ce vin héroïque.

• 1990 BOLLINGER R.D.   93, MARS 2004] 94
(69 % PN, 31 % CH)
Plus mat et plus charpenté que l'exotique Grande Année de la même année. Ce vin a maintenant un caractère R.D. Il est difficile de savoir combien de temps ce vin sera à son summum. La situation se complique puisque le vin R.D. sera dégorgé à divers moments, ce qui signifie qu'il est presque impossible d'estimer à quel niveau de maturation se situe la bouteille dégustée. Je suppose que ce vin sera l'un des meilleurs deux ans après le dégorgement de la bouteille et trois ou quatre ans après pour le magnum. Le vin lui-même fait preuve du caractère de la maison avec une belle rondeur masculine, des notes de champignons mêlées au chocolat noir et aux fruits tombés.

• 1990 VIEILLES VIGNES FRANÇAISES   96, MARS 2003] 98
(100 % PN)
C'est déjà évidemment un champagne fantastique, mais vert, glissant et encore un peu trop court en bouche en comparaison avec l'angélique 1989. Vin extrêmement intéressant à suivre.

• 1989 VIEILLES VIGNES FRANÇAISES   98, MAI 2003] 98
(100 % PN)
Comme d'habitude il est presque parfait. Ce vin tient jusqu'à maintenant du Yquem avec sa concentration très importante et douce en fruits exotiques. Un magnifique arôme secondaire de cèpes apparaît uniquement à l'aération.

• 1988 BOLLINGER R.D.   93, MARS 2004] 94
(75 % PN, 25 % CH)
On retrouve ici le style Bollinger aux notes de noisette, de pain, de champignon et de fumée. Le vin a cependant à peine gagné de ses derniers dégorgements. Il sera intéressant de voir à quel moment ce vin atteindra son apogée. En magnum, ce vin est très rafraîchissant et libère beaucoup de notes de noix.

• 1988 VIEILLES VIGNES FRANÇAISES   94, NOVEMBRE 2003] 97
(100 % PN)
Lors de son introduction sur le marché, il était cru et brutal. La complexité crémeuse que j'avais commencé à découvrir dans les millésimes plus anciens n'était pas au rendez-vous. Un an plus tard, tout était là: la force, le fruité remarquable et l'onctuosité. Un géant!

• 1986 VIEILLES VIGNES FRANÇAISES   93, FÉVRIER 1999] 94
(100 % PN)
La grande rareté de ce champagne tient au fait qu'il provient de raisins de cépages non greffés de l'époque antérieure au phylloxéra d'Ay et de Bouzy. Aucun autre champagne ne peut révéler une telle richesse. Le millésime de 1986 n'est assurément pas l'un des plus grands millésimes, mais il possède une force non entravée qui lui fait dominer ses concurrents. Robe toujours sombre aux notes d'acajou. Nez incroyablement ample aux arômes de fruit et de légume. Vin compact à la finale sévère. À garder en cave!

• 1985 BOLLINGER R.D.   95, MARS 2004] 95
(65 % PN, 35 % CH)
Dès l'ouverture, ce vin montre un étonnant petit caractère de R.D. au délicat bouquet floral dévoilant plus de chardonnay qu'il n'en contient. Bouche très riche en nuances, fraîche et fruitée avec une puissance sous-jacente sourde qui dévoile enfin l'origine du vin. Le vin en magnum est crémeux et joliment moqueur, à la profondeur beaucoup plus prononcée. Depuis l'automne 2003, le nez est devenu plus animal avec plus de notes de champignon.

• 1985 VIEILLES VIGNES FRANÇAISES   96, MARS 2003] 98
(100 % PN)
L'un des rares champagnes dans ce livre qui ait reçu 98 points. Il est toujours difficile de décrire les plus grands vins avec des mots. Je dirai donc que ce champagne est très proche de la perfection avec sa robe profonde jaune d'or, son bouquet unique mature aux nombreuses facettes et son attaque choquante. L'acidité est enveloppée dans un fruité élégant et incroyablement riche. Le vin est maintenant dans un tunnel caractéristique des crus de 1985. La robe a pâli. Une œuvre d'art!

• 1982 BOLLINGER R.D.   94, JANVIER 2003] 94
(70 % PN, 30 % CH)
R.D. est le même vin que le millésime qui s'est reposé quelques années de plus tout en étant en contact avec la levure. Le 1982 possède un fruité plus vigoureux que le vin normalement dégorgé. Dans ce millésime, le riche caractère d'autolyse et l'élaboration musculeuse tombent à point nommé.

• 1982 VIEILLES VIGNES FRANÇAISES   93, OCTOBRE 2000] 96
(100 % PN)
Robe éblouissante proche de l'or rosé. Nez peu développé,
dense, minéral, froid, profond avec des arômes passionnants.
Le yaourt que l'on retrouve dans certains bourgognes rouges
est ici très marqué. La crème, l'olive, le fer, le goudron, la figue
et l'orange sont les autres arômes discernables. Bouche de prime
abord âcre comme un Hermitage rouge, mais une complexité
merveilleuse aux notes de tonneau apparaît ensuite.
À ne pas toucher pendant dix ans!

• 1981 BOLLINGER R.D.   88, SEPTEMBRE 2003] 89
(70 % PN, 30 % CH)
Bollinger a essayé plusieurs fois de se débarrasser de ce vin.
Ce vin a toujours été acide, ferme et avare. C'est malheureusement
toujours le cas même si le caractère d'autolyse a véritablement
enrichi ce vin maigre. La grande acidité va conserver ce vin en vie
pendant plus longtemps que d'habitude après le dégorgement.
Arômes classiques de R.D de champignon cru.

• 1981 VIEILLES VIGNES FRANÇAISES   96, FÉVRIER 1999] 97
(100 % PN)
Une merveille de délicatesse. Qu'un blanc de noirs soit aussi
élégant avec autant de facettes a surpris tout le groupe de
dégustation en novembre 1993. Nez seulement moyen mais
magnifique dans son style romantique fleuri. En plus des fleurs,
un vaste spectre des trésors pâtissiers, de chocolat blanc, de masse
pain, de lis et de citron vert se libère.

• 1980 VIEILLES VIGNES FRANÇAISES   95, FÉVRIER 1999] 95
(100 % PN)
Ces vins possèdent toujours leur propre vie. Nez incroyablement
lourd mais quelque peu monotone. Bouche grassement étoffée
et d'une concentration sans comparaison. La longueur en bouche
est malheureusement plus courte que d'habitude.

• 1979 BOLLINGER R.D.
(70 % PN, 30 % CH)

• 1976 BOLLINGER R.D.   93, JANVIER 2003] 93
(50 % PN, 50 % CH)
Un peu plus léger que prévu considérant la maison et le millésime.
Les notes de noisette et de fumée sont plus faibles que d'habitude.
Le 1976 se repose à la place sur un fruité d'agrumes lisse. Longueur
en bouche anormalement courte. Magnifique en magnum.

• 1975 BOLLINGER R.D.   95 JANVIER 2003] 95
(70 % PN, 30 % CH)
Pendant des années, c'était le meilleur champagne que j'ai
dégusté. Les critiques sont unanimes, c'est un grand millésime
pour Bollinger. Quelques bouteilles portant l'étiquette Année
Rare étaient trop jeunes et trop fermées. Le vin est mieux apprécié
deux ou trois ans après le dégorgement. À ce moment, les notes
classiques de truffes, de fromage et de chocolat apparaissent plus
clairement dans un vin relativement ferme et acide. Longueur en
bouche majestueuse aux séquences de noix et de cuir.

• 1975 BOLLINGER R.D. ANNÉE RARE   92, MARS 1994] 95
(70 % PN, 30 % CH)
Le même vin que R.D. conservé quelques années de plus.
Cette bouteille était trop jeune! Bien évidemment, cela dépend
uniquement de la date du dégorgement.

• 1975 VIEILLES VIGNES FRANÇAISES   95, FÉVRIER 1999] 96
(100 % PN)
Encore trop jeune avec un nez ample, une longueur considérable
et une belle saveur de pinot noir.

• 1973 BOLLINGER R.D.   93, SEPTEMBRE 2003] 93
(75 % PN, 25 % CH)
Grand champagne riche en tannins au nez musqué et animal.
La note « de sauna » des fûts de chêne, caractéristique des
Bollinger, est sur le devant de la scène. Un initié musclé mature,
un peu abrupt plein de charme. Nez très élégant aux notes de
chèvrefeuille et à l'acidité retenue. J'ai eu la chance de le déguster
directement d'un magnum de la maison.

• 1973 BOLLINGER R.D. ANNÉE RARE   92, MARS 1994] 92
(75 % PN, 25 % CH)
Même impression que pour le R.D.

• 1973 VIEILLES VIGNES FRANÇAISES   91, FÉVRIER 1999] 91
(100 % PN)
Cela doit être le champagne le plus fort que j'ai goûté. Nez
incroyablement large. La question est de savoir s'il n'était pas trop
dominant. Tout le champagne évoque un grand bourgogne rouge.
Légumes cuits, paprika, haricot vert, betterave rouge, poisson,
viande crue et fumée de poudrière. La bouche gigantesque libère
presque les mêmes arômes avec en plus des notes de chou-fleur,
de lavande, de basilic, de goudron et de foie gras de canard.
Le champagne le plus riche et le plus décanté que j'ai dégusté
mais il ne vaut pas son prix exorbitant.

• 1970 BOLLINGER R.D.   94, MARS 2003] 94
(70 % PN, 30 % CH)
Le millésime. Bouche un peu moins concentrée que les millésimes
de 1973 et de 1975, mais le nez est l'un des plus beaux que j'ai pu
sentir. Le chèvrefeuille n'a jamais auparavant dominé un vin de
façon si flagrante. L'arôme de noisette typique de la maison fait
également partie de cette fête. Vous pouvez vous perdre dans ce
vin. C'est encore vrai maintenant!

• 1970 BOLLINGER R.D. ANNÉE RARE   94, MARS 1994] 94
(70 % PN, 30 % CH)
Même impression que le R.D.

• 1970 VIEILLES VIGNES FRANÇAISES   98, JUIN 1999] 98
(100 % PN)
Après avoir lu les avis de Sutcliffe et Broadbent, je suis très surpris
par son caractère. Tout comme mes collègues britanniques, je suis
impressionné par la concentration de ce vin, mais les arômes
étaient différents de ceux que j'avais découverts dans les millésimes
plus âgés de ce vin avant le phylloxéra. Les arômes sont fruités et
crémeux comme un blanc de blancs de Cramant. Nez diplomate et
bouche charnue à l'arôme exotique de mangue. La concentration
de ce vin et la longueur confirment que l'étiquette est bien sur
la bonne bouteille. L'un des meilleurs champagnes!

• 1969 BOLLINGER R.D.   96, JUIN 1999] 96
(70 % PN, 30 % CH)
Belle robe jaune d'or. Au nez spectre sensuel où les notes de fleurs
et de fruits sont plus flagrantes que d'habitude. Paradoxalement
à la fois frais et mature. En bouche, légère note végétale raffinée
de fruit exotique et de pop-corn.

• 1969 VIEILLES VIGNES FRANÇAISES   96, JUIN 1999] 96
(100 % PN)
Un millésime fantastique, l'un des meilleurs champagnes que j'ai
dégusté. J'ai réussi à trouver une bouteille dans la dernière caisse
d'un producteur. Ce vin est également unique car c'est le premier
millésime des Vieilles Vignes Françaises. Robe très sombre jaune
d'or et rosée. Mousse parfaite et magnifique bouquet. Aucun
arôme de légumes d'un 1973 n'est décelable ici. Au lieu de cela,
le vin est dominé par de la réglisse douce, du chocolat noir, du
tabac, des abricots et des pêches. Texture grasse et charnue, mais
l'attaque acide est impressionnante sous la surface douce. J'ai été

un peu déçu les deux dernières fois que j'ai dégusté ce vin à la Villa Pauli.

• 1966 BOLLINGER R.D.   95, DÉCEMBRE 2001] 95
(75 % PN, 25 % CH)
Dégorgé en 1999 et ouvert deux ans plus tard. Plus léger et plus jeune dans son profil que le millésime habituel. Nez délicieux et très élégant de champignon, de chocolat Valhrona, de foie gras de canard et de feu d'automne. Grand et élancé.

• 1964 BOLLINGER R.D.   95, MARS 2000] 96
(75 % PN, 25 % CH)
Dégusté récemment d'un magnum nouvellement dégorgé. C'est un champagne encore jeune à la force intrinsèque remarquable mais, évidemment, la date de dégorgement est cruciale.

• 1961 BOLLINGER R.D.   84, NOVEMBRE 1993
(75 % PN, 25 % CH)
Notes de vin rouge évoquant un solide Barolo. Mousse délicate. Un peu de fruits secs. Charnu et vineux. Dégorgé en 1972. D'autres bouteilles dégorgées récemment pourraient être considérablement meilleures.

BONNAIRE **** R-M

120, rue d'Épernay,
B.P.5
51530 Cramant
03 26 57 50 85
Production : 200 000

Le plus grand producteur particulier de Cramant s'appelait à l'origine Bonnaire-Bouquemont. En trente ans, Bonnaire nous a donné quelques-uns des vins de chardonnay les plus crémeux au monde. Il y a quelques années, Jean-Louis Bonnaire a transféré son bureau et sa réception dans des bâtiments très modernes au milieu des vignes du village. Il possède certains des meilleurs emplacements pour le Cramant. Les raisins de ces vignes sont toujours utilisés pour le millésime ou le Special Club. Seuls ces vins appartiennent aux réels charmeurs de ce coin si on les conserve en cave pendant environ dix ans. La fermentation malolactique est utilisée et donne aux vins un caractère mature et beurré déjà dans leur jeunesse, mais l'acidité est toujours très élevée et porte les vins à une richesse exotique à un âge moyen. C'est un vin unique, étoffé, aux notes de noix à sa maturité. Bonnaire fait des Cramants exemplaires pour leur sensualité. Ma cave privée déborde de Bonnaire !

• BONNAIRE TRADITION   72
(30 % PN, 30 % PM, 40 % CH)

• BONNAIRE CRAMANT DE CRAMANT   79
(100 % CH)

• BONNAIRE SÉLECTION   83
(100 % CH)
Un mélange de 1984 et de 1985 qui, avec son style léger et flatteur, est l'un des préférés de M. Bonnaire.

• BONNAIRE VARIANCE   82
(100 % CH)
Un nouveau champagne non millésimé brillant, vinifié en fût de chêne. Style passablement oxydé aux arômes de prune, de banane, de pommes plus que mûres. Il est cependant très bon, corsé et charnu. Complètement mature.

• BONNAIRE BLANC DE BLANCS   79
(100 % CH)

• BONNAIRE BLANC DE BLANCS NON DOSÉ   76
(100 % CH)

• BONNAIRE ROSÉ   68
(10 % PN, 90 % CH)

• 1999/2000 BONNAIRE   82, MAI 2003] 90
(100 % CH)
Il est évidemment difficile de juger le potentiel de maturation d'un vin à ce jeune âge. Des notes de noix se dévoilent déjà avec une mousse soyeuse exemplaire qui met joliment en valeur le fruité diaphane.

• 1998/99 BONNAIRE   85, MAI 2003] 90
(100 % CH)
Ce vin n'est pas encore sur le marché. Il a tout à gagner à rester encore deux ans à fermenter en cave. Malgré cela, il est des plus agréable et des plus intéressant de voir la pureté du fruité se dévoiler à ce stade. L'arôme de fruit de la passion est le plus flagrant, mélangé à un éclat léger comme un duvet de début d'été évoquant la groseille à maquereau.

• 1989/1988 BONNAIRE   89, JUIN 2003] 90
(100 % CH)
Il y a quelques années ce chardonnay possédait des notes classiques citronnées fraîches, de fleur et était délicatement influencé par les minéraux. Il est maintenant charnu et saturé par des notes de miel. Un vin expérimental dans une bouteille claire où le 1989 domine la moitié du mélange.

• 1997 BONNAIRE   89, JUILLET 2003] 90
(100 % CH)
Il est toujours difficile de deviner la façon dont un millésime de Bonnaire va vieillir. Ce millésime de 1997 est traîtreusement flatteur et prêt dans sa forme. Je ne suis pas convaincu que la conservation améliore ce vin. Un moelleux complet et une onctuosité aérée apparaissent déjà aujourd'hui. Le fruité est rose aux notes flagrantes de fraise des bois et de fraise mûre et sucrée.

• 1997 BONNAIRE SUR BOIS   91, MAI 2003] 93
(100 % CH)
Pas aussi charmant et cohérent que le 1995 mais il est cependant joliment exotique et possède de nombreuses notes de pêches. Je suis véritablement fasciné par ce vin fermenté en fût de chêne que Jean-Louis élabore pour sa propre consommation.

• 1995 BONNAIRE   91, JUIN 2003] 93
(100 % CH)
Vin à la complexité sans égale et nuancé, au potentiel énorme et au charme direct. Les arômes puissants sont la meringue, les agrumes doux, la crème brûlée et la vanille dans ce vin acide et majestueusement élaboré. Pas le même style que les millésimes précédents mais au moins tout aussi bon.

• 1995 BONNAIRE SUR BOIS   93, MAI 2003] 95
(100 % CH)
Un vin incroyablement délicieux, proche d'un bourgogne, à la concentration et à la vinosité évoquant le Chassagne. Charnu, gras et beurré, aux belles notes de tonneau. Grand chardonnay des meilleurs villages pouvant vraiment adopter avec excellence un caractère de chêne.

• 1994 BONNAIRE SUR BOIS   84, SEPTEMBRE 1999] 89
(100 % CH)
Un vin uniquement de Cramant, entièrement fermenté dans un nouveau fût de chêne. Une sorte de Selosse de Cramant. Le vin est étonnamment riche en minéraux et tout aussi étonnamment légèrement influencé par le chêne. Naturellement, des notes d'arbre récemment coupé, de vanille et de noix de coco se libèrent mais uniquement comme épices dans un champagne harmonieux proche d'un chablis.

• 1993 BONNAIRE   81, SEPTEMBRE 1999] 89
(100 % PN)
Un millésime Bonnaire qui semble être un peu avare et pointu la première fois qu'on le déguste. Je ne suis pourtant pas du tout inquiet pour son avenir. L'onctuosité va se dévoiler, soyez-en assuré.

• 1992 BONNAIRE   82, MARS 1999] 86
(100 % CH)
Pas encore sur le marché. Le vin va naturellement s'améliorer avec plus de temps passé au contact des sédiments de la fermentation.

• 1992 BONNAIRE BLANC DE NOIRS BOUZY   88, JUIN 2003] 88
(100 % CH)
L'amour a fait du Bonnaire un opposé de Bouzy. Ce blanc de noirs sera très bon dans plusieurs années, mais il semble être lourd en comparaison avec un blanc de blancs.

• 1991 BONNAIRE   87, AVRIL 2003] 89
(100 % CH)
Aujourd'hui, acide et solide avec moins de rondeurs que le millésime de 1992. Un vin prometteur appartenant aux meilleurs millésimes.

• 1989 BONNAIRE   84, JUIN 1997] 91
(100 % CH)
Un vin plus typique du millésime que de la maison. Nez lourd et exotique aux touches de safran et de pétunia. Bouche profonde et épicée.

• 1988 BONNAIRE   92, NOVEMBRE 2003] 93
(100 % CH)
Un Bonnaire exemplaire. Impossible de se tromper lors d'une dégustation à l'aveugle. Robe pâle, mousse très sophistiquée, nez beurré de caramel à la crème, de fleur blanche et de fraise des bois. Bouche persistante, dense et crémeuse.

• 1987 BONNAIRE   88, JUILLET 2003] 88
(100 % CH)
La plus grande force de Bonnaire est peut-être qu'il a toujours réussi à récolter ses raisins complètement mûrs sur ses pentes orientées au sud à Cramant. Le 1987 est toujours l'un des meilleurs vins du millésime.

• 1986 BONNAIRE   92, MAI 1999] 93
(100 % CH)
Un peu plus retenu que le 1987. Le vin dévoile des notes de fruit mûri au soleil et d'un soupçon d'arômes torréfiés. Attaque incroyable mais paradoxalement moelleuse et beurrée.

• 1985 BONNAIRE   92, JUILLET 2003] 92
(100 % CH)
1985 est une année particulière pour Bonnaire. Les vins possèdent moins d'arômes de caramel à la crème mais, au nez, ils font preuve d'un spectre aromatique fascinant et déroutant. Sa construction est plus retenue. Un vin intellectuel.

• 1983 BONNAIRE   94, NOVEMBRE 1993] 94
(100 % CH)
Les Bonnaire de 1983 et de 1982 appartiennent aux champagnes les plus agréables et les plus généreux que l'on puisse trouver. La réponse du viticulteur au Comtes de Champagne. Incroyablement riche, exotique et crémeux.

• 1982 BONNAIRE   94, MARS 2003] 94
(100 % CH)
Comme si c'était possible, le 1982 est encore plus grand avec son fruité où la mangue domine et son nez torréfié. Le gagnant lors « de la dégustation différente ».

• 1975 BONNAIRE   96, MAI 2003] 96
(100 % CH)
L'un des vins discrets parmi plusieurs années qui a complètement changé de façon positive. Je n'ai jamais dégusté auparavant ce vin

d'un magnum, ce qui peut faire augmenter le nombre de points qui lui sont attribués. Ce vin est maintenant nerveux et vibrant, torréfié, note vitale et richement crémeuse comme un vrai millésime chaud de 1964 ou de 1976. Magnifique!

• 1974 BONNAIRE   89, MAI 2003] 89
(100 % CH)
Nez magnifique de beurre et à la profondeur des vins de Salon. Début charnu, finale un peu fine et sèche aux notes de feuille de thé et de beau sherry qui sont perdues dans le verre.

• 1973 BONNAIRE   94, MAI 1999] 94
(100 % CH)
Voilà à quoi ressemble un Bonnaire ayant atteint sa pleine maturité. Robe sombre. Nez incroyablement ample aux arômes fumés et profonds comme ceux des vins de Salon. Massif à la rondeur de noix. Construction riche.

• 1971 BONNAIRE   91, NOVEMBRE 1993] 91
(100 % CH)
Plus retenu que le 1973 aux acidités jeunes et délicieuses, à la bouche très persistante aux notes d'agrumes. La maturité ne peut être décelée que dans le nez légèrement fumé.

• 1959 BONNAIRE   94, MAI 2000] 94
(100 % CH)
Le millésime préféré de la famille Bonnaire. Mes attentes étaient naturellement gigantesques lorsqu'il allait enfin être décanté. J'ai réussi à convaincre M. Bonnaire de mettre cette bouteille aux enchères chez Christies à New York en automne 1999. Évidemment, c'est moi qui ai remporté la bouteille. D'après son apparence, il semblerait que la bouteille n'ait pas été bien étiquetée mais un coup d'œil au bouchon a dissipé mes doutes. Tout comme le bouquet puissant et fumé aux notes animales et dominantes de goudron. Bouche un peu décevante, où l'onctuosité des Cramant a disparu et les notes de nez que j'avais décrites ont pris le dessus. La longueur et la mousse étaient cependant des plus impressionnantes.

• 1998 BONNAIRE CUVÉE PRESTIGE   88, DÉCEMBRE 2003] 92
(100 % CH)
Notes de tonneaux malgré le fait que le vin soit entièrement vinifié dans des cuves d'acier. Pas encore autant beurré mais, à la place, une complexité fumée et de nombreuses notes minérales, de fruit vert, de poire, de kiwi, d'anone et de papaye se sont libérées. Acidité forte et bonne attaque pure. La conservation en cave va permettre à ce vin d'atteindre le niveau de la famille des Cramant.

• 1997 BONNAIRE CUVÉE PRESTIGE   89, JUILLET 2003] 91
(100 % CH)
C'est déjà maintenant un grand plaisir culinaire. Un vin d'été parfait sous tous les angles, qui se déguste le mieux à l'extérieur avec sa douceur, son onctuosité douce citronnée et un caractère agréablement estival. Je le sais pour avoir dégusté ce vin avec des bons amis au bord du merveilleux lac de Garde.

• 1996 BONNAIRE CUVÉE PRESTIGE   91, JUILLET 2003] 94
(100 % CH)
Un Bonnaire pas complètement développé, au nez fermé et à la bouche acide et jeune. Notes de fruits lisses aux touches de pain, de citron et d'ananas frais. Encore jeune, aux notes minérales et de pomme. À l'aube du XXIe siècle, l'onctuosité a commencé à se dévoiler.

• 1990 BONNAIRE CUVÉE SPÉCIAL CLUB   94, 01-03 2003] 95
(100 % CH)
Comme prévu, Bonnaire a très bien réussi ce millésime parfait. C'est un champagne fantastique extrêmement charnu et bon en bouche. Beurré, exotique et safrané.

• 1989 BONNAIRE CUVÉE SPÉCIAL CLUB   93, JUILLET 2003] 93
(100 % CH)
Plein de fruits flatteurs et incroyablement moelleux. Bouche charnue, notes de miel et crémeuse à la finale de caramel. Très bon actuellement.

• 1988 BONNAIRE CUVÉE SPÉCIAL CLUB   89, OCTOBRE 1997] 93
(100 % CH)
Récolté dans quelques-uns des villages les mieux situés. Ressemble toujours au vin millésimé mais, après six ou sept ans, il est moins développé. Le Special Club dévoile immanquablement ensuite une grande concentration d'arômes similaires.

• 1985 BONNAIRE SPECIAL CLUB   95, MAI 2003] 95
(100 % CH)
J'adore ce champagne dans la phase jeune dans laquelle il se trouve maintenant. Ce 1982 vraiment généreux ne possède pas de raffinement. Retenu, élégant et discret, aux notes de noix à la Montrachet. Bouche minérale cristalline. Certaines bouteilles sont clairement matures.

• 1983 BONNAIRE SPECIAL CLUB   93, JUIN 1997] 93
(100 % CH)
La dernière fois que j'ai dégusté ce vin, il était très similaire au champagne non millésimé de 1983.

• 1982 BONNAIRE SPECIAL CLUB   94, AVRIL 1997] 94
(100 % CH)
Encore plus doux et plus concentré mais avec une acidité plus faible.

• 1981 BONNAIRE SPECIAL CLUB   95, MAI 2003] 95
(100 % CH)
Une sensation qui m'a bouleversé. Élégance légendaire.
Nez ample aux notes fortes de pain grillé. Fruité explosif comme un Dom Pérignon. Équilibre extraordinaire et bouche délicate évoquant un 1985. L'un des meilleurs champagnes millésimés.

• 1980 BONNAIRE SPECIAL CLUB   90, NOVEMBRE 1993] 90
(100 % CH)
Un vin intermédiaire. Notes sombres et fumées. Il est incroyable que des fûts de chêne n'aient pas été utilisés. Le vin possède une force colossale et exige d'être dégusté lors d'un repas.

• 1976 BONNAIRE SPECIAL CLUB   92, MAI 1997] 92
(100 % CH)
Vin très fiable aux bons extraits et à la bonne concentration. Bouche étoffée aux notes d'agrume et de caramel.

BONNET, ALEXANDRE N-M
138, rue du Général-de-Gaulle
10340 Les Riceys
03 25 29 30 93
Production : 650 000
Selon moi, Bonnet est l'un des seuls producteurs du village qui mérite son statut de légende. Il sera intéressant de voir ce que cette maison va faire avec des raisins de pinot d'Ay ou de Verzenay. Leur rosé des Riceys a un nez séduisant et son coteau champenois est le meilleur de l'Aube. Même les champagnes sont marqués par des arômes de raisins intenses qui les rendent supérieurs aux vins des voisins. Bruno Paillard est l'actuel propriétaire de cette maison.

• A. BONNET BRUT   66
(100 % PN)
Un champagne de pinot au nez agréable avec des notes de cerise et de violette. Bouche fumée, riche et masculine. Dernièrement, les notes de pomme et la fraîcheur sont plus prononcées.

• A. BONNET BRUT   66
(70 % PN, 30 % CH)

• A. BONNET GRANDE RÉSERVE   70
(55 % PN, 15 % PM, 30 % CH)

• A. BONNET ROSÉ   70
(100 % PN)

• 1993 A. BONNET BLANC DE BLANCS   70, MARS 2000] 75
(100 % CH)

• 1990 A. BONNET BLANC DE BLANCS   75, JANVIER 2003] 75
(100 % CH)

• 1993 MADIGRAL   81, MARS 2000] 80
(50 % PN, 50 % CH)
Champagne Prestige de Bonnet élaboré avec des quantités égales de chardonnay de Grauves et de pinot noir des Riceys. Nez passionnant, intense et personnel aux touches de foie de canard, de figue et de caramel. Bouche ronde et balsamique. Je soupçonne ce champagne de connaître ses plus grands mérites relativement tôt.

BONNET, FERDINAND N-M
12, allée du Vignoble
51000 Reims
03 26 84 44 15
Production : 1 000 000
Stéphane Lefebvre est à la tête de cette jeune maison basée à Oger. Il possède toujours les 10 hectares d'origine mais 90 % des raisins sont achetés. Rémy-Cointreau a repris la direction en 1988.
Voir F. Bonnet à Oger.

• F. BONNET BRUT PRESTIGE   66
(70 % PN, 30 % CH)

• F. BONNET CUVÉE ERIKS   67
(32 % PN, 50 % PM, 18 % CH)

• F. BONNET HÉRITAGE BRUT   67
(32 % PN, 50 % PM, 18 % CH)

• F. BONNET PRINCESSE BRUT   67
(32 % PN, 50 % PM, 18 % CH)

• 1996 F. BONNET   81, SEPTEMBRE 2003] 85
Plus autant flatteur maintenant. Est-ce la Belle au bois dormant ? Des notes principales fermes et amères. Robe aux nuances non matures et aux taches vertes d'un beau chardonnay.

• 1989 F. BONNET   78, DÉCEMBRE 1998] 81
(70 % PN, 30 % CH)
Nez ample, un peu rustique et développé aux notes de pain. Bouche ordinaire, douce et charpentée.

BONNET, F. N-M
1, rue de Mesnil
51190 Oger
03 26 57 52 43
Production : 150 000
La maison bien dirigée appartient au groupe Rémy-Cointreau, en liaison étroite avec Charles Heidsieck. Ferdinand Bonnet a fondé la maison en 1922. Les vignes recouvrent 10 hectares à Oger, Avize et Vertus. La maison est connue par les connaisseurs. Les champagnes que j'ai dégustés ont véritablement une bouche qui en redemande.

• F. BONNET CRÉMANT   68
(10 % PN, 90 % CH)

• 1983 F. BONNET SÉLECTION   85, JUILLET 1990] 90
(100 % CH)
Robe étonnamment sombre. Nez presque exotique aux tons fumés et épicés. Les mêmes arômes se retrouvent en bouche.

• 1982 F. BONNET SÉLECTION   83, JUILLET 1992] 88
(100 % CH)
Le vin ne possède plus la même astringence et la même tension romantique que le millésime de 1983 mais c'est un multicru-blanc de blancs classique au fruité juteux et aux belles notes de pain.

• 1976 F. BONNET SÉLECTION   94, NOVEMBRE 2003] 94
(100 % CH)
Champagne fantastique et sophistiqué, au nez complexe et nuancé de notes florales, torréfiées, beurrées, caramélisées, balsamiques et de vanille. Bouche étoffée, minérale, presque fumée, à la richesse de noix et de beurre qui adoucit parfaitement le côté minéral.

BONVILLE, ED **** R-M

3, rue du Gué
51190 Oger
03 26 57 53 19
Production: 40 000
La famille Bonville a toujours utilisé des fûts de chêne à Avize et à Oger. Toute la production d'Ed Bonville est toujours vinifiée en fûts de chêne. Sauf exception, la fermentation malolactique est utilisée, ce qui donne une bonne aptitude à la conservation au champagne non millésimé. Mme Bonville est l'une des dames les plus élégantes de Champagne. Elle gère très bien ses 7 hectares. Pour les personnes qui se sont toujours demandé à quoi ressemblerait un Bollinger Blanc de Blancs s'il était jamais produit, je vous recommande ces vins aux notes de noix. La vinification est identique au grand modèle d'Ay. Bollinger reçoit en outre une grande partie de son chardonnay de Mme Bonville. Le millésime de 1959 est arrivé à la treizième place lors de la dégustation du millénaire comme meilleur champagne de viticulteur de l'histoire! Malheureusement, la maison va progressivement fermer ses portes car il n'y a personne pour prendre la suite de Mme Bonville.

• ED BONVILLE BLANC DE BLANCS   79
(100 % CH)

• 1993 ED BONVILLE   79, OCTOBRE 2002] 86
(100 % CH)
C'est probablement le dernier millésime de Mme Bonville. Ensuite, nous devrons chercher ces raisins dans le Grand Siècle et le Bollinger Grande Année. Ces vins sont si jeunes. Si vous trouvez quelque part une bouteille, il faut la conserver à une température relativement élevée pour que la magie se produise. Ce vin va devenir riche et vigoureux avec une véritable autorité dans une dizaine d'années ou plus.

• 1976 ED BONVILLE   91, OCTOBRE 2002] 91
(100 % CH)
Il n'est pas étonnant que Bonville ait fait un bon vin dans cette année ensoleillée. En considérant l'unique millésime de 1959, on pourrait supposer que les vins habituellement acides et incroyablement fermes reçoivent l'aide des pouvoirs du temps afin de développer un moelleux fruité apprécié et naturellement chaud. Le vin est étoffé et riche avec une largeur appuyée inhabituelle d'un blanc de blancs.

• 1970 ED BONVILLE   84, OCTOBRE 2002] 87
(100 % CH)
J'ai dégusté un vin nouvellement dégorgé chez « Madame ». Il était jeune et turbulent après avoir été versé dans le verre. C'est seulement vers la fin que ce vin montre pourquoi beaucoup de viticulteurs dans la côte de Blancs considèrent 1970 comme une bonne année, qui se garde bien en cave. Ce n'est pas très souvent le cas si le vin est sur le marché depuis un moment.

• 1959 ED BONVILLE   97, JUIN 1999] 97
(100 % CH)
Notes légères de noix. Légèrement fumé. Les arômes de café dominent. C'est inhabituel pour un chardonnay évoquant un Bollinger. Bouche crémeuse aux notes de groseille à maquereau. Magnifique finale avec des notes de sablés.

• 1928 ED BONVILLE   92, MAI 2001] 92
(100 % CH)
À Londres, Mme Bonville m'a promis de me faire déguster un millésime de 1928 lors de ma prochaine visite à Oger. Par mesure de sécurité, elle a débouché deux bouteilles du millésime légendaire. Apprendre que c'était également son année de naissance n'a pas affecté le caractère remarquable de cette expérience. Bouquet intéressant aux notes de pétrole, de cave, de café et de brioche. L'acidité pique le palais. Bouche relativement jeune. Mousse assez délicate. La profondeur en bouche aurait pu être plus grande.

• 1985 ED BONVILLE SPECIAL CLUB   89, OCTOBRE 2002] 91
(100 % CH)
Très généreux avec une douceur fruitée inhabituelle dans les vins de Bonville. Beaucoup plus charnu et totalement différent du millésime de 1979. Déterminer lequel est le meilleur reste une simple question de goût.

• 1982 ED BONVILLE SPECIAL CLUB   85, OCTOBRE 2002] 85
(100 % CH)
J'ai été un peu déçu par ce vin récemment dégorgé avec un ton secondaire oxydé aux notes de pomme verte trop mûre, de réglisse et de goudron. Plus je buvais, plus j'appréciais ce champagne sec aux notes de poudrière. Le fruité aurait dû être plus généreux.

• 1979 ED BONVILLE SPECIAL CLUB   91, MAI 2001] 91
(100 % CH)
Blanc de blancs classique avec l'élégance du millésime et des notes de noix. Retenu et relativement léger avec des notes minérales délicieuses et de l'acidité. Persistant en bouche aux notes de gâteau.

BONVILLE, FRANCK *** R-M

9, rue Pasteur
51190 Avize
03 26 57 52 30
Production: 130 000
Maison fondée en 1947. Franck Bonville fait aujourd'hui des champagnes très riches aux notes de noix dans un style anglais. Son millésime 1983 est passé pour un Krug Grande Cuvée dans une grande dégustation à l'aveugle tenue à Stockholm en 1992. Je pense personnellement que Bonville et De Souza sont les seuls viticulteurs à Avize qui s'approchent du niveau de Selosse.

• F. BONVILLE SÉLECTION   79
(100 % CH)

• 1998 F. BONVILLE   83, FÉVRIER 2003] 88
(100 % CH)
Il y a longtemps, j'ai appris que les millésimes de 1998 et de 1996 sont dominés par un seul arôme qui est tombé dans l'oubli parce que beaucoup de vins du village ne le possèdent plus. Nous avions appelé cette note : « pomme d'Avize ». Cet arôme est introuvable dans les champagnes des villages voisins et ressemble à celui d'un jeune pinot noir. Il est indéniablement fascinant de découvrir que les caractéristiques principales des côte des Blancs telles que l'acidité élevée, la pureté, les bulles microscopiques et l'aspect minéral évoquant un tableau à la craie sont flagrantes. Très voluptueux, prometteur et aux accents du début de l'été.

• 1996 F. BONVILLE   85, MAI 2003] 89
(100 % CH)
Arôme de pomme flagrant et fascinant écrasant totalement les tons citronnés des raisins. Pureté classique, attaque et élégance minérale. Brillamment vigoureux et sublime.

• 1990 F. BONVILLE   84, SEPTEMBRE 1999] 87
(100 % CH)
Un peu trop riche et charnu pour être considéré comme
un blanc de blancs classique. Le vin est oxydé, corsé et
clairement influencé par le fût de chêne. Bouche douce
comme du miel et charpentée.

• 1985 F. BONVILLE   68, DÉCEMBRE 1993
(100 % CH)

• 1983 F. BONVILLE   90, AOÛT 1992] 90
(100 % CH)
Caractère de chêne faisant penser à Bollinger ou à Krug. Grand
champagne fumé au style oxydé classique et merveilleusement
profond. À boire dans deux ans.

• 1976 F. BONVILLE   91, MAI 2001] 91
(100 % CH)
Champagne somptueux et délicieusement vêtu comme tous les
millésimes de 1976 d'Avize. Des notes de caramel aux noix, de
miel et de chocolat se mêlent au fruité doux, charpenté et beurré.
Impressionnant!

BOUCHÉ PÈRE & FILS N-M
10, rue du Général-de-Gaulle
51530 Pierry
03 26 54 12 44
Production : 600 000
Fondée en 1945 et dirigée aujourd'hui par José et Pierre Bouché,
la maison possède 35 hectares de vignes répartis sur dix villages
dont quatre classés grand cru (Chouilly, Verzy, Verzenay, Puisieulx).
50 % de la production est exportée. Bouché utilise uniquement le
premier pressage pour tous ses vins.

• BOUCHÉ BRUT RÉSERVE   70
(30 % PN, 20 % PM, 50 % CH)

• BOUCHÉ BLANC DE BLANCS   70
(100 % CH)

• BOUCHÉ ROSÉ   67
(60 % PN, 30 % PM, 10 % CH)

• 1990 BOUCHÉ   82, MAI 2001] 84
(55 % PN, 45 % CH)
Champagne moelleux, équilibré et populaire avec une note
fondamentale de pomme un peu simple. Un peu trop doux
et manque de nuance malgré la belle composition en raisins
provenant des villages classés grand cru.

• 1988 BOUCHÉ   74, AOÛT 1995] 82
(35 % PN, 20 % PM, 45 % CH)
Un champagne grand cru pur marqué par le solide pinot de la
montagne de Reims. Arômes charnus et sombres.

• BOUCHÉ « 2000 »   77, MAI 2000] 82
(50 % PN, 50 % CH)
Contient des vins millésimés de 1993, 1994 et 1995. Nez floral
très agréable aux touches de poire. Bouche élégante, légère et
délicate à la finale douce et prometteuse.

BOUCHER, GILLES R-M
10, rue Pasteur
51160 Champillon
03 26 59 46 64
Production : 50 000
Viticulteur depuis 1806 et vinificateur de champagne depuis 1911.
Le propriétaire, Sylvain Boucher, possède 5 hectares à Champillon.

• BOUCHER CARTE BLANCHE   62
(50 % PN, 50 % CH)

BOULARD, RAYMOND N-M
Rue Tambour
51480 La Neuville-aux-Larris
03 26 58 12 08
Production : 90 000
Raymond Boulard fait partie des maisons les plus nouvellement
fondées en Champagne. Elle a été fondée en 1952. La maison est
toujours entièrement contrôlée par la famille Boulard. Elle possède
des vignes dans sept villages : Neuville-aux-Larris, Cuchery, Belval,
Paradis, Hermonville et Cauroy-les-Hermonville. Ils sont tous
situés au nord de Reims ou à l'extérieur de la vallée de la Marne.
Les quelques vignes de premier ordre que la maison possède sont
situées dans le village classé grand cru à Mailly. Le vin prestigieux
est dégorgé à la volée. L'âge moyen des cépages est de 35 ans.

• CUVÉE TRADITION SYMPHONIE   51
(20 % PN, 30 % PM, 50 % CH)

• RAYMOND BOULARD MAILLY GRAND CRU   76
(90 % PN, 10 % CH)

• RAYMOND BOULARD RÉSERVE   51
(25 % PN, 50 % PM, 25 % CH)

• RAYMOND BOULARD BLANC DE BLANCS   54
(100 % CH)

• RAYMOND BOULARD ROSÉ SAIGNÉE   52
(50 % PN, 50 % PM)

• 1998 RAYMOND BOULARD   84, DÉCEMBRE 2003] 87
(30 % PN, 20 % PM, 50 % CH)
Complètement vinifié en fût et à la façon des bourgognes avec
le bâtonnage. Les raisins proviennent de cépages âgés de 30 ans et
sont récoltés tardivement. Merveilleux vin aux notes profondes de
pain, de miel, de pomme rouge juteuse. Parallèlement, certaines
notes florales ainsi qu'un beau caractère minéral se dévoilent.
Complexe et nuancé sans que les notes de chêne ne soient si
frappantes.

• 1986 L'ANNÉE DE LA COMÈTE   80, MAI 1995] 80
(25 % PN, 25 % PM, 50 % CH)
Par chance, le contenu de la bouteille était plus stylé que la
bouteille elle-même. Le champagne Prestige de la maison, qui
a reçu du Guide Hachette la mention honorable de « coupe de
Cœur » en 1995, est composé de raisins de très vieux cépages.
Âgé de neuf ans, il est déjà très mature. Sans être spécialement
concentré ou raffiné, ce vin est très bon avec son nez remarquable
de banane, de fruit sec, de cuir et de miel. Bouche douce et
mature comme un champagne des années soixante-dix mais
la fin de bouche est abrupte. À boire maintenant!

BOURDELOIS, RAYMOND R-M
737, avenue du Général-Leclerc
51530 Dizy
03 26 55 23 34
Production : 30 000
Raymond Bourdelois a trouvé son créneau. Il est presque le seul
à faire un blanc de blancs à Dizy. Le champagne est considéré plus
comme une curiosité que comme un grand vin. Le viticulteur
possède 6 hectares à Dizy et à Cumières.

• RAYMOND BOURDELOIS BRUT   41
(70 % PN, 30 % CH)

• RAYMOND BOURDELOIS BLANC DE BLANCS   60
(100 % CH)

BOUTILLEZ-GUER R-M
38, rue Pasteur
51380 Villers-Marmery
03 26 97 91 38
Production: 80 000

Le viticulteur mélange du chardonnay de Villers-Marmery et du pinot noir de Verzenay.

• BOUTILLEZ-GUER BRUT	55
(30 % PN, 70 % CH)	
• BOUTILLEZ-GUER BLANC DE BLANCS	54
(100 % CH)	

BOUY, LAURENT R-M
7, rue l'Église
51380 Verzy
03 26 97 93 23
Production: 20 000

L'un des rares producteurs faisant un blanc de blancs à Verzy. Des cépages âgés de 25 ans sont plantés sur 4,5 hectares. Vinification moderne.

• LAURENT BOUY BLANC DE BLANCS	70
(100 % CH)	

BOVIÈRE-PERINET R-M
18, rue Chanzy
51360 Verzenay
03 26 49 80 96
Production: 120 000

Ce viticulteur possède 3 hectares à Verzenay entièrement plantés de pinot noir. Principaux vins: Brut, Réserve, Cuvée Spéciale.

• BOVIÈRE-PERINET ROSÉ	66
(100 % PN)	

BRICE *** N-M
3, rue Yvonnet
51150 Bouzy
03 26 52 06 60
Production: 100 000

Jean-Paul Brice n'a fondé son entreprise qu'en 1994. Il était auparavant l'un des trois hommes derrière Barancourt. Michel Joly est le chef de caves. Il se concentre principalement sur les champagnes de terroir. Ces vins ont un très bon rapport qualité prix.

• BRICE TRADITION	50
(45 % PN, 5 % PM, 50 % CH)	
• BRICE AY	83
(90 % PN, 10 % CH)	

La pureté des arômes est frappante même si la maturité donnant au pinot d'Ay sa solidité caractéristique est absente. Cela vaut sûrement la peine de le conserver en cave.

• BRICE BOUZY	80
(80 % PN, 20 % CH)	

Bouquet étonnamment pâle mais magnifiquement pur et fruité. Bouche cristalline évoquant des pommes vertes.

• BRICE CRAMANT	74
(100 % CH)	
• BRICE VERZENAY	83
(75 % PN, 25 % CH)	

Style riche et onctueux. Doté d'un bon caractère de vin de terroir. Remarquablement persistant en bouche aux notes minérales.

BRICOUT *** N-M
29, Rempart du Midi
51190 Avize
03 26 53 30 00
Production: 2 800 000

Le jeune Allemand, Charles Koch, a commencé son activité en 1820 à Avize. Ses trois fils ont commencé à coopérer avec Arthur Bricout, un ancien vinificateur chez De Venoge à Épernay. La maison n'a pas connu le développement escompté, mais lorsque Andreas Kupferberg a entamé une rénovation complète des locaux de la maison en 1966, Bricout a pris de l'importance. C'est aujourd'hui la plus grande maison à Avize, respectée dans toute la Champagne. Presque tous les raisins sont achetés et les méthodes de vinification sont très modernes. En 1998, Bricout a été vendu à Delbeck. Le vinificateur est Philippe Pomi.

• BRICOUT CUVÉE PRESTIGE	61
(60 % PN, 40 % CH)	
• BRICOUT CUVÉE RÉSERVE	38
(30 % PN, 30 % PM, 40 % CH)	
• BRICOUT ROSÉ	60
(20 % PN, 80 % CH)	
• 1997 BRICOUT	75, JANVIER 2003] 77
(40 % PN, 25 % PM, 35 % CH)	
• 1992 BRICOUT	81, JANVIER 2003] 82
(100 % CH)	

Belle robe. Nez faible presque inexistant. Par chance, la bouche est beaucoup mieux. Le moelleux des millésimes est le leitmotiv dans ce vin. Il débouche ensuite sur une belle finale aux notes de gâteau. Mais avant d'en arriver là, le dégustateur découvre des notes citronnées et fraîches.

• 1990 BRICOUT	82, MARS 2000] 85
(100 % CH)	

Même vin au dosage normal. Étrangement, il est plus léger et moins torréfié. Je trouve qu'il manque en bouche la note torréfiée remplacée ici par des notes légères de pain et de fleur.

• 1990 BRICOUT NON DOSÉ	82, MARS 2000] 86
(100 % CH)	

Champagne typique de la maison aux notes légères torréfiées et une bonne portion d'arômes évoquant un gâteau. Belle bouche explosive à la structure dense. Le grand style de la maison peut faire passer ce vin pour une cuvée de prestige.

• 1986 BRICOUT	70, MAI 1996] 73
(60 % PN, 40 % CH)	
• 1985 BRICOUT	80, MARS 2000] 80
(100 % CH)	

Il a vieilli un peu trop vite. Notes d'oxydation déjà flagrantes. Est-ce que ce vin minéral doit déjà être comme cela?

• 1982 BRICOUT	81, FÉVRIER 2003] 81
(100 % CH)	

Un millésime de 1982 assez plat et quelque peu trop mature, au dosage trop élevé aux notes nombreuses d'oxydation. Rond et agréable si l'on veut être gentil.

• CUVÉE ARTHUR BRICOUT	83
(30 % PN, 70 % CH)	

Pinot de Bouzy, d'Ay et de Verzenay ainsi que du chardonnay d'Avize, de Cramant et de Chouilly. Malgré les bons raisins, ce vin est introverti et retenu. Il se repose sur un rayonnement délicat et rafraîchissant ressemblant à l'automne. Toutes les notes de nez sont jeunes et florales. Bouche fraîche et courte jusqu'à maintenant.

- 1990 ARTHUR BRICOUT   83, MARS 2000] 88
(30 % PN, 70 % CH)
10-15 % en nouveau fût-ce qui est notable. Légère note de
tonneau avec un fruité vert, jeune, qui picote joliment. Bon vin,
acidité très jeune. Style pur au bon potentiel de maturation pour
ce champagne Prestige dominé par le chardonnay.

- 1985 ARTHUR BRICOUT   85, MARS 2000] 87
(40 % PN, 60 % CH)
En l'espace de quelques années le champagne prestige de Bricout
a reçu trois noms différents : Cuvée Élégance, Charles Koch et
maintenant Arthur Bricout. Apparemment, la maison n'est pas
satisfaite des ventes de sa cuvée de prestige. Le millésime de 1985
possède un nez torréfié affirmé que beaucoup de mes collègues
ont perçu comme du caoutchouc brûlé. J'associe le nez au pain
grillé qui est resté quelques secondes de trop dans le grille-pain.
Ce vin est indéniablement bon, mais on s'attend peut-être à
une plus grande richesse de nuances dans la cuvée de prestige.

- 1982 ARTHUR BRICOUT   87, MARS 2000] 87
(30 % PN, 70 % CH)
Ce champagne prestige est toujours uniquement composé
de raisins de grand cru. Nez très ample, développé, aux notes
de miel et aux touches de paraffine et de cire d'abeille. Bouche
moyennement corsée et concentrée, arrondie et mature.

BROCHET-HERVIEUX R-M
28, rue de Villers-aux-Nœuds
51500 Écueil
03 26 49 74 10
Production : 60 000
Fondée en 1945. Le viticulteur a accès à 9,4 hectares de pinot noir
et 1,6 hectare de chardonnay d'Écueil. Vincent et Alain Brochet
dirigent maintenant la maison.

- BROCHET-HERVIEUX EXTRA BRUT   61
(60 % PN, 40 % CH)
- 1991 BROCHET-HERVIEUX   70, JANVIER 2001] 73
(60 % PN, 40 % CH)
- 1989 BROCHET-HERVIEUX   68, JUILLET 1995] 75
(60 % PN, 40 % CH)
- 1986 BROCHET-HERVIEUX   82, MAI 2002] 82
(60 % PN, 40 % CH)
Un champagne des plus riches et très fruité qui coule bien
en bouche. Bouche juteuse et exotique évoquant l'ananas séché,
la papaye et le sirop de sucre. Un verre suffit mais il faut faire
attention avec des plats exigeant des vins riches en finesse et
en acidité. Il est préférable de choisir un vin plus charpenté
qui enlève la douceur du champagne.

- 1983 BROCHET-HERVIEUX SPECIAL CLUB
(60 % PN, 40 % CH)   68, JUILLET 1990] 75

BRUN, ALBERT (LE) N-M
93, avenue de Paris
51000 Châlons-en-Champagne
03 26 68 18 68
Production : 300 000
Cette maison est l'une des deux restantes dans cette ville qui fut, il y
a longtemps, un haut lieu pour le champagne. Les Brun tiennent les
rênes depuis le tout début en 1860 à Avize. Les caves d'aujourd'hui
sont les mêmes que celles qui ont valu à Jacquesson une médaille de
la part de Napoléon. Françoise Le Brun est la vinificatrice actuelle.

- A. LE BRUN RÉSERVÉE   52
(65 % PN, 35 % CH)

- A. LE BRUN BLANC DE BLANCS   81
(100 % CH)
Sans hésitation, le meilleur vin de la maison. Un pur champagne
Avize. Nez ample de pomme mûre. Il se peut que la ressemblance
avec le cidre soit un peu trop marquée.

- 1986 VIEILLE FRANCE   72, JUILLET 1990] 77
(54 % PN, 46 % CH)
- 1983 A. LE BRUN RÉSERVÉE   69, JUILLET 1990] 74
(41 % PN, 59 % CH)
- 1983 VIEILLE FRANCE   73, JUILLET 1990] 80
(54 % PN, 46 % CH)
Nez très faible mais assez élégant. Plus retenu que le millésime de
1986 mais avec une croissance un peu plus courte.

- 1986 VIEILLE FRANCE ROSÉ   70, JUILLET 1990] 73
(80 % PN, 20 % CH)

BRUN, ED. N-M
14, rue Marcel-Mailly
51160 Ay
03 26 55 20 11
Production : 250 000
La maison, fondée en 1898, fait partie des premières que j'ai visitées
dans la région. Ed. Brun utilise 5 % de fûts de chêne. Les raisins
proviennent de 23 villages, Ay étant le principal.

- ED. BRUN CUVÉE DE RÉSERVE   61
(95 % PN, 5 % CH)
- ED. BRUN CUVÉE SPÉCIALE   50
(60 % PN, 38 % PM, 2 % CH)
- ED. BRUN BLANC DE BLANCS   63
(100 % CH)
- ED. BRUN ROSÉ   60
(50 % PN, 25 % PM, 25 % CH)
- 1997 ED. BRUN   70, MARS 2003] 73
- 1988 ED. BRUN   69, JANVIER 1997] 83
(60 % PN, 40 % CH)
Nez totalement fermé. Très belle structure riche. Bon potentiel de
maturation. Note sous-jacente de fumée.

- 1982 ED. BRUN   61, JUILLET 1988] 73
(70 % PN, 30 % CH)
- 1971 ED. BRUN   88, MARS 1988] 88
(80 % PN, 20 % CH)
Pas un grand champagne, mais un vin agréable qui se comporte
mieux quand il vient d'être servi. Dans le verre il s'effondre. Début
de nez séduisant de miel et de caramel au beurre, de prime abord
séduisant. Bouche douce comme du miel, peu d'acidité et de mousse.

BRUN, RENÉ N-M
4, place de la Libération
51160 Ay
03 26 55 21 24
Production : 200 000
Les Brun sont viticulteurs depuis cinq générations à Ay. Le statut
de maison a été obtenu en 1941. La part des raisins de chardonnay
est étonnamment élevée, ce qui enlève un peu le caractère de vin
de village à la production. Principaux vins : Blanc de Blancs.

- RENÉ BRUN BRUT   48
(60 % PN, 40 % CH)
- RENÉ BRUN ROSÉ   39
(60 % PN, 40 % CH)
- 1985 RENÉ BRUN   70, JUIN 1992] 76
(40 % PN, 60 % CH)

BRUN, ROGER R-M
7, impasse Saint-Vincent
51160 Ay
03 26 55 45 50
Production: 35 000

Roger Brun gère cette grande propriété de 18 hectares avec sa fille Caroline. Comme souvent, sa propre production ne correspond qu'à une petite partie des raisins qu'il récolte. Tous les vins d'Ay que Piper-Heidsieck utilise passent dans les mains de Roger Brun.

- ROGER BRUN ROSÉ   71
  (41 % PN, 37 % PM, 22 % CH)
- ROGER BRUN BRUT   54
  (33 % PN, 40 % PM, 27 % CH)

BUNEL, ERIC R-M
32, rue Michel-Letellier
51150 Louvois
03 26 57 03 06
Production: 38 000

Ce viticulteur possède 6,5 hectares à Louvois et produit des vins modernes fruités. Le vin millésimé contient toujours 50 % de pinot noir et 50 % de chardonnay.

- 1994 ERIC BUNEL   75, JANVIER 2002] 80
  (70 % PN, 30 % CH)
  Jeune. Attaques encore un peu agressives. Fruité personnel mais quelque peu immature. Notes de primeur de printemps, de groseille à maquereau et de groseille blanche. Bouche fraîche et ferme au bon potentiel de maturation.
- 1992 ERIC BUNEL   80, JANVIER 2002] 80
  (70 % PN, 30 % CH)
  Il est difficile de croire que ce vin a été fait par l'homme qui a également réalisé le cru de 1994. Robe beaucoup plus foncée. Nez totalement différent avec des notes de miel et d'amande. Bouche ronde et grossièrement rassasiante.

BUSIN, JACQUES R-M
33, rue Thiers
51360 Verzenay
03 26 49 40 36
Production: 100 000

Un viticulteur toujours apprécié dans les guides français des vins. Principaux vins: Carte d'Or, Rosé.

- J. BUSIN BRUT RÉSERVE   50
  (75 % PN, 25 % CH)
- 1988 J. BUSIN   81, AOÛT 1994] 83
  (90 % PN, 10 % CH)
  Nez fort de tequila et de sucre caramélisé. Bouche très riche à la structure compacte charnue, arômes beurrés et torréfiés. Où est l'acidité?

B.O.B

Il existe un courant ascendant en matière de nom de champagne sous la désignation M-A, ce qui implique que tout le monde peut avoir sa propre marque mais, derrière cette étiquette, un autre producteur de champagne se cache. Marne & Champagne, Duval-Leroy, Martel, Feuillate, etc. sont de grands acteurs sur ce marché. J'ai uniquement répertorié les vins les plus passionnants et les plus courants dégustés au cours de ma carrière parce que ces « Marque Acheteur » peuvent cacher n'importe qui et les qualités des plus variées. À chaque fois que l'on me dit que j'ai oublié un nom, c'est souvent dans cette catégorie qu'il aurait dû être mentionné.

Je ne recommande à personne d'acheter des vins de cette liste. La désignation M-A est, pour moi, comme un signal d'alarme même si on peut trouver de bonnes choses parmi ces vins.

- LECHERE   70
- TAILLEVENT BRUT   38
  (100 % CH)
- 1985 EUGÈNE LAROCHE   78, SEPTEMBRE 2003] 78
- 1981 LENÔTRE ROSÉ   87, AVRIL 2003] 87
  Un rosé sublime aux notes matures ressemblant à un vieux bourgogne rouge. Notes de fromage, de truffe, de betterave rouge, de bouillon et de ferme. Bouche ronde et étoffée. Bonne mousse au caractère animal.
- 1969 BARON DONAT
- 1966 BARON DONAT   85, JANVIER 2003] 85
  Élégant, rafraîchissant, aux notes minérales, de café. Nez de résine. Longueur en bouche légère et malheureusement un peu courte.
- 1964 BARON DONAT   84, SEPTEMBRE 2002] 84
  Solide, charpenté avec une touche rustique. Bouche oxydée et persistante.
- 1961 BARON DONAT   87, FÉVRIER 1995] 87
  Pas un grand vin mais en parfaite condition avec de magnifiques arômes chocolatés libérés par une belle maturité au nez et en bouche.
- 1947 BORDIER   89, SEPTEMBRE 2002] 89
  L'un des meilleurs champagnes que j'ai dégustés sous « la deuxième étiquette ». Robe rosée. Matière très concentrée et intense. Finale persistante de caramel dur.
- 1985 TAILLEVENT BLANC DE BLANCS   50, FÉVRIER 1993] 60
  (100 % CH)

CAILLEZ-LEMAIRE R-M
25, rue Pierre-Curie
51480 Damery
03 26 58 41 85
Production: 55 000

Henry Caillez assure aujourd'hui la production de cette maison fondée en 1942 par Raymond Caillez. Il possède 6 hectares plantés de pinot noir, de chardonnay et surtout de pinot meunier.

- CAILLEZ-LEMAIRE ROSÉ   67
  (100 % PN)

CALLOT & FILS R-M
31, avenue Jean-Jaurès
51190 Avize
03 26 57 51 57
Production: 40 000

Dans la rue principale d'Avize, la maison Gonet fait face à la maison Callot dont le vignoble s'étend sur 5 hectares. La famille Callot cultive la vigne dans la région depuis 1784! C'est en 1992, à Jersey que j'ai goûté ce champagne de vigneron que je connais peu.

- PIERRE CALLOT BLANC DE BLANCS   61
  (100 % CH)
- PIERRE CALLOT GRANDE RÉSERVE   74
  (100 % CH)
- PIERRE CALLOT NON DOSÉ   65
  (100 % CH)
- 1989 PIERRE CALLOT   80, JANVIER 2003] 80
  (100 % CH)
  Le développement de ce champagne a été un peu rapide. Le vin est bon bien sûr, corsé et miellé, mais j'y décèle aussi une note exagérément oxydée, ainsi que des notes de cuir et de goudron.

CANARD-DUCHÊNE N-M

1, rue Edmond-Canard
51500 Ludes
03 26 61 10 96
Production : 4 000 000

Fondée en 1868 par Victor Canard, la maison Canard-Duchêne fut la propriété de la maison Clicquot avant de devenir celle du puissant groupe Louis Vuitton. Les vignobles de Canard-Duchêne n'assurent que 5 % de la production annuelle. Le reste du raisin est acheté, 40 % provenant de simples parcelles de l'Aube. Canard-Duchêne est véritablement l'une de ces nombreuses maisons qui ont décidé de miser sur la quantité plutôt que sur la qualité. Jean-Jacques Lasalle, un grand talent local, y est vinificateur.

- CANARD-DUCHÊNE BRUT   68
  (40 % PN, 35 % PM, 25 % CH)
- CANARD-DUCHÊNE ROSÉ   46
  (46 % PN, 34 % PM, 20 % CH)
- CANARD-DUCHÊNE DEMI-SEC   48
  (35 % PN, 25 % PM, 40 % CH)
- 1991 CANARD-DUCHÊNE   77, JUILLET 2002] 78
  (42 % PN, 28 % PM, 30 % CH)
- 1990 CANARD-DUCHÊNE   77, OCTOBRE 1996] 84
  (46 % PN, 24 % PM, 30 % CH)
  Champagne très personnel et odorant dont la façade exotique et fruitée dissimule beaucoup de beauté.
- 1988 CANARD-DUCHÊNE   79, DÉCEMBRE 1994] 84
  (44 % PN, 22 % PM, 34 % CH)
  Ce millésime bénéficie d'une tout autre classe que le champagne non millésimé, avec un nez luxuriant de pinot et un fruit séduisant et riche.
- 1976 CANARD-DUCHÊNE   83, FÉVRIER 1996] 83
  (33 % PN, 33 % PM, 34 % CH)
  Crémeux et délicieux mais montre quelques légers signes de vieillissement.
- 1975 CANARD-DUCHÊNE   81, FÉVRIER 1996] 81
  (33 % PN, 33 % PM, 34 % CH)
  Nez extrêmement léger. Bouche commune avec une agréable nuance de chocolat.
- 1955 CANARD-DUCHÊNE
  (44 % PN, 22 % PM, 34 % CH)
- 1962 CANARD-DUCHÊNE BLANC DE BLANCS
  (100 % CH)   91, NOVEMBRE 2002] 91
  Mousse délicate, beau bouquet de noix avec une touche de beurre brun. Vieilli tranquillement, moelleux et harmonieux. Bonne acidité très nette dans la longueur en bouche.
- 1969 CANARD-DUCHÊNE ROSÉ   90, DÉCEMBRE 2003] 90
  (65 % PN, 7 % PM, 28 % CH)
  Un champagne rosé parfaitement conservé que l'on serait tenté de faire goûter à Michael Broadbent, qui prétend obstinément que l'on ne peut pas garder le champagne rosé. Belle robe orangée et petites bulles légères. Nez sucré avec arôme de caramel et une légère note de cerise et de framboise. Fruit sucré et huileux, éclatant sur la langue, légère note de cave et belle longueur en bouche de chocolat à l'orange. Frais et équilibré, mais peut-être un peu trop sucré pour les puristes.
- CHARLES VII   84
  (61 % PN, 39 % CH)
  Un champagne très élégant, avec beaucoup de raffinement et de classe, mais auquel il manque un peu de tenue pour pouvoir se développer et devenir un grand vin.
- CHARLES VII BLANC DE NOIRS   86
  (73 % PN, 27 % PM)
  Grand vin, lourd, mûr et très moelleux. Miellé et huileux avec une mousse un peu légère et un style riche et sucré qui me font songer au 1989. Quelque peu uniforme mais cependant corsé.
- CHARLES VII ROSÉ   81
  (65 % PN, 7 % PM, 28 % CH)
  Si l'on songe à l'excellence de la variante blanc de noirs de ce vin, ce champagne rosé peut être qualifié d'échec. Substantiel et rustique avec une certaine amertume en finale.

CARLINI, JEAN-YVES DE R-M

13, rue de Mailly
51360 Verzenay
03 26 49 43 91
Production : 50 000

Je suis extrêmement reconnaissant à toutes les personnes qui me signalent des champagnes que je ne connais pas. J'avais cherché en vain ce vigneron lorsque deux résidents de Lindingö (ville de Suède) me contactèrent pour me demander si je voulais goûter un vin qu'ils avaient découvert lors d'un voyage en Champagne et qu'ils adoraient. Partis avec mon ouvrage *2000 champagnes* sous le bras, ils se demandaient comment j'avais pu l'omettre. Ce vigneron possède 6 hectares de pinot et de chardonnay répartis sur les communes de Verzenay, Ludes et Mailly.

- CARLINI BLANC DE NOIRS   76
  (100 % PN)

CASTELLANE (DE) *** N-M

57, rue de Verdun
51204 Épernay
03 26 51 19 19
Production : 3 200 000

Fondée en 1895 par le vicomte de Castellane, cette maison est peut-être aujourd'hui davantage connue pour son remarquable château d'eau situé en bas de l'avenue de Champagne. Les bâtiments abritent également un musée du vin et une exposition de papillons regroupant des espèces du monde entier. Bien qu'ancien chasseur de papillons, je n'ai pas encore trouvé le temps d'y faire une visite. Autrefois, le champagne fermentait dans toutes sortes de récipients y compris de grandes cuves en chêne. Cela lui conférait une certaine personnalité mais pas de grande pureté. Depuis la reprise par Laurent-Perrier en 1985, la vinification et les vins se sont modernisés, ce qui a permis de produire des champagnes plus limpides mais assez dépourvus de personnalité. Patrick Dubois est le chef de cave de cette maison qui produit des vins vendus sous le nom de De Castellane, mais également sous celui de Maxime et Ettore Bugatti. Lors de ma dernière visite à Épernay, les patrons de l'époque m'invitèrent dans leur cave et firent voler les bouchons comme jamais auparavant. Je crois que nous avons bien goûté à douze millésimes, dont le plus ancien était un 1915, le plus vieux des vins encore en leur possession. La plupart des vins que nous avons dégustés provenaient essentiellement de magnums. Et ce n'est pas tout ! Nous avons en réalité goûté deux magnums de chaque vin pour déterminer quelles bouteilles, entre les champagnes récemment dégorgés et les autres, étaient préférables. Ce sont des choses que les connaisseurs apprécient ! J'ai été frappé par la façon dont les vins se tenaient en matière de structure et d'arômes. La mousse en revanche laissait à désirer. Ceci explique pourquoi je n'ai jamais été particulièrement impressionné par les plus vieux De Castellane au restaurant ou chez des particuliers. Je vous conseille donc de toujours contrôler si une bouteille provient ou non directement de chez le producteur. Le millésime 1955 occupait la 31ᵉ place lors de la dégustation du millénaire (voir page 66). Ce n'est pas mal pour une maison plus connue pour son château d'eau que pour ses vins.

- DE CASTELLANE BRUT CROIX ROUGE   69
  (40 % PN, 30 % PM, 30 % CH)
- DE CASTELLANE TRADITION   69
  (40 % PN, 25 % PM, 35 % CH)
- DE CASTELLANE MAXIM'S   69
  (40 % PN, 25 % PM, 35 % CH)
- DE CASTELLANE CHARDONNAY BRUT   74
  (100 % CH)
- DE CASTELLANE ROSÉ   50
  (60 % PN, 40 % CH)
- 1995 DE CASTELLANE   85, JUILLET 2002] 87
  (65 % PN, 35 % CH)

Classique et caractéristique de ce millésime. Spectre aromatique s'apparentant à celui d'un Moët avec nez de pain frais, de levure et de chocolat à l'orange. Nerveux avec une bonne attaque et longue finale élégante. Peut-être un peu déjà mûr.

- 1992 DE CASTELLANE   73, JUIN 2002] 74
  (60 % PN, 40 % CH)

Un millésime jamais commercialisé, ce qui est une sage décision selon moi. Le vin manque d'acidité et s'avère un peu plat. Bonne maturité des arômes avec une nuance végétale.

- 1991 DE CASTELLANE   81, AOÛT 2001] 84
  (60 % PN, 40 % CH)

On trouve ici une note verte qui manque un peu de maturité, de feuille de cassis, d'herbe et de sureau habilement camouflée par un dosage joliment composé, lequel à son tour offre des notes d'ananas, d'orange et de fruit de la passion. Un champagne rafraîchissant à savourer sous la tonnelle en compagnie d'amis ou allongé dans un hamac suspendu devant la maison de vacances.

- 1990 DE CASTELLANE   85, FÉVRIER 1999] 88
  (60 % PN, 40 % CH)

Il est frappant de voir combien les champagnes d'Épernay se ressemblent, bien que la sélection des raisins varie d'une maison à l'autre. La ressemblance avec le Moët est ici saisissante. Nez riche autolytique de pain frais, de crème de champignons et de fruit exotique sucré. Bouche moelleuse, accessible et joyeuse.

- 1989 DE CASTELLANE   80, AOÛT 1997] 82
  (53 % PN, 7 % PM, 40 % CH)

Mélange commercial réussi. Moelleux. Fruit mûr.

- 1985 DE CASTELLANE   81, JANVIER 1999] 83
  (60 % PN, 40 % CH)

Très marqué par le caractère de pinot. Note d'amande marquée soutenue par des arômes grillés. Bouche serrée et assez courte.

- 1983 DE CASTELLANE   79, JUIN 1997] 79
  (60 % PN, 40 % CH)

Mûr mais plat. Un champagne millésimé insignifiant.

- 1979 DE CASTELLANE   92, JUILLET 2002] 92
  (60 % PN, 40 % CH)

Quel délice! Impression d'ensemble de sucre et de caramel. Champagne racé avec une élégance fleurie et une finesse volatile. La bouche est dominée par les arômes de noisette et de pêche si caractéristiques de ce millésime. On peut juste regretter un petit manque d'intensité.

- 1976 DE CASTELLANE   89, OCTOBRE 2003] 89
  (60 % PN, 40 % CH)

Typique d'un bon millésime 1976 sans toutefois pouvoir surpasser les autres. Belle vitalité et maturité beurrée avec une jolie note soyeuse de vanille soutenue par des notes de miel et de pain. Bonne longueur en bouche sur le même thème.

- 1975 DE CASTELLANE   87, JUIN 2003] 87
  (60 % PN, 40 % CH)

Un champagne robuste et solide qui durera encore longtemps. Peut-être un peu dépourvu de charme et sec, mais bien fait. Parfait pour accompagner des plats substantiels.

- 1970 DE CASTELLANE   91, JANVIER 1999] 91
  (60 % PN, 40 % CH)

Plus frais et nerveux que le magnum non dosé. Bouche formidablement bonne et harmonieuse, où l'acidité est étonnamment prononcée si l'on songe au millésime. Bouche longue et moelleuse de prune et de mûre.

- 1970 DE CASTELLANE D.T.   84, AVRIL 2002
  (60 % PN, 40 % CH)

Hervé Augustin, la modestie faite homme, m'a invité à pénétrer dans la cave la plus sacrée de la maison pour prendre part à l'une des plus ambitieuses dégustation à laquelle il m'ait été donné d'assister. La plupart des vins provenaient de magnums, et un grand nombre d'entre eux dégorgés de manière normale ou « à la volée » non dosés. Je fus étonné de constater que ce champagne récemment dégorgé était plus développé et oxydatif. Les vinificateurs expliquent ce phénomène rare par le fait qu'une pointe de soufre a été ajoutée au moment du dosage pour assurer une meilleure conservation, ce qui entrave l'oxydation.

- 1969 DE CASTELLANE
  (60 % PN, 40 % CH)
- 1964 DE CASTELLANE   91, JUILLET 2002] 91
  (60 % PN, 40 % CH)

Vif et en parfaite condition. Nez relativement léger mais avec une délicieuse note de menthe, de petits pains au lait frais aromatisés à la vanille. La bouche confirme le nez; le vin révèle cependant un certain manque de concentration et de longueur, mais conserve une élégante vitalité.

- 1964 DE CASTELLANE D.T.   91, JANVIER 1999] 91
  (60 % PN, 40 % CH)

Nez ample, imposant, de pinot qui s'oriente vers la truffe et la betterave rouge. Belle attaque initiale mais avec une longueur en bouche un peu trop oxydative, en dépit de la couleur claire et de la mousse vive.

- 1962 DE CASTELLANE   88, NOVEMBRE 2000] 88
  (50 % PN, 25 % PM, 25 % CH)

Dégusté à cinq reprises en magnum. Toujours jeune comme un champagne des années 1980. Arômes légers et fleuris; le vin est un peu trop léger et manque de concentration, mais très agréable avec une belle note de nougat.

- 1959 DE CASTELLANE   92, JANVIER 1999] 92
  (60 % PN, 40 % CH)

De Castellane utilisait malheureusement des bouchons trop courts à cette époque. Ces vins potentiellement fantastiques ont perdu leurs bulles vivifiantes. Il s'agit toutefois là d'un nectar riche en alcool caractéristique de la grandiose année 1959.

- 1955 DE CASTELLANE   96, JUILLET 2002] 96
  (60 % PN, 40 % CH)

Robe d'une teinte profonde proche de l'acajou. Mousse à peine perceptible, mais il s'agit cependant d'un vin merveilleux avec de nouveau des notes de crème brûlée, de caramel et de vanille.

Bouche évocatrice, profonde et concentrée avec des notes de sirop de sucre, de miel, de figue et de chêne vieilli.

- 1953 DE CASTELLANE   69, DÉCEMBRE 2003] 69
(60 % PN, 40 % CH)

- 1919 DE CASTELLANE
(60 % PN, 40 % CH)

- 1915 DE CASTELLANE   93, JANVIER 1999] 93
(60 % PN, 40 % CH)

La plus ancienne bouteille de De Castellane encore existante. Hervé Augustin n'avait encore jamais goûté de champagne aussi vieux, et il demanda au chef de cave de retirer le bouchon, cet inoubliable mardi matin. Nous perçûmes un faible échappement de gaz, mais le vin ne contenait plus de mousse. Le nez à l'arôme de caramel rappelait celui d'un Krug avec une note très marquée de crème brûlée. La bouche sirupeuse et liquoreuse confirmait le nez. Merci !

- 1989 DE CASTELLANE BLANC DE BLANCS   83, FÉVRIER 1999] 87
(100 % CH)

Un chardonnay charmant, d'une douceur très nette, avec un fruité juteux qui reflète parfaitement le caractère typique de ce millésime. Le genre de champagne qui ne reste pas longtemps dans le verre !

- 1986 DE CASTELLANE BLANC DE BLANCS   76, NOVEMBRE 1994] 76
(100 % CH)

- 1981 DE CASTELLANE BLANC DE BLANCS   89, JANVIER 1999] 91
(100 % CH)

Un magnifique nez grillé avec une dominante de noisette. Même la bouche jeune et fraîche a une magnifique tenue d'arôme de noisette et de citron. Champagne très subtil des meilleurs villages de chardonnay.

- 1980 DE CASTELLANE BLANC DE BLANCS   80, OCTOBRE 1997] 80
(100 % CH)

Un nez délicat mais beaucoup trop léger avec une bouche croustillante.

- 1976 DE CASTELLANE BLANC DE BLANCS   94, JUIN 2001] 94
(100 % CH)

Champagne goûté une seule fois dans des conditions idéales : en Champagne, provenant d'un magnum, normalement dégorgé, avec dosage intégré et maturation en bouteille. Nez merveilleusement imprégné d'arôme de caramel et de café. Bouche mûre, imposante et riche, de noisette, remplie de fruit tropical. Magnifiquement savoureux. Sans doute nettement moins exceptionnel en bouteilles normales.

- 1971 DE CASTELLANE BLANC DE BLANCS   96, OCTOBRE 2000] 96
(100 % CH)

Absolument exceptionnel. Un magnum fut ouvert pour moi et les personnes qui m'accompagnaient lors d'un voyage avec SAS Wine Club un dimanche, lors d'une visite impromptue chez De Castellane. Il y a là une profondeur que l'on ne trouve que dans les plus grands vins. Notes de pétrole et de citron vert évoquant le Riesling d'Alsace, tandis que le goût de noisette m'entraînait vers la Bourgogne. L'acidité et une note de miel en finale ainsi que la mousse ultra moelleuse me ramenèrent au lieu d'origine de ce vin, la Champagne.

- 1970 DE CASTELLANE BLANC DE BLANCS   89, MARS 2000] 89
(100 % CH)

Un millésime difficile parfaitement réussi par les vinificateurs au pied du château. Un vin assurément encore nerveux aux couches gustatives mûres. La couche dominante est proche du cuir, ce qui serait totalement inintéressant et manquerait de fraîcheur si elle n'était si bien soutenue par un fruité agréable rappelant le pamplemousse et l'ananas.

- 1966 DE CASTELLANE BLANC DE BLANCS   94, JANVIER 2000] 94
(100 % CH)

Joli nez de fleurs blanches, d'agrumes et de parfum. On trouve en outre une note quelque peu paradoxale de violette. Bouche grasse, longue, concentrée et moelleuse avec une pointe de la plus pure vanille. Un des meilleurs champagnes De Castellane jamais produits.

- 1961 DE CASTELLANE BLANC DE BLANCS   87, MAI 1999] 87
(100 % CH)

Nez très bien assemblé et délicieux mais le vin est un peu court et asséché en bouche. Les arômes sont toutefois riches et développés.

- 1952 DE CASTELLANE BLANC DE BLANCS
(100 % CH)

- 1975 DE CASTELLANE ROSÉ   87, NOVEMBRE 2003] 87
(60 % PN, 20 % PM, 20 % CH)

Robe orangée. Nez puissant de goudron, de bouillon de légumes et de viande. Bouche sèche et fumée, bien corsée et persistante.

- 1974 DE CASTELLANE ROSÉ   87, MARS 2000] 87
(60 % PN, 20 % PM, 20 % CH)

Un vin très rare d'un millésime encore moins fréquent. Le vin est léger et délicat. Robe très légèrement rosée et nez volatile de fraises givrées et de lilas. Grande fraîcheur, grande élégance. Un peu trop mince de corps cependant.

- CUVÉE COMMODORE   92
(70 % PN, 30 % CH)

Ce magnifique champagne n'est malheureusement plus produit. La bouteille dont je disposais datait des années 1960 et présentait un impressionnant bouquet de divers arômes sucrés. Le vin était tout à la fois corsé et moelleux, totalement dans la lignée de millésimes ultérieurs de ce champagne de prestige sous-estimé.

- 1991 CUVÉE COMMODORE   85, JUILLET 2002] 87
(70 % PN, 30 % CH)

Bonne concentration de cépages provenant de bons villages. Il est toutefois difficile de faire abstraction de l'influence néfaste de cette mauvaise année. Le vin ne devient jamais aussi complexe que le vin millésimé ordinaire d'une bonne année comme 1995 par exemple.

- 1991 CUVÉE FLORENS DE CASTELLANE
(10 % PN, 90 % CH)   83, JUILLET 2002] 84

Clair, nez légèrement herbeux et minéral avec un arôme naissant de caramel mou. Bouche légère et nerveuse avec une touche pierreuse assez longue. Un peu trop sulfureux.

- 1990 CUVÉE COMMODORE   83, MAI 2000] 85
(70 % PN, 30 % CH)

Robe doré foncé et bouquet mûr. On y décèle déjà des touches de datte, de raisin sec, de paille et de figue. La bouche offre également cette note un peu inhabituelle de paille soutenue par les saveurs de maïs et de pinot noir. Peut difficilement figurer parmi les grands souvenirs des champagnes de 1990.

- 1989 CUVÉE COMMODORE   90, SEPTEMBRE 2003] 91
(70 % PN, 30 % CH)

Presque identique au 1988 qui est proche d'un Dom Pérignon, avec cependant une plus grande concentration d'extrait et une note supplémentaire de caramel mou. Impressionnant ! S'adoucit et s'arrondit avec le temps.

- 1989 CUVÉE FLORENS DE CASTELLANE
(5 % PN, 95 % CH)   92, MAI 2003] 92

Un vin savoureux, c'est le moins que l'on puisse dire, qui rappelle le Meursault. J'ai eu l'occasion de le déguster à cinq reprises en magnum, mais jamais en bouteille normale. La brioche, les fleurs blanches et l'orange en sont les arômes prononcés et caractéristiques.

• 1988 CUVÉE COMMODORE   84, JANVIER 1995] 89
(70 % PN, 30 % CH)
Avec ce champagne, la maison montre un nouveau visage
qui me plaît davantage que les vins précédemment mentionnés.
Nez proche d'un Dom Pérignon avec un spectre étendu de pain
et de cacao. Bouche concentrée très chocolatée avec du corps.
Déjà très agréable, mais se développera encore.

• 1988 CUVÉE FLORENS DE CASTELLANE
(10 % PN, 90 % CH)   82, JANVIER 1999] 87
Extrêmement fleuri et facile à boire comme la plupart des
champagnes de chardonnay produits par De Castellane.
Bouche moelleuse, équilibrée et manquant peut-être un peu
de personnalité. Je préfère souvent le Commodore, le deuxième
champagne de prestige de la maison, qui est nettement plus riche.

• 1986 CUVÉE FLORENS DE CASTELLANE
(10 % PN, 90 % CH)   77, JANVIER 1995] 77

• 1982 CUVÉE FLORENS DE CASTELLANE
(10 % PN, 90 % CH)   92, AOÛT 2000] 92
Un vin magnifique, facile à boire et difficile à recracher, avec un
caractère plaisant. Il ne peut y avoir une personne au monde qui
n'apprécie pas ce vin moelleux et caressant. Tandis que la rondeur
de vanille séduit, l'impression d'élévation est accentuée par les
arômes fleuris et d'agrumes. Longueur en bouche assez courte,
davantage d'extrait aurait constitué un avantage, mais le facteur
de plaisir est fantastique.

• 1981 CUVÉE COMMODORE D.T.   91, JUILLET 2002] 91
(65 % PN, 35 % CH)
Bien que ce vin ait été dégorgé sur place et qu'il y manquait le
dosage, il s'agit d'un champagne mûr et moelleux. Nez dominé
par les notes de café et de cacao avec une touche de champignon
des bois. J'imagine que son jumeau normalement dégorgé doit
être vraiment rond et puissant.

• 1979 CUVÉE COMMODORE   92, MAI 1999] 92
(75 % PN, 25 % CH)
Comme il se doit cette année-là, le vin est plus élégant qu'à
l'accoutumée. Belles notes de pain grillé qui se marient bien avec
un fruit mince où l'on décèle des pointes de pêche et de mangue.
Bouche moyennement corsée, fraîche et longue, qui justifie
le prix indiqué sur l'étiquette.

• 1976 CUVÉE COMMODORE   91, OCTOBRE 2003] 91
(75 % PN, 25 % CH)
Un peu plus riche et rond que le champagne courant de 1976,
avec des notes appuyées de chocolat. Il semblerait qu'on ait voulu
couler ce champagne de prestige dans le même moule que la
bouteille. Quoi qu'il en soit, la bouche correspond à son aspect.
Donc pas d'erreur de commercialisation dans ce cas.

• 1975 CUVÉE COMMODORE   91, FÉVRIER 1996] 91
(75 % PN, 25 % CH)
Un champagne magnifique avec un joli bouquet noisetté et une
impressionnante bouche corsée avec une note de chocolat noir.

• 1974 CUVÉE COMMODORE   87, DÉCEMBRE 2002] 87
(75 % PN, 25 % CH)
Étonnamment, De Catellane a bien réussi ce champagne
malgré une année faible dans l'ensemble. Grand champagne,
sympathique et moelleux, mais avec une finale un peu abrupte.
Délicieux par ailleurs !

• 1964 CUVÉE COMMODORE   87, OCTOBRE 2003] 87
(75 % PN, 25 % CH)
Le nez promet plus que la bouche ne parvient à libérer.
Ce champagne renferme une grande part de chaleur et de
douceur ainsi que de notes hivernales sombres et saturées.

Comme à l'accoutumée, le chocolat constitue un mot d'ordre
de ce champagne de prestige. Le vin souffre malheureusement
d'une certaine pauvreté et d'un peu d'amertume.

• 1961 CUVÉE COMMODORE   87, JUIN 2002] 87
(75 % PN, 25 % CH)
Robe ambrée sombre peu intéressante avec des notes de thé,
de mélasse, de laine et de datte. A connu de meilleurs jours.

CASTELNAU (DE) N-M
18, rue de Reims
51200 Épernay
03 26 51 63 09
Production : 80 000
Le champagne de Castelnau fut produit pour la première fois en
1916, en souvenir du général de Castelnau qui avait participé à la
bataille de la Marne. Après avoir longtemps travaillé dans l'ombre,
Sylvain Batteux a repris la vieille maison et dispose aujourd'hui
d'un portefeuille de trois vins bon marché produits à partir de
raisins achetés.

• CASTELNAU BRUT   51
(33 % PN, 34 % PM, 33 % CH)

• CASTELNAU EXTRA QUALITY   50
(33 % PN, 34 % PM, 33 % CH)

• CASTELNAU CHARDONNAY   67
(100 % CH)

CATTIER *** N-M
6, rue Dom-Pérignon
51500 Chigny-les-Roses
03 26 03 42 11
Production : 600 000
La famille Cattier a acquis ses vignobles de Chigny en 1763 !
Au début, presque toute la récolte était vendue aux grandes
maisons, mais l'activité s'est développée et aujourd'hui Cattier
est un fabricant de champagne indépendant et respecté.
La maison est actuellement dirigée par Jean-Louis et Jean-Jacques,
qui succèdent à leur père, Jean. Cattier exporte quelque 55 %
de sa production totale de champagnes dont la majeure partie
provient de raisins cultivés par la maison elle-même. Les vins
sont charmants, bien faits et fiables. Cattier vendant ses produits
à un prix très honnête, il est amusant de constater que l'on
en trouve des bouteilles en Suède. Le Clos du Moulin, l'un
des secrets les mieux gardés de Champagne.

• CATTIER BRUT ANTIQUE   67
(35 % PN, 40 % PM, 25 % CH)

• CATTIER BLANC DE BLANCS   74
(100 % CH

• CATTIER ROSÉ BRUT   56
(50 % PN, 40 % PM, 10 % CH)

• 1998 CATTIER   84, AVRIL 2003] 85
(35 % PN, 30 % PM, 35 % CH)
Un vin superbement délicieux et jeune, inoffensif, naïf, énergique.
Beau bouquet fleuri avec des notes marquées de fruit de la
passion, de vanille, de crème brûlée et de fleurs printanières.
Mousse moelleuse, équilibrée, et fruit nerveux, jeune et plaisant.
Un des rares champagnes qui ne nécessitent pas de séjour en cave.

• 1996 CATTIER   83, SEPTEMBRE 2003] 86
(35 % PN, 30 % PM, 35 % CH)
Un vin brillant bien structuré et équilibré où dès l'attaque les
trois cépages convergent pour donner une unité intéressante et
harmonieuse. Récent, ce vin a déjà une rondeur polie et un fruit

sombre et moelleux de bonne mâche. L'acidité et la nervosité jouent les seconds violons mais restent absolument présents.

• 1996 CATTIER RENAISSANCE   81, MAI 2000] 86
(33 % PN, 33 % PM, 34 % CH)
Vin extrêmement frais avec beaucoup d'arômes frais rafraîchissants de poire et de pomme. Sec et joli avec beaucoup d'acidité et une légère nuance savonneuse. Longueur en bouche dure et manquant de maturité. Un vin à mettre en cave.

• 1995 CATTIER   79, AVRIL 2002] 84
(35 % PN, 30 % PM, 35 % CH)
Léger et caractéristique du millésime, nez délicieux de vanille, de pâtisserie, de sablé, de menthe et d'ananas séché. Un champagne léger et moelleux avec un dosage élevé justifié du fait que le caractère du millésime se prête bien à une combinaison avec un riche dosage.

• 1993 CATTIER   80, MAI 2000] 83
(35 % PN, 30 % PM, 35 % CH)
Champagne de fête léger et agréable avec un joli nez autolytique de sablé. Bouche pure, sans prétention et courte. Il m'a fait l'impression d'une série policière américaine : agréable sur le moment mais qui ne laisse absolument aucun souvenir.

• 1993 CUVÉE RENAISSANCE   80, MARS 2000] 84
(40 % PN, 20 % PM, 40 % CH)
Plus jeune que le 1993 ordinaire. Le nez est parfumé et nettement fleuri. Acidité élevée et jolie richesse de nuances autour de la base de compote de pommes.

• 1990 CATTIER   87, SEPTEMBRE 2002] 88
(35 % PN, 30 % PM, 35 % CH)
Grand et musclé, mais peut-être avec trop de fruit mûr et trop peu d'acidité pour que le temps puisse faire son œuvre d'amélioration envers cette création. J'y décèle des arômes de prune, de figue, de fruit surmûris et de baies sucrées ainsi qu'une note agréable de pain comme toujours dans les champagnes Cattier.

• 1989 CATTIER   70, FÉVRIER 1995] 79
(35 % PN, 30 % PM, 35 % CH)

• 1989 CUVÉE RENAISSANCE   74, MAI 1997] 82
(37 % PN, 30 % PM, 33 % CH)
Pas de surprise avec ce vin bien fait et accessible, au fruit riche et moelleux. Le spectre aromatique est dominé par la pomme rouge, la prune et le caramel mou.

• 1988 CATTIER   75, NOVEMBRE 1994] 79
(35 % PN, 30 % PM, 35 % CH)

• 1988 CUVÉE RENAISSANCE   80, NOVEMBRE 1994] 88
(40 % PN, 20 % PM, 40 % CH)
Les vins produits sous cette étiquette sont très proches de ceux du Clos du Moulin. Une note crémeuse et miellée y est déjà décelable. Acidité pure et équilibrée.

• 1985 CATTIER   80, AOÛT 1994] 87
(35 % PN, 30 % PM, 35 % CH)
Je n'ai jamais vraiment trouvé une quelconque unité entre les vins millésimés de la maison Cattier. Ce champagne aurait aussi bien pu être produit par les maisons Clicquot ou Venoge. Nez grillé classique, fruit d'orange caractéristique du millésime, bouche complexe et nerveuse et finale stimulante harmonieuse.

• 1983 CUVÉE RENAISSANCE   87, JUIN 1993] 87
(33 % PN, 33 % PM, 34 % CH)
Robe jaune foncé pour ce champagne magnifique et développé à consommer rapidement. Nez qui évoque la forêt tropicale et toutes les fleurs exotiques. Le miel d'acacia domine la bouche crémeuse et moelleuse. Champagne qui meurt dans le verre, boire aussitôt servi.

• 1982 CATTIER   75, AVRIL 1992] 85
(35 % PN, 30 % PM, 35 % CH)
Un vin dont le nez est encore plus développé que la bouche. En 1992, l'acidité restait dure. La longueur en bouche minérale semble prometteuse.

• 1975 CATTIER   85, MARS 2000] 85
(30 % PN, 35 % PM, 35 % CH)
Aspect jeune, nez ample et miellé avec une touche de bouillon. Bouche imposante de morille et de muscade. Bonne longueur en bouche avec une direction principale oxydée évoquant la réglisse.

• CLOS DU MOULIN   90
(50 % PN, 50 % CH)
L'un des rares champagnes à pouvoir inscrire l'appellation Clos sur l'étiquette. L'enclos de 2,2 hectares appartenait autrefois à Allart de Maisonneuve, officier de l'armée de Louis XV. Jean Cattier acheta le terrain en 1951. Le moulin à vent qui donna son nom au lieu fut détruit lors d'un incendie. Cette cuvée résulte du mélange de trois années et le champagne a entre sept et huit ans lorsqu'il est commercialisé. Il s'agit, sans hésitation, du meilleur vin de la maison, qui allie les caractéristiques des vins millésimés – arômes de miel et de crème – avec une fraîcheur minérale. Je ne fais généralement pas de commentaires sur la mousse car il y a aujourd'hui peu de différences, mais le feu d'artifice velouté et moelleux qu'offrent les bulles du Clos du Moulin et du Grand Siècle de Laurent-Perrier est unique. Se développe bien en bouteille entre trois et dix ans.

• CLOS DU MOULIN (1996/95/93)
(50 % PN, 50 % CH)   83, AVRIL 2003] 87
Champagne pas assez développé avec un nez de pomme rouge, de cannelle, de prune et d'echinacea. Bouche serrée, neutre et caractéristique de son origine, où l'acidité occupe le devant. Devrait avoir plus de potentiel que je n'en ai décelé.

• CLOS DU MOULIN (1995/93/90)
(50 % PN, 50 % CH)   87, JUILLET 2002] 90
Très harmonieux et caractéristique de son origine. Tout simplement un Clos du Moulin classique. Notes de vanille, de miel, de pomme et de raisin sec dans l'un des enveloppements les plus crémeux et délicieux qu'il soit possible de dénicher.

• CLOS DU MOULIN (1993/90/89)
(50 % PN, 50 % CH)   85, MARS 2000] 90
Encore un peu parfumé et enveloppé d'arôme de pomme. Il est étonnant de constater qu'il y a déjà une mousse moelleuse et veloutée, une bouche soyeuse de miel par endroits. Une édition dans le plus pur style de ce fascinant champagne de clos.

• CLOS DU MOULIN (1990/89/88)
(50 % PN, 50 % CH)   89, MARS 2000] 93
Ce vin élégant, posément équilibré, évoque pour moi une autre grande cuvée non millésimée réalisée de la même manière : le Grand Siècle. Sous le nez aux nuances volatiles on décèle une touche chocolatée qui attend de pouvoir se libérer. Équilibre parfait entre le crémeux du vin et son fruit fraîchement acidulé.

• CLOS DU MOULIN (1989/88/86)
(50 % PN, 50 % CH)   92, DÉCEMBRE 2003] 92
Cette jolie cuvée ne compte que 11 000 bouteilles, sans doute la raison pour laquelle je suis passé si longtemps à côté de ce champagne. Lorsque j'ai enfin eu ce vin dans mon verre j'ai été fortement impressionné. Totalement mûr avec un beau nez de café et un caractère qui allie le style riche et beurré de 1989 à l'aspect classique et serré encore plus dominant, acidulé, de noisette de 1988. Un vin très sophistiqué et odorant peut-être un peu court pour figurer parmi les tout premiers.

• CLOS DU MOULIN (1988/86/85)
(50 % PN, 50 % CH)   87, MARS 2000] 87
Nez très marqué de miel d'acacia. Il s'agit d'un champagne bien trop développé et uniforme avec une note oxydée de cuir et de réglisse.

• CLOS DU MOULIN (1986/85/83)
(50 % PN, 50 % CH)   90, MARS 2000] 90
Variante délicatement beurrée avec une note de miel très présente en coulisses. Très agréable, voire séduisant, mais sans la profondeur qui existe dans d'autres productions de Clos du Moulin.

• CLOS DU MOULIN (1985/83/82)
(50 % PN, 50 % CH)   93, MARS 2000] 94
Le meilleur Clos du Moulin qu'il m'ait été donné de goûter! Un vin merveilleux plein de notes de chardonnay. Nez pur de chocolat aux noisettes le plus délicieux, de pain grillé et de céréales. Équilibre parfait et grande profondeur de bouche à la fraîcheur d'agrumes.

• CLOS DU MOULIN (1983/82/80)
(50 % PN, 50 % CH)   90, MARS 2000] 90
Plus gras et rond que d'autres mélanges. Il contient peut-être aussi les bulles les plus fines et les plus petites. La bouche développe une pointe un peu prononcée de mousse au chocolat.

• CLOS DU MOULIN (1982/80/79)
(50 % PN, 50 % CH)   92, MARS 2000] 92
Caractéristique de l'année 1982 avec une grande profondeur beurrée et exotique. De nouveau du miel, accompagné cette fois de pêche et d'abricot. Grâce au lent processus de maturation, le vin a développé une longueur en bouche crémeuse étonnamment persistante et corsée.

CAZALS, CLAUDE **** R-M
28, rue du Grand-Mont
51190 Le Mesnil-sur-Oger
03 26 57 52 26
Production : 100 000
L'un des producteurs les plus connus du Mesnil. La délicieuse Delphine Cazals, mariée à Olivier Bonville de la maison Franck Bonville, produit des champagnes clairs, purs, à la maturation rapide, à l'arôme grillé dans un style un peu léger. Elle dispose de raisins du Mesnil et d'Oger et en vend la majeure partie aux maisons Bollinger, Roederer et Deutz. Elle a fini par convaincre sa famille qu'il fallait faire une cuvée de prestige avec le raisin du Clos Cazals, une vigne entourée de murs que l'on aperçoit à droite en entrant dans Oger par le nord. Les ceps ont été plantés en 1947 et le vignoble couvre 3,5 hectares, mais la sélection étant rigoureuse, Delphine Cazals ne produit que 2000 bouteilles de ce champagne amené à devenir un vin culte.

• C. CAZALS VIVE EXTRA BRUT   75
(100 % CH)
Ultra sec, vivant et pur avec des arômes délicats de pomme, d'agrumes, et une touche minérale. Immédiatement beau et sophistiqué.

• C. CAZALS BLANC DE BLANCS   73
(100 % CH)
Robe sombre inattendue. Nez ouvert grillé et un peu gras avec une bouche séduisante riche et fruitée. Le premier verre a toujours meilleur goût que le dernier. Acidité faible. Plus frais lors de la dernière dégustation.

• 1996 C. CAZALS   86, DÉCEMBRE 2003] 90
(100 % CH)
Nez ample et développé de miel et bouche ronde corsée avec de délicieuses notes crémeuses et élégantes. Bonne longueur en bouche avec des notes marquées de maturité.

• 1995 C. CAZALS   88, AVRIL 2003] 92
(100 % CH)
Mais quels vins nous produit ce vigneron! Beau, gras, poli, beurré, complexe, moderne, grandiose et délicieux. Bon caractère de terroir soutenu par un fruit riche et concentré. Cazals est en passe de devenir l'un des vignerons de Champagne les plus intéressants.

• 1990 C. CAZALS   84, JANVIER 1997] 90
(100 % CH)
Un Blanc de Blancs dense et fleuri. Pur et caractéristique du village.

• 1988 C. CAZALS   84, JANVIER 1997] 85
(100 % CH)
Caractère grillé inattendu. Un peu plus éclairci et relâché que le 1990.

• 1985 C. CAZALS   83, DÉCEMBRE 1992] 84
(100 % CH)
Un vin également développé qui charme directement, mais étonnamment complet pour un 1985.

• 1959 C. CAZALS   95, SEPTEMBRE 2003] 95
(100 % CH)
Un vin majestueux qui a conservé un caractère merveilleusement nerveux et clair. Le fruit est sucré comme celui d'un parfait 1947 et sa puissance n'est jamais pressante ou exigeante en dépit de la chaleur cette année-là. Les arômes s'orientent vers la vanille, l'abricot, l'orange, la pêche, la mangue et la noix de coco. Extrêmement long et imposant.

• 1997 CLOS CAZALS   87, DÉCEMBRE 2003] 91
(100 % CH)
Vin superbement beau avec des nuances brillantes étincelante aux bulles vivantes réduites au minimum. Nez très exotique de melon, de miel, de fruit de la passion, de fleur et de nougat. Bouche riche et profonde avec des touches inattendues de fruits rouges comme la fraise des bois, la pomme rouge et la framboise. Séduisant et élégant. 2 000 bouteilles à se partager sur l'ensemble de la planète.

• 1996 CLOS CAZALS NON DOSÉ   84, DÉCEMBRE 2003] 92
(100 % CH)
Seules 2000 bouteilles de ce vin ont été produites. Dégusté non dosé chez le producteur ; il s'agit donc bien entendu d'un vin bien trop jeune et austère. Il offre cependant un incroyable équilibre avec de jolis arômes délicats.

• 1995 C. CAZALS   92, FÉVRIER 2003] 94
(100 % CH)
Quel début! Claude Cazals n'est pas le seul vigneron des villages de grand cru à disposer d'une situation exceptionnelle qui donne lieu à un vin concentré unique. Il est en revanche l'un des rares propriétaires de clos au sens propre du terme, un véritable terrain clos de murs. Ce vin, dont je suis convaincu qu'il sera très recherché par les connaisseurs, est gracieux, brillant et d'une vivacité rayonnante. Le nez est tout à la fois crémeux et de contours définis avec une jolie finesse minérale et d'agrumes soutenue par une note intense de pétrole. La bouche est forte et concentrée avec une jolie fraîcheur. La finale est plus ronde que l'on pourrait s'y attendre compte tenu de la forte touche minérale que l'on trouve ici.

CAZANOVE (DE) *** N-M
1, rue des Cotelles
51200 Épernay
03 26 59 57 40
Production : 3 000 000
Charles Gabriel de Cazanove fonda cette maison à Avize en 1811. L'activité fut ensuite développée par son fils, Charles Nicolas, qui était également un éminent botaniste et l'un des incitateurs de la lutte contre le phylloxéra. Mais il fallut encore attendre la fin des

années 1970 pour que la maison fasse une véritable percée. Elle produit aujourd'hui des champagnes modernes accessibles, faciles à boire, et à bas prix, à l'exception de la Cuvée Stradivarius. Son champagne millésimé occupe toujours les premières places lors des dégustations à l'aveugle. Olivier Piazza est l'actuel et talentueux vinificateur de la maison De Cazanove.

- CUVÉE CAZANOVA   74
 (50 % PN, 20 % PM, 30 % CH)
- DE CAZANOVE BRUT AZUR PREMIER CRU   76
 (30 % PN, 10 % PM, 60 % CH)
- DE CAZANOVE GRAND APPARAT   80
 (30 % PN, 10 % PM, 60 % CH)
 Ce bon champagne beurré, au goût de safran est d'un style différent des autres vins de la maison De Cazanove. Plus vineux, sérieux et exigeant, mais de même niveau de qualité que les autres. Champagne de repas qui peut être mis en cave.
- DE CAZANOVE DEMI-SEC   50
 (50 % PN, 20 % PM, 30 % CH)
- DE CAZANOVE ROSÉ   68
 (5 % PN, 95 % CH)
- 1996 DE CAZANOVE BRUT AZUR   81, OCTOBRE 2003] 84
 Vin moelleux et accessible, semblable à un 1995 avec des notes de petits pains au lait à la cannelle, de vanille et de pommes mûres. La mousse est délicate et moelleuse avec un crémeux charmant et une longueur en bouche qui cache une acidité plus prononcée que ce à quoi l'on pourrait s'attendre après une introduction si douce et moelleuse. Assez court et léger au niveau des arômes.
- 1993 DE CAZANOVE BRUT AZUR   75, JUIN 1999] 81
 (20 % PN, 80 % CH)
 Nez de pomme et de fromage léger. Fruité moelleux, généreusement ensoleillé avec une pointe finale non complexe.
- 1989 DE CAZANOVE BRUT AZUR   76, FÉVRIER 1997] 79
 (20 % PN, 80 % CH)
- 1995 STRADIVARIUS   87, MAI 2003] 88
 (30 % PN, 70 % CH)
 Il y a aujourd'hui beaucoup de 1995 qui se trouvent dans une période où ils sont porteurs de pur plaisir. Stradivarius est toujours un champagne qui offre immédiatement des aspects généreux, et il en va de même cette fois-ci. La manière dont le dosage s'accorde au fruit délicieux, riche, jeune et luxuriant est irrésistible. Ensemble ils apportent un caractère de sorbet caramélisé rafraîchissant durant les plus chaudes journées d'été, ou nous donnent la nostalgie des vacances au bord de la mer durant les sombres journées d'hiver.
- 1990 STRADIVARIUS   89, MAI 2003] 89
 (30 % PN, 70 % CH)
 Nez et bouche semblables à un Blanc de Blancs très classique avec une abondance de notes d'agrumes et son élégance polie. Totalement mûr et très exotique au début 2003.
- 1989 STRADIVARIUS   80, MARS 1997] 86
 (33 % PN, 67 % CH)
 Nez somptueux de raisin sucré, bouche imposante moyennement corsée. Il se serait encore mieux porté avec un dosage plus faible.
- 1985 STRADIVARIUS   80, MAI 1995] 84
 (30 % PN, 70 % CH)
 Après avoir été coup sur coup fortement impressionné par l'Azur Brut j'attendais beaucoup de ce champagne de luxe. Le nez présentait une très jolie note minérale ainsi qu'une discrète note grillée. La bouche manquait cependant de concentration et était trop simplement citronnée pour que ce champagne puisse être qualifié de grandiose.

- DE CAZANOVE GRANDE RÉSERVE 2000
 (20 % PN, 10 % PM, 70 % CH)   79, JUILLET 2000] 83
 Nez très jeune de sureau, d'aubépine et de poire. Un apéritif pour l'été, pur, frais, sec et stimulant.
- 1992 DE CAZANOVE BRUT AZUR 2000
 (20 % PN, 80 % CH)   83, JUIN 1999] 88
 Proposé en magnums uniquement. Frais, nerveux et prometteur avec exactement les composantes qui donnent de beaux arômes grillés pendant l'entreposage. Le fruit rappelle la mangue et la pêche.

CHAMPION, ROLAND R-M

51530 Chouilly
03 26 55 40 30
Production : 90 000

Ce vigneron possède 15 hectares à Chouilly, avec quelques pieds de pinot noir à Verneuil qui entre dans la fabrication du rosé.
- 1990 ROLAND CHAMPION SPECIAL CLUB
 100 % CH   89, DÉCEMBRE 2002] 89
 Grand bouquet puissant de miel et de safran qui s'oriente vers le caramel et le chocolat après une heure dans le verre. Corsé, concentré et douceur mûre, mais sans la finesse et le raffinement que l'on trouve dans les champagnes apparentés de Bonnaire et Sugot-Feneuil. Une nouvelle connaissance agréable à consommer en toutes circonstances.

CHANOINE N-M

Avenue de Champagne
51100 Reims
03 26 36 61 60
Production : 600 000

Cette maison fondée à Reims en 1730 est la deuxième plus ancienne de Champagne. Philippe Baijot, l'un des hommes les plus grands par la taille et les plus humbles de la région, fait un champagne de maison qu'il vend à très bas prix. Les trois cépages sont utilisés pour les cuvées. Baijot travaille en étroite collaboration avec Bruno Paillard et vient de faire construire une nouvelle installation ultra moderne avec une cave non souterraine à température contrôlée. Un nom que l'on entendra souvent à l'avenir. Tsarine est une véritable révélation.
- CHANOINE BRUT   73
 (70 % PN, 15 % PM, 15 % CH)
- CHANOINE BRUT ROSÉ   69
 (35 % PN, 10 % PM, 55 % CH)
- 1991 CHANOINE   73, MAI 2000] 74
 (50 % PN, 20 % PM, 30 % CH)
- 1988 CHANOINE   80, AVRIL 1996] 85
 (50 % PN, 20 % PM, 30 % CH)
 J'ai sans doute mal jugé ce vin la première fois que je l'ai goûté. Lors de la dernière dégustation ce champagne offrait encore une abondance d'arômes d'amande, mais le fruit m'a semblé beaucoup plus riche que lors de la première dégustation.
- 1973 CHANOINE   92, AVRIL 1996] 92
 Belle apparence ; un champagne agréable et mûr avec des notes importantes de chocolat et de fruits exotiques.
- CHANOINE TSARINE   82
 (35 % PN, 15 % PM, 50 % CH)
 La première cuvée de ce champagne de prestige se compose des millésimes 1994 et 1995. Ce vin aussi fait beaucoup penser au Moët, à leurs millésimes cette fois. Chanoine a de nouveau réussi à produire un champagne avec un très bon rapport qualité-prix

et de belles perspectives d'évolution lors de l'entreposage. Ce vin possède une pure et belle légèreté combinée à une complexité aux arômes de pain et de pâtisserie. Un champagne qui dispose d'une douceur agréable en finale et de beaucoup de finesse.

- 1995 CHANOINE TSARINE   83, OCTOBRE 2003] 85
  (35 % PN, 15 % PM, 50 % CH)
  Plus fleuri et serré que la variante non millésimée du même vin à l'étiquette rouge. Le potentiel est cependant meilleur ici en dépit d'une longueur en bouche un peu courte. Grandes élégances et finesse. Il est à peine nécessaire de souligner que le prix figure parmi les moins élevés pour un champagne de prestige.

CHARBAUT *** N-M
17, avenue de Champagne
51205 Épernay
03 26 54 37 55
Production: 1 200 000
Ce n'est qu'en 1948 qu'André Charbaut fonda cette maison. Lorsqu'il mourut en 1986, ses fils Guy et René reprirent l'affaire en lui donnant une orientation plus commerciale. En 1995 Charbaut fut rattaché au groupe Vranken-Lafitte et les vins sont désormais élaborés par l'œnologue Dominique Pichart, responsable de tous les vins du groupe. La maison Charbaut avait très bonne réputation au cours des années 1960 et 1970. Durant les années 1980, seul le champagne de prestige Certificate fit l'objet de fréquents éloges.

- CHARBAUT BRUT   58
  (60 % PN, 20 % PM, 20 % CH)
- CHARBAUT BLANC DE BLANCS   69
  (100 % CH)
- 1985 CHARBAUT   70, NOVEMBRE 1992] 78
  (50 % PN, 50 % CH)
- 1966 CHARBAUT   93, JUIN 2002] 93
  (50 % PN, 50 % CH)
  Un véritable charme avec un fruit exotique et un arôme de caramel. Après un moment passé dans le verre, le nez se trouve dominé par des notes de petits pains au lait chauds, de vanille et de roses séchées. Un champagne très riche et voluptueux qui s'est levé du bon pied.
- 1959 CHARBAUT   94, DÉCEMBRE 2001] 94
  (50 % PN, 50 % CH)
  C'est chez Guy Charbaut à Mareuil-sur-Ay que quelques-uns de mes amis ont découvert ce trésor. Un vendredi soir de l'hiver 2001 où j'étais exceptionnellement libre, ils sont venus chez moi pour déboucher cette bouteille contenant un vin magnifique plein d'arômes de grillé et de brûlé. Une structure monumentale et des arômes suprêmement intéressants.
- 1990 CHARBAUT TÊTE DE CUVÉE   77, FÉVRIER 2004] 77
  (100 % CH)
- 1985 CHARBAUT CERTIFICATE   83, AVRIL 2003] 83
  (100 % CH)
  Il s'agit d'un Blanc de Blancs aujourd'hui totalement mûr, assez rustique et grossièrement taillé. Il dispose cependant d'une certaine profondeur et d'un bon arôme de noix.
- 1982 CHARBAUT CERTIFICATE   90, JUILLET 2000] 90
  (100 % CH)
  Un champagne de prestige salué par la critique et qui est véritablement bien. Il possède une complexité fumée ainsi qu'une bouche moelleuse de fruit exotique et de vanille.
- 1979 CHARBAUT CERTIFICATE   87, JUILLET 2000] 87
  (100 % CH)
  Je préfère souvent les 1979 aux 1982, mais en dépit d'une belle note grillée dans le nez ce vin de 1979 n'atteint pas de sommet.

Il manque tout simplement de concentration pour être qualifié de grand champagne.

- 1976 CHARBAUT CERTIFICATE   93, JANVIER 2000] 93
  (100 % CH)
  Oh, quel délice! Un champagne suprêmement sérieux qui évoque le Comtes de la même année. Arômes ultra-frais de pomme, d'ananas et de gâteau au citron sucré. Il est vraiment dommage que depuis 1982 ce vin ne fasse plus partie de l'élite.
- 1973 CHARBAUT CERTIFICATE   89, JANVIER 2003] 89
  (100 % CH)
  Un vin au nez très distinct, flagrant et parfumé. Bouche sucrée, moelleuse et totalement mûre. Idéal pour accompagner un foie gras de canard!
- 1971 CHARBAUT CERTIFICATE   92, JANVIER 2000] 92
  (100 % CH)
  Le blanc de blancs 1971 est aujourd'hui un achat sûr. Ce vin délicieux, peut-être un peu sucré, ne fait pas exception à la règle. Ce Certificate est rempli de fruits exotiques. La bouche est pleine, enrichie par l'ensoleillement de l'ananas et de la mangue. Un vin plaisant auquel on a du mal à résister.
- 1982 CHARBAUT CERTIFICATE ROSÉ
  (60 % PN, 40 % CH)   90, JANVIER 2000] 90
  Grand bouquet à la mesure d'un bourgogne. Bouche très moelleuse et ronde; il s'avale sans difficulté. Je pense que nous devons nous dépêcher de boire ce délice. L'acidité est un peu faible pour pouvoir assurer que le vin se conservera en cave.

CHARBAUT, GUY R-M
12, rue du Pont
51160 Mareuil-sur-Ay
03 26 52 60 59
Production: 120 000
Lorsque Vranken acheta la marque Charbaut à Épernay, Guy commença son activité familiale à Mareuil en 1995 en y adjoignant des chambres d'hôtes. Cet homme a la réputation d'être une bonne âme, qui donne de sa personne et n'hésite pas à faire goûter ses vieux millésimes. Plus l'amitié est forte, plus l'âge des vins dégustés est avancé.

- GUY CHARBAUT CUVÉE 2000   66
  (50 % PN, 10 % PM, 40 % CH)

CHARLEMAGNE, GUY **** R-M
4, rue de la Brèche-d'Oger
51190 Le Mesnil-sur-Oger
03 26 57 52 98
Production: 130 000
Cette élégante maison fut fondée en 1892. Guy Charlemagne et son fils produisent des champagnes parmi les plus purs. Le caractère du Mesnil est, si tant est que cela soit possible, encore plus net que dans les vins du voisin Salon. Outre les 8 hectares du Mesnil, la maison possède 2 hectares à Oger, 4 hectares à Sézanne et 8 hectares à Cuis. L'âge moyen des pieds de vigne est de 30 ans! Les vins millésimés sont faits avec des raisins provenant de trois communes: Vaucherot, Aillerand et Masonière. La maison a récemment utilisé de petits fûts de chêne pour 20 % de sa récolte. Le champagne de prestige Mesnillésime est un vin super concentré pour lequel la moitié du vin a fait l'objet d'une fermentation malolactique en cuve d'acier, tandis que l'autre moitié a fermenté dans des cuves de chêne gardant l'acide malique intact. Un vigneron à surveiller à l'avenir avec le plus grand respect.

- CUVÉE MARIE JUSTINE   79
(100 % CH)
- GUY CHARLEMAGNE BRUT EXTRA   75
(50 % PN, 50 % CH)
- GUY CHARLEMAGNE BLANC DE BLANCS   82
(100 % CH)

Ce champagne vieilli pendant trois ans est fait à partir de
raisins des communes d'Oger et du Mesnil. C'est pour moi
le champagne non millésimé le plus élégant ! Le nez est
incroyablement pur et fleuri comme un Chablis Grand cru
de Louis Michel. La bouche est également romantique et légère
et présente de nombreuses facettes. Idéal en apéritif pour un soir
du début de la saison estivale.

- GUY CHARLEMAGNE ROSÉ   60
(20 % PN, 80 % CH)
- 1995 GUY CHARLEMAGNE   81, MAI 1999] 89
(100 % CH)

En cave pour de longues années ! D'une pureté rare, mais avec un
aspect acier et une astringence qui mettront du temps à s'arrondir.
Dans le cas de magnums, il faudra encore plus de patience.

- 1992 GUY CHARLEMAGNE   78, SEPTEMBRE 1997] 85
(100 % CH)

Très jeune, léger et fleuri. Bien sûr le vin est fidèle à son style et
équilibré, mais j'aurais préféré davantage de la concentration
habituelle.

- 1990 GUY CHARLEMAGNE   90, FÉVRIER 2002] 92
(100 % CH)

Encore très fermé et serré à huit ans, mais après 20 minutes
passées dans le verre il devenait possible d'en discerner l'origine
et la haute qualité. Un vin pierreux avec une belle profondeur.
En magnum et à onze ans, c'est un champagne caractéristique
du village avec un beau nez d'automne et une grande complexité.

- 1985 GUY CHARLEMAGNE   89, JUIN 2000] 91
(100 % CH)

Végétal et très imprégné de son sol siliceux. Fumé, sec,
un champagne personnel de grande classe pour les connaisseurs.

- 1982 GUY CHARLEMAGNE   90, JUIN 2001] 90
(100 % CH)

De nouveau les notes séduisantes et cristallines de jasmin, de roses
jaunes et de muguet. La bouche est pleine de caramel mou et
rappelle beaucoup le chardonnay de Cramant.

- 1979 GUY CHARLEMAGNE   93, JUIN 2001] 93
(100 % CH)

Tous les vins de cette propriété sont clairs, avec une brillance
rarement égalée. L'année 1979 est délicatement féminine et pleine
d'arômes innombrables. Citron vert, roses blanches et pain grillé
sont les notes dominantes. Un poids léger sensuel.

- 1976 GUY CHARLEMAGNE   93, JUIN 2001] 93
(100 % CH)

Un parfait représentant de la production de ce vigneron,
du village et du millésime. Le vin avait exactement le goût auquel
je m'attendais. Fruit pur et élégant, caractère pierreux du Mesnil
se combinant avec le gras, la chaleur et la richesse beurrée
du millésime.

- 1999 MESNILLÉSIME   83, JUIN 2001] 94
(100 % CH)

Dégusté bien avant qu'il ne soit commercialisé et l'année
précédent le développement total du caractère autolytique.
Il est frappant de constater combien la note de chêne est déjà
bien intégrée et combien ce champagne est caractéristique
du village. J'y reviendrai.

- 1996 MESNILLÉSIME   91, SEPTEMBRE 2003] 94
(100 % CH)

Un vin fantastique aux nuance cristallines, à la magnifique
profondeur, et qui miroite à la périphérie. J'en viens
spontanément à penser aux vins les plus délicats fermentés en
cuves d'acier de Puligny-Montrachet. L'influence du chêne est
nettement plus faible que pour les millésimes antérieurs de ce vin
hautement intéressant. Séduisante essence fleurie semblable au
plus beau parfum que les parfumeurs de Grasse rêvent de créer.
Plus noisetté et marqué par le chêne depuis l'automne 2003.

- 1995 MESNILLÉSIME   92, MAI 2003] 94
(100 % CH)

La moitié du vin fermente dans des cuves en chêne sans
fermentation malolactique. L'autre moitié a subi une fermentation
malolactique dans des cuves d'acier. Un vin que Philippe
Charlemagne produit pour lui-même. Mais il ne semble pas
abattu lorsque quelqu'un d'autre partage sa passion pour cette
rareté. Actuellement le 1995 peut être considéré comme un peu
léger et fleuri, mais après deux ans en cave ce champagne fleuri
et clair comme de l'eau de roche aura complètement changé
de caractère.

- 1990 MESNILLÉSIME   94, SEPTEMBRE 2003] 95
(100 % CH)

Ce 1990 a un nez encore un peu fermé et personnellement je
préfère le vin similaire de la Cuvée Spéciale de Pierre Peter de
la même année. La bouche est cependant rayonnante, pleine de
couches de sensations intenses de chardonnay. Un petit Salon
en puissance. Le vin est devenu plus noisetté avec le temps.

- 1988 MESNILLÉSIME   94, NOVEMBRE 2003] 95
(100 % CH)

Avant que les maisons Salon et Krug ne lancent leur 1988,
il s'agissait là de mon champagne favori pour ce millésime. Même
s'il ne contient que 0,4 % de sucre, nous avons affaire à un vin
extrêmement miellé avec un large spectre aromatique que seuls
peuvent libérer les raisins du Mesnil. La cuve en chêne donne
une dimension supplémentaire à la bouche fantastiquement
concentrée. Ce vin a tout en lui et offre déjà beaucoup.

CHARLEMAGNE, ROBERT *** R-M

Av. Eugène-Guillaume
51190 Le Mesnil-sur-Oger
03 26 57 51 02
Production : 35 000
Le cousin de Guy Charlemagne possède 4,3 hectares de vignes sur
la commune, divisés en 36 parcelles.

- R. CHARLEMAGNE BLANC DE BLANCS   62
(100 % CH)
- R. CHARLEMAGNE ROSÉ   56
(15 % PN, 85 % CH)
- 1993 R. CHARLEMAGNE   83, NOVEMBRE 1998] 88
(100 % CH)

Ce petit vigneron possède un style admirable et très constant,
élégant, poli et accessible, qui rappelle beaucoup les vins mélangés
de chardonnay des grandes maisons de champagne. Fruit doux
et séduisant soutenu par des arômes de pâtisserie et acidité
moelleuse.

- 1989 R. CHARLEMAGNE   85, AOÛT 1995] 91
(100 % CH)

Un champagne extraordinairement sophistiqué, où légèreté et
finesse se mêlent d'une manière exceptionnelle. Le spectre
aromatique de ce vin est dominé par le caramel à la noisette,

le sucre d'orge à la menthe, la mandarine et le pamplemousse. On remarque ici la parenté avec le célèbre cousin.

CHARLES-LAFITTE N-M
Champ-Rouen
51150 Tours-sur-Marne
03 26 53 33 40
Production : 1 600 000

En 1983, Paul François Vranken a repris cette maison désormais considérée comme la deuxième maison de Demoiselle. Dominique Pichart, qui est responsable de l'assemblage, considère le Lafitte comme un champagne mélangé classique, mais utilise ses meilleurs raisins pour Heidsieck et Demoiselle. La maison a récemment quitté Vertus pour s'installer à Tours-sur-Marne.

• CHARLES-LAFITTE BRUT	50
(40 % PN, 20 % PM, 40 % CH)	
• CHARLES-LAFITTE GRAND	79
(100 % CH)	
• CHARLES-LAFITTE ROSÉ	42
(40 % PN, 60 % CH)	
• 1985 CHARLES-LAFITTE ORQUEIL	
(50 % PN, 50 % CH)	90, JUIN 2002] 90

Mumm avait visiblement du mal à vendre le René Lalou 1985, mais comme si souvent auparavant, le génie des affaires Vranken a acheté le stock restant avant d'y apposer une nouvelle étiquette portant le nom ci-dessus. Son prix étant extrêmement bas, il s'agit là d'une bonne affaire. Très crémeux et moelleux avec un nez de caramel au chocolat noir.

CHARLIER, JACKIE *** R-M
4, rue Pervenches
51700 Châtillon-sur-Marne
03 26 58 35 18
Production : 100 000

Les raisins proviennent des communes de Châtillon, Montigny, Jonquery et Œuilly. Tous les vins fermentent et séjournent dans diverses grandes cuves de chêne et ils subissent une fermentation malolactique. Pour le rosé, on applique la méthode des saignées.

• J. CHARLIER CARTE NOIRE	72
(20 % PN, 60 % PM, 20 % CH)	
• J. CHARLIER ROSÉ	76
(30 % PN, 70 % PM)	
• 1990 J. CHARLIER	85, MAI 1996] 88
(30 % PN, 40 % PM, 30 % CH)	

Plus juteux, pur et classique que le magnifique Special Club 1989. Ce vin est plein de jolies notes de noisettes avec une touche de cuir.

• 1996 J. CHARLIER SPECIAL CLUB	82, JANVIER 2002] 87
(20 % PN, 30 % PM, 50 % CH)	

Un vin canaille avec une certaine lourdeur et une note fumée de chêne. Encore un peu agressif et turbulent avec une belle structure d'acidité et une belle concentration de fruit. Riche en bouche, c'est un champagne personnel amusant à avoir en cave.

• 1989 J. CHARLIER SPECIAL CLUB	84, JUIN 1996] 86
(20 % PN, 30 % PM, 50 % CH)	

Oh, quelle concentration et quelle lourdeur huileuse! Les premières gorgées coulent nettement plus légèrement que les dernières du fait que le champagne est presque un peu trop bon. Il manque légèrement d'élégance, mais ce vin aux arômes de miel et de caramel mou est impressionnant.

CHARPENTIER, J. R-M
88, rue de Reuil
51700 Villers-sous-Châtillon
03 26 58 05 78
Production : 90 000

La majeure partie des 10 hectares du domaine est plantée de pinot meunier. L'endroit magnifique s'étend au pied de la très belle statue papale de Châtillon-sur-Marne.

• CHARPENTIER TRADITION	54
(100 % PN)	
• CHARPENTIER BRUT	71
(60 % PN, 20 % PM, 20 % CH)	
• CHARPENTIER BRUT RESERVE	52
(20 % PN, 80 % PM)	
• CHARPENTIER ROSÉ	50
(10 % PN, 80 % PM, 10 % CH)	
• 1996 CHARPENTIER	82, DÉCEMBRE 2002] 85
(50 % PN, 50 % CH)	

Il s'est passé des choses ici! Beaucoup de ressemblance avec Bollinger et peut-être un peu plus même avec Clouet sous une forme un peu moins distinguée. Bouquet puissant et occupant tout l'espace de pommes mûres, de champignon des bois et de prune. Bouche arrondie avec des notes peu nombreuses mais bien intégrées qui donnent une unité corsée.

• 1994 CHARPENTIER	71, AOÛT 2001] 75
(50 % PN, 50 % CH)	

CHARTOGNE-TAILLET R-M
37, Grande-Rue
51220 Merfy
03 26 03 10 17
Production : 100 000

Au XVIᵉ siècle, Fiacre Taillet cultivait déjà la vigne dans le petit village de Merfy. Aujourd'hui encore Chartogne-Taillet est une entreprise familiale. Philippe et Élisabeth Chartogne gèrent un domaine qui mise sur la qualité et ils ont accès à de très vieux pieds de vigne. Et même à quelques ceps datant d'avant l'attaque du phylloxéra. Formé en Bourgogne, Philippe croit en la recette selon laquelle un faible rendement est souvent synonyme de haute qualité. Les raisins proviennent de vignes couvrant 11 hectares sur les communes de Merfy, Chenay et Saint-Thierry.

• CHARTOGNE-TAILLET BRUT	60
(50 % PN, 10 % PM, 40 % CH)	
• CHARTOGNE-TAILLET ROSÉ	60
(50 % PN, 10 % PM, 40 % CH)	
• 1996 CHARTOGNE-TAILLET	75, SEPTEMBRE 2003] 78
(60 % PN, 40 % CH)	
• 1995 CHARTOGNE-TAILLET	67, SEPTEMBRE 2003] 67
(60 % PN, 40 % CH)	
• 1996 CHARTOGNE-TAILLET FIACRE	85, AVRIL 2003] 89
(40 % PN, 60 % CH)	

Une sélection des plus anciens pieds de vigne dont beaucoup datent d'avant l'attaque du phylloxéra. Un vin brillant frais, nerveux et viril avec un fruit jeune agréablement concentré. Il est clair qu'il manque un peu de caractère authentique de terroir, mais cette faiblesse est compensée par l'explosion du fruit riche et acidulé.

CHASSENAY D'ARCE C-M
10110 Ville-sur-Arce
03 25 38 30 70
Production : 750 000
Cette vaste coopérative créée en 1956 compte aujourd'hui
160 membres qui exploitent un vignoble de 320 hectares réparti sur
12 communes de l'Aube. Les champagnes sont à dominante de
pinot et 30 % de la production est exportée vers la Belgique et
l'Angleterre. Les autres marques de cette maison sont Martivey,
Montaubret et Armanville.
- CHASSENAY D'ARCE SÉLECTION   49
  (88 % PN, 12 % CH)
- CHASSENAY D'ARCE BRUT PRIVILÈGE   51
  (60 % PN, 40 % CH)
- CHASSENAY D'ARCE ROSÉ   52
  (90 % PN, 10 % CH)

CHASSEY, GUY DE R-M
1, rue Vieille
51150 Louvois
03 26 57 03 32
Production : 40 000
En 1993, à la mort de Guy de Chassey, ses deux filles ont repris
l'activité. Leur maison est l'une des rares à produire un pur
champagne de Louvois.
- GUY DE CHASSEY BRUT DE BRUT   68
  (65 % PN, 35 % CH)
- GUY DE CHASSEY BRUT GRAND CRU   76
  (95 % PN, 5 % CH)
- GUY DE CHASSEY RÉSERVÉE   75
  (35 % PN, 65 % CH)
- 1990 GUY DE CHASSEY   80, JUILLET 1998] 86
  (50 % PN, 50 % CH)
  Des ceps de 40 ans ! Nez fermé. Une puissance interne potentielle
  rayonnante.

CHAUVET N-M
41, avenue de Champagne
51150 Tours-sur-Marne
03 26 58 92 37
Production : 80 000
Cette maison fut fondée en 1848 par Constant Harlin, qui utilisait
à l'époque du raisin de Bouzy. Plus tard, il acheta le vieux domaine
de Croix-Saint-Jacques à Tours-sur-Marne ayant appartenu à
l'archevêque de Reims et qui abrite aujourd'hui la demeure et
l'installation vinicole de la famille Chauvet. Le nom de Chauvet
était celui du neveu de Constant Harlin, Auguste, qui commercialisait
les vins à Paris avec un franc succès. En 1946, sa fille, Jeanine Chauvet,
reprit la maison. Avec son mari, Jean, elle pose un regard tendrement
protecteur sur ses deux fils, Arnaud et Jean-François, désormais
responsables de l'exploitation. Lorsqu'on pénètre dans le salon de
la maison familiale, on se retrouve en plein XIXᵉ siècle. Les murs
sont couverts de toutes sortes d'animaux naturalisés allant du héron
au sanglier. La famille Chauvet collectionne les verres à champagne,
et tous les vins sont de ce fait servis dans différents verres anciens.
Mme Chauvet fut très déçue lorsque je lui demandai de conserver
le même verre pour goûter aux différents champagnes. Elle avait
également du mal à comprendre que je lui demande un crachoir
à dix heures du matin, car elle prétend que quelques gorgées de
champagne avant le déjeuner ont pour effet de prolonger la vie.
En considérant cette vieille dame élégante et en grande forme,

on en viendrait à lui donner raison. La maison possède de très
beaux vignobles avec une moyenne de 98 % de vins de cru :
4 hectares à Bouzy, Ambonnay et Verzenay ainsi que 5 hectares
à Bisseuil. Elle bénéficie d'une excellente réputation en dépit de
sa petite taille. J'aime beaucoup personnellement ses vins
charmants et personnels.
- CHAUVET BRUT   70
  (65 % PN, 35 % CH)
- HARLIN BRUT   65
  (65 % PN, 35 % CH)
- CHAUVET BLANC DE BLANCS   79
  (100 % CH)
- CHAUVET GRAND ROSÉ   80
  (15 % PN, 85 % CH)
  Encore un crémant bien que le terme soit aujourd'hui
  malheureusement banni. Il s'agit véritablement d'un grand rosé
  en dépit d'une importante quantité de chardonnay. Sa couleur est
  d'un beau rose saumoné. Le nez est plein de tous les fruits et fleurs
  de l'été et la bouche a indubitablement le beurré du chardonnay.
- 1989 HARLIN   74, AVRIL 2001] 75
  (15 % PN, 85 % CH)
- 1985 CHAUVET   79, MAI 1995] 84
  (15 % PN, 85 % CH)
  Un vin dominé par le chardonnay de Verzenay, ce qui n'est pas
  habituel. Grande personnalité avec un nez légèrement moisi.
  La bouche sera sans doute intégrée dans quelques années,
  mais aujourd'hui ce vin de Verzenay n'est pas développé et se
  caractérise par sa dureté. La longueur en bouche est prometteuse
  en raison de sa richesse minérale.
- 1985 HARLIN   84, MAI 2001] 84
  (15 % PN, 85 % CH)
  Un nouveau produit de Chauvet pour Paris. Rond, moelleux,
  chocolaté avec un caractère agréablement plaisant. Relativement
  peu complexe.

CHÂTEAU DE BLIGNY R-M
Lorin Frère
10200 Bar-sur-Aube
03 25 27 40 11
Production : 300 000
L'un des trois champagnes incluant le mot Château dans son
nom, l'autre étant Château de Boursault. Le marquis de Dampierre
fonda cette maison à la fin du XIXᵉ siècle et le grand domaine de
30 hectares est aujourd'hui géré par l'imposant groupe Rapeneau.
- CHÂTEAU DE BLIGNY BRUT   59
  (50 % PN, 50 % CH)
- 1982 CHÂTEAU DE BLIGNY BLANC DE BLANCS   70, MAI 2001] 78
  (100 % CH)

CHÂTEAU DE BOURSAULT N-M
51480 Boursault
03 26 58 42 21
Production : 60 000
L'un des trois champagnes incluant le mot Château dans son
nom. La maison est aujourd'hui indépendante mais faisait autrefois
partie du domaine Veuve Clicquot. Château de Boursault ne
produit aucun millésime et a sans doute la production la plus faible
de toutes les maisons en dépit des proportions impressionnantes
des bâtiments. Harald Fringhian en est actuellement l'exploitant.
- CHÂTEAU DE BOURSAULT BRUT   65
  (50 % PN, 37 % PM, 13 % CH)

• CHÂTEAU DE BOURSAULT ROSÉ 63
(50 % PN, 37 % PM, 13 % CH)

CHÂTEAU VILLERS PESSENET R-M
51700 Villers-sous-Châtillon
Production : 50 000
Élégant et portant moustache, l'ancien propriétaire du restaurant
le « Royal Champagne » a enfin trouvé le château de ses rêves sur
les collines surplombant la vallée de la Marne. Construit en 1914,
le Château Villers fut acheté par Pessenet en 1985. Totalement
rénové, l'hôtel et le restaurant attenant ont ouvert leurs portes en
janvier 2001. Le potentiel est énorme et le vignoble se trouve être
l'un des mieux situés de Champagne. Le vin produit par la maison
et servi à l'hôtel n'est pas spécialement transcendant.
• CHÂTEAU VILLERS PESSENET 35
(100 % PM)

CHEURLIN, ARNAUD DE R-M
58, Grande-Rue
10110 Celles-sur-Ource
03 25 38 53 90
Production : 45 000
M. et Mme Eisenträger-Cheurlin possèdent 6 hectares de vignobles
dans l'Aube.
• ARNAUD DE CHEURLIN PRESTIGE 68
(50 % PN, 50 % CH)
• ARNAUD DE CHEURLIN RÉSERVE 59
(70 % PN, 30 % CH)

CHEURLIN, RICHARD R-M
18, rue des Huguenots
10110 Celles-sur-Ource
03 25 38 55 04
Production : 40 000
Originaire de Landreville la famille Cheurlin est aujourd'hui
largement représentée à Celles-sur-Ource. Quatre producteurs
au moins portent ce nom. Richard est le plus connu et produit
deux champagnes à partir des trois cépages.
• RICHARD CHEURLIN BRUT 55
(50 % PN, 30 % PM, 20 % CH)

CHIQUET, GASTON*** R-M
912, avenue du Général-Leclerc
51530 Dizy
03 26 55 22 02
Production : 120 000
C'est en 1746 que Nicolas Chiquet planta ses premiers pieds de
vigne. Depuis, huit générations ont travaillé la terre de Dizy.
Gaston Chiquet fit enregistrer la maison en 1935 et élargit encore
le domaine en achetant des terrains sur les communes d'Ay, de
Cumières et de Hautvillers. L'actuel propriétaire, Claude Chiquet,
dispose de 22 hectares, qu'il gère parfaitement avec l'aide de ses deux
fils. Ils sont surtout connus parce qu'ils sont les seuls à produire
un blanc de blancs sur la commune d'Ay où pousse essentiellement
du pinot.
• GASTON CHIQUET TRADITION BRUT 66
(20 % PN, 45 % PM, 35 % CH)
• GASTON CHIQUET BLANC DE BLANCS D'AY 78
(100 % CH)

• 1997 GASTON CHIQUET 82, NOVEMBRE 2003] 85
(60 % PN, 40 % CH)
Ce vin si classiquement construit avec un style un peu neutre
peut devenir excellent avec l'âge si tout se passe bien. Mais il peut
tout aussi bien demeurer neutre et stable sans jamais s'épanouir.
Il dispose aujourd'hui d'une bonne concentration serrée avec
une touche d'arôme de café et de pain tant dans la bouche que
dans le nez. Attendons de voir quel chemin il prendra.
• 1996 GASTON CHIQUET 84, FÉVRIER 2004] 87
(60 % PN, 40 % CH)
Fastueusement grand et magnifique, lourd et corsé. Fruit mûr
et acidité incorporée mais nullement insistant. Finale ronde et
harmonieuse avec des notes de gâteau à la pomme en plein milieu.
• 1995 GASTON CHIQUET 82, FÉVRIER 2003] 84
(60 % PN, 40 % CH)
Très marqué de pinot mûr de la vallée de la Marne avec des notes
du produit diététique *Echinacea purpurea* (rudbeckia pourpre),
de prune, de réglisse et de pelure de pomme rouge. Calme et
équilibré avec un bon fruit et une rondeur pleine et moelleuse
ainsi qu'une mousse tout à la fois juteuse et soyeuse. Je ne suis
pas personnellement emballé par ce style mais le vin est
véritablement bien fait.
• 1989 GASTON CHIQUET 70, DÉCEMBRE 1994] 78
(60 % PN, 40 % CH)
• 1959 GASTON CHIQUET 93, JUILLET 1999] 93
(20 % PN, 45 % PM, 35 % CH)
Les 1959 sont toujours extraordinaires. La mousse est délicate,
l'énorme richesse du vin lui permet de conserver ses composantes
plusieurs heures dans le verre. Beaucoup de fruit lourd de figue
et de prune avec des touches de mélasse et de goudron. Une petite
faiblesse au niveau de la finesse.
• 1990 GASTON CHIQUET SPECIAL CLUB
(30 % PN, 70 % CH) 82, MARS 1999] 86
Un champagne moelleux et fruité avec une légère nuance de pain
et un nez imposant arrondi et beurré. La bouche est moins
impressionnante avec un style qui manque un peu de poli.
• 1989 GASTON CHIQUET SPECIAL CLUB
(30 % PN, 70 % CH) 80, JUIN 1994] 85
Un vin agréable avec un nez de pain et un touche très nette
de sablé. La bouche est moyennement pleine, charmante,
avec une finale fruitée proche de l'ananas sur la langue.
• 1988 GASTON CHIQUET BLANC DE BLANCS D'AY
(100 % CH) 85, FÉVRIER 1998] 91
La fierté de cette maison. Certaines années le vin est mis en
magnums. Ces vins ne sont pas vendus avant neuf ans d'âge.
Extrême élégance et caractère de cépage.
• 1982 GASTON CHIQUET BLANC DE BLANCS D'AY
(100 % CH) 89, JUIN 1999] 91
Le 1982 est très vif et possède le même caractère paradoxal que sa
variante non millésimée. Là encore, le nez est de chardonnay mûr,
mais la rondeur et la plénitude laissent deviner son origine.
• 1970 GASTON CHIQUET BLANC DE BLANCS D'AY
(100 % CH) 92, MAI 2003] 92
Bu récemment dégorgé « à la minute », sans ajout de sucre bien
entendu. Robe de teinte profonde aux reflets verts. Nez moyen
de café et de pain grillé. Bouche très élégante et minérale avec les
notes de noisette et de citron vert caractéristiques du chardonnay.
Il aurait pu s'agir d'un blanc de blancs de l'un des grands
vignobles de la côte des Blancs.

- 1985 GASTON CHIQUET JUBILÉE   80, JUILLET 1999] 83
(30 % PN, 70 % CH)
Relativement décevant avec un fruit rustique exagéré. Bonne
structure pour ce champagne de repas plein et marqué. *Echinacea
purpurea* (rudbeckia pourpre), pomme rouge et raisin sec sont
les associations que j'y décèle le plus.

CLÉRAMBAULT C-M
Grande-Rue
10250 Neuville-sur-Seine
03 25 38 38 60
Production : 150 000
À l'instar de plusieurs coopératives, cette exploitation se consacrait
surtout à fournir du moût aux grandes maisons. Aujourd'hui les
meilleurs raisins sont réservés à la fabrication de champagne.
Clérambault grimpe peu à peu dans les classements de la presse
française, ce que j'ai un peu de mal à comprendre.

- CLÉRAMBAULT TRADITION   48
(100 % PN)
- CLÉRAMBAULT CARTE NOIRE   52
(60 % PN, 20 % PM, 20 % CH)
- CLÉRAMBAULT ROSÉ   22
(100 % PN)
- 1985 CLÉRAMBAULT BLANC DE BLANCS   69, FÉVRIER 1995] 73
(100 % CH)
- 1985 CLÉRAMBAULT ROSÉ   70, FÉVRIER 1995] 70
(100 % PN)

CLICQUOT, VICTOR N-M
51100 Reims
Un champagne des temps anciens dont une bouteille surgit encore
de temps à autre. La maison n'existe plus.

- 1959 VICTOR CLICQUOT   75, AVRIL 2003] 75
- 1942 VICTOR CLICQUOT   91, OCTOBRE 2001] 91
Nez sucré d'abricot et de pêche. Extrêmement bon, au goût de
caramel, avec une structure peu complexe et une longueur en
bouche un peu courte. Un champagne parfaitement conservé
et développé en tous points, issu d'une année par ailleurs peu
remarquable.

CLOS DE LA CHAPELLE C-M
Rue de Reims
51390 Villedommange
03 26 49 26 76
Production : 280 000
Depuis 1948, 23 vignerons indépendants des collines situées
à l'ouest de Reims se sont associés sous le joli nom de Clos de
la Chapelle. Les vins sont toujours composés d'un mélange des
trois cépages où domine le pinot meunier. Le vignoble s'étend
sur 50 hectares.

- CLOS DE LA CHAPELLE TRADITION   66
(13 % PN, 75 % PM, 12 % CH)
- CLOS DE LA CHAPELLE ROSÉ   53
(13 % PN, 72 % PM, 15 % CH)
- CLOS DE LA CHAPELLE PRIVILÈGE   61
(15 % PN, 65 % PM, 20 % CH)
- 1997 CLOS DE LA CHAPELLE
(30 % PN, 25 % PM, 45 % CH)   67, SEPTEMBRE 2003] 69

CLOUET, ANDRÉ **** R-M
8, rue Gambetta
51150 Bouzy
03 26 57 00 82
Production : 65 000
Pierre et François Santz-Clouet possèdent 9 hectares de vignes
sur les communes de Bouzy et d'Ambonnay. Le jeune et inventif
Jean-François s'efforce de se rapprocher de Bollinger en terme
de style et de qualité. Et il y parvient parfois. Ses vins ont
rapidement connu le succès, en grande partie grâce aux prix
peu élevés que l'importateur Vindirekt a pratiqué durant des
années. Espérons que Vinunic adoptera la même ligne de conduite.
Les rares vins millésimés proviennent de vieux pieds de vignes
très proches des ceps non greffés de Bollinger à Bouzy.
Les étiquettes ont un style ancien que l'on adore ou que l'on
déteste, mais il est difficile de ne pas aimer les vins.

- CLOUET BRUT   75
(60 % PN, 40 % CH)
- CLOUET GRANDE RÉSERVE   75
(100 % PN)
- CLOUET SILVER BRUT   82
(100 % PN)
Un champagne extrêmement puissant avec une étiquette
ravissante/horrible. Les vins de réserve donnent du poids et du
moelleux et arrondissent la longueur en bouche totalement sèche.
Proche d'un Bollinger.
- CLOUET GRAND CRU ROSÉ   84
(100 % PN)
Une robe proche de celle d'un vin rouge avec un nez lourd
d'amande, de fumée, de noisette et de miel. Serré et de bonne
mâche avec une étonnante concentration. Le rosé le plus corsé
que je connaisse. Le vin est parfois vendu un peu trop tôt et donc
parfois un peu vert.
- 1998 CLOUET   87, DÉCEMBRE 2003] 91
(50 % PN, 50 % CH)
Un champagne fleuri et joliment aérien auquel il faudra de
nombreuses années pour développer le caractère lourd et huileux
propre aux vins de ce village. Merveilleusement bon cependant
avec une fraîcheur de pomme aujourd'hui et des notes de fruit
de la passion. Une agréable nouvelle connaissance.
- 1997 CLOUET   81, JUIN 2002] 84
(50 % PN, 50 % CH)
Pas meilleur que les vins non millésimés. Un style plus
chardonnay et frais, presque fleuri. Rien de la concentration
ni de la puissance habituelle. Un millésime à éviter.
- 1996 CLOUET   88, DÉCEMBRE 2003] 93
(70 % PN, 30 % CH)
Je n'étais encore jamais tombé sur un vin de chez Clouet avec une
acidité si jeune. Il y a là bien sûr une nuance de vanille, un corps
pleinement charnu et un riche arôme de pomme. Mais ce sont la
sécheresse acide du vin et sa puissance encore retenue qui laissent
une impression durable à ce stade de la vie de ce vin. Jean-François
estime que ce vin est un échec et qu'il renferme trop de pinot noir.
Je trouve personnellement que cet échec est une réussite !
- 1996 CLOUET (SPECIAL BOTTLE)   85, NOVEMBRE 2001] 92
(50 % PN, 50 % CH)
Sincèrement, je trouve peu de différence entre ce vin, qui
renferme plus de chardonnay et qui a bénéficié de bouteilles
spéciales, et celui que je commentais précédemment. Je pense
qu'il faudrait les goûter à l'occasion d'une même dégustation.

• 1995 CLOUET   85, NOVEMBRE 2000] 90
(50 % PN, 50 % CH)
Très jeune avec un arôme de pomme resplendissant dans le style bien accentué de la maison Clouet. Déjà savoureux cela va sans dire, mais j'attends le riche arôme d'amande qui va bientôt se développer.

• 1994 CLOUET   85, NOVEMBRE 1998] 88
(50 % PN, 50 % CH)
La demande de champagne Clouet millésimé est très importante ce qui implique que les vins sont vendus plus jeunes que les variantes non millésimées. Le 1994 n'a rien d'exceptionnel, mais il est déjà classique et possède une complexité fruitée.

• 1993 CLOUET   84, MAI 1998] 89
(50 % PN, 50 % CH)
Plus serré et plus lourd que le 1994 fruité. Acidité élevée et joli arôme de pinot.

• 1990 CLOUET   93, OCTOBRE 2003] 93
(50 % PN, 50 % CH)
L'un des mes préférés, auquel se sont convertis les grands amateurs de vins suédois. Ce vin est une explosion de fruit riche et de saveurs noisettées. Superbe équilibre avec quelques notes de miel et longueur en bouche.

• 1989 CLOUET   89, AOÛT 1997] 90
(50 % PN, 50 % CH)
Champagne riche et mûr avec des notes de base de pain et une touche de viande en écho.

• 1986 CLOUET   84, AVRIL 1996] 86
(50 % PN, 50 % CH)
Nez développé et luxuriant de fruit mûr. Malheureusement cet imposant 1986 est un peu court.

• CLOUET 1976/1977   87, DÉCEMBRE 2003] 87
(100 % PN)
Un vin qui au bon vieux temps fut classé sans année. La famille, qui n'en possède plus aujourd'hui que quelques bouteilles, m'en a aimablement laissé goûter. Nettement moins bon et plus sucré que le pur 1976, moyennement corsé avec une nuance pierreuse et des touches de caramel et de miel.

• 1976 CLOUET   93, MAI 2000] 93
(100 % PN)
Particulièrement musclé avec un fruit de maturation ensoleillée, les notes étant essentiellement de dattes et de figues. Grande bouche fumée puissante et imposante. Jean-François Clouet le tient pour le meilleur vin qu'il ait jamais produit ; je préfère la finesse du 1969, mais juste pour la dégustation du millénaire (voir page 66), il est parvenu à trouver une bouteille parfaite et impressionnante.

• 1973 CLOUET   92, OCTOBRE 1998] 92
(100 % PN)
Dégusté en présence de Jean-François Clouet (également né en 73) lors d'un enregistrement télévisé dans sa cave. Lorsque nous avons eu fini d'exprimer nos remarques, nous avons découvert que nous avions siroté un blanc de noirs moelleux, mûr et agréable. On décelait bien sûr des notes fumées et de légumes dans le nez, mais l'impression d'ensemble était celle d'un vin moelleux et souple.

• 1969 CLOUET   94, NOVEMBRE 1998] 94
(100 % PN)
Le premier vieux Clouet que j'ai goûté et qui n'était pas récemment dégorgé. Le 1969 me conforte dans l'idée que les meilleurs champagnes proviennent de bouteilles anciennes normalement dégorgées et restées tranquillement dans la cave du producteur. Son nez est incroyablement complexe et parfaitement entremêlé. Les notes dominantes sont le café et le massepain. La bouche est

plus légère et moins fascinante mais extrêmement délicate. Le spectre aromatique me rappelle celui d'un Krug 1964.

• 1961 CLOUET   92, AVRIL 1997] 94
(100 % PN)
Jean-François Clouet, né en 1973, n'apprécie par les vieux champagnes en général, mais dans ce cas-là force est de s'incliner devant cette masse de puissance vivante. Personnellement j'aurais préféré quelques années de plus de maturation en bouteille.

• 1959 CLOUET   90, DÉCEMBRE 2003] 90
(100 % PN)
Grand et fumé bien entendu, mais je m'attendais cependant à plus de puissance animale et à des dimensions plus imposantes. Poisson, goudron, mer et fumée servent parfaitement à décrire une bouche moyennement corsée, fraîche, pétillante et minérale.

• CLOUET CUVÉE 1911(91/90/89)   91, OCTOBRE 2003] 93
(100 % PN)
Un champagne de prestige dont la bouteille porte la même étiquette qu'en 1911. L'idée est de ne produire que 1911 bouteilles sous ce nom. La première édition est un mélange de 25 % de 1991, 25 % de 1989, et 50 % de 1990. Les raisins sont récoltés sur des vignobles de la commune de Bouzy qui confèrent au vin beaucoup de minéralité et d'élégance. Robe claire. Le fruit est intensément frais, étonnamment léger et caractéristique du chardonnay. Ce vin s'apparentera sans doute au Cristal après avoir passé un moment en cave, à la différence du vin millésimé qui ressemble plus au Bollinger, en dépit du mélange des raisins.

CLOUET, PAUL *** R-M
10, rue Jeanne-d'Arc
51150 Bouzy
03 26 57 07 31
Production : 45 000
Cette demeure est la propriété de Marie-Thérèse Bonnaire, épouse du célèbre vinificateur de Cramant ! Ce dernier produit désormais des champagnes de Bouzy dans son installation moderne de Cramant. Un nom à garder absolument en mémoire. Tout le chardonnay provient de Chouilly.

• PAUL CLOUET SÉLECTION   63
(40 % PN, 20 % PM, 40 % CH)

• PAUL CLOUET GRAND CRU   69
(80 % PN, 20 % CH)

• PAUL CLOUET ROSÉ   60
(33 % PN, 33 % PM, 34 % CH)

• 1994 PAUL CLOUET   70, JUIN 1997] 80
(80 % PN, 20 % CH)
Le fruit de ce vin jeune et peu développé est pur. Arôme de prune et structure charnue avec une longueur en bouche un peu courte.

• 1993 PAUL CLOUET   85, OCTOBRE 2003] 87
(80 % PN, 20 % CH)
Oh, quelle puissance massive ! Le vin est crémeux et moelleux avec beaucoup d'arômes de prune et de chocolat.

• 1992 PAUL CLOUET   88, DÉCEMBRE 2003] 88
(80 % PN, 20 % CH)
En dépit d'une faible année, Bonnaire est parvenu à produire un champagne de Bouzy beurré, rond, plein de prune et épais. Le vin se remplit d'arômes qui évoquent les mois d'hiver.

• 1998 PAUL CLOUET PRESTIGE   84, DÉCEMBRE 2003] 88
(66 % PN, 34 % CH)
Un bouquet serré, fleuri, léger et beurré. La bouche est claire, pure et prometteuse avec une belle acidité et un fruit beurré. Le vin va bien entendu s'alourdir avec les premières vagues de maturation.

• 1996 PAUL CLOUET SUR BOIS   87, DÉCEMBRE 2003] 92
(66 % PN, 34 % CH)
Pour la première fois Jean-Louis Bonnaire a essayé la fermentation
du pinot de Bouzy en petits fûts de chêne. Il en résulte un grand
vin, tout en rondeur, avec beaucoup de fruit sucré et plusieurs notes
en couches. Véritable vin en couches superposées avec une complexité
noisettée et un arôme proche du cuir ainsi que des notes de gras et
de caramel au beurre. Très corsé, marqué par son séjour en fût et
lourd. Un vin de repas à faire décanter pour en libérer la maturité
et la grandeur. Bonne acidité. Tout cela présage une longue vie.

COLIN R-M
48, avenue Louis-Lenoir
51130 Vertus
03 26 58 86 32
Production : 55 000
Philippe Colin dispose aujourd'hui de 12 hectares répartis sur
les communes de Vertus, Bergères-les-Vertus, Cramant, Oiry,
Dormans, Reuil, Venteuil, Fossoy et Sézanne. Pierre Radet fonda
cette propriété en 1890. Seules 3 000 bouteilles sont exportées en
Allemagne et en Grande-Bretagne. Lanson y achète tous les ans
de grandes quantités de raisins.
• COLIN BLANCHE DE CASTILLE   60
(100 % CH)
• COLIN ALLIANCE   65
(20 % PN, 80 % CH)
• COLIN BLANC DE BLANCS   58
(100 % CH)
Le côté beurré du nez rehausse ce vin assez rustique.
• 1997 COLIN   75, OCTOBRE 2003] 85
(100 % CH)
Un vin très original pour lequel je me demande si j'ai raison
de lui attribuer des points en matière de potentiel d'amélioration.
Il est aujourd'hui extrêmement avare et acide, pratiquement
dépourvu de fruit, mais l'acidité est telle qu'il se pourrait que
le vin ait un avenir. Lorsque la maturation aura enfin fait son
œuvre, de nouvelles notes discrètes d'acacia pourront apparaître
et donner un beau vin. Comme je l'ai déjà fait remarquer, aucun
vin au monde ne voit sa concentration et sa richesse autant
augmenter par un long séjour en cave que le champagne.
Ce sont nos petits-enfants qui en profiteront.
• 1985 COLIN   83, FÉVRIER 2003] 84
(100 % CH)
Nez beurré important et développé à la limite du rance.
Léger arôme de fromage et de paille avec une fraîcheur étonnante,
une bonne acidité et une belle mousse. Bouche moyenne et riche
orientée vers la pêche et longueur en bouche courte et sèche
d'herbe et de fruits séchés.
• 1997 COLIN PRESTIGE CRAMANT   84, DÉCEMBRE 2003] 86
(100 % CH)
Colin a pris une bonne décision en vinifiant séparément ses meilleurs
raisins de Cramant. J'attends avec impatience un millésime doté
de davantage de substance et de potentiel, tandis que la pureté et
l'élégance sont parfaites. Arôme assez orienté vers la pomme avec
une bonne minéralité et un début d'arômes d'agrumes.

COLLARD-CHADELLE R-M
51700 Villers-sous-Châtillon
Production : 60 000
Cette maison a été fondée en 1970 par Daniel et Françoise Collard.
Les pieds de vignes de 30 ans sont répartis sur 8,5 hectares et le

vignoble est essentiellement constitué de pinot meunier. Une petite
partie de la production se fait dans de grands fûts de chêne.
• 1986 COLLARD-CHADELLE   66, SEPTEMBRE 2003] 66
(40 % PN, 40 % PM, 20 % CH)

COLLARD, JEAN R-M
51480 Reuil
03 26 58 32 29
Production : 20 000
Ce viticulteur possède 10 hectares de vignoble à Reuil et
ses alentours, et cultive les trois cépages. Ses vins ne subissent
pas de fermentation malolactique.
• JEAN COLLARD CARTE D'OR   60
(80 % PM, 20 % CH)

COLLARD, RENÉ R-M
18, Grande-Rue
51480 Reuil
03 26 58 32 01
Production : 60 000
Un vigneron original très apprécié en France pour ses champagnes
oxydatifs produits en fûts de chêne avec du pinot meunier uniquement.
En fait, c'est un style qui devrait mieux convenir aux Anglais.
• 1976 RENÉ COLLARD   81, MARS 2000] 81
(100 % PM)
La structure est nettement meilleure que dans le cas du 1969
oxydé. On a affaire là à un vin composé, crémeux et plaisant.
Le nez et la bouche bénéficient tous deux d'un soupçon appuyé
d'arôme de vanille. Malheureusement ce vin ne tient pas non plus
longtemps dans le verre.
• 1969 RENÉ COLLARD   66, MARS 2000] >
(100 % PM)
• 1985 RENÉ COLLARD ROSÉ   80, MARS 2000] 80
(100 % PM)
Une robe étonnamment claire. Nez d'amande avec une nuance
fumée. Équilibre rafraîchissant et relativement bonne longueur.
Totalement mûr à 15 ans.

COLLET, RAOUL C-M
34, rue Jeanson
51160 Ay
03 26 55 15 88
Production : 3 000 000
La plus connue des deux coopératives d'Ay, fondée en 1921 à Dizy.
Son nom actuel lui fut donné à la mort de Raoul Collet, en 1960.
La coopérative compte 400 membres, qui disposent de 600 hectares
de vignoble, et travaille en collaboration avec Clérambault dans
l'Aube où elle se procure certains raisins, ce qui explique en partie
la simplicité de certaines cuvées.
• RAOUL COLLET CARTE NOIRE   57
(40 % PN, 60 % CH)
• RAOUL COLLET CARTE ROUGE   62
(75 % PN, 25 % CH)
• RAOUL COLLET ROSÉ   60
(100 % PN)
• 1995 RAOUL COLLET   79, NOVEMBRE 2003] 82
(50 % PN, 50 % CH)
Un nez assez ample, rond et imposant avec beaucoup de sucre de
raisin et une touche de caractère d'Ay. Un dosage un peu élevé lui
fait perdre son relief et aplanit les nuances. Sinon il s'agit d'un
bon vin rond avec peu d'acidité.

• 1993 RAOUL COLLET   82, NOVEMBRE 2002] 85
(50 % PN, 50 % CH)
  Un fruit rond et délicat et un caractère pur de raisin. Imposant et
corsé avec une bouche s'orientant vers le fruit, pomme, betterave
et prune. Aimable, assez bonne longueur en bouche, sucrée.
• 1988 RAOUL COLLET   80, OCTOBRE 1997] 84
(80 % PN, 20 % CH)
  Il s'agit là d'un pur champagne d'Ay. Les notes de base de ce vin,
très nettes, sont le cuir, la prune et la réglisse.

COLLON R-M
27, Grande-Rue
10110 Landreville
03 25 38 31 51
Production : 80 000
En plein cœur des côtes des Bar on trouve cette grande propriété
de 8 hectares. Les vignobles sont constitués à 80 % de pinot noir,
le reste étant du chardonnay. Seule la cuvée est utilisée et les vins
fermentent dans des cuves d'acier inoxydable. La propriété ne
produit pas de vins millésimés mais les trois champagnes non
millésimés sont le résultat d'un assemblage des trois dernières
années.
• COLLON RÉSERVE BRUT   55
(70 % PN, 30 % CH)

COMTE DE LANTAGE N-M
20, rue Chapelle
51700 Cerseuil
03 26 51 11 39
Production : 150 000
Victor Mandois a fondé cette maison à la fin du XIXᵉ siècle. Après
que plusieurs générations de vignerons se sont succédé, le statut de
maison a été obtenu en 1987. Son vignoble s'étend sur 10 hectares
sur la commune de Cerseuil. Le vin millésimé passe trois ans
à fermenter avant dégorgement.
• COMTE DE LANTAGE RÉSERVE   59
(20 % PN, 25 % PM, 55 % CH)
• COMTE DE LANTAGE DEMI-SEC   43
(20 % PN, 25 % PM, 55 % CH)
• COMTE DE LANTAGE GRAND CRU 2000   84
(100 % CH)
  Très exotique et assez sucré. Très agréable également avec ses notes
de fruits de la passion, ananas et pamplemousse sucré. Pas d'une
longueur remarquable, mais très riche en bouche avec comme un
petit paquet bien rempli de bonbons tutti-frutti.

CONTET N-M
23, rue Jean-Moulin
51200 Épernay
03 26 51 06 33
Aujourd'hui la propriété de Martel, avec la même adresse.
Cette marque n'existe plus.
• CONTET BRUT   70

COOP. DE BLÉMOND C-M
Route de Cramant
51530 Cuis
03 26 59 78 30
Production : 80 000
Une coopérative relativement petite, qui dispose de 40 hectares sur
les communes de Cuis, Cramant, Chouilly et divers petits villages

des environs de la côte des Blancs. Christian Deliege assure
aujourd'hui la gestion de la coopérative.
• BLÉMOND BRUT   50
(40 % PN, 40 % PM, 20 % CH)
• BLÉMOND SÉLECTION GRANDE RÉSERVE   56
(30 % PN, 30 % PM, 40 % CH)

COOP. DE LEUVRIGNY C-M
51700 Leuvrigny
03 26 58 30 75
Cette coopérative est surtout connue parce qu'elle vend ses raisins
à Krug. Ne produit pas de vins actuellement.
• COOP. DE LEUVRIGNY BRUT   65
(100 % PM)

COOP. DES ANCIENS DE LA VITICULTURE D'AVIZE C-M
Lycée Viticole
51190 Avize
03 26 57 79 79
Production : 130 000
M. Anglade est à l'origine de cette coopérative créée en 1952
en collaboration avec les élèves de l'école d'œnologie d'Avize.
Le champagne aujourd'hui commercialisé est produit par les élèves
et il est vendu sous trois noms différents : Sanger, Louise Puisard
et Vaubécourt. Sanger est la première marque de la coopérative et
seule la cuvée est utilisée. Les raisins proviennent de 35 communes
et les vins sont toujours techniquement corrects. Autres vins
produits : Sanger Brut, Vaubécourt, Louise Puisard, Millésime.
• SANGER BLANC DE BLANCS   68
(100 % CH)
• SANGER ROSÉ   61
(10 % PN, 90 % CH)

COOP. ESTERLIN C-M
25, avenue de Champagne
51200 Épernay
03 26 59 71 52
Production : 1 200 000
Créée en 1948 et actuellement gérée par Michel Plantagenet,
la coopérative de Mancy vient de s'installer à Épernay. Aujourd'hui
les 145 membres récoltent du raisin sur 140 hectares.
• ESTERLIN BRUT SÉLECTION   52
(10 % PN, 30 % PM, 60 % CH)
• ESTERLIN BLANC DE BLANCS   50
(100 % CH)
• ESTERLIN ROSÉ   53
(25 % PN, 55 % PM, 20 % CH)
• ESTERLIN ELZÉVIA   84, JANVIER 2003] 88
(100 % CH)
  Un champagne de prestige non millésimé produit à partir
de chardonnay provenant des plus célèbres villages. Ce mélange
contient sûrement beaucoup de 1996 car l'acidité est très élevée
par rapport aux couches de fruits par ailleurs généreuses et
sucrées. Le nez est aristocratique et bien défini avec des traits
de citron, de pêche blanche, de crème brûlée et un début de note
de caramel à la menthe. Un vin de prestige très prometteur dans
un style qui rappelle les grands voisins d'Épernay.

COOP. LE MESNIL * C-M**
11, rue Charpentier-Laurain
51190 Le Mesnil-sur-Oger
03 26 57 53 23
Production: 100 000

Cette coopérative réunissait toutes les conditions pour sortir du lot, mais la manière négligente de traiter le raisin et des récoltes trop importantes ont donné lieu à des vins plus que moyens. L'étiquette de certains vignerons du village porte les initiales R.C. (Récolteur-Coopérateur). Le champagne est produit par la coopérative du village mais sous différentes étiquettes.

- CHRISTIAN ROBINET   67
  (100 % CH)
- DESHAUTELS   25
  (100 % CH)
- LE MESNIL   73
  (100 % CH)
- MICHEL POYET   67
  (100 % CH)
- 1989 MICHEL ROCOURT   82, JANVIER 1999] 83
  (100 % CH)

L'un des premiers champagnes produits au Mesnil qu'il m'ait été donné de goûter. À neuf ans il se caractérise déjà par une couleur profonde et le nez laisse échapper des arômes de miel, de chêne, de café et d'amande. La bouche est assez simple et directe dans un premier temps, le milieu de bouche est magnifique avec ses notes puissamment développées de café et de biscuit à l'amande. La longueur en bouche est simple et quelque peu amère.

- 1988 JEAN-PIERRE LAUNOIS   79, MAI 1995] 84
  (100 % CH)

Le meilleur champagne que j'ai dégusté provenant de cette coopérative. Nez puissant et vineux et acidité malique dure.

- 1985 DESHAUTELS   40, JUIN 1995] >
  (100 % CH)
- 1998 MESNIL SÉLECTION BLANC DE BLANCS 85, OCTOBRE 2003] 89
  (100 % CH)

Un blanc de blancs extrêmement agréable et centré, également moelleux et frais. On ne retrouve rien ici de la réserve typique du village ; le caractère moelleux du millésime a eu tout le loisir de s'épanouir. Nez et bouche sont tous deux harmonieux avec de légères touches noisettées sucrées et une touche tropicale d'ananas mûr.

- 1995 MESNIL SÉLECTION BLANC DE BLANCS 86, SEPTEMBRE 2003] 88
  (100 % CH)

Un champagne étonnamment moelleux et développé de la coopérative du Mesnil. On ne retrouve rien bien entendu de la complexité noisettée classique qui caractérise souvent les vieux champagnes de ce grand cru. On a là au contraire affaire à un fruit exotique moelleux, mûr et juteux avec des notes de menthe qui se manifestent jusqu'à présent.

- 1990 MESNIL SÉLECTION BLANC DE BLANCS 85, OCTOBRE 2001] 86
  (100 % CH)

Développé et imposant avec un important et agréable arôme de compote de fruits où le fruit frais est accompagné de fruit mûri et de notes oxydées. Acidité élevée qui laisse présager que le vin se tiendra pendant plusieurs décennies, mais il ne s'améliorera pas beaucoup plus que cela.

COOP. MAILLY GRAND CRU * C-M**
28, rue de la Libération
51500 Mailly
03 26 49 41 10
Production: 450 000

Aujourd'hui, les 70 membres de la coopérative se partagent le même nombre d'hectares de manière très professionnelle et fructueuse. Hervé Dantan est un vinificateur particulièrement compétent. La coopérative Mailly compte parmi les coopératives les plus connues et les meilleures de la région. Elle recourt à une commercialisation bien organisée et dynamique. Il n'est de ce fait pas étonnant que la coopérative compte le Systembolaget parmi ses acheteurs de blanc de noirs, le premier de sa catégorie en Suède.

- MAILLY BRUT RÉSERVE   69
  (80 % PN, 20 % CH)
- MAILLY EXTRA BRUT   78
  (75 % PN, 25 % CH)
- MAILLY BLANC DE NOIRS   78
  (100 % PN)
- MAILLY ROSÉ   73
  (90 % PN, 10 % CH)
- 1997 MAILLY   82, SEPTEMBRE 2003] 84
  (90 % PN, 10 % CH)

Même un champagne de repas de ce type habituellement corsé et animal s'est transformé cette année en brise d'été rafraîchissante. Des notes d'ananas, de citron séché et de roses jaunes peuvent être décelées bien que nous ayons presque là affaire à un pur champagne de pinot. Sans doute son origine va-t-elle finir par se faire sentir.

- 1996 MAILLY   82, SEPTEMBRE 2003] 84
  (90 % PN, 10 % CH)

Bonne lourdeur, mais un peu cireux et évoquant la confiture avec des arômes de prune et de figue. Un champagne solide et rustique qui résistera aux processus destructifs du temps.

- 1995 MAILLY   82, MAI 2000] 87
  (90 % PN, 10 % CH)

Nez large de pain et de fleurs exotiques. Belle attaque et moelleux sous-jacent. Corsé avec un caractère de raisin mûr accessible et un bon potentiel de développement. Encore un peu trop proche de la pomme et uniforme.

- 1990 MAILLY   82, OCTOBRE 1999] 87
  (75 % PN, 25 % CH)

Superbes fraîcheur et vitalité. Ce vin de garde a une bonne longueur en bouche ainsi qu'une structure serrée.

- 1989 MAILLY   86, OCTOBRE 1997] 89
  (75 % PN, 25 % CH)

Étonnamment meilleur que le 1990. Équilibré, plein d'arômes de fruit mûr. Nez agréable de chocolat et de grains de café.

- 1988 MAILLY   81, MARS 2000] 85
  (75 % PN, 25 % CH)

J'ai trouvé dans ce vin millésimé des fruits séchés qui rehaussent les arômes de réglisse et de chocolat caractéristiques de cette maison.

- 1944 MAILLY   91, OCTOBRE 2003] 91
  (100 % PN)

Un champagne datant de la guerre, quasiment impossible à trouver ! Ce vin est d'une manière ou d'une autre arrivé en ma possession et mes attentes étaient assez modérées car le niveau dans la bouteille se trouvait être assez bas. Cela n'en a été que plus amusant de découvrir un vin extrêmement frais et très bon. D'une couleur dorée vivante avec un nez profond de bâton de cannelle, de cire et de cacao. La bouche est comme une essence huileuse de miel, de fleur d'oranger et de fruit sec. Long et très corsé.

• CUVÉE DES ÉCHANSONS   89
(75 % PN, 25 % CH)
Un mélange de deux millésimes, comme toujours. De nombreux
journalistes spécialistes du vin se plaignent qu'il soit oxydatif, mais
ce n'est personnellement pas l'impression que j'ai eue. La robe est
brillante et la mousse légère. Le nez moelleux et crémeux avec une
nuance de crème aux champignons et de cuir. Les arômes se
retrouvent dans la bouche moelleuse et agréable.

• 1996 CUVÉE DES ÉCHANSONS   84, SEPTEMBRE 2003] 87
(75 % PN, 25 % CH)
Assez moelleux grâce au fruit riche et mûr. Se trouve dans une
période de repos où le nez est encore fermé ; l'équilibre ne s'est pas
encore révélé. Bonne acidité, on peut lui prédire une longue vie.

• 1996 MAILLY LA TERRE   86, NOVEMBRE 2003] 89
(70 % PN, 30 % CH)
Grand nez mûr de pomme avec un beau caractère de raisin.
Acidité très serrée mais une belle puissance et d'extrêmement
bonnes perspectives d'avenir.

• 1996 CUVÉE L'INTEMPORELLE   85, SEPTEMBRE 2003] 88
(40 % PN, 60 % CH)
Étonnamment crémeux et élégant ; la bouche de fruit s'équilibre
joliment et s'oriente vers un champagne de caractère classique.
Acidité légère et longueur en bouche minérale.

• 1995 CUVÉE DES ÉCHANSONS   85, SEPTEMBRE 2003] 88
(75 % PN, 25 % CH)
Bel équilibre, amorces de beurre, de menthe et de pomme mûre
dans de la sauce à la vanille. Crémeux et sophistiqué avec une
nuance de chocolat. Devrait être à son apogée vers 2008.

• 1992 MAILLY MILLENIUM   76, JUIN 1999] 83
(60 % PN, 40 % CH)
Étonnamment acide et peu développé avec une dose assez
importante de note précoce de chardonnay.

• 1983 CUVÉE 60ᴱ ANNIVERSAIRE   87, SEPTEMBRE 1997] 87
(60 % PN, 40 % CH)
Un magnifique champagne avec des touches d'amande grillée et
de châtaigne. La bouche mûre est corsée et bien équilibrée.

COOP. PANNIER C-M
23, rue Roger-Catillon
02400 Château-Thierry
03 23 69 51 30
Production : 1 900 000
La maison de champagne la plus importante d'Aisne aujourd'hui
fut fondée par Louis-Eugène Pannier en 1899 à Dizy, avant d'être
transférée à Château-Thierry en 1937. En 1971 la maison est
devenue une coopérative qui a rapidement pris de l'ampleur.
Actuellement 230 vignerons exploitent 415 hectares de vigne
répartis sur 40 communes voisines. J'estime toutefois encore
que Pannier est une coopérative qui ne fournit pas d'excellents
champagnes contrairement à sa réputation, même si l'on commence
à discerner une amélioration. Le vinificateur de la coopérative
Pannier est Philippe Dupuis.

• PANNIER TRADITION   79
(19 % PN, 40 % PM, 41 % CH)

• PANNIER ROSÉ   49
(17 % PN, 61 % PM, 22 % CH)

• 1996 PANNIER   82, SEPTEMBRE 2003] 84
(20 % PN, 46 % PM, 34 % CH)
Un nez nuancé, beau, exotique, au léger arôme de pain. Une
bouche selon moi corsée et moelleuse avec un fruit de pêche
soutenu par un arôme d'orange ; acidité élevée caractéristique

du millésime sous la surface moelleuse. L'impression générale
est minimisée par une longueur en bouche bien trop courte.

• 1995 PANNIER   78, SEPTEMBRE 2003] 79
(20 % PN, 46 % PM, 34 % CH)

• 1990 PANNIER   85, OCTOBRE 2001] 86
(20 % PN, 46 % PM, 34 % CH)
Les jeunes vins millésimés de Pannier m'ont impressionné.
Le 1990 est pur et fruité avec des arômes grillés et un style de
grande maison moelleux et bien équilibré.

• 1988 PANNIER   77, OCTOBRE 1995] 84
(20 % PN, 46 % PM, 34 % CH)
Arômes de pain et légèrement grillé, d'une classe et d'une
structure impressionnantes malgré la grande proportion de
pinot meunier.

• 1981 PANNIER   80, FÉVRIER 2003] 80
(20 % PN, 46 % PM, 34 % CH)
Il est rare que les 1981 paraissent vieux mais on a affaire ici à un
vin assez terne avec des notes de laine humide, de fromage et de
foin. Par chance, il possède également une note sucrée de pain qui
permet au vin de se tenir.

• LOUIS-EUGÈNE PANNIER   84
(22 % PN, 38 % PM, 40 % CH)
Rappelle le goût qu'avait encore très récemment le Laurent-Perrier
avec une note prononcée d'amaretto. Champagne de repas
imposant et riche.

• LOUIS-EUGÈNE PANNIER ROSÉ   84
(27 % PN, 34 % PM, 39 % CH)
Un vin plein de fruit rafraîchissant et aux arômes estivaux avec un
lustre ensoleillé et une pointe charmeuse. Le nez est vif et de baies,
plein de framboise, de cerise et de fraise des bois. La bouche est
moyennement corsée, harmonieuse et véritablement musclée avec
un fruit croustillant.

• 1995 EGÉRIE   79, OCTOBRE 2001] 82
(25 % PN, 33 % PM, 42 % CH)
Nez avec une note grillée, légère et agréable. Fruit frais, mélangé
et assez simple en milieu de bouche. Jusque-là tout va bien. Je ne
peux malheureusement pas faire abstraction de la note de carton
qui se présente en longueur de bouche et qui fut également
remarquée par le sympathique importateur de la maison.

• 1990 EGÉRIE   69, NOVEMBRE 1999
(25 % PN, 33 % PM, 42 % CH)

• 1988 EGÉRIE   80, OCTOBRE 1995] 84
(25 % PN, 33 % PM, 42 % CH)
D'acier et ascétique mais avec une magnifique attaque et une
acidité fraîche. La longueur en bouche laisse deviner l'orange.
Cette maison a visiblement gagné en qualité à partir de cette
année-là.

• 1985 EGÉRIE   78, JANVIER 1995] 83
(25 % PN, 33 % PM, 42 % CH)
On trouve là une lourdeur et une tenue totalement différentes
de celles des champagnes de prestige non millésimés de la même
maison. Malgré cela ce vin ne peut s'apparenter aux champagnes
millésimés de 1985 produits par de meilleures maisons.

COOP. SOCIÉTÉ CHAMPENOISE
D'EXPLOITATION VINICOLE   C-M
51016 Châlons-en-Champagne
03 26 68 18 68
L'une dès coopératives les moins connues de Champagne.
• CHENEVAUX PREMIER   53

COOP. UNION CHAMPAGNE *** C-M

7, rue Pasteur
51190 Avize
03 26 57 94 22
Production : 4 000 000

Créée en 1966, la coopérative d'Avize est peut-être la meilleure de Champagne. Les raisins proviennent de onze coopératives affiliées qui n'utilisent que des raisins de premier ou de grand crus des villages du Mesnil, Avize, Bergères, Vertus, Oger, Cramant, Cumières, Bouzy, Ay et Ambonnay. 1 200 viticulteurs se partagent 1 000 hectares de vigne et vendent aux grandes maisons six millions de bouteilles de vin tranquille. Les membres de ce groupe vendent en outre près de trois millions de bouteilles sous d'autres noms. Les vins de la coopérative se retrouvent par exemple dans les champagnes Taittinger Comtes de Champagne, Laurent-Perrier Grand Siècle et Dom Pérignon. Les champagnes produits par la coopérative sont vendus sous trois noms : Saint Gall, Pierre Vaudon et Orpale. Les exportations comptent pour 40 % de la production totale. Le vinificateur principal de la coopérative est Alain Coharde. 4 millions, uniquement grand et premier crus.

- BERNARD CUGNART   68
  (100 % CH)
- PIERRE VAUDON BRUT   55
  (70 % PN, 30 % CH)
- 1996 PIERRE VAUDON   80, SEPTEMBRE 2003] 82
  Je cite là mes propres notes prises lors de la dégustation de champagnes Wine International en septembre 2003 car je n'ai pas grand souvenir de ce vin. « Style neutre de grande maison. Amorce de notes artificielles mais belle structure cependant qui laisse présager une longue vie. »
- SAINT GALL SÉLECTION   68
  (33 % PN, 67 % CH)
- SAINT GALL PREMIER CRU   73
  (33 % PN, 67 % CH)
- SAINT GALL BLANC DE BLANCS   75
  (100 % CH)
- SAINT GALL EXTRA BRUT BLANC DE BLANCS   76
  (100 % CH)
- SAINT GALL EXTRA BRUT GRAND CRU   79
  (100 % CH)
- SAINT GALL ROSÉ   55
  (15 % PN, 85 % CH)
- SAINT GALL ROSÉ PREMIER CRU   63
  (15 % PN, 85 % CH)
- 1998 SAINT GALL PREMIER CRU BLANC DE BLANCS
  (100 % CH)   85, DÉCEMBRE 2003] 87
  Le nez rencontre des notes de muguet, d'aubépine et de vanille, dans une version fraîche et stimulante. La bouche est également satisfaite et dispense une agréable caresse crémeuse et moelleuse. On décèle en outre une importante proportion de minéralité et une amorce de fumée.
- 1995 SAINT GALL PREMIER CRU BLANC DE BLANCS
  (100 % CH)   84, JANVIER 2003] 87
  Frais et cristallin comme tous les vins de cette coopérative modèle. Apéritif remarquable, ou susceptible d'accompagner les véritables œufs d'ablette de Kalix. Bien construit et classique sans pour autant enthousiasmer la personne qui boit ce vin élégant.
- 1995 ORPALE   90, DÉCEMBRE 2003] 92
  (100 % CH)
  De nouveau un brillant vin de prestige de la coopérative d'Avize ! Tout dans ce champagne respire la classe et le raffinement. On y trouve l'élégance polie et l'harmonie que je rattache normalement aux cuvées de luxe des grandes maisons de champagne. Le nez est composé et complexe et s'apparente de ce fait, si un tel vin existait, à un blanc de blancs Dom Pérignon. Beaux arômes grillés de pain et de café se mêlant parfaitement à des notes d'agrumes dans une enveloppe crémeuse et acide en même temps.

- 1990 ORPALE   89, MAI 2003] 90
  (100 % CH)
  Un 1990 au style rayonnant où tout est à sa place. L'attaque est fraîche et le vin bénéficie d'une bonne longueur en bouche, crémeuse avec une finale grillée équilibrée. Bouquet exotique et sensationnel relevé par le nez de draps fraîchement lavés et séchés au soleil.
- 1985 ORPALE   91, SEPTEMBRE 2003] 91
  (100 % CH)
  L'un des meilleurs champagnes de coopérative qu'il m'ait été donné de boire. Ce vin offre un moelleux crémeux, une grande richesse minérale et de l'élégance. Les arômes marqués sont l'orange et la mandarine.
- 1983 ORPALE   85, MARS 2000] 85
  (100 % CH)
  Grillé, riche et corsé. Il existe malheureusement quelque chose d'indéfinissablement pâteux dans de nombreux 1983 actuellement. Très bon mais un peu étriqué.
- 1980 ORPALE   91, MAI 2003] 91
  (100 % CH)
  Ressemble de manière frappante au Dampierre 1980. Clair, bien accordé, avec dans la bouche de petites explosions d'acacia et de chocolat à la menthe. Extrêmement léger et agréablement délicat.

COOP. VINCENT D'ASTRÉE C-M

Rue Léon-Bourgeois
51530 Pierry
03 26 54 03 23
Production : 100 000

Créée en 1956 la coopérative Pierry compte aujourd'hui 140 membres qui disposent d'un vignoble de 60 hectares. Autres vins : Cuvée Jean Gabin.

- VINCENT D'ASTRÉE BRUT   52
  (80 % PM, 20 % CH)
- VINCENT D'ASTRÉE CUVÉE RÉSERVE   55
  (40 % PN, 60 % CH)
- VINCENT D'ASTRÉE ROSÉ   69
  (50 % PN, 50 % CH)

COOP. VINICOLE D'AMBONNAY C-M

Boulevard des Bermonts
51150 Ambonnay
03 26 57 01 46
Production : 400 000

La plupart des vignerons de la commune sont membres de la Coopérative Vinicole d'Ambonnay qui vend ses champagnes sous les noms de Saint-Réol et Élégance. La coopérative est aujourd'hui gérée par Marcel Billiot, frère de Henri Billiot. Autres vins : Élégance, Rosé, Blanc de Blancs, Prestige d'Argent.

- SAINT-RÉOL BRUT   49
  (80 % PN, 20 % CH)
- 1990 SAINT-RÉOL   90, JANVIER 2003] 91
  (80 % PN, 20 % CH)
  Un magnum sensationnel produit par la coopérative d'Ambonnay que j'ai de manière un peu irrespectueuse sélectionné pour

accompagner les douze coups de minuit la nuit du 31 décembre au 1ᵉʳ janvier. Malheureusement la majeure partie de ce superbe vin a été consommée à l'extérieur pour admirer un feu d'artifice et par moins 15 °C dans une atmosphère saturée d'odeur de poudre. Mais c'est assurément ainsi que j'ai appris que le champagne de vigneron de plus de dix ans lourdement dominé par le pinot constitue la meilleure boisson pétillante dans ces circonstances douteuses de consommation, car je ne pouvais pas imaginer qu'il serait aussi bon. Lorsque nous avons quitté le froid pour rentrer à l'intérieur de la maison, le vin est devenu de manière inattendue encore un peu meilleur. Quelle explosion de couleurs aromatiques! Énormément d'arômes de raisin mûr rappelant le bourgogne avec un caractère animal et une sensualité empreinte d'arôme de truffe. La fraîcheur de ce magnum est si parfaite que j'imagine que le vin peut encore gagner en qualité si l'on patiente quelques années de plus.

- 1988 OUIRET-PATUR   82, OCTOBRE 1997] 86
  (50 % PN, 50 % CH)
  Champagne concentré et bien structuré avec une mousse délicate, un nez fruité et une bouche corsée et riche.
- 1985 CUVÉE ÉLÉGANCE   86, SEPTEMBRE 2003] 86
  (80 % PN, 20 % CH)
  Un vin particulièrement passionnant qui en impose par son style massif. Alors que l'on y trouve les lourds arômes animaux attendus caractéristiques des grands classiques du pinot noir, il y a là également un aspect clair et charmant où des notes marquées de nougat, de mangue et de vanille viennent caresser la langue.

COOP. VINICOLE DE MARDEUIL C-M
64, rue de la Liberté
51530 Mardeuil
03 26 55 29 40
Production : 350 000
Ce vin est plus connu sous le nom de Beaumont des Crayères. La coopérative produit un deuxième vin, le Charles Leprince. La société créée en 1955 compte aujourd'hui 210 membres qui exploitent un total de 80 hectares sur les communes de Mardeuil, Vauciennes, Cumières et Verneuil. Le chef de cave de la coopérative, J.-P. Bertus, est très estimé. Il opère un contrôle rigoureux de ses membres et cherche à obtenir des raisins parfaitement mûrs provenant de ceps relativement anciens. Cette coopérative est assez en vogue depuis quelques années. Je ne suis pas personnellement aussi enthousiaste, mais il est indéniable que la coopérative produit un champagne de bon rapport qualité-prix.

- BEAUMONT DES CRAYÈRES GRAND PRESTIGE   78
  (40 % PN, 20 % PM, 40 % CH)
- BEAUMONT DES CRAYÈRES GRANDE RÉSERVE   70
  (60 % PN, 15 % PM, 25 % CH)
- BEAUMONT DES CRAYÈRES GRAND ROSÉ   50
  (35 % PN, 40 % PM, 25 % CH)
- 1996 BEAUMONT DES CRAYÈRES   78, AVRIL 2003] 83
  Acidité astringente et fruit riche de pomme pourront faire de ce vin quelque chose d'intéressant dans quelques années. Il manque encore actuellement d'équilibre au niveau de l'acidité et du raffinement, ainsi que de personnalité.
- 1995 BEAUMONT DES CRAYÈRES FLEUR DE PRESTIGE
  (40 % PN, 10 % PM, 50 % CH)   74, MAI 2000] 78
- 1997 BEAUMONT DES CRAYÈRES FLEUR DE ROSÉ
  (25 % PN, 25 % PM, 50 % CH)   76, MAI 2003] 79
- 1995 BEAUMONT DES CRAYÈRES FLEUR DE ROSÉ
  (25 % PN, 25 % PM, 50 % CH)   58, JANVIER 2002] 60

- 1995 BEAUMONT DES CRAYÈRES NUIT D'OR
  (30 % PN, 70 % CH)   87, NOVEMBRE 2002] 88
  Un peu plus léger et charmant que le 1990 avec un joli fruité élégant et froid. Évoque le sorbet avec une bouche d'ananas et de fruit de la passion. Cette coopérative produit des vins toujours plus clairs et doit occuper le tout premier rang de sa catégorie.
- 1995 NOSTALGIE   86, SEPTEMBRE 2003] 88
  (30 % PN, 70 % CH)
  Très pur et rafraîchissant avec une importante note de pain et un joli arôme de fruits secs. Bouche assez corsée avec une grande profondeur et un équilibre parfait. La finale est sophistiquée et agréablement fruitée.
- 1992 NOSTALGIE   75, MAI 2000] 78
  (30 % PN, 70 % CH)
- 1990 BEAUMONT DES CRAYÈRES NUIT D'OR
  (30 % PN, 70 % CH)   88, OCTOBRE 2001] 88
  Un champagne de prestige d'une célèbre année avec un fruit riche et exotique et une touche moelleuse de miel. Grand et imposant avec un joli caractère de chardonnay mûr issu de vieux ceps. Nez de vanille et de caramel et longue bouche d'ananas.
- 1987 NOSTALGIE   80, AVRIL 1997] 84
  (30 % PN, 70 % CH)
  Cela m'étonne que l'on produise un champagne de prestige une année aussi médiocre. Vin bien fait et concentré avec une bonne attaque.

COPINET, JACQUES R-M
11, rue Ormeau
51260 Montgenost
03 25 80 49 14
Production : 80 000
- JACQUES COPINET BRUT   51
  (100 % CH)
- COPINET ROSÉ   51
  (20 % PN, 80 % CH)
- 1992 COPINET   67, OCTOBRE 2001] 67
  (100 % CH)

COULON, ROGER R-M
12, rue Vigne-du-Roy
51390 Vrigny
03 25 03 61 65
Production : 65 000
Ce vigneron dispose de 10 hectares de vignes à Vrigny comprenant les trois cépages. Son meilleur chardonnay fermente en cuve de chêne. Le vin millésimé est le seul à ne pas subir de fermentation malolactique. Le rosé est fait par contact avec la pellicule du raisin.
- ROGER COULON   65
  (50 % PN, 20 % PM, 30 % CH)

COURTOIS-CAMUS R-M
270, rue du 8 mai 1945
51530 Cramant
03 26 57 91 18
Production : 8 000
Le propriétaire – la poignée de main la plus ferme de toute la région ! –, m'a reçu chez lui au mois d'avril 1996. Malheureusement la production est un peu trop faible pour faire du champagne millésimé. L'exploitation ne possède que 2 hectares de vigne éclatés en 22 petites parcelles. Toutefois, cette maison vaut le détour.

- COURTOIS-CAMUS TRADITION   74
  (100 % CH)

- COURTOIS-CAMUS CARTE ROUGE   70
  (100 % CH)

COUTIER, RENÉ-HENRI **** R-M

7, rue Henri-III
51150 Ambonnay
03 26 57 02 55
Production: 25 000

Cette propriété modèle fut fondée en 1880. Coutier possède
7 hectares de vigne sur la commune, mais vend 80 % de sa récolte
à la coopérative. La fermentation malolactique est utilisée pour
la moitié du vin tranquille. Le père de l'actuel propriétaire fut
le premier à planter du chardonnay à Ambonnay en 1946.
Coutier est aujourd'hui le roi non couronné d'Ambonnay.

- R. H. COUTIER BRUT   74
  (60 % PN, 40 % CH)

- R. H. COUTIER BRUT VINTAGE   84, DÉCEMBRE 2003] 87
  (100 % PN)
  Je ne savais pas que l'on pouvait donner à un vin le nom de
  Vintage alors qu'il est issu du mélange de deux années différentes
  et de ce fait n'est pas un millésime au sens strict du terme. La
  première édition de ce vin se compose à parts égales de 1995 et de
  1996, ce qui lui confère un profil moelleux agréable sans distinction
  directe. Plus court et plus beurré que les champagnes millésimés,
  mais bon pour ceux qui n'ont pas la patience d'attendre.

- CUVÉE HENRI III   75
  (100 % PN)

- R. H. COUTIER BLANC DE BLANCS DE AMBONNAY   77
  (100 % CH)

- R. H. COUTIER ROSÉ   78
  (50 % PN, 50 % CH)

- 1996 R. H. COUTIER   88, DÉCEMBRE 2003] 93
  Jusque-là le vin se caractérise par une note de vanille. Beurré avec
  charme, d'une manière délicieuse et inattendue avec une grande
  proportion d'acidité sous-jacente. Les profonds traits animaux ont
  cette fois-ci besoin de davantage de temps pour prendre forme.
  Quel vinificateur que ce Coutier! Ses vins sont les seuls parmi
  ceux produits par les vignerons de pinot à conserver une élégance
  constante à l'instar des champagnes des plus grandes maisons.

- 1996 R. H. COUTIER ŒIL DE PERDRIX   87, JANVIER 2002] 93
  (100 % PN)
  Œil de Perdrix fait référence à la couleur légèrement rouge du vin
  obtenu au contact de la pellicule colorée du raisin. Coutier a
  réussi là le vin le plus impressionnant qu'il m'ait été donné de
  goûter dans cette catégorie à part. Bouquet puissant avec de fortes
  touches de pelure de pomme et de pétrole. Corsé, croustillant
  et doté d'un équilibre exceptionnel. Rappelle véritablement
  le Vieilles Vignes 1992 de Bollinger.

- 1995 R. H. COUTIER   89, MARS 2003] 92
  (100 % PN)
  Une fois de plus ce brillant vigneron a produit un vin rafraîchissant
  stupéfiant. Pour une fois il s'agit d'un pur blanc des noirs, qui va
  parfaitement à ce millésime velouté et moelleux, rafraîchissant et
  crémeux. Caramel et crème enveloppent le classique fruit rouge et
  riche, et les notes animales, sombres et fumées ne peuvent pour
  l'instant qu'être devinées sous la couche moelleuse et attrayante.
  pinot noir moderne et racé.

- 1994 R. H. COUTIER   83, SEPTEMBRE 2002] 85
  (100 % PN)
  Coutier ne fait jamais le travail à la hâte. Ce 1994 est vraiment
  bon et dépourvu de la fadeur qui marque tant de champagnes
  de cette année-là. On trouve dans celui-ci la même lourdeur et la
  même élégance qu'à l'accoutumée. Les arômes évoquent pour moi
  la réglisse, la pelure de pomme jaune et le crémeux d'un veau de lait.

- 1990 R. H. COUTIER   90, SEPTEMBRE 2001] 93
  (75 % PN, 25 % CH)
  Un vin personnel difficile à juger avec une acidité fraîche et un
  fruit jeune. On y trouve des éléments marqués de melon, de kiwi
  et de poire Alexandre. Très élégant.

- 1988 R. H. COUTIER   90, AOÛT 1995] 94
  (75 % PN, 25 % CH)
  Terriblement élégant et sophistiqué. Les arômes de ce vin
  rappellent ceux du Cristal de Roederer de la même année.
  Noisette et caramel dur au beurre soutiennent le fruit pur.

- 1982 R. H. COUTIER   86, MAI 1998] 88
  (60 % PN, 40 % CH)
  Très crémeux, beurré et facile à boire. Manque quelque peu de
  concentration en raison d'une importante récolte. S'apparente
  à un Cristal insipide.

- 1978 R. H. COUTIER   88, MAI 1998] 90
  (75 % PN, 25 % CH)
  Un champagne harmonieux avec un nez complet de noisette,
  de massepain et de brioche. Un peu court malheureusement.

- 1964 R. H. COUTIER   95, JUILLET 1995] 95
  (100 % PN)
  Une vivacité et un doré merveilleux. Un magnifique vin au nez
  sombre de cigare, de brioche, de sirop, de girolle, de prune, de
  truffe et de bois pourri. La bouche est exceptionnellement serrée
  et concentrée avec une longueur qui va s'accélérant, semblable à
  un grand bordeaux dans ses notes de cigare et de cuir.

CUPERLY N-M

2, rue de l'Ancienne-Église
51380 Verzy
03 26 70 23 90
Production: 300 000

La maison Cuperly fut fondée en 1845. À cette époque elle ne
vendait que du vin tranquille et de l'alcool. Aujourd'hui, à la
quatrième génération, Gérard Cuperly exploite l'affaire et assure
une importante production de champagne. Cette maison aussi
adhère à la tendance actuelle qui consiste à vinifier une partie
de la production dans de petits fûts de chêne. La fermentation
malolactique est largement évitée. Une grande partie du vin
provient de Verzy et la maison dispose de 10 hectares de vignes.

- CUPERLY CHARLES D'EMBRUN   60
  (40 % PN, 20 % PM, 40 % CH)

- CUPERLY DEMI-SEC   40
  (60 % PN, 40 % CH)

- CUPERLY ROSÉ   66
  (50 % PN, 50 % CH)

- 1994 CUPERLY   72, SEPTEMBRE 2003] 74
  (20 % PN, 80 % CH)

- CUPERLY PRESTIGE   69
  (70 % PN, 30 % CH)

DAMPIERRE, COMTE AUDOIN DE **** N-M

5, Grande-Rue
51140 Chenay
03 26 03 11 13
Production : 90 000

Les comtes de la famille Dampierre vivent à Chenay depuis plus de 700 ans. La production du champagne n'a démarré qu'en 1980 ; sous la direction du comte Audoin. La maison figure donc parmi les plus jeunes en Champagne. Le comte vit dans le beau château situé dans ce charmant village. Il ne possède pas de vignoble à lui, mais achète tous ses raisins de villages premier et grand cru. Les raisins sont vinifiés à la coopérative d'Avize, où ils vieillissent ensuite pendant quatre ans minimum. Je pense que le négoce en champagne est l'une des passions du comte : il aime le bon champagne et les belles voitures. Il exploite infatigablement le rapport entre ces deux passions apparemment incompatibles. Il fabrique notamment un lot de champagne spécial pour Aston Martin et pose volontiers avec sa collection privée de voitures de sport devant son château, un verre de champagne à la main. Je n'oublierai pas de sitôt le tour qu'il m'a fait faire dans son Albi 1935 noire. Audoin me fait irrésistiblement penser à Roger Moore dans *Amicalement vôtre*. Cependant cette impression de luxe n'est pas seulement une façade. Par leur style élégant, aristocratique, ses champagnes s'accordent bien aux comtes et aux barons. Le comte est l'un des personnages les plus charismatiques de Champagne. C'est aussi indéniablement un bon vivant.

- CUVÉE DE AMBASSADEURS   77
  (50 % PN, 50 % CH)
- DAMPIERRE GRANDE CUVÉE   74
  (50 % PN, 50 % CH)
- DAMPIERRE ŒIL DE PERDRIX   72
  (12 % PN, 88 % CH)
- DAMPIERRE BLANC DE BLANCS   78
  (100 % CH)
- DAMPIERRE DEMI-SEC   65
  (50 % PN, 50 % CH)
- 1995 DAMPIERRE GRANDE ANNÉE   84, NOVEMBRE 2003] 86
  (65 % PN, 35 % CH)

Un vin excellent, doté d'un charme immédiat et irrésistible. Tous les millésimes du comte ont un caractère pinot resplendissant et bien marqué, mais on peut se demander si le 1995 n'est pas encore plus exubérant que les précédents. La bouche est riche en fruit moelleux et caramel doux. Mais je dois dire que j'ai été moins impressionné par ceux des dernières années.

- 1991 DAMPIERRE GRANDE ANNÉE   83, MAI 2001] 85
  (65 % PN, 35 % CH)

Flatteurs sans être racoleurs, les vins du comte sont toujours des sources de bonheur. La plupart des 1991 ont un côté fade que même le processus de maturation ne réussit pas à combler. Ce vin constitue l'exception à cette règle. L'harmonie, le fruit lisse et l'équilibre caractérisent ce champagne.

- 1990 DAMPIERRE GRANDE ANNÉE   88, SEPTEMBRE 2003] 88
  (70 % PN, 30 % CH)

Élégant, à dominante pinot, au fruit très riche ; structure prometteuse. Se développe un peu plus rapidement que prévu.

- 1988 DAMPIERRE GRANDE ANNÉE   89, JUILLET 2003] 90
  (70 % PN, 30 % CH)

Merveilleux nez de pinot prêt à éclater, avec des notes distinctes de cuir, de champignon et de prune. Le goût de vanille qui semble être la marque de noblesse de la maison est très présent sur la langue, en bonne harmonie avec le fruit proche de celui de Roederer.

- 1979 DAMPIERRE GRANDE ANNÉE   92, MAI 2001] 93
  (50 % PN, 50 % CH)

L'aimable comte m'a invité à déguster l'une des deux bouteilles magnum qui restaient dans sa cave privée. Dîner avec lui dans sa belle salle à manger, ocre jaune, est un plaisir à la fois délicat et une occasion d'exercice intellectuel rare. Le vin était d'un raffinement séducteur et féminin. L'un de ces vins que l'on apprécie le plus lorsque le verre est presque vide. Un vin printanier et floral, jeune, avec des arômes parfumés, nuancés, et les saveurs délicieuses du meilleur chardonnay.

- 1988 DAMPIERRE ROSÉ   87, OCTOBRE 2003] 88
  (12 % PN, 88 % CH)

Merveilleux bouquet complexe sur fond de café torréfié. Le nez bourguignon doux rappelle par beaucoup de côtés celui du Dom Ruinart Rosé de la même année. Malheureusement le goût traîne un peu le pied et sa finesse est moins prononcée. Vin toutefois délicieux et crémeux.

- 1985 DAMPIERRE ROSÉ   90, JANVIER 2001] 90
  (12 % PN, 88 % CH)

Un champagne parfait pour les fêtes de fin d'année. La bouche est riche en fruits mûris au soleil d'été et en chaleur souriante. Peut faire penser au rosé de Charles Heidsieck de la même année. Incroyablement charmeur, se boit facilement.

- 1996 DAMPIERRE FAMILY RESERVE   85, SEPTEMBRE 2003] 89
  (100 % CH)

Chardonnay florissant, prometteur, avec nez de pamplemousse, de citron et de lis. De l'acidité sèche et une mousse fine, caressante. Il lui faut un certain temps pour développer la complexité souhaitable.

- 1995 DAMPIERRE PRESTIGE GRAND CRU
  (100 % CH)   88, FÉVRIER 2003] 91

Merveilleusement lisse et joliment sophistiqué avec un fruit doux et une note de caramel proche de celle de Pol Roger. Bon développement en verre et caractère du raisin proche du beurre. Fin de bouche persistante de minéral qui se prolongera avec le temps.

- 1990 DAMPIERRE FAMILY RESERVE   91, SEPTEMBRE 2003] 92
  (100 % CH)

Le comte ne fait que 7 000 bouteilles de ce blanc de blancs modèle. Les vignobles sont les mêmes que ceux utilisés pour le Prestige Grand Cru, mais la composition de l'assemblage diffère légèrement. La robe a une touche de vert, la mousse perlée se dégage progressivement dans la coupe. Ici l'on ne trouve rien du caractère trop mûr du millésime. En revanche, le vin est joliment floral avec des notes de tilleul, de pétrole et de citron vert. Son intensité est impressionnante et provocatrice malgré la légèreté et la grâce du champagne.

- 1990 DAMPIERRE PRESTIGE GRAND CRU
  (100 % CH)   87, JUILLET 2003] 89

Compte tenu de la qualité habituelle de ce vin, et encore plus de la qualité de la Family Reserve de ce millésime, ma note peut surprendre. Le vin m'a semblé un peu trop raffiné et impersonnel avec un fruit riche proche de l'ananas et un peu trop de douceur. Bien sûr, il était bon et savoureux, mais peut-être limité si on cherche trop la perfection…

- 1985 DAMPIERRE PRESTIGE GRAND CRU
  (100 % CH)   91, JANVIER 2003] 92

Le bouchon est tenu par une ficelle à la place du museau. Que ne fait-on pas pour se distinguer ? Un blanc de blancs classique, croustillant, équilibriste avec le maintien aristocratique qu'on est en droit d'attendre du meilleur vin du comte.

• 1980 DAMPIERRE PRESTIGE GRAND CRU
(100 % CH)   91, MARS 2003] 91
Un vin fait à parts égales d'Avize, de Cramant et de Mesnil.
Le meilleur champagne que j'ai bu de cette année oubliée. Un nez
classique dans lequel le pétrole et les agrumes se font concurrence.
Les noisettes et les arômes torréfiés sont un peu faibles, mais ils
sont bien là, dans les coulisses. La bouche est très fraîche et
florissante dans sa viscosité grasse, presque huileuse.

DAUBY, GUY*** R-M
22, rue Jeanson
51160 Ay
03 26 54 96 49
Production : 40 000
Une petite maison, pourtant très réputée, située à Ay, et fondée
par Guy Dauby en 1951. Aujourd'hui la propriété est dirigée par
Francine Dauby. La surface du vignoble comprend 8 hectares.
• GUY DAUBY BRUT   78
(80 % PN, 20 % CH)
• GUY DAUBY ROSÉ   67
(90 % PN, 10 % CH)
• 1992 GUY DAUBY   78, MARS 2000] 82
(70 % PN, 30 % CH)
Un 1992 relativement développé et charmeur avec des arômes
de prune mûrie au soleil, amande et une fin de bouche rustique
de raisin sec.
• 1990 GUY DAUBY PRESTIGE   86, JUILLET 2001] 87
(80 % PN, 20 % CH)
Champagne de viticulteur mûr et richement miellé, avec
bien plus de fruité exotique, de générosité savoureusement
douce que l'origine et l'assemblage des cépages pourraient laisser
croire. On trouve ici une bouche proche de la pêche et un nez
nettement discernable de chèvrefeuille et de réglisse. Typique de
son millésime.

DAUVERGNE, HUBERT R-M
33, rue de Tours
51150 Bouzy
03 26 57 00 56
Production : 45 000
Fernand Dauvergne fonda la maison dès 1860. 87 % des
6,5 hectares sont plantés de pinot noir.
Autres vins : Fine Fleur de Bouzy, Cuvée Saphir.
• HUBERT DAUVERGNE BRUT   69
(87 % PN, 13 % CH)
• HUBERT DAUVERGNE ÉLÉGANCE ROSÉ   76
(50 % PN, 50 % CH)

DEHOURS, S.A. N-M
2, rue Chapelle
51700 Cerseuil
03 26 52 71 75
Production : 1 000 000
Maison fondée en 1930 par L. Ludovic. À la barre on trouve
aujourd'hui Jérôme Dehours.
• DEHOURS BRUT   50
(33 % PN, 33 % PM, 34 % CH)
• DEHOURS GRANDE RÉSERVE   65
(33 % PN, 33 % PM, 34 % CH)

• 1995 DEHOURS   81, JANVIER 2002] 84
(40 % PN, 20 % PM, 40 % CH)   •
Un grand champagne savoureux avec l'accessibilité et l'exotisme
typiques du millésime. Robe profondément dorée, grande
intensité aromatique. Le nez comprend des notes de pain sec,
de menthe, de fumée et de pomme jaune. La bouche est riche,
avec une fine douceur fruitée, rafraîchissante. Un vin de repas.

DELAMOTTE *** N-M
7, rue de la Brèche-d'Oger
51190 Le Mesnil-sur-Oger
03 26 57 51 65
Production : 300 000
La maison voisine de Salon au Mesnil fut fondée dès 1760.
Bien qu'étroitement liée à Lanson, elle fut reprise par la famille
Nonancourt en 1949. Depuis que Laurent-Perrier acheta Salon
en 1989, Delamotte fait office de seconde marque de Salon.
Delamotte possède 5 hectares au Mesnil et a accès aux vins
de Salon les années où celui-ci ne produit rien. Didier Dupond
dirige aujourd'hui les deux maisons avec grande compétence et
enthousiasme. Delamotte achète 75 % de ses raisins,
principalement de vignobles premier cru.
• DELAMOTTE BRUT   68
(30 % PN, 20 % PM, 50 % CH)
• CUVÉE NOBIS   78
(100 % CH)
• NICOLAS LOUIS DELAMOTTE   75
(100 % CH)
• DELAMOTTE BLANC DE BLANCS   77
(100 % CH)
• DELAMOTTE ROSÉ   65
(100 % PN)
• 1976 DELAMOTTE   88, JANVIER 2003] 88
(25 % PN, 75 % CH)
Un 1976 bien structuré, de garde, qui a toutefois atteint son
sommet. N'ayant pas réussi à se faire une place à côté des Salon,
ce vin possède néanmoins un bouquet torréfié charmeur avec
des notes de bicuits et de pain.
• 1997 DELAMOTTE BLANC DE BLANCS   84, OCTOBRE 2003] 86
(100 % CH)
On dirait que Delamotte se préoccupe de plus en plus de
préserver le caractère original de son village, Le Mesnil.
Dans le 1997, les empreintes aromatiques du village se gravent
distinctement dans le palais et le nez. Les notes de minéral s'allient
harmonieusement avec les notes plus typiques du millésime de
brioche, de vanille et de fruits tropicaux. Comme toujours une
note d'ananas est distinctement présente. Cette note n'apparaît
jamais chez le frère, Salon, plus sérieux et plus vineux.
• 1996 DELAMOTTE BLANC DE BLANCS   88, JUILLET 2003] 92
(100 % CH)
Robe profondément jaune vert et belle mousse. Attaque
croustillante, plaisante, avec des notes de citron vert et
de citron jaune, bien soutenue par un caractère de minéral sec.
Fermé, splendide, doté d'une belle puissance. Belle persistance
sucrée. À mon goût, l'un des meilleurs champagnes jamais
fabriqués par Delamotte.
• 1995 DELAMOTTE BLANC DE BLANCS   82, AVRIL 2003] 85
(100 % CH)
Un vin fin, léger et fruité du Mesnil, d'Avize et d'Oger, qui se boit
facilement. Parfumé et floral avec une bouche fraîche et nette. On y
trouve également une couche de pamplemousse et d'orange sanguine.

- 1993 DELAMOTTE BLANC DE BLANCS   82, MARS 2002] 84
(100 % CH)
Une sensation de pureté visuelle et gustative. Le nez est frais et
floral avec des notes d'acacia et de fleur d'oranger. La bouche est
veloutée et agréable, d'une grande finesse et d'un caractère de
minéral un peu introverti.
- 1990 DELAMOTTE BLANC DE BLANCS   85, MAI 2003] 87
(100 % CH)
Un grand millésime pour Delamotte avec une meilleure
concentration et une plus grande profondeur que d'habitude.
Agréables notes de grillé pour le magnum.
- 1985 DELAMOTTE BLANC DE BLANCS   84, JANVIER 2003] 84
(100 % CH)
Nez fin et élégant de chardonnay jeune. De nouveau des arômes
plutôt gentils d'ananas et de rhubarbe.
- 1982 DELAMOTTE BLANC DE BLANCS   83, MAI 2001] 83
(100 % CH)
Odeur de réduction qui s'est dissipée au bout de cinq minutes.
Léger, jeune et typique de la maison. Ce vin est produit à partir
de raisins insuffisamment concentrés, notamment à cause d'une
récolte trop abondante, ce qui était courant en 1982. Manque un
peu de corps, mais pur, avec au fond, une belle note de caramel.
- 1976 DELAMOTTE BLANC DE BLANCS   90, JANVIER 2003] 90
(100 % CH)
Un peu plus pur que le Brut, préservant une note fraîche d'agrumes.
Le millésime riche convient à ce vin, normalement un peu léger.
On y trouve les muscles qui font quelquefois défaut chez Delamotte.
- 1976 DELAMOTTE BLANC DE BLANCS NON DOSÉ   87, AOÛT 1999] 87
(100 % CH)
Le restaurant « La Reine Blanche » à Vertus sert ce champagne
particulièrement sec. Le nez est caractérisé par du beurre vieilli,
de la fumée et de la noix. La bouche est réservée et agréable,
mais avec un dosage bien équilibré, la finale aurait été plus longue
et plus harmonieuse.
- 1990 DELAMOTTE DEMI-SEC   78, JUILLET 1997] 83
(100 % CH)
Un champagne doux, fantastique. Élégance et fraîcheur d'agrumes.
L'un des meilleurs que j'ai dégustés dans cette catégorie.
- 1993 CUVÉE NOBIS   82, MARS 2002] 84
(100 % CH)
Le même que le blanc de blancs de Delamotte mais sous l'étiquette
d'un restaurant réputé de Stockholm : « Operakällaren ».

DELAUNOIS, ANDRÉ R-M
18, rue Chigny
51500 Rilly-la-Montagne
03 26 03 48 85
Production : 55 000
Les propriétaires actuels, Alain Toullec et Éric Chanez, disposent de
8 hectares plantés des trois cépages, à parts égales. La propriété
familiale fut créée en 1925.
- ANDRÉ DELAUNOIS BRUT   50
(33 % PN, 33 % PM, 34 % CH)

DELBECK *** N-M
39, rue du Général-Sarrail
51100 Reims
03 26 77 58 00
Production : 350 000
Une maison historique fondée en 1832, qui a rapidement connu
une belle réputation, puisque son créateur, Félix-Désiré Delbeck,

a épousé la nièce de la veuve Ponsardin. Pendant plusieurs années,
Delbeck fournissait en champagne la cour de la maison royale de
France. Au début des années 1960, la maison arrêta sa production
pendant 30 ans, pour renaître en 1993 sous la direction de Bruno
Paillard. Elle est pratiquement autonome en raisins. 30 %
seulement sont achetés, ce qui permet à Delbeck d'exercer un bon
contrôle sur les travaux du vignoble. En 1995 la maison fut reprise
par Pierre Martin, qui venait de chez Barancourt. Aujourd'hui elle
possède également Bricout à Avize, ainsi que Waris & Chenayer.
Les bureaux sont restés à Reims, mais les vins sont produits à Avize.
- DELBECK BRUT HÉRITAGE   65
(70 % PN, 30 % CH)
- DELBECK AY GRAND CRU   80
(80 % PN, 20 % CH)
À peine servi, ce vin semble frais et étonnamment léger avec un
faible arôme de groseille à maquereau. Une fois un peu aéré, il
prend son envol et le caractère généreusement vigoureux d'Ay
apparaît. La plénitude est presque étouffante et les arômes plutôt
caractérisés par leur force que par leur finesse. Un bon vin pour
accompagner notamment la volaille.
- DELBECK BOUZY GRAND CRU   85
(80 % PN, 20 % CH)
Le bouquet évoque un puissant Pol Roger. Délicieusement
sophistiqué avec un fruit étonnamment élégant, une mousse
crémeuse et une saveur prononcée de caramel aux noisettes.
La fin de bouche fait plutôt penser à un Bollinger, avec son arôme
de poudre à fusil. Vieilli de dix ans, ce vin obtient une note
au-dessus de 90.
- DELBECK CRAMANT GRAND CRU   78
(100 % CH)
- DELBECK DEMI-SEC   49
(70 % PN, 30 % CH)
- DELBECK ROSÉ   61
(90 % PN, 10 % CH)
- 1996 DELBECK   85, 06-2003] 89
(70 % PN, 30 % CH)
La plupart des raisins viennent d'Avize, de Chouilly, d'Ambonnay
et de Bouzy. Nez ample, épicé avec de la cannelle, du cumin, et de
fortes touches de grillé et de crémeux. Plénitude de la bouche avec
une persistance épicée en arrière de la langue. Beau et lisse.
- 1990 DELBECK   85, MARS 2000] 91
(70 % PN, 30 % CH)
Je note dans ce fruit pinot poivré, d'une acidité jeune, un
caractère d'un piquant et d'un entrain fantastiques. Un exercice
d'équilibre fascinant, puisque l'arôme d'agrumes apparaît malgré
la faible part de chardonnay. Très puissant !
- 1988 DELBECK   83, AOÛT 1997] 88
(70 % PN, 30 % CH)
Serré, viandé et sec. Le nez comporte encore une bonne part
d'arôme de poisson. Promet un bel avenir.
- 1985 DELBECK   70, OCTOBRE 1993] 75
(70 % PN, 30 % CH)
- 1953 DELBECK   84, SEPTEMBRE 2002] 84
(70 % PN, 30 % CH)
Il existe certainement des bouteilles plus fraîches de ce vin un peu
fragile, mais bon. Les fruits très mûrs, la compote de pomme, la
mousse et le végétal : ces arômes se dégagent nettement. Des notes
brunes tant dans le nez que dans la bouche. Malgré tout, je me
laisse fasciner par ce champagne, qui a connu son heure de gloire.

- 1949 DELBECK   86, DÉCEMBRE 2003] 86
(70 % PN, 30 % CH)
Malheureusement ma bouteille contenait ce jour-là un vin tout à fait tranquille. Malgré tout, il reste clair et crémeux avec de belles caractéristiques du millésime. Ce n'est pas la première fois que je tombe sur un 1949 savoureux, sans mousse. Évoque un Chablis.

- 1945 DELBECK   94, JUIN 1997] 94
(70 % PN, 30 % CH)
Un vin extrêmement concentré et visqueux. Malgré son absence totale de mousse, il est frais et exempt de notes de sherry.
En revanche, on y trouve un bouquet lourdement beurré et une bouche compacte de cuir, de cacao et de fruits secs.

- 1943 DELBECK
(70 % PN, 30 % CH)

- 1996 DELBECK ORIGINES   84, DÉCEMBRE 2002] 91
(66 % PN, 34 % CH)
Encore fermé et un peu sous l'influence de notes de soufre, qui avec le temps deviendront joliment grillées. Le vin est assemblé à parts égales d'Ay, de Bouzy et de Cramant et n'existe qu'en magnum. À garder longtemps, si vous voulez pleinement profiter de ce bon vin.

- 1995 DELBECK ORIGINES   85, JUIN 2002] 90
(70 % PN, 30 % CH)
Deuxième millésime de ce vin de prestige, après son début en 1985. Les raisins proviennent uniquement d'Ay, de Bouzy et de Cramant. Ton floral et pureté de style, d'une fraîcheur très prometteuse avec une note sous-jacente de grillé.

DELPORTE, YVES R-M
12, rue de la Haie-du-Bois
51150 Tours-sur-Marne
03 26 58 91 26
Production : 56 000
Ce viticulteur fait des vins mous et rustiques de trois bons villages, Tours-sur-Marne, Bisseuil et Bouzy. L'âge moyen des pieds ne dépasse pas quinze ans. Autres vins : Brut, Cru.

- YVES DELPORTE BLANC DE BLANCS   46
(100 % CH)

- YVES DELPORTE DEMI-SEC   23
(75 % PN, 25 % CH)

- YVES DELPORTE ROSÉ   30
(80 % PN, 20 % CH)

DEMETS, MARIE N-M
10250 Gyé-sur-Seine
03 25 38 23 30
Production : 100 000
La maison possède 9 hectares dans son village, plantés de pinot noir.

- MARIE DEMETS   58
(100 % PN)

DEMOISELLE N-M
42, avenue de Champagne
51200 Épernay
03 26 53 33 20
Production : 2 500 000
Paul-François Vranken, homme d'affaires belge ambitieux, possède aujourd'hui l'une des constellations les plus puissantes de Champagne. En 1976, il fonda Vranken-Lafitte et possède aujourd'hui Demoiselle, Charles Lafitte, Sacotte, Barancourt, Heidsieck, Germain et Charbaut. Tant pour Demoiselle que pour Charles

Lafitte, on utilise pas mal de raisins d'Aube et de Sézanne, mais des villages tels que Cramant et Avize fournissent également leur contribution à Demoiselle. Le bâtiment à Épernay ressemble plus à une agence de publicité qu'à une maison de champagne. Nul doute que M. Vranken mise plus sur la quantité que sur la qualité, même si l'une n'exclut pas forcément l'autre. Grâce au très habile œnologue, Dominique Pichart, qui crée toutes les cuvées, tous les vins sont bien faits. Demoiselle, en particulier, s'est considérablement amélioré ces derniers temps, puisque Vranken met ses meilleurs raisins pinot dans le Heidsieck et ses meilleurs chardonnay dans Demoiselle. Les tentatives timides de la maison d'essayer de faire ressembler le champagne non millésimé à une cuvée de prestige constituent toutefois un mauvais point.

- DEMOISELLE BRUT « TÊTE DE CUVÉE »   74
(15 % PN, 85 % CH)

- DEMOISELLE GRANDE CUVÉE   69
(30 % PN, 70 % CH)

- DEMOISELLE ROSÉ   40
(15 % PN, 85 % CH)

- 1996 DEMOISELLE   83, SEPTEMBRE 2003] 85
(30 % PN, 70 % CH)
Fait dans une bouteille de prestige et d'aspect appétissant. Nez grillé, presque grossièrement brûlé. Bouche à dominante d'agrumes avec une touche fumée un peu provocatrice. Corps moyen et persistance douce.

- 1990 DEMOISELLE   86, SEPTEMBRE 2003] 88
(30 % PN, 70 % CH)
Un joli bouquet de fleurs d'été, épicé de vanille et de caramel aux noisettes. Champagne frais et floral, qui se boit facilement, avec une agréable chaleur.

- 1979 DEMOISELLE   89, JANVIER 2003] 89
(20 % PN, 80 % CH)
Robe parfaite de clarté éclatante. Nez ample de sucre d'orge à la menthe, de chocolat noir, de vanille, de coco et de caramels doux. Peut-être un peu trop doux, un peu trop flatteur. Se boit pourtant avec grand plaisir, grâce à sa bouche savoureuse, beurrée, proche de celle du Comte. Finale de safran et de vanille.

- DEMOISELLE CUVÉE 21   83, JANVIER 2004] 86
(20 % PN, 80 % CH)
Champagne charmeur, fait pour être bu en été, au jardin. Beurré et doux, avec une touche moderne, il se boit facilement. Pur et soigné, toutefois un peu neutre.

DENOIS, ALFRED R-M
151, rue Henri-Martin
51480 Cumières
03 26 55 55 63
Production : 40 000
Un viticulteur dont la bonne renommée s'étend au-delà de la Champagne. Fondée en 1967 par Alfred Denois, la maison est aujourd'hui dirigée par Agnès Francis.

- DENOIS CARTE BLANCHE   75
(25 % PN, 50 % PM, 25 % CH)

- DENOIS CRÉMANT ROSÉ   75
(50 % PN, 25 % PM, 25 % CH)

DERVIN, MICHEL N-M
51480 Cuchery
Producteur de champagnes qui fait penser aux grandes maisons commerciales.

- MICHEL DERVIN BRUT 60
- MICHEL DERVIN ROSÉ 43

DESAUTELS-ROINARD R-M
1, rue du Mesnil
51190 Oger
03 26 57 53 75
Ce viticulteur a récemment pris sa retraite.

- DESAUTELS-ROINARD RÉSERVE 35
  (100 % CH)
- DESAUTELS-ROINARD CUVÉE PRESTIGE 60
  (100 % CH)

DESBORDES-AMIAUD R-M
2, rue de Villers-aux-Noeuds
51500 Écueil
03 26 49 77 58
Production : 60 000
Mme Christine Desbordes dirige la maison avec sa fille Élodie. Elles disposent de 9 hectares à Écueil et dans les environs.

- 1986 DESBORDES-AMIAUD 80, FÉVRIER 1999] 80
  (60 % PN, 40 % CH)
  Nez réellement plaisant et flatteur. On y trouve une note distincte de chocolat à l'orange enrobée d'arômes de miel. La bouche est ronde et douce comme un coussin de duvet, mais simple et remarquablement courte.

DESMOULINS, A. N-M
44, avenue Foch
51201 Épernay
03 26 54 24 24
Production : 95 000
Fondée en 1908 par Albert Desmoulins, la maison reste familiale. Presque tous les vins sont vendus par correspondance.

- DESMOULINS ROSÉ 65
  (100 % PN)
- 1988 DESMOULINS 76, MAI 1997] 81
  (100 % CH)
  D'une vinosité et d'une vigueur inattendues chez un blanc de blancs. Le nez fruité est assez exubérant et la bouche cohérente mais unidimensionnelle.

DETHUNE, PAUL * R-M**
2, rue du Moulin
51150 Ambonnay
03 26 57 01 88
Production : 30 000
Ce domaine d'Ambonnay compte parmi les plus beaux et les plus soignés de toute la Champagne. Chaque fleur du jardin est « ravissante ». La façade fraîchement rénovée est à moitié couverte de vigne vierge dont les couleurs s'harmonisent avec les saisons. Dans la pièce de dégustation, tout est impeccable. C'est un plaisir de se trouver attablé devant la cheminée avec la timide Mme Dethune qui élabore aujourd'hui les vins. Que ce domaine bien soigné soit l'œuvre d'une femme n'est pas si surprenant. En ce qui concerne les vins, je suis moins enthousiaste. Dethune est le seul producteur à Ambonnay à fermenter et à élever ses vins dans des fûts de chêne, mais je n'ai réussi à reconnaître des notes de chêne que dans la cuvée de prestige. Les vins sont secs et réservés et fait défaut la dimension qui aurait dû leur être conférée par les fûts.

- PAUL DETHUNE BRUT 60
  (100 % PN)
- PAUL DETHUNE ROSÉ 50
  (100 % PN)
- 1997 PAUL DETHUNE 79, JANVIER 2002] 84
  (50 % PN, 50 % CH)
  Champagne jeune avec des notes animales et un fruit tonique. J'ai l'impression que ce vin va mûrir relativement vite, tout d'un coup. Sous la surface, on trouve des notes d'amande, de miel et de caramel.
- 1990 PAUL DETHUNE 85, OCTOBRE 1997] 90
  (50 % PN, 50 % CH)
  Merveilleux nez de vanille, de noisette et de caramel au beurre. Sensation formidablement huileuse sur la langue, qui se prolonge avec une saveur douce et mûre de miel.
- PRINCESSE DETHUNE 87
  (100 % PN)
  Ce n'est qu'après vingt minutes dans le verre qu'apparaît un soupçon de chêne sous forme d'une faible note de noisette. Ce vin est d'une légèreté et d'une élégance étonnantes. Celui qui pense à un blanc de blancs lors de la dégustation, n'a pas à avoir honte. Un vrai vin de garde pour les années 2000.

DEUTZ ** N-M**
16, rue Jeanson
51160 Ay
03 26 56 94 00
Production : 1 000 000
Ce sont deux Allemands, William Deutz et Pierre Gelderman, qui fondèrent en 1838 à Ay cette maison de vieille tradition. Deutz a été durement atteinte par la révolte de Champagne en 1911. À partir des années 1970, la maison fut dirigée par André Lallier, qui a fait de gros investissements dans d'autres régions viticoles, notamment dans la propriété Delas, dans la vallée du Rhône, la Maison Deutz en Californie et dans un autre vin pétillant de la vallée de la Loire. En 1993, Louis Roederer a acquis la majorité des actions de Deutz. Aujourd'hui la maison est habilement dirigée par un homme à la fois compétent et sympathique, Fabrice Rosset. Odilon de Varine est un vinificateur extrêmement attentif. 75 % des raisins proviennent de vignobles de grand et de premier cru, qu'il a achetés. Deutz possède lui-même du terrain dans cinq villages. La propriété compte parmi les plus belles de Champagne, et les vins sont également très distingués. Le style en est retenu, élégant et sophistiqué avec un corps de plénitude moyenne, un fruit cristallin et une mousse exemplaire. Tous les vins sont bons, mais la Cuvée William Deutz Rosé est tout à fait exceptionnelle. Deutz vient de lancer un champagne de prestige ultra-sophistiqué sous le nom d'Amour de Deutz, qui se vend comme des petits pains depuis que Madonna l'a fait sien. Il paraît que, où qu'aille la star, il y a toujours un magnum mis à refroidir. Malheureusement, selon les rapports de sa dernière visite à Stockholm, elle est également friande de bonbons qu'elle consomme volontiers avec le champagne.

- DEUTZ BRUT CLASSIC 80
  (38 % PN, 32 % PM, 30 % CH)
  Ce champagne, toujours de bonne qualité, fut d'abord vendu trop tôt. En le conservant quelques années en cave, ce vin développe un nez fin de pain qui fait baisser d'intensité le fruit proche de la

pomme, initialement exagéré. Début 2001, j'ai goûté quelques bouteilles qui dès le départ possédaient une maturité classique. Très bon actuellement, exubérant et complexe. J'espère que cette tendance se maintiendra.

• DEUTZ DEMI-SEC   52
(38 % PN, 32 % PM, 30 % CH)

• 1996 DEUTZ   86, JANVIER 2004] 90
Bonne structure et forte acidité. Une clarté typique pour la maison et un arôme croustillant de pomme pénètre ce vin d'une plénitude moyenne. Les autres arômes sont nombreux, bien que discrets. On remarque de la pâtisserie, de la pâte, de la vanille et des notes de mer. Ce sont précisément ces notes de mer alliées à la forte acidité qui font de ce vin le partenaire idéal des sushis.

• 1995 DEUTZ   85, SEPTEMBRE 2003] 88
(60 % PN, 10 % PM, 30 % CH)
On a l'impression qu'enfin le vin millésimé Deutz a trouvé sa véritable personnalité. Le style est classique et irrésistible sans rien perdre de son origine. Tout est là, comme il se doit, de manière tout à fait satisfaisante. Du pinot noir mûr et un fruit réconfortant, croustillant, en belle harmonie. Un peu moins impressionnant lors de la dernière dégustation.

• 1993 DEUTZ   80, JANVIER 2002] 86
(60 % PN, 10 % PM, 30 % CH)
Un champagne bien fait, coulé dans le même moule, mais dans un habit quelque peu embelli, que le champagne non millésimé, Classic, aujourd'hui équilibré et digne de confiance. Belle élaboration, principalement avec des notes de pain autour d'une charpente et des saveurs douces et pleines de fruits secs.

• 1990 DEUTZ   83, JUILLET 1997] 88
(40 % PN, 30 % PM, 30 % CH)
Incroyablement fruité et riche, doté du charme détendu de la maison. Bon équilibre et harmonie.

• 1988 DEUTZ   77, FÉVRIER 1995] 86
(45 % PN, 20 % PM, 35 % CH)
Un vin caractéristique du style retenu et lisse de Deutz. À la fois jeune et doux.

• 1985 DEUTZ   83, JUILLET 1991] 86
(40 % PN, 25 % PM, 35 % CH)
Un champagne chocolaté qui s'est rapidement développé, avec une bouche de grand fruit mûr. Seule la finale gagnera en persistance au bout de quelques années passées en cave.

• 1982 DEUTZ   86, SEPTEMBRE 2001] 86
(40 % PN, 25 % PM, 35 % CH)
Une déception relative malgré les notes de pain frais bien présentes. Encore assez jeune.

• 1976 DEUTZ   87, MARS 1999] 88
(50 % PN, 10 % PM, 40 % CH)
Dégorgé en septembre 1998. Vif, jeune et un peu neutre. Le prolongement en bouche est relativement exigeant avec son amertume et sa forte ardeur.

• 1975 DEUTZ   88, JANVIER 2003] 88
(40 % PN, 25 % PM, 35 % CH)
Très frais et bien conservé, mais assez ordinaire avec son arôme de pinot meunier quelque peu exagéré et sa finale courte. Beaucoup plus réservé en magnum.

• 1973 DEUTZ   86, JANVIER 2000] 86
(40 % PN, 25 % PM, 35 % CH)
Je dois le constater : depuis l'apparition de la Cuvée William et le blanc de blancs ultra-sophistiqué, les millésimes ordinaires de Deutz ne m'impressionnent guère. En fait, je suis souvent dérangé par la grande part de pinot meunier dans ces vins. Dans certains

cas, cela donne un goût pâteux. On me jugera sévère… mais voilà, je suis tellement exigeant quant à tout ce que produit cette prestigieuse maison.

• 1970 DEUTZ   82, DÉCEMBRE 2002] 82
(40 % PN, 25 % PM, 35 % CH)
Dégusté à partir d'une demi-bouteille, ce qui est risqué avec ce millésime très mûr. Nez ample de chocolat noir et de sucre brun. Bouche malheureusement à moitié endormie et plate. A vécu des jours meilleurs.

• 1966 DEUTZ   93, AOÛT 2002] 93
(50 % PN, 20 % PM, 30 % CH)
Bien que je n'aie dégusté ce vin qu'à partir d'une demi-bouteille, je suis grandement impressionné. Chocolaté et riche avec une touche compacte de noisette et une note sous-jacente de champignon. Parfait pour le foie gras de canard et certainement encore meilleur en magnum.

• 1953 DEUTZ
(50 % PN, 20 % PM, 30 % CH)

• 1996 DEUTZ BLANC DE BLANCS   88, MARS 2004] 93
(100 % CH)
Un champagne inattendu, gras et accessible, avec un grand fruit doux et des couches de saveurs impressionnantes. Il arrive de temps à autre que l'on tombe sur un 1996 qui a retenu la grande teneur en sucre des raisins plutôt que l'acidité, si souvent mordante. Ce vin en constitue l'un des meilleurs exemples. Un des meilleurs millésimes jusqu'à ce jour de ce vin de style toujours aussi pur. Certaines bouteilles n'ont toutefois pas atteint la même maturité ; l'acidité en est alors trop insistante, trop soutenue.

• 1995 DEUTZ BLANC DE BLANCS   90, MAI 2003] 93
(100 % CH)
Voici un vin merveilleusement séduisant avec, d'un bout à l'autre, une dominante élégante de caramel au beurre. Un chardonnay parfait avec des fleurs blanches, de l'aubépine, des agrumes et une faible note de noisette. Champagne estival, doux et harmonieux.

• 1993 DEUTZ BLANC DE BLANCS   85, JANVIER 2004] 89
(100 % CH)
Ultra-élégant avec une bouche minérale, pure et rafraîchissante. Le manque de solidité du millésime est compensé par une acidité vivifiante. À mon avis, ce vin doit atteindre au moins quinze ans d'âge pour développer toutes ses qualités.

• 1990 DEUTZ BLANC DE BLANCS   89, FÉVRIER 2003] 91
(100 % CH)
Le blanc de blancs de Deutz fait fortement penser au vin de chardonnay de Pol Roger. Les deux sont ultra-sophistiqués et aristocratiques, mais sans posséder le caractère requis pour les vins véritablement grands. Le 1990 est typique pour son millésime avec une structure dense et une vigueur naturelle cohérente.

• 1989 DEUTZ BLANC DE BLANCS   92, FÉVRIER 2003] 92
(100 % CH)
Pour une fois, on a l'impression de se trouver en présence d'un champagne de viticulteur du Mesnil de grande classe. Ce vin est fortement marqué par le caractère de terroir de ce village, avec des notes fumées et minérales sous-jacentes et une bouche concentrée, grasse et acide. Pour ma part, je considère cela comme un avantage. Vieillit malheureusement un peu trop vite.

• 1988 DEUTZ BLANC DE BLANCS   88, DÉCEMBRE 2002] 92
(100 % CH)
Robe jaune vert clair et mousse d'une finesse microscopique. Blanc de blancs scolaire, avec une finesse superbe et beaucoup d'acidité jeune. Une note délicate et faible de grillé complète le caractère floral. Pur, sec et long.

• 1985 DEUTZ BLANC DE BLANCS 93, JANVIER 2003] 94
(100 % CH)
La première fois que je me suis trouvé confronté à ce champagne,
j'ai été grandement impressionné par sa richesse et sa finesse.
L'avenir nous dira s'il se trouve dans une phase plus faible,
ou bien si on aurait dû le boire tout jeune. Heureusement
le vieillissement l'a rendu formidable.

• 1982 DEUTZ BLANC DE BLANCS 93, MARS 2003] 93
(100 % CH)
Blanc de blancs délicat et léger avec un fruit doux et arrondi
sous-jacent. Le blanc de blancs de Deutz reste indéniablement
relativement insensible aux millésimes. Le style de la maison
finit toujours par l'emporter. Très crémeux et savoureux
en magnum.

• 1979 DEUTZ BLANC DE BLANCS 90, FÉVRIER 2003] 90
(100 % CH)
Un champagne de poids plume avec une grande variété de
bouteilles, parmi lesquelles j'ai une prédilection pour les très
jeunes, qui font plus distinctement apparaître la finesse et
la note dominante de minéral.

• 1975 DEUTZ BLANC DE BLANCS 92, JANVIER 1996] 92
(100 % CH)
Nez plus léger et plus faible qu'attendu. On le pardonne
toutefois, quand la bouche croustillante d'agrumes est aussi
savoureuse et infinie qu'ici.

• 1973 DEUTZ BLANC DE BLANCS 88, AOÛT 2000] 88
(100 % CH)
Plus réservé et plus astringent que la plupart des 1973.
Plus marqué par le style de la maison avec son faible dosage
et son net caractère minéral. Il est un peu trop court et a mûri
de manière trop unidimensionnelle pour exciter mon palais
de dégustateur blasé.

• 1993 DEUTZ DEMI-SEC 70, MAI 1999] 70
(60 % PN, 40 % CH)

• 1990 DEUTZ DEMI-SEC 78, NOVEMBRE 2003] 79
(40 % PN, 30 % PM, 30 % CH)

• 1996 DEUTZ ROSÉ 84, MAI 2003] 91
(100 % PN)
Un vin qui a été très mal noté lors de deux importantes
dégustations de rosé au cours des journées du champagne
organisées à Göteborg et à Stockholm en mai 2001. Le vin
était simplement beaucoup trop jeune. Je suis convaincu que
le fruit est suffisamment riche pour enrober l'acidité aujourd'hui
extrêmement marquée.

• 1993 DEUTZ ROSÉ 85, MAI 1999] 89
(100 % PN)
Ici on trouve un fruit ample de pinot noir mûr. Il est difficile de
dire aujourd'hui comment ce vin va se développer, mais il est
d'une richesse fantastique, presque sirupeuse dans le style
concentré et doux, saturé de fraises.

• 1990 DEUTZ ROSÉ 83, SEPTEMBRE 1997] 90
(100 % PN)
Contient 14 % de vin rouge de Bouzy. Nez onctueux de crème
et de caramel au beurre. Doucement savoureux, d'une richesse
retenue et une bouche fruitée de bonne longueur.

• 1988 DEUTZ ROSÉ 82, MARS 1995] 87
(100 % PN)
La maison mérite la bonne réputation de ses champagnes rosés.
Celui de 1988 est caractérisé par un magnifique caractère de pinot
et une fraîche vivacité exubérante.

• 1985 DEUTZ ROSÉ 89, MARS 2001] 90
(80 % PN, 20 % CH)
Orange pâle, nez bien développé et riche en nuances, avec des
touches de crème. Revêt le palais de sensations délicates et douces.
Crémeux, élégant et développé.

• 1981 DEUTZ ROSÉ 88, FÉVRIER 1997] 88
(100 % PN)
Épatant et élégant, tout en possédant la légèreté typique
du millésime. Le spectre aromatique contient des notes d'orange,
de citron et de pinot d'Ay.

• 1975 DEUTZ ROSÉ 89, AOÛT 1996] 89
(80 % PN, 20 % CH)
Viandé et mûr avec un nez fumé qui évoque des charcuteries.
Bouche douce de fruits mûrs, tirant vers les prunes et les tomates
mûries au soleil. Bon, avec beaucoup de personnalité.

• 1997 AMOUR DE DEUTZ 85, NOVEMBRE 2003] 91
(100 % CH)
L'un des 1997 les moins développés que j'ai goûtés. Son acidité
récalcitrante me fait soupçonner qu'une partie du vin n'est pas
passée par la fermentation malolactique. Odilon, le vinificateur,
a voulu à tout prix éviter le caractère mou, gentil et non structuré
du millésime. Le nez comporte une touche crémeuse, presque
cliniquement douce de draps fraîchement lavés, et qui s'accentue
au cours de l'aération. En outre ce vin vert-jaune et jeune est
dominé par des arômes fruités. Pour ma part, je distingue
surtout de la papaye, de la banane et du pamplemousse. Finale
d'une acidité extrême, comme un grand 1996.

• 1996 CUVÉE WILLIAM DEUTZ 89, DÉCEMBRE 2003] 94
(55 % PN, 10 % PM, 35 % CH)
Déjà d'un crémeux séduisant et profond, avec des notes
merveilleuses d'Ay qui deviendront avec le temps plus animales et
plus sexy. Bouche longue, crémeuse et cohérente. Ce vin gagne à
être aéré et le dernier verre est encore meilleur que le premier.
Au cours de l'automne 2003, le fruit puissant du pinot noir,
de première classe, a commencé tout doucement à faire parler de
lui, tel un orage dans le lointain.

• 1995 AMOUR DE DEUTZ 92, MARS 2003] 95
(100 % CH)
Pour l'instant moins développé que le blanc de blancs ordinaire,
avec un bouquet sauvage et délicatement pur. C'est dans la bouche
que ce vin impressionne le plus, avec sa concentration fantastique
de raisins provenant de vieux pieds de vigne. Je crois que, hormis
les connaisseurs les plus fins, la plupart des gens seront déçus
aujourd'hui, mais patience, laissez les arômes soulever le couvercle
qui pèse sur la surface. Cela se fera, mais quand ?

• 1995 CUVÉE WILLIAM DEUTZ 92, NOVEMBRE 2003] 94
(55 % PN, 10 % PM, 35 % CH)
Pendant longtemps une édition très discrète et florale de ce
fameux vin. Le champagne donnait l'impression d'une légèreté
séduisante et d'un croustillant d'agrumes totalement exempt des
grandes orgues d'Ay. Le fruit racé, comprimé par l'acidité jeune,
commence à se muscler. Un champagne élégant, crémeux
et de longue vie, élaboré par l'habile Odilon.

• 1993 AMOUR DE DEUTZ 87, JANVIER 2003] 92
(100 % CH)
Les vignobles sont les mêmes que pour le blanc de blancs ordinaire,
60 % Mesnil, 35 % Avize, 5 % Villers-Marmery. C'est surtout la
sélection de raisins provenant de vieux pieds qui en justifie le prix
élevé. Malgré l'acidité prononcée, on trouve ici un crémeux très
concentré qui ne peut venir que de vieux pieds ou d'une très
bonne année, ce qui n'est guère le cas de 1993. 15 000 bouteilles

seulement ont été produites de ce vin vert-jaune avec sa mousse effervescente et dansante. Le nez est très marqué par les fleurs blanches, le citron vert et une note naissante de noisette. Superbement rafraîchissant et crémeux avec un fruit élégant et des touches de vanille.

• 1990 CUVÉE WILLIAM DEUTZ   94, JANVIER 2004] 94
(55 % PN, 10 % PM, 35 % CH)
William Deutz est un champagne qui m'impressionne de plus en plus. Les 1990 allient une note fabuleusement élégante de citron vert à un profond arôme de pinot, proche du chocolat. Malgré son nez assez fermé, c'est le plus élégant des champagnes à dominante pinot. Le nez mûr de chocolat à la menthe est apparu en 2003.

• 1988 CUVÉE WILLIAM DEUTZ   93, NOVEMBRE 2003] 95
(50 % PN, 10 % PM, 40 % CH)
Un champagne merveilleusement équilibré qui m'incite à chanter la louange de l'assemblage. Du pinot fin d'Ay, enrichi d'une fraîcheur d'agrumes et d'une richesse minérale de chardonnay. Il lui faut du temps dans le verre pour s'exprimer à son meilleur ; une conservation de plusieurs années supplémentaires est à recommander.

• 1985 CUVÉE WILLIAM DEUTZ   91, NOVEMBRE 2001] 93
(62 % PN, 8 % PM, 30 % CH)
Aspect brillant, nez et bouche de champagne classique, mais quelque peu impersonnel dans son style, de corps moyen, lisse.

• 1982 CUVÉE WILLIAM DEUTZ   86, AOÛT 1993] 90
(62 % PN, 8 % PM, 30 % CH)
Robe nettement cuivrée, claire et joliment brillante avec un cordon élégant. Nez minéral savoureux avec une faible note de maturité. Corps moyen et bouche élégante de pinot jeune. Un peu court.

• 1979 CUVÉE WILLIAM DEUTZ   90, MARS 2003] 90
(62 % PN, 8 % PM, 30 % CH)
Arôme de vanille merveilleusement riche qui prédomine d'un bout à l'autre. Aujourd'hui ce vin est assez oxydé avec des notes de raisin sec, de champignon et de cuir dans le meilleur style d'Ay.

• 1976 CUVÉE GEORGES MATHIEU   90, JUILLET 1995] 90
(60 % PN, 15 % PM, 25 % CH)
Échappant à l'obésité du millésime, ce vin reste élégant et pur. Manque de personnalité et de persistance.

• 1975 CUVÉE WILLIAM DEUTZ   94, JUIN 1998] 94
(60 % PN, 10 % PM, 30 % CH)
Plus développé que beaucoup d'autres vins de 1975 et pourtant de qualité exceptionnellement bonne. Avec sa richesse en noisette et ses arômes de champignon, il évoque de près le Bollinger. Le pinot d'Ay lui confère également une persistance concentrée impressionnante.

• 1975 DEUTZ AY   95, NOVEMBRE 2001] 96
(100 % PN)
« Too good to be sold ! » affirme Deutz. Le plus frappant, c'est que ce vin possède une élégance étonnante pour un pinot noir. On trouve ici un nez grillé, superbe, riche en nuances, avec une acidité forte et un caractère légèrement beurré, proche du chardonnay. Un chef-d'œuvre qui doit plus à Deutz qu'à Ay.

• 1973 CUVÉE WILLIAM DEUTZ   90, SEPTEMBRE 1996] >
(60 % PN, 10 % PM, 30 % CH)
À coup sûr, une sommité qui a atteint sa maturité de bonne heure. Quand j'ai dégusté ce champagne, il était au début de sa pente déclinante, mais il a quand même obtenu la note impressionnante de 90. L'équilibre, le charme et l'arôme de chocolat sont toujours magnifiques.

• 1971 CUVÉE WILLIAM DEUTZ   94, FÉVRIER 1999] 94
(62 % PN, 8 % PM, 30 % CH)
Il y a plusieurs années, j'ai condamné ce vin parce qu'il vieillissait trop rapidement. Maintenant je sais que les défauts venaient de la conservation et non du vin. Les bouteilles bien conservées sont aujourd'hui extrêmement pures et sublimes avec une jolie note de vanille.

• 1961 CUVÉE WILLIAM DEUTZ   94, OCTOBRE 1997] 94
(60 % PN, 10 % PM, 30 % CH)
Vieillot, lourd et trop de chêne. Un imposant champagne de repas qui s'accorde parfaitement avec le foie gras. Apparemment les premiers millésimes de ce champagne Prestige étaient d'un style plus lourd que ceux d'aujourd'hui.

• 1996 CUVÉE WILLIAM DEUTZ ROSÉ   93, DÉCEMBRE 2003] 96
(75 % PN, 25 % CH)
Nous étions nombreux à attendre un nouveau millésime de ce vin favori. Nous attendions depuis longtemps. Lorsque enfin il est arrivé, ce champagne correspondait à toutes nos espérances. La robe est très claire avec des touches de rose saumon et de jaune. Le nez est dense et imposant avec des nuances de caramel, de cuir, de crème, de miel, de lys, de chocolat blanc et de fruits exotiques. La bouche est souveraine avec sa douceur naturelle, son onctuosité et sa structure caressante. La persistance en bouche est impressionnante, et nous savons que l'acidité est bien présente et fera évoluer ce vin encore pendant longtemps.

• 1990 CUVÉE WILLIAM DEUTZ ROSÉ   93, NOVEMBRE 2001] 96
(75 % PN, 25 % CH)
Un nectar très concentré de tout premier ordre. On y trouve un moelleux exceptionnel et un fruit exotique rappelant les pêches sucrées et les fruits de la passion. Ressemble nettement au riche Cristal Rosé de 1989. On s'étonne de constater que la couleur de William Deutz est encore plus claire.

• 1988 CUVÉE WILLIAM DEUTZ ROSÉ   97, MARS 2004] 97
(100 % PN)
Une fois de plus, ce vin fait son entrée parmi les très grands. Quelle ampleur, quelle profondeur et quelle élégance ! Le caractère soyeux est incroyable et caresse la langue de la manière la plus exquise. L'explosion du fruit est belle et intense avec des notes de fleur rouge foncé comme dans un Richebourg de DRC. En même temps, on retrouve constamment, comme une lointaine musique à cordes, le beau fond de noisette du millésime.

• 1985 CUVÉE WILLIAM DEUTZ ROSÉ   94, JUIN 1999] 97
(100 % PN)
Ce rosé Prestige constitue sans aucun doute le joyau de la gamme Deutz. Aussi bien le 1982 que le 1985 sont de grandioses vins romantiques qui me font presque pleurer de bonheur. Le 1985 n'a pas tout à fait la même densité que le 1982, mais son acidité est plus restreinte. Le nez est exubérant avec une note merveilleuse de pinot d'Ay. Cuir, fromage et chocolat sont les arômes grâce auxquels la note de fraise devient plus nuancée. Finale incroyablement longue.

• 1982 CUVÉE WILLIAM DEUTZ ROSÉ   96, MAI 1998] 96
(100 % PN)
Assurément l'un des meilleurs champagnes rosés que j'ai bus de ma vie. Seuls ont été utilisés des raisins de grand cru avec une dominante d'Ay. Robe rouge profond, nez très ample de baies mûres, de cuir et de nougat. La bouche est grasse et concentrée et contient un feu d'artifice de fruits sucrés. Extrêmement équilibré.

• DEUTZ ANNIVERSAIRE   90, MAI 2001] 90
(70 % PN, 10 % PM, 20 % CH)
Cuvée anniversaire avec des vins de 1979, 1981 et 1982.
Un champagne savoureux et raffiné avec une bouche de réglisse
au citron. Au départ, toutefois, une déception nette, vu son prix
élevé. Aujourd'hui, dix ans plus tard, la finesse fraîche s'est alliée
à de profondes notes mûries de chocolat et de miel.

DEVAUX, A. C-M
Domaine de Villeneuve
10110 Bar-sur-Seine
03 25 38 30 65
Production: 3 500 000
Tout a démarré en 1967, lorsque les onze coopératives de la région
ont fusionné. Aujourd'hui Devaux compte 800 adhérents
viticulteurs qui contrôlent ensemble 1 400 hectares de côte des Bars.
La maison est actuellement la première de l'Aube. Le vinificateur
s'appelle Claude Thibault; tout est irréprochablement organisé dans
cette coopérative modèle. Les installations modernes, où se font
les vins, sont d'une propreté clinique. Les méthodes de production
sont très sérieuses, avec une grande quantité de vins de réserve
stockés dans de grands fûts en chêne à la Roederer. Tous leurs vins
sont bien gardés et élaborés de manière traditionnelle. La maison
s'améliorera encore à mesure qu'elle aura accès à une plus
grande quantité de raisins de côte des Blancs. Ma seule objection:
le prix élevé.
• DEVAUX CUVÉE D   73
(66 % PN, 34 % CH)
• DEVAUX GRANDE RÉSERVE   74
(75 % PN, 25 % CH)
• DEVAUX BLANC DE NOIRS   78
(100 % PN)
• DEVAUX ROSÉ   61
(75 % PN, 25 % CH)
• 1990 DEVAUX   78, NOVEMBRE 2001] 78
(100 % CH)
• 1990 DISTINCTION   85, MARS 2000] 85
(50 % PN, 50 % CH)
Nez distinct de vanille et de chêne. Plénitude et complexité.
La note est un peu faible en raison des bulles un peu trop grosses
de la mousse.
• 1988 DISTINCTION   84, MARS 2003] 84
(50 % PN, 50 % CH)
Encore de la vanille et du chêne, ainsi qu'un nez avec une note
grillée, plaisante, proche de la pâtisserie. Il est vrai que je préfère
le nez du 1988 à celui du 1990, mais la bouche n'a pas la même
persistance, ni la même complexité.
• 1990 DISTINCTION ROSÉ   84, MARS 2002] 85
(60 % PN, 40 % CH)
Nez ample et lourd de fruits très mûrs et de beurre. Gras à
l'attaque, avec une finale brillamment fraîche et fruitée. La
grossièreté relative de l'Aube a ici été effacée de main de maître.
• 1988 DISTINCTION ROSÉ   87, MARS 2000] 87
(60 % PN, 40 % CH)
Un vin de maître de la grande coopérative de l'Aube. Belle robe
mûre, s'approchant de l'orange. Délicieux nez de caramel à la
fraise qui se transforme en chocolat dans le verre. Bouche élégante
et crémeuse avec des bulles minuscules et un style de grande
maison proche de celui de Pol Roger.

DEVAVRY, BERTRAND R-M
43, rue Pasteur
51160 Champillon
03 26 59 46 21
Production: 80 000
Même maison que Méa-Devavry, l'enfant chéri de la femme de
Jean-Loup Devavry. La propriété comprend au total 9 hectares.
• BERTRAND DEVAVRY BRUT   67
(20 % PN, 20 % PM, 60 % CH)

DIEBOLT-VALLOIS**** R-M
84, rue Neuve
51530 Cramant
03 26 57 54 92
Production: 70 000
Jacques Diebolt et sa famille comptent parmi les gens les plus
sympathiques que j'ai rencontrés en Champagne. Qu'ils produisent
des vins de chardonnay, qui sont absolument à classer parmi les
meilleurs du monde, n'enlève rien à ce fait. Plusieurs producteurs
du cru font des champagnes extrêmement savoureux, mais il me
semble que Diebolt ajoute au cru une dimension supplémentaire,
surtout par les vins qui ne sont pas passés par la fermentation
malolactique et qui ont été récoltés sur des pieds vieux de 65 ans
aux Pimonts ou aux Buzons. Il y a là une profondeur qui fait
réfléchir et qui évoque Le Mesnil, alliée à la structure crémeuse de
Cramant. Malheureusement la demande des vins de Diebolt est telle
que ces derniers sont obligés de vendre leur champagne beaucoup
trop tôt. Les Diebolt étaient pratiquement inconnus quand le
magazine *Gault-Millau* les a nommés producteurs de champagne
de l'année 1992; depuis ce jour, les connaisseurs du monde entier
se battent pour acquérir les bouteilles rares. Les dernières inventions
de Jacques, Fleur de Passion de 1995 et de 1996, font partie des
meilleurs jeunes champagnes que j'ai dégustés et ceux de 1961 et de
1953 sont légendaires. Très proche des cinq étoiles, puisque tout ce
que fait Diebolt est parfait.
• DIEBOLT BLANC DE BLANCS   78
(100 % CH)
• 1996 DIEBOLT   84, MAI 2002] 90
(100 % CH)
Un véritable rapt d'enfant, qui changera énormément avec
quelques années de maturation. Il est très hasardeux de prévoir à
quelle vitesse le processus se poursuivra.
• 1995 DIEBOLT   85, MAI 2001] 91
(100 % CH)
Avant d'avoir goûté le Passion, on a l'impression de tenir
un chardonnay classique difficile à dépasser. Les arômes sont
d'une rondeur et d'un développement exotique inhabituels,
alliés à une acidité fraîche et tonique, de la pureté d'une rivière
de montagne.
• DIEBOLT 1993/92   84, MARS 2000] 89
(100 % CH)
1993/92 Cramant et Cuis. Vin étonnamment grand avec plus de
puissance et moins d'élégance que prévu. Fruit gras et bouche
cohérente, longue et vineuse.
• 1990 DIEBOLT   93, DÉCEMBRE 2003] 93
(100 % CH)
Les meilleurs emplacements de Perrier-Jouët à Cramant ne sont
pas loin. Le champagne se rapproche du style Belle Époque avec
sa note caractéristique de vanille et de pâtisserie. Le fruit de ce vin
est proche de la pêche, de la mandarine et de la mangue. La
concentration est un peu plus faible que celle du vin Prestige,

mais les arômes sont extrêmement charmeurs avec une note distincte de safran.

- 1989 DIEBOLT   91, JANVIER 2003] 93
(100 % CH)
Récolté sur de vieux pieds et vinifié sans fermentation malolactique. Un vin incroyablement bon, qui évoque certains des meilleurs 1985 du Mesnil. Le nez est extrêmement riche en nuances et volatile. Notes de pétrole, de café torréfié, de noix et de minéral pur. Un magnifique blanc de blancs d'une attaque grandiose. Je dois toutefois reconnaître qu'avec les années, ce vin m'impressionne moins.

- 1988 DIEBOLT   83, MAI 1994] 90
(100 % CH)
Nez pur et délicat de fleurs blanches, de cerises, de poires William et d'amandes. Lui aussi similaire au Mesnil, avec son style profond, autoritaire. Bouche peu développée, pure et vive. Rendez-vous dans le courant du XXIᵉ siècle.

- 1985 DIEBOLT   93, DÉCEMBRE 2003] 93
(100 % CH)
Un grand cru blanc de blancs de 1985 est toujours une expérience merveilleuse avec ses arômes grillés et ses nuances s'approchant nettement de la brioche. Diebolt a élaboré un 1985 classique.

- 1985 DIEBOLT CUIS   90, DÉCEMBRE 2003] 91
(100 % CH)
Puisque Jacques Diebolt a acheté tous les anciens millésimes du stock de la famille Guy Vallois, non dégorgés, il a le droit de les étiqueter Diebolt-Vallois. Ce vin, originaire de Cuis, a initialement été élaboré par Vallois. Ce qui fait la différence, c'est que Jacques a dégorgé les bouteilles et ajouté une faible dose de sucre, 3 grammes. Jusqu'à ce jour, le vin s'exprime surtout par des dominantes aromatiques identiques à la crème et au fruit de la passion. La finale de ce champagne profond et élégant exhale des impressions estivales de fraises à la crème fouettée.

- 1983 DIEBOLT   94, DÉCEMBRE 2000] 94
(100 % CH)
Quelle sommité! Un vin assemblé à parts égales de Cuis et de Cramant. Champagne absolument fantastique pour le petit déjeuner. Pas besoin de café, de toast ou de confiture de citron. Tout cela se retrouve en abondance dans ce champagne magnifique. Jacques Diebolt et moi-même étions tous deux étonnés de la forte acidité et de l'élégance pure transmises par ce vin.

- 1982 DIEBOLT   92, DÉCEMBRE 2003] 92
(100 % CH)
Le 1982 est plus riche et plus exubérant que le 1985, bien équilibré. Boire cette bouteille fraîchement dégorgée en compagnie de la famille Diebolt a été pour moi un plaisir exquis.

- 1982 DIEBOLT CUIS   80, DÉCEMBRE 2003] 80
(100 % CH)
Le moins excitant parmi les vins achetés au parent Guy Vallois à Cuis. Belle robe, acidité, structure et mousse, mais ça s'arrête là. Des arômes oxydes de malt, de thé, de réglisse, de terre et de raisin sec. Je dois toutefois souligner que de nombreuses personnes, y compris Jacques Diebolt lui-même, sont beaucoup plus enthousiastes que moi.

- 1979 DIEBOLT CUIS   90, DÉCEMBRE 2003] 90
(100 % CH)
Un des millésimes achetés à Guy Vallois par Jacques. Donc du pur Cuis, dégorgé par Diebolt en 2003, avec un dosage de 3 grammes de sucre. Lors des différentes occasions au cours desquelles j'ai dégusté ce vin, il s'est comporté de manière totalement différente. La première fois, tout en élégance et de caractère floral, il a été

noté bien au-dessus de 90. La deuxième fois, le champagne était sans charme, un peu maladroit, avec certaines notes grossières de maturité, malgré une robe d'une profondeur moyenne et une bonne mousse. Toute la trilogie 1985, 1979 et 1976 est fascinante puisque les vins n'ayant pas encore été dégorgés, le dégustateur est véritablement en mesure de se rendre compte de l'évolution individuelle des bouteilles après un contact aussi prolongé avec le dépôt de fermentation.

- 1976 DIEBOLT CUIS   93, DÉCEMBRE 2003] 93
(100 % CH)
Il s'agit ici d'un grand vin provenant de Guy Vallois à Cuis, mais qui a été dégorgé et dosé par Jacques Diebolt et porte donc son nom. Telles sont les lois en Champagne. Le vin est merveilleusement caramélisé et richement exotique avec beaucoup de notes de beurre noir et de crème brûlée. Grand et puissant comme on pouvait l'attendre d'un vin d'une année aussi chaude.

- 1973 DIEBOLT   92, JUIN 2001] 93
(100 % CH)
L'une des trois dernières bouteilles de la cave de la famille Diebolt. Ce blanc de blancs délicat et beurré comporte une faible note de caramel.

- 1973 DIEBOLT CUIS   94, DÉCEMBRE 2003] 94
(100 % CH)
Quelle profondeur! Un vin pur Cuis de Guy Vallois, dégorgé et dosé par Diebolt. Il n'en reste malheureusement que très peu de bouteilles, mais ceux qui auront l'occasion de déguster ce vin rare vivront une expérience forte, où des notes de champignon des bois, de moka, de cacao, de noisette et de fruits acidulés agissent en une belle symbiose. Le vin, d'une attaque rare et d'une intensité explosive, rappelle un peu, en effet, les très vieux vins de Diebolt des années 1961 et 1953.

- 1961 DIEBOLT   97, DÉCEMBRE 2003] 97
(100 % CH)
Il m'est arrivé plusieurs fois de voir un producteur ouvrir une nouvelle bouteille du même millésime, parce qu'il n'était pas content de la première. Jacques est toutefois le seul à avoir ouvert une nouvelle bouteille pour montrer que le vin peut quelquefois être mauvais. À son meilleur, le 1961 a un nez fantastique, proche du pinot, de truffes, de feuilles d'automne en décomposition, de fût et de légumes cuits. L'autre bouteille évoquait plutôt la soupe aux champignons. La structure reste toujours impressionnante.

- 1953 DIEBOLT   97, JUIN 2003] 97
(100 % CH)
L'un des meilleurs champagnes que j'ai dégustés. Savouré récemment dégorgé, non dosé dans la cave de Diebolt. Vin fait en fût de chêne, sans fermentation malolactique. La robe était éclatante, d'une belle couleur dorée. Les bulles continuaient à se dégager dans le verre deux heures après que le vin eut été versé. Le nez a eu la note maximale! Ce vin évoquait une grande symphonie de Sibelius. Rempli de mélancolie, de bonheur, de nature et de romantisme. La fraîcheur et la légèreté dansante alliées à la persistance en bouche étaient uniques, mais l'extrême complexité du nez était sans doute ce qui impressionnait le plus dans ce champagne. Café, mélasse, huile de bergamote, brioche, noix, citron vert et fruits de la passion fournissaient les arômes les plus nets. Une déception lors de la dégustation du nouveau millénaire. Grande variation entre les bouteilles.

- DIEBOLT PRESTIGE WEDDING CUVÉE
Vin élaboré en vue du futur mariage du fils Diebolt à partir des millésimes 1982, 1983, 1985 et 1986. J'espère qu'il attendra quelques années avant de convoler, afin que ce vin merveilleux,

mais insuffisamment développé, puisse se présenter à son meilleur. Mon jugement manque sans doute d'intérêt, sauf pour la famille Diebolt, puisque les 100 bouteilles élaborées ne seront jamais mises en vente.

• DIEBOLT PRESTIGE (90/91)   87, MARS 2000] 94
(100 % CH)
1991/90 Nez beurré. Acidité de fruit jeune d'une fraîcheur mordante. Attendez au moins dix ans avant de vous attaquer à ce diamant non taillé.

• 1990 DIEBOLT PRESTIGE   94, DÉCEMBRE 2003] 94
(100 % CH)
Un pur 1990 récolté en un seul endroit, Les Pietons, sur des pieds âgés de 65 ans. Concentration énorme de fruit doux gigantesque avec un nez de safran. Les prunes jaunes se retrouvent dans le nez et dans la bouche. Ce vin a été partiellement vinifié en fûts de chêne.

• 1999 DIEBOLT FLEUR DE PASSION   87, JUIN 2003] 96
(100 % CH)
Il est évidemment très difficile de prévoir ce que va devenir cet embryon. Une note un peu piquante de soufre s'empare initialement du nez, puisque le vin n'a pas connu de fermentation malolactique. Fruit exotique, ample et rond et pureté éminente. Finesse minérale.

• 1998 DIEBOLT FLEUR DE PASSION   93, DÉCEMBRE 2003] 95
(100 % CH)
Style étonnant qui se distingue complètement des autres millésimes. Ce vin se boit très facilement dès aujourd'hui, même avant sa commercialisation. Légèrement grillé, souriant, proche du Dom Pérignon, avec une grande portion de fruits de la passion. Très bon et séduisant.

• 1997 DIEBOLT FLEUR DE PASSION   90, JUIN 2003] 94
(100 % CH)
Nez un peu plus vert que d'habitude. Bouche douce et harmonieuse, toutefois encore un peu neutre. Le Passion le plus faible jusqu'à ce jour. Pourtant un vin merveilleux d'une concentration fabuleuse.

• 1996 DIEBOLT FLEUR DE PASSION   92, AVRIL 2004] 96
(100 % CH)
Un vin élaboré par Jacques avec la passion qui lui est propre. C'est un champagne souverain, équilibriste, doté de pureté, d'arôme de chêne et de puissance. Quel est le meilleur des deux, le 1995 ou le 1996, c'est l'avenir qui le dira. Aujourd'hui le 1995 à dominante de chêne est plus impressionnant ; l'élégance de ce vin est difficile à surpasser.

• 1995 DIEBOLT FLEUR DE PASSION   93, DÉCEMBRE 2003] 95
(100 % CH)
Un nouveau vin superbe a vu le jour. Jacques Diebolt s'est donné corps et âme aux 3 000 bouteilles vendues sous cette étiquette. L'idée était de copier les méthodes artisanales des générations précédentes. Rien que les pieds de vigne les plus vieux, pas de fermentation malolactique, conservation et fermentation dans de petits fûts en chêne, longue maturation en bouteille. Le résultat est étonnant. Les millésimes 1995, 1996, 1997 et 1998 sont tous des vins exceptionnels avec cet arôme de chardonnay concentré qu'on ne trouve que dans le Clos du Mesnil, Selosse « N » et un certain nombre de vins grand cru de Bourgogne.

DOMI, PIERRE R-M
8, Grande-Rue
51190 Grauves
03 26 59 71 03
Production : 80 000

Pierre Domi Champagne fut fondée en 1947 (une grande année pour le vin). Depuis un demi-siècle, on produit de puissants blancs de blancs de Grauves. Le dosage est souvent un peu trop élevé aujourd'hui. Dans les vins plus simples, on trouve également du pinot meunier des villages voisins Monthelon et Mancy.

• PIERRE DOMI TRADITION   65
(30 % PM, 70 % CH)

• PIERRE DOMI CUVÉE SPÉCIALE   84
(100 % CH)
Ce champagne de prestige, concentré et miellé, provient d'un emplacement particulier sur la pente la plus inclinée de Grauves. Les raisins sucrés sont issus de pieds âgés de 50 ans, et l'endroit s'appelle Le Rouvelle. Il s'agit toujours d'un champagne non millésimé ayant reposé cinq ans minimum en cave. Ma seule objection : le dosage inutilement élevé.

• PIERRE DOMI EXTRA DRY   57
(100 % CH)

• PIERRE DOMI GRANDE RÉSERVE   65
(40 % PN, 60 % CH)

• PIERRE DOMI BLANC DE BLANCS   73
(100 % CH)

• PIERRE DOMI DEMI-SEC   40
(100 % CH)

DOUQUET-JEANMAIRE R-M
44, Chemin du Moulin
51130 Vertus
03 26 52 16 50
Production : 100 000

Même origine que Jeanmaire à Épernay. Le viticulteur possède 13 hectares de chardonnay à Vertus. Il s'est spécialisé dans la production de champagnes millésimés les années où les autres n'en faisaient pas. Les millésimes les plus anciens peuvent rester en contact avec le ferment jusqu'à vingt ans. Cette initiative mérite un éloge. Les vins sont plus une curiosité qu'un grand plaisir. Le niveau de prix est raisonnable, donc si vous rencontrez un millésime d'un certain âge, n'hésitez pas.

• DOUQUET-JEANMAIRE BLANC DE BLANCS   64
(100 % CH)

• 1989 DOUQUET-JEANMAIRE   81, NOVEMBRE 1998] 82
(100 % CH)
Ce viticulteur compte malheureusement parmi les rares qui vendent des champagnes d'un certain âge, même si le vieillissement ne leur apporte pas grand-chose. Le 1989 est doux et crémeux, mais doit être bu dans les années qui suivent.

• 1982 DOUQUET-JEANMAIRE   81, DÉCEMBRE 1996] 81
(100 % CH)
Robe foncée, développée, et nez merveilleusement exotique. La finale comporte malheureusement quelques notes d'oxydation.

• 1977 DOUQUET-JEANMAIRE   70, MAI 1994] 70
(100 % CH)

• 1974 DOUQUET-JEANMAIRE   85, JANVIER 1993] 86
(100 % CH)
Grand caractère autolytique. Arômes de noisettes et similaires au chêne. La bouche aussi est étonnamment proche de l'extrait et concentré. Cette année médiocre, les meilleurs raisins ont été produits à Vertus.

• 1970 DOUQUET-JEANMAIRE   65, AVRIL 1994] >
(100 % CH)

DOYARD-MAHÉ R-M
Le Moulin d'Argensol, chem. Sept Moulins,
51130 Vertus
03 26 52 23 85
Production : 20 000
• DOYARD-MAHÉ CARTE D'OR   49
(100 % CH)

DOYARD, ROBERT R-M
61, avenue de Bammental
51130 Vertus
03 26 52 14 74
Production : 50 000
Yannick Doyard appartient à la quatrième génération, après Maurice Doyard qui était l'un des fondateurs du C.I.V.C. Doyard est l'un des rares à faire un Vertus rouge.
• ROBERT DOYARD CUVÉE VENDÉMIAIRE
(100 % CH)   84, SEPTEMBRE 2002] 87
Une véritable curiosité contenant du vin des années 1993, 1994 et 1995 fermentés en fûts de chêne. Grande plénitude et richesse, avec nez plaisant de pétrole, de gaz d'échappement de diesel et de croûte dure de pain blanc frais. Bouche avec un peu moins de finesse, mais ici également on trouve une belle harmonie entre le minéral, le fruit et le fût.
• ROBERT DOYARD DEMI-SEC   50
(100 % CH)
• ROBERT DOYARD BLANC DE BLANCS   72
(100 % CH)
• ROBERT DOYARD EXTRA BRUT   72
(100 % CH)
• 1996 ROBERT DOYARD ŒIL DE PERDRIX   73, AOÛT 2003] 76
(67 % PN, 33 % CH)
• 1995 ROBERT DOYARD COLLECTION BLANC DE BLANCS
(100 % CH)   82, JUIN 2002] 84
6 500 bouteilles ont été produites. Uniquement du chardonnay des meilleurs emplacements de la côte des Blancs. Un quart du vin a été fermenté en fût de chêne. Le nez, aussi bien que la bouche, est savoureux et mûr avec une note développée et ronde. Peut-être un peu rustique, mais agréable et sirupeux.

DRAPPIER N-M
Grande-Rue
10200 Urville
03 25 27 40 15
Production : 600 000
On peut se demander si Drappier aurait la position qu'il occupe aujourd'hui si le président de Gaulle n'avait pas tant apprécié le champagne Drappier. Cette maison, orientée vers la qualité, fut fondée en 1808. Pour maintenir sa bonne réputation, André Drappier se fait aujourd'hui aider par son fils, Michel, œnologue. Drappier récolte une étonnamment faible quantité de raisins sur ses 40 hectares en Aube et ses 17 hectares en Marne. La maison fait fermenter le jus à froid pour éviter les arômes secondaires provenant du processus de fermentation. On ajoute également des quantités minimales de soufre pour garder le vin aussi naturel que possible. En 1991, Drappier acheta une cave à Reims où sont de nos jours gardés les champagnes millésimés et prestige. Cet investissement peut paraître un peu curieux, alors que la maison possède déjà une

cave fantastique du XIIᵉ siècle construite par les moines du monastère de Clairvaux. La raison en est que la cave à Urville est trop chaude. La bouteille géante prima (36 litres) est une spécialité de chez Drappier. Une autre spécialité consiste à stocker de vieux vins de réserve avec un super dosage dans de grandes cuves en verre. Les vins de Drappier sont très riches et bien élaborés. Avec, à la barre, le savant Michel, qui n'a pas peur des expériences, nous pouvons nous attendre à d'autres surprises positives de la part de cette maison.
• DRAPPIER CARTE D'OR   57
(90 % PN, 5 % PM, 5 % CH)
• DRAPPIER BRUT NATURE   72
(100 % PN)
• DRAPPIER EXTRA BRUT   62
(90 % PN, 5 % PM, 5 % CH)
• DRAPPIER BLANC DE BLANCS   75
(100 % CH)
• ROSÉ VAL DES DEMOISELLES   50
(100 % PN)
• 1999 DRAPPIER EXCEPTION   79, OCTOBRE 2003] 84
(65 % PN, 5 % PM, 30 % CH)
Un champagne rond et riche, dont le profil n'a pourtant rien de la grossièreté de l'Aube. Notes de beaucoup de miel, d'un peu d'amande et de caramel aux noisettes. Agréable et harmonieux avec une belle et pure acidité.
• 1990 CHARLES DE GAULLE   75, MARS 2000] 76
(75 % PN, 25 % CH)
• 1990 DRAPPIER   80, MARS 2000] 82
(90 % PN, 3 % PM, 7 % CH)
Bien que les raisins proviennent presque exclusivement de l'Aube, on trouve ici un bouquet autolytique de pain classique et de pâtisserie. Comme c'est souvent le cas, la bouche ne comble pas entièrement les attentes éveillées par le nez. Fruit satisfaisant, mais assez court.
• 1983 DRAPPIER   83, NOVEMBRE 1999] 83
(90 % PN, 3 % PM, 7 % CH)
Tonique, frais et rafraîchissant avec une robe verte d'une jeunesse inattendue et une mousse douce et crémeuse. Bien élaboré et hautement satisfaisant.
• 1979 DRAPPIER   83, MAI 2001] 83
(90 % PN, 3 % PM, 7 % CH)
Tout à fait mûr et savoureux avec une grande profondeur de fruit et de la douceur. Un peu plus rond que le 1978, qui lui ressemble. Comme d'habitude caractérisé par des fruits secs.
• 1978 DRAPPIER   82, NOVEMBRE 2000] 82
(90 % PN, 3 % PM, 7 % CH)
Champagne frais et harmonieux avec des notes de malt, de pain et de miel. La bouche est douce, chaude, riche et savoureuse. Je suis convaincu que la plupart des gens l'aiment encore plus que moi. Mon objection peut paraître un peu snob : j'aurais préféré un peu plus de finesse et d'acidité. Ne vous occupez pas de moi ; goûtez-le si vous en avez l'occasion. Ce vin faisait partie d'une commercialisation tardive de millésimes d'un certain âge à l'occasion du nouveau millénaire.
• 1970 DRAPPIER   75, MAI 2000] 75
(90 % PN, 3 % PM, 7 % CH)
• 1969 DRAPPIER   87, OCTOBRE 2001] 87
(90 % PN, 3 % PM, 7 % CH)
Vu l'évolution désastreuse du 1970 avec le temps, le 1969 doit être considéré comme un vin sensationnel par sa vitalité et son élégance. La fraîcheur est supérieure à celles de tous les autres millésimes de Drappier et les arômes de truffe ainsi que ceux proches d'agrumes sont des touches entièrement nouvelles.

• 1959 DRAPPIER   92, NOVEMBRE 2003] 92
(90 % PN, 3 % PM, 7 % CH)
Un vin vraiment surprenant. Ce n'est pas la haute qualité qui me
surprend - c'est plutôt la fraîcheur et l'acidité. L'alcool ne paraît
pas non plus très accusé. En tout cas, on y trouve des nuances de
fruits secs savoureux et un arôme de vanille. Le nez frais connaît
également des nuances un peu plus lourdes de foin séché et de
fumée sous-jacente. Un très beau vin récemment dégorgé !
La note de 98 obtenue dans Wine Spectator est la plus élevée
que j'ai vue pour un champagne. C'est en outre le vin de l'Aube
le mieux noté par moi.

• 1990 DRAPPIER BLANC DE BLANCS   78, MARS 2000] 81
(100 % CH)
50 % de Cramant et 50 % d'Urville. Rond et fruité, portant
l'empreinte de l'Aube. Le caractère du raisin est bon, mais
le terroir me manque.

• 1996 GRANDE SANDRÉE   85, DÉCEMBRE 2003] 88
(55 % PN, 45 % CH)
Personnel et savoureux. Nez de chèvrefeuille et de figue. Bouche
légèrement racoleuse avec des notes douces et une faible acidité.
Donne presque l'impression d'un 1995, avec son style onctueusement
doux et mûr. Plénitude et douceur impressionnantes. Comment
va se développer ce jeune vin qui en impose ?

• 1995 GRANDE SANDRÉE   85, SEPTEMBRE 2003] 85
(55 % PN, 45 % CH)
Quelle belle jeunesse ! De délicates notes de minéral, enrichies de
citron vert croustillant et un nez floral susceptible de se développer.
Manque encore un peu de graisse et de longueur. Je pense que
je préfère quand même boire ce vin jeune. Il est toujours fait de
raisins provenant de pieds de 70 ans d'âge.

• 1989 GRANDE SANDRÉE   78, MARS 2000] 78
(55 % PN, 45 % CH)

• 1988 GRANDE SANDRÉE   75, AVRIL 1995] 78
(55 % PN, 45 % CH)

• 1982 GRANDE SANDRÉE   77, AVRIL 1999] 77
(55 % PN, 45 % CH)

• 1996 GRANDE SANDRÉE ROSÉ   79, MAI 2003] 85
(100 % PN)
Ce vin manque encore de la complexité et de l'harmonie conférées
par le temps. Il a aujourd'hui un nez de sirop de cassis et une
bouche de soda à la framboise ainsi qu'un certain nombre
d'extraits non développés. À mettre en cave, de quatre à cinq ans.

• 1990 GRANDE SANDRÉE ROSÉ   87, MAI 2000] 88
(100 % PN)
3 000 bouteilles ont été produites de ce champagne qui est peut-
être le premier de l'Aube. De la terre calcaire de la pente escarpée
de Grande Sandrée à Urville, Drappier extrait un pinot noir
de premier ordre. Le rosé obtient sa robe pâle et modeste grâce
au contact avec la peau. Aucun autre vin d'Aube, à part ce
champagne crayeux, ne possède une telle élégance minérale.
Bouquet d'une superbe finesse avec une note discrète de
framboise. Légèreté et beauté évoquant une danseuse.

DRIANT, E. R-M
12, rue Marie-Coquebert
51160 Ay
03 26 54 27 16
Production : 60 000
Fondée en 1920 par Émile Driant. Le propriétaire de la maison ne
possède que 20 hectares à Mareuil-sur-Ay, mais achète des raisins
d'Ay et de côte des Blancs.

• E. DRIANT BRUT   65
(60 % PN, 40 % CH)

DUBOIS PÈRE & FILS R-M
Les Almanachs Route d'Arty,
51480 Venteuil
03 26 58 48 37
Production : 70 000
Ce viticulteur de Venteuil compte parmi ceux qui ont fait le choix
de stocker tous leurs vins en fûts de chêne. Il dispose de 7 hectares
dans la vallée de la Marne. Pendant la révolte de Champagne en
1911, Edmond Dubois a été un défenseur engagé des traditions et
des droits des vignerons. Dans la région, on l'appela le « sauveur de
Champagne ». Pendant la Première Guerre mondiale, Venteuil fut
totalement détruite et la petite maison a dû se battre durement
pour se remettre sur pied. En l'honneur de son fondateur, les
méthodes de vinification traditionnelles sont toujours conservées.

• CLAUDE DUBOIS   66
(40 % PN, 50 % PM, 10 % CH)

• DUBOIS CUVÉE DU RÉDEMPTEUR   72
(33 % PN, 34 % PM, 33 % CH)

DUBOIS, GÉRARD *** R-M
67, rue Ernest-Vallé
51190 Avize
03 26 57 58 60
Production : 30 000
Paul Dubois fonda la maison à Avize en 1930. Le propriétaire
actuel, Gérard, dispose de 6 hectares.

• GÉRARD DUBOIS RÉSERVE   73
(100 % CH)

• 1985 GÉRARD DUBOIS   88, AOÛT 1997] 89
(100 % CH)
Un blanc de blancs dans la tradition des vins à corps charnu.
De nombreux arômes de maturité et bonne structure.

• 1981 GÉRARD DUBOIS   88, AOÛT 1997] 88
(100 % CH)
Mûr, pur et crémeux. Bouche plaisante de noisettes, persistance
sèche classique.

DUBRINCE, LOUIS N-D
51390 Villedommange
Production : 60 000
La famille Lallement vit depuis longtemps dans la région. Durant
plusieurs années, le vin fut vendu à Jacquart, à Reims. La nouvelle
génération a commencé à produire du vin sous son étiquette
propre, chez Jacquart. La maison est aujourd'hui dirigée par
les jeunes Myriam et Nicolas, âgés de 24 et de 22 ans.
Ils possèdent 50 hectares dans six villages.

• LOUIS DUBRINCE BRUT   67
(20 % PN, 50 % PM, 30 % CH)

DUFOUR, ROBERT R-M
4, rue de la Croix-Malot
10110 Landreville
03 25 29 66 19
Production : 110 000
Ce viticulteur dispose de 10 hectares à Landreville et dans
les environs, plantés de 80 % de pinot noir et de 20 %
de chardonnay. Les pieds de vigne sont âgés de 20 ans.
Deux des cinq cuvées du viticulteur sont des blancs de noirs.

• R. DUFOUR SÉLECTION   50
(50 % PN, 50 % CH)
• R. DUFOUR BLANC DE BLANCS   25
(100 % CH)

DUMANGIN-RAFFLIN R-M

42, rue Georges-Legros
51500 Chigny-les-Roses
03 26 03 48 21
Production : 20 000

Ce viticulteur dispose de 4 hectares à Chigny-les-Roses. La moitié
de la production est vendue à des maisons de champagne à Épernay.
L'âge moyen des pieds de vigne est de 23 ans.

• DUMANGIN-RAFFLIN BRUT   53
(25 % PN, 50 % PM, 25 % CH)
• DUMANGIN-RAFFLIN ROSÉ   49
(30 % PN, 45 % PM, 25 % CH)

DUMANGIN, JACKY R-M

3, rue de Rilly
51500 Chigny-les-Roses
03 26 03 46 34
Production : 100 000

C'est manifestement le premier parmi tous les Dumangin. La
famille Dumangin cultive la vigne dans le village depuis le début du
siècle dernier. Jacky Dumangin dispose de 5,2 hectares à montagne
de Reims. La seconde marque de la maison, vendue en Suisse,
s'appelle Olivier Walsham.

• DUMANGIN BRUT   70
(25 % PN, 50 % PM, 25 % CH)
• DUMANGIN EXTRA BRUT   67
(25 % PN, 50 % PM, 25 % CH)
• DUMANGIN GRANDE RÉSERVE   65
(25 % PN, 50 % PM, 25 % CH)
• DUMANGIN BLANC DE BLANCS   68
(100 % CH)
• DUMANGIN ROSÉ   58
(40 % PN, 10 % PM, 50 % CH)
• OLIVIER WALSHAM ROSÉ   59
(40 % PN, 13 % PM, 47 % CH)
• 1997 DUMANGIN   72, JUIN 2003] 73
(47 % PN, 53 % CH)
• 1995 DUMANGIN   79, MARS 2004] 79
(42 % PN, 58 % CH)
• 1995 OLIVIER WALSHAM   77, OCTOBRE 2003] 79
(42 % PN, 58 % CH)
• 1994 DUMANGIN   79, NOVEMBRE 2003] 81
(46 % PN, 54 % CH)
Nez généreux et savoureux de pain, avec une large portion
de chaleur et de fruit. La bouche est étonnamment dense
et cohérente avec une finale d'une fermeté surprenante.
Spectre neutre et fruité.
• 1992 DUMANGIN   75, OCTOBRE 1998] 80
(47 % PN, 53 % CH)
D'une astringence inattendue, vu le millésime généralement
doux. Fruit riche et unidimensionnel avec une bouche encore
un peu courte.
• 1991 DUMANGIN   81, MARS 1996] 86
(47 % PN, 53 % CH)
Superbe 1991 ! Nez de caractère formidablement parfumé
et floral, bouche persistante, croustillante d'agrumes.

DUMONT, DANIEL *** R-M

11, rue Gambetta
51500 Rilly-la-Montagne
03 26 03 40 67
Production : 50 000

Daniel Dumont est l'une des 25 « pépinières » de Champagne qui
vendent chaque année 200 000 pieds de vigne greffés et sélectionnés
aux viticulteurs de la région. Il n'est pas uniquement pépiniériste,
mais également producteur de champagne de qualité. Dans sa cave
à neuf degrés, ressemblant à l'intérieur d'une église, ses champagnes
sont stockés pendant cinq ans minimum avant d'être vendus.
Dumont possède 10 hectares dans sept villages : Sézanne,
Villers-Allerand, Villers-Marmery, Ludes, Rilly-la-Montagne,
Chigny-les-Roses et Dormans. Il produit des vins de plénitude
moyenne et bien élaborés, dans un style proche de celui
de plusieurs grandes maisons.

• D. DUMONT TRADITION   61
(33 % PN, 33 % PM, 34 % CH)
• D. DUMONT GRANDE RÉSERVE   64
(40 % PN, 30 % PM, 30 % CH)
• D. DUMONT ROSÉ   63
(40 % PN, 30 % PM, 30 % CH)
• 1992 D. DUMONT   79, OCTOBRE 2001] 79
(40 % PN, 30 % PM, 30 % CH)
• 1990 D. DUMONT   86, NOVEMBRE 2001] 89
(40 % PN, 30 % PM, 30 % CH)
• 1970 D. DUMONT   80, AVRIL 1995] 83
(40 % PN, 30 % PM, 30 % CH)
Le champagne le plus vieux de la « vinothèque » de Dumont, mais
à l'âge de 25 ans, il était toujours très jeune et frais. La qualité de
ce vin n'est pas particulièrement impressionnante. Le nez est peu
développé avec une faible touche de pain, et la bouche pompeuse,
ferme et un peu mince. Mais surtout, la finale est beaucoup trop courte.
• 1989 CUVÉE D'EXCELLENCE   83, AVRIL 1995] 87
(50 % PN, 50 % CH)
Un 1989 typique ! Nez sucré et riche en miel et en fruits rouges,
avec une bouche généreuse, riche, crémeuse et mûre de fraises.

DUVAL-LEROY *** N-M

69, avenue de Bammental
51130 Vertus
03 26 52 10 75
Production : 5 000 000

Une grande partie des bouteilles vendues par la maison porte des
noms et des étiquettes commandés par l'acheteur. Duval-Leroy est
en effet le premier acteur de ce marché. En Suède, nous avons pu
faire connaissance avec son blanc de blancs non millésimé, qui vaut
bien son prix. La maison récolte dans 48 villages différents et utilise
tous les raisins du deuxième pressage. 35 personnes s'occupent
toute l'année de 150 hectares de vignes. C'est probablement l'une
de ces maisons qui achètent à bon prix la « taille » des producteurs
moins scrupuleux. La maison, fondée en 1859, propose aujourd'hui
ce qu'on pourrait appeler un « mixed bag ». Quelques-uns des
champagnes les plus mauvais que j'ai bus étaient des vins de
Duval-Leroy portant d'autres étiquettes. Par ailleurs, les champagnes
qui portent l'étiquette de Duval-Leroy atteignent un niveau
nettement suffisant. Les propriétaires actuels, en tête desquels on
trouve la présidente Carol Duval-Leroy et le vinificateur Hervé
Jestin sont très sérieux. Un programme de modernisation orienté
vers l'amélioration de la qualité est en cours de réalisation.
Les derniers millésimes sont brillants.

- DUVAL-LEROY TRADITION   55
  (25 % PN, 60 % PM, 15 % CH)
- E. MICHEL BRUT   24
- P. VERTAY BRUT   30
- VEUVE MORANT   19
- DUVAL-LEROY FLEUR DE CHAMPAGNE   71
  (35 % PN, 65 % CH)
- DUVAL-LEROY PREMIER CRU   74
  (30 % PN, 70 % CH)
- DUVAL-LEROY BLANC DE BLANCS   74
  (100 % CH)
- DUVAL-LEROY DEMI-SEC   58
  (50 % PN, 20 % PM, 30 % CH)
- DUVAL-LEROY ROSÉ SAIGNÉE   76
  (100 % PN)
- 1995 DUVAL-LEROY FLEUR DE CHAMPAGNE   83, JUIN 2002] 86
  (20 % PN, 80 % CH)
  Le vin vient de six villages grand cru et d'un village premier cru.
  Malgré cela, il est comme toujours de caractère très modeste.
  Bouche légère et douce d'un bon chardonnay un peu anxieux.
- 1992 DUVAL-LEROY FLEUR DE CHAMPAGNE   71, DÉCEMBRE 1998] 73
  (25 % PN, 75 % CH)
- 1990 DUVAL-LEROY FLEUR DE CHAMPAGNE   83, NOVEMBRE 1998] 85
  (25 % PN, 75 % CH)
  Comme tous les vins millésimés de Duval-Leroy très marqué par
  du beau chardonnay. Le 1990 est un vin très harmonieux et équilibré
  qui n'a pas besoin de séjourner très longtemps en cave. Nez
  distinct de pain avec une touche de belle douceur de raisin. La bouche
  et la mousse sont douces et agréables, la persistance est un peu courte.
- 1988 DUVAL-LEROY FLEUR DE CHAMPAGNE   80, FÉVRIER 1997] 84
  (100 % CH)
  Un peu sucré, mais bouche agréable d'amande et beau caractère
  de raisin.
- 1986 DUVAL-LEROY FLEUR DE CHAMPAGNE   68, NOVEMBRE 1993] 75
  (30 % PN, 70 % CH)
- 1985 DUVAL-LEROY FLEUR DE CHAMPAGNE   84, AOÛT 1999] 87
  (10 % PN, 90 % CH)
  Un 1985 typique, bien équilibré, avec un beau spectre de nuances
  fraîches. Encore très jeune avec le milieu de bouche nettement
  crayeux. Vin sec de garde.
- 1955 DUVAL-LEROY FLEUR DE CHAMPAGNE   83, OCTOBRE 2003] 83
  (30 % PN, 70 % CH)
  Nombreux étaient les enthousiastes de ce vin proche du Sauternes,
  et presque aussi nombreux ceux qui le considéraient comme
  défectueux en raison du manque de bulles et des notes distinctes
  d'oxydation, lors d'une dégustation de Swedish Taste à Göteborg.
  En tant que vin de dessert ou comme accompagnement d'un plat
  à base de foie gras, il me semble tout à fait satisfaisant, malgré la
  trop forte douceur et la détérioration due à l'âge. J'avoue toutefois
  qu'il s'agit d'une curiosité savoureuse et miellée.
- 1996 DUVAL-LEROY BLANC DE BLANCS   82, SEPTEMBRE 2003] 84
  (100 % CH)
  Nez ample, légèrement fumé et épicé qui fait penser à l'Avize de
  Jacquesson. Un 1996 gras et riche, relativement développé. Plus
  puissant, mais moins sophistiqué que d'habitude.
- 1995 DUVAL-LEROY BLANC DE BLANCS   83, DÉCEMBRE 2001] 86
  (100 % CH)
  D'une pureté harmonieuse et impressionnante avec une bonne
  acidité et le style introverti habituel. Note d'agrumes et équilibre
  satisfaisants. Finale assez douce et courte avec une agréable note
  de pomme.

- 1993 DUVAL-LEROY BLANC DE BLANCS   83, NOVEMBRE 1998] 85
  (100 % CH)
  Un 1993 cristallin et impressionnant, d'un style un peu
  neutre, mais avec des arômes très appétissants de poire et de
  pamplemousse. Apéritif léger et ludique avec une belle douceur
  et une acidité vivifiante. Beaucoup plus doux et moins apte au
  stockage que la plupart des champagnes de vigneron de la côte
  des Blancs.
- 1990 DUVAL-LEROY BLANC DE BLANCS   73, FÉVRIER 1996] 86
  (100 % CH)
  Un champagne retenu, typique du millésime. Pas de forte
  personnalité, mais un bon exemple de cuvée élaborée
  uniquement à partir de chardonnay.
- 1995 DUVAL-LEROY FEMME   85, OCTOBRE 2003] 89
  (11 % PN, 89 % CH)
  Le même style introverti que celui qui caractérise tous les vins de
  la maison, mais avec une grande concentration de fruit luxueux
  qui donnera probablement de merveilleux arômes grillés à l'âge de
  quinze ans. Champagne très élégant et somptueux qu'on est tenté
  de boire beaucoup trop jeune.
- 1990 DUVAL-LEROY CUVÉE DES ROYS   87, OCTOBRE 2003] 90
  (5 % PN, 95 % CH)
  Champagne de garde restreint, peu développé, avec une bouche
  sèche et acidulée. Le nez est encore assez faible et froid, mais les
  arômes qui se dégagent après quelque temps d'aération évoquent
  un blanc de blancs. Un vin à suivre.
- 1990 DUVAL-LEROY FEMME   93, MAI 2002] 93
  (11 % PN, 89 % CH)
  Enfin une réussite pour cette maison qui a tant fait parler d'elle !
  Un véritable champagne qui évoque le style doux, influencé par
  le caramel aux noisettes de Taittinger. Nez réellement
  impressionnant et grandiose, bouche follement savoureuse
  avec une grande profondeur alléchante.
- 1986 DUVAL-LEROY CUVÉE DES ROYS   82, FÉVRIER 1997] 87
  (5 % PN, 95 % CH)
  Ici Duval-Leroy a réussi à faire un champagne de prestige,
  imposant et ample, avec des notes dominantes beurrées et
  un fruit mûr impressionnant. La finale est pure avec une note
  agréable de citron vert.
- 1985 DUVAL-LEROY CUVÉE DES ROYS   92, NOVEMBRE 2001] 93
  (5 % PN, 95 % CH)
  Un vin magnifique, avec un beau nez fantastique de toast, de café
  et de noisettes. Fruit sensuel, caressant, mousse soyeuse.
  Mon favori absolu parmi les champagnes de Duval-Leroy.
- DUVAL-LEROY PARIS MILLENIUM   85, MAI 2002] 87
  Vin séducteur, vraiment élégant, dans une bouteille de luxe
  avec des dessins dorés, frivoles et distingués, représentant
  les monuments les plus connus de Paris. Ce vin donne une
  impression d'opulence avec une dominante de chardonnay sucré
  de premier ordre.

EGLY-OURIET **** R-M
15, rue de Trépail
51150 Ambonnay
03 26 57 00 70
Production : 68000
Egly-Ouriet produit l'un des champagnes préférés de Robert Parker.
La maison a été fondée en 1930. Michel Egly possède actuellement
6 hectares à Ambonnay, 0,3 hectare à Bouzy et 0,5 hectare à
Verzenay. Les cépages sont en moyenne âgés de 32 ans et ceux
destinés au vin de prestige ont 56 ans.

• EGLY-OURIET TRADITION   80
(70 % PN, 30 % CH)
   Copie du champagne sans année de Bollinger. Notes de chocolat,
de noisette et de pomme mûre. Très masculin, étoffé et charpenté.
• EGLY-OURIET ROSÉ   73
(80 % PN, 20 % CH)
• 1998 EGLY-OURIET   90, NOVEMBRE 2003] 93
(60 % PN, 40 % CH)
   Puissance très dense et magnifique finesse acide. Un vin faisant
rayonner naturellement la grandeur et la beauté d'Ambonnay.
L'un des viticulteurs les plus intéressants de Champagne a frappé.
• 1989 EGLY-OURIET   83, MAI 1996] 88
(60 % PN, 40 % CH)
   Ce champagne est déjà très développé et somptueux. Les notes de
viande et les doux arômes de pinot se libèrent harmonieusement.
Plusieurs dégustateurs avaient deviné un millésime plus vieux de
Bollinger. J'ai du mal à comprendre leur choix puisque le vin
manquait alors de notes torréfiées et de noix.
• EGLY-OURIET BLANC DE NOIRS   86
(100 % PN)
   Les raisins des cépages de pinot plantés en 1946 donnent à ce vin
un poids et une densité plus prononcés. Fruité riche remarquable,
moelleux et dense. Le potentiel de garde est énorme.

ELLNER, CHARLES N-M
6, rue Côte-Legris
51207 Épernay
03 26 55 60 25
Production: 1 000 000
Fondée par Charles Émile Ellner. Son statut de maison lui a été
donné en 1972. Elle se spécialise dans la « Marque Acheteur »
sous diverses étiquettes. La maison possède 54 hectares répartis sur
15 villages plantés à 55 % de chardonnay. Le vinificateur, Jacques
Ellner, élabore des cuvées rondes et fruitées dans lesquelles les vins
de réserve en fûts de chêne occupent une place importante.
• CHARLES ELLNER RÉSERVE PREMIER CRU   71
(40 % PN, 30 % PM, 30 % CH)
• ELLNER CARTE D'OR   67
(10 % PN, 90 % CH)
• MARQUIS D'ESTRAND   50
(40 % PN, 30 % PM, 30 % CH)
• PHILIPPE D'ALBERTCOURT BRUT   65
(40 % PN, 30 % PM, 30 % CH)
• CHARLES ELLNER BLANC DE BLANCS   67
(100 % CH)
• CHARLES ELLNER DEMI-SEC   51
(40 % PN, 30 % PM, 30 % CH)
• CHARLES ELLNER SEC DEMI-SEC   57
(40 % PN, 30 % PM, 30 % CH)
• CHARLES ELLNER ROSÉ   64
(50 % PN, 50 % PM)
• 1995 CHARLES ELLNER BLANC DE BLANCS   84, OCTOBRE 2003] 85
(100 % CH)
   Champagne ample et développé aux notes de laine mouillée,
de miel, de massepain, de fruit sec et de vanille. Bouche charnue
mais malheureusement un peu courte. Pas aussi doux que certains
champagnes de la maison. Il est difficile de croire que seul le
chardonnay est utilisé dans cette cuvée car ce vin est déjà
beaucoup corsé et miellé.
• 1995 CHARLES ELLNER PRESTIGE   79, MARS 2004] 79
(40 % PN, 60 % CH)

• 1993 CHARLES ELLNER SÉDUCTION   85, SEPTEMBRE 2003] 85
(25 % PN, 75 % CH)
   Beau nez de caramel aux noix avec une touche d'agrume et
de crème. Bouche délicatement harmonieuse. Belle mousse
moelleuse. Finale douce et arrondie. Un millésime de 1993
formidablement bon, au style magnifique de la maison.
• 1990 CHARLES ELLNER SÉDUCTION   67, AVRIL 2003] 67
(25 % PN, 75 % CH)
• 1989 CHARLES ELLNER PRESTIGE   87, SEPTEMBRE 2003] 87
(25 % PN, 75 % CH)
   Robe profonde jaune et mousse remontant lentement à la surface.
Bouquet intense et vineux aux notes de miel et d'amande. Corsé
et arrondi aux notes douces.

FAGOT, MICHEL R-M
6, rue de Chigny
51500 Rilly-la-Montagne
03 26 03 40 03
Production: 90 000
Adrien Fagot a fondé la propriété en 1910. Le propriétaire actuel,
Michel Fagot, possède 16 hectares.
• MICHEL FAGOT TRADITION   60
(20 % PN, 40 % PM, 40 % CH)
• 1985 MICHEL FAGOT   82, JANVIER 2001] 82
(50 % PN, 50 % CH)
   Vin très impressionnant, puissant et pesant avec un bon caractère
de pinot. Je ne suis cependant pas totalement sous le charme car
le vin est en fait un peu trop rustique et difficile à boire en dehors
des repas.
• 1983 MICHEL FAGOT   84, FÉVRIER 2000] 84
(50 % PN, 50 % CH)
   Plus vigoureux et retenu que le millésime de 1985 ce qui est des
plus inhabituels. Note principale joliment fumée et animale de
fruit sec, à la longueur en bouche persistante de poudre.

FALLET, MICHEL R-M
56, rue Pasteur
51190 Avize
03 26 57 51 97
Production: 30 000
L'un des chefs de Boyer m'a recommandé ce producteur qui m'était
complètement inconnu. J'ai d'abord pensé que c'était étrange de ne
pas trouver la maison Fallet mais il s'est avéré qu'il n'y avait aucun
nom sur le portail. Le vin est uniquement vendu directement aux
consommateurs qui frappent à la porte. La veuve de Fallet est
actuellement à la tête de cette propriété tombant en ruines. Cette
maison possède pourtant un bon potentiel avec ses cépages âgés
de 75 ans plantés dans des lieux de premier ordre.
• MICHEL FALLET BRUT   45
(100 % CH)
• MICHEL FALLET EXTRA BRUT   65
(100 % CH)

FAYE, SERGE R-M
51150 Louvois
03 26 57 81 66
Une connaissance rare et évanescente de ce village secret
de grand cru.
• 1998 LE LOUVRE   70, MAI 2003] 76
(88 % PN, 12 % CH)

Perrier-Jouët Belle Époque Rosé
1989

Perrier-Jouët Belle Époque
1985

Heidsieck Dry Monopole
1966

Philipponnat Clos des Goisses
1975

Boizel brut
1961

Joseph Perrier Cuvée royale
1979

Pierre Peters Blanc de Blancs
1988

William Deutz rosé brut
1990

Perrier-Jouet Blason de France
1966

Salon
1949

Veuve Clicquot Ponsardin
1959

Lanson
1959

Pol Roger Extra Cuvée de réserve brut
1990

Veuve Clicquot Grande Dame
1990

Launois Frères
1964

Ernest Iroy Carte d'or
1943

Jacquesson
1969

Larmandier-Bernier Cramant
1990

Paul Bara brut
1959

Ayala brut
1964

De Castelane Cuvée Royale
Blanc de Blancs 1966

De Castelane brut
1970

Gosset Grand Millésime
1985

Delbeck brut exra réserve
1943

FEUILLATTE, NICOLAS *** C-M

B.P. 210
51530 Chouilly
03 26 59 55 50
Production : 16 000 000 (2 800 000 comme Feuillatte)

L'homme d'affaires franco-américain, Nicolas Feuillatte, a fondé son entreprise en coopération avec le Centre Vinicole de la Champagne à Chouilly en 1971. Il voyage constamment en tant qu'ambassadeur des champagnes de la coopérative. Jean-Pierre Vincent est le vinificateur actuel. 200 cuves gigantesques de fermentation en acier inoxydable dominent les installations ultramodernes dont la capacité de production est de seize millions de bouteilles. L'installation est utilisée par 85 sous-coopératives. Les raisins des différentes coopératives proviennent de 130 villages et ils sont malheureusement mélangés dans les grandes cuves. Toutes les étapes de la fabrication du champagne sont automatisées. La cave de la coopérative peut contenir 33 millions de bouteilles. Les vins produits sous le nom Nicolas Feuillatte contiennent uniquement des raisins de premier et de grand cru.

- NICOLAS FEUILLATTE RÉSERVE PARTICULIÈRE   53
  (50 % PN, 30 % PM, 20 % CH)
- NICOLAS FEUILLATTE BLANC DE BLANCS   50
  (100 % CH)
- NICOLAS FEUILLATTE ROSÉ   48
  (60 % PN, 30 % PM, 10 % CH)
- 1996 NICOLAS FEUILLATTE   81, SEPTEMBRE 2003] 82
  (40 % PN, 40 % PM, 20 % CH)
  Champagne moelleux et lissé qui ne possède pas l'acidité normalement présente dans le millésime. Nez riche et beau aux notes de chèvrefeuille et de jasmin. Charnu au palais mais il court le risque de se relâcher.
- 1990 NICOLAS FEUILLATTE   84, MAI 2002] 84
  (40 % PN, 40 % PM, 20 % CH)
  Vin magnifique et fruité possédant un grand charme direct aux arômes torréfiés. Note explosive et juteuse de pêche. Les raisins de chardonnay utilisés doivent être de grande classe.
- 1985 NICOLAS FEUILLATTE   86, AOÛT 1997] 87
  (50 % PN, 25 % PM, 25 % CH)
  Nez sensationnel de pain. Bouche miellée persistante mais un peu simpliste.
- 1982 NICOLAS FEUILLATTE   80, DÉCEMBRE 1993] 84
  (50 % PN, 25 % PM, 25 % CH)
  Clair et vif. Nez fascinant d'aubépine, de cassis et de confiture d'oranges. Bouche belle, sèche, riche en minéraux et moyennement étoffée avec une longueur légèrement trop courte.
- 1979 NICOLAS FEUILLATTE   86, NOVEMBRE 1997] 86
  (50 % PN, 25 % PM, 25 % CH)
  Léger et élégant, au nez évoquant un bourgogne blanc. Crémeux et bon. Beaucoup de dégustateurs lui ont donné considérablement plus de points que moi parmi les 70 personnes ayant goûté ce champagne lors d'une dégustation en Suède.
- 1975 NICOLAS FEUILLATTE   82, NOVEMBRE 1997] 82
  (50 % PN, 25 % PM, 25 % CH)
  Plus lourd et plus animal que le millésime de 1979. Fumé et robuste. Il se marie très bien avec du veau à la sauce aux morilles.
- 1995 NICOLAS FEUILLATTE CHOUILLY   80, AOÛT 2003] 83
  (100 % CH)
  Initiative admirable de Feuillatte avec des champagnes purs mono cru de différents villages. Ils sont tous vinifiés de la même façon pure, quelque peu sans expression et un peu neutre. Chouilly évoque naturellement le Cramant. Le Cramant est plus complexe

et un brin plus beurré. Il est frais, lisse et bon sans être spécialement ample.

- 1995 NICOLAS FEUILLATTE CRAMANT   82, AOÛT 2003] 84
  (100 % CH)
  Des plus agréable et stylé avec de beaux arômes d'agrumes et des notes complexes beurrées. Les extraits sont cependant un peu minces avec des notes de tonneau. Ce village déçoit rarement !
- 1995 NICOLAS FEUILLATTE MESNIL   81, SEPTEMBRE 2003] 83
  (100 % CH)
  J'attendais beaucoup plus de ce vin. Il se peut que j'aie tort mais il semble que ce vin ne possède pas beaucoup de potentiel de maturation. Manifestement vivant et plaisant, mais les bons arômes sont trop peu développés et ouverts pour vraiment être bien. La figue, l'abricot sec et la banane se discernent avec la fraîcheur oppressante du chardonnay.
- 1993 NICOLAS FEUILLATTE BLANC DE BLANCS   80, MAI 2001] 81
  (100 % CH)
  Champagne populaire et flatteur aux notes de réglisse, de melon, de tutti frutti et d'emballages ouverts de caramels. Début de bouche vif avec une acidité vigoureuse. La concentration n'est cependant pas assez forte.
- 1992 NICOLAS FEUILLATTE BLANC DE BLANCS
  (100 % CH)   75, OCTOBRE 1998] 79
  Beau nez de raisins mûrs mêlés aux notes de gâteau. Longueur en bouche de pommes vertes.
- 1996 NICOLAS FEUILLATTE AY   79, FÉVRIER 2004] 84
  (100 % PN)
  Ce vin fait montre de son moelleux et de sa rondeur qui nous font oublier les acidités secondaires. Il nous laisse également penser que ces bouteilles doivent se consommer directement. Je souhaite conserver les miennes pour éliminer la note de pain d'épices, les notes de pommes brutes et autres maladies infantiles. Ce vin devrait être très intéressant dans quelques années.
- 1995 NICOLAS FEUILLATTE VERZY   83, AOÛT 2003] 85
  (100 % PN)
  C'est peut-être le champagne le plus impressionnant de Feuillatte. Nez magnifique de vanille, de fruit rouge jeune et puissant avec un bel éclat de pommes fraîches et de gâteaux. Un peu plus corsé et plus dense que les vins élaborés avec du chardonnay. Style lisse moderne évidemment.
- 1992 NICOLAS FEUILLATTE ROSÉ   62, OCTOBRE 1997] 62
  (60 % PN, 30 % PM, 10 % CH)
- 1995 NICOLAS FEUILLATTE CUVÉE SPÉCIALE
  (40 % PN, 20 % PM, 40 % CH)   82, SEPTEMBRE 2003] 84
  Sophistiqué et magnifique. Belle densité aux notes sous-jacentes de caramel. Ample, charnu, et fruité charmant avec un penchant vers les agrumes et l'exotisme.
- 1995 PALMES D'OR   87, SEPTEMBRE 2003] 88
  (40 % PN, 60 % CH)
  Quel nez exotique ! Pêche, orchidée et rose. Le fruité mature de raisins donne à ce vin une très bonne bouche moelleuse. Tout le vin rayonne de générosité et d'opulence. Il s'améliorera probablement, mais une note flagrante de pomme peut indiquer que j'ai tort.
- 1992 PALMES D'OR   84, JANVIER 2003] 85
  (40 % PN, 60 % CH)
  Champagne brillant jaune. Nez de zeste de citron, de croissant frais et de mangue. Bouche ronde et riche de poire, de pamplemousse et de caramel. Moelleux et prêt à s'épanouir dès que l'occasion se présente.

• 1990 NICOLAS FEUILLATTE CUVÉE SPÉCIALE
(40 % PN, 20 % PM, 40 % CH)   83, AOÛT 1999] 87
Au nez, spectre aromatique magnifique d'ananas, de raisin et de
safran. Il ressemble à un blanc de blancs avec sa bouche élégante,
vigoureuse et fruitée. Véritablement très prometteur. Les dernières
bouteilles dégustées ont dévoilé de tout autres facettes épicées aux
notes de pain. Il est donc un peu difficile à évaluer.
• 1990 PALMES D'OR   86, MAI 2001] 89
(40 % PN, 60 % CH)
Un grand vin devenant de plus en plus charnu avec les années.
Nez toujours composé d'un léger fleuri magnifique. Bouche aux
grandes notes fraîches et vertes. Finale somptueuse aux notes de
prunes vertes.
• 1988 NICOLAS FEUILLATTE CUVÉE SPÉCIALE
(40 % PN, 20 % PM, 40 % CH)   78, JUIN 1997] 84
Il n'y a pas trop de quoi se réjouir. L'astringence et le potentiel
sont toujours là mais, à l'âge de neuf ans, le vin est un peu
déséquilibré.
• 1985 PALMES D'OR   90, JUILLET 1997] 90
(40 % PN, 60 % CH)
Magnifique champagne à la construction classique pétillant de
vitalité. Je considère pourtant qu'il a déjà atteint son apogée.
• 1997 PALMES D'OR ROSÉ   84, FÉVRIER 2004] 87
Nouveau rosé de prestige à la robe très sombre et au profil
aromatique évoquant un bourgogne. Animal et fruité,
passablement doux avec un soupçon de baies mûres. Corsé,
moelleux, bien charpenté et profond. Passe l'étape de la
décantation avec succès !

FLEURY
10250 Courteron
Production : 180 000
• FLEURY BRUT   56
(100 % PN)
• FLEURY ROSÉ   62
(100 % PN)
• 1996 FLEURY   80, OCTOBRE 2003] 82
(80 % PN, 20 % CH)
Beau vin avec une année qui procure plus d'acidité à ces vins
habituellement un peu uniformes et monotones. Moelleux et
agréable aux notes d'ananas et de banane. Tout en possédant
une acidité vigoureuse et mordante.
• 1995 FLEURY   72, SEPTEMBRE 2003] 73
(80 % PN, 20 % CH)

FLINIAUX, RICHARD *** N-M
12, rue Léon-Roulot
51160 Ay
03 26 55 17 17
Production : 85 000
Fliniaux est l'une des maisons de champagne qui me tient le plus à
cœur. Il n'y a pas de meilleur producteur de blanc de noirs. James
Richard, qui a connu un grand succès dans les pays germanophones,
est actuellement à la tête de la maison. Il la dirige avec la même
volonté de ne pas faire de compromis que Roland et Régis Fliniaux
auparavant. La maison possède 4 hectares à Ay composant 25 %
de la production. Les autres raisins sont également achetés à Ay.
Aucun fût de chêne n'est utilisé mais la richesse des vins Fliniaux
évoque beaucoup Bollinger. Le champagne n'est pas un vin pour les
fétichistes de l'acidité ou pour ceux qui recherchent uniquement
l'élégance dans leurs vins. La grandeur de Fliniaux se construit sur

la force et la richesse aromatique comme ce devrait être le cas dans
ce petit village.
• FLINIAUX BLANC DE BLANCS   56
(100 % CH)
• FLINIAUX CARTE NOIR BRUT   80
(80 % PN, 20 % CH)
Même vin de base que le précédent mais avec une conservation
en cave plus longue. Vin massif mais cependant charmant. Nez
ample et charnu aux notes de cuir et de noisette. Bouche fruitée
riche et ronde de raisin, de prune et de banane.
• FLINIAUX CUVÉE DE RÉSERVE   75
(80 % PN, 20 % CH)
• FLINIAUX CUVÉE TENDRESSE   73
(80 % PN, 20 % CH)
• FLINIAUX ROSÉ   88
(100 % PN)
Un rosé exemplaire exprimant un fort caractère de vers de terre et
un arôme magnifique de fraise provenant des raisins. La robe
sombre peut en effrayer beaucoup mais en fermant les yeux,
vous découvrez le caractère en raisin incroyablement riche.
• 1985 FLINIAUX   90, JUILLET 1995] 90
(100 % PN)
Champagne d'Ay massif au nez de poudre. Belle attaque et
longueur superbe.
• 1982 FLINIAUX   83, MAI 1995] 83
(100 % PN)
Gras, arrondi, mature et somptueux. À boire jusqu'à la dernière
goutte !
• FLINIAUX 82/83   82, JUILLET 1990] 85
(100 % PN)
1982/83. L'année plus ronde et plus moelleuse, 1982, domine
nettement le vin. Pour une fois, la structure est relâchée même si
les arômes chocolatés et de banane prédominent.
• 1979 FLINIAUX   92, JANVIER 2002] 92
(100 % PN)
C'est de loin l'un de mes préférés. Lors de dégustations à l'aveugle,
je l'ai confondu à plusieurs reprises avec un 1979 Bollinger
R.D.Certaines bouteilles commencent à perdre leurs qualités mais
la plupart sont toujours au summum. Avec un peu de chance,
vous pourrez déguster un vin unique et riche au nez exotique de
chèvrefeuille, de miel, de noisette, de champignon et de caramel
au chocolat. Toutes ces notes sont également décelées en bouche
dans une ambiance luxueuse et moelleuse.
• 1988 FLINIAUX ROSÉ   90, JUILLET 1993] 93
(100 % PN)
Robe plus pâle que la variante sans année. Plus jeune et retenu
mais avec un potentiel encore plus prometteur. Le dernier verre
dégusté était une symphonie des diverses formes prises par les
raisins de pinot. Aussi persistant en bouche que la voix d'un
chanteur dans une cathédrale.
• 1983 FLINIAUX CUVÉE PRESTIGE   85, FÉVRIER 1994] 89
(100 % PN)
Les vins Fliniaux me rappellent énormément La Grande Dame
avec ses arômes de pinot chocolatés, généreux et moelleux.
Le millésime de 1983 n'est pas aussi unique que le millésime
de 1979 mais il possède une meilleure acidité, une résistance
contrariante et également des notes de châtaignes grillées.

FOREZ, GUY DE R-M
32, rue du Général-Leclerc
10340 Les Riceys
03 25 29 99 83
Production: 20 000
Roland Spagnesi a fondé la maison en 1987 et Sylvie Wenner la dirige actuellement. En plus du champagne, un rosé très apprécié est également produit sur les 8 hectares que possède la maison.
• GUY DE FOREZ BRUT   53
  (80 % PN, 20 % CH)

FORGET-BRIMONT N-M
51500 Ludes
03 26 61 10 45
Production: 100 000
Eugène Forget a commencé à vendre du champagne en 1920. Le propriétaire actuel, Michel Forget, possède 8 hectares à Ludes, Chigny, Mailly et Verzenay.
• FORGET-BRIMONT CARTE BLANCHE   55
  (60 % PN, 20 % PM, 20 % CH)
• FORGET-BRIMONT EXTRA BRUT   56
  (60 % PN, 20 % PM, 20 % CH)
• FORGET-BRIMONT DEMI-SEC   39
  (60 % PN, 20 % PM, 20 % CH)
• FORGET-BRIMONT ROSÉ   50
  (75 % PN, 12 % PM, 13 % CH)

FREMIERES N-M
51000 Châlons-en-Champagne
L'une des maisons qui a disparu depuis longtemps à Châlons.
• 1943 FREMIERES   87, DÉCEMBRE 2000] 87
  Un trésor de guerre bien gardé d'une maison qui a fermé ses portes depuis longtemps à Châlons-sur-Marne. Le style indique qu'il est très influencé par le chardonnay. Robe pâle, apparence et tenue vives. Nez évoquant un sherry beau, sec et la paille. Moyennement corsé et sec.

FRESNET-JUILLET * R-M**
10, rue de Beaumont
51380 Verzy
03 26 97 93 40
Production: 75 000
Gérard Fresnet a fondé la maison en 1954. Pendant quelque temps, il a été maire de Verzy. La surface du vignoble est de 9 hectares. Il est planté à 75 % de pinot noir et à 25 % de chardonnay.
• FRESNET-JUILLET BRUT   55
  (80 % PN, 20 % CH)
• FRESNET-JUILLET ROSÉ   51
  (50 % PN, 50 % CH)
• 1995 FRESNET-JUILLET   83, AVRIL 1999] 90
  (100 % PN)
  Champagne brillamment clair et mousseux, à la jeune vigueur respirant la joie de vivre. Fruité très frais et intensif. Je suis convaincu que la plupart des 1995 vont se boire beaucoup trop tôt puisqu'ils sont déjà magnifiques. Pour le moment, il est difficile de déceler le caractère des raisins dans ce vin citronné et frais. Le ton dominant en bouche comme au nez est le fruit de la passion, que l'on trouve rarement dans des champagnes composés de pinot noir.

• 1993 FRESNET-JUILLET CUVÉE ÉMILIE   80, AVRIL 1999] 84
  (40 % PN, 60 % CH)
  Tous les vins de Fresnet-Juillet sont anormalement légers et élégants si on considère leurs origines. Les notes de fruit de la passion se libèrent avec, dès l'ouverture, une note mature.
• 1994 FRESNET-JUILLET SPECIAL CLUB   83, AVRIL 1999] 88
  (50 % PN, 50 % CH)
  Pureté exemplaire. Mousse moelleuse et séduisante. Des notes minérales de craie, de fruit de la passion penchant vers le caramel au beurre peuvent maintenant être discernées dans ce vin à la jeunesse simple.

FUENTÉ, BARON N-M
02310 Charly-sur-Marne
32 38 01 97
Production: 650 000
La maison a été fondée en 1961. Elle possède aujourd'hui 25 hectares autour de Charly. Elle achète le reste des raisins des villages voisins. 60 % de la production est élaborée à base de pinot meunier. Le travail est bio-dynamique. La qualité est très élevée si on considère que la maison est située aux bords de la Champagne.
• BARON FUENTÉ TRADITION   74
  (70 % PM, 30 % CH)
• BARON FUENTÉ GRANDE RÉSERVE   68
  (10 % PN, 60 % PM, 30 % CH)
• ESPRIT DE BARON FUENTÉ   54
  (33 % PN, 33 % PM, 34 % CH)
• BARON FUENTÉ CUVÉE AMPELOS B.D.N   77
  (100 % PM)
• BARON FUENTÉ ROSÉ DOLORÈS   55
  (20 % PN, 40 % PM, 40 % CH)
• 1996 BARON FUENTÉ GRAND MILLÉSIME   75, JANVIER 2003] 77
  (20 % PN, 30 % PM, 50 % CH)
• 1995 BARON FUENTÉ GRAND MILLÉSIME   76, SEPTEMBRE 2003] 76
  (20 % PN, 30 % PM, 50 % CH)

FURDYNA, MICHEL R-M
13, rue du Trot
10110 Celles-sur-Ource
03 25 38 54 20
Production: 60 000
L'activité a été lancée en 1974 par le propriétaire au même patronyme. Les vignobles de la maison se situent à Celles-sur-Ource, Loches-sur-Ource, Neuville et Landreville.
• MICHEL FURDYNA CARTE BLANCHE   49
  (85 % PN, 5 % PM, 10 % CH)
• MICHEL FURDYNA RÉSERVE   58
  (100 % PN)
• MICHEL FURDYNA ROSÉ   62
  (100 % PN)
• 1988 MICHEL FURDYNA CUVÉE PRESTIGE   80, MARS 1996] 83
  (66 % PN, 34 % CH)
  Nez magnifiquement floral aux touches de citron vert et de menthe. Bouche crémeuse et voluptueuse avec un certain manque d'acidité.

GAIDOZ-FORGET R-M
1, rue Carnot
51500 Ludes
03 26 61 13 03
Production : 65 000

Ce viticulteur dans le cœur de la montagne de Reims attire davantage l'attention sur ses champagnes complexes et fruités. M. Gaidoiz-Forget dispose de plus de 9 hectares. Autres vins : Quintessence.

- GAIDOZ-FORGET CARTE D'OR   65
  (25 % PN, 50 % PM, 25 % CH)
- GAIDOZ-FORGET RÉSERVE   68
  (25 % PN, 50 % PM, 25 % CH)
- GAIDOZ-FORGET ROSÉ   59
  (30 % PN, 70 % PM)

GALLIMARD R-M
18, rue du Magny
10340 Les Riceys
03 25 29 32 44
Production : 75 000

La marque de ce viticulteur est aujourd'hui représentée dans de nombreux restaurants étoilés en France. Mais cette maison m'a peu impressionné en mars 2000. Ce qui m'a le plus surpris est que M. Gallimard puisse aimer son champagne rosé. De mon point de vue, ça n'était pas un bon vin.

- GALLIMARD BRUT   65
  (100 % PN)
- GALLIMARD ROSÉ   30
  (100 % PN)
- 1996 GALLIMARD   77, MARS 2002] 77
  (100 % PN)
- 1998 GALLIMARD PRESTIGE   59, DÉCEMBRE 2002] 59
  (65 % PN, 35 % CH)
- 1990 GALLIMARD PRESTIGE   80, MARS 2000] 80
  (100 % PN)

GARDET *** N-M
13, rue Georges-Legros
50500 Chigny-les-Roses
03 26 03 42 03
Production : 1 000 000

Charles Gardet a fondé la maison en 1895 à Épernay. Son fils Georges a transféré la maison à Chigny, où elle est aujourd'hui gérée par Pierre Gardet. M. Gardet n'a pas de vignobles propres, et est obligé d'acheter tous ses raisins. De nombreux journalistes spécialisés sont très enthousiastes quant à la qualité des champagnes Gardet, mais de les appeler des « Mini Krug » est, je pense, une exagération. Il n'y a pas de fûts en chêne ou d'autres méthodes de vinification spécifiques. Les vins Gardet sont tout simplement bons et très bien faits, mais ce n'est pas une maison exceptionnelle.

- GARDET BRUT   70
  (45 % PN, 45 % PM, 10 % CH)
- GARDET SPÉCIAL   75
  (33 % PN, 33 % PM, 34 % CH)
- GARDET ROSÉ   75
  (50 % PN, 50 % PM)
- 1997 GARDET   82, JUILLET 2003] 83
  (50 % PN, 50 % CH)
  Large, gras et parsemé d'un soupçon d'arôme de chocolat. Neutre et pourtant une assez bonne bouche. Peu d'acidité, et une saveur veloutée homogène. Se vend également sous le nom de Delcave chez Lorenzo Fassola à Pérouse.
- 1996 CHARLES GARDET   84, DÉCEMBRE 2002] 89
  (67 % PN, 33 % CH)
  Le vin millésimé habituel maintenant embouteillé sous une nouvelle présentation et avec un moindre degré de chardonnay. Un bon exemple de la capacité de ce millésime à camoufler un taux d'acidité relativement élevé sous une couverture fruitée de pommes généreuses et mûries au soleil. Le vin est juteux, puissant et riche, mais a besoin d'un certain temps dans la cave pour développer sa complexité innée.
- 1990 GARDET   81, NOVEMBRE 1999] 83
  (50 % PN, 50 % CH)
  Gardet, qui est un producteur très fiable, a fait un vin assez bon et pas du tout cher. Mais ce 1990 ne devrait-il pas être plus frais et meilleur ? Le vin est souple, agréable et unidimensionnel.
- 1988 GARDET   81, SEPTEMBRE 1998] 88
  (50 % PN, 50 % CH)
  Bouquet timide, presque inexistant mais cohérent. Bouche serrée, focalisée mais non développée, dense et puissante. Meilleur après 2020 !
- 1985 GARDET   80, JANVIER 1995] 87
  (50 % PN, 50 % CH)
  Un champagne prometteur, non développé en janvier 1995. Il m'a beaucoup rappelé le 1983, mais avec un nez un peu moins développé.
- 1983 GARDET   83, JUILLET 1993] 88
  (50 % PN, 50 % CH)
  Supérieur au 1982 ! Parfum de rose très délicat combiné avec celui d'une boulangerie. Saveur limpide, nette, avec des acidités parfaitement pures, et du fruit qui constitue la base d'un futur grandiose.
- 1982 GARDET   85, MAI 2003] 85
  (50 % PN, 50 % CH)
  Jeune et récemment dégorgé, ce vin était complètement déséquilibré. Aujourd'hui il est harmonieux avec un fin caractère crémeux, une fraîcheur et une note vanillée attrayante. Ne fait pourtant pas partie des meilleurs champagnes.
- 1979 GARDET   92, JUILLET 1993] 92
  (50 % PN, 50 % CH)
  Ce superbe 1979 est un champagne modèle de ce millésime. Robe mûre, dorée, bouquet pinot épanoui avec des teintes de cuir, de noisette et de miel. Une révélation fruitée en bouche avec une finale parfaitement équilibrée de noix. Achetez-le si vous le voyez !
- 1976 GARDET   86, AVRIL 1993] 88
  (50 % PN, 50 % CH)
  Une couleur pâle, inattendue pour cet « adolescent » de 17 ans. Très grand bouquet exotique superbement sucré avec traces de pain, chocolat et menthe. Il est un peu disgracieux en bouche à l'instar de beaucoup de 1976. L'acidité est un peu trop faible, mais saura peut-être se développer tout comme les 1959.
- 1995 GARDET BLANC DE BLANCS   74, SEPTEMBRE 2003] 75
  (100 % CH)

GARNOTEL, ADAM N-M
17, rue de Chigny
51500 Rilly-la-Montagne
03 26 03 40 22
Production : 300 000

En prenant la route du champagne en passant par Rilly vous trouverez facilement l'établissement bien indiqué d'Adam Garnotel.

Il est bien plus difficile de trouver ses champagnes. C'est seulement lors de ma troisième visite que j'ai trouvé quelqu'un qui pouvait me guider. La maison a été fondée en 1899 par Louis Adam. Depuis la fin des années 1970 la maison s'est considérablement agrandie. Autre vin : Rosé.

- DANIEL ADAM BRUT   61
  (30 % PN, 40 % PM, 30 % CH)
- 1990 CUVÉE LOUIS-ADAM   85, JUILLET 1997] 89
  (30 % PN, 70 % CH)
  La nouvelle cuvée prestige de la maison est fermée, focalisée, avec du fruit concentré non libéré et une sensation crémeuse. Le vin rappelle le Special Club de la côte des Blancs.

GATINOIS **** R-M
7, rue Marcel-Mailly
51160 Ay
03 26 55 14 26
Production : 30 000

Pierre Cheval, qui gère le domaine aujourd'hui, réserve sa plus grande fierté à son vin rouge d'Ay. Avec Bollinger, Gosset-Brabant et Gotourbe, il est le seul à produire un Ay rouge. La famille Gatinois perpétue le métier de viticulteurs depuis 1696 et est propriétaire de 29 vignobles à Ay avec une superficie totale de 7 hectares. Chaque année, la moitié de la récolte est vendue à leur voisin Bollinger. Gatinois produit lui-même des champagnes classiques d'Ay, qui mettent plusieurs années à développer leur pleine maturité.

- GATINOIS TRADITION BRUT   76
  (90 % PN, 10 % CH)
- GATINOIS RÉSERVE SPÉCIAL   80
  (90 % PN, 10 % CH)
  Un assemblage de trois millésimes. Couleur rouge intense, bouquet massif et sucré de miel, banane et raisins secs. Grande saveur complexe de raisins pinot mûrs et de fraises.
- GATINOIS ROSÉ   82
  (100 % PN)
  Un Ay rosé délicat qui contient un large spectre d'arômes fleuris et épicés et une bouche longue, élégante et équilibrée.
- 1992 GATINOIS   87, MARS 2004] 88
  (100 % PN)
  Un champagne crémeux rappelant le Vieilles Vignes, très moelleux. Un pinot d'Ay très généreux., rayonnant, avec un concentré assez invraisemblable vu le millésime. Pierre Cheval commence à se faire une réputation comme l'un des meilleurs vinificateurs de la région.
- 1991 GATINOIS   87, MARS 2004] 87
  (100 % PN)
  Un champagne de repas très profond et impressionnant. Vinification brillante étant donné le millésime. Rond et gras avec une touche de caramel aux noisettes, typique du cru.
- 1990 GATINOIS   89, OCTOBRE 1997] 94
  (90 % PN, 10 % CH)
  Couleur presque bronze. Longueur magnifique en bouche et un beau bouquet lourd de chèvrefeuille et de miel.
- 1989 GATINOIS   86, AVRIL 1996] 90
  (100 % PN)
  Robe extrêmement profonde, plus orangée que cuivrée. Bouquet sucré et miellé, typique du millésime. Grande saveur avec beaucoup de caractère.

- 1985 GATINOIS   89, MARS 2000] 91
  (90 % PN, 10 % CH)
  Un grand vin animal avec une belle fraîcheur au fond. Le bouquet respire fumée, truffes et noisettes. Comme d'habitude, des similitudes évidentes avec Bollinger du même millésime. Il n'est pourtant pas aussi sophistiqué que son célèbre voisin d'Ay.
- 1983 GATINOIS   81, AVRIL 1995] 85
  (100 % PN)
  Le millésime favori de Pierre Cheval. Couleur pâle, nez léger de bouillon de légumes et viande fricassée. Bouche huileuse et animale avec une bonne acidité, due au fait que la fermentation malolactique ait été évitée cette année-là.

GAUTHIER, ROGER R-M
8, rue Bacchus
51150 Ambonnay
03 26 57 01 94
Production : 20 000

Ce viticulteur produit son raisin uniquement dans son village d'Ambonnay. Les raisins sont pressés par la coopérative, sinon il fait tout lui-même.

- ROGER GAUTHIER ROSÉ   65
  (100 % PN)
- 1993 GAUTHIER SPÉCIALE   79, AVRIL 2003] 82
  (60 % PN, 40 % CH)
  Léger arôme de pain, presque fumé, un peu grossier. Belle saveur bruyante avec traces de réglisse et pain frais. Tout le vin donne une impression assez robuste et en même temps solide.

GENET, MICHEL R-M
22, rue des Partelaines
51530 Chouilly
03 26 55 40 51
Production : 40 000

Juste à côté de Legras, vous trouverez une villa de taille moyenne où habite Michel Genet, et où il fait son champagne. Autres vins : Brut, J-B Fleuriot.

- MICHEL GENET BLANC DE BLANCS   65
  (100 % CH)
- 1995 MICHEL GENET   70, MAI 2001] 73
  (100 % CH)
- 1990 MICHEL GENET   81, JANVIER 1997] 86
  (100 % CH)
  Les vins de Genet sont toujours cristallins, mais un peu minces et discrets. Dans ce millésime le temps lui était favorable pour combler le vide avec une richesse exotique.
- 1986 MICHEL GENET   73, AVRIL 1993] 85
  (100 % CH)
  Une révélation très pâle. Nez délectable mais léger d'aubépine et d'agrumes. Goût crépitant avec des notes minérales excitantes. La persistance est cependant un peu courte.

GEOFFROY, RENÉ *** R-M
150, rue Bois-des-Jots
51480 Cumières
03 26 55 32 31
Production : 100 000

Dans la famille Geoffroy, on était viticulteur déjà au XVIIᵉ siècle, et le domaine est resté dans la famille depuis. Outre Cumières, ils possèdent des vignobles à Damery, Hautvillers et Dizy. Leur objectif est une qualité absolument optimale. Ils fermentent les vins

dans des fûts de chêne pour leur Cuvée Sélectionnée et le Brut
Prestige. Les vins ne subissent pas de fermentation malolactique,
cela leur donne du nerf ainsi qu'un potentiel de garde, ce qui fait
défaut à la plupart des autres champagnes de Cumières. En parlant
avec le jeune et bien formé Jean-Baptiste Geoffroy, on comprend
que cette famille est passionnée par le vin.

- GEOFFROY BRUT   77
  (34 % PN, 66 % CH)
- GEOFFROY CARTE BLANCHE BRUT SPÉCIAL   50
  (50 % PN, 50 % PM)
- GEOFFROY CUVÉE DE RÉSERVE BRUT SPÉCIAL   75
  (50 % PN, 40 % PM, 10 % CH)
- GEOFFROY CUVÉE SÉLECTIONNÉE BRUT SPÉCIAL   80
  (66 % PN, 34 % CH)

Vinifié en fûts de chêne et toujours d'un seul millésime. Il est en
contact avec la levure pendant cinq années durant lesquelles il
développe un caractère autolytique et plein de corps. Bouquet
léger mais impressionnant par sa complexité. La saveur est
composée par une canonnade d'arômes de fruits mûrs.
Ce champagne se garde probablement très bien.

- GEOFFROY PRESTIGE   75
  (33 % PN, 67 % CH)
- GEOFFROY ROSÉ   60
  (60 % PN, 40 % PM)
- 1996 GEOFFROY   85, AOÛT 2003] 91
  (60 % PN, 40 % CH)

Le premier champagne millésimé de Geoffroy est très attendu.
Fût de chêne bien sûr! Pas de fermentation malolactique et
de bouchon pendant la période de garde. Le nez est d'abord
un peu fermé et discret, mais il y a un monstre dormant sous
la surface qui se révèle comme un petit Bollinger lors d'une
aération. Saveur acidulée, résistante et joliment animale.
Un vin ample qui contient une multitude de notes fines
de pommes à cidre et de poires william. Un vrai vin de garde
à ouvrir un soir d'automne dans 5 à 6 ans sur un faisan et
des champignons fraîchement cueillis.

- 1979 GEOFFROY   92, MAI 1994] 92
  (70 % PN, 30 % CH)

Naturellement ils gardent quelques bouteilles de leurs meilleurs
millésimes pour les occasions spéciales. J'ai été très honoré de
pouvoir partager ce merveilleux 1979 avec la famille en mai 1994.
La couleur était proche du bronze. Le bouquet était merveilleusement
grand et impressionnant avec des notes de café et de cuir.
Le goût rappelait bien un vieux bourgogne rouge, où des arômes
de légumes bouillis et de terre se distinguaient clairement.
Bouche extrêmement longue et fumée. Bon potentiel de garde.

GEORGETON-RAFFLIN R-M
25, rue Victor-Hugo
51500 Ludes
03 26 61 13 14
Production : 7 000
Ne fait pas partie des vignerons les plus remarquables de la région.

- GEORGETON-RAFFLIN BRUT   39
  (33 % PN, 33 % PM, 34 % CH)
- GEORGETON-RAFFLIN DEMI-SEC   26
  (33 % PN, 33 % PM, 34 % CH)
- GEORGETON-RAFFLIN ROSÉ   46
  (33 % PN, 33 % PM, 34 % CH)

GERMAIN, H. N-M
40, rue de Reims
51500 Rilly-la-Montagne
03 26 03 49 18
Production : 1 600 000

La maison Germain fut fondée en 1898 à Ludes, mais fut ensuite
transférée à Rilly. Elle a aujourd'hui des liens très étroits avec Binet.
Le récemment décédé Henri-Louis Germain a été honoré avec
le nouveau champagne prestige Cuvée Président. Henri-Louis fut
pendant de nombreuses années le président de l'équipe de football
de Reims, la fierté sportive de la ville. Depuis 1999 elle est la
propriété de Vranken.

- GERMAIN TÊTE DE CUVÉE   55
  (50 % PN, 35 % PM, 15 % CH)
- GERMAIN ROSÉ   50
  (10 % PN, 10 % PM, 80 % CH)
- 1990 GERMAIN   82, MARS 1999] 86
  (60 % PN, 40 % CH)

Un champagne généreux, fruité et sucré avec des notes de groseille
à maquereau, mangue et fruit de la passion, en bouquet aussi bien
qu'en bouche. Ma fiancée fut bien moins positive lorsque nous
avons bu ce champagne au Moulin de Mougins près de Cannes.

- 1988 GERMAIN   70, MAI 1995] 79
  (60 % PN, 15 % PM, 25 % CH)
- 1986 GERMAIN PRÉSIDENT   80, AVRIL 1995] 86
  (20 % PN, 80 % CH)

C'est comme si les champagnes prestiges de Binet et de Germain
avaient changé d'étiquettes. Le vin a le style chardonnay du Binet,
qui est un peu plus serré. Le nez rappelle le sauternes et le goût est
serré avec des touches de gingembre, de biscuits aux épices et de fraises.

- 1979 GERMAIN BLANC DE BLANCS   88, MARS 1996] 88
  (100 % CH)

Encore meilleur que le Binet 1979. Un beau vin discret et
rafraîchissant.

- 1983 CUVÉE VÉNUS   87, JANVIER 2003] 87
  (60 % PN, 40 % CH)

Un très bon vin de Germain. Mature, bien entendu, mais sans
être terreux, séché, vieillot et tristounet, nuances qui pèsent sur
tant de 1983. Mousse fine et délicate, et un parfum joliment
subtil enlacé de minéral et de nougat. Saveur légèrement fumée
avec une résonance pure, et de silex.

- 1979 CUVÉE VÉNUS   89, JANVIER 1996] 89
  (60 % PN, 40 % CH)

Plus léger et plus raffiné que le 1976, qui est un peu gras. Trace de
pain, peu profond et finement poli.

- 1976 CUVÉE VÉNUS   89, JANVIER 1996] 89
  (60 % PN, 40 % CH)

Aussi bon que le 1979, mais vinifié dans un style gras, bien
entendu, comme il le fallait cette année-là.

- 1971 CUVÉE VÉNUS   87, JUILLET 1995] 87
  (60 % PN, 40 % CH)

Un champagne prestige très bien conservé avec les bonnes acidités du
millésime et un bouquet mûr de gorgonzola et de pâtisserie feuilletée.

GIMONNET, PIERRE **** R-M
1, rue de la République
51530 Cuis
03 26 59 78 70
Production : 165 000
Lorsqu'on traverse la côte des Blancs, la maison de Gimonnet se
trouve juste à côté de la route. C'est facile de rentrer pour une visite

spontanée et éventuellement aussi pour une dégustation improvisée. Gimonnet possède 26 hectares de vignobles chardonnay à Cuis, à Chouilly et à Cramant. La maison produit des blancs de blancs très bien faits à des prix intéressants. Elle possède deux vignobles à Cramant avec des ceps plantés en 1911! Malheureusement, Didier et Olivier Gimonnet n'aiment pas les champagnes monocru, ce qui veut dire que leur Special Club provient de ce vin de Cramant, mais qu'il est allégé par un Cuis frais et acidulé. Ils ont des objectifs précis, et ils aiment le champagne jeune et frais qui a subi la fermentation malolactique. Juste à temps pour le passage à l'an 2000 ils ont lancé leur meilleur vin, Gimonnet Collection, uniquement en magnum, bien sûr. Le Larmandier de Cramant est produit par Gimonnet, et certains vins sont identiques, même si le style du Larmandier Special Club est plus riche avec 100 % de Cramant. À noter que les prix sont bien en dessous de celui des cuvées standard des grandes maisons de champagne, bien que la qualité soit supérieure.

- GIMONNET MAXI-BRUT ŒNOPHILE   79
  (100 % CH)
- GIMONNET BLANC DE BLANCS   75
  (100 % CH)
- 1998 GIMONNET   84, AVRIL 2003] 88
  (100 % CH)
  Un blanc de blancs grand et expressif, avec sa clarté minérale coutumière et sa vigueur fraîchement citronnée. Un vin d'été bien nerveux avec une bonne profondeur. Le viticulteur considère qu'il est prêt à boire, mais je vous conseille d'attendre quelques années pour augmenter son ampleur.
- 1997 GIMONNET GASTRONOME   79, AOÛT 2001] 85
  (100 % CH)
  37 % de Cramant, 33 % de Chouilly et 30 % de raisin du cru Cuis. Un Gimonnet classique avec des acidités serrées, de la sécheresse, des notes crayeuses, quelques gouttes de citron et une légère mais délicieuse nuance de pâtisserie à base d'œufs. Délicieux en tant qu'apéritif et probablement très bon à toute occasion après 2008.
- 1996 GIMONNET FLEURON   84, DÉCEMBRE 2003] 90
  (100 % CH)
  Pur et frais comme l'air des Alpes. Distinct dans ses expressions sèches et empreintes de minéral. Belle longueur en bouche acidulée qui se prolongera si vous avez de la patience. Pêche et abricot sec dans le goût intermédiaire avant l'arrivée de la sécheresse.
- 1996 GIMONNET GASTRONOME   86, SEPTEMBRE 2001] 92
  (100 % CH)
  28 % de Cramant, 22 % de Chouilly et 50 % de Cuis. Un exemple brillant de la vinification Gimonnet ainsi que de la grandeur du millésime. Crépitant avec une élégance pierreuse et un agrume fastueux, toujours opprimé. S'ouvre joliment dans le verre.
- 1995 GIMONNET   80, NOVEMBRE 2000] 87
  (100 % CH)
  Serré, sec et très juvénile. Pommes vertes et aubépine précèdent les autres notes d'ailleurs discrètes. Garder pendant plusieurs années.
- 1995 GIMONNET FLEURON   83, SEPTEMBRE 2003] 87
  (100 % CH)
  42 % de Cramant, 18 % de Chouilly et 40 % de Cuis. Clairement immature et un peu étendu. Le vin souffre aujourd'hui de son dosage faible, qui plus tard sera certainement un avantage. Unidimensionnel et fortement influencé par l'expression pierreuse du Cuis.

- 1993 GIMONNET   81, NOVEMBRE 1998] 84
  (100 % CH)
  Bouquet fascinant et fleuri d'acacia et d'aubépine. Dans l'ensemble, la phase initiale dans laquelle se trouve le vin actuellement est tout à fait charmante. Nous attendrons probablement longtemps les trois points potentiels supplémentaires que j'ai distribués. Buvez-le maintenant, ou attendez dix ans.
- 1992 GIMONNET   78, NOVEMBRE 1998] 80
  (100 % CH)
  Rond et relativement mature avec un caractère malolactique exagéré et un peu laiteux. Le fruit est toujours satisfaisant.
- 1990 GIMONNET FLEURON   84, NOVEMBRE 1998] 89
  (100 % CH)
  Un champagne riche et bien structuré, fortement influencé par le caractère millésimé merveilleux que possèdent tant de champagnes de l'année 1990.
- 1989 GIMONNET   83, FÉVRIER 1996] 87
  (100 % CH)
  Un champagne qui démontre déjà un large spectre de saveurs mûries au soleil. Citron, beurre et ananas se distinguent aussi bien au nez qu'en bouche. Un plus supplémentaire pour la finale persistante longue et crémeuse.
- 1988 GIMONNET   74, MARS 1994] 83
  (100 % CH)
  Le 1988 n'a pas tout à fait le corps du 1989, mais l'acidité est plus élevée, ce qui devrait lui donner une vie aussi longue. Le fruit n'est pas non plus aussi expansif et exotique que chez le 1989.
- 1986 GIMONNET   83, MARS 2000] 83
  (100 % CH)
  Mature et beurré. Définitivement un champagne typique du millésime, mais sans tonus. Gouleyant et sage. Plus je bois des 1986 semblables à celui-ci, plus je m'étonne que Selosse ait pu si bien réussir cette année assez moyenne.
- 1985 GIMONNET   69, MARS 1994] 75
  (100 % CH)
- 1982 GIMONNET   90, MAI 1993] 91
  (100 % CH)
  Un vin d'une qualité extraordinaire. Le parfum me fait penser au Taittinger Comtes de Champagne de la même année. Caramel au beurre, vanille et fleurs des champs se mélangent avec du fruit de la passion et des arômes d'agrumes. La saveur est très agréable avec une longueur en bouche souple, délicate et miellée.
- 1979 GIMONNET   96, OCTOBRE 2002] 96
  (100 % CH)
  Tiens! Ici il y a une ressemblance avec une grandeur comme Krug Clos du Mesnil de la même année. Miel, lanoline, coton et marrons grillés peuvent s'apercevoir avec un parfum de base riche, huileux, presque comme du pétrole. Pesanteur initiale merveilleusement grasse en bouche avant que les acidités fraîches et la résonance noisette commencent à dominer. Un grand vin!
- 1961 GIMONNET   91, MAI 2002] 91
  (100 % CH)
  Champagne bien conservé et riche avec un goût de noisette, ainsi qu'une acidité fraîche et des notes d'agrumes subsistantes. C'est toujours aussi merveilleux de boire des blancs de blancs bien vieillis des meilleurs viticulteurs. À cet âge il y a beaucoup de ressemblances avec Salon.

- 1996 GIMONNET SPECIAL CLUB   82, NOVEMBRE 2000] 94
(100 % CH)

Un vin embryonnaire extrêmement difficile à évaluer. Sous les acidités et les parfums verts, presque herbacés, il y a quelque chose de grand qui sent le pétrole et qui est très aristocratique. Attendez au moins quinze ans avant de déguster.

- 1995 GIMONNET COLLECTION   84, MARS 2001] 90
(100 % CH)

Globalement plus pierreux et plus avare comparé à la perfection exubérante du 1990. Les 40 % de Cuis peuvent en être l'explication. Le vin est juvénile, sec et cliniquement pur. À garder.

- 1990 GIMONNET COLLECTION   90, FÉVRIER 2002] 93
(100 % CH)

Un vin vraiment exquis qui s'est fait uniquement en magnum pour le passage à l'an 2000. Il y a une acidité fantastique, et une fraîcheur soutenue par un fruit mûr qui a le goût de citron vert, de gingembre et de citron confit. Des soupçons de vanille et de meringue peuvent s'apercevoir. Tout près des 94 points. L'un des 1990 les plus frais et les plus stimulants de la région. Les 89 % de raisins de Cramant pourraient expliquer pourquoi je le trouve meilleur que le 1995.

- 1989 GIMONNET COLLECTION   90, JUILLET 2001] 92
(100 % CH)

Avant de le goûter, j'ai cru que ce vin exubérant et d'une maturité étonnante pour un magnum était un 1982. Du miel et des notes d'amandes portent le nectar sucré vers une finale digne.
Un champagne infiniment délicieux, rafraîchissant et équilibré.

GIRAUD, HENRI R-M
71, boulevard Charles-de-Gaulle
51160 Ay
03 26 55 18 55
Production : 70 000

Ce vigneron d'Ay ne donne pas de renseignements sur ses vins, mais il vend volontiers quelques bouteilles si vous sonnez à sa porte. Presque trois étoiles.

- HENRI GIRAUD BRUT RÉSERVE   77
(100 % PN)
- HENRI GIRAUD ROSÉ   30
(100 % PN)
- 1995 HENRI GIRAUD FÛT DE CHÊNE   87, JUILLET 2004] 87
(70 % PN, 30 % CH)

Un très bon champagne d'Ay, bien en bouche, avec un caractère de chêne et riche en extraits. Malheureusement, le vin ne tient pas du tout dans le verre et le caractère oxydatif délibéré devient beaucoup trop exagéré.

- 1993 HENRI GIRAUD FÛT DE CHÊNE   85, MAI 2000] 89
(70 % PN, 30 % CH)

100 % de chêne, 100 % d'Ay. Le champagne ne semble pas encore complètement intégré. Il y a une bonne concentration et une acidité fraîche, ainsi qu'un goût prolongé et savoureux. Bouquet de chêne.

- 1991 HENRI GIRAUD   69, AVRIL 1996] 73
(50 % PN, 50 % CH)

GOBILLARD N-M
Château de Pierry
51530 Pierry
03 26 54 05 11
Production : 150 000

Dans la famille Gobillard on est viticulteur à Pierry depuis 1836. La maison ne fut cependant fondée qu'en 1941, par Paul Gobillard.

Aujourd'hui elle est gérée par sa veuve et le fils Jean-Paul. Autres vins : Réserve, Cuvée Régence.

- GOBILLARD CARTE BLANCHE BRUT   60
(75 % PN, 25 % CH)
- GOBILLARD CARTE RÉSERVE   63
(70 % PN, 30 % CH)
- GOBILLARD ROSÉ   49
(90 % PN, 10 % CH)
- 1982 PAUL GOBILLARD   73, OCTOBRE 2000] 76
(40 % PN, 60 % CH)

GOBILLARD, J.M. N-M
38, rue de l'Église
51160 Hautvillers
03 26 51 00 24
Production : 250 000

La famille Gobillard s'est établie à Hautvillers en 1945. Aujourd'hui c'est Thierry Gobillard qui est chargé de la gestion de la maison. Le vignoble mesure 25 hectares et 30 % des raisins sont achetés. Récemment, on a commencé une expérimentation avec des fûts de chêne pour certains vins.

- J.M. GOBILLARD TRADITION   59
(35 % PN, 35 % PM, 30 % CH)
- J.M. GOBILLARD GRANDE RÉSERVE   64
(25 % PN, 25 % PM, 50 % CH)
- J.M. GOBILLARD BLANC DE BLANCS   64
(100 % CH)
- J.M. GOBILLARD ROSÉ   61
(60 % PN, 40 % CH)
- 1999 GOBILLARD CUVÉE PRESTIGE   69, AOÛT 2003] 75
(40 % PN, 60 % CH)
- 1998 GOBILLARD PRIVILÈGE DES MOINES FÛT DE CHÊNE   82, AOÛT 2003] 85
(30 % PN, 70 % CH)

Un nouveau vin de prestige bien en ligne avec la dernière tendance. Le vin a obtenu un caractère souple et délicatement beurré à partir de fûts de chêne de deux ans d'âge de Puligny-Montrachet. Le résultat est très bon et bien structuré.

- 1997 J.M. GOBILLARD PRESTIGE   72, NOVEMBRE 2002] 76
(40 % PN, 60 % CH)
- 1999 GOBILLARD CUVÉE PRESTIGE ROSÉ   71, AOÛT 2003] 76
(40 % PN, 60 % CH)

GODMÉ PÈRE & FILS R-M
11, rue Werle
51360 Verzenay
03 26 49 41 88
Production : 90 000

Le grand-père d'Hugues Godmé a fondé la maison en 1935. À ce jour, Hugues possède 10 hectares à Verzenay. Autres vins : Rosé, Blanc de Blancs, Séduction, Millésime, Extra Brut.

- GODMÉ BRUT RÉSERVE   71
(100 % PN)

Très léger et élégant quand on considère l'origine. L'arôme pur et délicat de pêches est bien combiné avec des acidités fraîches.

GODMÉ, HUGUES R-M
10, rue de Verzy
51360 Verzenay
03 26 49 48 70
Production: 85 000
Le viticulteur est le propriétaire de 11,5 hectares à Verzenay,
Verzy, Beaumont-sur-Vesle, Villers-Marmery et Ville-Dommange.
Une partie infime des vins est vieillie en fûts de chêne.
- H. GODMÉ BRUT 25
  (100 % PN)
- 1986 H. GODMÉ 60, JUILLET 1992] 69
  (100 % PN)

GODMÉ, SERGE R-M
1, rue Roger
51160 Ay
03 26 55 43 93
Production: 60 000
À ne pas confondre ce Godmé avec Bertrand Godmé à Verzenay.
- SERGE GODMÉ BRUT 39
  (80 % PN, 20 % CH)

GOERG, PAUL C-M
4, place du Mont-Chenil
51130 Vertus
03 26 52 15 31
Production: 600 000
Paul Goerg symbolise la marque de la coopérative La Goutte d'Or.
La coopérative possède 115 hectares à Vertus, à Chouilly et au
Mesnil. La Goutte d'Or a longtemps fourni les grandes maisons
en « vin clair » chardonnay, de première catégorie. En 1982,
la coopérative décide de lancer sa propre marque. On utilise
uniquement du chardonnay Premier Cru et Grand Cru. De même,
seul le premier pressurage a la qualité nécessaire pour remplir
les bouteilles de Goerg. La cuvée standard n'est commercialisée
qu'après 3 à 4 ans, et le millésime après 5 ans. Autres vins : Rosé,
Brut Absolu, Cuvée du Centenaire.
- PAUL GOERG BRUT TRADITION 68
  (40 % PN, 60 % CH)
- PAUL GOERG BLANC DE BLANCS 71
  (100 % CH)
- 1996 PAUL GOERG 78, MARS 2003] 83
  (100 % CH)
  Plein à craquer de fruits et d'extraits, mais il est toujours peu
  structuré et un peu lourd. Cela me donne l'impression que
  quelqu'un a rempli un tableau de belles couleurs sans penser à
  l'équilibre. À voir si l'acidité élevée saura conduire ce vin à une
  grandeur, à travers un développement correctif et lent.
- 1995 PAUL GOERG 78, OCTOBRE 2001] 78
  (100 % CH)
- 1990 PAUL GOERG 80, OCTOBRE 1997] 85
  (100 % CH)
  Le vin combine force et élégance d'une manière excellente.
- 1988 PAUL GOERG 74, AVRIL 1995] 82
  (100 % CH)
  Ce vin est fait dans le même style que leur blanc de blancs non
  millésimé, mais avec une concentration un brin plus élevée et
  une meilleure longueur.

GONET SULCOVA R-M
13, rue Henri-Martin
51200 Épernay
03 26 54 37 63
Production: 120 000
Ce viticulteur est installé dans le bâtiment peut-être le plus négligé
d'Épernay. Sur 80 % des 15 hectares on cultive le chardonnay.
Le domaine possède également des vignobles à Oger, Épernay, Le
Mesnil, Vertus, Barbonne Fayel, Montgueux et Loches-sur-Ource.
Au gouvernail on trouve aujourd'hui Vincent Gonet, évidemment
apparenté à tous les autres portant le même nom à la côte des Blancs.
- GONET SULCOVA BLANC DE BLANCS 59
  (100 % CH)
- GONET SULCOVA ROSÉ 58
  (100 % PN)
- 1998 GONET SULCOVA GRAND CRU 80, SEPTEMBRE 2002] 83
  (100 % CH)
  Avec des raisins d'Oger et du Mesnil c'est rare de ne pas réussir
  son vin. Le charme direct et accessible du millésime se reflète bien
  dans ce vin pur et souple. Sous le sourire il y a une couche d'un
  caractère minéral un peu plus frais qui rend l'ensemble plus serré.
- 1989 GONET SULCOVA 80, SEPTEMBRE 2001] 80
  (100 % CH)
  Un peu trop gras et avec trop peu d'acidité à mon goût. Des arômes
  massifs d'amandes et de miel remplissent le palais et le nez. Goût
  riche et sucré se mariant avec le fromage de chèvre et du miel truffé.
- 1995 GONET SULCOVA SPECIAL CLUB 84, JUILLET 2002] 86
  (100 % CH)
  Un vin de prestige concentré, issu de ceps âgés de 55 ans. Assez
  explosif dans son expression avec des notes brûlées et de pain,
  ainsi qu'une trace de chocolat blanc. Peut-être un peu étroit et
  rustique dans son apparence, mais tout de même fascinant dans
  son style droit et franc.

GONET, FRANÇOIS R-M
1, rue du Stade
51190 Le Mesnil-sur-Oger
03 26 57 53 71
Production: 30 000
François est le frère du renommé Philippe Gonet, et possède
11 hectares au Mesnil, à Cramant et à Montgueux. 50 000
bouteilles sont vendues chaque année sur lattes, et les vins de
sa propre marque font partie des plus simples du cru. Il est aussi
fier de son domaine dans la Loire, le domaine de Cathyanne.
Autres vins : Millésime, Special Club.
- F. GONET BRUT 53
  (50 % PN, 50 % CH)
- F. GONET RÉSERVE 58
  (50 % PN, 50 % CH)
- F. GONET DEMI-SEC 33
  (50 % PN, 50 % CH)
- F. GONET ROSÉ 48
  (20 % PN, 40 % PM, 40 % CH)

GONET, MICHEL *** R-M
196, avenue Jean-Jaurès
51190 Avize
03 26 57 50 56
Production: 300 000
Un des plus grands viticulteurs de Champagne en termes de
volume, et l'une des personnalités les plus excentriques de la région.

Michel Gonet, qui s'intéresse aussi à la chasse, dispose de 40 hectares à Avize, Le Mesnil, Vindey, Montgueux, Oger et Fravaux. 80 % de ses terres sont plantées de chardonnay. Trois quarts de la production sont exportés vers les pays anglophones, où son champagne équivoque, Marquis de Sade, a remporté un franc succès. Michel Gonet fait de nombreux vins commerciaux et simples, mais son millésimé jouit d'une très bonne réputation. Depuis 1986 Gonet est le propriétaire de Château Lesparre, un domaine de 180 hectares à Graves de Vayres.

- MICHEL GONET BRUT   59
  (50 % PN, 50 % CH)
- MARQUIS DE SADE   68
  (100 % CH)
- MICHEL GONET BLANC DE BLANCS GRAND CRU   70
  (100 % CH)
- MICHEL GONET RÉSERVE BLANC DE BLANCS   69
  (100 % CH)
- MICHEL GONET ROSÉ   45
  (100 % PN)
- 1996 MICHEL GONET   77, MAI 2003] 82
  (20 % PN, 80 % CH)
  Bouquet très individuel et intensément parfumé, où j'ai également trouvé de la réglisse et de la viande bouillie, outre les notes fleuries. Bon goût vigoureux rappelant le Mesnil avec le cachet du vigneron.
- 1996 MICHEL GONET RÉSERVE   79, FÉVRIER 2002] 80
  (30 % PN, 70 % CH)
  Des raisins de Vindey, de Fravaux et de Montgueux font partie de l'assemblage, et ça se sent. Le vin m'a totalement désorienté lors d'une dégustation privée fort sympathique, chez moi, avec dix blancs de blancs provenant des villages de Grand Cru. J'ai été assez distrait pour penser que ce vin en faisait partie. Il ressortait comme remarquable et oxydatif en comparaison avec les autres. Déjà mature, avec des nuances de champignons, de réglisse et de jacinthe. Bien plus agréable dégusté à part, qu'en compagnie de beautés élégantes d'Avize, de Cramant et du Mesnil.
- 1994 MICHEL GONET   80, NOVEMBRE 2003] 83
  (100 % CH)
  Un millésimé un peu à part qui a encore quelques années pour développer quelque chose de passionnant. Il se peut que l'acidité et le corps un peu maigre sauront se muscler avec le temps, mais permettez-moi d'en douter. Gonet fait toujours des blancs de blancs plus puissants qu'élégants. Cette fois-ci la vraie puissance fait défaut. Une bonne pureté et une bonne acidité relèvent l'impression générale.
- 1993 MICHEL GONET   82, AVRIL 2000] 85
  (100 % CH)
  Bouquet très large, rappelant celui des grandes maisons, avec des notes de pain frais et de biscuits. Goût corsé et citronné avec des nuances de mandarine et d'épices. La structure est bonne et le faible dosage digne d'éloges.
- 1988 MARQUIS DE SADE   73, JUILLET 1996] 83
  (100 % CH)
  Un champagne dense et riche avec une bonne vinosité, mais sans le charme ou l'élégance que l'on a le droit d'exiger d'un Avize.
- 1982 MICHEL GONET   85, JANVIER 2002] 85
  (100 % CH)
  Un 1982 riche et gras sans grande finesse. Finale beurrée avec une nuance sous-jacente de champignons.

- 1976 MICHEL GONET   93, FÉVRIER 2003] 93
  (100 % CH)
  Le 1976 est un grand vin avec une puissance masculine, de la richesse et beaucoup d'épices. Une des étoiles du millésime avec son fruit huileux et sa note de fumée.
- 1990 MICHEL GONET   84, JUILLET 2003] 87
  (100 % CH)
  Grand et brusque avec des notes chaudes et fumées ainsi qu'une maturité naissante. Nombreux sont ceux qui croient probablement que ce vin a atteint son sommet, surtout ceux qui n'ont pas goûté le 1976 gras et sucré, mais je suis moi-même convaincu que ce sera un vin plus harmonieux et poli dans cinq ans environ.
- 1992 MICHEL GONET ROSÉ   59, SEPTEMBRE 1997] 61
  (100 % PN)
- 1998 MICHEL GONET PRESTIGE   78, MARS 2004] 84
  (100 % CH)
  Une petite déception pour moi. Un peu trop grossier, terreux, rustique et désobligeamment sec à mon goût dans l'immédiat. Je sais à quel point les vins de Gonet se développent bien dans le temps et il est clair qu'il y a du terroir et des extraits qui peuvent créer une harmonie dans l'avenir.
- 1996 MICHEL GONET PRESTIGE   84, OCTOBRE 2003] 88
  (100 % CH)
  Ici aussi des raisins d'Oger et du Mesnil. Pureté classique et une complexité fumée qui fleure quasiment le silex, avec un fruité arrondi et de belles acidités fraîches sous-jacentes. Un vrai délice d'ici quelques années.

GONET, PHILIPPE *** R-M

6, route de Vertus
51190 Le Mesnil-sur-Oger
03 26 57 53 47
Production: 150 000

Ce Gonet est bien entendu apparenté à Michel Gonet à Avize. L'entreprise familiale existe depuis six générations, établie en 1820, et possède l'une des plus impressionnantes collections de vieux millésimes de toute la Champagne. Sur les 19 hectares de Gonet, 6 sont situés à Oger et le reste au Mesnil. Aujourd'hui, la gestion est assurée par Chantal Brégeon Gonet et par son frère Pierre Gonet. Candidat pour quatre étoiles.

- P. GONET ARTIST BOTTLE   75
  (100 % CH)
- P. GONET RÉSERVE   56
  (50 % PN, 50 % CH)
- P. GONET BLANC DE BLANCS   68
  (100 % CH)
- P. GONET ROSÉ   63
  (5 % PN, 95 % CH)
- 1998 P. GONET   84, JUIN 2003] 88
  (100 % CH)
  Ce champagne est la preuve vivante que les vins du Mesnil et d'Oger nécessitent beaucoup de temps. Le vin a un potentiel remarquable, mais donne aujourd'hui une sensation mordante et cartonneuse, avec pureté et plein de minéral. Une finale constituée de biscuits nous fait deviner ce que nos enfants pourront déguster dans l'avenir. 98 % de Mesnil et 2 % d'Oger.
- 1996 P. GONET   85, SEPTEMBRE 2003] 89
  (100 % CH)
  Cachez ce vin au fond de la cave et oubliez où vous l'avez mis. Il est déjà bon, mais la vraie récompense se fera attendre. Un grand vin bien structuré à faire vieillir pour surprendre vos amis dans 10 ans.

• 1995 P. GONET   84, JUIN 2003] 86
(100 % CH)
Beurré et doté d'une saveur riche rappelant le chocolat au lait.
Pas tellement classique ou typique du cru. Manque un peu de
mordant, ce qui est rare chez ce producteur.

• 1990 P. GONET   82, FÉVRIER 1997] 88
(100 % CH)
Riche et typique du millésime avec un arôme de safran distinct et
une longueur en bouche prononcée.

• 1988 P. GONET   75, JUILLET 1995] 85
(100 % CH)
Pur, élégant, frais, riche en minéral et crépitant.

• 1975 P. GONET   96, OCTOBRE 2002] 96
(100 % CH)
Oh, que c'est beau! Je n'avais guère escompté que ce vin serait
le meilleur dégusté de ce producteur. Par exemple, le voisin Salon
a sauté le 1975. Voici une démonstration du summum de la
finesse pour les quelques rares privilégiés qui peuvent descendre
dans la cave de Gonet et goûter ce trésor caché. Le vin rappelle le
1966 et le 1979 de Launois, et le 1973 de Pierre Peters. Tout le
vin respire Le Mesnil.

• 1966 P. GONET   91, JUIN 2003] 91
(100 % CH)
Un peu fatigué dans son aspect et dans sa mousse. Pourtant
classique et beau avec une profondeur sèche, presque salée et
beurrée, et teintée de noisette, qu'ont uniquement les vins
provenant du Mesnil.

• 1945 P. GONET
(100 % CH)

• P. GONET ROY SOLEIL   84, DÉCEMBRE 2003] 88
(100 % CH)
Ce nouveau vin prestige du Mesnil a passé huit mois dans de
nouveaux demi-muids de bourgogne. Puisque les demi-muids
sont grands, l'influence du chêne est moindre, mais le vin est tout
de même assez fortement marqué par ce traitement. Comme c'est
souvent le cas avec des vins jeunes vieillis en fût, la décantation
est recommandée. La première version est faite avec les jeunes
millésimes 2000 et 2001. L'acidité est élevée et le fruit extrêmement
prometteur.

• 1998 P. GONET SPECIAL CLUB   85, JUILLET 2003] 91
(100 % CH)
Blanc de blancs grand, sec et puissant avec toute la concentration
qu'on a le droit d'espérer d'une bouteille club. Des notes minérales
délicates jouent doucement dans le fond.

• 1996 P. GONET SPECIAL CLUB   88, SEPTEMBRE 2003] 92
(100 % CH)
Champagne modèle du Mesnil! Très focalisé et équilibré avec du
fruit gras, luxueux et concentré. L'acidité élevée n'est aucunement
gênante puisqu'elle est enveloppée de tant de merveilles.

• 1995 P. GONET SPECIAL CLUB   85, FÉVRIER 2002] 88
(100 % CH)
Je suis rarement plus séduit par un 1996 que par un 1995 du
même vin, comme c'était le cas cette fois-ci. Ce vin est très bon,
mais ne s'approche même pas du millésime suivant, même au
début. Poli, délicieux et moyennement corsé avec des notes
d'agrumes rouges dans une finale pierreuse.

• 1990 P. GONET SPECIAL CLUB D.T.   91, JUIN 2003] 92
(100 % CH)
Tient très bien, mais n'est pas encore tout à fait développé. Des
notes de caramel et de fruits exotiques donnent le leitmotiv. C'est
une joie de le suivre.

• 1989 P. GONET SPECIAL CLUB   80, JUILLET 1995] 88
(100 % CH)
Produit à partir de ceps âgés de 66 ans dans Les Hauts Jardins. Si
gras et plein de mâche qu'il donne presque une sensation de grossièreté.

• 1988 P. GONET SPECIAL CLUB   88, MAI 2002] 92
(100 % CH)
Un champagne riche avec une immense concentration et des notes
de fruits rouges, d'amandes et de cire d'abeille. Une impression
trompeuse de maturité.

• 1988 P. GONET SPECIAL CLUB D.T.   93, JUIN 2003] 93
(100 % CH)
Récemment dégorgé et sans dosage, ce vin est complètement
mature et très beau à l'âge de 15 ans. Goût de noisette rappelant
le Salon, et l'élégance sobre du beurre noir et des huîtres.

• 1976 P. GONET SPECIAL CLUB   89, OCTOBRE 2002] 89
(100 % CH)
Le 1976, comme préféré de la cave et non dosé, est un peu oxydatif
et corpulent sans la finesse qui a donné sa réputation au cru. Sans
doute plus agréable normalement dégorgé. Pourquoi pas en magnum?

GOSSET**** N-M
69, rue Jules-Blondeau
51160 Ay
03 26 56 99 56
Production: 900 000
Ruinart est peut-être la maison de champagne la plus ancienne,
mais Gosset était producteur de vins tranquilles bien avant. En 1584,
Pierre Gosset vendait déjà son vin d'Ay en tant que négociant.
La famille possède à ce jour 12 hectares dans les villages d'Ay,
de Bouzy, de Mareuil et de Rilly, tous plantés de pinot noir. Ceci
couvre uniquement 20 % des besoins, mais le caractère des crus
se distingue clairement dans les millésimés. Gosset fait partie
des vrais traditionalistes de la région, avec étiquetage à la main et
dégorgement à la volée. On utilise aussi de vieux fûts de chêne où
l'on fait vieillir les millésimés durant une courte période, ce qui ne
procure qu'un soupçon de caractère de chêne. Les vins sont toujours
riches et pleins de corps avec des traits importants de pinot d'Ay et
de chardonnay de première catégorie. Le vinificateur est l'ingénieux
Jean-Pierre Mareignier. En 1994, après être restée plus de 400 ans
dans la famille, la maison Gosset a été vendue au groupe familial
Renaud-Cointreau, qui est le propriétaire de Cognac Pierre Frapin
Grande Champagne. Puisque la maison Gosset est connue et
appréciée par des œnophiles initiés dans le monde entier, elle est
capable de renforcer sa présence sur le plan international et en même
temps de préserver sa grande qualité. Ses cuvées remarquables
sont servies dans les meilleurs restaurants. Les millésimés sont
particulièrement appréciables avec le divin 1952 comme référence.
Le vin a gagné le troisième prix lors de la dégustation du millénaire
(voir page 66)! Une des toutes premières maisons de Champagne.

• GOSSET BRUT EXCELLENCE   80
(42 % PN, 9 % PM, 49 % CH)
Moins puissant et concentré que la Grande Réserve, mais plus
savoureux en grandes portions. Le vin est riche en fruits pinot et
en arômes de chocolat. Le dosage est inutilement élevé dans ces
deux cuvées standard de chez Gosset.

• GOSSET GRANDE RÉSERVE   83
(40 % PN, 12 % PM, 48 % CH)
Un champagne gras et huileux avec des tonnes de pommes mûres
et une saveur pinot viandée. Seulement dans la finale, riche en
minéral, on ressent les raisins chardonnay. Cuvée standard
merveilleusement riche et toujours une des meilleures.

• GOSSET BRUT (1966-BASE) 92, JUIN 2001] 92
(40% PN, 10% PM, 50% CH)
Jean-Pierre Mareignier, le maître de chai chez Gosset, dispose d'une cave très intéressante, où le chaos et le désordre régnaient à l'époque de ma visite suite à un déménagement. Ce vin venait de la partie surprise de la cave. Après un contrôle soigneux du bouchon, et la dégustation faite, nous avons trouvé que c'était un non millésimé avec du 1966 dans la base. Le vin en lui-même constitue une preuve merveilleuse de la manière dont les cuvées standard peuvent se développer dans des conditions impeccables. Certes, 1966 était une année exceptionnelle, et de plus on ne doit pas oublier que les fûts de chêne dominaient toujours à l'époque. Je fus en tout cas assez convaincu pour cacher quelques bouteilles non millésimées de chez Gosset au fin fond de ma cave.

• GOSSET GRANDE ROSÉ 88
(40% PN, 14% PM, 46% CH)
Grand et puissant comme tous les vins Gosset. Quelque peu rustique et unidimensionnel avec des arômes marqués par le cachet du vigneron lorsqu'il fut introduit sur le marché. Le bouquet faisait penser à des épluchures de pommes rouges et des prunes. Aujourd'hui le vin est très grand et harmonieux avec une bonne dose de fraîcheur et d'élégance. Une belle sensation arrondie et compacte en bouche, avec une finale persistante des pommes les plus juteuses.

• 1983 GOSSET 88, DÉCEMBRE 2003] 88
(60% PN, 40% CH)
Une saveur puissante dominée par le pinot et une bonne structure grasse. La plupart des dégustateurs ont trouvé un arôme de pommes. Personnellement je pense que les prunes, les raisins secs et les betteraves sont de meilleures paraboles pour décrire ce champagne de repas plein de corps.

• 1979 GOSSET 93, JANVIER 2003] 93
(34% PN, 5% PM, 61% CH)
Aujourd'hui un champagne classique qui représente aussi bien le millésime que la maison. Équilibre parfait, un bouquet assemblé et séduisant, ainsi qu'une finale délicieusement noisette.

• 1978 GOSSET 91, JANVIER 2002] 91
(34% PN, 5% PM, 61% CH)
J'avais compris que le style rond et riche de chez Gosset serait parfait pour ce millésime un peu mince. D'habitude je trouve toujours un creux dans le goût intermédiaire chez la plupart des 1978, mais pas cette fois-ci. Le nez est exquis avec une complexité à la Krug, fait d'épices, de bois, de miel, de foie gras de canard, et de caramel aux noisettes. Le goût n'est pas tout à fait à la même hauteur, bien qu'il tienne de façon excellente.

• 1976 GOSSET 95, JANVIER 2003] 95
(50% PN, 50% CH)
Acidité exceptionnelle dans un vin presque huileux et plein de mâche. Des arômes superbes de thé, d'abricot et de miel.

• 1975 GOSSET 93, JUIN 2001] 93
(60% PN, 40% CH)
Le 1975 est magnifique aujourd'hui. À l'âge de 13 ans il lui restait beaucoup de sa jeunesse, mais on pouvait deviner les arômes de chocolat qui s'approchaient subrepticement. Du fruit massif, riche et gras avec une belle longueur en bouche, sèche et serrée. L'astringence est conservée et agit comme colonne vertébrale même si le vin est devenu miellé avec un goût noisette.

• 1973 GOSSET 93, AVRIL 2002] 93
(60% PN, 40% CH)
Un style oxydatif et typiquement Gosset. Des notes, aussi bien au nez qu'en bouche, de rudbeckia pourpre (*Echinacea purpurea*)

pommes rouges, de miel et de truffes. La structure est masculine et pleine de corps, et la puissance indubitable. Testé récemment dégorgé et sans dosage. Normalement dégorgé, le vin apparaît comme joliment floral.

• 1971 GOSSET 93, NOVEMBRE 1996] 93
(60% PN, 40% CH)
Le 1971 est devenu un vin presque mythique. Je ne pensais pas qu'il était aussi remarquable. Celui-ci est pourtant un 1971 musclé avec un caractère pinot fumé à la Bollinger.

• 1970 GOSSET 94, JUIN 2001] 94
(40% PN, 60% CH)
Un 1970 merveilleux avec une robe profonde, une acidité superbe et des notes beurrées de chardonnay mûr. Le rendement faible a donné une boisson concentrée et complète, remplie d'arômes. Dans mon bloc-notes j'ai marqué : crème brûlée, café, chanterelles et nougat.

• 1966 GOSSET 88, JANVIER 2001] 88
(40% PN, 60% CH)
Dans la mesure où le vin était en bon état les 88 points sont une déception. Une mousse fraîche et une structure impressionnante. Hélas, le vin était unidimensionnel et manquait un peu de charme avec ses arômes assez exigeants de légumes et de gibier.

• 1964 GOSSET 92, JUIN 1999] 95
(34% PN, 66% CH)
Un magnum récemment dégorgé sans dosage, d'où l'écart entre l'évaluation donnée sur l'état actuel et la potentialité. Un Gosset extrêmement juvénile et délicat. Nez subtil floral d'aubépine, de lys et de sablés. Même la saveur est cristalline et remplie de finesse minérale. Un dosage et encore quelques années en bouteille après le dégorgement sont nécessaires pour que le vin s'arrondisse.

• 1961 GOSSET 94, MAI 2001] 94
(60% PN, 40% CH)
Clair et souple avec des fraises, des framboises, et des prunes rouges au centre. Plus d'élégance que de puissance malgré les arômes souples rappelant le vin rouge.

• 1959 GOSSET 95, JANVIER 2003] 95
(60% PN, 40% CH)
Gosset 1959, c'est aussi bon que ça en a l'air. Musclé et rond en même temps avec une saveur noisette qui attaque franchement, et une longueur en bouche souple et miellée.

• 1952 GOSSET 99, JUIN 2001] 99
(60% PN, 40% CH)
Un vin splendide avec une complexité merveilleuse et des notes grillées. Juvénile avec une bouche longue et majestueuse de caramel. Très intensif et bien équilibré avec une note de base de noisette. Difficile de faire mieux. Un géant qui a gagné la troisième place lors de la dégustation du millénaire (voir page 66). Mon ex-collègue Jan Netterberg tient celui-ci pour son meilleur champagne. Le vin l'a ému jusqu'aux larmes une journée d'été à Ay.

• 1996 GOSSET GRAND MILLÉSIME 90, FÉVRIER 2004] 93
(38% PN, 62% CH)
Déjà un grand vin concentré, huileux et plein de corps. La saveur est un numéro d'équilibriste entre la souplesse et la fraîcheur. Des noisettes, du caramel et du miel sont les arômes qui se distinguent déjà dans ce vin compact et jeune, au goût de fruit de la passion.

• 1995 GOSSET CÉLEBRIS 88, OCTOBRE 2003] 94
(54% PN, 46% CH)
Lumineux, délicieux, avec une souplesse étonnante. Habituellement, je reconnais toujours les champagnes qui n'ont pas subi de fermentation malolactique, déjà au nez. Il n'y a rien

du picotement coutumier qui caractérise ce type de vins dans leur jeunesse. 10 % de chêne se note en effet comme une épice. Bon développement à travers les années.

• 1993 GOSSET GRAND MILLÉSIMÉ   89, MAI 2003] 90
(46 % PN, 54 % CH)
Il y a ici une ressemblance évidente avec les saveurs dominées par le chardonnay chez le Célebris. Le vin est très frais et floral sans la rondeur oxydative à laquelle nous nous sommes habitués dans les champagnes Gosset. Soudain complètement mature l'été 2003.

• 1990 GOSSET CÉLEBRIS   91, FÉVRIER 2003] 94
(34 % PN, 66 % CH)
Le même style que le 1988 mais plus concentré et avec une profondeur plus importante. Dans le caractère il y a des ressemblances avec Krug, Gratien et Salon. L'acide malique donne une note fraîche et mordante, le chêne est apparent. Selon de nombreux dégustateurs, l'un des meilleurs champagnes de chez Gosset. Néanmoins, ce champagne fut l'un des plus faibles de la dégustation du millénaire (voir page 66).

• 1989 GOSSET GRAND MILLÉSIMÉ   90, JANVIER 2003] 90
(34 % PN, 66 % CH)
Visqueux, ayant presque de la mâche, avec une couleur rougeâtre développée. Le nez est costaud et imposant avec des notes de figues et de fruits tombés. Prêt à boire maintenant.

• 1988 GOSSET CÉLEBRIS   91, NOVEMBRE 2003] 94
(34 % PN, 66 % CH)
Plus léger et plus délicat que d'habitude avec un nez floral appétissant et une saveur exquise, crépitante et citronnée. Le premier millésime de ce vin célèbre. Une courbe de développement très longue, et un candidat pour la décantation.

• 1985 GOSSET GRAND MILLÉSIMÉ   92, FÉVRIER 2002] 94
(38 % PN, 62 % CH)
L'un des champagnes les plus classiques de chez Gosset qu'il m'ait été donné de goûter. Un vin équilibriste avec un aspect parfait et un spectre aromatique raffiné de fleurs blanches, de nectar, de fruit de la passion, de mangue, et une trace légèrement boisée. Le vin n'a pas subi de fermentation malolactique, ce qui donne un mordant frais pour accompagner les arômes cristallins, floraux et fruités.

• 1983 GOSSET CUVÉE SUZANNE   82, AVRIL 1996] 85
(60 % PN, 40 % CH)
Malheureusement trop sucré, mais plaisant, rond et presque un peu costaud en grande quantité. Indéniablement riche et impressionnant.

• 1983 GOSSET GRAND MILLÉSIMÉ   82, AOÛT 1997] 85
(60 % PN, 40 % CH)
Un vin grand et puissant sûrement considéré par d'aucuns comme mature. Pour ma part, je pense que le fruit sucré, oxydatif et écrasant est un peu déséquilibré pour l'instant. Le vin rappelle l'imposant 1983.

• 1982 GOSSET GRAND MILLÉSIMÉ GREEN LABEL
(55 % PN, 7 % PM, 38 % CH)   84, MAI 1991] 89
Un champagne racé pour l'esthète, avec un léger goût de noisette. Plus léger et plus serré que le Red Label.

• 1982 GOSSET GRAND MILLÉSIMÉ RED LABEL
(60 % PN, 40 % CH)   89, MAI 1994] 89
Style pinot mature, où le cru d'Ay a laissé son cachet. Goût de prune rond, opulent et corsé.

• 1979 GOSSET GRAND MILLÉSIMÉ   80, JANVIER 2002] 80
(60 % PN, 40 % CH)
J'ai été très déçu lorsque j'ai dégusté ce champagne lors du nouvel an 2002. Le nez un peu renfermé et impur a détérioré l'impression générale. Sinon, il y avait une belle bouche ronde avec des notes de figues, de truffes, de raisins secs et de pommes rouges. La robe était de profondeur moyenne et la mousse assez vive.

• 1975 GOSSET GRAND MILLÉSIMÉ   91, JANVIER 2002] 92
(60 % PN, 40 % CH)
Deux jours après ma grande déception concernant le 1979 de ce même vin, j'ai ouvert le 1975, en principe considéré comme plus faible, avec quelques amis. Voilà comment le monde des vins peut être imprévisible. Le 1979 était fatigué, ce vieillard fut pétillant. Je pense même que ce vin peut évoluer encore un peu à partir de son plateau juvénile et vigoureux. Il a toujours certains extraits un peu durs et non développés, et rappelle le Deutz du même millésime. pinot d'Ay indubitable et profond, avec des notes de goudron et de chèvrefeuille. Belle longueur fruitée avec une acidité élevée et une certaine dureté dans la finale.

• 1998 GOSSET CÉLEBRIS ROSÉ   89, OCTOBRE 2003] 94
(39 % PN, 61 % CH)
Déjà un rosé de luxe avec beaucoup de panache ainsi que du fruit juteux, de la rondeur et une complexité vineuse. Très frais et aromatique avec des notes de pommes à la Gosset, joliment imbriquées avec du pinot fleurant les fraises, et du chardonnay caressant et beurré.

• 1990 GOSSET GRAND MILLÉSIME ROSÉ
(18 % PN, 82 % CH)   90, MARS 2003] 92
Ce vin clair sent le chardonnay vieilli en fût de chêne, qui n'a pas subi de fermentation malolactique. La ressemblance avec Selosse Rosé est frappante. Le vin a une belle attaque, de la richesse et une grande personnalité.

• 1988 GOSSET GRAND MILLÉSIME ROSÉ
(18 % PN, 82 % CH)   83, NOVEMBRE 1994] 88
60 % de ce vin a été vinifié dans des fûts de chêne, mais ça se remarque à peine. Ici c'est du chardonnay élégant qui donne le ton. Jusqu'à maintenant, le nez délicat de fraises, de crème et de minéral reste assez discret. La saveur est plus impressionnante avec du chardonnay profond, élégant et suggestif avec une trace de noisette.

• 1985 GOSSET GRAND MILLÉSIME ROSÉ
(18 % PN, 82 % CH)   93, JANVIER 2003] 94
Unique, sensationnel et exceptionnel, ce n'est pas de trop pour décrire ce champagne à couleur orange et mature. Son bouquet a de multiples facettes. Les notes dominantes sont le chocolat à la menthe et les champignons sauvages. Le goût est crémeux et massivement beurré.

• 1982 GOSSET GRAND MILLÉSIME ROSÉ
(12 % PN, 88 % CH)   88, JANVIER 2004] 88
Un rosé renommé vinifié dans un style moderne. Belle robe pâle, mousse pétillante, caractère délicatement minéral, plutôt léger. Un vin qui n'est pas extraverti, mais qui est devenu meilleur et plus riche dernièrement.

• GOSSET CUVÉE LIBERTÉ 1986   84, JANVIER 2002] 84
Vin de jubilé non millésimé avec dosage élevé afin de plaire aux Américains. Bel aspect et un bouquet agréable évoquant la menthe et le caramel. Hélas, le vin ne tient pas longtemps dans le verre et doit être considéré comme une déception.

• GOSSET LA TOUR EIFFEL
(60 % PN, 40 % CH)

• 1983 GOSSET LA TOUR EIFFEL   87, JANVIER 2002] 87
(60 % PN, 40 % CH)
Ce champagne brut, aujourd'hui avec une saveur noisette, et cette belle étiquette ont été élaborés pour le centenaire de la tour Eiffel en 1989. Un 1983 bien conservé, avec un aspect jeune et une mousse délicate. Le nez fleure la noisette et le chocolat et le goût est un peu séché à l'instar de tant de champagnes de ce millésime surestimé.

- GOSSET CUVÉE LIBERTÉ ROSÉ 1986   83, JANVIER 2003] 83
Une bouteille claire fabriquée pour célébrer l'anniversaire de la
Statue de la Liberté. Vin basique de la fin des années 1970 et du
début des années 1980. Robe pâle orangée. Bouquet simple,
fumé et oxydatif. Goût léger sans grandes dimensions.

GOSSET-BRABANT *** R-M
23, boulevard du Maréchal-de-Lattre-de-Tassigny
51160 Ay
03 26 55 17 42
Volume de production : 50 000
Curieusement, de nombreux viticulteurs de la côte des Blancs
couvrent de louanges ce vigneron qui est le voisin de Bollinger.
Dans la famille, on est vigneron à Ay depuis 1584. Gosset-Brabant
est l'un des rares producteurs qui font des Ay rouges. La production
de ce trésor, que je considère comme l'un des meilleurs vins rouges
de la région, s'élève uniquement à 1500 bouteilles.

- GOSSET-BRABANT TRADITION   70
(70 % PN, 10 % PM, 20 % CH)
- GOSSET-BRABANT RÉSERVE   77
(75 % PN, 5 % PM, 20 % CH)
- GOSSET-BRABANT ROSÉ   51
(74 % PN, 8 % PM, 18 % CH)
- 1997 CUVÉE GABRIEL SPECIAL CLUB   88, FÉVRIER 2004] 90
(70 % PN, 30 % CH)
C'est la première fois que je vois une bouteille Special Club
avec une dénomination spéciale. Est-ce permis ? En tout cas,
le vin est phénoménal. Crémeux et harmonieux avec
une sensation luxueuse et concentrée que l'on trouve
uniquement chez les vins faits à partir de raisins provenant
de vieux ceps des meilleurs crus.
- 1995 CUVÉE GABRIEL   89, OCTOBRE 2001] 93
(70 % PN, 30 % CH)
J'estime que les frères ont réussi à faire un vin exceptionnel.
La recette est du pur Ay sans fermentation malolactique. Pour
l'instant, le vin est frais et crépitant avec une note de caramel
et certains traits basiques à la Roederer, ainsi qu'une énorme
acidité. Délicieux, dansant, aérien et extrêmement bien fait.
- 1990 CUVÉE GABRIEL   83, MARS 2000] 83
(70 % PN, 30 % CH)
Un vin bien gonflé et généreux, avec des tonnes de maturité, un
arôme de miel et une couche gustative évidente de fruits rouges.
Le vin est un peu unidimensionnel malgré une touche agréable
de chèvrefeuille. Bonne concentration, mais est-ce qu'un 1990
doit être prêt avant son dixième anniversaire ?
- 1989 CUVÉE GABRIEL   74, JUILLET 1995] 83
(70 % PN, 30 % CH)
Le nez est crémeux et rempli de prunes sucrées. Bonne saveur
initiale mais la longueur ne suffit pas.

GOULET, GEORGE *** N-M
1, avenue de Paris
51100 Reims
03 26 66 44 88
Production : 1 500 000 (100 000 vendus sous le nom de Goulet)
Une maison de champagne avec une histoire complexe. François
André Goulet a démarré l'activité en 1834. En 1960, la maison a
été achetée par Abel Lepitre, qui a laissé tomber le nom réputé en
désuétude. Aujourd'hui, la plus grande partie des activités a été
transférée à Vaudemanges, où Luc Chaudron est bien déterminé
à faire passer le nom de Goulet au premier rang. Goulet fut

pendant de nombreuses années le fournisseur de la maison royale
de Suède. Uniquement 10 % de la production est vendue sous
le nom de Goulet. Le reste est vendu sous le nom du négociant,
ou sous l'étiquette Chaudron & Fils. La maison fait des
champagnes d'excellente qualité, merveilleusement souples,
basés sur du pinot.

- G. GOULET BRUT   76
(66 % PN, 34 % CH)
- G. GOULET ROSÉ   75
(70 % PN, 30 % CH)
- 1988 G. GOULET   80, NOVEMBRE 1994] 86
(66 % PN, 34 % CH)
Dans le bouquet je trouve surtout des notes chardonnay, comme
les fleurs et la crème. Le goût, en revanche, est dominé par
l'arôme pinot noir souple et très caractéristique de la maison.
Longueur en bouche avec notes d'amandes.
- 1985 VEUVE G. GOULET   80, NOVEMBRE 1994] 89
(50 % PN, 50 % CH)
Un champagne jeune et non développé qui porte en lui bien des
choses intéressantes. Des notes de pâtisserie au nez et une belle
attaque en bouche, mais la persistance a besoin d'encore quelques
années pour développer une longueur plaisante.
- 1982 G. GOULET   87, DÉCEMBRE 1999] 87
(66 % PN, 34 % CH)
Ce vin a fait sensation autour d'une table de Noël à majorité
féminine, chez un de mes meilleurs amis. La plupart étaient aux
anges grâce à ce champagne flatteur au goût de chocolat au lait et
avec une senteur de mélasse. Moi-même, je me suis laissé gagner
par leur enchantement non simulé, mais le vin a tout de même
un dosage trop élevé, et la longueur en bouche est trop courte.
- 1979 G. GOULET   89, MARS 2000] 89
(66 % PN, 34 % CH)
Caractère mature de levure et de pain frais, avec l'épine dorsale
constituée par du pinot noir distingué. Après un peu de temps
dans le verre on peut deviner l'arôme noisette du millésime.
Saveur massive avec tendance gastronomique, terminée par
une touche finale délicatement acidulée et épicée.
- 1976 G. GOULET   88, MAI 2000] 88
(66 % PN, 34 % CH)
Superbement gras et riche en alcool. Très impressionnant, mais
l'acidité fait défaut. Peut-être parce que j'ai bu ce champagne
assez exigeant à l'extérieur au mois de mai, et non pas avec des
plats pour lesquels il aurait mieux convenu.
- 1975 G. GOULET   88, JANVIER 2000] 88
(66 % PN, 34 % CH)
Serré et sec. Bouquet vif avec du chêne en note sous-jacente.
Charmant est un mot qui n'a pas sa place ici. Sérieux et astringent
sont des épithètes qui sont mieux désignées pour décrire ce
champagne bien fait, toujours juvénile et distingué.
- 1973 G. GOULET   89, OCTOBRE 1996] 89
(60 % PN, 40 % CH)
Corsé avec un fruité direct en bouche. Bouquet saturé de
chocolat. À boire sans attendre.
- 1970 G. GOULET   86, AVRIL 2000] 86
(66 % PN, 34 % CH)
Bien trop peu de 1970 ont supporté la garde. La plupart se
trouvent sur la pente. Même celui de Goulet a vu de meilleurs
jours. Je pense quand même que ce vin presque trop mûr, et riche
en aldéhydes, dégage toujours un charme distingué et paisible.
- 1942 G. GOULET
(66 % PN, 34 % CH)

• 1928 G. GOULET   90, MAI 2001] 90
(66 % PN, 34 % CH)
Normalement, l'acidité est très tangible dans les 1928, mais ici tout le vin donnait une impression d'être onctueux, sucré et souple. Comme un vin à dessert harmonieux de la Loire, ce nectar saveur pêche est descendu dans nos gosiers accueillants. Mousse tout juste perceptible, couleur pâle, juvénile et délicate, et complètement dépourvue d'arôme de xérès.

• 1926 G. GOULET   84, DÉCEMBRE 2002] 84
(66 % PN, 34 % CH)
Apparence ancienne et noble avec le même ton orangé qu'un vieux *beerenauslese* allemand. Le nez et la bouche rappellent un vieux tokay. Pas de mousse, mais une bonne acidité et de beaux arômes sombres et brûlés. Comme un vieux monsieur en chapeau melon.

• 1904 HENRY GOULET
(70 % PN, 30 % CH)

• 1982 G. GOULET BLANC DE BLANCS   78, DÉCEMBRE 1996] 78
(100 % CH)

• 1973 G. GOULET BLANC DE BLANCS   79, SEPTEMBRE 1997] 79
(100 % CH)

• 1976 G. GOULET CUVÉE DU CENTENAIRE 91, JANVIER 2002] 91
(66 % PN, 34 % CH)
Meilleure fraîcheur et une mousse plus pétillante que le 1976 ordinaire. Que cela dépende de la variation des bouteilles ou que cette cuvée soit en fait meilleure que les autres, je l'ignore. Couleur très pâle et paradoxalement en même temps un bouquet puissant de choux de Bruxelles et d'autres légumes bouillis, combiné avec des arômes fumés et de caramel. Grande complexité ainsi que pesanteur. Beau caractère de pinot noir mûr avec un corps majestueux et de l'équilibre.

GOUTORBE, H.*** R-M
9 bis, rue Jeanson
51160 Ay
03 26 55 21 70
Volume de production: 120 000
Henri et son fils René Goutorbe sont connus pour leur Ay rouge, mais ils font aussi du très bon champagne. La maison fait partie de celles, peu nombreuses, qui vendent leurs millésimes anciens. La plupart des vins ont une belle rondeur, et si on a de la chance, on peut trouver de belles notes de senteurs florales les plus parfumées de l'été, comme le jasmin et le chèvrefeuille.

• H. GOUTORBE BRUT   75
(65 % PN, 5 % PM, 30 % CH)

• H. GOUTORBE PRESTIGE   77
(65 % PN, 5 % PM, 30 % CH)

• H. GOUTORBE BLANC DE BLANCS   65
(100 % CH)

• H. GOUTORBE ROSÉ   61
(100 % PN)

• 1998 H. GOUTORBE   82, FÉVRIER 2004] 84
(66 % PN, 34 % CH)
Style hautement personnel avec une multitude de prunes jaunes imbriquées dans l'ensemble. Certaines notes florales ainsi qu'âpreté et parfum. Belle bouche concentrée qui aurait pu être plus longue.

• 1996 H. GOUTORBE   83, SEPTEMBRE 2003] 86
(66 % PN, 34 % CH)
Plus souple qu'espéré, mais il est peut-être inutile de s'attendre à un vin acidulé de la part de Goutorbe. Ce que je veux dire, c'est que les vins de cette maison sont gras, huileux et un peu plats,

avec des arômes de fruits tombés ; c'est pourquoi le 1996 est une bonne année pour Goutorbe. Le parfum est typique pour le cru, mais il a aussi une pellicule beurrée sur le fruit tombé et les notes de rudbeckia pourpre *(Echinacea purpurea)*.

• 1995 H. GOUTORBE   81, AVRIL 2003] 83
(66 % PN, 34 % CH)
Développé et assez sucré avec beaucoup de raisins secs. Franchement, j'attendais plus de ce vigneron normalement fiable. Souple, rond et étonnamment rustique.

• 1994 H. GOUTORBE   77, SEPTEMBRE 2001] 79
(67 % PN, 33 % CH)

• 1983 H. GOUTORBE   90, SEPTEMBRE 1996] 90
(66 % PN, 34 % CH)
Un champagne sensuel avec un parfum délicieux de chèvrefeuille, de coquilles d'huîtres et de cuir. La saveur n'est peut-être pas aussi sensationnelle, mais suffisamment riche pour le soulever jusqu'aux 90 points.

• 1982 H. GOUTORBE   86, JANVIER 2003] 86
(66 % PN, 34 % CH)
Nez superbe de chèvrefeuille et une bouche sucrée, miellée et mature avec des traces de prunes.

• 1976 H. GOUTORBE   86, MAI 1996] 86
(66 % PN, 34 % CH)
Ce vieillard était toujours en vente en mai 1996. Dégorgé assez récemment à l'époque, et très bien conservé, il est un bon représentant de la maison. Vous trouverez ici de la force sous la surface élégante. Les notes minérales sont très distinctes.

• 1989 H. GOUTORBE SPECIAL CLUB   84, FÉVRIER 2003] 84
(50 % PN, 50 % CH)
Un champagne pur Ay avec une couleur dorée, un parfum de roses, prune et crème. Saveur fraîche et riche avec beaucoup de corps. Champagne surtout destiné à des plats de résistance. Un peu brusque.

• 1988 H. GOUTORBE SPÉCIAL CLUB   85, JUILLET 1995] 89
(70 % PN, 30 % CH)
Extrêmement riche, rond et accessible avec une richesse crémeuse et sucrée.

• 1987 H. GOUTORBE SPÉCIAL CLUB   80, AVRIL 1996] 82
(66 % PN, 34 % CH)
Un 1987 élégant et retenu avec une belle note de brioche et de vanille. Un peu creux et vert avec une note de vanille qui revient dans l'arrière-goût.

GRATIEN, ALFRED **** N-M
30, rue Maurice-Cerveaux
51200 Épernay
03 26 54 38 20
Production: 175 000
L'une des maisons de champagne les plus traditionnelles, qui a été fondée en 1864. Tous les vins sont fermentés dans de petits fûts de chêne, et les vins de réserve sont vieillis en foudres de chêne. On évite également la fermentation malolactique. La raison pour laquelle Gratien ne fait pas d'aussi grands champagnes que Bollinger ou Krug est que les raisins achetés ne sont pas toujours de la meilleure qualité. Une grande partie de l'assemblage est également constituée par du pinot meunier. Les vins, qui sont élaborés par Jean-Pierre Jaeger aujourd'hui, sont pourtant de très belle qualité. De véritables champagnes de garde, pleins d'acidités jeunes. Le 1955 est historique, mais la maison a refusé de céder l'une de leurs ses bouteilles restantes pour la dégustation du millénaire.

- A. GRATIEN BRUT   78
(12 % PN, 44 % PM, 44 % CH)
- A. GRATIEN CUVÉE LINGSTRÖM   78
(12 % PN, 44 % PM, 44 % CH)
- A. GRATIEN CLASSIC RÉSERVE   76
(10 % PN, 45 % PM, 45 % CH)
- A. GRATIEN ROSÉ   67
(20 % PN, 20 % PM, 60 % CH)

- 1996 A. GRATIEN   90, SEPTEMBRE 2003] 94

Assurément l'un des meilleurs millésimés de Gratien. Une composition merveilleuse et bien entrelacée. Un vrai chef-d'œuvre avec du fruit huileux, accessible et moderne, et des touches beurrées. Une acidité fraîche sous une couche d'arômes à tendance vanille. Élégant et sophistiqué comme une voiture de sport italienne. J'étais un peu moins impressionné lors de ma dernière dégustation.

- 1991 A. GRATIEN   85, JANVIER 2003] 89
(21 % PN, 7 % PM, 72 % CH)

Plus développé et crémeux que le 1990 quasiment agressif. Bien entendu, il faudra attendre de nombreuses années avant que ce vin ait atteint sa forme finale. Je pense tout de même qu'il y a assez d'onctuosité veloutée et de douceur fruitée pour que le niveau de satisfaction soit déjà suffisant.

- 1990 A. GRATIEN   89, JANVIER 2003] 94
(15 % PN, 20 % PM, 65 % CH)

Un Gratien classique! Cela signifie que les acidités sont crues et pénétrantes, ce qui à son tour implique qu'au moins une dizaine d'années de garde est à recommander. Celui qui a le courage d'attendre assez longtemps aura la possibilité de déguster un champagne grandiose avec une profondeur colossale.

- 1989 A. GRATIEN   87, MARS 2003] 90
(10 % PN, 30 % PM, 60 % CH)

Ces dernières années ce vin a commencé à prendre un profil floral avec un bouquet spécialement parfumé qui lui est propre. Acidulé et probablement avec une longue vie devant lui. Il est difficile de prévoir quelle direction ce vin prendra dans l'avenir.

- 1988 A. GRATIEN   88, JANVIER 2004] 93
(16 % PN, 26 % PM, 58 % CH)

Initialement fermé, le vin démontre, lors d'une aération, des arômes de chocolat superbes. Sec, pur, acidulé avec une persistance en bouche extrêmement prolongée et résonnante. Un peu curieux et médicinal lorsque j'ai dégusté, en novembre 2003, les 45 meilleurs vins issus du millésime 1988.

- 1985 A. GRATIEN   85, OCTOBRE 1997] 88
(30 % PN, 40 % PM, 30 % CH)

Bouquet agréablement floral avec des notes sous-jacentes de menthe. Un vin curieux pendant ses premières années. Aujourd'hui ce champagne est extrêmement crémeux et élégant.

- 1983 A. GRATIEN   94, FÉVRIER 2004] 94
(40 % PN, 20 % PM, 40 % CH)

Ce vin merveilleux a de grandes ressemblances avec le sublime 1993 de Bollinger, mais le Gratien se garde apparemment encore mieux. À ce jour, cette apparition fraîche a une note classique de noisette ainsi qu'un nez piquant de champignons frais et d'orchidées. Saveur vigoureuse, équilibrée et boisée, ainsi qu'une belle attaque et une finale sublime de caramel aux noisettes. Le champagne le plus vieux du Monopole suédois des alcools doit être la boisson parfaite pour célébrer la nouvelle année!

- 1982 A. GRATIEN   86, NOVEMBRE 1998] 91
(40 % PN, 20 % PM, 40 % CH)

Les arômes grillés frôlent ici le caoutchouc brûlé et sont un peu exagérés. Le goût n'est pas développé, mais très prometteur.

- 1979 A. GRATIEN   91, MARS 2003] 91
(22 % PN, 22 % PM, 56 % CH)

Parfaitement mature dès avril 1990, avec une belle combinaison de fruits exotiques et d'arômes grillés. Il se trouve déjà un peu dans la pente, car les acidités se sont radoucies et le fruité diminue. Certaines bouteilles procurent toujours un grand plaisir. Inégal.

- 1976 A. GRATIEN   87, SEPTEMBRE 1992] 87
(22 % PN, 39 % PM, 39 % CH)

Plutôt unidimensionnel comme beaucoup de 1976. Nez léger, mais avec des notes lourdes de viande. Finale dure pour terminer une saveur initialement souple et crémeuse.

- 1973 A. GRATIEN   90, AVRIL 2004] 90
(22 % PN, 39 % PM, 39 % CH)

Bien que j'aie dégusté un magnum bien vieilli, le vin manquait un peu de vigueur et se trouvait dans la descente. La robe était claire et profonde. Aussi bien le bouquet que la saveur étaient dominés par du massepain. Le vin était riche et corsé, mais les acidités fraîches de Gratien faisaient défaut. Le plus grand atout de ce champagne était la longueur en bouche teintée de noix.

- 1970 A. GRATIEN   95, DÉCEMBRE 1998] 96
(100 % CH)

Certaines années, Gratien produit une appellation spéciale pour leur consommation propre, à partir des meilleurs chardonnay du Mesnil et de Cramant. Très franchement je ne pensais pas qu'il était possible de faire des blancs de blancs aussi impressionnants de ce millésime pinot. Le bouquet est ample, riche en nuances, bien qu'un peu fermé. Le vin a une structure très dense et concentrée avec une longueur en bouche sublime de beurre noir et de noix, dans le meilleur style Salon.

- 1969 A. GRATIEN   93, DÉCEMBRE 2003] 93
(22 % PN, 39 % PM, 39 % CH)

Ce champagne était disponible auprès du Monopole suédois des alcools à la fin des années 1980. Ce fut à l'époque une de mes meilleures expériences œnologiques. Lorsque je l'ai goûté en mars 1994, mes impressions furent un peu plus sensées. Le bouquet est mature et il y a des notes de pain, le goût est frais et élégant. C'est la longueur en bouche qui rend le vin aussi remarquable. Elle dure pendant plusieurs minutes. Buvez-le au plus tard dans deux ans.

- 1966 A. GRATIEN
(30 % PN, 30 % PM, 40 % CH)

- 1964 A. GRATIEN   94, MAI 1992] 94
(100 % CH)

Il n'est pas question ici du 1964 ordinaire et conventionnel, mais d'une cuvée spéciale qui est dégustée chez Gratien, récemment dégorgée, lors des occasions spéciales. Bouquet typique du millésime, avec des arômes de café, de menthe, de biscuits, de vanille, de petites bananes, de chèvrefeuille et de crème. Un bouquet presque parfait. Le goût est un peu trop franc et léger pour obtenir la note maximale.

- 1959 A. GRATIEN   91, OCTOBRE 1999] 91
(27 % PN, 38 % PM, 35 % CH)

Ce devrait être un vin fantastique. Bien que j'aie testé un magnum bien conservé, j'ai été déçu. Le vin est certainement imposant dans sa majesté, mais à vrai dire il n'est pas équilibré. Le taux d'alcool est trop élevé et ce champagne impénétrable est en fait difficile à boire. L'un des champagnes les plus charpentés et vineux qu'il m'ait été donné de déguster.

- 1955 A. GRATIEN   98, OCTOBRE 1997] 98
(100 % CH)

Uniquement des raisins du Mesnil et de Cramant. Un champagne brillant dans l'ensemble avec une mousse exceptionnelle et une robe dorée et verdoyante. Un bouquet floral fabuleux avec un soupçon de citron vert, de pierres mouillées et de brioche. Équilibre parfait et aussi proche de la perfection que possible. L'un des rares vrais grands vins qui étaient absents lors de la dégustation du millénaire (voir page 66).

- 1953 A. GRATIEN   82, JUIN 2000] 82
(40 % PN, 25 % PM, 35 % CH)
Couleur ambre ancien, avec une belle clarté. Arôme splendide de fruits secs, de moka et de banane. Goût étoffé avec des notes de bois ancien, et malheureusement une bonne dose de madère dans l'arrière-goût.

- 1969 A. GRATIEN BLANC DE BLANCS   93, OCTOBRE 1997] 93
(100 % CH)
Fraîcheur juvénile sensationnelle, et en même temps béni avec des arômes profonds de maturité comme par exemple des champignons, des amandes et du miel. Une finale un peu mince et maigrelette.

- A. GRATIEN CUVÉE PARADIS   86
(15 % PN, 10 % PM, 75 % CH)
Le nouveau champagne prestige de chez Gratien ne fait pas partie des plus remarquables. Nez toujours un peu fermé, mais lors de l'aération on ressent des notes de vanille, de chèvrefeuille et de violette. La saveur est légère et élégante, elle n'a pas du tout le cachet de la maison, mais elle est délicieuse. Plus mature et concentré ces derniers temps avec une très belle longueur. Faites-le vieillir vous-même et il obtiendra probablement une note au-dessus de 90.

- A. GRATIEN CUVÉE PARADIS ROSÉ   84
(18 % PN, 17 % PM, 65 % CH)
Voilà un champagne qui n'est pas vraiment à la hauteur avec un nez discret et élégant de menthe, le goût délicat et léger – fait inattendu – sans caractère rosé évident. Il ressemble plutôt à la variété blanche.

- 1985 A. GRATIEN CUVÉE PARADIS   82, NOVEMBRE 1995] 88
(15 % PN, 10 % PM, 75 % CH)
À ma connaissance c'est le seul millésimé de ce vin. Actuellement, Paradis est un champagne prestige non millésimé. Un peu mince et acidulé avec une note de confiserie et un goût agréable de menthe. À garder.

- A. GRATIEN CUVÉE DU MILLÉNAIRE   85, MAI 2001] 89
(18 % PN, 21 % PM, 61 % CH)
Encore un champagne assez fermé qui rappelle beaucoup la Cuvée Paradis, et qui donne bien plus dans la bouche que dans le nez. Le parfum est un peu médicinal. Le goût est riche avec une bonne portion de raisins chardonnay de première catégorie. Du beau fruit, grand avec de belles acidités. Ne pas boire avant 2010.

GREMILLET, J.M. N-M
1, chemin des Fleurs-Sauvages
10110 Balnot-sur-Laignes
03 25 29 37 91
Production : 100 000
Des prix extrêmement bas caractérisent cette maison d'Aube qui possède 12 hectares dans la région. Autres vins : Brut Sélection, Brut Prestige.

- GREMILLET GRANDE RÉSERVE   40
(50 % PN, 50 % CH)
- GREMILLET ROSÉ   50
(100 % PN)
- 1989 GREMILLET CHARDONNAY   60, AOÛT 1997] 65
(100 % CH)

GRONGNET R-M
41, Grande-Rue
51270 Étoges
03 26 59 30 50
Production : 80 000
L'un des membres privilégiés de Special Club. Le chouchou du village.

- 1996 GRONGNET SPECIAL CLUB   87, MARS 2004] 89
(45 % PN, 22 % PM, 33 % CH)
Très rond et huileux avec une concentration élevée et un spectre d'arômes typique pour les membres du club. Encore un membre digne du club prestige des viticulteurs, bien que le cru ne fasse pas partie des meilleurs. Longueur en bouche merveilleusement riche de pur miel d'acacia.

GUIBORAT R-M
B P 11
51530 Cramant
03 26 57 54 08
Production : 10 000
Ce récoltant manipulant vend la plus grande partie de ses raisins à Laurent-Perrier. Les millésimés sont issus de vieux ceps du vignoble renommé Le Mont-Aigu. Étant donné l'exceptionnel 1958, vous devriez profiter de toute occasion pour boire un Guiborat, même si les vins jeunes que j'ai testés ont été assez ordinaires.

- GUIBORAT BLANC DE BLANCS   65
(100 % CH)
- 1994 GUIBORAT   70, FÉVRIER 1998] 79
(100 % CH)
- 1958 GUIBORAT   94, OCTOBRE 1998] 94
(100 % CH)
Je fus presque aussi surpris que les restaurateurs à Reims, lorsque je réussis à distinguer aussi bien le cru que le millésime, même si je n'avais jamais goûté un 1958. Toute réflexion faite, ce me semble moins remarquable, puisque le style était à mi-chemin entre le 1955 et le 1959. D'autant plus que Cramant est l'un des crus les plus faciles à trouver dans les dégustations à l'aveugle. En tout cas le champagne était sublime, avec son arôme distinct de café et son fruit crémeux profond à la Diebolt. Un rendement faible et le vieillissement en petits fûts de chêne ont également laissé leur marque de reconnaissance.

HAMM, E. N-M
16, rue Nicolas-Philipponnat
51160 Ay
03 26 55 44 19
Production : 250 000
Émile Hamm a débuté comme manipulant à Ay au début du XXᵉ siècle. Son entreprise a acquis le statut de maison en 1930. La maison dispose de 3,5 hectares à Ay. Elle achète 90 % de ses raisins.

- E. HAMM BRUT   53
(35 % PN, 35 % PM, 30 % CH)
- E. HAMM RÉSERVE PREMIER CRU   68
(40 % PN, 20 % PM, 40 % CH)
- E. HAMM BRUT ROSÉ   66
(60 % PN, 40 % CH)
- 1987 E. HAMM   71, MARS 1995] 75
(50 % PN, 50 % CH)

HATTÉ, BERNARD **** R-M
1, rue de la Petite-Fontaine
51360 Verzenay
03 26 49 40 90
Production: 40 000

Bernard Hatté est vraiment l'un des meilleurs viticulteurs de Champagne. Ces dernières années, la famille Hatté a malheureusement été influencée par son œnologue qui préfère des champagnes légers au contenu élevé en chardonnay vinifiés dans des conditions stériles dans des cuves en acier inoxydable. Hatté était l'un des derniers viticulteurs du village qui utilisait des fûts de chêne mais, sous l'influence de l'œnologue, ils ont été remplacés par des cuves en acier après la récolte de 1985. Hatté a le rendement le plus faible du village. Ses vins de garde possèdent une acidité mordante et une jeune âpreté.

- B. HATTÉ BRUT   78
  (70 % PN, 30 % CH)
- B. HATTÉ CARTE D'OR   78
  (50 % PN, 30 % PM, 20 % CH)
- B. HATTÉ RÉSERVE   78
  (50 % PN, 30 % PM, 20 % CH)
- B. HATTÉ ROSÉ   84
  (100 % PN)

Il est toujours passionnant de voir comment ce rosé se comporte face aux meilleurs rosés d'Ay. Nez évoquant presque un bourgogne aux notes de prune, de framboise et de fraise. Bouche un peu moins généreuse aux notes de pomme verte et de bonbon anglais se faufilant parmi les fruits rouges.

- 1996 B. HATTÉ SPECIAL CLUB   88, JUIN 2002] 93
  (50 % PN, 50 % CH)
  Style incroyablement pur, beaucoup d'acidité jeune et des notes fraîches de pomme. Parallèlement, la grande richesse sombre évoquera avec le temps les vins rouges animaux aux notes de prune. Jusqu'ici cet aspect ne se manifeste que sous la forme d'une séquence en bouche latente.
- 1990 B. HATTÉ SPECIAL CLUB   90, MAI 2003] 92
  (50 % PN, 50 % CH)
  Étoffé, notes distinctes de poisson et de fruité. Acidité magnifique.
- 1989 B. HATTÉ SPECIAL CLUB   88, FÉVRIER 2003] 91
  (50 % PN, 50 % CH)
  Malheureusement, il contient maintenant beaucoup trop de chardonnay, mais c'est cependant un très beau vin au nez minéral. Bouche initialement ronde et charnue. Finale longue, poivrée et rugueuse. Un ton frais, vibrant et vivant de pamplemousse rosé peut maintenant être décelé sous la surface charnue.
- 1988 B. HATTÉ SPECIAL CLUB   75, JUIN 1993] 90
  (40 % PN, 60 % CH)
  Robe pâle. Mousse exemplaire et nez fermé. Bouche très persistante mais peu développée avec un petit extrait âpre. À conserver au moins dix ans.
- 1985 B. HATTÉ SPECIAL CLUB   90, MARS 1993] 94
  (100 % PN)
  Le dernier millésime en fût de chêne et uniquement composé de pinot noir. Un « champagne à la Rambo » qui possède presque une bonne mâche en raison de sa richesse en extraits. Robe sombre. Nez remarquable de cave, de gâteau aux noix et de chocolat amer. Le champagne ressemble presque à un vin rouge avec sa finale riche en tannins et sa structure corpulente. C'est peut-être l'un des champagnes les plus charpentés que j'aie jamais dégustés. Un vin pratiquement indestructible à conserver pendant plusieurs décennies.

HATTÉ, LUDOVIC R-M
8, rue Thiers
51360 Verzenay
03 26 49 43 94
Production: 20 000

L'un des nombreux Hatté à Verzenay. Il suit malheureusement la tendance du village qui est d'utiliser de plus en plus de chardonnay.

- 1990 LUDOVIC HATTÉ   69, AVRIL 1995] 76
  (60 % PN, 40 % CH)

HEIDSIECK & MONOPOLE **** N-M
17, avenue de Champagne
51200 Épernay
03 26 59 50 50
Production: 1 500 000

C'est une marque importante achetée par le groupe canadien Seagram en 1972, mais le groupe Vranken l'a racheté en octobre 1996. Cette vieille maison de Reims possède 112 hectares de premier ordre à Verzenay, Bouzy, Verzy et Ambonnay pour n'en nommer que quelques-uns. Elle possédait également le moulin à Verzenay et les vignes qui sont autour. La maison s'appelait au début Heidsieck & Co et elle a été fondée en 1834. Elle a pris son nom actuel en 1923. Elle était située à l'époque à Reims. Dernièrement, elle s'est fait remarquer pour ses millésimes de 1907 conservés depuis 1916 dans le golfe de Finlande. Ce champagne, bon sans être exceptionnel, a rapidement accédé à un statut culte. Les bouteilles se vendent à des prix insensés. La maison a beaucoup perdu depuis les fantastiques années soixante. Époque à laquelle le millésime et le Diamant Bleu appartenaient à la crème de la crème. Le groupe Vranken a consacré de grosses sommes afin que la maison retrouve sa réputation. Ce qui est tout à fait probable avec Dominique Pichart comme vinificateur.

- HEIDSIECK & MONOPOLE BLUE TOP   75
  (35 % PN, 32 % PM, 33 % CH)
- HEIDSIECK EXTRA DRY   73
  (70 % PN, 10 % PM, 20 % CH)
- HEIDSIECK & MONOPOLE RED TOP   50
  (35 % PN, 32 % PM, 33 % CH)
- 1996 HEIDSIECK & MONOPOLE   85, JUILLET 2003] 88
  (70 % PN, 30 % CH)
  Ce vin déborde de vigueur et possède des arômes amples et quelque peu épais. C'est un vin très bon et très expressif, joliment nerveux avec de nombreuses années devant lui. Vin riche au fruité chaleureux et à l'arôme miellé. L'attaque acide adoucie libère une sensation moelleuse chocolatée à la finale aux notes de caramel dur et d'amande.
- 1982 HEIDSIECK & MONOPOLE   70, DÉCEMBRE 1991] 79
  (67 % PN, 33 % CH)
- 1979 HEIDSIECK & MONOPOLE   82, OCTOBRE 1996] 82
  (67 % PN, 33 % CH)
  Malgré les notes torréfiées, c'est un millésime aqueux élaboré à l'époque où la maison était sur le déclin. Va-t-elle s'en sortir ?
- 1975 HEIDSIECK & MONOPOLE   90, FÉVRIER 1996] 90
  (67 % PN, 33 % CH)
  Plus léger et moins concentré que le Diamant Bleu de la même année. Il est plus frais que le millésime 1973 tout en faisant d'ailleurs preuve du même spectre aromatique.
- 1973 HEIDSIECK & MONOPOLE   88, JUIN 2003] 88
  (67 % PN, 33 % CH)
  J'associe en premier lieu le chocolat, les noix et le miel au nez comme en bouche à ce vin mature et moelleux. Il manque sans

doute une réelle astringence mais le spectre aromatique est très agréable.

• 1971 HEIDSIECK & MONOPOLE   93, MAI 2001] 93
(70 % PN, 30 % CH)
Quelle puissance! Un géant en magnum. Assez récemment dégorgé et en provenance directe de la maison pour notre vente aux enchères chez Sotheby à Londres en 2000. Nez très, très fumé à la résonance masculine. Bouche massive, douce aux séquences de vanille, de pêche et de nougat. Ce n'est pas un vin pour les douillets.

• 1969 HEIDSIECK & MONOPOLE   94, JUILLET 1995] 94
(67 % PN, 33 % CH)
Champagne vieux et mature dans son élément. Nombreux arômes agréables de caramel dur et de chocolat à la menthe. Bouche persistante, sensuellement fondante et miellée.

• 1966 HEIDSIECK & MONOPOLE   94, FÉVRIER 2003] 94
(70 % PN, 20 % PM, 10 % CH)
Magnifique robe orangée et pâle. Mousse exubérante.
Le champagne donne une impression générale quelque peu plus opulente et plus fruitée que le millésime de 1964 avec en bouche des notes de mangue, d'orange et de chocolat. Nez plaisant dominé par les orchidées, les grains de café torréfiés et le beurre fondant dans la poêle. Il était malheureusement madérisé lors de la dégustation du millénaire (voir page 66).

• 1964 HEIDSIECK & MONOPOLE   95, AVRIL 1995] 95
(67 % PN, 33 % CH)
Même robe profonde orangée. Mousse quelque peu plus fatiguée mais la force masculine se fait sentir dans la bouche vineuse. Nez également plus mature que le millésime de 1966 avec une note de chocolat à la menthe évoquant un Krug, pour lequel j'ai un faible.

• 1962 HEIDSIECK & MONOPOLE   78, JUIN 2002] >
(60 % PN, 10 % PM, 30 % CH)

• 1961 HEIDSIECK & MONOPOLE   95, AOÛT 2000] 95
(67 % PN, 33 % CH)
Ce vin est toujours très fiable quel que soit le millésime.
Les notes typiques du millésime comme le tabac et le goudron sont joliment tissées avec les arômes caractéristiques de chocolat et de pinot de la maison. Nez sec. J'ai l'impression que le vin veut séduire sans toutefois se laisser aller. La finale nous réconcilie décidément avec l'aspect impeccable d'un galant homme. C'est un classique!

• 1959 HEIDSIECK & MONOPOLE
(75 % PN, 25 % CH)

• 1955 HEIDSIECK & MONOPOLE   95, AVRIL 2003] 95
(67 % PN, 33 % CH)
Une fois ce vin versé, j'ai détecté des impuretés au nez qui se sont rapidement dissipées pour laisser la place à un vin âgé et majestueux avec une belle mousse blanche. Grande profondeur. Arômes sombres. Aussi passionnant qu'un film d'Hitchcock.

• 1952 HEIDSIECK & MONOPOLE   95, DÉCEMBRE 1998] 95
(75 % PN, 25 % CH)
Très jeune et léger à l'attaque et à la mousse parfaites. Nez féerique et séduisant de sucre d'orge et de caramel aux noix. Bouche persistante, arrondie, moyennement étoffée, nerveuse et très fine.

• 1949 HEIDSIECK & MONOPOLE   94, JUILLET 2001] 94
(70 % PN, 5 % PM, 25 % CH)
Une essence cristalline de tout ce que représente la maison.
Pinot noir vineux, riche maturité chocolatée et explosion de fruits secs doux. Bouche gouleyante et charnue tout en étant étonnamment fumée.

• 1947 HEIDSIECK & MONOPOLE   88, JANVIER 2003] 88
(70 % PN, 5 % PM, 25 % CH)
La réputation légendaire de la maison s'est beaucoup renforcée lorsque l'un des rédacteurs de Decanter a écrit que ce vin a été sa plus grande expérience œnologique de l'année. Il se peut qu'il ait trouvé une meilleure bouteille que moi. Malgré une mousse claire et remarquable et une robe normale, ce vieillard n'arrivait plus à se tenir complètement droit dans le verre. Richesse et force caractéristiques du millésime aux arômes de corde goudronnée, de malt, de prune. Intensité ardente. Vin historique qui vient juste d'entamer son voyage inéluctable vers la tombe.

• 1945 HEIDSIECK & MONOPOLE
(70 % PN, 5 % PM, 25 % CH)

• 1929 HEIDSIECK & MONOPOLE   95, NOVEMBRE 1999] 95
(75 % PN, 25 % CH)
Quels champagnes exquis ont été élaborés au fil des années par cette maison! Le millésime de 1949, de 1952 ou de 1929, cela n'a pas d'importance. Ils partagent tous une fraîcheur et une richesse miellée parfaitement harmonisées. Robe profonde capucine.
La mousse riche écumeuse est une autre signature de ces vins de garde sûrs.

• 1923 HEIDSIECK & MONOPOLE
(67 % PN, 33 % CH)

• 1921 HEIDSIECK & CO.   96, DÉCEMBRE 1996] 96
(75 % PN, 25 % CH)
Plus riche que le millésime de 1919, longueur en bouche importante de cacao sec. Comme d'habitude, le vin est porté par un merveilleux arôme de pinot.

• 1919 HEIDSIECK & CO.   94, MAI 1996] 94
(70 % PN, 30 % CH)
Un millésime que je ne connaissais pas du tout. Déguster ce magnum fut cependant une expérience inoubliable. Mousse puissante. Robe moyennement profonde. Bouquet merveilleusement composé de roses séchées, d'orange, de café, de chocolat à la menthe et de bois. Léger et frais. Bouche dominée par l'abricot, la pêche et le chocolat noir.

• 1907 HEIDSIECK & CO. GOÛT AMERICAIN   89, MARS 2004] 89
(70 % PN, 30 % CH)
C'est le champagne dont on parle le plus au monde, mais c'est également le plus courant de tous les champagnes d'avant guerre. Ce champagne de 95 ans reposait au fond de la mer Baltique depuis que le navire Jönköping avait sombré en 1916. C'était probablement à l'origine un vin assez ordinaire qui s'est épanoui lentement dans des conditions de conservation parfaite, pour devenir personnel et réellement bon. C'est l'eau froide qui a apparemment eu un effet conservateur sur ce vin demi-doux destiné à l'armée russe. Robe incroyablement pâle. Tout le vin se comporte comme s'il avait été élaboré dans les années soixante-dix. Nez dominé par la pomme et la banane. Des séquences en bouche plus profondes sont pourtant décelées avec des notes de pétrole et de goudron. Le champagne ne paraît pas aussi doux qu'il l'est en réalité. Vin très agréable. La qualité de sa dégustation provient naturellement de son caractère émotionnel et intellectuel. Ces derniers temps, le vin a perdu beaucoup de ses qualités.

• 1979 HEIDSIECK & MONOPOLE ROSÉ   87, OCTOBRE 2003] 87
(50 % PN, 20 % PM, 30 % CH)
J'ai dû attendre l'âge de quarante et un ans avant de déguster pour la première fois une bouteille de Heidsieck & Monopole Rosé.
Cela devait faire bien longtemps qu'un millésime rosé avait été produit. Le millésime de 1979 est peut-être le dernier de ce vin rare. C'est un vin âgé de vingt-quatre ans très vivant à la robe

moyennement profonde, un peu mate et légèrement troublée. Nez ample, doux et magnifique. Bouche un peu pauvre en fruité. Au nez, des notes de cacao et de nougat sont libérées avec une touche de goudron et de pétales de roses séchées. Bouche robuste évoquant le vin rouge. Finale sèche. Il se marie très bien avec un gibier !

• 1976 HEIDSIECK & MONOPOLE ROSÉ   88, OCTOBRE 2003] 88
(50 % PN, 20 % PM, 30 % CH)
Plus charnu et plaisant que le millésime de 1979 avec une grande proportion de la constance chaleureuse et puissante du pinot noir. Il se tient bien dans le verre et il est très homogène.

• DIAMANT BLANC   85
(100 % CH)
Faire de ce jeune vin un champagne millésimé est sûrement une bonne décision. Il exige d'être conservé en cave avec son caractère pierreux non développé. Le prix est équivalent à celui du Diamant Bleu et du Diamant Rosé, ce qui est flatteur pour ce blanc de blancs loin d'être fantastique. Sa base provient d'Oger et requiert plus de conservation qu'un autre grand cru.

• 1995 DIAMANT BLEU   87, AOÛT 2003] 91
(50 % PN, 50 % CH)
Champagne joliment lisse et moderne que beaucoup boivent volontiers trop jeune. Si on considère par exemple l'évolution de 1982, l'avenir de ce vin est assuré. Belle note biscuitée dans la longueur en bouche.

• 1989 DIAMANT BLEU   92, AVRIL 2003] 93
(50 % PN, 50 % CH)
Ce fameux diamant a rendu beaucoup de personnes sceptiques après le changement de propriétaire. C'est donc avec la plus grande joie que j'ai pu constater que le 1989 était très plaisant à mon palais. Nez somptueux aux notes de miel et de noisette. Le style généreux du millésime laisse avec emphase son empreinte en bouche. Il ne faut pas le conserver trop longtemps car il est bientôt arrivé à maturité.

• 1985 DIAMANT BLEU   84, OCTOBRE 2000] 86
(50 % PN, 50 % CH)
Il faut quelques minutes dans le verre avant que les notes d'aneth et de bœuf bourguignon s'épanouissent et soient remplacées par un arôme de chardonnay riche en minéraux. La dernière fois que j'ai dégusté ce champagne, j'ai été frappé par la façon dont le caractère charnu s'était développé. Un côté un peu lourd m'a fait penser au Nouveau Monde.

• 1982 DIAMANT BLEU   93, JANVIER 2003] 93
(50 % PN, 50 % CH)
Beau fruité et plus de notes de pain que le millésime de 79 mais je dois reconnaître que j'ai eu beaucoup de mal à apprécier le Diamant Bleu pendant des années en raison de sa finale pierreuse. Nez libérant aujourd'hui des notes de laine mouillée, de chocolat amer et de cave. Bouche riche aux notes de pain. Plus magnifique à chaque dégustation. Maturation surprenante.

• 1979 DIAMANT BLEU   88, MAI 2003] 88
(50 % PN, 50 % CH)
On peut véritablement déguster à pleine bouche cette saveur minérale et pierreuse. Nez et bouche possédant un fruité avare laissant dominer les notes minérales. Verzenay domine avec emphase l'impression laissée par ce vin.

• 1976 DIAMANT BLEU   95, MAI 2001] 95
(50 % PN, 50 % CH)
L'un des plus grands millésimes de 1976. Actuellement clairement plus homogène que le 1979. Le vin est fameux, aristocratique avec une note beurrée sophistiquée du millésime qui donne à ce vin par ailleurs assez aride un charme indispensable.

• 1975 DIAMANT BLEU   95, MAI 2001] 95
(50 % PN, 50 % CH)
C'est la première année de la nouvelle bouteille. Champagne très riche et charnu possédant une chaleur et une douceur qui font penser à un 1976. Très bon.

• 1973 DIAMANT BLEU   92, JANVIER 2000] 92
(50 % PN, 50 % CH)
Vin aux notes de pierre joliment mêlées à des séquences en bouche beurrées. Nez un peu avare. Réel manque dans la longueur de ce vin par ailleurs magnifiquement composé.

• 1969 DIAMANT BLEU   94, MARS 2004] 94
(50 % PN, 50 % CH)
Champagne de prestige somptueusement frais et étoffé au profil strictement minéral avec un bon mordant. Manque peut-être d'un peu de douceur, de chaleur et de générosité. Je me laisse pourtant séduire par le charme froid de ce vin.

• 1964 DIAMANT BLEU   98, JANVIER 2003] 98
(50 % PN, 50 % CH)
Ce vin légendaire est à la hauteur de nos attentes. J'ai entendu dire qu'il était meilleur en magnum, mais la fraîcheur décelée dans une bouteille normale me fait réfléchir. Le Diamant Bleu est plus léger et élégant que le millésime. Leur point commun est l'arôme de chocolat à la menthe et la finesse minérale improbable. Champagne préféré de Kennet Liberg.

• 1962 DIAMANT BLEU   96, OCTOBRE 2000] 96
(50 % PN, 50 % CH)
Dégorgé en novembre 1969 et conservé jusqu'en 1998 dans la propre cave d'Heidsieck. Je l'ai dégusté à deux reprises. Fantastiquement frais, à la note d'acacia évoquant un Dom Pérignon récemment dégorgé. En fait, une proportion d'extraits non développés se rappelle à nous dans la longueur en bouche si pierreuse de Verzenay. Un vin délicat possédant paradoxalement une puissance colossale. La bouteille suivante était une symphonie mature et solide jouée avec des timbales et des tambours.

• 1961 DIAMANT BLEU
(50 % PN, 50 % CH)

• 1988 DIAMANT ROSÉ   92, AVRIL 2003] 92
(50 % PN, 50 % CH)
Arrivé à maturité, magnifiquement fumé et très plaisant avec, en bouche, un beau mélange inattendu de réglisse, de liqueur d'orange, de fausse mûre et de fraise. Un rosé de prestige personnel et brillant que nous dégustons avec joie.

• 1982 DIAMANT ROSÉ   83, AVRIL 1990] 89
(75 % PN, 25 % CH)
Seulement 15 000 bouteilles de ce vin ont été produites. Sa robe saumonée était très belle et sophistiquée. Nez légèrement retenu. Après un moment dans le verre, de plus en plus de notes de caramel, de noix et de fraises se libèrent dans ce champagne rare et onéreux.

HEIDSIECK, CHARLES **** N-M
4, boulevard Henri-Vasnier
51100 Reims
03 26 84 43 50
Production : 3 000 000
Même si Charles Heidsieck est la meilleure et la plus connue des trois maisons Heidsieck, elle est la dernière à avoir ouvert ses portes. 66 ans après que Florens-Louis Heidsieck a fondé le clan Heidsieck, Charles-Camille Heidsieck a lancé la maison en 1851. Charles-Camille a effectué son premier voyage en Amérique en 1857. Pour les Américains, il est rapidement devenu « Champagne-Charlie ». Son nom était si connu qu'il apparaissait dans les textes des

représentations de music hall dans tous les États-Unis. Charles-Heidsieck a possédé pendant quelque temps Henriot, mais il a été vendu au groupe Rémy-Cointreau en 1985. Daniel Thibault était le chef de caves de la maison et également celui de Piper-Heidsieck avant de disparaître trop tôt en février 2002. Le monde de l'œnologie le regrette. Avant que l'irremplaçable Thibault soit engagé, la maison ne possédait pas de vignes propres. La maison possède actuellement 30 hectares à Ambonnay, Bouzy et Oger. Le champagne non millésimé Brut Réserve mis en cave appartient aujourd'hui aux meilleurs sur le marché. Le vin millésimé est toujours une joie à suivre. La décision de ne plus produire de Champagne Charlie et de remplacer le champagne prestige par un Blanc de Millénaires a été très bien accueillie par de nombreuses personnes. Je préfère ne pas trop m'avancer puisque la maison a construit sa belle réputation grâce à son style mature influencé par le pinot. Tous les vins sont joliment torréfiés. La tâche n'est pas facile pour le successeur de Daniel Thibault qui doit combler le manque laissé par ce vinificateur déjà légendaire.

- CHARLES HEIDSIECK BRUT   73
  (40 % PN, 40 % PM, 20 % CH)

- CHARLES HEIDSIECK BRUT RÉSERVE   81
  (40 % PN, 35 % PM, 25 % CH)
  Daniel Thibault a élaboré l'un des meilleurs champagnes non millésimés de la grande maison à partir de raisins provenant d'une centaine de villages et de 40 % de vins de réserve de huit millésimes. Avec deux années supplémentaires de conservation en bouteille, le vin développe un nez très classique de pain grillé, de vanille ainsi qu'un fruité persistant et complexe avec une bouche soyeuse de caramel.

- CHARLES HEIDSIECK MIS EN CAVE 1998
  (40 % PN, 35 % PM, 25 % CH)   86, MARS 2004] 90
  Il n'y a rien à redire. Charles Heidsieck s'est établi au sommet en Champagne grâce à sa lignée fantastique de vins « mis en cave ». Ce vin a pour base le millésime un peu fin mais charmant de 1997. Il est encore un peu jeune pour nous rendre perplexes, mais il faut attendre un semestre afin de prendre part à un voyage passionnant ! Fruité opulent et exotique avec des notes d'ananas, de mangue et de pêche. La marque de noblesse de Charles Heidsieck, le style extrêmement torréfié et possédant presque des notes de tonneau, n'est pas encore si flagrante. Il existe néanmoins déjà des indications que des notes de noix, de brioche, de coquilles d'huîtres, de café et de fumée de poudre vont se développer. Le temps va lisser les pierres de construction aromatiques pour leur donner une belle forme arrondie comme celles que la mer et le temps ont donné aux falaises de Bretagne. Pourquoi ne pas y aller l'été prochain en prenant avec soi une bouteille de Charles ?

- CHARLES HEIDSIECK MIS EN CAVE 1997   86, OCTOBRE 2002] 89
  (40 % PN, 35 % PM, 25 % CH)
  Ce vin possède souvent une note terreuse et réductrice qui se dissipe. Thibault a renforcé les tons torréfiés et brûlés de manière fantastique. Obtenir autant de notes de café, de pain grillé et de poudre dans un champagne non millésimé est unique. Le plus impressionnant est qu'il réussit à le faire presque à chaque fois. Au nez, il se peut que le fruité soit un peu allégé mais il se libère joliment au palais.

- CHARLES HEIDSIECK MIS EN CAVE 1996
  (33 % PN, 33 % PM, 34 % CH)   88, MAI 2003] 90
  Jusqu'ici, le vin semble être plus fin que d'habitude. Je suis néanmoins convaincu que cela vient du fait que le champagne est trop jeune. Le fruité d'orange et les notes naissantes de café et de pain grillé apparaissent sous la surface. Il faut oublier

vos bouteilles quelques années. Mon Dieu ! Six mois plus tard, la chaleur s'était révélée !

- CHARLES HEIDSIECK MIS EN CAVE 1995
  (40 % PN, 35 % PM, 25 % CH)   86, SEPTEMBRE 2003] 87
  Encore un peu trop jeune mais aussi bon à terme que tous les autres champagnes non millésimés Charles. Très bon potentiel de conservation. Bouche persistante et concentrée.

- CHARLES HEIDSIECK MIS EN CAVE 1993
  (40 % PN, 35 % PM, 25 % CH)   79, OCTOBRE 2000] 84
  Le concept de « mis en cave » est une idée commerciale brillante. Pour les grands amateurs de champagnes que nous sommes, c'est la possibilité passionnante de suivre l'évolution d'un champagne non millésimé d'une grande maison. Je pense personnellement que seule la date de dégorgement aurait suffi. Date que je donne toujours dans mes critiques de champagnes ! La désignation de 1993 n'indique pas vraiment le millésime mais plutôt l'année à laquelle le vin a été mis en cave chez Heidsieck. Le vin de base de ce champagne vient donc d'un millésime de 1992 avec une grande proportion de vins de réserve. Il était fleuri, pur et beurré en mars 1999.

- CHARLES HEIDSIECK MIS EN CAVE 1992
  (40 % PN, 35 % PM, 25 % CH)   81, OCTOBRE 2000] 86
  Déjà anormalement grillé. Peut-être cela dépend-il du vin de réserve de 1990 ? Bouche magnifiquement développée, classique, torréfiée et beurrée.

- CHARLES HEIDSIECK MIS EN CAVE 1990
  (40 % PN, 35 % PM, 25 % CH)   83, OCTOBRE 2000] 88
  Le millésime de base est le 1989. Dégusté à côté d'un millésime 1993, ce champagne a eu le temps de développer une plus grande complexité en raison d'un contact plus prolongé avec les levures et à cause de son grand âge. Le nez magnifique de grains de café torréfiés caractéristique de la maison se dévoile déjà. Il sera même meilleur dans une dizaine d'années.

- RESERVE CHARLIE MIS EN CAVE 1990
  (34 % PN, 33 % PM, 33 % CH)   90, OCTOBRE 2001] 93
  Un champagne de prestige onéreux de l'œnothèque de Charles Heidsieck. Un vin Daniel Thibault sophistiqué avec de nombreuses séquences en bouche belles et magnifiques. Fruité vivant. Attaque jeune et poivrée. Daniel montre tout son registre et renforce ma conviction que l'on peut vraiment aller très loin en matière de complexité en mélangeant plusieurs millésimes. Contraste magnifique entre la vigueur jeune et pétillante et la facette de caramel dur ronde et mature. Il était déjà très bon en mai 2001. Il sera probablement complètement unique avec une durée de conservation plus grande. Je lui ai donné des points pour son potentiel puisque la cuvée est une créature unique et qu'il n'en existe pas plusieurs éditions comme c'est souvent le cas avec des champagnes non millésimés.

- 1995 CHARLES HEIDSIECK   91, SEPTEMBRE 2003] 94
  (70 % PN, 30 % CH)
  C'est si merveilleux de découvrir un nouveau millésime de ce vin. C'est l'un des meilleurs des millésimes. Thibault a élaboré ici son chef-d'œuvre. Fruité massif et fastueux avec une bouche à la base alléchante, comblant les papilles avec des notes de pain. La vanille, le café et le pain grillé sont également des notes flagrantes. Équilibré, frais et moelleux.

- 1990 CHARLES HEIDSIECK   89, FÉVRIER 2004] 91
  (70 % PN, 30 % CH)
  Beaucoup plus léger que la normale mais, dès qu'il a été versé dans le verre, j'ai retrouvé mes marques. Ce champagne est très bon et caractéristique de la maison avec ses notes de café et de chocolat

à l'orange. Développé assez tôt et plus marqué par le chardonnay que d'habitude. Nous avons pu nous y habituer car Daniel Thibault avait une nette préférence pour la magnifique variété de raisins verts. Il vient juste d'entrer dans une phase plus délicate dans laquelle le dosage semble orgueilleux.

• 1989 CHARLES HEIDSIECK   88, MARS 2003] 88
(70 % PN, 30 % CH)
Nez aux notes de café et de pain grillé, comme d'habitude. Fruité riche, agréable évoquant l'orange. Longueur en bouche persistante et généreuse.

• 1985 CHARLES HEIDSIECK   89, JANVIER 2003] 89
(70 % PN, 30 % CH)
Heidsieck ouvert et généreux où le vin est caractéristique du style de la maison. Ample, torréfié et fruité d'oranges. Déjà un peu trop développé et un brin doux.

• 1983 CHARLES HEIDSIECK   88, AVRIL 2000] 89
(60 % PN, 40 % CH)
Comme tous les millésimes de 1983 de la maison, il est marqué par un bouquet torréfié. Bouche aux notes de pain, riche et saturée d'orange. Structure corpulente. Finale fumée. Bonne acidité.

• 1982 CHARLES HEIDSIECK   90, DÉCEMBRE 1999] 90
(60 % PN, 5 % PM, 35 % CH)
Plus sec que le millésime de 1985. Bon fruité à la bonne mâche prêt à éclater. Note de pain caractéristique de la maison. Nez merveilleux mais écho un peu trop court.

• 1981 CHARLES HEIDSIECK   93, MAI 2000] 93
(75 % PN, 25 % CH)
Beau bouquet possédant de nombreuses nuances de chocolat à l'orange et de café. Bouche positivement explosive. Au fil des années, son évolution s'est faite fantastique et sensationnelle !

• 1979 CHARLES HEIDSIECK   92, JANVIER 2000] 92
(65 % PN, 35 % CH)
Tout comme le millésime de 1982, c'est un champagne extrêmement délicieux au spectre aromatique pur et à l'équilibre parfait. Pourtant, il possède également une longueur en bouche étonnamment courte. Il semble malheureusement que cela fasse partie du style de la maison. Les vins évoquent de nombreux champagnes amples aux notes torréfiées de Perrier-Jouët dans une forme plus charpentée. Les similitudes les plus fortes apparaissent sinon avec le Veuve Clicquot dont les vins possèdent une meilleure longueur. Revenons au beau millésime de 1979. Magnifique nez composé d'un ample fruité profond, de notes douces de pain et évoquant un gâteau. Touche évidente de chocolat aux noix. Bouche majestueusement fraîche, élégante, fruitée mais courte.

• 1979 CHARLES HEIDSIECK ŒNOTHÈQUE   88, JANVIER 2003] 91
(65 % PN, 35 % CH)
Récemment dégorgé entièrement provenant directement de la belle collection de la maison. Un très jeune vin âgé de 22 ans qui n'est pas du tout aussi expressif que son jumeau normalement dégorgé. Mousse intense. Robe jeune et brillante. Fraîcheur végétale mélangée aux notes de poisson. Vin vivant à la belle structure. Longueur en bouche courte. Seulement 1 500 bouteilles sont vendues sous cette étiquette.

• 1976 CHARLES HEIDSIECK   94, JANVIER 2000] 94
(65 % PN, 35 % CH)
Vins populaires lors des dégustations entre amis. Charpenté et très bon. Nez aux notes torréfiées et de pain. Bouche grasse et charnue. La finale noyée de vanille est particulièrement agréable.

• 1975 CHARLES HEIDSIECK   91, FÉVRIER 2003] 91
(75 % PN, 25 % CH)
Robe jaune paille. Nez de brioche. Bouche riche bien structurée aux notes de pêche. Quelque peu monotone.

• 1973 CHARLES HEIDSIECK   88, MAI 2000] 88
(75 % PN, 25 % CH)
Pas précisément un grand millésime de 1973 ni même l'un des millésimes les plus mémorables de la maison ! Nez unifié mature aux touches de cave avec une grande proportion d'arômes de chocolat. Bonne bouche monotone tenant bien dans le verre malgré les notes matures.

• 1971 CHARLES HEIDSIECK   90, OCTOBRE 2000] 90
(65 % PN, 35 % CH)
Un Charles typique ! Les notes torréfiées de la maison et celles de cave à champagne crayeuse sont les deux principaux piliers de ce vin. Fruité pur. Finale avec une jolie fin douce. Il évoque le style du 1979 et du 1966. Seul le parfum de cacao est légèrement moins intense.

• 1970 CHARLES HEIDSIECK   88, MARS 2002] 88
(55 % PN, 45 % CH)
Champagne riche et bien conservé sans les signes de fatigue marquant si souvent ce millésime. Les notes de café ne dominent pas autant que d'habitude. Le vin se repose par ailleurs sur un caractère de raisin saturé de chocolat se mariant bien avec le foie gras, le ris de veau et d'autres plats similaires.

• 1969 CHARLES HEIDSIECK   94, JANVIER 2002] 94
(75 % PN, 25 % CH)
Quel nez féerique ! Si doux et flatteur avec des notes de tous les fruits et de toutes les fleurs du jardin. Bouche également grandiose mais pas aussi unique. Dosage un peu trop élevé malheureusement. Longueur simplement normale et persistance.

• 1966 CHARLES HEIDSIECK   94, JANVIER 2002] 94
(75 % PN, 25 % CH)
Je recommande à ceux qui ne savent pas à quoi ressemble l'odeur du cacao sec de sentir ce champagne. Robe jaune d'or fraîche à la mousse virile. La bouche sèche et moyennement étoffée est tout d'abord un peu en retrait, mais après un moment dans le verre, une magnifique longueur et des arômes de cacao, de mandarine et d'orange se libèrent.

• 1964 CHARLES HEIDSIECK   94, DÉCEMBRE 1996] 94
(75 % PN, 25 % CH)
Pas aussi élégant que le millésime de 1966 mais audacieusement somptueux, riche au fond charnu et beurré.

• 1962 CHARLES HEIDSIECK   84, JUIN 2002] 84
(75 % PN, 25 % CH)
Très, très vif et réducteur. Nez un peu étrange que certains dégustateurs n'ont pas aimé. Je l'associe personnellement aux plaques de goudron finlandais, à l'asphalte, au poivron vert et au caoutchouc brûlé. Champagne crayeux, fin et acide aux notes de poudre. Fruité un peu léger et pointu de pamplemousse.

• 1961 CHARLES HEIDSIECK   94, JUIN 2002] 94
(75 % PN, 25 % CH)
Il s'en est fallu de peu que le vin fasse appartenir Charles au club des 95. La maison a produit de nombreux vins approximativement de cette qualité sans jamais arriver à une réelle perfection. Nez et bouche de confiture d'abricot douce avec de la brioche. Frais et riche à la fois.

• 1959 CHARLES HEIDSIECK
(75 % PN, 25 % CH)

• 1955 CHARLES HEIDSIECK   84, FÉVRIER 1995] >
(75 % PN, 25 % CH)
Faible bruit de bouchon lors du débouchage ! Mousse à peine visible, nez ample chocolaté à la touche oxydée légère de pommes trop mûres. Bouche bonne, riche et entière. Sur le déclin mais il est toujours très agréable.

• 1953 CHARLES HEIDSIECK   90, JANVIER 2002] 90
(75 % PN, 25 % CH)
Beaucoup de vie et de mousse mais nez étonnamment léger. La bouche divine de « bois du vieux navire » fait pardonner tout le reste.

• 1952 CHARLES HEIDSIECK   93, JANVIER 2003] 93
(67 % PN, 33 % CH)
Un champagne séduisant au nez de chocolat noir et de vanille. Bouche vigoureuse et jeune à la finale persistante, belle, équilibrée aux touches douces caramélisées. L'ensemble est cependant rarement ample dans les millésimes élancés de 1952.

• 1949 CHARLES HEIDSIECK   94, JUIN 1999] 94
(75 % PN, 25 % CH)
Extrêmement pâle et plein de vie. Persistant et fraîcheur choquante. La note minérale à la limite de la cave est le fil rouge qui indique que le vin a plus de vingt ans.

• 1947 CHARLES HEIDSIECK   88, JUIN 2000] 88
(75 % PN, 25 % CH)
Un vin à la réputation légendaire qui peut sûrement devenir fantastique dans des bouteilles qui ont très bien vieilli. La mienne avait une belle apparence mais elle ne possédait pas assez de mousse et j'ai décelé beaucoup trop de marques de vieillissement. Encore clairement agréable et riche mais un exemple supplémentaire indiquant que les vins de Charles Heidsieck ne se conservent pas.

• 1945 CHARLES HEIDSIECK   77, MARS 2003] 77
(67 % PN, 33 % CH)

• 1943 CHARLES HEIDSIECK
(67 % PN, 33 % CH)

• 1941 CHARLES HEIDSIECK   94, JUIN 2001] 94
(75 % PN, 25 % CH)
Magnum somptueux bu avec l'équipe dirigeante de Gosset au restaurant « Royal Champagne ». Robe orangée. Caractère de sauternes épais à l'élégance préservée. Un vin charpenté et doux qui fait très bien fondre le foie de canard en une matière soyeuse. Jean-Pierre Mareignier n'a fait que sourire.

• 1937 CHARLES HEIDSIECK
(75 % PN, 25 % CH)

• 1983 CHARLES HEIDSIECK BLANC DE BLANCS   90, MARS 1997] 90
(100 % CH)
Champagne sensationnel au nez torréfié écrasant. Mes collègues ont fait une erreur de deux décennies lors d'une dégustation à l'aveugle à Cannes en 1996. Bouche plus légère et plus jeune avec trop peu de nuances pour être au même niveau que les très grands.

• 1982 CHARLES HEIDSIECK BLANC DE BLANCS   92, JANVIER 2003] 92
(100 % CH)
Somptueux et riche. Nez torréfié. Belle bouche de raisin mûr. Il se trouve actuellement dans une belle phase éclatante.

• 1981 CHARLES HEIDSIECK BLANC DE BLANCS   94, JANVIER 2003] 94
(100 % CH)
Robe jaune paille. Nez d'aubépine caractéristique du millésime et pétillant de vie. Bouche un peu grossière. Il est maintenant formidable avec son nez de caramel à la menthe, de mangue, de vanille, de doux caramel au beurre et de miel d'acacia. Matière de caramel dur et élégant avec un bel aspect charnu et une belle fraîcheur. Évolution fantastique.

• 1976 CHARLES HEIDSIECK BLANC DE BLANCS   91, OCTOBRE 2002] 91
(100 % CH)
Robe jaune soufrée. Mousse vive. Chardonnay mature, lourd et charnu comblant tous les sens. Les notes d'agrume sont les plus présentes.

• 1971 CHARLES HEIDSIECK BLANC DE BLANCS
(100 % CH)

• 1969 CHARLES HEIDSIECK BLANC DE BLANCS
(100 % CH)   94, DÉCEMBRE 2002] 94
Nombreuses nuances superbes. Nez floral moqueur sans aucune note secondaire torréfiée. Bouche fondante, agréable comme un nectar avec une note vivante d'agrume enrobée d'un voile doux et chocolaté.

• 1961 CHARLES HEIDSIECK BLANC DE BLANCS   91, AVRIL 1997] >
(100 % CH)
Il a quelque peu dépassé son summum avec des arômes de pomme trop mûre et de raisin. Un blanc de blancs pourtant musclé avec une finale pure et une facette beurrée grandiose.

• 1996 CHARLES HEIDSIECK ROSÉ   70, JANVIER 2003] 79
(70 % PN, 30 % CH)

• 1985 CHARLES HEIDSIECK ROSÉ   88, JANVIER 2003] 88
(70 % PN, 30 % CH)
Grand rosé trop mature au style un peu relâché de pain. Bouche généreuse, moelleuse, ronde, agréable et beaucoup plus douce que le millésime de 1983. Des belles notes de café se libèrent actuellement.

• 1983 CHARLES HEIDSIECK ROSÉ   66, JUIN 1992] 76
(65 % PN, 15 % PM, 20 % CH)

• 1982 CHARLES HEIDSIECK ROSÉ   70, JUIN 1990] 78
(70 % PN, 5 % PM, 25 % CH)

• 1976 CHARLES HEIDSIECK ROSÉ   85, NOVEMBRE 1995] 85
(75 % PN, 25 % CH)
Vin riche et complet. Longueur en bouche persistante et pure. Beau bouquet rond.

• 1969 CHARLES HEIDSIECK ROSÉ   93, JUIN 2002] 93
(75 % PN, 25 % CH)
Champagne vivant, jeune et superbe. Nez de groseille à maquereau, de mûre, de fraise et de caramel. Bouche de caramel dur et de crème. Belle mousse. Impression romantique. Champagne estival clair et gouleyant autour duquel tout le monde se réconcilie.

• 1966 CHARLES HEIDSIECK ROSÉ   83, JUIN 2002] 83
(75 % PN, 25 % CH)
Vin robuste évoquant un vin rouge avec un peu de tannins âpres et de notes boisées. Champagne rustique pouvant être dégusté lors des repas. Où est le charme ?

• 1961 CHARLES HEIDSIECK ROSÉ   87, DÉCEMBRE 1999] 87
(75 % PN, 25 % CH)
Totalement immobile. Robe assez mate et troublée. Malgré cela, il est nettement meilleur que le millésime vif de 1955 de Ruinart placé à ses côtés. Nez aux notes de vin rouge et de pain évoquant Clicquot. Champagne de repas masculin élaboré avec des raisins bien mûrs et très classiques de pinot noir. Une bouteille plus vive que la mienne devrait être bien meilleure.

• 1990 BLANC DE MILLÉNAIRES   93, DÉCEMBRE 2001] 95
(100 % CH)
C'est le meilleur millésime jusqu'ici de ce champagne de prestige très critiqué. Nez cristallin aux belles notes Grand Siècle de draps fraîchement lavés et séchés au soleil et avec plus d'un soupçon de la fameuse torréfaction de café. Bouche pure, concentrée, citronnée et sportive. La Ferrari du monde des vins !

• 1985 BLANC DE MILLÉNAIRES   87, JUIN 2001] 89
(100 % CH)
Je dois reconnaître que ce vin torréfié au fruité léger d'agrume est une certaine déception. Le Champagne Charlie me manque!

• 1985 CHAMPAGNE CHARLIE   93, OCTOBRE 2003] 93
(45 % PN, 55 % CH)
Pendant longtemps c'était un champagne fermé et cassant. Ce vin s'est finalement trouvé en 2003. Il est passé par une phase classique d'arômes de noix, de biscuit et de torréfaction qui est si caractéristique de Charles. Une légèreté florale et une belle impression dansante transparaissent. Ce vin est aujourd'hui très appréciable. Je le recommande chaudement.

• 1983 BLANC DE MILLÉNAIRES   91, JUIN 2003] 91
(100 % CH)
Le nouveau champagne de prestige Heidsieck est un gagnant habituel lors des dégustations à l'aveugle de par le monde. Je suis moins impressionné par ce vin à la robe or profond, au beau nez classique mais un peu avare et à la bouche beurrée de chardonnay. Pur et soigné comme un disque de rock de la côte ouest américaine bien produit.

• 1983 CHAMPAGNE CHARLIE   94, AVRIL 2000] 94
(50 % PN, 50 % CH)
Quel nez fantastique! Note secondaire très élégante et florale du plus beau des chardonnays. Ces notes doivent cependant se contenter de jouer les deuxièmes rôles puisque les arômes de torréfaction de café évoquant le Dom Pérignon sont extrêmement prononcés. Il est évident que c'est le style affiché de la maison mais il faut rechercher un vin plus charpenté que les millésimes de 1983 de la maison. Bouche légèrement fumée. Finale citronnée et poivrée. L'un des champagnes les plus distingués du millésime.

• 1981 CHAMPAGNE CHARLIE   93, JANVIER 2003] 93
(50 % PN, 50 % CH)
L'appellation Champagne Charlie n'est pas passée aussi bien que cela dans le monde anglo-saxon. Charles Heidsieck a donc choisi de ne plus produire ce champagne magnifique. Savoureux, exotique et bien équilibré avec une bonne prise et une bouche persistance aux notes de mangue.

• 1981 LA ROYALE   92, JANVIER 1999] 92
(52 % PN, 48 % CH)
La fameuse bouteille de Hong Kong! Tous les journalistes en œnologie participant aux dégustations de Charles Heidsieck, faites attention. Il y a toujours un numéro supplémentaire à déguster à l'aveugle lors de ces événements. C'est ici une bouteille maltraitée lors du transport et retournée en provenance de Hong Kong. Je comprends réellement la volonté de la maison de nous faire une farce. C'est juste que les connaisseurs prennent toujours en considération les circonstances extérieures lors d'une dégustation à l'aveugle. Si l'on se trouve chez un producteur de champagne, on considère que tous les vins vont être plus jeunes que d'habitude et non le contraire. Ce vin a vieilli extrêmement rapidement. Son nez comme sa robe ressemblent à un millésime de 1953 sorti tout droit de la cave. J'ai eu la chance de ne pas me ridiculiser car le serveur assez maladroit a dévoilé l'étiquette. Ce vin montre surtout quelque chose que peu de personnes connaissent concernant le champagne, c'est à quel point certains champagnes peuvent être bons lorsqu'ils sont arrivés très rapidement à maturation.

• 1979 CHAMPAGNE CHARLIE   93, JANVIER 2003] 94
(50 % PN, 5 % PM, 45 % CH)
Le millésime de 1979 est élaboré dans le même style savoureux et exotique que le millésime de 1981 mais il possède une meilleure ossature de raisins de pinot. Magnifiquement agréable. Je salive toujours lorsque je repense à la merveilleuse bouche de mangue. Jeune et torréfié en magnum.

• 1973 LA ROYALE   90, MAI 1996] 92
(75 % PN, 25 % CH)
Charpenté et exceptionnellement puissant pour un millésime qui voit la plupart des vins entamer leur déclin. Nez classique aux notes de pain. Bouche durement acide et forte avec un écho de cacao.

• 1970 LA ROYALE   92, AVRIL 1999] 92
(60 % PN, 40 % CH)
Toutes les bouteilles dégustées ont été dégorgées en août 1998. Un vin qui est dans une condition exemplaire. Le bouchon se tient comme une montagne. Mousse aux bulles vigoureuses. Nez ample de café, de champignon, de thé et de pain grillé. La bouche veloutée évoquant le nougat est très bonne mais quelque peu impersonnelle et courte.

• 1966 LA ROYALE   96, JANVIER 2003] 96
(75 % PN, 25 % CH)
L'un des meilleurs champagnes jamais produit par Charles Heidsieck. Nez aux arômes de fruit et de pain grillé, de café, de beurre et de confiture de fruit exotique. Bouche très élégante et rafraîchissante à la note puissante de pêche.

• 1961 LA ROYALE   92, MARS 2004] 92
(75 % PN, 25 % CH)
Un peu sombre et musqué mais très passionnant aux notes de goudron, de forêt en automne, de truffe et de terre de cave. Il se marie avec un plat de champignons. À apprécier un soir de pluie.

• 1955 LA ROYALE   93, JUIN 2002] 93
(75 % PN, 25 % CH)
Un vin qui devrait être encore meilleur maintenant. J'ai trouvé un peu trop de notes de cave et l'intensité fruitée était absente. Robe profonde. Mousse bien conservée. Nez ample et notes clairement discernables de cacao et de tabac. Mêmes notes récurrentes dans la bouche persistante et oxydée.

• CHARLES HEIDSIECK 140 ANNIVERSARY CUVÉE
      94, NOVEMBRE 2002] 95
Un pur millésime de 1979 uniquement produit en magnum. Profondeur énorme au nez comme en bouche. Fruité généreux et fastueux d'orange et de pêche. Évidemment bien torréfié mais cela ne suffit pas pour décrire la palette des arômes en bouche offerte par le vin. Grâce à son autorité évidente, ce vin montre à quel point cette maison est merveilleuse et souvent sous-estimée.

• CHARLES HEIDSIECK ROYAL JUBILÉ   90, NOVEMBRE 2002] 90
Un champagne de jubilé avec un vin de base de 1971. Robe passablement pâle. Mousse vive. Nez très léger et crémeux sans aucune note caractéristique de Charles Heidsieck. Bouche moyennement étoffée et équilibrée avec une certaine douceur en milieu de bouche et également une finale sèche et sophistiquée.

HÉNIN, PASCAL R-M

22, rue Jules-Lobel
51160 Ay
03 26 54 61 50
Production: 8 000
La petite maison d'Ay bien dirigée a été fondée en 1920. Pascal Hénin possède des vignes à Chouilly et à Ay dont il mélange en quantité égale la production dans tous ses vins.

• PASCAL HÉNIN BRUT   70
(50 % PN, 50 % CH)

• PASCAL HÉNIN ROSÉ   70
(50 % PN, 50 % CH)
Nez profondément rouge et charpenté. Le pinot d'Ay exige ici de
l'attention. Il possède des notes supplémentaires de framboise et
de boule de gomme.
• 1990 PASCAL HÉNIN   87, FÉVRIER 1997] 88
(50 % PN, 50 % CH)
Très impressionnant à côté du Krug Grande Cuvée. Poids et
arôme évoquant Bollinger. Le vin perd malheureusement un peu
de fraîcheur lors de l'aération. Extrêmement louable.

HENRIET-BAZIN R-M
9, rue Dom-Perignon
51380 Villers-Marmery
03 26 97 96 81
Production : 60 000
La maison possède 6 hectares à Villers-Marmery, Verzy et Verzenay.
Daniel et Marie-Noëlle Henriet sont les propriétaires de la maison.
• D. HENRIET-BAZIN BLANC DE BLANCS   72
(100 % CH)
• D. HENRIET-BAZIN ROSÉ   68
(100 % PN)
• 1991 D. HENRIET-BAZIN   75, OCTOBRE 2001] 75
(50 % PN, 50 % CH)

HENRIET, MICHEL R-M
12, rue du Paradis
51360 Verzenay
03 26 49 40 42
Production : 30 000
Le viticulteur possède 3 hectares à Verzenay. Il utilise des méthodes
modernes. Michel appartient à la quatrième génération de
vinificateurs du village classé grand cru de Verzenay. Des bouteilles
élaborées à 80 % de pinot noir et à 20 % de chardonnay sont
conservées dans leur cave crayeuse de 15 mètres de profondeur.
• MICHEL HENRIET TRADITION   70
(100 % PN)
• MICHEL HENRIET GRANDE RÉSERVE   73
(100 % PN)
• 1993 MICHEL HENRIET CARTE D'OR   84, DÉCEMBRE 2002] 87
(80 % PN, 20 % CH)
Nez initialement fermé grondant comme le tonnerre indiquant
l'approche d'une tempête. Bouche ample et potelée aux notes de
betterave rouge, d'orchidée, de réglisse et de bouillon d'écrevisse.
Finale mature miellée. Un vin indocile et étoffé se mariant bien
avec le foie gras.
• 1989 MICHEL HENRIET CARTE D'OR   76, JUILLET 1997] 82
(100 % PN)
Blanc de noirs de Verzenay. La robe est si rosée que l'on peut
facilement penser qu'un rosé a été versé dans le verre.
Nez d'amande et de fruit rouge. Lourd et un brin rustique.
Le parfum initial est prometteur mais l'impression générale
est gâchée par un manque de finesse.

HENRIOT **** N-M
3, place des Droits-de-l'Homme
51100 Reims
03 26 89 53 00
Production : 1 000 000
Joseph Henriot est l'un des hommes les plus puissants en
Champagne. Après avoir dirigé pendant de nombreuses années

Veuve Clicquot, il est retourné chez Henriot en 1994. Son fils,
humble et des plus compétents, Stanislas Henriot dirige
actuellement la maison. La famille Henriot est dans la viticulture
en Champagne depuis 1640. Elle a ouvert sa propre maison en
1808. Sa force a toujours résidé dans les vignes de premier ordre
qu'elle possède dans la côte des Blancs. Actuellement, elle possède
seulement 25 hectares de vignobles à Chouilly, Avize et Épernay.
La part totale de chardonnay est de plus de 20 % provenant des
bons contrats passés avec les viticulteurs. Il domine le style de la
maison avec son fruité pur, élégant et frais d'agrume. La famille
Henriot a toujours été fortement liée à Charles Heidsieck.
Ils partagent encore des bureaux et des installations viticoles.
En revanche, la cave est partagée avec Clicquot. Le plus grand
marché à l'exportation de la maison est la Suisse où les champagnes
Henriot secs, classiques et un peu modestes sont très appréciés.
La maison a très bien réussi lors de la dégustation du millénaire
(voir page 66). Personnellement, je suis de plus en plus enchanté
par ces classiques au style pur.
• HENRIOT SOUVERAIN BRUT   83
(55 % PN, 45 % CH)
Intégrer du pinot meunier dans la composition d'un grand
champagne non millésimé de la maison est une idée magnifique.
Nez classique de pain. La grande quantité de chardonnay se
révèle tout d'abord dans la bouche délicate et légère. Le style
de la maison est flagrant. Très beau et accompli dernièrement
grâce aux vins de réserve âgés jusqu'à sept ans.
• HENRIOT BLANC DE BLANCS   85
(100 % CH)
Au fil des années, beaucoup de personnes ont parlé chaleureusement
de ce vin. Au début de ce nouveau siècle, j'ai cédé à cette beauté
élégante au bon potentiel de conservation. Le vin possède une
note magnifique de fleur blanche, de vanille. Il est légèrement
parfumé par le miel et les zestes de citron vert. Le tout vêtu
d'un costume crépusculaire soyeux et beurré.
• 1996 HENRIOT   86, SEPTEMBRE 2003] 91
(50 % PN, 50 % CH)
Nez classique, beau et crémeux tout en étant fruité. J'ai eu
l'impression que le millésime de 1996 est en fait un peu plus
souple que le 1995. Nombreuses notes fruitées magnifiques.
• 1995 HENRIOT   90, DÉCEMBRE 2003] 92
(45 % PN, 55 % CH)
J'aime beaucoup ce champagne classique. À première vue, il est
certainement un peu modeste, mais ce vin exemplaire possède
une rare élégance parmi les champagnes mélangés. Le champagne
montre sa profondeur sophistiquée aux arômes d'autolyse à
la bouche de chardonnay fraîche, cristalline et citronnée.
Charmant et distingué comme une variante plus légère
des grands millésimes de Veuve Clicquot.
• 1990 HENRIOT   88, MAI 2002] 91
(50 % PN, 50 % CH)
Une belle construction à la fondation stable et à la façade imaginative.
Les vignobles magnifiques d'Henriot de la côte des Blancs se
remarquent distinctement dans la bouche ultra-sophistiquée et
saturée de citron vert. Le nez peut bénéficier de deux années de
conservation de plus en cave afin de s'épanouir complètement.
• 1989 HENRIOT   82, FÉVRIER 1997] 86
(55 % PN, 45 % CH)
Henriot a réalisé un millésime de 1989 très léger et élégant au
bouquet modeste et floral. Bouche minérale. Le citron ouvre
l'appétit. Finalement, le vin a pris des forces et de l'ampleur
avec l'âge.

• 1988 HENRIOT   80, FÉVRIER 1997] 86
(55 % PN, 45 % CH)
Champagne élégant et retenu. Nez au ton naissant de maturité.
Bouche pure et agréable.

• 1985 HENRIOT   88, MARS 2003] 90
(55 % PN, 45 % CH)
Étrangement, je l'ai seulement dégusté d'un jéroboam. Acheté
récemment dégorgé directement de la maison, ce qui est notable
non seulement dans le caractère d'autolyse mais également parce
qu'il était impossible de le déboucher. Dix hommes ont travaillé
pendant quelques minutes avec leurs muscles, une pince
multi-prise et des tenailles avant qu'un bon vieux tire-bouchon
ne résolve le problème. Passons maintenant au vin magnifique.
Apparence jeune, joliment torréfié aux soupçons de poudre et au
fruité sous jacent évoquant le Moët. Bouche équilibrée printanière
aux touches de fruit de la passion et de craie. Probablement pas
aussi bon dans une bouteille normale.

• 1983 HENRIOT   87, NOVEMBRE 2001] 87
(50 % PN, 50 % CH)
Les vins de 1983 sont aujourd'hui un peu grossiers, penchant vers
le dessèchement et vers des notes de noix à la limite des notes
de bouchon. Ce vin en souffre légèrement. À part cela, il est
construit classiquement et plus riche qu'habituellement avec
une note de nougat renforçant les notes minérales.

• 1982 HENRIOT   82, OCTOBRE 2002] >
(50 % PN, 50 % CH)
Champagne jeune, agréable et crayeux. Nez aux notes de miel et
ensemble assez petit. Le vin commence à s'oxyder. À boire jusqu'à
la dernière goutte.

• 1979 HENRIOT   94, OCTOBRE 2002] 95
(50 % PN, 50 % CH)
Encore un vin unique d'Henriot. Nez plus léger et à peine aussi
ravissant que le blanc de blancs de la même année. En revanche,
il possède plus de fond et d'ampleur que l'autre beauté. Si comme
moi, vous le dégustez chez Henriot, vous trouverez ce vin très
jeune et très puissant dans le verre. Poids magnifique mais
concentration fruitée inhabituelle dans cette année si belle
et classique à l'arôme de noisette.

• 1976 HENRIOT   96, OCTOBRE 2001] 96
(50 % PN, 50 % CH)
Nez magnifique aux notes cristallines de pain grillé et de nougat.
Bouche élégante et légendaire à la concentration plus élevée
que la normale de notes magnifiques caractérisant les vins de
la maison. Un des meilleurs champagnes millésimés. La bouche
ressemblant à la magnifique sauce à la vanille de Gérard Boyer
nous comble.

• 1975 HENRIOT   95, MAI 2002] 95
(67 % PN, 33 % CH)
Je me suis bien trompé dans mon évaluation de ce vin auparavant.
Il n'est rien d'autre que perfection. Velouté, classique, séduisant
à la magnifique richesse et un fruité citronné. Comme toujours,
il est élégant avec des notes crayeuses qu'un arôme de vanille riche
et magnifique renforce.

• 1973 HENRIOT   81, AOÛT 1996] 81
(50 % PN, 50 % CH)
Étonnamment relâché et lourd. Le style de la maison a totalement
disparu. Le vin manque en effet de générosité et de notes
chocolatées saturées avec une note secondaire de terre sale.
Il peut sans doute être beaucoup mieux.

• 1971 HENRIOT   78, JUIN 2003] >
(50 % PN, 50 % CH)

• 1969 HENRIOT   93, MAI 2003] 93
(51 % PN, 49 % CH)
Champagne minéral et de pure race à la tenue gracile.
Bel aspect floral et fruité dont le fruit de la passion est le pilier
le plus discernable. Des plus vifs et jeunes avec un petit corps
et beaucoup d'acidité le maintenant en vie.

• 1964 HENRIOT   93, FÉVRIER 2003] 93
(51 % PN, 49 % CH)
Une variante récemment dégorgée directement produite de la
maison, (juillet 1998). La structure en elle-même est légère et
délicate à la longueur assez ordinaire. Nez magnifique quelque
peu trop dominant de champignons des bois se faufilant dans
ce vin élégant et fortement influencé par le chardonnay. Dégusté
une dizaine de fois avec une constance magnifique.

• 1962 HENRIOT   90, DÉCEMBRE 2002] 90
(51 % PN, 49 % CH)
Prodigieusement frais et floral avec un charme magnifique.
Légèreté inattendue et courte mais avec un beau caractère modeste
portant le vin au-delà des années 1990.

• 1959 HENRIOT   99, JUIN 2003] 99
(51 % PN, 49 % CH)
Henriot considère le millésime de 1959 comme étant leur
meilleur champagne. Ce vin monumental possède des dimensions
colossales. La première bouteille que j'ai dégustée ne possédait
malheureusement pas de mousse. De plus, l'aldéhyde décelé
était beaucoup trop important. La deuxième bouteille était
profondément développée avec un arôme de caramel magnifique.
Structure de caramel dur. Par chance, je dégusterai bientôt une
bouteille provenant directement de Reims. J'en ai déjà l'eau à la
bouche. Maintenant c'est fait! Le magnum récemment dégorgé
était la finesse personnalisée. Tout est là, dans ce nectar charnu et
épais au fleuri frais évoquant l'acacia. Il me rappelle beaucoup les
millésimes de 1955 et de 1959 Billecart N.F.

• 1955 HENRIOT   97, OCTOBRE 2002] 97
(50 % PN, 50 % CH)
Un bijou entier parfaitement équilibré. Beaucoup plus léger
que le millésime de 1959 avec d'ailleurs un profil aromatique
similaire. Nez moqueur retenu avec une note claire de crème
fouettée. Surface cassante de caramel dur et notes matures
monumentales évoquant la truffe. Bouche douce et exotique
à la finale fraîche et pompeusement pure.

• 1954 HENRIOT   96, JUIN 1999] 96
(50 % PN, 50 % CH)
J'ai cru que je m'étais trompé en lisant le fax d'Henriot indiquant
quels millésimes étaient considérés comme les meilleurs et que le
1954 se trouvait sur cette liste. Après avoir dégusté un magnum
récemment dégorgé, j'ai compris pourquoi. Nez incroyablement
pur. Un parfum floral personnel s'élevait du verre. Des bulles
dansantes et virevoltantes mettaient en valeur la bouche jeune
et élégante aux notes craquantes de prune jaune et de pêche.

• 1979 HENRIOT BLANC DE BLANCS   96, OCTOBRE 2002] 96
(100 % CH)
Le blanc de blancs d'Henriot est habituellement sans année mais
un pur millésime de 1976 a été sorti de sa cachette. Le vin est tout
simplement unique, bon et sexy. Le nez me rend euphorique avec
son élégance torréfiée et onctueusement classique de caramel au
beurre. Plus léger et court que le champagne millésimé habituel
mais avec une grâce et une finesse qui me fait me languir de la
prochaine bouteille.

• 1998 HENRIOT ROSÉ   87, JANVIER 2004] 90
(52 % PN, 48 % CH)
Des plus homogène et fidèle au style de la maison luxueux et manifestement élégant. Belle robe abricotée. Mousse unique formant dans le verre le plus beau collier de perles. Nez stylé au fleuri pure race, aux notes de petites brioches à la vanille et aux touches fraîches de pomme et de fraise à la chantilly. Pas du tout riche ou évident, simplement génialement précis et parfait du point de vue de l'architecture.

• 1996 HENRIOT ROSÉ   83, JANVIER 2003] 88
(52 % PN, 48 % CH)
Champagne clair, peu développé et farouche à l'acidité élevée et à la belle structure. Nez jusqu'ici floral évanescent aux notes d'eucalyptus, de melon, et de bonbon à l'anis. Après un moment passé dans le verre, une certaine note de pain et un ton clair de fleurs d'oranger se libèrent. Bouche fraîche et prometteuse.

• 1993 HENRIOT ROSÉ   84, OCTOBRE 2001] 87
(52 % PN, 48 % CH)
Champagne cristallin et léger caractéristique de la maison à la belle bouche minérale. Acidité sublime. Caractère crayeux du chardonnay le plus élégant.

• 1990 HENRIOT ROSÉ   89, JANVIER 2003] 90
(57 % PN, 43 % CH)
Beau champagne bien construit avec un peu plus de poids que les millésimes précédents. Riche, mature, charnu et fruité crémeux. Magnifique symphonie au style aéré.

• 1988 HENRIOT ROSÉ   81, FÉVRIER 1997] 87
(52 % PN, 48 % CH)
Rosé pur et bien fait avec une belle note de cassis et une bonne richesse minérale.

• 1985 HENRIOT ROSÉ   86, DÉCEMBRE 2001] 87
(52 % PN, 48 % CH)
Robe pâle aux arômes légers, délicats et relativement jeunes penchant vers le floral. Bouche souple harmonieuse pleine de finesse, de classe et d'élégance. Vin modeste exigeant une compagnie subtile devant être apprécié à grandes gorgées.

• 1976 HENRIOT ROSÉ   93, MARS 2001] 93
(55 % PN, 45 % CH)
Ce vin est si exubérant, bon et simple qu'on invite tous ses amis pour le déguster. Essence douce comme un nectar avec beaucoup de notes différentes de confiserie et une richesse fruitée charnue et massive. Cohérent et voluptueux. Robe et mousse vivantes

• 1989 LES ENCHANTELEURS   91, AVRIL 2004] 94
(40 % PN, 60 % CH)
Je l'ai dégusté récemment dégorgé avant son lancement sur le marché. Il n'est donc pas si étrange que ce champagne caractéristique de la maison et classique dans tous ses aspects possède un trait un peu arrêté et peu développé. Les notes de vanille, de pêche et de citron, de brioche, de pain et de minéral se libèrent dans un ensemble charnu et équilibré. Beau, au bon potentiel de maturation. Il évoque beaucoup les doux millésimes Henriot de 1976.

• 1988 LES ENCHANTELEURS   94, NOVEMBRE 2003] 96
(45 % PN, 55 % CH)
Initialement léger mais beau nez de fleurs blanches, d'acacia, de caramel et de vanille. Bouche légère à moyennement étoffée, élégante, racée et joliment fraîche. Sa force commence à apparaître doucement maintenant. Tout simplement splendide ! Il est devenu récemment magnifique avec un côté charnu en augmentation et une concentration beurrée de tous les arômes de vanille. Très beau parfum floral. Une sorte de champagne des champagnes. Il n'existe pas de représentant plus classique de cette catégorie de vin.

• 1985 LES ENCHANTELEURS   85, JANVIER 1999] 88
(45 % PN, 55 % CH)
Le nouveau champagne prestige de la maison est identique à la cuvée Baccarat. Leurs efforts pour créer un champagne léger et modeste portent leurs fruits avec ce vin. Plutôt léger et insignifiant mais il possède une élégance florale.

• 1983 CUVÉE BACCARAT   89, JUIN 2002] 89
(45 % PN, 55 % CH)
Les millésimes de 1983 et de 1985 manquent de concentration. Les vins sont légers presque frêles. Robe pâle avec une touche verte. Un léger ton mature et fumé est décelé dans le nez floral. Même la bouche est fleurie au lieu d'être fruitée. Une note légère de vanille se libère dans la longueur en bouche discrète.

• 1982 CUVÉE BACCARAT   91, FÉVRIER 2003] 91
(45 % PN, 55 % CH)
Nez quelque peu plus ample et charnu que d'habitude. Sinon, le style de la maison équilibré et détendu est le même. Un champagne classique du début à la fin tout en étant un peu impersonnel.

• 1981 BARON PHILIPPE DE ROTHSCHILD
(50 % PN, 50 % CH)   88, JANVIER 2001] 88
Les proportions égales de pinot et de chardonnay équilibrent ce vin. Le Baron Philippe est toujours un champagne plus lourd et plus étoffé que le Baccarat.

• 1981 CUVÉE BACCARAT   91, OCTOBRE 2000] 92
(45 % PN, 55 % CH)
Le millésime de 1981 est l'exemple parfait de cette cuvée élégante. Souple, généreux et facile à apprécier avec son bouquet de chardonnay mature et sa mousse moelleuse exemplaire. Bouche bien tissée avec des voiles de fruit exotique.

• 1979 BARON PHILIPPE DE ROTHSCHILD
(50 % PN, 50 % CH)   96, JUILLET 2003] 96
Le champagne du Baron lui-même de 1979 ressemble beaucoup au millésime de 1981. Le fruité est éventuellement un petit peu plus riche dans ce vin. Auparavant, celui-ci était lourd et faiblement acide. Il est beaucoup mieux aujourd'hui. La concentration est magnifique, presque comme un millésime de 1976 et, parallèlement, le vin dévoile une nouvelle note florale et un chardonnay citronné. Magnifique !

• 1979 CUVÉE BACCARAT   90, AOÛT 1996] 90
(40 % PN, 60 % CH)
Champagne élégant et charmant. Bouche magnifique, équilibrée, fortement marquée par la vanille. Un classique qui est encore meilleur que ce que je pensais en 1996.

• 1976 CUVÉE BACCARAT   96, OCTOBRE 2002] 96
(40 % PN, 60 % CH)
J'ai trouvé cette bouteille normalement dégorgée chez un petit caviste au centre de Paris. Son prix était très bas et le vin merveilleux. Robe relativement sombre et développée. Nez plus mature que Les Enchanteleurs en magnum, tout en étant toujours plus fleuri avec un fruité mûr sensuel noyé de vanille.

• 1976 LES ENCHANTELEURS   97, OCTOBRE 2002] 97
(40 % PN, 60 % CH)
Avec le millésime de 1955, c'est le meilleur champagne que j'ai dégusté dans une très grande dégustation verticale d'Henriot en octobre 2002. Ce magnum contient exactement le même vin que le Baccarat, mais puisque Taittinger possède le cristal de Baccarat, l'étiquette est différente. Il faut un moment pour que le nez de ce vin très charnu et clair s'épanouisse. Une fois épanoui, une fantastique symphonie belle et sensuelle se joue sur la note aromatique. Bouche extrêmement intense, note de caramel dur caractéristique du millésime et doux avec le beau côté

rafraîchissant de la maison et la cohérence déguisée d'agrumes comme contrepoids et comme aspect le plus intéressant.

• 1975 BARON PHILIPPE DE ROTHSCHILD

(50 % PN, 50 % CH)   93, DÉCEMBRE 2003] 93

Ce vin riche et saturé de notes de miel évoque beaucoup un millésime de 1973. En d'autres termes, ample et puissant aux notes matures, légèrement oxydées de fruits secs. Même volatilité et arômes d'amande. Vin ample et impressionnant, mais le Baron Philippe de Rothschild n'est jamais particulièrement distingué ou caractéristique de la maison comme les autres vins d'Henriot.

• 1973 BARON PHILIPPE DE ROTHSCHILD

(50 % PN, 50 % CH)   93, FÉVRIER 2002] 93

Un pur-sang arrivé à maturité possédant la classe, le charme et l'autorité. Charnu et extrêmement concentré à la maturité typique du millésime et aux arômes oxydés. Notes de raisin, d'amande, de prune et d'une intense maturité miellée.

• 1969 BARON PHILIPPE DE ROTHSCHILD

(50 % PN, 50 % CH)   93, FÉVRIER 2003] 93

Un vin vraiment monstrueux dans ses dimensions presque grasses. Nez aux nombreuses notes pesantes et douces évoquant le caramel. Bouche très charnue et exigeante au fruité à la limite d'être trop mûr. Impressionnant mais pas aussi élégant que ce que j'attendais d'un Henriot. Les raisins de pinot prédominent.

• 1983 CUVÉE BACCARAT ROSÉ   84, FÉVRIER 1997] 87

(60 % PN, 40 % CH)

Très élancé. Arôme de pain sophistiqué et trace de fleurs printanières au nez. Bouche serrée moyennement étoffée à la belle note minérale, très élancée et sophistiquée.

• HENRIOT WEDDING CUVÉE   90, JANVIER 2003] 90

(50 % PN, 50 % CH)

Une cuvée des années 1970 élaborée pour le mariage du prince Andrew et de Sarah Ferguson en 1986. Actuellement arrivé à maturation avec de nombreuses notes âgées profondes et douces combinées au style classique de la maison et à la construction légère et stylée.

HENRY DE LAVAL R-M

51480 Damery

Ce viticulteur ne vend plus depuis longtemps son propre champagne.

• 1953 HENRY DE LAVAL BLANC DE BLANCS   92, OCTOBRE 2001] 92

(100 % CH)

Ce n'est pas tous les jours que l'on déguste un blanc de blancs de Damery. Ce millésime brillant de 1953 est personnel tout en rayonnant de vitalité à l'approche de son cinquantième anniversaire. Nez ample de goudron, d'anis, de fenouil et de poivron vert. Bouche au caractère de terroir de la vallée de la Marne et quelque peu rugueuse en raison des tannins.

HERARD, PAUL N-M

31, Grande-Rue
10250 Neuville-sur-Seine
03 25 38 20 14
Production : 180 000

Même si la famille Herard est dans la viticulture depuis plusieurs générations, la maison n'a été fondée qu'en 1925. Elle possède aujourd'hui une assez bonne réputation.

• PAUL HERARD RÉSERVE   58

(75 % PN, 25 % CH)

• PAUL HERARD BLANC DE NOIRS   52

(100 % PN)

HERBERT, DIDIER*** R-M

51500 Rilly-la-Montagne
03 26 03 41 53
Production : 65 000

Le viticulteur exploite plus de 6 hectares à Rilly, Mailly et Verzenay. Les cépages sont âgés de 20 ans. La fermentation malolactique est quelquefois bloquée et la part de fût de chêne utilisée est importante. Ce viticulteur doué lancera prochainement son grand cru conservé en fût de chêne de Verzenay et de Mailly. Son blanc de blancs est déjà élaboré à 100 % en fûts de bourgogne.

• 1997 PLATINIUM   89, JANVIER 2004] 90

(35 % PN, 65 % CH)

Champagne explosif au caractère évoquant le tonneau, bien musclé, à l'acide malique fort, à la concentration exotique proche d'un Vilmart.

HÉBRART, MARC *** R-M

18, rue du Pont
51160 Mareuil-sur-Ay
03 26 52 60 75
Production : 80 000

Marc Hébrart et son fils, Jean-Paul, sont les viticulteurs les plus connus du village. En plus des raisins de pinot de Mareuil, ils ont accès au chardonnay de Chouilly et d'Oiry aux cépages âgés en moyenne de 28 ans. C'est toujours une joie de rendre visite à Jean-Paul dans cette belle propriété située près de la rivière de la Marne. Il appartient à la nouvelle vague de vinificateurs très bien formés et se concentrant sur la qualité. Il faut surveiller ce viticulteur. Jean-Paul a trouvé l'amour à Cramant. L'heureuse élue s'appelle Isabelle Diebolt. Quelle cuvée !

• HEBRART RÉSERVE   69

(80 % PN, 20 % CH)

• SÉLECTION JEAN-PAUL HÉBRART   75

(70 % PN, 30 % CH)

• SÉLECTION MARC HÉBRART   76

(70 % PN, 30 % CH)

• HÉBRART BLANC DE BLANCS   76

(100 % CH)

• HÉBRART ROSÉ   78

(70 % PN, 30 % CH)

• 1998 HÉBRART SPECIAL CLUB   83, DÉCEMBRE 2003] 88

(60 % PN, 40 % CH)

Tout le chardonnay d'Oiry et de Chouilly avec, de surcroît, le pinot noir de Mareuil-sur-Ay. Probablement aussi bon que le millésime de 1997 bien structuré et joliment aéré mais un peu plus ferme dernièrement malgré un beau ton miellé flottant au-dessus du fruité. Belle acidité malique qui éveille les papilles.

• 1997 HÉBRART SPECIAL CLUB   85, DÉCEMBRE 2003] 88

(60 % PN, 40 % CH)

Je suis complètement tombé sous le charme de ce champagne cristallin et stylé lorsqu'il s'est faufilé dans une dégustation à l'aveugle que je dirigeais. Le vin est beaucoup plus modeste que prévu et il possède une belle élégance aux notes crayeuses et une souplesse lisse. Nez léger composé de façon sophistiquée et fleuri aux notes flagrantes d'aubépine et de souci. Bouche un peu diffuse du point de vue aromatique mais la structure est parfaite.

• 1996 HÉBRART PRESTIGE   84, DÉCEMBRE 2003] 88

(60 % PN, 40 % CH)

Magnifique combinaison de fraîcheur et de pinot noir robuste et appuyé. L'acidité apparaît aussi claire qu'un jour d'hiver ensoleillé. Persistant et passionnant à suivre dans la décennie à venir.

• 1995 HÉBRART PRESTIGE   84, OCTOBRE 2001] 87
(60 % PN, 40 % CH)
Ce Diebolt par alliance est véritablement un champagne savoureux et charpenté fortement influencé par les raisins matures de pinot. Sous le nez ample animal aux notes de pain, je décèle des notes de plantes de lac et d'une nuit d'été humide. Bonne prise et structure, belle acidité jeune.

• 1990 HÉBRART SPECIAL CLUB   78, MARS 2000] 83
(50 % PN, 50 % CH)
Robe profonde presque orangée. Nez ample de vanille et de pomme mûre. Riche bouche jeune aux notes de gâteau au fromage et de peau de pomme.

• 1989 HÉBRART PRESTIGE   70, AVRIL 1995] 79
(60 % PN, 40 % CH)

HÉRARD & FLUTEAU N-M

Route Nationale
10250 Gyé-sur-Seine
03 25 38 20 02
Production : 70 000
Fondée par Georges Fluteau et Émile Hérard en 1935. La maison possède 5 hectares dans l'Aube. Ils achètent la plus grande partie du raisin. Bernard Fluteau dirige actuellement la maison. Principaux vins : Cuvée Réservée, Rosé.

• 1995 G. FLUTEAU PRESTIGE   69, OCTOBRE 2001] 70
(100 % CH)

HORIOT PÈRE & FILS R-M

11, rue Cure-Bas
10340 Les Riceys
03 25 29 32 21
Production : 40 000
Le viticulteur utilise uniquement des raisins du village des Riceys.

• HORIOT BRUT   50
(50 % PN, 50 % CH)

HOSTOMME R-M

5, rue de l'Allée
51530 Chouilly
03 26 55 40 79
Production : 140 000
La famille Hostomme produit du champagne grand cru depuis trois générations. C'est le plus grand propriétaire de cépages rares de pinot noir de Chouilly. Elle élabore également un blanc de noirs dominé par le pinot de Chouilly.

• HOSTOMME GRANDE RÉSERVE   68
(100 % CH)

• HOSTOMME BLANC DE BLANCS   66
(100 % CH)

• HOSTOMME ROSÉ   53
(50 % PN, 50 % CH)

• HOSTOMME BLANC DE NOIRS   60
(80 % PN, 20 % PM)

• 1989 HOSTOMME   70, JUILLET 1995] 80
(100 % CH)
Légèreté inattendue avec une note faible de crème. Certaine élégance.

HUSSON R-M

2, rue Jules-Lobet
51160 Ay
03 26 55 43 05
Production : 50 000
Il a malheureusement arrêté de produire ses propres vins.

• HUSSON BRUT   55
(70 % PN, 30 % CH)

• HUSSON ROSÉ   65
(100 % PN)

H. BLIN C-M

5, rue de Verdun
51700 Vincelles
03 26 58 20 04
Production : 630 000
Cette coopérative de la Marne a été fondée en 1947 à Vincelles. Les 105 membres contrôlent 110 hectares. 30 % de la récolte est exportée. Les raisins proviennent de 10 villages de la vallée de la Marne. Je suis positivement surpris par les champagnes charmants de Blin. Ils n'ont rien de commun avec les classiques, mais ils valent bien l'argent dépensé avec leur style personnel mature. J'ai trouvé dans tous leurs vins des notes de chocolat à l'orange et de nougat. Tony Rasselet est le vinificateur.

• H. BLIN TRADITION   51
(5 % PN, 77 % PM, 18 % CH)

• H. BLIN BRUT RÉSERVE   68
(5 % PN, 75 % PM, 20 % CH)

• H. BLIN CHARDONNAY   65
(100 % CH)

• H. BLIN DEMI-SEC   40
(5 % PN, 95 % PM)

• H. BLIN ROSÉ   50
(20 % PN, 62 % PM, 18 % CH)

• 1998 H. BLIN   73, SEPTEMBRE 2003] 76
(50 % PN, 50 % CH)

• 1990 H. BLIN   83, NOVEMBRE 1998] 85
(50 % PN, 50 % CH)
Les notes de chocolat à la pomme sont renforcées par une structure impressionnante. C'est le meilleur champagne Blin que j'ai dégusté.

• 1988 H. BLIN   79, SEPTEMBRE 2003] 79
(50 % PN, 50 % CH)

• 1986 H. BLIN   78, OCTOBRE 2001] 78
(20 % PN, 30 % PM, 50 % CH)

• 1979 H. BLIN   83, FÉVRIER 1996] 83
(70 % PM, 30 % CH)
Jaune d'or, torréfié et belle finale persistante aux notes de caramel dur.

IRROY *** N-M

44, boulevard Lundy
51100 Reims
03 26 88 37 27
Production : 500 000
La seconde maison de Taittinger a été fondée en 1820. C'est, à l'origine, l'une des grandes marques. Elle est actuellement pratiquement invisible. Les trois étoiles sont donc à considérer comme une notation de nature historique.

• 1959 IRROY   94, AVRIL 2002] 94
(70 % PN, 30 % CH)
Un vin plein, débordant d'énergie vitale, possédant toutes les caractéristiques du grand millésime. Nez ample et fumé.

Bouche imposante et masculine de grande ampleur. Champagne de repas impressionnant.

• 1945 IRROY
(70 % PN, 30 % CH)

• 1943 IRROY   94, AOÛT 1997] 94
(70 % PN, 30 % CH)
Ce fut pendant longtemps le seul champagne de la maison que j'aie dégusté. Beaucoup de critiques considèrent que l'Irroy de 1943 est le meilleur champagne millésimé ! Il est toujours majestueux avec sa mousse vive, sa force implacable et sa finale ardente. Le vin est marqué par des arômes de chêne et des notes pesantes de pinot noir. Nez évoquant un Krug aux notes de miel et de noix. La bouche étoffée est dominée par une note de cacao.

• 1941 IRROY
(70 % PN, 30 % CH)

• 1928 IRROY   95, JANVIER 1999] 95
(70 % PN, 30 % CH)
Si la conservation s'est bien passée, ce vin est aristocratique et remarquable. La force est importante. La bouche est un nectar charmant. Une partie des bouteilles est cependant totalement endommagée.

• 1953 IRROY BLANC DE BLANCS   90, MARS 2003] 90
(100 % CH)
Je ne savais pas que cette maison faisait du blanc de blancs lorsque j'ai dégusté ce millésime de 1953 cristallin et dansant lors de la formidable dégustation « Swedish Taste » à Göteborg. Au nez, le vin apparaît frais comme un matin printanier avec un bouquet floral vigoureux. De petites bulles vives et coléreuses déchirent les papilles, mais une note douce de caramel vient idéalement apaiser l'impression. Après trente minutes dans le verre, le nez change pour laisser apparaître une note piquante de *grappa* à la poire.

• 1964 IRROY ROSÉ   94, OCTOBRE 2003] 94
(70 % PN, 30 % CH)
Je n'avais pas de grandes attentes pour ce millésime de 1961 alors qu'il était si délicat. Quel bonheur de découvrir un nez tout neuf de truffe blanche, de chemin de fer, de fumée, de légumes cuits et de collection très exotique d'orchidées. Sombre et masculin, à la force surprenante et à l'attaque dans laquelle la mousse n'a pas du tout joué son rôle de porteuse de goût. Persistant et sérieux avec une longueur en bouche de chocolat noir amer sans sucre.

• 1961 IRROY ROSÉ   81, FÉVRIER 2001] 81
(70 % PN, 30 % CH)
Beaucoup trop de notes oxydées au nez. Bouche riche et étoffée aux notes de prune, de raisin, de vieux sirop de framboise et de sherry. La mousse est toujours là. Il a dépassé son apogée il y a bien longtemps.

• 1970 IRROY MARIE-ANTOINETTE   93, AVRIL 2003] 93
(70 % PN, 30 % CH)
Un millésime de 1970 homogène et simplement brillant. Le vin rappelle de par beaucoup d'aspects le beau millésime de 1966 avec sa belle acidité et son nez puissant de chèvrefeuille. La rondeur et le côté de caramel dur font penser également au Cristal. Finale satinée de caramel et de miel.

• 1966 IRROY MARIE-ANTOINETTE   96, AOÛT 1999] 96
(66 % PN, 34 % CH)
Magnifique ! Un millésime de 1966 complètement irrésistible avec une élégance et un style parfaits. Nez frais et floral avec une nuance prononcée d'orange et de nougat. Bouche combinant la force et la fraîcheur d'une manière me faisant penser à un beau Dom Pérignon torréfié de la même année.

• 1962 IRROY MARIE-ANTOINETTE   94, JUIN 1999] 94
(70 % PN, 30 % CH)
C'est la première fois que je découvre une bouteille si jeune de la maison Irroy connue depuis longtemps. Le nom de ce champagne de prestige est Marie-Antoinette. Cette femme connue habitait le Château d'Irroy en 1786. Le vin lui-même est impressionnant avec sa profondeur magnifique. Comme tous les grands millésimes de 1962, la vieille dame vit sur un fruité épais unifié, doux et concentré. Beaucoup de ressemblances existent avec le millésime Krug de 1982 aux notes de noix et à la douceur de sirop au sucre.

IVERNEL N-M
6, rue Jules-Lobet
51160 Ay
03 26 55 21 10
Production : 85 000
Cette maison historique appartient à Gosset depuis 1989. Concrètement, Gosset considère Ivernel comme sa deuxième marque. La famille Ivernel a vécu à Ay depuis le XVᵉ siècle mais elle n'a fondé sa maison de champagne qu'en 1955. Tous les raisins sont achetés. Ivernel s'est spécialisé dans les restaurants de luxe. Le champagne du grand chef Paul Bocuse est identique à l'Ivernel Brut Réserve.

• PAUL BOCUSE BRUT   72
(30 % PN, 30 % PM, 40 % CH)

• IVERNEL BRUT RÉSERVE   72
(30 % PN, 30 % PM, 40 % CH)

• IVERNEL ROSÉ   51
(20 % PN, 80 % CH)

• 1989 IVERNEL   76, AOÛT 1995] 80
(45 % PN, 12 % PM, 43 % CH)
Rond et charpenté. Précisément comme l'on pouvait s'y attendre du millésime et du producteur. Le millésime de 1989 n'est pas destiné à la cave.

JACKOWIACK-RONDEAU R-M
26, rue Saint-Martin
51390 Pargny-les-Reims
03 26 49 20 25
Production : 50 000
Ce viticulteur d'origine polonaise possède 6 hectares à Jouy-les-Reims et dans le village de Pargny-les-Reims plantés à 30 % de PN, à 55 % de PM et à 15 % de CH. L'âge moyen des ceps de vigne est de 25 ans. Les plus âgés ont 38 ans. La philosophie de cette maison est de récolter tardivement et de cueillir uniquement les raisins les plus mûrs. Beaucoup d'attention est portée au champagne de prestige Cuvée d'Or qui possède une bouche très mature et ronde. Le champagne non millésimé tire son style doux d'une conservation de cinq ans et demi avant d'être commercialisé. Ce bon producteur est un représentant remarquable de son village.

• JACKOWIACK-RONDEAU BRUT   70
(30 % PN, 55 % PM, 15 % CH)

• JACKOWIACK-RONDEAU EXTRA DRY   67
(30 % PN, 55 % PM, 15 % CH)

• CUVÉE D'OR   80
(45 % PN, 10 % PM, 45 % CH)
Un champagne de prestige composé de raisins extrêmement mûrs provenant des pentes orientées au sud. Il est conservé longtemps dans la cave du viticulteur. Robe jaune profonde. Structure dense et épaisse. Bouche moelleuse, douce et mature évoquant un peu une belle vendange tardive d'Alsace. Bouche naturellement oxydée

aux nombreuses notes d'abricots secs, d'ananas, de raisin et de papaye associées à des tons de miel et de cuir.

- JACKOWIAK-RONDEAU ROSÉ   70
(30 % PN, 55 % PM, 15 % CH)

JACQUART *** C-M
5, rue Gosset
51100 Reims
03 26 07 88 40
Production : 9 000 000

C'est aujourd'hui l'un des plus grands producteurs de champagnes même si la coopérative n'a été fondée qu'il y a une trentaine d'années. Lorsque Robert Quantinet a commencé à réunir des viticulteurs, ils produisaient 100 000 bouteilles. Ils en produisent actuellement 9 millions par an. La coopérative comprend plus de 600 membres. Elle exploite 1 000 hectares de 64 villages dans la Marne. Tout comme la deuxième grande coopérative de Reims, Palmer, ils utilisent les nouvelles presses de 8 000 kg dans leur installation ultra moderne. Les vins soigneusement élaborés sont bien reçus par l'ensemble des critiques. La qualité des raisins est élevée avec un taux moyen de 96 %. Le vinificateur est Richard Dailly.

- JACQUART BRUT SÉLECTION   58
(35 % PN, 15 % PM, 50 % CH)
- JACQUART MOSAÏQUE   63
(35 % PN, 15 % PM, 50 % CH)
- JACQUART TRADITION   64
(33 % PN, 33 % PM, 34 % CH)
- JACQUART DEMI-SEC   49
(35 % PN, 15 % PM, 50 % CH)
- JACQUART ROSÉ   51
(45 % PN, 15 % PM, 40 % CH)
- 1997 JACQUART MOSAÏQUE   81, SEPTEMBRE 2003] 82
(38 % PN, 12 % PM, 50 % CH)

Nez profond et ample aux notes de pain avec un caractère typique de la maison. Peut même être étonnamment grand et charpenté si on considère le millésime. Certaines notes de caramel dur apparaissent déjà.

- 1996 JACQUART MOSAÏQUE   85, FÉVRIER 2004] 87
(38 % PN, 12 % PM, 50 % CH)

Plus torréfié et exotique que la normale avec des notes récurrentes de pêche et d'ananas. La base fruitée retient jusqu'à maintenant les touches de pain qui peuvent être discernées si on fait vraiment attention. Belle acidité et beau mordant. Certaines bouteilles extrêmement torréfiées font penser à Charles Heidsieck.

- 1992 JACQUART MOSAÏQUE   82, MARS 2000] 84
(100 % CH)

Excellente mousse. Nez beurré mature. Le vin possède une texture crémeuse et un charme manifeste.

- 1992 JACQUART MOSAÏQUE   75, JANVIER 2002] 76
(50 % PN, 50 % CH)
- 1990 JACQUART MOSAÏQUE   85, MARS 2000] 85
(50 % PN, 10 % PM, 40 % CH)

Tous ces champagnes partagent une bouche exotique, évoquant un nectar possédant de la mâche. Le vin est composé de raisins mûrs mais il s'est développé un peu trop rapidement.

- 1990 JACQUART MOSAÏQUE   78, FÉVRIER 1997] 82
(50 % PN, 50 % CH)

Vin accompli destiné à une consommation rapide. Des notes de pêche, d'abricot et de chocolat sont déjà décelées dans ce vin.

- 1990 RITZ   78, FÉVRIER 1997] 82
(50 % PN, 50 % CH)

Il semblerait que cela soit exactement le même vin que le millésime 1990 Jacquart. Le fruité est généreux avec une concentration faisant penser au pudding au chocolat.

- 1987 JACQUART MOSAÏQUE   85, MARS 2002] 85
(50 % PN, 50 % CH)

Nez agréable de confiture d'abricot et de marmelade verte. Superbement frais et fruité magnifique aux notes miellées et d'abricot en bouche. C'est une joie de déguster ce vin simple.

- 1983 JACQUART   81, DÉCEMBRE 2002] 81
(50 % PN, 50 % CH)

Malheureusement ce vin étoffé aux notes de pain est sur son déclin ! Le fruité n'existe plus et le vin est maintenu en vie uniquement grâce aux arômes torréfiés et à la caramélisation.

- 1978 JACQUART   78, MAI 2001] 78
(50 % PN, 50 % CH)
- 1997 JACQUART BLANC DE BLANCS   84, NOVEMBRE 2003] 85
(100 % CH)

Très bon ! Il est intéressant de voir que ce vin a stabilisé son style parmi les millésimes. Le vin est toujours moelleux et équilibré avec de belles notes torréfiées de café et de chocolat. Bon fruité citronné moelleux à la finale douce.

- 1996 JACQUART BLANC DE BLANCS   83, NOVEMBRE 2003] 86
(100 % CH)

Sec, torréfié avec de légères notes de pain. Un brin âpre jusqu'à maintenant avec un bon potentiel. Notes de soufre et d'acidité acérée importante. Voilà mes dernières impressions. Paradoxalement, la première bouteille que j'ai dégustée était moelleuse et mature.

- 1995 JACQUART BLANC DE BLANCS   70, MARS 2000] 70
(100 % CH)
- 1992 JACQUART BLANC DE BLANCS   83, OCTOBRE 1997] 84
(100 % CH)

Charmant et mature. Le vin semble pourtant manquer de potentiel.

- 1998 MOSAÏQUE ROSÉ   73, MAI 2003] 76
(45 % PN, 15 % PM, 40 % CH)
- 1986 MOSAÏQUE ROSÉ   78, AVRIL 1997] 80
(45 % PN, 15 % PM, 40 % CH)

Comme beaucoup de millésimes 1986, le vin était quelque peu relâché. Des touches de fromage et d'autres matures se font sentir. Bouche bonne aux accents très populaires mais elle manque de complexité et de persistance.

- CUVÉE NOMINÉE   80, JUILLET 2001] 84
(50 % PN, 50 % CH)

Il comprend des raisins de 1996 de même qu'une partie de vin de réserve. Assez peu développé et neutre jusqu'à maintenant. Peut-être un peu trop raffiné et trop travaillé. J'aurais plutôt vu un fruité plus généreux mais l'acidité est belle. Il est prometteur. Son évolution est difficile à prévoir.

- JACQUART CUVÉE RENOMÉE   84, DÉCEMBRE 2002] 84
(50 % PN, 50 % CH)

Précurseur de la Cuvée Nominée au vin de base de 1982. Très généreux, douceur flatteuse et exotique. Le vin a presque le même goût qu'une tarte aux pêches assez douce. Le nez possède une partie de notes intéressantes de foie de canard et de caramel dur. Bouche bonne et ronde mais quelque peu courte.

- 1990 CUVÉE NOMINÉE   89, SEPTEMBRE 2001] 89
(50 % PN, 50 % CH)

Un vin de prestige dont les vins de base proviennent de dix différents vignobles classés grands crus. La fraîcheur est ici mélangée idéalement à une forte base chocolatée. Équilibre superbe et beau fruité penchant vers l'exotisme. Le meilleur est la bouche très persistante de cacao et de vanille.

- 1988 CUVÉE NOMINÉE   85, MARS 2000] 87
(40 % PN, 60 % CH)
Nez de fromage et de chocolat. Bouche moelleuse de fruit exotique avec une note récurrente de chocolat.
- 1986 CUVÉE NOMINÉE   83, MAI 1997] 83
(60 % PN, 40 % CH)
Arrivé à maturité à l'âge de dix ans. Fruité agréable, rond et saturé de miel aux notes exotiques. Le vin est oxydé et donne une impression dominée par le pinot.
- 1985 CUVÉE NOMINÉE   78, NOVEMBRE 1994] 85
(40 % PN, 60 % CH)
Lors de l'élaboration des champagnes de prestige, les efforts pour créer un vin délicat et moelleux ont parfois pour conséquence de retirer du caractère au vin. La Cuvée Nominée s'apparente à ces champagnes de prestige. Style très sophistiqué avec une mousse soyeuse et délicate. Nez de notes délicates de pêche et de pain.
- 1985 CUVÉE NOMINÉE ROSÉ   87, SEPTEMBRE 1998] 87
(50 % PN, 50 % CH)
Vin beau et magnifique aux arômes charmants et à la structure crémeuse. Déjà entièrement mature à l'âge de douze ans.
- 1990 CUVÉE NOMINÉE MILLENIUM   89, NOVEMBRE 2001] 90
(50 % PN, 50 % CH)
Nominée en magnum habituel au tournant du siècle. Quelque peu plus retenu et un plus élégant que dans une bouteille.

JACQUART, ANDRÉ *** R-M
6, avenue de la République
51190 Le Mesnil-sur-Oger
03 26 57 52 29
Production : 100 000

André Jacquart est l'un des viticulteurs qui va de l'avant et dont les vins vont bientôt atteindre des prix mirifiques. Il dispose de 7 hectares dans l'Aube et dans la vallée de la Marne, mais c'est pour ses 11 hectares au Mesnil qu'il est connu.
- ANDRÉ JACQUART BRUT   49
(30 % PN, 30 % PM, 40 % CH)
- ANDRÉ JACQUART BLANC DE BLANCS   75
(100 % CH)
- ANDRÉ JACQUART ROSÉ   54
(15 % PN, 85 % CH)
- 1997 ANDRÉ JACQUART   83, SEPTEMBRE 2003] 86
(100 % CH)
Purement frais et plus moelleux que la normale. Fruité charnu charmant allant à la rencontre de l'ananas et de la papaye. Très bon jusqu'à la dernière goutte.
- 1993 ANDRÉ JACQUART   80, OCTOBRE 1998] 86
(100 % CH)
Style du Mesnil extrêmement pur avec l'acidité implacable et de nombreuses notes minérales. Bouche légère mais persistante et crayeuse. Il doit être conservé longtemps pour atteindre son plein potentiel.
- 1990 ANDRÉ JACQUART   85, FÉVRIER 2001] 91
(100 % CH)
Champagne exceptionnellement pur, retenu et jeune, entièrement marqué par le lieu de plantation des cépages. Le caractère du millésime brille par son absence. Malgré son âge convenable, il libère encore des notes florales et même le palais ressent un retour de l'acidité acérée.

- 1989 ANDRÉ JACQUART   77, JUIN 1995] 86
(100 % CH)
Ferme et légèreté inattendue. Acidité élevée. Bon nez minéral.
- 1985 ANDRÉ JACQUART   87, JUIN 1993] 92
(100 % CH)
André Jacquart montre ici sa grandeur avec un blanc de blancs classique au style mature. Nez presque exotique de mangue et de pêche. Étrangement, la note torréfiée apparaît tout d'abord en bouche.
- 1989 ANDRÉ JACQUART SPECIAL CLUB   80, MAI 1996] 89
(100 % CH)
Comme d'habitude, la concentration et la rondeur sont supérieures dans le Special Club comparé aux champagnes non millésimés aux arômes similaires.
- 1986 ANDRÉ JACQUART SPECIAL CLUB   81, JUILLET 1995] 83
(100 % CH)
Mature et arrondi avec une bouche crémeuse.

JACQUESSON & FILS **** N-M
68, rue du Colonel-Fabien
51530 Dizy
03 26 55 68 11
Production : 350 000

Jacquesson était l'une des premières maisons de champagne lorsqu'elle a été fondée en 1798 à Châlons-sur-Marne. Il n'a pas fallu longtemps avant qu'elle devienne l'une des plus connues. Sa réputation n'a pas été négativement influencée lorsque, à l'occasion d'une visite, Napoléon a fait cadeau à Jacquesson d'une médaille en or pour ses belles caves. Le premier marché à l'exportation était les États-Unis où de vieilles bouteilles de Jacquesson ont été trouvées à bord d'une épave appelée Niantic. Le navire a été oublié lorsqu'il a sombré à l'époque des grands feux à San Francisco, en 1851. La première bouteille a été débouchée en grande pompe. La déception a dû être grande lorsqu'on a bu la première gorgée d'eau de mer ! Déjà en 1867, Jacquesson vendait un million de bouteilles, mais le décès d'Adolphe Jacquesson a marqué le commencement d'un fort déclin. Léon de Tassigny a repris les rênes en 1920. Il a acheté les beaux vignobles possédés actuellement à Avize, Ay, Dizy et Hautvillers. La qualité n'était cependant pas aussi élevée que durant le XIXᵉ siècle. La maison a longtemps joué le deuxième rôle jusqu'à ce que Jean Chiquet achète la noble maison enrichie à Dizy en 1974. Ses deux fils, Laurent (vinificateur) et Jean-Hervé (homme d'affaires), conscients des objectifs à atteindre, sont maintenant à la tête de la maison. La première fois que j'ai rencontré Jean-Hervé en 1990, il m'a dit qu'ils visaient le très haut niveau. Tous les nouveaux investissements ont été réalisés en gardant à l'esprit la qualité. La deuxième presse a été vendue et la partie des vins de réserve et de fûts de chêne a augmenté. Une quantité plus importante de raisins de grand cru est achetée. Le pari onéreux commence aujourd'hui à porter ses fruits. Le champagne non millésimé Perfection est magnifique. On lui a attribué un numéro afin de différencier les divers mélanges. Les champagnes de prestige Signature et Signature Rosé appartiennent chaque année aux meilleurs. De plus, la maison possède quelques-uns des champagnes les plus anciennement commercialisés dans sa série D.T. À terme, plusieurs monocrus passionnants vont être commercialisés, gardez les yeux ouverts. Les frères Chiquet n'abandonneront pas avant d'avoir atteint le plus haut niveau. Jacquesson est actuellement l'une des maisons les plus intéressantes. Elle offre un très bon rapport qualité prix.

• JACQUESSON CUVÉE 728   82, DÉCEMBRE 2003] 86
(27 % PN, 37 % PM, 36 % CH)
Jacquesson est passé maître dans la création de nouveaux concepts
et cuvées intéressants. Le champagne non millésimé Perfection
a changé de forme. C'est le mélange numéro 728. 68 % du vin
provient de l'an 2000 et le reste est composé de vin de réserve.
La part de fût de chêne et des vignobles classés grand cru est très
élevée dans ce vin non filtré et légèrement dosé. Avize, Ay et Dizy
procurent naturellement la base dans cette cuvée très intéressante.
Jusqu'ici de nombreuses notes de fruité jeune à la poire et de notes
de pomme verte se libèrent. Il va devenir plus complexe avec le
temps et le chardonnay de grande classe contenu ici va devenir
plus crémeux avec les années. Notes de bois, de forêt, d'épices, de
chocolat et une touche de fin sherry se retrouvent dans le fruité.

• JACQUESSON PERFECTION   81
(33 % PN, 35 % PM, 32 % CH)
L'un des secrets de l'augmentation importante de la qualité
du début des années 1990 est qu'un quart du mélange est vinifié
en fût de chêne. Comparé avec Bollinger qui produisait auparavant
un champagne non millésimé influencé par le chêne (uniquement
12 % actuellement). Une autre explication est que tout le
chardonnay provient du village classé grand cru Avize.
Ce champagne mélange de manière merveilleuse le sérieux et
le charme. Le nez fruité est renforcé par un arôme crémeux de
chardonnay. Bouche parfaitement équilibrée avec des notes de
tonneau et de noix en finale. Parfois trop jeune et sentant la poire.
Si on est patient, les bouteilles initialement vertes libèrent une
complexité merveilleuse. Il faut conserver les bouteilles quelques
années supplémentaires pour être sûr.

• JACQUESSON BLANC DE BLANCS   78
(100 % CH)

• JACQUESSON PERFECTION ROSÉ   77
(31 % PN, 36 % PM, 33 % CH)

• 1990 PERFECTION   80, FÉVRIER 1997] 84
(40 % PN, 20 % PM, 40 % CH)
Je trouve que ce vin ressemble trop au vin sans année Perfection.
Les raisins meunier prédominent. Le fruité est populaire et
ordinaire. C'est une relative déception.

• 1988 PERFECTION   80, OCTOBRE 1994] 84
(40 % PN, 20 % PM, 40 % CH)
Ce champagne appartient aux espèces menacées d'extinction.
Le millésime Perfection n'est plus vendu, mais il fait maintenant
partie des champagnes non millésimés de la maison avec le même
nom. Au nez, le 1988 possède de nombreuses notes épicées
caractéristiques de la maison. Bouche jeune, équilibrée et fruitée.

• 1987 PERFECTION   75, JUILLET 1995] 83
(40 % PN, 20 % PM, 40 % CH)
Les frères regrettent de ne l'avoir jamais commercialisé.
Étonnamment frais, avec un bon potentiel de conservation.

• 1986 PERFECTION   78, MAI 1994] 80
(40 % PN, 20 % PM, 40 % CH)
Beaucoup plus développé que le millésime 1988 qui est plus
retenu. Notes flatteuses penchant vers la vanille. Bouche sublime
aux notes de citron et d'ananas. Ce vin prêt à boire est plus léger
et moins concentré que le millésime de 1985 et celui de 1988.

• 1985 PERFECTION   74, JUILLET 1992] 84
(40 % PN, 20 % PM, 40 % CH)
Impersonnel et neutre. Structure prometteuse.

• 1979 PERFECTION   92, OCTOBRE 1997] 93
(35 % PN, 36 % PM, 29 % CH)
Élégance superbe et richesse de glycérols. Pur et pompeusement
persistant au palais.

• 1966 PERFECTION   89, OCTOBRE 1997] 89
(32 % PN, 36 % PM, 32 % CH)
Robe jaune d'or profonde. Nez de cuir, de truffe, de sauternes et
d'amandes grillées. Un peu fatigué malgré son apparence assez
jeune. La figue nous surprend en bouche.

• 1964 JACQUESSON PERFECTION   92, JANVIER 2002] 92
(40 % PN, 25 % PM, 35 % CH)
Les frères Chiquet n'ont jamais voulu déboucher une bouteille de
ce vin de leur cave pour moi. Ce n'est pas parce qu'ils sont avares
mais parce que les bouteilles restantes possèdent un caractère
oxydé et sombre malgré le fait qu'elles sont conservées non
dégorgées à Dizy. Lorsque j'ai découvert une bouteille anglaise
normalement dégorgée, je ne m'attendais pas à grand-chose.
C'est l'un de ces moments où l'on aime être surpris. Le vin
est assurément mature avec le petit orteil dans la tombe mais
quelle richesse beurrée ! Bouquet truffé. Le style de la maison
était comme d'habitude évident et personnel.

• 1953 PERFECTION   94, AVRIL 1996] 94
(40 % PN, 25 % PM, 35 % CH)
Robe pâle. Nez floral timide aux nombreuses nuances. Bouche
ultra-élégante comme un millésime de 1969. Le kiwi, le litchi et
le melon se mêlent à une séquence crémeuse et beurrée.

• 1952 PERFECTION   92, AVRIL 1996] 92
(40 % PN, 25 % PM, 35 % CH)
Belle mousse moyennement claire. Merveilleux nez torréfié de
noix, de café et de pain. La bouche est beaucoup moins bonne
avec l'acidité impressionnante et jeune.

• 1928 PERFECTION   95, OCTOBRE 1997] 95
(40 % PN, 25 % PM, 35 % CH)
Malheureusement les deux bouteilles que j'ai eu l'honneur de
déguster n'étaient plus mousseuses. La structure et la bouche
sont majestueuses. Cette copie d'Yquem est probablement l'un
des meilleurs champagnes jamais produit.

• 1995 JACQUESSON BLANC DE BLANCS   88, SEPTEMBRE 2003] 91
(100 % CH)
Les grands maîtres que sont les frères à Ay commencent à obtenir
une bouche beaucoup plus sèche qui apparaît ici avec une
évidence souhaitée. Sec comme du tabac, acide mais également
très mat avec une abondance un peu rustique et personnelle.
Nez oxydé aux notes de malt et de céréales avec, de surcroît,
des notes de chêne et des arômes traditionnels de pomme.

• 1995 JACQUESSON LES CORNE-BAUTRAY DIZY BLANC DE BLANCS
(100 % CH)   87, OCTOBRE 2002] 92
Les frères Chiquet ont seulement produit 750 bouteilles élaborées
avec des raisins provenant d'emplacements exceptionnels aux ceps
plantés durant la grande année 1959. Il est frappant de voir
comment le style de la maison est bien conservé dans les bouteilles
préservées dans la cave de Jacquesson. Comme toujours, le style
de la maison particulièrement épicé à la fraîcheur de pommes est
présent ici. L'acidité est impressionnante tout comme les notes
minérales. Beau nez personnel aux touches de banane naine,
de tabac, de viande rouge et de roses jaunes. Bouche encore
quelque peu trop courte.

• 1993 JACQUESSON BLANC DE BLANCS   87, JUIN 2003] 89
(100 % CH)
Structure légèrement exposée. Arômes délicats mais beaux et
subtils. Ce vin pourrait dévoiler des surprises à l'avenir. Caractère

de terroir classique. Soudainement plus épicé et arrondi et plus caractéristique de la maison que des raisins !

- 1990 JACQUESSON BLANC DE BLANCS   93, AVRIL 2004] 93
(100 % CH)
Le premier blanc de blancs a été lancé sur le marché en octobre 1994. Il remplace la variante sans année adorée par les critiques, ce qui fait beaucoup de bruit. Je ne sais pas si ce millésime sans égal est à l'origine de l'accroissement de la qualité. Mais il est évident que c'est un champagne plus riche et plus grand. La mousse fond en bouche comme le plus beau des caviars. Nez riche d'arômes de pain et de pomme Granny Smith. Bouche moelleuse, harmonieuse avec une longueur persistante, beurrée évoquant un bourgogne.

- 1985 JACQUESSON BLANC DE BLANCS   92, JUIN 2002] 95
(100 % CH)
Les frères Chiquet ont seulement produit 200 bouteilles magnum de ce vin merveilleux. Il est facile de se faire duper par les traits charmants du vin, mais le millésime de 1985 doit être conservé en cave au moins cinq ans afin qu'il atteigne sa pleine maturité. Le blanc de blancs est déjà magnifique, beurré et classique avec des arômes proches du Signature et une longueur étonnante.

- 1996 JACQUESSON BLANC DE NOIRS D'AY   88, AOÛT 1999] 97
(100 % PN)
Avec toute la simplicité souhaitée, ce vin unique indique que les frères Chiquet fanatiques de qualité sont sur la bonne piste en investissant dans les champagnes monocrus. Je vois des similarités distinctes avec le champagne angélique Deutz produit à Ay en 1975. En d'autres termes, les arômes animaux sont adoucis pour favoriser la finesse crayeuse et débordante de minéraux. J'ai dégusté ce vin à l'aveugle mais je n'ai eu aucun problème à reconnaître la note personnelle de tonneau chocolaté de Jacquesson. Ceux qui affirment qu'un grand champagne doit toujours contenir du chardonnay devraient goûter ce vin absolument brillant.

- 1974/1973 DÉGORGEMENT TARDIF   85, JUILLET 1995] 85
(100 % CH)
1974/1973. Un vin expérimental composé à 85 % de raisins de 1974. Le champagne sent comme la campagne une nuit d'été alors que l'humidité atteint les vignes et les champs de céréales. Nez de thé et de foin mouillé. Le temps va libérer les notes de sauternes. Bouche légère et appétissante.

- 1995 SIGNATURE   90, OCTOBRE 2003] 93
(55 % PN, 45 % CH)
Le pinot noir de ce vin provient cette fois d'Ay et de Sillery. Son chardonnay vient principalement d'Avize mélangé avec 15 % de Chouilly. Jeune, concentré et fin aux arômes classiques. Il a connu un grand succès lors de notre mariage.

- 1993 SIGNATURE   90, MAI 2003] 93
(60 % PN, 40 % CH)
Signature est vraiment le nom adéquat pour l'un des champagnes de prestige qui possède aujourd'hui une personnalité des plus évidente. Style manifeste ne ressemblant à aucun autre. Chocolat, chêne, fumée, épices comme le gingembre, la cardamome et les pommes vertes. Tout est là ! Bouche à l'onctuosité naissante malgré le si faible dosage. Un millésime de 1993 très réussi.

- 1990 SIGNATURE   95, OCTOBRE 2002] 96
(54 % PN, 46 % CH)
Un champagne très réussi où la finesse et la richesse vont parfaitement de paire. La noisette, le chocolat blanc, le miel, la réglisse et la touche de chêne décelés dans la bouche fraîche et encore vraiment jeune. C'est de la viticulture géniale !

- 1990 SIGNATURE NON DOSÉ   90, JUIN 1999] 94
(54 % PN, 46 % CH)
Raisins de Mailly, Dizy, Ay et Avize. C'est un vin merveilleux qui mélange la force du millésime 1989 et de grandes proportions de la finesse du millésime 1988. Nez dominé de miel et de réglisse. Bouche très, très dense.

- 1989 SIGNATURE   93, MAI 2003] 93
(50 % PN, 50 % CH)
Un Signature qui ne trompe pas où la maturité s'est développée plus tôt que prévu. Le bouquet est ample et élégant aux notes de café et de fruits rouges. Bouche somptueuse et miellée avec une fin agréable d'arôme d'amande.

- 1989 SIGNATURE NON DOSÉ   91, AVRIL 1999] 92
(50 % PN, 50 % CH)
Je n'ai jamais dégusté de Signature riche. Je ne suis pas entièrement convaincu par sa longévité mais c'est un magnifique champagne de prestige à la grande rondeur et à la finale douce.

- 1988 SIGNATURE   93, NOVEMBRE 2003] 95
(50 % PN, 50 % CH)
Jacquesson utilise ses meilleurs raisins pour le Signature. Il les laisse fermenter en grands fûts de chêne (75 hectolitres). Lors du pressage, quelque chose d'unique est réalisé. La vinification ne se satisfait pas d'utiliser la cuvée, il lui faut sa meilleure partie, le « cœur de cuvée ». Tout le chardonnay provient d'Avize, les raisins de pinot viennent d'Ay avec une plus petite contribution de Dizy. Le millésime de 1988 est aussi classique que le 1985. La force des raisins de pinot se mêle très bien avec le chardonnay d'Avize moelleux et beurré. La bouche très, très persistante vaut à elle seule un chapitre entier.

- 1988 SIGNATURE NON DOSÉ   93, MARS 2003] 95
(50 % PN, 50 % CH)
Je suis de plus en plus impressionné à chaque fois que je déguste un millésime de 1988. Le vin possède une élégance exceptionnelle aux similarités évidentes avec un D.T. de 1969. Nez marqué par les lys, le chocolat aux noix et la crème. La bouche est une symphonie de Mozart.

- 1985 DÉGORGEMENT TARDIF   87, AVRIL 1999] 88
(40 % PN, 20 % PM, 40 % CH)
Même vin que le Perfection. Étonnamment jeune et non développé. Les personnes habituées au D.T. de 1975 seront certainement déçues par ce vin correct mais sans charme.

- 1985 SIGNATURE   93, JUILLET 2002] 93
(50 % PN, 50 % CH)
Beau champagne ! Il étincelle et dégage des nuances or jaune. Nez entier au vaste spectre aromatique de notes. Certaines années sont dominées par les notes fruitées et exotiques. Les arômes plus profonds de noix du Brésil, de fumée, de réglisse et de bois prédominent dans les autres. L'acidité beaucoup plus élevée va maintenir ce champagne en vie encore au moins pendant trente ans, mais il a maintenant atteint son apogée. Il existe malheureusement des variations d'une bouteille à l'autre.

- 1985 SIGNATURE NON DOSÉ   84, OCTOBRE 2002] 84
(50 % PN, 50 % CH)
Frais et vif mais avec des notes de sherry oxydées et une certaine amertume. La réglisse, le fromage et le foin font penser à un D.T. de 1985. Je préfère la variante normalement dégorgée de ce Signature.

- 1983 SIGNATURE   92, MARS 1998] 92
(50 % PN, 50 % CH)
La même personnalité artisanale que les millésimes 1988 et 1985. Nez aux notes de pain plus développées avec une touche d'orchidée.

En bouche, le chêne est plus présent que dans les autres millésimes. L'acidité est encore très vivante.

- 1982 SIGNATURE   80, FÉVRIER 1998] >
(50 % PN, 50 % CH)

J'ai dégusté ce millésime de 1982 pour la première fois en 1990 et j'ai été très impressionné. Il ne s'est pourtant pas développé comme on s'y attendait. Au lieu de cela, il a développé peu d'arômes merveilleux de baies et d'autres évoquant le pain d'épice et le sherry.

- 1981 SIGNATURE   90, JUILLET 1995] 90
(50 % PN, 50 % CH)

Malgré les arômes de chêne, ce plus délicat que les autres millésimes de Signature. Nez agréablement romantique aux notes d'aubépine et de chèvrefeuille. Bouche fraîche aux nombreuses notes minérales comme un cours d'eau de montagne.

- 1978 DÉGORGEMENT TARDIF   91, FÉVRIER 1998] 91
(100 % CH)

Ce vin n'a jamais été commercialisé. C'est dommage.
Un beau caractère d'autolyse se libère et s'harmonise parfaitement avec le fruité.

- 1976 DÉGORGEMENT TARDIF   93, FÉVRIER 1998] 93
(100 % CH)

Il rappelle le millésime de 1975 mais il est quelque peu plus charnu et riche. Il est mature et il vivra longtemps.

- 1975 DÉGORGEMENT TARDIF   93, FÉVRIER 2003] 93
(100 % CH)

En 1997, Jacquesson vendait encore ce champagne dégorgé sur demande. Comme avec tous les champagnes récemment dégorgés, de grandes variations existent d'une bouteille à l'autre. J'ai dégusté le millésime de 1975 environ quarante fois. À cinq reprises, il était trop âgé et évoquait le sherry. À cinq autres occasions, il était trop jeune au nez fermé. Le plus souvent, il est meilleur environ quinze mois après le dégorgement alors que le vin s'est remis du choc d'être rebouché si tardivement. La mousse doit toujours être très belle. Le nez est superbement torréfié et beurré à son apogée avec un caractère ample d'autolyse souvent confondu avec un caractère de chêne. La bouche peut contenir diverses notes de truffe, de fromage de chèvre, de vin de porto, de beurre et de fruits secs. Très persistant en bouche. Un vin très controversé dont on aime ou déteste le style.

- 1973 DÉGORGEMENT TARDIF   93, JUIN 2002] 94
(100 % CH)

Le vin donne une impression beaucoup plus jeune que les mélanges de 1973 et de 1975. Robe jaune vert pâle. Mousse presque agressive. Le nez est comme un feu d'artifice d'arômes floraux. À l'aération, des bananes naines mûries au soleil apparaissent avec également des notes de foin fraîchement coupé. Bouche étonnamment légère. Très élégante et jeune.

- 1973 DÉGORGEMENT TARDIF   93, AVRIL 1995] 93
(50 % PN, 50 % CH)

Il rappelle beaucoup le millésime 1975 malgré son contenu élevé en pinot. Nez de banane, de citron et de miel. Comme si c'était possible, la bouche possède encore plus de notes de beurre fraîchement fondu que le 1975. Une note délicate de sherry apparaît parfois dans la bouche très persistante.

- 1970 DÉGORGEMENT TARDIF
(50 % PN, 50 % CH)

- 1969 DÉGORGEMENT TARDIF   98, JUIN 2001] 98
(100 % CH)

Dès le début, Jacquesson fut très mécontent de ce millésime. Il a décidé de l'utiliser comme « liqueur d'expédition » pour le champagne non millésimé. Plusieurs années après, ce champagne a changé du tout au tout. Hélas, il ne restait que quelques bouteilles. Aujourd'hui, les deux frères considèrent que le millésime de 1969 est le meilleur champagne produit par Jacquesson après guerre. J'ai eu l'honneur de déguster cette rareté récemment dégorgée à cinq reprises. Robe jaune vert pâle. Nez à l'élégance indescriptible. Les roses jaunes, les lys de la vallée et le citron vert se retrouvent au nez comme en bouche avec une touche légère torréfiée. La longueur charnue est parmi les plus persistantes que j'ai dégustées. Un superbe blanc de blancs à l'unique finesse !

- 1961 DÉGORGEMENT TARDIF   94, FÉVRIER 1998] 94
(40 % PN, 25 % PM, 35 % CH)

Majestueux et impressionnant avec un bon poids. Nombreuses notes de truffe et grande vigueur. Un champagne pour les grands repas.

- 1995 SIGNATURE ROSÉ   93, DÉCEMBRE 2003] 95
(59 % PN, 41 % CH)

Jusqu'ici c'est le plus beau et le plus subtile millésime de ce magnifique champagne ! Précisément le même beau profil aromatique qu'auparavant mais avec en plus un floral délicat et une finesse minérale. « Blanc » rayonnant dans le caractère, à la superbe onctuosité même si le vin est très sec. Fraîcheur croustillante et clarté plus épicées et animales de tonneau virevoltantes dans une danse singulière avec les arômes rouges de baies.

- 1993 SIGNATURE ROSÉ   92, NOVEMBRE 2002] 94
(63 % PN, 37 % CH)

Pinot d'Ay et de Mailly avec également du chardonnay d'Avize. Un peu plus de mille bouteilles de ce vin de prestige superbe et élégant ont été produites cette année. Parfaitement irrésistible et séduisant avec sa robe claire et agréable ainsi qu'avec son nez estival crémeux. Après m'être habitué à cette perfection, je découvre un berceau de verdure de framboise fraîche, de fraise et de crème fouettée mélangées avec l'odeur fleurie et verte de la nature aux alentours.

- 1990 SIGNATURE ROSÉ   92, JUIN 2001] 95
(54 % PN, 46 % CH)

Lors de ma première dégustation de ce vin, les frères n'avaient pas décidé du dosage à appliquer. Je peux garantir qu'indépendamment de l'importance du dosage, ce vin sera parfait. Merveilleux nez de rose et bouche profondément influencée par le chêne.

- 1989 SIGNATURE ROSÉ   92, AVRIL 2003] 93
(54 % PN, 46 % CH)

Le dernier vin commercialisé de Jacquesson est une perfection ! Il entre directement dans ma liste des dix meilleurs champagnes rosés. Presque tous les meilleurs rosés possèdent une réelle note veloutée de pinot d'Ay et, de surcroît, extrêmement peu sont vinifiés en fût de chêne. Le résultat est une expérience hédoniste. Le rosé est plus étoffé et possède moins d'acidité que le Signature blanc. Nez évoquant beaucoup le Cristal Rosé. Noisette et caramel plongés dans la liqueur de fraises. La bouche est tapissée de fruits rouges moelleux. Longueur en bouche phénoménale !

- JACQUESSON MÉMOIRES DU XXᵉ SIÈCLE   88, OCTOBRE 2003] 92
(33 % PN, 33 % PM, 34 % CH)

Un concept fantastique dans lequel 22 millésimes plus âgés allant jusqu'à 1915 contribuent au vin de réserve dévoilant une note mature chocolatée. La plus grande partie de ce vin est pourtant le champagne non millésimé habituel avec ses notes de pomme et d'épice. Sûrement très grand potentiel de conservation. Le plus remarquable est à quel point le style caractéristique de la maison est évident et à quel point il est bon marché en comparaison avec son homologue chez Moët Esprit du Siècle vendu pour la modique somme de 14 000 euros par bouteille.

JACQUINOT N-M
36, rue Maurice-Cerveaux
51200 Épernay
03 26 54 36 81
Production : 150 000

M. Jacquinot a fondé cette maison en 1947. Jacques Jacquinot est le propriétaire actuel. La maison possède 16 hectares.

- 1985 JACQUINOT   77, MAI 2001] 77
  (50 % PN, 50 % CH)
- 1978 JACQUINOT   85, OCTOBRE 2003] 85
  (50 % PN, 50 % CH)
  Un vieillard très vif et vivant qui a atteint son apogée sans briller. Le vin n'est pas meilleur malgré son timing parfait et sa conservation. Nez vif et floral avec des notes matures de chocolat et de fruité sec. Frais et beau mais beaucoup trop court et monotone.
- 1976 JACQUINOT   90, FÉVRIER 2003] 90
  (50 % PN, 50 % CH)
  Une essence saturée d'amande presque épaisse qui exige un foie gras ! Très opulent, bon et impressionnant. Un millésime et un vin qui ne laissent personne indifférent. J'ai eu la chance d'ouvrir une bouteille avec quelques Américains qui ont vraiment apprécié le style charnu, doux et charpenté. Une grande taille est quelquefois belle.
- 1975 JACQUINOT   70, MARS 2003] 70
  (50 % PN, 50 % CH)
- 1964 JACQUINOT   88, FÉVRIER 2003] 88
  (50 % PN, 50 % CH)
  Nez caractéristique de caramel et de chocolat de millésime de 1964 au corps moyennement étoffé. Belle bouche ronde. Voluptueux et homogène dans un registre légèrement plus élevé. Longueur relativement courte.

JANOT-MARCHWICKI R-C
4, rue du Bac
51220 Pouillon
03 26 03 10 62
Production : 6 000

Le viticulteur qui a commencé son activité en 1992 possède une belle propriété située à 10 km de Reims à Massif-Saint.-Thierry. Les vins sont élaborés dans la coopérative du coin. Le viticulteur dispose de 3,5 hectares. Certains vins sont conservés en fût de chêne.

- JANOT-MARCHWICKI BRUT   45
  (25 % PN, 45 % PM, 30 % CH)

JARDIN, RENÉ *** R-M
B.P. 8
51190 Le Mesnil-sur-Oger
03 26 57 50 26
Production : 130 000

Louis Jardin a fondé la maison en 1889. Mme Jardin élabore aujourd'hui les champagnes purs du Mesnil. Les vins mêlent de belle manière force, personnalité et acidité très franche.

- JARDIN   76
  (100 % CH)
- JARDIN BLANC DE BLANCS   70
  (100 % CH)
- 1996 JARDIN   91, JANVIER 2004] 94
  (100 % CH)
  Si magnifiquement équilibré et paradoxalement léger, profond, concentré, mature et jeune à la fois. Les ceps les plus vieux ont donné ce vin sublime aux ressemblances évidentes avec le Clos

du Mesnil sans fût. Des notes sous-jacentes de noix sont le fil rouge avec le fruité charnu et les séquences en bouche élégantes et vigoureuses exposent le palais aux sensations. Grandiose !

- 1990 JARDIN   79, FÉVRIER 1997] 86
  (100 % CH)
  Une note flagrante de safran s'est faufilée dans beaucoup de millésimes 1990 du Mesnil. Il est difficile de mieux illustrer ce champagne. Bouche riche et un brin rustique.
- 1988 JARDIN   76, AOÛT 1995] 84
  (100 % CH)
  Encore une fois, très brûlé, torréfié et aromatique avec des notes de bacon. Très persistant.
- 1985 JARDIN   83, JUILLET 1995] 87
  (100 % CH)
  Belle robe développée. Nez de bœuf bourguignon que l'on retrouve également dans les vins de Pierre Moncuit. Bouche bien meilleure. Riche, mature et persistant.
- 1996 JARDIN MILLÉSIME RARE   88, SEPTEMBRE 2003] 91
  (100 % CH)
  Vin magnifique élégant et concentré possédant un profil concentré évoquant le Billecart-Salmon Blanc de Blancs. Moelleux et élégant avec un beau nez crémeux sans aucune épice et crudité. Fleur d'oranger et raisins savoureux avec un bel aspect charnu.

JARRY, ANDRÉ R-M
25, Grande-Rue
51260 Bethon
03 26 80 48 04
Production : 50 000

Jarry contrôle 12 hectares de vignes de chardonnay à Sézanne. Il élabore un champagne de prestige très complimenté à partir de ceps âgés de 40 ans. Je ne les ai pas encore dégustés.

- ANDRÉ JARRY BRUT   66
  (100 % CH)

JEANMAIRE N-M
12, rue Godard-Roger
51200 Épernay
03 26 59 50 10
Production : 1 500 000

Trouillard possède aujourd'hui Jeanmaire. Il partage une partie des installations viticoles avec Oudinot. André Jeanmaire a fondé la maison en 1933. En 1982, le groupe Trouillard a commencé à parier sur Jeanmaire et Beaumet qui sont tous les deux devenus des réussites bon marché. Jeanmaire achète plus de la moitié de ses raisins et utilise 269 hectares de 37 villages pour ses cuvées. Chouilly, Cramant, Les Riceys et Oiry sont les villages dans lesquels la maison possède la plus grande surface cultivable. Denis Colombier, le vinificateur, travaille également pour Oudinot et Beaumet.

- JEANMAIRE BRUT   63
  (40 % PN, 30 % PM, 30 % CH)
- JEANMAIRE BRUT PREMIER CRU   71
  (90 % PN, 10 % CH)
- JEANMAIRE TERROIRS D'OR   67
  (100 % CH)
- JEANMAIRE BLANC DE BLANCS   64
  (100 % CH)
- JEANMAIRE DEMI-SEC
  (40 % PN, 30 % PM, 30 % CH)
- JEANMAIRE BLANC DE NOIRS   79
  (100 % PN)

• JEANMAIRE ROSÉ   45
(70 % PN, 30 % PM)

• 1996 JEANMAIRE   84, DÉCEMBRE 2002] 88
(60 % PN, 40 % CH)

Nez ultra-ample comme disent mes enfants. Ma première impression au nez évoque un bordeaux blanc. Ample avec des notes de noix ; le tout impressionne. Je ne reconnais pas du tout le style de la maison avec des notes vraiment vineuses évoquant le tonneau. Complexe et impressionnant.

• 1995 JEANMAIRE   75, FÉVRIER 2004] 75
(60 % PN, 40 % CH)

• 1989 JEANMAIRE   77, OCTOBRE 1999] 79
(60 % PN, 40 % CH)

• 1988 JEANMAIRE   68, MAI 1995] 77
(60 % PN, 40 % CH)

• 1979 JEANMAIRE   90, FÉVRIER 2003] 90
(60 % PN, 40 % CH)

Il doit faire partie des créations les plus agréables en provenance de la cave de Jeanmaire. Sublime et très équilibré aux notes classiques de noix. Nez de pain. Douceur âgée langoureuse. Pas monumental mais le boire est cependant une expérience magnifique.

• 1981 JEANMAIRE ROSÉ   90, JUIN 2000] 90
(100 % PN)

Je l'ai dégusté un délicieux soir d'été chez l'artiste Jan Naliwajko et sa femme Ulla. Un vin magnifiquement bon et romantique. Robe très pâle. La pression de la mousse est très élevée. Ce vin élégant et agréablement délicieux évoque le Cristal Rosé. Nez aux notes dominantes de fromage et également de fraises trop mûres. La bouche possède une légèreté et un pedigree comme peu de vins de la maison.

• 1995 ÉLYSÉE   74, MAI 2000] 77
(100 % CH)

• 1990 ÉLYSÉE   83, JUIN 2002] 83
(100 % CH)

Nez frais de zestes de citron. Bouche jeune aux arômes de pain dur et de minéraux. Il a vieilli rapidement.

• 1989 ÉLYSÉE   90, JUIN 2003] 90
(100 % CH)

Quelle richesse somptueuse ! Incroyablement puissant et épais comme du sirop de sucre ou du caramel. Nombreux arômes doux. Grande profondeur. Une fois passée la puberté, le vin va évoquer quelques-uns des grands vins de chardonnay de 1976. Des notes de noix de coco, de miel et de caramel au chocolat noir peuvent déjà être discernées. Le meilleur champagne jamais produit par la maison ?

• 1985 ÉLYSÉE   84, MAI 2001] 85
(100 % CH)

Notes de chardonnay très flatteuses décelées dans ce champagne de prestige pétillant. Nez crémeux de vanille et de caramel au beurre. Aux papilles, le style doux emmailloté est le même. Il débouche sur une finale fine.

• 1976 ÉLYSÉE   90, MAI 2001] 90
(100 % CH)

Les raisins proviennent d'Avize, de Chouilly et de Cramant. Incroyablement bon et bien conservé. Nez profond et vert chatoyant, mélange de fromage de chèvre, de truffe, de forêt et de vin de porto. Le champagne est charnu et concentré avec un arôme d'autolyse caractéristique de chardonnay, pas entièrement différent de Jacquesson D.T.

• 1982 ÉLYSÉE ROSÉ   75, JUILLET 1998] 80
(100 % PN)

Un grand cru rosé conservé au moins cinq ans dans la cave la plus sombre de la maison. Malgré cela, ce champagne ne m'impressionne pas. Robe très pâle et petites bulles délicates. L'impression en bouche est dominée par des notes minérales. Moyennement persistant.

• JEANMAIRE CUVÉE MILLENIUM   78, JUIN 2002] 82
(20 % PN, 80 % CH)

Nez frais et exotique aux notes d'ananas et de banane. Même bouche exotique à la fraîcheur équilibrée. C'est manifestement un vin du millénaire réellement jeune.

• 1995 JEANMAIRE MILLENIUM BLANC DE BLANCS   77, MARS 1999] 84
(100 % CH)

Champagne jeune à la fraîcheur de sureau avec une note d'aubépine et de pomme verte. Résonance en bouche harmonieuse et jeune à l'acidité rayonnante.

JEEPER N-M

8, rue Georges-Clemenceau
51480 Damery
03 26 58 41 23
Production : 400 000

M. Goutorbe est maintenant à la tête de la maison. Il est naturellement parent avec les frères d'Ay. Son père handicapé conduisait sa jeep dans le vignoble d'où le nom de la maison. Dom Grossard est le nom du moine qui a repris Dom Pérignon à Hautvillers.

• JEEPER DUCALE   50
(20 % PN, 40 % PM, 40 % CH)

• JEEPER GRANDE RÉSERVE   62
(100 % CH)

• JEEPER ROSÉ   39
(90 % PN, 10 % CH)

• 1991 JEEPER   66, MAI 1996] 70
(100 % CH)

• 1989 DOM GROSSARD   74, MAI 1996] 80
(40 % PN, 60 % CH)

Raisin des alentours de Damery. Le vin rappelle le Piper Brut Sauvage où le nez est dominé par des notes de pain dur, de chocolat noir et de réglisse. Bouche à la jolie note de cacao.

JOSSELIN, JEAN R-M

4, rue de Vannes
10250 Gyé-sur-Seine
03 25 38 21 48
Production : 80 000

Un producteur de l'Aube qui, d'après moi, semble avoir du mal à dégager la finesse de la terre riche de la région. Il dispose de 10 hectares à Gyé-sur-Seine et dans sa proximité. Les ceps sont jeunes. La vinification est moderne. La production est importante avec les six cuvées différentes.

• JEAN JOSSELIN BLANC DE BLANCS   45
(100 % CH)

• JEAN JOSSELIN BLANC DE NOIRS   50
(100 % PN)

JUGET-BRUNET R-M

5, rue Roulot
51160 Ay
03 26 55 20 67
Production : 30 000

Michel Baudette dirige actuellement la maison fondée en 1927 par Lucien Juget. Elle comprend 4,3 hectares plantés de pinot noir et de chardonnay dans des proportions relativement équivalentes.

- JUGET-BRUNET TRADITION   71
(80 % PN, 20 % CH)
- JUGET-BRUNET ROSÉ   71
(50 % PN, 50 % CH)
- 1996 JUGET-BRUNET   82, JANVIER 2002] 87
(50 % PN, 50 % CH)
Quelle belle année 1996 ! Encore un exemple de la grandeur de l'année où le riche fruité se mélange à l'acidité remarquable. À conserver vraiment longtemps afin qu'il soit vraiment bon.

JUILLET-LALLEMENT R-M

30, rue Carnot
51380 Verzy
03 26 97 91 09
Production : 35 000

Arthur Lallement a fondé la maison en 1930. Pierre Lallement la dirige aujourd'hui. Il possède 4 hectares à Verzy.

- 1990 JUILLET-LALLEMENT SPECIAL CLUB   86, JANVIER 2002] 88
(40 % PN, 60 % CH)
Charnu et crémeux avec une acidité vigoureuse. Bon corps. Arômes exotiques avec une note sous-jacente sauvage. Vin magnifique d'un petit viticulteur inconnu.
- 1989 JUILLET-LALLEMENT SPECIAL CLUB   85, MARS 1999] 87
(40 % PN, 60 % CH)
Ces bouteilles club sont ô combien magnifiques ! Ce champagne de Verzy possède une robe claire étincelante. Très belle mousse crémeuse. La pureté du style et la construction classique du vin rappellent plus un millésime 1988 qu'un millésime 1989. Nez beau et floral avec une note sous-jacente passionnante de pain dur. Bouche fraîche, acide et savoureuse avec un fruité évoquant la prune jaune.

KRUG ***** N-M

5, rue Coquebert
51100 Reims
03 26 84 44 20
Production : 500 000

Pour moi, Krug est plus qu'un champagne. C'est un concept représentant le talent, la tradition, l'artisanat et des moments de plaisir maximal. La famille Krug utilise les mêmes méthodes depuis que la maison a été fondée en 1843 par Johann-Joseph Krug de Mainz. Il est improbable que la philosophie Krug soit abandonnée dans un proche avenir puisqu'un très grand succès est au rendez-vous. En bref, la philosophie exige que tous les vins fermentent cru par cru dans des tonneaux bien vieillis de 205 litres fabriqués avec du bois d'Argonne et des belles forêts du centre de la France. Les vins sont rarement filtrés, mais ils sont éclaircis en utilisant la gravité lors du passage d'un tonneau à l'autre. La fermentation malolactique n'est pas utilisée, ce qui est l'une des explications du fantastique potentiel de conservation de Krug. Aucun vin n'est dégorgé avant l'âge de six ans. Les vins de réserve sont conservés dans des cuves en acier inoxydable fabriquées par l'entreprise suédoise Alfa Laval. Le vin le meilleur marché de la maison, la

Grande Cuvée, est élaboré à partir d'une cinquantaine de vins de dix millésimes différents. Naturellement, les matières premières sont également de la meilleure qualité possible. La maison possède 20 hectares à Ay, Le Mesnil et Trépail, mais elle a surtout passé des contrats prestigieux avec quelques-uns des meilleurs viticulteurs, qui considèrent que c'est un honneur de fournir Krug en raisins. Le fondateur Johann-Joseph Krug a appris la vinification du champagne chez Jacquesson. Après neuf ans d'apprentissage, il a décidé d'ouvrir sa propre maison à Reims. Après le décès de Johann-Joseph, son fils Paul a repris les rênes. Il a fondé la puissante dynastie Krug. En 1910, Joseph Krug II a repris la maison. Le neveu de Joseph, Jean Seydoux, est entré dans la société en 1924. Avec Paul Krug II, il a créé les fameuses cuvées. Henri Krug a été nommé responsable de cuvée en 1962. Éric Lebel occupe actuellement ce poste. Henri est aujourd'hui à la tête de la maison avec son frère Rémi, qui s'occupe plus particulièrement de la partie commerciale. Ils travaillent tranquillement et dans l'indépendance même si la maison appartient aujourd'hui à LVMH. Tous les vins Krug sont des petits chefs-d'œuvre. La Grande Cuvée est sûrement un peu plus légère et plus fraîche que l'ancienne Private Cuvée, mais, avec quelques années supplémentaires en cave, elle surpassera les vins millésimés concurrents. Le Clos du Mesnil est relativement nouveau. Il combine à la fois le meilleur blanc de blancs, tout en laissant l'empreinte caractéristique de la maison sur le vin. Selon moi, le Krug Clos du Mesnil est le meilleur vin au monde ! Le millésime Krug est concurrencé par le Clos du Mesnil, mais si nous remontons le temps, c'est sans aucun doute le meilleur champagne toutes catégories. Si vous en avez la possibilité, ne laissez jamais passer une chance de boire un Krug !

- KRUG GRANDE CUVÉE   95
(50 % PN, 15 % PM, 35 % CH)
La famille Krug préfère appeler ce vin « multimillésime ». Étrangement, c'est l'un des vins que j'ai le plus dégusté. J'ai eu l'honneur de déguster ce champagne exceptionnel à quatre-vingt-dix reprises. À chaque fois, un nouvel aspect se dévoile. La variation est compréhensible puisque le vin est un mélange composé de dix millésimes différents et de 47 vins différents provenant de 25 villages. Je suis pourtant passé à côté une fois lors d'une dégustation à l'aveugle ce qui prouve que le style basique est unique. L'acidité extrêmement dure associée aux riches arômes lourds de Krug est le fil rouge dans ce vin. Il faut contrôler la position verticale du bouchon afin de déterminer à quelle date il a été dégorgé. S'il est jeune, l'acidité peut sembler être trop forte mais, à un âge moyen ou avancé, la Grande Cuvée possède un nez féerique et complexe et une bouche dominée par les noix et le miel. La longueur en bouche est toujours persistante et majestueuse comme une grande symphonie. Les meilleures bouteilles ont reçu encore plus de points que ceux que j'ai donnés ici.
- KRUG PRIVATE CUVÉE   96
(55 % PN, 20 % PM, 25 % CH)
J'ai dégusté un magnum des années cinquante en septembre 1995 et j'ai été surpris par sa jeunesse et sa fraîcheur. Le nez est sobre mais la bouche plus profonde possède un caractère classique de pinot. Toujours aussi majestueux.
- KRUG ROSÉ   95
(55 % PN, 20 % PM, 25 % CH)
Le Krug Rosé est un produit relativement nouveau des frères Krug. Leur objectif était de faire un vin possédant véritablement le style de la maison dont la robe serait le seul signe indiquant que c'est un rosé. Robe rose saumoné très claire. Nez évidemment Krug ! Leur symphonie manifeste d'arômes complexes et pesants

est renforcée par un éclat de framboise. Bouche incroyablement retenue et acide, mais elle est moins généreuse que la Grande Cuvée. C'est véritablement un vin de garde.

• 1990 KRUG   95, JUIN 2004] 98
(40 % PN, 23 % PM, 37 % CH)

J'ai dû attendre des années avant de pouvoir déguster ce fameux vin. D'après Krug, ce vin aujourd'hui âgé de quatorze ans est prêt à rencontrer son public. Inutile d'être Einstein pour deviner que le millésime et le caractère de la maison se marieront parfaitement. Le vin est déjà monumental, avec un style se situant entre le classique acide 1988 et le généreux 1989 à la bouche miellée. L'acidité est assurément élevée mais le fruité est si riche qu'elle est joliment enrobée. Arômes chaudement grillés, presque brûlés et torréfiés aux notes d'orchidée, de vanille et de fruit sec rappelant les Krug plus anciens des années chaudes. Attendez encore au moins dix ans si vous voulez voir ce vin atteindre son apogée !

• 1989 KRUG   96, MAI 2003] 97
(47 % PN, 24 % PM, 29 % CH)

Un Krug très opulent et saturé de miel. Il possède déjà plein de notes matures. Bouche persistante de caramel dur. Moins classique que le 1988 mais aussi bon pour le moment.

• 1988 KRUG   97, DÉCEMBRE 2003] 98
(50 % PN, 18 % PM, 32 % CH)

Encore une fois ! Comment font-ils ? J'ai dégusté avec Rémi Krug pour la première fois ce millésime de 1988 au côté d'un 1989 incroyablement bon. Je ne pouvais pas croire mes papilles qui m'indiquaient que le 1988 était encore meilleur. Les Krug comparent le vin avec un 1981, 1955 et un 1961. Personnellement, je le mesure avec le 1966 et le très élégant 1979. Finesse imbattable. Acidité remarquable. Nos petits-enfants vont pouvoir déguster ce vin. La plupart des personnes déconseillent de consommer tout de suite ce jeune vin. Je ne suis pas d'accord. Je pense qu'un peu de l'impression subtile de « larmes de joie » disparaît lorsque le vin vieillit. Cela explique la différence inhabituelle d'un point entre les points donnés aujourd'hui et le maximum donné pour le potentiel.

• 1985 KRUG   92, JANVIER 2002] 95
(48 % PN, 22 % PM, 30 % CH)

Le millésime Krug est l'étalon de mesure par rapport auquel sont évalués tous les champagnes millésimés. Le 1985 a été commercialisé au début 1994. Ces vins majestueux exigent toujours une longue conservation en bouteille, mais le 1985 était étonnamment accessible avec son nez merveilleux, moqueur, aux notes de fumée, de crème, de miel, de noix, de pêche et de vanille. Le caractère de chêne n'est pas spécialement flagrant, mais ce vin vit sur un fruité élégant velouté où le pinot meunier de Leuvrigny est peut-être décelé. Longueur en bouche de vanille très persistante. Durant la dernière année du siècle, le vin est passé par une phase de repli visible. Il n'en est toujours pas sorti. Je ne pense pas boire mes bouteilles avant 2010.

• 1982 KRUG   96, MAI 2003] 98
(54 % PN, 16 % PM, 30 % CH)

Le Krug 1982 va bientôt faire partie des vins légendaires. Il possède tout le matériel nécessaire pour construire un château. Le fruité énorme, l'acidité, la concentration et les notes de tonneau de la maison, etc. Bref, tout est là. Le 1982, tout comme le 1989, est le vin le plus étoffé élaboré dans la propriété depuis 1976 mais il possède une élégance beaucoup plus importante que le millésime. Au nez, le spectre aromatique est composé de noix, de café, de beurre et de draps séchés au soleil, d'emballages de caramel, d'orchidée, de vanille, de peuplier baumier et d'orange. La plupart des arômes reviennent dans la bouche explosive.

• 1981 KRUG   95, FÉVRIER 2004] 96
(31 % PN, 19 % PM, 50 % CH)

Le vin manque peut-être des qualités nécessaires pour devenir légendaire et pour vivre longtemps mais, à l'âge de onze ans, c'est une expérience sensuelle. Le Montrachet de 1985 de Drouhin semble lourd après cette bouteille Krug élégante. Le fruité est riche, moqueur et passionnant. Le bouquet possède de nombreuses nuances aux notes de gâteau aux pommes à la crème anglaise, de café, de miel et de chocolat blanc.

• 1979 KRUG   97, JANVIER 2002] 97
(36 % PN, 28 % PM, 36 % CH)

Même si ce champagne vit probablement beaucoup plus longtemps, il ne sera jamais meilleur qu'il ne l'était en 1990. Il possédait alors une vie et une évolution dans le verre qui était une joie sans pareille, à suivre. Nez tout d'abord fermé mais très classique qui, après dix minutes, libérait une profondeur proche d'un Montrachet avec tous les plus beaux arômes de vin. Structure classiquement bien équilibrée avec une longueur persistante aux notes de noix approchant de la perfection. Les dernières bouteilles font preuve d'une richesse en bouche encore plus grande, mais une partie de l'élégance s'est perdue.

• 1976 KRUG   95, JUIN 2003] 95
(42 % PN, 26 % PM, 32 % CH)

Beaucoup d'arômes Krug. Corps gigantesque et voluptueux. Fruité chaleureux. C'est pourtant le millésime qui m'a toujours le moins impressionné. La note de vanille est un peu exagérée. L'élégance est plus importante que, par exemple, le Cristal et le Salon de cette année-là.

• 1975 KRUG   94, MAI 1998] 95
(50 % PN, 20 % PM, 30 % CH)

Ce champagne est clairement un classique à la longévité importante. Bouche profonde, retenue, aux notes de noix avec une belle longueur.

• 1973 KRUG   95, MARS 2003] 95
(51 % PN, 16 % PM, 33 % CH)

Un merveilleux champagne accessible, qui remplit tout l'espace avec son bouquet euphorique de miel, de pêche et d'abricot. Bouche dense et développée au fruité expansif et à la structure satinée. Le millésime 1973 est élaboré de la même façon que les 1979 et 1966. Un classique !

• 1971 KRUG   96, MARS 2003] 96
(47 % PN, 14 % PM, 39 % CH)

Voilà de quoi parle Krug ! Mature et exotique. Le nez du 1971 est sans égal. La bouche manque de la bonne concentration et de la longueur adéquate pour approcher des 100 points. Mais le nez est parfait, comme la largeur aromatique en bouche. Les arômes innombrables incluent le chèvrefeuille, le miel, les pâtisseries, la confiture de fraises, les légumes cuits et le pop-corn. La liste peut continuer longtemps. Étonnamment, la bouche penche plus vers le chardonnay que vers le pinot noir.

• 1969 KRUG   96, DÉCEMBRE 2002] 96
(50 % PN, 13 % PM, 37 % CH)

Jeune et acide, à la même sensation et au même spectre aromatique que le Collection. Il se peut qu'il soit passablement pauvre mais il est toutefois incroyablement beau et de pure race.

• 1966 KRUG   98, JANVIER 2003] 98
(48 % PN, 21 % PM, 31 % CH)

L'un des millésimes les plus élégants de Krug que je connaisse. Le bouquet possède de très nombreuses notes de Krug manifestes avec un fruité et une note florale plus riches que la normale. Caresse de fruit exotique profond et mature. Acidité très fraîche.

Bouche invariablement persistante et élégante aux meilleures notes pouvant être trouvées dans un champagne.
Le 1966 ressemble beaucoup à un 1979.

• 1964 KRUG   95, AOÛT 2003] 95
(53 % PN, 20 % PM, 27 % CH)
Encore un autre millésime légendaire que beaucoup de personnes considèrent comme étant le meilleur produit par la maison. J'estime pourtant que, malgré sa grandeur, c'est un Krug moyen. À l'âge de trente ans, il est très jeune et acide. La note de chêne est joliment nerveuse. Elle est renforcée par l'odeur d'une boulangerie le matin. Le milieu de bouche est plus impressionnant que la longueur, dans laquelle les pommes mûres et la vanille dominent.

• 1962 KRUG   95, AVRIL 2000] 95
(36 % PN, 28 % PM, 36 % CH)
Un vin encore plus riche que le 1964 et le 1966 mais sans leur élégance. Le 1962 a probablement atteint son apogée au début des années quatre-vingt. Nez si fort qu'on peut le sentir dans la pièce où le vin a été versé. Il sent le parc d'attraction et le pop-corn ainsi que la barbe à papa et la glace à la vanille. En bouche, le champagne exprime une pesanteur charnue et une richesse explosive énorme. Beaucoup d'arômes Krug en bouche mais un peu lourd au fond de la bouteille par rapport aux autres millésimes.

• 1961 KRUG   98, JUIN 2000] 98
(53 % PN, 12 % PM, 35 % CH)
L'un des champagnes les plus héroïques de l'histoire! Lorsque à l'âge de quarante ans, nous commençons à voir notre silhouette s'épaissir, ce millésime de 1961 vient juste de terminer de se former. Même si je préfère la supériorité aromatique du 1938, le 1961 est l'œuvre la plus fabuleuse. Robe encore pâle à l'éclat cuivré et bronze. Le nez possède une facette dévoilant tous les arômes torréfiés de tonneau et une autre fascinante aux notes de mer et de forêt. La bouche splendide penche également dans une direction sombre et masculine aux notes de truffe, de foie gras, de champignon, de terre de cave, de bois et de poisson. Le fruité n'est pas du tout flatteur mais la profondeur et la largeur du vin sont sans pareilles. La longueur en bouche est l'une des plus persistantes que j'aie jamais dégustée!

• 1959 KRUG   97, MAI 1998] 97
(50 % PN, 15 % PM, 35 % CH)
Krug a délibérément élaboré un vin plus acide et plus sec que d'habitude puisque le caractère du millésime est en lui-même si riche et pesant. C'est indéniablement un des géants de l'histoire des vins. Nez gigantesque de pain fraîchement cuit, de tarte aux pommes et de vanille. La bouche possède une note merveilleuse de chocolat à la menthe que le millésime Krug acquiert en vieillissant. Extrêmement, gras, charnu, structure majestueuse à la bourgogne. Fantastique!

• 1955 KRUG   95, JUIN 1997] 97
(50 % PN, 20 % PM, 30 % CH)
Une légende qui a encore un peu de chemin à parcourir avant d'atteindre son apogée! Acidité remarquable et mousse presque agressive. J'attends encore le ton de chocolat à la menthe qui se libère vers l'âge de dix ans, sinon le vin est presque complet.

• 1953 KRUG   96, SEPTEMBRE 1995] 96
(35 % PN, 30 % PM, 35 % CH)
On peut se poser la question de savoir comment un pinot meunier peut tenir si longtemps. Incroyablement frais et acide au palais avec une richesse colossale et charnue. Superbe!

• 1952 KRUG
(43 % PN, 19 % PM, 38 % CH)

• 1949 KRUG   96, OCTOBRE 1998] 96
(47 % PN, 18 % PM, 35 % CH)
Nez quelque peu délicat mais des plus raffinés. La bouche proche du nectar, relativement légère et dansante, est pourtant un coup de maître. Bouche fraîche et juteuse aux notes de pêche et de miel à la longueur unique.

• 1947 KRUG   94, SEPTEMBRE 1994] 94
(43 % PN, 15 % PM, 42 % CH)
Un vin légendaire, un peu moins bon cependant que ce qu'on pouvait espérer. Le vin était en parfaite condition avec une robe claire et une mousse extrêmement vive. Le nez était fermé mais il s'est épanoui dans le verre, ce qui est très impressionnant pour ce vin vieux de 47 ans. Nez caractéristique de Krug aux notes complexes de noix et aux tons anciens de goudron et de vieux bois. Attaque extrême et persistance. Bouche sèche et âpre avec une certaine absence de fruité mais aux magnifiques notes de cacao et de bois.

• 1945 KRUG   90, OCTOBRE 1997] 90
(42 % PN, 16 % PM, 42 % CH)
Ce vin légendaire fut, pour moi, une grande déception. Bonne structure. Belle acidité. Fraîcheur sans intérêt et absence de charme.

• 1943 KRUG   95, JUIN 1999] 95
(56 % PN, 12 % PM, 32 % CH)
Nez cohérent mais étonnamment délicat. Profondeur majestueuse et bouche sérieusement éternelle. Mat et des mieux conservé.

• 1938 KRUG   99, MARS 1994] 99
(57 % PN, 16 % PM, 27 % CH)
Une année pratiquement oubliée, qui a produit le meilleur champagne que j'aie jamais dégusté. Ce fut un choc positif de voir le bouchon sauter sous l'effet de la forte pression et de découvrir le vin frais et pétillant avec sa robe claire moyennement âgée. Le nez est indescriptible, mais il est proche du Mouton-Rothschild 1945 avec sa note très riche et importante de chocolat à la menthe. Ce champagne possède également des séquences fruitées et minérales. Le vin remarquable avait une bonne mâche. La base en bouche évoquait un nectar et possédait des notes mentholées et de pain. Finale majestueuse à la note frappante de truffe et de bois vieilli avec également un ton de chocolat à la menthe. Est-ce que le 1928 est encore meilleur?

• 1937 KRUG   94, JANVIER 1999] 94
(49 % PN, 19 % PM, 32 % CH)
Robe profonde or jaune. Mousse vive. Bouquet suggestif. Bouche unifiée aux notes de pêche et de chocolat.

• 1928 KRUG
(70 % PN, 8 % PM, 22 % CH)

• 1926 KRUG   95, NOVEMBRE 1994] 95
(55 % PN, 20 % PM, 25 % CH)
Brun orangé avec seulement une fine ligne de bulles. Arôme de chocolat à la menthe développé, dans un style un peu moins sophistiqué que le 1938 mais avec un plus grand caractère de dessert. Nez aux notes de chocolat, de rhum et de miel. La bouche est une révélation du style doux à la Yquem avec des séquences de caramel dur, de caramel au beurre et de fruits secs. Il était probablement encore meilleur il y a vingt ou trente ans.

• 1920 KRUG

• 1990 KRUG CLOS DU MESNIL   96, NOVEMBRE 2003] 98
(100 % CH)
J'attendais beaucoup de ce vin. Le meilleur millésime de l'année dernière combiné avec, selon moi, le meilleur vignoble au monde. Au début, j'ai été déçu lorsque le vin a laissé apparaître une facette

relativement grossière aux notes matures oxydées ressemblant au Salon de la même année. Après quelques instants, les arômes inattendus et flagrants de papaye et de melon apparaissent. Ils sont suivis par une bise épicée avec une touche de genièvre. La note oxydée a disparu. La bouche a soudainement libéré une acidité mordante et elle était un peu monotone. Après quinze minutes dans le verre, ce vin avait retrouvé ses marques. Il est devenu tout à coup incroyablement subtil et complexe, avant d'entrer dans sa dernière phase qui est également, selon moi, la plus belle : « la phase Selosse » ! Je n'ai jamais trouvé auparavant un vin dont l'arôme rappelait le nez que le Selosse de 1986 possédait il y a six ans. Pour moi, les dernières gorgées étaient comme revivre un vieil amour sous une nouvelle forme. Ce vin est un voyage vinicole fascinant qui va se raccourcir plus on attend avant d'ouvrir une bouteille. En revanche, la personne patiente pourra déguster un vin nettement meilleur. Un an après sa commercialisation, le vin est beaucoup plus stable. Il se trouve maintenant en plein dans la « phase Selosse ».

• 1989 KRUG CLOS DU MESNIL   97, MARS 2003] 98
(100 % CH)
Existe-t-il un vin meilleur au monde que le Clos du Mesnil ? J'ai des doutes. Le millésime de 1989 est l'un des plus riches et des plus magnifiques millésimes jusqu'ici. Parallèlement, l'impression élégante de vignobles est très claire.

• 1988 KRUG CLOS DU MESNIL   97, NOVEMBRE 2003] 99
(100 % CH)
Un miracle de finesse. C'est un cours d'eau pur de montagne lorsqu'il est à son stade le plus subtil. Malgré le fait qu'il lui manque deux points pour atteindre sa maturité absolue, je souhaiterais vous prévenir car le vin est encore très jeune et farouche. Je suis ravi au point d'entendre les anges chanter en raison de la beauté printanière délicate et subtile. Est-ce que les bouleaux sont plus beaux en bourgeons ou lorsqu'ils viennent de se couvrir de feuilles ?

• 1986 KRUG CLOS DU MESNIL   94, MARS 2003] 96
(100 % CH)
Extrêmement jeune, à l'acide malique élevé corrosif en bouche. Même si le bouchon se tient aussi droit qu'une flèche, il faut attendre une heure avant que le champagne laisse apparaître des éléments pouvant identifier le vinificateur et la provenance des raisins. Un Clos du Mesnil discret qui semble être jusqu'ici le moins surprenant des millésimes. Je ne serai pas surpris s'il brille autant que ses frères dans une dizaine d'années.

• 1985 KRUG CLOS DU MESNIL   96, JANVIER 2003] 99
(100 % CH)
Un sommet d'élégance ! Le 1985 rappelle beaucoup le 1979 mais je me demande si ce vin n'atteint pas encore de plus hauts sommets. Quel équilibre et quelle indescriptible finesse ! Il est malheureusement rare que je sois si époustouflé par un vin, que je vive presque une expérience religieuse. Ce champagne féerique au fruité de citron vert avec son beurré lisse et sa clarté étincelante réussit à susciter cette impression trois jours d'affilée lors d'une tournée avec Henri Krug en novembre 1995.

• 1983 KRUG CLOS DU MESNIL   93, MARS 1996] 96
(100 % CH)
Le 1,87 hectare du grand vignoble de Clos du Mesnil, au cœur du village, est un emplacement résumant tout ce que représente le champagne du Mesnil. Dans les mains de Krug, c'est la quintessence du chardonnay. Le 1983 a encore un peu de chemin à parcourir avant d'atteindre sa pleine maturité. Robe aux reflets verts. Nez jeune, délicat et floral, où le muguet, le frésia et les lys

blancs sont très discernables. Une facette onctueuse et complexe aux arômes torréfiés, de fruité jeune et de laine mouillée se dévoile. Bouche persistante et sèche à l'élégance incroyable et à la frivolité féminine.

• 1982 KRUG CLOS DU MESNIL   99, DÉCEMBRE 2003] 99
(100 % CH)
Vin millésimé. Tenant plus du style Krug que de celui du Mesnil. La robe évoque un bourgogne blanc, ample aux notes de tonneau. Le nez ressemble à la robe. Il possède un nez d'épices orientales. Le caramel, le miel, le café, la fleur de tilleul, la crème, le caramel dur, les oranges mûries au soleil ; tout est là ! Emmailloté dans une bouche énorme, charnue, aux notes évoquant un Corton-Charlemagne. L'acidité est incroyablement élevée mais elle se dissimule sous des séquences de fruit doux. C'est l'un des gagnants de la dégustation du millénaire (voir page 66).

• 1981 KRUG CLOS DU MESNIL   95, JUIN 1999] 97
(100 % CH)
En 1981, 12 793 bouteilles de ce Clos du Mesnil discret, possédant un bon potentiel de vieillissement ont été produites. Nez modeste. Robe pâle. Bouche délicate citronnée. Il était merveilleux lors de la dégustation du millénaire (voir page 66). Un sommet d'élégance.

• 1981 KRUG COLLECTION   96, AOÛT 2002] 96
(31 % PN, 19 % PM, 50 % CH)
Ce vin possède un style si pur qu'il nous époustoufle. En revanche, il est difficile de différencier le Collection du millésime classique.

• 1980 KRUG CLOS DU MESNIL   97, MARS 1999] 97
(100 % CH)
Je ne l'aurais jamais cru. Un vin de ce millésime relativement simple peut-il être aussi bon ? Oui, ma première bouteille, du moins, était fantastique. Les similitudes avec le féerique 1979 sont nombreuses. Le spectre aromatique était dans une grande mesure identique à la légende. Seule la fraîcheur du 1979 surpasse ce vin sensationnel. Je dois les déguster ensemble pour les comparer !

• 1979 KRUG CLOS DU MESNIL   99, JANVIER 2004] 99
(100 % CH)
Un blanc de blancs parfait et un essai « honorable » pour la famille Krug. Le nez vit plus sur la finesse que la richesse. En bouche, la savoureuse pomme Cox de couleur orangée, le Cointreau et le miel d'acacia soulèvent beaucoup d'attentes. Ils se libèrent avec panache. La richesse féerique et exotique rappelle un Taittinger Comtes de Champagne, mais avec une longueur en bouche encore plus riche en glycérols et en douceur miellée. L'un des vrais jalons de l'histoire des vins.

• 1979 KRUG COLLECTION   97, FÉVRIER 2003] 97
(36 % PN, 28 % PM, 36 % CH)
L'élégance à la Montrachet est présente ici comme dans le Krug 1979. Une œuvre d'art féerique d'une classe des plus internationale.

• 1976 KRUG COLLECTION   96, FÉVRIER 2004] 96
(42 % PN, 26 % PM, 32 % CH)
David Peppercorn et Serena Sutcliffe ont eu la gentillesse de m'inviter à déguster ce mastodonte à l'apéritif dans leur belle maison à Londres. Après un 1981 élégant, brillant et sophistiqué de la même maison, nos sens ont été choqués par cette bombe. Il possède une bouche si importante que chaque gorgée puissante nous époustoufle. Je dois cependant souligner que la pureté, l'élégance et le raffinement sont un brin absents. Beaucoup considèrent ce vin comme le meilleur qu'ils aient goûté.

• 1973 KRUG COLLECTION   95, OCTOBRE 1996] 95
(51 % PN, 16 % PM, 33 % CH)
Le vin laisse une impression légèrement plus jeune que le millésime auquel il est par ailleurs fidèle.

• 1971 KRUG COLLECTION 94, FÉVRIER 1997] 96
(47 % PN, 14 % PM, 39 % CH)
Même si c'est exactement le même vin, le millésime Collection
semble être plus léger. À conserver quelques années
supplémentaires dans votre cave.

• 1969 KRUG COLLECTION 96, SEPTEMBRE 1995] 96
(50 % PN, 13 % PM, 37 % CH)
Collection implique seulement que le champagne a été conservé
dans la cave de Krug beaucoup plus longtemps que la normale.
Le dégorgement est effectué après six ou sept ans. Le millésime
1969 est fumé et ferme. Il évoque le Bollinger R.D 1969 retenu.
Beau et très, très sophistiqué.

• 1966 KRUG COLLECTION 98, JUIN 1999] 98
(48 % PN, 21 % PM, 31 % CH)
Il ne peut devenir meilleur qu'il ne l'est maintenant. Extrêmement
délicat, notes de noix, à la fraîcheur complexe et féerique.

• 1964 KRUG COLLECTION 95, SEPTEMBRE 2002] 95
(53 % PN, 20 % PM, 27 % CH)
Identique aux bouteilles bien conservées du millésime habituel.

• 1962 KRUG COLLECTION 95, MARS 2003] 95
(36 % PN, 28 % PM, 36 % CH)
Identique au vin millésimé habituel.

• 1961 KRUG COLLECTION 98, JANVIER 2003] 98
(53 % PN, 12 % PM, 35 % CH)
Encore une fois, nous y voilà! Parfum léger et euphorique aux
arômes d'orchidée, d'orange et d'épices orientales. Pas aussi
moelleux que le millésime mais encore plus vigoureux.
Fantastiquement bon! Il appartient à l'univers des vins parfaits.

• 1959 KRUG COLLECTION 98, JANVIER 1999] 98
(50 % PN, 15 % PM, 35 % CH)
Le vin ne peut devenir meilleur qu'il ne l'est maintenant!
C'est une invitation à déguster un buffet de douceurs.
En outre, ce vin dégage violemment une force vitale.

• 1952 KRUG COLLECTION 92, FÉVRIER 1997] 92
(43 % PN, 19 % PM, 38 % CH)
Même si le vin était au meilleur de sa forme, ce fut une grande
déception et l'un des vins ayant le plus mauvais rapport qualité
prix que j'aie jamais dégusté. Le 1952 est élancé et beau avec
un nez délicat de beurre brun et de chêne. Bouche très acide
et vigoureuse mais manquant de charme et de profondeur.

• 1949 KRUG COLLECTION 98, JUIN 1999] 98
(47 % PN, 18 % PM, 35 % CH)
Mousse délicate, mais avec un chardonnay très pâle, crémeux et
très, très concentré si on en juge d'après le spectre aromatique.
Très gras, aux notes de caramel au beurre et de citron. Superbe.

• 1938 KRUG COLLECTION 98, JANVIER 2003] 98
(57 % PN, 16 % PM, 27 % CH)
Un magnum dégorgé en septembre 1983 et goûté lors de
la dégustation du millénaire (voir page 66). Il s'est épanoui très
lentement dans le verre. Mousse délicate. Le bouquet est pourtant
unique, charmant et complexe, aux notes de caramel aux noix.
Longueur en bouche persistante et pompeusement pure. Il était
meilleur dix heures après la dégustation!

• 1928 KRUG COLLECTION 98, JUIN 1999] 98
(70 % PN, 8 % PM, 22 % CH)
L'un des champagnes les plus recherchés et les plus légendaires
jamais produits. Nez profond, végétal aux notes grandioses de
noix. Bouche chaleureuse, puissante et majestueuse. Le fait
qu'il n'ait pas été considéré comme l'un des cent meilleurs
champagnes lors de la dégustation du millénaire (voir page 66)
est tout simplement scandaleux.

LABBÉ, MICHEL R-M
24, rue du Gluten
51500 Chamery
03 26 97 65 89
Production : 30 000
Ce viticulteur dispose de 10 hectares à Chamery et les environs.
Son vinificateur est aujourd'hui Didier Labbé. Les vignobles sont
plantés de 70 % PN, de 5 % PM et de 25 % CH. Les vins ne
subissent pas de fermentation malolactique. Une décision qui
s'est imposée à Didier, du fait que la cave est trop froide.
• MICHEL LABBÉ CARTE BLANCHE 56
(70 % PN, 15 % PM, 15 % CH)
• MICHEL LABBÉ ROSÉ 51
(50 % PN, 50 % PM)

LAGACHE-LECOURT R-M
29, rue du Maréchal-Juin,
51530 Chavot
03 26 54 86 79
Production : 60 000
La maison possède des vignobles à Chavot, Épernay, Moussy et
Vinay. Autres vins : Rosé, Cuvée Chambecy.
• LAGACHE SÉLECTION 60
(30 % PN, 40 % PM, 30 % CH)
• LAGACHE BLANC DE BLANCS 46
(100 % CH)

LAGACHE, GILBERT R-M
Rue de la Marquetterie
51200 Pierry
03 26 54 03 12
Production : 95 000
Malgré sa production relativement limitée, quinze pour cent sont
exportés en Angleterre. Le vinificateur s'appelle Claude Lagache ;
il dispose en premier lieu de raisins de Chouilly. Les vins sont
gardés jusqu'à cinq ans, ce qui leur confère une belle note mûre.
• LAGACHE BRUT 68
(10 % PN, 40 % PM, 50 % CH)
• LAGACHE GRANDE RÉSERVE 71
(100 % CH)
Chardonnay de Chouilly et de Pierry. Assez simple, de structure
généreuse, toutefois doté d'une note de vanille merveilleusement
bonne. Plus marqué par Pierry que par Chouilly. Profil très
accessible.
• LAGACHE ROSÉ 56
(10 % PM, 90 % CH)
Un rosé grossier, pas très distingué ; sa couleur provient d'un vin
rouge tranquille fait de simple pinot meunier. Arômes de bonbon
à la cerise et de pelure de pomme.
• 1995 LAGACHE GRAND CRU 81, JANVIER 2001] 84
(25 % PN, 75 % CH)
Les raisins chardonnay proviennent de Chouilly. Belle rondeur et
maturité. De magnifiques notes fruitées et une note secondaire de
pain. En l'aérant, on flaire des arômes de noisette, de vanille et de
brioche. Une surprise de taille.

LALLEMENT-DEVILLE R-M

28, rue Irénée-Goss
51380 Verzy
03 26 97 95 50
Production : 50 000

Le viticulteur dispose de 5 hectares à Verzy ; la vinification est moderne.

• LALLEMENT-DEVILLE BRUT	71
(100 % PN)	
• LALLEMENT-DEVILLE ROSÉ	71
(100 % PN)	
• 1990 LALLEMENT-DEVILLE VERZY BLANC DE BLANCS	
(100 % PN)	76, MARS 1999] 77
• 1991 DOM BASLE	76, MARS 2000] 78
(66 % PN, 34 % CH)	

Le vin millésimé de Lallement-Deville porte lui aussi le nom d'un vieux moine qu'il faut garder en mémoire. Le vin est déjà mûr, ce qui ne peut pas être considéré comme un signe de qualité. La robe est profonde, le nez ample, mais unidimensionnel. À mon avis, même la bouche manque de finesse.

LALLEMENT, JEAN R-M

1, rue Moët-&-Chandon
51360 Verzenay
03 26 49 43 52
Production : 20 000

Jean-Luc et ses parents, Jean et Louisette Lallement, raffolent de vins francs, sans affectation, secs et charnus. C'est ce qu'ils produisent à partir des 4,5 hectares qu'ils possèdent à Verzy, Verzenay et Ludes, 80 % des sols sont couverts de pinot noir et 20 % sont cultivés en chardonnay. L'âge moyen des pieds est de 26 ans. Leurs vins, très purs et secs, ont un dosage de 3 grammes maximum.

• JEAN LALLEMENT BRUT	68
(80 % PN, 20 % CH)	
• JEAN LALLEMENT RÉSERVE	80
(80 % PN, 20 % CH)	

Pur, sec, avec un pinot noir chocolaté qui se développe tout doucement. Dense, acidulé, concentré, susceptible d'évoluer. Lorsque j'ai dégusté ce vin, c'était un vrai 1996. D'où la note supérieure à ce qu'on pouvait attendre.

LAMIABLE *** N-M

8, rue de Condé
51150 Tours-sur-Marne
03 26 58 92 69
Production : 70 000

Cette maison, fondée par Pierre Lamiable en 1950, compte parmi les quelques-unes à Tours-sur-Marne. Cinq pour cent seulement des raisins sont achetés, les autres proviennent de la propriété de 6 hectares de la maison. Autres vins : Extra Brut, Millesime, Rosé.

• LAMIABLE GRAND CRU BRUT	75
(75 % PN, 25 % CH)	
• LAMIABLE DEMI-SEC	49
(75 % PN, 25 % CH)	
• 1992 LAMIABLE SPECIAL CLUB	81, JANVIER 2002] 82
(50 % PN, 50 % CH)	

Champagne à point, bien arrondi, avec des traces distinctes de la fermentation malolactique. Gras, beurré, sans grande complexité.

• 1989 LAMIABLE SPECIAL CLUB	84, MAI 1999] 87
(50 % PN, 50 % CH)	

Un champagne très fiable, de bon rapport qualité-prix. Pas aussi élégant que celui de 1988, toutefois moins maigre. Nez quelque peu exubérant, caractérisé par un pinot noir proche du raisin sec. Bouche grasse, beurrée, que, pour ma part, j'ai du mal à recracher.

• 1988 LAMIABLE SPECIAL CLUB	80, MAI 1996] 87
(50 % PN, 50 % CH)	

Crémeux et beurré comme beaucoup de champagnes Special Club provenant de différents villages. Finale toutefois un peu courte et diluée. Par ailleurs, un champagne fin, élégant, riche en minéral.

• LAMIABLE CUVÉE 2000	87, OCTOBRE 2001] 90
(100 % PN)	

Jean-Pierre Lamiable n'a fait que 3 000 bouteilles de ce pur 1995. Le vin provient de Tours-sur-Marne, de pieds âgés de 50 ans. Relativement foncé, il exhale de la force et des notes de vin rouge proches de la myrtille, du cassis et du cuir. Bouche très vineuse et concentrée, avec une nuance profondément animale ; une finale palpitante évoquant la truffe. Un vin splendide de ce grand cru oublié.

LANCELOT-PIENNE R-M

1, allée de la Forêt
51530 Cramant
03 26 57 55 74
Production : 100 000

Deux maisons portent le nom du chevalier Lancelot. Fondée en 1870, Lancelot-Pienne est l'une d'elles. Le nom de son champagne de prestige, Table Ronde, fait naturellement allusion aux Chevaliers de la Table Ronde. Autres vins : Brut, Rosé.

• LANCELOT-PIENNE SÉLECTION	43
(15 % PN, 50 % PM, 35 % CH)	
• LANCELOT-PIENNE TABLE RONDE	85
(40 % PN, 60 % CH)	
• LANCELOT BLANC DE BLANCS	69
(100 % CH)	

LANCELOT-ROYER R-M

540, rue Général-de-Gaulle
51530 Cramant
03 26 57 51 41
Production : 30 000

Ce producteur généreux possède, outre ses vignobles à Cramant, également des terres à Avize, Oger et Chouilly. L'âge moyen des pieds est de 25 ans, et les vins de réserve sont conservés dans des fûts en chêne.

• LANCELOT-ROYER	78, JUILLET 1997] 84
(100 % CH)	

89/90 De corps moyen, nez mielleux, avec bonne rondeur et fruit exotique.

• LANCELOT-ROYER EXTRA DRY CHEVALIER	70
(100 % CH)	
• LANCELOT-ROYER BLANC DE BLANCS	66
(100 % CH)	
• 1983 LANCELOT-ROYER	76, AVRIL 1996] 82
(100 % CH)	

Bouche harmonieuse avec belle note d'agrumes ; le style animal du nez est exigeant.

• 1982 LANCELOT-ROYER	82, AVRIL 1996] 84
(100 % CH)	

Un 1982 plus développé que d'habitude ; bouche cohérente de crème et de réglisse.

• 1969 LANCELOT-ROYER 81, AVRIL 1996] >
(100 % CH)
Vin arrivé en phase terminale. Bouche oxydée à l'anglaise, avec
cuir et salinité de réglisse.

LANDRAGIN R-M
14, rue Chanzy
51360 Verzenay
03 26 49 48 01
Les Landragin sont cultivateurs à Verzenay depuis 1772. Pendant
de nombreuses années, elle vendait aux grandes maisons ses raisins
de premier ordre. À la fin des années 1960, Dominique Landragin
décida de faire son propre champagne à partir de ses 25 hectares à
Verzenay, Sillery, Beaumont-sur-Vesle et Tauxières. Ce champagne
est depuis plusieurs années élaboré par J.-P. Morel, puisque
Landragin vit aujourd'hui en Australie. L'avenir de la maison est
donc très incertain.
• LANDRAGIN BRUT 70
(80 % PN, 20 % CH)
• 1973 LANDRAGIN 85, FÉVRIER 2002] 85
(80 % PN, 20 % CH)
Puissant et développé d'une manière typique pour le millésime,
avec des pointes d'oxydation. Le raisin sec, l'amande, la prune et
le vin chaud épicé bombardent les sens, réunis dans un ensemble
riche, sans grand raffinement. Un champagne rond et doux, qui
ne s'améliorera guère.

LANG-BIÉMONT N-M
Les Ormissets
51530 Oiry
03 26 55 43 43
Production : 500 000
Un couple commença à vendre le Lang-Biémont en 1875.
Aujourd'hui la maison, très moderne, est dirigée par le vinificateur
Patrick Mouton. Lang-Biémont achète ses raisins dans une région
assez vaste, mais la base est constituée de chardonnay d'Oiry.
Autres vins : Carte d'Or, Rosé, Exception, Cuvée III.
• LANG-BIÉMONT RÉSERVÉE 61
(10 % PN, 90 % CH)
• 1981 LANG-BIÉMONT 88, MARS 2000] 88
(100 % CH)
Un champagne poids-plume d'une attaque très bien accordée.
Clair, crépitant, d'une fraîcheur revigorante, telle une pluie de
printemps. Floral et jeune d'un bout à l'autre.
• 1986 LANG-BIÉMONT BLANC DE BLANCS 80, JANVIER 1995] 85
(100 % CH)
Vin bien élaboré, d'une bonne profondeur et d'une grande acidité
qui acheminent les arômes de pamplemousse vers une belle finale.

LANSON *** N-M
12, boulevard Lundy
51100 Reims
03 26 78 50 50
Production : 6 700 000
Fondée en 1760 par François Delamotte, Lanson est l'une des
maisons de champagne les plus anciennes. Le fils de François,
Nicolas-Louis, qui était chevalier de l'ordre souverain de Malte,
reprit la maison en 1798 et décida de faire de la croix de Malte les
armoiries de la maison. Le nom Lanson n'est apparu qu'en 1837, et
ce n'est que vingt ans plus tard que la maison s'installa à son adresse
actuelle à Reims. Après un bref séjour dans le groupe Louis Vuitton,

Lanson s'est trouvée dans le réseau Marne et Champagnes en 1990.
Cette maison ne possède pas de vignoble à elle, mais achète du
raisin auprès de 60 villages différents. Elle n'a jamais recours à la
fermentation malolactique, ce qui fait que les vins non millésimés
peuvent paraître un peu acidulés et verts quand ils sont jeunes.
Après avoir longuement discuté avec la direction de Lanson,
y compris le compétent maître de chai Jean-Paul Gandon, je dois
dire que je suis très impressionné par leur volonté affirmée de
sauvegarder à tout prix le style de la maison. Ce n'est pas un secret :
pour tous les champagnes assemblés, non millésimés, destinés à la
consommation immédiate, je préfère la fermentation malolactique.
Du fond du cœur, nous sommes toutefois d'accord sur la nécessité
d'éviter que la Champagne tombe dans la « Parkerisation », qui
affecte les producteurs de vin rouge du monde entier. Ce serait
un grand malheur si, en élaborant leurs vins, les maisons de
champagne attachaient trop d'importance à mes appréciations ou à
celles de Tom Stevenson. Il faut sauvegarder la diversité de la région,
et il y a apparemment un grand public pour le Black Label de
Lanson. Le vin millésimé est également d'une acidité marquée
pendant les premières années de sa commercialisation, mais évolue
en fait très favorablement avec le temps. Avec les vieux millésimes
de Lanson, vous disposez de cartes sûres, à un prix modique.
Si vous en avez la patience, placez le dernier millésime une dizaine
d'années en cave, et vous vous régalerez d'un champagne frais,
qui tient du pain. Les vins des années 1950 et 1960 sont pour
le moins splendides.
• LANSON BLACK LABEL 64
(50 % PN, 15 % PM, 35 % CH)
• LANSON DEMI-SEC 59
(50 % PN, 15 % PM, 35 % CH)
• LANSON ROSÉ 56
• 1996 LANSON 85, SEPTEMBRE 2003] 90
Rien que le nom sonne acidulé comme une groseille à maquereau
pas mûre. Le millésime et la maison se sont fait connaître par leur
forte acidité. C'est exactement le cas ici. Le vin est d'une acidité
exceptionnelle qui ronge les dents, tout en étant très prometteur.
Ce vin illustre, on ne peut mieux, ce que j'ai toujours soutenu
au sujet des champagnes Lanson : avec le temps, ils deviennent
extrêmement plaisants avec une note profonde de noisette,
mais au départ, ce sont des vins très durs. Un an déjà après
le lancement, les côtés les plus agressifs du vin se sont adoucis
et l'ensemble devient tout à fait agréable.
• 1995 LANSON 80, JANVIER 2002] 87
(53 % PN, 47 % CH)
Guère plus accessible que d'habitude, malgré le millésime
souvent généreux et sympa. Encore jeune, immature, avec une
note un peu piquante de soufre. Une note fraîche de pomme qui
demande un long stockage avant de dévoiler toutes ses finesses.
• 1994 LANSON 82, SEPTEMBRE 2000] 88
(53 % PN, 47 % CH)
Un exemplaire très réussi de cette année intermédiaire. Nez d'une
richesse et d'une complexité inhabituelles. Bouche évidemment
encore très jeune et rêche. Vu l'évolution des millésimes
précédents, je suis convaincu que la patience paie et que ce vin
finira par devenir très bon.
• 1993 LANSON 76, SEPTEMBRE 1999] 86
(51 % PN, 49 % CH)
Un Lanson jeune, typique, avec des arômes nets de compote de
pomme, d'amande et de miel. Acidité pénétrante et persistance
relativement longue. Bonne structure et caractère autolytique
marqué. À garder !

• 1990 LANSON   82, JUIN 2001] 88
(50 % PN, 50 % CH)
Aujourd'hui un véritable rapt d'enfant ; avec une acidité dure qui
brûle l'estomac. Ne soyez pas étonné si, dans quelques années, une
grande complexité et de beaux arômes grillés prennent le dessus.

• 1989 LANSON   78, JUIN 2001] 83
(56 % PN, 44 % CH)
Peu nombreux sont ceux qui savent qu'il s'agit d'un champagne
grand cru. Les raisins proviennent de Verzenay, d'Ay, de Bouzy,
d'Oger, de Chouilly et de Cramant. Avec une acidité de
5,5 grammes, considérablement plus doux que le 1985 avec
ses 7 grammes d'acide malique. Arrondi et agréable, mais
se détériore à une vitesse inquiétante dans la coupe.

• 1988 LANSON   82, JUIN 2003] 86
(51 % PN, 49 % CH)
Champagne étonnamment doux, influencé par la confiserie,
avec un nez ouvert, crémeux et une finale peu persistante.
Probablement un comportement trompeur ; comme beaucoup de
vins de Lanson, celui-ci pourra évoluer de manière spectaculaire
avec le temps.

• 1985 LANSON   83, JANVIER 2002] 87
(50 % PN, 50 % CH)
Encore un champagne tranchant, qui ne se boit pas facilement et
dans lequel l'acide malique se fait très insistant. Le nez frais a
pourtant de l'allure et commence à s'approcher du pain. Pourrait
être l'embryon d'un grand vin.

• 1983 LANSON   75, FÉVRIER 1989] 81
(50 % PN, 50 % CH)
Nez de pain plus développé que prévu, mais le style peu généreux
de la maison réapparaît en bouche ; l'acide malique se fait
insistant.

• 1982 LANSON   94, JANVIER 2003] 94
(50 % PN, 50 % CH)
Un bourgogne blanc avec des bulles ! Nous étions nombreux
à décrire ainsi ce vin magnifique qui a totalement éclipsé
la bouteille un peu pale de Dom Pérignon 1990 que j'avais
choisie à côté pour accompagner le turbot, pêché le jour même,
et ma tartine au beurre à l'estragon. Frais et vif d'un bout à l'autre,
sans un seul bord tranchant. À la fois légèrement grillé et
chaudement beurré avec une splendide palette d'arômes excitants.
Long, d'une densité ravissante, avec une persistance de châtaigne
et de biscuit à l'amande.

• 1981 LANSON   91, JUIN 2001] 91
(54 % PN, 46 % CH)
1981 est une année merveilleuse pour Lanson. Peu nombreux
sont ceux qui ont réussi comme cette maison à faire des
champagnes classiques avec une bonne prise et des arômes
faiblement grillés.

• 1980 LANSON   80, FÉVRIER 2000] 83
(50 % PN, 50 % CH)
Nez frais et crémeux. Bouche ferme, acidulée, un peu courte.

• 1979 LANSON   91, MARS 2003] 91
(50 % PN, 50 % CH)
Le 1979 a toutes les qualités du millésime. Un vin très élégant avec
un nez rond de pinot et une structure bien conçue. Ici l'acide
malique est très bien intégré au vin. Grand et mince comme un
mannequin.

• 1976 LANSON   91, MARS 2003] 91
(46 % PN, 54 % CH)
Robe relativement mûre, caractère extrêmement grillé, presque
brûlé. Impressionnant avec son aneth, sa réglisse, sa brioche.

Croupe un peu lourde, avec une structure qui évoque celle du
1959, toutefois sans sa pureté. Jeune et élégant en magnum.

• 1975 LANSON   92, MARS 2002] 92
(55 % PN, 45 % CH)
Abstraction faite de l'horrible forme de la bouteille, ce champagne
fait aujourd'hui plutôt bonne impression dans son ensemble.
Nez mûr, saturé de chocolat, bouche fraîche et persistante.

• 1971 LANSON   90, NOVEMBRE 1995] 90
(50 % PN, 50 % CH)
Pur et mielleux. Corps de saturation légère ou moyenne, avec un
caractère charmeur, qui me fait penser aux pommes Cox Orange.

• 1969 LANSON   70, MARS 1999] >
(50 % PN, 50 % CH)

• 1966 LANSON   92, JANVIER 2003] 92
(50 % PN, 50 % CH)
Compte tenu de la qualité exceptionnelle du 1961 et du 1959
de Lanson, ce vin est relativement décevant. Bien sûr, il est bien
structuré, riche, avec un arôme fort de fruits très mûrs et
d'amandes. Ce qui me manque, c'est un peu de finesse ;
en revanche, sa puissance, exceptionnelle pour le millésime,
m'impressionne.

• 1964 LANSON   95, AOÛT 2000] 95
(50 % PN, 50 % CH)
Qu'ils étaient merveilleux, les vins que faisait Lanson dans
le temps ! Proches du Krug, de la noisette, d'une profondeur
inconcevable. Quelquefois ces sommités manquaient de douceur
et de fruit. Ce n'est pas le cas de celui de 1964. On trouve ici une
merveilleuse richesse exotique, de belles saveurs évoquant la
vanille et le chocolat au lait.

• 1961 LANSON   96, JANVIER 2001] 96
(50 % PN, 50 % CH)
Remarquablement pâle et clair, vu l'âge de ce vin. Un champagne
superbe, bien élaboré, avec un bouquet unique de chocolat à la
menthe et une profondeur qui n'a rien à envier à celle de Krug.
Parmi les vins de la maison Lanson, ceux de 1959, de 1955
et de 1961 jouent manifestement dans une division à part.

• 1959 LANSON   96, JANVIER 2002] 96
(50 % PN, 50 % CH)
Probablement le plus grand Lanson que j'ai dégusté. Ce vin est
de dimensions presque héroïques. Robe et mousse incroyablement
vitales. Le nez se développe lentement et finit par offrir toutes les
couleurs de l'arc-en-ciel. Champagne très masculin, avec des
nuances de pin et de cigare de la Havane perçues au nez. Ce vin
possède un poids et une plénitude incroyables ; les arômes de la
bouche correspondent à ceux du nez. La finale est une illustration
scolaire du millésime, très sèche et ferme, ardente et riche en
tannins. Magnifique lors de la dégustation du millénaire (voir
page 66). Il est intéressant de noter que certaines bouteilles
exhalent du chardonnay jeune, floral.

• 1955 LANSON   95, NOVEMBRE 2003] 95
(50 % PN, 50 % CH)
Lanson a fait en 1955 un vin superbe. Cela n'a rien d'étonnant.
L'ensemble exhale l'harmonie et l'arôme du coco. L'un des
dégustateurs a évoqué le pinacolada le plus somptueux qu'il ait
bu. Malgré son caractère sec classique et son style retenu, ce sont
justement les arômes doux qui dominent, tels que vanille, cacao
et noix de coco. Plus léger que le 1959, mais pour le moins tout
aussi irrésistible. Grande variation entre les bouteilles.

• 1945 LANSON
(50 % PN, 50 % CH)

• 1943 LANSON   87, DÉCEMBRE 2002] 87
(50 % PN, 50 % CH)
Je suis convaincu que ce vin est très bon dans une bouteille de
taille normale. Car malgré les 60 ans passés en demi-bouteille,
l'acidité est tonique et une lueur de mousse apparaît encore.
La robe même est relativement pâle et le vin sent le fer, le sang,
la fumée et le goudron. La bouche comprend également des notes
de pomme et la finale des notes de miel.
• 1937 LANSON
(55 % PN, 45 % CH)
• 1928 LANSON   90, OCTOBRE 2001] 90
(55 % PN, 45 % CH)
Très vital, d'une souplesse fascinante, avec un visage jeune,
sans maquillage. Le minéral et les agrumes intégrés à une mousse
délicate, ce n'est pas tout à fait ce qu'on attend d'un vin de cet
âge, mais c'est ce que nous avons trouvé. La finale fait allusion
à l'âge avec une note sombre de bois et de sucre brûlé qui fait
lentement son apparition. Un peu plus léger et moins complexe
qu'attendu, ce qui explique la note relativement faible de ce
vieillard frais d'un des plus grands millésimes.
• 1921 LANSON   96, OCTOBRE 2001] 96
(50 % PN, 50 % CH)
Un délice absolument irrésistible, aussi beau que bon ! Robe
pâle, mousse vive, impression onctueuse et crémeuse ; bouche
équilibrée dominée par la vanille. Finale féminine, persistante,
avec des agrumes et du caramel à la noisette.
• 1892 LANSON   87, AVRIL 2001] 87
(50 % PN, 50 % CH)
Une bouteille qui, jusqu'à tout récemment, s'est trouvée emmurée
et oubliée dans la cave d'une université anglaise. Ni le bouchon
ni ce qui restait de l'étiquette ne permettaient de déterminer le
millésime. Pourtant je ne doute guère de l'exactitude de l'âge,
puisque l'épaisseur du verre, la profondeur du creux et les
moindres détails de la bouteille étaient identiques à celle d'un
Pol Roger de 1892. En outre, le vin ressemblait beaucoup à
celui-ci. Bouquet profond, remarquablement sombre, proche
du sherry, avec des touches de laque à bois, de cognac, de tabac,
de datte, de figue et de goudron.
• 1994 LANSON BLANC DE BLANCS   84, DÉCEMBRE 2001] 87
(100 % CH)
Un millésime très réussi pour Lanson qui prouve qu'elle a choisi
la bonne voie. Champagne de bouche beurrée et rafraîchissante,
de citron vert, poids-lourd très autoritaire.
• 1990 LANSON BLANC DE BLANCS   90, JANVIER 2002] 93
(100 % CH)
Un vin surprenant de la qualité d'un apéritif merveilleusement
frais. Parfait équilibre entre la fraîcheur et le fruit doux, mûr.
Le caractère riche du millésime va comme un gant au style
ascétique de la maison. Parmi les plus grands champagnes que
j'ai dégustés de Lanson.
• 1989 LANSON BLANC DE BLANCS   86, MARS 2003] 88
(100 % CH)
Le nouveau champagne prestige de la maison est assemblé à parts
égales de Chouilly, de Cramant et d'Avize. Robe exemplaire, et
nez plaisant de biscuit et de citron. La bouche est relativement
simple et impersonnelle.
• 1983 LANSON BLANC DE BLANCS   85, FÉVRIER 1995] 89
(100 % CH)
12,7 % d'alcool, ce n'est pas courant ! Aussi ce vin possède-t-il
une puissance peu habituelle chez un blanc de blancs. Nez de
pétrole, de citrons trop mûrs, avec une faible touche de grillé.

L'acide malique de la maison convient parfaitement à la bouche
chez ce vin par ailleurs assez mûr. Saveur de pamplemousse un
peu unidimensionnelle.
• 1995 NOBLE CUVÉE   85, SEPTEMBRE 2003] 89
(100 % CH)
En fait le même vin que celui qui s'appelait auparavant blanc
de blancs, portant aujourd'hui l'étiquette de Noble Cuvée.
Un champagne crémeux et excitant de Lanson, doté d'une
bonne acidité et de savoureux arômes de muffins au citron,
de miel et d'agrumes doux.
• 1989 NOBLE CUVÉE   84, JUIN 2002] 88
(40 % PN, 60 % CH)
Nez faible et délicat avec des notes de chardonnay de premier
ordre. Finale dont l'équilibre manque encore d'harmonie.
Cela s'arrangera probablement dans quelques années lorsque
la jeunesse revêche du vin sera domptée.
• 1988 NOBLE CUVÉE   86, NOVEMBRE 2003] 90
(40 % PN, 60 % CH)
Un champagne pur grand cru d'Avize, Cramant, Chouilly,
Verzenay et Ambonnay. Réservé et concentré avec un spectre
aromatique qui promet des jours meilleurs. À garder très
longtemps !
• 1985 NOBLE CUVÉE   83, MARS 1995] 88
(40 % PN, 60 % CH)
Je n'ai bu qu'une seule coupe de ce vin. Il m'a semblé beaucoup
plus réservé que le 1980, mais avec un accent de minéral plus
marqué et un fruit moins généreux.
• 1981 LANSON CUVÉE 225   92, MAI 1996] 93
(45 % PN, 55 % CH)
Un Lanson splendide ! Tout colle ici. Le vin a un caractère de
champagne classique, rempli de minéral, de pain grillé, d'un fruit
délicieux, évoquant les agrumes. La bouche harmonieuse
est également extraordinaire.
• 1981 NOBLE CUVÉE   90, MAI 1997] 90
(20 % PN, 80 % CH)
Classique, grillé, beau, miellé, avec un fruit équilibré et une bonne
persistance.
• 1980 NOBLE CUVÉE   86, JUIN 1989] 87
(20 % PN, 80 % CH)
La robe était ambrée, le nez plein de chardonnay mûr, mais
également une touche distincte de jaune d'œuf battu à l'alcool.
Bouche riche, proche de la pêche, suave et de longueur moyenne.
• 1990 LANSON MILLENIUM CUVÉE   86, MAI 1999] 92
(50 % PN, 50 % CH)
Exactement le même vin que le vin millésimé ordinaire, mais
en magnum et resté plus longtemps en contact avec les levures.
Le caractère autolytique est assez prononcé et l'ensemble exhale
de la profondeur et de la concentration.

LARMANDIER **** N-M
B.P. 4
51530 Cramant
03 26 57 52 19
Production : 100 000
La famille Larmandier figure parmi les premiers viticulteurs de
Cramant depuis plusieurs générations. Ce n'est qu'en 1978 que
Dominique Larmandier a créé une vraie maison. Aujourd'hui
elle est étroitement liée à Gimonnet à Cuis. La maison possède
8 hectares dans cinq villages de la côte des Blancs.
• LARMANDIER BLANC DE BLANCS
(100 % CH)

77

• 1982 LARMANDIER   79, JUILLET 1992] >
(100 % CH)

• 1990 LARMANDIER SPECIAL CLUB   84, JANVIER 1998] 84
(100 % CH)
Un vin qui m'a surpris par sa robe foncée, développée, son
caractère oxydé. Est-ce que ce champagne à base de Cramant
doit vraiment évoluer si vite ? Le nez est déjà plein d'arômes
de chocolat et de réglisse. L'agréable onctuosité du vin me fait
pardonner son absence d'acidité. Variation entre les bouteilles ?

• 1989 LARMANDIER SPECIAL CLUB   83, MARS 1996] 91
(100 % CH)
On trouve ici un nez étonnant de ragoût de bœuf et de fromage,
que, jusqu'à ce jour, je n'ai trouvé que dans les champagnes du
Mesnil. Le vin n'est guère flatteur, mais sa structure est bonne.

• 1988 Larmandier SPECIAL CLUB   90, MARS 1996] 93
(100 % CH)
Plus riche et sucré que le 1989. Vin de caractère follement juteux.

LARMANDIER-BERNIER **** R-M
43, rue du 28-Août
51130 Vertus
03 26 52 13 24
Production : 85 000
La maison possède 9,5 hectares à Bergères-les-Vertus, Chouilly,
Cramant et Vertus. Pierre Larmandier, qui fut également président
de l'association des jeunes vinificateurs, élabore quelques-uns des
champagnes chardonnay les plus purs d'aujourd'hui. Ce jeune
homme, détendu et intellectuel, travaille en tandem avec sa mère, qui
a repris la maison après son mari. Le décès du père était prématuré ;
il a donc fallu attendre un peu avant que Pierre se sente prêt à
diriger lui-même la maison. Il parle ouvertement des divergences
de goût entre lui et sa mère. Pierre aime les champagnes acidulés,
réservés, tandis que sa mère préfère les vins plus accessibles, fruités.
Heureusement, les préférences de Pierre se font valoir de plus en
plus. La famille possède depuis longtemps quelques hectares de très
vieux pieds de chardonnay à Cramant. Lors de la récolte de 1990,
Pierre a décidé de faire un champagne exclusif uniquement à partir
de ces pieds âgés de 80 ans. Le résultat est un champagne qui
deviendra légendaire. Tous ces vins gagnent à être gardés dix ans
ou plus dans une bonne cave !

• LARMANDIER-BERNIER TRADITION   69
(20 % PN, 80 % CH)

• LARMANDIER-BERNIER VERTUS TERROIR NON DOSÉ   70
(100 % CH)

• LARMANDIER-BERNIER BLANC DE BLANCS   76
(100 % CH)

• LARMANDIER-BERNIER ROSÉ   56
(100 % PN)

• 1989 LARMANDIER-BERNIER   84, AOÛT 1997] 87
(100 % CH)
Toujours aussi rafraîchissant, avec un nez proche du chablis.
Milieu de bouche sec et fin, attaque fraîche, finale acidulée.

• 1998 LARMANDIER-BERNIER VIEILLES VIGNES CRAMANT
(100 % CH)   88, JUIN 2003] 94
Un vin merveilleux qui rayonne dès le départ. On trouve ici une
beauté vive, spirituelle, alliée à une profondeur insoupçonnée.
Aspect fidèle à l'origine, mais le nez a quelques notes intenses
de pommes rouges mûres, proches de celles d'un Bollinger, à côté
des arômes fruités orientés vers les agrumes. Cela vient forcément
des vieux pieds, qui donnent au vin sa concentration unique.
Le vin est long, équilibré, de structure agréable, aristocratique.

• 1997 LARMANDIER-BERNIER SPECIAL CLUB
(100 % CH)   83, MARS 2003] 85
C'est vrai que le vin s'est trop vite fatigué dans la coupe, mais
quelle belle attaque ! Beau champagne généreux, belle rondeur,
notes de minéral et de chardonnay beurré. Le nez comme la bouche
sont impressionnants, mais la persistance un peu décevante.

• 1996 LARMANDIER-BERNIER SPECIAL CLUB
(100 % CH)   87, OCTOBRE 2003] 92
Onctuosité de bel équilibre. Sophistiqué, comme un grand
millésime de Bonnaire. Splendide clarté aromatique et structure
bien conçue, harmonieuse. Encore bien plus fin que le Vieilles
Vignes Cramant.

• 1996 LARMANDIER-BERNIER VIEILLES VIGNES CRAMANT
(100 % CH)   83, MAI 2002] 91
Je ne sais s'il s'agit d'un phénomène passager, mais pour l'instant,
je suis plus impressionné par le Special Club de la même année.
Les vieux pieds de Cramant ont donné ici un vin d'une puissance
impressionnante, avec grande concentration et maturité. Il me
semble toutefois que, malgré sa puissance, le nez est un peu trop
oxydé et grossier. Avenir difficile à prévoir.

• 1995 LARMANDIER-BERNIER SPECIAL CLUB
(100 % CH)   84, MAI 2002] 87
Grand bouquet beurré, avec une attaque saturée. Rond et
agréable, de manière assez peu compliquée. Je m'attendais
probablement à plus d'élégance et de définition chez ce
millésime équilibré.

• 1995 LARMANDIER-BERNIER VIEILLES VIGNES CRAMANT
(100 % CH)   84, NOVEMBRE 2000] 90
J'attendais depuis longtemps ce vin. Il est possible qu'il soit encore
meilleur que je ne l'avais prévu, mais il est extrêmement fermé
et difficile à apprécier. La bouche a un bon fruit lisse, le nez est
floral. La finale réservée.

• 1990 LARMANDIER-BERNIER SPECIAL CLUB
(100 % CH)   82, MAI 2002] 85
1990 à point, impressionnant, avec un grand nez de caramel
à la réglisse, de prune et de crème fouettée. Rond et crémeux
à volonté, avec un profil un peu rustique.

• 1990 LARMANDIER-BERNIER VIEILLES VIGNES CRAMANT
(100 % CH)   91, MAI 2001] 94
À mon avis, tous les grands vins du monde entier ont une chose
en commun : un nez d'une intensité supérieure qui provient d'un
terreau unique. Or ce champagne de Cramant en fait partie. Le
nez est très moqueur, d'un caractère floral explosif, indescriptible.
Même s'il est très introverti aujourd'hui, il sommeille sous la
surface pour éclater, le moment venu, dans toute sa splendeur.
La bouche est extrêmement persistante, dense et cohérente.
Achetez toutes les bouteilles que vous trouverez, et mettez-les
de côté pour vos petits-enfants !

• 1988 LARMANDIER-BERNIER SPECIAL CLUB
(100 % CH)   80, NOVEMBRE 1994] 89
Cuvée comprenant presque exclusivement des raisins de Cramant.
Très similaire au 1988 de Bonnaire, avec son nez de caramel au
beurre et son fruit chardonnay proche du chablis.

• 1979 LARMANDIER-BERNIER SPECIAL CLUB
(100 % CH)   91, AOÛT 1996] 91
Champagne croustillant, avec des saveurs encore fraîches
d'agrumes et de noisette. Sec et classique.

• 1975 LARMANDIER-BERNIER SPECIAL CLUB
(100 % CH)   93, NOVEMBRE 1995] 94
C'est toujours un plaisir de boire un vieux blanc de blancs venant
directement du producteur. Le 1975 est le premier millésime de

la maison. Récalcitrant pendant de nombreuses années, avant de devenir ce qu'il est. Un champagne fabuleusement harmonieux. Tellement classique et réservé, avec toutes les notes mûres de chardonnay, tels que café, pain grillé, caramel au beurre, pop-corn. Une acidité cristalline, évoquant celle d'un grand Salon.

LARMANDIER, GUY *** R-M
30, rue du Général-Koenig
51130 Vertus
03 26 52 12 41
Production : 65 000

Cette petite maison, fondée en 1977 à Vertus, jouit d'une très bonne réputation depuis que Robert Parker a fait l'éloge de ses vins. Pour ma part, je considère qu'il y a de nombreux viticulteurs bien plus intéressants à la côte des Blancs. Tous les vins de cette propriété que j'ai dégustés étaient bien élaborés, mais d'un nez très avare. Guy Larmandier, qui a quitté Larmandier à Cramant, est surtout fier de ses 4 hectares à Cramant ; il possède en outre 3 hectares à Vertus, 0,5 hectare à Cuis et 2 hectares à Chouilly. Les vins passent par la fermentation malolactique et la stabilisation par le froid. Les pieds de Cramant ont près de 30 ans et devraient donner par la suite des champagnes plus excitants qu'ils ne le sont aujourd'hui. Le vin millésimé vient toujours de deux emplacements à Cramant : Gros Mont et Fond du Bateau.

- GUY LARMANDIER CRAMANT   70
  (100 % CH)
- GUY LARMANDIER PREMIER CRU   68
  (5 % PN, 95 % CH)
- GUY LARMANDIER PERLÉ   63
  (100 % CH)
- GUY LARMANDIER ROSÉ   57
  (20 % PN, 80 % CH)
- 1997 GUY LARMANDIER CRAMANT GRAND CRU
  (100 % CH)   85, MARS 2004] 87
  Un champagne incroyablement épais, huileux, saturé d'arômes crémeux et mielleux. Acidité un peu faible et assez unidimensionnel, toutefois très savoureux.
- 1992 GUY LARMANDIER CRAMANT GRAND CRU
  (100 % CH)   79, JUILLET 1997] 83
  L'un des meilleurs champagnes du millésime. Le vin a déjà une attitude aimable. La bouche est un peu trop douce, puisque de toute façon le fruit est largement suffisant.
- 1989 GUY LARMANDIER CRAMANT GRAND CRU
  (100 % CH)   81, AVRIL 1995] 87
  Robe très pâle, nez faible, avec des touches de caramel à la crème, de fleurs blanches. Bouche crémeuse et douce, bonne pureté.
- 1982 GUY LARMANDIER CRAMANT GRAND CRU
  (100 % CH)   84, AVRIL 1995] 87
  À nouveau, un nez avare, fermé. Les notes discernables sont de premier ordre ; la bouche réservée, riche en finesses, toutefois peu généreuse pour un 1982.

LASSALLE-HANIN R-M
2, rue des Vignes
51500 Chigny-les-Roses
03 26 03 40 96
Production : 30 000

Lassalle-Hanin : cette maison est loin d'avoir connu le même succès que son fameux « cousin », J. Lassalle.

- LASSALLE-HANIN RÉSERVE   50
  (33 % PN, 33 % PM, 34 % CH)
- LASSALLE-HANIN BLANC DE BLANCS   60
  (100 % CH)
- LASSALLE-HANIN ROSÉ   48
  (50 % PN, 30 % PM, 20 % CH)
- 1989 LASSALLE-HANIN   82, OCTOBRE 1997] 83
  (50 % PN, 50 % CH)
  2 000 bouteilles seulement ont été produites de ce champagne. Rond, crémeux et miellé.
- 1988 LASSALLE-HANIN   86, OCTOBRE 1997] 90
  (50 % PN, 50 % CH)
  Champagne prestige superbe, nez de biscuit et de menthe. Concentré, d'une richesse orientale.

LASSALLE, J. *** R-M
Rue des Châtaigniers
51500 Chigny-les-Roses
03 26 03 42 19
Production : 100 000

Petite perle dirigée, comme beaucoup d'autres, par une belle veuve et sa fille. Leurs champagnes sont caractérisés par un grand fruit mûr, exotique et doux. Ils sont très gouleyants. Peu nombreux sont ceux qui les critiquent. Le vin de chardonnay compte parmi les meilleurs, hors la côte des Blancs. Le viticulteur a connu de très grands succès aux États-Unis.

- LASSALLE BRUT   75
  (60 % PN, 40 % CH)
- LASSALLE ROSÉ   70
  (70 % PN, 30 % CH)
- 1996 LASSALLE BLANC DE BLANCS   87, JUIN 2003] 90
  (100 % CH)
- 1988 LASSALLE BLANC DE BLANCS   79, OCTOBRE 1997] 84
  (100 % CH)
  Encore un peu anguleux et pas assez lisse. Arômes de pamplemousse, d'herbe, de minéral et de groseille à maquereau. Assez persistant avec une finale acide.
- 1987 LASSALLE BLANC DE BLANCS   80, AOÛT 1996] 83
  (100 % CH)
  Le dégustateur découvre un nez imposant de jonquille, de nectar et de miel. La bouche est agréable et douce, mais dépourvue de la finesse d'un blanc de blancs de la côte des Blancs.
- 1985 LASSALLE BLANC DE BLANCS   84, AOÛT 2001] 84
  (100 % CH)
  Ce champagne a un nez très ouvert de chardonnay mûr, exotique, ainsi que de jonquille. La structure est presque huileuse, la bouche riche et crémeuse, le dosage un peu trop élevé. Dans l'ensemble, une impression plus unidimensionnelle que le Special Club.
- 1982 LASSALLE BLANC DE BLANCS   84, AOÛT 2001] 84
  (100 % CH)
  Incroyablement proche du 1985 ! Ici également, on flaire le nez personnel de la jonquille. La richesse est la même.
- 1995 LASSALLE SPECIAL CLUB   86, SEPTEMBRE 2003] 88
  (40 % PN, 60 % CH)
  On sent que le vin est fait de raisins de premier ordre provenant de vieux pieds et que la récolte est restreinte. Le vin est très concentré et expressif, mais dépourvu du fin du fin.
- 1993 CUVÉE ANGELINE   84, SEPTEMBRE 2003] 85
  (60 % PN, 40 % CH)
  Nez assez simple, toutefois doté du charme peu compliqué d'une bonne chanson à succès. De la confiserie et des desserts aux fruits, alliés à la vanille. Moelleux et souriant.

• 1992 LASSALLE SPECIAL CLUB   80, OCTOBRE 1997] 82
(40 % PN, 60 % CH)
Crémeux et mûr, comme toujours. Très flatteur, mais manque sans doute du potentiel requis pour un bon vin de garde.

• 1989 CUVÉE ANGELINE   86, OCTOBRE 2001] 86
(60 % PN, 40 % CH)
Un vrai « champagne de confiserie » de haut dosage, saturé d'arômes doux de raisins baignés de soleil. Vanille, mélasse et caramel, alliés à l'ananas séché, mousse crémeuse. Très savoureux et gouleyant.

• 1989 LASSALLE SPECIAL CLUB   92, FÉVRIER 2003] 92
(40 % PN, 60 % CH)
La presse spécialisée a beaucoup parlé de Lassalle récemment. Ce vin est accessible et riche, avec un nez de chardonnay merveilleusement beurré et une douceur grasse, pleine de pinot. Ces derniers temps, superbement crémeux et riche.

• 1988 CUVÉE ANGELINE   79, OCTOBRE 1997] 83
(60 % PN, 40 % CH)
Plus moelleux que le blanc de blancs. Nez fruité de prune et de pâte. Bouche pure, de corps moyen.

• 1987 CUVÉE ANGELINE   75, JANVIER 1997] 80
(60 % PN, 40 % CH)
Certes un très bon 1987, mais guère un grand vin. Le nez indique de la vanille et du pain frais, la bouche reprend les mêmes thèmes.

• 1985 CUVÉE ANGELINE   50, AVRIL 1993] >
(60 % PN, 40 % CH)

• 1985 LASSALLE SPECIAL CLUB   88, OCTOBRE 1992] 91
(40 % PN, 60 % CH)
Je me demande si ce Lassalle n'est pas le meilleur de tous ceux que j'ai dégustés. Il est curieux de constater que le 1985 Cuvée Angeline est un échec constant, alors que le Special Club de la même année est une vraie réussite. Le nez est typique de la maison avec toutes sortes de pâtisseries et de chocolat blanc. L'arôme d'agrumes est plus marqué que d'habitude, ce qui ajoute une dimension supplémentaire. La bouche est caractérisée par un fruit exotique, expansif et par un équilibre parfait.

• 1982 CUVÉE ANGELINE   87, AVRIL 1993] 89
(60 % PN, 40 % CH)
Dès sa mise sur le marché, un champagne magnifique. Plaît sans doute plutôt au jouisseur qu'à l'analyste. Du chocolat blanc, de la vanille, du beurre, du miel et du caramel se retrouvent tant dans la bouche que dans le nez. Malgré la part importante de pinot, c'est le chardonnay qui l'emporte. L'acidité est un peu trop faible pour que le vin soit d'une grande longévité.

• 1982 LASSALLE SPECIAL CLUB   89, AOÛT 1996] 89
(40 % PN, 60 % CH)
Lassalle a fait un 1982 gras, mûr, d'une complexité riche. Prêt à être bu depuis longtemps.

LAUNOIS PÈRE & FILS **** R-M
2, avenue Eugène-Guillaume
51190 Le Mesnil-sur-Oger
03 26 57 50 15
Production : 180 000
Fondée en 1872, la maison possède 21 hectares situés, pour la plupart, au Mesnil. Bernard Launois vient d'aménager dans sa propriété un musée du vin apprécié. Peu de producteurs en Champagne ont une cave aussi bien remplie de vieux millésimes que Bernard. Encore moins nombreux sont ceux qui sont aussi généreux et prêts à partager que ce grand connaisseur de l'art de vivre. Depuis 1970, il possède également des vignobles à Oger,

Avize et Cramant. Le vin de la maison, Special Club, est un assemblage de Mesnil (Les Chetillons) et de Cramant (Les Justices).

• LAUNOIS BRUT   77
(100 % CH)

• LAUNOIS CUVÉE CAROLINE   78
(100 % CH)

• LAUNOIS CUVÉE CLÉMENCE   77
(100 % CH)

• LAUNOIS MESNIL SABLÉ   79
(100 % CH)

• LAUNOIS ŒIL DE PERDRIX   58
(100 % PN)

• CUVÉE ERIK LALLERSTEDT BLANC DE BLANCS   80
(100 % CH)
Vin identique au Launois Réserve Blanc de Blancs, dans une édition encore un peu jeune. Gardez-le quelques années pour obtenir cette complexité merveilleusement beurrée qu'adore Erik Lallerstedt lui-même, j'en suis sûr.

• LAUNOIS RÉSERVE BLANC DE BLANCS   83
(100 % CH)
Un imposant blanc de blancs, d'une attaque puissante et d'une bonne persistance, avec un superbe arôme d'amande. Récompensé lors du grand concours du salon des vins de Stockholm en 2003, où étaient présents la plupart des grands champagnes non millésimés. Merveilleusement riche, huileux, avec un bel exotisme.

• LAUNOIS ROSÉ   48
(20 % PN, 80 % CH)

• 1997 LAUNOIS   84, DÉCEMBRE 2003] 88
(100 % CH)
Comme souvent chez les jeunes exemplaires de Launois, je décèle des notes de soufre dans le nez. Par ailleurs, ce sont la poire et la pomme qui dominent, soutenues par de petites touches fines de brioche et de nougat. Suave et agréable sur la langue, sans grande concentration.

• 1996 LAUNOIS   87, AVRIL 2004] 92
(100 % CH)
Il n'est guère étonnant que Launois ait fait une véritable sommité cette année-là. Depuis le 1995, sec et pierreux, j'étais un peu inquiet, mais ici le caractère ascétique et acide du terroir est avantageusement porté par un fruit généreux, mûri au soleil. Les notes d'agrumes sont mûres, et on y trouve également des nuances de fruit de la passion et de mandarine, exactement comme dans la plupart des millésimes des vins du voisin Pierre Peters. Belle finale sophistiquée, avec du caramel et une acidité persistante.

• 1995 LAUNOIS   83, FÉVRIER 2002] 89
(100 % CH)
Pierreux, dur, je dirais presque maigre, pour l'instant. Ce champagne sera grand un jour, soyez-en sûrs. Comme aucun autre, Le Mesnil a le don de se développer pour ce qui est de la concentration et de la complexité.

• 1993 LAUNOIS SÉVERINE   75, JANVIER 2002] 81
(100 % CH)
Nez richement développé avec une faible note secondaire de chocolat à la menthe et de bœuf tartare. Charnu, avec une bouche claire, proche de la pomme verte et une belle pureté. Finale beaucoup trop courte pour un Launois.

• 1992 LAUNOIS   80, JANVIER 1999] 87
(100 % CH)
Launois ne fait pas de vins simples. Ne soyez pas étonnés si ce 1992 remporte des récompenses dans dix ans. Le racé et l'acidité indomptable du Mesnil sont déjà présents.

• 1990 LAUNOIS   90, FÉVRIER 2003] 94
(100 % CH)
On trouve ici de forts arômes de caramel et de safran, mais
également une finesse acidulée, somptueuse, typique de ce village
imbattable.

• 1988 LAUNOIS   94, NOVEMBRE 2003] 95
(100 % CH)
Un champagne classique du Mesnil, à son meilleur en magnum.
Le vin a déjà un merveilleux parfum, typique du village. À l'âge de
quinze ans, est apparu un bouquet joliment grillé, évoquant celui
de Dom Ruinart. D'une complexité fantastique. Savoureusement
moelleux. L'un des premiers lors de la dégustation des 1988.

• 1988 LAUNOIS SABLÉ   86, AVRIL 1996] 91
(100 % CH)
Faiblement mousseux, grand nez viandé avec des notes de
châtaigne grillée et d'agrumes. Mousse délicate, bouche jeune,
très racée.

• 1985 LAUNOIS   90, MAI 1998] 92
(100 % CH)
Vin de style très cohérent, fermé et astringent, mais avec une
longue finale acide, susceptible d'évoluer.

• 1985 LAUNOIS SABLÉ   91, JUILLET 1997] 92
(100 % CH)
Saturé de minéral, on dirait de la craie dans la bouche. Immature
pendant de nombreuses années. Aujourd'hui, tout d'un coup,
ouvert et accessible. Classique.

• 1982 LAUNOIS   88, JUILLET 1991] 91
(100 % CH)
Des bulles d'une extrême finesse, qui font de beaux colliers de
perles dans la coupe. Nez subtil de minéral et de pain frais.
J'ai une préférence nette pour les blancs de blancs de ce calibre.

• 1979 LAUNOIS   94, JUILLET 1997] 94
(100 % CH)
Nez d'une fraîcheur exemplaire avec des touches de foin coupé.
Merveilleuse bouche de noix.

• 1975 LAUNOIS   89, AVRIL 1992] 89
(100 % CH)
Un blanc de blancs brutal, qui fonce, avec de profonds arômes de
chocolat et un corps corpulent.

• 1971 LAUNOIS   92, AVRIL 1992] 94
(100 % CH)
Comparé au 1975, ce millésime est plus léger, doté d'un bouquet
plus raffiné. Un exemple typique, qui montre combien il est facile
de prendre un vieux blanc de blancs pour un vin marqué par le
fût.

• 1969 LAUNOIS CRÉMANT   89, MARS 2003] 89
(100 % CH)
Apparemment il faut veiller à ne pas garder les vins de Crémant
trop longtemps. La mousse disparaît rapidement, ce qui fait
accélérer le déclin. Vin, au fond fantastique, avec un bouquet
proche de celui du Salon, et une bouche de noix et de vieux
beurre. L'acidité est mordante, la robe excessivement foncée ;
certaines notes d'oxydation sont apparues lors de la disparition
des bulles de gaz.

• 1966 LAUNOIS   96, JANVIER 2002] 97
(100 % CH)
Quel champagne fabuleux ! Le vin a ce nez moqueur, raffiné,
qu'auparavant je n'ai trouvé que chez le 1985 Krug Clos du Mesnil.
Retour de l'élégance féminine dans la bouche éternellement beurrée.

• 1964 LAUNOIS   96, JUIN 1999] 96
(100 % CH)
Premier prix partagé avec un 1943 Krug lors d'une très
importante dégustation de champagnes mûrs dans l'archipel de
Stockholm en juin 1998. Tout aussi merveilleux un an plus tard,
lors de la dégustation de la Millénie. Un peu plus sucré que le
1966, riche en finesses.

• 1964 LAUNOIS CRÉMANT   89, SEPTEMBRE 2003] 89
(100 % CH)
À l'origine, le même vin que le merveilleux 1964, mais avec
la moitié de sa pression et un caractère autolytique un peu plus
faible. Mon collègue, Janvier Netterberg, et moi avons pris chacun
notre bouteille que nous avons bue en même temps, dans nos
foyers respectifs. La sienne avait une mousse faible mais sensible,
la mienne était complètement éventée, tout en restant fraîche
et vigoureuse à la manière des vins du Mesnil. Les arômes sont
réservés et classiques, comme il se doit chez un tel soliste.
J'ai dégusté plusieurs bouteilles très fatiguées, et ne peux donc
guère recommander ce vin, malgré sa bonne note.

• 1952 LAUNOIS   88, DÉCEMBRE 2003] 88
(100 % CH)
Il est rare qu'un viticulteur vous propose une bouteille à moitié
pleine de vieux champagne trouble ; c'est pourtant ce qui m'est
arrivé chez Launois en 2003. Dans son musée, il y a un pupitre
avec des 1952 non dégorgés de faible niveau. Une bouteille
parfaite est très probablement merveilleuse, vu les fantastiques
arômes de sucre brûlé et l'acidité très marquée. Dans cette version,
il y a malheureusement un peu trop d'arômes de levures et une
mousse insuffisante.

• 1947 LAUNOIS   97, AVRIL 1996] 97
(100 % CH)
Quel morceau de choix ! Pas aussi élégant que le 1966, mais
nettement plus riche avec un nez jeune de sucre d'orge à la menthe,
de fruit de la passion, et une bouche fabuleusement concentrée,
évoquant le nectar. Un vin que tout le monde doit aimer.

• 1932 LAUNOIS   92, AVRIL 1996] 92
(100 % CH)
Nez de cuir, de viande et de truffe. Bouche dominée par les arômes
de vieux beurre et de réglisse.

• 1999 LAUNOIS SPECIAL CLUB   81, NOVEMBRE 2003] 91
(100 % CH)
La première bouteille de ce vin fut une grande déception,
avec ses notes terreuses et une louche de soufre trop discernable.
La suivante contenait également une quantité excessive de soufre,
tout en étant très pure et mielleuse. J'ai l'impression qu'il est trop
tôt pour se prononcer sur l'avenir de ce vin. Chez Launois,
au Mesnil, on devient lyrique en en parlant. Je suppose qu'avec
le temps, les notes piquantes de soufre se transformeront en
arômes grillés.

• 1996 LAUNOIS SPECIAL CLUB   91, DÉCEMBRE 2003] 94
(100 % CH)
Fantastique caractère de Mesnil dans le nez, avec des notes de
craie, de silex et de pierres mouillées. On y trouve également un
beau fruit avec des touches de citron vert et de jus de fruit de la
passion. Belle structure avec des couches de saveurs complexes et
de l'astringence. Belle attaque, milieu de bouche incroyablement
riche de raisins mûrs, doux. Énorme acidité, bien entendu.

• 1995 LAUNOIS SPECIAL CLUB   88, SEPTEMBRE 2003] 90
(100 % CH)
Beaucoup plus riche et plus développé que le pur 1995 du Mesnil,
commercialisé parallèlement à cette cuvée Mesnil/Cramant.

Les vieux pieds donnent une plénitude beurrée, grasse et savoureuse qui portera le caractère récalcitrant du Mesnil à des sommets élevés.

• 1994 LAUNOIS SPECIAL CLUB   91, SEPTEMBRE 2003] 92
(100 % CH)
Ce viticulteur fantastique va de révélation en révélation. Son Special Club est le premier 1994 à atteindre une note supérieure à 90. Le champagne prestige allie toujours, de manière surprenante, la finesse réservée, profonde du Mesnil au style riche, beurré de Cramant. Acidité fantastique, profondeur, et nez de café torréfié, évoquant celui de Dom Pérignon.

• 1990 LAUNOIS SPECIAL CLUB   91, MARS 2003] 94
(100 % CH)
Plus marqué par le Mesnil que le 1988. Superbement dense, susceptible d'évoluer. Ces derniers temps, brillamment gras et crémeux. Le meilleur champagne du millésime selon le jury de la dégustation du millénaire (voir page 66).

• 1988 LAUNOIS SPECIAL CLUB   93, AVRIL 1996] 95
(100 % CH)
Le champagne favori de Bonnaire; comme je le comprends! Cramant resplendit pleinement dans cette merveilleuse pièce solo.

• 1986 LAUNOIS SPECIAL CLUB   83, MAI 1998] 83
(100 % CH)
Style personnel très développé. Nez ample de fromage, bouche ronde évoquant un Riesling d'Alsace de premier ordre. Finale un peu fatiguée de raisin.

• 1985 LAUNOIS SPECIAL CLUB   80, AVRIL 1992] 93
(100 % CH)
Ensemble minéral fermé, qui donne l'impression de boire de la terre crayeuse. Le vin n'est pas passé par la fermentation malolactique, et son acidité est très dure. Beau fruit classique.

• 1982 LAUNOIS SPECIAL CLUB   91, MAI 1998] 92
(100 % CH)
Nez étonnamment avare. Bouche riche, légèrement fumée.

• 1981 LAUNOIS SPECIAL CLUB   94, JUIN 1997] 95
(100 % CH)
Plusieurs 1981 font soudainement preuve de qualités insoupçonnées, ayant en commun une élégance florale. L'exemple de Launois compte parmi les plus beaux, avec sa robe jaune-vert éclatante, son nez super élégant et sa bouche de fruits exotiques.

• 1979 LAUNOIS SPECIAL CLUB   96, MAI 1998] 97
(100 % CH)
Un chef-d'œuvre de finesse. Revigorant comme une promenade printanière dans une forêt de hêtres dont les feuilles viennent d'éclore. Équilibre parfait. Le Mesnil à son meilleur.

• 1978 LAUNOIS SPECIAL CLUB   89, MAI 1998] 90
(100 % CH)
Nez presque identique à celui du 1978 Dom Pérignon. Champagne fruité, pur et léger avec une finale minérale.

• 1986 LAUNOIS CUVÉE 2000   84, MARS 2000] 84
(100 % CH)
Robe s'approchant du vert, arômes pourtant mûrs, presque trop mûrs. Fin et grillé, avec une bouche un peu unidimensionnelle.

LAUNOIS, LÉON R-M
3, ruelle de L'Arquebuse
51190 Le Mesnil-sur-Oger
03 26 57 50 28
Production: 100 000
Jacky Launois et sa femme disposent de 18 hectares de vignoble de premier ordre au Mesnil, et affirment, sans plaisanter, que tous les

vins du Mesnil ont le même goût! Il semble miraculeux qu'ils produisent d'aussi bons champagnes. Autres vins: Rosé, Cuvée Perlée.

• LEON LAUNOIS BLANC DE BLANCS   75
(100 % CH)

• 1992 LEON LAUNOIS   70, FÉVRIER 1997] 73
(100 % CH)

• 1978 LEON LAUNOIS   89, SEPTEMBRE 2003] 89
(100 % CH)
Probablement pas un vin très particulier dans une bouteille de taille normale, mais grâce au développement lent du Mesnil en magnum, gardé dans une bonne cave, ce vin est souverainement délicieux. Robe d'une profondeur inattendue, avec des éclaboussures de rouge. Malgré la couleur développée, la mousse est parfaite et le nez flaire la classe. On y trouve des notes de thé, d'orchidées, de beurre brun et de tabac. La bouche est fraîche, s'y ajoute une couche de fruits séchés, ainsi qu'une portion de rail de chemin de fer.

• 1989 LEON LAUNOIS   82, AVRIL 1995] 90
(100 % CH)
Nez un peu fermé, mais bouche dotée de pures notes du Mesnil. Sec, fin, très prometteur.

LAURAIN, PIERRE **** R-M
2, rue Roger-Sondag
51160 Ay
03 26 55 18 90
Production: 60 000
Après avoir vendu Collery à Germain, Alain Collery a continué sous le nom de Pierre Laurain. Aujourd'hui il a un musée du vin et un restaurant bien fréquenté dans le centre-ville, tout en prenant soin de ses propriétés exceptionnelles à Ay et à Mareuil-sur-Ay. En vendant Collery, il a gardé un stock de vieux millésimes, afin d'être en mesure de vendre des vins bien mûrs aux amateurs de Collery.

• COLLERY BRUT   67
(70 % PN, 20 % PM, 10 % CH)

• PIERRE LAURAIN BRUT   69
(70 % PN, 20 % PM, 10 % CH)

• COLLERY BLANC DE BLANCS   66
(100 % CH)

• PIERRE LAURAIN DEMI-SEC   52
(100 % PN)

• COLLERY ROSÉ   89
(100 % PN)
Le même vin que le Pierre Laurain Rosé.

• PIERRE LAURAIN ROSÉ   89
(100 % PN)
(Ex-Collery Rosé) L'un des meilleurs champagnes rosés qu'on puisse trouver. Le pinot d'Ay confère les arômes les plus proches du bourgogne de toute la Champagne, et ce champagne rosé l'illustre très nettement. La robe est foncée et limpide, le nez claironne les arômes du pinot avec toutes les notes animales, de fromages, d'épices, les arômes de fruit proche de la fraise, auxquels on peut s'attendre. La bouche est compacte, avec un profond arôme de pinot juteux; la persistance est exquise.

• 1989 PIERRE LAURAIN   70, MARS 1993] 84
(20 % PN, 80 % CH)
Vin un peu curieux, difficile à juger, quand il est jeune. Bouquet fort âcre de champignons et de légumes cuits. Attaque tranchante avec une bonne puissance végétale, concentrée. Pas un vin pour débutants.

• 1985 PIERRE LAURAIN   91, OCTOBRE 1997] 94
(100 % PN)
(Ex-Solange Collery) Pur blanc de noirs d'Ay ; grande variation
entre les bouteilles. Certains exemplaires sont bruyamment
végétaux, tandis que d'autres ont un nez grillé, une bouche
étonnamment jeune. Les plus grands vins sont dominés par
le cuir, les champignons, la truffe et la noisette.

• 1981 PIERRE LAURAIN   96, SEPTEMBRE 2002] 96
(90 % PN, 10 % CH)
Un champagne fait dans le style de Bollinger, avec une complexité
fumée, un arôme saturé de noisette et un fruit vigoureux.
Convient parfaitement à la volaille et au gibier. Il a fini par
devenir un chef-d'œuvre grandiose, d'un nez magique de truffe.

• 1985 SOLANGE COLLERY   91, JUIN 1995] 94
(100 % PN)
Identique au 1985 de Pierre Laurain.

• 1981 COLLERY HERBILLON   92, AOÛT 1997] 92
(90 % PN, 10 % CH)
Même vin que le 1981 Pierre Laurain.

• 1980 COLLERY HERBILLON   90, AVRIL 1993] 90
(100 % PN)
Pas aussi restreint et massif que le 1981, nez pourtant charmeur
de miel et de chocolat. Bouche de corps moyen, finale crémeuse.

• 1976 COLLERY SPECIAL CLUB   93, OCTOBRE 1995] 93
(100 % PN)
Ample, raz-de-marée en bouche. Délicieux avec du lapin au jus
de romarin.

• 1973 COLLERY HERBILLON   90, SEPTEMBRE 1988] 90
(90 % PN, 10 % CH)
Dégusté quand j'étais débutant dans la spécialité ; je mettrai
toutefois du temps à oublier sa puissance énorme et sa finale
veloutée de réglisse.

• 1971 COLLERY SPECIAL CLUB   90, AVRIL 2000] 90
(100 % PN)
Robe incroyablement claire, et étonnamment élégant. Maladroit
au premier coup de nez, puis apparaît l'onctuosité crémeuse.
Un vin expressif d'une belle cohérence ; à considérer aujourd'hui
comme une curiosité.

LAURENT-PERRIER **** N-M
32, avenue de Champagne
51150 Tours-sur-Marne
03 26 58 91 22
Production : 6 500 000

Laurent-Perrier est la plus belle histoire de réussite des années
d'après-guerre. Après avoir failli disparaître au début des années
1950, cette maison familiale compte aujourd'hui parmi les plus
importantes et les plus respectées de Champagne. La maison a été
fondée par M. Laurent, tonnelier de Chigny-les-Roses. Son fils s'est
marié avec Mathilde Perrier, une femme obstinément ambitieuse
qui établit la maison. La Première Guerre mondiale a porté un coup
dur à la continuité de la maison, plusieurs des successeurs prévus
étant tombés à la guerre. Marie-Louise de Nonancourt acheta la
maison au début de la Seconde Guerre mondiale. Son fils, qu'elle
souhaitait voir diriger la maison, est lui aussi mort à la guerre. Son
deuxième fils, Bernard, qui fut actif dans la Résistance, en sortit
sain et sauf. Il put retourner chez lui et reprendre l'activité. Bernard
de Nonancourt, homme d'affaires génial, s'est orienté vers la
conquête de nouveaux marchés d'exportation. Pour commencer,
il se tourna vers l'Afrique de l'Ouest, où il a mis entre les mains
des agents des champagnes frais, récemment dégorgés, susceptibles

de supporter la chaleur tropicale. Sur le marché national, on s'est
spécialisé dans les côteaux champenois, où on est encore aujourd'hui
leader dans les vins blancs. Laurent-Perrier fait actuellement partie
d'un holding qui, outre les maisons de champagne Salon,
Delamotte, Lemoine et De Castellane, dirige plusieurs autres
grands producteurs de vin en France. Laurent-Perrier lui-même ne
possède que 100 hectares, mais il cultive sous contrat environ 800
hectares. La maison est connue pour son installation d'une propreté
clinique, où l'oxydation est évitée à tout prix. Alain Terrier est
l'œnologue en chef de la maison. Nombreux sont ceux qui font
l'éloge de ses cuvées fruitées et élégantes. Le champagne non millésimé commence enfin à perdre sa note de colle, le rosé Ultra Brut et
le vin millésimé sont tous de fidèles serviteurs. Le grand atout de la
maison est toutefois son Grand Siècle, qui tapisse agréablement le
palais le plus difficile. Un champagne merveilleusement complexe,
de classe mondiale.

• LAURENT-PERRIER BRUT   79
(40 % PN, 15 % PM, 45 % CH)

• LAURENT-PERRIER CRÉMANT BRUT   59
(33 % PN, 33 % PM, 34 % CH)

• LAURENT-PERRIER ULTRA BRUT   85
(60 % PN, 40 % CH)
Laurent-Perrier est le pionnier des champagnes très secs. Le vin
a besoin de mûrir plusieurs années en bouteille afin d'arrondir
un certain caractère trop jeune et de développer son bouquet
chocolaté. Magnifique maturité au début des années 2000.

• LAURENT-PERRIER ROSÉ   78
(100 % PN)

• 1995 LAURENT-PERRIER   85, MARS 2004] 89
(50 % PN, 50 % CH)
J'ai servi, à l'aveugle, ce très bon vin à ma fiancée, Sara, qui a tout
de suite commencé à parler d'amande et de colle. Les mêmes arômes
qui m'avaient auparavant énervé chez certains vins de Laurent-
Perrier. Ce qui est curieux, c'est que je n'avais pas du tout
l'impression que ce mince 1995 avait un goût d'amande. Il me
semble plutôt déceler nettement une note de draps fraîchement
lavés, alliée à un fruit à la fois jeune, juteux et frais. Saveur de
pain, équilibré d'un bout à l'autre avec une finale de réglisse.

• 1993 LAURENT-PERRIER   85, SEPTEMBRE 2003] 87
(50 % PN, 50 % CH)
Ici Terrier l'a fait de nouveau ! La merveilleuse note de draps
fraîchement lavés, alliée au caractère pur, acidulé de la pomme
Granny Smith sont présents malgré le millésime relativement
faible. Très bonne vinification.

• 1990 LAURENT-PERRIER   84, MAI 1999] 90
(50 % PN, 50 % CH)
Enfin j'ai trouvé le dénominateur commun entre le vin millésimé
de Laurent-Perrier et le Grand Siècle. Dans ce millésime
merveilleusement riche, il y a un fruit intense, soutenu par une
fraîcheur croustillante de pomme. Le nez poursuit également la
note caractéristique de draps séchés au soleil du Grand Siècle.

• 1988 LAURENT-PERRIER   82, MAI 1999] 86
(47 % PN, 53 % CH)
Laurent-Perrier produit relativement peu de champagnes
millésimés, le vin reste toujours plus fidèle au style de la maison
qu'à l'année. La plupart du temps, le vin millésimé fait penser
à une version un peu plus riche de champagne non millésimé.

• 1985 LAURENT-PERRIER   80, NOVEMBRE 1994] 87
(50 % PN, 50 % CH)
Les arômes sont ceux de la maison, mais la concentration et la
richesse en extraits sont d'une importance peu habituelle, ce qui

laisse présager un bel avenir. Nez avec des touches de menthe, de pomme et de cannelle. La bouche est agréable, harmonieuse.

• 1982 LAURENT-PERRIER 76, JUILLET 1993] 82
(60 % PN, 40 % CH)
Un 1982 impersonnel, étonnamment mince. Correct, mais pâle, un peu grillé.

• 1981 LAURENT-PERRIER 84, JUIN 1999] 84
(75 % PN, 25 % CH)
À point, en pleine forme, pourtant ce champagne ne m'inspire pas beaucoup. Un peu trop sucré et neutre ; bouche de corps moyen, avec une amorce d'amaretto.

• 1979 LAURENT-PERRIER 89, JANVIER 2003] 89
(75 % PN, 25 % CH)
Ce millésime ne me déçoit presque jamais. La contribution de Laurent-Perrier n'est pas des plus brillantes, mais ce champagne est aujourd'hui à son meilleur, avec un merveilleux nez de noisette, de miel, de chèvrefeuille, typique du millésime. La bouche offre à la fois du sucre brûlé et de la fraîcheur.

• 1978 LAURENT-PERRIER 83, SEPTEMBRE 2003] 83
(75 % PN, 25 % CH)
Un vin riche à faible acidité, avec des arômes de chocolat et une abondance de saveurs d'amaretto.

• 1976 LAURENT-PERRIER 84, JANVIER 1997] >
(75 % PN, 25 % CH)
Certainement bon, si on achète ce vin directement à la maison. Les exemplaires normalement dégorgés sont un peu fatigués, même s'ils sont plutôt bons avec leur bouche épicée de vanille et leur rondeur.

• 1975 LAURENT-PERRIER 89, AVRIL 2003] 89
(75 % PN, 25 % CH)
Structure et vigueur classiques. Bon champagne de repas, un peu sévère. Manque toutefois de malice.

• 1970 LAURENT-PERRIER 90, MARS 2004] 90
(75 % PN, 25 % CH)
Seulement dégusté à partir d'un magnum, donc, bien entendu, très frais. Robe claire, mousse superbement effervescente. Nez intense et pur, avec des nuances fraîches ; caractère floral intact. Bouche plus riche, plus rassasiante, avec des notes de pain, de viande, de chaleur ; finale qui évoque la tarte aux pommes.

• 1966 LAURENT-PERRIER 89, NOVEMBRE 1998] >
(75 % PN, 25 % CH)
À peine servi, ce vieillard exhale un bouquet merveilleusement ample, dominé par le caramel au beurre et le papier beurré. La bouche est moelleuse, riche, avec des nuances oxydées. Au bout de dix minutes dans la coupe, l'action de l'oxygène se fait inexorable, le vin meurt sur-le-champ.

• 1964 LAURENT-PERRIER 70, AOÛT 1995] >
(75 % PN, 25 % CH)

• 1961 LAURENT-PERRIER 86, DÉCEMBRE 1999] 86
(75 % PN, 25 % CH)
Ce champagne offre aujourd'hui un ensemble chocolaté, harmonieux, tout en manquant de fraîcheur. Le vin était probablement à son meilleur au début des années 1980.

• 1959 LAURENT-PERRIER ROSÉ 92, NOVEMBRE 2001] 94
(100 % PN)
Dégorgé en juin 1998. N'existe qu'en magnum ; non disponible dans le commerce. Apparition incroyablement jeune, d'un bout à l'autre. J'ai décanté le vin dans une carafe, pour me servir de supplément, après une très importante dégustation verticale de Clos des Goisses. Ce vin de quarante ans était toujours mousseux comme un soda à la framboise, d'un nez très fermé. Seule la finale

avait une note secondaire fumée, boisée, qui laissait deviner une certaine maturité. Exactement la même impression, lors de la dégustation du millénaire (voir page 66).

• GRAND SIÈCLE 93
(45 % PN, 55 % CH)
Le vaisseau amiral de Laurent-Perrier est fait de trois millésimes, qui après l'assemblage sont gardés cinq, six ans, dans la cave de la maison, avec un vrai bouchon. Ce champagne luxueux a été introduit pour la première fois en 1957. Si vous en avez la patience, gardez le quatre, cinq ans, et vous pourrez vous régaler de la merveilleuse saveur de vanille que le Grand Siècle développe avec le temps. On pourrait écrire un chapitre rien que sur la mousse. Aucun autre champagne n'a une mousse aussi délicate que celle du Grand Siècle. Les arômes fruités et raffinés, équilibrés, s'harmonisent parfaitement entre eux, avec une note de draps fraîchement lavés.

• GRAND SIÈCLE (1996/95/93) 93, MARS 2004] 96
(45 % PN, 55 % CH)
Voici, enfin, la véritable réussite. Ici Alain Terrier a obtenu tout le caractère acidulé du 1996 et le charme souriant du 1993, pur et féminin, alliés à la belle onctuosité du 1995. Harmonie et équilibre exquis. Belles notes grillées, arômes et mousse étincelants, attaque fraîche et une forte empreinte dans la bouche qui persiste quelques heures après le dernier verre. Un Grand Siècle véritablement grand !

• GRAND SIÈCLE (1993/90/88) 92, OCTOBRE 2003] 94
(45 % PN, 55 % CH)
Actuellement, le Grand Siècle dominant sur le marché. Il est encore difficile d'y trouver un caractère spécifique du millésime. Le développer demande encore quelques années. Tout de même un Grand Siècle classique avec une finesse, une élégance et un racé superbes. La fraîcheur est extrême, pourtant jamais insistante. L'accent de pain, nettement discernable, n'est jamais trop dominant. La persistance en bouche est en outre impressionnante, vu que le vin semble si volatil, si jeune. Gardez-le quelques années, et vous obtiendrez un vin encore plus plaisant.

• GRAND SIÈCLE (1990/88/85) 93, NOVEMBRE 2003] 95
(45 % PN, 55 % CH)
Certainement l'un des Grand Siècle les plus fins jamais élaborés. On y trouve déjà la longue finale douce, dominée par la vanille. La finesse et la complexité sont également indéniables, bien que le fruit soit encore très jeune.

• GRAND SIÈCLE (1988/85/82) 90, JANVIER 1999] 93
(45 % PN, 55 % CH)
Pas aussi complet que celui à base de 1990, mais possédant une vitalité tonique et un caractère légèrement grillé. Nez plus développé que la bouche. Un Grand Siècle classique et pur.

• GRAND SIÈCLE (1985/82/81) 91, MARS 2003] 93
(45 % PN, 55 % CH)
Le premier de huit vins, lors d'une incroyable dégustation verticale avec Alain Terrier. Tous les vins étaient récemment dégorgés et non dosés. En plus, tous les vins étaient servis en bouteilles magnum. Ce vin basé sur le 1985 paraissait relativement léger et jeune. Nettement grillé, élégant. Nez de lys, d'acacia et de rose blanche. La bouche comprend certaines notes vertes qui font penser aux asperges. Certainement moins discernables une fois le vin dosé et vieilli en bouteille.

• GRAND SIÈCLE (1982/79/78) 92, OCTOBRE 2003] 92
(45 % PN, 55 % CH)
Un Grand Siècle plutôt réservé, ascétique, avec des notes de métal, de poisson et de minéral. Avec le temps, apparaît une vague

de vanille et de pureté ; le vin présente un côté plus généreux.
Ici le vin ne montre pas son plus large sourire, mais qui ne
sourirait pas, en buvant ce vin si original, si intéressant.

• GRAND SIÈCLE (1979/78/76)   91, MARS 2000] 95
(45 % PN, 55 % CH)
Ce vin connaît une transformation considérable dans la coupe.
Chaque fois qu'il était servi revenaient les arômes verts, végétaux.
Au bout d'une demi-heure dans la coupe, il se comportait comme
un 1979 classique, normal. J'avais déjà remarqué que, sans dosage,
les 1979 pur style souffrent. On dirait qu'ils sont un peu
anorexiques.

• GRAND SIÈCLE (1978/76/75)   93, MARS 2000] 93
(45 % PN, 55 % CH)
Un vin très différent des autres, avec son nez de mandarine,
de merisier et de cake. Fait penser à un 1978 Dom Pérignon,
à beaucoup d'égards. Ici le millésime gras de 1976 a réussi à
combler les creux qui caractérisent si souvent les 1978. Une belle
preuve de ce qu'on peut obtenir en assemblant différents
millésimes de champagne.

• GRAND SIÈCLE (1976/75/73)   96, OCTOBRE 2003] 96
(45 % PN, 55 % CH)
Robe beaucoup plus profonde que celle des autres vins dégustés.
Nez merveilleusement voluptueux de fruits confits et de brioche.
Le favori personnel d'Alain Terrier. Pas étonnant, vu l'origine de
ce dernier : Bordeaux. Il s'agit du Grand Siècle le plus puissant, le
plus vineux jamais élaboré. Je suis également ravi de la richesse en
glycérol et de la bonne mâche de la bouche exotique, de mangue
et de papaye.

• GRAND SIÈCLE (1975/73/70)   96, OCTOBRE 2003] 97
(45 % PN, 55 % CH)
Un vin gigantesque avec un merveilleux arôme de crème brûlée.
Une essence douce, riche en finesses, avec des bulles minuscules,
crémeuses, et des tonnes d'arômes de caramel au beurre. Mon
favori parmi ces beautés. Note de chèvrefeuille marquée, mousse
exceptionnelle.

• GRAND SIÈCLE (1973/70/69)   93, MARS 2000] 93
(45 % PN, 55 % CH)
Encore un vin suave, caressant, avec une touche de café dans le
nez. Un peu unidimensionnel, mais il procure cependant un
grand plaisir hédoniste. Il se comporte presque comme un blanc
de blancs.

• GRAND SIÈCLE (1970/69/66)   85, MARS 2000] 85
(45 % PN, 55 % CH)
Un champagne imposant, avec une note typique des années 1970,
à savoir une note exagérément oxydée, avec un fruit un peu
grossier. Les arômes évoquent le jus de truffe, les champignons
en sauce blanche, la réglisse et la terre. Je me sens un peu ingrat
de qualifier ce vin comme le plus mauvais Grand Siècle que j'ai
dégusté, alors qu'Alain Terrier avait l'amabilité d'ouvrir l'une
des trois dernières bouteilles qui restaient dans la cave.

• GRAND SIÈCLE (1955/53/52)   96, OCTOBRE 2003] 96
(45 % PN, 55 % CH)
La première édition du Grand Siècle ! En prenant pour base
le 1955, il est difficile d'échouer. Le vin est réellement fidèle
au millésime par sa surface lisse qui enrobe l'ensemble. Voici
un vin poétique qui dissimule une rare beauté sous sa douce
onctuosité moqueuse. Que ce vin aille crescendo dans un feu
d'artifice multicolore de saveurs de café et de citron, ce n'est pas
vraiment une surprise.

• 1990 GRAND SIÈCLE   92, MAI 2003] 95
(58 % PN, 42 % CH)
Merveilleusement riche et pur. Construction classique et
élégance unique. Ici on trouve toutes les richesses de la variante
non millésimée, mais sous une forme plus concentrée.

• 1988 GRAND SIÈCLE   94, NOVEMBRE 2003] 95
(48 % PN, 52 % CH)
On dirait que Laurent-Perrier a cédé sous la pression et
abandonné sa conviction de la supériorité des vins non millésimés.
Au phénomène 1985 Grand Siècle s'est tout de suite ajouté
le 1988. Il s'agit d'un champagne grandiose, aristocratique,
qui doit toutefois vieillir quelques années pour être à son sommet.
pinot plus marqué que dans la cuvée. Fantastiquement riche
et grillé vers la fin de 2003.

• 1985 GRAND SIÈCLE   92, JUIN 2003] 94
(58 % PN, 42 % CH)
Sur le marché américain, le Grand Siècle est toujours un
champagne millésimé. En Europe, le 1985 en est le premier
exemple. Le vin ressemble beaucoup à la variante non millésimée,
avec ses notes dominantes, florales et vanillées. Le 1985 est toutefois
doté d'un corps d'un plus grand poids, ce qui promet un bel avenir.

• 1976 LAURENT-PERRIER MILLÉSIMÉ RARE
(100 % CH)   94, AVRIL 2000] 95
Fait uniquement en magnum. À ne pas confondre avec le
champagne plus simple, à dominante pinot, vendu en bouteille
normale et portant le même nom. Splendide lors de la dégustation
du millénaire (voir page 66) à la Villa Pauli. Un peu moins
impressionnant, à quelques occasions ultérieures. D'un grillé
délicieux et discret, d'une élégance fruitée, avec le nez moqueur,
Grand Siècle, de draps fraîchement lavés, séchés au soleil.

• 1976 LAURENT-PERRIER MILLÉSIMÉ RARE
(75 % PN, 25 % CH)   92, JANVIER 1999] 92
Attendant toujours très longtemps avant d'être dégorgés,
les vins Rare gagnent en complexité. Le caractère autolytique
apporte vraiment un plus dans ce 1976. Les arômes de pain,
de levures, polissent avantageusement les notes d'amande.

• 1975 LAURENT-PERRIER MILLÉSIMÉ RARE
(75 % PN, 25 % CH)   86, DÉCEMBRE 1992] 89
Comme dans tant d'autres 1975, nez plus développé que la
bouche. Le bouquet voluptueux est dominé par le chocolat au lait.
La belle attaque en bouche est de très haute classe, mais le vin
a encore besoin de quelques années pour développer
sa persistance en bouche de 1992.

• 1973 LAURENT-PERRIER MILLÉSIMÉ RARE
(75 % PN, 25 % CH)   89, MARS 2000] 89
Nez proche de celui du 1975, avec le chocolat au lait dans le rôle
principal. Bouche plus moelleuse, plus homogène. La fumée et la
cave creusée dans le sol donnent du caractère à l'ensemble doux et
sucré.

• 1969 LAURENT-PERRIER MILLÉSIMÉ RARE
(75 % PN, 25 % CH)   85, AOÛT 1993] >
Malheureusement déjà en plein déclin ! Vers la fin des années
1980, j'ai attribué une très bonne note à ce vin. Depuis quelques
années, la madérisation fait son chemin.

• 1966 LAURENT-PERRIER MILLÉSIMÉ RARE
(75 % PN, 25 % CH)

• 1959 GRAND SIÈCLE
(50 % PN, 50 % CH)

• 1959 LAURENT-PERRIER MILLÉSIMÉ RARE
(75 % PN, 25 % CH)

• 1990 GRAND SIÈCLE ALEXANDRA ROSÉ
(80 % PN, 20 % CH)   85, MAI 2001] 89
J'espère que le marché suédois est le seul à connaître autant
de problèmes de bouchons. Avec l'importateur, Vinunic, j'ai
ouvert une douzaine de bouteilles, dont près d'une sur deux
était défectueuse. Quand il n'y a pas de problème de ce genre,
on trouve ici un spectre bien accordé d'arômes purs, relevé
d'une légère note de cassis. Pour l'instant, je préfère de loin
les variantes blanches du Grand Siècle.

• 1988 GRAND SIÈCLE ALEXANDRA ROSÉ
(80 % PN, 20 % CH)   85, AVRIL 2001] 86
Un vin de prestige beaucoup trop maigre, à un prix trop élevé.
Bon fruit, pourtant un peu mou. Le vin est plutôt dominé par
des arômes de mer, tels que varech, vent marin, coquille d'huître
et pinot noir, évoquant le poisson. Bonne note minérale sèche.

• 1985 GRAND SIÈCLE ALEXANDRA ROSÉ
(80 % PN, 20 % CH)   90, OCTOBRE 1997] 92
Un merveilleux champagne rosé, d'un fruité proche de l'orange,
grillé, qui sera à sa place aux meilleures tables. La robe est claire,
appétissante, la bouche délicieusement sophistiquée. Ce champagne
élégant ressemble beaucoup à son homologue blanc.

• 1982 GRAND SIÈCLE ALEXANDRA ROSÉ
(80 % PN, 20 % CH)   88, MAI 2003] 89
Un rosé très élégant et délicat, qui manque cependant, au fond,
de concentration et de corps. Ce vin donne l'impression d'être
tellement introverti qu'on se demande si vraiment un jour ses
fleurs vont s'épanouir.

• LAURENT-PERRIER SILVER JUBILÉE 1977
(75 % PN, 25 % CH)   86, NOVEMBRE 2001] 86
Comme beaucoup d'autres grandes maisons, Laurent-Perrier a
lancé une cuvée spéciale reine Elizabeth en 1977. Le vin provient
bien entendu de millésimes antérieurs, des années 1970. Robe et
mousse satisfaisantes. Nez particulier de fruits très mûrs et de
noyaux de cerise, comme chez certains vins rouges italiens.
Bouche mûre, un peu pâteuse, bien que saturée de pommes
mûres et d'amandes.

• 1990 GRAND SIÈCLE LUMIÈRE DU MILLÉNAIRE
(58 % PN, 42 % CH)   92, MAI 2001] 95
Vin identique au 1990 Grand Siècle, dans un emballage luxueux
en raison du nouveau millénaire. Prix salé, bien sûr.

• 1975 LAURENT-PERRIER WEDDING CUVÉE BLANC DE BLANCS
(100 % CH)   94, MAI 1997] 94
Comme Veuve Clicquot, Laurent-Perrier a fait une cuvée spéciale
pour le mariage du prince Charles et de lady Diana en 1981. Le
nez de draps propres et de style lisse, grande maison, est net, bien
qu'un peu timide. La bouche est un feu d'artifice de fruits, avec
une bonne persistance. Merveilleusement bon !

LAURENTI PÈRE & FILS R-M
Rue de la Contrescarpe
10340 Les Riceys
03 25 29 32 32
Production : 100 000
Cette maison familiale est aujourd'hui dirigée par Dominique et
Bruno Laurenti. Les 14 hectares dont elle dispose sont cultivés à 90 %
de pinot noir et à 10 % de chardonnay. Autre vin : Grande Cuvée.

• LAURENTI ROSÉ   60
(100 % PN)

LE BRUN DE NEUVILLE C-M
route de Chantemerle
51260 Bethon
03 26 80 48 43
Production : 400 000
La coopérative La Crayère, fondée en 1963, a pris son nom actuel
en 1973. Toutefois, la plupart des champagnes de la maison sont
presque totalement dominés par le chardonnay.

• LE BRUN DE NEUVILLE SÉLECTION   65
(30 % PN, 70 % CH)

• LE BRUN DE NEUVILLE BLANC DE BLANCS   52
(100 % CH)

• LE BRUN DE NEUVILLE ROSÉ   52
(20 % PN, 80 % CH)

• 1995 LE BRUN DE NEUVILLE   85, NOVEMBRE 2003] 85
(100 % CH)
Vu la faible note obtenue par le 1988, ce vin fut une véritable
surprise ! Ici nous nous trouvons face à une beauté épanouie,
pleine de richesse beurrée et de charmes, évoquant le bourgogne.
Il est rare de trouver un champagne aussi huileux et gras, qui n'ait
pas perdu son équilibre. Même volupté dans le nez et dans la
bouche !

• 1988 LE BRUN DE NEUVILLE   48, MAI 1996 (48)
(8 % PN, 92 % CH)

• CUVÉE DU ROI CLOVIS   83
(50 % PN, 50 % CH)
Comme il se doit, le champagne prestige de la maison est de loin
son meilleur vin. Un assemblage avec un fruit chardonnay
merveilleusement mûr, de la rondeur. Vin à ne pas garder.

• LE BRUN DE NEUVILLE LADY DE N   81
(100 % CH)
Un champagne agréable qui n'atteint pas tout à fait la classe
du vin millésimé ordinaire, malgré son étiquette. Concentré,
à point, avec un nez un peu réservé. Bonne structure,
mais spectre aromatique neutre.

LEBIS, A. R-M
11, rue Jean-Baptiste-Morizet
51190 Le Mesnil-sur-Oger

• A. LEBIS BLANC DE BLANCS   50
(100 % CH)

LECLAIRE-GASPARD R-M
51190 Avize
03 26 52 88 65
Production : 20 000
Le viticulteur dispose de 3 hectares à Avize et à Cramant et autant
dans la vallée de la Marne. Ses cuvées propres ne comprennent que
du chardonnay ; les raisins noirs sont vendus aux grandes maisons
de champagne. L'âge moyen des pieds atteint 30 ans. Vinification
moderne.

• LECLAIRE-GASPARD GRANDE RÉSERVE   70
(100 % CH)

LECLAIRE, ERNEST ALFRED R-M
24, rue Pasteur
51190 Avize
03 26 52 88 65
Production : 30 000
Le vin que j'ai dégusté a été élaboré spécialement pour le nouveau
Millénaire. Ce viticulteur fait uniquement des champagnes

millésimés de chardonnay. Ernest Alfred Leclaire fonda
la propriété en 1878. Aujourd'hui elle est dirigée par Reynald
Leclaire-Thiefaine. Le domaine comprend actuellement 6 hectares.

• ERNEST ALFRED LECLAIRE MIS EN CAVE 1974
(100 % CH)   46, JUIN 2001 (46)

LECLERC-BRIANT **** N-M
67, rue Chaude-Ruelle
51204 Épernay
03 26 54 45 33
Production : 250 000

Lucien Leclerc a fait ses premières bouteilles de champagne en
1872, et depuis 1978, c'est son petit-fils, Pascal Leclerc-Briant,
qui est à la barre de cette propriété de 30 hectares. La maison
possède des vignobles dans six villages, dont Cumières fournit la
plus grande partie des raisins. C'est justement à Cumières que
Leclerc-Briant produit ses trois fantastiques vins de clos, réunis
dans une série appelée Les Authentiques. Un excellent exemple
de l'importance du terroir. Que le prix soit risiblement bas
n'enlève rien à la chose. Les trois vins - Les Crayères, Chèvres
Pierreuses et Clos des Champions - font partie des meilleurs vins
non millésimés que peut nous offrir la Champagne. Pascal Leclerc,
l'un des vinificateurs les plus innovants de la région, cultive selon
les méthodes biodynamiques et, quand il s'agit de faire connaître
aux visiteurs les spécificités de la Champagne, il est infatigable.
En résumé : Leclerc-Briant est une maison pionnière qui fait des
vins extrêmement intéressants dans un style complexe et expressif.

• LECLERC-BRIANT BRUT RESÉRVE   74
(70 % PN, 30 % CH)

• LECLERC-BRIANT CHÈVRES PIERREUSES   86
(55 % PN, 5 % PM, 40 % CH)
Les petits 5 % de pinot meunier proviennent des pieds les plus
vieux que j'ai vus en Champagne – ils ont environ 100 ans !
Ce champagne est mon favori des trois vins de clos. Le nez est
un chef-d'œuvre, où le fromage de chèvre, le minéral et les roses
jaunes se disputent la suprématie. Dans la bouche, il fait preuve
d'un équilibre parfait, avec son acidité appétissante, ses notes de
citron et de citron vert, sa persistance miellée.

• LECLERC-BRIANT CLOS DES CHAMPIONS   85
(70 % PN, 30 % CH)
Ce vin fait partie des trois vins de clos de la fantastique série
Les Authentiques. Les vins sont vendus ensemble, pour un prix
ridiculement bas. Tous les trois sont récoltés de vieux pieds, d'un
âge moyen d'environ 30 ans. Clos des Champions est un vignoble
entouré de murs, jouissant d'un microclimat extrêmement chaud.
Ce vin est le plus riche des trois. Le nez est sensuel, saturé de
fleurs blanches et de fruits exotiques. Bonne attaque, avec notes
d'agrumes. Bouche grasse, persistante, de pinot mûr.

• LECLERC-BRIANT EXTRA BRUT   69
(70 % PN, 30 % PM)

• LECLERC-BRIANT LES CRAYÈRES   83
(90 % PN, 10 % PM)
On voit ici l'importance du terroir. Cet emplacement tient
son nom de la terre crayeuse, riche en minéral. En fait, ce vin
présente presque les mêmes arômes qu'un blanc de blancs de
la côte des Blancs, bien qu'il s'agisse d'un blanc de noirs !
C'est le vin le plus clair des trois, le nez est frais, tonique et floral
avec une grande portion d'arôme de citron vert. La bouche
reprend le même thème discret. Lors de l'aération et du
réchauffement, le caractère des raisins noirs apparaît plus
nettement. L'apéritif de la trilogie.

• LECLERC-BRIANT BLANC DE BLANCS   79
(100 % CH)

• LECLERC-BRIANT BLANC DE NOIRS   69
(70 % PN, 30 % PM)

• LECLERC-BRIANT DEMI-SEC   55
(70 % PN, 30 % PM)

• 1978 LECLERC-BRIANT BRUT ZÉRO   92, AVRIL 2003] 92
(75 % PN, 25 % CH)
Nez et bouche fantastiques de thé, de bergamote, de menthe, de
cresson, de goudron, de fumée, de sauna, de souci et de viande
fumée. Le tabac constitue la base de la finale, extrêmement sèche.
Un vin fascinant et costaud.

• 1973 LECLERC-BRIANT   84, FÉVRIER 2003] 84
(75 % PN, 25 % CH)
Une bouteille que m'a offerte Pascal Leclerc, donc parfaitement
gardée. Pourtant le vin était en plein déclin, presque totalement
dépourvu de mousse, avec un nez terne, trempé de sherry.
La bouche a laissé une impression bien plus positive, avec
des notes de cigare, de fer et de fraises un peu trop mûres ;
plénitude impressionnante.

• 1995 LECLERC-BRIANT RUBIS DE NOIRS ROSÉ   83, JANVIER 2001] 88
(100 % PN)
Très jeune, foncé, dense. Pas encore équilibré, puisque les tannins
ont besoin d'être arrondis. À garder !

• 1990 LECLERC-BRIANT RUBIS DE NOIRS ROSÉ   83, MAI 1999] 89
(100 % PN)
Pascal Leclerc a été averti que c'était la dernière fois qu'il pourrait
vendre un champagne rosé aussi rouge et riche en tannins.
Puissance énorme et structure proche de celle du vin rouge.
Champagne de repas, fantastique, excitant, qui gagnerait
probablement à être caché au fond du coin le plus sombre de
la cave. Aussi similaire au vin rouge pétillant que possible.

• 1989 LECLERC-BRIANT RUBIS DE NOIRS ROSÉ   82, JUILLET 2001] 83
(100 % PN)
Juteux, dense, sophistiqué et agréable, pourtant sans grand
potentiel. Finale beurrée.

• 1996 LECLERC-BRIANT DIVINE   85, AVRIL 2003] 89
(50 % PN, 50 % CH)
Grand et musclé comme un cheval de race, débordant d'énergie et
d'autorité naturelle. Nez puissant avec nuances animales sous la
note sucrée de fraises mûres. Un vin corpulent, rond et costaud,
qui demande à accompagner un repas substantiel.

• 1995 LECLERC-BRIANT DIVINE   84, NOVEMBRE 2003] 86
(50 % PN, 50 % CH)
Un peu plus de pomme et de rondeur que d'habitude, mais sans
poids supplémentaire. Bon et inoffensif, avec une faible note de
miel et de fruit doux, qui fait penser à des pommes rouges
sucrées et à des prunes tout aussi sucrées.

• 1990 LECLERC-BRIANT CUVÉE DU SOLSTICE
(50 % PN, 50 % CH)   87, AOÛT 2001] 93
Un 1990 miellé et puissant, nettement marqué par le pinot noir.
On trouve ici une grande profondeur et de nombreux extraits qui
donneront probablement des notes de fumée de poudre et de
viande. En réalité le même vin que le Divine, mais vendu avec
une montre du Millénaire et, par conséquent, affreusement cher,
comparé au 1989.

• 1990 LECLERC-BRIANT DIVINE   88, NOVEMBRE 2001] 93
(50 % PN, 50 % CH)
Vin identique au Cuvée du Solstice, à un prix bien
plus avantageux.

• 1989 LECLERC-BRIANT DIVINE   88, JANVIER 2000] 93
(50 % PN, 50 % CH)
Un 1989 délicieusement savoureux et superfrais, avec un beau
spectre d'agrumes entremêlé à l'arôme de framboise du pinot noir
de premier ordre. Frais et doux, avec une persistance considérable.
Arômes nets de fruits de la passion.

• 1988 LECLERC-BRIANT CUVÉE CLOVIS   87, JANVIER 2001] 93
(75 % PN, 25 % CH)
Vin très dense, fortement caractérisé par un chardonnay
de premier ordre. Bouche concentrée, jeune, avec des notes
de groseilles blanches, de poire et de caramel au beurre.
Persistance surprenante. Pas encore de notes grillées.

• 1988 LECLERC-BRIANT DIVINE   87, MAI 2001] 89
(50 % PN, 50 % CH)
Sans doute pas aussi divin que le laisse entendre son nom, très
riche cependant et agréable avec une merveilleuse structure de
pinot et un nez ample, fruité, où sont présents prunes et caramel.
La robe profonde semble indiquer une part plus importante de
pinot qu'il n'y en a réellement.

• 1985 LECLERC-BRIANT CUVÉE LIBERTÉ
(75 % PN, 25 % CH)   87, MAI 1999] 93
Une merveilleuse série de millésimes de champagne à base de
raisins de Cumières, fait uniquement en magnum à l'occasion
de divers anniversaires. Bien sûr, le 1985 est encore jeune,
pourtant très prometteur. Le nez évoque la viande à l'aneth et
ressemble à certains bourgognes blancs de Ramonet de la même
année. La bouche, jeune, est concentrée et prête à évoluer.

• 1982 LECLERC-BRIANT CUVÉE LIBERTÉ
(75 % PN, 25 % CH)   94, JUIN 1999] 94
Un jour j'ai dégusté un magnum non développé, mais
prometteur. Jugez de mon étonnamment, lorsque la semaine
suivante, je bois le même magnum qui, cette fois-ci, était
l'essence pure de l'arôme de café. C'est, ou ce sera, un champagne
fantastiquement grillé et riche. Si vous avez la chance de vous
en procurer une bouteille, je vous recommande de patienter
quelques années avant de la boire.

• 1981 LECLERC-BRIANT CUVÉE LIBERTÉ
(75 % PN, 25 % CH)   90, JUIN 1999] 93
Plus classique que le 1980, plus léger que le 1982. Fort caractère
de pinot noir de premier ordre, complexité fumée.

• 1980 LECLERC-BRIANT CUVÉE LIBERTÉ
(75 % PN, 25 % CH)   90, JUIN 1999] 92
Vigoureux, mousseux, avec des arômes de bonbons aux fruits
et un style personnel, exotique, rafraîchissant.

LEFÈVRE, JEAN R-M
26, rue du Général-de-Gaulle
51150 Bouzy
03 26 57 06 58
Production : 60 000
• JEAN LEFÈVRE BRUT   60
(80 % PN, 20 % CH)

LEFÈVRE-CHAUFFERT R-M
51400 Sept-Saulx
Dans le temps, une maison de bonne réputation, qui n'existe plus
aujourd'hui.
• 1973 LEFÈVRE-CHAUFFERT   87, AOÛT 1995] 87
Je ne connaissais pas du tout ce producteur, lorsque j'ai été confronté
à ce 1973, bien gardé. Le nez était fermé, avec une touche animale.
La bouche lisse, élégante, avec une note secondaire de vanille.

LEFÈVRE, ÉTIENNE R-M
rue de Verzenay
51380 Verzy
03 26 97 96 99
Production : 30 000
Une visite improvisée m'a fait rencontrer ce vinificateur habile
à Verzy. Il vend des champagnes bien élaborés, mûrs, à des prix
faibles. Si on fait la « route de champagne », il est facile de s'arrêter
pour une dégustation et un brin de conversation édifiante avec la
famille Lefèvre.
• E. LEFÈVRE BRUT   67
(80 % PN, 20 % CH)
• E. LEFÈVRE RÉSERVE   71
(80 % PN, 20 % CH)
• E. LEFÈVRE DEMI-SEC   46
(80 % PN, 20 % CH)
• E. LEFÈVRE ROSÉ   70
(90 % PN, 10 % CH)
• 1985 E. LEFÈVRE   75, JUILLET 1992] 85
(80 % PN, 20 % CH)
Lefèvre ne fait des vins millésimés, à parts égales de Verzy et de
Verzenay, que les très grandes années. Le nez est plutôt simple,
avec des éclaboussures de bonbon dans l'arôme savoureux de
pomme. La bouche est beaucoup plus fascinante, homogène,
avec sa structure huileuse et son arôme de pistache.

LEGRAS & HAAS **** N-M
9, Grande-Rue
51530 Chouilly
03 26 54 92 90
Production : 40 000
François Legras, ancien vinificateur de R & L Legras, est parti
fonder sa propre maison avec sa femme allemande, Brigitte,
dont le nom de jeune fille est Haas. Avec leurs fils, Rémi et Olivier,
ils disposent de 14 hectares à Chouilly. Ils produisent jusqu'à
400 000 bouteilles pour les grandes maisons de champagne.
Même s'ils ne veulent pas être comparés à leur voisin renommé,
portant le même nom, les ressemblances sont frappantes.
Le style est très pur avec un fruit cristallin, acide et élégant.
Une petite maison à ne pas perdre de vue.
• LEGRAS & HAAS TRADITION   67
(30 % PN, 10 % PM, 60 % CH)
• LEGRAS & HAAS BLANC DE BLANCS   79
(100 % CH)
• LEGRAS & HAAS ROSÉ   55
(100 % PN)
• 1996 LEGRAS & HAAS   87, JANVIER 2004] 89
(100 % CH)
Un grand 1996 à la fois juteux et d'un moelleux inattendu, nettement
influencé par les grandes maisons. Notes secondaires légèrement
grillées, style doux avec du pain, note juteuse de caramel et un
fruit riche, proche de l'ananas. De corps moyen ; à point.
• 1995 LEGRAS & HAAS   84, JUIN 2001] 91
(100 % CH)
Même pureté que dans le blanc de blancs non millésimé.
Maintenant avec une note développée d'amande en milieu
de bouche. Merveilleux avec toute son âpreté et son minéral.
• 1996 LEGRAS & HAAS CUVÉE 2000   84, MARS 2000] 94
(30 % PN, 70 % CH)
Vignes de 70 ans, 2000 bouteilles. Vous connaissez le concept ?
pinot d'Ay et chardonnay de Chouilly. Il est très rare de trouver

de si éminents champagnes assemblés chez les petits producteurs. Ici Legras & Haas a réussi à faire un vin fantastique qui fait penser à La Grande Dame, mis sur le marché trop tôt. Mousse d'une finesse fantastique. Nez fermé et fabuleusement délicat, avec des effluves de toutes les fleurs printanières du jardin. Encore une note un peu piquante d'acide malique. Si vous faites partie des quelques heureux qui avez en votre possession ces bouteilles rares, ne les buvez pas avant 2010.

LEGRAS, R. & L. **** N-M
10, rue des Partelaines
51530 Chouilly
03 26 54 50 79
Production : 250 000
Legras, R. & L. devient une maison en 1973. Elle est dirigée de manière irréprochable et possède aujourd'hui 21 hectares des tout meilleurs vignobles de Chouilly. M. Barbier, grand à tous les égards, dirige cette maison modèle en mêlant, de manière réussie, des méthodes de vinification traditionnelles et modernes. Bien que les vins passent par la fermentation malolactique, ils conservent une très forte acidité vitale pendant des décennies. Plusieurs restaurants trois étoiles en France servent le champagne Legras, et la maison doit être considérée comme l'un des tout premiers producteurs de toute la Champagne.

- LEGRAS BLANC DE BLANCS   83
(100 % CH)
L'un des meilleurs champagnes non millésimés ! Le nez est un plaisir olfactif de très haut niveau. L'astringence et la pureté sont frappantes, comme les arômes croustillants d'une pomme Granny Smith. La bouche est fraîche et limpide, comme une petite rivière de montagne, à dominante d'agrumes et de minéral. La longue persistance en bouche ferait pâlir plus d'un champagne millésimé.

- 1995 LEGRAS PRÉSIDENCE   86, SEPTEMBRE 2003] 90
(100 % CH)
Nez floral et élégant. Beau caractère minéral, impression crémeuse en bouche, pureté resplendissante. À boire respectueusement !

- 1992 LEGRAS PRÉSIDENCE   84, SEPTEMBRE 202] 87
(100 % CH)
Corpulence et rusticité inattendues. Saturé de fruits mûrs. Bien entendu, soutenu par une acidité vigoureuse.

- 1990 LEGRAS PRÉSIDENCE   91, JUIN 2003] 93
(100 % CH)
Intéressant, viandé, proche du ragoût de bœuf, avec des notes d'iode. Bouche d'une fraîcheur mordante, proche du bourgogne, avec une concentration impressionnante et une splendide acidité.

- 1989 LEGRAS PRÉSIDENCE   90, MARS 2000] 92
(100 % CH)
Ici on retrouve le style de la maison dans toute sa splendeur. Retenu et élégant, comme peu de vins savent l'être ; en outre, soutenu par la richesse mûrie au soleil du millésime.

- 1985 LEGRAS PRÉSIDENCE   86, AVRIL 1992] 93
(100 % CH)
Beaucoup plus léger que le 1989, mais encore plus nuancé. Robe très pâle, avec des scintillements d'un vert brillant. Nez faiblement beurré, avec des couches d'arôme floral. Bouche féminine, délicate, harmonieuse, avec une faible touche de noisette qui s'accentuera avec l'âge.

- 1979 LEGRAS PRÉSIDENCE   92, AOÛT 1996] 92
(100 % CH)
Nez merveilleusement grillé. Crémeux, d'une fraîcheur équilibrée, comme tout bon chardonnay.

- 1990 CUVÉE ST VINCENT   86, JUILLET 2001] 90
(100 % CH)
Nez merveilleusement jeune, vigoureux, d'agrumes ; frais et délicieux avec un important potentiel. Semble toutefois un peu mince et court pour devenir un très grand vin.

- 1988 CUVÉE ST VINCENT   92, NOVEMBRE 2003] 94
(100 % CH)
Incroyablement élégant, sophistiqué, avec une onctuosité superbe et une douce acidité. Féminin et gracieux. Peut être gardé encore longtemps.

- 1983 CUVÉE ST VINCENT   92, JANVIER 2003] 92
(100 % CH)
Certaines années, les raisins provenant des plus vieux pieds sont séparés en vue de l'élaboration du champagne de prestige. Le 1983 a une robe mûre, verte, un nez ample, complexe et une bouche mielleuse, de bonne persistance.

- 1975 CUVÉE ST VINCENT   92, JUILLET 1997] 92
(100 % CH)
À beaucoup d'égards, ce vin fait penser au Salon. Élégamment sec, avec une note sous-jacente de noix.

- 1969 CUVÉE ST VINCENT   95, JUIN 1998] 95
(100 % CH)
Les champagnes d'un certain âge, normalement dégorgés et vieillis chez le producteur ont toujours quelque chose de particulier. Au cours d'une visite à la maison, à Pâques 1992, M. Barbier a sorti directement de la cave ce joyau, fermenté en fût de chêne. La robe était d'un doré intense, la mousse peu abondante, mais constante. Le nez était merveilleux, avec son arôme de noix, proche du Salon. On y trouve également une touche exotique à la limite du pétrole et d'un parfum sensuel. Une autre couche olfactive paraissait fumée, boisée et goudronnée. Fraîcheur et persistance très impressionnantes.

- 1959 CUVÉE ST VINCENT   96, JUIN 1998] 96
(100 % CH)
Exalté parce que j'avais réussi à situer le 1969, M. Barbier a envoyé un coursier chercher quelque chose d'encore plus vieux. Le 1959 est un millésime légendaire, fortement marqué par l'été chaud. L'élégance et la fraîcheur n'étaient pas aussi sensibles que dans le 1969, mais la puissance et le corps étaient grandioses. Un chardonnay de premier ordre ne peut jamais devenir vraiment grossier. L'exemplaire de Legras faisait preuve d'un spectre aromatique d'une importance unique, où se décelaient nettement des notes de chocolat, de noisette, de vanille, de café, de chèvrefeuille.

LEMAIRE, R.C. R-M
57, rue Glacière
51700 Villers-sous-Châtillon
03 26 58 30 18
Production : 66 000
Une propriété familiale fondée en 1945 par Roger Constant Lemaire, dirigée aujourd'hui par son beau-fils, Gilles. Le domaine comprend 10 hectares à Cumières, à Reuil, à Binson-Orquigny, à Leuvrigny et à Hautvillers.

- LEMAIRE ROSÉ   45
(50 % PN, 50 % PM)
Je me sens presque heureux en attribuant, pour une fois, une note inférieure à 50. Cela prouve que je ne suis pas encore complètement abêti par toutes ces appréciations américaines attribuant à des vins médiocres des notes situées autour de 90. Ce vin est en fait sinistre, il aurait certainement du mal à se faire valoir face à de nombreux

Diebolt-Vallois
1953

Laurent-Perrier Grand Siècle
1990

Laurent-Perrier Rosé brut
1959

Guy Charlemangne Mesnillésime
1990

Louis Roederer Brut
1928

Louis Roederer Brut
1949

Louis Roederer Cristal
1964

Louis Roederer Cristal rosé
1988

Pol Roger Blancs de Chardonnay
1959

P. R.
1988

Pol Roger Brut
1914

Pol Roger Grauves
1928

Krug Clos du Mesnil
1979

Krug
1982

Krug
1928

Krug
1966

Heidsieck Diamant bleu
1964

Charles Heidsieck
1949

Charles Heidsieck royal
1966

Charles Heidsieck Charlie
1979

Philipponnat Clos des Goisses
1955

Jacques Selosse Grand Cru
1986

Veuve Clicquot Grande Dame
1988

Taittinger Comtes de Champagne
1976

vins pétillants produits hors de la Champagne. Toute la structure manque de finesse, et on y trouve une nette amertume, bien que le fruit soit assez présent.

LENIQUE, MICHEL R-M

20, rue du Général-de-Gaulle
51200 Pierry
03 26 54 03 65
Production : 70 000

Michel Lenique est un viticulteur orienté vers le commerce, très actif à l'approche du nouveau millénaire. Il est devenu très populaire en vendant des pieds à des particuliers, qui disposent par la suite du champagne provenant de leurs propres pieds. Il s'agit en quelque sorte d'une tentative pour pousser un peu plus loin le concept de « primeur ». La maison est entre les mains de la famille depuis sa fondation en 1768. 5,4 hectares de vignobles sont plantés de chardonnay, 3 hectares de pinot meunier et un demi-hectare seulement de pinot noir.

- MICHEL LENIQUE SÉLECTION   70
  (5 % PN, 45 % PM, 50 % CH)
- MICHEL LENIQUE BLANC DE BLANCS   72
  (100 % CH)

LENOBLE, A.R. *** N-M

35, rue Paul-Douce
51480 Damery
03 26 58 42 60
Production : 300 000

Fondée en 1920 par Armand-Raphaël Graser, Lenoble fut détruite pendant la Première Guerre mondiale, et Léon de Tassigny chez Jacquesson a trouvé des locaux à Damery pour son ami, A.R. Lenoble. Aujourd'hui la maison est dirigée par Jean-Marie Malassagne, qui dispose de 18 hectares à Chouilly et à Bisseuil. 50 % des raisins sont achetés. La part des fûts en chêne augmente constamment.

- LENOBLE RÉSERVE   45
  (33 % PN, 33 % PM, 34 % CH)
- LENOBLE BLANC DE BLANCS   60
  (100 % CH)
- LENOBLE ROSÉ   54
  (15 % PN, 85 % CH)
- 1995 LENOBLE   80, FÉVRIER 2002] 85
  (60 % PN, 40 % CH)
  Jeune, prometteur, avec une acidité croustillante et un caractère net de chardonnay élégant. Les notes grillées de pain attendront encore quelque temps. Belle pureté et bon équilibre.
- 1992 LENOBLE   85, FÉVRIER 2002] 85
  (60 % PN, 40 % CH)
  Quel vin délicieux ! Joliment grillé, beaucoup de pain, rond, avec une bouche concentrée et un fruit riche. Lisse ; se boit très facilement.
- 1990 LENOBLE   75, septembre 1998] 82
  (60 % PN, 40 % CH)
  Saturé de fruit rustique qui maintiendra ce champagne vivant encore pendant quelques décennies. Encore un peu brusque, un peu anguleux.
- 1988 LENOBLE   67, août 1995] 80
  (60 % PN, 40 % CH)
  Quand un champagne pétille de vie et de force, comme ce 1988, on est en droit de s'attendre à des arômes jeunes, floraux. Or la bouche réservée, acidulée est ici accompagnée d'un accent de sueur, un peu renfermé.

- 1979 LENOBLE   90, OCTOBRE 2002] 90
  (60 % PN, 40 % CH)
  J'ai réussi à mettre la main sur le dernier magnum de ce vin sensationnel au restaurant « Le chardonnay » à Reims. Je suppose que le vin n'est pas aussi impressionnant dans une bouteille ordinaire. En magnum, la robe est très claire. Le nez fait beaucoup penser au 1964 Moët & Chandon en magnum, avec ses notes charmeuses de nougat, de café et de kiwi. Bouche fraîche, avec un fruit légèrement exotique, de la peau de pêche et des notes crayeuses, peu développées. La finale est réservée et un peu amère, avec une note distincte de pamplemousse rose.
- 1995 LENOBLE BLANC DE BLANCS   84, OCTOBRE 2003] 88
  (100 % CH)
  Très bon champagne avec un nez animal distinct et une forte note marine, alliés à des touches brûlées, grillées. Bouche pierreuse, crayeuse, avec suffisamment de douceur fruitée pour ne pas devenir désobligeante, ascétique. Un vin personnel pour connaisseurs, de très haute classe.
- 1992 LENOBLE BLANC DE NOIRS   80, SEPTEMBRE 2002] 83
  (100 % PN)
  Pur pinot noir de Bisseuil. Un vin harmonieux avec un fruit joliment concentré, proche de la prune. Après aération, ce champagne prend des accents marins, influencé par la réglisse. La structure est irréprochable et l'avenir se présente bien. Fruit déjà d'une belle maturité.
- 1998 LENOBLE BLANC DE NOIRS   79, FÉVRIER 2004] 83
  (100 % PN)
  Assez réservé, plein de minéral. On y trouve à la fois un peu du caractère floral du millésime et des notes de prune, de pelure de pomme. La couleur est profonde, proche de la terre cuite ; belle mousse. Un peu moins concentré qu'on aurait pu s'y attendre, vu qu'il s'agit d'un pur pinot de Bisseuil.
- 1990 GENTILHOMME   87, FÉVRIER 2003] 88
  (100 % CH)
  Aucune typicité ! On y trouve des notes de noisette difficiles à décrire, évoquant le Krug Grande Cuvée. Il est bien sûr crémeux, délicieux, mais je ne peux m'empêcher d'être fasciné, étonné par son caractère personnel.
- 1988 GENTILHOMME   86, AOÛT 1997] 90
  (100 % CH)
  Un beau blanc de blancs de la côte des Blancs. Absolument pur, très élégant, avec des arômes de citron vert et de caramel au beurre.

LEPITRE, ABEL N-M

13, rue du Pont
51160 Mareuil-sur-Ay
03 26 56 93 11
Production : 500 000

Maison fondée à Ludes en 1924. Abel Lepitre était un jeune homme relativement pauvre, qui a fini par réussir grâce à son savoir-faire et à son opiniâtreté. Dès 1939, il vendait 100 000 bouteilles. Hitler a mis fin à la carrière du jeune homme, et Abel Lepitre a connu une mort tragique dans un camp de concentration nazi. Heureusement, le fils d'Abel était, lui aussi, ambitieux. Il a réussi à agrandir la maison lors de l'achat, en 1955, d'une magnifique maison avec une cave taillée dans la craie à Reims. En 1960, en fusionnant avec deux maisons équivalentes, Abel Lepitre a cessé d'exister en tant que maison indépendante. Abel Lepitre est aujourd'hui étroitement liée à Philipponnat, dirigée par Charles Philipponnat. La maison est difficile à cerner, leurs cuvées changeant souvent de nom. Elle n'a pas de vignoble à elle, et peu de contrats suivis avec les viticulteurs. D'où la qualité inégale d'une année sur l'autre. Mais avec Paul Couvreur, puis Guy de Saint Victor et Charles Philipponnat à la barre, la maison a trouvé son style à elle. Aujourd'hui elle est en fait la seconde marque de Philipponnat.

- ABEL LEPITRE BRUT   68
(60 % PN, 15 % PM, 25 % CH)
- ABEL LEPITRE CUVÉE 134 SPÉCIAL   75
(100 % CH)
- ABEL LEPITRE ROSÉ   66
(60 % PN, 15 % PM, 25 % CH)
- 1997 ABEL LEPITRE   78, DÉCEMBRE 2001] 83
(60 % PN, 40 % CH)
Nez doux d'acide lactique qui fait penser au yaourt. Bouche à la fois ronde, lisse et d'une fraîcheur équilibrée. J'y ai trouvé des notes de pomme jaune, de laine mouillée et de brioche à la vanille.
- 1990 ABEL LEPITRE RÉSERVE C.   81, JUILLET 1995] 90
(100 % CH)
Un champagne jeune, pétillant, saturé d'arômes d'aubépine et de groseille à maquereau, avec une finale cristalline, vigoureuse de pamplemousse.
- 1988 ABEL LEPITRE   70, JUILLET 1995] 83
(60 % PN, 40 % CH)
Ressemble beaucoup au champagne non millésimé avec un nez un peu âcre, floral, soutenu par la fumée de poudre et la coquille d'huître. Bouche jeune, réservée, de corps moyen.
- 1985 ABEL LEPITRE CUVÉE RÉSERVÉE   78, JUILLET 1995] 82
(35 % PN, 65 % CH)
1985 étonnamment peu développé, avec un nez oxydé de réglisse sucrée. La bouche crémeuse est bonne, bien qu'un peu artificielle.
- 1959 ABEL LEPITRE
(35 % PN, 65 % CH)
- 1955 ABEL LEPITRE
(35 % PN, 65 % CH)
- 1953 ABEL LEPITRE
(35 % PN, 65 % CH)
- 1983 ABEL LEPITRE BLANC DE BLANCS   80, JUILLET 1990] 88
(100 % CH)
Nez très parfumé, d'aubépine. Très vigoureux et frais. Un joker à garder en cave!
- 1979 ABEL LEPITRE BLANC DE BLANCS   88, JUIN 2003] 88
(100 % CH)
Encore un poids-plume avec de belles notes florales et une éclaboussure de peau de citron. Court, saturé de minéral, métallique; pourtant fraîcheur et vitalité impressionnantes.
- 1973 ABEL LEPITRE BLANC DE BLANCS   88, DÉCEMBRE 2001] 88
(100 % CH)
On ne peut parler ici de prouesse d'équilibre de haut niveau. Pourtant la bouche est riche en chardonnay beurré, gras. Dès l'approche de la coupe, on flaire un effluve merveilleux de viennoiseries fraîches.
- 1964 ABEL LEPITRE BLANC DE BLANCS   87, JANVIER 2002] 87
(100 % CH)
Chardonnay merveilleusement chaleureux, richement beurré, dans le nez comme dans la bouche. Une mousse à peine visible, ainsi que d'autres signes de fatigue se font remarquer dans la finale tristounette. Par ailleurs, toujours un champagne merveilleusement agréable.

- 1988 ABEL LEPITRE ROSÉ   81, JUILLET 1995] 89
(70 % PN, 30 % CH)
Une véritable surprise avec une structure merveilleusement dense et un nez sensuel de pêche et de vanille. Équilibré et nuancé.
- 1970 PRINCE A. DE BOURBON PARME
(35 % PN, 65 % CH)
- 1953 PRINCE A. DE BOURBON PARME
(35 % PN, 65 % CH)

LEPITRE, MAURICE R-M
26, rue de Reims
51500 Rilly-la-Montagne
03 26 03 40 27
Production: 40 000
Maurice Lepitre fonda la maison en 1905. Elle possède aujourd'hui 7 hectares à Rilly-la-Montagne. M. et Mme Millex sont très fiers de leurs caves taillées dans la craie. Autres vins: Cuvée Rilly, Millésime.
- Maurice Lepitre Brut   60
(33 % PN, 33 % PM, 34 % CH)
- Cuvée Héritage   81
(100 % CH)
Caractère de raisin pur, beau, bien qu'un peu plus grossier que celui des cousins de la Côte des Blancs. Ensemble tropical, harmonieux.
- Maurice Lepitre Rosé   57
(33 % PN, 33 % PM, 34 % CH)

LEPREUX-PENET R-M
18, rue de Villers
51380 Verzy
03 26 97 95 52
Production: 50 000
Le viticulteur dispose de 7 hectares à Verzy et à Verzenay, plantés de pieds de 25 ans d'âge, aussi bien du chardonnay que du pinot noir. Les vins subissent la fermentation malolactique.
- JEAN-BAPTISTE LEPREUX   68
(80 % PN, 20 % CH)
- JEAN-BAPTISTE LEPREUX   55
(80 % PN, 20 % CH)

LEROUX, FRED R-M
4, rue du Moulin
51500 Chigny-les-Roses
03 26 03 42 35
Production: 25 000
La maison est étroitement liée à Ed Brun à Ay. Le vin millésimé est toujours vinifié en fûts de chêne.
- FRED LEROUX CARTE D'ARGENT   64
(60 % PM, 40 % CH)
- FRED LEROUX CARTE D'OR   67
(20 % PN, 40 % PM, 40 % CH)
- FRED LEROUX ROSÉ   61
(25 % PN, 40 % PM, 35 % CH)
- 1992 FRED LEROUX   79, OCTOBRE 1997] 84
(50 % PN, 50 % CH)
Un bon vin de ce millésime faible. Bonne bouche de chêne et structure satisfaisante.
- 1988 FRED LEROUX   82, OCTOBRE 1997] 86
(50 % PN, 50 % CH)
Notes de chêne, acidité; un vin sec qui peut se garder. On en a pour son argent.

• 1975 FRED LEROUX   89, SEPTEMBRE 2001] 89
(50 % PN, 50 % CH)
J'ai acheté la dernière caisse de ce champagne de bonne mâche.
Un vin que tout le monde apprécie avec son merveilleux arôme
de cacao.

LEROUX, HILAIRE R-M
12, rue Georges-Legros
51500 Chigny-les-Roses
03 26 03 42 01
Production : 60 000
Patrice Leroux fait des vins sans passer par la fermentation
malo-lactique. Par conséquent, ses vins gardent longtemps
leur fraîcheur.
• LEROUX CARTE BLEU   65
(33 % PN, 33 % PM, 34 % CH)
• LEROUX BRUT   82
(70 % PN, 10 % PM, 20 % CH)
Un magnum bien conservé, fantastique, des années 1950, qui
montre, une fois de plus, que le champagne non millésimé peut
très bien se garder dans de grandes bouteilles. Mousse vive, robe
limpide, cuivrée, bouche de corps moyen, de pomme, de prune,
de fer et de cuir. Finale un peu courte et desséchée, qui fait
considérablement baisser la note.
• LEROUX CARTE ROUGE   80
(33 % PN, 33 % PM, 34 % CH)
Je suis très impressionné par la force masculine de ce vin.
Un caractère dense, réservé, de pinot noir sévère. Un champagne
fait pour être gardé.
• LEROUX ROSÉ   81
(60 % PN, 20 % PM, 20 % CH)
Orange clair, nez exotique d'épices et de fleurs. Vendu à l'âge
respectable de dix ans !
• 1989 LEROUX   80, OCTOBRE 1997] 82
(30 % PN, 10 % PM, 60 % CH)
À la fois style très ouvert et imposante acidité jeune qui garantit
une longue vie.
• 1955 LEROUX   88, OCTOBRE 1997] 90
(20 % PN, 50 % PM, 30 % CH)
Robe extrêmement fraîche et claire, premier coup de nez fermé.
S'épanouit dans la coupe avec des arômes de nougat et de goudron.
Le vin serait encore meilleur s'il était normalement dégorgé.

LÉGLAPART, DAVID **** R-M
10, rue de la Mairie
51380 Trépail
03 26 57 07 01
Production : 8 000
David Léglapart est un artiste biodynamique qui travaille selon
le modèle Selosse. Ses vins extrêmement secs et frais sont d'un
mordant et d'un piquant exceptionnels. Les vins restent quinze
mois en fûts de chêne et ne sont jamais filtrés. Le vin de prestige
provient d'un emplacement situé à l'écart, à Trépail, planté par
le grand-père de David en 1946. Ce sera très intéressant de suivre
le cheminement de David vers les sommets.
• 2000 DAVID LÉGLAPART ARTISTE   85, JUIN 2003] 90
(100 % CH)
Splendide vinification, influence de Selosse. Très frais, jeune,
avec une profonde complexité d'un bout à l'autre. On ne sent pas
trop le fût. Que se passera-t-il si on oublie ces vins rares quelques
années dans la cave ?

• 2000 DAVID LÉGLAPART L'APÔTRE   85, JUIN 2003] 91
(100 % CH)
Un vin non dosé, provenant de vieux pieds. Aussi étrange
que cela puisse paraître, il est moins évolué, plus sec, un peu
plus métallique, un peu plus pur que l'Artiste. Or généralement,
les vieux pieds donnent une impression plus douce et ronde.
Gardez et vous verrez.

LILBERT **** R-M
223, rue du Moutier
51530 Cramant
03 26 57 50 16
Production : 30 000
Georges Lilbert est l'homme qui fait les vins les plus costauds de
tout Cramant. Ses vignobles sont situés à Chouilly et à Cramant.
Le rendement est faible et les vins sont vieillis au moins cinq ans
avant d'être vendus. En fait, les vins sont tellement durs et acidulés,
que le seul vin vraiment mûr que j'ai bu de cette propriété est le 1964.
• LILBERT BRUT PERLE   77
(100 % CH)
• LILBERT BLANC DE BLANCS   80
(100 % CH)
Bouquet merveilleusement fin, fruité, dominé par la pomme
et le miel. Bouche astringente, presque dure, susceptible d'évoluer,
où le terroir a laissé des empreintes distinctes.
• 1990 LILBERT   86, FÉVRIER 1997] 93
(100 % CH)
À mon avis, plus doux que les autres champagnes de Lilbert,
d'habitude archi-durs. Le fruit est riche, typique du village,
avec une petite corpulence supplémentaire.
• 1989 LILBERT   87, JUILLET 1997] 88
(100 % CH)
Étonnamment mûr et saturé, bonne et profonde vinosité.
• 1985 LILBERT   87, MAI 1994] 93
(100 % CH)
Nez de Cramant ample, d'une profondeur merveilleuse ;
symphonie de pétrole et de noisettes. La bouche est beaucoup
plus réservée, avec un beau potentiel.
• 1983 LILBERT   86, FÉVRIER 1997] 88
(100 % CH)
Non développé, d'une longévité que connaissent seulement
peu de vins de 1983. Très frais et floral ; seule une faible note
sous-jacente, fumée, témoigne d'un âge considérable.
• 1982 LILBERT   89, MAI 1994] 93
(100 % CH)
Un nez lourd, fumé, masculin, sans flatterie aucune. La langue
reçoit une attaque sensationnelle, où la saveur dure, acidulée de
minéral laisse augurer de bonnes possibilités d'évolution.
• 1964 LILBERT   95, FÉVRIER 1997] 95
(100 % CH)
Ce fut un grand honneur que de partager ce joyau avec
M. Lilbert, dans sa cave. Malgré l'absence totale de dosage,
le vin exhale des arômes très doux et offre des saveurs veloutées,
concentrées, riches, exotiques. On y trouve également des notes
de champignon, de truffe, de goudron, de fumée, comme dans
certains vins de 1961.
• 1990 LILBERT « CUVÉE 2000 »   86, AOÛT 2000] 93
(100 % CH)
Le même vin que le 1990 ordinaire, avec une date ultérieure de
dégorgement. Sommité dense, encore en friche ; fait pour vieillir
longtemps.

LOCRET-LACHAUD R-M
40, rue Saint-Vincent
51160 Hautvillers
03 26 59 40 20
Production : 100 000

La maison vient de démarrer, mais cette famille de viticulteurs travaille en Champagne depuis 1620. Bien avant le voisin Dom Pérignon ! Éric et Philippe Locret font des champagnes fruités et purs, à partir de leurs 13 hectares. Autre vin : Abbatiale.

• LOCRET-LACHAUD BRUT	63
(40 % PN, 20 % PM, 40 % CH)	
• LOCRET-LACHAUD DEMI-SEC	32
(33 % PN, 33 % PM, 34 % CH)	
• LOCRET-LACHAUD ROSÉ	56
(33 % PN, 33 % PM, 34 % CH)	

LORIN, MICHEL R-M
24, Grande-Rue
51190 Le Mesnil-sur-Oger
03 26 57 54 13

Après le décès de Michel, les raisins du viticulteur seront la propriété de la coopérative.

• MICHEL LORIN BLANC DE BLANCS	19
(100 % CH)	

LORIOT, MICHEL N-M
13, rue de Bel-Air
51700 Festigny
03 26 58 33 44
Production : 300 000

Fondée en 1931, après avoir fourni Moët en raisins depuis le début du siècle dernier. Elle dispose aujourd'hui de 14 hectares à Festigny, ainsi que dans trois villages voisins.

• M. LORIOT CARTE BLANCHE	58
(100 % PM)	
• M. LORIOT ROSÉ	54
(100 % PM)	
• 1989 M. LORIOT	76, OCTOBRE 1997] 81
(100 % PM)	

Nez intense de violette et de menthe. Bouche sèche, bien équilibrée, avec finale minérale, sèche.

• 1995 LE LORIOT	80, AVRIL 2002] 85
(100 % PM)	

Je fus extrêmement fier quand j'ai réussi à identifier ce vin lors d'une dégustation à l'aveugle, au cours d'un dîner privé. Enfin je commence à apprendre à connaître ce raisin moqueur, le pinot meunier. Peu de vins le démontrent aussi clairement que celui-ci. Le nez est ample et mûr, comme un Moët sec, avec du pain frais, des gaz d'échappement de diesel et de la crème aux champignons. La bouche est étriquée, sèche, acide et non développée.

• 1990 LE LORIOT	78, AOÛT 1995] 86
(100 % PM)	

Le vin de prestige de la maison est orné de mon oiseau favori : le loriot. Ce champagne est vraiment impressionnant avec son nez de foin et de vanille. La bouche est concentrée, avec une fraîcheur d'agrumes. Pinot meunier exquis.

LOSSY, DE N-M
51100 Reims

Soudainement, je suis tombé sur deux champagnes apparemment bien vieillis de cette maison, fermée depuis longtemps.
• 1928 DE LOSSY
• 1921 DE LOSSY

LOUVET, YVES R-M
21, rue du Poncet
51500 Tauxières
03 26 57 03 27
Production : 35 000

Le producteur possède 6,5 hectares à Bouzy et à Tauxières. Autre vin : Sélection.

• YVES LOUVET BRUT	69
(75 % PN, 25 % CH)	
• YVES LOUVET RÉSERVE	72
(75 % PN, 25 % CH)	
• YVES LOUVET BLANC DE BLANCS	70
(100 % CH)	
• YVES LOUVET ROSÉ	59
(80 % PN, 20 % CH)	
• 1991 YVES LOUVET	73, OCTOBRE 1997] 78
(75 % PN, 25 % CH)	

MAITRE-GEOFFROY R-M
116, rue G.-Poittevin
51480 Cumières
03 26 55 29 87
Production : 80 000

Le viticulteur possède 10 hectares à Cumières et à Hautvillers plantés dans la même proportion de trois variétés de raisins. Des méthodes modernes de vinification sont utilisées pour les quatre cuvées.

• 1964 MAITRE-GEOFFROY	94, DÉCEMBRE 2000] 94
(80 % PN, 20 % CH)	

J'ai eu le plaisir de déguster ce vieux magnum le jour avant Noël. Dans l'entreprise Methusalem, le stress de cette période festive ne nous a pas épargnés. Déguster ce champagne charpenté, grassement concentré de foie gras était comme un baume pour l'âme. Le vin possède des notes mûries au soleil de pinot noir exemplaire. Il libère également des notes sous-jacentes de goudron, de champignon et de groseille rouge, mais c'est principalement la bouche intensivement douce et miellée qui est notable.

MALLOL-GANTOIS R-M
51530 Cramant
Production : 25 000

Un petit viticulteur inconnu dans l'agréable Cramant, qui est malheureusement l'un des représentants du style grossier et un peu trouble de certains viticulteurs.

• MALLOL-GANTOIS BLANC DE BLANCS	51
(100 % CH)	

Un blanc de blancs abrupt et pas très beau, qui doit être bu immédiatement après l'ouverture d'une bouteille bien réfrigérée. Plus le vin reste dans le verre, plus les arômes s'appauvrissent. À la base, un peu de miel, de fausse mûre et d'agrume se dévoilent, mais ces tons sont rapidement noyés par des notes lourdes d'odeurs de cuisine et de forage de puits comme exprimé par l'un de mes élèves.

MALOT, J.C. R-M
5, route d'Hermonville
51140 Trigny
03 26 03 11 81
Production: 60 000

Je n'ai pas dégusté ses vins. Le viticulteur a une bonne réputation en France.

- 1992 VIEILLE RÉSERVE BLANC DE BLANCS   61, JANVIER 2003] 61
  (100 % CH)

MANDOIS, H. * N-M**
66, rue du Général-de-Gaulle
51530 Pierry
03 26 54 03 18
Production: 300 000

Une nouvelle connaissance sympathique de Pierry. Victor Mandois est l'homme qui a reçu le statut de maison après plusieurs années en tant que viticulteur. Il exploite aujourd'hui plus de 35 hectares dans douze villages. Le style de la maison est représenté par des champagnes rafraîchissants, un peu exotiques, rappelant le sorbet. J'ai découvert que leur Special Club était si bon avant de déposer le manuscrit de ce livre à la maison d'édition.

- MANDOIS ROSÉ   68
  (30 % PN, 70 % CH)
- MANDOIS CUVÉE RÉSERVE   55
  (34 % PN, 33 % PM, 33 % CH)
- 1999 MANDOIS   76, JUIN 2003] 79
  (70 % PN, 30 % CH)
- 1990 MANDOIS   60, AOÛT 1995] 62
  (50 % PN, 50 % CH)
- 1998 MANDOIS BLANC DE BLANCS   76, JUIN 2003] 78
  (100 % CH)
- 1995 MANDOIS BLANC DE BLANCS   80, FÉVRIER 2000] 83
  (100 % CH)

Chardonnay délicieux et gouleyant au caractère basique de fruité tropical. L'ananas et le raisin s'harmonisent joliment avec une certaine note minérale crayeuse.

- 1993 MANDOIS BLANC DE BLANCS   81, SEPTEMBRE 1998] 84
  (100 % CH)

J'aime vraiment ce style exotique et fruité qui semble être la mélodie de Mandois. Les arômes évoquent de nouveau la glace tutti frutti la plus délicieuse. Selon moi, le fruit de la passion, l'ananas et le raisin sont les notes les plus décelables. Rafraîchissant et bon à sa façon piquante.

- 1990 MANDOIS BLANC DE BLANCS   82, JUILLET 1995] 89
  (100 % CH)

Des arômes de peaux de pêche, de fruit de la passion peuvent être décelés dans le nez relativement fermé et dense. Révélation moyennement dense, légèrement beurrée possédant un bon potentiel et une longueur en bouche passionnante à la bourgogne.

- 1996 CUVÉE VICTOR MANDOIS   87, JUIN 2003] 89
  (50 % PN, 50 % CH)

30 % de fûts de chêne. Tout le vin est élaboré à partir de raisins de vieux ceps de chardonnay de Pierry. Un sorbet de luxe où cette fois la bouche tropicale de noix de coco et d'ananas est portée par la concentration imposante ainsi que par la note de noix plus profonde et plus vineuse. Un bon champagne de prestige qui montre pourquoi Taittinger utilise des ceps anciens de Pierry pour son Comtes de Champagne.

- 1983 MANDOIS SPECIAL CLUB   93, JANVIER 2003] 93
  (50 % PN, 50 % CH)

J'ai été ébahi lorsque j'ai senti dans le verre un bouquet mature évoquant un Clos du Mesnil. Un vin tout à fait superbe et sensationnel avec plusieurs merveilleuses séquences en bouche et divers aspects superbes. Fruité plein et moelleux à la note sous-jacente savoureuse et exotique. La vanille, le sirop de sucre, le chocolat et le gâteau aux pommes sont des associations répertoriées par tous les dégustateurs.

- 1981 MANDOIS SPECIAL CLUB   93, MARS 2002] 93
  (50 % PN, 50 % CH)

Vraiment très similaire au 1983 sans sa superbe beauté stratifiée. Plus unifié avec une longueur en bouche très classique encore plus ronde et mature.

- 1979 MANDOIS SPECIAL CLUB   87, MARS 2002] 87
  (50 % PN, 50 % CH)

Étonnamment, c'est la moins bonne de ces vieilles bouteilles club. Bonne acidité. La mousse est étonnamment encore très vivante. Le nez est une moins bonne variante du René Lalou 1979 avec un peu de notes troublées d'écorce de bouleau et de caoutchouc associées à un bel arôme de noisette. Quelque peu plus léger que le 1981 et le 1983.

- 1978 MANDOIS SPECIAL CLUB   87, AVRIL 2002] 87
  (50 % PN, 50 % CH)

Riche aux notes de noix et à la robe ambrée. Des notes de thé, de forêt de sapins et d'abricot se libèrent. Longueur en bouche assez courte et caractère ancien.

MANSARD-BAILLET * N-M**
14, rue Chaude-Ruelle
51200 Épernay
03 26 54 18 55
Production: 2 000 000

M. Mansard est un homme qui parle à voix basse. Il est à la tête de la maison dont l'expansion est la plus rapide de Champagne. Il dispose de 17 hectares dans la Marne qui couvrent un tiers de ses besoins. Il utilise actuellement des raisins de 25 villages dans ses mélanges. Il élabore des vins bien équilibrés au style caractéristique d'Épernay. Tous les vins sauf le Tradition bénéficient de la fermentation malolactique.

- MANSARD-BAILLET PREMIER CRU   69
  (15 % PN, 15 % PM, 70 % CH)
- MANSARD-BAILLET BRUT   66
  (25 % PN, 25 % PM, 50 % CH)
- MANSARD-BAILLET DEMI-SEC   51
  (25 % PN, 25 % PM, 50 % CH)
- MANSARD-BAILLET ROSÉ   79
  (65 % PN, 35 % CH)
- 1992 MANSARD-BAILLET BLANC DE BLANCS   80, OCTOBRE 2001] 80
  (100 % CH)

Chardonnay très crémeux à la bouche de caramel au beurre. Le milieu de bouche possède une acidité allégée. La mousse est perlée.

- CUVÉE DES SACRES   88, MAI 1995] 90
  (40 % PN, 60 % CH)

Un champagne de prestige produit en quantité limitée et uniquement en magnum. Le mélange est composé de millésimes des années 1985, 1986 et 1987. Un champagne magnifique aux notes rappelant un Dom Pérignon. Moins torréfié mais il possède le même fruité beau et délicat ainsi que le style sophistiqué.

- DU TRIOMPHE   64
  (15 % PN, 15 % PM, 70 % CH)
- 1989 TRADITION DE MANSARD   85, MAI 1995] 90
  (10 % PN, 90 % CH)
  Les raisins proviennent de Mareuil, Chouilly, Oger, Mesnil, Avize
  et Cramant. Fruité magnifiquement riche de chardonnay.
  Maturité déjà superbe.
- 1988 CUVÉE DES SACRES   82, MAI 1995] 88
  (30 % PN, 70 % CH)
  Les raisins proviennent de Mareuil, Cumières, Chouilly, Vertus
  et du Mesnil. Étrangement, le caractère de pinot prédomine.
  Sombre, dense et charnu. Extrêmement rassasiant et des plus riche
  en extraits aux arômes de baies noires. Pas aussi élégant que
  le millésime sans année Cuvée des Sacres.

MARGAINE *** R-M
3, avenue de Champagne
51380 Villers-Marmery
03 26 97 92 13
Production: 64 000
Tous les vins produits par la maison sont des champagnes
monocrus. Le viticulteur possède sept hectares.
- MARGAINE TRADITIONELLE   67
  (12 % PN, 88 % CH)
- MARGAINE ROSÉ   64
  (18 % PN, 82 % CH)
- 1989 MARGAINE SPECIAL CLUB   70, JUILLET 1995] 86
  (100 % CH)
  Le vin n'a pas subi la fermentation malolactique. Il est peu
  développé et ferme. Bouche retenue mais très persistante.
  À cacher quelque part dans la cave !

MARGUET-BONNERAVE *** R-M
14, rue de Bouzy
51150 Ambonnay
03 26 57 01 08
Production: 120 000
Cette propriété familiale a été fondée en 1905 par les frères
Bonnerave. La génération actuelle exploite plus de 13 hectares
classés grands crus à Ambonnay, Bouzy et Mailly. Il est remarquable
qu'un peu plus de la moitié des raisins soient des chardonnay.
Benoît, qui s'est marié avec une fille Launois au Mesnil, est l'âme
ardente et le cœur de cette maison. Les vins de réserve se conservent
en fûts de chêne. Le viticulteur produit du rosé avec un tiers de
ses raisins ce qui est très inhabituel. Il est également un modèle
puisqu'il fait inscrire la date de dégorgement au dos de l'étiquette.
- MARGUET-BONNERAVE TRADITION   77
  (70 % PN, 30 % CH)
- MARGUET-BONNERAVE RÉSERVE   78
  (60 % PN, 40 % CH)
- MARGUET-BONNERAVE ROSÉ   69
  (85 % PN, 15 % CH)
- 1999 MARGUET-BONNERAVE ROSÉ   82, FÉVRIER 2004] 87
  (100 % PN)
  Un vin frais et opulent souffrant d'un certain nombre de maladies
  infantiles et dans lequel on discerne un caractère anguleux.
  Pas encore totalement cohérent mais il possède de nombreux
  arômes de pelures. Bonne attaque et richesse supplémentaire
  très prometteuses pour l'avenir.

- MARGUET-BONNERAVE ANCIENS VINTAGES (97/98)
  (50 % PN, 50 % CH)   84, JANVIER 2004] 87
  Vif et floral avec une clarté crémeuse et une construction
  sophistiquée. J'aurais pensé que ce vin serait plus pesant.
- MARGUET-BONNERAVE ANCIENS VINTAGES (96/97)
  (50 % PN, 50 % CH)   87, DÉCEMBRE 2003] 90
  Quelle perfection élaborée par Benoît ! Des plus sophistiqué,
  voluptueux et bon. Un aspect beurré se dévoile résumant tous
  les éléments composant ce vin. Les notes de noix, de pain
  fraîchement cuit, la douceur intense et le fruité classiquement
  savoureux possèdent tous une enveloppe protectrice de caramel
  au beurre charnu.
- MARGUET-BONNERAVE ANCIENS VINTAGES (95/96)
  (50 % PN, 50 % CH)   84, JANVIER 2002] 87
  Les millésimes de 1995-1996. C'est la première fois que
  je trouve une bouteille avec deux millésimes différents inscrits
  sur l'étiquette. Ce n'est pas la seule chose surprenante.
  Je me demande comment on peut appeler millésime de 1996
  un vieux millésime âgé de cinq ans. Ceci dit, le champagne
  lui-même est très bon et équilibré. Les vins d'Ambonnay
  sont rarement charpentés à un jeune âge, mais ils possèdent
  souvent une élégance rayonnante et un racé aristocratique pas
  très différent des millésimes des grandes maisons.
- 1998 MARGUET-BONNERAVE   84, MARS 2004] 87
  (75 % PN, 25 % CH)
  Encore une fois, un vin de ce producteur crémeux, lisse et très
  bien élaboré à partir de pinot. La prune, la betterave rouge,
  la réglisse et le chocolat noir sont les arômes décelés.
- 1996 MARGUET-BONNERAVE   85, JANVIER 2004] 89
  (75 % PN, 25 % CH)
  Peut-être un peu muet et fermé, mais sinon c'est un champagne
  délicieux et plein aux côtés arrondis. Notes évidentes de chocolat,
  de réglisse et de caramel à la crème. Impression diffuse en bouche
  mais pas du tout agressive.

MARIE-STUART N-M
8, place de la République
51100 Reims
03 26 47 92 26
Production: 1 700 000
La reine écossaise Marie Stuart, qui était très populaire à Reims
au XVIᵉ siècle, a donné son nom à cette maison en 1919. L'histoire
de cette maison est très commerciale. Elle a parié sur « la marque
acheteur ». Elle s'est même spécialisée dans des bouteilles dont
la taille bat des records du monde. La plus grande et la plus petite
bouteille de champagne au monde proviennent de cette maison.
Elle ne possède pas de vignes propres. Alain Thienot est
le propriétaire des lieux depuis 1994. Laurent Fedou est
le vinificateur de tout le groupe.
- MARIE-STUART BRUT TRADITION   40
  (50 % PN, 25 % PM, 25 % CH)
- MARIE-STUART ROSÉ   39
  (40 % PN, 20 % PM, 40 % CH)
- 1988 MARIE-STUART   70, AOÛT 1995] 70
  (10 % PN, 90 % CH)
- CUVÉE DE LA REINE   76
  (10 % PN, 90 % CH)

MARNE & CHAMPAGNE N-M

22, rue Maurice-Cerveaux
51200 Épernay
03 26 78 50 50
Production : 11 000 000

Moët & Chandon reçoit habituellement le qualificatif injuste de « champagne Coca-Cola ». Cette désignation est beaucoup mieux adaptée aux champagnes de Marne & Champagne appartenant au même groupe que Lanson. La maison a été fondée en 1933 par Gaston Burtin, un homme plus intéressé par les affaires que par le champagne. C'est actuellement la plus grande maison en Champagne même si elle évite toutes formes de publicité. Au lieu de cela, Paul Messin a choisi d'acheter des raisins aussi bon marché que possible afin de produire le plus possible au coût le plus bas. C'est la première maison dans la catégorie « marque acheteur ». J'ai découvert différents champagnes sous l'étiquette de la marque acheteur produit par Marne & Champagne. Même si j'ai été ravi par le prix bas, j'ai toujours été très déçu par la qualité. Les différentes étiquettes sont très déroutantes. Au total, plus de 200 noms différents sont produits par cette maison! Gauthier, Eugène Clicquot, Pol Gessner, Colligny, Leprince-Royer, Delacoste, Geissmann, Pol Albert et Giesler sont tous les champagnes fabriqués par l'industrie de masse Marne & Champagne tirée de la science-fiction. Les cuves en acier géantes ont une capacité de 200 000 hectolitres! Le meilleur champagne de la maison est l'Alfred Rothschild. Les vins ne sont pas particulièrement remarquables mais la maison remplit sa fonction. Elle achète des raisins et des jus que personne d'autre ne veut pour produire des champagnes neutres mais très bon marché. Vincent Malherbe est responsable de la qualité des vins.

- A. ROTHSCHILD BRUT   61
  (35 % PN, 25 % PM, 40 % CH)
- EUGÈNE CLICQUOT BRUT   35
  (40 % PN, 40 % PM, 20 % CH)
- POL GESSNER BRUT   29
  (40 % PN, 40 % PM, 20 % CH)
- ROGER PERROY BRUT   29
  (40 % PN, 40 % PM, 20 % CH)
- A. ROTHSCHILD BLANC DE BLANCS   68
  (100 % CH)
- GAUTIER ROSÉ   32
  (45 % PN, 35 % PM, 20 % CH)
- 1996 A. ROTHSCHILD   75, AVRIL 2003] 79
- 1990 GEISSMANN   82, JUILLET 2001] 82

Entièrement mature aux très nombreuses notes de pain avec un trait de noix et une douceur chaleureuse. Un vin simple et agréable.

- 1989 A. ROTHSCHILD   73, JUILLET 1996] 76
  (10 % PN, 25 % PM, 65 % CH)
- 1989 GEISSMANN   74, OCTOBRE 1998] 76
  (10 % PN, 25 % PM, 65 % CH)
- 1986 A. ROTHSCHILD   79, AVRIL 1994] 80
  (35 % PN, 10 % PM, 55 % CH)

Doux, mature, à la note de massepain. Ces trois éléments décrivent très bien ce vin.

- 1976 A. ROTHSCHILD   88, NOVEMBRE 1995] 88
  (50 % PN, 50 % CH)

Charnu et épicé aux séquences en bouche magnifiques de caramel et de crème.

- 1966 A. ROTHSCHILD   82, DÉCEMBRE 2002] 82
  (50 % PN, 50 % CH)

Définitivement sur le déclin à une vitesse impressionnante avec des infirmités de vieillesse de plus en plus évidentes. Pourtant assez bon aux arômes doux de caramel dur, chocolatés et ronds.

- 1938 GAUTHIER
  (60 % PN, 10 % PM, 30 % CH)
- 1961 GIESLER BLANC DE BLANCS   89, OCTOBRE 2000] 89
  (100 % CH)

Nez ample de moka et de caramel. Bouche vive, charpentée relativement torréfiée au bon fruité et à la longueur satinée de caramel, de beurre fondu et de goudron. Les millésimes 1961 deviennent de plus en plus forts.

- 1989 A. ROTHSCHILD ROSÉ   60, MAI 1997] 68
  (25 % PN, 40 % PM, 35 % CH)
- 1988 GRAND TRIANON   85, MARS 1997] 86
  (40 % PN, 60 % CH)

Incroyablement similaire au Moët & Chandon de 1988. Peut être un peu plus léger mais à la même identité aromatique de pain fraîchement cuit et de chocolat à l'orange. Populaire et agréable.

- 1973 GRAND TRIANON   83, JANVIER 2000] 83
  (40 % PN, 60 % CH)

Peut être un peu sombre et mature actuellement. C'est pourtant un vin chocolaté et riche possédant d'évidents mérites culinaires. La mousse était du moins présente dans la bouteille que j'aie dégustée. L'un de mes collègues dégustateurs considère que le vin dégageait un arôme de sherry et qu'il était totalement passé.

MARNIQUET, J.-P. R-M

8, rue des Crayères
51480 Venteuil
03 26 58 48 99
Production : 110 000

Le viticulteur exploite 7 hectares à Venteuil plantés à 50 % de PN, à 15 % de PM et à 35 % de CH. Les ceps sont âgés en moyenne de 25 ans. Les vins ne subissent pas la fermentation malolactique.

- J-P MARNIQUET BRUT   58
  (15 % PN, 50 % PM, 35 % CH)
- J-P MARNIQUET ROSÉ   55
  (5 % PN, 5 % PM, 90 % CH)

MARTEL & CIE, G. H. N-M

23, rue Jean-Moulin
51201 Épernay
03 26 51 06 33
Production : 2 000 000

Au total huit millions de bouteilles sont produites par le groupe. Un viticulteur d'Avenay a fondé la maison en 1869. Lorsque le propriétaire de la maison est décédé en 1979, celle-ci a été reprise par Rapeneau. Martel Rapeneau est actuellement la première marque. Francine Rapeneau dirige la maison. Elle exploite plus de 150 hectares, ce qui devrait en faire une maison importante. Puisque 80 % de la production est vendue sous l'étiquette BOB, cette maison n'est pas très visible sur le marché. Principaux vins : Crémant, Blanc de Blancs, Rosé, Cuvée Henry Léopold.

- MARTEL CARTE D'OR   67
  (70 % PN, 30 % CH)
- MARTEL BLANC DE BLANCS   70
  (100 % CH)
- MARTEL DEMI-SEC   40
  (70 % PN, 30 % CH)

- MARTEL ROSÉ   56
  (80% PN, 20% CH)
- 1996 MARTEL CUVÉE VICTOIRE   82, NOVEMBRE 2002] 84
  (50% PN, 50% CH)
  Grand style somptueux et un brin rustique. Nez généreux
  possédant diverses séquences de notes biscuitées allant du gâteau
  au pain fraîchement sorti du four. Bouche large et généreusement
  développée. L'acidité est également présente. Dosage bien élaboré.
  On peut objecter que la bouche d'Épernay si caractéristique de
  levure est un brin trop courte et simple.
- 1995 MARTEL CUVÉE VICTOIRE   78, AVRIL 2001] 81
  (66% PN, 34% CH)
  Nez ample de levure de grande maison ressemblant aux géants
  d'Épernay. Bouche assez douce et relativement neutre, sûrement
  très bonne mais manquant de vigueur.

MARTIN, LOUIS R-M
3, rue Ambonnay
51150 Bouzy
03 26 57 01 27
Production : 100 000
Mme Francine Rapeneau tient actuellement les rênes de la maison
que Louis Martin a fondée en 1864 et qui comprend 10 hectares.
- LOUIS MARTIN GRAND CRU BRUT   54
  (70% PN, 30% CH)
- 1996 LOUIS MARTIN BLANC DE BLANCS   77, OCTOBRE 2002] 79
  (100% CH)

MARTIN, PAUL R-M
355, rue Bois-Jots
51480 Cumières
Je n'ai pas réussi à contacter ce viticulteur durant mon travail pour
ce livre.
- PAUL MARTIN BRUT   30

MASSÉ N-M
48, rue de Courlancy
51100 Reims
03 26 47 61 31
Production : 700 000
Fondée en 1853 à Rilly-la-Montagne. C'est une marque couramment
vendue dans les boutiques Irma au Danemark. Un champagne bon
marché qui est concrètement le deuxième vin de Lanson même si la
maison était l'un des membres exclusifs du « Syndicat des Grandes
Marques ». Principaux vins : millésime.
- MASSÉ BRUT   45
  (45% PN, 20% PM, 35% CH)
- BARON ÉDOUARD   53
  (45% PN, 35% PM, 20% CH)
- CUVÉE HENRY MASSÉ   53
  (40% PN, 20% PM, 40% CH)

MATHIEU, SERGE R-M
Route d'Avirey à Lingey
10340 Avirey-Lingey
03 25 29 32 58
Production : 90 000
Serge Mathieu est l'un des viticulteurs les plus appréciés.
Il possède neuf hectares dans les alentours d'Avirey-Lingey.
Vinificateur très sérieux, qui serait encore meilleur s'il travaillait
avec des raisins de la Marne.

- SERGE MATHIEU TRADITION   47
  (90% PN, 10% CH)
- SERGE MATHIEU CUVÉE SELECT   66
  (50% PN, 50% CH)
- SERGE MATHIEU   48
  (75% PN, 25% CH)
- SERGE MATHIEU BLANC DE NOIRS   62
  (100% PN)
- SERGE MATHIEU ROSÉ   55
  (100% PN)
- 1989 SERGE MATHIEU   64, AOÛT 1995] 75
  (75% PN, 25% CH)
- 1988 SERGE MATHIEU   66, NOVEMBRE 1994] 75
  (75% PN, 25% CH)

MAZET, PASCAL R-M
8, rue des Carrières
51500 Chigny-les-Roses
03 26 03 41 13
Production : 50 000
Pascal est un moustachu très stylé qui travaille avec plusieurs
grandes maisons en parallèle à sa propre production orientée vers
la qualité. Il a planté ses plus vieux cépages en 1954 et les autres
ont environ 25 ans. Il dispose de trois hectares à Chigny et à
Ambonnay. La moitié des raisins sont des pinot meunier.
Pascal est connu pour sa faible récolte. Dans certaines cuvées,
il abaisse le rendement jusqu'à 15 hectolitres par hectare.
- PASCAL MAZET BRUT RÉSERVE   75
  (20% PN, 50% PM, 30% CH)

MÉA, GUY R-M
1, rue de l'Église
51150 Louvois
03 26 57 03 42
Production : 65 000
Le champagne Guy Méa a vu le jour en 1953. Les vins sont
conservés trois ans en cave avant d'être commercialisés. La surface
des vignes est de 8,5 hectares répartis sur les villages de Ludes,
Tauxières, Bouzy et Louvois. Principaux vins : Rosé, Prestige.
- GUY MÉA BRUT   71
  (70% PN, 30% CH)

MÉA-DEVAVRY R-M
43, rue Pasteur
51160 Champillon
03 26 59 46 21
Production : 80 000
Le domaine a été fondé en 1945 par Bertrand Devavry.
Jean-Loup Devavry est aujourd'hui aux commandes. Les vignes
couvrent 9 hectares.
- 1992 MÉA-DEVAVRY   74, SEPTEMBRE 2001] 75
  (20% PN, 20% PM, 60% CH)

MÉDOT N-M
30, rue Werlé
51100 Reims
03 26 47 46 15
Production : 250 000
Une petite maison fondée en 1887 à Reims par Jules Pascal.
La maison est restée dans la famille et Philippe Guidon la dirige
actuellement. La marque est plus connue car ils produisent l'un des

rares clos de la région : le Clos des Chaulins. La pente est recouverte de ceps plantés en 1927. Environ 8 000 bouteilles sont produites à partir du 0,8 hectare.

- MÉDOT BRUT   67
  (33 % PN, 33 % PM, 34 % CH)
- MÉDOT MILLENIUM CUVÉE 2000   60, AOÛT 2003] 65
- MÉDOT BLANC DE BLANCS   66
  (100 % CH)
- MÉDOT ROSÉ   56
  (50 % PN, 50 % PM)
- 1991 MÉDOT   68, OCTOBRE 2001] 69
  (50 % PN, 50 % CH)
- 1989 MÉDOT   68, AOÛT 1995] 69
  (50 % PN, 50 % CH)
- CLOS DES CHAULINS   79
  (90 % PN, 5 % PM, 5 % CH)

MENU, GILLES R-M
1, rue Jobert
51500 Chigny-les-Roses
03 26 03 43 35
Production : 30 000
Le viticulteur dispose de cinq hectares à Chigny-les-Roses.

- GILLES MENU BRUT   66
  (25 % PN, 50 % PM, 25 % CH)
- GILLES MENU GRANDE RÉSERVE SPÉCIAL   68
  (25 % PN, 50 % PM, 25 % CH)
- GILLES MENU ROSÉ   60
  (25 % PN, 25 % PM, 50 % CH)

MERCIER *** N-M
75, avenue de Champagne
51200 Épernay
03 26 51 22 00
Production : 6 000 000
Eugène Mercier est l'une des personnes les plus importantes de l'histoire du champagne. Il a commencé son activité à Épernay en 1858. Il a fait creuser 18 kilomètres de caves qu'il faisait visiter aux célébrités de l'époque. Il paraît qu'une course de voitures a eu lieu là-dessous! Eugène Mercier était un directeur conscient de l'importance des relations publiques. C'est lui qui a fait fabriquer le plus grand fût de chêne au monde qui, grâce à 24 bœufs blancs, a été présenté lors de l'exposition universelle de 1889 à Paris. Il avait en outre réalisé un film publicitaire très remarqué sur le champagne pour cet événement. La maison Mercier a fusionné avec Moët & Chandon en 1970. Mercier est encore à l'heure actuelle très attentif au marketing. Un train pour les touristes a été installé dans les caves qui reçoivent beaucoup de visiteurs chaque année. Mercier est vraiment une maison à visiter pour les amateurs débutants. Mercier achète des raisins très simples. Il utilise une grande proportion de vin du deuxième pressurage pour ses cuvées. Moët & Chandon parie plus sur l'exportation alors que Mercier se concentre entièrement sur le marché intérieur. Les vins millésimés peuvent être vraiment bons avec un très bon rapport qualité prix. Le style de la maison est bien perpétué par le vinificateur, Alain Parenthoen, même si les trois étoiles appartiennent plus au passé qu'au présent.

- MERCIER BRUT   50
- MERCIER DEMI-SEC   40
  (55 % PN, 45 % PM)
- MERCIER ROSÉ   55
  (50 % PN, 50 % PM)

- 1995 MERCIER   81, MARS 2003] 85
  (45 % PN, 15 % PM, 40 % CH)
  Un champagne très facile à évaluer avec son profil un peu doux de caramel dur et à sa bouche basique fruitée évoquant le fruit de la passion et étanchant la soif. Les notes de pain à la Moët sont également décelables. Les 15 grammes de sucre sont cependant de trop.
- 1990 MERCIER   81, AOÛT 1997] 86
  (32 % PN, 28 % PM, 40 % CH)
  Ce millésime est un placement fiable quel que soit le producteur. Mercier a élaboré ici un champagne très agréable et simple.
- 1985 MERCIER   85, MARS 2000] 85
  (45 % PN, 15 % PM, 40 % CH)
  Ce champagne est déjà mature. Nez expansif et puissant aux notes de fumée, de terre, de pain noir et de champignon. Malgré son charme flirteur, la bouche est sensiblement plus simple. Quelque peu trop doux et court avec une note métallique sous-jacente. Les séquences exotiques et fruitées en milieu de bouche font augmenter le nombre de points donnés à ce champagne pour lui faire atteindre un assez haut niveau.
- 1982 MERCIER   85, MARS 2000] 85
  (50 % PN, 50 % PM)
  La coopération avec Moët & Chandon se fait sentir ici. Même nez d'orange et de velouté aux champignons, mais avec une bouche légèrement moins claire et un peu grossière.
- 1975 MERCIER   86, MARS 2000] 88
  (45 % PN, 15 % PM, 40 % CH)
  Dégusté chez Mercier d'un magnum récemment dégorgé. Belle note d'acacia élégante issue du processus d'autolyse. Très jeune, à la peau douce, aux belles notes de mandarine très originales. Sûrement très différent dans une bouteille classique. En magnum, ce n'est pas précisément un champagne typique du millésime mais il reste très agréable et sophistiqué.
- 1966 MERCIER   92, AOÛT 1995] 92
  (45 % PN, 20 % PM, 35 % CH)
  Vin de 1966 magnifiquement rond et saturé en chocolat avec une bonne longueur.
- 1964 MERCIER   93, MARS 2000] 93
  (35 % PN, 20 % PM, 45 % CH)
  Dégorgé en 1972. Acheté aux enchères de Tom Stevensonen chez Christie en provenance directe de la maison. Un vin en superbe condition avec un dosage quelque peu élevé mais à la richesse impressionnante en mérites du millésime. Très riche et persistant. Nez jeune et torréfié avec une touche d'orange.
- 1962 MERCIER   92, NOVEMBRE 1993] 92
  (55 % PN, 20 % PM, 25 % CH)
  Tout comme Moët, Mercier a élaboré un 1962 très réussi. Robe assez jeune. Mousse riche. Nez ample, fumé et chocolaté avec des touches de terre. Bon poids. Attaque dure. Longueur en bouche mature de caramel dur.
- 1961 MERCIER   93, MARS 2000] 93
  (35 % PN, 20 % PM, 45 % CH)
  Plus pesant que la Cuvée « M 33 » avec encore plus d'arômes de chocolat. Très riche et très agréable. Nez dominé par un arôme prononcé de forêt. Comme une forêt de sapins récemment mise en coupe blanche. Un champagne masculin rappelant le Krug de 1961.
- 1955 MERCIER
  (50 % PN, 20 % PM, 30 % CH)
- 1942 MERCIER
  (50 % PN, 20 % PM, 30 % CH)

- 1941 MERCIER   93, FÉVRIER 1999] 93
(55 % PN, 20 % PM, 25 % CH)

Un vin acheté lors des enchères fantastiques de Tom Stevenson en octobre 1998. Tous les champagnes pour cette vente provenaient directement de la cave de la maison. C'était la première fois que je découvrais ce champagne millésimé rare produit durant la guerre. Sa jeunesse était pour le moins époustouflante. Robe pâle vert-jaune. Les bulles forment un pilier fort et dense au milieu du verre. Je ne comprends pas pourquoi le vin a été dégorgé en 1949. Le spectre aromatique et la structure du vin ne semblent pas développés tout en étant récemment dégorgé. Nez purement torréfié au soupçon de poudre. Bouche moyennement étoffée retenue et sèche.

- 1966 MERCIER BLANC DE BLANCS   92, AOÛT 1995] 92
(100 % CH)

Un superbe champagne à la structure gracile, aux arômes fruités ultra-raffinés et délicats. Une touche de grains de café torréfiés est également décelable.

- MERCIER BULLE D'OR   88
(40 % PN, 60 % CH)

J'ai cherché pendant de nombreuses années ce champagne de prestige Mercier. Lorsque j'ai enfin trouvé une vieille bouteille, c'était dans un supermarché italien à Terracina. Malheureusement, la bouteille était restée à la verticale pendant plusieurs années et le bouchon avait séché. Le vin semble être complexe et riche mais malheureusement l'unité est détruite. La bouteille suivante était plus acérée avec un beau nez de brioche et courte.

- 1961 MERCIER CUVÉE « 33 »   93, OCTOBRE 1998] 93
(100 % CH)

Une étiquette très rare que peu de personnes connaissent aujourd'hui. L'ancien champagne de prestige de Mercier correspond bien au style de la maison. Nez de grains de café brésilien torréfiés. Bouche moyennement étoffée et fruitée.

- 1955 MERCIER CUVÉE « 33 »   73, DÉCEMBRE 2003] >
(100 % CH)

MÉRIC (DE) *** N-M
17, rue Gambetta
51160 Ay
03 26 55 20 72
Production : 50 000

Cette entreprise familiale est l'une de mes dernières découvertes. Christian et Patrick Besserat appartiennent à la famille qui possédait Besserat de Bellefon, mais en 1960, Christian a quitté cette maison pour fonder la sienne à Ay. Il exploite encore plus de 15 hectares au village avec une proportion anormalement élevée de chardonnay. Les raisins achetés proviennent de la côte des Blancs.
C'est uniquement la meilleure partie du premier pressurage qui est utilisée pour la cuvée et le champagne de prestige. De Méric est l'un des rares producteurs qui reconnaît utiliser du cognac dans son mélange. 50 % de fûts de chêne sont actuellement utilisés.

- DE MÉRIC BRUT   78
(70 % PN, 30 % CH)

- DE MÉRIC GRANDE BLANC DE BLANCS SUR BOIS   75
(100 % CH)

- DE MÉRIC GRANDE RÉSERVE SUR BOIS   81
(80 % PN, 5 % PM, 15 % CH)

Un champagne superbe et charpenté, sans année, vinifié en fûts de chêne. Un vin véritablement gastronomique à la force et à la pesanteur incroyables. Une partie de l'élégance a été perdue en chemin. La structure est dense et résistante. Les arômes de chêne, fumés et sombres, se libèrent avec une note dominante de viande grillée.

- DE MÉRIC BLANC DE BLANCS   76
(100 % CH)

- DE MÉRIC ROSÉ   72
(89 % PN, 11 % CH)

- 1996 DE MÉRIC   84, AVRIL 2004] 86
(70 % PN, 30 % CH)

Au nez, l'impression charpentée est déjà apparue avec une forte empreinte de vin rouge. Les notes de betterave rouge, de peaux de pommes et de cave se retrouvent également en bouche. Étoffé avec une bonne cohérence et une jolie finale.

- 1993 DE MÉRIC   83, AVRIL 2004] 83
(70 % PN, 30 % CH)

Maturité inattendue au caractère oxydé et plein se mariant très bien avec un repas. Difficile à boire en comparaison avec le Lenoble de 1992 dans une piscine en plein air chauffée au milieu de l'hiver. Les notes animales et celles évoquant la réglisse deviendront lourdes dans un tel contexte. Charpenté et riche à la limite de la lourdeur.

- 1990 DE MÉRIC   87, SEPTEMBRE 2003] 88
(70 % PN, 30 % CH)

Un vin qui respire la pesanteur. Pour certaines personnes, ce vin est vraisemblablement un peu lourd. Je suis personnellement impressionné par ce type de vins sombres et mâles qui grondent au palais comme un géant. La longueur en bouche présente quelques notes de chêne et elle penche vers la rugosité.
Il faut sortir du congélateur un plat un peu sauvage pour aller avec le vin.

- 1988 DE MÉRIC   76, MARS 1995] 84
(70 % PN, 30 % CH)

Un mélange d'Ay et d'Oger. Malgré cela, c'est un champagne remarquable. Le style fumé de la maison s'associe à une touche de pomme verte.

- 1969 BESSERAT   94, DÉCEMBRE 2002] 94
(70 % PN, 30 % CH)

L'un des premiers vins de De Méric présenté à cette époque sous l'étiquette Besserat. Dans une grande mesure, le nez est hautement personnel. Une partie des arômes prédominent parmi lesquels le chocolat à la menthe, le vernis et l'écorce de bouleau. Champagne exceptionnellement profond et étoffé destiné aux grands dîners d'automne. Une expérience œnologique tout simplement très fascinante !

- CATHERINE DE MÉDICIS   89
(50 % PN, 50 % CH)

Le champagne de prestige de la maison est entièrement élaboré avec des raisins d'Ay. Ce mélange est toujours composé de trois millésimes âgés en moyenne de treize ans. Un vin très mature et aromatique au style anglais. Le caractère oxydé est un brin exagéré, mais il est superbe avec ses arômes de banane et de chocolat. Bouche également superbe aux notes douces matures.
La longueur est un peu alourdie par une once de sherry.

MICHEL, GUY R-M
54, rue Léon-Bourgeois
51530 Pierry
03 26 54 67 12
Production : 30 000

Vincent Michel appartient à la 5e génération de vinificateurs de la famille. Il dispose aujourd'hui de 20 hectares dans dix villages. Un petit producteur produisant dix champagnes différents !

• GUY MICHEL BRUT   50
(26 % PN, 44 % PM, 30 % CH)
• GUY MICHEL ROSÉ   57
(100 % PN)
• 1973 GUY MICHEL   75, JUILLET 1995] 75
(10 % PN, 75 % PM, 15 % CH)

MICHEL, JOSÉ **** R-M

14, rue Prélot
51530 Moussy
03 26 54 04 69
Production : 160 000

José Michel est l'une de mes dernières découvertes. Lors d'un seul et
unique voyage, j'ai entendu dire à trois reprises que les champagnes
plus anciens les meilleurs étaient les champagnes purs de pinot
meunier de José Michel. Les vinificateurs de Deutz et de Legras
étaient du même avis. Quant à eux, ils travaillent avec du chardonnay
grand cru, mais les véritables vins de garde étaient apparemment
faits avec du pinot meunier. Est-ce véritablement le cas ? J'ai toujours
considéré les merveilleux millésimes les plus anciens de Krug
comme l'exception confirmant la règle, mais le fait est que la recette
de José Michel est la même. Des ceps très anciens, pas de fermentation
malolactique et fermentation en fûts de chêne. Les raisins du
Special Club ont été plantés en 1929 ! Depuis quatre générations,
la maison appartient à la même famille c'est-à-dire depuis 1847.
José a commencé en 1955. Il dispose aujourd'hui de 21 hectares à
Moussy, Pierry et Chavot. La collection de millésimes normalement
dégorgés plus anciens de José est remarquable. Certes, il ne reste
plus que quatre ou cinq bouteilles de chaque millésime, mais
chaque millésime produit depuis 1912 est représenté. Les 1914,
1928, 1947 et surtout 1921 sont ses préférés. « Je reviendrai, José ! »

• JOSÉ MICHEL CARTE BLANCHE   74
(60 % PN, 40 % CH)
• JOSÉ MICHEL CUVÉE DU PÈRE HOUDART   84
(70 % PM, 30 % CH)
Un mélange de millésimes plus anciens. Pour ce vin, les 1988,
1986 et 1985 ont été utilisés. Ample et développé dans lequel
on peut observer clairement que la vitesse de maturation des vins
de réserve immobiles est plus élevée que celle des vins pétillants.
Le vin est considérablement plus âgé que le millésime habituel
de 1985 avec son profil riche en chocolat et en noix. Charnu,
riche et plein sans plus de finesse.
• JOSÉ MICHEL EXTRA BRUT   74
(60 % PM, 40 % CH)
• JOSÉ MICHEL BLANC DE BLANCS   79
(100 % CH)
• JOSÉ MICHEL ROSÉ   72
(50 % PN, 50 % PM)
• 1996 JOSÉ MICHEL   86, JUIN 2003] 91
(30 % PM, 70 % CH)
J'ai noté le potentiel de ce vin en me fondant sur mon expérience
et ma connaissance de la manière dont les vins de José évoluent
lors de leur conservation. Sinon ce n'est pas précisément un
champagne maussade, jeune et bagarreur, au contraire ! L'acidité
est joliment emmaillotée dans un fruité doux, crémeux et dans un
édredon de duvet d'eider de mousse blanche comme la neige.
• 1993 JOSÉ MICHEL   80, SEPTEMBRE 2003] 85
(30 % PM, 70 % CH)
On ne sait pas dans quelle direction vont évoluer les vins de José.
Je suppose que ce vin un petit peu indocile va se trouver dans une
dizaine d'années.

• 1990 JOSÉ MICHEL   82, MAI 1998] 87
(30 % PM, 70 % CH)
Le style particulier du viticulteur est marqué par des notes
d'écorce de bouleau, de violette et de thym. Jolie structure étoffée.
• 1989 JOSÉ MICHEL   89, AOÛT 1997] 91
(30 % PM, 70 % CH)
Un vin sensationnel au merveilleux nez de fumée de poudre, de
café et de pain grillé. Il évoque un pinot noir de premier ordre.
Goût élégant. Il me fait penser à la Cuvée Sir Winston Churchill.
• 1986 JOSÉ MICHEL   88, AOÛT 1997] 89
(40 % PM, 60 % CH)
Dans ce vin, un peu de la Grande Cuvée de Krug apparaît
soudainement. Il est profond, avec des notes de noix avec un beau
ton miellé et de chèvrefeuille. Je ne comprends pas très bien
le style de la gamme actuelle du producteur mais les vins sont
si bons que c'est sans importance.
• 1983 JOSÉ MICHEL   80, MAI 2002] >
(30 % PM, 70 % CH)
Un millésime qui s'est développé rapidement aux notes fumées
et un peu grossières. L'un des vins préférés de José avec son
arôme chocolaté concentré. Il a vieilli trop rapidement. Plusieurs
bouteilles étaient madérisées. Non jugé.
• 1982 JOSÉ MICHEL   90, OCTOBRE 2003] 93
(70 % PM, 30 % CH)
Nez unique et ample de champignon et de viande grillée au feu
de bois. Bouche ample, fort impressionnante et acérée, très
charpentée. À conserver en cave.
• 1973 JOSÉ MICHEL   90, JUIN 1997] 93
(50 % PM, 50 % CH)
Nez élégant et floral à la note forte parfumée et personnelle de
musc, de violette et de banane naine. Bouche fraîche, imposante
et bien structurée, à la longueur extrêmement persistante et acide
même ici.
• 1965 JOSÉ MICHEL   93, JUIN 1997] 93
(100 % PM)
Mon Dieu ! Nez important de lilas, de prune et de violette.
Initialement charnu et gras avec de nouveau une acidité
impressionnante. Bouche persistante et vineuse ressemblant
à un chablis ample vinifié en fûts de chêne.
• 1963 JOSÉ MICHEL
(100 % PM)
• 1961 JOSÉ MICHEL   93, AOÛT 1997] 94
(100 % PM)
Considérablement plus léger et plus élégant que le 1959 avec un
nez de pêche irrésistible et appétissant. Mousse jeune. Bouche très
fine comme celle d'un 1966. Jeune et délicieux. La longueur en
bouche va devenir plus persistante lorsque le vin atteindra sa
pleine maturité, c'est-à-dire après deux ans passés en bouteille.
• 1959 JOSÉ MICHEL   95, AOÛT 1997] 95
(100 % PM)
Je ne peux m'empêcher de le comparer encore aux Krug – dans ce
cas, avec un 1961 remarquable. Eh bien, Michel n'atteint pas tout
à fait son meilleur niveau, mais le spectre aromatique rappelle un
Krug aux notes de goudron, de fumée, de bois, de tabac et
d'arômes sombres de forêt et de sous-bois. Grandiose.
• 1955 JOSÉ MICHEL   95, JUIN 1997] 96
(100 % PM)
Robe jeune avec une belle nuance or jaune. Nez important,
majestueux et chaleureux de fumée, de noix, de goudron,
de nougat et de tabac. Bouche plus fruitée que le nez à l'équilibre
parfait et à la fraîcheur caractéristique du millésime.

• 1952 JOSÉ MICHEL   94, MAI 1998] 94
(100 % PM)
Incroyable nez exotique de fleurs tropicales, de crème à l'abricot et
de fruit de la passion. Nectar féerique à la douceur naturelle et
importante. La mousse est délicate mais quel dessert! Il ressemble
à un Beerenauslese allemand.

• 1943 JOSÉ MICHEL   96, MAI 1998] 96
(100 % PM)
Ce merveilleux vin provient directement des archives fantastiques
de José. Nous pensions que c'était un 1942 jusqu'à ce que nous
jetions un coup d'œil au bouchon. Essence à la Krug avec une
complexité fantastique de noix et à la note sous-jacente de caramel
dur. Il ressemble beaucoup à un 1921 mais il est quelque peu
moins concentré.

• 1921 JOSÉ MICHEL   97, JUIN 1997] 97
(100 % PM)
C'est probablement le meilleur vin jamais élaboré à partir de pinot
meunier. Robe profonde ambrée. Mousse discrète et prolongée.
Nez de caramel dur évoquant un Yquem. J'ai uniquement
rencontré cette bouche dans un Krug de 1926 et un Pol Roger
de 1914. La profondeur est encore plus grande même si
la finesse était plus fiable dans ces champagnes de Pol Roger.
Malheureusement, il ne reste que quatre bouteilles dans la cave
de José Michel. J'espère qu'il en gardera deux pour les générations
à venir comme jalons archéologiques de l'histoire du vin.

• 1998 JOSÉ MICHEL BLANC DE BLANCS   81, JUIN 2003] 86
(100 % CH)
Pur et véritablement très jeune! Il n'est pas aussi intéressant
que lorsque les raisins uniques et personnels de pinot meunier
de Michel jouent le rôle principal. C'est toujours un véritable
vin de garde et, naturellement, très bien fait.

• 1994 JOSÉ MICHEL BLANC DE BLANCS   76, NOVEMBRE 1998] 79
(100 % CH)

• 1992 JOSÉ MICHEL CLOS DES PLANTS DE CHÊNES
(100 % CH)
                         87, FÉVRIER 2002] 88
Considérablement concentré pour être un 1992. La finesse et
la belle structure construite sont décelées ici. Le vin semble
provenir de Cramant avec son style beurré, charnu et délicieux.
José utilise-t-il vraiment du chêne pour ce vin? Il ne semble pas
que cela soit le cas.

• 1990 JOSÉ MICHEL CLOS DES PLANTS DE CHÊNES
(100 % CH)
                         88, AOÛT 2001] 90
Un vin unique de clos de Mossy. Vous sentez combien d'efforts
ont été consacrés pour donner à ce vin la concentration la plus
élevée possible. Un vin exotique et concentré issu d'une récolte au
rendement véritablement bas. Le fruité prédomine et ressemble
surtout à la poire. La complexité fumée qui est l'empreinte de
Michel est absente.

• 1996 JOSÉ MICHEL SPECIAL CLUB   84, JUIN 2003] 93
(50 % PM, 50 % CH)
Les ceps âgés de 70 ans donnent une autre concentration fruitée
et un autre exotisme au vin par rapport au 1996 classique qui
est, par ailleurs, presque identique. À conserver et à offrir à la
génération à venir.

• 1995 JOSÉ MICHEL SPECIAL CLUB   88, JUIN 2003] 90
(50 % PM, 50 % CH)
Bouche crémeuse anormalement développée, chocolatée
et persistante. Ce ne sont pas les bouteilles les plus mémorables
de Michel mais le vin est pourtant terriblement bon et étoffé.

• 1992 JOSÉ MICHEL SPECIAL CLUB   82, NOVEMBRE 1998] 85
(50 % PM, 50 % CH)
Nez ample et opulent de peaux de pommes et de violette. Bouche
importante de pistache. Vin toujours très riche en goût quel que
soit le millésime.

• 1990 JOSÉ MICHEL SPECIAL CLUB   87, MAI 1998] 92
(50 % PM, 50 % CH)
Il est incroyable que tous les vins club se ressemblent tant, qu'ils
soient élaborés à partir de chardonnay ou de pinot. L'onctuosité
et la concentration crémeuse évoquent beaucoup un Bonnaire
à Cramant. Une note personnelle d'épices et de freesia se libère
certainement ici, mais le chardonnay crémeux citronné domine
l'impression générale.

• 1985 JOSÉ MICHEL SPECIAL CLUB   90, MAI 1998] 94
(50 % PM, 50 % CH)
Le nez comme la bouche rappellent un Hermitage rouge. Notes
frappantes de mûres et de charcuteries fumées. Acidité élevée et
longueur phénoménale. Un grand Michel!

MIGNON, CHARLES N-M
1, avenue de Champagne
51200 Épernay
03 26 58 33 33
Production : 200 000
Une nouvelle maison avec une adresse assez impressionnante,
n'est-ce pas? La maison utilise uniquement du vin du premier
pressurage. Tous les vins proviennent de villages classés grands
crus ou premiers crus. Bruno Mignon commercialise également
les champagnes des autres à des prix avantageux.

• CHARLES MIGNON GRANDE RÉSERVE   58
(75 % PN, 25 % CH)

• CHARLES MIGNON CUVÉE   75
(75 % PN, 25 % CH)

• CHARLES MIGNON ROSÉ   54
(75 % PN, 25 % CH)

MIGNON, PIERRE R-M
51210 Le Breuil
03 26 59 22 03
Il a refusé de répondre à toutes mes questions au téléphone ou par
fax. Je me demande quelquefois de quoi ces gens ont peur?

• 1995 CUVÉE JACQUES CHIRAC   73, MARS 2004] 73
(80 % PN, 20 % CH)

MIGNON, YVES R-M
166, rue de Dizy
51480 Cumières
03 26 55 31 21
Il a récemment arrêté son activité. Il a été incorporé dans
la coopérative.

• YVES MIGNON BRUT   73

MIGNON & PIERREL N-M
24, rue Henri-Dunant
51200 Épernay
03 26 51 93 39
Production : 200 000
Une maison d'Épernay inconnue qui peut être trouvée au
Systembolag. La maison est en fait plus connue pour ses terribles
bouteilles aux couleurs criardes et aux motifs fleuris. Dominique
Pierrel est le vinificateur. Les vins sont très populaires et ils sont

assez bon marché. Ils possèdent une note basique de caramel à la menthe.

- MIGNON & PIERREL BRUT PREMIER CRU   76
  (40 % PN, 60 % CH)
- 1992 MIGNON & PIERREL   50, AVRIL 2001] 50
  (100 % CH)
- 1990 MIGNON & PIERREL   84, AVRIL 2001] 84
  (100 % CH)

  Le style de la maison doux et mentholé comme des bonbons revient encore une fois mais heureusement sans la bouche de pâte dentifrice. Caractéristique du millésime, mature et charpenté. Dans le verre, il perd de ses arômes si on ne se dépêche pas.
- 1988 MIGNON & PIERREL GRANDE CUVÉE   84, MARS 2001] 84
  (10 % PN, 90 % CH)

  Nez moyennement ample. Vin très délicat au nez comme en bouche aux notes crémeuses de chardonnay.

MILAN, JEAN R-M

4, rue Avize
51190 Oger
03 26 57 50 09
Production : 80 000

Henry Milan n'est pas le nom d'une équipe de football mais bien l'un des rares viticulteurs doués et visionnaires à Oger. Le propriétaire actuel, Henri-Pol Milan, possède 5 hectares et tout comme Ed Bonville, il utilise une grande quantité de fûts de chêne. Il s'en sert à 100 % pour les cuvées de prestige. Les champagnes Jean Milan sont tous bons mais qui manquerait d'avoir un Inzagi ou un Schevtjenko au sommet ! La maison a été fondée en 1964.

- CUVÉE JEAN CHARLES MILAN SÉLECTION   82
  (100 % CH)

  L'un des deux champagnes de prestige de la maison. Entièrement vinifié en petits fûts de chêne. Nez retenu, dense et beurré d'orange et de miel. Blanc de blancs retenu, bien équilibré et concentré possédant un bon potentiel de vieillissement.
- JEAN MILAN BLANC DE BLANCS   70
  (100 % CH)
- CUVÉE JEAN CHARLES DEMI-SEC   45
  (100 % CH)
- 1992 TERRES DE NOËL   78, MAI 1998] 80
  (100 % CH)

  Boisson estivale légère et flatteuse aux qualités évidentes de vin d'apéritif. Bouquet herbacé à la note d'aubépine. Bouche lisse et fraîche.
- 1990 TERRES DE NOËL   80, MAI 1998] 83
  (100 % CH)

  Ce champagne de prestige est élaboré à partir des plus vieux ceps de la maison et il est vinifié en fûts de chêne. Style plus léger et plus fruité. Moins concentré et bouche picotante de pommes jaunes.

MOËT & CHANDON **** N-M

20, avenue de Champagne
51333 Épernay
03 26 51 20 00
Production : 26 000 000

La famille Moët est originaire de Hollande mais elle est présente en champagne depuis le XVe siècle. La maison a été fondée en 1743 par Claude Moët. Mais elle a véritablement été reconnue avec Jean-Rémy à sa tête au XIXe siècle. Napoléon, qui a étudié à l'école militaire à Brienne, est devenu un ami proche de Jean-Rémy. Celui-ci est rapidement devenu maire d'Épernay. Une saga d'un

succès improbable a débuté ! Pour que Napoléon ait un vrai endroit où habiter lors de ses nombreuses visites en Champagne, le château Le Trianon a été construit en face de Moët & Chandon sur l'avenue de Champagne. Un peu avant son arrestation et sa déportation sur l'île Elbe, Napoléon est venu à Moët pour remettre la Légion d'honneur à Jean-Rémy. Malgré la défaite à Waterloo, le champagne de Moët a continué à être des plus populaires. En 1832, le nom a changé pour devenir Moët & Chandon et la maison a très bien réussi dans le monde industriel. Déjà au tournant du siècle, des millions de bouteilles étaient vendues et la production augmentait constamment en dehors d'un petit recul au début des années quatre-vingts-dix. Robert-Jean de Vogüé a été un autre homme fort à la tête de la maison en 1930. Il est en outre derrière le C.I.V.C. La maison exploite aujourd'hui 553 hectares dans 44 villages mais ce n'est pas suffisant. Puisque deux cents villages sont inclus dans la cuvée non millésimé, 75 % des raisins doivent être achetés. 82 % de la production totale est exportée. Même si Moët a connu un grand succès avec son champagne simple sans année, l'élévation de la qualité de tous les vins est gigantesque. Le vin millésimé habituel est très fiable et bon. Dom Pérignon est bien entendu le premier représentant de la maison. Le premier millésime du vin le plus connu au monde date de 1921. Ce qui est moins connu est que tous les millésimes de Dom Pérignon jusqu'en 1943 sont en fait des millésimes habituels de Moët subissant un transvasement dans des répliques des bouteilles du XVIIIe siècle. Seul le 1921 est sans hésitation le meilleur champagne de la maison. La question de savoir quel est le meilleur Dom Pérignon est beaucoup plus discutée. La plupart parie sur le 1961 tandis que personnellement j'ai un petit faible pour le 1964. La force de la maison réside dans la grande palette de villages qu'elle utilise pour la création de la cuvée. Si les vins étaient conservés un peu plus longtemps et si le rendement de leurs vignes classées grands crus diminuait, le trône de la qualité pourrait être reconquis. Jusqu'à la fin des années soixante, Dom Pérignon était constamment l'un des trois meilleurs champagnes toutes catégories. Cela peut être de nouveau le cas !

- MOËT & CHANDON BRUT IMPERIAL   75
  (50 % PN, 40 % PM, 10 % CH)
- MOËT & CHANDON BRUT PREMIER CRU   80
  (33 % PN, 33 % PM, 34 % CH)

  Style de la maison magnifique. Arômes charmants de fruits tropicaux et de fleurs blanches. Champagne non millésimé gouleyant et mature composé de raisins récoltés de vignes classées premiers crus.
- MOËT & CHANDON DRY IMPÉRIAL   54
  (33 % PN, 33 % PM, 34 % CH)
- MOËT & CHANDON LES CHAMPS DU ROMONT   84
  (100 % PM)

  Le pinot meunier grand cru est des plus inattendu. Les Champs du Romont à Sillery est le vignoble classé grand cru le plus important produisant cette variété de raisins. Tous les vins de la trilogie sont aussi fidèles à la maison qu'à leurs origines. C'est particulièrement le cas pour ce vin avec son style caractéristique de la maison. Notes de pain et fruité exotique pour une bouteille exceptionnelle de Brut Imperial. Je comprends maintenant combien le pinot meunier est important pour Moët & Chandon.
- MOËT & CHANDON LES SARMENTS D'AY   90
  (100 % PN)

  Jean-Rémy a acheté en 1798 le vignoble Les Sarments d'Ay qui a aujourd'hui la chance de briller en indépendance. Ces vins vont être très intéressants à suivre au fil des ans. J'espère que Moët va inscrire la date du dégorgement et des mélanges des millésimes sur l'étiquette car je suis convaincu que tous ces vins gagneront beaucoup grâce à la garde en cave. Ma note serait, par exemple, beaucoup plus élevée si je pouvais également donner des points pour le potentiel de vieillissement du vin. Ce blanc de noirs gagne beaucoup à rester quelques années immobile dans une bonne cave. De prime abord, le vin possède un nez muet à la structure classique et une longueur en bouche quelque peu courte.

Deux ans après sa commercialisation, le vin est superbe avec un nez torréfié évoquant un Dom Pérignon et un fruité fantastiquement rafraîchissant et délicieux.

• MOËT & CHANDON LES VIGNES DE SARAN 85
(100 % CH)

En automne 2001, Moët a commercialisé la Trilogie des Grands Crus produite à partir de trois vignobles différents et de trois variétés de raisins. Seulement 15 000 bouteilles de chaque vin sont produites annuellement. Les vins sont sans années mais ils sont basés pour la première fois sur la récolte de 1996. Selon moi, les trois vins sont un brin trop doux. Parallèlement, le nez est jeune et fermé. Ce vin de chardonnay est riche et étoffé, à l'arôme direct et magnifique d'amande douce. Les Vignes de Saran sont un vignoble très âgé situé dans la proximité du château Saran à Chouilly. Prometteur!

• MOËT & CHANDON NECTAR 53
(33 % PN, 33 % PM, 34 % CH)

• MOËT & CHANDON DEMI-DEC 30
(40 % PN, 40 % PM, 20 % CH)

• MOËT & CHANDON ROSÉ 65

• 1998 MOËT & CHANDON 84, AVRIL 2004] 88
(50 % PN, 5 % PM, 45 % CH)

Comme d'habitude, ce vin est très charmant. Il possède rapidement un fruité moelleux, explosif et exotique. Je suis cependant convaincu que ce vin va développer des notes plus torréfiées et agréables avec quelques mois de plus en bouteille. Un bon Moët mais pas exactement grandiose.

• 1996 MOËT & CHANDON 88, NOVEMBRE 2003] 92
(50 % PN, 5 % PM, 45 % CH)

Superbe! L'acidité retenue du millésime préserve ici la vie de ce vin sans s'imposer. Le vin peut donc déjà briller. Le style de la maison a suffisamment de place pour s'exprimer. Le fruité est richement exotique. Il était sûrement tentant de faire un champagne plus doux puisque l'acidité est si prononcée. Fort heureusement, Moët a pensé à l'avenir en développant un champagne parfaitement équilibré au bon potentiel de vieillissement au lieu de tout miser sur un charme immédiat.

• 1995 MOËT & CHANDON 86, MAI 2003] 89
(50 % PN, 10 % PM, 40 % CH)

Il possède déjà une onctuosité magnifique. Sec et beau, aux séquences en bouche impressionantes et exotiques qui vont être présentes quelques années encore. Ce vin déjà nettement impressionnant sera peut-être encore meilleur que ce que j'avais prédit.

• 1993 MOËT & CHANDON 85, OCTOBRE 2003] 87
(50 % PN, 20 % PM, 30 % CH)

D'après beaucoup de mes amis, ce vin possède un nez à la Sauternes. Nez délicieux caractéristique de la maison. Bouche de caramel dur concentrée et exotique. Persistant et généreux. Avec ce beau vin de base, il est inutile, selon moi, d'utiliser un dosage si élevé. C'est vraiment un bon 1993.

• 1992 MOËT & CHANDON 87, MARS 2004] 87
(45 % PN, 15 % PM, 40 % CH)

Bon nez mais la bouche est beaucoup trop fine et courte. Moët & Chandon recevra cependant un éloge pour le faible

dosage de cette année délicate. En magnum, le vin est magnifiquement torréfié et plus charnu.

• 1990 MOËT & CHANDON 90, MAI 2002] 90
(50 % PN, 20 % PM, 30 % CH)

Le millésime de Moët est toujours d'un relativement bon niveau sans coûter plus qu'un vin millésimé. Pendant longtemps, le 1990 était plus retenu et restreint que la normale. Bouche beurrée et crémeuse à la note torréfiée et à la complexité citronnée. Complètement mature actuellement.

• 1988 MOËT & CHANDON 87, JUILLET 2001] 88
(50 % PN, 20 % PM, 30 % CH)

Moët en bref. Nez mature assez tôt et plaisant, aux notes de levure, de velouté aux champignons, d'orange et de pain grillé. Bouche moelleuse, légèrement torréfiée, à la longueur douce moyennement persistante. Très bon rapport qualité prix.

• 1986 MOËT & CHANDON 81, MAI 2001] 81
(50 % PN, 20 % PM, 30 % CH)

Ce vin était un poids léger lors de son lancement. Après quelques années, il est devenu mature très rapidement. Nez ample de fumé, de champignon et de banane. Bonne bouche moelleuse de fruit exotique et surtout de fruit de la passion.

• 1985 MOËT & CHANDON 89, JANVIER 2000] 89
(50 % PN, 20 % PM, 30 % CH)

Meilleure conservation en cave et plus retenu que le charmeur de 1986. Nez délicat mais influencé par le chardonnay. La bouche très charnue persiste longtemps au palais. Beaucoup moins exotique que la normale.

• 1983 MOËT & CHANDON 89, MAI 2001] 89
(50 % PN, 20 % PM, 30 % CH)

Un millésime réussi pour Moët. Le vin a développé un beau nez de pâté de foie et de velouté aux champignons. Bouche encore plus vigoureuse au fruité vibrant.

• 1982 MOËT & CHANDON 87, MAI 2001] 87
(50 % PN, 20 % PM, 30 % CH)

Si quelqu'un me demandait de lui décrire le style de la maison Moët, je lui ouvrirais une bouteille de ce champagne. Très ouvertement Moët! Très doux aux notes de caramel dur ces derniers temps.

• 1981 MOËT & CHANDON 85, NOVEMBRE 1995] 85
(50 % PN, 20 % PM, 30 % CH)

Nez très crémeux et agréable. Bouche distincte et étonnamment étoffée. En considérant la façon dont la plupart des millésimes beaux et sensationnels de 1981 ont vieilli, ce vin peut être un essai passionnant.

• 1980 MOËT & CHANDON
(50 % PN, 20 % PM, 30 % CH)

• 1978 MOËT & CHANDON 86, DÉCEMBRE 2002] 86
(50 % PN, 20 % PM, 30 % CH)

Lors d'un voyage du Club d'œnologie de SAS, j'ai acheté deux bouteilles récemment dégorgées de ce millésime. Ce vin est indéniablement frais et fruité mais sans une complexité plus importante et avec une finale d'herbe de raisins non mûrs. Le nez torréfié est considérablement meilleur.

• 1976 MOËT & CHANDON 90, DÉCEMBRE 2000] 90
(50 % PN, 20 % PM, 30 % CH)

Pesant et gras. Peut-être pas spécialement élégant. C'est pourtant un vin impressionnant, chaleureux et voluptueux. Parmi les arômes, des notes de miel, vanille et amande grillée peuvent être discernées.

• 1975 MOËT & CHANDON   93, MARS 2003] 93
(50 % PN, 20 % PM, 30 % CH)
Cette année, la qualité du millésime et celle du Dom Pérignon
sont étonnamment très semblables. Une structure dense et
classique, particulièrement sensible au fond de la bouteille.
Mousse pétillante. Acidité fraîche. Le nez va devenir séduisant
après un moment dans le verre avec des notes de café, de caramel
à la crème, de pêche et de jasmin.

• 1973 MOËT & CHANDON   87, MAI 2001] 87
(50 % PN, 20 % PM, 30 % CH)
Nez opulent à la note de crème de champignon caractéristique
de la maison Moët avec la douce acidité ainsi qu'une bouche
mature et unifiée. Peut-être sur le déclin. À consommer jusqu'à
la dernière goutte !

• 1971 MOËT & CHANDON   93, DÉCEMBRE 2000] 93
(50 % PN, 20 % PM, 30 % CH)
La première bouteille que j'aie dégustée était dans un moins bon
état que la bouteille dégustée de Silver Jubilée de la même année.
J'ai cependant été frappé par les similarités au niveau de
la structure et par l'arôme de mangue magnifique un peu abîmé
par l'oxydation. Il est devenu très bon récemment.

• 1970 MOËT & CHANDON   86, DÉCEMBRE 2000] 86
(50 % PN, 20 % PM, 30 % CH)
Belle robe jaune paille. Nez moyennement ample de groseille
rouge, de mangue et de basilic. En bouche, il ressemble à un riche
bourgogne avec des notes charnues et fumées de chardonnay.
Très persistant.

• 1969 MOËT & CHANDON   86, AOÛT 1998] >
(50 % PN, 20 % PM, 30 % CH)
Belle robe rosée. Mousse vive. La proportion de pinot meunier
dans ce vin s'est totalement écroulée ! Le vin ne possède plus
d'unité harmonieuse même si la part du chardonnay est encore
vigoureuse.

• 1966 MOËT & CHANDON   92, JANVIER 2001] 92
(45 % PN, 20 % PM, 35 % CH)
Ce vin s'est bien comporté face à ses concurrents dans diverses
dégustations. Ce n'est absolument pas un grand vin mais il est
bien conservé. Il se trouve actuellement à son apogée. Très belle
mousse malgré la robe profonde. Nez unifié, mature et torréfié
de champagne. Bouche moelleuse et flatteuse de nectarine.
Moyennement persistant.

• 1964 MOËT & CHANDON   95, DÉCEMBRE 2003] 95
(50 % PN, 10 % PM, 40 % CH)
De prime abord, ce vin est pratiquement une parodie avec sa note
exagérée de café torréfié. C'est aujourd'hui, un vin magnifique en
magnum avec son nez riche en finesse et sa bouche cohérente et
dense. Longueur en bouche persistante et torréfiée.

• 1962 MOËT & CHANDON   93, DÉCEMBRE 2000] 93
(40 % PN, 5 % PM, 55 % CH)
La dernière année en fûts de chêne pour le millésime.
Une concentration et une complexité entièrement différentes sont
immédiatement notables dans ce vin. Robe presque artificielle de
soda à la poire. Mousse très vivante. Nez ample et exotique de sueur,
de fromage, de mer, de fumée et de cuir. Bouche à la Meursault avec
une longueur persistante de chêne et de noix. Considérablement
plus pesant que le Dom Pérignon de la même année.

• 1961 MOËT & CHANDON   94, MAI 2001] 94
(40 % PN, 5 % PM, 55 % CH)
« Dégusté une seule fois auparavant, il était alors légèrement
madérisé et peu complaisant. La structure semblait sinon être
prometteuse. Des bouteilles si bien conservées qu'elles vont

sûrement offrir de très bons moments aux amateurs
de champagne », ai-je écrit en 1995. En juin 1997, mes attentes
sont concrétisées. Un vin magnifique ! Il est encore meilleur
en magnum.

• 1959 MOËT & CHANDON   93, OCTOBRE 2003] 93
(50 % PN, 20 % PM, 30 % CH)
Le volume et la force se reflètent dans ce vin grandiose. Je préfère
la fraîcheur que le vin possède en magnum. En bouteille classique,
des signes de fatigue sont notables.

• 1955 MOËT & CHANDON   87, MAI 2003] 87
(45 % PN, 20 % PM, 35 % CH)
Un magnum bien conservé et mousseux qui m'a beaucoup déçu
puisque le millésime précédent a donné de grands vins. Bouche
un peu trop douce, pâteuse et courte. C'est un vrai sachet de
confiseries simple et agréable. J'en ai dégusté de nombreuses
bouteilles ; la plupart étaient un peu trop vieilles.

• 1953 MOËT & CHANDON   95, JANVIER 2001] 95
(45 % PN, 20 % PM, 35 % CH)
Un Moët presque parfait aux arômes à la Dom Pérignon. Une
surabondance de caramel, de café et de notes miellées au nez
comme dans la bouche dansante et harmonieusement caressante.

• 1952 MOËT & CHANDON   83, MAI 2001] 83
(50 % PN, 20 % PM, 30 % CH)
Une bouteille récemment dégorgée dégustée au côté d'un Moët
de 1914. Le vin était clair, pâle et vif mais au nez trop oxydé pour
mon goût. La bouche conservait l'acidité en vie. Des touches de
café et d'agrume pouvaient être discernées.

• 1949 MOËT & CHANDON
(45 % PN, 20 % PM, 35 % CH)

• 1947 MOËT & CHANDON   94, AOÛT 1997] 94
(45 % PN, 20 % PM, 35 % CH)
La mousse est à peine visible mais la robe jaune est vivante.
Nez chocolaté pur. Le caractère étoffé est grandiose.
La viscosité du vin ravive l'acidité fraîche et la bouche
persistante et beurrée.

• 1945 MOËT & CHANDON   85, OCTOBRE 1997] >
(45 % PN, 20 % PM, 35 % CH)
Un vin qui était il y a quelques secondes magnifique pour mourir
comme un cierge magique dans le verre.

• 1943 MOËT & CHANDON   90, AVRIL 2000] 90
(50 % PN, 20 % PM, 30 % CH)
Champagne de repas plein et charpenté. Il n'est peut-être plus
aussi pur et élégant, aux notes fortes de bois et de vieillissement.
C'est une expérience œnologique historique qui montre comment
les vins concentrés se comportaient à cette époque grâce au faible
rendement des récoltes.

• 1941 MOËT & CHANDON
(45 % PN, 20 % PM, 35 % CH)

• 1928 MOËT & CHANDON   96, MAI 2001] 96
(45 % PN, 20 % PM, 35 % CH)
Dégorgé en 1997. Je l'ai dégusté dans un grand restaurant en
Champagne. Petites bulles délicates persistantes au palais.
Un grand vin musclé qui peut être rapproché d'un sauternes
frais et élaboré comme un chef-d'œuvre.

• 1921 MOËT & CHANDON   98, MARS 2002] 98
(45 % PN, 20 % PM, 35 % CH)
C'est le meilleur Moët de tous les temps exactement comme
Tom Stevenson l'avait prédit. Ce fut l'un des sommets lors de
la dégustation du millénaire (voir page 66) avec son élégance
incroyable et son charme classique. Le vin est similaire au Dom
Pérignon de 1921.

- 1919 MOËT & CHANDON
  (45 % PN, 20 % PM, 35 % CH)

- 1914 MOËT & CHANDON   97, JUIN 2001] 97
  (45 % PN, 20 % PM, 35 % CH)
  Dégorgé en 1997. Un coup de maître bien conservé, qui montre en bluffant à quel point le style de la maison a été constant durant le siècle. Nez parfait au fruité insolent, jeune et parfumé avec une canonnade des meilleurs arômes de boulangerie. La mousse, l'équilibre et le spectre aromatique en bouche sont également féeriques. Avec un peu plus de poids et une meilleure persistance, ce champagne aurait été l'un des meilleurs que j'aie goûtés. Considérablement moins vivant que le vin normalement dégorgé.

- 1911 MOËT & CHANDON   95, JANVIER 1999] 95
  (45 % PN, 20 % PM, 35 % CH)
  Dégorgé en 1997. Robe pâle, jeune et claire. Belles petites bulles qui disparaissent pourtant après un moment dans le verre. Nez muet, doucement personnel avec, à l'avant-garde, une note de massepain. Bouche concentrée vraiment impressionnante avec son essence d'amande douce et sa persistance imposante.

- 1904 MOËT & CHANDON   94, MARS 2004] 94
  (45 % PN, 20 % PM, 35 % CH)
  Il existait une différence incroyable entre le premier verre angélique et le gâchis plat au fond de la bouteille. Mes points élevés valident uniquement la belle rencontre avec ce vin volatile âgé de cent ans qui nous prend avec violence grâce à son nez de caramel et à sa sensation profonde et très dramatique. C'était comme un dernier salut gravé dans la mémoire avant que le vin ne disparaisse de notre planète pour entrer dans des livres d'histoire.

- 1998 MOËT & CHANDON ROSÉ   85, AVRIL 2004] 88
  (55 % PN, 5 % PM, 40 % CH)
  Un 1998 au nez agréable et au bel aspect floral avec des notes plaisantes de fraises surgelées et aux touches de pain caractéristiques de la maison. Savoureux et frais, au charme luxueux et souriant de début d'été. Un vrai crime que devoir recracher ce vin !

- 1996 MOËT & CHANDON ROSÉ   86, MARS 2003] 90
  (55 % PN, 5 % PM, 40 % CH)
  Robe légèrement plus claire et délicate que les millésimes précédents. Impression générale un peu plus douce et moelleuse que le blanc de 1996. Beau fruité moelleux aux notes de pomme et au soupçon de fraise. Base biscuitée qui n'en est pas moins grillée maintenant. Mais cela viendra sûrement facilement. Bien sûr, elle était là. Joliment grillée et classique seulement deux mois après sa commercialisation.

- 1995 MOËT & CHANDON ROSÉ   91, JUIN 2002] 92
  (62 % PN, 10 % PM, 28 % CH)
  Un vin angéliquement voluptueux et extraordinairement bon. Il est si opulent et si proche d'un bourgogne qu'il nous époustoufle. Moët produit toujours un millésime relativement mature et immédiatement gouleyant. La vinification moderne a vraiment très rarement élaboré une création « séquences après séquences » irrésistible, au fruité voluptueusement doux comme ce vin. Chapeau bas pour le géant d'Épernay. Le vin possède une ressemblance frappante avec les jeunes millésimes de Ponsot à Morey-Saint-Denis.

- 1993 MOËT & CHANDON ROSÉ   82, OCTOBRE 2000] 86
  (62 % PN, 10 % PM, 28 % CH)
  Rosé riche des plus séduisant. Caractère étoffé surprenant et douce concentration. Il manque peut-être d'un peu d'élégance et de pureté.

- 1992 MOËT & CHANDON ROSÉ   80, MAI 2002] 81
  (47 % PN, 22 % PM, 31 % CH)
  Les 1992 ne sont jamais grands, c'est également le cas pour ce rosé. Au nez, le spectre aromatique est composé de notes d'abricot, de rose et de fruit de la passion. Bouche assez pleine mais courte.

- 1990 MOËT & CHANDON ROSÉ   89, MAI 2002] 90
  (47 % PN, 22 % PM, 31 % CH)
  Un vin réussi qui mélange de belle façon le style de la maison avec l'astringence du millésime. Fruité pur et clair. Bon équilibre. Il rappelle énormément le blanc de 1990.

- 1988 MOËT & CHANDON ROSÉ   81, DÉCEMBRE 2000] 81
  (60 % PN, 15 % PM, 25 % CH)
  Robe profonde. Style développé rappelant le fromage aux notes de bonbon et de framboise. Bouche de pinot profonde, mature, abrupte.

- 1986 MOËT & CHANDON ROSÉ   85, MARS 2003] 85
  (47 % PN, 22 % PM, 31 % CH)
  Rond, gouleyant, aux notes de pain avec un fruité agréable et modeste. Longueur en bouche assez courte. Il est cependant vraiment superbe à boire ! À chaque année qui passe, le vin ressemble de plus en plus à un bourgogne.

- 1985 MOËT & CHANDON ROSÉ   81, MAI 2001] 81
  (60 % PN, 15 % PM, 25 % CH)
  Robe orangée très développée. Le nez comme la bouche sont cependant plus retenus. Rosé étonnamment délicat de la maison au caractère minéral.

- 1983 MOËT & CHANDON ROSÉ   88, AVRIL 1999] 88
  (60 % PN, 15 % PM, 25 % CH)
  Champagne extraordinairement bon, au fruité savoureux et superbe. Caractère torréfié sublime.

- 1982 MOËT & CHANDON ROSÉ   88, MAI 1999] 88
  (60 % PN, 15 % PM, 25 % CH)
  Champagne qu'on ne crache qu'à regret et intensément caractéristique de la maison, qui séduit avec son nez torréfié et ses notes fortes de pain. C'est une apparition douce comme un fruit, moelleuse, qui se boit facilement. J'ai été surpris lorsque quelques dégustateurs ont considéré ce charmeur comme exigeant aux notes de choux, de poisson et de soufre.

- 1981 MOËT & CHANDON ROSÉ   65, JUIN 1990] 70
  (60 % PN, 15 % PM, 25 % CH)

- 1978 MOËT & CHANDON ROSÉ   88, JUIN 2000] 88
  (60 % PN, 15 % PM, 25 % CH)
  Un vin qui ne m'a pas du tout impressionné auparavant. C'est aujourd'hui un champagne magnifique et mature à l'arôme de pinot superbe évoquant un bourgogne. La bouche possède encore une note secondaire jeune de groseille à maquereau.

- 1970 MOËT & CHANDON ROSÉ   82, MARS 2000] 82
  (60 % PN, 15 % PM, 25 % CH)
  Pas spécialement remarquable. Note de base terreuse et caractère plat à l'acidité persistante. Fruité ample et rouge. Robe rose foncé. Un millésime délicat.

- 1969 MOËT & CHANDON ROSÉ   93, OCTOBRE 2000] 93
  (60 % PN, 15 % PM, 25 % CH)
  C'est toujours un beau vin sous tous les aspects. Sûrement un peu court et un brin concentré, mais si opulent, au nez estival, à la bouche crémeuse de glace à la vanille et à la confiture de fraises que je pardonne tout.

- 1966 MOËT & CHANDON ROSÉ   88, JUIN 2000] 88
  (60 % PN, 15 % PM, 25 % CH)
  Champagne riche presque charnu au nez de cave et de Fanta. Bouche très âgée et un peu asséchée.

• 1961 MOËT & CHANDON ROSÉ   86, DÉCEMBRE 2002] 86
(60 % PN, 15 % PM, 25 % CH)

Dégusté à côté du 1955. Ce vin semble quelque peu moins
vivant en étant un brin plus sombre. La mousse n'existe pas
vraiment. Mes amis anglais ont l'habitude de faire décanter
leurs champagnes rosés anciens. Ici, je pense que cela a pu ôter
au champagne une partie des arômes flous et que cela met mieux
en avant l'élégance végétale de bourgogne de ce vin.

• 1959 MOËT & CHANDON ROSÉ   94, DÉCEMBRE 2003] 94
(60 % PN, 15 % PM, 25 % CH)

Rosé incroyablement homogène et riche! Monumental et
aristocratique. Nez muet mais cependant impressionnant avec
sa pesanteur et son profil rappelant un bourgogne. Séquences
en bouche de fruit doux. Bouche dense de caramel. La profondeur
sombre séduit parallèlement avec sa facette animale, ses notes
de tabac et sa bouche équivoque de fromage de Gruyère.

• 1955 MOËT & CHANDON ROSÉ   85, JUILLET 2003] 85
(60 % PN, 15 % PM, 25 % CH)

Pas du tout de mousse. Robe sombre et dense identique à un
vieux bourgogne rouge. Même le nez et la bouche penchent dans
cette direction avec une empreinte fortement animale mélangée
aux arômes de betterave rouge et de cuir. Finale douce et
concentrée avec une once de tannin. Très intéressant.

• 1996 DOM PÉRIGNON   94, FÉVRIER 2004] 96
(50 % PN, 50 % CH)

Lorsque j'ai goûté pour la première fois ce vin c'était avec
Tom Stevenson lors de la première mondiale à l'hôtel Mandarin
Oriental à Londres. Nous avons été tous les deux surpris par
l'ouverture et le charme direct de ce Dom Pérignon classique
qui ne trompe pas. L'acidité se libère sous une couverture
d'arômes riches et doux crée par un dosage assez élevé et par
les raisins mûrs. Nez angélique aux notes de pêche, de citron et
de citron vert associées à la vanille, aux pralines et aux grains
de café. Bouche caressante, douce et très riche. Tout de suite
magnifique, mais c'est également un vin à suivre dans toutes
les phases de sa vie. Geoffroy est un génie!

• 1995 DOM PÉRIGNON   94, AVRIL 2004] 95
(48 % PN, 52 % CH)

Dom Pérignon classique tout en étant doux, sensuel et aimable.
Le vin tapisse la bouche avec la tenture la plus soyeuse que je
puisse imaginer. Ce vin soyeux, complexe et gouleyant coule
en bouche tout en laissant une longueur fraîche derrière lui.
La carte de la couleur aromatique est toujours la même aux notes
de fruit exotique et de petit-déjeuner avec un soupçon peu ordinaire
et fort de vanille qui est le signe caractéristique du millésime.

• 1993 DOM PÉRIGNON   90, AVRIL 2003] 93
(45 % PN, 55 % CH)

Mentholé et élégant avec un caractère sous-jacent étoffé exotique.
Belle note minérale et astringence. Finale douce et délicieuse.
Il serait intéressant de le déguster au côté du 1992 quelque
peu délicat. Les notes de café et la richesse commencent à
apparaître vers l'âge de neuf ans.

• 1992 DOM PÉRIGNON   90, JUIN 2003] 90
(40 % PN, 60 % CH)

Il est impossible de dégager la magie de ce millésime mais
Richard Geoffroy a en tout cas réussi à attirer l'attention avec un
Dom Pérignon gouleyant, équilibré et voluptueusement agréable.
Fruité délicat. Bouche qui ne trompe pas. Le millésime ne révèle
que le ralentissement de la puissance et de la profondeur.
Joli caractère réducteur en magnum.

• 1990 DOM PÉRIGNON   94, OCTOBRE 2003] 96
(42 % PN, 58 % CH)

Très jeune et élégant avec la finesse caractéristique du Dom
Pérignon. Ce sera une joie de suivre l'évolution respective
du 1988 et du 1990. Quel début pour Richard Geoffroy!
Arôme de café merveilleusement torréfié en magnum.
En bouteille, il est élégant et rappelle un chablis.

• 1990 DOM PÉRIGNON ŒNOTHÈQUE   90, FÉVRIER 2004] 96
(42 % PN, 58 % CH)

Lors de la grande soirée de gala à Londres en 2004, où toutes les
célébrités étaient présentes, plusieurs bouteilles dégustées ont eu
des problèmes de bouchon. En outre, peu d'entre nous s'étaient
attendus au caractère fermé de ce vin marqué par les minéraux.
Au nez, les beaux exemplaires étaient passionnants et purs aux
notes d'eau de mer, de coquilles d'huîtres, de minéraux et
d'épices. Bouche sèche, anorexique et cristalline, mais il séduira
à nouveau dans sa prochaine phase.

• 1988 DOM PÉRIGNON   94, NOVEMBRE 2003] 95
(55 % PN, 45 % CH)

Dom Pérignon est probablement le champagne le plus connu.
Le 1988 est un très bel exemple de la beauté que ce vin peut
incarner. Il possède des notes claires comme un diamant brillant.
J'associe à ce vin des notes de pain grillé, de grains de café et de
fruit frais proche de l'orange. La bouche est également brillante
aux arômes clairs, acérés et sublimes de fruit et de noix.
Un Dom Pérignon très sophistiqué et assez léger.

• 1988 DOM PÉRIGNON ŒNOTHÈQUE   91, JANVIER 2003] 93
(55 % PN, 45 % CH)

Pendant plusieurs années, j'ai rencontré des anciennes éditions
dégorgées tardivement de Dom Pérignon avec la moitié du
dosage et un ou deux ans de maturation dans la bouteille après
le dégorgement. La date de dégorgement a été exemplairement
inscrite au dos de l'étiquette. Richard Geoffroy en a assez que ses
vins soient constamment questionnés. Il a décidé d'en contrôler
lui-même la commercialisation afin qu'ils soient à leur apogée
lorsque le client les déguste. L'étiquette est influente avec un fond
noir et une forme classique à la Dom Pérignon. Les vins sont
également une sorte de R.D. Dom Pérignon. Personnellement,
je pense que Dom Pérignon avec son style torréfié et réducteur
est beaucoup mieux dégorgé tardivement que les champagnes
oxydés et mats de Bollinger. Le caractère d'autolyse odorant de
champignon n'est jamais aussi imposant chez Dom Pérignon.
Ce vin avait étrangement un goût un peu plus grossier que
l'édition dégorgée normalement.

• 1985 DOM PÉRIGNON   93, JUIN 2003] 94
(40 % PN, 60 % CH)

J'étais plus impressionné par ce vin lors de sa commercialisation
que maintenant. Les notes de café magnifique « Domp »
se libèrent déjà, mais les notes de gaz d'échappement et de
champignon sont adoucies. Très belle bouche et fruité élégant
à la longueur persistante et au moelleux sophistiqué évoquant
le caramel et l'orange.

• 1985 DOM PÉRIGNON ŒNOTHÈQUE   94, MAI 2002] 95
(40 % PN, 60 % CH)

Un beau champagne unique aux notes florales et au bouquet
volatile. Satiné et beurré comme le plus beau bourgogne blanc.
Nettement meilleur que le 1985 classique.

• 1983 DOM PÉRIGNON   88, JUIN 2002] 90
(50 % PN, 50 % CH)

Un vin si caractéristique du style Dom Pérignon! Le vin possède
un style qui ressemble à beaucoup d'autres mais, lorsque le vin est

versé dans le verre, aucune hésitation n'est possible quant à son origine. Le 1983 possède plus de notes d'orchidée, de velouté aux champignons et de gaz d'échappement de diesel que le 1985 mais avec moins de notes grillées. Le champagne est très gouleyant et savoureux. C'est comme mâcher un morceau de pêche douce.

• 1982 DOM PÉRIGNON   90, AVRIL 1998] 92
(40 % PN, 60 % CH)
Je l'ai dégusté une vingtaine de fois depuis mai 1988. Il est facile à reconnaître lors de dégustations à l'aveugle. Il s'est développé relativement lentement. La qualité est très égale d'une bouteille à l'autre. Le nez complexe est parfaitement équilibré entre le pinot et le chardonnay. Les notes les plus frappantes de ce champagne moyennement étoffé sont les gaz d'échappement, le velouté aux champignons, l'orchidée et l'orange.

• 1980 DOM PÉRIGNON   90, MAI 2002] 90
(60 % PN, 40 % CH)
L'un des meilleurs 1980. Clair mais cependant très développé dans son style torréfié. Au nez, la mer et les crustacés comme le chocolat à la menthe se retrouvent dans le spectre aromatique ample. Frais et croustillant mais quelque peu creux pour être considéré comme un grand Dom Pérignon.

• 1980 DOM PÉRIGNON ŒNOTHÈQUE   91, MAI 2002] 91
(60 % PN, 40 % CH)
Le long temps passé au contact de la levure a un peu rempli les facettes vides de ce 1980 classique et léger comme une plume. Plus mat et plus torréfié.

• 1978 DOM PÉRIGNON   93, MAI 2002] 93
(50 % PN, 50 % CH)
Plus lourd que le 1980 mais sans cette élégance retenue. Nez de velouté de champignons. Bouche aux notes de pain aux bords relâchés.

• 1978 DOM PÉRIGNON ŒNOTHÈQUE   93, MAI 2002] 93
(50 % PN, 50 % CH)
Un vin actuellement très riche grâce à la concentration croissante créée par le caractère d'autolyse. Il rappelle en fait le 1976, ce qui n'était pas du tout le cas auparavant.

• 1976 DOM PÉRIGNON   96, AVRIL 2004] 96
(50 % PN, 50 % CH)
Un vin qui ne m'a pas spécialement impressionné avec son caractère typique du millésime un peu brûlé et chaleureux. J'ai donc été très surpris de préférer le 1976 parmi les seize millésimes de Moët lors d'un gigantesque dîner en décembre 2000. Cette bouteille possédait le floral sensuel notable des meilleurs 1976 et une finale imposante, persistante et douce. Grandiose! Il faut cependant observer que les vins n'ont pas été dégustés à l'aveugle.

• 1976 DOM PÉRIGNON ŒNOTHÈQUE   96, FÉVRIER 2004] 96
(50 % PN, 50 % CH)
Mâche féerique. Vin charpenté à la force indestructible et riche en séquences en bouche. Nez aux nombreuses nuances, à la note sous jacente volatile presque florale et aux belles touches torréfiées, de noix et saturées de chèvrefeuille. Une richesse ouverte est mêlée à un sentiment plein et moelleux en bouche. La pointe respire le pamplemousse rose et les bonbons au café.

• 1975 DOM PÉRIGNON   94, MAI 2003] 94
(50 % PN, 50 % CH)
Un Dom Pérignon d'un style pur où tous les éléments se trouvent à leur place. Il se peut que le vin soit cependant dénué de charme en comparaison avec certains autres millésimes. Personnellement, je préfère étonnamment le 1973.

• 1975 DOM PÉRIGNON ŒNOTHÈQUE   93, MAI 2002] 94
(50 % PN, 50 % CH)
Nez un peu neutre et délicat. Bouche incroyablement dense et concentrée. Persistante et intense.

• 1973 DOM PÉRIGNON   96, MAI 2002] 96
(50 % PN, 50 % CH)
Le dernier grand « Domp » de 1973 est un vin sans égal au magnifique bouquet de noix tissé avec des notes de café et de nougat. Longueur en bouche charnue et garnie d'arômes de noix. Pas aussi concentré que les « Domp » des années soixante mais tout aussi élégant et agréable du point de vue aromatique.

• 1973 DOM PÉRIGNON ŒNOTHÈQUE   96, MAI 2002] 96
(50 % PN, 50 % CH)
Angélique de par son profil à la finesse et au floral très proches d'un blanc de blancs. L'un des millésimes de ce vin des plus classiquement torréfié et des plus élégant. Longueur en bouche de noix comme d'habitude.

• 1971 DOM PÉRIGNON   94, AOÛT 2001] 94
(50 % PN, 50 % CH)
Tous les millésimes plus anciens de Dom Pérignon développent un ton net de grains de café torréfiés. Le 1971 est plein de tels arômes. Bouche plus mince que celle du 1973 sans note de noix, mais la longueur en bouche est en fait plus persistante.

• 1970 DOM PÉRIGNON   90, DÉCEMBRE 2000] 90
(50 % PN, 50 % CH)
Nez relativement délicat, à la touche légèrement torréfiée. Bouche fruitée et bonne mais le vin est à peine au niveau de son étiquette Énorme variation d'une bouteille à l'autre. Certaines bouteilles possèdent un nez fortement torréfié.

• 1969 DOM PÉRIGNON   96, JUIN 2003] 96
(50 % PN, 50 % CH)
Le dernier millésime en fûts de chêne. Plus léger que tous les vieux millésimes de Dom Pérignon que j'ai dégustés. Nez sensuel de miel d'acacia avec la touche traditionnelle de café. C'est une belle danseuse en bouche. Il possède presque un style de blanc de blancs. Longueur en bouche persistante et pure.

• 1966 DOM PÉRIGNON   96, AVRIL 2004] 96
(50 % PN, 50 % CH)
Un vin totalement superbe qui a ému aux larmes un ami proche. Il est plein de vie et de vigueur. Il possède de nombreuses similarités avec le Krug de 1966. Nez volatile et ouvrant l'appétit avec des quantités d'arômes fruités d'abricot, de pêche et de mangue. Évidemment des notes délicates de chocolat, de noix, de chêne et de café se libèrent ici. En bouche, la confiture la plus belle et de petites bulles sublimes peuvent être perçues. Longueur en bouche majestueuse.

• 1966 DOM PÉRIGNON ŒNOTHÈQUE   93, MAI 2002] 95
(50 % PN, 50 % CH)
Plus jeune et moins discipliné que la variante normalement dégorgée. À conserver deux ans de plus afin d'accroître la concentration du vin et sa densité.

• 1964 DOM PÉRIGNON   98, AVRIL 2004] 98
(50 % PN, 50 % CH)
Croyez-le si vous le voulez, mais le 1964 est, comme si c'était possible, encore un brin plus acéré que le 1966. Gagnant d'une dégustation des douze meilleurs millésimes de Dom Pérignon, de Krug et de Bollinger. Ce vin combine les grandes notes de maturation et de noix avec l'acidité très jeune et l'attaque fraîche. Un vin qui possède tout. La bouche de caramel au beurre est séparée des arômes de fruits et de noix. Cette note de caramel au beurre reste jusqu'au bout et elle constitue à elle seule la longueur

en bouche exceptionnellement persistante. L'un de mes trois vainqueurs de la dégustation du millénaire à la Villa Pauli (voir page 66). Par la suite, il n'a jamais été vraiment aussi impressionnant.

• 1964 DOM PÉRIGNON ŒNOTHÈQUE   95, MAI 2002] 96
(50 % PN, 50 % CH)
Superbe et complexe, qui propose plus qu'il n'impose, comme le traditionnel 1964 au nez de chocolat à la menthe assurément assez inégal.

• 1962 DOM PÉRIGNON   95, JANVIER 2004] 95
(50 % PN, 50 % CH)
L'un des meilleurs 1962 mais seulement de très peu supérieur au millésimé ordinaire de Moët. En fait, la concentration est moins importante et la longueur en bouche plus courte. Du point de vue positif, le fruité soyeux est comme toujours unique chez Dom Pérignon.

• 1962 DOM PÉRIGNON ŒNOTHÈQUE   96, MAI 2002] 96
(50 % PN, 50 % CH)
Un vin qui doit vraiment être manipulé selon le concept de l'œnothèque. Forme ronde et riche comme le millésime, mais le vin est en même temps vivant et saturé d'orange avec une bouche de confiture d'abricot. Superbe !

• 1961 DOM PÉRIGNON   98, MAI 2002] 98
(50 % PN, 50 % CH)
Le seul champagne auquel Michael Broadbent a donné six étoiles dans son livre sur les millésimes alors que le maximum était de cinq étoiles ! Très plein, à la longueur en bouche persistante, à la note de tonneau. Il possède plusieurs nuances où le café prédomine comme d'habitude. L'un des réels favoris du jury lors de la dégustation du millénaire (voir page 66).

• 1959 DOM PÉRIGNON   94, MAI 2002] 94
(50 % PN, 50 % CH)
Le Cristal de 1959 lui a complètement fait de l'ombre lors d'une récente grande dégustation. Incroyablement épais avec sa mousse vive. Nez pesant aux notes de noix. Bouche persistante d'amande. Mêmes points avec encore un caractère totalement différent sentant la poudre et jeune en tant que vin récemment dégorgé.

• 1959 DOM PÉRIGNON ŒNOTHÈQUE   95, MAI 2002] 95
(50 % PN, 50 % CH)
D'assez grandes variations d'une bouteille à l'autre avec quelques exemplaires clairs, non développés et jeunes et un certain nombre de bouteilles monumentales, charpentées, caractéristiques du millésime que je préfère.

• 1955 DOM PÉRIGNON   95, MAI 2002] 95
(50 % PN, 50 % CH)
Encore plus riche et étoffé qu'un autre millésime de Dom Pérignon. Une partie de la finesse a été perdue dans ce vin unifié et compact. Le fruité du vin fait de l'ombre aux arômes sombres et profonds de cave, au caractère fumé et à la bouche d'amande.

• 1952 DOM PÉRIGNON   95, NOVEMBRE 1998] 95
(50 % PN, 50 % CH)
Jaune d'or profond et mousse abondante. Un Dom Pérignon très personnel sans le feu d'artifice habituel de fruit et de torréfaction. Au lieu de cela, c'est un champagne profond, dominé par la truffe, le cuir, la viande et le goudron.

• 1943 DOM PÉRIGNON   94, MARS 1996] 94
(50 % PN, 50 % CH)
Manifestement le même vin que la Coronation Cuvée. Il ne se tient pourtant pas mieux dans le verre. Bouche basique superbe. Impression délicieuse et luxueuse en bouche.

• 1993 DOM PÉRIGNON ROSÉ   92, AVRIL 2004] 94
(63 % PN, 37 % CH)
Il est déjà beau et caressant, à l'arôme subtil de café tissé avec des arômes moelleux de fruits rouges et de notes stylées de baies. Exquisément rond et fin sans être obséquieux. Encore un coup de maître de Richard Geoffroy en matière de raffinement et d'équilibre.

• 1992 DOM PÉRIGNON ROSÉ   87, JANVIER 2003] 90
(58 % PN, 42 % CH)
Cette bouche est jusqu'à maintenant le supplément de ce fameux vin. Nez simple et floral alors que la bouche possède une richesse exotique et un magnifique caractère rond à la bourgogne.

• 1990 DOM PÉRIGNON ROSÉ   94, MAI 2003] 96
(50 % PN, 50 % CH)
Nez euphorique superbe, aussi langoureux et soyeux que le solo de guitare rempli d'émotions de Carlos Santana. Comme d'habitude, Richard Geoffroy a réussi, tout comme son prédécesseur, à créer un vin à la complexité, à la concentration et au moelleux séducteurs dans un seul et même champagne. Le Dom Pérignon possède dans ce sens une grandeur qu'aucun autre vin ne réussit à effleurer à l'exception du La Tâche en Bourgogne. En plus de la structure merveilleuse, des séquences de fruits exotiques et d'orange sanguine comme fils rouges apparaissent. Tous ces fruits sont sensiblement tissés avec tout un feu d'artifice classique et torréfié. J'ai fait u ne observation intéressante lorsque ce vin a été servi à l'aveugle : les débutants ne l'apprécient pas du tout car ils ont découvert au nez des notes d'écurie et de cabinet d'aisances. Tout le monde perçoit les choses différemment…

• 1988 DOM PÉRIGNON ROSÉ   96, MARS 2004] 97
(60 % PN, 40 % CH)
Mon Dieu ! Un vin rosé fantastique au même arôme agréable d'Ay que le 1985. Évidemment les notes de pain de Moët et le ton de levure au velouté de champignons apparaissent encore et prédominent dans l'ensemble. Une élégance de terroir existe également avec l'aspect soyeux évoquant un La Tâche au palais comme seuls les vins vraiment grands peuvent dégager.

• 1986 DOM PÉRIGNON ROSÉ   93, DÉCEMBRE 1998] 94
(60 % PN, 40 % CH)
L'un des meilleurs champagnes du millésime. Il est toujours séduisant, moelleux et exotique, avec un nez superbe de grains de café, de nougat et de chocolat à l'orange. Un vin pouvant être comparé au baiser d'un ange.

• 1985 DOM PÉRIGNON ROSÉ   96, MAI 2002] 97
(50 % PN, 50 % CH)
Un vin remarquable dont le nez est marqué par l'extraordinaire pinot d'Ay. Moët & Chandon a ici réussi un tour de force en faisant un vin au nez de pinot charpenté. Parallèlement, le vin possède une structure de chardonnay beurrée et élégante. L'un des meilleurs champagnes rosé de pinot que j'ai dégusté.

• 1982 DOM PÉRIGNON ROSÉ   91, OCTOBRE 1997] 93
(40 % PN, 60 % CH)
D.P.R. est toujours très onéreux avec un mauvais rapport qualité prix. Le 1982 a une robe orangée, un nez fruité élégant et une bouche puissante de caramel à l'orange laissant une impression assez décidée au palais.

• 1980 DOM PÉRIGNON ROSÉ   90, OCTOBRE 1997] 92
(65 % PN, 35 % CH)
Il rappelle fortement le 1982 avec un superbe bouquet d'orange et une bouche classique.

• 1978 DOM PÉRIGNON ROSÉ   89, SEPTEMBRE 2000] 89
(60 % PN, 40 % CH)
Robe rose sombre. Nez de fromage. Bouche persistante au fruité
concentré. Plus doux et plus étoffé que le « Domp » blanc.
Sûrement plus vineux mais moins élégant. Dépensez votre argent
pour autre chose.

• 1975 DOM PÉRIGNON ROSÉ   93, MARS 1995] 93
(60 % PN, 40 % CH)
Robe d'un rose extrêmement sombre. Bouche presque mousseuse.
Nez exceptionnellement fruité et jeune, au spectre ample
d'orange, de fraise, de groseille rouge, de cassis et de prune.
À la base, la bouche était jeune et fruitée à la fraise. C'est de prime
abord dans la longueur en bouche charnue et accélérée que
la grandeur du vin s'est exprimée sérieusement.

• 1973 DOM PÉRIGNON ROSÉ   95, MARS 2003] 95
(60 % PN, 40 % CH)
Champagne superbement élégant et agile, à la grâce charismatique
et au charme séduisant. L'un des plus légers et des plus classiques
millésimes de ce vin superbe. Le fruité délicat respire les framboises
récemment cueillies et les notes de pain sont magnifiquement
équilibrées. Un vin à déguster à grandes gorgées.

• 1971 DOM PÉRIGNON ROSÉ   95, MAI 2002] 95
(60 % PN, 40 % CH)
Que dire ? Certains millésimes de ce trésor sont tout simplement
fantastiques. La robe a toujours possédé la même apparence
profondément rosée. La mousse pétille d'une manière
sensationnelle. Tout le vin respire le sérieux et la vinosité
grandiose. Ici, on peut trouver tous les éléments qu'exige un vrai
grand bourgogne rouge. Les épices, les arômes de café, la fumée
et le fruité végétal massif nous font penser aux betteraves rouges.
La longueur en bouche rappelle le meilleur chocolat amer.
Il s'agit de l'affirmation rare et claire décrivant un pinot noir
de premier ordre.

• 1969 DOM PÉRIGNON ROSÉ   96, MAI 2002] 96
(60 % PN, 40 % CH)
Un vin pas vraiment aussi riche que le 1962 mais plus élaboré,
tel un 1971. Le nez comme la bouche rappellent beaucoup
un bourgogne rouge très classique. Le cuir, la truffe, les betteraves
rouges, la framboise, la fraise et le chocolat ne sont que
quelques-unes des merveilles associées à ce nectar onéreux.

• 1966 DOM PÉRIGNON ROSÉ   96, MARS 2000] 96
(60 % PN, 40 % CH)
Un millésime très élégant et léger aux côtés du 1962 et du 1971.
Légendaire et provoquant l'euphorie, avec des touches de
meringue, de thé et de roses associées à un arôme de pinot
charnu, mature évoquant un bourgogne. Un véritable
champagne gagnant.

• 1962 DOM PÉRIGNON ROSÉ   96, MARS 2000] 96
(60 % PN, 40 % CH)
Eh bien, j'ai enfin rencontré par hasard le meilleur champagne de
l'année de ma naissance. Un champagne tout à fait fantastique,
qui a reçu 97 points pour le plaisir pur qu'il procure, mais j'ai un
peu abaissé la note parce, si l'on veut être tatillon, il est peut-être
un peu trop généreux et rond avec un certain manque d'acidité.
Tous les millésimes de ce grand vin ont une robe sombre. Le 1962
possède pourtant une note quelque peu plus claire avec une touche
d'orange. Nez écrasant avec sa rondeur et son caractère extrêmement
riche. La bouche possède presque une bonne mâche avec ses
séquences bien liées à la construction en bouche de douceurs.
La bouteille est aussi bonne qu'historique puisque officiellement
ce fut le premier millésime pour le « Domp »rosé.

• 1959 DOM PÉRIGNON ROSÉ   96, MARS 2003] 96
(60 % PN, 40 % CH)
Il est rare de boire des vins qui ne sont pas élaborés, mais c'est
le cas ici ! Dans toutes les publications que j'ai parcourues, j'ai lu
que c'était le premier millésime de Dom Pérignon Rosé de 1962
qui a été servi lors de la fête d'anniversaire du Shah d'Iran. Lorsque
malgré tout, j'ai découvert une bouteille de 1959, j'ai été contraint
de vérifier avec Richard Geoffroy, qui souriait sournoisement en
disant : « Ah bon, tu en as trouvé une. Nous avons mené plusieurs
expériences en bouteille. » Quoi qu'il en soit, le vin est très
concentré et riche en alcool avec une pesanteur et une persistance
écrasant tout sur son passage. C'est vraiment le millésime le plus
charpenté de ce vin, mais sans sa meilleure sensualité éthérée.

• MOËT & CHANDON AMERICAN INDEPENDENCE
(50 % PN, 20 % PM, 30 % CH)   84, JANVIER 2001] 84
Un champagne spécial élaboré pour l'anniversaire des deux cents
ans de l'indépendance américaine. Trop doux mais charmant et
rafraîchissant, avec des notes de pomme mûre et d'amande.

• MOËT & CHANDON SILVER JUBILÉE 1977
(50 % PN, 20 % PM, 30 % CH)   92, JANVIER 2003] 92
Cette bouteille de jubilée est en fait un pur 1971 au nez net de
draps fraîchement lavés séchés au vent. La mangue est la note
dominante au nez comme dans la bouche moyennement étoffée
et équilibrée.

• 1983 MOËT & CHANDON ANNIVERSARY CUVÉE JUBILEUM
(60 % pn, 40 % ch)   83, OCTOBRE 1993] 89
Un mélange spécial des vignes de Moët selon les personnes de
Moët. Selon moi, il prête à confusion avec le 1983 ordinaire
d'une édition dégorgée tardivement.

• 1943 MOËT & CHANDON CORONATION CUVÉE JUBILEUM
(50 % PN, 50 % CH)   94, SEPTEMBRE 1996] >
Cette cuvée spéciale a été élaborée pour le couronnement de la
reine Elizabeth en 1953. Mes amis et moi-même avons vécu une
expérience historique et oenologique en buvant ce vin. Robe
profonde. Nez s'oxydant rapidement dans le verre mais la bouche
fraîche et majestueuse était magnifique.

MONCUIT, PIERRE *** R-M

11, rue Persault-Maheu
51190 Le Mesnil-sur-Oger
03 26 57 52 65
Production : 125 000
Nicole Moncuit dirige ce domaine à la bonne réputation.
Ils possèdent 20 hectares au Mesnil incluant une proportion
de vieux ceps aux Chétillon. Moncuit est souvent cité au côté
des grands comme Selosse, Diebolt et Peters, ce que j'ai eu
du mal à comprendre pendant longtemps. Les vins Moncuit
ont été pendant longtemps très étonnants. Jeunes, ils étaient
fermés et acérés comme peu de vins. Ils ont acquis soudainement
des notes matures très floues. Le nez s'est parfumé et la bouche
a acquis une note étrange d'airelle ce qu'on n'attend pas vraiment
du Mesnil. Franchement, je ne trouve pas que les conditions
hygiéniques de Moncuit étaient irréprochables. J'ai déjà senti
le même nez d'airelle dans leur cuverie. J'ai également vu
beaucoup de choses étranges près des cuves à fermentation.
Il ne fait en revanche aucun doute que les raisins sont fantastiques,
ce qui est prouvé par une grande amélioration dans les années
quatre-vingt-dix. Le champagne standard est actuellement
vraiment délicieux et, avec la commercialisation du 1996,
il se trouve parmi les très grands. Il s'approche très rapidement
des quatre étoiles.

• CUVÉE HUGUES DE COULMET   60
(100 % CH)

• P. MONCUIT CUVÉE DELOS   78
(100 % CH)

• 1999 P. MONCUIT   85, DÉCEMBRE 2003] 88
(100 % CH)
Fruité miellé très rond et développé à la limite du chèvrefeuille.
Très dense et d'une richesse douceâtre mais cependant minéral.
Bombe fruitée qui ne manque pas de finesse.

• 1998 P. MONCUIT VIEILLES VIGNES   84, SEPTEMBRE 2003] 89
(100 % CH)
Nez encore assez inexpressif et maîtrisé, avec quelques notes
apparentes vertes de rhubarbe, de groseille à maquereau et
d'herbe. D'un point de vue général, il est bien construit avec
une texture charnue et une bouche unifiée et concentrée.
À conserver pendant de nombreuses années.

• 1997 P. MONCUIT   84, OCTOBRE 2003] 87
(100 % CH)
Encore un bon vin dense de ce nouveau producteur. Le fruité est
miellé et assez exotique aux notes de mangue et de papaye. Je ne
pense pas qu'on doive le conserver trop longtemps en cave, mais
pourquoi ne pas en acheter deux bouteilles et en garder une pour
tenter une conservation à la Mesnil.

• 1996 P. MONCUIT   92, SEPTEMBRE 2003] 94
(100 % CH)
Nez extraordinaire de mandarine, de fleurs d'oranger et de
pâtisseries à la vanille. Bouche irrésistible de caramel aux noix,
de mandarine, de bourgogne luxueux et délicat. L'acidité très
acérée baigne dans une séquence charnue fruitée. Elle n'est donc
jamais fatigante. Il évoque la Cuvée Spéciale de Peters de la même
année. Un vrai sommet. Le Mesnil a ici un nouveau joueur
de classe internationale.

• 1995 P. MONCUIT   85, DÉCEMBRE 2003] 87
(100 % CH)
Très moelleux et agréable. Des arômes crémeux et mentholés
dominent la générosité exotique au nez comme en bouche.
Il semble que le vin soit mature. Mais il se peut encore qu'il existe
assez d'acidité sous les séquences en bouche moelleuses et fruitées
pour que ce champagne vieillisse joliment.

• 1990 P. MONCUIT   87, SEPTEMBRE 2003] 89
(100 % CH)
Un blanc de blancs superbement riche et étoffé, aux notes miellées
et de fruits à noyau. Nez charpenté et satiné. Bouche vraiment
impressionnante et persistante.

• 1989 P. MONCUIT   75, MAI 1994] 82
(100 % CH)
Même dans ce vin vert chatoyant, le nez est fermé. Bouche riche
et étoffée mais la longueur est courte.

• 1988 P. MONCUIT   76, MAI 1994] 84
(100 % CH)
Acidité mordante et ferme. Structure prometteuse. Le fruité est
jeune aux notes de fruits verts.

• 1988 P. MONCUIT VIEILLES VIGNES   81, MAI 1994
(100 % CH)
Pour la première fois, Moncuit sépare les vieux ceps des Chétillon
dans ce champagne de prestige. Nez fermé durant une demi-heure
dans le verre. Il libère soudain des notes de groseille à maquereau,
de poire et d'airelle. La structure en bouche est charnue et concentrée.
Ce vin va probablement devenir un grand, mais ce n'est pas
garanti.

• 1986 P. MONCUIT   83, JANVIER 1995] 84
(100 % CH)
Blanc de blancs très plaisant et crémeux d'élaboration classique.

• 1982 P. MONCUIT   30, SEPTEMBRE 1992
(100 % CH)

• 1981 P. MONCUIT   87, MARS 1992] 88
(100 % CH)
C'est véritablement le champagne le plus plaisant que j'aie
dégusté de la maison. Nez floral aux très nombreuses nuances
élargies par des notes d'agrume et de menthe. Bouche légère,
délicate et sublime.

• 1980 P. MONCUIT   85, MAI 1994] 85
(100 % CH)
Robe profonde. Un champagne mature qui ne libère pas de notes
d'airelle. Au lieu de cela, le style fumé du millésime et une bonne
pesanteur sont notables.

• 1964 P. MONCUIT   87, SEPTEMBRE 2003] 87
(100 % CH)
Un champagne ample et mature aux notes de miel, de figue,
de caramel au chocolat et de fruit sec. Il perd ses atouts
rapidement dans le verre. Il devient immédiatement un peu plat.
Bouche puissante et ardente. Le taux d'alcool est probablement
assez élevé.

MONCUIT, ROBERT *** R-M
2, place de la Gare
51190 Le Mesnil-sur-Oger
03 26 57 52 71
Beaucoup moins connu que Pierre Moncuit, mais les champagnes
sont très bons. Ils atteignent presque les quatre étoiles !

• ROBERT MONCUIT BLANC DE BLANCS   77
(100 % CH)

• 1987 ROBERT MONCUIT   80, FÉVRIER 1997] 84
(100 % CH)
Un champagne étoffé, riche et caractéristique du village, aux notes
de coquilles de noix et de poire. Le vin évoque un F. Billion.

• 1982 ROBERT MONCUIT   83, MAI 1999] 86
(100 % CH)
Nez mature au style un peu grossier. Bouche possédant un bon
potentiel de vieillissement avec une bonne acidité en profondeur.

• 1976 ROBERT MONCUIT   94, OCTOBRE 2002] 94
(100 % CH)
Le bon Robert a déménagé au Canada car la pression fiscale
française était devenue trop importante pour lui.
C'est dommage pour nous qui dégustons ses meilleurs vins
millésimés. J'ai longtemps regardé à la dérobée ce vin de 1976
en jéroboam sur la liste éminente des vins du restaurant
« Le Mesnil » avant de réunir un groupe assez grand pour
le déguster. Les 1976 frais sont toujours très bons et
impressionnants avec leur style de caramel dur, caramel
au beurre et caramel aux noix. Magnifiquement torréfié
et saturé de minéraux dans un style caractéristique du village.

• 1973 ROBERT MONCUIT   90, MAI 1999] 91
(100 % CH)
Encore un vin démontrant l'incroyable potentiel du Mesnil.
J'ai rarement dégusté un 1973 plus rafraîchissant. Le vin se repose
entièrement sur son caractère minéral ainsi que sur son élégance
pure et acide. Le vin semblerait maigre si une belle onctuosité
n'enveloppait pas l'acidité comme un cocon de soie.
Notes de noix classique dans le verre vide.

• 1970 ROBERT MONCUIT   90, JUIN 2003] 90
(100 % CH)
Nez oxydé à la Salon aux notes de malt, de foin, de pommes
oxydées et de beurre vieilli. Riche et charnu, à la bouche
magnifique et mature. Peu de vins de 1970 peuvent libérer une
telle acidité. Robe assez développée. À consommer tout de suite.
Magnifique en jéroboam.

MONCUIT-BIGEX, ALAIN R-M
5, avenue Gare
51190 Le Mesnil-sur-Oger
03 26 57 52 71
La maison a récemment fermé ses portes. Les bouteilles sont
néanmoins toujours en circulation.
• ALAIN MONCUIT-BIGEX   70
(100 % CH)

MONTAUDON N-M
6, rue Ponsardin
51100 Reims
03 26 47 53 30
Production : 1 200 000
Pendant plus de cent ans, la famille Montaudon a réussi à conserver
la direction de la maison. Luc Montaudon la dirige actuellement.
Les vignes de la maison sont situées dans l'Aube. Ses raisins sont
très appréciés même si la majeure partie de ceux utilisés pour
la fabrication du champagne est achetée dans la Marne. Les vins
sont simples et fruités avec une réelle note épicée que beaucoup
admirent. Personnellement, je ne suis pas impressionné.
• MONTAUDON CLASSE   68
(40 % PN, 60 % CH)
• MONTAUDON BRUT « M »   53
(50 % PN, 25 % PM, 25 % CH)
• MONTAUDON BLANC DE BLANCS   38
(100 % CH)
• MONTAUDON SEC DEMI-SEC   30
(50 % PN, 25 % PM, 25 % CH)
• 1997 MONTAUDON   78, JUIN 2003] 79
(30 % PN, 55 % PM, 15 % CH)
• 1989 MONTAUDON   67, MAI 1996] 78
(60 % PN, 40 % CH)
• 1988 MONTAUDON   52, NOVEMBRE 1993] 60
(60 % PN, 40 % CH)
• 1979 MONTAUDON   79, JUILLET 1995] 79
(60 % PN, 40 % CH)
• 1990 MONTAUDON ROSÉ   55, MAI 1996] 68
(60 % PN, 40 % CH)
• 1988 MONTAUDON ROSÉ   32
(65 % PN, 35 % CH)

MONTEBELLO N-M
2, boulevard du Nord
51160 Ay
03 26 55 15 44
Production : 250 000
La maison de champagne Montebello a été fondée par le comte du
même nom dans le fameux Château de Mareuil. C'était le fils d'un
des meilleurs amis de Napoléon, le maréchal Lannes. Ayala possède
la maison depuis longtemps. Elle semble être loin d'appartenir
à la même catégorie que son grand frère. Il y a deux ans, la maison
a perdu sa carte de membre du Syndicat des Grandes Marques.

Je n'avais pas dégusté des champagnes de la maison. En fait,
je n'avais même pas vu une bouteille Montebello avant
de découvrir par hasard le vieillard mentionné ci-dessous.
• 1964 MONTEBELLO   88, MARS 2002] 88
(75 % PN, 25 % CH)
Un bon vin vivant et saturé de notes chocolatées qui se marie très
bien avec un lagopède alpin à la sauce aux champignons. Le vin
fait montre d'une force sombre combinée aux notes de fer,
de légumes cuits et de bois. Malheureusement, le vin perd
rapidement de ses atouts dans le verre.

MONTVILLERS N-M
17, rue de la Charte
51160 Ay
03 26 54 82 58
Production : 180 000
Les importateurs Arvid Nordqvist et Bengt Frithiofsson sont tombés
sur cette propriété à Ay. Je ne suis jamais allé là-bas personnellement
mais la qualité est considérée comme étant satisfaisante.
M. Montgolfier dirige la maison et il est lié à Bollinger. La maison
ne possède pas de vignes mais elle achète les raisins selon
ses besoins.
• MONTVILLERS BENGT FRITHIOFSSON COLLECTION SEC   70
(50 % PN, 25 % PM, 25 % CH)
• MONTVILLERS BENGT FRITHIOFSSON COLLECTION BRUT   73
(50 % PN, 25 % PM, 25 % CH)

MOREL, JEAN-PAUL R-M
14, rue Chanzy
51360 Verzenay
03 26 49 48 01
Production : 70 000
Le viticulteur s'occupe de la production de Landragin parallèlement
à son propre champagne.
• J.-P. MOREL BRUT SELECTION   77
(80 % PN, 20 % CH)
• J.-P. MOREL BLANC DE BLANCS DE VERZENAY   74
(100 % CH)
• J.-P. MOREL ROSÉ   72
(100 % PN)

MORIZET & FILS, G. R-M
19, rue du Moutier
51530 Cramant
03 26 57 50 92
Production : 60 000
Mme Morizet exploite dix hectares à Cramant plantés de ceps
relativement jeunes. Les vins fermentent dans des cuves en acier.
Ils subissent la fermentation malolactique et ils sont filtrés.
• G. MORIZET GRAND CRU BRUT   72
(100 % CH)

MOUTARD-DILIGENT N-M
Rue des Ponts
10110 Buxeuil
03 25 38 50 73
Production : 400 000
François Diligent a fondé la maison en 1927. Sa fille et son mari,
François Moutard, la dirigent aujourd'hui. Ils exploitent 21 hectares.
75 % de la production sont exportés. La maison produit du vin sous
deux étiquettes différentes : François Diligent et Moutard

Père & Fils. Elle est l'une des rares à élaborer du champagne à partir des raisins d'arbanne menacés d'arrachage.

- MOUTARD-DILIGENT TRADITION — 55
(70 % PN, 20 % PM, 10 % CH)
- MOUTARD-DILIGENT EXTRA BRUT — 60
(50 % PN, 50 % CH)
- MOUTARD-DILIGENT GRANDE CUVÉE — 62
(100 % PN)
- MOUTARD-DILIGENT GRANDE RÉSERVE — 53
(100 % CH)
- MOUTARD-DILIGENT RÉSERVE — 60
(100 % CH)
- MOUTARD-DILIGENT ARBANNE VIEILLES VIGNES — 83
(100 % ARBANNE)

Un vin des plus personnels, qui a effrayé un certain nombre de dégustateurs et qui nous a fascinés. La densité et la concentration sont fantastiques. Le profil aromatique est en revanche tout sauf classique. J'ai décelé au nez des notes de banane, de groseille blanche, d'huile, de litchi, un peu comme un gewurztraminer. La bouche évoquait plus un chenin blanc de la Loire, ample et sec. La mousse est grossière et pas très belle, probablement parce que la densité est si élevée que les bulles ralentissent leur course dans le liquide.

- MOUTARD-DILIGENT ROSÉ — 70
(100 % PN)
- 1985 MOUTARD-DILIGENT VIEUX MILLÉSIMÉ — 58, OCTOBRE 2002] 58
(100 % CH)
- 1983 MOUTARD-DILIGENT — 83, OCTOBRE 1997] 83
(100 % CH)

Nez délicieux de gâteau. Bouche moyennement étoffée, équilibrée mais malheureusement quelque peu trop courte.

- 1964 MOUTARD — 89, DÉCEMBRE 2003] 89
(100 % CH)

Très impressionnant! Un vin de l'Aube qui n'est probablement pas encore frais et plaisant. Le fruité est toujours jeune avec des notes qui, pour moi, évoquent la pêche, la groseille à maquereau et la fraise. Comme une sorte de salade de fruits d'été renforcée par du sucre vanillé et de la crème. Il n'y a pas du tout d'arômes secondaires!

- MOUTARD-DILIGENT PRESTIGE — 69
(50 % PN, 50 % CH)
- MOUTARD-DILIGENT ROSÉ PRESTIGE — 69
(70 % PN, 30 % CH)

MOUTARDIER, JEAN N-M
Route d'Orbais
51280 Le Breuil
03 26 59 21 09
Production: 180 000

Même si la famille Moutardier a derrière elle une longue tradition dans la viticulture, la maison n'a été fondée qu'en 1920. Jean possède aujourd'hui seize hectares dans la vallée de la Marne et couvre ainsi 86 % de la production. C'est maintenant son gendre, l'Anglais Jonathan Saxby, qui reprend le flambeau. Saxby a abandonné une carrière prometteuse pour étudier le champagne à l'école d'œnologie située à Avize. Diverses opinions s'opposent quant à savoir si c'est la coopérative Leuvrigny ou Jean Moutardier qui produit les meilleurs raisins meunier en dehors des villages classés premiers ou grands crus. Jacques Peters, maître de cave de Veuve Clicquot, utilise toujours des raisins meunier de Moutardier comme étalon de mesure.

- JEAN MOUTARDIER BRUT — 39
(90 % PM, 10 % CH)
- JEAN MOUTARDIER SÉLECTION — 72
(50 % PN, 50 % CH)
- JEAN MOUTARDIER ROSÉ — 42
(100 % PM)

MOUZON, JEAN-CLAUDE R-M
4, rue des Perthois
51360 Verzenay
03 26 49 48 11
Production: 11 000

Jean-Claude Mouzon possède 3,5 hectares à Verzenay. Il vend une grande partie de ses raisins à Moët & Chandon.

- JEAN-CLAUDE MOUZON BRUT — 68
(68 % PN, 7 % PM, 25 % CH)
- JEAN-CLAUDE MOUZON CUVÉE FLEURIE — 83
(100 % CH)

Un blanc de blancs de Verzenay quelque peu inhabituel. Champagne très bon et très frais, au nez parfumé floral de groseille à maquereau et de melon. Bouche légère inattendue et fruitée comme un nectar.

- JEAN-CLAUDE MOUZON GRAND CRU VERZENAY
(65 % PN, 35 % CH) — 79, JUILLET 1997] 85

Un pur 1996. Parfum étonnamment léger et floral aux notes d'agrumes et aux tons secondaires délicats de banane et de farine. Très bon et très gouleyant.

- JEAN-CLAUDE MOUZON RÉSERVE — 73
(68 % PN, 7 % PM, 25 % CH)
- JEAN-CLAUDE MOUZON TRADITION — 69
(68 % PN, 7 % PM, 25 % CH)
- JEAN-CLAUDE MOUZON ROSÉ — 80
(80 % PN, 7 % PM, 13 % CH)

Quel charmeur! Robe relativement pâle. Nez appétissant de mangue, de fraise, de cuir, de fumé et d'écurie. Bouche douce, libre et ronde à la belle vigueur, aux notes de fruit de la passion.

MOUZON-LEROUX R-M
16, rue Basse-des-Carrières
51380 Verzy
03 26 97 96 68
Production: 80 000

La maison a été fondée en 1938 par Cécile et Roger Mouzon. Phillippe et Pascal Mouzon possèdent 9 hectares. Tous les vins Mouzon-Leroux sont des champagnes grands crus purs de Verzy.

- CUVÉE MOUZON-JUILLET — 86
(70 % PN, 30 % CH)

Un pur 1989 vinifié en fûts de chêne. Ce champagne de prestige est le meilleur Verzy que j'ai dégusté. Le vin est pesant, fumé et il possède des notes de noix. Concentration et potentiel impressionnants. Mais la bouteille est la moins belle de l'histoire du vin!

- MOUZON-LEROUX DEMI-SEC — 53
(70 % PN, 30 % CH)
- MOUZON-LEROUX GRANDE RÉSERVE — 61
(70 % PN, 30 % CH)
- MOUZON-LEROUX ROSÉ — 69
(100 % PN)

MUMM*** N-M
29, rue du Champ-de-Mars
51100 Reims
03 26 49 59 69
Production : 8 000 000

Mumm est véritablement l'une des plus grandes maisons de champagne. Cette maison est particulièrement bien implantée sur le marché américain qui adore le Cordon Rouge, champagne dont l'étiquette ressemble à celle de Spendrup à moins que cela ne soit le contraire. Deux Allemands, Peter-Arnold de Mumm et M. Giesler, ont fondé la maison en 1827. La famille Mumm était déjà établie dans la vallée du Rhin mais voulait s'essayer au vin français pétillant. La Première Guerre mondiale a été particulièrement problématique pour Mumm en raison des origines de ses propriétaires. Dans l'entre-deux-guerres, René Lalou est devenu l'homme fort qui a réussi à rétablir le nom de Mumm. Après la Seconde Guerre mondiale, la maison s'est considérablement étendue, en se concentrant fortement sur le marché à l'exportation. Le groupe canadien, Seagram, a acheté la maison en 1969. En juin 1999, elle a été vendue au groupe d'investissement « Hicks muse Tate & Fure » pour être rachetée l'année suivante par Allied Domecq. Jean-Marie Barrilère la gère actuellement. Mumm possède aujourd'hui 327 hectares de raisins de très haute qualité (taux de 95 %), mais trois quarts des besoins sont couverts en achetant des raisins de communes considérablement plus modestes.
Le champagne standard est toujours beaucoup moins bon que ceux des principaux concurrents français. Comme beaucoup d'autres grandes maisons de champagne, Mumm a élaboré son meilleur champagne dans les années 1950. Le rosé de 1959 est magique. Le blanc de 1955 est vraiment délicieux et vivant.

- MUMM CORDON ROUGE — 74
  (35 % PN, 55 % PM, 10 % CH)
- MUMM GRAND CRU — 85
  (58 % PN, 42 % CH)
  Un peu plus cher que le Cordon Rouge, ce champagne non millésimé peut être préféré à celui-ci. La production est limitée puisque le vin provient uniquement de Verzenay, Bouzy, Ay, Avize et Cramant. C'est un vin superbe à la construction de tout premier ordre. Il est légèrement torréfié avec des notes de pain. Bouche classique, pure et équilibrée. Vin sec et persistant.
- MUMM CORDON VERT DEMI-SEC — 49
  (50 % PN, 25 % PM, 25 % CH)
- MUMM DEMI-SEC — 50
  (35 % PN, 55 % PM, 10 % CH)
- MUMM ROSÉ — 56
  (60 % PN, 18 % PM, 22 % CH)
- 1997 MUMM — 79, SEPTEMBRE 2003] 82
  (66 % PN, 34 % CH)
  Un champagne un peu timide au style lacté de caramel de la maison. C'est presque une prolongation du Cordon Rouge. L'arôme devient de plus en plus animal dans le verre. Il présente une finale poivrée. La qualité est inférieure à celle des deux millésimes antérieurs.
- 1996 MUMM — 87, OCTOBRE 2003] 90
  (63 % PN, 37 % CH)
  Champagne magnifiquement voluptueux et sublime aux notes moelleuses de caramel caractéristiques de Mumm joliment soulignées par un fruité frais sentant la pomme. Cet ensemble semble élaboré par un Demarville de plus en plus adroit.

- 1995 MUMM — 85, OCTOBRE 2003] 86
  (63 % PN, 37 % CH)
  Nez jusqu'à maintenant un peu vert aux notes de groseille à maquereau. Son avenir est difficile à évaluer puisque le vin laisse apparaître un fruité moelleux imprégné de caramel et également une acidité piquant bien le palais. Déjà bon et harmonieux malgré les deux facettes paradoxales du vin. Mentholé et délicieux ces derniers temps.
- 1990 MUMM — 86, AOÛT 1999] 89
  (54 % PN, 46 % CH)
  Nez magnifique, aux notes développées de caramel et de vanille. Bouche moelleuse et luxueuse qu'on ne crache qu'à regret. Une partie du spectre aromatique évoque en fait un rioja rouge.
- 1988 MUMM — 80, JUILLET 1996] 87
  (70 % PN, 30 % CH)
  Nez hautement classique, ample, développé, aux notes de pain un peu à la Moët & Chandon. Bouche plus ordinaire à la douceur fruitée, riche et au bel équilibre. Finale de noix.
- 1985 MUMM — 89, MARS 2003] 89
  (70 % PN, 30 % CH)
  Vin magnifique et charmant qui s'offre à vous sans fausse pudeur contrairement à bien des 1985. On décèle des traces de levure, de vanille, de caramel et des notes dominantes de pomme et de fruit exotique. Bouche chaleureuse, généreuse et moyennement étoffée, à la pointe sublimement fumée.
- 1982 MUMM — 85, JANVIER 2002] 85
  (75 % PN, 25 % CH)
  Nez abrupt et musqué. Champagne de repas riche et étoffé. Il a probablement déjà atteint son apogée.
- 1979 MUMM — 92, JANVIER 2002] 92
  (75 % PN, 25 % CH)
  Un vin magnifiquement mature et bien structuré. Corps ample. Notes de chocolat et de noix. Longueur en bouche persistante de fond de veau. Un vin plus charpenté que le René Lalou de 1979.
- 1976 MUMM — 87, AVRIL 2000] 87
  (75 % PN, 25 % CH)
  Les consommateurs qui recherchent dans leurs champagnes l'élégance et la fraîcheur ouvrant l'appétit ne devraient pas s'intéresser à celui-ci. Il s'agit ici d'un champagne de repas à l'ancienne au caractère robuste. Cohérence stable et importante se mariant bien avec un plat de viande fort. Un peu fatigué dernièrement.
- 1975 MUMM — 86, AVRIL 2004] 86
  (75 % PN, 25 % CH)
  Un très bon millésime de Mumm dans lequel la proportion de pinot noir a de l'espace pour s'exprimer et où les pierres de construction du champagne sont à leur place. Il a vieilli rapidement.
- 1973 MUMM — 93, DÉCEMBRE 2002] 93
  (70 % PN, 30 % CH)
  Je n'ai malheureusement jamais dégusté ce vin à la belle bouche d'une bouteille classique. Je dis malheureusement car cela aurait peut-être donné aux lecteurs une image plus nuancée de ce vin. J'ai eu le plaisir de bien connaître le magnum, superbe, mais dont la fraîcheur manque probablement en bouteille classique. Nez charmant à l'équilibre classique, aux notes de pain et à la note d'agrumes joliment placée. Dosage bien équilibré. Finale veloutée à la belle douceur.
- 1971 MUMM — 75, JANVIER 2002] >
  (70 % PN, 30 % CH)

• 1969 MUMM   93, AVRIL 2000] 93
(70 % PN, 30 % CH)
Champagne caramélisé aux notes opulentes de caramel dur, à l'acidité vigoureuse. En contrepartie, la mousse est vraiment sublime. Bouche assez étoffée, délicate et qu'on ne crache qu'avec regret, aux notes de vanille, de levure et de chocolat au lait. Finale fruitée.

• 1966 MUMM   90, JANVIER 2002] 90
(70 % PN, 30 % CH)
Lorsque le vin est versé, son bouquet fort remplit la pièce. Le champagne est très bien conservé avec un nez odorant unique mais à la longueur en bouche quelque peu courte et douce. Une production plus tardive était beaucoup trop fatiguée. Un vieux champagne pouvant varier grandement.

• 1964 MUMM   93, AOÛT 2001] 93
(70 % PN, 30 % CH)
Cristallin et équilibré comme beaucoup de 1964. Nez stylé de vanille et de noisette. En bouche, le vin est compact, pur, avec des notes de crème et de grains de café torréfiés.

• 1961 MUMM   94, JUILLET 2002] 94
(70 % PN, 30 % CH)
Vin vraiment imposant, très fort. Finale sèche et classique.

• 1959 MUMM   83, AOÛT 1995] >
(70 % PN, 30 % CH)
Les beaux jours du 1959 sont probablement derrière lui. Le vin est assurément toujours agréable avec sa bouche charnue et grasse de caramel et son nez saturé de chocolat mais à la vitalité sur le déclin. Le vin perd rapidement ses atouts dans le verre.

• 1955 MUMM   95, JUIN 1999] 95
(70 % PN, 30 % CH)
Mon Dieu, qu'il est bon! À l'âge de quarante-qautre ans, il est tout à fait vivant. Spectre aromatique magnifique de café et de miel très expressif. Bouche moyennement étoffée et fruitée. Longueur en bouche magnifique et persistante de caramel et de pop-corn.

• 1953 MUMM   80, JANVIER 2002] >
(70 % PN, 30 % CH)
Un vin curieux à l'apparence exemplaire. Nez ressemblant à un sherry sec hautement classique. Bouche persistante mais extrêmement sèche pour un vieux champagne.

• 1949 MUMM   94, OCTOBRE 1997] 94
(70 % PN, 30 % CH)
Un vin voluptueux au nez magnifique de caramel au beurre et de vanille. Beau à regarder et léger à boire.

• 1947 MUMM   89, JANVIER 2002] 89
(70 % PN, 30 % CH)
Mumm a élaboré un vin assez carré durant cette grande année. Des notes de sherry ont commencé à se faufiler dans le vin. La structure pourtant monotone et charnue maintient le vin à la surface pour quelques années encore.

• 1937 MUMM
(70 % PN, 30 % CH)

• 1929 MUMM   80, JUIN 2000] >
(70 % PN, 30 % CH)
Nez un peu moisi aux notes de sueur et de fromage. Bouche quelque peu trop mature aux notes de miel et de chocolat au lait. Il est évident que le vin est sur le déclin.

• 1928 MUMM
(70 % PN, 30 % CH)

• 1982 MUMM ROSÉ   49, JUILLET 1988] 68
(70 % PN, 30 % CH)

• 1979 MUMM ROSÉ   84, OCTOBRE 2002] 84
(70 % PN, 30 % CH)
Belles robe et apparence. Bouquet très développé et un peu terne. Des notes de champignon, de cuir et de prune Catherine. Bouche étoffée mais malheureusement un peu amère. Bonne acidité et mousse délicate. Un champagne de repas robuste.

• 1966 MUMM ROSÉ   80, JUIN 2002] 80
(75 % PN, 25 % CH)
Un rosé puissamment âgé au nez oxydé et un brin sale de fromage danois et de sueur de pied. Bouche bonne, douce, simple et de caramel dur aux notes de sucre d'orge et de crème de framboises.

• 1964 MUMM ROSÉ   92, MAI 1999] 92
(75 % PN, 25 % CH)
Étonnamment sévère et sec, à la chaleur et à la force qui impressionnent. Un ton basique fumé, joliment tissé avec des arômes évoquant le chocolat amer. La mousse est encore ferme.

• 1959 MUMM ROSÉ   96, MAI 1997] 96
(72 % PN, 28 % CH)
Quel vin sensationnel! La concentration est importante. Le champagne est presque épais et charnu, avec une concentration de fruit exotique douce comme un nectar. Nez hautement satisfaisant avec son fruité massif et sa note fumée de tonneau.

• 1955 MUMM ROSÉ   94, JUIN 2003] 94
(72 % PN, 28 % CH)
Mon Dieu, quels grands vins ont été produits par Mumm dans les années cinquante! Fumé et monumental, toujours en possession de la belle note de caramel dur, ce champagne charpenté séduira les heureux chanceux qui dégusteront ce vin au XXIᵉ siècle.

• MUMM DE CRAMANT   85
(100 % CH)
Auparavant un crémant de Cramant. Les personnes aimant le bon goût considèrent que c'est un vin pour les connaisseurs. Robe blanche aqueuse. Nez délicat et floral. Légèrement cassant et court, mais bouche printanière sublime. Un vin qui s'est amélioré dernièrement.

• 1990 CORDON ROUGE CUVÉE LIMITÉE   87, DÉCEMBRE 2001] 91
(55 % PN, 45 % CH)
Même vin de base que le Grand Cordon de 1990, mais avec dans le dosage, une grande proportion de vins de réserve de chardonnay des années 1994, 93 et 92. Oui, vous avez bien lu. C'est en effet plus courant que l'on pense. De la même manière, le Cristal possède, par exemple, une partie de son caractère luxueusement crémeux de caramel, car les raisins proviennent d'Avize, de Cramant, de Verzy, de Verzenay, d'Ay, d'Avenay et de Bouzy. En d'autres termes, les matières premières sont fantastiques. Le style est celui de Mumm avec une surabondance de notes de caramel au lait, de caramel et de yaourt. Bouche très bonne mais trop enjôleuse et courte. Je suis peut-être exagérément difficile. Laissez-vous enjôler et ne prenez pas mes commentaires pour argent comptant.

• 1990 GRAND CORDON   87, DÉCEMBRE 2000] 90
(55 % PN, 45 % CH)
Un champagne très réussi, possédant certainement des touches de caramel de Mumm. Il joue néanmoins sur un thème classique équilibré avec une belle acidité. À boire après 2005.

- 1985 GRAND CORDON   85, JANVIER 2003] 85
(50 % PN, 50 % CH)

  Le dernier champagne de prestige de la maison possède un
  moelleux exceptionnel et une concentration pas très belle,
  mais les arômes ressemblent beaucoup trop à la bouche douce
  et fade du vin simple non millésimé de la maison. Une variante
  distinguée du Cordon Rouge de Mumm.
- 1985 MUMM DE MUMM   75, DÉCEMBRE 2001] 75
(50 % PN, 50 % CH)
- 1985 RENÉ LALOU   88, OCTOBRE 1998] 90
(50 % PN, 50 % CH)

  Arômes doux rappelant au nez la senteur d'une tisane. Bouche
  plus concentrée et tissée avec un corps allant de moyennement
  étoffé à étoffé.
- 1982 MUMM DE MUMM   86, JANVIER 2002] 86
(50 % PN, 50 % CH)

  Champagne arrondi et riche manquant un peu d'acidité et
  de fraîcheur. Nez très fumé de pinot noir pesant. Longueur en
  bouche agréable de caramel au beurre.
- 1982 RENÉ LALOU   89, NOVEMBRE 1999] 89
(50 % PN, 50 % CH)

  Ce champagne est caractérisé par une longueur en bouche riche,
  savoureusement fruitée, évoquant le melon.
- 1979 RENÉ LALOU   93, SEPTEMBRE 2003] 93
(50 % PN, 50 % CH)

  Incroyablement agréable au début des années quatre-vingt-dix,
  le vin manquait pourtant de la concentration nécessaire pour se
  développer plus encore. Bouquet délicatement torréfié aux notes
  de pêche et de violette. Les pêches reviennent dans la bouche
  fruitée, moelleuse et moyennement persistante.
- 1976 RENÉ LALOU   88, OCTOBRE 2001] 88
(50 % PN, 50 % CH)

  Comme un 1975 relativement clair et possédant une mousse
  parfaite. Nez délicat et fermé. Les meilleures facettes du vin
  apparaissent en bouche. Équilibre parfait atteint dans la bouche
  persistante de crème brûlée et de vanille.
- 1975 RENÉ LALOU   86, JUILLET 2003] 86
(50 % PN, 50 % CH)

  Robe moyennement profonde. Bouquet ample, ouvert mais jeune
  de fruit exotique. Après un moment dans le verre, le nez devient
  quelque peu lourd et caractéristique de la maison. Bouche
  constamment étoffée et jeune à la finale ferme et sèche.
- 1971 RENÉ LALOU   93, FÉVRIER 2002] 93
(50 % PN, 50 % CH)

  Avec les années, je commence finalement à connaître le style de
  ce vin. Il est constant, avec un beau bouquet fumé comme du sucre
  brûlé et des biscottes suédoises mélangés à la pêche et à la vanille.
  Aucun millésime ne s'est avéré meilleur que le 1971.
  Style pur et délicieux à la grande vitalité.
- 1966 RENÉ LALOU   91, JANVIER 2003] 91
(50 % PN, 50 % CH)

  Très opulent et concentré pour cette année élégante et retenue.
  Essence saturée de notes de miel et de caramel qui aurait besoin
  d'un tout petit peu plus de mousse et d'acidité.
- 1964 RENÉ LALOU
(50 % PN, 50 % CH)
- 1990 MUMM ROSÉ CUVÉE LIMITÉE   84, NOVEMBRE 2001] 86
(70 % PN, 30 % CH)

  Un vin du millénaire rare, présenté dans une bouteille claire. Style
  poivré résistant au palais, qualités gastronomiques. Fruit rouge
  sombre. Finale quelque peu rugueuse. Il rappelle le Clicquot Rosé.

NAPOLÉON (A. PRIEUR) N-M
2, rue de Villers-aux-Bois
51130 Vertus
03 26 52 11 74
Production : 150 000

Fondée en 1825 par Jean-Louis Prieur, cette maison a toujours été
exploitée par la même famille. Le nom de Napoléon fut choisi pour
partir à la conquête du marché russe, opération qui a fort bien
réussi. Aujourd'hui dirigée par le très sympathique et enthousiaste
Vincent Prieur, la maison Napoléon ne dispose pas de vignobles et
achète donc tous ses raisins à l'extérieur. De nombreux journalistes
spécialistes du vin vantent la grande qualité des champagnes de
la famille Prieur. Je regrette d'avoir à le dire mais, même avec la
meilleure volonté du monde, je ne peux pas me ranger à leur avis.
Ces champagnes sont pour moi marqués par une note atypique de
gingembre facilement reconnaissable lors des dégustations à l'aveugle.

- NAPOLÉON TRADITION CARTE D'OR NORMAL   56
(56 % PN, 44 % CH)
- NAPOLÉON CARTE VERTE SPECIAL   50
(19 % PN, 40 % PM, 41 % CH)
- NAPOLÉON ROSÉ   48
(24 % PN, 76 % CH)
- 1992 NAPOLÉON   77, NOVEMBRE 2003] 77
(60 % PN, 40 % CH)
- 1985 NAPOLÉON   76, OCTOBRE 2001] 76
(60 % PN, 40 % CH)
- 1981 NAPOLÉON   60, JUILLET 1990] 70
(60 % PN, 40 % CH)

OUDINOT N-M
12, rue Godard-Roger
51200 Épernay
03 26 59 50 10
Production : 1 500 000

Cette maison fut fondée avant la fin du XIXᵉ siècle par un vigneron
d'Avize. Aujourd'hui encore, le style de la maison repose sur un
cépage de chardonnay de la meilleure qualité. En 1981, la maison
Oudinot et Jeanmaire s'est trouvée intégrée au groupe Trouillard.
Les champagnes non millésimés séjournent trois ans en cave avant
d'être vendus, l'exportation étant légèrement supérieure à la vente
en France. Je ne peux pas me prononcer sur le style de cette maison,
mais les témoignages que j'ai pu recueillir indiquent qu'il s'agit de
champagnes un peu neutres mais bien faits. Le vinificateur de
Oudinot est Denis Colombier.

- OUDINOT BLANC DE BLANCS   68
(100 % CH)
- 1999 OUDINOT   74, FÉVRIER 2004] 77
- 1998 OUDINOT   73, FÉVRIER 2004] 75
- OUDINOT BLANC DE NOIRS   78
(100 % PN)

PAILLARD, BRUNO **** N-M
Avenue de Champagne
51100 Reims
03 26 36 20 22
Production : 300 000

Bruno Paillard est l'une des personnes les plus influentes de la
Champagne. Sa taille imposante, son allure élégante et son
immense savoir doublé d'une grande humilité lui ont valu nombre
de places au conseil de diverses organisations champenoises. Bruno
Paillard a fondé sa maison en 1981 après plusieurs années passées

à occuper les fonctions de courtier spécialisé dans le champagne. Pour démarrer son activité, il a commencé par acheter des vins de vigneron et des stocks de vin de maisons en faillite. Il n'hésite pas à reconnaître ne pas être le réalisateur des cuvées de ses premiers champagnes millésimés. L'année 1983 est le premier véritable millésime Bruno Paillard et on y décèle déjà une amélioration de la qualité. Bruno Paillard est fermement décidé à figurer bientôt parmi les premiers producteurs de champagne. Il bénéficie de 120 contrats fixes avec des viticulteurs de 32 villages. Rosé mis à part, il utilise 15 % de vin provenant de cuves en chêne. Il veille également à disposer de grandes quantités de vieux vins de garde qui séjournent six mois en fût. Seule la cuvée est utilisée pour le champagne Paillard, mesure qu'il finance en utilisant du vin de seconde presse pour ses autres marques. Son pinot provient en grande partie des communes de Bouzy, Mailly et Verzenay, et son chardonnay de celles de Le Mesnil, Vertus, Cuis et Sézanne. Paillard, grand amateur d'art et d'automobiles Jaguar, a repris l'idée de Mouton-Rothschild et demande chaque année à des artistes d'illustrer les étiquettes de ses vins millésimés. Il est également l'un des rares producteurs à communiquer la date de dégorgement de tous ses vins. En août 1994, Paillard et Chanoine ont acquis la majorité des actions de Boizel, qui continue cependant d'effectuer seul sa vinification. Le groupe BCC comprend également aujourd'hui De Venoge, Abel Lepitre, Alexandre Bonnet et Philipponnat. Le vinificateur de la maison Paillard est Laurent Guyot.

- PAILLARD PREMIÈRE CUVÉE   80
(45 % PN, 22 % PM, 33 % CH)
Légère teinte rouge cuivrée. Nez dur et un peu retenu avec touche de pain frais et de levure. Bouche jeune de pomme rouge et de pomme verte. Peut séjourner en cave. Quelques ressemblances avec le Brut Premier de Roederer. Meilleur et plus crémeux ces derniers temps.

- PAILLARD CHARDONNAY RÉSERVE PRIVÉE   85
(100 % CH)
Une robe quasi transparente aux reflets verts, un nez fleuri extrêmement sophistiqué d'acacia, de roses jaunes et de freesia. L'aspect fleuri se retrouve dans la bouche légère, enrichie d'arômes de vanille et de citron vert. Ce champagne rappelle le Deutz ou le Pol Roger.

- PAILLARD ROSÉ   74
(85 % PN, 15 % CH)

- 1995 PAILLARD   85, AVRIL 2004] 88
(45 % PN, 19 % PM, 36 % CH)
Pour la première fois, Bruno Paillard a utilisé le pinot meunier pour un champagne millésimé. Il en résulte un 1995 moelleux et assez corsé, qui aura du mal à passer à la postérité mais que l'on peut considérer comme un bon produit artisanal. Style ample de grande maison avec un nez mûr de pain qui évoque le Moët.

- 1989 PAILLARD   88, MARS 2003] 90
(65 % PN, 35 % CH)
Un 1989 très bien fait et intensément aromatique, fortement marqué par les notes mûres et de pain du pinot noir. Pour moi, il s'agit là d'un champagne puissant qui donnera le meilleur de lui-même s'il accompagne une viande blanche, des ris de veau ou un plat à base de champignons.

- 1985 PAILLARD   91, AVRIL 1995] 93
(45 % PN, 55 % CH)
Un vin merveilleux, à la robe d'un profond jaune doré et aux arômes évoquant le Krug. Le nez ample et dense laisse nettement échapper des notes de noisette, de miel, de massepain et de croûte dure de pain noir complet. Bouche huileuse, profonde et très riche où l'on retrouve tous les produits de la boulangerie.

- 1979 PAILLARD   84, JANVIER 2003] 84
(40 % PN, 60 % CH)
Un 1979 mince doté de pureté et d'une certaine élégance mais manquant de concentration. Mûr et corsé aujourd'hui.

- 1976 PAILLARD   84, JUILLET 1990] 87
(40 % PN, 60 % CH)
Un vin étonnamment léger compte tenu de son millésime. Robe claire, nez élégant de boulange et de miel. Bouche qui a du style mais manque de longueur.

- 1973 PAILLARD   86, AVRIL 1996] 86
(50 % PN, 50 % CH)
Nez ample, vieilli et grillé, avec une touche de chocolat et de fruits secs. Bouche moyennement corsée montrant quelques signes de vieillissement.

- 1969 PAILLARD   87, JANVIER 2003] >
(60 % PN, 40 % CH)
Un champagne de style anglais, avec un grand caractère autolytique et une bouche assez oxydative. Beurré, grand et compact.

- 1995 PAILLARD BLANC DE BLANCS   88, MARS 2004] 92
(100 % CH)
Le vin de chardonnay de Bruno et son grand style fait de nouveau son apparition après de nombreuses années d'absence. Les raisins proviennent de Chouilly et de Cuis, ce qui confère à ce champagne une note minérale très pure et jolie. Le nez comporte également une touche de riesling mûr qui s'oriente vers le pétrole. Cette palette passionnante d'arômes est complétée par une couche délicieusement grasse, noisettée, à la saveur de caramel au beurre. Brillant !

- 1983 PAILLARD BLANC DE BLANCS   92, JANVIER 2004] 92
(100 % CH)
Un vin plus riche et corsé que le blanc de blancs non millésimé, avec un bouquet moins raffiné. Nez un peu fumé et puissant, bouche longue aux arômes d'agrumes.

- 1990 BRUNO PAILLARD N.P.U.   88, MARS 2004] 88
(50 % PN, 50 % CH)
Ce cher Bruno avait très rapidement décidé de produire un champagne de prestige pour lequel il ne ferait aucune concession en matière de qualité. Du vin produit uniquement avec du raisin provenant des sept principaux villages de grand cru, séjour de neuf mois en fûts de chêne de Bordeaux, première presse exclusivement, et séjour en bouteille de huit ans minimum avec dépôt avant le dégorgement. Il s'agit là de la recette qui devait donner à la toute jeune maison une place parmi les meilleures. Il en résulte un vin super concentré et très riche présentant des arômes qui évoquent la maison d'Ay qui travaille selon les mêmes méthodes. Le champagne manque un peu aujourd'hui de finesse au bénéfice d'une richesse de fruit influencée par des notes du Nouveau Monde. Compte tenu de son origine, je suis toutefois persuadé que le vin tiendra longtemps et que le caractère de terroir va lentement finir par apparaître au travers des couches quasi impénétrables de fruit qui dominent à ce jour. Je ne serais pas étonné que Robert Parker et le Wine Spectator lui accorde 100 points (N.P.U.) et que les puristes champenois se montrent assez critiques envers le nouveau champagne de prestige de Bruno. Le vin se développe de manière un peu grossière pour le moment.

PAILLARD, PIERRE *** R-M
2, rue du XX-Siècle
51150 Bouzy
03 26 57 08 04
Production : 60 000

L'imposant propriétaire de cette maison fondée en 1946 utilise aujourd'hui un grand nombre de fûts de chêne pour son chardonnay. L'âge moyen des pieds de vigne est de 23 ans mais atteint les 40 ans pour les vins millésimés.

- PIERRE PAILLARD BRUT NORMAL   68
  (60 % PN, 40 % CH)
- 1990 PIERRE PAILLARD   59, MAI 2003] 59
  (40 % PN, 60 % CH)
- 1989 PIERRE PAILLARD   91, FÉVRIER 2003] 91
  (40 % PN, 60 % CH)

Un champagne sensationnel qui possède son propre style du fait que tout le chardonnay provient de Bouzy et a séjourné dans des fûts de chêne neufs ! Nez ample de lys et d'ananas. La bouche acide et sèche est cernée par une délicieuse note indépendante de vanille. Tout cela a gagné en intégration et en sophistication. Un beau bijou.

- 1985 PIERRE PAILLARD   83, DÉCEMBRE 1999] 83
  (50 % PN, 50 % CH)

Champagne classique de Bouzy avec un nez ample d'amande et une bouche masculine puissante et sèche. Il est étonnant de constater qu'il n'a pas particulièrement bien vieilli.

- 1973 PIERRE PAILLARD   86, AVRIL 1996] 87
  (50 % PN, 50 % CH)

Vin bu récemment dégorgé sans dosage. Nez de chocolat à la noisette, de cuir et de réglisse. Très riche en alcool et disposant d'une bonne fraîcheur.

- 1971 PIERRE PAILLARD   94, SEPTEMBRE 2003] 94
  (70 % PN, 30 % CH)

Un magnum délicieux normalement dégorgé qui a reposé de nombreuses années. C'est aujourd'hui un parfait champagne de vigneron. Des notes juvéniles d'acacia se mêlent joliment à des notes de champignon frais et de sous-bois humides à l'automne. Des touches intéressantes de vinaigre balsamique, de bergamote et de curry agrémentent encore ce vin élégant, svelte et allongé. La finale aux saveurs d'agrumes et de sauternes doux et vieilli est exceptionnellement splendide.

PALMER & CO. *** C-M
67, rue Jacquart
51100 Reims
03 26 07 35 07
Production : 300 000

Production totale de 2 millions de bouteilles. Palmer & Co. est cette chose insolite que constitue une coopérative établie à Reims. L'idée de cette coopérative provient à l'origine de quelques viticulteurs d'Avize qui avaient besoin de pinot de Verzenay pour produire une cuvée susceptible de leur permettre de faire face à la concurrence. Sa création remonte à 1947 mais, lorsqu'en 1959 l'entreprise commença à manquer de place, Palmer s'installa dans les anciennes caves de Théophile Roederer à Reims. Jean-Claude Colson et Roland Priem, son bras droit, dirigent une équipe moderne et efficace qui dispose de raisins provenant de 40 communes différentes. La philosophie de Colson consiste à combiner les méthodes traditionnelles aux dernières avancées scientifiques. La maison est très fière de son pressoir de 8 000 kilos, exclusivement réservé aux cuvées de Palmer. Les vins séjournent quatre ans dans les caves et

font l'objet de tests méticuleux dans le laboratoire moderne dont dispose la maison. Palmer détient un impressionnant stock de vieux millésimes à vendre, que l'on dégorge au moment de la commande. Les vins élaborés par Michel Davesne sont à mon goût un peu trop impersonnels et cliniques. Ces champagnes bénéficieraient peut-être de davantage de caractère s'ils n'étaient pas soumis à la stabilisation par réfrigération ni à la double filtration.

- PALMER & CO. BRUT   76
  (50 % PN, 10 % PM, 40 % CH)
- PALMER & CO. ROSÉ RUBIS   60
  (70 % PN, 10 % PM, 20 % CH)
- 1995 PALMER & CO.   83, AVRIL 2003] 84

Vin moderne aux notes de grillé et de pain avec une richesse attrayante et de la générosité. Moelleux, équilibré et extrêmement bon sans être compliqué. Déjà mûr.

- 1982 PALMER & CO.   83, AVRIL 2003] 83
  (60 % PN, 40 % CH)

Un vin bien construit avec une maturité chocolatée et une bouche équilibrée et accomplie. Un peu neutre et peu intéressant malheureusement.

- 1980 PALMER & CO. D.T.   87, JUIN 2001] 87
  (25 % PN, 75 % CH)

Vraiment l'une des meilleures bouteilles de la maison Palmer qu'il m'ait été donné de goûter et l'une de celles qui procurent le plus de joie. Le millésime dispose encore d'un caractère un peu insipide, mais le vin est si expressif et ensoleillé avec sa bouche agréable de café et de pain grillé que l'on est tenté de boire une nouvelle gorgée la précédente à peine avalée. Un petit Dom Pérignon en soi.

- 1979 PALMER & CO. D.T.   84, SEPTEMBRE 2001] 84
  (50 % PN, 50 % CH)

Aussi majestueux soit-il ce champagne n'est pas assez développé et offre une note de prune trop marquée. En accompagnant un repas, le vin se redresse cependant et devient un véritable délice. Notes de raisin sec et de compote de fruits, robe à la teinte profonde et belle mousse.

- 1976 PALMER & CO. D.T.   91, OCTOBRE 2001] 91
  (50 % PN, 50 % CH)

Un 1976 ample, gras et vanillé, luxuriant et voluptueux. Bouche de caramel et belle fraîcheur. Tout est à sa place. L'un des meilleurs champagnes jamais produits par cette maison.

- 1961 PALMER & CO. D.T.   83, MARS 2001] 84
  (20 % PN, 10 % PM, 70 % CH)

Étonnamment peu développé et léger si l'on songe à l'âge vénérable de ce vin. Clair et joli avec un caractère apéritif exemplaire. Nez d'acacia avec des notes froides légères indéfinissables qui révèlent que le vin a été très récemment dégorgé. Je m'attendais à ce que le champagne s'épanouisse dans le verre mais il est demeuré timide et réservé. Bouche courte, légère et rafraîchissante à l'instar d'une eau minérale.

- 1996 PALMER & CO. BLANC DE BLANCS   85, NOVEMBRE 2003] 88
  (100 % CH)

Un magnifique champagne au bouquet léger de noisette et de pain. Ce vin allie une belle richesse et une acidité élevée. Citron doux, orange, ananas et vanille sont les notes qui défilent dans la bouche. Un grand classique de chez Palmer.

- 1995 PALMER & CO. BLANC DE BLANCS   82, NOVEMBRE 2003] 83
  (100 % CH)

Rien de la nervosité et du caractère joliment grillé du 1996. Ici on a affaire au moelleux, au beurré et au gras du chardonnay avec une touche de vanille. Bon et agréable sans rien d'excitant. J'imagine que l'aspect lisse conviendrait parfaitement à une réalisation culinaire à base de poisson accompagné d'une sauce crémeuse au vin blanc.

- 1985 PALMER & CO. BLANC DE BLANCS   49, MAI 1995] 55
(100 % CH)
- 1983 PALMER & CO. BLANC DE BLANCS   79, AVRIL 2001] 79
(100 % CH)
- 1970 PALMER & CO. BLANC DE BLANCS   70, JUILLET 2001] >
(100 % CH)
- 1975 PALMER & CO. BLANC DE NOIRS D.T.
(100 % PN)
- 1973 PALMER & CO. BLANC DE NOIRS D.T.   90, JANVIER 2000] 90
(100 % PN)

Très récemment dégorgé, avec une robe qui ne révèle absolument rien de l'âge véritable du vin. Bouquet personnel fascinant aux arômes de bouillon d'écrevisse, d'aneth et de biscuit au chocolat. Bouche fraîche, mais fumée et avec une puissante saveur de légume et une légère douceur en finale.

- AMAZONE DE PALMER   87
(50 % PN, 50 % CH)

Un champagne de grand cru réunissant deux millésimes, à la couleur profonde et au magnifique nez grillé de pain complet et de grains de café. La bouche est dominée par le chardonnay mûr d'Avize avec une lourdeur supplémentaire apportée par du pinot noir de première classe.

PERNET, JEAN R-M
6, rue Breche-d'Oger
51190 Le Mesnil-sur-Oger
03 26 57 54 24
Production : 80000

Huguette Pernet est à l'origine de cette maison fondée en 1947 et dirigée aujourd'hui par Frédéric et Christophe Pernet. La propriété dispose au total d'un vignoble de 17,5 hectares.

- JEAN PERNET   66
(100 % CH)

PERRIER-JOUËT **** N-M
26, avenue de Champagne
51201 Épernay
03 26 53 38 00
Production : 3 000 000

Cette maison a été fondée en 1811 par Pierre-Nicolas-Marie Perrier-Jouët. Sous la direction de son fils Charles, la maison a connu la réussite sous le surnom de P.-J. En 1959, Mumm a acquis la majorité des actions et s'est trouvée rattachée au groupe canadien Seagram. La maison est aujourd'hui la propriété de Allied Domecq qui, de manière assez inquiétante, a fait arracher dès sa reprise de nombreux beaux vieux pieds de vigne à Cramant. Michel Budin, à la tête de Perrier-Joët jusqu'à la fin des années 80, était un passionné de l'Art Nouveau et ouvrit un musée de la Belle Époque en 1990, vingt ans après le lancement du champagne de prestige qui porte le même nom. Jean-Marie Barillere est l'actuel président. Le champagne Belle Époque a connu partout un énorme succès ; les Américains en particulier apprécient beaucoup la bouteille ornée de fleurs. La maison possède 108 hectares de vignes répartis sur sept communes et 65 % du raisin est acheté à des viticulteurs de 40 communes différentes. Le vignoble le plus important de la maison Perrier-Joët est celui de Cramant qui s'étend sur 29 hectares des meilleurs versants. Au contraire de nombre de grandes maisons, l'héritage a dans ce cas été bien géré. Les pieds de vigne sont très vieux et produisent des raisins fantastiques qui peuvent dominer

une cuvée entière même en proportion réduite. Le style délicat de la maison dépend en grande partie de ces raisins de chardonnay. À Épernay, Perrier-Jouët dispute la première place à Pol Roger. Ces deux maisons produisent des champagnes fruités, moyennement corsés, se caractérisant par un style ample et sophistiqué. Les vins de Pol Roger sont cependant un peu plus secs et on y retrouve davantage l'influence du pinot, tandis que les champagnes de Perrier-Jouët , élaborés par Hervé Deschamps, révèlent davantage une personnalité plus grillée. Le millésimé est un classique et les deux Belle Époque sont une grande source de plaisir pour les romantiques amoureux du champagne. Le Belle Epoque rosé de 1985 fut considéré comme le meilleur rosé de tous les temps lors de la dégustation du millénaire (voir page 66).

- PERRIER-JOUËT GRAND BRUT   78
(35 % PN, 40 % PM, 25 % CH)
- 1997 PERRIER-JOUËT   81, JUILLET 2002] 85
(33 % PN, 33 % PM, 34 % CH)

Joli nez juvénile, un peu léger, de caramel et de vanille. Bon fruit proche de la prune. Jeune et peu développé. Je dois reconnaître que je n'y retrouve pas le style de la maison.

- 1996 PERRIER-JOUËT   85, SEPTEMBRE 2003] 90
(33 % PN, 33 % PM, 34 % CH)

Un champagne classique et brillant, caractéristique du style de la maison, avec un nez de pain frais et des soupçons de vanille. Léger et aérien comme un soufflé avec une note sucrée d'agrumes. Riche, bonne acidité, comme il sied à cette année exceptionnelle. Courez en acheter pour le mettre en cave !

- 1992 PERRIER-JOUËT   85, MARS 2002] 88
(35 % PN, 30 % PM, 35 % CH)

Un 1992 développé et délicieux qui par certains aspects rappelle le Pommery de la même année. Champagne rond et mûr, au nez de pain, avec une jolie note de fraise et un arôme épicé presque fumé. Un peu court et gentil en bouche.

- 1990 PERRIER-JOUËT   87, FÉVRIER 1998] 93
(40 % PN, 33 % PM, 27 % CH)

Délicieux comme à l'accoutumée avec un nez développé, fruité et grillé. On y retrouve bien sûr un arôme de pâtisserie et toute la richesse sucrée à laquelle on s'attend.

- 1988 PERRIER-JOUËT   89, NOVEMBRE 2003] 91
(40 % PN, 33 % PM, 27 % CH)

Il m'a fallu quelques années pour découvrir combien les millésimes courants de Perrier-Jouët sont bons. Je ne laisse désormais plus passer un millésime sans le goûter, car le vin est toujours bien fait et plein de l'élégance que lui confère le chardonnay. Le 1988 n'en est encore qu'à ses débuts, mais on peut déjà y deviner le pain frais, le chardonnay sur le point de s'épanouir et la bouche fruitée et soyeuse. À plus de douze ans, ses arômes sont nettement plus chocolatés que grillés.

- 1985 PERRIER-JOUËT   93, MAI 2001] 94
(40 % PN, 30 % PM, 30 % CH)

Extrêmement ample et développé, au nez fleuri avec des touches de barbe à papa, de sucre d'orge à la menthe, de pop-corn, de grains de café, de biscuit au chocolat et de vinaigre de framboise. Après cette explosion d'impressions olfactives il est agréable de siroter un vin à la bouche homogène, aux notes principales de pêche et de caramel à la crème. Une réussite ! Extrêmement grillé en magnum.

- 1982 PERRIER-JOUËT   93, MAI 2000] 93
(60 % PN, 40 % CH)

Aussi bon que le Belle Époque de la même année. Un bouquet fabuleusement grillé et beurré. Bouche crémeuse, équilibrée, moyennement corsée.

• 1979 PERRIER-JOUËT   95, SEPTEMBRE 2001] 95
(60 % PN, 40 % CH)
Dégorgé au mois de mai 1986. Ce vin merveilleux me laisse
supposer que le Belle Époque 1979 est encore meilleur que ce
que j'avais pensé jusque-là. Ce millésime est exquis et
caractéristique du style de la maison et bénéficie d'un bouquet
extraordinairement frais et délicieusement grillé. Bouche
parfaitement équilibrée. Un vin qui se laisse boire à grandes gorgées.

• 1978 PERRIER-JOUËT
(60 % PN, 40 % CH)

• 1976 PERRIER-JOUËT   94, JANVIER 2003] 94
(60 % PN, 40 % CH)
Complètement mûr avec un lourd arôme de fruit et de vanille.
Fabuleusement riche et doux. Une merveilleuse flûte de champagne.

• 1975 PERRIER-JOUËT   88, SEPTEMBRE 2001] 88
(60 % PN, 40 % CH)
Le nez rappelle la stéarine et la cire d'abeille. La bouche est bonne,
sèche et croustillante. Moyennement corsé, clarté élégante. En
dépit d'une jolie robe claire, le fruit est malheureusement un peu
mince et la mousse s'évanouit rapidement.

• 1969 PERRIER-JOUËT   93, JUIN 2000] 93
(60 % PN, 40 % CH)
Sa mousse un peu légère n'empêche pas ce vin d'être exquis et de
bénéficier d'un spectre aromatique qui s'apparente à un grand
meursault noisetté. Il est également fascinant de voir combien
ce vin développé et mûr tient dans le verre. Plus sérieux et vineux
que beaucoup d'autres millésimes de ce champagne dont la
qualité est constante.

• 1966 PERRIER-JOUËT   91, JUIN 2002] 91
(60 % PN, 40 % CH)
Un beau vin qui, à l'heure qu'il est, bénéficie de la décontraction
de l'âge tout en conservant du style et de la classe mais en ayant
perdu un certain dynamisme. Caramélisé et légèrement moussant
avec une bonne bouche homogène qui évoque toutes les
merveilles de Noël.

• 1964 PERRIER-JOUËT   94, JANVIER 2002] 94
(60 % PN, 40 % CH)
Un vieux champagne dont les arômes sont actuellement superbes.
Exceptionnellement développé, aurait pu avoir une dizaine
d'années de plus. Le nez et la bouche sont dominés par l'After
Eight et le caramel. La bouche moyennement corsée est rehaussée
par une mousse légère et une acidité convenable ; très longue.
À boire dans les plus brefs délais.

• 1961 PERRIER-JOUËT   94, DÉCEMBRE 1998] 94
(60 % PN, 40 % CH)
Fabuleusement grillé et beurré, avec l'arôme de toutes les fleurs
du jardin enveloppé par une structure huileuse. Ce 1961 va
encore occuper la scène de nombreuses années.

• 1959 PERRIER-JOUËT   94, MARS 2001] 94
(60 % PN, 40 % CH)
Un vin masculin et imposant d'une puissance et d'une autorité
magnifiques. Caramélisé et animal avec une finale de noisette.

• 1955 PERRIER-JOUËT   93, JANVIER 2000] 93
(60 % PN, 40 % CH)
Un champagne fantastiquement juvénile et bien conservé avec un
nez pur et complexe aux notes fumées, de noisette, de cave et de
chocolat noir. Les mêmes arômes se retrouvent dans la bouche
sèche et finalement un peu trop serrée. Un vin esthétique et de
pur style, mais je trouve que la longueur en bouche manque de
douceur et de persistance. Je retrouve la même absence de charme
et de prévenance que dans le Krug 1955.

• 1953 PERRIER-JOUËT   93, AVRIL 1994] 93
(60 % PN, 40 % CH)
Aussi incroyable que cela puisse paraître, on décèle nettement le
style de la maison dans ce vieux vin. Une certaine oxydation et
une mousse légère. Il s'agit cependant d'un grand vin qui fut sans
doute plus grand encore. Il était au milieu des années 1990 riche,
empli d'arôme de caramel et odorant. Très complexe. Tiendra
encore quelques années.

• 1949 PERRIER-JOUËT
(60 % PN, 40 % CH)

• 1947 PERRIER-JOUËT
(60 % PN, 40 % CH)

• 1943 PERRIER-JOUËT   93, OCTOBRE 1997] 93
(50 % PN, 50 % CH)
Un champagne majestueux et puissant, caractéristique du millésime.

• 1928 PERRIER-JOUËT   92, JANVIER 1999] 92
(60 % PN, 40 % CH)
Le premier selon moi parmi le nec plus ultra des millésimes.
Ce champagne était aussi majestueux que je l'avais espéré, mais
durant quelques minutes seulement. Après cela le vin s'est
rapidement madérisé, même s'il conservait son héroïque structure.
Sa robe était d'un beau doré et sa mousse perceptible en bouche.
Le nez ample offrait des amorces de crème et de bois marin.
D'une longueur en bouche exceptionnellement persistante et
riche, que j'ai associée à du fond de veau au porto.

• 1921 PERRIER-JOUËT   95, AVRIL 1999] 95
(60 % PN, 40 % CH)
Merveilleux millésime d'un vin qui était à l'époque considéré
comme le summum. Riche et de bonne mâche, mais avec une
mousse légère.

• 1911 PERRIER-JOUËT   90, JUIN 2000] 90
(60 % PN, 40 % CH)
Robe claire, mousse inexistante et des arômes jeunes et un peu
froids. Nez marqué de glace à la vanille, bouche jeune et crémeuse
à la finale inattendue de xérès.

• 1978 PERRIER-JOUËT ROSÉ   90, NOVEMBRE 1999] 90
(70 % PN, 30 % CH)
Il y a quelque chose de maigre et de vert dans tous les 1978.
La vitalité du vin et son beau bouquet fleuri compensent
un certain manque de profondeur. Perrier-Jouët obtient
des félicitations cette année encore.

• 1976 PERRIER-JOUËT ROSÉ   90, JUIN 1997] 92
(70 % PN, 30 % CH)
Ce vin était si pâle que mes amis doutaient que nous buvions
du rosé. Le nez était caractéristique des rosés des années 1970 avec
une note de base d'églantier, de fraise. Une note un peu acerbe
le distinguait de ses équivalents blancs. Un 1976 bien structuré,
équilibré et susceptible d'évolution.

• 1975 PERRIER-JOUËT ROSÉ   90, FÉVRIER 2003] 90
(70 % PN, 30 % CH)
Robe assez claire et un peu mate. Dispose encore de richesse et
d'un bon nez avec une note latérale noisettée qui confère de la
classe à l'ensemble. On décèle malheureusement des notes simples
de fumé, de noisette et de cuir.

• 1966 PERRIER-JOUËT ROSÉ   93, NOVEMBRE 1999] 93
(70 % PN, 30 % CH)
Une merveille juteuse, ronde et facile à boire avec un grand
caractère romantique. Le fruit est très riche et la fraîcheur du millésime est demeurée intacte. D'autres personnes que moi
y ont trouvé des ressemblances avec les 1982 juteux, doux
et faciles à boire de DRC.

• 1964 PERRIER-JOUËT ROSÉ
(70 % PN, 30 % CH)

• 1959 PERRIER-JOUËT ROSÉ
(70 % PN, 30 % CH)

• BLASON DE FRANCE   88
(36 % PN, 34 % PM, 30 % CH)
Bien meilleur marché qu'un Belle Époque et sans doute de meilleur rapport qualité-prix. Caractère riche et mûr, d'un style un peu plus lourd et substantiel que l'autre champagne de prestige de la maison. Une délicieuse fraîcheur vient juste de se développer.

• BLASON DE FRANCE ROSÉ   84
(47 % PN, 27 % PM, 26 % CH)
Nez jeune et harmonieux de pomme verte. Le niveau est nettement inférieur à celui du rosé Belle Époque, mais on y décèle aussi une touche d'orange. À dix ans ce vin a une bouche qui atteint son apogée, avec une douceur parfaitement intégrée au fruit et des notes proches du cuir qui ne sont pas encore trop dominantes.

• BLASON DE FRANCE ROSÉ NEW LABEL   86
(55 % PN, 5 % PM, 40 % CH)
Une nouvelle étiquette et un assemblage de raisins légèrement modifié pour un vin de même qualité. Ce champagne paraît un peu plus charmeur avec une pointe plus douce et des notes de vanille, de caramel et de crème à la fraise. Cela dépend-il de l'âge ou le style est-il un peu différent ?

• 1996 BELLE ÉPOQUE   88, OCTOBRE 2003] 93
(45 % PN, 5 % PM, 50 % CH)
Je commencerai par dire qu'il est très difficile de juger du potentiel de ce vin. De fait, je n'aurais pas pu prévoir le caractère que ce champagne développerait si je n'avais pas eu le privilège de procéder à une étude poussée de précédents millésimes du Belle Époque. Le 1996 ne manque pas de charme si on le boit dès maintenant, ce qui va conduire à une consommation très prématurée de ce vin. L'acidité est explosive mais également enveloppée par la douce épaisseur du chardonnay mûr et huileux. Ce champagne dispose d'une structure exemplaire et d'un nez peu développé, et se montre encore timide. La note de vanille va se renforcer avec le temps pour se mêler à d'autres notes sucrées et à la belle bouche fleurie.

• 1995 BELLE ÉPOQUE   89, AVRIL 2003] 93
(45 % PN, 5 % PM, 50 % CH)
Un champagne raffiné, juvénile et attrayant, qui dispose d'un aspect fleuri séduisant, d'une note d'agrumes et d'une importante dose minérale. Printanier et sensuel, à la douceur caressante et à la longue et fraîche résonance caractéristique de la maison. Un bon conseil à ceux qui souhaitent un champagne mûr. Attendez !

• 1994 BELLE ÉPOQUE   84, JANVIER 2002] 89
(45 % PN, 5 % PM, 50 % CH)
Il s'agit assurément d'un très bon 1994, mais j'attends cependant plus de ce Belle Epoque que ce qu'il a offert jusqu'à présent. Nez frais, très jeune, fleuri et presque âcre et piquant de sureau, de merisier et d'aubépine. Bouche fraîche proche de la groseille à maquereau qui s'arrondit de manière très délicate dans la bouche. Finale de vanille caressante.

• 1990 BELLE ÉPOQUE   93, MAI 2003] 95
(45 % PN, 5 % PM, 50 % CH)
Assez fermé, mais il s'agit d'un champagne très classique à l'équilibre parfait et au fruit riche. Encore dépourvu de notes grillées. Peut-être le dosage aurait-il pu être plus faible ? Dans sa phase actuelle de moyenne maturation le vin dispose d'une douceur un peu trop nette car l'acidité des 1990 n'est pas particulièrement élevée.

• 1989 BELLE ÉPOQUE   93, MARS 2003] 94
(45 % PN, 5 % PM, 50 % CH)
Un vin fabuleux qui rappelle beaucoup un bon montrachet par sa forme grillée ultra-élégante. Le nez a littéralement explosé dans le verre avec des notes de fleurs, de fruits et de café torréfié. La bouche est à la fois exotique et classique avec une finale de caramel extrêmement plaisante. Plus noisette et uniforme ces derniers temps.

• 1988 BELLE ÉPOQUE   90, NOVEMBRE 2003] 93
(45 % PN, 5 % PM, 50 % CH)
La première fois que j'ai goûté le Belle Époque j'ai trouvé la bouteille plus belle que son contenu. Mon avis a totalement changé au cours des dernières années. Les vins disposent toujours d'une élégance fleurie et rayonnante, et la conservent de nombreuses années. À cette élégance s'ajoute un arôme de café torréfié et de noisettes particulièrement magnifique. Toutes ces qualités du 1988 se trouvent réunies dans une enveloppe juvénile.

• 1985 BELLE ÉPOQUE   93, MARS 2001] 95
(45 % PN, 5 % PM, 50 % CH)
Il n'existe pas de champagne de cuvée plus élégant ! Le vin est rempli de nuances jeunes et subtiles. Si l'on connaît le beau développement du 1973 on comprend comment des arômes peuvent se trouver grandis par l'âge. On décèle aujourd'hui un nez rappelant un bouquet de fleurs printanières, ainsi qu'un arôme de fruit riche mais retenu, soutenu par de la vanille, du café et du safran. Ce champagne a suscité un véritable engouement lors de la dégustation du millénaire (voir page 66).

• 1983 BELLE ÉPOQUE   91, JUILLET 2000] 92
(45 % PN, 5 % PM, 50 % CH)
Un nez plein d'arômes qui s'opposent les uns aux autres sans parvenir à s'imposer. Comme si un couvercle avait été placé au-dessus du vin : il suffirait de le soulever pour que le vin s'épanouisse merveilleusement. La bouche est légère, marquée par l'influence du chardonnay avec un net arôme de vanille.

• 1982 BELLE ÉPOQUE   94, JANVIER 2002] 94
(45 % PN, 5 % PM, 50 % CH)
Le nez est encore faible, mais ultra-élégant. On trouve dans ce champagne une bouche pleine de finesse difficilement égalée offrant une sensation veloutée, avec une couche délicieuse de vanille et un beau fruit. Un peu court avec un nez un peu trop retenu, mais quelle classe !

• 1979 BELLE ÉPOQUE   95, MAI 2003] 95
(45 % PN, 5 % PM, 50 % CH)
Le 1979 embaume comme une véritable brûlerie de café. La bouche est plus crémeuse, un peu comme une crème glacée au café. Relativement léger mais merveilleusement long et empli d'arômes.

• 1978 BELLE ÉPOQUE   93, JANVIER 2001] 93
(45 % PN, 5 % PM, 50 % CH)
À classer parmi les meilleurs de cette catégorie « poids léger » de millésime. Rien du manque de maturité, de la verdeur et du caractère basique de plantes aromatiques qui caractérisent généralement les 1978. On y trouve par contre en grande quantité les arômes de grillé et de noisette que ce champagne de prestige inimitable parvient toujours à livrer.

• 1976 BELLE ÉPOQUE   93, JUILLET 2003] 93
(45 % PN, 5 % PM, 50 % CH)
Ne possède pas vraiment l'élégance que l'on pourrait attendre. L'année a imposé à ce vin son empreinte grasse. Évidemment très bon. La robe est sombre et le vin ne tient pas très bien dans le verre mais ses arômes caractéristiques du millésime sont magnifiques.

• 1976 BLASON DE FRANCE   96, JUIN 1999] 96
(60 % PN, 40 % CH)
L'un des meilleurs champagnes de ce millésime. Extraordinairement
séduisant et riche en finesse. Le nez est une véritable explosion
aux couleurs vives et claires. Élégance très nette dans la bouche
également. Personnellement, je ressens ce chef-d'œuvre davantage
comme un 1971 que comme un 1976 riche en alcool.

• 1975 BELLE ÉPOQUE PRESTIGE   91, JANVIER 2003] 91
(45 % PN, 5 % PM, 50 % CH)
Assez décevant si l'on songe au millésime, mais il s'agit tout de
même d'un champagne délicieux et élégant disposant d'acidité
vive, d'une belle mousse et d'un fruit riche dominé par des notes
exotiques.

• 1975 BLASON DE FRANCE   95, JANVIER 2002] 95
(60 % PN, 40 % CH)
Quel vin exquis! Beaucoup de 1975 manquent de charme et de
rayonnement, c'est pourquoi ce fut un énorme plaisir de découvrir
la douce intensité qu'offre ce champagne de prestige sous-estimé.
Il y a toujours dans les vins de Perrier-Jouët une légèreté et une
fraîcheur qui jouent ici les premiers violons au bénéfice de la
richesse des arômes sirupeux de caramel. Curieusement,
l'impression d'ensemble est celle de boire une sauce au caramel
sans l'assouvissement des sens.

• 1973 BELLE ÉPOQUE   95, MAI 2003] 95
(45 % PN, 5 % PM, 50 % CH)
Une robe orange clair et une mousse exceptionnelle. Nez
extraordinairement complexe et harmonieux où les arômes de
fleurs, de fruits et de miel luttent pour avoir le dessus. Une bouche
élégante et équilibrée. Légèrement à moyennement corsé, avec des
touches aromatiques de pêche, d'abricot, de barbe à papa et de
biscuit à la vanille, ces petits gâteaux friables qui fondent dans la
bouche. Exceptionnel et caractéristique de la maison. Il existe
malheureusement quelques bouteilles fatiguées en circulation.

• 1973 BLASON DE FRANCE   93, MAI 2002] 93
(60 % PN, 40 % CH)
Ce vin ressemble beaucoup au Belle Époque de la même année
mais sous une forme moins intense. L'équilibre des contrastes est
hérité de la plus haute école et ce vin harmonieux mérite toute
l'attention de celui qui le déguste pour donner le meilleur de
lui-même.

• 1971 BELLE ÉPOQUE   89, JUIN 2001] 89
(45 % PN, 5 % PM, 50 % CH)
La bouteille, à l'aspect parfait, que j'avais choisie pour fêter
la Saint-Jean était un peu vieillie. Je ne sais pas s'il s'agissait d'un
coup de malchance, mais je ne serais pas étonné si les quelques
bouteilles encore existantes avaient leurs beaux jours derrière elles.
La mousse était faible, le nez faisait songer à un vieux bourgogne
blanc et la bouche aux touches de moka était dominée par des
notes de miel et de fruit confit. Avec davantage de vitalité ce vin
aurait pu dépasser la barre des 90 points.

• 1969 BLASON DE FRANCE   93, JUIN 1999] 93
(60 % PN, 40 % CH)
Robe sombre et vieillie, mais avec une mousse fraîche qui
disparaît rapidement. Nez ample dominé par le chocolat avec
une nuance de cave de champagne. Moelleux miellé et finale
classique de caramel.

• 1966 BELLE ÉPOQUE   91, MAI 2001] 91
(45 % PN, 5 % PM, 50 % CH)
Il s'agit malheureusement d'un champagne dont les plus beaux
jours sont passés. Le vin reste cependant plaisant par son côté
aristocratique, digne et tranquille. Bulles peu nombreuses et de
très petite taille. Robe sombre mais toutefois dotée d'un lustre vif
lorsque les rayons du soleil frappent le verre. Lars Torstenson,
Johan Edström, Johan Lidby, Staffan Brännstam, Mats Hanzon et
moi-même avons tous été fascinés par le poids et l'autorité dont
disposait encore ce champagne dont les signes de vieillesse ne sont
pourtant plus un secret. Arômes brûlés plutôt que grillés avec
un fruit couvert par des arômes de champignon, de sous-bois et
de végétaux proches de la paille.

• 1966 BLASON DE FRANCE   95, JUIN 1999] 95
(60 % PN, 40 % CH)
Un champagne fabuleusement bien équilibré et frais avec une
énorme attaque et un fruit d'agrumes très riche. Amorce de
girolles dans le nez.

• 1966 BLASON DE FRANCE ROSÉ   93, SEPTEMBRE 2003] 93
(60 % PN, 40 % CH)
Il est toujours merveilleux de tomber sur ce genre de rareté.
Une touche d'amertume, de cuir et de champignon des bois
révèle l'âge de ce vin. La robe ambrée et les rares bulles tranquilles
indiquent également que les années ont passé. Il n'en est que plus
agréable de découvrir que le fruit offre encore une belle vigueur.
Le nez et la bouche évoquent tous deux un grand bourgogne
rouge avec leurs notes de betterave rouge et de fraise à la limite
du blettissement.

• 1964 BELLE ÉPOQUE   96, MARS 2001] 96
(45 % PN, 5 % PM, 50 % CH)
Le premier millésime du Belle Époque, difficile à trouver de
nos jours, fut produit pour les 70 ans de Duke Ellington. Je
me sens extrêmement honoré d'avoir eu le plaisir de boire ce vin
fantastique aujourd'hui à son apogée. Le fait est que le magnum
parfaitement conservé en cave que j'ai bu lors d'une grande
dégustation de vins Perrier-Jouët était à la limite un peu trop
jeune. Le champagne nécessitait une importante aération pour
déployer tout son potentiel. Lorsque toute la beauté du vin fut
dévoilée, il en vint à rappeler le 1973, le 1990 le 1979. J'ai été très
satisfait de constater que la recette de base de ce vin personnel
était visiblement demeurée la même. Le nez est grillé et fleuri. La
bouche rappelle le 1964 de Moët en magnum par sa jolie note de
pêche et une touche légèrement fumée. Finale sèche et franche.

• 1964 BLASON DE FRANCE   75, JANVIER 2003] 75
(60 % PN, 40 % CH)

• 1961 BLASON DE FRANCE   85, NOVEMBRE 1999] >
(60 % PN, 40 % CH)
Il existe peut-être des bouteilles fraîches mais les deux que j'ai
eu l'occasion de goûter étaient trop vieilles et marquées par
l'oxydation. Des notes de caramel et la longueur en bouche
soyeuse, moelleuse et miellée conviennent encore parfaitement
pour accompagner un fois gras.

• 1997 BELLE ÉPOQUE ROSÉ   90, JUILLET 2002] 92
(55 % PN, 5 % PM, 40 % CH)
Un champagne très agréable mais bien trop cher. Nez fleuri non
développé et rondeur satisfaisante de fruit rouge et juteux.
Tout le chardonnay crémeux provient de Cramant.

• 1995 BELLE ÉPOQUE ROSÉ   90, MAI 2001] 93
(50 % PN, 5 % PM, 45 % CH)
Plus riche et un peu plus mûr que la variante blanche et
printanière de la même année. Nez agréablement séduisant de
fruit tropical et de chocolat à la menthe. Bouche riche en finesse
avec la délicieuse et caractéristique longueur en bouche qui,
tout simplement, définit le rosé Belle Époque.

• 1989 BELLE ÉPOQUE ROSÉ   92, MARS 2003] 94
(50 % PN, 5 % PM, 45 % CH)
Fermé, très classique, beurré et aristocratique. Un rosé de prestige
proche d'un Cristal, « blanc », dense et focalisé avec une
fantastique et moelleuse résonance de miel.

• 1988 BELLE ÉPOQUE ROSÉ   93, NOVEMBRE 2003] 95
(50 % PN, 5 % PM, 45 % CH)
Le nez présente des notes de pétrole comme un grand riesling,
mais dispose également d'une note classique de pâtisserie et d'un
fruit minéral et massif. Équilibre et élégance merveilleux, mais il
vaut mieux attendre encore quelques années avant de déboucher
la bouteille.

• 1986 BELLE ÉPOQUE ROSÉ   89, MAI 1994] 93
(50 % PN, 5 % PM, 45 % CH)
Le rosé Belle Époque fait partie des meilleurs rosés qui soient.
Le vin bénéficie d'un style personnel et le 1986 ne fait pas
exception à la règle. Belle robe orangée. Nez ample et profond de
pinot noir mûr, légèrement moisi, avec de sublimes notes de fruit
et de caramel. Fruit classique charnu de fraise avec des touches
d'orange et de café. Superbe élégance.

• 1985 BELLE ÉPOQUE ROSÉ   94, MAI 2000] 95
(50 % PN, 20 % PM, 30 % CH)
Encore plus de café torréfié que dans sa version blanche mais
avec exactement la même note attrayante et délicieuse de caramel
et un petit plus pour la jolie couleur et la richesse exotique.
Sélectionné pour figurer comme le meilleur champagne rosé de
tous les temps lors de la dégustation du millénaire (voir page 66).

• 1982 BELLE ÉPOQUE ROSÉ   95, JUIN 2003] 96
(50 % PN, 5 % PM, 45 % CH)
Couleur mûre, orangée, et jolies petites bulles persistantes.
Nez incroyablement complexe et élégant de café fraîchement
moulu, de châtaignes grillées, de mandarine et de cacao. Proche
d'un Cristal, avec le caractère du fût. Bouche merveilleusement
riche et crémeuse d'orange, agrémentée des mêmes arômes que
le nez. Magnifique finale beurrée de chardonnay.

• 1979 BELLE ÉPOQUE ROSÉ   93, MAI 2003] 93
(50 % PN, 5 % PM, 45 % CH)
Aussi délicat et séduisant que son aspect le laisse supposer.
Élégance rayonnante, légère note beurrée de caramel et finale
classique moelleuse et mûre de pinot.

• 1973 BELLE ÉPOQUE CUVÉE ALINDA   93, AVRIL 2003] 93
Ce vin est-il identique au Belle Époque courant ? Il en va tout
autrement du prix indiqué sur l'étiquette et les deux bouteilles
que j'ai pu goûter manquaient de mousse ce qui n'est pas le cas
du 1973 ordinaire. C'est pourquoi il est difficile de dire s'il existe
une différence entre les vins. Malgré ce manque de mousse,
le vin est clair, ample et magnifique avec un nez de miel, de noix,
de massepain et de vanille. La bouche est parfaite avec une belle
concentration huileuse.

PERRIER, JOSEPH **** N-M
69, avenue de Paris
51016 Châlons-en-Champagne
03 26 68 29 51
Production : 600 000
La seule maison de champagne importante de Châlons-en-
Champagne aujourd'hui. Cette situation géographique explique
peut-être le fait que Joseph Perrier est souvent oublié lors des
discussions où l'on évoque les meilleures maisons de champagne.
Depuis sa fondation en 1825, la maison – qui fait désormais partie
du groupe Laurent-Perrier – s'est toujours montrée discrète tout en

étant appréciée des connaisseurs. Les méthodes de vinification
sont modernes hormis le fait que l'on utilise des fûts de chêne
de 600 litres pour les vins de garde. M. Fourmon ainsi que
l'actuelle vinificateur, Claude Dervin, nient le fait de recourir au
cognac dans le dosage, ce que prétendent parfois les ouvrages
spécialisés. Le style de la maison se fonde sur les vignobles de pinot
superbement situés, soit vingt hectares répartis sur les communes
de Cumières, Damery et Hautvillers. Les vins sont toujours fruités
et moelleux avec une belle proportion d'élégance. Le 1979 est l'un
de mes préférés et le 1953 est magique.

• JOSEPH PERRIER BRUT   73
(35 % PN, 30 % PM, 35 % CH)

• JOSEPH PERRIER PÈRE & FILS (1830-1840)   87
Effrontément frais pour un vin de 170 ans ! La mousse est faible
mais cependant présente. Jolie robe d'un doré léger avec des
touches orangées et une belle clarté. Puissant bouquet de café, de
fumée, de bois vieilli et de fruit sec. On y trouve aussi une légère
nuance de fromage, de poisson et de vase. Ce champagne rappelle
beaucoup le Heidsieck & Co de 1907. Belle bouche jaillissante,
douce et cependant équilibrée avec un côté de beurre et de
caramel. Belle et harmonieuse longueur en bouche qui rappelle
les anciens tokays ou un noble aulète allemand de 1953 disons.
Le plus vieux champagne qu'il m'ait été donné de goûter !

• JOSEPH PERRIER ROYAL BLANC DE BLANCS   78
(100 % CH)

• JOSEPH PERRIER DEMI-SEC   50
(35 % PN, 30 % PM, 35 % CH)

• JOSEPH PERRIER ROSÉ   68
(25 % PN, 75 % CH)

• 1996 CUVÉE ROYALE   87, AOÛT 2003] 93
(50 % PN, 50 % CH)
Fraîcheur et vigueur rayonnantes. L'un des 1996 qui pourrait
bien devenir un classique d'ici une vingtaine d'années. Ce n'est
cependant pas encore un champagne qui charme, mais sa
fraîcheur et ses extraits sous-jacents en bouche en font un vin
extrêmement agréable.

• 1995 CUVÉE ROYALE   88, SEPTEMBRE 2003] 92
(50 % PN, 50 % CH)
Il s'agit pour moi du meilleur millésime produit par Joseph Perrier
depuis 1979. S'y expriment déjà la classe et l'élégance qui lui
permettent de rejoindre le cercle des vins aristocratiques. Le nez
est à ce stade encore opprimé, mais on peut déjà déceler sa grandeur.
La bouche est parfaitement équilibrée et extrêmement longue avec
une empreinte aromatique qui fait songer à un jeune 1979.

• 1990 CUVÉE ROYALE   87, NOVEMBRE 1998] 91
(45 % PN, 5 % PM, 50 % CH)
Un nez aux arômes déjà clairement développés. On reconnaît le
style de la maison et son arôme grillé, presque brûlé, se mêlant à
des notes proches du thé. La bouche présente une saveur salée de
mer qui évoque le pain dur et le caviar. Tous les millésimes de la
Cuvée Royale vieillissent en beauté, et il en va de même pour ce
1990 riche en bouche.

• 1989 CUVÉE ROYALE   84, JUILLET 1998] 88
(50 % PN, 50 % CH)
La maison a produit là un champagne qui reflète parfaitement
le millésime et le style de la maison. Le vin est décontracté et
charmeur avec une délicieuse note de caramel.

• 1985 CUVÉE ROYALE   83, MARS 1999] 89
(50 % PN, 50 % CH)
Un vin généreux et bien entrelacé avec une bouche de bonne mâche
qui rappelle le pâté de viande et un nez lourd et presque trop mûr.

• 1982 CUVÉE ROYALE   88, NOVEMBRE 2001] 88
(50 % PN, 50 % CH)
Un vin très riche et fruité avec une touche exotique et une structure classique. Il est aujourd'hui luxurieusement gras et tout à fait mûr.

• 1979 CUVÉE ROYALE   94, JUILLET 2003] 94
(35 % PN, 15 % PM, 50 % CH)
Un nez fantastiquement jeune, joliment fleuri et miellé avec une bouche sensuelle d'agrumes. J'ai acheté une caisse pleine de ce vin classique et certaines bouteilles ont déjà développé une maturité à la saveur de caramel.

• 1978 CUVÉE ROYALE   87, JANVIER 2000] 87
(50 % PN, 50 % CH)
Pur et marqué par un arôme de baies. Plusieurs dégustateurs ont été irrités par une nuance pierreuse à laquelle je trouvais du piquant. Longueur en bouche un peu réduite.

• 1976 CUVÉE ROYALE   91, JANVIER 2003] 91
(50 % PN, 50 % CH)
Ce vin est toujours un clair reflet du millésime. Les personnes qui apprécient les 1976 ne seront assurément pas déçues par ce côté gras supplémentaire et cet arôme de caramel au beurre qui caractérise ce vin. Le 1979 est plus classique.

• 1975 CUVÉE ROYALE   92, DÉCEMBRE 2002] 92
(60 % PN, 40 % CH)
J'ai du mal à imaginer une manière plus pédagogique d'apprendre à connaître les millésimes que de procéder à une dégustation verticale des champagnes Joseph Perrier. Le 1975 dispose d'une belle structure classique mais il est un peu moins sympathique comparé à d'autres millésimes des années 1970.

• 1973 CUVÉE ROYALE   89, MARS 1996] 89
(50 % PN, 50 % CH)
Bouche nette et puissante, et longueur en bouche chaude, généreuse, aux saveurs de pain.

• 1971 CUVÉE ROYALE   93, JUILLET 2002] 93
(50 % PN, 50 % CH)
Merveilleux nez de chèvrefeuille. Délicieuse et exotique bouche de fruits avec un équilibre parfait et une note proche de la vanille dans la longueur en bouche.

• 1969 CUVÉE ROYALE   94, JUIN 1999] 94
(50 % PN, 50 % CH)
Terriblement élégant et mince. La note très nette de chèvrefeuille est la même que celle du 1971, mais elle est ici soutenue par une note gracile de citron. Bouche de chardonnay extrêmement longue et huileuse avec une jolie douceur résiduelle et une fraîche nuance d'agrumes.

• 1966 CUVÉE ROYALE
(50 % PN, 50 % CH)

• 1964 CUVÉE ROYALE
(50 % PN, 50 % CH)

• 1953 CUVÉE ROYALE   97, JUIN 1999] 97
(50 % PN, 50 % CH)
Aucun vin ne pourrait être plus clair à cet âge ! Mousse fantastiquement écumeuse et une douceur de fruit presque tropicale proche du nectar. Ravissant ! Assurément le meilleur Joseph Perrier de tous les temps.

• CENT CINQUANTENAIRE   90, MAI 2002] 90
(50 % PN, 50 % CH)
Il m'a fallu du temps pour découvrir, en Angleterre, une bouteille de ce vin menacé d'extinction. On y reconnaît le style de la maison et on peut à peine le différencier du champagne millésimé. À l'instar du Grand Siècle, ce champagne de prestige est fait à partir de raisins de trois millésimes.

• 1990 JOSÉPHINE   91, DÉCEMBRE 2003] 91
(55 % PN, 45 % CH)
Un champagne très voluptueux, exotique et riche rempli de délicieuses notes de maturité comme la pêche, l'abricot, le chocolat et l'amande, mais aussi malheureusement des nuances de cuir, de raisin sec, de figue et de datte. Bon, mais combien de temps tiendra ce vin riche, au moelleux velouté ?

• 1989 JOSÉPHINE   92, JUILLET 2001] 92
(50 % PN, 50 % CH)
Très semblable aux précédents millésimes et très soudainement mûr. Un équilibre de première classe, comme toujours. L'un des monuments oubliés de Champagne. On y trouve de jolies notes de miel, de sucre d'orge à la menthe et de sirop de sucre. Complètement mûr aujourd'hui. Ne pas mettre en cave.

• 1985 JOSÉPHINE   91, JANVIER 1999] 93
(55 % PN, 45 % CH)
Le Joséphine est l'un des plus récents champagnes de prestige. Inspiré du Belle Époque par sa bouteille fleurie, son contenu est tout aussi romantique et sensuel que son modèle. Ce nouveau vin a immédiatement intégré le cercle des champagnes de prestige classiques. Le 1985 ressemble beaucoup au 1982 en restant toutefois un peu moins développé. Le nez est plein de notes sucrées de miel et d'arômes proches de l'Earl Grey ; la bouche peut être comparée à une pêche juteuse.

• 1982 JOSÉPHINE   92, JANVIER 1999] 93
(55 % PN, 45 % CH)
Fermé dans le verre, ce qui est étonnant car les arômes sont doux et mûrs. Il offre cependant dix minutes plus tard une explosion de noix de coco, d'huile de bergamote, de menthe et de café. La bouche est douce, longue et sensuelle. Un champagne plein de sensibilité qui pour moi a signifié beaucoup de choses.

• 1975 JOSEPH-PERRIER WEDDING CUVÉE
(47 % PN, 8 % PM, 45 % CH)   92, OCTOBRE 1999] 92
L'un des nombreux champagnes produits à l'occasion du mariage de Diana et du prince Charles. Ce magnum dispose d'une couleur et d'un nez développés. La bouche en revanche est astringente, sèche et indestructible. Pas aussi charmeur que le 1979, mais d'une structure plus classique.

PERRION, THIERRY *** R-M
24, rue Chanzy
51360 Verzenay
03 26 49 89 80
Production : 6 000

Jessica Perrion est la seule vinificatrice suédoise de Champagne et l'une des rares à m'avoir rendu visite à Lidingö. Avec Thierry, son mari, elle exploite la propriété située dans le village de grand cru de Verzenay. Jessica dessine avec un véritable talent artistique les étiquettes de ses bouteilles de champagne. Les Perrion font tout eux-mêmes sur ce petit domaine dont 75 % du raisin est vendu à des maisons de champagne établies. La qualité va s'améliorant d'année en année et j'attends avec impatience le moment où ils vont vinifier la plus vieille vigne de Verzenay en cuvée séparée. Reste à voir si Jessica peut convaincre Thierry que quelques centaines de bouteilles en valent quand même la peine. Je suis personnellement arrivé à la convaincre d'accepter de goûter le La Tâche 1938 que je lui proposais.

• THIERRY PERRION TRADITION   69
(80 % PN, 20 % CH)

• THIERRY PERRION PRESTIGE (97/98)   81, FÉVRIER 2004] 85
(90 % PN, 10 % CH)

Le champagne le plus lourd et le plus caractéristique de son origine jamais produit par Perrion. Nez ample et substantiel de fruit mûr, de pain frais, d'aromates et de peau chaude de soleil. La bouche est corsée avec un caractère robuste dont les notes marquées sont la prune, la banane et la cerise auxquelles s'ajoute une touche animale.

• 1996 THIERRY PERRION   80, MAI 2003] 84
(90 % PN, 10 % CH)

Un champagne plein d'un moelleux fruit exotique. Assez doux avec des notes de kiwi, de poire, de tutti-frutti et de banane. Corsé et étonnamment facile à boire. L'acidité est faible si l'on songe au millésime.

• 1952 THIERRY PERRION   94, DÉCEMBRE 2003] 94
(100 % CH)

J'ai gardé cette bouteille non dégorgée quelques mois dans ma cave avant d'oser la dégorger à la main pour la boire à Noël à l'occasion d'un dîner auquel j'avais convié Mats Hanzon. Tout se passa à la perfection car le bouchon est sorti spontanément. La robe était extrêmement belle et claire avec de faibles chapelets de bulles minuscules. Le nez froid et raffiné disposait de la même élégance qu'une vieille dame sophistiquée. La bouche crémeuse et fraîche exhalait des notes de fer, de silex, de résine, de goudron et de crème au champignon ainsi qu'un arôme pur de pomme, nerveux et acidulé. Moins puissant que je ne m'y attendais, mais quelle élégance! Cinquante ans n'est visiblement pas un âge avancé pour le chardonnay crayeux de Trépail!

PERROT-BOULONNAIS R-M

51130 Vertus
03 26 52 12 96
Un petit vigneron de Vertus qui ne dispose que de chardonnay.

• PERROT-BOULONNAIS BLANC DE BLANCS   68
(100 % CH)

Un style très mûr et oxydatif qui fait songer à un Vazart-Coquart ou à un Billion. Miel, noisette et banane imprègnent la bouche de cette bonne et exubérante création. Rond, doux et un peu grossier.

PERTOIS-LEBRUN *** R-M

28, rue de la Libération
51530 Cramant
03 26 57 54 25
Production: 80 000
Un vigneron de Cramant qui possède 6 hectares de vignes sur la commune et produit lui aussi des champagnes charmeurs caractéristiques du village. Le résultat serait encore meilleur avec un dosage moins élevé.

• PERTOIS-LEBRUN BLANC DE BLANCS   71
(100 % CH)

• 1992 PERTOIS-LEBRUN   87, JANVIER 2003] 89
(100 % CH)

Un 1992 sensationnel! Ce vigneron relativement peu connu de Cramant s'améliore d'année en année. Le 1991 était déjà étonnamment bon et le 1992, qui pour la plupart des producteurs fut une faible année, est un magnifique champagne au nez ample proche du bourgogne et à la bouche concentrée du plus délicieux des jus de pamplemousse.

• 1991 PERTOIS-LEBRUN   82, JANVIER 1999] 87
(100 % CH)

Rafraîchissant, revigorant, fruité et absolument pur. Notes marquées de pamplemousse et d'ananas aussi bien dans le nez que dans la bouche. Un 1991 nerveux, harmonieux et très satisfaisant.

• 1989 PERTOIS-LEBRUN   78, NOVEMBRE 1994] 85
(100 % CH)

Là encore le dosage est un peu trop important, ce qui est dommage car le raisin offre des arômes délicieusement doux.

PERTOIS-MORISET *** R-M

13, avenue de la République
51190 Le Mesnil-sur-Oger
03 26 57 52 14
Production: 100 000
Encore un vigneron du Mesnil à surveiller. Pertois-Moriset possède également des vignobles sur les communes de pinot à partir desquels sont produits trois blancs de noirs.
Autres vins: Blanc de Noirs, Sélection, Millésime et Brut Rosé.

• PERTOIS-MORISET BLANC DE BLANCS   80
(100 % CH)

Le nez et la bouche se caractérisent tous deux par un arôme de chardonnay riche et développé. Ce vin repose davantage sur sa richesse que sur sa finesse, ce qui n'est pas courant au Mesnil.

• 1988 PERTOIS-MORISET SPECIAL CLUB   86, MAI 1995] 92
(100 % CH)

Un vin superbement riche avec un nez fleuri, presque parfumé, du Mesnil. Structure dense et crémeuse avec une bouche de mangue et de vanille.

PERTOIS, DOMINIQUE R-M

13, avenue de la République
51190 Le Mesnil-sur-Oger
03 26 57 52 14
Production: 100 000
Ce vigneron possède 15 hectares de vigne avec des ceps de 30 ans au Mesnil, à Oger, Avize, Cramant et dispose également de pinot noir à Sézanne. Tous les blancs de blancs sont produits à partir de raisins provenant de tous ces villages.

• DOMINIQUE PERTOIS BLANC DE BLANCS   67
(100 % CH)

Pâle et vaguement fleuri avec une bouche légère et pure qui fait regretter l'absence de pinot noir.

PETERS, PIERRE **** R-M

26, rue des Lombards
51190 Le Mesnil-sur-Oger
03 26 57 50 32
Production: 150 000
La famille Peters est originaire du Luxembourg. Pierre vint un jour s'établir au Mesnil. François Peters, homme toujours souriant et extrêmement compétent, exploite aujourd'hui 17,5 hectares de vigne dont 12 s'étendent sur les meilleurs terrains du Mesnil. Durant plusieurs années les raisins provenant des vieux pieds plantés aux Chétillons servaient à la production des millésimes, mais aujourd'hui c'est une Cuvée Spéciale qui est réalisée uniquement à partir du raisin récolté en ce lieu unique. Le 1989, véritable nectar, fut choisi par les acheteurs de vins suédois comme premier champagne du « village des villages de Champagne ». Le monde entier s'enthousiasme pour ce vin alors même que personne encore n'a eu l'occasion de goûter à une bouteille déjà mûre. Les vins du

Mesnil mettent du temps à mûrir, mais le champagne Peters offre dès le début une fraîcheur très accessible qui évoque la mandarine ainsi qu'une grande quantité d'arômes doux de caramel et de noisette. Avec l'âge, ces champagnes deviennent majestueux et aussi profonds qu'un puits, emplis d'arômes de café et de noisette avec un fruité exotique volatile et vibrant. Pierre Peters fait partie des perles encore inconnues de Champagne, ce qui explique que les prix soient si bas pour des vins d'une telle qualité.

• PIERRE PETERS CUVÉE DE RÉSERVE   80
(100 % CH)
Il y a malheureusement beaucoup de différences d'une bouteille à l'autre. La qualité est toujours élevée, mais quelques exemplaires mûrs sortent du lot avec leur caractère grillé caractéristique du Mesnil.

• PIERRE PETERS EXTRA BRUT   77
(100 % CH)

• PIERRE PETERS PERLE DU MESNIL   80
(100 % CH)
Mousse très légère, fraîcheur d'agrumes, un vin facile à boire mais dépourvu de complexité.

• 1997 PIERRE PETERS   83, AVRIL 2003] 88
(100 % CH)
Un producteur dont les champagnes sont toujours beaux et élégants quel que soit le millésime. Des notes minérales, de mandarine, de citron, et une finesse polie de première classe laissent supposer qu'il peut être vraiment intéressant de suivre l'évolution de ce vin dans le futur.

• 1996 PIERRE PETERS   88, AOÛT 2003] 93
(100 % CH)
Classique, caractéristique du village, acidulé et non développé avec des notes fraîches, minérales et d'agrumes. Ce vin n'est bien sûr pas aussi concentré que les champagnes de prestige de ce village produits à partir de raisin récolté sur de vieux pieds de vigne. La note de mandarine a joliment évolué au cours de l'hiver 2001.

• 1995 PIERRE PETERS   85, JUIN 2001] 91
(100 % CH)
C'est toujours une joie de plonger le nez dans un verre de champagne Pierre Peters. Certains parlent de fromages, de noisettes, de pétrole et de mandarine. Je me contenterai cette fois-ci d'un seul commentaire : caractéristique de Peters.

• 1992 PIERRE PETERS   80, MAI 2000] 85
(100 % CH)
Un champagne très fruité. Des arômes clairs de poire et de banane ont évolué vers la mandarine et le caramel au cours de cette dernière année. Le vin est pur et léger mais toutefois un peu fragile et maigre. Ce n'est pas le type de Peters que je préfère.

• 1991 PIERRE PETERS   80, JANVIER 2000] 85
(100 % CH)
Les arômes de mandarine sont déjà présents, mais il manque à ce vin la structure nécessaire pour correspondre à la norme habituelle de ce producteur.

• 1990 PIERRE PETERS   91, JUILLET 1998] 93
(100 % CH)
Le 1990 est un champagne extraordinaire, avec un style personnel où le nez de fruits rouges et proche du yaourt se mêle souvent au pinot noir. La structure est extrêmement dense et composée. Un grand vin en puissance.

• 1989 PIERRE PETERS   86, JUILLET 1995] 91
(100 % CH)
Le 1989 est produit à partir de raisin récolté à Oger, Le Mesnil, Avize et Chouilly. Le champagne s'est développé très rapidement en 1995

et il est aujourd'hui grand et exubérant, plein de notes grillées. La bouche est un peu molle mais crémeuse et remplie de fruit.

• 1986 PIERRE PETERS   83, NOVEMBRE 1994] 84
(100 % CH)
Juteux, mûr, à l'arôme de chocolat. À boire dans quelques années.

• 1985 PIERRE PETERS   92, MARS 2003] 93
(100 % CH)
Parfaitement pur et racé. Les jolies notes, jeunes et harmonieuses, luttent pour la suprématie. Un vin rempli de séduisants arômes minéraux. Sec et très viril.

• 1982 PIERRE PETERS   92, JUIN 1997] 92
(100 % CH)
Moelleux et miellé, beurré et facile à boire.

• 1979 PIERRE PETERS   94, AVRIL 1995] 95
(100 % CH)
Un vin unique qui démontre combien les champagnes de ce village vieillissent bien. Le vin des bouteilles normales a un nez de noisette tandis que dans le cas des magnums on est frappé par un nez parfait de girolles revenues dans du beurre. La bouche est identique pour les deux types de bouteille. Élégante et acidulée, elle est enrobée dans une enveloppe huileuse et offre des arômes de cire d'abeille, de tabac, de café et de noix.

• 1973 PIERRE PETERS   96, JUIN 1993] 96
(100 % CH)
Seul le Dom Pérignon peut faire concurrence à ce vin dans la catégorie « Champagne millésimé ». Le Peters 1973 est un nectar doré au fabuleux bouquet évoquant le montrachet. Pétrole, noix, melon, mangue, feuilles d'automne et café sont les arômes qui emplissent tout l'espace au moment où l'on verse le vin. La bouche est huileuse et lisse comme le miel.

• 1997 PIERRE PETERS CUVÉE SPÉCIALE   85, AOÛT 2003] 90
(100 % CH)
Extrêmement caractéristique du vignoble avec un profil de bouche exceptionnellement typé. Très marqué de notes minérales et épicées. Il manque cette fois cependant le caractère gras et huileux. Une partie de la concentration va sans doute apparaître avec le temps, mais il ne s'agit toutefois pas là d'un grand millésime.

• 1996 PIERRE PETERS CUVÉE SPÉCIALE   93, AVRIL 2004] 96
(100 % CH)
La constance de ce vin est fascinante. Je me suis tout de suite senti chez moi lorsque le premier vin de la soirée de cette dégustation à l'aveugle a été versé alors que le soleil se couchait sur l'île Maurice. Le vin est quasiment identique au souvenir que j'ai du 1990 au même âge. Les vieux ceps donnent une concentration douce et caressante et l'empreinte aromatique est la même pour tous les millésimes. Terriblement charismatique et facile à identifier. Les bouteilles suivantes m'ont semblé plus avares, acidulées et jeunes.

• 1995 PIERRE PETERS CUVÉE SPÉCIALE
(100 % CH)   92, NOVEMBRE 2003] 94
Difficile à juger dans un premier temps. L'intensité des arômes de pommes est stupéfiante, à l'instar de l'acidité fraîche et croustillante. À mettre en cave ! Si vous en avez la possibilité, achetez le vin dans quelques années afin qu'il bénéficie plus longtemps de l'action autolytique dont il a encore besoin. Six mois plus tard ce vin subtil avait acquis de beaux arômes qui rappellent le grand classique et ultra-léger montrachet produit en cuve d'acier inoxydable.

• 1994 PIERRE PETERS CUVÉE SPÉCIALE
(100 % CH)   78, DÉCEMBRE 1998] 85
Il est clair que ce vignoble exceptionnel permet de produire uniquement de bons vins, mais le 1994 ne peut être qualifié que

d'échec, ou du moins de vin dont l'étiquette ne correspond pas au contenu de la bouteille. Pourquoi ne pas utiliser ces raisins pour la production du champagne millésimé ordinaire lorsque l'année est si mauvaise? Le nez vert et végétal manque de maturité. La bouche d'acier et de silex est dépourvue de la note de mandarine si caractéristique. Sûrement très intéressant à faire séjourner en cave en raison de la formidable acidité.

- 1991 PIERRE PETERS CUVÉE SPÉCIALE
(100 % CH)   82, DÉCEMBRE 1998] 87
Un très petit nombre de bouteilles ont été produites cette année-là. Tout comme dans le cas du 1994 on pourrait très bien se passer de ce vin. Ce qui ne veut pas dire que ce champagne est mauvais d'une manière ou d'une autre. Le fait est seulement que le Cuvée Spéciale est souvent en compétition avec le « N » de Selosse pour la première place lorsqu'il s'agit de champagnes de vigneron. Un long séjour en cave lui permettra de donner le meilleur de lui-même.

- 1990 PIERRE PETERS CUVÉE SPÉCIALE
(100 % CH)   94, JANVIER 2004] 95
Un vin de chardonnay concentré comme pas un, qui me fait sourire alors que je m'apprête à rédiger mon commentaire. Ce champagne combine l'arôme musculeux du 1989 à l'astringence pierreuse du 1988. Merveilleux aujourd'hui, magique à partir de 2010.

- 1989 PIERRE PETERS CUVÉE SPÉCIALE   95, MARS 2003] 95
(100 % CH)
Ce champagne de Vieilles Vignes issu de raisin récolté sur des ceps vieux de 70 ans aux Chétillons a toujours fait partie de l'élite depuis son premier millésime. La bouche riche de mandarine incite beaucoup de personnes à penser qu'il ne bénéficiera pas d'une longue durée de vie. En réalité, ces champagnes riches, exotiques et grillés sont pleins d'une acidité vivifiante sous-jacente. Une note beurrée et de caramel à la noisette se montre de plus en plus marquée. Une note intéressante de yaourt à la fraise a fait son apparition dans les magnums.

- 1988 PIERRE PETERS CUVÉE SPÉCIALE
(100 % CH)   92, NOVEMBRE 2003] 94
Le 1988 n'est pas vraiment aussi riche et fruité que le 1989, mais il dispose d'une structure encore plus classique et fraîche, d'un nez fleuri aux facettes plus nombreuses, avec une touche grillée de grains de café. Ceci est très notable dans le cas de magnums où la clarté surpasse largement celle que l'on trouve dans les bouteilles normales.

- 1985 PIERRE PETERS CUVÉE SPÉCIALE   90, AVRIL 1995] 96
(100 % CH)
Le vin préféré du propriétaire. À dix ans, ce champagne dispose encore d'une acidité colossale et d'un nez fleuri extrêmement beau bien qu'un peu fermé. La bouche fait songer à une version plus sèche et un peu plus élégante du Cristal 1985 de Roederer.

- 1978 PIERRE PETERS CUVÉE SPÉCIALE   91, AVRIL 1997] 91
(100 % CH)
Un champagne incroyablement élégant et rafraîchissant, d'une acidité astringente, avec d'amples arômes grillés et une jolie bouche d'agrumes. L'une des perles de ce millésime.

- 1973 PIERRE PETERS CUVÉE SPÉCIALE   91, MAI 1996] 91
(100 % CH)
La forme de l'ancienne bouteille « club » s'est avérée inadaptée à un long séjour en cave. À l'instar de l'irréel 1973 cette variante paraît bien plus développée avec quelque touches oxydées. Le nez et la bouche sont tous les deux délicieusement riches mais la finesse est un peu modérée.

PETITJEAN, H. N-M
12, rue Saint-Vincent
51150 Ambonnay
03 26 57 08 79
Production : 100 000
Fondée en 1846, la maison Petitjean est demeurée une valeur assez négligeable jusqu'à ce que Henri Petitjean reprenne en main l'activité. En 1959, ce fut au tour de Michel Petitjean de prendre les rênes. Aujourd'hui encore, Petitjean est une exploitation familiale. Seuls 5 % des raisins utilisés proviennent du vignoble que la maison possède à Ambonnay. Le reste est acheté à sept villages parmi les meilleurs. En 1993, la maison a eu le mauvais goût de lancer trois champagnes Pavarotti accompagnés d'un CD. Je n'ai rien contre l'association de l'opéra et du champagne, mais cette idée commerciale était plutôt hasardeuse. Heureusement le champagne, lui, ne manque pas de goût!

- 1985 BAL MASCHERA-FERNANDO PAVAROTTI
(60 % PN, 40 % CH)   82, JANVIER 1994] 87
Robe dorée, nez grillé aristocratique et longue bouche crémeuse qui résonne au moins aussi longtemps que le contre-ut de Pavarotti.

PHILIPPART, MAURICE R-M
16, rue de Rilly
51500 Chigny-les-Roses
03 26 03 42 44
Production : 30 000
- MAURICE PHILIPPART BRUT   66
(10 % PN, 80 % PM, 10 % CH)
- MAURICE PHILIPPART DEMI-SEC   30
(10 % PN, 80 % PM, 10 % CH)
- MAURICE PHILIPPART ROSÉ   64
(20 % PN, 80 % PM)
- 1989 MAURICE PHILIPPART   79, JANVIER 1999] 79
(10 % PN, 80 % PM, 10 % CH)
- 1986 MAURICE PHILIPPART   75, OCTOBRE 1997] 75
(10 % PN, 80 % PM, 10 % CH)
- 1989 MAURICE PHILIPPART PRESTIGE   75, OCTOBRE 1997] 80
(10 % PN, 90 % CH)

PHILIPPONNAT **** N-M
13, rue du Pont
51160 Mareuil-sur-Ay
03 26 56 93 00
Production : 500 000
Cette maison fut fondée en 1910 par Pierre Philipponnat qui acheta, en 1935, ce qui allait devenir le joyau de l'entreprise, un vignoble de 5,5 hectares portant le nom de Clos des Goisses. En 1987, Philipponnat intégra le groupe Marie-Brizard, mais aujourd'hui la maison fait partie de l'écurie Bruno Paillard. 75 % des raisins sont achetés et proviennent de vignobles très cotés (97 % en moyenne) et le reste est récolté dans les vignes de la commune de Mareuil-sur-Ay. C'est actuellement Charles Philipponnat, un homme d'une nature amicale et humble, qui conduit la maison. Ses beaux raisins sont parfaitement administrés et les vins offrent tous leurs charmes et leur personnalité. Tous sont intensément fruités avec un nez à la note juvénile et caractéristique de groseille à maquereau. Seule la première presse est utilisée par Philipponnat, Abel Lepitre étant la deuxième marque. Le Clos des Goisses compte de manière constante parmi les meilleurs champagnes au monde. On utilise encore un peu les cuves en chêne même si la vinification

de certains millésimes, comme le 1989, se fait en cuve d'acier inoxydable. Ce champagne est véritablement lent à se faire et il faut le décanter si l'on souhaite le boire avant ses vingt ans. Le coteau exceptionnel proche du canal à Mareuil-sur-Ay est planté à 70 % de pinot noir et à 30 % de chardonnay. J'ai récemment procédé à une dégustation verticale complète de ce vin personnel. Les champagnes comptaient parmi les plus charmants qu'il m'ait été donné de goûter. Le plus imposant de tous était un magnum tempétueux de 1955. Certaines années, Philipponnat procède à la fabrication d'un vin rouge tranquille peu commun mais également peu excitant. Encore moins communes et d'autant plus excitantes sont les 200 bouteilles de vin tranquille de chardonnay que Philipponnat produit annuellement pour sa propre consommation. Il est à mon sens le meilleur de tous les vins blancs tranquilles de Champagne. Le Clos des Goisses mérite vraiment ses quatre étoiles.

- PHILIPPONNAT BRUT   75
(55 % PN, 15 % PM, 30 % CH)
- LE REFLET   80
(50 % PN, 50 % CH)
Il s'agit en principe du deuxième vin du Clos des Goisses. Les raisins qui ne répondent pas aux sévères exigences de la maison servent à la production du champagne Le Reflet auxquels s'ajoute du chardonnay de la côte des Blancs. Le vin vendu en 1995 est en réalité un pur 1990. Son fruit délicieusement généreux et jeune rappelle la groseille à maquereau et la poire William. La bouche même est, de manière frappante, fruitée et facile à boire et son charme immédiat ne l'empêchera pas de bien se développer durant de nombreuses années.
- PHILIPPONNAT CUVÉE 1522   85
(60 % PN, 40 % CH)
Un vin qui se situe entre les champagnes non millésimés et le champagne de prestige. Sa belle étiquette représente Ay tel que le village était en 1552. Ce très bon vin dispose d'une base de 1996. La bouche est emplie de saveurs de miel et de caramel à la menthe. Riche et luxueux.
- PHILIPPONNAT ROSÉ   66
(55 % PN, 10 % PM, 35 % CH)
- 1993 PHILIPPONNAT   82, DÉCEMBRE 2003] 84
(65 % PN, 35 % CH)
Philipponat a réussi là à produire un 1993 corsé peu commun. Le vin dispose d'une structure grasse inattendue, beurrée, qui révèle une bonne vinification. Celui qui apprécie le style de la maison ne sera pas déçu. On y trouve un fruit concentré d'humus aux fortes notes animales. Je ne suis personnellement pas enthousiasmé par le style de ce vin. Je préfère les vins plus élégants, ou les vins à la bouche plus marquée si l'on s'en tient à l'école qui produit des vins plus lourds. Ce champagne se comporte cependant bien du fait qu'il n'a pas subi de fermentation malolactique.
- 1991 PHILIPPONNAT   83, DÉCEMBRE 2003] 83
(65 % PN, 10 % PM, 25 % CH)
Ce vin était dans un premier temps assez exubérant avec un fruit ample assez grossier, quelques traits de médicaments mêlés à des notes d'echinacea, de rhubarbe et d'ananas. Corsé, mais court. Le vin est désormais complètement développé et doit être bu assez rapidement. Rond, corsé et crémeux avec des notes de chocolat et de cuir.
- 1990 PHILIPPONNAT   85, DÉCEMBRE 2003] 85
(65 % PN, 35 % CH)
Il fut longtemps pour moi le meilleur millésime courant de Philipponnat. C'est un vin plein d'arômes d'amande et de notes épicées soutenu par une bouche de pomme mûre évoquant un

Bollinger. Il a cependant vieilli trop vite et s'est dégradé au cours des dernières années.
- 1989 PHILIPPONNAT   80, AOÛT 1997] 83
(65 % PN, 35 % CH)
Un champagne riche et puissant avec une importante maturité. On y décèle déjà des notes de chocolat à la menthe et de raisin sec. Le plus remarquable est la note personnelle d'echinacea.
- 1988 PHILIPPONNAT   70, OCTOBRE 1994] 75
(65 % PN, 35 % CH)
- 1985 PHILIPPONNAT   87, AVRIL 1996] 89
(65 % PN, 35 % CH)
Une année très réussie pour cette maison. Il y a quelque chose de léger et de détendu qui m'attire dans ce vin. Le nez est légèrement grillé et très crémeux, sensations reprises de manière plus appuyée dans la bouche.
- 1982 PHILIPPONNAT   85, DÉCEMBRE 2003] 85
(65 % PN, 35 % CH)
Ce vin récemment dégorgé, qui fait partie des trésors cachés de la maison, disposait d'une nervosité et d'une fraîcheur intactes. Les arômes sont en revanche vieillis et oxydatifs et j'imagine donc qu'il faut veiller à la manière dont le vin a été conservé en cave avant de se décider à en acheter. Un vin de repas dans un beau costume et aux arômes substantiels.
- 1976 PHILIPPONNAT   90, DÉCEMBRE 2003] 90
(65 % PN, 35 % CH)
Après avoir séjourné dans la cave de la maison, ce grand vin a conservé son fruité. Le nez de pain est lourd tout comme la longueur en bouche, mais le milieu de bouche est exotique, fruité et plein de doux et délicieux arômes. Le millésime que je préfère dans le cas de ce vin !
- 1998 GRAND BLANC   84, OCTOBRE 2002] 88
(100 % CH)
Ce jeune vin de chardonnay offre un nez printanier magnifiquement clair et fleuri sans le caractère autolytique qu'il peut souvent avoir. Son aération libère des arômes de massepain et d'aubépine. Bouche riche et délicieuse aux touches de vanille, de pâtisserie et d'ananas.
- 1996 GRAND BLANC   85, MARS 2004] 89
(100 % CH)
C'est un pur-sang que ce vin débordant de vitalité, à la mousse intense tourbillonnante. De riches notes de caramel au beurre et de douces nuances d'agrumes sont déjà présentes aux côtés d'une acidité nerveuse. Un vin splendide qui représente magnifiquement bien le millésime.
- 1991 GRAND BLANC   85, OCTOBRE 2002] 87
(100 % CH)
Il s'agit à mon sens d'un vin très réussi. Puissant et riche en bouche, quelque peu marqué par les raisins de Mareuil-sur-Ay. Ce vin compense l'absence de richesse de nuances par son caractère corsé et sa puissance.
- 1990 GRAND BLANC   82, OCTOBRE 2002] >
(100 % CH)
Lorsque ce vin est apparu sur le marché il m'a impressionné, mais il s'est avéré que la théorie de Charles Philipponnat sur un dosage plus faible et l'ajout de soufre pour protéger le vin et éviter l'oxydation valait d'être suivie. Ce vin est déjà sur-oxydé et il est en baisse en dépit de sa grande richesse de fruit.
- 1989 GRAND BLANC   92, SEPTEMBRE 2003] 93
(100 % CH)
Un champagne vraiment impressionnant et l'un des meilleurs Grands Blancs jamais produit. Nez ample et puissant de miel et

d'essence de caramel à la noisette. Dense et velouté avec une bouche identique au nez. Vraiment long, et construit de la même manière que l'exceptionnel 1976.

• 1988 GRAND BLANC   78, OCTOBRE 2003] >
(100 % CH)
Un blanc de blancs un peu grossier et puissant. Je pense qu'il a trop rapidement mûri et perdu de ce fait une partie de sa finesse. S'oxyde à grande vitesse! Certaines bouteilles sont encore vives et rappellent le chablis.

• 1988 GRAND BLANC NON DOSÉ   65, OCTOBRE 2002] >
(100 % CH)

• 1985 GRAND BLANC   88, OCTOBRE 2002] 88
(100 % CH)
Le Grand Blanc abandonne ici son côté un peu timide et retenu. C'est un champagne léger et élégant disposant d'un nez faible mais aussi crémeux et élégant. L'aération lui permet d'offrir un léger effluve de champignon revenu dans du beurre.

• 1983 GRAND BLANC   83, OCTOBRE 2002] 83
(100 % CH)
C'est inattendu mais ce vin est encore jeune, avec un nez d'acacia et une bouche fraîche et acidulée à la fois. On y trouve une étonnante légèreté qui se combine à un spectre aromatique très légèrement tropical.

• 1982 GRAND BLANC   81, OCTOBRE 2002] 81
(100 % CH)
Un vin qui n'est jamais parvenu à me séduire quel que soit son millésime. C'est au restaurant «Le Royal Champagne» que j'ai bu la plupart des bouteilles, à quelques pas seulement de son lieu de production, donc la fraîcheur était irréprochable. Le 1982 est pur, mûr et court.

• 1980 GRAND BLANC   89, OCTOBRE 2002] 89
(100 % CH)
Clair, délicat et délicieusement grillé. Un champagne parfaitement développé, un peu fragile et harmonieux qui a dû sans doute être qualifié de maigre et d'inintéressant dans sa jeunesse. Il est aujourd'hui réellement beau et bien poli.

• 1976 GRAND BLANC   95, MARS 2003] 95
(100 % CH)
Un merveilleux champagne récemment dégorgé sorti du trésor de Philipponnat. Une température de cave basse, un contact prolongé avec les levures et une importante proportion de chardonnay mûr semblent être les principales composantes à l'origine des jolies petites bulles. Toutes ces conditions sont ici réunies! Un an après le dégorgement, le vin était d'un jaune doré profond et la mousse, vraiment exceptionnelle, formait un courant dru d'une infinie quantité de toutes petites bulles. Le nez délicieusement caractéristique du millésime fait songer au Comtes de Champagne et au Des Princes de la même année. Le vin n'est cependant pas très concentré. En outre, la longueur en bouche est trop peu persistante. Les arômes du nez et la douceur grasse et huileuse de la bouche ont pour notes dominantes la vanille, le caramel au beurre, le petit pain au lait à la cannelle et la croustade au citron.

• 1974 GRAND BLANC   90, OCTOBRE 2002] 90
(100 % CH)
Il est à peine croyable que ce millésime exceptionnel n'avait rien de remarquable ni dans sa jeunesse ni dans son âge moyen. Ce n'est qu'aujourd'hui, après un vraiment long, vitalisant et enrichissant contact avec les levures que les merveilleuses notes d'acacia et le caractère resplendissant et luxuriant de magnolia se sont développés. La bouche est légère et pure comme un torrent

de montagne et d'une grande beauté. C'est là que l'on constate ce que peut apporter un long séjour en cave!

• 1991 PHILIPPONNAT SUBLIME RÉSERVE DEMI-SEC   81, MAI 2001] 81
(100 % CH)
Quelle merveilleuse idée! Il va sans dire que le chardonnay avec sa fraîche bouche d'agrumes convient le mieux pour se marier à la douceur. En dépit de ses 35 grammes de sucre, il s'agit d'un vin élégant et beurré avec une finale fraîche et délicieuse. Un des meilleurs champagnes de sa catégorie. Convient parfaitement pour accompagner le foie gras ou un gâteau aux fruits.

• 1991 CLOS DES GOISSES   89, JANVIER 2004] 92
(70 % PN, 30 % CH)
Nez intéressant de pétrole et de sauternes doublé d'un fruit sec. Un 1991 extrêmement bon avec du corps. Bouche moderne, longue, exotique et relativement développée.

• 1990 CLOS DES GOISSES   92, NOVEMBRE 2003] 96
(70 % PN, 30 % CH)
Il n'est guère étonnant que le Clos des Goisses ait fourni un bon champagne en cette brillante année. Il y a là une finesse peu développée, surmontée d'une fraîcheur et d'une acidité croustillantes sur une base de fruit concentré. Lors de la dégustation du millénaire (voir page 66), ce vin personnel n'a pu se rendre totalement justice à lui-même. Nez ample évoquant le sauternes.

• 1989 CLOS DES GOISSES   92, JANVIER 2002] 96
(70 % PN, 30 % CH)
Nez intensément fleuri, presque parfumé, d'herbe, d'aubépine et de groseille à maquereau. Très riche et concentré. Vers onze ans des notes de vanille et de miel ont fait leur apparition, laissant deviner que la maturité était proche.

• 1988 CLOS DES GOISSES   89, novembre 2003] 94
(70 % PN, 30 % CH)
Je n'ai jamais vraiment compris comment le Clos des Goisses se comportait jeune. L'expérience enseigne que tous les millésimes deviennent puissants lorsqu'ils atteignent un âge avancé. Le 1988 n'est pas aussi peu développé ni marqué par une note d'herbe que le 1982 au même âge. Il est plutôt moyennement corsé et délicat, avec des arômes grillés et de pain ainsi qu'un joli fruit croustillant. Certaines bouteilles ont vraiment un goût de médicament et une bouche de groseille à maquereau. Que va-t-il se passer ensuite?

• 1986 CLOS DES GOISSES   94, JUIN 2001] 94
(70 % PN, 30 % CH)
Lors d'un déjeuner chez Philipponnat, Paul Couvreur m'a vraiment persuadé que certains champagnes gagnent à être décantés. Un verre de 1986 décanté et un verre non décanté se sont avérés incroyablement différents. Le nez du verre décanté rappelait beaucoup le R.D. de Bollinger et disposait d'un bouquet ample, fumé, de noisette et classiquement lourd de pinot. La bouche était très concentrée et riche. Une explosion de saveurs de noisette et de chocolat s'est produite sur ma langue. La longueur en bouche était aristocratique. Ce champagne accompagnait à merveille notre filet de bœuf aux morilles. Un grand vin!

• 1985 CLOS DES GOISSES   94, MARS 2003] 96
(70 % PN, 30 % CH)
Henrik Arve, mon ami dégustateur le plus proche, estime qu'il s'agit de l'un des meilleurs vins qu'il ait jamais goûté dans cette catégorie d'âge moyen où ce champagne se trouve actuellement. Je suis moi aussi fortement impressionné par ce fruit immensément crémeux et le spectre complexe de tous les arômes clairs, nuancés et mêlés de ce champagne.

• 1983 CLOS DES GOISSES   94, AVRIL 2003] 94
(70 % PN, 30 % CH)

Un vin fascinant dont le nez comporte une amorce de vieux champagne et la bouche demeure encore très jeune. Le bouquet fumé est rempli d'arômes de chocolat et de noisette. L'attaque est fraîche sur la langue et le fruit très jeune. Une longueur en bouche très persistante.

• 1982 CLOS DES GOISSES   95, MAI 2003] 96
(70 % PN, 30 % CH)

Les premières fois où j'ai goûté le 1982 j'ai douté de sa grandeur. Le vin est resté fleuri et timide de nombreuses années avant de déployer ses saveurs. Lors d'une grande dégustation horizontale des vingt meilleurs champagnes de 1982, le Clos des Goisses et le Salon sont apparus comme les vins les moins développés. La longueur en bouche persistante était cependant très prononcée dès le début. J'attends déjà la prochaine bouteille avec impatience pour voir s'il aura développé son style magnifiquement chocolaté. J'ai maintenant moi aussi enfin bu une bouteille délicieusement exotique !

• 1980 CLOS DES GOISSES   94, DÉCEMBRE 2003] 95
(70 % PN, 30 % CH)

Un vin vraiment beau, à la légèreté dansante et aux traits sublimes. Les notes de café et de noisette tourbillonnent dans le nez accompagnées de notes de neige et de mer. Bouche croustillante et pure à la qualité minérale distinguée. Très peu caractéristique du Clos des Goisses, mais quelle importance lorsque le vin possède autant de charme. Certaines bouteilles ont le goût, en plus corsé, d'un Dom Pérignon 1980.

• 1979 CLOS DES GOISSES   95, JANVIER 2002] 95
(70 % PN, 30 % CH)

Quel vin brillant ! Le nez très ample offre une touche juvénile et fleurie ainsi qu'une nuance noisette, plus âgée et sérieuse. Une fois le vin réchauffé dans le verre, il se dégage des arômes de noisette et de chèvrefeuille. La bouche d'une fraîcheur vibrante a la profondeur d'un puits. Certaines bouteilles sont malheureusement déjà trop mûres.

• 1978 CLOS DES GOISSES   94, DÉCEMBRE 1996] 94
(70 % PN, 30 % CH)

Cette création unique est rayonnante en dépit d'une année assez faible. Un vin complètement développé avec un fruité ample et une profusion d'arômes grillés. Existe-t-il un meilleur 1978 que celui-ci en dehors du Vosne-Romanée ?

• 1976 CLOS DES GOISSES   95, MARS 2003] 95
(70 % PN, 30 % CH)

Un vignoble grandiose et une année grandiose peuvent-ils donner autre chose qu'un vin grandiose ? Il s'agit vraiment là d'un vin extraordinairement riche et monumental, à la bouche formidablement ample. Le fait est seulement qu'il est si riche que c'en est presque trop et qu'il se noue lui-même. Le nez est si puissant qu'il est difficile d'en déceler les nuances et je dois à chaque fois éloigner le verre avant de le rapprocher de nouveau pour saisir et formuler dans la première seconde ce que je sens. La bouche est semblable à un raz-de-marée homogène avec des éléments doux et épais. Je me demande si ce vin s'avèrera moins tapageur par la suite. Il obtiendrait sans doute 100 points de l'autre côté de l'Atlantique, mais davantage de finesse ne lui nuirait pas à mon sens pour être vraiment satisfaisant.

• 1975 CLOS DES GOISSES   94, JUIN 2001] 94
(70 % PN, 30 % CH)

Le Clos des Goisses est le champagne qui fut pour moi le plus long à connaître. Ce vin est d'une certaine façon verrouillé

dans la mesure où toute la maturité et l'ampleur sont déjà assez perceptibles tandis que les arômes jeunes et un peu compliqués sont toujours là. Légèrement plus grossier que l'on pouvait s'y attendre une fois la maturité apparue.

• 1973 CLOS DES GOISSES   92, DÉCEMBRE 2003] 92
(70 % PN, 30 % CH)

Ce vin ne provenait malheureusement pas de la cave de Philipponnat. La seule bouteille qui me soit parvenue avait un niveau assez bas et ne disposait plus que d'une faible mousse. Très bon cependant avec un nez de noisette, de vieux riesling, d'huile et de résine. Bouche ample, corsée et très intensément chocolatée. Idéal pour accompagner un foie gras !

• 1970 CLOS DES GOISSES
(70 % PN, 30 % CH)

• 1966 CLOS DES GOISSES   97, MARS 2003] 97
(70 % PN, 30 % CH)

Dégorgé au mois de juillet 1998. Ce fut une expérience instructive et enrichissante de pouvoir comparer un 1966 et un 1964. Le 1966 est nettement plus léger et mince, mais il compense cela par une finesse inégalée et un nez extraordinairement euphorisant et grillé. Il s'avéra moins imposant lors de la dégustation du millénaire (voir page 66).

• 1964 CLOS DES GOISSES   96, MARS 2002] 97
(70 % PN, 30 % CH)

Dégorgé au mois de juillet 1998. Il y a réellement quelque chose de fermé dans le nez, en particulier si on le compare à l'odorant 1966 qui se trouvait à côté. C'est là l'inconvénient des vieux champagnes récemment dégorgés. La date de dégorgement profite à ce vin dans le sens où il offre une bouche merveilleusement crémeuse, jeune et fraîche. Extrêmement concentré et avec une belle résonance.

• 1959 CLOS DES GOISSES   99, JANVIER 2003] 99
(70 % PN, 30 % CH)

Cette bouteille figure parmi les plus grands vins qu'il m'ait été donné de goûter. Bien que le pinot noir y soit dominant, on trouve d'importantes ressemblances avec le Salon 1959. J'ai effectué une dégustation à l'aveugle de ce vin accompagné de cinq vieux champagnes de cuvées de grandes maisons. Il apparaissait très nettement qu'il s'agissait d'un monocru avec tous les avantages que cela implique en termes de puissance, d'intensité et de personnalité. Il s'agit là d'une création juvénile et crémeuse au nez séduisant, exotique et euphorisant. Bouche extrêmement corsée, explosive et crémeuse, aux notes d'agrumes. Après un long moment passé dans le verre, le nez a révélé des arômes particuliers et juvéniles d'herbe et de groseille à maquereau. Un vin qui est un voyage à lui tout seul. Malheureusement pas aussi imposant lorsqu'il est récemment dégorgé.

• 1955 CLOS DES GOISSES   99, MARS 1999] 99
(70 % PN, 30 % CH)

Un magnum récemment dégorgé rempli de quelques-unes des nuances les plus délicates que mes sens aient jamais connues. Tout ce qui était délicieux dans le 1953 et le 1952 se retrouvait là aussi. La différence selon moi réside dans le fait que le 1955 est encore plus profond et dispose d'une dimension supplémentaire qui m'amène à penser à la religion et aux puissances supérieures. Le champagne préféré d'Anders Röttorp toutes catégories confondues.

• 1953 CLOS DES GOISSES   98, MARS 1999] 98
(70 % PN, 30 % CH)

L'un des tout derniers magnums encore existants. En provenance directe de la maison bien évidemment et dégorgé deux mois avant ma dégustation. Le spectre aromatique se dévoile tout de suite, exceptionnel, unique et fascinant, et qui passe d'un arôme extrême à l'autre : bois de cèdre, résine, eucalyptus, herbe, viande de bœuf grillée, groseille à maquereau et fumée de poudre ! Après un moment passé dans le verre, les trois vins des années 1950 ont commencé à se ressembler avec un bouquet euphorisant, très parfumé, très proche du fruit de la passion. Il s'agit là du champagne le plus riche et le plus charmeur de ce trio imbattable.

• 1952 CLOS DES GOISSES   96, MARS 1999] 96
(70 % PN, 30 % CH)
Dégorgé au mois de juillet 1998. Un vin magnifique dont le caractère est un peu plus moelleux et beurré que les autres champagnes produits par cette maison dans les années 1950. On y trouve comme à l'accoutumée la note épicée particulière qui rappelle le gingembre frais. Il en va de même pour le fruit juvénile, très proche du fruit de la passion. On y discerne également d'autres nuances claires de fleur d'oranger, de bois de santal, de clou de girofle, d'eucalyptus et de foie gras de canard.

• 1951 CLOS DES GOISSES   90, MARS 2003] 90
(70 % PN, 30 % CH)
Une bouteille provenant directement de la maison est évidemment toujours au mieux de son état. La mousse de ce vin était faible et la couleur d'un beau doré avec des éclats ambrés qui révèlent son âge. Le nez puissant offrait des nuances de mélasse et de goudron sous la forte base de beurre brun. Encore beaucoup d'allant dans la bouche et un corps imposant. L'oxydation commence cependant lentement à modifier le spectre aromatique en l'orientant vers un tokay.

• REFLET MILLÉNAIRE   83, JUIN 2000] 86
(50 % PN, 50 % CH)
Il s'agit en fait du même vin que le Reflet courant, mais juste avant le millénaire le vin de base s'est avéré encore meilleur que d'habitude. Un « mini » Clos des Goisses crémeux, à la fraîcheur citronnée.

• 1990 CLOS DES GOISSES MILLÉNAIRE   93, MARS 2003] 96
(70 % PN, 30 % CH)
Pour près de 465 euros, il est possible de goûter à cette édition du millénaire en magnum. Le vin est identique à celui d'une bouteille normale. Seul le dosage est un peu plus élevé, tout comme le prix !

PIERRON-LÉGLISE, J. R-M
8, rue Fort
51190 Oger
03 26 59 72 68
Production : 10 000
Ce vigneron exploite à Oger ses 5 hectares de chardonnay et réalise trois cuvées. La Cuvée Fondateur est toujours un pur millésime de Barbettes.

• J. PIERRON-LÉGLISE EXTRA BRUT   74
(100 % CH)

PIPER-HEIDSIECK **** N-M
51, boulevard Henry-Vasnier
51100 Reims
03 26 84 43 00
Production : 5 000 000
Les trois maisons Heidsieck dépendent de la même entreprise, Heidsieck & Co, fondée en 1785 par Florens-Louis Heidsieck. La branche Piper-Heidsieck a vu le jour en 1834 sur l'initiative de Christian Heidsieck. La maison demeura en fait une entreprise familiale jusqu'en 1989, date à laquelle elle intégra le groupe Rémy-Cointreau. Daniel Thibault qui, jusqu'à sa récente et précoce

disparition, avait la responsabilité des cuvées chez Charles Heidsieck mais aussi chez Piper-Heidsieck, veillait soigneusement à conserver la personnalité de chacune des maisons. Piper ne possède aucun vignoble et achète du raisin de 70 villages. Les vins sont centrifugés, mais n'étaient pas auparavant soumis à la fermentation malolactique, ce qui donnait des vins acerbes sans extraits. Aujourd'hui Piper produit un champagne non millésimé plus moelleux et plus accessible. Tous les champagnes de cette maison gagnent énormément lors de leur séjour en cave, un avantage dont Piper n'informe malheureusement pas les consommateurs. Les 1955 et 1953 étaient tous deux des chefs-d'œuvre et de vieux millésimes de Florens-Louis demeurent légendaires, mais des années 1970 jusqu'au milieu des années 1990 cette maison fut la moins performante du trio Heidsieck. Aujourd'hui elle produit de nouveau de brillants champagnes dont l'un des meilleurs exemples est le fabuleux 1996. La grandiose visite des caves est du plus pur style hollywoodien, ce qui devrait parfaitement convenir aux meilleurs clients de Piper-Heidsieck, les Américains. Ainsi que je l'ai déjà raconté, c'est à la suite d'un tour en petit train dans les caves de Piper qu'est née ma passion du champagne. Décédé au printemps 2002, Daniel Thibault a laissé un grand vide derrière lui. Les nouveaux vinificateurs ont un véritable défi à relever pour poursuivre sur la même voie du succès.

• HEIDSIECK BRUT   69
(33 % PN, 33 % PM, 34 % CH)

• PIPER-HEIDSIECK BRUT   80
(55 % PN, 30 % PM, 15 % CH)
Je me demandais autrefois pourquoi ils ne recouraient pas à la fermentation malolactique pour un vin si mince ? L'acidité est extrêmement présente en l'absence d'extraits. J'ai aujourd'hui une réponse. La fermentation malolactique est désormais encouragée et Piper a essentiellement rattrapé ce vin au cours des dernières années après que Daniel Thibault fut devenu chef de caves. Certaines bouteilles mûres sont délicieusement grillées. Ce champagne n'a jamais été aussi bon.

• PIPER-HEIDSIECK DEMI-SEC   26
(55 % PN, 30 % PM, 15 % CH)

• PIPER-HEIDSIECK ROSÉ   50
(45 % PN, 40 % PM, 15 % CH)

• 1996 PIPER-HEIDSIECK   88, MARS 2003] 92
(55 % PN, 15 % PM, 30 % CH)
Au fil des ans, Piper-Heidsieck a produit certains des vins les plus longs à se développer de toute la Champagne. La maison a cette fois-ci suivi la nouvelle tendance et s'est encore davantage conformée au style de la maison Charles Heidsieck. Très généreux dès le début, ce vin dispose d'une bouche riche, au fruit de bonne mâche et aux notes de caramel à la noisette et d'amandes grillées. Un vin vraiment imposant, présent lors de la gigantesque dégustation Wine International qui s'est déroulée au mois de septembre 2003. Acidité et fougue brillantes.

• 1996 WAITROSE   88, OCTOBRE 2003] 92
(55 % PN, 15 % PM, 30 % CH)
Un vin aussi merveilleux que le Piper-Heidsieck 1996 dans un autre costume.

• 1995 PIPER-HEIDSIECK   89, SEPTEMBRE 2003] 91
(55 % PN, 15 % PM, 30 % CH)
Il s'agit vraiment là d'un vin qui se marie parfaitement avec tous les délices de la mer. Extrêmement frais et clair avec une netteté marquée et un fruit jeune et prometteur. Le nez est bien généreux avec des touches de pain, des notes de mer et une fraîche note de pomme. Bouche juvénile et équilibrée où tous les éléments sont à

leur juste place. Le vin s'est avéré encore meilleur que je ne l'avais prévu. La bouche est profonde et luxueuse et dispose d'une acidité meilleure que pratiquement tous les autres 1995 représentés à la grande dégustation de champagnes Wine International qui s'est tenue au mois de septembre 2003.

• 1990 PIPER-HEIDSIECK   81, NOVEMBRE 1999] 90
(55 % PN, 15 % PM, 30 % CH)
L'un des 1990 les moins développés. Il est rempli d'une acidité acérée de pomme et dispose d'un fruit frais et fleuri. Il s'agit visiblement là d'un champagne de garde classique qui, avec le temps, développera des arômes grillés et profonds.

• 1989 PIPER-HEIDSIECK   75, FÉVRIER 1997] 87
(55 % PN, 15 % PM, 30 % CH)
Il est vraiment trop tôt pour boire ce vin. Son acidité brûle actuellement l'estomac mais ne soyez pas surpris si de jolis arômes grillés d'une grande complexité font bientôt leur apparition.

• 1988 BRUT SAUVAGE   76, JANVIER 2003] 85
(70 % PN, 30 % CH)
Un nez faible caractéristique de la maison avec un fruit discret et froid, une bouche claire à l'acidité mordante et au fruit timide. Commence lentement à se développer.

• 1985 BRUT SAUVAGE   75, JANVIER 1997] 82
(70 % PN, 30 % CH)
Un champagne lourd au nez de pain. La bouche est cependant un peu crue et tranchante. Une amorce de note de caoutchouc dégrade un peu l'impression d'ensemble ; champagne très corsé par ailleurs.

• 1985 PIPER-HEIDSIECK   80, MAI 1998] 85
(55 % PN, 15 % PM, 30 % CH)
Le consommateur doit avoir un bon nez pour apprécier ce vin ! Tout y est, mais très faiblement. La bouche est légère, moelleuse, agréable et extrêmement moderne. En cherchant bien on découvre des amorces d'orange, de chocolat, de citron vert et de réglisse.

• 1982 BRUT SAUVAGE   77, JUIN 1994] 84
(70 % PN, 30 % CH)
Dépourvu de tout dosage. C'est ce que j'appelle un vin de grande maison, avec des notes amples et mêlées, polies et pures. La bouche acide est dominée par des saveurs minérales, de mandarine et d'orange.

• 1982 PIPER-HEIDSIECK   85, JANVIER 2003] 85
(55 % PN, 15 % PM, 30 % CH)
Exceptionnellement doux et moelleux. Agréable à boire mais dépourvu de grandes possibilités d'évolution. Moins grillé que l'on pourrait s'y attendre.

• 1979 BRUT SAUVAGE   88, MAI 1999] 88
(70 % PN, 30 % CH)
Un champagne très sec qui vieillit bien. Magnifique bouquet de cacao.

• 1976 PIPER-HEIDSIECK   84, OCTOBRE 1998] 90
(60 % PN, 10 % PM, 30 % CH)
Cette riche année devrait convenir à la perfection au style frêle et acide de Piper. J'ai de ce fait été très déçu lorsqu'il s'est avéré que le vin était un nouveau 1976 relâché et gras. Mûr, très chocolaté mais dépourvu de charme.

• 1975 PIPER-HEIDSIECK   88, JANVIER 2001] 88
(60 % PN, 10 % PM, 30 % CH)
Nez ample et fumé avec une amorce de note de pain. La bouche est fraîche et légère avec une longueur moyenne, pure et minérale.

• 1969 PIPER-HEIDSIECK
(65 % PN, 35 % CH)

• 1964 PIPER-HEIDSIECK   95, OCTOBRE 1998] 95
(65 % PN, 35 % CH)
Un champagne extraordinairement frais et bien équilibré à la beauté juvénile.

• 1961 PIPER-HEIDSIECK   91, MARS 1996] 91
(65 % PN, 35 % CH)
Un champagne minéral, au goût salé et à la note sophistiquée de pain.

• 1955 PIPER-HEIDSIECK   97, AOÛT 2001] 97
(65 % PN, 35 % CH)
Champagne fabuleux et sensationnel. J'ai débouché cette bouteille pour nous faire un petit plaisir supplémentaire un soir où nous étions réunis pour déguster ensemble le légendaire Krug 1947. Ce vin-là était encore meilleur ! Clair avec une mousse qui ne paraissait pas avoir plus de dix ans. Un nez superbe de café torréfié, de pain, de bois, de noisette, de chèvrefeuille, de muguet et de laine humide. Bouche nerveuse et grasse où domine le citron vert et la pêche. Équilibre inégalé !

• 1953 PIPER-HEIDSIECK   97, OCTOBRE 2001] 97
(65 % PN, 35 % CH)
Le Piper-Heidsieck était extrêmement bon il y a quelques dizaines d'années ! Je ne peux pas m'empêcher de comparer le 1953 et le fabuleux 1955. Peu de vins sont aussi immensément profonds et complexes que ces deux-là, mais avant tout ils combinent une acidité incroyablement élevée et une fraîcheur au croustillant et au crémeux grandioses. Le 1955 est plus grillé que le 1953 qui, lui, est encore plus gras et riche.

• 1952 PIPER-HEIDSIECK   95, JANVIER 2003] 95
(65 % PN, 35 % CH)
Les vins produits par Piper dans les années 1950 ont quelque chose de spécial. La fermentation malolactique ayant été évitée de manière si catégorique et les vins de cette époque ayant fermenté en fûts de chêne, nous bénéficions aujourd'hui d'un brillant et frais arsenal de vieux vins complexes de la maison Piper-Heidsieck dont nous pouvons nous réjouir. Le 1952 est bien entendu joliment grillé et semblable aux autres millésimes des années 1950. Peut-être un peu plus léger cependant et, dans la mesure où cela est possible, encore plus frais. Jolie nuance de fleur d'oranger tant dans le nez que dans la bouche.

• 1928 PIPER-HEIDSIECK   90, OCTOBRE 1997] 90
(65 % PN, 35 % CH)
Un champagne presque complètement tranquille mais imposant cependant. Bouche profonde et vieille de goudron, de fruit séché et de cuir. Dégustation d'un demi (une demi-bouteille) uniquement.

• 1982 PIPER-HEIDSIECK ROSÉ   87, AOÛT 2002] 87
(75 % PN, 25 % CH)
Robe foncée, mousse juvénile et persistante. Le bouquet, lourd, est fumé et riche de prune avec une amorce de betterave et un arôme fréquent dans le bourgogne rouge. Frais et plein de vitalité. Ce n'est pas un chef-d'œuvre mais un bel exemple cependant de ce que peut devenir un vin sans fermentation malolactique pour peu qu'on ait la patience d'attendre.

• 1979 PIPER-HEIDSIECK ROSÉ   90, DÉCEMBRE 2002] 90
(75 % PN, 25 % CH)
Par bien des aspects, ce vin s'apparente au Florens-Louis avec sa combinaison personnelle extrêmement intense de pain grillé et de pain dur que l'on obtient uniquement en stoppant la fermentation malolactique. La bouche dispose également de notes de vin rouge et elle est un peu moins nuancée que celle des meilleurs champagnes blancs de la maison.

- 1975 PIPER-HEIDSIECK ROSÉ 84, FÉVRIER 1996] 84
(50 % PN, 50 % CH)
À l'instar de tous les vieux millésimes de Piper ce vin bénéficie d'une fraîcheur juvénile. Ce 1975 dispose cependant d'un nez un peu faible et sa bouche est trop limitée pour me faire bondir de joie.

- PIPER RARE PRESTIGE 89
(35 % PN, 65 % CH)
Ce vin de prestige non millésimé va bientôt passer la barre des 90 points avec son style délicieux, croustillant et grillé. Rappelle beaucoup le beau 1988 et deviendra peut-être aussi bon après un séjour en cave. Tentez de retrouver les millésimes qui composent le vin que vous êtes en train de boire. Personnellement je n'y suis pas encore parvenu. Je n'ai eu qu'une fois l'occasion de le goûter. Un vin indubitablement réalisé par Daniel Thibault.

- 1988 PIPER RARE 93, NOVEMBRE 2003] 93
(35 % PN, 65 % CH)
Le nez est discret dans un premier temps. C'est aujourd'hui un champagne délicieux à la fraîcheur et au grillé explosifs, très crémeux. Développement sensationnel. Un grand vin qui rappelle le Florens-Louis.

- 1985 PIPER RARE 73, MARS 1995] 85
(35 % PN, 65 % CH)
Vert, minéral et relativement mince mais avec de belles possibilités de développement.

- 1979 PIPER RARE 84, JUIN 2001] 85
(35 % PN, 65 % CH)
Un poids léger dans un costume étonnamment étroit. Il faut se concentrer pour trouver les notes minérales que renferme ce vin. Il s'apparente aujourd'hui à un bon riesling sec de Weinbach, en Alsace. Un champagne très original et atypique.

- 1976 PIPER RARE 90, OCTOBRE 2003] 90
(35 % PN, 65 % CH)
Un chef-d'œuvre d'élégance en cette année puissante. Nez de mer et de fleurs. La bouche croustillante aux multiples facettes offre des bulles minuscules qui éclatent contre le palais comme des grains de caviar. Ce vin est malheureusement trop léger et fragile pour me faire tomber à la renverse.

- 1975 CUVÉE FLORENS-LOUIS 92, JUIN 2003] 93
(20 % PN, 80 % CH)
Ce champagne de prestige a depuis longtemps disparu du marché et a été remplacé par le Piper Rare. Ce vin m'est apparu comme semblable à son prédécesseur. Léger et élégant, sans grande profondeur dans un premier temps. Trop jeune encore, il dispose cependant d'une imposante complexité.

- 1973 CUVÉE FLORENS-LOUIS 91, JANVIER 2002] 91
(20 % PN, 80 % CH)
Un peu plus riche que le 1971, avec une élégance et une longueur moins marquées. Je pense que la plupart des gens préféreraient le 1973 au 1971 car il offre une palette plus riche et ses traits sont plus distincts. Je préfère le raffinement moqueur du 1971.

- 1971 CUVÉE FLORENS-LOUIS 94, MAI 2001] 94
(20 % PN, 80 % CH)
Dégusté à l'aveugle au restaurant « Le Vigneron », je n'ai eu aucune difficulté à trouver l'année et le producteur. Ce vin est léger mais très élégant du fait de l'absence de fermentation malolactique lors de son élaboration.

- 1969 CUVÉE FLORENS-LOUIS 95, OCTOBRE 2001] 96
(20 % PN, 80 % CH)
Il apparaît clairement que tous les vins de Piper nécessitent un long séjour en cave. Je les rejetais tous auparavant, les trouvant

acides et inintéressants. Aujourd'hui le Florens-Louis est un des champagnes que je recherche le plus fiévreusement. Le 1969 rappelle beaucoup l'irréel 1966, mais on a vraiment l'impression qu'il pourrait passer à la vitesse supérieure. Le nez est extrêmement raffiné et la bouche, qui offre une note sensuelle de citron, s'oriente vers des millésimes équivalents de Jacquesson.

- 1966 CUVÉE FLORENS-LOUIS 97, JUIN 1999] 97
(20 % PN, 80 % CH)
En dépit d'un niveau bas dans les bouteilles dont certaines fuient, la robe de ce champagne est toujours claire et sa mousse magnifiquement vive. Nez extraordinairement grillé avec des notes de goudron, de pain dur et de café. Bouche fraîche, équilibrée et fraîchement citronnée avec une longueur et une finesse exceptionnelles. Un vin très facile à découvrir lors de dégustations à l'aveugle.

- 1964 CUVÉE FLORENS-LOUIS 91, FÉVRIER 2003] 91
(20 % PN, 80 % CH)
Ce vin est probablement aussi bon que le 1966 ou le 1969. Malheureusement, mon trésor provenait d'une chaude cave milanaise qui détruit en quelques années les champagnes qui y séjournent. Le Florens-Louis semble être pratiquement indestructible car, en dépit de cette maltraitance et de la perte totale d'acide carbonique, le vin a conservé un robe relativement claire et une acidité fraîche. On le dirait totalement résistant à l'oxydation. Impressionnant !

- 1961 CUVÉE FLORENS-LOUIS 97, DÉCEMBRE 2003] 97
(20 % PN, 80 % CH)
Une fois encore il m'a été donné de vivre une expérience inoubliable avec un Florens-Louis. Le vin dispose d'un nez indescriptiblement intense et personnel que je décèle en une fraction de seconde. Il était cette fois-ci emprunt d'arômes d'eucalyptus et de feuille de menthe, mais la base était identique à celle des précédents millésimes. Nez frais, profond, animal, noisetté, aux notes d'abricot et de cigare. Il s'agit là d'une description assez juste, quoique très incomplète hélas.

PLOYEZ-JACQUEMART *** N-M
8, rue Astoin
51500 Ludes
03 26 61 11 87
Production : 35 000
Maison fondée à Ludes, en 1930, par Marcel Ployez. Après sa mort, sa veuve administra le domaine jusqu'à ce que son fils Gérard puisse reprendre le flambeau. Il est encore aujourd'hui à la tête de la maison Ployez-Jacquemart, qui possède 1,8 hectare de vignobles à Mailly et à Ludes mais achète cependant 85 % de ses raisins, lesquels proviennent de belles vignes de la vallée de la Marne et de la côte des Blancs. Le célèbre champagne de prestige Liesse d'Harbonville fermente en fûts de chêne.

- PLOYEZ-JACQUEMART BRUT 60
(55 % PN, 15 % PM, 30 % CH)
- PLOYEZ-JACQUEMART ROSÉ 64
(35 % PN, 30 % PM, 35 % CH)
- 1995 PLOYEZ-JACQUEMART 83, JANVIER 2004] 85
(50 % PN, 50 % CH)
Un vin dont le nez offre des arômes de pinot noir de Ludes et de ses environs ; la bouche, elle, est marquée par le crémeux chardonnay. On trouve dans le nez des notes de raisin sec, d'echinacea et de prune et dans la bouche, fraîche, des notes de crème, d'agrumes, de groseille à maquereau et une touche d'arôme de framboise liée au pinot.

• 1989 PLOYEZ-JACQUEMART   84, NOVEMBRE 2001] 84
(50 % PN, 50 % CH)
Le restaurant « Le Grand Cerf » propose de nombreux champagnes
locaux intéressants à des prix raisonnables. Ce vin se mariait à
la perfection au cabillaud servi avec une sauce à la cardamome.
Réalisé selon un style riche qui rappelle plusieurs domaines
des environs de Ludes.

• 1996 PLOYEZ-JACQUEMART BLANC DE BLANCS
(100 % CH)   79, NOVEMBRE 2001] 84
Avec un tel degré d'acidité, il faut un an au chardonnay de
la montagne de Reims pour pouvoir commencer à donner
le meilleur de lui-même. Il faut faire séjourner en cave, durant
quelques années, ce vin à la fraîcheur d'agrumes mais cependant
corsé pour obtenir sans doute un résultat intéressant.

• 1988 PLOYEZ-JACQUEMART BLANC DE BLANCS   68, AVRIL 1993] 74
(100 % CH)

• 1990 CUVÉE LIESSE D'HARBONVILLE
(100 % CH)   88, FÉVRIER 2003] 89
Le champagne de prestige Ployez-Jacquemart n'est jamais une
création timide. Le Liesse d'Harbonville en impose toujours avec
son ampleur, son corps et sa richesse. Comparé aux meilleurs,
ce vin manque un peu de grandeur aristocratique, mais cela
n'a que peu d'importance tant la bouche est emplie de saveurs
délicieuses et d'une généreuse douceur. Le fût de chêne se retrouve
dans une combinaison d'arômes où se marient la noisette,
la vanille et le bois. Cette saveur noisettée était particulièrement
perceptible et agréable lorsque j'ai bu ce champagne au Waterside
Inn, dans les environs de Londres, pour accompagner quelques
créations à base de truffes.

• 1985 CUVÉE LIESSE D'HARBONVILLE   84, MAI 1995] 88
(100 % CH)
Un blanc de blancs robuste et vineux, avec une belle profondeur
et de la personnalité. Par rapport au fruit, le caractère est peut-être
un peu trop marqué par le fût.

POIROT R-M
2, rue Pernet
51130 Bergères-les-Vertus
03 26 52 02 26
Production : 15 000
Alain Poirot est le nom de l'actuel propriétaire, la troisième
génération depuis la fondation de la maison en 1920.
Le domaine s'étend sur 3 hectares à Bergères-les-Vertus.
Autres vins : Blanc de Blancs, Millésime, Réserve, Demi-Sec.

• POIROT BRUT   62
(100 % CH)

POL ROGER ***** N-M
1, rue Henri-Lelarge
51206 Épernay
03 26 59 58 00
Production : 1 400 000
Personne ne compte autant pour sa propre maison que Christian
Pol-Roger. Sa manière d'accueillir les amoureux du vin est sans
pareille en Champagne. Christian ressemble et se comporte comme
un aristocrate anglais avec un sens de l'humour discret qui n'est pas
sans rappeler celui de Sir Alec Guinness. Sa façon de vivre enjouée
est aussi charmante et pétillante que ses champagnes. Il aime sa
maison de champagne, sa ville natale et son vin et en fait profiter
tous ses amis. C'est avec Christian de Billy qu'il administre la
maison favorite de Winston Churchill dans le même esprit que ses

ancêtres. Hubert de Billy se tient déjà prêt à reprendre les rênes.
Fondée en 1849 par Pol Roger, la maison fut ensuite exploitée par
ses fils Maurice et Georges. Au début du XXᵉ siècle la famille Roger
prit le nom de Pol-Roger. Maurice était maire d'Épernay durant
l'occupation de la ville par les Allemands, qui dura plusieurs
semaines au mois de septembre 1914. Bien que les Allemands aient
menacé de l'exécuter et d'incendier la ville, Maurice ne céda en rien
et les habitants de la ville en firent quasiment un saint. Par la suite,
il fut nommé maire d'honneur à vie. L'Angleterre a toujours été le
principal marché de Pol Roger à l'exportation, et à la mort de
Winston Churchill les étiquettes furent marquées d'un coin noir en
signe de deuil. Plus tard, la maison lança la Cuvée Sir Winston
Churchill 1975 en magnums. Le vin a été élaboré dans un style
dont on imagine qu'il aurait plu à Churchill. Les millésimes préférés
du grand homme étaient les 1928, 1934 et 1947.
La maison possède aujourd'hui 85 hectares de vignobles dont la
plupart s'étendent sur les communes de la région d'Épernay :
Mardeuil, Chouilly, Pierry, Moussy, Chavot, Cuis, Cramant et
Grauves. La récolte couvre 45 % des besoins. Les 55 % restant
proviennent de villages de pinot et sont nécessaires pour assurer
aux vins leur colonne vertébrale. Chez Pol Roger, la vinification
suit une procédure normale, ce qui me fait dire que la grandeur des
champagnes de cette maison est due à la qualité du raisin et surtout
à l'habileté de James Coffinet dans la réalisation des cuvées. Les vins
sont moyennement corsés avec un magnifique équilibre fruité et un
dosage parfait. La mousse est exemplaire avec de plus petites bulles
que les autres en raison d'une température de cave d'un demi-degré
inférieur à la moyenne. Pol Roger présentait des vins plus vieux et
en plus grand nombre que la plupart des maisons de champagne
lors de la dégustation du millénaire (voir page 66), ce qui est
complètement naturel du fait que les millésimes de Pol Roger sont
d'une grande classe et vivent très longtemps. La maison est plutôt
réputée pour ses cuvées où domine le pinot, mais à la Villa Pauli
la récompense a été attribuée au meilleur blanc de blancs de tous
les temps, le puissant 1959, et la seule note de 100 points que j'ai
attribuée l'était pour un blanc de blancs de chez Pol Roger. J'aime
tous les vins produits par cette maison, depuis le champagne non
millésimé jusqu'à la Cuvée Sir Winston Churchill et je peux vous
garantir que toute bouteille en bon état vous procurera un grand
moment de bonheur.

• POL ROGER BRUT   80
(33 % PN, 33 % PM, 34 % CH)
Quelques-uns des meilleurs champagnes non millésimés qu'il
m'ait été donné de goûter provenaient de bouteilles Pol Roger
bien conservées. C'est justement cette faculté à vieillir en beauté
qui constitue le meilleur atout de ce vin. Il est de nouveau sur
la bonne voie après une petite baisse de forme.

• POL ROGER EXTRA DRY   80
(33 % PN, 33 % PM, 34 % CH)
Prévu pour le marché anglais uniquement. Un charme pétillant et
une magnifique maturation en bouteille avec une note de pain.

• POL ROGER DEMI-DEC   55
(33 % PN, 33 % PM, 34 % CH)

• POL ROGER RICH   51
(33 % PN, 33 % PM, 34 % CH)

• 1996 POL ROGER   89, DÉCEMBRE 2003] 93
(60 % PN, 40 % CH)
Un nez presque trop mûr avec une note oxydée et remplie dès
le départ d'arômes de pain, de réglisse et de chocolat. Ample et
moelleux comme le 1990, mais pas aussi classique que les 1995,
1985 et 1988. Attendons de voir comment il va évoluer. Peut-être

va-t-il s'assécher et s'immobiliser sur sa courbe précoce de développement. J'ai été déçu la première fois. La fois suivante, j'ai été impressionné par sa force et sa jolie structure sombre semblable à celle d'un vin rouge.

• 1995 POL ROGER 88, SEPTEMBRE 2003] 92
(60 % PN, 40 % CH)
Pas tout à fait assez développé à ce jour, avec une acidité serrée, une note naissante de pain et une couche de fruit doux. Ma première réaction fut de penser que ce champagne était difficile à saisir. Cette impression de vin fuyant va sûrement se dissiper quand le temps aura fait son travail d'harmonisation. Belles perspectives d'avenir.

• 1993 POL ROGER 87, OCTOBRE 2001] 89
(60 % PN, 40 % CH)
Un vin manifestement identique au champagne non millésimé fruité et charmeur lorsqu'il fut lancé sur le marché. Son caractère s'est approfondi en très peu de temps et nous avons déjà là affaire à un Pol Roger classique, quoique encore léger et à la maturation rapide. Boire à grandes gorgées rafraîchissantes. Le style de la maison étant demeuré intact, ce champagne va sûrement bien vieillir. Il n'est cependant pas encore d'une grande profondeur. Un beau produit.

• 1990 POL ROGER 88, SEPTEMBRE 2003] 91
(60 % PN, 40 % CH)
Tout Pol Roger. Sophistiqué et extrêmement charmeur. Fruité, crémeux, équilibré et long.

• 1989 POL ROGER 87, SEPTEMBRE 1999] 90
(60 % PN, 40 % CH)
Plus généreux que le 1988 avec un nez puissant de pinot noir mûr, une bouche imposante, riche et juteuse de chardonnay mûr. Le style de la maison n'est pas perdu malgré le riche millésime.

• 1988 POL ROGER 88, AVRIL 2004] 92
(60 % PN, 40 % CH)
Les champagnes millésimés Pol Roger vieillissent toujours très bien. Je ne serais pas étonné que le 1988 subisse de spectaculaires changements après 2000. Il est longtemps resté un champagne avare et serré avec de la pureté et une sécheresse étourdissante. Il bénéficie aujourd'hui d'une maturité naissante.

• 1986 POL ROGER 85, FÉVRIER 1995] 89
(60 % PN, 40 % CH)
Beaucoup plus généreux que le 1988 dès son lancement ; très agréable aujourd'hui. Le spectre aromatique est fait de jasmin, d'orchidées, de caramel et de citron. La bouche juteuse est bien équilibrée, luxuriante, avec une rafraîchissante saveur d'agrumes.

• 1985 POL ROGER 85, MAI 2002] 90
(60 % PN, 40 % CH)
Un champagne millésimé classique à la structure serrée convaincante. Un fruit pur domine les arômes de pain. La bouche moyennement corsée est complexe avec une longueur en bouche persistante et acide de pomme verte.

• 1983 POL ROGER 86, OCTOBRE 1998] 86
(60 % PN, 40 % CH)
Le 1983 est à considérer comme un petit échec de Pol Roger, en gardant à l'esprit qu'aucun vin de prestige n'a été produit cette année-là. Les meilleurs raisins ont donc été utilisés pour l'élaboration de ce vin assez insignifiant.

• 1982 POL ROGER 90, JUILLET 2003] 90
(60 % PN, 40 % CH)
Ce vin dans son ensemble est caractéristique du millésime. Ample nez de pain et fruit riche. Moyennement corsé, moelleux, avec une finale de vanille. Le vin s'est cependant développé un peu

trop rapidement ces dernières années pour pouvoir réellement tenir la longueur.

• 1979 POL ROGER 94, JUIN 2003] 94
(60 % PN, 40 % CH)
Vin récemment dégorgé et sans dosage, dégusté dans les caves de Pol Roger au mois d'avril 1995. Dosage et maturation en bouteille sont nécessaires ! Peu généreux et dépouillé, avec une structure un peu mince mais des arômes purs. Un peu trop mûr en bouteille normale. Joliment fleuri et complexe en magnum. Totalement fabuleux en jéroboam. Le meilleur vin de notre mariage à Sara et moi ! Les éloges vont au jéroboam, ce qui n'est pas juste pour ceux qui tomberont sur une bouteille normale.
Il faut s'attendre à vivre une grande expérience avec ce vin au cours des années 1990.

• 1976 POL ROGER 92, DÉCEMBRE 2001] 92
(60 % PN, 40 % CH)
Le 1976 est beaucoup plus gras et développé que le 1975. Il s'agit d'un vin très généreux dont les arômes les plus marqués sont le chocolat et le café. Grande maturité et beaucoup de douceur. Sans doute pas un grand millésime mais le champagne est très bon.

• 1975 POL ROGER 94, OCTOBRE 1998] 94
(60 % PN, 40 % CH)
Le 1975 est un champagne beurré, séduisant et charmant. Le fruit est très riche et les arômes noisettés proches du fût de chêne. Riche, moelleux et équilibré.

• 1973 POL ROGER 91, JUIN 2003] 91
(60 % PN, 40 % CH)
Voluptueux et homogène avec son style riche et chocolaté. Récemment dégorgé, il est rempli d'arômes de champignon.

• 1971 POL ROGER 87, MARS 1997] 87
(60 % PN, 40 % CH)
Pol Roger présente là un 1971 assez puissant, à l'ample corps musculeux et aux arômes chocolatés. Faible acidité, et les joints qui maintiennent l'édifice semblent lâcher.

• 1969 POL ROGER 92, OCTOBRE 1999] 92
(60 % PN, 40 % CH)
Une robe profonde aux reflets rouges. Développé et presque sur le retour. Bouche ample, charnue et oxydative, avec l'habituel fruit distingué de Pol Roger qui évoque l'abricot, l'orange et la pêche.

• 1966 POL ROGER 94, JUILLET 2003] 94
(65 % PN, 35 % CH)
Dégusté récemment et normalement dégorgé. À l'instar de tous les vins Pol Roger il mérite une maturation en bouteille. C'est à ce moment-là que se révèle l'arôme de pain frais et que le fruit d'agrumes acquiert une complexité proche de la pêche. Bouche très longue et corsée de chocolat et de massepain.

• 1964 POL ROGER 92, DÉCEMBRE 2001] 92
(60 % PN, 40 % CH)
Réalisé conformément aux instructions du manuel ! Un 1964 classique avec davantage de lourdeur que l'élégant 1966. La finale est vraiment réussie. On y trouve un arôme assez rare de crème et une importante densité. De trop nombreuses bouteilles cependant montrent déjà des signes de faiblesse.

• 1962 POL ROGER 94, DÉCEMBRE 1999] 94
(65 % PN, 35 % CH)
Goûté en magnum uniquement. Un Pol Roger classique qui révèle davantage le style de la maison que le caractère du millésime. Très nerveux et riche en mousse crémeuse. Équilibre parfait tout comme le fruit moelleux et miellé.

• 1961 POL ROGER   94, AVRIL 1995] 94
(65 % PN, 35 % CH)

Une grande variation entre les bouteilles, mais le vin est toujours merveilleusement crémeux, moelleux, au fruit de pêche en dépit de sa robe sombre et vieillie. Nettement plus charmeur que beaucoup de super 1961. Un vieux champagne, lorsqu'il parvient à combiner des notes de bois pourri aux arômes d'abricot et de pêche, est un des plus grands plaisirs qui existent. Certaines bouteilles de Pol Roger 1961 ont atteint des niveaux encore plus élevés dans l'échelle des points.

• 1959 POL ROGER   97, NOVEMBRE 2001] 97
(60 % PN, 40 % CH)

Le Pol Roger le plus puissant qu'il m'ait été donné de boire. Ce vin est presque ardent et peut être qualifié de véritable râpe. Le nez est sombre et passionnant comme un roman de Umberto Eco. Le nez et la bouche présentent tous deux les notes de champignon et de cave champenoise d'un pinot noir de la meilleure qualité. Le Bollinger 1962 paraissait un charmeur bien léger comparé à ce vin monumental.

• 1955 POL ROGER   95, JUIN 2003] 95
(60 % PN, 40 % CH)

Un champagne merveilleusement conservé aux arômes grillés et noisettés. Le fruit est intensément exotique. La longueur en bouche est malheureusement trop peu persistante.

• 1953 POL ROGER
(70 % PN, 30 % CH)

• 1952 POL ROGER   92, NOVEMBRE 2001] 92
(70 % PN, 30 % CH)

« Le champagne préféré de Tom Stevenson ! Incroyablement clair et bien conservé. Ressemble presque à un champagne des années 80 » avais-je écrit en 1995. Le vin s'est mis subitement à vieillir très vite et il a perdu une partie de sa finesse. Il demeure cependant toujours bon et intéressant.

• 1949 POL ROGER   96, JUIN 1999] 96
(60 % PN, 40 % CH)

Totalement et merveilleusement frais et élégant, un peu plus léger que l'on pourrait s'y attendre, mais il a la profondeur d'un Krug et son élégance n'est pas sans rappeler le 1966. Le nez est dominé par des arômes de barbe à papa, de pêche et de fruit exotique.

• 1947 POL ROGER   96, MAI 1997] 96
(70 % PN, 30 % CH)

Le champagne préféré de Winston Churchill et … « un Churchill que ce vin ! » au dire de Christian Pol-Roger. Ce magnum de 1947 était destiné à être le clou d'une soirée Pol Roger à Stockholm en 1993. Imaginez ma déception lorsque j'ai découvert que ce vin d'une grande valeur était madérisé et qu'il a dû finir dans l'évier. Christian m'a bien entendu fait goûter une enthousiasmante bouteille directement sortie de sa cave. Une perfection !

• 1945 POL ROGER   94, JANVIER 1999] 94
(70 % PN, 30 % CH)

Le vin est aussi magnifique qu'il le doit pour cette année de paix. Un bouquet colossal proche du cognac aux touches de noix et de prune. La bouche est d'une vitalité rayonnante, comme une vieille dame qui aurait pris de l'âge avec dignité. Un Pol Roger classique avec une variation entre les bouteilles qui se comprend.

• 1943 POL ROGER   86, MARS 1999] >
(70 % PN, 30 % CH)

C'était pour moi la première fois que je buvais une « pinte impériale ». L'expérience n'en était que plus remarquable du fait qu'il s'agissait d'un millésime des années de guerre apprécié par Churchill. Sa mousse avait malheureusement disparu et les notes

oxydées étaient nettes. Mais la structure et les arômes de caramel étaient encore bien présents. Pol Roger détient toujours sans doute quelques bouteilles entières encore bien conservées dans sa cave.

• 1942 POL ROGER   93, OCTOBRE 1998] 93
(70 % PN, 30 % CH)

Un millésime rare des années de guerre auquel il manque la bonne lourdeur. En revanche cette bouteille semblait rafraîchie, comme une sorte de limonade ultra-sophistiquée. Le nez est légèrement grillé avec des notes dominantes de kiwi et de pamplemousse. Sa mousse exemplaire chatouille la bouche et il s'agit d'un vin follement bon et facile à boire.

• 1934 POL ROGER   98, OCTOBRE 2001] 98
(80 % PN, 20 % CH)

Dégorgé au mois de juillet 1998. Lorsque après avoir goûté exactement dix millésimes de Salon, le groupe de dégustateurs réclama un vin supplémentaire, j'ai réfléchi le plus longtemps possible en hésitant. Comment trouver un champagne équivalent au Salon 1949 ? Je me suis finalement décidé pour ce Pol Roger bien conservé. Un choix que personne autour de la table ne regretta. À l'unanimité les douze personnes présentes ont considéré ce vin magique comme le meilleur de la soirée et de pratiquement tous ceux qu'ils avaient été amenés à goûter au cours de leur vie. Les vieux millésimes de Pol Roger bénéficient toujours d'un lustre spéciale, presque phosphorescent. La mousse est parfaite et la robe extrêmement claire. La finesse du vin est inégalée avec sa dignité aristocratique, son bouquet fleuri et ses arômes joliment grillés. On dit que le champagne doit être frais, sec et gratuit. Cette bouteille n'était nullement gratuite, mais le vin était parfaitement frais et sec même si la finale, cela va sans dire, avait cette fabuleuse douceur de nougat. Une expérience inoubliable.

• 1928 POL ROGER
(70 % PN, 30 % CH)

• 1926 POL ROGER   94, AOÛT 1998] 94
(80 % PN, 20 % CH)

Un nectar de miel presque complètement tranquille avec une structure onctueuse semblable au sauternes. Idéal pour terminer une soirée historique.

• 1921 POL ROGER   97, JANVIER 2004] 97
(80 % PN, 20 % CH)

Peut-être le champagne le plus agréable de la « dégustation du siècle » chez Pol Roger en octobre 1998. La bouteille que nous avons goûtée était très récemment dégorgée, très élégante et juvénile. Tout le vin rayonnait de charme et de vigueur. Le fruit et les arômes légèrement grillés ressemblaient à ceux que l'on trouve dans le 1947 et le 1975, mais la longueur en bouche de caramel au beurre est encore plus persistante.

• 1914 POL ROGER   97, NOVEMBRE 2000] 97
(80 % PN, 20 % CH)

Difficile de ne pas se laisser influencer par le contexte lorsque l'on boit un Pol Roger 1914 en compagnie du propriétaire, dans la pièce de la maison que Winston Churchill appréciait particulièrement. Écouter ensuite Christian raconter la fascinante histoire de ce vin est presque trop. Ma plus grande expérience en matière de vin ! Si l'on fait abstraction du contexte et de l'histoire pour se concentrer bassement sur ce que l'on a dans son verre, on ne s'en trouve en rien déçu. Visiblement il y a une variation entre les bouteilles, mais celle que j'ai eu le privilège de déguster était parfaite. La robe était profonde et brillante comme une pagode dorée. La mousse était faible mais constante. Le nez sans pareil, ample et complexe, débordait de douceurs : miel, rhum, chocolat, café et sirop de sucre. La bouche de bonne mâche était immensément douce, un peu comme celle d'un vieux sauternes. Il accompagnera idéalement un foie gras. Lorsque Ulf Smedberg quitta le SAS Wine Club, Christian Pol-Roger lui offrit l'un des rares magnums qui lui restent de ce vin pour le remercier de son travail. 98 points pour le magnum !

- 1911 POL ROGER   97, JUIN 1999] 97
(80 % PN, 20 % CH)
Christian Pol-Roger a une capacité à sortir de sa cave des vins historiques alors qu'on s'y attend le moins. Après un dîner tardif en compagnie du plus éminent connaisseur de champagne d'Australie, Christian nous proposa un magnum de ce vin divin. Imaginez que vous ayez la possibilité de boire à grandes gorgées cette boisson céleste après une intense semaine de travail passée à recracher des merveilles. Le vin lui-même était dans une condition parfaite. D'une qualité égale au légendaire 1914, mais avec un style différent. Ce champagne était plus serré et sec avec une bouche noisettée, sérieuse et éternelle. Sa profondeur fait songer à la fosse des Marianes. Nettement plus fatigué et simple en bouteille normale.

- 1892 POL ROGER   89, OCTOBRE 1998] 89
(80 % PN, 20 % CH)
Pol Roger est l'une des très rares maisons de champagne à détenir des bouteilles du XIXᵉ siècle dans ses caves. Le 1892 est un millésime légendaire et de longue vie qui constitua la conclusion de notre « dégustation du siècle » d'octobre 1998. Christian lui-même et une partie de l'équipe de tournage chargée de filmer cette manifestation considéraient ce vieillard comme l'un des meilleurs champagnes de toute la dégustation. J'étais personnellement dérangé par une indubitable note madérisée qui s'y était immiscée. Ceci dit, ce champagne demeure un grand vin doté d'une fantastique concentration, à la robe très profonde et aux bulles microscopiques. Une énorme profondeur en bouche et une similitude notable avec un bon vieux cognac. Curieusement, une partie de la note madérisée s'est évanouie après que le vin eut passé un moment dans le verre et elle a été remplacée par un nez rappelant le caramel au chocolat brûlé.

- 1996 BLANC DE CHARDONNAY   88, AVRIL 2004] 94
(100 % CH)
Il n'était encore jamais arrivé qu'il y ait une si grande différence de développement entre ce vin et le millésime ordinaire. Il s'agit encore là d'une petite merveille claire comme un son de cloche, d'une magnifique acidité et d'une grande finesse.

- 1995 BLANC DE CHARDONNAY   88, JUILLET 2003] 93
(100 % CH)
Champagne de garde juvénile, quelque peu fermé. Ce vin rappelle le 1988 au même âge. Le développement dans le verre est classique et extrêmement évident. Ce vin serré est encore marqué par une couche minérale et personnalisée de chardonnay beurré prête à se déclarer.

- 1993 BLANC DE CHARDONNAY   85, JUIN 2002] 90
(100 % CH)
Rien à redire de ce produit, mais un vin de prestige de chez Pol Roger ne devrait-il pas être complètement parfait ? Je me trompe peut-être sur les perspectives d'avenir de ce vin, mais lors de son lancement sur le marché il était anonyme et impersonnel. Déjà plus classique et corsé.

- 1990 BLANC DE CHARDONNAY   96, JUILLET 2004] 96
(100 % CH)
Cristallin et clair comme un son de cloche, sec et magnifique. Profitez de ce blanc de blancs classique durant de nombreuses années au siècle prochain. Le nez jeune, volumineux est dominé par les fleurs blanches.

- 1988 BLANC DE CHARDONNAY   95, NOVEMBRE 2003] 96
(100 % CH)
Une étiquette très constante au fil des ans. Ce 1988 était dès le début charmant et distingué avec une légère note d'agrumes et une longueur en bouche moelleuse. Bouquet magnifique et complexe à la note de noisette et à la pureté classique apparue au début des années 2000. En 2003 ce vin a surmonté tous les obstacles. Il est aujourd'hui extraordinairement voluptueux et riche avec une douceur exotique de caramel à la menthe proche du Comtes et il dispose d'une couche de caramel au beurre et de gras due au chardonnay.

- 1986 BLANC DE CHARDONNAY   80, AVRIL 1995] 87
(100 % CH)
On sait que Pol Roger dispose de très bons vignobles de chardonnay grand cru. Le style de leur blanc de chardonnay est toujours large, poli et raffiné, mais il lui manque peut-être la profondeur et la concentration dont bénéficient les plus grands. Le 1986 est légèrement crémeux avec un bouquet jeune, frais et fleuri. Un peu plus léger que les champagnes millésimés de la même année.

- 1985 BLANC DE CHARDONNAY   88, NOVEMBRE 2001] 90
(100 % CH)
Classique, caractéristique de la maison, avec une belle jeunesse. Certaines parties de ce vin sont meilleures jeunes. Le fruit est d'une vitalité prête à exploser avec des notes légères et sous-jacentes de grains de café fraîchement torréfiés.

- 1982 BLANC DE CHARDONNAY   95, MARS 2002] 95
(100 % CH)
Un grand favori des journalistes, mais qui personnellement ne me plaisait pas complètement au début. Les notes minérales étaient pour moi pierreuses et même légèrement terreuses, ce qui perturbait la riche bouche de chardonnay beurrée et proche de l'orange. Ce vin est aujourd'hui charmant et huileux comme un grand bourgogne blanc.

- 1979 BLANC DE CHARDONNAY   87, DÉCEMBRE 1989] 91
(100 % CH)
Il a fallu dix ans pour que le squelette se recouvre de chair. C'est alors qu'est apparu un odorant bouquet de citron, d'aubépine et de pain grillé ainsi qu'un élément moelleux, beurré et bien équilibré. Idéal comme vin apéritif.

- 1975 BLANC DE CHARDONNAY   95, JUIN 2002] 95
(100 % CH)
Superbement nerveux et pétulant dans son acidité. Son style habituel beurré et d'agrumes tient ici compagnie à des arômes quelque peu inattendus de fruit rouge et de baies. Un champagne dense et droit, procurant un véritable plaisir quand je l'ai bu devant un feu de cheminée en compagnie de Christian et Danielle Pol-Roger qui me recevaient chez eux.

- 1964 BLANC DE CHARDONNAY   96, MARS 2002] 96
(100 % CH)
Un champagne ample, profond et riche en finesse, marqué par les caractéristiques du village du Mesnil. Magnifiques notes de noix et de beurre brun. Terriblement élégant !

- 1961 BLANC DE CHARDONNAY   93, MAI 1999] 93
(100 % CH)
Un super champagne classique et fiable avec tout le spectre aromatique auquel cette fantastique maison nous a habitués. Un peu moins élégant que le 1964 et moins concentré que le 1959.

• 1959 BLANC DE CHARDONNAY   96, JUIN 1999] 96
(100 % CH)
Première année pour le champagne de chardonnay de Pol Roger.
Il dispose toujours à 39 ans d'une robe claire et d'une mousse
vivante. Nez de tabac, de chocolat et de citron vert. On reconnaît
davantage dans la bouche le style de la maison et le caractère du
raisin. Crémeux, acide et bien équilibré avec une finale très longue
et puissante et une richesse en tanin un peu âpre. Désigné comme
le meilleur blanc de blancs au monde de tous les temps lors de la
dégustation du millénaire (voir page 66).

• 1928 POL ROGER GRAUVES   100, MARS 2003] 100
(100 % CH)
Dégorgé au mois de juillet 1998. Bêtement jeune! J'avais entendu
dire que ce vin devait être exceptionnellement vif et clair, mais je
n'aurais pas été proche de la vérité avec mes suppositions s'il n'avait
été servi lors de la dernière série, à la Villa Pauli en 1999 où seuls
étaient présentés des vieillards. Le nez fabuleusement beau était
mêlé de notes de citron vert, de fleur de tilleul et de muguet. La
bouche était super-fraîche avec un merveilleux fruité huileux qui a
persisté durant plusieurs minutes. La seconde bouteille de ce vin
exceptionnel que j'ai goûtée portait la même date de dégorgement
et c'est avec quelques hésitations que j'ai osé attendre cinq ans
avant de la déboucher. Nous avons joui de ce vin à l'occasion de
l'un des dîners les plus magiques de toute l'histoire de la gastronomie
suédoise au restaurant « Pontus in the Green House » au mois de
mars 2003. Au cours de cette soirée nous avons bu un Selosse
1986, trois millésimes légendaires de Bollinger, deux Dom
Pérignon rosés phénoménaux, un Comtes de Champagne 1961,
un Ramonet, un Lafite, un Romanée-Conti, un Richebourg,
un Romanée-Saint-Vivant et un Cheval Blanc 1947. Ce 1928 a
totalement éclipsé tous les autres! Le nez était si intense que j'en
ai eu les larmes aux yeux. La bouche déjà phénoménale s'était
encore élargie avec des notes exotiques de noix de coco, de papaye
et chocolat à la menthe. D'une certaine manière cette bouteille
à son apogée juste le jour où nous l'avons ouverte a réussi le tour
de force d'allier l'élégance acide du Clos du Mesnil 1979 de Krug
à l'exotisme du Comtes de Champagne 1976 et aux notes de
menthe du Krug 1938. Je dois reconnaître que, en homme gâté
que je suis, je ne pensais pas qu'un vin puisse me toucher aussi
profondément que ce fut le cas avec ce champagne ce soir-là.
J'en suis amoureux!

• 1996 POL ROGER ROSÉ   86, JANVIER 2004] 91
(65 % PN, 35 % CH)
Plus léger et timide que le millésime blanc, mais ayant gardé
intact le style de la maison vivant mais aussi magnifiquement
décontracté. Un rosé extraordinairement frais et crépitant,
à réserver pour de futurs grands événements.

• 1995 POL ROGER ROSÉ   89, AOÛT 2003] 90
(65 % PN, 35 % CH)
Quel langoureux vin de tonnelle! D'un moelleux fondant, sensuel
et fleuri avec une belle robe claire et rafraîchissante, une mousse
luxueuse et crémeuse et une belle pureté aromatique. Ce vin est
très marqué par le style de la maison avec tout le charme souriant
au goût de caramel qui a fait connaître Pol Roger. C'était comme
si l'on avait pris un prototype de Pol Roger et versé dedans une
dose d'essence de fraise avec la crème fouettée la plus épaisse que
l'on puisse trouver.

• 1993 POL ROGER ROSÉ   82, AOÛT 2001] 85
(65 % PN, 35 % CH)
Est-ce là le début d'un changement de style? Le vin est nettement
plus clair et timide qu'auparavant. Crayeux, avec une légère

touche de pain et un fruit délicat et subtil qui rappelle la poire.
Bouche fraîche et légère avec une structure un peu maigre.
Belle finale harmonieuse à l'acidité jeune accompagnée d'une note
distincte de pomme Granny Smith.

• 1990 POL ROGER ROSÉ   88, JUIN 2002] 91
(65 % PN, 35 % CH)
Un 1990 magnifiquement structuré et riche avec une inhabituelle
profondeur beurrée de fruit. Tous les fruits rouges réunis dans un
verre. Délicieux!

• 1988 POL ROGER ROSÉ   84, AOÛT 1998] 89
(60 % PN, 40 % CH)
Très pur et délicat, avec une meilleure structure que le 1986,
mais sans le profil sensuel de ce dernier.

• 1986 POL ROGER ROSÉ   87, MARS 2002] 89
(65 % PN, 35 % CH)
Après que j'ai déclaré que ce vin ressemblait à un Billecart-
Salmon, Christian Pol-Roger a révélé qu'il s'agissait du premier
champagne que James Coffinet a réalisé pour Pol Roger.
James Coffinet travaillait auparavant chez Billecart.
Jolie couleur pâle. Fruité et d'une pureté super-élégante.
Notes noisettées très légères avec une touche de framboise.

• 1985 POL ROGER ROSÉ   83, SEPTEMBRE 1999] 83
(65 % PN, 35 % CH)
Robe orange, nez épicé particulier de lavande et de viande.
La bouche est mûre et moelleuse, au charme homogène.

• 1982 POL ROGER ROSÉ   89, JUIN 2002] 89
(65 % PN, 35 % CH)
On ne pourrait pas dire qu'il s'agit d'un rosé si l'on ne regardait
pas la couleur. Le nez lourd et complexe offre des touches
d'émanation de diesel, de buisson épineux et de fumée.
On décèle des arômes de bois dans la bouche corsée et
aujourd'hui complètement mûre.

• 1979 POL ROGER ROSÉ   89, JUILLET 1996] 89
(75 % PN, 25 % CH)
Un joli rosé saumoné, avec un débordement de fruit mûr et de
délicieuses notes grillées. Superbe acidité.

• 1973 POL ROGER ROSÉ   80, MAI 2000] 80
(70 % PN, 30 % CH)
Ce vin n'a pas particulièrement bien vieilli. Dépêchez-vous de
le boire s'il vous en reste quelques bouteilles à la cave. La robe
est d'un bel orange, mais avec une surface quelque peu mate.
La mousse disparaît rapidement dans le verre et le vin sent l'âge.
Le nez est ample et oxydatif avec des nuances de peau de banane
brunie, d'amande et de compote de pomme. La bouche est
extrêmement riche et exigeante dans sa puissance. Acidité relâchée.

• 1959 POL ROGER ROSÉ
(80 % PN, 20 % CH)

• 1995 CUVÉE SIR WINSTON CHURCHILL   93, JANVIER 2004] 96
Déjà ample et crémeux avec une base conséquente et une lourdeur
grondante. Nullement capricieux, offre directement ses notes.
Un grand vin plein de fruit soyeux, de notes de caramel et
de chocolat dès le début. Achetez-en dès que vous en trouverez,
vous ne serez pas déçus.

• 1993 CUVÉE SIR WINSTON CHURCHILL   93, DÉCEMBRE 2003] 94
Plus léger que prévu avec le chardonnay en tête lors de la première
phase du vin. Le pinot noir en constitue cependant la majeure
partie et l'expérience prouve que le vin se modifie de façon
spectaculaire 4 à 5 ans après le dégorgement. Récemment dégorgé
chez Christian Pol-Roger même, le vin a pu libérer ses arômes
fleuris de jasmin, d'acacia et de mimosa. On y trouve également
un trait appuyé de pomme verte et de groseille à maquereau.

Élégant et complexe avec de beaux muscles encore au repos. Merveilleux caractère de pinot apparu en avril 2002!

- 1990 CUVÉE SIR WINSTON CHURCHILL   94, MAI 2003] 95
Fabuleusement crémeux avec des arômes de caramel dans le même style que le P. R. 1988. Le Winston met habituellement du temps à se développer, ce qui n'est pas vraiment le cas avec ce millésime. La proportion des raisins utilisés étant tenue secrète, on peut aisément se livrer à des spéculations à ce sujet. J'ai en l'occurrence l'impression que le 1990 contient plus de chardonnay qu'à l'accoutumée. Pour moi, c'est un P.R. 1990!

- 1988 CUVÉE SIR WINSTON CHURCHILL   92, NOVEMBRE 2003] 95
Vin véritablement long à démarrer, à l'équilibre parfait et aux arômes merveilleux quoiqu'un peu discrets. Tout se devine sous la couverture qui dissimule cette bombe à retardement. Aujourd'hui, un fruité juvénile, massif, aux multiples facettes, domine l'ensemble. Dans dix ans, ce fruité combiné à un haut niveau d'acidité portera le Winston vers des sommets insoupçonnés. La décantation est recommandée pour les impatients.

- 1988 CUVÉE SIR WINSTON CHURCHILL MILLENIUM
94, AVRIL 2004] 97
Je pense que vous pouvez aisément imaginer combien un jéroboam de Winston Churchill peut être beau. S'il porte en plus, en lettres dorées, une mention qui indique qu'il s'agit de la 728ᵉ bouteille sur les 1 000 produites, cette bouteille étant couchée dans une caisse de bois noir extraordinairement sobre à l'intérieur tapissé de soie rouge, vous comprendrez que j'aie eu la chair de poule lorsque l'un de mes bons amis a ouvert un tel régal à l'occasion de ses 40 ans. Tous les vins de Pol Roger sont extrêmement bons en magnum et encore meilleur si l'on a l'occasion de tomber sur un jéroboam mûr. Les arômes fleuris d'acacia et la senteur raffinée du fruit de la passion et de la fleur d'oranger s'y trouvent accentués tandis que la bouche dispose d'une profondeur et d'une nervosité inégalées. Il me faut cependant admettre maintenant qu'il était trop tôt pour ouvrir cette bouteille. Il faudra sans doute attendre encore une dizaine d'années avant que les notes de café naissantes et le fruit sombre et imposant aient pris le commandement.

- 1988 P.R.   96, NOVEMBRE 2003] 97
(50 % PN, 50 % CH)
Pol Roger a réussi là un coup de maître. Le 1988 est totalement merveilleux aujourd'hui avec son bouquet sensuel et sa bouche équilibrée et claire comme du cristal. Si vous en avez la patience, faites séjourner quelques bouteilles en cave et vous obtiendrez un résultat encore plus stupéfiant. C'est avec le 1975 le meilleur P.R. qu'il m'ait été donné de goûter.

- 1986 CUVÉE SIR WINSTON CHURCHILL   89, JUIN 2001] 92
Pour en avoir fait la promesse à la famille Churchill, Christian Pol-Roger refuse de dévoiler la proportion des raisins utilisés. Je pense ne pas être loin de la vérité en imaginant 70 % de pinot noir et le reste de chardonnay. Le vin est fait uniquement à partir de raisin récolté dans les vignobles de grand cru. Le Winston Churchill est chez Pol Roger le vin qui nécessite le plus long séjour en cave. Le 1986 est dur et jeune mais avec une grande richesse d'extraits et une grande concentration. Il est meilleur en magnum.

- 1986 P.R.   87, MAI 1999] 87
(50 % PN, 50 % CH)
Le P.R. est selon moi un champagne aussi grand que le Cuvée Sir Winston Churchill. Ce 1986 est aussi léger que le veut l'année avec beaucoup d'arômes minéraux et d'agrumes. La bouche a longtemps été fleurie et légère avec une persistante longueur en bouche de chardonnay. Aujourd'hui on y décèle une note dérangeante d'asperge.

- 1985 CUVÉE SIR WINSTON CHURCHILL   94, JUIN 2001] 96
Le champagne préféré des journalistes suédois spécialistes du vin. Il combine une magnifique richesse en bouche et une concentration avec un style fruité très accessible. Le nez et la bouche offrent tous deux une impression soyeuse et moelleuse, où une couche d'arômes grillés relève le riche fruit. L'un des meilleurs Winston Churchill jamais réalisés.

- 1985 P.R.   90, JANVIER 1994] 92
(50 % PN, 50 % CH)
Le 1985 est voluptueusement imposant, plus grillé et noisetté que le Winston Churchill mais un peu moins concentré. Les déguster l'un près de l'autre est toujours une belle expérience.

- 1982 CUVÉE SIR WINSTON CHURCHILL   93, MARS 2002] 93
Tout comme le 1982 non millésimé, il est très caractéristique de son année. Il faut ajouter que ce champagne est un peu impersonnel. Cette année, le Winston Churchill était nettement plus léger que le P.R. Je les ai souvent goûtés l'un près de l'autre et j'ai toujours préféré le P.R. Après plusieurs années d'hésitation, ce vin a commencé à me convaincre. Merveilleux arôme grillé en magnum.

- 1982 P.R.   3, DÉCEMBRE 2001] 93
(50 % PN, 50 % CH)
Le 1982 ressemble en de nombreux points au Dom Pérignon. Plus léger qu'à l'accoutumée et avec un style fruité plus grillé et exotique. Sa longueur en bouche comporte beaucoup d'arômes d'agrumes ainsi qu'une amorce de mangue et de pêche.

- 1979 CUVÉE SIR WINSTON CHURCHILL   94, JUIN 2001] 94
Je n'ai dégusté ce vin qu'une seule fois auparavant. J'avais alors eu l'impression que le 1979 était très élégant et équilibré, plein de fruit exubérant susceptible de se développer, mais qu'il lui manquait cette dimension supplémentaire que doit avoir un champagne de prestige. Christian Pol-Roger nous en a fourni un magnum pour la dégustation du millénaire (voir page 66). Le vin était riche et étonnamment vieilli. La variation entre les bouteilles était notable. En 2001, le jour de la fête nationale suédoise, j'ai organisé une dégustation Pol Roger au restaurant « Gondolen », et le 1979 s'avéra magnifiquement élégant et caractéristique du millésime.

- 1979 P.R.   92, FÉVRIER 1990] 93
(50 % PN, 50 % CH)
Je n'arrive pas à comprendre que la quantité de pinot ne soit pas plus importante. Ce vin offre un caractère lourd et robuste, presque semblable au Bollinger, avec une longueur en bouche huileuse et massive, chocolatée et puissante. Le 1979 manque un peu d'élégance mais reste un vin très imposant. Un vin que j'ai examiné avec attention car je crois qu'il s'agit d'un champagne que j'ai sous-estimé au tout début de ma carrière.

- 1975 CUVÉE SIR WINSTON CHURCHILL   96, JUIN 2001] 97
Le premier millésime de cette cuvée n'a été produit qu'en magnums. Christian Pol-Roger a eu la gentillesse de me laisser en goûter un récemment dégorgé de ce classique. Le nez n'en était pas encore complètement développé, mais la bouche était colossale. Quelle profondeur et quelle longueur! Un champagne proche de la perfection avec un fruit plein et des arômes grillés.

- 1975 P.R.   96, JUIN 2001] 96
(50 % PN, 50 % CH)
Bu lors de l'une des nombreuses et chaudes fins de journées de juillet 2001 sur le ponton de la famille Klum, en bordure du lac Mälaren. Une soirée magique et un vin magique qui a complètement éclipsé un La Mission Haut-Brion 1985 par ailleurs exquis. Robe d'un doré profond et jolies petites bulles continues comme il se

doit pour un Pol Roger. Bouquet impressionnant et imposant d'amande, de marmelade, de paille, de chocolat noir et de miel. Structure robuste à l'intensité profonde. Un spectre de saveurs fortement marqué de pinot noir, mais qui s'efface en bouche sous l'effet d'une délicieuse brise offerte par l'aristocratique et distingué chardonnay.

• 1990 POL ROGER « 2000 »   88, NOVEMBRE 2003] 92
(60 % PN, 40 % CH)
Beaucoup furent déçus en ouvrant ce magnum au tournant du millénaire. Le vin exige en effet un long séjour en cave. Les patients se verront cependant récompensés par un champagne classique, plein, du plus pur style Pol Roger. Un magnum goûté récemment était un peu trop doux.

• 1947 POL ROGER WEDDING CUVÉE
(70 % PN, 30 % CH)   93, OCTOBRE 2000] 93
Dégorgé pour un somptueux mariage anglais de 1981. J'ai goûté ce vin légendaire en trois occasions sans vraiment m'y retrouver. La première fois, il s'agissait d'un magnum normalement dégorgé sans doute manipulé avec peu de précautions. La fois suivante, j'ai bu chez Pol Roger une bouteille récemment dégorgée douloureusement jeune, et maintenant une bouteille ouverte un peu tard après un dégorgement lui-même tardif. J'attends désormais une bouteille avec une petite touche de maturation en bouteille et sans l'oxydation proche du cuir et du xérès qu'avait cette bouteille dédiée au grand mariage. Hormis cela, la couleur et la mousse étaient d'une extrême vitalité, mais le vin n'affichait pas une condition totalement parfaite en ce qui concerne les arômes.

POMMERY **** N-M

5, place du Général-Gouraud
51100 Reims
03 26 61 62 63
Production : 8 000 000

La maison Pommery & Greno fut fondée en 1856 après s'être appelée Dubois-Gosset pendant vingt ans. Déjà au XIXᵉ siècle s'était établi un marché d'exportation vers l'Angleterre et Pommery faisait figure de pionnier avec ses champagnes secs sans aucun dosage. La marquise de Polignac en fut l'un des premiers propriétaires et l'un de ses descendants en ligne directe, le prince Alain de Polignac, fut longtemps responsable de l'assemblage de la cuvée. Le prince Alain est un homme éminemment fascinant, qui mieux qu'aucun autre vinificateur parvient à décrire la philosophie qui préside à son art qu'est la fabrication du vin. En 1990, Pommery à son tour a rejoint le puissant groupe Moët-Hennessy et, en 2002, c'est le groupe Vranken qui racheta la maison. Le style de la maison demeure cependant intact grâce à la compétence que Thierry Gasco a acquise auprès du prince. Pommery est l'une des entreprises qui détient le plus de vignes dans les villages de grands crus, mais ce que l'on sait moins c'est qu'au sein des communes leurs terrains ne comptent pas toujours parmi les meilleurs. En dehors de ses propres récoltes Pommery achète un peu partout en Champagne 70 % du raisin dont la maison a besoin et procède à une vinification moderne. Pommery est indubitablement un grand nom, surtout d'un point de vue historique. Le style de la maison se caractéristique par des champagnes secs, serrés et de pur style au fruit jeune et un aspect métallique évident qui nécessite de nombreuses années pour s'arrondir. Le champagne de prestige Louise Pommery ne correspond cependant pas à cette description, mais s'avère au contraire souvent trop moelleux et poli pour pouvoir faire concurrence aux grands vins d'autres maisons. Au cours de l'année 1999, j'ai coup sur coup été surpris par la grandeur des vieux millésimes de chez Pommery.

Très récemment j'ai acheté une grande quantité de bouteilles allant de 1911 à 1979 et qui avaient séjourné toute leur vie dans les sombres cachettes de Champagne. Chacune des bouteilles que j'ai ouvertes jusqu'à ce jour ont été fantastiques. Elles ont joué un grand rôle dans l'attribution des quatre étoiles que j'ai accordées à cette maison fidèle à son style et historiquement éminente.

• POMMERY BRUT ROYAL   75
(35 % PN, 35 % PM, 30 % CH)

• POMMERY BRUT ROYAL APANAGE   80
(45 % PN, 20 % PM, 35 % CH)
Un champagne non millésimé très pur et élégant réalisé à partir de raisins hautement classiques. Le nez est discret avec une note de pain et une nuance de drap séché au soleil. La bouche est bien équilibrée avec un joli fruité qui rappelle le kiwi et le melon.

• POMMERY EXTRA BRUT   60
(35 % PN, 35 % PM, 30 % CH)

• POMMERY POP   65
(100 % CH)

• POMMERY BLANC DE BLANCS SUMMERTIME   84
(100 % CH)
Être assis en compagnie du prince dans l'une des plus belles pièces du château tout en admirant les premiers rayons de soleil de l'été passer à travers les rideaux et se voir offrir ce sublime champagne fait partie des véritables plaisirs de la vie. Alain de Polignac a vraiment réussi avec des raisins relativement simples à assurer un mélange qui résulte en un parfait apéritif estival aux senteurs fleuries et à la bouche aussi douce qu'une brise d'été. Je serais étonné que le vin s'améliore en cave. Il vaut mieux profiter de ses avantages juvéniles et moqueurs. L'été passe vite !

• POMMERY BLANC DE NOIRS WINTERTIME   87
(80 % PN, 20 % PM)
Un vin totalement nouveau et très prometteur chez Pommery. Il s'agit pour moi d'un mélange réussi entre le style astringent de la maison à saveur de pomme et la mûre et généreuse rondeur du pinot. Le fruit à la limite de la groseille est doublé de notes fumées et de pain. Avec l'âge ces bouteilles sont empreintes d'un délicieux arôme de poudre.

• POMMERY ROSÉ   55
(70 % PN, 30 % CH)

• 1996 POMMERY   85, AVRIL 2003] 90
(50 % PN, 50 % CH)
Étonnamment dur et vert avec une acidité non polie, un arôme puissant proche de la compote de pomme ainsi qu'une jolie épaisseur minérale sous-jacente. Il est un peu hasardeux de prédire l'avenir de ce vin mais l'histoire parle, dans le cas de Pommery, de la capacité de la maison à conférer à ses vins un pouvoir de métamorphose. Magnifique équilibre à la fin de l'année 2003.

• 1995 POMMERY   88, AOÛT 2003] 91
(50 % PN, 50 % CH)
Ce vin m'a paru plus frais, plus élégant et facile à boire que le Louise Pommery 1989 que nous avons dégusté parallèlement. Peut-être un peu plus doux qu'à l'accoutumée, mais avec la même bouche sublime et rafraîchissante à laquelle nous sommes habitués. Plus charmeur qu'à l'ordinaire.

• 1992 POMMERY   87, MARS 2000] 88
(50 % PN, 50 % CH)
Rares sont les maisons de champagne dont le style demeure aussi constant que Pommery. Le 1992 fut charmeur dès son apparition sur le marché. Sa jolie note classique de pain est en parfaite harmonie avec le fruit délicat et s'est rapidement développée en quelques mois seulement. Le vin compte principalement sur son

fruit luxuriant, plein de caramel s'alliant à une jolie profondeur faite de nuances minérales et fumées. Longueur en bouche trop peu persistante. Certaines bouteilles ont déjà développé la note de poudre caractéristique d'Ay. Un champagne qu'il faut consommer vite.

• 1991 POMMERY   82, MAI 1999] 87
(50 % PN, 50 % CH)
Belle réalisation selon son habitude, serré, sec et pur comme un son de cloche. La mousse est malheureusement encore un peu turbulente. Les millésimes précédents ont cependant démontré qu'il s'agit là d'un phénomène passager. Un note de pain commence à faire son apparition.

• 1990 POMMERY   86, MAI 1999] 90
(50 % PN, 50 % CH)
Pour la première fois l'étiquette de ce vin porte la mention grand cru. Il s'agit là véritablement d'une grande année pour Pommery. Métallique, classique, fermé mais au nez très à même de se développer avec des nuances de pomme et de beurre.

• 1989 POMMERY   93, MAI 2003] 93
(50 % PN, 50 % CH)
Franc comme toujours, métallique et creux comme un jeune vin. Au contraire du 1988, on y trouve une amorce de notes grillées de chardonnay. Stupéfiante et jolie courbe de développement, encore plus splendide en magnum.

• 1988 POMMERY   60, AOÛT 1994] 75
(50 % PN, 50 % CH)

• 1987 POMMERY   74, JANVIER 2002] 74
(50 % PN, 50 % CH)

• 1985 POMMERY   85, JUIN 1999] 88
(50 % PN, 50 % CH)
Plus beurré et moelleux que d'autres millésimes de Pommery. Nez ouvert de caramel avec une touche de sucre d'orge à la menthe et de fleurs.

• 1983 POMMERY   80, MAI 1991] 87
(50 % PN, 50 % CH)
Étonnamment bon et riche avec un fruit de pinot qui évoque un Clicquot et un élément poivré. Bouche à la saveur de pain avec une belle acidité.

• 1982 POMMERY   80, DÉCEMBRE 1998] 84
(50 % PN, 50 % CH)
Frais, à l'arôme de pomme, mais avec la dureté métallique du Pommery. Une petite note de réglisse au citron et de caoutchouc brûlé s'est manifestée vers ses dix ans d'âge.

• 1981 POMMERY   87, NOVEMBRE 2001] 87
(50 % PN, 50 % CH)
Complètement mûr, à l'arôme de chocolat. Nettement moins sophistiqué que le Flacon en magnum. Très riche nez d'amande, de chocolat et de miel. Bouche claire de maturation en bouteille avec une jolie rondeur en dépit d'une acidité élevée.

• 1980 POMMERY   85, JANVIER 2002] 85
(50 % PN, 50 % CH)
L'un des millésimes les plus minces et les plus légers réalisés par Pommery. Jeune, ce champagne était extrêmement insignifiant. Aujourd'hui ce vin léger a acquis un bouquet fleuri et une bouche complexe de menthe.

• 1979 POMMERY   92, FÉVRIER 2001] 92
(50 % PN, 50 % CH)
Un magnum normalement étiqueté avec un bouquet fleuri et merveilleusement complexe proche de la poudre. Le corps s'avère un peu maigre et la longueur en bouche pourrait être plus persistante, mais la pureté et la finesse sont irréprochables. Évidemment plus mûr en bouteille avec un joli côté noisetté et une belle profondeur.

• 1978 POMMERY   88, MAI 2002] 88
(50 % PN, 50 % CH)
Un champagne passionnant et vivant au nez fleuri qui évoque le très classique riesling allemand. Léger et rafraîchissant avec une bouche sans beaucoup de concentration.

• 1976 POMMERY   87, DÉCEMBRE 2002] 87
(50 % PN, 50 % CH)
Un peu retenu, avec un nez masculin. Bouche puissante et fumée à l'acidité peu élevée. Il laisse une impression générale de maladresse.

• 1975 POMMERY   93, NOVEMBRE 2001] 93
(50 % PN, 50 % CH)
Un vin splendide à la robe d'un jaune profond et brillant et au nez qui par bien des aspects fait songer à un bourgogne blanc. La bouche même confirme cette impression avec un corps et une âpreté rare pour un chardonnay de Champagne. Elle offre toutefois un arsenal aromatique que j'associe uniquement au raisin vert (c'est sa couleur réelle) / blanc (opposé au raisin noir).

• 1973 POMMERY   93, JUIN 2000] 93
(50 % PN, 50 % CH)
En plein dans le mille! Le style gras de ce millésime convient extrêmement bien au tempérament modéré de Pommery. Nez magnifiquement grillé, bouche grasse et concentrée à laquelle fait écho une finale moelleuse et miellée. Un champagne classique.

• 1969 POMMERY   94, MAI 2001] 94
(50 % PN, 50 % CH)
Un vin remarquablement fleuri et délicieux avec un nez plus ample que ce qui est généralement le cas pour le Pommery. Touches fumées et de caramel dans la bouche avec une élégante finale croustillante de chardonnay.

• 1966 POMMERY   87, JUIN 1999] >
(50 % PN, 50 % CH)
Je n'ai goûté qu'une seule bouteille de ce champagne, laquelle n'était pas vraiment parfaite. Les bouteilles mieux conservées doivent cependant être encore à l'origine de grands moments.

• 1964 POMMERY   80, MARS 1993] >
(50 % PN, 50 % CH)
J'ai procédé à deux dégustations de ce vin, en magnum à chaque fois. L'une des bouteilles était complètement madérisée. La deuxième offrait un bouquet grillé et d'une grande richesse. Mais, là encore, la longueur en bouche était emplie d'arôme de xérès.

• 1962 POMMERY   87, MAI 2001] 87
(50 % PN, 50 % CH)
Un champagne ample, puissant et riche, au caractère gras et chaud. On décèle des touches de chocolat et de miel. Un peu relâché au niveau du corps et légèrement rustique. Excellent pour accompagner le foie gras et la figue.

• 1961 POMMERY   91, DÉCEMBRE 1993] 91
(50 % PN, 50 % CH)
Le nez est à nouveau retenu. Bouquet sombre de goudron, de tabac, de mélasse, de sous-bois et de térébenthine. Bouche corsée de bois, de terre et de chocolat, longue et très bien construite. Un vin de macho.

• 1959 POMMERY   95, JANVIER 2000] 95
(50 % PN, 50 % CH)
Quelle pureté de style et quelle beauté! Bien équilibré et plein de fruit généreux. Réalisé dans le style du désormais légendaire 1959 de Billecart-Salmon. Sa sécheresse et son astringence lui permettent d'échapper à l'aspect relativement maladroit qui caractérise l'année.

- 1955 POMMERY   84, DÉCEMBRE 1991] >
(50 % PN, 50 % CH)
La bouteille que j'ai goûtée avait un niveau parfait et a émis à
l'ouverture un chuintement qui inspirait confiance. La couleur
aussi était prometteuse, mais le champagne manquait de nez et
la bouche rappelait trop le tokay pour être réellement brillant.
Inférieur au 1953.

- 1953 POMMERY   93, JANVIER 2002] 93
(50 % PN, 50 % CH)
La robe du 1953 est d'un ambre foncé mais la mousse de ce vin
semble indestructible. Le nez est léger avec des notes de mélasse,
de sirop de sucre et de barbe à papa. La bouche merveilleusement
riche offre un splendide arôme de pêche. La longueur en bouche
est moelleuse et vieillie.

- 1952 POMMERY   95, FÉVRIER 2003] 95
(50 % PN, 50 % CH)
De nombreux 1952 sont juvéniles et frais. Très peu en revanche
sont aussi délicats que le Pommery. La robe est claire et les bulles
forment dans le verre des rangs de perles minuscules qui remontent
de manière continue à la surface. Le nez ressemble à un grand
bourgogne blanc des années soixante-dix et la bouche dense et
serrée, proche de la perfection, dispose d'amorces de caramel
à la crème.

- 1949 POMMERY   95, NOVEMBRE 2000] 95
(50 % PN, 50 % CH)
Mousse faible, mais un nez moyennement ample bénéficiant
d'une très grande pureté où l'on décèle des amorces de bonbon,
de crème, de cacao, de caramel et de café. La bouche était
cependant l'une des plus riches qu'il m'ait été donné de goûter.
Exceptionnellement fruitée avec des notes de prune, de mangue,
de pâtisserie et une longueur en bouche extrêmement douce
de chocolat au lait.

- 1947 POMMERY   92, AVRIL 2001] 92
(50 % PN, 50 % CH)
À l'instar de tous les autres millésimes de Pommery, la bouche
du 1947 est beaucoup plus impressionnante que le nez.
Le bouchon a été retiré à l'aide d'un tire-bouchon et un faible
« pfft » s'est fait entendre. Couleur d'ambre sombre et mousse
quasi inexistante. Le nez offrait des notes de poivre, de datte et de
chocolat noir. La bouche ne disposait pas d'un fruit aussi doux
que le 1949, mais possédait une masse de puissance alcoolisée et
de caractère de raisin sec. Pas de note madérisée.

- 1945 POMMERY
(50 % PN, 50 % CH)

- 1943 POMMERY   94, NOVEMBRE 2001] 94
(50 % PN, 50 % CH)
Effrontément frais et élégant avec une couleur qui laissait penser
que le vin avait tout au plus quinze ans d'âge. Une preuve
manifeste de l'importance, pour les plus vieux millésimes,
de séjourner dans les sombres caves de Champagne. Lors d'une
dégustation au restaurant « Pontus in The Green House » trois
bouteilles affichaient davantage leur âge et s'avéraient plus plates.

- 1942 POMMERY
(50 % PN, 50 % CH)

- 1941 POMMERY   96, DÉCEMBRE 2001] 96
(50 % PN, 50 % CH)
J'ai acheté un lot de bouteilles millésimées de Pommery ayant,
depuis leur lancement sur le marché, tranquillement séjourné
dans une cave liée à celle de la famille Polignac à Chigny-les-Roses.
Je dois avouer que j'ai rarement été aussi content de la qualité de
bouteilles comme ce fut le cas pour celles-ci. Ce millésime

inconnu des années de guerre a donné un vin fabuleusement
frais et agréable, au nez superbe où se retrouvent toutes les bonnes
choses de la boulangerie. Finesse unique et complexité incroyable
compte tenu de l'âge de ce champagne.

- 1937 POMMERY   95, OCTOBRE 2000] 95
(50 % PN, 50 % CH)
Extrêmement bien conservé comme à l'accoutumée. Équilibre
merveilleux, évoquant le caramel, mais aussi relativement léger
et élégant avec une mousse grandiose et jeune.

- 1934 POMMERY   95, MAI 2002] 95
(50 % PN, 50 % CH)
Tout aussi juvénile que je m'y attendais. Un vin fantastique
à fonds multiples avec une pointe juvénile. Un champagne
complexe, grillé, source de bonheur.

- 1929 POMMERY   96, AVRIL 2003] 96
(50 % PN, 50 % CH)
Superbe les sept fois où j'ai eu l'honneur de me délecter de ce
champagne profond et majestueux.

- 1928 POMMERY   88, SEPTEMBRE 1997] >
(50 % PN, 50 % CH)
Un vin concentré unique qui a malheureusement souffert au
niveau de la conservation en cave. Le verre est vite vidé. Je dispose
d'un jéroboam qui me semble brillant. J'y reviendrai donc !

- 1921 POMMERY   98, DÉCEMBRE 2003] 98
(50 % PN, 50 % CH)
C'était le vin sélectionné par Pommery pour être présenté à
la dégustation du millénaire (voir page 66). Je comprends ce
choix ! Nous disposions de deux bouteilles, mais dix jours avant la
dégustation l'une d'entre elles a commencé à fuir abondamment.
Il ne restait qu'une seule chose à faire : se sacrifier pour la boire
le soir même ! Mon ami Mattias Klum, grand photographe et non
moins grand amateur de champagne, devait de toute manière
venir dîner de quelques asperges arrosées de champagne, ainsi
cela ne posa pas vraiment de problème lorsque nous débouchâmes
la bouteille qui avait déjà perdu la moitié de son contenu. Un vin
fantastique ! D'une profondeur inégalée avec une couleur des
années cinquante relevée par une jolie mousse. Le nez lourd et
magnifique était fortement marqué par le pinot noir. La bouche
était très fraîche et équilibrée et offrait une note beurrée crémeuse
et juvénile de chardonnay. Majestueux !

- 1911 POMMERY   96, JUIN 2002] 96
(50 % PN, 50 % CH)
Nous avons débouché ce magnum bien conservé en pensant
qu'il s'agissait d'un Pommery Rosé 1934. Vous imaginez notre
étonnement en voyant couler un liquide jaune pâle. Étonnement
encore plus grand pour la plupart d'entre nous en considérant
la date inscrite sur le bouchon : 1911 ! Les vieux millésimes de
Pommery qui sont sagement restés en Champagne semblent
quasiment indestructibles. Sa couleur, sa mousse et sa vitalité
égalaient celles d'un champagne des années 1980. Le nez de ces
champagnes archétypaux n'est jamais très ample, mais cependant
très classique et profond. Les arômes en sont aussi dignes que de
vieux aristocrates. La bouche nerveuse et fraîche comme un
torrent de montagne offre une concentration huileuse avec des
notes de cigare, de girolle, d'abricot et de feuilles brûlées.

- 1964 POMMERY CUVÉE SPECIALE   93, MARS 2003] 93
(100 % CH)
Bu lors d'une fabuleuse fin de journée printanière au château
scanien de Sofiero où il accompagnait un non moins fabuleux
foie gras. Le vin lui-même était printanier, et juvénile à faire envie.
Mousse vive, robe aux reflets verts et un léger bouquet toujours

fleuri qui s'avéra plus noisetté et miellé après un moment passé dans le verre. Bouche croustillante à la note minérale presque métallique et une finale courte mais dynamique.

- 1962 POMMERY AVIZE   88, JUIN 2001] 88
(100 % CH)

Par hasard, j'ai examiné avec plus d'attention le contenu de ma caisse de Pommery 1962 et j'ai découvert que quatre bouteilles étaient décorées de la minuscule mention Avize. La mousse était faible et le vin plus mûr que ne le sont habituellement les millésimes ordinaires au même âge. Structure ample, riche et huileuse et arômes de beurre vieux à la limite du ranci.

- 1961 POMMERY AVIZE   88, DÉCEMBRE 2002] 88
(100 % CH)

Un petit quelque chose de dur et de métallique, mais il s'agit là d'un champagne fascinant, juvénile et bourru aux saveurs sèches et légèrement fumées. Il manque ici un peu de fruit, mais c'est un bon vin.

- 1973 POMMERY ROSÉ   87, NOVEMBRE 2002] 87
(80 % PN, 20 % CH)

Un champagne mûr, charnu et lourd, semblable au vin rouge, avec des notes de fer, de cuir, de viande et de bouillon. Bouche corsée et puissante pour un vin que je n'hésiterais pas à proposer pour accompagner un bon morceau de viande. Finale sèche avec une touche d'amertume.

- 1961 POMMERY ROSÉ   90, JUIN 2001] 90
(80 % PN, 20 % CH)

Mousse fraîche, sombres arômes de cave et puissance masculine indomptable. Un vin classé parmi les meilleurs lors d'une très importante dégustation de magnums de Pommery sur les îles Fjäderholmarna, dans l'archipel de Stockholm. J'ai personnellement trouvé qu'il manquait presque d'équilibre et qu'il était exigeant avec toute son ardeur et sa masse de muscles. Goudron, caramel et tabac en sont les autres notes marquantes. Un champagne de repas.

- 1959 POMMERY ROSÉ   94, NOVEMBRE 2001] 94
(80 % PN, 20 % CH)

Un vin exigeant, qui demeure toutefois un imposant champagne de repas. Ce vin est droit comme un gentleman anglais. Un Latour de champagne qui repose davantage sur une structure classique, avec tout ce que cela implique, que sur une beauté aromatique.

- 1947 POMMERY ROSÉ   88, MARS 2000] 88
(80 % PN, 20 % CH)

Malheureusement goûté en demi-bouteilles uniquement; sans mousse et avec des arômes de tokay. C'est indubitablement un grand vin concentré que j'imagine fantastique en magnum.

- 1945 POMMERY ROSÉ   92, MARS 2000] 92
(80 % PN, 20 % CH)

Pas aussi frais que le 1941, ce vin est marqué par l'âge qu'il s'agisse de son aspect, de son nez ou de sa bouche. Sa couleur fait songer au Tawny et sa mousse est faible. Bonne tenue dans le verre cependant, avec une profondeur et une richesse impressionnantes. Un compagnon idéal pour une soirée passée à lire un bon livre confortablement installé dans un fauteuil devant la cheminée.

- 1943 POMMERY ROSÉ
(80 % PN, 20 % CH)

- 1941 POMMERY ROSÉ   93, DÉCEMBRE 2001] 93
(80 % PN, 20 % CH)

Pas aussi passionnant que le 1941 blanc; il s'agit toutefois d'un bon champagne plein de vitalité. La robe d'un rouge intense comporte des touches juvéniles. Le nez est dominé par la cerise et la bouche est d'un joli pinot avec une finale marquée par une amertume épicée de genièvre.

- 1937 POMMERY ROSÉ   95, NOVEMBRE 2000] 95
(80 % PN, 20 % CH)

Mousse faible, robe orangée aux reflets d'ambre. Note de caramel au beurre, doux et intégré. Sa profondeur fait songer au Krug. pinot viril et plein réalisé à partir d'une récolte minime. La longueur en bouche agrémentée d'une note ultra-élégante de caramel à la noisette me fait penser à un Cristal. Un peu trop jeune en fait et pas assez développé en magnum!

- 1934 POMMERY ROSÉ   97, JANVIER 2000] 97
(80 % PN, 20 % CH)

Indescriptiblement bon et juvénile en dépit de la disparition quasi totale de la mousse. D'un point de vue strictement aromatique ce vin ressemble plus à un Richebourg de DRC qu'à un champagne. Les associations très nettes que nous avons notées lorsque nous avons découvert ce vin unique sont l'eau de rose, la truffe, l'orange amère et la framboise. Une essence extrêmement facile à boire. Notre groupe avait supposé la date de 1985 lors de la dégustation à l'aveugle. Ai-je besoin de préciser que cette bouteille a tranquillement séjourné dans une cave de Champagne pendant soixante-six ans, son âge actuel?

- 1929 POMMERY ROSÉ   96, FÉVRIER 2001] 96
(55 % PN, 45 % CH)

Un magnum légendaire que j'ai pu apprécier en compagnie de plusieurs pontes de la télévision au restaurant de Källhagen, éminent s'il en est. Sa robe ressemblait beaucoup à celle du clair Billecart-Salmon Rosé 1995 qui se trouvait à côté. Clair et lumineux avec une tendance aux reflets bronze et orange. Le nez charmant était beau et nuancé. Count Basie, bordel, soir d'été et Aston Martin furent les références qui vinrent à l'esprit des gens de la télévision pour décrire ce vin sensuel. Café torréfié et caramel à la noisette semblent des caractéristique triviales, mais ce sont justement les notes qui m'ont semblé les plus marquées. La bouche est légère, de caramel au beurre crémeux, avec la vitalité juvénile et débordante du cabri dans un champ. Plus chardonnay qu'à l'accoutumée.

- 1995 LOUISE POMMERY   87, OCTOBRE 2003] 91
(40 % PN, 60 % CH)

Jeune et impatient comme un sprinteur dans les starting-blocks. Un champagne frais, exubérant et insoumis, au fruit riche, minéral, et à la belle acidité. C'est actuellement le chardonnay qui domine.

- 1990 LOUISE POMMERY   89, MAI 2000] 93
(40 % PN, 60 % CH)

Un grand vin imposant aux multiples fonds. Le style de la maison demeure intact avec une touche supplémentaire naturelle de fruit exotique doux très caractéristique de ce millésime. Il y a là une telle puissance que je suis persuadé qu'il sera parfait pour accompagner un repas lorsqu'il aura mûri, après 2010.

- 1989 LOUISE POMMERY   93, AVRIL 2003] 95
(30 % PN, 70 % CH)

Imposant et riche jusqu'à l'écœurement. Un véritable champagne de repas avec un ample fruit surchargé et un caractère puissant et oxydatif de chocolat à la noisette, de raisin sec, de figue, de datte et de miel. Belle finale sèche. L'attribution des points concerne uniquement le magnum qui offre un raffinement grillé fabuleusement beau.

- 1988 LOUISE POMMERY   87, JANVIER 2003] 87
(40 % PN, 60 % CH)

Il s'agit du premier millésime arborant la belle étiquette blanche. Le vin lui-même est beau également et goûteux. Le nez s'avère déjà mûr avec une touche de fromage, de caramel à la crème et de réglisse. La bouche est en revanche nettement moins développée et offre une fraîcheur sèche et des arômes de chardonnay d'Avize. Certaines bouteilles se sont développées rapidement, ce qui est inquiétant.

• 1987 LOUISE POMMERY   91, AVRIL 1999] 91
(40 % PN, 60 % CH)
Nez agréable de pâtisserie et de chocolat. Je pensais au début que ce vin était un peu trop creux avec une bouche mince et fruitée pour un champagne de prestige. Il est aujourd'hui merveilleusement raffiné et grillé.

• 1985 LOUISE POMMERY   NOVEMBRE 2001] 92
(40 % PN, 60 % CH)
Le champagne de prestige de cette maison est toujours réalisé dans le respect d'un style plus moelleux et raffiné que le vin millésimé. Le 1985 dispose d'une mousse exceptionnellement moelleuse et luxueuse. Le nez est caractéristique d'un Louise Pommery, avec une touche mûre proche du fromage alliée aux arômes de vanille, de pain frais et d'orange. Un champagne extrêmement fondant et facile à boire. Classe et élégance.

• 1985 POMMERY FLACON D'EXCEPTION   83, JUIN 2000] 87
(50 % PN, 50 % CH)
Robe profonde, nez lourd quelque peu unidimensionnel. Dégusté parallèlement au 1983, ce vin semble fortement marqué par le pinot noir bien que la proportion des raisins soit égale. Corsé, robuste avec un écho sec. Arômes de prune, de cuir et de réglisse. Beaucoup plus grillé en mathusalem !

• 1983 POMMERY FLACON D'EXCEPTION   86, JUIN 2000] 89
(50 % PN, 50 % CH)
Un vin à la robe jaune tirant sur le vert, fortement marqué de chardonnay. Un vin très charmeur aux nuances légères proches du Dom Pérignon. Tout comme le 1981, ce champagne a gagné à disposer d'un caractère autolytique à l'arôme d'acacia plusieurs années avant le dégorgement. Rafraîchissant et sublime sur la langue.

• 1982 LOUISE POMMERY   91, MARS 2002] 91
(40 % PN, 60 % CH)
Aussi attirant à voir qu'à boire. Moyennement corsé et très moelleux, avec un style charmeur de grande maison. C'est en magnum que ce champagne est le plus séduisant.

• 1981 LOUISE POMMERY   JANVIER 2001] 86
(40 % PN, 60 % CH)
En Champagne, la plupart des 1981 bénéficient d'une exquise élégance fleurie. Le Louise Pommery, lui, s'appuie davantage sur le pinot d'Aÿ mûr, très plein de fromage et aux arômes charmeurs de chocolat. Le vin est moyennement corsé et dispose d'une longueur en bouche relativement peu persistante.

• 1981 POMMERY FLACON D'EXCEPTION   90, JUIN 2000] 91
(50 % PN, 50 % CH)
Mmm, comme c'est bon ! Nez splendide de pain grillé, d'acacia, de lilas et d'aubépine. Bouche pure, élégante et moyennement corsée de chardonnay. Un peu vert, touche d'herbe, avec une finale fruitée moelleuse et douce en dépit de la complète sécheresse du vin.

• 1980 LOUISE POMMERY   85, AVRIL 2001] 85
(40 % PN, 60 % CH)
Jeune, il se montrait très discret. Il est devenu nettement plus large et plus grand au fil des ans. La couleur en est encore très claire. Le nez est expansif comme un 82 avec une note de pain, polie et grillée. Les notes grillées se retrouvent dans la bouche qui s'avère grasse et accomplie.

• 1980 POMMERY FLACON D'EXCEPTION   90, OCTOBRE 2003] 90
(50 % PN, 50 % CH)
Un parfait exemple de ce que le magnum apporte en matière de potentiel de conservation d'une part et surtout de ce qu'un contact prolongé du vin avec les levures peut faire dans l'accroissement de la complexité d'autre part. Il y a quelques années, il s'agissait là d'un vin vraiment pointu et ennuyeux. Aujourd'hui ces magnums dont on a bien pris soin ont développé un magnifique nez de magnolia. On y retrouve une fraîche touche parfumée et d'agrumes ainsi qu'un côté huileux qui, lorsqu'il est trop concentré, rappelle le plastique. Cette dernière remarque est selon moi une analyse du nez de magnolia et tout autant une description du bouquet de ce champagne. La bouche est fraîche, courte et agréable, marquée de notes vertes qui laissent supposer que les raisins n'étaient pas assez mûrs comme c'est le cas pour de nombreux 1978.

• 1979 LOUISE POMMERY   95, FÉVRIER 2002] 95
(40 % PN, 60 % CH)
Le prince Alain de Polignac a eu la gentillesse de m'envoyer deux bouteilles du premier millésime dégorgé en 1986 avant de séjourner sans remuage dans les caves de Pommery jusqu'en décembre 2001. Ce vin est une révélation comme le sont généralement les vins récemment dégorgés. Robe claire, bulles ultra-petites et bouquet follement riche en finesse. Outre les nuances fleuries on y remarque des notes de café, de zeste de citron et de chocolat Valrhona. Bouche extraordinairement équilibrée dotée d'une grande finesse.

• 1979 POMMERY FLACON D'EXCEPTION   94, FÉVRIER 2003] 94
(50 % PN, 50 % CH)
La variation entre les bouteilles de vins restés si longtemps en contact avec leur dépôt de levures est relativement importante, mais le dernier magnum que j'ai goûté était marqué d'une saveur noisettée classique et disposait d'une profondeur semblable à celle du Krug. Certaines bouteilles étaient plus avares au nez avec une longueur en bouche moins persistante. Je pense que ce champagne récemment dégorgé et clair comme un son de cloche sera à son apogée quelques années après son dégorgement, avant que les angles les plus élégants et les plus aigus ne se soient trop arrondis. Il constituera alors un ensemble imposant fumé, moelleux et miellé.

• 1992 LOUISE POMMERY ROSÉ   89, JUILLET 2002] 91
(55 % PN, 45 % CH)
De nouveau un brillant 1992 de chez Pommery. Il s'agit vraiment d'une maison qui peut produire de bons vins les mauvaises années. Ce champagne est moelleux et agréable, d'une belle couleur et d'un maintien aristocratique. Rien n'est exagéré, mais tout ce à quoi l'on s'attend s'y trouve.

• 1990 LOUISE POMMERY ROSÉ   91, MAI 1999] 94
(55 % PN, 45 % CH)
Un vin merveilleusement riche en finesse et extrêmement bon. Sa mousse est moelleuse comme la plus douce des pêches. Ce n'est pas seulement sa robe rose pâle qui fait songer au Cristal Rosé. Toute la subtilité minérale du vin, son nez et sa bouche de caramel au beurre sont coulés dans le même moule que les célébrités de l'autre côté de Reims. Seule la concentration de cette merveille est un peu faible. Le style de la maison fut assez facilement reconnaissable lors de la dégustation du millénaire (voir page 66).

• 1989 LOUISE POMMERY ROSÉ   80, MARS 1997] 87
(57 % PN, 43 % CH)
Crayeux, froid et dur, mais avec une force sous-jacente et une bouche sèche, élégante et fraîche dotée d'une amorce de note de fraise.

• 1988 LOUISE POMMERY ROSÉ   83, JANVIER 1999] 88
(45 % PN, 55 % CH)
Nez faible et crayeux mais belle pureté. Bouche sèche,
très fraîche et caractéristique de la maison, à laquelle il manque
le merveilleux élément crémeux dont dispose le 1990.
À faire séjourner en cave !

• 1982 LOUISE POMMERY ROSÉ   93, FÉVRIER 2002] 93
(40 % PN, 60 % CH)
Il s'agit désormais d'un vin extrêmement bon, doux et délicieux.
Bouche douce, croustillante et élégante avec énormément de
charme et un aguichant arôme de framboise mêlé de vanille.
Le nez est plus mûr, rustique et animal, et doublé de jolies notes
évoquant les fraises et la crème fouettée.

• 1980 LOUISE POMMERY ANNIVERSARY CUVÉE
(40 % PN, 60 % CH)   85, AVRIL 2000] 85
Il s'agit en réalité du même vin que le Louise ordinaire avec un
dégorgement ultérieur et une présentation un peu différente.
À vingt ans, il s'agit d'un champagne encore très frais et vivant.
Le nez fait véritablement songer à une gaufre tartinée de confiture
de fraises et de crème fouettée comme on en mange en Suède.
La bouche est un peu végétale et pointue avec un trait de raisins
pas mûrs. Belle acidité et beau crémeux.

POYET, MICHEL R-C
9, imp. Richebout
51190 Le Mesnil-sur-Oger
03 26 57 97 41
Ce vigneron a intégré la coopérative et ne produit plus de vin
lui-même.

• MICHEL POYET   65
(100 % CH)

PRÉVOST, JÉRÔME *** R-M
51390 Gueux
03 26 03 48 60
Un disciple d'Anselme Selosse qui travaille exactement selon les
mêmes méthodes qu'Anselme avec lequel il collabore parfois à
Avize. Prévost est un petit nouveau extrêmement intéressant qui
n'a encore utilisé que du pinot meunier.

• JÉRÔME PRÉVOST LIEUX DIETS EXTRA BRUT   87
(100 % PM)
Ce disciple de Selosse fait un début sensationnel avec un vin que
j'ai dégusté à l'aveugle en ignorant même son existence. J'ai pensé
au Tarlant d'Œuilly où l'on utilise des raisins de la vallée de la
Marne, pour lequel on évite la fermentation malolactique et que
l'on ne vinifie qu'en petits fûts de chêne neufs. J'ai dit également
que cela pourrait bien être un Selosse en raison de notes semblables
à celles que l'on trouve dans les champagnes du grand maître.
Extrêmement intéressant de voir qu'il est possible de vinifier un
tel vin à partir de pinot meunier uniquement. Cela doit être la
première fois que l'on utilise des fûts de chêne neufs, ce qui
montre qu'il n'est pas aussi étrange que cela que Krug et José
Michel réalisent des vins si grands, à mettre en cave, avec une
grande proportion de pinot meunier. J'attends avec impatience
le millésimé que Prévost ne manquera pas de réaliser.

PRIN N-M
51190 Avize
03 26 53 54 56
À chaque fois que je séjourne à Avize j'ai mauvaise conscience de ne
toujours pas m'être rendu chez Prin.

• LE SIXIÈME SENS   83, OCTOBRE 2003] 84
(100 % CH)
Un mélange de prestige réalisé à partir des meilleurs raisins de la
maison, après un pressurage lent et l'utilisation du cœur de cuvée
uniquement. Les raisins sont des années 1998, 1997, 1996 et
1995. La bouche développée est étonnamment grossière et
rustique. On trouve dans ce vin des arômes minéraux et de
pomme, mais également des notes de miel et de fruit exotique
révélant la maturation. Le vin devrait être meilleur et plus jeune
qu'il n'est en réalité avec son caractère légèrement oxydatif.

QUENARDEL R-M
Place de la Mairie
51360 Verzenay
03 26 49 40 63
Production : 45 000
8 hectares sont plantés de raisins noirs essentiellement en montagne
de Reims. Les ceps les plus anciens ont 55 ans d'âge et sont intégrés
dans les vins prestiges. Vinification moderne.

• QUENARDEL BRUT   50
(100 % PN)

• QUERNARDEL ROSÉ   69
(100 % PN)

• 1985 QUENARDEL   69, JUILLET 1991] 83
(100 % PN)
Robe de cuivre et senteurs parfumées indélicates avec des traces de
banane. Le goût concentré cache une surprise. Du fer et du sang
sont des notes perceptibles dans l'arrière-goût.

• 1991 QUENARDEL BLANC DE BLANCS   78, FEVRIER 2003] 78
(100 % CH)

• 1989 QUENARDEL SPECIAL CLUB   87, AOÛT 2001] 88
(70 % PN, 30 % CH)
Beaucoup de champagnes pinot du millésime 1989 se sont révélés
très délectables et en même temps équilibrés, ces dernières années.
Ce vin exceptionnel a un fruit chaleureux et généreux avec les
notes caramel du millésime, et parallèlement un spectre de saveurs
typiques du cépage. Vous trouverez ici des notes marines joliment
imbriquées avec des notes animales et forestières automnales.
Corsé et imposant.

QUENARDEL-ESQUERRÉ R-M
7, rue Werlé
51360 Verzenay
03 26 49 41 81
L'exploitation fut fermée il y a dix ans et le propriétaire vendit à la
coopérative.

• 1979 QUENARDEL-ESQUERRÉ   84, AOÛT 2001] 84
(80 % PN, 20 % CH)
Ce champagne était assez récemment dégorgé pour le passage
à l'an 2000, et il est toujours très juvénile. Le nez et le goût
respirent des raisins mûrs et donnent une impression sucrée dans
l'ensemble. Des notes de raisins secs, de prunes et de miel sont
portées par des traces de coquillages. Souple et délicieux, bien
qu'un peu étriqué.

• 1989 QUENARDEL-ESQUERRÉ   80, MARS 2000] 83
(80 % PN, 20 % CH)
Plus léger que prévu, avec un fruit rafraîchissant et légèrement tropical. Un champagne velouté, crémeux avec le cachet chardonnay, et une finale un peu sucrée.

RAFFLIN, BERTRAND R-M

4, rue des Carrières
51500 Chigny-les-Roses
03 26 03 48 47
Production : 7 000
Le viticulteur dispose de 2,5 hectares plantés des trois cépages, à Chigny et à Ludes. Les vins se font aujourd'hui chez Feuillatte. Fait partie de la coopérative de Chigny.

• BERTRAND RAFFLIN BRUT   63
(33 % PN, 34 % PM, 33 % CH)
• BERTRAND RAFFLIN DEMI-SEC   38
(33 % PN, 34 % PM, 33 % CH)
• BERTRAND RAFFLIN SEC   48
(33 % PN, 34 % PM, 33 % CH)
• BERTRAND RAFFLIN ROSÉ   51
(40 % PN, 30 % PM, 30 % CH)
• BERTRAND RAFFLIN CUVÉE ST-VINCENT   74
(70 % PN, 30 % CH)

RAYMOND LEHERLE C-M

3, rue des Marais-de-Saint-Gond
51130 Vert-Toulon
03 26 52 26 94
Production : 100 000
De tous les milliers de producteurs de Champagne c'est justement celui-ci qui a déniché sa place au Monopole suédois des alcools ! Le prix en est, bien sûr, l'explication. Les vins de la maison se font en partie par la coopérative du village. Leherle vend aussi des raisins à Moët et à Clicquot. On ne peut pas se tromper malgré la ressemblance avec le « Veuve Clicquot » demi-sec.

• RAYMOND LEHERLE BRUT   66
(34 % PN, 33 % PM, 33 % CH)
• RAYMOND LEHERLE ROSÉ   67
(34 % PN, 33 % PM, 33 % CH)

REDON, PASCAL R-M

2, rue de la Mairie
51380 Trépail
03 26 57 06 02
Production : 32 000
Pascal est entré assez récemment dans la profession puisqu'il a lancé son activité en 1980. Il dispose aujourd'hui de plus de 4,3 hectares, plantés, en majeure partie, de chardonnay.

• PASCAL REDON TRADITION   76
(20 % PN, 80 % CH)
• PASCAL REDON CUVÉE HORDON   74
(50 % PN, 50 % CH)
• PASCAL REDON BLANC DE BLANCS   60
(100 % CH)
• PASCAL REDON ROSÉ   82
(20 % PN, 80 % CH)
Un champagne rosé sensationnel, imposant et délectable avec un caractère grand, onctueux et luxueux. Exotique et racé en même temps. Persistance longue et crémeuse.

RENAUDIN, R. N-M

Domaine des Conardins
51530 Moussy
03 26 54 03 41
Production : 230 000
Voici la maison qui produit Taillevent (voir « La marque de l'acheteur ») et qui possède 24 hectares autour de Moussy et de Pierry. Dominique Tellier a commencé à faire des champagnes cacher en 1990. Il a été très remarqué dans la presse spécialisée britannique.

• RENAUDIN BRUT RÉSERVE   54
(70 % PM, 30 % CH)
• RENAUDIN GRANDE RÉSERVE   57
(25 % PN, 20 % PM, 55 % CH)
• 1993 RENAUDIN CD   76, MAI 2001] 80
(5 % PN, 15 % PM, 80 % CH)
Un style spécial et particulièrement épicé avec une note boisée. Fruit riche, et une certaine amertume dans la finale.
• 1985 RENAUDIN CD   82, MAI 2001] 82
(5 % PN, 15 % PM, 80 % CH)
Style riche et oxydatif où le fruit commence à ressembler à des pommes surmûries et des raisins secs. Bouche grasse avec des notes de chocolat noir et de miel.
• 1996 RENAUDIN MILLENIUM   82, DÉCEMBRE 2002] 84
(100 % CH)
Un vin chardonnay intéressant qui semble être une variante rustique de Jacquesson. Nez légèrement terreux avec des influences épicées ainsi qu'une note claire de poire et un soupçon de citron. Les mêmes notes dans le goût un peu léger qui se termine assez sèchement.

RÉMY, ERNEST R-M

3, rue Aristide-Briand
51500 Mailly
03 26 49 41 15
Uniquement de vieilles bouteilles ont croisé mon chemin.
• 1964 ERNEST RÉMY
(100 % PN)
• 1953 ERNEST RÉMY   92, AVRIL 2003] 92
(100 % PN)
C'est extrêmement rare que je tombe sur de très vieux blancs de noirs. Ce type de vin ne convient pas aux hommes qui manquent de poils sur la poitrine ! La moitié de l'équipe des dégustateurs avec qui j'ai partagé ce vin n'a pas du tout apprécié ce champagne végétal à la senteur de truffes. Nous autres étions très fascinés par les notes de poivrons rappelant le bordeaux, et les notes un peu scabreuses qui en grande partie ressemblent à de vieux bourgognes rouges. Très longue persistance en bouche de cuir, champignons, huile pour machine à coudre et diesel.

RÉMY, G. N-M

51700 Cerseuil
03 26 58 28 94
Inhabituel de trouver un viticulteur à Cerseuil qui fait des blancs de blancs !
• G. RÉMY BLANC DE BLANCS   58
(100 % CH)

REVOLTÉ, ADAM R-M
58, rue de la Porte-d'En-Bas
51160 Hautvillers
03 26 59 48 41
L'un des rares producteurs de blanc de blancs de Hautvillers. Le vinificateur est Jean-Paul Adam. D'autres vins : Brut, Demi-Sec, Réserve, Rosé, Cuvée Prestige.
• ADAM REVOLTÉ BLANC DE BLANCS   66
   (100 % CH)

RICCIUTI-RÉVOLTE R-M
18, rue du Lieutenant-de-Vaisseau-Paris
51160 Avenay
03 26 52 30 27
Production : 20 000
Ricciuti-Révolte est probablement le seul Américain viticulteur en Champagne. Ses raisins proviennent de 3,5 hectares à Avenay et de 1 hectare à Mareuil-sur-Ay. Il vend 25 % de sa production à Mumm.
• RICCIUTI-RÉVOLTE BRUT   70
• RICCIUTI-RÉVOLTE BRUT ROSÉ   60

RIVIÈRE, FRANCK R-M
30, impasse de l'Ancienne-Mairie
51530 Cramant
03 26 57 99 31
Production : 50000
Un nouveau vinificateur qui, selon ses voisins, est plus doué pour jouer du piano que pour faire du vin ! Est-ce vrai ? La superficie cultivée est de six hectares. Le viticulteur utilise en partie des fûts de chêne pour ses vins.
• FRANCK RIVIÈRE   58
   (100 % CH)

ROBERT, ALAIN **** R-M
25, avenue de la République
51190 Le Mesnil-sur-Oger
03 26 57 52 94
Production : 100000
Alain Robert est l'un des vinificateurs les plus particuliers de Champagne, et il dispose de vignobles dans cinq villages chardonnay. Les raisins sont cueillis à la main, et les raisins du Mesnil fermentent dans des fûts de chêne. La cuvée standard la plus jeune a neuf ans. En mai 1995 ils ont vendu les millésimes 1978 et 1979 en tant que champagnes millésimés ! Le résultat se reflète sur les prix, qui sont exorbitants. Le vin prestige d'Alain Robert est en effet le plus cher de Champagne après Krug Collection. Une bouteille de 1978 A. Robert coûte 196 euros. Je n'ai malheureusement pas goûté ses millésimés, mais les vins riches non millésimés sont très bons, bien qu'un peu rustiques. D'autres vins : millésimés.
• A. ROBERT BRUT   82
   (100 % CH)
   Un pur 1985 avec un bouquet riche et miellé dans un style classique oxydatif. La force et la maturité sont superbes, ainsi que la persistance longue de noix et de beurre.
• A. ROBERT MESNIL SÉLECTION   80
   (100 % CH)
   Un pur 1983. Grand, tendance noisette, nez classique et démodé avec un goût riche et beurré, un peu unidimensionnel.
• A. ROBERT SÉLECTION   73
   (100 % CH)

• A. ROBERT VIEUX DOSÉ   90
   (100 % CH)
   Fait à partir de ceps âgés de 30 ans, des millésimes 1980 et 1982. Entièrement vinifié en fût de chêne, et en vente dix ans après le dégorgement ! Un champagne merveilleusement doré avec des traces vertes et une senteur classique, grillée et boisée. Le vin est mature, mais tient remarquablement bien dans le verre.

ROBERT, ANDRÉ R-M
15, rue de l'Orme
51190 Le Mesnil-sur-Oger
03 26 57 59 41
Production : 40 000
La famille Robert travaille dans la viticulture depuis plus de 100 ans, mais la maison et la cave actuelles ont été créées par André Robert en 1961. Aujourd'hui, c'est son fils, Bertrand Robert, qui assure la gestion. L'âge moyen des ceps des neuf hectares de la maison à Mesnil et à Vertu, est de 25 ans.
• ANDRÉ ROBERT ROSÉ   29
• 1996 ANDRÉ ROBERT   80, FÉVRIER 2002] 85
   (100 % CH)
   Le seul vin de la maison qui est fait de 100 % Mesnil, ce qui ne passe pas inaperçu. Le vin représente un style particulier, peu accessible, que d'aucuns détestent. Jardin et Jacquart sont les leaders dans ce style un peu brusque et animal, enfermé et brûlé. Certains dégustateurs parlaient de poisson pourri, d'autres de caoutchouc brûlé et d'autres encore sont allés aux extrêmes en parlant d'odeurs d'égouts ! Pour moi, ce sont des mots comme terre, forêt et viande bouillie qui sont les plus proches pour décrire ce vin.

ROCOURT, MICHEL R-M
1, rue Zalieu
51190 Le Mesnil-sur-Oger
03 26 57 94 99
Production : 40000
Michel possède 5,5 hectares au Mesnil et à Vertus, il a débuté son activité en 1975. Michel était auparavant responsable des vignobles chez Henriot. Les ceps sont âgés de 29 ans. Le viticulteur lance son champagne millésimé à un âge remarquablement élevé et mature. Les vins sont vinifiés par des méthodes modernes et subissent une fermentation malolactique.
• M. ROCOURT ROSÉ DU MESNIL   62
   (100 % CH)
• 1993 M. ROCOURT   82, MARS 2004] 83
   (100 % CH)
   Style assez expansif et légèrement oxydatif avec une très bonne richesse d'extraits. Senteurs de coings, cidre et beurre noir. Goût corsé avec des nuances de fruits tombés, de pierre et de cuir.
• M. ROCOURT GRAND VINTAGE   85, MARS 2004] 85
   (100 % CH)
   Dans l'ensemble, un pur 1998 avec des vins de réserve plus âgés. Très délicat, crémeux et poli. Goût onctueux avec une belle finale fraîche et sophistiquée.

ROEDERER, LOUIS ***** N-M
21, boulevard Lundy
51100 Reims
03 26 40 42 11
Production : 2 600 000
La maison Roederer n'a reçu son nom actuel qu'en 1833, mais elle existait déjà en 1760, à l'époque sous le nom de Dubois Père & Fils.

Louis Roederer fut un homme appliqué qui réussit à exporter son champagne vers plusieurs pays. La percée commerciale de Roederer, à l'instar de celle de Clicquot, se fit grâce au marché russe. Le tsar Alexandre II cherchait une bouteille sensationnelle et personnalisée à montrer à ses hôtes. En 1876, il passa une commande spéciale des premières bouteilles transparentes Cristal, qui à l'époque étaient fabriquées en véritable cristal. Après la révolution russe, Roederer eut des difficultés à écouler son vin, qui était très doux, il se retrouva avec un tas de factures impayées et un stock de champagne dont personne ne voulait. La maison a réussi à se rattraper dans les années 1930, lorsque Camille Olry-Roederer en tint le gouvernail. Les revenus des ventes furent investis dans quelques vignobles exceptionnels à Ay, Hautvillers, Cumières, Louvois, Verzy, Verzenay, Vertus, Avize, Cramant, Chouilly et Le Mesnil. Roederer possède également, ailleurs, plusieurs domaines viticoles renommés : Roederer Estate, Ramos Pinto, Haut-Beauséjour et Château de Pez. La maison est aujourd'hui celle qui connaît le plus grand succès de la région, financièrement parlant, surtout grâce à ses vignobles qui procurent à Roederer 70 % de ses besoins en raisins. La maison se trouve aujourd'hui sous la direction de Jean-Claude Rouzaud, et les vins sont assemblés par Michel Pansu, qui travaille selon les mêmes principes que ses prédécesseurs au cours des dernières décennies. Tous les vins fermentent séparément, village par village, dans des cuves en acier et les vins de réserve sont vieillis dans de grands fûts de chêne. Il paraît que ce sont eux qui donnent la touche spéciale de vanille de la maison. Je ne suis pas le seul à me demander si certains vins utilisés pour la cuvée prestige Cristal n'ont pas été vieillis dans ces fûts. Car c'est justement dans le Cristal que l'on trouve parfois un caractère boisé et huileux aux notes de noisette et au goût de vanille. La note de maturité au caramel peut s'expliquer par l'utilisation d'une grande partie des meilleurs vins de réserve, âgés et vieillis en fûts de chêne, dans le dosage. Autrement, on utilise jusqu'à 20 % de vin de réserve vieilli en fût de chêne dans la cuvée standard Brut Premier. Roederer n'a pas de recette établie en ce qui concerne la fermentation malolactique. Les qualités du vin sont décisives dans chaque cas particulier. Roederer est indéniablement une maison de champagne formidable avec une sélection de vins exceptionnelle. Le champagne standard est brillant, le rosé et le blanc de blancs ont une élégance aristocratique typique de la maison, et le millésimé fait toujours partie des meilleurs. Cristal est aujourd'hui le champagne prestige le plus recherché et celui qui est peut-être le plus séduisant de tous les vins du monde entier. Le Cristal Rosé n'est pas seulement le champagne rosé le plus cher, mais aussi et surtout le meilleur. En ce qui me concerne, je considère la maison comme l'une des quatre meilleures de toute la région Champagne.

• LOUIS ROEDERER BRUT PREMIER   82
(62 % PN, 8 % PM, 30 % CH)
Cuvée standard dont on fait constamment l'éloge, avec une part élevée de vins de réserve vieillis en grands fûts de chêne. Quatre ans en bouteille avant le dégorgement, uniquement issu du premier pressurage. Pendant plusieurs années il restera un champagne standard de garde, moyennement bon, avec des notes de pommes. Aujourd'hui un champagne qui ressemble au Cristal, et qui est d'une finesse extraordinaire.

• LOUIS ROEDERER EXTRA DRY   60
(62 % PN, 8 % PM, 30 % CH)

• LOUIS ROEDERER CARTE BLANCHE   55
(62 % PN, 8 % PM, 30 % CH)

• LOUIS ROEDERER GRAND VIN SEC   55
(62 % PN, 8 % PM, 30 % CH)

• LOUIS ROEDERER ROSÉ   86
(70 % PN, 30 % CH)
Un vin qui ne se fait plus, mais qui sera toujours très délectable et délicieux si vous avez la chance de tomber sur une bouteille ou deux. Celles que j'ai découvertes semblent originaires des années 1970, à en juger par le goût. C'est un champagne très mature, saturé de chocolat et miellé, avec une saveur d'amande. La robe a la pâleur des autres champagnes rosés de cette maison. La concentration en bouche n'est pas aussi forte que dans la cuvée millésimée.

• 1996 LOUIS ROEDERER   92, JUIN 2003] 95
(66 % PN, 34 % CH)
Déjà un vin exceptionnel, mais ce serait tout de même un sacrilège que de le consommer dans les trois années à venir. Le vin a une rondeur et une intensité riche qui fait défaut aux autres vins Roederer actuellement. Le millésimé ressemble cette fois-ci au garçon sans gêne qui se sert le premier. Goût merveilleux de chocolat, caramel et pomme caramélisée.

• 1995 LOUIS ROEDERER   88, FÉVRIER 2003] 94
(66 % PN, 34 % CH)
Un Roederer classique et juvénile avec un caractère serré et une note de pomme extrêmement élégante. Des couches de raisins difficiles à décrire et une note luxueuse et ultra-sophistiquée caressent la langue comme un tapis de synthé livré par Pat Metheny.

• 1994 LOUIS ROEDERER   87, NOVEMBRE 2000] 92
(66 % PN, 34 % CH)
Habituellement un millésimé assez tristounet, mais Roederer a réussi le tour de force de produire toute une batterie de millésimés de première catégorie. Le point commun est le taux d'acidité élevé et le fruit équilibré mais élégant, ainsi qu'un soupçon de la note caramel si caractéristique de Roederer.

• 1990 LOUIS ROEDERER   91, AVRIL 2002] 94
(66 % PN, 34 % CH)
Finesse et équilibre merveilleux. Crémeux avec une fumée classique, et de belles acidités pures et résonnantes.

• 1989 LOUIS ROEDERER   84, MARS 2002] 92
(66 % PN, 34 % CH)
Classique et délectable en même temps. Dans le parfum aussi bien que dans le goût, vous trouverez des notes évidentes de fudge et de chocolat noir. Le vin a été vinifié dans un style équilibré et moyennement corsé avec beaucoup d'autorité et de charme.

• 1988 LOUIS ROEDERER   92, NOVEMBRE 2003] 93
(66 % PN, 34 % CH)
Au cours de l'année 2003, ce vin pur a commencé à devenir mature. Grand bouquet magnifique de pain frais, pommes rouges et noix. Le goût est rond et large. Une note claire d'amande montre des ressemblances avec le 1979. Il devrait être au sommet entre 2005 et 2010.

• 1986 LOUIS ROEDERER   85, MARS 1997] 87
(66 % PN, 34 % CH)
Clair et mince avec une brise d'agrumes et des notes de caramel. Manque de concentration.

• 1985 LOUIS ROEDERER   91, MARS 2003] 93
(66 % PN, 34 % CH)
Un vin merveilleux qui cache plein de beautés sous la surface contenue. Racé, de structure classique et légèrement beurré, avec un équilibre parfait. À boire après 2005.

• 1983 LOUIS ROEDERER   80, JUIN 1989] 89
(66 % PN, 34 % CH)
Uniquement dégusté dans sa jeunesse. Il était alors très frais avec une note de Granny Smith. Des acidités cristallines dans un corps moyennement riche. Prometteur !

• 1982 LOUIS ROEDERER 93, SEPTEMBRE 2001] 93
(66 % PN, 34 % CH)
Pur style maison avec un caractère poli et ultra-raffiné ainsi
qu'une fraîcheur stimulante. Note délicieuse de caramel, et saturé
de vanille et de fruit gras sophistiqué.

• 1981 LOUIS ROEDERER 84, DÉCEMBRE 1994] 84
(66 % PN, 34 % CH)
Le millésime 1981 est habituellement caractérisé par un arôme
de fruit élégant, mais ici Roederer a fait un champagne crémeux
et gras avec un grand bouquet de caramel. Court en bouche.

• 1979 LOUIS ROEDERER 93, JANVIER 2002] 93
(66 % PN, 34 % CH)
Ce vin est peut-être le meilleur exemple démontrant que le
champagne vieillit en beauté en magnum. En magnum, ce 1979
a un bouquet exotique d'orchidées et de chèvrefeuille ainsi qu'un
fort arôme de café torréfié. Le goût est une apparition sensuelle
avec une saveur riche rappelant le chocolat aux noisettes. Long et
classique. En bouteille normale, le dosage semble trop élevé et le
vin respire de la mélasse, des fruits tombés, des amandes et des
noisettes.

• 1978 LOUIS ROEDERER 88, AOÛT 1996] 88
(66 % PN, 34 % CH)
Un millésime rare avec une grande profondeur, saveur de
confiserie délicieuse et une résonance douce et miellée.

• 1976 LOUIS ROEDERER 94, JANVIER 2003] 94
(66 % PN, 34 % CH)
Roederer est apparemment la maison qui doit être privilégiée
pour cette année-là. Ce 1976 atteint une richesse rare et
une douceur de fruit sophistiquée. Ressemble beaucoup au
Cristal du même millésime, mais avec des arômes chocolatés
un peu plus riches et une saveur chardonnay un peu moins
beurrée. Long et homogène.

• 1975 LOUIS ROEDERER 91, JUILLET 1991] 93
(66 % PN, 34 % CH)
Le bouquet n'est pas aussi sympathique que celui du 1976,
mais les acidités et l'attaque laissent deviner une vie un peu plus
longue. Le bouquet jouait sur le thème des légumes accompagné
d'une note faible mais distincte de gorgonzola. Ce vin a été
marqué beaucoup plus par le pinot noir que le 1976, bien
que l'assemblage de cépages soit identique.

• 1974 LOUIS ROEDERER 84, AVRIL 2000] 84
(66 % PN, 34 % CH)
Malgré la bonne compagnie et une soirée de printemps magique,
je n'ai pas été complètement transporté par ce fameux 1974.
Roederer possède, comme chacun le sait, la capacité d'élaborer de
grands vins même les années médiocres, mais ici on manque de
pureté aussi bien que de longueur. Par contre, le vin est assez riche
avec un bouquet mature de caramel et une saveur grasse de miel.
À mon goût l'odeur de cave dérange un tant soit peu.

• 1973 LOUIS ROEDERER 88, MARS 2002] 88
(66 % PN, 34 % CH)
Mature et quasiment sans mousse. Ceci n'est guère un millésime
mémorable de Roederer.

• 1971 LOUIS ROEDERER 95, OCTOBRE 2000] 95
(66 % PN, 34 % CH)
Ce vin a probablement atteint son sommet il y a déjà quelques
années, mais il procure toujours beaucoup de plaisir avec sa
richesse huileuse et son arôme développé de noix et de cuir.
Ceci est valable uniquement pour les bouteilles normales.
En magnum le vin est absolument fantastique avec une élévation
et une élégance imbattables. Imaginez la différence !

• 1969 LOUIS ROEDERER 94, JUILLET 2001] 94
(66 % PN, 34 % CH)
Aspect soigné et un grand bouquet majestueux. Je pense que
la note de cave et l'arôme de champignons sont un brin trop
marqués et font ombrage aux notes grasses de caramel.
Le goût est très riche et imposant, équilibré et merveilleusement
bon. Quelle persistance !

• 1967 LOUIS ROEDERER 89, DÉCEMBRE 2002] 89
(66 % PN, 34 % CH)
Parfum vieilli de cuir et de champignons avec une note légère
de sherry ainsi qu'un soupçon de thé. Vif et moyennement corsé
doté d'une bonne acidité et d'une finale classique à la Roederer
avec sa note de caramel.

• 1966 LOUIS ROEDERER 95, JUIN 1999] 95
(66 % PN, 34 % CH)
Bien que ce champagne soit presque tranquille, la robe est pâle,
dorée et juvénile. Un véritable sachet de caramels avec des arômes
souples et délectables de vanille et un charme irrésistible.

• 1964 LOUIS ROEDERER 93, JANVIER 2002] 93
(66 % PN, 34 % CH)
Bouquet lourd, animal et végétal de gibier à plume sauté au
beurre, de légumes bouillis et de goudron. Après une longue
aération il y a davantage de notes de caramel et de fruits secs.
Une saveur forte avec moins de charme et un caractère plus sévère
que d'habitude. Aspect et vitalité parfaits et une finale longue et
un peu âpre.

• 1962 LOUIS ROEDERER 95, MAI 2001] 95
(66 % PN, 34 % CH)
Mon année de naissance s'affirme de mieux en mieux. On ne peut
qu'espérer être vigoureux et en bonne forme aussi longtemps
que les meilleurs champagnes. Ce vin fait définitivement partie
de cette catégorie. Un bouquet intensif de fleurs d'oranger avec
plusieurs fonds. Saveur souple et harmonieuse chargée de richesse
sucrée et de fruits exotiques. Sortie majestueuse, digne et
distinguée avec des arômes de bois exotique vieilli.

• 1961 LOUIS ROEDERER 88, JANVIER 1995] >
(66 % PN, 34 % CH)
On voit rarement un champagne à la mousse si pétillante avoir
une couleur d'ambre brunâtre. Le grand bouquet ressemble
énormément à un vieux tokay avec des notes de pruneaux,
de pommes trop mûres et de bois pourri. Saveur pinot lourde
avec des arômes sucrés de caramel. Persistance pas complètement
pure, un peu madérisée.

• 1959 LOUIS ROEDERER 96, JANVIER 2000] 96
(66 % PN, 34 % CH)
Un Roederer classique plus qu'un 1959 typique. Bien sûr,
il a de la force et une nuance d'arômes fumés, mais le style
maison équilibré et onctueux est beaucoup plus prononcé.
La fraîcheur est impressionnante tout comme la finesse due
à des notes minérales crayeuses qui évoquent un fromage
de chèvre. Près de 97 points.

• 1955 LOUIS ROEDERER 95, OCTOBRE 2000] 95
(66 % PN, 34 % CH)
Mousse parfaite. On trouve ici l'arôme caramel inévitable
de chez Roederer et une nuance nerveuse et acidulée dans
un vin merveilleusement équilibré et miellé.

• 1949 LOUIS ROEDERER 97, FÉVRIER 2004] 97
(66 % PN, 34 % CH)
L'un des meilleurs champagnes de la dégustation du millénaire
(voir page 66) avec ses saveurs de caramel et de nectar.
Enchanteur.

- 1947 LOUIS ROEDERER   97, OCTOBRE 2000] 97
(66 % PN, 34 % CH)
Aussi bon que ç'en a l'air! Le style maison prend le dessus sur
le caractère millésimé. L'un des 1947 les plus légers et dominés
par le pinot que j'ai essayés, mais aussi l'un des meilleurs.
Harmonie, équilibre et charme sont les mots clés pour décrire
ce champagne délicieux.

- 1945 LOUIS ROEDERER   97, OCTOBRE 2001] 97
(66 % PN, 34 % CH)
Plus de volume et de force que d'habitude. Un vin très
impressionnant. L'un des meilleurs du millésime.

- 1941 LOUIS ROEDERER   94, JANVIER 2003] 94
(66 % PN, 34 % CH)
Couleur de paille profonde, et pourtant très vif. Une attaque
souple et sucrée se transforme en une saveur merveilleuse, claire,
onctueuse et vitale avec une belle bouche sèche et très longue.
Acidité sublime et très élevée.

- 1928 LOUIS ROEDERER   96, OCTOBRE 2000] 96
(70 % PN, 30 % CH)
Enfin j'ai pu constater la grandeur de certains 1928!
Ce champagne parfait de Roederer a une force colossale et
irrésistible combinée au goût caramel typique de la maison et
à des acidités phénoménales. Il y avait une note de madère lors
de la dégustation du millénaire (voir page 66).

- 1923 LOUIS ROEDERER   96, OCTOBRE 2003] 96
(70 % PN, 30 % CH)
Quelle grandeur! Un bel octogénaire juvénile avec un bouquet
formidable. Beaucoup de café torréfié, du pop-corn, du beurre
noir et des arômes de fruit approchant le nectar. Bouche
équilibrée et fraîche avec une finale sèche et crayeuse. Une mine
de notes minérales joliment imbriquées dans des couches de
caramel aux noisettes velouté. Deux bouteilles dégustées avec
une structure et un profil aromatique identiques, bien que
l'une fût tranquille et l'autre fraîchement pétillante.

- 1997 LOUIS ROEDERER BLANC DE BLANCS   92, AOÛT 2003] 94
(100 % CH)
Il est impressionnant de voir combien ce vin se maintient
de millésime en millésime. Plus pur et plus léger même que
le Cristal, mais avec un soupçon de note luxueuse de caramel
au beurre. Des fleurs blanches et des notes d'agrumes vertes
à profusion, combinées avec une douceur de fruit agréable et
une brise d'euphorie! Superbe!

- 1996 LOUIS ROEDERER BLANC DE BLANCS   90, JANVIER 2003] 95
(100 % CH)
Il y a toujours comme un air de beauté éthérée et scintillante qui
plane sur ce vin, quel que soit le millésime. Une apparition pure
comme une source des Alpes du début jusqu'à la fin, avec une
acidité à couper au couteau et une onctuosité légère et naissante
dans un conditionnement luxueux typique de la maison.

- 1995 LOUIS ROEDERER BLANC DE BLANCS   90, AOÛT 2003] 94
(100 % CH)
Étouffé et astringent avec une grandeur innée mais non
développée. Bouquet distingué et léger dans le même style que
Pol Roger Blanc de chardonnay. Bouche racée, jeune et raffinée
de pamplemousse rose, écorce de citron et de minéral.

- 1994 LOUIS ROEDERER BLANC DE BLANCS 88, NOVEMBRE 2000] 92
(100 % CH)
Voilà qu'ils l'ont fait de nouveau! Le vin respire Roederer de fond
en comble. Rares sont les maisons - s'il y en a – qui ont un style
maison aussi constant que le géant du boulevard Lundy. Le vin,
avec sa fraîcheur d'agrumes et son caractère de chardonnay grand

cru, est enveloppé dans une couverture douillette de caramel au
beurre. Le vin semble en fait être en parité avec le Cristal!

- 1993 LOUIS ROEDERER BLANC DE BLANCS   87, MAI 1999] 91
(100 % CH)
Presque transparent, comme une eau minérale avec des bulles
minuscules et pétillantes. Bouquet raffiné et jusqu'à ce jour floral.
Roederer démontre encore une fois sa grandeur en tant que
maison de champagne.

- 1990 LOUIS ROEDERER BLANC DE BLANCS   95, MAI 2004] 95
(100 % CH)
Un vin vraiment délectable et sophistiqué avec une impression
d'ensemble juteuse et gouleyante. La bouche est aimable et
romantique avec des notes de brioche à la vanille et de citron confit.

- 1989 LOUIS ROEDERER BLANC DE BLANCS   85, JUILLET 1997] 93
(100 % CH)
C'est uniquement une question de style si la préférence penche
plutôt pour l'un ou l'autre des Roederer 1989. Tous ont le même
style sophistiqué typique de la maison, mais personnellement, j'ai
une faiblesse pour ce blanc de blancs merveilleusement frais qui,
comme le Cristal, a plus d'acidité malique que d'habitude.

- 1983 LOUIS ROEDERER BLANC DE BLANCS   90, AVRIL 1992] 92
(100 % CH)
Le blanc de blancs de Roederer est très rare. J'ai seulement
dégusté le 1983 qui était un champagne superbe, et qui avait
de grandes ressemblances avec le Cristal du même millésime.
Le bouquet est puissant et élégant avec des noisettes, de
la pâtisserie et du fruit sucré et crémeux. Le vin a une souplesse
et une maturité typiques des raisins de première qualité.
Longueur en bouche classique.

- 1971 LOUIS ROEDERER BLANC DE BLANCS   89, JUIN 1988] 89
(100 % CH)
Mousse moins pétillante que d'habitude. Beurré et mince dans
un style merveilleux. L'acidité n'était pas très élevée en 1988.
Le vin chante peut-être son dernier refrain.

- 1955 LOUIS ROEDERER BLANC DE BLANCS   96, JUIN 1997] 96
(100 % CH)
Dégusté parallèlement avec le 1955 standard. La couleur est un peu
plus profonde et la mousse moins pétillante. Le parfum, si cela
est possible, est encore plus délectable, rempli d'arôme de caramel.
La bouche très souple évoque le nectar. Un petit chef-d'œuvre.

- 1996 LOUIS ROEDERER ROSÉ   89, OCTOBRE 2003] 93
(70 % PN, 30 % CH)
Ce rosé gagnerait le prix de la pâleur! Je l'ai dégusté à l'aveugle et
je fus persuadé que j'avais un blanc de blancs jeune dans le verre,
avant d'avoir senti le bouquet ultra-élégant et typique de la
maison, qui ne peut provenir que de chez Roederer. Tout le vin
est « blanc » dans ses arômes. Le chardonnay crépitant domine
toujours avec une fraîcheur pétillante. Lors de l'aération, on peut
soupçonner un brin de fraise chantilly. Beau et luxueux.

- 1995 LOUIS ROEDERER ROSÉ   94, JUIN 2002] 95
(70 % PN, 30 % CH)
Pour la énième fois je suis ébahi par le nouveau lancement de
Roederer. Ceci est certainement l'un des meilleurs champagnes
du millésime. Comment on peut faire un vin aussi onctueux et
velouté, à la saveur de caramel d'une façon aussi fraîche et
fruitée, dépasse mon entendement. J'ose à peine imaginer à quel
point les autres 1995 de Roederer doivent être excellents.

- 1994 LOUIS ROEDERER ROSÉ   87, NOVEMBRE 2000] 92
(70 % PN, 30 % CH)
Pâle, délicat avec un bouquet fin et discret de pinot noir élégant.
Il est presque crémeux malgré le taux d'acidité élevé.

Indifférenciable du point de vue qualité du champagne millésimé habituel.

• 1993 LOUIS ROEDERER ROSÉ   87, MAI 1999] 90
(70 % PN, 30 % CH)

Un rosé plus pâle n'existe pas! En ce qui concerne la couleur bien entendu. Le caractère est tout autre. Crémeux, souple et sophistiqué avec une brise de fraise. Un 1993 superbement délectable.

• 1991 LOUIS ROEDERER ROSÉ   84, OCTOBRE 1997] 88
(75 % PN, 25 % CH)

Il est très surprenant qu'une maison de qualité lance un 1991. Le vin n'est guère au niveau habituel, mais il est très bon par rapport au millésime.

• 1989 LOUIS ROEDERER ROSÉ   90, NOVEMBRE 2003] 90
(70 % PN, 30 % CH)

Floral, pâle et plein de fruits rouges riches. Malheureusement trop sucré et en même temps incroyablement et luxueusement délicieux. La note noisette s'accentuera ainsi que sa lourdeur, mais il ne deviendra guère mieux avec le temps. À boire sans attendre.

• 1988 LOUIS ROEDERER ROSÉ   92, NOVEMBRE 2001] 94
(70 % PN, 30 % CH)

Roederer est très renommé pour son rosé. Pendant le travail sur mon premier livre, j'ai été étonné quand j'ai constaté que je n'avais alors dégusté que deux millésimes de cet excellent vin. Le 1988 est un champagne cristallin qui a de l'allure, avec un arôme racé de pinot très vigoureux, qui fleure les prunes et les framboises.

• 1976 LOUIS ROEDERER ROSÉ   90, MARS 2002] 90
(70 % PN, 30 % CH)

Un champagne très charpenté et fumé avec une finale un peu séchée. Du fruit beaucoup plus sucré il y a quelques années. Aujourd'hui rempli d'arômes sombres et lourds qui se marient bien avec la viande.

• 1971 LOUIS ROEDERER ROSÉ   92, OCTOBRE 2001] 92
(70 % PN, 30 % CH)

Ce vin pourra probablement faire encore mieux que la seule fois où j'en ai trouvé une bouteille. Malgré une mousse fine et une robe jeune et pâle, un léger arôme de moisissure de la cave a pu pénétrer le bouchon. La note était faible et acceptable et le vin était par ailleurs brillant, à la manière habituelle et aristocratique de Roederer.

• 1966 LOUIS ROEDERER ROSÉ   94, JUILLET 1995] 94
(70 % PN, 30 % CH)

Ce vin constitue une excellente preuve que le champagne rosé supporte bien le vieillissement. Seule la couleur dévoile son origine. Le bouquet est divin, avec un spectre large d'arômes sucrés typiques du millésime. Le goût est très dense et élégant avec des notes de noisette, de caramel et de miel.

• 1961 LOUIS ROEDERER ROSÉ   97, JUILLET 1999] 97
(70 % PN, 30 % CH)

Dégusté avec les photographes Mattias et Monika Klum, une soirée d'été merveilleusement claire dans l'archipel de Stockholm. Roederer ne déçoit jamais. Ce précurseur du Cristal Rosé se trouve actuellement au sommet de sa longue vie. La robe est cristalline et pâle avec un ton saumoné. La finesse est très palpable malgré la fougue puissante du millésime et sa force incandescente. Le goût est sec initialement avec une persistance interminable et sucrée qui s'étend sur toute la langue. Un vin qu'on souhaite pouvoir offrir à tous ses amis. Je suis convaincu que mes amis les photographes sauront se souvenir de ce champagne magique la prochaine fois qu'ils mangeront leurs haricots en conserve dans la forêt tropicale de Bornéo.

• 1959 LOUIS ROEDERER ROSÉ   95, OCTOBRE 2000] 95
(75 % PN, 25 % CH)

Un magnum où le bouchon était coincé a révélé une bien belle couleur rose pâle. Curieusement la mousse avait quasiment disparu. L'impression d'ensemble était tout de même juvénile, florale et séduisante. Beaucoup de choses rappelaient le Cristal Rosé. Glace à la vanille avec confiture de fraises et chantilly. Le vin aurait certainement obtenu une meilleure note si la mousse avait été intacte. Lors d'une dégustation ultérieure, le vin avait une mousse parfaite avec une expression magnifique et fumée, ainsi qu'une typicité du millésime.

• 1953 LOUIS ROEDERER ROSÉ   94, AVRIL 2003] 94
(70 % PN, 30 % CH)

Couleur très pâle. Apparence vitale, et un goût homogène et irrésistible. Le nez est crémeux avec des notes de framboise et de fraise. La finale est puissante et influencée par son grand âge d'une manière tout à fait satisfaisante.

• 1952 LOUIS ROEDERER ROSÉ   96, JUILLET 1996] 96
(70 % PN, 30 % CH)

Un champagne inouï avec un fruit immense, racé et élégant. La vitalité est incroyable, ainsi que la longueur en bouche, et son goût fabuleux de beurre et de framboises sauvages.

• 1996 CRISTAL   93, JANVIER 2004] 97
(55 % PN, 45 % CH)

Il est bien entendu beaucoup trop tôt pour boire ce vin dès maintenant. Je tremble à l'idée du nombre de « rapts » de ce Cristal qui seront commis dans les boîtes de nuit et restaurants mondains dans le monde des riches. J'ai eu presque honte lorsque j'ai débouché ce vin dans un but purement professionnel. Tout le registre y est déjà, mais tellement timide, et pour l'instant subordonné à l'acidité élevée. Achetez tout ce que vous pouvez et oubliez-le au fin fond de la cave. Certaines bouteilles sont pourtant déjà délicieusement miellées. La décantation est recommandée au moins jusqu'en 2004.

• 1995 CRISTAL   94, MAI 2003] 97
(55 % PN, 45 % CH)

Bien plus timide et discret que le rosé fougueux du même millésime. Tout d'abord juvénile et floral avec un nez délicat qui se transforme pour exprimer la maturité des raisins et une complexité beurrée. Finesse équilibriste et racée sur la langue avec des arômes cristallins et un développement vivant ainsi qu'une transformation du goût dans la bouche. Un Cristal classique d'une composition extrêmement féminine. Beaux arômes de réglisse, vanille, pommes et caramel au beurre. Longueur en bouche exceptionnelle.

• 1994 CRISTAL   89, JUIN 2002] 93
(55 % PN, 45 % CH)

Un millésime pas très fort, et certainement une déception pour beaucoup en considération du nom, de l'étiquette et du prix. À ce jour, le vin est toujours très discret et non développé. Tout est léger, mais superbement élégant et le vin possède en fait le cachet d'origine. Comme un squelette en comparaison avec le Cristal 1982, par exemple. Extrêmement prometteur.

• 1993 CRISTAL   90, JANVIER 2002] 93
(55 % PN, 45 % CH)

Franc et dur, mais tout de même avec des notes Cristal indubitables. Le fruit est riche avec des notes de caramel et de Granny Smith. Le goût et la mousse sont toujours luxueusement clairs et bien définis.

• 1990 CRISTAL   95, JANVIER 2003] 97
(58 % PN, 42 % CH)
Un Cristal classique qui est souvent plus ouvert et beaucoup plus
gras que le 1989. La plupart du temps c'est pourtant un vin avec
un mordant acidulé mais non développé. Ici vous trouverez le
même spectre aromatique merveilleux avec la note de caramel
typique de Roederer et son fruit nuancé et riche. Une grande
variation en bouteilles probablement, due au fait que la fermentation
malolactique a été partiellement évitée. Une pure merveille.

• 1989 CRISTAL   97, MARS 2003] 98
(50 % PN, 50 % CH)
Nombreux sont les dégustateurs qui sont déçus par ce vin qui est
resté jeune et acidulé très longtemps. Le nez est sans doute discret,
mais sous la surface se cache une finesse ainsi qu'une concentration
rarement perçues. Caramel, pommes Granny Smith et noisettes
sont les arômes qui fleurissent si le vin est décanté. Ressemble au
1990. Le vin est fantastique avec ses multiples facettes, et
excellent au début des années 2000.

• 1988 CRISTAL   96, NOVEMBRE 2003] 97
(50 % PN, 50 % CH)
Le Cristal de Roederer fait partie de l'élite parmi les cuvées prestiges.
Il combine le style lourd chargé de noix de Bollinger et Krug
inspiré par le pinot, avec le fruité exotique délectable et le goût
de caramel au beurre du Taittinger Comtes de Champagne.
La seule critique que j'émets est que les millésimes peuvent être
assez irréguliers et que le dosage a tendance à être un peu trop
élevé à mon goût. Le 1988 est jeune et classique avec un fruit
riche et une note de noix naissante ainsi qu'une grande
profondeur. Ce vin a également su se développer d'une manière
extraordinaire et est maintenant un succès au niveau mondial.

• 1986 CRISTAL   87, DÉCEMBRE 2001] 87
(50 % PN, 50 % CH)
À vrai dire, c'est un Cristal assez médiocre. Il a atteint
sa pleine maturité à l'âge de 8 ans et ne se gardera plus que
deux ans environ. Beurré, sucré et gouleyant, mais sans fraîcheur
et concentration.

• 1985 CRISTAL   93, JANVIER 2003] 95
(60 % PN, 40 % CH)
Ce vin se trouve actuellement dans une phase dormante, où le nez
est un peu moins exubérant que dans sa jeunesse. Le 1979 a traversé
la même phase de repos à un âge correspondant pour plus tard
s'épanouir dans toute sa splendeur. Par ailleurs, le Cristal 1985 est
aussi bon qu'il en a l'air. Un champagne aristocratique avec une
longueur en bouche magnifique d'arômes de caramel au beurre.

• 1983 CRISTAL   92, NOVEMBRE 2002] 92
(60 % PN, 40 % CH)
J'ai longtemps été impressionné par ce champagne qui cependant
s'est retrouvé sur la pente assez tôt. Les bouteilles qui ont été
gardées dans des caves privées sont souvent assez fatiguées avec
une robe sombre. De même, des bouteilles provenant de chez
Roederer ont vu passer leurs meilleurs jours, bien que la couleur
soit pâle et la mousse d'une beauté irréprochable. La persistance
a une amertume séchée et le fruit a diminué en intensité. Le vin
est actuellement dominé par une note de champignons crus,
de sous-bois, de noisettes et de feu d'automne, qui n'est pas mal
non plus. Le vin n'est pourtant plus un Cristal classique.

• 1982 CRISTAL   94, JUILLET 2003] 94
(55 % PN, 45 % CH)
L'un des meilleurs vins du millésime. Nez odorant luxueux et une
richesse crémeuse. Un dosage un peu élevé, mais quelle beauté,
avec sa profusion de vanille, amandes, miel, chocolat blanc et

arômes d'agrumes. À boire sans attendre. Ma dernière bouteille
chez Georges Blanc était un peu fatiguée.

• 1981 CRISTAL   94, DÉCEMBRE 2001] 94
(60 % PN, 40 % CH)
Le Cristal a peu de maîtres dans ce millésime. Classique
comme peu, avec du chardonnay pur et beurré et un pinot
merveilleusement mature et chocolaté. Bouquet chargé de noix.

• 1979 CRISTAL   96, NOVEMBRE 2001] 96
(60 % PN, 40 % CH)
Le vin est resté longtemps jeune et non développé. À l'âge de
22 ans tout s'est finalement mis en place. Le bouquet est
formidable avec son élégance et son intensité de pêche.
Actuellement, on trouve aussi des notes délicieuses de carapace
de homard grillé et de truffe noire. Le goût est superbe avec un
fruité extrêmement riche et exotique. Le summum de l'élégance.

• 1978 CRISTAL   93, MAI 2001] 93
(60 % PN, 40 % CH)
Peut-être légèrement plus mince que d'habitude, mais avec tout
le répertoire d'arômes au complet. Dans le nez exquis il y a des
nuances de lis, d'abricots et de chocolat aux noisettes.

• 1977 CRISTAL   93, JANVIER 1999] 93
(60 % PN, 40 % CH)
Le meilleur vin du millésime. Charmant et stimulant avec une
bouche élégante, bien qu'un peu courte.

• 1976 CRISTAL   96, MAI 2001] 96
(60 % PN, 40 % CH)
L'un des Cristal les plus parfaits qu'il m'ait jamais été donné
de déguster. Il accumule tout ce que la maison représente dans
une boisson divinement concentrée et beurrée. Le fruit est
extrêmement riche, la fraîcheur est épatante. Le vin est
merveilleux et facile à comprendre.

• 1975 CRISTAL   94, MAI 2001] 94
(60 % PN, 40 % CH)
Le 1975 est impressionnant et grand, mais il est un peu grossier
et exagérément fumé dans son caractère pour être véritablement
un grand Cristal. Dégusté à l'aveugle, j'aurais dit que c'était un
1976 avec son goût mature et corsé, mais manquant un peu
d'acidité. Les raisins pinot sont très apparents.

• 1974 CRISTAL   91, JANVIER 1999] 91
(60 % PN, 40 % CH)
Il semble que Roederer ne peut pas s'empêcher de faire de grands
vins, même les années les plus médiocres. Crémeux, tendance
noix et très délicat.

• 1973 CRISTAL   90, MARS 2003] 90
(60 % PN, 40 % CH)
À cause d'une surproduction au début des années 1970,
le 1973 est un peu déconcerté. La structure est molle et la saveur
étonnamment légère est dominée par un arôme d'amande.

• 1971 CRISTAL   97, OCTOBRE 2000] 97
(60 % PN, 40 % CH)
Habituellement les 1971 sont très élégants, mais un peu maigres.
Ici l'élégance est totale, mais le corps est bien structuré et
la richesse de notes délicieuses de caramel aux noisettes et
de vanille est exubérante. Un vin fantastique, de ceux qu'on peut
boire de plus voluptueux.

• 1970 CRISTAL   92, OCTOBRE 1999] 92
(60 % PN, 40 % CH)
Un Cristal rapidement développé, avec une typicité d'arômes.
Cependant un peu plus fumé que d'habitude avec un certain
manque de finesse. Malgré tout, l'un des meilleurs champagnes
du millésime.

• 1969 CRISTAL   96, OCTOBRE 2002] 96
(60 % PN, 40 % CH)
En réalité un peu plus développé que le 1966, mais par ailleurs
il y ressemble beaucoup. La couleur, la mousse et le parfum
explosif sont parfaits. Le goût est très riche et fruité avec une
finale grasse et luxueuse.

• 1967 CRISTAL   93, AOÛT 1999] 93
(60 % PN, 40 % CH)
Incroyablement délectable avec tous les arômes classiques du
Cristal, seule la persistance est trop courte et plate pour atteindre
un niveau normal. Sûrement le meilleur vin du millésime.

• 1966 CRISTAL   97, OCTOBRE 2000] 97
(60 % PN, 40 % CH)
Il est peu probable qu'un vin puisse être plus savoureux que
celui-ci. Le fruit est d'une massivité épatante et le style sans faute.
Un champagne classique qui a tout en excès. Un peu plus léger
et élégant que le gigantesque 1959.

• 1964 CRISTAL   98, JUIN 1999] 98
(60 % PN, 40 % CH)
Il y a quelque chose de magique qui plane sur le Cristal.
Tous les millésimes des années 1960 sont merveilleux, et vraiment
dans le style. Je me demande si le 1964 n'est pas le meilleur
de tous. Ici se retrouve tout ce qu'il y a d'habituel : la note de
caramel sucrée, la tendance crémeuse et le fruité équilibré sans
pareille. La séduction est cette fois-ci portée par une profondeur
pinot rappelant le La Tâche, qui est inégalée.

• 1962 CRISTAL   97, MARS 2004] 97
(60 % PN, 40 % CH)
Imaginez que mon année de naissance ait pu donner des vins aussi
merveilleux. Un magnum avec un panaché d'arômes des plus
exquis, une structure et un charme intellectuels, fait partie du
monde de la perfection. Autant de fruit sucré, de notes de menthe
et une sensation soyeuse dans la bouche. Grandiose !

• 1959 CRISTAL   98, OCTOBRE 2000] 98
(60 % PN, 40 % CH)
Majestueux et irrésistible. Comme d'habitude, le Cristal exerce
son charme sur le connaisseur comme sur le novice, avec
sa douceur délicieuse et exotique et son goût crémeux de caramel
au beurre. Ce vin ne contient rien de nouveaux ou d'inattendu,
mais offre tout simplement tout ce qui est bon et que l'on trouve
d'habitude dans ces vins, et même au-delà. Appelez-moi si vous
trouvez un vin plus délectable !

• 1955 CRISTAL   99, MARS 2002] 99
(55 % PN, 45 % CH)
Au cours d'une soirée sans égal au restaurant « Pontus in the
Green House », nous avons réussi à déguster trois champagnes
quasi parfaits mais de styles différents, l'un après l'autre.
Un Salon 1961 joliment floral mais serré et acidulé fut le premier,
suivi d'un Bollinger 1914 qui ressemblait à un Latour, et qui a
effacé le souvenir de la bouteille Salon. Le dernier au programme
fut ce charmeur parfait. La cuvée parfaite saturée de caramel,
tout simplement.

• 1953 CRISTAL   94, DÉCEMBRE 2001] 94
(60 % PN, 40 % CH)
Un vin monumental qui a été encore meilleur. Si Roederer
a quelques bouteilles qui restent au fond de sa cave, elles sont
probablement aussi près de la perfection que possible.
Les deux exemplaires que j'ai dégustés avaient une note très légère
de madère et ont pourtant atteint les 94 points !

• 1949 CRISTAL   98, OCTOBRE 2000] 98
(60 % PN, 40 % CH)
Un pur délice ! Voilà un de mes champagnes et millésimes favoris.
Bien entendu, le résultat est brillant si, comme moi, vous trouvez
une bouteille bien conservée. Quelle finesse extraordinaire !

• 1995 CRISTAL ROSÉ   94, JUIN 2003] 97
(70 % PN, 30 % CH)
Un champagne étonnamment beau avec des qualités brillantes.
Le vin rayonne véritablement d'une élégance aristocratique et
d'un charme séduisant. La couleur se rapproche du champagne
blanc et le bouquet a la même complexité inégalée que les
millésimes précédents de cette création magnifique.

• 1990 CRISTAL ROSÉ   94, MAI 2003] 97
(70 % PN, 30 % CH)
Un Cristal Rosé 1990 ne peut être que merveilleux.
Voilà un champagne très jeune et jusqu'à ce jour discret avec
un équilibre et une finesse incomparables. Le 1989 est à préférer
pendant quelques années, mais avec le temps, le 1990 le dépassera
peut-être.

• 1989 CRISTAL ROSÉ   95, DÉCEMBRE 2003] 97
(70 % PN, 30 % CH)
Un brin moins élégant que le 1988, mais avec un fruit pétillant
de couleurs qui vous laisse pantois, et avec ça une souplesse
généreuse. Bien évidemment, un des meilleurs champagnes
du millésime.

• 1988 CRISTAL ROSÉ   97, NOVEMBRE 2003] 98
(70 % PN, 30 % CH)
C'est probablement le meilleur rosé que j'ai testé. J'ai trouvé une
finesse et une élégance cristallines qui m'emplissent de bonheur.
Ce rosé rappelle beaucoup le 1989 blanc avec son équilibre parfait,
ses acidités pétillantes et sa pureté aromatique irrésistible. Un
cadeau merveilleux de la part du danseur étoile Brendan Collins
du Ballet Royal. Le meilleur champagne de fête de tous les temps,
selon le jury de la dégustation du millénaire (voir page 66).

• 1985 CRISTAL ROSÉ   94, JUIN 1999] 96
(70 % PN, 30 % CH)
Quel vin ! Le prix fait certainement sourire mais l'élégance est
incomparable, et après quelques années dans la cave, les notes de
caramel et de miel s'épanouiront complètement. Indubitablement
l'un des meilleurs champagnes rosé.

• 1983 CRISTAL ROSÉ   90, JANVIER 1997] 94
(70 % PN, 30 % CH)
Une création jeune et pâle avec un goût Cristal classique. Je note
cependant que le rosé dans ce millésime est plus sec et acidulé que
la variante blanche. La longueur en bouche est superbe et remplie
de plein d'arômes de Granny Smith.

• 1982 CRISTAL ROSÉ   97, JANVIER 2003] 97
(70 % PN, 30 % CH)
Grandiose comme toujours ! Charpenté et riche avec une note de
caramel évidente au nez et en bouche. Un feu d'artifice pétillant
d'arômes de fruits délicieux se mélange avec des notes élégantes de
minéral. Excellent !

• 1981 CRISTAL ROSÉ   95, MARS 2002] 95
(70 % PN, 30 % CH)
Le Cristal Rosé fait partie des perles dans le monde du champagne.
Le 1981 est très pâle et se comporte plus comme un champagne
blanc que comme un rosé. Seule une note légère de fraise le
différencie de son homologue blanc. Bouquet merveilleux de miel,
de noisettes et de chocolat au lait. Équilibre fantastique et huilé
avec une persistance au goût de Toblerone blanc.

- 1976 CRISTAL ROSÉ   97, DÉCEMBRE 2002] 97
(60 % PN, 40 % CH)
Aussi brillant qu'on pourrait l'espérer. À peine une note rouge,
mais plutôt de l'orange légèrement vieillie. Bouquet cristallin et
super élégant de miel et de fruits secs acidulés. Essences grasses,
magnifiques, sucrées et concentrées avec une belle fraîcheur sous-
jacente. Encore une référence dans le monde des champagnes.

- 1990 CRISTAL « 2000 »   94, JANVIER 2001] 97
(49 % PN, 51 % CH)
Le fameux et très cher mathusalem produit uniquement en 2 000
exemplaires pour le passage à l'an 2000. Je suis très reconnaissant
à mon ami anonyme qui a pensé que je devais déguster ce chef-
d'œuvre avec lui et quelques amis proches. Il n'y a pas de doute
possible, ce vin s'élève bien au-dessus du Cristal ordinaire de
1990. Le vin est curieusement plus développé et accessible, malgré
la taille de la bouteille. Je pense que c'est dû au fait que les raisins
qui ont été utilisés pour ces bouteilles gigantesques étaient d'une
plus grande maturité et douceur et provenaient de vieux ceps. Le
bouquet est très fumé avec une influence apparente d'Ay, en tout
cas pour le moment. Le goût est comme une essence de chardonnay
on ne peut plus souple. Un vin extraordinaire de grande envergure
qu'il a été donné à peu de gens de connaître, et encore moins de
boire à sa complète maturité dans 10 à 20 ans environ.

ROEDERER, THÉOPHILE N-M
20, rue Andrieux
51100 Reims
03 26 40 19 00
Production : 150 000
La maison fut fondée à Reims le 22 mars 1864 par Léon Bousigues
et Théophile Roederer. Elle fut ensuite achetée par le frère aîné,
Louis Roederer en 1907. La maison ne possède pas de vignobles
propres mais achète tout son raisin dans différentes coopératives
de la région. Les vins sont produits et vieillis séparément de ceux
produits par Louis Roederer, mais les vinificateurs sont les mêmes,
alors ne vous étonnez pas si vous trouvez certaines ressemblances
avec le géant renommé du boulevard Lundy.

- THÉOPHILE ROEDERER BRUT   60
(46 % PN, 20 % PM, 34 % CH)
- 1997 THÉOPHILE ROEDERER   68, SEPTEMBRE 2003] 69
(66 % PN, 34 % CH)

ROUALT-CROCHET R-M
51530 Dizy
La maison n'existe plus et je n'ai réussi à trouver aucun particulier à
Dizy qui aurait pu m'aider à retrouver quelque information.

- 1966 ROUALT-CROCHET   84, OCTOBRE 2003] 84
(70 % PN, 15 % PM, 15 % CH)
Un vin qui a donné lieu à de grandes discussions au cours d'une
dégustation à Göteborg. Du ketchup sucré, des cornichons et du
jus de citron simple et concentré furent des associations claires
lorsque quelqu'un nous a ouvert les yeux. Du côtes-du-rhône
blanc, de la violette, de la pâte à biscuits épicés sont des notes que
j'ai trouvées initialement. Extrêmement vif, bizarre et particulier.
Je ne sais que penser. Un vin amusant dans tous les cas.

- 1956 ROUALT-CROCHET   83, AVRIL 2003] 83
(70 % PN, 15 % PM, 15 % CH)
Ce vin remarquable d'un viticulteur de Dizy s'est métamorphosé
dans le verre. Après une heure, l'harmonie et la complexité
du caramel se sont installées. Au début, cette boisson très
mousseuse avait un goût et un parfum de canapé poussiéreux !

ROUSSEAUX, GILLES R-M
15, place Chanzy
51360 Verzenay
03 26 49 40 78
Production : 40 000
Bien meilleur que Jacques Rousseaux, qui est un peu plus connu,
du même village.

- G. ROUSSEAUX GRANDE RÉSERVE   76
(90 % PN, 10 % CH)

ROUSSEAUX, JACQUES R-M
17, rue Mailly
51360 Verzenay
03 26 49 81 81
Production : 35 000
Les vins du viticulteur ne sont pas aussi bons que ceux produits par
le voisin Gilles à partir de ses raisins pinot noir.

- J. ROUSSEAUX RÉSERVE   55
(70 % PN, 30 % CH)
- J. ROUSSEAUX ROSÉ   59
(90 % PN, 10 % CH)

RUFFIN, YVES R-M
51160 Avenay
Un des viticulteurs d'Avenay ayant une certaine renommée.

- YVES RUFFIN BRUT   65

RUINART **** N-M
4, rue des Crayères
51100 Reims
03 26 77 51 51
Production : 2 000 000
Dom Thierry Ruinart, un curé de Reims qui était un bon ami
de Dom Pérignon, a pourvu son neveu Nicolas Ruinart de
suffisamment de connaissances pour qu'il puisse créer la première
maison de champagne en 1729. Il en découle logiquement que
Ruinart fait partie du groupe Moët-Hennessy. La maison est vite
devenue prospère sur des marchés d'exportation disparates et
connue grâce aux visites de ses caves de craie profondes et
exceptionnellement belles, qui sont aujourd'hui classées
monuments historiques. Au plus profond de ces caves, plusieurs
des meilleurs sommeliers suédois ont participé au concours
prestigieux Trophée Ruinart. Le président de la maison, Roland
de Calonne, dispose de 15 hectares à Sillery et à Brimont, ce qui
couvre uniquement 20 % des besoins en raisins. Les autres 80 %
sont achetés dans 200 villages. Les vins Ruinart ont souvent un
caractère grillé prononcé, en combinaison avec une belle pureté
et une bonne richesse de minéral. La cuvée prestige Dom Ruinart
est de première classe, dans un style vraiment très élégant. Le 1979
est le deuxième blanc de blancs sur le plan mondial selon le jury de
la dégustation du millénaire (voir page 66). Le Dom Ruinart Rosé
peut aussi être tout à fait brillant avec son caractère pinot marqué
qui est présent malgré les 80 % de chardonnay. Les champagnes
grillés, qui ressemblent à Charles Heidsieck et Dom Pérignon,
sont aujourd'hui vinifiés par Jean Philippe Moulin.

- « R » DE RUINART   74
(48 % PN, 5 % PM, 47 % CH)
- RUINART BLANC DE BLANCS   81
(100 % CH)
Le vin est très jeune, mais en même temps vinifié dans un style
personnel assez sucré, souple, exotique et arrondi. Le parfum

a des notes jeunes qui rappellent le riesling et le sauvignon blanc, et le goût est apparenté à l'acacia, l'ananas et la banane. Un vin amusant fait à partir de raisins premier cru. Malheureusement, il y a une tendance légère mais dérangeante de notes de filtrage qu'apparemment je suis le seul à sentir.

- RUINART ROSÉ   51
(40 % PN, 10 % PM, 50 % CH)

- 1996 RUINART   89, JANVIER 2004] 93
(51 % PN, 49 % CH)
Un style Ruinart beau et typique apparaît avec clarté. Déjà grillé et imposant avec une bonne longueur et une acidité remarquable. Probablement le millésime le plus imposant fait par Ruinart ! Ah, qu'est-ce qu'il y a comme 1996 merveilleux à acheter actuellement !

- 1995 RUINART   87, NOVEMBRE 2003] 88
(58 % PN, 42 % CH)
Un champagne prometteur, bien acccordé et acidulé avec une fumée sous-jacente et une bonne longueur. Le vin aura probablement besoin de quelques années de garde supplémentaires avant que la souplesse et les notes grillées apparaissent. Le dosage semble plus apparent que d'habitude.

- 1992 RUINART   83, MARS 1999] 85
(58 % PN, 42 % CH)
Goût riche de pain, avec le cachet de la maison et une finale un peu verte. Une note de caramel dans le registre intermédiaire indique un dosage plus élevé que d'habitude. Champagne bien fait et charmeur.

- 1990 RUINART   87, DÉCEMBRE 2000] 90
(59 % PN, 41 % CH)
Comme tant de fois dans le passé, on trouve une fine note grillée dans le bouquet, mais ici soutenue par un arôme apparent et profond de pinot. Le goût est assez corsé avec une note de fond rappelant Moët & Chandon. La fiabilité du millésime se confirme encore une fois.

- 1988 RUINART   84, OCTOBRE 2003] 84
(50 % PN, 50 % CH)
Ressemble au 1988 de Moët avec sa crème aux champignons développée et son style d'agrumes. Nez violent inspiré par le pinot meunier, mais le goût n'est pas aussi bon, il est terreux et manque de clarté.

- 1985 RUINART   73, AVRIL 1993] 84
(50 % PN, 50 % CH)
Franc et dur de fond en comble, éventuellement de bonnes possibilités de développement.

- 1982 RUINART   74, AVRIL 1993] 83
(50 % PN, 50 % CH)
Encore un champagne franc, dur avec des arômes de pommes. A probablement été complètement transformé.

- 1981 RUINART   82, NOVEMBRE 1995] 82
(50 % PN, 50 % CH)
Un 1981 passablement corsé qui offre une assez grande richesse de saveurs. Des notes de base de pain et de chocolat.

- 1966 RUINART   80, OCTOBRE 2002] 80
(70 % PN, 30 % CH)
Belle couleur et bonne mousse. Le vin a échappé à une oxydation exagérée, mais semble plat et mince pour un 1966. Est-ce que Ruinart a fait de grands millésimés qui tiennent ? Je continue à chercher.

- 1959 RUINART   65, AVRIL 2000] 65
(70 % PN, 30 % CH)

- 1955 RUINART
(70 % PN, 30 % CH)

- 1947 RUINART   87, MARS 1997] 87
(70 % PN, 30 % CH)
Vif et clair avec un parfum léger de goudron et de crème brûlée. Initialement beaucoup de fruit, vite remplacé par des arômes plus sombres de bois, de goudron et de cigare. Finale sèche.

- 1945 RUINART   90, AVRIL 2000] 90
(70 % PN, 30 % CH)
Enfin un Ruinart qui a vieilli en beauté. Mousse légère. Parfum de massepain, jacinthe et caramel. Belle acidité, vif en bouche. Beau fruit qui fait penser à la mandarine et à l'abricot. Finale sucrée et caramélisée.

- 1961 RUINART ROSÉ   78, JANVIER 2000] 78
(80 % PN, 20 % CH)

- 1955 RUINART ROSÉ   70, FÉVRIER 1999] 70
(100 % PN)

- L'EXCLUSIVE RUINART   87, JANVIER 1999] 94
(100 % CH)
Ici je renonce pour une fois au principe de ne pas donner des points potentiels à des champagnes non millésimés. Je le fais d'une part parce que ce champagne existera uniquement en une version, d'autre part parce que le vin a besoin apparemment de vieillissement. L'aspect et la présentation de ce magnum du millénaire sont pour le moins spectaculaires. Ceux qui ont bu ce champ hypercher au cours de la nuit du nouvel an magique furent probablement déçus par son goût jeune et non développé. Le concept de base est que plusieurs millésimes de Dom Ruinart sont assemblés en une cuvée spéciale. Les vins qui en font partie sont : 10 % de 1985, 10 % de 1986, 15 % de 1988, 40 % de 1990 et 25 % de 1993. Testé parallèlement avec les Dom Ruinart 1988 et 1990, il semblait fermé et non libéré. Cependant, l'élégance et la pureté ne trompent pas.

- 1993 DOM RUINART   90, OCTOBRE 2003] 92
(100 % CH)
Champagne clair, pur comme une source, mince et crayeux avec des nuances intéressantes qui procurent un plaisir agréable et bien français. C'est la version la plus légère que j'ai testée de ce champagne prestigieux. Il gagne bien entendu en complexité et en concentration avec le vieillissement, ce qui est unique pour un bon champagne. 65 % des raisins proviennent de la côte des Blancs, et 35 % de la montagne de Reims.

- 1990 DOM RUINART   92, MARS 2003] 94
(100 % CH)
C'est toujours difficile de se prononcer fermement sur les possibilités de développement d'un champagne si jeune. À ce jour, il ne possède aucun des arômes grillés séduisants du 1988, mais il y a en contrepartie une pureté exemplaire et une fraîcheur mordante en plus du goût sucré de fruit exotique. Un bouquet merveilleux de caramel aux noisettes se développe lorsque le vin a respiré un peu.

- 1988 DOM RUINART   95, MARS 2004] 96
(100 % CH)
Déjà étonnamment développé et généreux avec une richesse tropicale massive de mangue et d'orange. Il a également une belle attaque et une longue persistance sophistiquée et multi-facettes à suivre dans les années 2000. Un Dom Ruinart superbe ! Beaucoup de notes grillées bien entendu, dans le même style que Dom Pérignon, mais comme un blanc de blancs. C'est surprenant de constater que certaines bouteilles sont peu développées.

- 1986 DOM RUINART   84, SEPTEMBRE 1998] 89
(100 % CH)
Une note légère de cassis est soutenue par des marrons grillés et une note très discrète de miel d'acacia. Le goût est toujours très

jeune et agressif, mais l'attaque est prometteuse. Un 1986 avec un grand potentiel de garde, qui ne doit pas être consommé avant 2005.

• 1985 DOM RUINART   80, NOVEMBRE 1992] 86
(100 % CH)
Nous avons ici la note remarquable de cassis très apparente dans le nez. Plusieurs dégustateurs professionnels ont pris ce vin pour un sauvignon blanc lors d'une grande dégustation SAS en 1992. J'ai pourtant reconnu le style de Dom Ruinart grâce aux bouteilles dégustées auparavant. Bien que le caractère de cassis soit un peu trop dominant, c'est un vin délicieux qui nous réserve peut-être des surprises dans l'avenir.

• 1983 DOM RUINART   90, JANVIER 1994] 92
(100 % CH)
Une belle couleur vert-jaune et une mousse rapide et persistante. Un bouquet grand, fumé, avec des notes très grillées, qui est magnifique mais un brin surdimensionné. Le fruit mûr qui évoque le cassis se remarque seulement dans la persistance très souple.

• 1982 DOM RUINART   94, DÉCEMBRE 2002] 94
(100 % CH)
C'est incroyable comment ce vin, autrefois si grossier et mal équilibré, a pu devenir si beau et classique. Huileux et sublime avec une maturité typique du millésime, et une fraîcheur équilibriste. Rappelle aujourd'hui le merveilleux 1979.

• 1981 DOM RUINART   92, NOVEMBRE 1999] 93
(100 % CH)
Vraiment délicieux, discrètement grillé et joliment floral comme la cuvée Baccarat du même millésime. La mousse est exemplaire et la couleur est brillante et d'un vert étincelant. Le vin est plus léger que d'habitude, ce qui laisse la place à une élégance plus importante que dans d'autres millésimes. Le fruit est dominé par des groseilles blanches et des framboises.

• 1979 DOM RUINART   97, FÉVRIER 2004] 97
(100 % CH)
Ce millésime magnifique déçoit rarement. Le 1979 de Ruinart a beaucoup de personnalité avec sa note de base classiquement grillée. Le bouquet est exceptionnellement floral avec un spectre très délicat des plus belles nuances de la nature. Le fruit est composé d'arômes qui évoquent des tomates fraîches et des groseilles. L'acidité est magnifique et la longueur grandiose. Le meilleur Dom Ruinart que j'ai testé, et le deuxième blanc de blancs selon le jury de la dégustation du millénaire (voir page 66).

• 1978 DOM RUINART   92, SEPTEMBRE 2001] 92
(100 % CH)
Un grand vin écrasant avec un parfum singulier d'oranges trop mûres et de levure. Rondeur massive dans la bouche de fruit mûr, peu d'acidité.

• 1976 DOM RUINART   90, DÉCEMBRE 1996] 90
(100 % CH)
Couleur vert intense, le nez un peu avare mais un fruité exotique concentré avec une belle persistance souple.

• 1975 DOM RUINART   70, AOÛT 1989] 70
(100 % CH)

• 1973 DOM RUINART   94, AVRIL 2001] 94
(100 % CH)
Aspect frais et un bouquet complexe où des amandes, de la brioche et des épices dominent. Goût moyennement corsé et frais avec un parfait équilibre et un agrume généreux. Persistance veloutée et dans l'ensemble un champagne très facile à boire, pour tous les goûts.

• 1971 DOM RUINART   95, SEPTEMBRE 2003] 95
(100 % CH)
En voilà du vrai ! Bouquet audacieux de pain grillé et de citrons trop mûrs. Saveur corsée et intense avec les mêmes arômes. Élégant, délicieux, floral et séduisant avec des notes d'acacia dans certaines bouteilles.

• 1969 DOM RUINART   93, MAI 2000] 93
(100 % CH)
Des nuances d'ocre dans une couleur de base vert citron. Extrêmement vif et juvénile. Parfum froid et décadent de mer, coquilles d'huîtres et caoutchouc. Sur la langue l'impression est plus classique et d'un goût de citron vert. Corsé, gras et long.

• 1966 DOM RUINART   95, JANVIER 2004] 95
(100 % CH)
Une essence visqueuse avec une bonne mousse et des arômes merveilleusement sucrés. Vanille, mélasse, réglisse et caramel au beurre sont faciles à détecter. Un vrai vin de foie gras de canard pour ceux qui aiment le chardonnay, lorsqu'il est mature. Dom Ruinart est presque toujours un gagnant.

• 1964 DOM RUINART   96, FÉVRIER 2001] 96
(100 % CH)
Presque visqueux dans son style gras et concentré. Rappelle assez le 1976 Des Princes avec son charme large, fleurant la menthe et le caramel au beurre. Agrumes sucrés, vanille et des notes de pâtisserie caressent la langue. Un champagne voluptueux de luxe en très bonne condition.

• 1961 DOM RUINART   93, JANVIER 2003] 93
(100 % CH)
Toujours très frais, avec des acidités belles et vigoureuses. Le nez parle de cuir, de vanille et de draps propres. La bouche est un peu courte, mais très rafraîchissante et d'une fraîcheur d'agrumes sophistiquée.

• 1955 RUINART BARON PHILIPPE DE ROTHSCHILD
(50 % PN, 50 % CH)   90, JANVIER 1999] 90
Le vieux baron voulait toujours boire son propre champagne avant de déguster ses grands vins de Bordeaux. Les maisons de champagne ont compris que c'était un grand honneur de pouvoir produire son champagne. Jusqu'aux années 1980, c'est Henriot qui le faisait, et dans les années 1950 la mission incombait à Ruinart. Bouquet chocolaté, belle couleur, bonne mousse, bouche sèche et exquise initialement, et une finale vieillie moyennement corsée.

• 1949 RUINART BARON PHILIPPE DE ROTHSCHILD
(50 % PN, 50 % CH)

• 1945 RUINART BARON PHILIPPE DE ROTHSCHILD
(50 % PN, 50 % CH)

• 1943 RUINART BARON PHILIPPE DE ROTHSCHILD
(50 % PN, 50 % CH)

• 1990 DOM RUINART ROSÉ   94, AOÛT 2003] 95
(15 % PN, 85 % CH)
Ils ont encore réussi ! Au moins aussi bien que le 1988 qui était le meilleur champagne rosé que Ruinart avait jamais fait lorsqu'il a été lancé. Bouquet fantastique inspiré de bourgogne. Blanc ou rouge ? se demande-t-on. Mais oui, les deux. Ici vous trouvez l'arôme merveilleusement érotique de décomposition et de truffe que l'on retrouve dans les vins rouges de Vosne-Romanée, en même temps que des arômes beurrés et de café torréfié qui font penser à un Puligny-Montrachet boisé.

• 1988 DOM RUINART ROSÉ   94, JANVIER 2004] 94
(15 % PN, 85 % CH)
Un vin sensationnel et exceptionnel ! Probablement aussi le meilleur Dom Ruinart Rosé qui s'est fait jusqu'à maintenant.

Le champagne a un parfum délicieux et rappelle le Dom Pérignon Rosé. Une belle couleur pâle orangée, étincelant et mature. Spectre olfactif délicieusement souple de fruits saturés mûris au soleil et des notes de café, dans le meilleur style bourgogne. Souple, harmonieux, caressant et agité en bouche. Style grande maison de champagne sophistiquée. Le vin rouge vient de Verzy et de Verzenay. Complètement mature, il est temps de le boire.

• 1986 DOM RUINART ROSÉ   91, NOVEMBRE 2002] 91
(20 % PN, 80 % CH)
La robe a des reflets orange. Le parfum est agréable avec des notes matures et un caractère indéfinissable de baies. Il est donc étonnant que le goût pendant longtemps ait été aussi jeune et dominé par le minéral et des acidités serrées. Aujourd'hui c'est un vin complètement mature avec un grand bouquet de bourgogne rouge sensuel.

• 1985 DOM RUINART ROSÉ   80, NOVEMBRE 1993] 84
(10 % PN, 90 % CH)
Belle couleur saumonée, mousse agressive, style vineux avec des notes de tabac et de cuir. Goût prononcé de chocolat amer et de tabac, mais un peu trop court pour être totalement satisfaisant.

• 1982 DOM RUINART ROSÉ   75, MAI 1998] 78
(20 % PN, 80 % CH)

• 1981 DOM RUINART ROSÉ   86, NOVEMBRE 1998] 89
(20 % PN, 80 % CH)
Toujours un certain potentiel de développement. Pur, délicat, note de pain avec une touche de cachet de bourgogne. Un peu plus léger que d'habitude.

• 1979 DOM RUINART ROSÉ   89, AVRIL 2001] 89
(20 % PN, 80 % CH)
Profonde couleur orangée. Parfum prononcé de bouillon, de fraise et de pain. Goût corsé et riche. Un 1979 non typique qui rappelle beaucoup le 1976 sans sa richesse imposante de fruit.

• 1978 DOM RUINART ROSÉ   93, SEPTEMBRE 1999] 93
(20 % PN, 80 % CH)
Un 1978 exceptionnel qui est le rosé favori de Pål Allan. Le parfum a des notes grillées de grande classe et la bouche est longue, fraîche et très exotique.

• 1976 DOM RUINART ROSÉ   93, NOVEMBRE 2000] 93
(20 % PN, 80 % CH)
Splendide! Le parfum est celui d'un bourgogne mature, de grande classe. Le bouquet prononcé est suivi par une saveur sucrée de sorbet à la framboise, ronde et souple. Mature.

• 1971 DOM RUINART ROSÉ   90, OCTOBRE 2000] 90
(20 % PN, 80 % CH)
Couleur profonde orangée, mousse lente et légère. Bouquet intense de cognac, Cointreau, cuir et marmelade. Richesse concentrée en bouche, un goût aérien de confiture de cerises. Se boit à la place du dessert. Les notes oxydées sont devenues trop persistantes après un quart d'heure dans le verre.

• 1973 DOM RUINART ANNIVERSARY CUVÉE
(100 % CH)   94, FÉVRIER 1999] 94
Uniquement 5000 bouteilles ont été produites de cet exemplaire blanc de blancs. Il est très probable que c'est exactement le même vin que le Dom Ruinart 1973, mais les bouteilles que j'ai dégustées de la Cuvée Anniversary ont été extrêmement constantes dans leur style. Les arômes grillés sont adoucis en faveur d'un parfum merveilleux de caramel au beurre anglais et de citron. Extrêmement élégant.

RUTAT, RENÉ   R-M
27, avenue du Général-de-Gaulle
51190 Vertus
03 26 52 23 03
Production : 50 000
Le domaine de 6 hectares fut fondé en 1965 par René Rutat, et la gestion est aujourd'hui assurée par Michel Rutat.

• RUTAT BLANC DE BLANCS   70
(100 % CH)

• 1990 RUTAT   78, FÉVRIER 1999] 82
(100 % CH)
Grand parfum ouvert de safran et de fruits rouges. Saveur corsée, relativement carrée avec un goût gras un peu rustique.

SACOTTE N-M
13, rue de la Verrière-Magenta
51200 Épernay
03 26 55 31 90
Fondée en 1887 par Léon Sacotte, beau-père de Gaston Burtin qui a dirigé la société avant de créer sa propre maison de champagne, Marne & Champagne, qui connaît beaucoup de succès. Sacotte produit un champagne bon marché très populaire au Royaume-Uni. Vranken possède aujourd'hui la maison.

• SACOTTE CARTE RUBIS BRUT   39
(30 % PN, 40 % PM, 30 % CH)

• SACOTTE BLANC DE BLANCS   49
(100 % CH)

• 1976 SACOTTE   92, MAI 1999] 92
(100 % CH)
À cette époque, je ne connaissais pas du tout ce viticulteur d'Avize jusqu'à ce que Claude, le chef inimitable du restaurant «Le Mesnil», débouche une bouteille de ce merveilleux 1976 aromatiquement doux. Caractéristique du millésime comme peu de vins. Les arômes de caramel dur, de crème brûlée, de fumée, de fruit confit explosent ouvertement dans le verre comme en bouche. Finale de caramel dur délicieuse et pure.

SACY, LOUIS DE N-M
6, rue de Verzenay
51380 Verzy
03 26 97 91 13
Production : 240 000
Lorsqu'on arrive dans le joli village de Verzy, l'impression générale est gâchée par un colosse en béton revêtu du nom S.A.C.Y. en lettres majuscules. Le contraste entre l'ancien Faux de Verzy et ce complexe moderne est pour le moins frappant. Sacy est une maison de champagne à la croissance rapide qui possède vingt hectares dans cinq villages très bien classés. Seule, une petite proportion de chardonnay est achetée afin de satisfaire les besoins en raisins. La maison Sacy a reçu ses quartiers de noblesse au XVIIᵉ siècle mais elle a obtenu tard le statut de maison, en 1968. Sa politique commerciale actuelle se concentre sur des investissements continus ce qui ne se reflète pas encore dans la qualité.

• LOUIS DE SACY TRADITION   52
(70 % PN, 10 % PM, 20 % CH)

• LOUIS DE SACY GRAND CRU   78
(70 % PN, 10 % PM, 20 % CH)

• LOUIS DE SACY ROSÉ   67
(90 % PN, 10 % PM)

• 1989 LOUIS DE SACY   65, SEPTEMBRE 2003] 65
(30 % PN, 30 % PM, 40 % CH)

- 1983 LOUIS DE SACY   70, MAI 1994] >
(30 % PN, 30 % PM, 40 % CH)
- 1996 GRAND SOIR   83, MARS 2004] 84
(50 % PN, 10 % PM, 40 % CH)

Le vin fermente dans de vieux fûts, ce qui lui confère un caractère fortement oxydé. Très fruité et bien acide. Je ne sais cependant pas si ce vin va bien se conserver. Les vins de la maison ont tendance à s'oxyder rapidement.

SAINT CHAMANT R-M

31, rue des Bergers
51530 Chouilly
03 26 55 40 67

Je n'ai pas réussi à dénicher de jeunes vins de ce viticulteur que je n'ai jamais réussi à contacter durant mon travail pour ce livre.

- 1961 SAINT CHAMANT   80, JUILLET 2001] 80
(100 % CH)

Un vin des plus charpentés, exigeant que plusieurs personnes partagent la bouteille et qu'elle soit accompagnée par une bonne portion de foie gras. Plus tôt dans ma carrière, j'ai été très charmé par ce genre de champagne. Aujourd'hui, j'ai un peu plus de mal avec la bouche purement anglaise. Les beaux jours de ce champagne sont tout simplement derrière lui puisqu'il s'est presque transformé en un vin de dessert et qu'il a développé un caractère ample et unifié de caramel dur évoquant la liqueur d'orange. La mousse disparaît en quelques secondes. L'apparence du vin est caractéristique d'un goût de cerise ou d'une madérisation.

SALMON, MICHEL R-M

21, rue Capit-Chesnais
51170 Chaumuzy
03 26 61 81 38
Production : 60 000

Le fameux château de la Loire Moulin Touchais possède de très nombreuses bouteilles du champagne de Michel Salmon dans sa cave. J'espère qu'ils ne l'ont pas confondu avec Billecart-Salmon !

- MICHEL SALMON BRUT SÉLECTION   55
(100 % PM)
- MICHEL SALMON PRESTIGE   58

SALON ***** N-M

5, rue de la Brèche-d'Oger
51190 Le Mesnil-sur-Oger
03 26 57 51 65
Production : 50 000

Le champagne de Salon est le plus recherché par les connaisseurs. Ce vin magnifique est si rare que seules quelques personnes ont eu la chance de déguster la quintessence du Mesnil. Un perfectionniste du nom d'Aimé Salon est né en 1867. Il a grandi en Champagne et rêvé très tôt de créer le champagne parfait. Après peu de temps passé dans l'enseignement, il s'est lancé dans le commerce de la fourrure avec succès, ce qui lui a procuré le capital nécessaire à l'achat de deux petits vignobles d'en tout 1 hectare au Mesnil. Il a élaboré son premier champagne en 1911 et fondé sa maison de champagne en 1914. Dès 1920, Salon était devenu le vin attitré du restaurant « Maxim » à Paris. En plus d'être un vin monocru, Salon est le premier blanc de blancs commercialisé. Il est remarquable de noter que la réputation de la maison se soit maintenue au fil des années alors que les grands noms en Champagne considèrent la philosophie de la maison comme une hérésie. En principe, Salon n'est qu'un champagne de viticulteur, dans la mesure où seule une variété de raisins d'un même village est utilisée. Le fait que Salon reste le meilleur indique que MM. Selosse, Peters, Diebolt et Charlemagne sont sur la bonne voie. Du reste, lorsque Krug, maître du mélange, a élaboré un champagne monocru du Mesnil, il est devenu plus difficile pour les grandes maisons de chanter les louanges des mélanges de façon aussi dogmatique. Après le décès d'Aimé en 1943, la maison est restée dans la famille jusqu'en 1963, date à laquelle Besserat de Bellefon a repris les rênes. Salon a été acheté en 1989 par Laurent-Perrier. La maison est aujourd'hui dirigée par Didier Depond, homme très charmant et sympathique, qui travaillait auparavant pour Laurent-Perrier. Les fûts de chêne ont été récemment mis au rebus ce qui influence très peu la bouche où le chardonnay du Mesnil prend les arômes les plus torréfiés et le plus de noix qu'on puisse imaginer sans même avoir vu un fût de chêne. Les deux parcelles de Salon au village sont toujours les deux premières à perdre leurs feuilles, ce qui prouve que le microclimat est exceptionnel. L'âge moyen des ceps est d'environ 50 ans et 75 % des raisins sont choisis chaque année chez les meilleurs vignerons du village. Salon a peut-être besoin d'une plus longue conservation que tout autre champagne. Les vins ne subissent pas la fermentation malolactique. Jeunes, ils possèdent une acidité acérée. C'est justement cette acidité qui porte le vin à travers le temps pour lui faire atteindre des sommets insoupçonnés. Un Salon mature libère un spectre aromatique très ample et possède une vinosité à la bourgogne. L'astringence préserve la vie du vin. Puisque Salon manque totalement de dosage, le vin ne devient jamais un charmeur exotique comme le Comtes de Champagne de Taittinger mais, en matière de classe et de pureté, il n'a pas été surpassé. Salon ne produit que des années exceptionnelles. Les autres années, les raisins sont inclus dans le Delamotte. Depuis 1921, les millésimes suivants ont été produits : 1921, 25, 28, 34, 37, 43, 45, 46, 47, 48, 49, 51, 52, 53, 55, 59, 61, 64, 66, 69, 71, 73, 76, 79, 82, 83, 85, 88, 90 et 95. Salon est sans hésitation un producteur cinq étoiles.

- 1995 SALON   92, NOVEMBRE 2003] 95
(100 % CH)

Déguster ces vins sans dosage et récemment dégorgés avant leur commercialisation revient à déguster du tonneau. Il est possible que je change d'avis sur ce vin puisqu'il va très probablement se métamorphoser avec le temps. À l'âge de six ans et demi, c'est une expérience fraîche et pure comme un cours d'eau de montagne avec une acidité malique aiguisée et un caractère minéral presque pierreux et sec comme du mauvais tabac. Il faut beaucoup d'années pour que la complexité se construise. Une fois que le dosage est ajouté au mélange, le vin devient rapidement facilement accessible. À la fin de 2003, le champagne est crémeux, élégant et très charmant dans un style moderne. Il faudra attendre longtemps avant que ce vin perde ses rondeurs d'enfance et qu'il développe sa complexité de noix et ses senteurs automnales.

- 1990 SALON   94, DÉCEMBRE 2003] 97
(100 % CH)

À l'âge de cinq ans, déguster le 1990 revenait à déguster du tonneau ! Cristallin aux notes de pomme avec des arômes de chablis ainsi qu'un fruité jeune et grandiose. Il est aujourd'hui beaucoup plus développé tout en étant dans une phase un peu ennuyeuse dans laquelle les arômes de foin séché et de malt dominent la finesse et le fruité.

- **1988 SALON**   94, NOVEMBRE 2003] 96
(100 % CH)

C'est sans hésitation le champagne le moins développé du millésime.
Nez de noix et de chocolat. La bouche est jusqu'à présent implacable
et ferme. Ce sera un grand vin dans six à dix ans. Étrangement,
le vin semble plus mature et plus accessible en magnum.

- **1985 SALON**   94, JANVIER 2003] 97
(100 % CH)

Certains, y compris les personnes de Salon, affirment que le 1985
est moins développé que le 1988. J'affirme le contraire et
je m'interroge sur le bien-fondé de la décision de Salon qui a
commercialisé le millésime 1988 avant le 1985. La phase dans
laquelle se trouvait le vin lors de sa commercialisation n'était pas
enthousiasmante, mais il possédait déjà une partie de notes
matures sous forme de réglisse et de fumée délicate. Au début de
la dernière année du siècle, ce vin a commencé à laisser apparaître
toute sa splendeur. C'est pourtant un vin que j'avais totalement
mal évalué lors de la dégustation du millénaire (voir page 66).

- **1983 SALON**   93, DÉCEMBRE 2003] 93
(100 % CH)

Au début, le 1983 était un peu plus léger en arômes que le 1982.
Nez épicé et floral à la profondeur douce miellée. Bouche
crémeuse aux notes d'agrume et à la longueur en bouche puissante
de noix et de beurre fondu. Je commence à m'inquiéter quant à
l'évolution de ce vin alors que certaines bouteilles sont déjà oxydées.
Grande variation d'une bouteille à l'autre. C'est un vin qu'on ne
peut pour ainsi dire plus recommander.

- **1982 SALON**   96, AOÛT 2003] 96
(100 % CH)

Il a fallu quelques années pour que le 1982 se trouve. À treize ans,
il est superbement harmonieux mais un peu inégal d'une bouteille
à l'autre. Un Salon classique à l'acidité brillante et à la longueur en
bouche exceptionnellement sèche de lanoline et de beurre.

- **1979 SALON**   96, JUIN 2003] 96
(100 % CH)

Incroyablement dur et fermé durant des années avant de laisser
apparaître à l'âge de quatorze ans un nez classique et profond
parfumé à la noix. Bouche encore retenue et sèche libérant l'acidité
malique. Longueur en bouche exemplaire, riche en minéraux.

- **1976 SALON**   96, MARS 2004] 96
(100 % CH)

Un bouquet du Mesnil magnifique et torréfié aux notes de noix
de coco, de café et de feuilles d'automne. Richesse unique presque
charnue. Il n'est certainement pas à compter parmi les champagnes
les plus élégants de la maison mais c'est l'un des meilleurs
du millésime.

- **1973 SALON**   88, FÉVRIER 1994] >
(100 % CH)

Robe, mousse et niveau parfaits. Il est cependant quelque peu
trop mature, penchant vers la madérisation. Fruité riche et arôme
de noix. C'est pourtant une déception.

- **1971 SALON**   93, DÉCEMBRE 2002] 93
(100 % CH)

Grande variation d'une bouteille à l'autre. Certaines bouteilles
contiennent des notes de pommes rappelant le cidre et sont sur
le déclin. D'autres sont très rafraîchissantes mais un peu fines.
La dernière bouteille dégustée était charnue et beurrée.

- **1969 SALON**   97, JUIN 2003] 97
(100 % CH)

Le photographe de mon premier livre sur le champagne, Pelle
Bergentz, a accepté de travailler sur mon projet de livre après

avoir goûté ce vin angélique. Robe pâle, claire et brillante.
Toutes les fleurs du jardin apparaissent dans un bouquet presque
narcotique et séduisant. Les notes torréfiées se libèrent déjà mais
elles sont adoucies. La bouche est fraîche et vivifiante. C'est un
chef-d'œuvre d'équilibre d'une grande école.

- **1966 SALON**   96, JUIN 2001] 97
(100 % CH)

Récemment dégorgé. Plus pâle que le 1983 et follement beau
avec sa robe intensément brillante et vert chatoyant. Jeune, très
sophistiqué, note de pierre à feu, légèrement torréfié et sentant
le magnolia. Salon étonnamment léger et volatile à la bouche
frêle, délicate et raffinée qui, malgré sa construction aussi légère
qu'un papillon, est pure tout en persistant sans limite au palais.

- **1964 SALON**   97, DÉCEMBRE 2000] 97
(100 % CH)

Pas aussi sensuel que le Comtes de Champagne de 1964 mais
aussi bon, dans un style plus retenu et plus jeune. Robe pâle de
citron vert. Très petites bulles durables. Nez retenu exigeant d'être
aéré afin de laisser s'épanouir la profondeur naturelle de tous
les arômes caractéristiques de Salon. Féeriquement équilibré,
à l'attaque et à l'acidité intenses. En bref, un Salon !

- **1961 SALON**   98, MARS 2002] 98
(100 % CH)

Un magnum dégusté au Royaume-Uni, des plus pâles et fermés.
Ce magnum était l'un des vins les moins mémorables d'un repas
incluant divers grands vins du monde entier. À la fin du repas,
notre hôte est allé dans la cuisine et il est revenu avec le magnum
à moitié plein. Il était meilleur à ce moment-là ! Il avait fallu trois
heures à ce quadragénaire pour ouvrir son nez raffiné, composé
des notes les plus sensuelles possibles. Un millésime des plus
élégants et relativement léger pour un Salon.

- **1959 SALON**   97, JUIN 1999] 98
(100 % CH)

Pâle comme un champagne des années quatre-vingt.
Nez initialement très fermé qui exige un quart d'heure dans
le verre avant de libérer une profondeur importante de feuilles
d'automne, de noix, de chocolat, de fumée et de jasmin.
La bouche s'est adoucie avec le temps, mais elle était incroyablement
concentrée et ferme. La puissance ne se retrouve que dans les
Vieilles Vignes Françaises de Bollinger. Ce n'est pas le millésime
le plus charmant de Salon mais c'est probablement le meilleur
que j'aie dégusté. La profondeur suggestive mêlée à la jeunesse
déconcertante du vin fait du Salon de 1959 l'une de mes plus
grandes expériences œnologiques. Bon potentiel de maturation !

- **1955 SALON**   98, JUIN 1999] 98
(100 % CH)

Il se situe quelque part entre le 1953 et le 1947 en terme de style.
Merveilleusement classique, torréfié, aux arômes de noix et
fortement marqué par la forêt. Bouche acide, majestueusement
persistante aux notes de noix et de citron.

- **1953 SALON**   98, OCTOBRE 1995] 98
(100 % CH)

C'est un vin féerique et incroyable, unissant d'une façon
imbattable la vigueur juvénile à la maturité majestueuse. Le nez
rafraîchissant met en valeur des arômes évoquant un bois de
champignons en automne. La vinosité et la richesse minérale
donnent à la bouche un équilibre parfait.

- **1951 SALON**   93, JANVIER 1999] 93
(100 % CH)

Une année très particulière que j'ai seulement trouvée au restaurant
« Le Vigneron ». La fraîcheur porte presque à rire. La robe est

de nouveau celle d'un champagne des années quatre-vingt. Nez floral aux légères notes de noix. Bouche sensationnelle avec son acidité et sa jeunesse. Il ne possède naturellement pas de richesse supplémentaire comme les millésimes classiques.

• 1949 SALON   97, NOVEMBRE 1999] 97
(100 % CH)

La robe évoque celle d'un sauternes moyennement âgé. Nez caramélisé féerique, très caractéristique du millésime. Champagne divinement caressant. Le fruité riche et exotique cache de prime abord une incroyable acidité. Le puissant arôme de ceps se maintient durant toute la dégustation.

• 1948 SALON   93, DÉCEMBRE 1999] 93
(100 % CH)

Un vin de plus de cinquante ans, particulièrement impressionnant par sa jeunesse et son caractère rafraîchissant. Je ne pense pourtant pas que le vin possède suffisamment d'extraits et de fruité pour être considéré comme un très grand. Le caractère de terroir se libère. L'acidité est à fleur de peau, mais le vin a besoin d'être conservé deux ans après le dégorgement. En outre, je pense qu'un soupçon de sucre ne ferait pas de mal à ce vin très acéré.

• 1947 SALON   98, MAI 1997] 98
(100 % CH)

Une légende qui coûte une fortune et qui, en fait, vaut vraiment son prix. Nez sans égal aux notes de foin, de caramel, de noix, de cognac et de beurre brûlé. La note de crème brûlée est la plus marquante de toutes. La bouche est incroyablement pesante et riche, à la longueur fumée qui va en s'amplifiant.

• 1946 SALON   92, OCTOBRE 1998] 92
(100 % CH)

Robe assez pâle. Mousse à peine visible. Nez ressemblant au marc de champagne avec des notes grossières de foin, de prune et de raisin. Personnel et intéressant mais pas enthousiasmant. Bouche de très grande classe grâce à son acidité anesthésiante et à son parfum caractéristique de Salon. Le vin était pratiquement inchangé le matin qui suivit la dégustation, ce qui en dit long sur l'espérance de vie des vins de Salon.

SAVÈS, CAMILLE **** R-M
4, rue de Condé
51150 Bouzy
03 26 57 00 33
Production : 60 000

C'est vraiment l'un des grands à Bouzy. Les Savès, père et fils, font partie des viticulteurs les plus passionnés en Champagne. La garde en cave est d'au moins cinq ans et le rendement de la vendange est très bas. La fermentation malolactique est évitée. Les vins de réserve sont conservés dans de petits fûts de chêne et, selon Savès, seule la cuvée est suffisamment bonne. En outre, les vignes sont âgées en moyenne de 25 ans.

• C. SAVÈS BRUT   77
(75 % PN, 25 % CH)
• C. SAVÈS CUVÉE DE RÉSERVE   79
(40 % PN, 60 % CH)
• C. SAVÈS ROSÉ   76
(75 % PN, 25 % CH)
• 1996 C. SAVÈS   88, NOVEMBRE 2003] 91
(75 % PN, 25 % CH)

Savès présente ici une bombe fruitée, réellement douce et pleine de rondeurs, avec un charme surabondant. Il sera difficile d'identifier ce millésime au cours d'une dégustation à l'aveugle en raison du caractère moelleux et du rôle secondaire de l'acidité.

Savès a vraisemblablement attendu un peu plus longtemps que ses voisins avant de vendanger et a produit un vin très riche et mature possédant un fruité savoureux.

• 1995 C. SAVÈS   85, JANVIER 2002] 88
(75 % PN, 25 % CH)

Beau champagne pur dans lequel la fraîcheur et l'élégance sont à l'honneur. Si l'on considère l'origine du vin, cela peut sembler remarquable. Savès s'est pourtant fait connaître comme le porte-drapeau de l'élégance à Bouzy.

• 1994 C. SAVÈS   80, DÉCEMBRE 1998] 82
(75 % PN, 25 % CH)

Fruité exotique, très vivant, moelleux et rafraîchissant. À peine caractéristique de Bouzy avec sa bouche rafraîchissante de fruit de la passion.

• 1988 C. SAVÈS   89, SEPTEMBRE 1997] 92
(75 % PN, 25 % CH)

Robe étonnamment claire. Petites bulles de pinot noir. Nez expansif de noisette et de cacao avec une vague de massepain, de fruit sombre et épais. L'acidité malique éveille vraiment la bouche, riche, et aboutit sur une finale classique.

• 1959 C. SAVÈS   94, AVRIL 1995] 94
(80 % PN, 20 % CH)

Il très intéressant de déguster le même jour deux 1959 de Bouzy. Le Paul Bara était une demi-bouteille dégorgée normalement alors que le Savès était une bouteille normale récemment dégorgée. La différence était frappante. Même si la mousse et la fraîcheur étaient meilleures chez Savès, j'ai préféré l'incroyable nectar concentré de Paul Bara. Les deux vins avaient la même teneur en alcool de 13 % et la même robe profonde or jaune. Le Savès de 1959 avait un nez de bois, de champignons frais, de légumes cuits et de viande fumée. Bouche très importante au fruité ample et doux de prune. Longueur profonde de morceaux de goudron. Le vin rappelle beaucoup un vieux bourgogne rouge.

SCHMITTE, BERNARD *** R-M
12, ruelle des Jutées
51190 Le Mesnil-sur-Oger
03 26 57 54 14

Malheureusement, le bon Bernard Schmitte ne vend plus de champagnes millésimés. Il a en effet pris sa retraite et il n'a toujours pas fait savoir si une personne prendra sa suite ou si les grandes maisons pourront bénéficier d'une partie de ses raisins. Si vous trouvez son champagne non millésimé de premier ordre du Mesnil, il contient des vins de 1996 ou plus anciens.

• B. SCHMITTE BLANC DE BLANCS   81
(100 % CH)

Un vin riche et séduisant au nez lourd de miel et de caramel. Bouche pleine de fruit exotique et d'arômes d'amande. Le champagne possède une concentration qui s'explique par l'âge des ceps dont proviennent les raisins.

SECONDÉ PRÉVOTEAU R-M
3, rue Henri-III
51150 Ambonnay
03 26 57 82 85

Cette maison m'a vraiment frustré au fil des ans. Pendant longtemps, j'ai cherché à visiter la propriété mais les propriétaires avaient changé, tout comme l'adresse. Les champagnes que j'ai pu trouver étaient très bons. La famille d'André Secondé a toujours vendu des raisins à Louis Roederer. Le champagne rosé du tsar russe était coloré par le vin rouge immobile des grandes pentes de

Secondé à Ambonnay. Le rouge d'Ambonnay de la maison est l'un des meilleurs de la région. La maison possède douze hectares à Ambonnay, Bouzy et Louvois mais, pour le moment, ils sont en jachère. Vins principaux : Blanc de Blancs, Fleuron de France.

- PRINCESSES DE FRANCE   70
  (88 % PN, 12 % CH)
- PRINCESSES DE FRANCE ROSÉ   76
  (88 % PN, 12 % CH)

SECONDÉ, FRANÇOIS *** R-M
6, rue des Galipes
51500 Sillery
03 26 49 16 67
Production : 30 000

François Secondé est le roi sans couronne de Sillery. À partir de ses quatre hectares, il produit des vins de premier ordre possédant un magnifique caractère de village.

- FRANÇOIS SECONDÉ BRUT   73
  (80 % PN, 20 % CH)
- FRANÇOIS SECONDÉ INTÉGRAL   79
  (80 % PN, 20 % CH)
- FRANÇOIS SECONDÉ DEMI-SEC   50
  (80 % PN, 20 % CH)
- FRANÇOIS SECONDÉ ROSÉ   81
  (80 % PN, 20 % CH)
  Quelle belle surprise! Personnel et classique à la fois. Nez profond, suggestif, aux notes de truffe, de cuir, de mûre et de caramel. Bouche moelleuse, crémeuse et élégante dans laquelle la fraise en finale satisfait les sens.
- 1997 FRANÇOIS SECONDÉ BLANC DE BLANCS   83, AOÛT 2003] 86
  (100 % CH)
  Quel champagne savoureux, dense et magnifiquement personnel ! Bouche difficile à décrire : ensoleillée, au fruit jaune mature que j'ai parfois trouvé chez Dom Ruinart, qui utilise tout comme Secondé les même raisins chardonnay de Sillery. Opulent et presque charnu, à la finale lourde, sérieuse et vineuse tout en étant moelleuse. Un vin qui doit être dégusté par les amateurs désireux de découvrir toutes les facettes de la région.
- 1995 FRANÇOIS SECONDÉ BLANC DE BLANCS 83, NOVEMBRE 2000] 87
  (100 % CH)
  Nez écrasant, torréfié, penchant vers le fumé. Lourd et charnu avec une richesse et une concentration remarquables. Impression claire et belle de raisin et de terre.
- 1992 FRANÇOIS SECONDÉ BLANC DE BLANCS   80, MARS 1996] 83
  (100 % CH)
  Un vin fascinant où le caractère de village étoffe le champagne et lui donne des arômes de cuir. Les raisins apportent un fruité exotique au vin.

SECONDÉ, JEAN-PIERRE R-M
14, rue Carnot
51500 Mailly
03 26 49 44 57
Production : 60 000

Le viticulteur possède des vignes à Mailly, Sillery et Verzenay. Les ceps ont en moyenne trente ans et le dosage est conservé en fûts de chêne ! Les cinq cuvées sont fortement influencées par le pinot noir.

- JEAN-PIERRE SECONDÉ BRUT   78
  (80 % PN, 20 % CH)

SELOSSE, JACQUES ***** R-M
22, rue Ernest-Vallé
51190 Avize
03 26 57 53 56
Production : 40 000

J'ai déjà mentionné à plusieurs reprises dans ce livre le nom d'Anselme Selosse. C'est, d'une part, mon viticulteur préféré et, d'autre part, le vinificateur le plus particulier en Champagne. Le charismatique Anselme a été influencé par ses études au Lycée Viticole de Beaune, qu'il a fréquenté avec plusieurs vinificateurs connus de Bourgogne. Anselme était fermement décidé à élaborer un grand champagne avec les méthodes du bourgogne. Son père, Jacques, possédait déjà quelques-uns des meilleurs emplacements dans la côte des Blancs, plantés de vieux ceps. Anselme avait à sa disposition de très bonnes matières premières. Il possède actuellement quatre hectares à Avize, un hectare à Oger, un autre à Cramant et enfin, un à Ay. Ce dernier est très proche de la côte aux Enfants de Bollinger à partir de laquelle Anselme a élaboré un blanc de noirs vinifié en fût de chêne. Chacune des 35 strates de chardonnay de Selosse est vinifiée individuellement dans de petits fûts de bourgogne achetés au Domaine Leflaive à Puligny-Montrachet. Anselme, perfectionniste, fait pratiquement tout lui-même. Les vieux ceps, âgés en moyenne de quarante ans, sont fortement taillés afin de minimiser la vendange. Les raisins sont vendangés plus tardivement que les autres et sont toujours cueillis un par un. Après le pressurage, le jus est mis dans des barriques de 225 litres (10 % de nouveaux fûts) dans lesquelles il reste un an. Une fois par semaine, Anselme remue les sédiments afin d'enrichir encore plus le vin. Ce processus est appelé « bâtonnage ». Selosse évite catégoriquement la fermentation malolactique, ce qui donne aux vins un mordant imcomparable. Les vins sont ensuite conservés jusqu'à huit ans en bouteille après le dégorgement afin de les rendre accessibles. Le dosage est toujours très faible et le sucre des fruits est uniquement utilisé afin de conserver l'équilibre naturel du vin. Les vins de Selosse ont donné aux champagnes une dimension supplémentaire avec leur style de chardonnay vineux unique. Après avoir été nommé en 1994 meilleur vinificateur toutes catégories en France par le Gault-Millau, Anselme Selosse est rapidement devenu le viticulteur numéro un en Champagne. Malgré leur renommée, ses vins rares ne coûtent rien en comparaison avec le Petrus, le Romanée-Conti ou le Krug Clos du Mesnil.

- J. SELOSSE EXTRA BRUT   89
  (100 % CH)
  C'est mon champagne attitré à la maison ! Dégorgé après cinq ans passés en cave, il n'est pas dosé et exige un an en bouteille pour adoucir l'acidité malique acérée. De nombreuses notes de pêche, de mangue et de notes de fûts aux noix. Personne ne sait comment va évoluer ce vin mais une période de conservation de dix à quinze ans après le dégorgement devrait être assez raisonnable. Un champagne non millésimé unique.
- J. SELOSSE TRADITION   85
  (100 % CH)
  Le plus jeune champagne de Selosse a besoin de quelques mois après le dégorgement afin de développer les arômes de Selosse si difficiles à décrire. C'est indéniablement un grand champagne qui libérera avec le temps une note de noix de Para au nez et en bouche.
- J. SELOSSE VERSION INITIALE   83
  (100 % CH)
  Même vin que le Tradition sous une nouvelle appellation. Frais comme un vent soufflant sur une mer glacée. Puissant, avec des notes de chêne et des arômes de poire, de pomme et d'épices orientales.

• J. SELOSSE BRUT ORIGINALE   87
(100 % CH)
Même vin que l'Extra Brut sous une nouvelle appellation.
Un peu trop jeune jusqu'à maintenant, avec une puissance
naturelle considérable et une acidité fantastique. Pour beaucoup,
il possède trop de notes de chêne.

• J. SELOSSE VIEUX RÉSERVE   83
(100 % CH)
Vieux vins de réserve de millésimes relativement ratés selon
Anselme. Style mature, oxydé et moelleux au spectre en bouche
ample allant du fruit exotique aux fromages bien faits.

• J. SELOSSE SUBSTANCE   93
(100 % CH)
Un nouveau nom pour le vin Solera de Selosse. Tout d'abord,
Origine puis Substance, pourquoi ne pas l'appeler Solera ?
Une certaine différence existe naturellement puisque le vin a
changé un peu chaque année en fonction du millésime le plus
jeune et le plus récemment ajouté au mélange. Jusqu'à
maintenant, le vin possède plus de notes de chêne et il est plus
jeune, mais sa base acide est très pure et belle. Il serait judicieux de
procéder à une dégustation de tous les mélanges Solera élaborés
par Anselme depuis que le 1987 a été versé dans la cuve en acier
dans laquelle tous les vins sont mélangés.

• J. SELOSSE ROSÉ   84
(10 % PN, 90 % CH)
Puissant et immanquablement plein, à la Selosse. Le champagne
possède une acidité très élevée et une persistance remarquable.
Le nez penche vers la fraise et les épices.

• J. SELOSSE ORIGINE   93
(100 % CH)
Une trouvaille fascinante du génie d'Avize. Un vin composé
entièrement selon le principe du Solera dans lequel le vin le plus
âgé est de 1987. L'acidité rafraîchissante s'unit ici avec le caractère
oxydé à la manière de Krug. Beau nez de noix de coco et
de meringue apparaissant le plus lors de la décantation.

• 1995 J. SELOSSE   89, OCTOBRE 2003] 93
(100 % CH)
Anselme a été bien aimable de me laisser déguster le vin
presque deux ans avant sa commercialisation, ce qui est peut-être
injuste pour le vin. Puisque le champagne était récemment
dégorgé et sans dosage, il a paru aussi fermé qu'une moule
pendant longtemps avant de faire apparaître son empreinte :
l'arôme immanquable et indescriptible de Selosse. Sinon,
le vin est paradoxalement assez moelleux et moins charpenté
que les précédents. L'avenir dévoilera son âme véritable.

• 1993 J. SELOSSE   89, MARS 2002] 93
(100 % CH)
Selosse a bien sûr produit une petite quantité de bouteilles pour
le 1993. L'un des meilleurs champagnes du millésime récompense
les soins apportés par le fantastique Anselme à toutes les étapes
de la vinification. Style retenu et jeune sans la note trop marquée
de fût de chêne. Belle note minérale. Bouquet d'une propreté
presque clinique. Le vin est acide et possède de nombreuses
facettes.

• 1992 J. SELOSSE   90, OCTOBRE 2003] 92
(100 % CH)
De prime abord, il est exagérément lourd et possède une note
excessive de chêne. Il faut s'armer de patience et laisser respirer
le vin dans le verre afin de faire briller un spectre beurré à la
Cramant. Moelleux et somptueusement riche. Anselme a encore
réussi !

• 1990 J. SELOSSE   95, FÉVRIER 2004] 96
(100 % CH)
Une taille en dessous de la cuvée « N », mais c'est cependant un
Selosse classique et fantastique. Variation en bouteille importante
en matière de maturité. Attendez quelques années afin que les
notes de noix et le fruité charnu et épais apparaissent sérieusement.

• 1989 J. SELOSSE   94, MARS 2003] 95
(100 % CH)
C'est un très grand vin, actuellement un brin fermé, mais que
sa richesse supplémentaire et son acidité vont maintenir en vie
pendant longtemps au XXIᵉ siècle.

• 1988 J. SELOSSE   96, NOVEMBRE 2003] 96
(100 % CH)
Acidité plus élevée que le 1989 au style moins développé. Style
pur, riche en minéraux et dernièrement fantastique avec un nez
personnel, légèrement narcotique que le 1986 possédait voici
quelques années. Le nez est plus beau mais moins concentré que
celui du « N ».

• 1986 J. SELOSSE   97, AVRIL 2003] 97
(100 % CH)
Le vin qui a valu à Anselme le titre de « Viticulteur de l'année
en France en 1994 ». Un vin énorme à la superbe personnalité.
Nez d'une infinie complexité, avec des notes d'huile de sésame,
d'épices orientales et un ton fruité acide particulier. Bouche
monumentale dans sa richesse tropicale et renforcée par son
attaque, la plus rafraîchissante jamais vue dans un champagne.
Selosse a réussi à produire un vin avec 35 % d'acidité supplémentaire
que le 1985 (11 grammes !). Ai-je besoin de préciser que la
longueur est follement persistante ?

• 1985 J. SELOSSE   89, MAI 1995] 91
(100 % CH)
Selosse est l'un des rares producteurs qui a élaboré un meilleur
champagne en 1986 qu'en 1985, ce qui implique que le 1985
a été négligé. Nez beurré et épicé à la richesse remarquable et
aux notes de noix de Selosse. Bouche quelque peu carrée et
pleine avec une longueur persistante.

• 1983 J. SELOSSE   86, OCTOBRE 1992] 87
(100 % CH)
Nez possédant beaucoup de notes de « pommes d'Avize » et de
poires mûres. Bouche pleine, grasse aux notes de tonneau, à la
finale grossière où la banane et la cannelle laissent leur empreinte.
Ce n'est pas un grand Selosse.

• 1982 J. SELOSSE   94, MARS 1993] 95
(100 % CH)
L'un des plus grands 1982. Blanc de blancs très riche rappelant le
Comtes de Champagne de la même année. Nez comme un feu
d'artifice de fruits, avec le beurre et la vanille comme extraits
supplémentaires. Le même fruité exotique rencontre le palais.
Longueur en bouche surpassée que par un Krug de cette année-là.

• 1981 J. SELOSSE   87, DÉCEMBRE 1995] 87
(100 % CH)
Style développé, aux parfums évidents de noisette et de vanille.
Probablement encore meilleur que la plupart des 1981.

• 1979 J. SELOSSE   94, MAI 1994] 95
(100 % CH)
Il est à la base un peu plus léger que le 1982 mais, au nez, il possède des notes de maturité plus profondes. Des notes de brioche
et de foie de canard se libèrent également avec le fruité crémeux.
Longueur en bouche de noisette persistante et délicate.

• 1976 J. SELOSSE   70, MAI 1992] >
(100 % CH)

• 1975 J. SELOSSE   93, AVRIL 1995] 93
(100 % CH)

C'est la dernière année du bon Jacques comme vinificateur. Je n'ai jamais dégusté auparavant autant de notes de truffe dans un vin. Bouche riche d'autolyse évoquant le Jacquesson D.T. de 1975.

• 1995 J. SELOSSE CONTRASTE   93, SEPTEMBRE 2002] 95
(100 % PN)

Pinot d'Ay pur, élaboré selon la recette exquise de Selosse. Si vous pouvez imaginer un mélange du Selosse « N » et du Vieilles Vignes de Bollinger, alors vous êtes proche de la réalité aromatique et structurelle de ce vin. Ce magicien dense et somptueux libère un fruité saturé de miel et une note épicée de chêne. Il est passionnant de trouver dans un même vin des notes de cuir, de fruits secs, de miel, d'huile de sésame et de pamplemousse rose.

• 1990 J. SELOSSE « N »   94, JANVIER 2002] 97
(100 % CH)

Un ensemble puissant remarquable, à la teneur en alcool élevée et à la profondeur de bourgogne. Il est nécessaire de le conserver afin d'adoucir les notes de chêne. Il est meilleur sans dosage. Ce vin est pratiquement immanquable lors des dégustations à l'aveugle. Le nez s'est dernièrement développé et il est devenu complexe.

• 1989 J. SELOSSE « N »   96, FÉVRIER 2003] 97
(100 % CH)

Depuis 1998, Anselme met à part une petite partie du vin provenant de ses deux meilleurs emplacements à Avize, plantés de ceps très âgés. En raison de l'extrême concentration de ce vin, Anselme utilise 85 % de nouveaux fûts de chêne! Malgré cela, le vin paraît équilibré. Cette copie de bourgogne exige naturellement une longue garde en cave, mais le vin est déjà ample et impressionnant à la bouche riche, fruitée, veloutée et majestueuse.

• 1988 J. SELOSSE « N »   96, NOVEMBRE 2003] 97
(100 % CH)

Un vin qui était dans sa jeunesse salé et un peu indiscipliné. Il s'est totalement métamorphosé aujourd'hui. La concentration est équivalente à celle du Vieilles Vignes de Bollinger. Bouche énorme. Le parfum de Selosse est déjà apparu, mais il a besoin de quelques années de plus afin d'atteindre sa plénitude.

• 1987 J. SELOSSE ORIGINE   88, JUILLET 1997] 90
(100 % CH)

Le premier champagne entièrement vinifié en nouveaux fûts de chêne. Aujourd'hui, beaucoup ont également suivi cette direction. Après la décantation, la note de chêne s'intègre joliment au vin, qui se présente comme un bourgogne blanc. Nez ample de pêche, de bois, de vanille et de caramel au beurre.

SENEZ, CHRISTIAN N-M

6, Grande-Rue
10360 Fontette
03 25 29 60 62
Production : 350 000

Christian Senez a été fromager, bûcheron et a creusé des tombes longtemps avant de se lancer dans la viticulture en 1955. On pense un peu à un numéro des Monty Python, n'est-ce pas? Après plusieurs années, Christian Senez s'est décidé à devenir négociant, en 1985, avec une licence pour acheter des raisins. Il vend ses champagnes sous son nom et sous le nom de Cuvée Angélique. La maison exporte 30 % de sa production. Elle utilise des méthodes modernes de vinification. Frédéric Roger exploite aujourd'hui 32 hectares dont un est planté de pinot blanc.

• CUVÉE ANGÉLIQUE   44
(52 % PN, 48 % CH)

• 1995 SENEZ GRANDE RÉSERVE   70, DÉCEMBRE 2002] 71
(60 % PN, 10 % PM, 30 % CH)

• 1995 SENEZ MILLÉSIME   51, NOVEMBRE 2002] 55
(30 % PN, 70 % CH)

• 1994 SENEZ GRANDE RÉSERVE   56, NOVEMBRE 2002] 56
(60 % PN, 10 % PM, 30 % CH)

• 1993 SENEZ GRANDE RÉSERVE   60, MARS 2004] 60
(60 % PN, 10 % PM, 30 % CH)

• 1990 SENEZ GRANDE RÉSERVE   71, MARS 2004] 71
(75 % PN, 25 % CH)

• 1988 SENEZ MILLÉSIME   59, MAI 1995] 64
(30 % PN, 70 % CH)

• 1973 SENEZ MILLÉSIME   83, MAI 1995] 83
(50 % PN, 50 % CH)

Un millésime très réussi de la maison, qui se vend toujours. Robe sombre développée. Un vin monotone, à la note magnifiquement riche de chocolat au nez comme en bouche.

• 1988 SENEZ ROSÉ   43, AVRIL 1995] 43
(82 % PN, 18 % CH)

• 1985 SENEZ ROSÉ   68, OCTOBRE 2000] 68
(80 % PN, 20 % CH)

SEVERIN-DOUBLET R-M

10, rue des Falloises
51130 Vertus
03 26 52 10 57
Production : 50 000

Le domaine de Vertus fait partie des meilleurs noms de la côte des Blancs, mais sa réputation s'est principalement construite sur leurs champagnes millésimés qui ne sont pas commercialisés.

• SEVERIN-DOUBLET BLANC DE BLANCS   70
(100 % CH)

SIMON-SELOSSE R-M

20, rue d'Oger
51190 Avize
03 26 57 52 40
Production : 20 000

La sœur de Jacques Selosse dirige ce domaine situé en face de l'école d'œnologie à Avize. En considérant ce fameux lien de parenté, mes attentes étaient élevées lorsque j'ai dégusté son champagne de prestige. Contrairement aux vins de Jacques Selosse, ses champagnes fermentent en cuves d'acier et ils subissent une fermentation malolactique.

• SIMON-SELOSSE EXTRA BRUT   60
(100 % CH)

• SIMON-SELOSSE BLANC DE BLANCS   60
(100 % CH)

• 1990 SIMON-SELOSSE CUVÉE PRESTIGE
(100 % CH)   70, AVRIL 1995] 73

SOUSA (DE) **** R-M

12, place Léon-Bourgeoise
51190 Avize
03 26 57 53 29
Production : 55 000

La maison a été fondée en 1986. Erick De Sousa possède six hectares à Avize, Cramant et Oger. L'âge moyen des ceps est de 35 ans. Erick est très déterminé. Il a sûrement surfé un peu sur le succès de Selosse, dont il s'est inspiré dans plusieurs domaines comme le vignoble et la vinification elle-même. Depuis 1995, des fûts de chêne de chablis, dont 15 % de fûts neufs sont utilisés pour tous les vins issus de ceps âgés d'une cinquantaine d'années. Les vins ne sont jamais chaptalisés. La vinification se fait étape par étape. Malgré le peu de temps passé sur la scène du champagne, la maison a déjà une très belle réputation.

- DE SOUSA TRADITION   66
  (25 % PN, 25 % PM, 50 % CH)
- DE SOUSA RÉSERVE   82
  (100 % CH)
  Champagne non millésimé, concentré, aux belles notes de noix avec un beau caractère étoffé et une persistance plus que convenable. Un peu plus mature que le vin habituel non millésimé mélangé.
- DE SOUSA BLANC DE BLANCS   75
  (100 % CH)
- DE SOUSA CUVÉE DES CAUDALIES   89
  (100 % CH)
  Entièrement vinifié en fûts de chêne, provenant de ceps âgés de plus de cinquante ans. Très beau champagne aux notes sous-jacentes évoquant le bourgogne blanc ou le chablis. Bonne fraîcheur et élégance, belle note douce de chêne enveloppée d'un agréable arôme de vanille. Il s'améliore à chaque fois que je le déguste. C'est l'un des meilleurs champagnes non millésimés.
- 1999 DE SOUSA VIEILLES VIGNES   83, OCTOBRE 2003] 88
  (100 % CH)
  Nettement moins bon que le fantastique champagne non millésimé du viticulteur. Étonnamment tropical et atypique jusqu'à présent. Des arômes d'ananas, de pamplemousse et d'épices dominent jusqu'à maintenant dans ce jeune vin. Avec la matière première à laquelle De Souza a accès, ce vin se bonifiera naturellement au fil des années.
- 1996 DE SOUSA VIEILLES VIGNES   84, AVRIL 2003] 90
  (100 % CH)
  Le vin n'a jamais subi la fermentation malolactique ou la filtration. De Sousa a surfé à bon escient sur le Selosse voisin. Il élabore un vin entièrement vinifié en fûts de chêne, provenant de cépages qui ont tous plus de cinquante ans. Le vin est pour le moment un peu ferme avec une longueur en bouche pitoyablement courte. Du temps et de la patience sont ici nécessaires.
- 1993 DE SOUSA   81, MAI 1998] 87
  (100 % CH)
  Fruité pur et satiné à la note nette de safran. Un bon 1993 pour la cave.
- 1993 DE SOUSA VIEILLES VIGNES   85, MARS 2003] 88
  (100 % CH)
  Un vin vivant à l'élégante robe or jaune aux reflets verts. Nez fruité aux belles touches de liliacées et de gardénia. Aspect beurré délicat dans la bouche, retenue et minérale comme dans le beau bouquet raffiné.
- 1992 DE SOUSA   80, MAI 1998] 84
  (100 % CH)
  Plus court et plus fin que le 1993 mais aux notes de chardonnay pures et classiques.
- 1990 DE SOUSA   85, AVRIL 1990] 91
  (100 % CH)
  Jeune nez fermé, mais la bouche est ouverte, charnue et riche, aux notes de beurre et de fraise.
- 1989 DE SOUSA   86, MAI 1998] 88
  (100 % CH)
  Crémeux et beurré mais moins explosif que d'habitude. Quelque peu court mais cependant magnifiquement aromatique et moelleux.

- 1988 DE SOUSA   80, JUILLET 1995] 86
  (100 % CH)
  Plus développé mais légèrement plus petit que le 1990 en termes de dimensions.
- 1982 DE SOUSA   88, MAI 1998] 88
  (100 % CH)
  Nez passionnant de roses et de truffe. Champagne développé et moyennement étoffé qui est malheureusement un peu court.
- 1981 DE SOUSA   88, MAI 1998] 88
  (100 % CH)
  Nez magnifiquement complexe. Quelque peu mentholé et pelé à la finale herbeuse.
- 1995 DE SOUSA CUVÉE 2000   91, MAI 2003] 93
  (100 % CH)
  Nez ressemblant beaucoup au « N » de Selosse. Le caractère typique d'Avize possède une note de chêne épicée avec une touche basique de noix. Fruité incroyablement concentré et moelleux. Avec le temps, le vin est devenu pratiquement un beau chablis ayant fermenté en fût. Seules 2 000 bouteilles de ce merveilleux champagne ont été produites.
- 1990 DE SOUSA CUVÉE 2000   83, NOVEMBRE 1999] 91
  (100 % CH)
  Une bouteille terriblement laide avec un vin très puissant. Puisque le vin manque de dosage et qu'il est récemment dégorgé, il a perdu de son charme. Il faut le conserver au moins jusqu'en 2005.

SOUTIRAN-PELLETIER N-M
12, rue Saint-Vincent
51150 Ambonnay
03 26 57 07 87
Production : 105 000
La maison utilise également le nom de Veuve Victorine Mongardien. Alain Soutiran produit aujourd'hui les vins tandis que sa fille Valérie dirige avec détermination l'établissement. C'est l'une des maisons qui aurait préféré être située sur la côte des Blancs. Ils apprécient beaucoup les raisins chardonnay, mais ils n'ont pas la possibilité d'en cultiver. Si vous souhaitez connaître les vins Soutiran, il faut aller dans leur boutique « La Palette de Bacchus » située au centre du village.
- ANGÉLINE GODEL BRUT   61
  (50 % PN, 10 % PM, 40 % CH)
- SOUTIRAN-PELLETIER ROSÉ   48
  (15 % PN, 85 % CH)
- 1989 CUVÉE VICTORINE   70, JANVIER 1995] 76
  (50 % PN, 50 % CH)
- 1985 CUVÉE VICTORINE   76, SEPTEMBRE 1994] 78
  (50 % PN, 50 % CH)

STÉPHANE & FILS R-M
1, place Berry
51480 Boursault
03 26 58 40 81
Production : 18 000
Auguste Foin a fondé la maison en 1907. C'est aujourd'hui une petite propriété où sont plantés des vieux ceps de trois variétés de raisins différentes. L'âge moyen des ceps est de cinquante ans. Je n'ai jamais trouvé de ceps plus âgés en Champagne. La surface des vignes est de 6,5 hectares. Michel Foin est l'administrateur actuel.
- STÉPHANE CARTE BLANCHE   55
  (50 % PN, 50 % PM)

- STÉPHANE GRANDE RÉSERVE   63
  (50 % PN, 50 % PM)
- 1995 STÉPHANE DIONYSOS   84, MARS 2002] 87
  (33 % PN, 33 % PM, 34 % CH)
  Un vin de prestige produit à partir de vignes de cinquante ans ou plus. Élégant tout en étant concentré et vineux. Rafraîchissant et prometteur. Le vin rappelle Alfred Gratien, ce qui est logique en raison de sa composition en raisins. Finale pompeusement pure.

SUGOT-FENEUIL **** R-M
40, impasse de la Mairie
51530 Cramant
03 26 57 53 54
Production : 100 000

Ce maître viticulteur de Cramant possède sept hectares à Bergères-les-Vertus, Chouilly, Oiry et surtout à Cramant. Seuls les raisins de Cramant sont utilisés pour le vin millésimé. Robert Sugot appartient à la quatrième génération de vinificateurs. Le Sugot-Feneuil est l'un de mes vins préférés avec ses champagnes magnifiques et caractéristiques du village. Son Special Club est composé à partir de ceps âgés de trente ans provenant de trois emplacements de premier ordre : Les Beurons, Biennes et Mont-Aigu. Puisque Sugot ne produit que 8 000 bouteilles de ce vin, il faut faire attention lorsqu'un nouveau millésime est commercialisé.

- SUGOT-FENEUIL CARTE PERLE   75
  (100 % CH)
- SUGOT-FENEUIL BLANC DE BLANCS   82
  (100 % CH)
- 1990 SUGOT-FENEUIL   88, NOVEMBRE 2003] 88
  (100 % CH)
  Plus oxydé et un brin plus fin que le Special Club. Bon fruité de pomme. Bouche bonne et rustique.
- 1988 SUGOT-FENEUIL   88, NOVEMBRE 2003] 88
  (100 % CH)
  De grandes variations d'une bouteille à l'autre. Caractère assez oxydé et contrôlé, aux notes de fruits tombés et de cuir. À d'autres occasions, il était plus rafraîchissant avec un agréable caractère minéral aux notes d'agrumes. Milieu de bouche toujours joliment crémeux.
- 1985 SUGOT-FENEUIL   92, JUIN 1999] 94
  (100 % CH)
  Très beau chardonnay qui éveille à la vie ce champagne rafraîchissant et vivant. Petites bulles délicates, dansantes au palais, qui laissent derrière elles un goût rafraîchissant de citron vert et de citron. Fruité superbement frais et expressif.
- 1979 SUGOT-FENEUIL   94, AVRIL 1995] 95
  (100 % CH)
  L'année favorite de M. Sugot. C'est facile à comprendre. Le vin est jeune. Robe aux reflets verts. Nez euphorique de chocolat, de noix, de café, de lys de la vallée et de Toblerone blanc. Bouche de noix superbement profonde pour l'esthète et aux séquences de fruits pour le romantique.
- 1990 SUGOT-FENEUIL SPECIAL CLUB   92, JUILLET 2003] 93
  (100 % CH)
  Très similaire au champagne de prestige de Bonnaire. Beaucoup de fruité riche, exotique et de safran en plus de la caractéristique note beurrée.
- 1988 SUGOT-FENEUIL SPECIAL CLUB   93, NOVEMBRE 2003] 93
  (100 % CH)
  C'est aujourd'hui l'un des champagnes les plus crémeux et possédant la note de caramel au beurre la plus odorante existant

en Cramant. Sa richesse évoque le Bonnaire de 1982. Certaines bouteilles étaient trop oxydées.

- 1987 SUGOT-FENEUIL SPECIAL CLUB   87, JUILLET 1997] >
  (100 % CH)
  Déjà sur le déclin. Le vin nous fait cependant cadeau d'une belle opportunité pour nous les épicuriens, de nous faire plaisir.
- 1986 SUGOT-FENEUIL SPECIAL CLUB   88, SEPTEMBRE 1997] 88
  (100 % CH)
  Un vin devenu rapidement mature et actuellement superbe à déguster. Nez ouvert de nectar miellé et de caramel au beurre. Bouche moelleuse, crémeuse et dense de pêche et de caramel.
- 1985 SUGOT-FENEUIL SPECIAL CLUB   91, JANVIER 2003] 91
  (100 % CH)
  Pendant plusieurs années, ce fut un classique raide aux nez possédant de nombreuses facettes florales. Bouche légèrement torréfiée et équilibrée aux notes dominantes de citron. Il est actuellement un rien chocolaté et très mature.
- 1983 SUGOT-FENEUIL SPECIAL CLUB   87, JANVIER 1996] 88
  (100 % CH)
  Un brin timide et en retrait. Acidité cristalline et beaux arômes. Belle finale citronnée.

TAITTINGER **** N-M
9, place St-Nicaise
51100 Reims
03 26 85 45 35
Production : 4 700 000

La maison Forneaux, comme s'appelait la société avant de prendre le nom de Taittinger, fut l'une des premières maisons de champagne lors de sa fondation en 1734. Lorsque la famille Taittinger a acheté la propriété en 1936, la maison a pris pour la première fois de l'essor. Pierre Taittinger a acheté un château, La Marquetterie, et il a planté un arsenal impressionnant de vignobles. Le propriétaire actuel, Claude Taittinger, a repris les rênes en 1960. Il possède aujourd'hui 256 hectares situés dans 26 villages, ce qui couvre 45 % des besoins en raisins. Une expérimentation utilisant de petites quantités de fûts de chêne neufs destinés au vin de prestige, Comtes de Champagne, a été lancée en 1988. Sinon, tous les vins fermentent dans de grandes cuves en acier et ils subissent la fermentation malolactique. La maison est connue pour s'engager dans de grands projets en dehors de la région. Elle possède, par exemple, une chaîne d'hôtels, deux entreprises vinicoles dans la vallée de la Loire et une en Californie. Les bouteilles Collection dessinées par des artistes sont un grand succès commercial malgré le prix élevé étourdissant qui va encore rapidement augmenter. Le champagne non millésimé, floral et moelleux, était auparavant un peu inégal mais il reflète souvent bien le style de la maison. Le vin millésimé est un charmeur qui manque malheureusement de potentiel de conservation. La vraie star est le Comtes de Champagne, un blanc de blancs géant de Cramant, Avize, Oger, Le Mesnil, Chouilly et de vieux ceps de Pierry. C'est le meilleur de la région avec son style doux, moelleux, exotique et crémeux. Je crois que le Comtes de Champagne est le champagne apprécié par le plus grand nombre de personnes. Il ne contient pas de notes fermes. En bouche, c'est uniquement une surabondance de séquences flatteusement douces et moelleuses dans un style élégant et luxueux. Le spectre aromatique est pourtant suffisamment passionnant pour que même le connaisseur le plus difficile succombe à cette beauté. Même le Comtes de Champagne rosé peut être un grand moment si on est patient. Ce champagne élaboré au contact de peaux de raisins de pinot noir d'Ambonnay et de Bouzy peut sembler doux et lourd dans ses jeunes années, mais il vieillit souvent de façon magique. Le doux Maurice Morlot est responsable de la vinification des vins. Presque cinq étoiles!

- TAITTINGER BRUT   77
  (42 % PN, 20 % PM, 38 % CH)
- TAITTINGER PRÉLUDE GRANDS CRUS   86
  (50 % PN, 50 % CH)
  Uniquement grand cru après le premier pressurage. Raisins d'Avize, du Mesnil, de Bouzy et d'Ambonnay. Nez un peu fermé aux beaux arômes jeunes retenus. Bouche subtile et très rafraîchissante dans une belle parure crémeuse et pétillante aux notes florales, de pêche et de fruit de la passion. Écho pur et beau avec plusieurs séquences en bouche dans lesquelles la vanille est la plus fiable.
- TAITTINGER PRESTIGE ROSÉ   62
  (70 % PN, 30 % CH)
- 1998 TAITTINGER   86, AVRIL 2004] 90
  (60 % PN, 40 % CH)
  Il semble être un peu trop tôt pour commercialiser un beau champagne millésime âgé de quatre ans et demi. Le vin est assurément charmant et floral, à l'aspect crémeux, au fruité vigoureux et sublime. Je vous recommanderais cependant d'attendre avant d'acheter ce vin pour que vous soyez sûrs d'obtenir un dégorgement plus tardif et également un caractère plus riche aux notes de pain provenant de l'autolyse.
- 1996 TAITTINGER   89, SEPTEMBRE 2003] 92
  (60 % PN, 40 % CH)
  Je m'étais attendu tout d'abord à beaucoup plus de ce 1996. Avant de rendre mon manuscrit, j'ai eu le temps de déguster deux bouteilles qui étaient tout juste dégorgées et venaient de subir le transport. Je ne suis pas surpris par le fait que ce vin végétal et acide ait soudainement changé. L'aspect crémeux s'est déjà trouvé. À l'âge de sept ans, le chardonnay brille le plus fortement et le nez a acquis une pointe de torréfaction à la Dom Pérignon.
- 1995 TAITTINGER   88, NOVEMBRE 2003] 91
  (60 % PN, 40 % CH)
  Nez relativement fermé à la richesse sous-jacente passionnante. Séquences moelleuses assez douces emplissant la bouche de chatouillements agréables. Un Taittinger classique!
- 1992 TAITTINGER   85, SEPTEMBRE 2003] 85
  (60 % PN, 40 % CH)
  Dégusté à côté d'un Nyetimber très complimenté de Stevenson du Royaume-Uni, le Taittinger apparaissait comme un géant. Du point de vue du champagne, il est au mieux normal et caractéristique de la maison. Belle mousse moelleuse et fondante. Fruité crémeux un peu doux. Entièrement mature actuellement.
- 1991 TAITTINGER   82, MARS 1999] 85
  (60 % PN, 40 % CH)
  Champagne moelleux et caractéristique de la maison avec beaucoup de joie et de charme. Les arômes de vanille et de caramel au beurre se libèrent.
- 1990 TAITTINGER   84, MAI 1997] 90
  (60 % PN, 40 % CH)
  Nez aux notes délicates de fromage se volatilisant vite au contact de l'air pour devenir rapidement un bouquet muet, fruité et chocolaté. C'est d'abord la bouche rassasiante qui m'impressionne. Le 1990 possède de nombreuses notes de fruits tombés et de séquences somptueuses de pain en bouche. Dosage et équilibre parfaits.
- 1988 TAITTINGER   83, AVRIL 1994] 83
  (60 % PN, 40 % CH)
  Le champagne millésime de Taittinger est élaboré pour être consommé rapidement et, par conséquent, il est rarement à

la hauteur de ses concurrents connus. Le 1988 est assurément bon, mais a-t-il encore quelque chose à donner? Épais, flatteur, généreux, doux et sentant le safran.
- 1986 TAITTINGER   88, AVRIL 2000] 88
  (60 % PN, 40 % CH)
  Champagne mature et somptueux, à la belle mousse moelleuse et à la bouche ronde quelque peu courte. Plus étoffé que prévu, aux riches arômes de fruits tombés et de pinot noir lourd. Quelques points supplémentaires en magnum.
- 1985 TAITTINGER   90, SEPTEMBRE 2003] 90
  (60 % PN, 40 % CH)
  Développé tôt et flatteur comme la plupart des millésimes de ce vin. La mousse délicate forme de beaux colliers de perles dans le verre. Nez ample et exotique où le safran et la vanille forment l'unité. Bouche sensuelle avec sa douceur fruitée et son aspect plein, persistant à la bonne mâche.
- 1983 TAITTINGER   87, JANVIER 2003] 87
  (60 % PN, 40 % CH)
  Presque identique au Collection de Taittinger mais beaucoup plus abordable. Nez ample dominé par le pinot. Étoffé, impersonnel et entièrement mature.
- 1982 TAITTINGER   87, DÉCEMBRE 2001] 87
  (60 % PN, 40 % CH)
  Ce champagne m'a fait hésiter sur le fait que le Collection et le Millésimé sont un seul et même vin. Le Collection de 1982 m'a toujours impressionné alors que ce vin possède des arômes similaires sans la construction très stylée du Collection. C'est avec beaucoup de soulagement et une grande fierté que je fus le premier journaliste à découvrir que le Collection n'est pas le même vin que le champagne millésimé habituel. La composition en raisins est assurément identique mais le choix des raisins et le mélange sont plus raffinés pour le Collection. Merci pour la solution de l'une des énigmes les plus difficiles à résoudre dans le monde du champagne.
- 1980 TAITTINGER   81, JUILLET 1991] >
  (60 % PN, 40 % CH)
  Bouquet de pain et de champignon, sans fruit. En revanche, la bouche est belle au fruité doux évoquant la prune. Vin riche et goûteux mais relâché et sans cohérence.
- 1979 TAITTINGER   88, JANVIER 2002] 88
  (60 % PN, 40 % CH)
  Comme un bâtonnet glacé qui fond immédiatement, avec son fruité moelleux et exotique. Encore bon.
- 1976 TAITTINGER   92, FÉVRIER 1999] 92
  (60 % PN, 40 % CH)
  Pendant de nombreuses années, j'ai été de l'avis que les champagnes millésimés de Taittinger ne vieillissent pas spécialement bien. Il n'est pourtant pas particulièrement étonnant que le 1976 de la maison vive encore durant plusieurs décennies. La teneur élevée en alcool et la grande richesse en extraits compensent l'acidité relativement faible. Nez ressemblant dans une certaine mesure à l'angélique Comtes de Champagne de la même année mais avec moins d'élégance et un arôme chocolaté plus notable. Fruité savoureux et rafraîchissant. Longueur en bouche beurrée et persistante. Mousse exemplaire.
- 1971 TAITTINGER   90, NOVEMBRE 2000] 90
  (60 % PN, 40 % CH)
  Fatigué en bouteille. Notes de noix somptueuses et délicieusement matures en magnum. Le style de la maison est bien adapté à cette année élégante.

- 1970 TAITTINGER
(60 % PN, 40 % CH)
- 1966 TAITTINGER   94, FÉVRIER 2003] 94
(60 % PN, 40 % CH)
Superbement bon et somptueux ! Robe de thé profonde. Belles
petites bulles. Nez charmant de caramel dur. Bouche moelleuse
équilibrée et encore crémeuse à la grâce et à la vitalité développées.
Un vieux Taittinger ample et magnifique, qui doit être considéré
comme un représentant parfait du style de la maison.
- 1964 TAITTINGER   94, NOVEMBRE 2003] 94
(60 % PN, 40 % CH)
Champagne ample et charpenté, à la dignité qui sied à son âge.
Notes sombres de sirop de sucre, de café très torréfié, de chocolat
amer et de bois. Bouche puissante avec la chaleur et l'autorité
du grand millésime. Un champagne très riche et magnifique à la
finale douce de caramel dur. Je dois souligner que je l'ai dégusté
uniquement en magnum.
- 1961 TAITTINGER
(60 % PN, 40 % CH)
- 1959 TAITTINGER   94, JANVIER 2003] 94
(60 % PN, 40 % CH)
Un vin digne du millésime. Une construction musculeuse qui
ne dérange pas le moins du monde l'influence de l'acidité dans
le verre. Les murs de la bouche sont compacts et difficiles à
enfoncer comme ceux d'une forteresse. Autour de la forte ossature
se drapent des notes de chocolat et de caramel dur. Très bon et pas
des moins impressionnants.
- 1961 TAITTINGER ROSÉ   94, MAI 1998] 94
(100 % PN)
Dégusté à l'aveugle au restaurant « Le Vigneron ». J'ai deviné un
Taittinger Rosé 1964, ce qui montre que le style de la maison est
constant. Il est similaire au 1959 avec le même poids de pinot,
mais il possède un riche fruité magnifique et une mousse
exemplaire. C'est probablement le prédécesseur du Comtes
rosé avec 100 % de pinot noir.
- 1959 TAITTINGER ROSÉ   84, JUILLET 1997] >
(100 % PN)
Je dois reconnaître que je n'avais pas la moindre idée que ce vin
existait lorsque je l'ai découvert par hasard dans un magasin à
Paris. C'est probablement le prédécesseur du Comtes rosé
entièrement composé de pinot noir. Il est encore très puissant,
à la robe profonde comme vous le voyez. Il est malheureusement
trop influencé par l'oxydation pour briller de tous ses feux.
- 1995 COMTES DE CHAMPAGNE   93, AVRIL 2004] 96
(100 % CH)
Fantastiquement délicieux et très sophistiqué. L'équilibre s'est
immédiatement trouvé. Floral, fruité, beurré, parfumé, frais,
pierreux, élégant, croustillant, saturé de caramel ou de notes
de noix. Les adjectifs positifs choisis n'ont pas d'importance.
Tout ce que vous cherchez, vous le trouverez !
- 1994 COMTES DE CHAMPAGNE   89, AVRIL 2003] 92
(100 % CH)
Au vol ! Cristallin et citronné au style crayeux à la chablis. Mousse
fantastiquement intense et moelleuse. Uniquement en magnum.
- 1993 COMTES DE CHAMPAGNE   90, JANVIER 2003] 93
(100 % CH)
Il est vraiment dommage que le meilleur 1993 soit présenté si tôt
après le tournant du siècle. Je n'ai jamais auparavant dégusté
un Comtes de Champagne si fermé et si ascétique. Le nez était
longtemps des plus délicat et jeune à la touche d'herbe et de pierre
à feu. La bouche était mordante, fraîche et sèche aux arômes

de citron vert et de minéraux évoquant le chablis. Comme par
magie, un changement radical est survenu à l'automne 2000.
Ce vin est soudainement devenu charnu à l'aspect beurré
sans égal avec les fameuses notes de caramel aux noix des
plus présentes au nez comme en bouche.
- 1992 TAITTINGER COLLECTION MATTA
(60 % PN, 40 % CH)   85, AVRIL 2004] 87
Crémeux et bon à l'acidité rafraîchissante. Très similaire au vin
millésimé. Charmant, bien élaboré et caractéristique de la maison.
- 1990 COMTES DE CHAMPAGNE   94, MARS 2004] 95
(100 % CH)
En magnum, le vin est jeune aux séquences pures et sèches.
Nez presque identique au Les Clos de Dauvissat. Même la bouche
respire le minéral et une classe immanquable. Dans une bouteille
habituelle, le Comtes est plus mature et plus doux avec une
longueur en bouche persistante et charnue aux notes de tonneau.
- 1990 TAITTINGER COLLECTION CORNEILLE
(60 % PN, 40 % CH)   93, AVRIL 2004] 94
Sensationellement bon ces derniers temps. Brendan Collins
a ouvert dans son beau jardin la bouteille la plus mémorable.
J'ai deviné spontanément que c'était une bouteille développée
de Cristal de 1990. Fantastiquement riche, beurré aux notes
de noix avec une concentration et une classe comme peu de vins
peuvent se le permettre.
- 1989 COMTES DE CHAMPAGNE   93, AVRIL 2003] 93
(100 % CH)
Un charmeur qui a conservé une belle acidité. Mousse
incroyablement belle formant un collier de perles.
Classiquement crémeux et riche avec une note de tonneau évidente.
Longueur en bouche persistante et douce de caramel au beurre.
- 1988 COMTES DE CHAMPAGNE   96, NOVEMBRE 2003] 97
(100 % CH)
Comme beaucoup de 1988, son astringence était presque ferme
lors de sa commercialisation. Au tournant du siècle, il possédait
une pesanteur aux notes de noix et des voiles mentholés qui
attendaient de s'épanouir pleinement. Ce qui s'est produit à la fin
2003. Le vin est encore plus charnu, plus mentholé et plus étoffé.
Il est magnifiquement bon et il intègre complètement le style
des meilleurs millésimes des années soixante-dix.
- 1988 TAITTINGER COLLECTION IMAÏ   89, AVRIL 2004] 91
(55 % PN, 45 % CH)
J'ai toujours pensé qu'il était étrange que j'aime le Collection
beaucoup plus que le Vintage si c'est comme on le dit maintenant
le même vin. À ma plus grande joie, j'ai enfin appris en mai 2001
que le Collection est un vin différent du Vintage, comme je l'avais
toujours cru ! Il possède évidemment un caractère d'autolyse plus
grand mais également une finesse et une complexité accrues. C'est
un beau champagne classique d'une grande maison au caractère
chocolaté et aux notes de pain. Plus retenu et plus jeune que le 1990.
- 1986 COMTES DE CHAMPAGNE   93, JUIN 2003] 93
(100 % CH)
Le Comtes de Champagne est l'un de mes champagnes préférés.
Il n'existe pas de champagne plus crémeux et plus gouleyant !
Le 1986 est élaboré dans ce style mais il ne fait pas partie des
grands millésimes. Il est crémeux, à la finale persistante d'amande
et de miel. Dosage quelque peu élevé.
- 1986 TAITTINGER COLLECTION HARTUNG
(60 % PN, 40 % CH)   93, AVRIL 2004] 93
Des bouteilles dessinées par des artistes, très onéreuses avec,
selon certains, un emballage en plastique surchargée. Le 1986
est un vin caractéristique de la maison, mature et voluptueux,

qui se développe superbement bien. Le collectionneur insensé de champagnes, Kennet Liberg, voulait me montrer à l'occasion d'une dégustation à l'aveugle combien j'avais tort lors de ma première évaluation de ce vin. Il a réussi son coup ! Le vin est aujourd'hui crémeux, sensuel et très riche en notes de noix.

• 1985 COMTES DE CHAMPAGNE   95, AOÛT 2003] 96
(100 % CH)
Une révélation jaune, profonde, brillante, à la belle mousse insensée. Le 1985 est un vin dense et raffiné au nez incroyablement nuancé et moyennement ample. Les attributs notables de ce champagne sont les pommes rouges, la menthe, la noix de coco, la vanille, le sirop de sucre et le beurre. Un blanc de blancs à la structure classique, à la bouche sublime de citron. Une longueur en bouche initialement sèche exemplairement douce et tropicale.

• 1985 TAITTINGER COLLECTION LICHTENSTEIN
(60 % PN, 40 % CH)   90, AVRIL 2004] 93
Dégusté aux côtés du 1985 habituel, le Collection était encore plus fin, complexe et élégant, probablement grâce à son caractère d'autolyse plus prononcé et un mélange plus nuancé. Encore jeune.

• 1983 COMTES DE CHAMPAGNE   93, JUIN 2002] 93
(100 % CH)
J'ai mal jugé le 1983 dans sa jeunesse. Il est devenu rapidement mature en 1993 et 1994. Il possédait tout d'un coup un bouquet et une bouche énormes. Une onde de choc de notes voluptueuses et douces rencontre le palais, entourée par une structure charnue et satinée. Longueur en bouche persistante d'amande et de vanille.

• 1983 TAITTINGER COLLECTION DA SILVA
(60 % PN, 40 % CH)   87, AVRIL 2004] 87
Dessiné par Da Silva et très similaire au Vintage de 1983. Champagne étoffé et bien élaboré mais un peu impersonnel. Nez à la base très bon mais actuellement un peu triste. La bouche est encore vigoureuse.

• 1982 COMTES DE CHAMPAGNE   94, MARS 2003] 94
(100 % CH)
Un Comtes en pleine forme ! Champagne d'une richesse exubérante, romantique et euphorique. Mousse pétillante à la formation unique de collier de perles. Au nez, le beurré généreux contient de nombreuses notes de fruit mûr exotique, de pommes rouges, de noix de coco et à la complexité de noix. La douceur est fiable dans la bouche savoureuse. Crémeux, charnu, plein et merveilleusement persistant. Le vin fond dans le verre comme en bouche et il est aussi gouleyant qu'un nectar.

• 1982 TAITTINGER COLLECTION MASSON
(60 % PN, 40 % CH)   94, AVRIL 2004] 94
La bouteille est dessinée par l'artiste André Masson. Style évoquant le Cristal. Champagne d'un haut niveau et aristocratique au fruité surabondant. Bouche concentrée parfaitement équilibrée. Finale magnifique évoquant un caramel au beurre anglais.

• 1981 COMTES DE CHAMPAGNE   94, JANVIER 2000] 94
(100 % CH)
Pâle, il est un brin fermé de prime abord. Les colliers de perles formés par la mousse sont parmi les plus beaux que j'aie vus dans une flûte à champagne. Nez féminin et anormalement discret. Floral aux notes de draps fraîchement lavés qui ont séché dehors. Acidité cristalline aux dimensions moins importantes que la normale. Tous les fruits exotiques sont là mais dans une moindre mesure par rapport à d'habitude. Délicieux récemment.

• 1981 TAITTINGER COLLECTION ARMAN
(60 % PN, 40 % CH)   89, AVRIL 2004] 89
L'instrument à cordes jaune d'or surréaliste d'Arman sur fond noir en fait ma bouteille de Collection préférée, même s'il n'y a pas

grand-chose à dire sur le contenu. Assurément délicat et raffiné mais sans la concentration attendue. S'est-il trouvé maintenant ? Cela ne me surprendrait pas si je considère le nombre de fois que Taittinger et le millésime m'ont positivement étonné. Eh oui ! Le vin est totalement différent maintenant, passionnant, fumé et saturé de goudron au nez comme en bouche. Des plus intéressants et toujours vivant.

• 1979 COMTES DE CHAMPAGNE   97, MAI 2003] 97
(100 % CH)
Millésime relativement léger de la maison. Style immanquable aux notes rafraîchissantes et crémeuses d'agrume et de caramel au beurre. Extrêmement gouleyant et incroyablement agréable. Un merveilleux parfum de fleurs blanches et bouche cristalline de noix. Amélioration très importante de la qualité à la fin du XXᵉ siècle. C'était le préféré de Michel Dovaz lors de la dégustation du millénaire (voir page 66).

• 1978 TAITTINGER COLLECTION VASARELY
(60 % PN, 40 % CH)   93, AVRIL 2004] 93
La première, la plus chère et la plus recherchée des bouteilles de Collection. Comme le 1981, Taittinger n'a jamais commercialisé un millésime traditionnel en 1978. Il est évident qu'ils voulaient faire un bon vin concentré pour leur début. Le fruité est exotique et étonnamment riche. Mousse exemplaire comme toujours. L'un des meilleurs champagnes du millésime. Le prix est honteux même si on considère la belle bouteille jaune d'or de Vasarely.

• 1976 COMTES DE CHAMPAGNE
(100 % CH)   98, NOVEMBRE 2003] 98
Ce 1976 est l'un des champagnes qui m'a fait succomber au charme de la région et de ses vins. Je n'avais jamais dégusté auparavant un vin si exotique, fruité et agréable. Il se porte toujours bien même si le caractère a beaucoup changé. L'aspect beurré est maintenant remplacé par le nez énorme et la bouche d'agrume doux. Un tel changement peut se retrouver dans beaucoup de champagnes matures, mais ce n'est jamais aussi évident que pour le Comtes de Champagne de 1976. Une étape classique et l'un des dix champagnes que je choisirais pour convaincre une personne qui se demande si le champagne peut vraiment être bon et grand. Maître dans sa catégorie !

• 1975 COMTES DE CHAMPAGNE   94, AOÛT 2003] 96
(100 % CH)
Une édition anormalement retenue de ce champagne de prestige. Nez crémeux. Bouche un peu pelée, persistante et riche en minéraux. Nez évident de noix de coco dans le verre vide. Longueur en bouche magnifiquement persistante de citron. Il possède toujours un bon potentiel de vieillissement.

• 1973 COMTES DE CHAMPAGNE   95, MAI 2001] 95
(100 % CH)
Ce 1973 commence à décliner lentement. À la fin des années quatre-vingt, il était complètement mature avec une robe sombre et il possédait un nez presque trop mature à la sauternes. Charpenté remarquablement comme un dessert. Qui peut éviter d'être impressionné par ce champagne riche en bouche ? Quelques bouteilles sont dernièrement apparues fabuleusement exotiques et concentrées.

• 1971 COMTES DE CHAMPAGNE   96, JANVIER 2003] 96
(100 % CH)
C'est tout simplement un champagne fabuleux, à l'élégance imbattable et à la combinaison parfaite de notes florales et fruitées. Il est épatant qu'on puisse faire un vin si léger, éthérément flou et féminin, qui soit si riche et si concentré.

• 1970 COMTES DE CHAMPAGNE   85, SEPTEMBRE 2003] 85
(100 % CH)
Assurément un très bon champagne qui était à son summum entre dix et quinze ans. L'acidité n'est cependant pas suffisante pour maintenir en vie le vin plus longtemps. Lorsque le Comtes de Champagne devient trop vieux, il développe ses propres notes d'oxydation. La douceur devient importante et la structure charnue. Une note évoquant la manzanilla gâche l'impression générale.

• 1969 COMTES DE CHAMPAGNE   97, MAI 2001] 97
(100 % CH)
Il est rare pour ce champagne de prestige toujours brillant de mêler l'acidité rafraîchissante citronnée à une telle richesse de noix de coco charnue comme c'est le cas ici. Savoureux et évoquant un nectar aux nombreuses notes de caramel, à la longueur en bouche appétissante et ascensionnelle d'agrumes méditerranéens récemment cueillis.

• 1966 COMTES DE CHAMPAGNE
(100 % CH)   94, NOVEMBRE 2003] 94
La plupart des bouteilles du 1966 sont sur le déclin mais on peut toujours trouver des exemplaires vivants, un peu renversés, possédant le charme de vieux journaux. Nombreux arômes de fraises.

• 1964 COMTES DE CHAMPAGNE   96, JUIN 2002] 96
(100 % CH)
Comtes à son meilleur niveau, à l'apparence jaune profonde et vivante. Étoffé, charnu, gras et crémeux. Nombreuses notes de fruits secs. Féeriquement riche et caressant avec la même douceur et le même moelleux dans la longueur en bouche persistante. Il va bientôt décliner.

• 1961 COMTES DE CHAMPAGNE   96, MARS 2003] 96
(100 % CH)
Dense, mature, crémeux avec des arômes de chocolat et de truffe. Bouche unifiée et beurrée. Un Comtes fantastique aux notes mentholées merveilleuses avec un fruité irréel, concentré et riche en glycérol. J'ai dégusté plus de dix fois ce vin et je n'ai trouvé qu'une seule mauvaise bouteille.

• 1959 COMTES DE CHAMPAGNE   97, JANVIER 2002] 97
(100 % CH)
C'est dans un silence plein de recueillement que Jan Netterberg a enlevé le reste du liège coincé dans le col de la bouteille avec un tire-bouchon. Pas le moindre bruit de bouchon. Le vin était immobile et cependant jaune clair comme un bourgogne d'âge moyen. Bouquet charmant, profond et royal à la note sombre et puissante du millésime. Sous les arômes les plus lourds, j'ai pu discerner un peu des notes mentholées caractéristiques et exotiquement délicieuses qui sont l'empreinte du Comtes. Pensez si seule une touche de mousse allège la bouche massive et rappelant le pétrole. Deux semaines plus tard, mes espoirs s'étaient concrétisés. Une bouteille magnifique pleine de finesse, de beurre mature et une canonnade de parfums qui m'ont entièrement satisfait. La mousse était purement jeune.

• 1953 COMTES DE CHAMPAGNE
(100 % CH)

• 1996 COMTES DE CHAMPAGNE ROSÉ   91, AVRIL 2004] 94
Ils sont magnifiques ces « Comtes » ! Le nouveau style fruité et plus dominé par le chardonnay commercialisé avec le 1995 célèbre ici son grand succès. Déguster ce vin à petites gorgées est un vrai luxe et délice. Les arômes sont crémeux et rafraîchissants, aux notes de sorbet à la framboise. Bouche soyeuse et caressante. Il est difficile de ne pas être de bonne humeur si on nous invite à déguster un tel vin. Veuillez observer la qualité exceptionnelle de la mousse.

• 1995 COMTES DE CHAMPAGNE ROSÉ   90, AOÛT 2003] 93
(70 % PN, 30 % CH)
Changement de style pour ce champagne. La maison considère que les millésimes précédents se sont un peut trop éloignés du style charmant, agréable et gouleyant de Taittinger. Le vin a exigé d'être conservé longtemps. Il a vécu plus sur son poids et sa force que sur son raffinement. En matière de style, ce Comtes rosé s'est donc allégé et il me fait penser à un rosé de Billecart-Salmon, de Roederer et de Pol Roger.

• 1993 COMTES DE CHAMPAGNE ROSÉ
(100 % PN)   85, FÉVRIER 1998] 92
On peut vraiment se demander pourquoi la maison vend ce trésor longtemps avant qu'il ne sorte de sa toute petite enfance. Robe rose saumonée. Bouche moelleuse et crémeuse comme d'habitude. Les notes de peaux de pommes et de cerise sont évidentes, ce qui montre que le vin manque de maturité. À garder dans le coin le plus sombre de la cave.

• 1991 COMTES DE CHAMPAGNE ROSÉ
(100 % PN)   87, FÉVRIER 1998] 89
Je n'ai jamais discerné de fumée dans un Comtes rosé de 1988, de 1989 ou de 1990, et soudainement, elle est apparue dans le 1991 et le 1993 en même temps. Je ne comprends pas ! Ces deux vins sont étonnamment marqués par le fût de chêne neuf. Le champagne lui-même est bon et caractéristique de la maison avec une longueur en bouche douce et persistante de vanille.

• 1986 COMTES DE CHAMPAGNE ROSÉ   92, MARS 2003] 92
(100 % PN)
Dégusté toujours d'un magnum chaque jour pendant deux semaines. Taittinger semble malheureusement marqué par un problème de bouchon. Un tiers des bouteilles étaient bouchonnées. Les bouteilles saines étaient superbement voluptueuses à la bourgogne. Nez de truffe, de feuilles d'automne, de cuir, de fraises trop mûres, de choux et de betterave rouge. Bouche uniformément riche et douce. Un exemple brillant du caractère des raisins.

• 1985 COMTES DE CHAMPAGNE ROSÉ
(100 % PN)   91, OCTOBRE 2003] 92
Contrairement à la variante blanche du Comtes de Champagne, le rosé comprend uniquement des raisins de pinot. Bouzy est habituellement le village dominant et c'est toujours le cas pour le 1985. Rosé ample, plein et robuste au beau fruité évoquant la framboise. Robe toujours profonde. Il ressemble aujourd'hui à un bourgogne mature. À conserver pendant plusieurs années.

• 1983 COMTES DE CHAMPAGNE ROSÉ
(100 % PN)   94, AOÛT 2002] 94
C'est toujours un voyage incroyablement romantique d'être assis avec un verre de Comtes rosé à la main. Le vin change dans le verre offrant ainsi constamment de nouvelles sensations. Robe profondément rosée à l'éclat orangé. Mousse vive. Les notes de fruits rouges sont mélangées à la groseille à maquereau, au sabayon, au caramel à la menthe et au cuir. Champagne savoureux et voluptueusement somptueux.

• 1981 COMTES DE CHAMPAGNE ROSÉ   82, AOÛT 1989] 90
(100 % PN)
Chez Taittinger, le rosé prend toujours beaucoup de temps pour vieillir. À l'âge de huit ans, le 1981 entame à peine sa période de maturation. Ample et bien structuré, vineux et dense.

• 1979 COMTES DE CHAMPAGNE ROSÉ
(100 % PN)   97, JUILLET 2001] 97
Quel vin fantastiquement jouissif ! Cela doit être la boisson séduisante la meilleure et la plus romantique provenant des caves de Reims. Nez érotique avec ses notes de mer et son style

balsamiquement épicé. Ce sentiment soyeux et caressant en bouche ne peut que ressembler au baiser d'un ange. Il est si bon et si sensuel que je l'ai choisi lors de mes fiançailles avec mon amie Sara.

• 1976 COMTES DE CHAMPAGNE ROSÉ
(100 % PN)   94, JANVIER 2002] 94
Charnu et doux, à la merveilleuse concentration. Il n'est pas précisément classique mais quelle explosion superbe de parfums. Nez bien à lui aux notes de genièvre, de thym, d'aiguilles de pins, de myrica et à la force implacable. Robe anormalement sombre. Bouche ressemblant presque à celle d'un bordeaux rouge.

• 1973 COMTES DE CHAMPAGNE ROSÉ
(100 % PN)   94, JUILLET 2001] 94
Lorsque ma fiancée a dégusté ce champagne à l'aveugle sous un coucher de soleil en Sardaigne, elle était convaincue que c'était un vieux champagne blanc. Robe assez similaire à un champagne des années cinquante à la couleur ambrée. Mousse délicate mais belle. Nez exemplaire aux notes passionnantes de canneberge, de groseille à maquereau, de champignon et de miel. Le plus grand atout du vin est cependant la bouche. Le 1973 est actuellement le plus pur des nectars. La bouche douce de fruits mûrs possède des notes d'abricot, de pêche, de mangue et de fruit de la passion. Longueur en bouche féerique de miel d'acacia.

• 1971 COMTES DE CHAMPAGNE ROSÉ   98, MARS 2000] 98
(100 % PN)
Robe pâle et jaune orangé comme un Cristal rosé. Grande finesse du début à la fin. Aussi irrésistiblement beau qu'une fée des bois qui court pour s'amuser dans un champ à la Saint-Jean. Avec un sourire vivifiant aux lèvres, ce champagne ouvre ses bras pour les quelques chanceux qui le trouve. Le meilleur rosé que j'aie dégusté.

• 1970 COMTES DE CHAMPAGNE ROSÉ   91, JUIN 1997] 93
(100 % PN)
Assurément un peu avare au nez, ce qui est compensé par une bouche magnifiquement concentrée évoquant un nectar. Les notes de fruits rappellent l'orange sanguine, le raisin et la mangue.

• 1969 COMTES DE CHAMPAGNE ROSÉ
(100 % PN)   96, JANVIER 2003] 96
Encore une fois, il est tout à fait fantastique! Il ressemble au DRC avec son charme pétillant et vigoureux. Le vin possède un fruité doux caramélisé, des notes de fraises enrobées de caramel, de framboises récemment cueillies, à la richesse agréable, beurrée et crémeuse dans laquelle la note de caramel au beurre s'approche de la noix de coco. Tout ceci dans un ensemble moyennement ample renforcé par l'acidité rafraîchissante et jeune.

• 1966 COMTES DE CHAMPAGNE ROSÉ
(100 % PN)   90, FÉVRIER 2001] >
Il rappelle beaucoup un bourgogne rouge âgé. Il possède des notes de truffe, de cuir, de prune et de betterave rouge. Le champagne conserve sa dignité mais la fraîcheur a disparu.

• TAITTINGER MILLENIUM   90, MAI 2003] 93
(50 % PN, 50 % CH)
Honneur à Taittinger qui ne demande pas une somme terriblement onéreuse pour son champagne du millénaire. Un beau magnum de grand cru de 1995 et surtout de 1996. Les raisins proviennent, dans de grandes proportions similaires, d'Avize, Oger, Mesnil, Ambonnay, Bouzy et Mailly. Jusqu'à maintenant, le vin est très jeune et la mousse exagérément orgueilleuse. Le vin est très puissant avec un bon potentiel de vieillissement comme beaucoup d'autres champagnes du millénaire. Déjà un an après le tournant du siècle, le vin s'est stabilisé et il est devenu des plus charmants. Torréfié et délicieux, au charme à la Moët. Qu'on ne crache qu'à regret.

TARLANT *** R-M
51480 Œuilly
03 26 58 30 60
Production: 100 000
Propriété familiale de 13 hectares à Œuilly, Celles-les-Condé et Boursault. Étrangement, de nouveaux fûts de chêne des Vosges sont utilisés pour les vins millésimés et pour le champagne de prestige, Cuvée Louis. La maison a planté ses racines dans le monde de la viticulture en 1687, Jean-Mary Tarlant la dirige aujourd'hui. Une petite pension et un musée du vin se trouvent également sur la propriété.

• TARLANT BRUT ZÉRO   73
(33 % PN, 34 % PM, 33 % CH)
• TARLANT RÉSERVE   58
(33 % PN, 34 % PM, 33 % CH)
• TARLANT TRADITION   62
(50 % PN, 20 % PM, 30 % CH)
• TARLANT DEMI-SEC   58
(33 % PN, 34 % PM, 33 % CH)
• TARLANT ROSÉ   53
(20 % PN, 80 % CH)
• 1995 TARLANT   86, SEPTEMBRE 2003] 88
(40 % PN, 60 % CH)
C'est véritablement un producteur sérieux qui paraît s'améliorer. Il semble qu'il maîtrise pleinement ses fûts de chêne. Il laisse les notes de bois se mélanger au fruité plus rafraîchissant et plus riche qu'auparavant. Le 1995 est superbe dans un style moderne fruité. C'est un peu un vin artisanal réussi de Saint-Émilion.

• 1995 TARLANT ROSÉ   80, DÉCEMBRE 2003] 80
(20 % PN, 80 % CH)
Malheureusement, ce superbe champagne a montré qu'il ne tenait pas bien dans le verre et qu'il ne supporte pas l'aération. Il est donc entièrement mature à l'âge de huit ans. Sinon, le vin est impressionnant avec un fruité appuyé, des notes généreuses de tonneaux et à la concentration acide. Il manque un peu de finesse.

• 1988 TARLANT   77, JUILLET 1995] 81
(40 % PN, 60 % CH)
Nez ouvert et agréable de miel et de massepain. Bouche riche et ronde aux mêmes arômes que le nez.

• CUVÉE LOUIS   83
(50 % PN, 50 % CH)
L'un des deux champagnes entièrement vinifiés en fûts de chêne neufs. L'équilibre du vin s'explique principalement par le fait qu'il n'est en contact avec le chêne que pendant trois semaines. Une autre explication est que la fermentation malolactique est évitée et que le bois des Vosges donne une note de chêne douce. Seules 2 000 bouteilles de ce vin unique issu de ceps âgés de trente ans ont été produites. Nez ample, fumé et marqué par la barrique. Le caractère étoffé donne un champagne musclé qui se marie très bien avec de la viande blanche.

• 1996 TARLANT CUVÉE PRESTIGE   86, SEPTEMBRE 2003] 90
Acidité ferme. Bouche claire et croustillante. Plus pur que le 1995, au style rafraîchissant très prometteur.

• 1995 TARLANT CUVÉE PRESTIGE   86, SEPTEMBRE 2003] 88
Je ne sais pas vraiment quelle est la différence entre ce vin et le millésime habituel. Mes notes de dégustation et les points étaient étonnamment similaires lorsque j'ai dégusté ce vin à Londres chez Wine International avec mes collègues britanniques. Il est déjà très bon et agréable.

TASSIN, EMMANUEL R-M
13, Grande-Rue
10110 Celles-sur-Ource
03 25 38 59 44
Production: 15 000
La maison n'a été fondée par le propriétaire du même nom
qu'en 1988. Comme pour beaucoup d'autres dans l'Aube,
le pinot noir représente 85 % de la production des 3,5 hectares.
• E. TASSIN CUVÉE DE RÉSERVE   40
  (80 % PN, 20 % CH)

TELMONT, J. DE * N-M**
1, avenue de Champagne
51480 Damery
03 26 58 40 33
Production: 1 500 000
Henri Lhopital a commencé à vendre du champagne en 1920 mais
il a reçu le statut de maison en 1952. La famille Lhopital dirige
encore la maison. Une grande rénovation a été entreprise en 1989
incluant, entre autres, la construction d'une belle pièce de réception.
Le directeur actuel, M. Lhopital, me rappelle un peu Gérard Depardieu.
Il produit des vins considérablement meilleurs que ceux que le grand
acteur fait en Anjou. La maison possède 28 hectares à Cumières,
Damery, Romery et Fleury, mais la plupart des raisins sont achetés.
• TELMONT GRANDE RÉSERVE SPECIAL   68
  (34 % PN, 35 % PM, 31 % CH)
• TELMONT ROSÉ   65
  (100 % PN)
• 1999 TELMONT   75, DÉCEMBRE 2003] 79
  (35 % PN, 34 % PM, 31 % CH)
• 1997 TELMONT   69, OCTOBRE 2002] 71
  (35 % PN, 34 % PM, 31 % CH)
• 1988 TELMONT   82, AVRIL 1995] 85
  (35 % PN, 34 % PM, 31 % CH)
  Un champagne très personnel dominé par le nez acide et
  la bouche ronde, moelleuse de pêche. Un champagne déjà
  assez mature à l'acidité un peu trop faible.
• 1999 TELMONT BLANC DE BLANCS   82, MARS 2004] 84
  (100 % CH)
  Ample, voluptueux et beurré avec déjà une touche nette de
  caramel aux noix. Il n'y a aucune raison de conserver ce charmant
  paquet de muscles trop longtemps.
• 1996 TELMONT BLANC DE BLANCS   82, JUILLET 2002] 84
  (100 % CH)
  Champagne rafraîchissant, estival et floral avec beaucoup de notes
  douces dominantes. L'ananas séché et la papaye se distinguent
  dans la bouche relativement légère. Moyen et charmant à l'acidité
  étonnamment faible.
• 1988 TELMONT BLANC DE BLANCS   73, AVRIL 1995] 76
  (100 % CH)
• 1997 GRAND COURONNEMENT   86, MARS 2004] 88
  (100 % CH)
  Un champagne de prestige très bon et fiable, aux notes
  dominantes évoquant le Comtes. La menthe, la noix de coco,
  la crème, le kiwi, l'ananas, la groseille à maquereau, le panais et
  la vanille sont les notes évidentes et subtiles de la symphonie.
  Élégant, sophistiqué, très clair et bon.
• 1995 GRAND COURONNEMENT   88, MAI 2003] 91
  (100 % CH)
  Champagne fantastiquement et joliment parfumé tout en étant
  expressivement odorant. Une variante exotique du Pol Roger

Blanc de chardonnay ou un parent proche de l'Amour de Deutz.
Un champagne vraiment bien à suivre.
• 1993 GRAND COURONNEMENT   85, JANVIER 2003] 86
  (100 % CH)
  Un 1993 vraiment magnifique, au charme souriant et au moelleux
  complaisant et mature. Le nez nous fait espérer une bouche
  moelleuse évoquant la glace au melon. Ces promesses sont tenues
  par une expérience fondante et crémeuse en bouche. Légèrement
  tropical, rafraîchissant et agréable. Quelque peu court.
• 1993 TELMONT CONSÉCRATION   85, MARS 2004] 88
  (100 % CH)
  Un grand cru pur en fût de chêne. Malgré le chêne, ce champagne
  possède un nez floral aux notes de kiwi, d'ananas et de mangue.
  Bonne acidité et belle bouche pure avec une once de vanille en finale.
• 1990 GRAND COURONNEMENT   89, SEPTEMBRE 2003] 90
  (100 % CH)
  Un 1990 vraiment ample et charpenté au fruité développé
  presque américain et exotique. La teneur en alcool est élevée. Le
  vin est stable et appuyé. L'amande, le miel, le safran et le foin sont
  les autres associations mentionnées par le groupe de dégustation.
• 1983 GRAND COURONNEMENT   83, JUIN 1995] 83
  (10 % PN, 90 % CH)
  Nez animal et musqué qui fait peur à beaucoup. En revanche,
  la bouche est charnue et concentrée.

TESTULAT, COLLECTIVE N-M
23, rue Léger-Bertin
51200 Épernay
03 26 54 10 65
Production: 350 000
Une maison discrète, fondée en 1862, qui travaille toujours de
façon très traditionnelle.
• TESTULAT CARTE D'OR   70
  (50 % PN, 50 % PM)
• TESTULAT BLANC DE BLANCS   74
  (100 % CH)
• TESTULAT BLANC DE NOIRS   75
  (100 % PN)

THIBAUT, GUY R-M
7, rue des Perthois
51360 Verzenay
03 26 49 41 95
Production: 15 000
Claude et Gérard Thibaut possèdent 1,7 hectares d'un merveilleux
grand cru de village. Même si la production est petite, la qualité est
élevée. Principaux vins: Réserve, Demi-Sec.
• GUY THIBAUT BRUT   63
  (80 % PN, 20 % CH)

THIÉNOT * N-M**
14, rue des Moissons
51100 Reims
03 26 47 41 25
Production: 600 000
Thiénot est une maison assez jeune puisqu'elle fut fondée en 1980.
La plupart des raisins sont achetés de villages relativement bien
situés. Le fondateur tient encore la barre. Il a acheté Marie Stuart
en 1994. Laurent Fedou élabore actuellement les champagnes dans
le cadre du groupe. Alain Thiénot est très accueillant et charmant
tout comme sa très jolie épouse.

• THIÉNOT BRUT   60
(45 % PN, 25 % PM, 30 % CH)
• 1995 THIÉNOT GRANDE CUVÉE   85, OCTOBRE 2003] 88
(40 % PN, 60 % CH)
Après une bonne aération, les arômes potelés de levure évoquent
le Dom Pérignon de 1982 au même âge. C'est un vin très beau
structurellement qui attend un moment pour flirter avec le public.
• 1990 THIÉNOT GRANDE CUVÉE   85, JANVIER 2003] 87
(60 % PN, 10 % PM, 30 % CH)
Champagne de prestige joliment retenu et cohérent, manquant
du petit plus pour s'approcher des vrais grands. Bon équilibre.
Caractère riche biscuité et fruité à la note sous-jacente de chocolat.
• 1988 THIÉNOT GRANDE CUVÉE   88, JANVIER 2002] 90
(60 % PN, 10 % PM, 30 % CH)
C'est le premier millésime pour lequel des fûts de chêne sont
utilisés. Bouquet ample, charpenté, aux notes de pain et saturé
de chocolat. Bouche riche, harmonieuse, pleine, à la belle
rondeur. C'est le meilleur vin de Thiénot jusqu'à présent.
• 1985 THIÉNOT GRANDE CUVÉE   85, MAI 1996] 88
(60 % PN, 10 % PM, 30 % CH)
C'est le premier millésime qui satisfait Alain Thiénot. Je le comprends.
Le 1985 est très sophistiqué. Il vaut son étiquette de prestige. Le vin
est un équilibre superbe entre les arômes matures de pinot et le
chardonnay rafraîchissant, classique au style moyennement étoffé.

TIXIER, GUY R-M
12, rue Jobert
51500 Chigny-les-Roses
03 26 03 42 51
Production : 30 000
Guy Tixier a fondé la maison en 1960. Olivier Tixier est le propriétaire
actuel. Leurs champagnes sont vinifiés grâce aux coopératives de Chigny
et de Chouilly. Les vins sont élaborés à partir de 5 hectares à Chigny.
• GUY TIXIER SÉLECTION   76
(60 % PN, 40 % CH)
• GUY TIXIER CUVÉE RÉSERVE   58
(40 % PN, 40 % PM, 20 % CH)
• GUY TIXIER ROSÉ   62
(50 % PN, 20 % PM, 30 % CH)

TIXIER, PAUL R-M
8, rue Jobert
51500 Chigny-les-Roses
03 26 03 42 45
Production : 23 000
Le viticulteur possède cinq hectares à Chigny-les-Roses.
Les ceps sont en moyenne âgés de 25 ans.
• PAUL TIXIER BRUT   37
(20 % PN, 60 % PM, 20 % CH)
• PAUL TIXIER GRANDE ANNÉE   40
(20 % PN, 60 % PM, 20 % CH)
• PAUL TIXIER DEMI-SEC   27
(20 % PN, 60 % PM, 20 % CH)

TORNAY, BERNARD *** R-M
Chemin Petit-Haut
51150 Bouzy
03 26 57 08 58
Production : 100 000
Bernard Tornay dirige la maison depuis sa fondation en 1950.
C'est naturellement l'un des meilleurs viticulteurs de Bouzy. Ses

installations viticoles se trouvent dans sa maison de taille normale
située à la sortie du village. Ses vignobles de dix hectares ne sont
pas situés dans la meilleure ceinture de Bouzy, mais le rendement
est faible. Ses vins sont surtout conservés plus longtemps que
quelques-autres au village. Le style est celui des champagnes de repas,
sans compromis, à la complexité fumée et à l'arôme de noisette.
• BERNARD TORNAY CARTE D'OR   74
(70 % PN, 30 % CH)
• BERNARD TORNAY CUVÉE BELLES DAMES   88
(70 % PN, 30 % CH)
Le champagne de prestige est un mélange de trois millésimes
conservés avec la levure pendant au moins huit ans. Il est lourd
en comparaison avec un blanc de blancs, mais il est féérique marié
à de la poitrine de faisan accompagné d'une sauce aux morilles.
• 1989 BERNARD TORNAY   90, JUILLET 2001] 90
(70 % PN, 30 % CH)
Quel champagne délicieux ! Au nez, il contient en effet des notes
fermes animales et similaires au fromage, repoussantes pour
beaucoup. La bouche douce évoquant les bonbons au fruité
intense et à la concentration énorme charme profondément.
Le vin n'était pas du tout le meilleur au nez, mais c'est lui qui
possédait la meilleure bouche sur les cinq bouteilles différentes
que j'avais présentées lorsque je l'ai dégusté.
• 1988 BERNARD TORNAY   91, AOÛT 2001] 91
(70 % PN, 30 % CH)
Tornay convainc encore une fois avec ses champagnes matures,
voluptueux, riches en fruité doux. Bouquet gigantesquement
ample et saturé de douceur aux notes de fausse mûre, de
chèvrefeuille et de caramel sombre. Bouche persistante,
pleine, évoquant le sirop de sucre avec, à l'avant-garde, des notes
de miel dans un couple de notes de fruit plus ou moins douces.
• 1981 BERNARD TORNAY   80, SEPTEMBRE 1992] 82
(70 % PN, 30 % CH)
Ce millésime a été vendu à l'âge de onze ans en 1992.
Le nez ample était majestueux alors que la bouche ne tenait pas
jusqu'au bout. Nez de miel, d'amande, de cuir et de prune.

TRIBAUT R-M
21, rue Saint-Vincent
51480 Romery
03 26 58 64 21
Je ne sais pas si c'est de la malchance mais sur les quatre bouteilles
que j'aie dégustées, trois étaient bouchonnées ! Deux provenaient
des USA et l'autre de France.
• TRIBAUT CARTE BLANCHE
(33 % PN, 33 % PM, 34 % CH)

TRIOLET N-M
22, rue Pressoirs
51260 Bethon
03 26 80 48 24
Production : 45 000
Le viticulteur possède neuf hectares à Bethon, Montgenost
et Villenauxe-la-Grande. Triolet est l'un des vinificateurs
les plus réputés de Sézanne. Principaux vins : Millésime.
• TRIOLET BRUT   67
(10 % PN, 10 % PM, 80 % CH)
• TRIOLET SÉLECTION   69
(100 % CH)

TRITANT, ALFRED R-M
23, rue de Tours
51150 Bouzy
03 26 57 01 16
Production : 30 000
Le producteur a commencé son activité en 1930 à Bouzy.
Il utilise toujours des méthodes traditionnelles. Le viticulteur
possède actuellement 3,5 hectares à Bouzy.
- A. TRITANT GRAND CRU BRUT   68
  (60 % PN, 40 % CH)
- 1989 A. TRITANT   82, SEPTEMBRE 1997] 85
  (60 % PN, 40 % CH)
  Champagne puissant. Nez de poisson et de pain. Bouche de
  champignon et de figue.

TROUILLARD N-M
2, avenue Foch
51208 Épernay
03 26 55 37 55
Production : 250 000
Une maison plus connue pour ses changements de propriétaire que
pour son champagne. Le groupe Trouillard est plus connu que la
maison. Bernard Trouillard la dirige actuellement. Vins principaux :
Sélection, Vintage, Rosé.
- TROUILLARD CUVÉE DIAMANT   55
  (60 % PN, 40 % CH)
- TROUILLARD SÉLECTION   57
  (40 % PN, 30 % PM, 30 % CH)
- TROUILLARD BLANC DE BLANCS   70
  (100 % CH)
- 1988 TROUILLARD CUVÉE FONDATEUR
  (100 % CH)   80, AVRIL 1996] 85
  Un blanc de blancs pur et bon à un prix très raisonnable. Le vin
  possède une certaine finesse.
- 1966 TROUILLARD DIAMANT   87, FÉVRIER 2000] 87
  (50 % PN, 50 % CH)
  Un champagne caractéristique du millésime et joliment torréfié
  à la base. Malheureusement, il perd rapidement cet atout dans le
  verre, ce qui abaisse le nombre des points en dessous de la barre
  des quatre-vingt-dix. Bouche de plus en plus animale et exigeante.

TURGY, MICHEL * R-M**
17, rue d'Orme
51190 Le Mesnil-sur-Oger
03 26 57 53 43
Production : 60 000
Lorsque vous rendez visite aux viticulteurs du Mesnil, il y a un nom
qui est souvent répété en dehors de celui de Salon. Les vieux
millésimes de Turgy sont considérés par plusieurs viticulteurs
comme étant les meilleurs élaborés au village. Après le décès récent
de Michel, la vente des millésimes a été bloquée. Par conséquent,
le champagne non millésimé contient également du vin qui aurait
été habituellement considéré comme champagne millésimé.
Le mélange commercialisé en 1995 était basé sur la vendange de
1988 et il contient des vieux vins de réserve âgés même de 25 ans !
Puisque les vins du Mesnil ont une espérance de vie si longue,
Turgy et Guy Charlemagne sont souvent cités parmi les meilleurs
producteurs de vins non millésimés si on exclut de cette catégorie
la Grande Cuvée de Krug.

- MICHEL TURGY SÉLECTION   82
  (100 % CH)
  J'ai bu des champagnes non millésimés plus purs mais rarement
  aussi agréables. Nez de miel très ample. Bouche de chocolat à la
  menthe. Longueur en bouche complexe de vieux vins de réserve.

VALLOIS, GUY * R-M**
2, rue de l'Égalité
51530 Cuis
03 26 51 78 99
Production : 60 000
Je n'ai malheureusement jamais rendu visite à ce fameux viticulteur
à Cuis. Mais sa parenté avec Diebolt-Vallois à Cramant promet
de belles surprises comme les vins que j'ai pu déguster. Si vous avez
de la chance, vous pouvez maintenant goûter quelques-uns
des plus vieux millésimes de ce viticulteur chez Jacques Diebolt.
- GUY VALLOIS BLANC DE BLANCS   77
  (100 % CH)
- 1985 GUY VALLOIS NON DOSÉ   90, DÉCEMBRE 2003] 91
  (100 % CH)
  Un champagne profond, superbe, à la légèreté et la finesse
  paradoxales. Au nez comme en bouche, il respire la crème et le fruité
  sophistiqué à la note de fruit de la passion. Longueur en bouche
  agréable de fraises à la crème fouettée qui réveille mon envie d'été.
- 1982 GUY VALLOIS NON DOSÉ   80, DÉCEMBRE 2003] 80
  (100 % CH)
  La robe, l'acidité, la structure et la mousse sont belles mais là
  s'arrêtent les louanges. Arômes oxydés de malt, de thé, de réglisse,
  de terre et de raisins secs. Je dois souligner que beaucoup de
  personnes, y compris Jacques Diebolt, qui ont acheté une caisse
  de ce vin sont beaucoup plus ravies que moi.
- 1979 GUY VALLOIS NON DOSÉ   90, DÉCEMBRE 2003] 90
  (100 % CH)
  L'un des quatre millésimes plus âgés non dégorgés que Guy
  a laissé derrière lui. J'ai dégusté ce vin à deux reprises. Il s'est
  comporté de manière totalement différente à chaque occasion.
  La première fois, l'élégance et l'aspect floral étaient les plus
  notables. En outre, les points pour ce champagne dépassaient
  largement la barre des quatre-vingt-dix. La deuxième fois, le
  champagne était dépourvu de charme, un peu lourd avec certaines
  notes matures grossières malgré une robe moyennement profonde
  et une belle mousse. La trilogie composée du 1985, 1979 et 1976
  est très fascinante, car les vins sont toujours non dégorgés et ils
  donnent réellement une chance au dégustateur de voir comment
  chaque bouteille vieillit après un si long contact avec les dépôts.
- 1976 GUY VALLOIS NON DOSÉ   93, DÉCEMBRE 2003] 93
  (100 % CH)
  Un chardonnay pur de Cuis. Notes de noix et de beurre fondant
  dans la poêle. Sec et évoquant le Salon au nez comme en bouche.
  Dans certaines bouteilles, une note oxydée s'est malheureusement
  faufilée dans la longueur en bouche, ce qui les fait nettement
  ressembler au Salon de 1983. Les meilleures bouteilles et tous les
  magnums qui ont atteint jusqu'à 94,5 points sont clairs et vifs
  avec une belle douceur de crème brûlée même si le vin est non
  dosé. Des fleurs de printemps, du caramel et de la vanille se
  distinguent dans le bouquet fleuri. Même la bouche est séduisante
  avec son fruité agréable et son équilibre.
- 1973 GUY VALLOIS NON DOSÉ   94, DÉCEMBRE 2003] 94
  (100 % CH)
  Quelle profondeur ! Un vin de Cuis récemment dégorgé
  et sans dosage. Malheureusement, il en existe peu de bouteilles.

Les chanceux qui ont la possibilité de déguster ce vin rare sont unanimes sur le fait que les notes de champignons des bois, de moka, de cacao, de noix et de fruité acide sont joliment harmonieuses dans ce champagne charpenté. Le vin possède une attaque rare et une intensité explosive qui évoque les bouteilles bien conservées de Salon et de Diebolt des années 1950 et 1960.

VARLOT-LENFANT R-M

1, rue de la Mairie
51380 Trépail
03 26 57 05 03
Production : 30 000
La belle propriété est dominée par le chardonnay.

• VARLOT-LENFANT BRUT	49
(20 % PN, 80 % CH)	
• 1992 VARLOT-LENFANT L'EDEN	48, AVRIL 2002] 48
(20 % PN, 80 % CH)	

VAUGENCY, HENRY DE R-M

1, rue Avize
51190 Oger
03 26 57 50 89
Production : 50 000
Le viticulteur dispose de plus de huit hectares à Oger et dans sa proximité.

• HENRY DE VAUGENCY CARTE NOIRE	49
(100 % CH)	

VAUTIER, JOËL R-M

36, Grande-Rue
51360 Beaumont-sur-Vesle
03 26 03 95 59
Production : 40 000
L'un des rares viticulteurs dans ce village classé grand cru de Beaumont-sur-Vessle.

• J. VAUTIER GRANDE RÉSERVE	69
(70 % PN, 30 % CH)	

VAUTRAIN-PAULET R-M

195, rue du Colonel-Fabien
51530 Dizy
03 26 55 24 16
Production : 60 000
Voisin avec Jacquesson, Vautrain-Paulet est dirigé par Arnaud Vautrain. Il possède huit hectares à Dizy et à Ay.
Vins principaux : Blanc de Blancs et Grande Réserve.

• VAUTRAIN-PAULET CARTE BLANCHE	60
(50 % PN, 20 % PM, 30 % CH)	

VAZART-COQUART R-M

7, rue Dom-Pérignon
51530 Chouilly
03 26 55 40 04
Production : 100 000
Les Vazart-Coquart, père et fils, sont très fiers de leur réussite et de leurs nombreux admirateurs. Les vinificateurs sont innovants et ils expérimentent avec leurs propres idées. La famille organise régulièrement des dégustations du même vin en bouteilles de tailles diverses, contenant des proportions de sucre variées et des dates de dégorgement différentes. Vazart-Coquart utilise beaucoup de vieux vins de réserve dans ses champagnes. Mais la maison a également produit un champagne appelé Foie Gras contenant des vins d'une dizaine de millésimes plus âgés qui devrait très bien se marier avec le plat du même nom. Malgré leurs idées admirables, je ne suis personnellement pas impressionné par les champagnes de la maison. Ils possèdent une surabondance d'arômes lourds d'amande et un dosage trop élevé sur lequel ils sont étrangement d'accord. Ils ont écarté leur propre idéal afin de produire un champagne répondant aux attentes du public.

• VAZART-COQUART GRAND BOUQUET	62
(100 % CH)	
• VAZART-COQUART CUVÉE FOIE GRAS	74
(100 % CH)	
• VAZART-COQUART ROSÉ	59
(10 % PN, 90 % CH)	
• 1989 VAZART-COQUART GRAND BOUQUET	75, DÉCEMBRE 1996] 77
(100 % CH)	
• 1988 VAZART-COQUART	75, AOÛT 1993] 76
(100 % CH)	
• 1982 VAZART-COQUART	76, JUILLET 1993] 76
(100 % CH)	

VAZART, LUCIEN C-M

2, rue d'Avize
51530 Chouilly
03 26 55 61 15
Production : 50 000
Beaucoup de producteurs du nom de Vazart ou de Legras habitent dans le village de Chouilly. Lucien est l'un des plus connus. Comme R & L Legras, l'arôme d'amande caractéristique du village est évité en faveur d'un style de chardonnay plus pur et plus classique.

• LUCIEN VAZART PRIVATE CUVÉE	75
(100 % CH)	

Robe pratiquement incolore. Petites bulles rapides. Nez cristallin, délicat, jeune et métallique. Beau caractère de terre. La bouche montre un large spectre de nuances délicates et légères.
Un champagne parfait pour l'apéritif.

VENOGE (DE) **** N-M

46, avenue de Champagne
51200 Épernay
03 26 53 34 34
Production : 1 700 000
Parmi les étrangers ayant fondé une maison de champagne, on remarque un Suisse, Marc-Henri de Venoge. Il a commencé son activité en 1837 à Mareuil-sur-Ay, mais a déménagé rapidement pour Épernay. Durant tout le XXe siècle, la maison appartenait aux producteurs les plus importants en Champagne. La moitié de la production est exportée vers les pays germanophones et au Royaume-Uni. 90 % des raisins sont achetés et vinifiés de façon moderne en cuves d'acier. La maison est dirigée actuellement par un jeune vinophile des plus compétents, Gilles de la Bassetière. Les vins étaient auparavant mélangés par le vinificateur Éric Lebel qui travaille aujourd'hui pour Krug. Isabelle Tellier s'occupe maintenant de cette tâche. Le style de la maison est assez difficile à appréhender puisqu'il est tiraillé entre le blanc de blancs et le blancs de noirs. C'est probablement la note de fumée de poudre qui est le dénominateur commun aux vins, sauf pour ceux contenant uniquement du chardonnay. Le champagne non millésimé est le vin de la maison au meilleur rapport qualité-prix après le merveilleux Des Princes. C'est précisément ce champagne de prestige Des

Princes crémeux à la bouche de caramel au beurre qui est l'une de mes découvertes les plus importantes et les plus récentes dans ma chasse aux trésors. Deux vins se trouvaient parmi les douze meilleurs champagnes choisis par le jury de la dégustation du millénaire. Très impressionnant!

• DE VENOGE BRUT CORDON BLEU   79
(50 % PN, 25 % PM, 25 % CH)

• DE VENOGE CUVÉE PARADIS   70
(70 % PN, 30 % CH)

• DE VENOGE EXTRA QUALITY   90
(Basé sur un 1958.) Un vin que l'on ne peut trouver que lors d'une dégustation chez les voisins, De Venoge. Ce n'est pas un pur blanc de blancs mais le chardonnay domine nettement. Le dosage est un peu trop généreux mais sinon c'est encore un champagne crémeux et des plus vivants.

• DE VENOGE BLANC DE BLANCS   60
(100 % CH)

• DE VENOGE BLANC DE NOIRS   78
(80 % PN, 20 % PM)

• DE VENOGE DEMI-SEC   50
(50 % PN, 25 % PM, 25 % CH)

• DE VENOGE PRINCES ROSÉ   75
(40 % PN, 50 % PM, 10 % CH)

• 1995 DE VENOGE   85, SEPTEMBRE 2003] 88
(70 % PN, 10 % PM, 20 % CH)
Nez peu développé et parallèlement ample. Très grande richesse en bouche saturée de fruits. Acidité jeune et bonne longueur. Son évolution sera très intéressante à suivre.

• 1991 DE VENOGE   80, OCTOBRE 2001] 82
(70 % PN, 10 % PM, 20 % CH)
Fortement influencé par le pinot noir au nez de chocolat, de cuir et de fruits rouges. Structure assez charnue et acidité un peu relâchée. J'ai peut-être tort quant aux perspectives de vieillissement assez peu intéressantes de ce vin.

• 1990 DE VENOGE   89, OCTOBRE 2003] 89
(51 % PN, 34 % PM, 15 % CH)
Un 1990 superbement caractéristique de la maison, fumé aux notes de noix. Il possède en outre une belle acidité, des séquences de fruit doux et mûris au soleil. Malheureusement, il était déjà un peu fatigué les dernières fois que je l'ai dégusté.

• 1989 DE VENOGE   85, AOÛT 1999] 88
(51 % PN, 34 % PM, 15 % CH)
Belle robe profonde à la mousse blanche comme neige. Nez de pinot ample et mature à la note évidente de chocolat et de caramel. Bouche équilibrée beurrée au fruité riche et somptueux.

• 1988 DE VENOGE   90, OCTOBRE 2001] 90
(60 % PN, 20 % PM, 20 % CH)
Un vin qui s'est merveilleusement développé ces dernières années. C'est aujourd'hui un charmeur constant possédant une note de café et à la profondeur de noix. Parfaitement équilibré. Bouche possédant de plus en plus de chardonnay que la normale.

• 1987 DE VENOGE   84, NOVEMBRE 2001] 84
(70 % PN, 10 % PM, 20 % CH)
Un vin vraiment agréable de ce millésime délicat au très joli nez de cacao et de pain tout juste sorti du four. Bouche allant de légère à moyennement étoffée sans une plus grande complexité. Le vin peut très bien nous rendre heureux un moment, mais il ne laisse aucune matière à réflexion, un peu comme une comédie américaine.

• 1986 DE VENOGE   86, AOÛT 1999] 86
(51 % PN, 34 % PM, 15 % CH)
Nez développé et torréfié à la note de chocolat. Bouche un peu simple et mature à la faible acidité et au fruité riche, très torréfié et fumé. Un vin facile à apprécier.

• 1985 DE VENOGE   85, AOÛT 1999] 88
(51 % PN, 34 % PM, 15 % CH)
Un merveilleux champagne qui coûte beaucoup trop peu. Il possède de nombreux caractères classiques de champagne où les notes de chocolat, de pain fraîchement cuit et de miel sont frappantes. Un vin que je souhaiterais posséder dans ma cave.

• 1983 DE VENOGE   70, MAI 2001] 70
(70 % PN, 10 % PM, 20 % CH)

• 1983 DE VENOGE BRUT ZÉRO   84, NOVEMBRE 2001] 84
(70 % PN, 10 % PM, 20 % CH)
Un vin qui se vendra toujours récemment dégorgé à l'âge de vingt ans. Il est considérablement plus rafraîchissant sous cette forme que normalement dégorgé. Nez oxydé aux notes de forêt et de prune. Bouche moelleuse et pourtant pure. À ne pas conserver!

• 1982 DE VENOGE   88, SEPTEMBRE 2003] 88
(51 % PN, 34 % PM, 15 % CH)
Nez très développé aux nombreux arômes de café. Longueur en bouche malheureusement trop courte. Sinon, c'est un champagne agréable avec beaucoup de notes de noix et un prix modeste.

• 1979 DE VENOGE   90, DÉCEMBRE 1995] 90
(51 % PN, 34 % PM, 15 % CH)
La torréfaction, les notes de noix et de pain sont habituelles pour les 1979. Elles sont également parfaites ici. Un vin arrivé entièrement à maturité.

• 1976 DE VENOGE   87, MAI 2003] 87
(51 % PN, 34 % PM, 15 % CH)
Charpenté et riche en alcool comme il se doit avec des séquences de fruité doux et presque brûlé. Monotone et inflexible dans son style insensible à la char d'assaut. Il est pourtant impressionnant et très bon. Je suis sûr que des connaisseurs moins difficiles que moi en matière de style lui donneront encore plus de points.

• 1975 DE VENOGE   82, MAI 2001] 82
(51 % PN, 34 % PM, 15 % CH)
Actuellement, un peu grossier et trop mûr. Bouche meilleure que le nez. Des notes d'oxydation sales me dérangent un peu au nez, même si le cacao et le fer peuvent également être discernés. Bouche simple et rustique avec un bel aspect étoffé et un beau trait.

• 1973 DE VENOGE   86, OCTOBRE 2000] 86
(50 % PN, 25 % PM, 25 % CH)
Acheté très récemment par De Venoge lors d'une vente aux enchères en France. Très développé et mature avec une impression assez monotone. Un vin de foie gras avec une note de caramel dur importante et des doux arômes de caramel. Il n'appartient évidemment pas à la même catégorie que le Des Princes.

• 1971 DE VENOGE   91, JANVIER 1999] 91
(51 % PN, 34 % PM, 15 % CH)
Nez important comme tout un buisson de chèvrefeuille. Bouche puissante, maltée et moelleuse comme du miel, à la finale un brin grossière et oxydée qui abaisse un peu l'impression générale. Nez angélique!

• 1970 DE VENOGE BRUT ZÉRO   85, DÉCEMBRE 2003] 85
(40 % PN, 10 % PM, 50 % CH)
Un 1970 anormalement jeune à la belle structure, à l'acidité fraîche et aux arômes fumés de bois et de cuir. Charnu, carré et un peu monotone. Austère et bon. Récemment dégorgé dans la cave de la maison.

• 1961 DE VENOGE   96, JUIN 1999] 96
Malheureusement, même la direction de la maison ne connaît pas
sa composition en raisins. Il semble pourtant que le chardonnay
prédomine. Un champagne rare qui mélange parfaitement la
richesse du millésime et une élégance que peu d'autres vins possèdent.

• 1937 DE VENOGE   93, MAI 2001] 93
(51 % PN, 34 % PM, 15 % CH)
J'ai rarement eu le plaisir de partager une bouteille de ma cave
avec la direction d'une maison de champagne. Tout comme moi,
Gilles et Aymeric de Venoge ont apprécié ce champagne
jusqu'alors immobile, à la bouche de chocolat. Ses arômes
de maturité se tenaient malgré tout bien dans le verre. Nous
étions tous étonnés que la maison n'ait pas inscrit un jubilé
sur l'étiquette puisqu'elle a été fondée en 1837. Si tant est que cela
soit possible, ils étaient plus surpris que moi lorsque j'ai présenté
un magnum de ce vin aussi jeune qu'un champagne des années
1970. Le monde du champagne peut être si étrange.

• 1995 DE VENOGE BLANC DE BLANCS   79, MARS 2003] 81
(100 % CH)
80 % de grand cru mélangés malheureusement avec 20 % de
Sézanne ce qui implique que le vin est devenu plus accessible
et plus pleutre. Bon caractère de raisin et style assez étoffé.
J'ai trouvé des notes dérangeantes de farine lors de la grande
dégustation d'automne 2003 de Wine International.

• 1990 DE VENOGE BLANC DE BLANCS   80, FÉVRIER 1997] 85
(100 % CH)
Fumé et ferme aux notes de goudron et de forêt. La bouche de
fruit est pourtant généreuse avec une touche d'abricot.

• 1983 DE VENOGE BLANC DE BLANCS   87, AVRIL 2001] 87
(100 % CH)
Nez cristallin, jeune et raffiné d'agrume, de brise marine et de
brioche. Bouche légère à la limite de fine et jeune, rafraîchissante
à l'acidité impressionnante et au caractère minéral.

• 1979 DE VENOGE BLANC DE BLANCS   83, AVRIL 2001] 83
(100 % CH)
Bouquet étonnamment lourd et vieux. Il existe certainement
des bouteilles au meilleur caractère de raisin et possédant plus
de vigueur. Cette bouteille était bonne et saturée en chocolat
mais probablement en fin de vie.

• 1978 DE VENOGE CRAMANT BLANC DE BLANCS   93, MAI 2003] 93
(100 % CH)
Dans la cave de De Venoge, il existe encore des stocks
considérables de ce joli garçon oublié et jamais commercialisé
en magnum. Quel beau nez de début d'été aux notes de lys de
la vallée et de bois de hêtre mouillé par la pluie ! L'aspect floral
est caractéristique de ce millésime quelque peu anémique laissant
toujours apparaître sa jeunesse et des notes vertes un brin
immatures. Bouche classique, pure et élégante mais sans le milieu
creux si caractéristique du millésime. Pur, beau et homogène !

• 1995 DE VENOGE BLANC DE NOIRS   92, FÉVRIER 2004] 92
(100 % PN)
Sensationnel ! Je n'ai jamais auparavant découvert un champagne
sec ressemblant autant au sauternes que celui-ci. En plus de la note
inattendue, le vin est féeriquement voluptueux et plein de fruité
corpulent et doux. Il est déjà des plus gouleyants et des plus fumés.
Je dois reconnaître que je n'ai jamais réussi à cracher ce champagne
même si j'ai pour principe de ne jamais boire en travaillant.

• 1990 DE VENOGE BLANC DE NOIRS   82, JANVIER 1997] 88
(80 % PN, 20 % PM)
Style de la maison sophistiqué et moelleux. Étoffé à l'équilibre
lisse. Un vin très différent du blanc de noirs d'un viticulteur.

La composition en raisins ne possède malgré tout pas de caractère
typique de pinot.

• 1982 DE VENOGE ROSÉ   7, MARS 1999] 87
(100 % PN)
Un rosé classique et caractéristique du millésime avec une note
sous-jacente de menthe au fruité riche et crémeux.

• 1979 DE VENOGE ROSÉ   88, MAI 2000] 88
(100 % PN)
Apparence rose foncé et vive. Nez ample qui me transporte
au sud de la côte de Beaune avec ses vins rouges légers, doux et
flatteurs. Beau pinot noir même dans la bouche de fraise souple et
évoquant la cannelle. Un vin très intéressant à la forte personnalité.

• 1977 DE VENOGE ROSÉ   83, DÉCEMBRE 1999] 83
(100 % PN)
J'ai dégusté ce millésime flou à la Bubble Launge à New York avec
Gilles. Nous étions d'accord sur le fait que le vin était trop frais et
jeune, mais guère provocant avec son nez de thé et de fruité léger.

• 1976 DE VENOGE ROSÉ   85, MAI 2001] 85
(80 % PN, 20 % CH)
J'ai bu un beau magnum en parfaite condition et je dois dire que
j'ai été plus impressionné par le nez que par la bouche. En bouche,
le vin est un peu fin et court avec une belle mousse et un caractère
discret beurré. Nez à la bourgogne dense avec des notes animales
et végétales. Le nez du vin rappelle beaucoup un fond fortement
réduit de poulet et de légumes.

• 1973 DE VENOGE ROSÉ NON DOSÉ   90, NOVEMBRE 2002] 90
(80 % PN, 20 % CH)
Magnifiquement bourguignon ! Sombre comme un vieux Musigny,
concentré comme peu de vins. Mettre le nez dans le verre n'a pas
été un choc puisque le champagne est fidèle à l'image qu'il donne
au nez comme en bouche. S'il n'avait pas été trop pétillant,
je suis convaincu qu'un dégustateur plus doué que moi aurait
deviné un rouge grand cru des Côtes de Nuits. Douceur
impressionnante si on considère que j'ai dégusté ce magnum
une minute après le dégorgement et sans sucre du tout. Quelque
peu moins impressionnant lors de notre tournée en Scandinavie.
Le vin n'a pas semblé bien se porter durant le voyage.

• 1983 DE VENOGE 20 ANS   84, MARS 2004] 84
(70 % PN, 10 % PM, 20 % CH)
Même vin que le Brut Zéro que j'ai dégusté directement dans
la cave, mais quelques rares bouteilles sont commercialisées.
Un merveilleux concept que Gilles utilise pour montrer différents
vins à l'âge parfait de vingt ans. Nous attendons impatiemment
le 1985 récemment dégorgé et son sucré en 2005.

• 1995 DES PRINCES   81, AOÛT 1999] 88
(50 % PN, 50 % CH)
Malheureusement, le concept de pur chardonnay dans le
« Prince » a été écarté et mélangé au pinot noir afin d'attirer un
plus large public lors de la commercialisation du vin.
C'est assurément un très bon champagne mais pas aussi personnel
et superbe que son prédécesseur l'a été. Le prochain Des Princes
va, par chance, être divisé en deux versions : un blanc de blancs
et un blanc de noirs.

• 1993 DES PRINCES   88, MARS 2003] 91
(100 % CH)
Par chance, je sais précisément comment ces vins doivent vieillir.
Sinon, j'aurais été très déçu par ce vin timide. Crayeux et sentant
vaguement les agrumes avec une belle acidité et un caractère
charnu à retardement et sous-jacent dont je me languis.

• 1992 DES PRINCES   82, JANVIER 1999] 87
(100 % CH)

Passablement concentré en considérant le millésime. Beau nez torréfié. Bouche d'agrume moelleuse riche en finesse. J'ai toujours donné trop peu de points pour le potentiel du Des Princes. Il est possible que le 1992 évolue comme les millésimes précédents de ce merveilleux champagne. Mais la note herbeuse et de plante libérée par le millésime va à l'encontre de cette prédiction.

• 1990 DES PRINCES   87, JANVIER 1999] 92
(100 % CH)

Brillant et superbement pâle, aux bulles très fines. Nez délicat et nuancé dévoilant que ce vin est un multicru. Mousse moelleuse. Bouche rappelant un blanc de blancs de Deutz de la même année.

• 1989 DES PRINCES   90, JANVIER 1999] 92
(100 % CH)

Un champagne très raffiné à la nuance verte chatoyante. Nez superbe de citron vert, de lys de la vallée, de menthe et de pain grillé. Bouche aristocratique et élégante à la pureté cristalline, aux nombreuses facettes.

• 1985 DES PRINCES   92, DÉCEMBRE 2003] 93
(100 % CH)

De prime abord, je ne croyais pas en ce vin évoluant lentement. J'avais apparemment tort car le vin possède aujourd'hui une structure charnue et une belle concentration de parfums. Il ressemble de plus en plus aux grands millésimes de ce vin.

• 1983 DES PRINCES   92, MARS 2004] 92
(100 % CH)

Légèrement torréfié aux notes de noix et à la touche légère mentholée. Un 1983 crémeux, concentré, de haut niveau. Il est maintenant arrivé à maturation avec un caractère charnu si typique de ce vin quel que soit le millésime.

• 1982 DES PRINCES   94, MAI 2003] 94
(100 % CH)

Nez très particulier de forêt de sapin, de térébenthine et d'aubépine. Le vin possède malgré tout une touche familière de citron et de pain grillé. Délicat et léger avec une finale persistante de noix. Il est aujourd'hui tout à fait harmonieux, à la note de caramel au beurre caractéristique du millésime et à l'équilibre merveilleux.

• 1979 DES PRINCES   97, JUILLET 2003] 97
(100 % CH)

Les jeunes amateurs de vin actuellement à la tête de De Venoge affirment avec détermination que le 1979 était le plus souvent encore meilleur que l'angélique 1976 à la bonne mâche. Lorsque nous les avons dégustés tous les deux pour les comparer en janvier 1999, le 1976 était tout juste meilleur. Lors de la dégustation du millénaire (voir page 66), le rapport de force s'était inversé. Ce blanc de blancs est parfait et il possède tout ce qu'un Comtes de Champagne doit contenir.

• 1979 DES PRINCES NON DOSÉ   92, OCTOBRE 2000] 94
(100 % CH)

Un exemple de ce que la conservation en bouteille et un dosage bien pensé peuvent apporter pour faire augmenter la qualité du vin. Le vin est certainement très beau et pur, au bouquet euphorique, mais il est presque ferme et avare face au vin normalement dégorgé. Dégusté dans la cave des De Venoge, dégorgé sur place.

• 1976 DES PRINCES   97, OCTOBRE 2000] 97
(100 % CH)

Si incroyablement charnu et concentré que l'on est ébahi. D'après un dégustateur, il ressemble presque à un chardonnay américain dans sa force de conviction. Je suis sous le charme

du spectre aromatique romantique à la Comtes. Il est maintenant évident que le Des Princes est l'un des champagnes que j'ai le plus sous-estimé. Il est sublime à chaque fois!

• 1973 DES PRINCES   91, JANVIER 2000] 91
(100 % CH)

Mats Hanzon, Bengt Frithiofson et moi avons trouvé des notes de safran, de miel, de menthe et de caramel à la framboise dans ce vin gouleyant et évoquant les bonbons. À peine classique mais très rond et agréable. Comme d'habitude, le Comte de Champagne vient à l'esprit.

• 1973 DES PRINCES NON DOSÉ   89, OCTOBRE 2000] 91
(100 % CH)

Totalement différent de la variante normalement dégorgée du même vin. Animal et végétal, aux notes d'asperge, d'artichaut et de poivron dominant légèrement sur le caractère carné.

• 1971 DES PRINCES
(100 % CH)

• 1966 DES PRINCES   94, JUIN 2002] 94
(100 % CH)

Plus crayeux et plus fumé que les millésimes précédents, au trait retenu et étouffé. Il s'ouvre pourtant dans le verre. Il fait montre de sa classe à la persistance unique.

• 1964 DES PRINCES   96, AVRIL 1999] 96
(100 % CH)

Mon dieu, quel bouquet énorme! Je n'ai jamais dégusté autant de notes de caramel au beurre dans un vin. Bouche riche délicieuse sur le même thème. Mousse très délicate.

• 1961 DES PRINCES   97, AOÛT 1999] 97
(100 % CH)

Quel champagne fabuleux! J'ai eu le grand honneur de boire la dernière bouteille de la maison. C'est également le premier millésime du Des Princes. En fait, ce vin sans millésime est probablement un pur 1961. Le vin mêle d'une manière unique une note beurrée insensée à une profondeur de noix.

VERGNON, J-L R-M

1, Grande-Rue
51190 Le Mesnil-sur-Oger
03 26 57 53 86
Production: 40 000

Jean-Louis Vergnon exploite cinq hectares dans la côte des Blancs. Il avait la préférence de beaucoup de viticulteurs de la région. Je ne partage pas leur sentiment. Les vins sont pleins de parfums mais il leur manque l'élégance du village. La fermentation malolactique n'est pas utilisée pour le vin millésimé provenant de ceps âgés de quarante ans. Malheureusement, la maison semble sur le déclin.

• J.-L. VERGNON EXTRA BRUT   73
(100 % CH)

• J.-L. VERGNON BLANC DE BLANCS   66
(100 % CH)

• 1998 J.-L. VERGNON   85, FÉVRIER 2004] 88
(100 % CH)

Nez très fleuri et joliment parfumé au caractère pur de terroir. Bouche acide et cristalline où tous les arômes sont nettement définis. Fraîcheur de citron vert et pierreux à la cohérence forte.

• 1995 J.-L. VERGNON   85, JUILLET 2003] 88
(100 % CH)

Chardonnay ample et luxueux, influencé par les agrumes avec une acidité moelleuse mais cependant rafraîchissante. Un blanc de blancs des plus agréables et des plus recherchés. Il semble que la maison soit de nouveau sur la bonne voie.

• 1988 J.-L. VERGNON   84, NOVEMBRE 2003] 85
(100 % CH)
De prime abord, le bouquet est quelque peu impur, mais
il s'améliore lors de l'aération. Le vin est caractéristique du style
du village mais c'était pourtant une relative déception dans
sa jeunesse. Il est considérablement plus agréable et plus
homogènement torréfié à l'âge de quinze ans.

• 1987 J.-L. VERGNON   86, JANVIER 1996] 87
(100 % CH)
Vin sensationnel au nez personnel et parfumé. Bouche classique,
pure et crayeuse. Les arômes de fruits dominants sont kiwi et melon.

• 1986 J.-L. VERGNON   76, MAI 1992] 76
(100 % CH)

• 1982 J.-L. VERGNON   70, JUILLET 1990] 77
(100 % CH)

VESSELLE, ALAIN R-M

8, rue de Louvois
51150 Bouzy
03 26 57 00 88
Production : 130 000

La famille Vesselle s'est implantée sur la terre de Bouzy en 1885.
Alain a choisi un chemin différent en 1958. Le propriétaire actuel,
Éloi Vesselle, se concentre principalement sur son Bouzy rouge.
Il possède dix-huit hectares à Bouzy.

• ALAIN VESSELLE BRUT TRADITION   60
(66 % PN, 34 % CH)

• ALAIN VESSELLE CUVÉE ST-ÉLOI   77
(50 % PN, 50 % CH)

• ALAIN VESSELLE ROSÉ   77
(55 % PN, 45 % CH)

• 1993 ALAIN VESSELLE   79, FÉVRIER 1999] 83
(50 % PN, 50 % CH)
Nez étonnamment beurré. En bouche, le vin se comporte plus
comme prévu, la fraîcheur du millésime jouant joliment avec la
pesanteur de Bouzy et la bouche minérale.

VESSELLE, GEORGES *** R-M

16, rue Postes
51150 Bouzy
03 26 57 00 15
Production : 145 000

Le meilleur des Vesselle comme le cercle des connaisseurs suédois a
l'habitude de dire. Le bon Georges a travaillé chez Mumm tout en
ayant le temps d'être maire de Bouzy. Il possède 17,5 hectares à
Bouzy et à Ambonnay. Il produit quelques-uns des meilleurs vins
rouges de la région. Son champagne n'est pas à dédaigner.

• GEORGES VESSELLE BRUT   80
(90 % PN, 10 % CH)
Une demi-bouteille de dix ans de ce champagne figure parmi les
meilleurs champagnes non millésimés que j'ai dégustés. Riche et
chocolatée comme un dessert. Les bouteilles récemment dégorgées
sont naturellement moins généreuses et développées, mais elles
contiennent un fruité puissant prêt à s'épanouir totalement.

• GEORGES VESSELLE ROSÉ   75
(90 % PN, 10 % CH)

• 1998 GEORGES VESSELLE   82, FÉVRIER 2004] 87
(90 % PN, 10 % CH)
Aucune fermentation malolactique ne donne un nez de frottoir
d'allumettes et une acidité ferme, dure. Bonne structure mais
il faut conserver ce vin encore pendant longtemps !

• 1996 GEORGES VESSELLE   82, NOVEMBRE 2001] 88
(90 % PN, 10 % CH)
Fruité, acidité et structures puissantes. Il n'est pas encore prêt ou
subtil. C'est encore un vin pour la garde en cave.

• 1996 GEORGES VESSELLE BRUT ZÉRO   81, NOVEMBRE 2001] 87
(90 % PN, 10 % CH)
Même vin sans dosage. Quelque peu plus pur et plus frais.
Longueur en bouche considérablement plus courte.

• 1995 GEORGES VESSELLE   84, AOÛT 2002] 88
(90 % PN, 10 % CH)
Crémeux et profond à la fois. Je suis vraiment conquis par ce
champagne de pinot somptueux. Il possède une richesse saturée
de chocolat et une note minérale sous-jacente qui impressionent.
Longueur en bouche de fruits rouges, jaunes et de baies.

• 1995 GEORGES VESSELLE BRUT ZÉRO   86, JANVIER 2003] 88
(90 % PN, 10 % CH)
Nez magnifiquement développé d'amande, de chocolat, de bolet
et de pain fraîchement cuit. Bouche pleine noircie par la poudre
avec un beau tranchant ainsi qu'une finale ferme et sèche.

• 1991 GEORGES VESSELLE   78, NOVEMBRE 1998] 84
(90 % PN, 10 % CH)
Robe profonde jaune rosé. Nez ample à l'arôme de prune avec
une note sous-jacente métallique. Bouche de pinot moelleuse
et ronde avec encore une note de fer et de sang. Il est difficile
de prédire son avenir.

• 1989 GEORGES VESSELLE   84, AVRIL 1997] 88
(90 % PN, 10 % CH)
Plus développé et plus grand que le 1988 sans posséder pourtant
sa finesse minérale retenue. Le miel et le chocolat sont déjà les
arômes dominants.

• 1988 GEORGES VESSELLE   81, FÉVRIER 1995] 89
(90 % PN, 10 % CH)
Un champagne de pinot doit être construit de cette façon.
Robe profonde jaune d'or. Nez dense, jeune et crémeux
aux notes d'olive et de fer. Bouche charpentée, acide et masculine
à la bonne longueur.

• 1988 GEORGES VESSELLE BRUT ZÉRO   82, JUILLET 1997] 89
(90 % PN, 10 % CH)
Même champagne sans dosage.

• 1985 GEORGES VESSELLE   87, MARS 2000] 92
(90 % PN, 10 % CH)
Notre bon Georges peut vraiment réussir. Stylé et de pure race
avec une belle combinaison de terroir et de caractère de raisins.
Étoffé et élégant. Un coup de maître.

• CUVÉE JULINE   89
(90 % PN, 10 % CH)
Ce champagne de prestige est le plus cher du village mais
ce n'est pas le meilleur. J'ai dégusté auparavant quelques bouteilles
tristes, parfumées de ce vin. Elles contiennent probablement
maintenant un vin évoquant un nectar miellé qu'on voulait
produire dès le début.

VESSELLE, JEAN R-M

2, place J.-B.-Barnaut
51150 Bouzy
03 26 57 01 55
Production : 70 000

Jean Vesselle est celui qui produit le moins de vin dans la famille
Vesselle. Il élabore les champagnes les plus indisciplinés et les plus
jeunes. La famille est très accueillante et enthousiaste mais tout se
résume à des ceps trop jeunes et à une surface cultivable limitée.

- JEAN VESSELLE BRUT   75
(100 % PN)
- JEAN VESSELLE EXTRA BRUT   69
(80 % PN, 20 % CH)
- JEAN VESSELLE PARTRIDGE EYE   49
(100 % PN)
- JEAN VESSELLE DEMI-SEC   50
(80 % PN, 20 % CH)
- JEAN VESSELLE SEC   59
(80 % PN, 20 % CH)
- JEAN VESSELLE ROSÉ   30
(100 % PN)
- 1985 JEAN VESSELLE   67, DÉCEMBRE 1992] 71
(100 % PN)
- 1992 JEAN VESSELLE   84, FÉVRIER 1999] 86
(70 % PN, 30 % CH)

Mon dieu, c'était inattendu et délicieux ! Jean Vesselle ne m'avait guère impressionné auparavant, mais il a réussi ici à produire un magnifique champagne à partir d'une année dont peu de personnes ont réussi à faire un vin mémorable. Même le spectre aromatique est étonnant. Le nez explose littéralement de fumée de poudre comme un vieux champagne d'Ay. Il est également très similaire au Dom Pérignon de la même année. Tous les arômes torréfiés et balsamiques sont encore plus forts dans le vin du producteur. Le fruité est en revanche plus élégant et plus riche dans le Dom Pérignon.

VESSELLE, MAURICE *** R-M

2, rue Yvonnet
51150 Bouzy
03 26 57 00 81
Production : 40 000

La maison a été fondée en 1955. Elle exploite 8,3 hectares à Bouzy et à Tours-sur-Marne. Beaucoup de producteurs font du Bouzy rouge, mais Didier Vesselle est l'un des rares à produire un Bouzy blanc.

- MAURICE VESSELLE BRUT   68
(80 % PN, 20 % CH)
- MAURICE VESSELLE RÉSERVE   70
(80 % PN, 20 % CH)
- MAURICE VESSELLE ROSÉ   75
(100 % PN)
- 1989 MAURICE VESSELLE   85, JANVIER 1999] 90
(80 % PN, 20 % CH)

Un 1989 pour le moins superbement profond et crémeux en magnum. Même si je l'ai bu lors de la Saint-Sylvestre parmi la fumée des pétards et dans des températures en dessous de zéro, il était très riche en bouche et bon avec son style à la Bollinger.

- 1988 MAURICE VESSELLE   80, FÉVRIER 1999] 81
(85 % PN, 15 % CH)

Si je considère à quel point le 1989 est bon, je suis déçu par ce vin riche, expressif mais quelque peu relâché. Les personnes aimant le miel, la réglisse et les pommes oxydées sont satisfaites par ce vin. Un grand point d'interrogation existe néanmoins quant à son potentiel de conservation.

- 1985 MAURICE VESSELLE   80, NOVEMBRE 1998] 83
(80 % PN, 20 % CH)

Grand cru moelleux et bien fait dans un style élégant. Net caractère minéral et de pain dans un ensemble moyennement ample.

VEUVE CLICQUOT **** N-M

1, place des Droits-de-l'Homme
51100 Reims
03 26 89 54 40
Production : 10 000 000

Aucun champagne n'est aussi connu en Suède que la « veuve jaune ». La maison a été fondée en 1772 par Philippe Clicquot. Son fils, François, a épousé Nicole-Barbe Ponsardin, qui a repris la maison à l'âge de vingt-sept ans quand elle est devenue veuve. Elle avait à ses côtés le comte Édouard Werlé et le chef de caves de la maison, Antoine Müller. Avec Müller, elle a développé le « remuage » en utilisant les « pupitres ». Avec l'aide de Heinrich Bohne, le marché russe a été rapidement conquis. Durant le XIXe siècle et jusqu'en 1970, Clicquot était considérée comme faisant partie des cinq meilleures maisons de champagne, une position qu'elle a perdue lorsqu'elle a décidé de multiplier ses ventes. Pour commencer, elle a fusionné avec Canard-Duchêne. Mais aujourd'hui, elle fait partie du puissant groupe Louis Vuitton-Moët-Hennessy. Les 284 hectares que Clicquot possède dans 22 villages sont suffisants pour trois des presque dix millions de bouteilles produites annuellement. Les villages les plus importants pour La Grande Dame et le vin millésimé sont Ambonnay, Bouzy, Avize, Cramant, Le Mesnil, Oger et Verzenay. Depuis 1962, des méthodes modernes de vinification et des cuves en acier sont utilisées. Si vous trouvez des millésimes plus âgés et bien conservés, ils sont similaires aux Bollinger et aux Krug. Malgré sa taille presque industrielle, la maison a réussi à conserver son style classique dominé par le pinot dans lequel la levure, le pain et le poivre sont les notes évidentes. Jacques Peters, frère de François Peters au Mesnil et vinificateur aussi talentueux que celui-ci, devrait recevoir les honneurs pour la qualité élevée actuelle de Clicquot. Le vin riche et puissant, La Grande Dame, est un champagne unique mais le vin millésimé a souvent un meilleur rapport qualité-prix. Une maison classique et fantastique !

- VEUVE CLICQUOT BRUT   79
(56 % PN, 16 % PM, 28 % CH)
- VEUVE CLICQUOT DEMI-SEC   55
(56 % PN, 16 % PM, 28 % CH)
- VEUVE CLICQUOT SEC   55
(56 % PN, 16 % PM, 28 % CH)
- 1996 VEUVE CLICQUOT   90, JANVIER 2004] 93
(59 % PN, 8 % PM, 33 % CH)

Comme attendu, c'est un grand Clicquot savoureux, doux au fruité presque exotique, jeune, bien musclé et aux notes de pain. L'acidité n'est pas orgueilleuse mais elle se faufile en dessous du fruité doux. Elle garantit une longue vie au vin et se remarque en finale. Il est agréable dans toutes les phases de sa vie. Actuellement, le beau chardonnay crémeux occupe la place d'honneur.

- 1995 VEUVE CLICQUOT   90, MARS 2003] 93
(67 % PN, 33 % CH)

Un vin entièrement superbe avec déjà énormément de charme sublime et un énorme potentiel. Fruité riche et équilibré avec une mousse fantastique et crémeuse. Longueur en bouche enviable à la note de noix si classique naissante évoquant le gâteau.

- 1991 VEUVE CLICQUOT   80, SEPTEMBRE 1999] 85
(62 % PN, 5 % PM, 33 % CH)

Un vin bien élaboré au nez très agréable de yaourt aux fraises, un arôme souvent trouvé dans le bourgogne rouge, de Mongeard Mugneret, par exemple. Bouche classique de Clicquot avec une bonne prise. C'est uniquement en milieu de bouche qu'il manque quelque chose.

• 1990 VEUVE CLICQUOT   90, DÉCEMBRE 2003] 93
(56 % PN, 11 % PM, 33 % CH)
Magnifiquement retenu et plus sec que le charmant La Grande Dame. Beau nez complexe de pain tout juste sorti du four et de draps propres. Bouche élégante, saine et prometteuse qui est jusqu'à maintenant le plus marquée par le chardonnay.

• 1989 VEUVE CLICQUOT   88, MARS 2003] 89
(67 % PN, 33 % CH)
Le 1989 est plus fruité que la normale avec une nette note de chardonnay mature, même si la note classique de pain est présente en toile de fond. Très intéressant à déguster aux côtés d'un 1988, qui est étonnamment très similaire au 1989. Il possède peut-être une plus grande rondeur et un plus grand aspect étoffé mais le 1988 a plus de nuances en bouche et surtout une meilleure longueur.

• 1988 VEUVE CLICQUOT   92, JANVIER 2004] 93
(67 % PN, 33 % CH)
Le vin millésimé de Clicquot est toujours une carte sûre avec son nez de pain, de levure, de poivre et sa bouche riche d'autolyse. Le 1988 ne fait pas exception à la règle. Un 1988 superbement riche à la longueur en bouche très fascinante. Grande profondeur de noix et notes merveilleuses de fruit évoquant l'orange et la mandarine.

• 1985 VEUVE CLICQUOT   85, JANVIER 1995] 90
(67 % PN, 33 % CH)
Plus caractéristique de la maison et plus classique que La Grande Dame de la même année. Nez de Clicquot ample, mature, poivré, aux notes de pain. La bouche pleine relève du même registre.

• 1983 VEUVE CLICQUOT   77, MARS 1992] 85
(62 % PN, 5 % PM, 33 % CH)
Nez de Clicquot épais aux notes de pain. Bouche poivrée. Longueur en bouche non développée.

• 1982 VEUVE CLICQUOT   94, DÉCEMBRE 2002] 94
(62 % PN, 5 % PM, 33 % CH)
Puisque La Grande Dame n'a pas été produite cette année-là, ce vin est le meilleur de la maison en 1982. Le champagne possède un corps bien construit avec un fruité mature et complet. Superbe en magnum avec un arôme délicieux de gâteau à l'avoine.

• 1980 VEUVE CLICQUOT   83, FÉVRIER 1988] 87
(67 % PN, 33 % CH)
L'un des premiers champagnes que j'aie acheté. Très retenu et riche en minéraux pour être un 1980. Fruité cristallin et longueur en bouche persistante et pierrée.

• 1979 VEUVE CLICQUOT   94, OCTOBRE 2003] 94
(67 % PN, 33 % CH)
Très bien conservé et jeune, aux notes de chocolat, de noix, de cave et de pain fraîchement cuit. Belle attaque et bouche pure fruitée persistante. Un de mes préférés que j'aime servir à mes invités.

• 1978 VEUVE CLICQUOT   80, JANVIER 1988] 82
(62 % PN, 5 % PM, 33 % CH)
Champagne mature et fumé qui demande à être servi aux repas. Monotone et robuste.

• 1976 VEUVE CLICQUOT   93, OCTOBRE 2003] 93
(67 % PN, 33 % CH)
Si le rosé de 1976 était lourd, le blanc de 1976 est beaucoup mieux réussi. Nez chaleureux et ouvertement généreux de pain fraîchement cuit. Bouche classiquement mature de Clicquot.

• 1973 VEUVE CLICQUOT   92, DÉCEMBRE 2002] 92
(67 % PN, 33 % CH)
La fraîcheur est plus relâchée que dans le 1975 mais la richesse chocolatée est tout aussi grande. Une longueur en bouche sombre à l'ancienne et aux notes évoquant le bois qui est très piquante.

• 1970 VEUVE CLICQUOT   92, SEPTEMBRE 1999] 92
(67 % PN, 33 % CH)
Il était très bon avec la volaille servie le jour de mon trente-septième anniversaire. Le millésime oublié de 1970 a donné un bon pinot noir charnu avec une belle persistance chez les meilleurs vins. Veuve Clicquot appartenait à cette catégorie cette année-là.

• 1969 VEUVE CLICQUOT   93, FÉVRIER 2003] 93
(67 % PN, 33 % CH)
Nez de viande. Bouche sèche et persistante à l'acidité saine.

• 1966 VEUVE CLICQUOT   95, JANVIER 2003] 95
(67 % PN, 33 % CH)
Pas aussi massif que le 1964 mais avec un racé aristocrate et une fraîcheur de haut niveau. Un Clicquot exemplaire.

• 1964 VEUVE CLICQUOT   94, AOÛT 2003] 94
(67 % PN, 33 % CH)
Lourd et vineux à la note de chocolat à la menthe caractéristique du millésime. Longueur en bouche charnue et persistante avec des strates de vanille. L'un des champagnes du millésime les plus étoffés.

• 1962 VEUVE CLICQUOT   96, JANVIER 2004] 96
(67 % PN, 33 % CH)
Concentration sans égale tout en étant personnelle comme un Florens-Louis, aux notes de kérosène, de pop-corn, de rails de chemin de fer et aux sensations volatiles. Je suis convaincu que le vin n'a pas subi la fermentation malolactique car ces notes ne se libèrent que si le vin est manipulé de cette manière. Mousse jeune et belle robe avec une touche orangée. Un vrai grand vin et l'un des vrais sommets du millésime.

• 1961 VEUVE CLICQUOT   96, JUIN 2002] 96
(67 % PN, 33 % CH)
La robe indique le grand âge du vin mais la mousse est exemplairement similaire à la bouche de noix complexe. Pour certains, le bouquet est peut-être un brin trop végétal et il est marqué par un arôme de goudron. Je suis très enthousiaste. L'un des meilleurs 1961 de la région.

• 1959 VEUVE CLICQUOT   94, NOVEMBRE 2003] 94
(67 % PN, 33 % CH)
Pas aussi monumental que le 1961 mais aux notes de viande, ample et bien structuré. Le fruité et l'acidité sont plus tangibles que dans la plupart des autres 1959. Nez de noix aux touches de champignons et de pain. Bouche éternelle dense et fruitée.

• 1955 VEUVE CLICQUOT   99, JANVIER 2004] 99
(67 % PN, 33 % CH)
Un champagne qui appartient au monde des vins parfaits. Parfum angélique avec tant de petites nuances qu'elles pourraient emplir le nez. Il est plus fort qu'une fraîcheur froide à l'arôme de grains de café tout juste torréfiés. Le meilleur Clicquot de tous les temps.

• 1953 VEUVE CLICQUOT   96, DÉCEMBRE 2000] 96
(67 % PN, 33 % CH)
Il était madérisé à trois occasions, le Clicquot de 1953 n'est assurément pas un vin fiable. Les quatre exemplaires bien conservés que j'ai dégustés étaient magnifiques. Le vin possède une richesse et une concentration que l'on trouve rarement dans le champagne d'aujourd'hui. La mousse est le plus souvent très délicate, mais le vin charnu possède un bouquet à la bourgogne et une bouche miellée. Grande variation d'une bouteille à l'autre.

• 1949 VEUVE CLICQUOT   95, MARS 1996] 95
(67 % PN, 33 % CH)
Superbement sublime, aux nombreux parfums délicats et une persistance féerique. Le vin pourrait être vingt ans plus jeune. Superbement frais et élégant, au grand fruité et aux arômes grillés.

Ne soyez pas déçu si vous ne devinez pas l'âge du vin lors d'une dégustation à l'aveugle!

• 1947 VEUVE CLICQUOT   89, JUIN 2002] 89
(67 % PN, 33 % CH)
Malheureusement un brin âgé pour être « entier » mais c'est un vin gigantesque aux dimensions monumentales. Nez d'un grand cognac à la bouche de chêne, âgée, massive, à la bonne mâche et persistante avec un écho de cerise. On prétend que c'est l'un des meilleurs champagnes de la maison.

• 1945 VEUVE CLICQUOT   96, DÉCEMBRE 2000] 96
(67 % PN, 33 % CH)
L'un des meilleurs 1945. Nez jeune aux nombreuses strates à la forme féminine. Bouche extravagante, persistante et fraîche tout en étant profonde, douce et concentrée.

• 1943 VEUVE CLICQUOT
(67 % PN, 33 % CH)

• 1942 VEUVE CLICQUOT
(67 % PN, 33 % CH)

• 1937 VEUVE CLICQUOT   94, FÉVRIER 1996] 94
(67 % PN, 33 % CH)
Robe très profonde. Mousse délicate mais existante. Bouche incroyablement concentrée, charnue et fruitée, à la touche longue, impressionnante de miel.

• 1934 VEUVE CLICQUOT   93, MAI 2003] 93
(67 % PN, 33 % CH)
Vivant et frais à la note de cave dérangeant les personnes dégustant ce vin avec moi. Plus léger que prévu, à la note minérale fraîche avec un arôme pur de noisette, de fruits secs et de caramel dur. Charmant!

• 1929 VEUVE CLICQUOT   95, OCTOBRE 2003] 95
(67 % PN, 33 % CH)
C'est toujours fantastique d'être présent lorsque des champagnes vraiment vieux débordent encore de joie de vivre et de vitalité. Ce 1929 plein ne présente absolument aucun signe permettant d'affirmer que sa fin est proche. Le vin rayonne d'autorité et de charme avec sa bouche richement douce de pêche, de nougat et de sablé. Il faut simplement se laisser charmer.

• 1928 VEUVE CLICQUOT   95, AOÛT 1995] 95
(67 % PN, 33 % CH)
Mousse à peine visible mais à l'apparence étonnamment pâle. Bouquet riche en finesse de caramel au beurre et de roses. Bouche magnifique de bois vermoulu et de chocolat amer. Il se tient bien dans le verre.

• 1923 VEUVE CLICQUOT   91, NOVEMBRE 2000] 91
(67 % PN, 33 % CH)
Profil majestueusement grand, mais un peu lourd aux notes légères de terre et amères dans les arômes pleins. Riche en tannins et fumé. Belle mousse et fruité convenable.

• 1919 VEUVE CLICQUOT   95, JUIN 1997] 95
(67 % PN, 33 % CH)
Quel millésime vivant et exquis! Nez plus développé que la bouche. Le chocolat noir, la prune et l'orange se discernent au nez. Deux séquences existent en bouche: l'une, incroyablement fraîche et acide; l'autre, extrêmement beurrée et ronde. Longueur en bouche très persistante et influencée par les agrumes.

• 1904 VEUVE CLICQUOT   91, JUILLET 2004] 91
(67 % PN, 33 % CH)
Je sais que Veuve Clicquot conserve encore dans sa cave quelques bouteilles non dégorgées de ce vin. C'est le plus ancien qu'ils possèdent et qu'ils pensent déguster en 2004, lorsqu'un vieux vinificateur fêtera, tout comme le vin, ses cent ans. Une bouteille

traitée négligemment pendant 99 ans était en tout cas très vive avec une belle note de caramel dur et un brin de mousse.

• 1996 VEUVE CLICQUOT RICH RÉSERVE
(59 % PN, 8 % PM, 33 % CH)   83, JANVIER 2004] 85
Clicquot montre une nouvelle fois qu'ils sont les maîtres incontestés en matière de champagnes doux. Selon moi, le 1996 est le meilleur Rich Réserve produit jusqu'ici et probablement l'un des meilleurs champagnes doux jamais élaboré. L'acidité naturellement élevée est innée dans le profil du millésime. Elle implique que le sucre ajouté se remarque moins qu'auparavant. Le vin est frais et grandiose du début à la fin et il se marie bien avec d'autres mets que les desserts. Je pense que les plats gras de saumon, de hareng, de foie de canard ou d'oie doivent ronronner comme des chats en compagnie de ce champagne. Je suis personnellement ravi de marier le Rich Réserve avec du fromage de chèvre, du parmesan et du confit de figues.

• 1995 VEUVE CLICQUOT RICH RÉSERVE
(68 % PN, 32 % CH)   82, FÉVRIER 2004] 83
Encore un champagne de dessert réussi de la veuve. Doit-il être mis en cave? La note de caramel aux noix et l'aspect crémeux existent déjà. Fruité riche et savoureux.

• 1993 VEUVE CLICQUOT RICH RÉSERVE
(68 % PN, 32 % CH)   81, JANVIER 2003] 82
Champagne doux, frais et moyennement étoffé sans le grand poitrail des millésimes précédents. Le vin se repose jusqu'à maintenant sur un certain nombre d'arômes floraux, l'acidité fraîche et une longueur en bouche agréable de fruits candis.

• 1991 VEUVE CLICQUOT RICH RÉSERVE
(68 % PN, 32 % CH)   70, SEPTEMBRE 1999] 75

• 1990 VEUVE CLICQUOT RICH RÉSERVE
(56 % PN, 11 % PM, 33 % CH)   80, AOÛT 1999] 83
Le meilleur champagne doux que j'aie dégusté. Un vin basique merveilleux évoluant en un miellé moelleux mais quelque peu simple avec du sucre. Un vin de repas superbe se mariant bien avec des sauces aigres-douces comme, par exemple, le saumon mariné à la sauce moutarde.

• 1989 VEUVE CLICQUOT RICH RÉSERVE
(68 % PN, 32 % CH)   79, DÉCEMBRE 2003] 80
Évidemment, ces champagnes millésimés doux se marient le mieux avec les desserts mais ils vont également bien avec des plats inattendus comme le saumon mariné, le hareng et le foie de canard.

• 1988 VEUVE CLICQUOT RICH RÉSERVE
(68 % PN, 32 % CH)   83, DÉCEMBRE 2003] 83
Champagne millésimé doux! Étoffé, aux notes de pain et au caractère d'autolyse. Bouche moelleuse et riche. Un vin bien fait qui se développe très bien.

• 1996 VEUVE CLICQUOT ROSÉ   84, OCTOBRE 2003] 90
(65 % PN, 7 % PM, 28 % CH)
Tel qu'il est en ce moment, le vin doit être décanté. Je pense que la plupart des acheteurs de ce vin le dégustent trop tôt. Une certaine similitude existe avec les grands millésimes âgés aux notes animales et au nez de cigare de ce vin se développant lentement. Acidité ferme. Touche de tannins mais également un beau fruité sentant la groseille rouge, à la clarté pure et intégrée. Il se marie bien avec des plats de truffes et de viande blanche. N'ayez pas peur d'attendre vingt ans pour le déboucher… si vous avez assez de patience.

• 1995 VEUVE CLICQUOT ROSÉ   85, JUILLET 2002] 89
(64 % PN, 8 % PM, 28 % CH)
Immédiatement harmonieux lors de sa commercialisation comme beaucoup de 1995. Le vin rouge est intégré et le vin est aérien au

bon palais et aux notes de cerise, de framboise et de glace à la
vanille.

- 1993 VEUVE CLICQUOT ROSÉ   73, SEPTEMBRE 1999] 83
(73 % PN, 27 % CH)
Jusqu'à maintenant, le vin rouge ajouté cherche sa place dans
le champagne. À présent, l'amertume est nette dans la finale et
le vin manque dans son ensemble d'équilibre. Il faut avoir de
la patience avec ces champagnes de repas.

- 1990 VEUVE CLICQUOT ROSÉ   88, AOÛT 1999] 92
(56 % PN, 11 % PM, 33 % CH)
Un rosé charmant et accessible au parfum mentholé, au fruité
massif et crémeux. Le vin a des perspectives d'avenir superbes.
Il rappelle beaucoup le rosé de Pol Roger en 1990.

- 1989 VEUVE CLICQUOT ROSÉ   88, MAI 2003] 90
(73 % PN, 27 % CH)
Il est déjà arrivé à maturité comme le 1973 ! Merveilleusement
profond au caractère expressif de pinot. Mes pensées tournent
autour d'une forêt d'automne avec toutes ses odeurs humides
et matures. Grand rosé à la finale fumée persistante.

- 1988 VEUVE CLICQUOT ROSÉ   82, MAI 1997] 86
(73 % PN, 27 % CH)
Un rosé typique de Clicquot au bon équilibre et à la note délicate
de fraise. Nez ample aux notes de pain. Bouche moelleuse et
délicate à la sortie douce.

- 1985 VEUVE CLICQUOT ROSÉ   88, OCTOBRE 2003] 88
(64 % PN, 8 % PM, 28 % CH)
Robe moyennement profonde aux touches de cuivre et de bronze.
Nez particulier aux arômes de terre ressemblant aux jacinthes et
aux géraniums. Bouche rude sur le même thème combinée à une
longueur en bouche poivrée. Il faut ajouter que le vin est devenu
plus crémeux avec l'âge.

- 1983 VEUVE CLICQUOT ROSÉ   68, SEPTEMBRE 1992] >
(73 % PN, 27 % CH)

- 1979 VEUVE CLICQUOT ROSÉ   86, NOVEMBRE 2001] 86
(73 % PN, 27 % CH)
Si le fruité est suffisant, le 1979 vivra longtemps. Torréfié aux
arômes de fût et à la bouche pleine de pinot.

- 1978 VEUVE CLICQUOT ROSÉ   85, MAI 2001] 85
(73 % PN, 27 % CH)
1978 sensuel et réussi. Notes biscuitées et parfumées, mélangées
aux fromages bien faits et à l'arôme de fraises. Bouche moelleuse,
crémeuse, quelque peu monotone et moyennement persistante.

- 1976 VEUVE CLICQUOT ROSÉ   68, DÉCEMBRE 1997] 71
(73 % PN, 27 % CH)

- 1975 VEUVE CLICQUOT ROSÉ   91, FÉVRIER 2004] 91
(73 % PN, 27 % CH)
Un rosé charpenté et plein, où le nez emplit la pièce avec
des notes de massepain et de cuir. La mousse tire à sa fin mais
il n'y a pas de problème avec la force et l'autorité du vin.
Apportez les truffes et le ris de veau !

- 1973 VEUVE CLICQUOT ROSÉ   88, AOÛT 1998] 92
(73 % PN, 27 % CH)
Uniquement dégusté d'un magnum. Champagne très jeune au
magnifique caractère de pinot. Étoffé et concentré aux notes de
fer et de légumes cuits.

- 1970 VEUVE CLICQUOT ROSÉ   90, JANVIER 2003] 90
(73 % PN, 27 % CH)
Un vin très concentré et plein au caractère de raisins
de bourgogne. Fruit rouge sombre sur une note végétale.
Note de chêne et persistant avec une acidité un peu faible.
Notes de goudron et de cuir dans la longueur en bouche.

- 1969 VEUVE CLICQUOT ROSÉ   92, SEPTEMBRE 1998] 92
(73 % PN, 27 % CH)
Vin très riche et solide à la bouche belle et profonde. Jolie mousse.
Nez de pain et belle bouche faisant penser aux cerises mûres.
Un petit moins pour la note de cave qui s'est faufilée
lors du processus de maturation.

- 1959 VEUVE CLICQUOT ROSÉ   94, JUIN 1999] 94
(75 % PN, 25 % CH)
Ce champagne est réputé pour être le meilleur rosé produit par
Clicquot. Je l'ai bu la première fois lors d'un déjeuner inoubliable
avec Christian Maille et Jacques Peters durant lequel il est resté
dans l'ombre d'un blanc insensé de 1955. Malgré cela, c'est un
rosé fumé fantastique à la mâche massive de haut niveau.
Les dégustateurs étaient très partagés sur ce vin lors de
la dégustation du millénaire (voir page 66).

- 1932 VEUVE CLICQUOT ROSÉ
(75 % PN, 25 % CH)

- 1928 VEUVE CLICQUOT ROSÉ   90, DÉCEMBRE 2000] 90
(73 % PN, 27 % CH)
Il ne reste malheureusement aucune bulle. Il est riche en dépôts
troubles. Bouche ample, expansive et douce à la concentration en
parfums très élevée. Il aurait été très grand si la conservation avait
été optimale.

- 1996 LA GRANDE DAME   93, JUILLET 2004] 97
(62 % PN, 38 % CH)
Une La Grande Dame étonnamment délicate, élégante et riche en
tannins qui se transformera probablement en l'un des plus grands
millésimes de ce vin. L'équilibre est sans égal. Le vin possède un
profil soyeux sans aucun côté acéré ou corps chocolaté musculeux
exagéré. Notes de noisette et de chocolat blanc mais, jusqu'ici,
un beau fruité et de belles notes minérales d'Oger et du Mesnil
dominent. Longueur en bouche unique et persistante faisant
penser sans hésitation que quelque chose de grand se prépare ici.

- 1995 LA GRANDE DAME   94, JANVIER 2004] 95
(62 % PN, 38 % CH)
Il est difficile de faire un vin plus agréable que celui-ci au jeune
âge de six ans. Le vin s'est nettement distingué lors de la dégustation
prestigieuse tenue à Paris de tous les champagnes de prestige les
plus récents des grandes maisons en décembre 2001. Il possède
une concentration imbattable et une rondeur tenant la dragée
haute aux jeunes concurrents. Le vin possède de très nombreuses
notes de sucreries et une richesse chaleureuse exclusive. La viscosité
et le style charnu beurré sont si magnifiques qu'il est impossible
d'exprimer en mots la grandeur du vin. Laissez-vous charmer !

- 1993 LA GRANDE DAME   90, OCTOBRE 2003] 92
(62 % PN, 38 % CH)
Sensationnellement riche et opulent. Clicquot a dû effectuer
un tri très rigoureux des raisins. Obtenir une telle pression
dans un 1993 dominé par le pinot est très impressionnant.
Belles notes de brioches et de pralines.

- 1990 LA GRANDE DAME   93, DÉCEMBRE 2003] 95
(61 % PN, 39 % CH)
Le 1990 donne une impression très moelleuse et douce.
L'expérience montre que ces vins possèdent un bon potentiel
malgré leur charme direct. C'est presque une parodie d'un nez fort
de brioches au safran fraîchement cuites. Attaque fantastique et
bouche riche s'accélérant de fruit exotique, de vanille et de tarte
au citron. Franchement, le champagne chocolaté contenu dans
les bouteilles aux formes féminines produit jusqu'en 1985
me manque. Peter et son équipe de huit personnes ont réussi
à assembler les pièces du puzzle. Vin superbe !

• 1989 LA GRANDE DAME   91, AVRIL 2003] 93
(62 % PN, 38 % CH)
Chocolaté, développé et saturé de miel. Un peu plus riche que
le 1988, mais pas aussi bon que le 1990, exotique sentant le
safran. Plein de fruité généreux qui est encore une fois jeune
et comprimé.

• 1988 LA GRANDE DAME   95, NOVEMBRE 2003] 95
(62 % PN, 38 % CH)
La nouvelle bouteille implique également un changement de style.
Le champagne est maintenant plus torréfié et plus léger, moins
majestueux mais avec une longueur en bouche miellée. Le vin a
superbement bien évolué jusque-là mais il semble être arrivé à
maturité en novembre 2003.

• 1985 LA GRANDE DAME (NEW BOTTLE)   92, DÉCEMBRE 2002 (93)
(62 % PN, 38 % CH)
Ce vin est plus léger et moins complexe que le mélange élaboré
dans l'ancienne bouteille aux formes féminines avec une vielle
dame sur l'étiquette. Les notes de noix et de chocolat sont moins
nettes dans le vin un peu plus jeune à l'étiquette jaune capucine.

• 1985 LA GRANDE DAME (NEW BOTTLE)   95, MAI 2003] 95
(62 % PN, 38 % CH)
C'est cette année que Clicquot a changé de bouteille. Le vin
contenu dans la nouvelle bouteille évoque beaucoup un Dom
Pérignon, alors que l'ancienne contient un vin plus caractéristique
de la maison avec des notes profondes chocolatées. Je ne suis pas
certain que cela soit uniquement la conséquence du dégorgement.

• 1983 LA GRANDE DAME   90, FÉVRIER 1998] 91
(62 % PN, 38 % CH)
Lourd, charpenté et à l'ancienne, mais avec une note secondaire
de terre dans l'ensemble chocolaté et riche. Les dernières bouteilles
que j'ai dégustées ont montré une facette plus jeune et plus fraîche
qu'auparavant. L'évolution d'un vin peut parfois être si étrange.

• 1979 LA GRANDE DAME   96, JANVIER 2004] 96
(62 % PN, 38 % CH)
Ce champagne richement dominé par le pinot est un classique.
À l'âge de huit ans, le vin est frais, élégant, persistant et il possède
des notes de pommes. Âgé de dix ans, il a développé une richesse
et une pesanteur à la Bollinger. Surabondance de chocolat, notes
de miel, de noix, de fromage, de cave à champagne et fruité ample
de pommes rouges mûres. Très constant au fil des ans. Une perle.

• 1978 LA GRANDE DAME   93, MAI 2003] 93
(62 % PN, 38 % CH)
Même durant cette année assez faible, Clicquot a réussi à faire une
Grande Dame débordante de richesse, sentant de miel et saturée
de chocolat. C'est probablement le champagne le plus étoffé
produit depuis 1978.

• 1976 LA GRANDE DAME   97, NOVEMBRE 2003] 97
(62 % PN, 38 % CH)
J'ai dû attendre plusieurs années avant de déguster ce vin fantastique.
Ce champagne grandiose est toujours très frais, pâle et vivant, à la
richesse fruitée colossale et à la douce concentration. Pas besoin
d'être Einstein pour voir les similarités avec l'agréable 1979 et ses
notes de fruit exotique, de pomme rouge juteuse, de miel et de
chocolat blanc. Le 1976 possède moins de notes de noix. Il est
encore plus marqué au nez par la pâtisserie française et le chocolat
noir. Pour résumer, la différence réside dans le fait que le 1979
possède plus de finesse et que le 1976 est encore plus concentré.

• 1975 LA GRANDE DAME   97, AOÛT 1999] 97
(62 % PN, 38 % CH)
Vin du millésime! Sombre mais brillant et plein de vigueur.
Quelles dimensions! Il sent comme une pâtisserie. Les notes

de chocolat noir et au lait, de nougat sont nettement décernables.
Plus grand, plus moelleux, plus fruité et plus persistant que
le fameux Bollinger R.D. de 1975.

• 1973 LA GRANDE DAME   94, MAI 2003] 94
(62 % PN, 38 % CH)
Qu'il est magnifique de découvrir un vieux vin aussi bon que
les grands vins qui n'existent plus. À cette époque, la bouteille
possédait des courbes féminines abandonnées pour le 1985, mais
l'étiquette était ennuyeusement mate et jaune vert contrairement
à la nouvelle étiquette noire et or qui est épatante. Le vin lui-même
est toujours vigoureux avec une note dominante de noisette au
nez comme en bouche. Le caractère mature du millésime est
marquant comme les similitudes avec le vin millésimé habituel
de la même année. Si le vin avait conservé un peu plus de fruité,
le nombre de points aurait été encore plus élevé. Une vraie
pâtisserie somptueuse aux noix.

• 1969 LA GRANDE DAME   94, JANVIER 2003] 94
(62 % PN, 38 % CH)
Plus acide et plus fin que les autres millésimes avec une pureté
ascétique éloignée du charme chocolaté que la noble dame
possède souvent. Je suis cependant charmé par une belle note
de noisette et une attaque très, très persistante au palais.
Un beau vin dans un style classique dénudé.

• 1966 LA GRANDE DAME   94, MARS 2004] 94
(62 % PN, 38 % CH)
Mousse vive et profil quelque peu plus léger que la normale,
à la pointe sèche en fin de bouche. Belle note de café, d'abricot,
de nougat jouant joliment avec l'acidité.

• 1962 LA GRANDE DAME   95, AVRIL 2000] 95
(62 % PN, 38 % CH)
Le premier et aujourd'hui très rare millésime du champagne de
prestige de Clicquot. Il ne devait être produit qu'une seule fois.
Le premier millésime commercialisé s'est fait attendre jusqu'en
1969. Ma bouteille a été achetée en Italie et conservée à des
températures un peu trop élevées. Malgré ce rude traitement et
son évolution précipitée, c'était encore un champagne fantastique.
Mousse à peine visible dans ce breuvage à la robe ambrée. Nez
développé comme un 1953 aux notes de chocolat à la menthe,
de résine, de sirop de sucre et de caramel dur. Selon mon collègue,
le nez évoquait un vieux hangar à bateaux lorsque le soleil d'été
frappe ses murs. Je comprends très bien cette impression. Même en
bouche, l'arôme de bois est renforcé par une note douce chocolatée.
Incroyablement charnu, aux séquences en bouche éternelles.

• 1990 LA GRANDE DAME ROSÉ   92, DÉCEMBRE 2001] 94
(62 % PN, 38 % CH)
Je ne suis pas certain que je vais avoir raison en prédisant que
ce vin va devenir encore meilleur que le premier millésime
de 1988. Un brin plus riche et plus crémeux avec un volume et
une autorité uniques. Fruité intense et jeune strate après strate.

• 1989 LA GRANDE DAME ROSÉ   93, AOÛT 2003] 94
(62 % PN, 38 % CH)
Un merveilleux champagne à la fois caractéristique de la maison
et à la hauteur de son étiquette de prestige. C'est un grand vin
magnifique de pinot noir majestueux, animal, aux notes de
champignons légères, enrobé d'un riche fruité dominé par
l'orange sanguine et au palais un sentiment velouté et séduisant.
Un vin parfait pour les soirées romantiques estivales.

• 1988 LA GRANDE DAME ROSÉ   93, NOVEMBRE 2003] 93
(62 % PN, 38 % CH)
Un premier millésime unique! Le style de la maison est facile
à reconnaître avec son pinot noir plein et chocolaté. Il possède

également une profondeur très sublime et aristocratique qui a placé directement ce nouveau venu parmi l'élite des vins. Pendant une période, le vin est passé par une phase étrangement sèche et fumée avant de reprendre son évolution habituelle à la fin 2003. Robe orangée. Le nez comme la bouche ont soudainement développé un caractère de noix classique et de caramel dur avec une note de café que quelques-uns des meilleurs rosés peuvent laisser apparaître. Il rappelle le rosé Élisabeth de 1988 de Billecart.

• 1989 CLICQUOT TRILENNIUM CUVÉE
(67 % PN, 33 % CH)   82, NOVEMBRE 1998] 89
Dégusté à l'aveugle chez le collectionneur légendaire de vins, Nils Sternby, à Malmö avec un vinificateur de Veuve Clicquot. Nous n'avons pas réussi à deviner un Clicquot ! Il est dit que le vin est le même que le champagne millésimé habituel mais avec un dosage plus faible, un dégorgement plus tardif et uniquement en magnum. Nous pensions que ce vin était plus proche d'un 1988 avec sa bouche astringente et riche en minérale. À garder !

• 1975 VEUVE CLICQUOT WEDDING CUVÉE
(67 % PN, 33 % CH)   94, MAI 2003] 94
Mon dieu, quelle année fut 1975 pour Clicquot ! Vin vibrant, très bonne conservation, aux notes généreuses, torréfiées et de noix ressemblant au style de Bollinger. Bouche superbement mature de brioche et de fruit frais.

• 1970 CLICQUOT JUBILÉ   93, AVRIL 2001] 93
(67 % PN, 33 % CH)
Encore une cuvée élaborée pour le jubilé d'argent de la reine Elizabeth en 1977. Impression plus fraîche, plus élégante et plus jeune que le sentiment fumé et masculin que le vin normalement étiqueté du même millésime possède. Nez classique de Clicquot avec toutes les associations de pain que cela implique. Structure charnue et belle mousse.

VEUVE FOURNY *** R-M
5, rue du Mesnil
51130 Vertus
03 26 52 16 30
Production : 70 000
La famille Fourny produit son propre champagne depuis 1955. Monique et Charles Fourny produisent actuellement des champagnes délicieux à partir de leurs 6,5 hectares. L'agriculture bio-dynamique, les vieux ceps et le fût de chêne sont les clés de leur réussite rapide.

• FOURNY GRANDE RÉSERVE   78
(20 % PN, 80 % CH)

• FOURNY BLANC DE BLANCS   64
(100 % CH)

• FOURNY ROSÉ   71
(40 % PN, 60 % CH)

• 1996 FOURNY   88, MARS 2004] 90
(100 % CH)
Le vinificateur devient de plus en plus fort. Vin royalement dense, crémeux, moderne et somptueux, à l'élégance de grande maison reflétée dans le même style qu'Henriot. Fruité riche et clair. Arôme de lait de poule et de miel. Finale délicieuse de vanille.

• 1996 FOURNY CLOS NOTRE-DAME   84, JANVIER 2004] 90
(100 % CH)
Un champagne de prestige passionnant produit à partir de ceps âgés de cinquante ans et de 100 % de vieux fûts de chêne. Il ne possède pas autant de caractère de chêne ou de notes de confiture, mais il est plutôt pierreux et minéral avec une impression au palais sèche, retenue, unifiée et classique. L'acidité forte du millésime

n'est pas non plus marquée mais elle est joliment camouflée par le fruité riche de pomme. Lors de l'aération, le vin devient plus complexe. Dire qu'il est prometteur est une litote.

• 1989 FOURNY   84, DÉCEMBRE 1998] 86
(100 % CH)
Un 1989 ample et étoffé dans lequel le fruité est très mature et massivement concentré. Longueur en bouche persistante de caramel et de vanille.

• FOURNY CUVÉE « R »   91
(15 % PN, 15 % PN, 70 % CH)
Un vin de prestige merveilleux élaboré pour faire honneur au fondateur, Roger Fourny. Traitement bio-dynamique des vieux ceps, faible rendement des vendanges, pas de filtration, fermentation naturelle locale, 50 % de vieux vins de réserve le tout dans de vieux fûts. Il possède pourtant un spectre aromatique à la Selosse, de beurré gris, de banane naine, de graine de sésame et de fût neuf dans un ensemble délicieusement beurré.

VEUVE LANAUD R-M
3, place Léon-Bourgeois
51190 Avize
03 26 57 99 19
Production : 160 000
La petite maison de champagne a été fondée il y a soixante-dix ans par Henry Léopold Tabourin. Le plus grand marché à l'exportation de la maison est la Belgique. Les vins sont vendus sous trois étiquettes différentes : Veuve Lanaud, Ed Gauthier et Charles Montherland.

• VEUVE LANAUD BLANC DE BLANCS   66
(100 % CH)

VÉZIEN, MARCEL R-M
68, Grande-Rue
10110 Celles-sur-Ource
03 25 38 50 22
Production : 150 000
Marcel Vézien est maire de Celles-sur-Ource. Il produit un champagne fortement influencé par le pinot.

• MARCEL VÉZIEN BRUT   55
(80 % PN, 20 % CH)

VILMART **** R-M
4, rue de la République
51500 Rilly-la-Montagne
03 26 03 40 01
Production : 100 000
Vilmart a rapidement acquis un statut culte uniquement surpassé par Jacques Selosse. La maison a été fondée en 1890 à Rilly. Laurent Champs la dirige actuellement. Les raisins de premier cru sont les seuls utilisés mais la vinification est exceptionnelle. Vilmart appartient au faible nombre de viticulteurs cultivant leurs raisins de façon bio-dynamique et laissant la majeure partie du moût de raisins fermenter dans de grands fûts de chêne appelés foudres pendant deux ans. La partie restante, rapport de 90 pour un, reste trois ans en vieux petits fûts de chêne de l'Allier. Tous les vins sont conservés dans des fûts pendant dix mois et ils sont enrichis par bâtonnage. Vilmart produit des champagnes cristallins de Rilly-la-Montagne et Villers-Allerand. Ils possèdent une belle acidité élevée puisque la fermentation malolactique est évitée. Depuis que le jeune Laurent a repris la suite de son père en 1991, la société fait partie des bonnes maisons avec le vin parfait Cœur

de Cuvée comme meilleur atout. Le vin est le meilleur élaboré en Champagne en 1991, 1992, 1993 et 1997. Il faut vraiment se mettre en chasse des quelques 5 000 bouteilles de ce joyau!

- GRANDE RÉSERVE   76
(70 % PN, 30 % CH)
- GRAND CELLIER   82
(30 % PN, 70 % CH)

Dans les versions précédentes de ce vin, j'ai trouvé beaucoup de notes lourdes de chêne. Aujourd'hui Vilmart a fait le bon choix avec un champagne sans millésime de haut niveau, romantique, au nez de fleurs et évoquant le chablis. Bouche pure et élégante. Les raisins proviennent de ceps âgés de trente ans.

- CUVÉE RUBIS ROSÉ   70
(90 % PN, 10 % CH)
- 1998 GRAND CELLIER D'OR   87, DÉCEMBRE 2003] 91
(20 % PN, 80 % CH)

Le vin millésimé habituel fermente et il est conservé dans un mélange de fûts petits et grands et en cuves d'acier. Dégusté à côté du Cœur de Cuvée, ce vin peut être un peu léger et habituel, mais si on se donne plus de temps et si on pénètre les secrets du vin, on découvre une grande complexité et un bon équilibre entre tous les éléments importants constituant ce vin. Il possède une belle acidité et un aspect épicé avec des notes de brioche, d'amande et de vanille ainsi qu'une richesse chocolatée concentrée qui va devenir plus nette si on a la patience de garder le vin quelques années.

- 1997 GRAND CELLIER D'OR   85, FÉVRIER 2003] 88
(30 % PN, 70 % CH)

Un vin personnel et intense aux notes de sauternes, de colle, de banane, de bois de santal et de caramel foncé légèrement brûlé. Bouche riche, mature et épicée au fruité exotique et généreux, joliment intégré au caractère de fût de chêne.

- 1993 GRAND CELLIER D'OR   90, DÉCEMBRE 2003] 90
(30 % PN, 70 % CH)

Lors de ma première rencontre avec ce vin, j'ai sursauté face aux notes de poissons, animalement bagarreuses et révoltées. À l'âge de dix ans, le vin est arrivé à maturité et il est harmonieux. Le fruité est riche, exotique et joliment renforcé par une acidité vigoureuse et des arômes de chêne soyeux.

- 1992 CRÉATION   78, DÉCEMBRE 2003] 78
(20 % PN, 80 % CH)
- 1992 GRAND CELLIER D'OR   83, OCTOBRE 1999] 87
(30 % PN, 70 % CH)

1992 très bien structuré et dense aux notes de tonneau, de vanille, d'épices fraîches et de melon. La finesse et l'élégance auraient pu être plus importantes, ce qui est compensé par une richesse de fruit exotique débordant des frontières françaises. Je comprends pourquoi les Américains apprécient le Vilmart.

- 1991 GRAND CELLIER D'OR   83, OCTOBRE 1999] 87
(30 % PN, 70 % CH)

Vin aux notes de chêne où le fruité prédomine dans le style du Nouveau Monde. Champagne très bon et personnel fortement marqué par une vinification personnelle.

- 1989 GRAND CELLIER D'OR   81, AVRIL 1995] 85
(30 % PN, 70 % CH)

Dans le verre, des arômes lourds, fumés et un peu moisis se libèrent. La bouche est bien meilleure avec un fruit de la passion débouchant sur une finale pompeuse pure et persistante.

- 1979 GRAND CELLIER D'OR   76, AVRIL 2001] 76
(30 % PN, 70 % CH)

- 1997 CŒUR DE CUVÉE   96, DÉCEMBRE 2003] 96
(20 % PN, 80 % CH)

Le vin le plus exclusif de la maison. Les raisins sont ramassés de manière très sélective sur des ceps âgés de cinquante ans et seule l'essence de la cuvée est utilisée dans ce super-champagne dominé par le chardonnay. Le vin est ensuite conservé pendant dix mois dans de petits fûts de 225 litres avant d'être versé dans sa jolie bouteille. Cette fois, la vendange était anormalement importante. Il y a donc 5 000 bouteilles à se partager. Le vin lui-même est insensé, concentré et il est très proche d'être une copie fidèle d'un grand bourgogne blanc de Lafon ou de Ramonet. Pour vivre une expérience œnologique de quatre-vingt-quinze points, il faut faire décanter le champagne, ce qui libère alors tout son spectre agréable de noix, de pain grillé, de citron, de fût neuf, d'onctuosité dense et beurrée, d'exotisme profond et charnu. Le vin est très riche avec des séquences de fruit proche de la noix de coco et un arôme de vanille cinglant.

- 1996 CŒUR DE CUVÉE   88, JUILLET 2003] 94
(20 % PN, 80 % CH)

Je dois reconnaître que j'avais attendu plus de ce vin. Jusqu'à maintenant le nez est un brin fermé avec tout d'abord des notes basiques de poisson. Lors de l'aération, le vin possède plus d'harmonie et de complexité avec une partie des notes douces. Bouche animale, un peu sauvage et indocile avec une acidité impressionnante. Un vin très intéressant, dans une phase remarquable. Il est probablement meilleur aujourd'hui que ce que j'ai pu déguster de ma première bouteille. À conserver longtemps si, contrairement au viticulteur, il vous reste quelques bouteilles dans la cave.

- 1993 CŒUR DE CUVÉE   94, NOVEMBRE 2001] 94
(20 % PN, 80 % CH)

Un vrai turbo qui renverse tous les sens. Naturellement, le caractère de chêne est massif et les similarités avec le monstre parkerisé et américain dominé par le fruité sont frappantes. Cela ne suffit pourtant pas pour être impressionné par les champagnes massifs que le monde a créés. Une canonnade d'épices douces et de fruits enlacée par un arôme de chêne. Le vin est doux et le plus tropical avec ses parfums de noix de coco, de banane, de mangue et d'essence d'ananas. Une acidité très fraîche se concentre joliment sur la richesse fruitée. Le vin va évidement se conserver longtemps mais je pense pas qu'il sera plus impressionnant qu'il ne l'est maintenant lors de sa commercialisation.

- 1992 CŒUR DE CUVÉE   96, DÉCEMBRE 2003] 96
(20 % PN, 80 % CH)

Ce magnum a été commercialisé à l'âge de onze ans. Le vin est mature et vigoureux d'une manière parfaite et équilibrée. Même dans mes rêves les plus fous, je ne pouvais imaginer que l'on puisse faire cette année-là un champagne si merveilleusement bon. Le vin est caressant avec sa structure veloutée et son fruité charnu. La persistance et la note évidente de caramel à la crème sont irrésistibles. C'est le vin le plus élégant jamais élaboré par Vilmart.

- 1991 CŒUR DE CUVÉE   93, DÉCEMBRE 2003] 93
(20 % PN, 80 % CH)

Même lors de cette mauvaise année, Laurent Champs a réussi exceptionnellement bien. En magnum, le vin est toujours jeune au bouquet impressionnant, torréfié et animal. Il est arrivé à maturité en bouteille. Les deux tailles de bouteilles nous font cadeau d'un vin beurré, dense et des plus riches. Le Vilmart Cœur de Cuvée est l'un des meilleurs vins de ces années moyennes.

• 1990 CŒUR DE CUVÉE   93, DÉCEMBRE 2003] 93
(20 % PN, 80 % CH)

Note de chêne et sec avec une densité à la bonne mâche.
Au palais, plein de fruité riche, mature et oriental. Un vrai
grand que Tom Stevenson a fait parvenir au sommet de l'Olympe.
Le dernier millésime du père est quelque peu plus grossier qu'avec
Laurent Champs à la barre de la maison. L'un des vins les plus mal
placés lors de la dégustation du millénaire (voir page 66) où la
compétition était écrasante.

• 1989 CŒUR DE CUVÉE   88, AVRIL 1995] 93
(30 % PN, 70 % CH)

Un vin merveilleusement élégant ressemblant au Gosset Grand
Millésime de 1985 avec son nez aux nombreuses facettes et à
la bouche claire comme du cristal. L'un des rares 1989 qui possède
suffisamment d'acidité pour bien vieillir.

• 1997 GRAND CELLIER RUBIS ROSÉ
(60 % PN, 40 % CH)   94, DÉCEMBRE 2003] 96

C'est la première fois que je vois ce vin rare. Seules 2 000 bouteilles
ont été produites. Dans cette cuvée spéciale, ce ne sont pas les
ceps les plus vieux qui sont importants, mais bien la manipulation
traditionnelle en petits fûts de chêne durant dix mois et la
dominance du pinot qui comptent. Robe légèrement orangée et
rosée. Mousse exemplaire. Nez profond et complexe aux notes
évoquant le bourgogne rouge. Des notes de pétrole, de cerises
mûres, de fraise, de vanille et d'épices se libèrent. Bouche assurément
pleine et persistante mais cependant plus légère, plus douce,
plus crémeuse et avec moins de notes de tonneau comme le nez
l'indique. Un grand vin élaboré encore une fois par Vilmart!

VISNEAUX, PATRICK R-M

4, rue Rommes
51160 Champillon
03 26 59 47 83
Production: 8 000

L'une des plus petites maisons de champagne produisant et vendant
son propre champagne.

• PATRICK VISNEAUX BRUT   75
(70 % PM, 30 % CH)

• 1998 PATRICK VISNEAUX   82, MAI 2003] 85

Vigoureux et plein dans une belle harmonie. Facette savoureuse,
pétillante, penchant vers les pommes. Finale ronde et agréable.
Il est inattendu de trouver autant d'élégance chez un producteur
originaire de la vallée de la Marne.

VOIRIN-JUMEL R-M

555, rue Libération
51530 Cramant
03 26 57 55 82
Production: 60 000

C'est en fait le seul exemple que j'ai découvert à Cramant où les
vins sont grossiers et la propriété mal dirigée.

• VOIRIN-JUMEL BLANC DE BLANCS   60
(100 % CH)

• 1994 VOIRIN-JUMEL   20, FÉVRIER 1999] >
(100 % CH)

• 1993 VOIRIN-JUMEL   50, JANVIER 1999] >
(100 % CH)

• 1990 VOIRIN-JUMEL   75, FÉVRIER 1997] 80
(100 % CH)

C'est un vin très riche et saturé de chocolat, à la structure charnue
et à l'expression pompeuse. Mais il manque la pureté de Cramant.

• 1982 VOIRIN-JUMEL   60, AVRIL 1996] 60
(100 % CH)

VOLLEREAUX N-M

Rue Léon-Bourgeois
51530 Pierry
03 26 54 03 05
Production: 400 000

La maison possède quarante hectares dans la vallée de la Marne.
Elle produit des champagnes abordables pour le marché français.
Uniquement 20 % de la production sont exportés.

• VOLLEREAUX BRUT   53
(33 % PN, 33 % PM, 34 % CH)

• VOLLEREAUX BLANC DE BLANCS   60
(100 % CH)

• VOLLEREAUX ROSÉ   35
(100 % PN)

• 1989 VOLLEREAUX   65, AOÛT 1995] 78
(50 % PN, 10 % PM, 40 % CH)

• 1975 VOLLEREAUX   83, JUILLET 1995] 84
(30 % PN, 30 % PM, 40 % CH)

Un vin âgé de vingt ans qui est, sans aucune honte, frais et jeune
à la belle robe vert jaune. Nez jeune de zeste de citron, de foin et
de pop-corn. Mousse pétillante. Finale légère et croustillante de
citron vert.

• 1994 VOLLEREAUX BLANC DE BLANCS   68, MARS 1999] 70
(100 % CH)

• 1991 VOLLEREAUX BLANC DE BLANCS   65, MARS 1999] 69
(100 % CH)

• 1993 CUVÉE MARGUERITE   70, MARS 1997] 84
(25 % PN, 75 % CH)

Champagne rafraîchissant et très jeune dont le nez fermé possède
une certaine touche florale. Bouche prometteuse pleine d'acidité
sublime.

VRANKEN N-M

42, avenue de Champagne
51200 Épernay
03 26 53 33 20
Production: 1 800 000

Le Belge Paul-François Vranken est l'un des hommes d'affaires
les plus intelligents en Champagne. Il a commencé avec rien et
il est aujourd'hui à la tête d'un empire comprenant Vranken,
Demoiselle, Charles Lafitte, Sacotte, Barancourt et, depuis 1996,
Heidsieck & Monopole. En 1976, Vranken s'est décidé à
commercialiser une marque sous son propre nom. Il produit
également le cava en Espagne. En outre, il possède des magasins
dans sa Belgique natale. De plus, il aime le vin de porto et possède
trois producteurs différents de porto, Quinta do Paco, Sao Pedro et
Quinta do Convento. Quel Homme!

• VRANKEN BRUT   60
(33 % PN, 33 % PM, 34 % CH)

• 1975 VRANKEN   93, OCTOBRE 2000] 93
(10 % PN, 90 % CH)

Le premier millésime de Vranken est vraiment sensationnel.
Nez développé et moelleux évoquant un 1964 aux notes de noix,
de massepain, de foie de canard, de fumée de poudre et
de brioche. Moelleux, subtil, avec des notes de noix.
Des plus charmants.

WAFFLART, GUY R-M

6, rue Saint-Caprais
51390 Bouilly
03 26 49 21 01
Production : 80 000

Le vinificateur utilise trois variétés de raisins pour ses cuvées.
La maison exploite six hectares à Bouilly et dans sa proximité.
Les vins subissent la fermentation malolactique. La cuvée
de prestige fermente en fûts de chêne.

- GUY WAFFLART RÉSERVE   48
  (100 % PM)
- GUY WAFFLART ROSÉ   45
  (100 % PM)

WANNER-BOUGE R-M

177, rue du 8-Mai-1945
51530 Cramant
03 26 57 52 35
Production : 250 000

La maison a été fondée en 1870. Jacques Wanner produit des
champagnes un peu fins mais élégants à partir de ses 7 hectares
à Cramant, Oiry et Chouilly.

- WANNER-BOUGE GRANDE RÉSERVE   58
  (20 % PN, 20 % PM, 60 % CH)
- WANNER-BOUGE BLANC DE BLANCS   68
  (100 % CH)
- 1990 WANNER-BOUGE   69, JUILLET 1995] 80
  (100 % CH)
  Fermé et étonnamment fin mais aux arômes crémeux
  caractéristiques du village.

WARIS-LARMANDIER R-M

608, remparts du Nord
51190 Avize
03 26 57 79 05
Production : 8 000

Vincent Waris a fondé la maison en 1984. Il exploite plus de trois
hectares à Avize, Chouilly et Cramant.

- WARIS-LARMANDIER BLANC DE BLANCS   70
  (100 % CH)

WARRIS ET CHENAYER R-M

1, rue Pasteur
51190 Avize
03 26 57 50 88
Production : 80 000

Vincent Waris a fondé la maison en 1984. C'est l'un des viticulteurs
les plus respectés du village. Sa production minimale est élaborée
à partir de trois hectares à Avize, Cramant et Chouilly. Delbeck
possède actuellement la maison et Alain Waris la dirige. Vins
principaux : Super Imperator, Rosé, Millésime, Cuvée Étrusque.

- WARRIS ET CHENAYER BLANC DE BLANCS   68
  (100 % CH)

Taittinger Collection Masson
1982

Taittinger Collection Da Silva
1983

Dom Ruinart Blanc de Blancs
1988

Bollinger Vieilles vignes françaises
1990

Salon Le Mesnil
1985

Louise Pommery rosé
1990

Moët & Chandon Dom Pérignon
1961

Moët & Chandon Brut Impérial
1921

Mumm Cordon rouge
1955

René Lalou
1979

Bollinger Brut
1964

Bollinger Grande année
1990

Bollinger RD
1969

Bollinger Vieilles vignes françaises
1970

Dampierre Prestige
1985

Piper Heidsieck Florens Louis
1966

Gaston Chiquet Blanc de Blancs d'Ay
1970

Gaston Chiquet Blanc de Blancs d'Ay
1982

Les meilleurs champagnes

Ces listes sont fondées sur une évaluation considérant uniquement le nombre de points maximal potentiel du vin. La qualité actuelle des vins n'a pas été prise en compte. Je vous laisse le soin de décider la manière dont les différents producteurs se situent les uns par rapports aux autres dans chaque groupe.

LES 100 MEILLEURS CHAMPAGNES

1	1928 Pol Roger Grauves	100
2	1938 Krug	99
3	1955 Clos des Goisses	99
4	1979 Krug Clos du Mesnil	99
5	1988 Krug Clos du Mesnil	99
6	1982 Krug Clos du Mesnil	99
7	1996 Bollinger Vieilles Vignes	99
8	1959 Billecart-Salmon N.F.	99
9	1955 Billecart-Salmon N.F.	99
10	1955 Cristal	99
11	1959 Henriot	99
12	1955 Clicquot	99
13	1985 Krug Clos du Mesnil	99
14	1959 Clos des Goisses	99
15	1945 Bollinger	99
16	1952 Gosset	99
17	1938 Krug Collection	98
18	1947 Salon	98
19	1934 Pol Roger	98
20	1953 Salon	98
21	1961 Billecart-Salmon N.F.	98
22	1964 Dom Pérignon	98
23	1928 Krug Collection	98
24	1989 Krug Clos du Mesnil	98
25	1959 Cristal	98
26	1990 Krug Clos du Mesnil	98
27	1953 Clos des Goisses	98
28	1949 Cristal	98
29	1949 Krug Collection	98
30	1966 Billecart-Salmon B. d. B.	98
31	1966 Krug	98
32	1990 Bollinger Vieilles Vignes	98
33	1985 Bollinger Vieilles Vignes	98
34	1966 Krug Collection	98

35	1964 Diamant Bleu	98
36	1961 Krug Collection	98
37	1969 Jacquesson D.T.	98
38	1970 Bollinger Vieilles Vignes	98
39	1955 Gratien	98
40	1955 Salon	98
41	1988 Cristal Rosé	98
42	1961 Krug	98
43	1964 Cristal	98
44	1982 Krug	98
45	1976 Comtes de Champagne	98
46	1914 Bollinger	98
47	1988 Krug	98
48	1971 Comtes de Champ. Rosé	98
49	1959 Salon	98
50	1921 Moët & Chandon	98
51	1921 Pommery	98
52	1959 Krug Collection	98
53	1961 Dom Pérignon	98
54	1976 Des Princes	98
55	1961 Salon	98
56	1989 Bollinger Vieilles Vignes	98
57	1989 Cristal	98
58	1959 Ed Bonville	98
59	1914 Pol Roger	97
60	1966 Cristal	97
61	1961 Roederer Rosé	97
62	1959 Krug	97
63	1929 Bollinger	97
64	1911 Pol Roger	97
65	1966 Florens-Louis	97
66	1921 José Michel	97
67	1979 Krug Collection	97
68	1959 Bollinger	97

69	1959 Pol Roger	97
70	1966 Bollinger	97
71	1979 Krug	97
72	1976 La Grande Dame	97
73	1976 Cristal Rosé	97
74	1975 Winston Churchill	97
75	Grand Siècle(75/73/70)	97
76	1955 Krug	97
77	1961 Des Princes	97
78	1949 Salon	97
79	1979 Des Princes	97
80	1947 Launois	97
81	1990 Selosse »N«	97
82	1981 Krug Clos du Mesnil	97
83	1966 Salon	97
84	1949 Roederer	97
85	1949 Krug	97
86	1971 Cristal	97
87	1986 Selosse	97
88	1988 Pol Roger PR	97
89	1996 Cristal	97
90	1964 Clos des Goisses	97
91	1966 Launois	97
92	1979 Dom Ruinart	97
93	1990 Cristal "2000"	97
94	1914 Moët & Chandon	97
95	1947 Roederer	97
96	1921 Pol Roger	97
97	1964 Salon	97
98	1979 Launois Special Club	97
99	1990 Cristal Rosé	97
100	1988 Dom Pérignon Rosé	97

LES MEILLEURS CHAMPAGNES DANS CHAQUE CATÉGORIE

CHAMPAGNES NON MILLÉSIMÉS TOUTES CATÉGORIES	
1 Moët & Chandon Les Sarments d'Ay90	
2 De Sousa Caudalies	89
3 Selosse Extra Brut	89
4 Selosse Originale	87
5 Jérome Prévôst	87
6 Chèvres Pierreuses	86
7 Clos des Champions	85
8 Henriot Blanc de Blancs	85
9 Selosse Tradition	85
10 Moët Le Vigne de Saran	84

CHAMPAGNES NON MILLÉSIMÉS DES MAISONS DE CHAMPAGNE	
1 Gosset Grande Réserve	83
2 Henriot Souverain Brut	83
3 Bollinger Special Cuvée	82
4 Roederer Brut Premier	82
5 Jacquesson Perfection	81
6 Deutz Brut Classic	80
7 Pol Roger Brut	80
8 Billecart-Salmon Brut	80
9 Gosset Brut Excellence	80
10 Veuve Clicquot Brut	79

CHAMPAGNES NON MILLÉSIMÉS DATÉS	
1 Grand Siècle (75/73/70)	97
2 Grand Siècle (55/53/52)	96
3 Grand Siècle (76/75/73)	96
4 Grand Siècle (96/95/93)	96
5 Grand Siècle (90/88/85)	95
6 Grand Siècle (79/78/76)	95
7 L'Exclusive Ruinart	94
8 Clos du Moulin (85/83/82)	94
9 Grand Siècle (85/82/81)	93
10 Reserve Charlie mis en cave 90	93

DEMI-SEC

1	1996 Veuve Clicquot Rich	85
2	Billecart 150 Anniversary Cuvée	85
3	Selosse Excuisse	84
4	1990 Veuve Clicquot Rich	83
5	1988 Veuve Clicquot Rich	83
6	1995 Veuve Clicquot Rich	83
7	1990 Delamotte	83
8	1991 Philipponnat Sublime	81
9	1993 Veuve Clicquot Rich	82
10	1989 Veuve Clicquot Rich	80

ROSÉS NON MILLÉSIMÉS

1	Krug Rosé	95
2	P. Laurain Rosé	89
3	Gosset Grand Rosé	88
4	Fliniaux Rosé	88
5	Collery Rosé	88
6	Billecart-Salmon Rosé	86
7	B. Hatté Rosé	84
8	A. Clouet Rosé	84
9	Selosse Rosé	84
10	P. Bara Rosé	84

CHAMPAGNES DE PRESTIGE NON MILLÉSIMÉS

1	Krug Private Cuvée	96
2	Krug Grande Cuvée	96
3	Charles Heidsieck Cuvée 140	95
4	L'Exclusive Ruinart	94
5	Grand Siècle	93
6	Reserve Charlie	93
7	Selosse Origine	93

8	Selosse Substance	93
9	Taittinger Millennium	93
10	Clouet Cuvée 1911	93

ROSÉS MILLÉSIMÉS

1	1988 Cristal Rosé	98
2	1971 Comtes de Champ. Rosé	98
3	1976 Cristal Rosé	97
4	1961 Roederer Rosé	97
5	1990 Cristal Rosé	97
6	1988 Dom Pérignon Rosé	97
7	1985 William Deutz Rosé	97
8	1989 Cristal Rosé	97
9	1979 Comtes de Champ. Rosé	97
10	1985 Dom Pérignon Rosé	97
11	1988 William Deutz Rosé	97
12	1995 Cristal Rosé	97
13	1934 Pommery Rosé	97
14	1982 Cristal Rosé	97
15	1996 William Deutz Rosé	96
16	1985 Cristal Rosé	96
17	1990 William Deutz Rosé	96
18	1982 William Deutz Rosé	96
19	1952 Roederer Rosé	96
20	1966 Dom Pérignon Rosé	96
21	1962 Dom Pérignon Rosé	96
22	1959 Mumm Rosé	96
23	1929 Pommery Rosé	96
24	1990 Dom Pérignon Rosé	96
25	1969 Comtes de Champ. Rosé	96
26	1997 Vilmart Cellier Rubis	96
27	1969 Dom Pérignon Rosé	96

28	1982 Belle Epoque Rosé	96
29	1959 Dom Pérignon Rosé	96
30	1985 Belle Epoque Rosé	95
31	1990 Dom Ruinart Rosé	95
32	1995 Signature Rosé	95
33	1988 Belle Epoque Rosé	95
34	1990 Signature Rosé	95
35	1981 Cristal Rosé	95
36	1937 Pommery Rosé	95
37	1971 Dom Pérignon Rosé	95
38	1973 Dom Pérignon Rosé	95
39	1975 Bollinger Rosé	95
40	1988 Billecart Elisabeth	95

COTEAUX CHAMPENOIS BLANC

1	1992 Clos des Goisses Blanc	89
2	Moët & Chandon Saran	80

COTEAUX CHAMPENOIS ROUGE

1	1953 A. Clouet Bouzy Rouge	90
2	1946 A. Clouet Bouzy Rouge	90
3	1990 Gatinois Ay Rouge	86
4	1996 Gosset-Brabant Ay Rouge	86
5	1995 Gosset-Brabant Ay Rouge	85
6	1996 Gatinois Ay Rouge	85
7	1976 R.H. Coutier Ambonnay Rouge	85
8	1976 Secondé-Prevoteau Ambonnay Rouge	84
9	1993 Gatinois Ay Rouge	84
10	1990 René Geoffroy Cumières Rouge	83

LES MEILLEURS CHAMPAGNES DE 2000 À 1892

2000

1	Leglapart Apôtre	91
2	Leglapart Artiste	90

1999

1	Diebolt Fleur de Passion	96
2	Mesnillésime	94
3	Launois Special Club	91

1998

1	Diebolt Fleur de Passion	95
2	Gosset Grand Millésimé Rosé	94
3	Egly-Ouriet	93
4	Bonnaire Prestige	92
5	Vilmart Grand Cellier d'Or	91
6	André Clouet	91
7	Philippe Gonet Special Club	91
8	Taittinger	90

1997

1	Vilmart Couer de Cuvée	96
2	Vilmart Grand Cellier Rubis	96
3	Roederer Blanc de Blancs	94
4	Diebolt Fleur de Passion	94
5	Billecart-Salmon Blanc de Blancs	93
6	Bonnaire Sur Bois	93
7	Billecart-Salmon N.F.	92
8	Belle Epoque Rosé	92
9	Billecart-Salmon Elisabeth Rosé	91
10	Amour de Deutz	91

1996

1	Bollinger Vieilles Vignes	99
2	Cristal	97
3	Jacquesson Blanc de Noirs Ay	97

4	Bollinger Grande Année	96
5	William Deutz Rosé	96
6	Dom Pérignon	96
7	Diebolt Fleur de Passion	96
8	Peters Cuvée Spéciale	96
9	Roederer Blanc de Blancs	95
10	Roederer	95

1995

1	Cristal Rosé	97
2	Cristal	97
3	Bollinger Grande Année	96
4	Comtes de Champagne	96
5	Cuvée Sir Winston Churchill	96
6	Dom Pérignon	95
7	La Grande Dame	95
8	Billecart-Salmon Blanc de Blancs	95
9	Diebolt Fleur de Passion	95
10	Signature Rosé	95

1994

1	Cristal	93
2	Comtes de Champagne	92
3	Roederer Blanc de Blancs	92
4	Launois Special Club	92
5	Roederer Rosé	92
6	Roederer	92
7	Belle Epoque	89
8	Bonnaire Sois Bois	89
9	André Clouet	88
10	Lanson	88

1993

1	Cuvée Sir Winston Churchill	94

2	Vilmart Couer de Cuvée	94
3	Dom Pérignon Rosé	94
4	Cristal	93
5	Selosse	93
6	Dom Pérignon	93
7	Signature	93
8	Comtes de Champagne	93
9	La Grande Dame	92
10	Dom Ruinart	92

1992

1	Bollinger Vieilles Vignes	97
2	Vilmart Couer de Cuvée	96
3	Selosse	92
4	Bollinger Grande Année	92
5	Dom Pérignon	90
6	Dom Pérignon Rosé	90
7	Pommery	89
8	Pertois-Lebrun	89
9	Gatinois	88
10	Perrier-Jouët	88

1991

1	Vilmart Couer de Cuvée	93
2	Clos des Goisses	92
3	Elisabeth Salmon Rosé	90
4	Billecart N.F.	89
5	Bonnaire	89
6	Comtes de Champagne Rosé	89
7	A. Gratien	89
8	Roederer Rosé	88
9	Gatinois	87

1990

1	Krug Clos du Mesnil	98
1	Bollinger Vieilles Vignes	98
2	Selosse « N »	97
3	Cristal « 2000 »	97
4	Cristal Rosé	97
5	Salon	97
6	Cristal	97
6	William Deutz Rosé	96
7	Billecart-Salmon Blanc de Blancs	96
10	Dom Pérignon Rosé	96

1989

1	Krug Clos du Mesnil	98
2	Bollinger Vieilles Vignes	98
3	Cristal	98
4	Selosse « N »	97
5	Krug	97
6	Clos des Goisses	96
7	Selosse	95
8	Pierre Peters Cuvée Spéciale	95
9	Comtes de Champagne	94
10	Belle Epoque Rosé	94

1988

1	Krug Clos du Mesnil	98
2	Krug	98
3	Cristal Rosé	98
4	Pol Roger PR	97
5	Dom Pérignon Rosé	97
6	William Deutz Rosé	97
7	Cristal	97
8	Bollinger Vieilles Vignes	97
9	Selosse Cuvée « N »	97
10	Comtes de Champagne	97

1987

1	Louise Pommery	91
2	Selosse Origine	90
3	Bonnaire	88

1986

1	Selosse	97
2	Krug Clos du Mesnil	96
3	Clos des Goisses	94
4	Bollinger Vieilles Vignes	94
5	Dom Pérignon Rosé	94
6	Comtes de Champagne	93
7	Bonnaire Special Club	93
8	Belle Epoque Rosé	93
9	Winston Churchill	92
10	Comtes de Champ. Rosé	92

1985

1	Krug Clos du Mesnil	99
2	Bollinger Vieilles Vignes	98
3	William Deutz Rosé	97
4	Dom Pérignon Rosé	97
5	Salon	97
6	Cristal Rosé	96
7	Comtes de Champagne	96
8	Winston Churchill	96
9	Clos des Goisses	96
10	Peters Cuvée Spéciale	96

1983

1	Krug Clos du Mesnil	96
2	Billecart-Salmon Blanc de Blancs	94
3	Cristal Rosé	94
4	Champagne Charlie	94
5	Clos des Goisses	94
6	Gratien	94
7	Diebolt	94
8	Comtes de Champ. Rosé	94

9	Salon	93
10	Bonnaire Special Club	93

1982

1	Krug Clos du Mesnil	99
2	Krug	98
3	Cristal Rosé	97
4	William Deutz Rosé	96
5	Salon	96
6	Bollinger Vieilles Vignes	96
7	Belle Epoque Rosé	96
8	Clos des Goisses	96
9	Selosse	95
10	Billecart-Salmon Grande Cuvée	95

1981

1	Krug Clos du Mesnil	97
2	Bollinger Vieilles Vignes	97
3	Krug	96
4	Cristal Rosé	95
5	Launois Special Club	95
6	Bonnaire Special Club	95
7	Comtes de Champagne	94
8	Cristal	94
9	Charles Heidsieck Blanc de Blancs	94
10	Dom Ruinart	93

1980

1	Krug Clos du Mesnil	97
2	Bollinger Vieilles Vignes	95
3	Clos des Goisses	95
4	Dom Pérignon Rosé	92
5	Dom Pérignon Oenoteque	92
6	Leclerc-Briant Cuvée Liberté	92
7	Dom Pérignon	91
8	Audoin de Dampierre	91
9	Orpale	91
10	Pommery Flacon de Exception	90

1979

1	Krug Clos du Mesnil	99
2	Krug Collection	97
3	Krug	97
4	Des Princes	97
5	Dom Ruinart	97
6	Launois Special Club	97
7	Comtes de Champagne Rosé	97
8	Comtes de Champagne	97
9	La Grande Dame	96
10	Salon	96

1978

1	Clos des Goisses	94
2	La Grande Dame	93
3	Dom Pérignon Oenoteque	93
4	Cristal	93
5	Billecart N.F.	93
6	Belle Epoque	93
7	Dom Ruinart Rosé	93
8	Dom Pérignon	93
9	De Venoge Cramant	93
10	Gosset	91

1977

1	Cristal	93

1976

1	Comtes de Champagne	98
2	Des Princes	98
3	La Grande Dame	97
4	Cristal Rosé	97
5	Enchanteleurs	97
6	Billecart-Salmon N.F.	96
7	Cristal	96
8	Dom Pérignon Oenoteque	96

9	Henriot Baccarat	96
10	Salon	96

1975

1	Winston Churchill	97
2	La Grande Dame	97
3	Deutz Ay	96
4	Bollinger Vieilles Vignes	96
5	Comtes de Champagne	96
6	P.R.	96
7	Bonnaire	96
8	Diamant Bleu	95
9	Bollinger R.D.	95
10	Pol Roger Blanc de Chardonnay	95

1974

1	Cristal	91
2	Billecart-Salmon Rosé	91
3	Philipponnat Grand Blanc	90

1973

1	Dom Pérignon Oenoteque	96
2	Dom Pérignon	96
3	Pierre Peters	96
4	Belle Epoque	95
5	Comtes de Champagne	95
6	Krug Collection	95
7	Krug	95
8	Dom Pérignon Rosé	95
9	Billecart-Salmon Blanc de Blancs	94
10	Dom Ruinart	94

1971

1	Comtes de Champagne Rosé	98
2	Cristal	97
3	Krug Collection	96
4	Krug	96
5	Comtes de Champagne	96
6	Castellane Blanc de Blancs	96
7	Bollinger Chouilly Reserve	96
8	Dom Pérignon Rosé	95
9	Roederer	95
10	Dom Ruinart	95

1970

1	Bollinger Vieilles Vignes	98
2	Gratien	94
3	Bollinger R.D. Année Rare	94
4	Bollinger R.D.	94
5	Gosset	94
6	Veuve Clicquot Jubilée	93
7	Bollinger	93
8	Comtes de Champagne Rosé	93
9	Veuve Clicquot	92
10	Cristal	92

1969

1	Jacquesson D.T.	98
2	Salon	97
3	Comtes de Champagne	97
4	Bollinger Vieilles Vignes	96
5	Cristal	96
6	Florens Louis	96
7	Dom Pérignon	96
8	Dom Pérignon Rosé	96
9	Bollinger R.D.	96
10	Bollinger	95

1967

1	Cristal	93

1966

1	Billecart-Salmon Blanc de Blancs	98
1	Krug	98
3	Krug Collection	98
4	Cristal	97

5 Florens Louis — 97
6 Bollinger — 97
7 Salon — 97
8 Launois — 97
9 Clos des Goisses — 97
10 Dom Pérignon — 96

1965
1 José Michel — 93

1964
1 Dom Pérignon — 98
2 Diamant Bleu — 98
3 Cristal — 98
4 Salon — 97
5 Clos des Goisses — 97
6 Des Princes — 96
7 Pol Roger Blanc de Blancs — 96
8 Launois — 96
9 Belle Epoque — 96
10 Comtes de Champagne — 96

1962
1 Cristal — 97
2 Dom Pérignon Oenoteque — 96
3 Diamant Bleu — 96
4 Dom Pérignon Rosé — 96
5 Veuve Clicquot — 96
6 Bollinger — 95
7 La Grande Dame — 95
8 Krug Collection — 95
9 Krug — 95
10 Roederer — 95

1961
1 Billecart-Salmon N.F. — 98
2 Krug Collection — 98
3 Krug — 98
4 Dom Pérignon — 98
5 Salon — 98
6 Roederer Rosé — 97
7 Florens-Louis — 97
8 Des Princes — 97
9 Diebolt — 97
10 Comtes de Champagne — 96

1959
1 Billecart-Salmon N.F. — 99
2 Henriot — 99
3 Clos des Goisses — 99
4 Cristal — 98
5 Salon
6 Krug Collection — 98
7 Ed Bonville — 98
8 Krug — 97
9 Bollinger — 97
10 Pol Roger — 97

1958
1 Guiborat — 94

1955
1 Clos des Goisses — 99
2 Billecart-Salmon N.F. — 99
3 Cristal — 99
4 Clicquot — 98
5 Gratien — 98
6 Salon — 98
7 Piper-Heidsieck — 97
8 Krug — 97
9 Henriot — 97
10 Piper-Heidsieck — 96

1954
1 Henriot — 96

1953
1 Salon — 98
2 Clos des Goisses — 98
3 Diebolt — 97
4 Joseph Perrier — 97
5 Piper-Heidsieck — 97
6 Krug — 96
7 Clicquot — 96
8 Moët & Chandon — 95
9 Cristal — 94
10 Bollinger — 94

1952
1 Gosset — 99
2 Roederer Rosé — 96
3 Clos des Goisses — 96
4 Pommery — 95
5 Dom Pérignon — 95
6 Heidsieck & Monopole — 95
7 José Michel — 94
8 Pol Roger — 93
9 Jacquesson Perfection — 93
10 Krug Collection — 92

1951
1 Salon — 93

1949
1 Cristal — 98
2 Krug Collection — 98
3 Salon — 97
4 Roederer — 97
5 Krug — 96
6 Pol Roger — 96
7 Clicquot — 95
8 Pommery — 95
9 Charles Heidsieck — 94
10 Mumm — 94

1948
1 Salon — 93

1947
1 Salon — 98
2 Launois — 97
3 Roederer — 97
4 Pol Roger — 96
5 Krug — 94
6 Moët & Chandon — 94
7 Pol Roger Wedding Cuvée — 93
8 Pommery — 92

1945
1 Bollinger — 99
2 Roederer — 97
3 Clicquot — 96
4 Pol Roger — 94
5 Delbeck — 94
6 Boizel — 94
7 Pommery Rosé — 92

1944
1 Mailly — 91

1943
1 José Michel — 96
2 Krug — 95
3 Irroy — 94
4 Moët Coronation Cuvée — 94
5 Dom Pérignon — 94
6 Pommery — 94
7 Perrier-Jouët — 93

1942
1 Pol Roger — 92
2 Victor Clicquot — 91

1941
1 Pommery — 96
2 Charles Heidsieck — 94
3 Roederer — 94
3 Pommery Rosé — 93
4 Mercier — 93

1938
1 Krug — 99
2 Krug Collection — 98

1937
1 Krug — 95
2 Pommery — 95
3 Pommery Rosé — 95
4 Clicquot — 94

1934
1 Pol Roger — 98
2 Pommery Rosé — 97
3 Pommery — 95
4 Clicquot — 91

1929
1 Bollinger — 97
2 Pommery Rosé — 96
3 Pommery — 96
4 Heidsieck & Monopole — 95
5 Veuve Clicquot — 95

1928
1 Pol Roger Grauves — 100
2 Krug Collection — 98
3 Bollinger — 97
4 Roederer — 96
5 Moët & Chandon — 96
6 Jacquesson Perfection — 95
7 Irroy — 95
8 Clicquot — 95

1926
1 Krug — 95
2 Pol Roger — 94

1923
1 Roederer — 96
2 Clicquot — 91

1921
1 Moët & Chandon — 98
2 Pommery — 98
3 José Michel — 97
4 Pol Roger — 97
5 Heidsieck & Monopole — 96
6 Lanson — 96
7 Perrier-Jouët — 95

1919
1 Clicquot — 95
2 Heidsieck & Co. — 94

1915
1 De Castellane — 93

1914
1 Bollinger — 98
2 Pol Roger — 97
3 Moët & Chandon — 97

1911
1 Pol Roger — 97
2 Pommery — 96
3 Moët & Chandon — 95
4 Perrier-Jouët — 90

1907
1 Heidsieck & Co. — 89

1904
1 Moët & Chandon — 94

1892
1 Pol Roger — 89
2 Lanson — 87

LES MEILLEURS CHAMPAGNES DES DÉCENNIES

LES ANNÉES 90
1	1996 Bollinger Vieilles Vignes	99
2	1990 Krug Clos du Mesnil	98
3	1990 Bollinger Vieilles Vignes	98
4	1990 Selosse « N »	97
5	1996 Cristal	97
6	1990 Cristal « 2000 »	97
7	1990 Cristal Rosé	97
8	1995 Cristal Rosé	97
9	1992 Bollinger Vieilles Vignes	97
10	1995 Cristal	97

LES ANNÉES 60
1	1961 Billecart-Salmon N.F.	98
2	1964 Dom Pérignon	98
3	1966 Billecart-Salmon Bl. de Bl.	98
4	1966 Krug	98
5	1966 Krug Collection	98
6	1964 Diamant Bleu	98
7	1961 Krug Collection	98
8	1969 Jacquesson D.T.	98
9	1961 Krug	98
10	1964 Cristal	98

LES ANNÉES 30
1	1938 Krug	99
2	1938 Krug Collection	98
3	1934 Pol Roger	98
4	1934 Pommery Rosé	97
5	1937 Krug	95
6	1937 Pommery	95
7	1937 Pommery Rosé	95
8	1937 Veuve Clicquot	94
9	1937 De Venoge	93
10	1934 Veuve Clicquot	91

LES ANNÉES 80
1	1988 Krug Clos du Mesnil	99
2	1982 Krug Clos du Mesnil	99
3	1985 Krug Clos du Mesnil	99
4	1989 Krug Clos du Mesnil	98
5	1985 Bollinger Vieilles Vignes	98
6	1988 Cristal Rosé	98
7	1982 Krug	98
8	1988 Krug	98
9	1989 Bollinger Vieilles Vignes	98
10	1989 Cristal	98

LES ANNÉES 50
1	1955 Clos des Goisses	99
2	1959 Billecart-Salmon N.F.	99
3	1955 Billecart-Salmon N.F.	99
4	1955 Cristal	99
5	1959 Henriot	99
6	1959 Clos des Goisses	99
7	1955 Clicquot	99
8	1952 Gosset	99
9	1953 Salon	98
10	1959 Cristal	98

LES ANNÉES 20
1	1928 Pol Roger Grauves	100
2	1928 Krug Collection	98
3	1921 Moët & Chandon	98
4	1921 Pommery	98
5	1929 Bollinger	97
6	1921 José Michel	97
7	1921 Pol Roger	97
8	1928 Bollinger	97
9	1929 Pommery Rosé	96
10	1923 Roederer	96

LES ANNÉES 70
1	1979 Krug Clos du Mesnil	99
2	1970 Bollinger Vieilles Vignes	98
3	1976 Comtes de Champagne	98
4	1971 Comtes de Champ. Rosé	98
5	1976 Des Princes	98
6	1979 Krug Collection	97
7	1979 Krug	97
8	1976 La Grande Dame	97
9	1976 Cristal Rosé	97
10	1975 Cuvée Sir Winston Churchill	97

LES ANNÉES 40
1	1945 Bollinger	99
2	1947 Salon	98
3	1949 Cristal	98
4	1949 Krug Collection	98
5	1949 Salon	97
6	1947 Launois	97
7	1949 Roederer	97
8	1949 Krug	97
9	1947 Roederer	97
10	1945 Roederer	97

LES ANNÉES 10
1	1914 Bollinger	98
2	1914 Pol Roger	97
3	1911 Pol Roger	97
4	1914 Moët & Chandon	97
5	1911 Pommery	96
6	1919 Clicquot	95
7	1911 Moët & Chandon	95
8	1919 Heidsieck & Co.	94
9	1904 Moët & Chandon	94
10	1915 De Castellane	93

MES CHAMPAGNES PRÉFÉRÉS

LES PRODUCTEURS
Billecart-Salmon
Bollinger
Charles Heidsieck
Deutz
Diebolt-Vallois
Gosset
Guy Charlemagne
Henriot
Jacquesson
Krug
Moët & Chandon
Perrier-Jouët
Pierre Peters
Pol Roger
Roederer
Salon
Selosse
Taittinger
Veuve Clicquot
Vilmart

MES CHAMPAGNES PRÉFÉRÉS DEPUIS 1980
Billecart Grande Cuvée
Billecart N.F.
Belle Epoque
Belle Epoque Rosé
Bollinger Grande Année
Bollinger Vieilles Vignes
Charlemagne Mesnillésime
Clicquot La Grande Dame
Cuvée William Deutz Rosé
Diebolt Fleur De Passion
Dom Pérignon
Dom Pérignon Rosé
Dom Ruinart
Jacquesson Signature
Jacquesson Signature Rosé
Krug Clos du Mesnil
Krug Vintage/Collection
Philipponnat Clos des Goisses
Pierre Peters Cuvée Spèciale
Pol Roger Winston Churchill
Pol Roger P.R.

Roederer Blanc de Blancs
Roederer Cristal
Roederer Cristal Rosé
Salon
Selosse « N »
Selosse Vintage
Taittinger Comtes de Champagne
Taittinger Comtes de Champagne Rosé
Vilmart Couer de Cuvée

LES MEILLEURS CHAMPAGNES RÉCEMMENT DÉGORGÉS PAR ORDRE DÉCROISSANT
1	1928 Pol Roger Grauves	100
2	1955 Clos des Goisses	99
3	1959 Henriot	99
4	1955 Clicquot	99
5	1934 Pol Roger	98
6	1953 Clos des Goisses	98
7	1969 Jacquesson D.T.	98
8	1959 Ed Bonville	98
9	1921 Moët & Chandon	98
10	1921 Pommery	98

MON CLASSEMENT PERSONNEL DES VILLAGES

11	1959 Clos des Goisses	97
12	1914 Moët & Chandon	97
13	1966 Salon	97
14	1964 Clos des Goisses	97
15	1921 Pol Roger	97
16	1959 Salon	97
17	1966 Clos des Goisses	97
18	1953 Diebolt	97
19	1976 Enchanteleurs	97
20	1961 Diebolt	97
21	1959 Lanson	96
22	1964 Dom Pérignon	96
23	1975 Deutz d'Ay	96
24	1969 Bollinger R.D.	96
25	1964 Bollinger R.D.	96
26	1947 Pol Roger	96
27	1985 Clos des Goisses	96
28	1952 Clos des Goisses	96
29	1976 Dom Pérignon	96
30	1976 Henriot	96
31	1954 Henriot	96
32	1928 Moët & Chandon	96
33	1961 Lanson	96
34	1961 De Venoge	96
35	1966 Dom Pérignon	95
36	1975 Bollinger R.D.	95
37	1976 L-P Millesimé Rare	95
38	1973 Dom Pérignon	95
39	1976 Salon	95
40	1964 Lilbert	95
41	1979 Clos des Goisses	95
42	1980 Clos des Goisses	95
43	1964 Moët & Chandon	95
44	1959 Laurent-Perrier Rosé	94
45	1979 Des Princes	94
46	1985 Bollinger R.D.	94
47	1970 Bollinger R.D.	94
48	1990 Bollinger R.D.	94
49	1964 Alfred Gratien	94
50	1975 Clos des Goisses	94

CHARDONNAY

GRAND CRU 100 %
1 Le Mesnil
2 Cramant
3 Avize
4 Oger
5 Chouilly
6 Grauves

PREMIER CRU 95 %
7 Cuis
8 Vertus
9 Ay

PREMIER CRU 93 %
10 Oiry
11 Bergères-les-Vertus
12 Ambonnay
13 Verzenay
14 Bouzy
15 Rilly-la-Montagne
16 Sillery
17 Villers-Marmery

PREMIER CRU 90 %
18 Chigny-les-Roses
19 Dizy
20 Mareuil-sur-Ay
21 Verzy
22 Louvois
23 Cumières
24 Mailly

85 %
Tous les autres villages classés grands crus ou premiers crus.

80 %
Tous les autres villages.

PINOT NOIR

GRAND CRU 100 %
1 Ay
2 Verzenay
3 Ambonnay
4 Mareuil-sur-Ay
5 Bouzy
6 Verzy
7 Cumières

PREMIER CRU 95 %
8 Mailly
9 Sillery
10 Dizy
11 Louvois

PREMIER CRU 90 %
12 Tours-sur-Marne
13 Trépail
14 Chigny-les-Roses
15 Champillon
16 Hautvillers
17 Damery
18 Ludes
19 Villers-Marmery
20 Mutigny
21 Tauxières
22 Bisseuil
23 Beaumont-sur-Vesle

85 %
Tous les autres villages classés grands crus ou premiers crus.

80 %
Tous les autres villages.

LES PLUS GRANDS GROUPES DE CHAMPAGNE

1 LVMH
Moët, Clicquot, Mercier, Ruinart,
Canard-Duchêne
63,4 millions de bouteilles par an.

2 Marne & Champagne
Besserat, Lanson, Marne, Burtin, Massé
22,7 millions de bouteilles par an.

3 Rémy-Cointreau
Piper-Heidsieck, Charles Heidsieck,
Bonnet
15,6 millions de bouteilles par an.

4 Allied-Domecq
Mumm, Perrier-Jouët
12,2 millions de bouteilles par an.

5 Vranken Monopole
Vranken, Lafitte, Demoiselle,
Heidsieck & Monopole, Barancourt,
Collin, Charbaut, Germain,
Pommery, Sacotte
11,3 millions de bouteilles par an.

6 Laurent-Perrier
Laurent-Perrier, De Castellane,
Salon, Delamotte, Lemoine
10,7 millions de bouteilles par an.

7 Duval-Leroy
Duval-Leroy, diverses autres marques
7,5 millions de bouteilles par an.

8 Martel
Mansard-Baillet, Martel,
de Noiron m. fl
7,3 millions de bouteilles par an.

9 BCC
Bruno Paillard, Chanoine, Philipponnat,
De Venoge, Abel Lepitre, Boizel,
Alexandre Bonnet)
6,9 millions de bouteilles par an.

10 Taittinger
Taittinger, Irroy
5,6 millions de bouteilles par an.

LÉGISLATION ET CHIFFRES

Un contrôle strict est exercé à chaque étape de l'élaboration du champagne. Ce contrôle doit être en accord avec la loi française en la matière.

Voici quelques exemples :

• Toutes les nouvelles plantations et replantations sont strictement contrôlées dans la région géographique limitée d'une surface définie par la loi de 34 000 hectares. La loi a été votée en 1927. La surface cultivée est de 30 396 hectares ce qui représente 2,6% des vignobles français. Pour les 324 villages de la région, les règles suivantes s'appliquent :

• Seules trois variétés de raisins peuvent être plantées : chardonnay, pinot noir et pinot meunier. Les variétés plus rares comme le petit meslier, le gamay, le pinot blanc et l'arbanne peuvent être utilisés mais non plantés.

• Dans tous les villages ayant acquis l'appellation Champagne, les plantations doivent être effectuées sur des terrains bien définis situés dans des lieux précis dans toutes les communes contrairement à la plupart des autres régions vinicoles françaises. Les demandes de nouvelles plantations sont traitées par l'UE.

• La distance entre les rangées de ceps de vigne ne doit pas dépasser 1,5 mètre et celle entre chaque pied de vigne doit être comprise entre 0.9 m et 1.5 m. Le total de ces distances ne doit pas être supérieur à 2,5 m.

• Seules quatre méthodes d'accolage sont autorisées. La hauteur maximale des bourgeons est calculée en partant de la terre. Elle dépend également de la méthode utilisée. Pour les techniques Chablis et Guyot, la hauteur est de 0,6 mètre. Pour la Marne et la Cordon royal, elle atteint 0,5 mètre. La Chablis et la Cordon royal sont les seules méthodes modernes autorisées pour les ceps plantés dans des zones classées grands crus et premiers crus. La méthode de la Marne est seulement utilisée pour le pinot meunier.

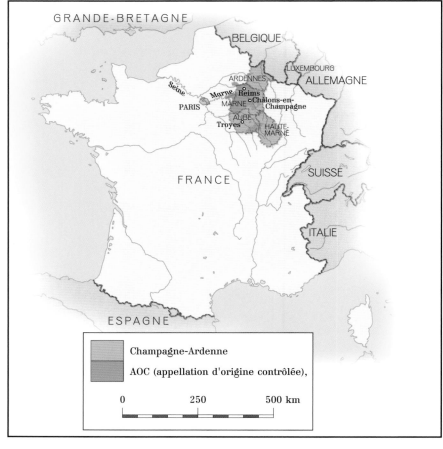

• Seule une quantité de raisin définie peut être vendangée chaque année sur chaque parcelle de terrain définies pour avoir droit à l'appellation Champagne.

• Les teneurs en alcool minimales et maximales sont déterminées chaque année.

• Tous les vins doivent être entièrement élaborés dans la région. En outre, il ne doivent pas être conservés avec du moût de raisin ou du vin d'autres régions.

• Un champagne doit être en contact avec les sédiments au minimum pendant quinze mois.

• Un bouchon de champagne doit mesurer 48 mm de long et être d'un diamètre de 31 mm.

Nombre de producteurs :

5091 récoltants – manipulants (R-M)
48 coopératives de manipulation (C-M)
280 négociants manipulants (N-M)

En 2000, le rendement moyen de la vendange est de 12 576 kg/hectare. La surface cultivée totale de 30 396 hectares est divisée de la façon suivante :

22461 hectares dans la Marne
2033 hectares dans l'Aisne
5862 hectares dans l'Aube
20 hectares en Haute Marne

1 023 000 000 bouteilles se trouvaient dans les caves des producteurs le 31 juillet 2000.

En 2000, 253 millions de bouteilles ont été vendues comme suit :

66,4% ont été vendues par des maisons de champagne.
33,6% par des négociants manipulants et des coopératives
149 millions de bouteilles ont été vendues en France (59,1%)
104 millions de bouteilles ont été exportées (40,9%)

CONTACTS

Numéros de téléphone des producteurs répertoriés par villes et villages

AILLEVILLE
Jacquot, Michel — 03 25 27 06 66

ALLEMANT
Remy, Bernard — 03 26 80 60 34

AMBONNAY
Batonnet-Gautier — 03 26 57 80 13
Beafort-Dupont — 03 26 57 08 90
Beaufort, Alain — 03 26 57 08 65
Beaufort, André — 03 26 57 01 51
Beaufort, Claude — 03 26 57 01 32
Beaufort, Jacques — 03 26 57 01 50
Beaufort, J.-M. — 03 26 57 02 59
Bernard, Brémont — 03 26 51 01 65
Billiot, Henri — 03 26 57 00 14
Billiot, Marcel — 03 26 57 01 04
Coop. Vinicole d'Ambonnay — 03 26 57 01 46
Coutier, René-Henri — 03 26 57 02 55
Croizy, Roger — 03 26 57 01 52
Demière, Serge — 03 26 57 07 79
Dethune, Paul — 03 26 57 01 88
Egly-Ouriet — 03 26 57 00 70
Fauvet, Claude — 03 26 57 00 39
Foureur, Robert — 03 26 57 02 68
Gaston Warin — 03 26 57 01 29
Gauthier, Roger — 03 26 57 01 94
Georges, Simon — 03 26 57 00 59
Houry, Thierry — 03 26 57 82 96
Hubert Père & Fils — 03 26 57 08 11
Huguet, Michel — 03 26 57 01 45
Hulin, J. — 03 26 57 01 97
Ledru, Michel — 03 26 57 00 71
Marguet-Bonnerave — 03 26 57 09 98
Millot, C. — 03 26 57 07 25
Minelle, Francois — 03 26 57 02 14
Moreau, Jean — 03 26 57 09 07
Moreau, Michel — 03 26 57 81 51
Payelle, Gérard — 03 26 57 02 57
Pérard, J-P. — 03 26 57 00 96
Petit, T.H. — 03 26 57 01 13
Petitjean, H. — 03 26 57 08 79
Pierlot, Serge — 03 26 57 01 11
Remy, Claude — 03 26 57 00 01
Rodez, Eric — 03 26 57 04 93
Rodez, Michel — 03 26 57 00 27
Secondé Prévoteau
Soutiran-Pelletier — 03 26 57 07 87
Varlot, Jean — 03 26 57 00 65

ARCIS-SUR-AUBE
Bourgeois et Fils — 03 25 37 80 47

ARCONVILLE
Gaucher, Bernard — 03 25 27 87 31

AVENAY
Anceau — 03 26 52 62 08
Augustin, Jean-Paul — 03 26 52 31 20
Billiard, Pierre-Alain — 03 26 52 32 76
Brunet, Stephane — 03 26 52 34 13

Coop. d'Avenay Val d'Or 03 26 52 31 24
Justine, Paul — 03 26 52 32 58
Marniquet, Francois — 03 26 52 32 36
Morlet, Peirre — 03 26 52 32 32
Pagin, Gabriel — 03 26 52 31 03
Picart-Thiout — 03 26 52 31 71
Remion, Jean-Paul — 03 26 52 31 05
Renault-Allart — 03 26 52 31 14
Ricciuti-Révolte — 03 26 52 30 27
Saintot, Roger — 03 26 52 32 67
Saintot, William — 03 26 59 09 04
Vatel-Fouquy, William — 03 26 52 30 09

AVIREY-LINGEY
Chardin, Roland — 03 25 29 33 90
Goussard, Delagneau — 03 25 29 10 41
Goussard, Didier et Dauphin — 03 25 29 30 03
Hennequière — 03 25 29 85 32
Marin, Christian et Fils — 03 25 29 32 55
Mathieu, Serge — 03 25 29 32 58
Pescheux, Père et Fils — 03 25 29 30 79
Pidansat, Germain — 03 25 29 36 04

AVIZE
Agrapart — 03 26 57 51 38
Assailly-Leclaire — 03 26 57 51 20
Berthelot, Christian — 03 26 57 58 99
Bonville, Franck — 03 26 57 52 30
Bricout — 03 26 53 30 00
Callot & Fils — 03 26 57 51 57
Chapier-Chabonat — 03 26 57 51 67
Clément, Thomas — 03 26 57 94 85
Coop. des Anciens de la Viticulture d'Avize — 03 26 57 79 79
Coop. Union Champagne — 03 26 57 94 22
Delbeck — 03 26 53 30 00
Deregard-Massing — 03 26 57 52 92
Dubois, Gérard — 03 26 57 58 60
Dubois, Hervé — 03 26 57 52 45
Fallet, Michel — 03 26 57 51 97
Gaspard, Francoise — 03 26 57 50 97
Ghys, Michel — 03 26 57 51 05
Gonet, Michel — 03 26 57 50 56
Lanaud, Veuve — 03 26 57 99 19
Le Brun-Servenay — 03 26 57 52 75
Leclaire, Philippe — 03 26 57 79 48
Leclaire-Gaspard — 03 26 57 55 66
Paveau — 03 26 57 93 87
Perriére — 03 26 57 40 30
Petit & Fils — 03 26 57 51 63
Petit, Hubert — 03 26 57 57 86
Pierson-Whitaker — 03 26 57 77 04
Prin — 03 26 53 54 55
Schlessler, Patrick — 03 26 57 94 29
Selosse, Jacques — 03 26 57 53 56
Simon-Selosse — 03 26 57 52 40
Sousa, De — 03 26 57 53 29
Waris-Larmandier — 03 26 57 79 05
Varnier-Fanniere — 03 26 57 58 39
Warris et Chenayer — 03 26 57 50 88

AY
Ayala — 03 26 55 15 44
Besserat, Christian — 03 26 55 20 72
Bollinger — 03 26 53 33 66
Brun, Ed. — 03 26 55 20 11
Brun, René — 03 26 55 21 24

Collery — 03 26 54 01 20
Collet, Raoul — 03 26 55 15 88
Dauby, Guy — 03 26 54 96 49
Deutz — 03 26 55 15 11
Driant, E. — 03 26 54 27 16
Fliniaux, Régis — 03 26 55 21 04
Fliniaux, Richard — 03 26 55 14 97
Gabriel Collin — 03 26 55 49 04
Gatinois — 03 26 55 14 26
Giraud, Henri — 03 26 55 18 55
Godmé, Serge — 03 26 55 43 93
Gosset — 03 26 56 99 56
Gosset-Brabant — 03 26 55 17 42
Goutorbe, H. — 03 26 55 21 70
Hamm, E. — 03 26 55 44 19
Henin, Pascal — 03 26 54 61 50
Husson — 03 26 55 43 05
Ivernel — 03 26 55 21 10
Jean Pol Roger — 03 26 54 68 66
Juget-Brunet — 03 26 55 20 67
Lallier, James — 03 26 55 32 87
Laurain, Pierre — 03 26 55 18 90
Leboeuf, Pierre — 03 26 55 21 58
Luc, Eric — 03 26 51 67 22
Massing, Julien — 03 26 55 20 37
Méric, De — 03 26 55 20 72
Montebello — 03 26 55 15 44
Montvillers — 03 26 54 82 58
Roger, André — 03 26 55 20 61
Vatel — 03 26 55 44 05

BAGNEUX-LA-FOSSE
Beaujean, Michel — 03 25 29 37 44
Bertrand, Paul Marie — 03 25 29 30 58
Fontaine, Gérard — 03 25 29 31 87
Fournier, Eric — 03 25 29 91 66
Josselin, Jean-Michel — 03 25 29 99 71
Ménetrier, Philippe — 03 25 29 39 69
Prignot, Christian — 03 25 29 11 15
Rousseau, Pierre — 03 25 29 35 00
Walczak, Bernard — 03 25 29 31 69
Walczak, Christophe — 03 25 29 10 55

BALNOT-SUR-LAIGNES
Coop. de Balnot-sur-Laignes — 03 25 29 35 15
Gremillet, J.M. — 03 25 29 37 91

BAROVILLE
Barfontarc, De, G, — 03 25 27 07 09
De Baere, Hervé et fils — 03 25 27 07 15
Fourrier, Etienne — 03 25 27 15 75
Fourrier, Philippe — 03 25 27 13 44
Harvengt, Didier — 03 25 27 06 50
Maillet, Jean — 03 25 27 07 21
Raclot, Marinette — 03 25 27 27 14
Urbain, Père et Fils — 03 25 27 00 36
Vincent, B. — 03 25 27 08 36

BAR-SUR-AUBE
Mougin, Laurent — 03 25 27 31 98

BAR-SUR-SEINE
Chassenay, D'Arce — 03 25 38 30 70
Devaux, A. — 03 25 38 30 65
Gravure — 03 25 29 94 94
Noellat — 03 25 38 39 40
Viardot Frères — 03 25 29 39 21

BASLIEUX-SOUS-CHÂTILLON
Billard-Girardin, J.-P. — 03 26 58 11 46
Chevillet, Joël — 03 26 59 15 28
Franck, Pascal — 03 26 51 89 80
Liébart-Régnier — 03 26 58 11 60
Pascal-Delette — 03 26 58 11 35
Pascal-Poudras, Claude — 03 26 58 11 54
Régnier, Jean-Pierre — 03 26 58 11 70
Remi, Guy — 03 26 58 11 29
Rigot Francois, Pierre — 03 26 58 11 44
Rouillère, Hervé — 03 26 58 15 26
Taillet — 03 26 58 11 42
Vizeneux, Roland — 03 26 58 15 33

BASSUET
Chaure, André — 03 26 73 93 16
Chauré, Jean-Louis — 03 26 73 91 55
Coop. Bassuet — 03 26 74 18 90
L'hoste — 03 26 73 94 43
Lonclas, Bernard — 03 26 73 98 20
Ortillon-Beaulieu — 03 26 73 95 19

BAYE
Barré, Marc — 03 26 52 81 70
Collin, Daniel — 03 26 52 80 50
Jacques, Yves — 03 26 52 80 77
Moret, Odil — 03 26 52 81 65

BEAUMONT-SUR-VESLE
Portier, Virgile — 03 26 03 90 15
Vautier, Maurice — 03 26 03 90 63
Vautier, Pierre — 03 26 03 90 62

BEAUNAY
Gaunel-Jacquet, Michel — 03 26 59 30 92
Jacquesson, Michel — 03 26 59 34 94
Moreau, Alain — 03 26 59 33 35
Thuillier

BELVAL-SOUS-CHÂTILLON
Bérat, Daniel — 03 26 58 14 46
Chabroulet, Christian — 03 26 58 11 72
Faivre, Robert — 03 26 58 13 19
Follet Ramillon, Joël — 03 26 58 11 68

BERGÈRES
Rigolet, Jean — 03 25 27 43 77
Prieur, Claude — 03 25 27 44 01

BERGÈRES-LES-VERTUS
Adnot, Christian — 03 26 52 18 34
Batteux-Busson — 03 26 52 02 22
Champion, Denis — 03 26 52 02 13
Coop. «le Mont Aime» — 03 26 52 02 15
Cottray, Lionel — 03 26 52 00 95
Jacopin, Y. — 03 26 52 26 25
Lefèvre, Alain — 03 26 52 24 07
Malin, Henri — 03 26 52 26 51
Milliat, Serge — 03 26 52 20 42
Perrot, Roger — 03 26 52 12 26
Poirot — 03 26 52 02 26
Vallet-Gadret, R. — 03 26 81 25 33
Vallois — 03 26 52 23 71

BERGÈRES-SOUS-MONTMIRAIL
Champion, Daniel — 03 26 81 22 93
Crochet-Rivère — 03 26 81 26 85

BERRU

Coop. Berru	03 26 03 22 68
Dufrene, Jacques	03 26 03 22 48
Florent, Thierry	03 26 03 22 82
Fourmet, Héry	03 26 03 20 15
Guillaume, Guy	03 26 03 20 56
Philippe, Jean-Pierre	03 26 03 21 90
Picard, Jacques	03 26 03 22 46
Rémi, Adam	03 26 03 26 66

BETHON

Coop. U.V.C.B.	03 26 80 48 61
Jarry, André	03 26 80 48 04
Jarry, J-P	03 26 80 47 55
Laurent, Paul	03 26 81 91 11
Le Brun de Neuville	03 26 80 48 43
Petit, Guy	03 26 80 48 31
Triolet	03 26 80 48 24
Vandier, André	03 26 80 48 17

BILLY-LE-GRAND

Bocart, Jean-Claude	03 26 67 95 67
Collard, Pascal	03 26 67 98 93
Earl de Mont	03 26 70 91 53
Lapie, Jean	03 26 66 01 45
Lapie, Roger	03 26 65 57 83
Lapie Wiart	03 26 67 97 15
Lapie-Longe	03 26 67 99 13
Oudea, Robert	03 26 67 96 31
Picard, Francis	03 26 67 95 54

BINSON ET ORQUIGNY

Coutelas, Francis	03 26 58 04 73
Dissaux-Brochot, J.-C.	03 26 58 05 63
Dissaux-Verdoolaeghe	03 26 58 03 57
Gilmaire, Etienne	03 26 58 33 24
Godinat, Gérard	03 26 58 33 23
Landat, Marcel	03 26 58 00 67
Moussé, Jean-Luc	03 26 58 08 91
Moutte, J.-L.	03 26 58 04 75
Rigot, Jean-Marie	03 26 58 33 38

BISSEUIL

Bauchet	03 26 58 92 12
Bonanfant	03 26 58 96 23
Chochina	03 26 58 91 01
Clos-Babot	03 26 58 92 12
Hémard	03 26 58 96 60
Jorquera	03 26 58 90 07

BLIGNY

Binon, Thierry	03 25 27 42 91
Château de Bligny	03 25 27 40 11
Demilly, Gérard	03 25 27 44 81
Gauthrin, Laurent	03 25 27 45 83
Laval	03 25 27 40 16
Montaux, J.-C.	03 25 27 40 25

BOUILLY

Mériguet-Leclabart	03 26 49 20 77
Wafflart, Guy	03 26 49 21 01

BOULT-SUR-SUIPPE

Petit-Perseval	03 26 03 31 97

BOUQUIGNY

Cheutin, Serge	03 26 52 72 19
Leconte, Aimé	03 26 52 70 23
Leconte, Xavier	03 26 52 73 59

Pottin, Bernard	03 26 52 71 33
Raymond, Joël	03 26 52 70 89

BOURGOGNE

Guillaume, Hervé	03 26 97 24 61

BOURSAULT

Bérat, Jacques	03 26 58 42 45
Bouchez-Benard	03 26 58 41 81
Château de Boursault	03 26 58 42 21
Dagonet, Lucien	03 26 58 41 29
Diouy, Raymond	03 26 58 47 18
Foin Moigneau	03 26 58 61 03
Gilbert	03 26 58 47 17
Joliet-Rodier	03 26 58 40 05
Lemaire Rasselet	03 26 58 44 85
Lete, Jean	03 26 58 45 87
Rousseau, Philippe	03 26 58 62 29
Stephane & Fils	03 26 58 40 81

BOUVANCOURT

de Vreese-Fauvet	03 26 48 51 89

BOUZY

Bandock-Mangin	03 26 57 09 09
Bara, Paul	03 26 57 00 50
Barancourt	03 26 53 33 40
Barnaut, E.	03 26 57 01 54
Beaufort, Herbert	03 26 57 01 34
Bernard, Ledru	03 26 57 00 04
Brice	03 26 52 06 60
Clouet, André	03 26 57 00 82
Clouet, Paul	03 26 57 07 31
Dauvergne, Hubert	03 26 57 00 56
Hulin, Pierre	03 26 57 01 37
Lahaye, Serge	03 26 57 00 38
Lallement, René	03 26 57 00 68
Lefevre, Jean	03 26 57 00 58
Martin, Louis	03 26 57 01 27
Paillard, Pierre	03 26 57 08 04
Pléner, J.F.	03 26 57 00 21
Rémy, E.	03 26 57 08 98
Rémy, Galichet	03 26 57 02 94
Savès, Camille	03 26 57 00 33
Tornay, Bernard	03 26 57 08 58
Tritant, Alfred	03 26 57 01 16
Vesselle, Alain	03 26 57 00 88
Vesselle, Georges	03 26 57 00 15
Vesselle, Jean	03 26 57 01 55
Vesselle, Maurice	03 26 57 00 81

BROUILLET

Ariston	03 26 97 47 02
Ariston Fils	03 26 97 43 46
Gérin	03 26 97 46 31

BROYES

Collin, Olivier	03 26 80 54 47
Jacopé, Yves	03 26 80 70 72
Petit-Bollot, André	03 26 80 56 30
Petit-Lemoine	03 26 81 85 50
Rousseaux, Jean-Jacques	03 26 80 56 70
Vinot, Gérard	03 26 80 56 32

BRUGNY-VAUDANCOURT

Bourdelat, Edmond	03 26 59 97 95
Didier, J.	03 26 59 97 89
Filaine, Thierry	03 26 57 58 65

Fresne, Gabriel	03 26 59 98 09
Oudart, Etienne	03 26 59 98 01

BUXEUIL

Albin, D'Aube	03 25 38 50 29
Couche, Père et Fils	03 25 38 53 96
Diligent, André	03 25 38 51 78
Diligent, Pierre	03 25 38 51 79
Gruet, Claude	03 25 38 54 94
Leblond-Lenoir, Noël	03 25 38 53 33
Leblond-Lenoir, Pascal	03 25 38 54 04
Lenoir, C et R.	03 25 38 50 72
Moutard-Diligent	03 25 38 50 73

CELLES-SUR-OURCE

Arnoult, Jean	03 25 38 56 49
Baroni, Jacqueline	03 25 38 52 44
Bouchard, Jean-Claude	03 25 38 55 62
Bouchard, Jean-Pierre	03 25 38 55 73
Brocard, Michel	03 25 38 51 43
Brocard, Pierre	03 25 38 55 05
Carreau, Jean-Luc	03 25 38 54 51
Cheurlin, Arnaud de	03 25 38 53 90
Cheurlin, Daniel	03 25 38 51 34
Cheurlin, Richard	03 25 38 55 04
Cheurlin-Dangin	03 25 38 50 26
Dangin, Paul et Fils	03 25 38 50 27
Delot, Maurice	03 25 38 50 12
Fays, André	03 25 38 51 47
Fays, Philippe	03 25 38 51 47
Fumey-Tassin	03 25 38 56 90
Furdyna, Michel	03 25 38 54 20
Gautherot	03 25 38 50 03
Gyejacquot, Daniel	03 25 38 51 46
Gyejacquot, Michel	03 25 38 56 07
Huguenot, Benoit	03 25 38 54 49
Langry, Didier	03 25 38 57 37
Laurent	03 25 38 50 10
Laurent, Jean	03 25 38 56 02
Legrand, Eric	03 25 38 55 07
Legrand, Frères	03 25 38 57 14
Lozey, Philippe de	03 25 38 34 22
Maître, Eric	03 25 38 58 69
Patour, Michel	03 25 38 51 32
Pierre Gerbais	03 25 38 51 29
Pilloud, Gérard	03 25 38 53 03
Sandrin, Jean	03 25 38 52 42
Sandrin, Jean	03 25 38 57 04
Simon, Monique	03 25 38 54 08
Tassin, Benoit	03 25 38 52 27
Tassin, Bernard	03 25 38 50 19
Tassin, Emmanuel	03 25 38 59 44
Tassin, Jeannine	03 25 38 53 22
Vézien, Marcel	03 25 38 50 22

CERSEUIL

Baillet, Denis	03 26 52 71 05
Comte de Lantage	03 26 51 11 39
Debargue	03 26 52 71 65
Dehours, S.A.	03 26 52 71 75
Delovin, Chayoux	03 26 52 71 87
Liébart, Didier	03 26 52 72 09
Mansard, Joel	03 26 52 72 80
Marx, Denis	03 26 52 71 96
Mathelin	03 26 52 73 58
Piot & Fils	03 26 52 71 37
Remy, G.	03 26 58 28 54
Tournant	03 26 52 72 58

CHÂLONS-EN-CHAMPAGNE

Brun, Albert le	03 26 68 18 68
Perrier, Joseph	03 26 68 29 51
Societe Champenoise d'exploitation vinicole	03 26 68 18 68

CHAMBRECY

Lallement-Pelletier	03 26 61 88 52
Lerouge, Alain	03 26 61 80 64

CHAMERY

Bertrand, Gilbert	03 26 97 64 57
Bonnet, Roger	03 26 97 64 48
Bonnet-Ponson	03 26 97 65 40
Coop. de Chamery	03 26 97 64 67
Delespierre, Michel	03 26 97 65 02
Dravigny	03 26 97 65 46
Feneuil, Daniel	03 26 97 62 35
Grimet-Lagauche	03 26 97 65 69
Guerlet	03 26 97 64 06
Labbé, Michel	03 26 97 65 89
Lallement, Claude	03 26 97 64 04
Laurent-Vasseur	03 26 97 65 72
Maillart, Henri	03 26 97 63 27
Maletrez	03 26 97 63 92
Michel, André	03 26 97 64 66
Parmantier, Gérard	03 26 97 63 15
Perseval, Gérard	03 26 97 62 14
Perseval-Deleplanque	03 26 97 64 70
Perseval-Foubert	03 26 97 66 17
Perseval-Harteel	03 26 97 64 88
Philippe Hanon	03 26 97 65 60
Rigaut, Daniel	03 26 97 64 08
Rigaut, Etienne	03 26 97 65 54
Robaille, Michel	03 26 97 63 47
Viard	03 26 97 65 24

CHAMPIGNOL-LEZ-MONDE

Dumont, R.et fils	03 25 27 45 95

CHAMPILLON

Aquarelle	03 26 59 46 71
Autreau de Champillon	03 26 59 46 00
Beguin, Roland	03 26 59 47 04
Boucher, Gilles	03 26 59 48 17
Cuinet	03 26 59 47 87
Devavry, Bertrand	03 26 59 46 21
Gelin, Fernand	03 26 59 46 26
Josseaux, Georges	03 26 59 46 70
Lamotte, René	03 26 59 46 62
Méa, Jean-Loup	03 26 59 47 50
Remy, Claude	03 26 59 46 34
Roualet, André	03 26 59 46 45
Roulet, René	03 26 59 46 55
Visneaux, Patrick	03 26 59 47 83

CHAMPLAT ET BOUJACOURT

Grandin, Thierry	03 26 58 11 71

CHAMPVOISY

Lequart-Laurent	03 26 58 97 48

CHANGY

Pierre-Mougeot	03 26 73 42 16

CHANNES

Brigandat, Pierre	03 25 29 36 20
Coquard	03 25 29 31 30

Guilleminot, Michel 03 25 29 37 77
Philipaux, Pierre 03 25 29 35 57

CHARLY-SUR-MARNE
Baron Albert 03 23 82 02 65

CHÂTEAU-THIERRY
Coop. Pannier 03 23 69 51 30

CHÂTILLON-SUR-MARNE
Benard, Philippe 03 26 58 09 63
Cazé Thibault 03 26 58 36 87
Charlier, Jackie 03 26 58 35 18
Charlot 03 26 58 34 72
Coop. »La Grappe« 03 26 58 34 54
Coop. de Châtillon 03 26 58 35 33
Fournaise, Daniel 03 26 58 06 44
Heucq 03 26 58 10 08
Meunier 03 26 58 30 52
Perrin 03 26 58 34 31
Perrin, André 03 26 58 06 98
Philippe, Roland 03 26 58 34 41
Plekhoff, Henri 03 26 58 34 77
Plekhoff, Hervé 03 26 58 34 34
Plekhoff, Yves 03 26 58 34 49

CHAUMUZY
Gillery, Lucien 03 26 61 83 84
Herbelet-Augé 03 26 61 83 60
Leclercq, Denis 03 26 61 87 81
Salmon, Michel 03 26 61 81 38

CHAVOT
Coop. de Chavot 03 26 54 31 89
Demarest, Charles 03 26 55 24 55
Desbordes, Roger 03 26 54 31 94
Ingeniére 03 26 55 63 08
Jacquesson, René 03 26 54 32 13
Lagache-Lecourt 03 26 54 86 79
Laherte, Roland 03 26 54 31 91
Lebeau, Robert 03 26 54 32 52
Leblond, Lucien 03 26 54 32 56
Lequien, Max 03 26 54 32 28
Pernet, Jean 03 26 57 54 24
Pothelet 03 26 54 32 81
Prin 03 26 54 32 74
Selosse, Jackie 03 26 54 32 25
Tissier, André 03 26 54 32 16
Tissier, Diogene 03 26 54 32 47

CHENAY
Dampierre, Comte Audoin de
03 26 03 11 13

CHIGNY-LES-ROSES
Barbelet-Leroux 03 26 03 43 00
Broggini, Jacky 03 26 03 44 77
Cattier 03 26 03 42 11
Coop. de Chigny-les-Roses
03 26 03 44 30
Cossy, Michel 03 26 03 44 28
Duchesne, Geneviève 03 26 03 42 76
Dumangin, Guy 03 26 03 46 25
Dumangin, Jacky 03 26 03 46 34
Dumangin, Jean 03 26 03 42 17
Dumangin-Rafflin 03 26 03 48 21
Dumenil 03 26 03 44 48
Gardet 03 26 03 42 03
Gounel-Lassalle 03 26 03 43 05

Lassalle, J. 03 26 03 42 19
Lassalle, Maurice 03 26 03 42 20
Lassalle-Hanin 03 26 03 40 96
Lepitre, Francois 03 26 03 42 05
Leroux , Hilaire 03 26 03 42 01
Leroux, Fred 03 26 03 42 35
Mayot, Alain 03 26 03 48 39
Mazet, Pascal 03 26 03 41 13
Menu, Gilles 03 26 03 43 35
Perthois Gerlier 03 26 03 48 20
Philippart, Maurice 03 26 03 42 44
Rafflin, Bertand 03 26 03 48 47
Rafflin, Michel 03 26 03 48 23
Thoumy, Michel 03 26 03 44 58
Thoumy, Robert 03 26 03 44 58
Tixier, Guy 03 26 03 42 51
Tixier, Paul 03 26 03 42 45

CHOUILLY
Banchet-Legras 03 26 55 41 53
Broquet-Melbeck 03 26 54 06 82
Champion, Roland 03 26 55 40 30
Coop. Feuillatte, Nicolas 03 26 59 55 50
Farigoul 03 26 55 40 21
Gauthier pere & fils 03 26 55 40 02
Genet, Claude 03 26 54 50 38
Genet, Michel 03 26 55 40 51
Gue, C. 03 26 54 50 32
Hostomme 03 26 54 50 79
Legras & Haas 03 26 54 92 90
Legras, David 03 26 54 97 77
Legras, R. & L. 03 26 54 50 79
Legras-Noël 03 26 55 41 71
Moineaux, Marcel 03 26 55 40 99
Pouillard, Michel 03 26 54 58 58
Simart, Bruno 03 26 55 40 53
Simart, Dominique 03 26 54 50 65
Simonnet, Guy 03 26 55 40 29
Vazart, Lucien 03 26 55 61 15
Vazart-Coquart 03 26 55 40 04
Voirin-Desmoulins 03 26 54 50 30
Vol, Michel 03 26 55 41 10

COIZARD-JOCHES
Guyard, Gérard 03 26 59 31 62

COLOMBÉ-LA-FOSSE
Courtillier, Roger 03 25 27 11 35
Cudel, Philippe 03 25 27 24 51
Gallois, Frédéric 03 25 27 83 72
Viot, Elisabeth 03 25 27 02 07

COLOMBÉ-LE-SEC
Boulachin, Claude 03 25 27 22 10
Boulachin, Hubert 03 25 27 35 35
Breuzon, Bernard 03 25 27 02 06
Christophe 03 25 27 18 38
Coop. Charles Clement 03 25 92 50 70
Cornevin, André 03 25 27 24 44
Dosne, René 03 25 27 02 14
Paradis, C.F. 03 25 27 02 12
Renet, Jean-Guy 03 25 27 18 26

CONGY
Breton 03 26 59 31 03
Collard-Greffier 03 26 59 35 60
Desbrosse, Robert 03 26 59 31 08
Girost, Jean-Claude 03 26 59 32 30

Lambert-Bérat, J.-F. 03 26 59 31 37
Moussy, Maurice 03 26 59 31 29

CORMICY
Baudvin, Michel 03 26 61 31 20
Boulard-Bauquaire 03 26 61 30 79
Cantoni, Serge 03 26 61 31 58
Didier, Francois 03 26 61 32 90
Lecrocq, Philippe 03 26 61 30 10

CORMOYEUX
Baudin-Pierrot, Je.-P. 03 26 58 64 03
Bochet-Lemoine 03 26 58 64 11
Boude-Pongnot, Claude 03 26 58 64 37
Dessaint, Alain 03 26 58 64 51
Faniel 03 26 51 68 19
Mondet, Daniel 03 26 58 64 15

COULOMMES-LA-MONTAGNE
Lepitre, Christian 03 26 49 20 34
Lepitre, Jean-Claude 03 26 49 78 20
Massonnot, Jean-Marie 03 26 49 76 74
Ponson 03 26 49 20 17

COURJEONNET
Bression 03 26 59 31 51

COURMAS
Alexandre, Yves 03 26 49 20 78
Bourgeois, J.-B. 03 26 49 21 79
Minard, P. 03 26 49 20 67

COURTAGNON
Lutun, Jacques

COURTERON
Cottet-Dubreuil 03 25 38 23 24
Deguise, Maurice 03 25 38 23 39
Dubreuil Frères 03 25 38 20 94
Fleury 03 25 38 20 28
Mannoury, E.M. 03 25 29 67 45
Réaut, Noirot 03 25 38 23 10
Schreiber 03 25 38 22 95

COUVIGNON
Aurélien 03 25 27 40 94
Léger, Lazaro

CRAMANT
Bertin 03 26 57 93 38
Bonnaire 03 26 57 50 85
Bonningre-Durant 03 26 57 59 99
Brun, William 03 26 57 91 32
Collard, Pol 03 26 57 93 55
Coop. de Cramant 03 26 57 50 72
Courtois-Camus 03 26 57 91 18
Crépaux, J.-F. 03 26 57 50 61
Crépaux, J-N 03 26 57 56 38
Diebolt-Vallois 03 26 57 54 92
Guiborat 03 26 57 54 08
Huret-Colas 03 26 57 54 44
Lancelot-Pienne 03 26 57 55 74
Lancelot-Royer 03 26 57 51 41
Lancelot-Wanner 03 26 57 58 95
Larmandier 03 26 57 52 19
Lebrun, Paul 03 26 57 54 88
Lesage, Guy 03 26 57 95 58
Lilbert 03 26 57 50 16
Mallol 03 26 57 96 14

Morizet & Fils, G. 03 26 57 50 92
Pertois-Lebrun 03 26 57 54 25
Petitjean, C. 03 26 57 51 19
Populos-Cazenave 03 26 57 54 53
Richomme 03 26 57 52 93
Simon, Michel 03 26 57 57 37
Sugot-Feneuil 03 26 57 53 54
Wanner-Bouge 03 26 57 52 35
Vignier-Lebrun 03 26 57 54 88
Voirin-Jumel 03 26 57 55 82

CUCHERY
Bonningre, Denis 03 26 58 12 54
Brugneau, Didier 03 26 57 69 13
Charbonnier, Gilbert 03 26 58 12 04
Chaumuzart-Gé, J.-P. 03 26 58 12 92
Ciesek, Marcel
Levasseur, Albert 03 26 58 35 43
Mancier, Claude 03 26 58 12 79
Moreau-Billard 03 26 58 14 55
Poissinet-Ascas, J.-P. 03 26 58 12 93
Quenot, Claude 03 26 58 11 20
Rémy, Christian 03 26 58 14 00

CUIS
Coop. de Blémond 03 26 59 78 30
Gilbert, Yves 03 26 59 78 20
Gimonnet, Pierre 03 26 59 78 70
Grellet 03 26 59 79 69
Jean Gimonnet 03 26 59 78 39
Le Brun & fils 03 26 59 78 51
Michel, Paul 03 26 59 79 77
Richard, Julien 03 26 59 78 69
Robert, Daniel 03 26 59 78 77
Vallois, Jean-Claude 03.26 51 78 99

CUISLES
Fresne, Emilien 03 26 58 10 54
Heucq, Roger 03 26 58 10 50
Lécurieux, Jean 03 26 58 10 61
Moussé, Jean-Marc 03 26 58 10 80
Orban, Lucien 03 26 58 10 51
Schreiner, Jean-Pierre 03 26 58 10 33

CUMIÈRES
Bertrand, Pierre 03 26 55 24 41
Blosseville-Maniquet 03 26 55 25 47
Boutet 03 26 55 32 94
Delabaye, Jeannine 03 26 51 63 81
Denois Père & Fils 03 26 55 55 63
Dominique Denois 03 26 55 42 45
Etienne, Jean-Marie 03 26 51 66 62
Gaillot, Madeleine 03 26 55 24 80
Gaillot, Philippe 03 26 55 66 12
Geoffroy, René 03 26 55 32 31
Itasse, André 03 26 54 84 51
Laval, Alain 03 26 51 61 83
Maitre, Geoffroy 03 26 55 29 87
Mignon, Yves 03 26 55 31 21
Pain 03 26 55 60 75
Plateau, Roger 03 26 55 28 61
Poittevin 03 26 51 69 86
Poittevin, Ludolf 03 26 55 26 03
Sanchez-Guédard 03 26 51 66 39
Suisse, Alain 03 26 55 30 56
Vadin-Plateau 03 26 55 23 36

DAMERY
Billiard, Jacky 03 26 58 43 18

Billiard, Jean — 03 26 58 42 58
Caillez, Daniel — 03 26 58 46 02
Caillez, Grosjean — 03 26 58 42 02
Caillez-Lemaire — 03 26 58 41 85
Casters, Louis — 03 26 58 43 02
Casters, Vincent — 03 26 58 41 50
Codan-Remy — 03 26 58 47 97
Fanel-Filaine — 03 26 58 62 67
Gonet, Paul — 03 26 58 42 67
Goutorbe, André — 03 26 58 43 47
Goutorbe-Boillot — 03 26 58 40 92
Goyot, Roland — 03 26 58 46 55
Guistel — 03 26 59 48 46
Haton, Jean-Noël — 03 26 58 40 45
Haton, Philippe — 03 26 58 41 11
Jeeper — 03 26 58 41 23
Lefebvre, Joseph — 03 26 58 42 76
Lemaire, Eric — 03 26 58 64 47
Lemaire, Michel — 03 26 58 41 47
Lemaire, Raoul — 03 26 58 41 89
Lenoble, A.R. — 03 26 58 42 60
Lété, A. — 03 26 58 44 50
Lète, Pierre — 03 26 58 41 37
Michel, Henry — 03 26 58 45 10
Moinier, Dominique — 03 26 58 63 84
Namur, Bernard — 03 26 58 41 18
Namur, J.C. — 03 26 58 40 57
Niziolek, Guy — 03 26 58 61 96
Pajon, Claude — 03 26 58 46 18
Papleux, Dominique — 03 26 58 47 43
Pertuiset-Haton — 03 26 58 42 13
Prévoteau, Yannick — 03 26 58 41 65
Prévoteau-Perrier — 03 26 58 41 56
Telmont, J de — 03 26 58 40 33
Tissier-Lemaire — 03 26 58 41 31

DIZY
Bernard, Alain — 03 26 55 24 78
Bernard, J-L. — 03 26 51 23 34
Berthelot, Paul — 03 26 55 23 83
Bourdelois, Raymon — 03 26 55 23 34
Charbonnier — 03 26 51 55 60
Chiquet, Gaston — 03 26 55 22 02
Jacquesson & Fils — 03 26 55 68 11
Lagrange — 03 26 55 22 02
Leclère Gérard — 03 26 55 23 09
Léfuvée, Paul — 03 26 55 46 82
Tarillon, Francis — 03 26 55 33 93
Tarillon, Jean — 03 26 55 33 68
Vautrain-Paulet — 03 26 55 24 16

DORMANS
Accariés, Jil — 03 26 58 85 59
Bruneaux, Michel — 03 26 58 81 95
Bruneaux, Thomas — 03 26 58 82 89
Coche, Joël — 03 26 58 80 02
Descotes-Loyaux — 03 26 58 51 24
Dubois, Roland — 03 26 58 26 14
Dubois-Lentendu, Th. — 03 26 58 85 48
Le Brun-Le Gouive — 03 26 58 25 00

ÉCUEIL
Allouchery, Alain — 03 26 49 77 48
Allouchery, Daniel — 03 26 49 71 61
Allouchery, Jean-Pierre — 03 26 49 74 19
Allouchery-Bailly — 03 26 49 77 48
Allouchery-Perseval — 03 26 49 74 61
Baillet, Jean-Marie — 03 26 49 77 65
Bernardon, Marie-Rose — 03 26 49 77 66

Brochet, Jean-Louis — 03 26 49 74 23
Brochet-Dolet, Claude — 03 26 49 26 22
Brochet-Hervieux — 03 26 49 74 10
Brochet-Prévost, Alain — 03 26 49 77 44
Brugnon, Alain — 03 26 49 25 95
Brugnon, Marc — 03 26 49 77 59
Coop. d'Écueil — 03 26 49 77 09
Godbillon, Marie-F — 03 26 49 77 12
Lacourte, Jean-Guy — 03 26 49 74 75
Leclère-Brochet, T. — 03 26 49 77 56
Maillart, Michel — 03 26 49 77 89
Piontillart, Jean-Louis — 03 26 49 77 24
Piontillart, Philippe — 03 26 49 74 95
Savart, Daniel — 03 26 49 77 07
Varry, Michelle — 03 26 49 77 34
Vely, Yves — 03 26 49 74 52

ENGENTE
Gauthier, André — 03 25 27 10 33

ÉPERNAY
Achille Princier — 03 26 54 04 06
Bauget-Jouette — 03 26 54 44 05
Beaumet — 03 26 59 50 10
Besserat de Bellefon — 03 26 78 50 50
Boizel — 03 26 55 21 51
Bonnaire, Richard — 03 26 55 01 43
Boyer, L.F. — 03 26 51 07 07
Caltonn — 03 26 55 27 37
Castellane, De — 03 26 51 19 19
Castelnau, De — 03 26 51 63 09
Cazanove, De — 03 26 59 57 40
Charbaut — 03 26 54 37 55
Collective Testulat — 03 26 54 10 65
Collot, Daniel — 03 26 54 12 69
Contet — 03 26 51 06 33
Coop. Esterlin — 03 26 59 71 52
Coquillette, Christian — 03 26 54 38 09
Delabarre — 03 26 54 78 57
Demoiselle — 03 26 53 33 20
Desmoulins, A. — 03 26 54 24 24
Duval-Pretrot — 03 26 58 45 26
Ellner, Charles — 03 26 55 60 25
Gratien, Alfred — 03 26 54 38 20
Heidsieck & Monopole — 03 26 59 50 50
Jacquinot — 03 26 54 36 81
Jacquot — 03 26 54 10 17
Janisson, Baradon — 03 26 54 45 85
Jeanmaire — 03 26 59 50 10
Leclaire Thiefaine — 03 26 55 34 98
Leclerc-Briant — 03 26 54 45 33
Lefevre, Didier — 03 26 54 57 16
Lionel, Charlot — 03 26 54 22 58
Mansard-Baillet — 03 26 54 18 55
Marne & Champagne — 03 26 78 50 50
Marquis de la Fayette — 03 26 51 00 90
Martel & Cie, G. H. — 03 26 51 06 33
Mercier — 03 26 51 22 00
Merillod — 03 26 54 46 43
Mignon & Pierrel — 03 26 51 93 39
Mignon, Charles — 03 26 58 33 33
Moët & Chandon — 03 26 51 20 00
Oudinot — 03 26 59 50 10
Perrier-Jouët — 03 26 53 38 00
Picault, Michel — 03 26 54 12 61
Pierlot, Jules — 03 26 54 45 52
Pol Roger — 03 26 59 58 00
Ragouillaux-Mangin, M. — 03 26 54 13 14
Rapeneau — 03 26 51 06 33

Regent — 03 26 54 46 21
Sacotte — 03 26 55 31 90
Sulcova , Gonet — 03 26 54 37 63
Trouillard — 03 26 55 37 55
Venoge, De — 03 26 55 34 34

ÉTOGES
Aimé, Lucas — 03 26 59 35 99
Bression-Salmon — 03 26 59 34 51
Buffry, Pierre — 03 26 59 34 85
Grongnet — 03 26 59 30 50
Les Hautes Caves — 03 26 59 35 90
Ruffin et Fils — 03 26 59 30 14
Verrier, Francis — 03 26 59 32 42

ETRÉCHY
Courty-Bonnet, Claude — 03 26 52 20 19

ÈREBRIANGES
Bergère — 03 26 59 30 23
Duvat, Alberic — 03 26 59 35 69
Duvat, Xavier — 03 26 59 35 69
Joudart, Jean-Marie — 03 26 59 30 68
Joudart, Vincent — 03 26 59 36 08
Leroux, Pascal — 03 26 57 67 11
Pernet, Marcel — 03 26 59 30 58
Vautrelle, Francis — 03 26 59 30 71

FESTIGNY
Berthelot-Piot — 03 26 58 08 42
Boonen-Meunier — 03 26 58 36 83
Callot, Gérard — 03 26 58 32 58
Danteny Lebond — 03 26 58 00 97
Fournier, Thierry — 03 26 58 04 23
Gaston, Perrin — 03 26 58 32 66
Gaudinat, Jean-Pierre — 03 26 58 32 89
Hygiène — 03 26 51 68 48
Lelarge Ducroco, André — 03 26 58 32 75
Loriot Pagel, Joseph — 03 26 58 33 53
Loriot, Michel — 03 26 58 33 44
Munoz-Bruneau — 03 26 58 32 63
Trudon, Noël — 03 26 58 00 38
Vely-Chartier Fils — 03 26 58 00 49
Vergeat-Besnard et Fils — 03 26 58 32 94

FLEURY-LA-RIVIÈRE
Bouché, Jean-Pierre — 03 26 58 43 19
Bouché, Michel — 03 26 58 47 20
Bouzy, Bernard — 03 26 58 42 88
Charpentier, Michel — 03 26 58 40 02
David-Heucq — 03 26 58 47 19
Delaunois, Gaston — 03 26 59 49 86
Delaunoy, Sylvain — 03 26 58 48 33
Demière, Gout — 03 26 58 47 82
Demière, Jack — 03 26 58 43 36
Hatté, Thomas — 03 26 58 43 70
Lallement, Daniel — 03 26 58 40 13
Lecourt, Fabrice — 03 26 58 63 49
Marc, Olivier — 03 26 58 42 46
Marc, Patrice — 03 26 58 46 88
Maumy-Chapier — 03 26 58 44 38
Monnard, Jean-Pol — 03 26 58 60 44
Pommelet, Christophe — 03 26 58 62 34
Rouyer, Philippe — 03 26 58 44 29
Sibeaux, Michel — 03 26 58 46 95
Vauthier, Henri — 03 26 58 42 71

FONTAINE
Gaupillat, Gérard — 03 25 27 28 67

FONTETTE
Jurvilliers, Doussot — 03 25 29 68 60
Lhuillier, René — 03 25 29 61 80
Ludinard-Robert — 03 25 29 65 43
Ribault, Jacques — 03 25 29 66 16
Senez, Christian — 03 25 29 60 62

FRESNE-LES-REIMS
Guerlet-Marchois — 03 26 97 15 07

GIVRY-LES-LOISY
Gérard-Denis, Bernard — 03 26 59 33 61

GRAUVES
Coop. Royal Coteau — 03 26 59 71 12
Courty-Leroy, José — 03 26 59 76 37
Domi, Pierre — 03 26 59 71 03
Driant-Valentin, Jacques — 03 26 59 72 26
Gaspard, Bertrand — 03 26 59 72 46
Gaspard-Bayet — 03 26 59 75 41
Godard et Fils — 03 26 59 71 19
Mathieu-Princet — 03 26 59 71 31
Populus, Bernard — 03 26 59 71 34
Ruelle, Lagedamont — 03 26 59 72 35

GYÉ-SUR-SEINE
Barbichon, Robert — 03 25 38 22 90
Bartnicki, Père et Fils — 03 25 38 24 53
Beauny, Jean — 03 25 38 20 25
Cheurlin — 03 25 38 20 27
Cousin, Claude — 03 25 38 21 67
Demets, Marie — 03 25 38 23 30
Février, Jean-Marie — 03 25 38 23 93
Hérard et Fluteau — 03 25 38 20 02
Hutinel, Michel — 03 25 38 22 80
Josselin, Jean et Fils — 03 25 38 21 48
Préaut, Guy — 03 25 38 21 55

HAUTVILLERS
Bliard, Jean
Bosser, J-P. — 03 26 59 41 56
Boyer, Martin — 03 26 59 42 66
Descotes, André — 03 26 59 40 61
Gobillard, Hervé — 03 26 59 45 66
Gobillard, J.M. — 03 26 51 00 24
Gobillard, Pierre — 03 26 59 40 67
L'Altavilloise — 03 26 59 40 18
Lemaire, Fernand — 03 26 59 40 44
Locret-Lauchaud — 03 26 59 40 20
Lopez-Martin — 03 26 59 42 17
Martin, Henri — 03 26 59 41 95
Nicaise, Louis — 03 26 59 40 21
Patigny, Jean-Pierre — 03 26 59 40 36
Tribaut, G. — 03 26 59 40 57

HERMONVILLE
Batillot-Dupont, Josette — 03 26 61 52 53
Hazart-Frères — 03 26 61 55 08
Minière, Gérard — 03 26 61 50 82

HOURGES
Lefebvre, Jean — 03 26 48 53 33

IGNY-COMBLIZY
Lourdeaux, Laurent — 03 26 58 33 80

JANVRY
Beauchamp, Michel — 03 26 03 64 53
Blin, Armand — 03 26 03 64 15

Ch. de L'Auche 03 26 03 63 40
Coop. de Germigny-Janvry-Rosnay
03 26 03 63 40
Delagarde, Paul 03 26 03 63 45
Lamblot, René 03 26 03 63 11
Ponsart-Delagarde 03 26 03 64 23

JONCHERY-SUR-VESLE
Cornu-Jancart 03 26 48 52 72
Gandon, Jean-Marie 03 26 48 52 67

JOUY-LES-REIMS
Aubry & Fils 03 26 49 20 07
Coop. Rurale et Vinicole 03 26 49 20 20
Cossy, Francis 03 26 49 75 56
Crinque Bonnet 03 26 49 20 58
Dautreville, J.-F. 03 26 49 75 08
Jean Aubry et Fils 03 26 49 20 12
Perserval, Bernard 03 26 49 21 80
Perseval, J-J 03 26 49 21 25
Perseval, Julien 03 26 49 78 42
Tual, J-P. 03 26 49 21 27

LA NEUVILLE-AUX-LARRIS
Billy-Briffoteaux 03 26 58 14 49
Boulard, Raymond 03 26 58 12 08
Claisse, Simone 03 26 58 12 29
Coop. l'Entraide 03 26 58 12 18
Devillers, Père et Fils 03 26 58 13 44
Ruelle, Mimin 03 26 58 14 57
Savoye, Gérard 03 26 58 14 23

LANDREVILLE
Chaussin-Vetraino 03 25 38 52 61
Dufour, Jacques 03 25 38 52 23
Dufour, Robert 03 25 29 66 19
Isaac 03 25 38 53 05
Jolly, Jean 03 25 38 56 63
Jolly, René 03 25 38 50 91
Lardoux, Daniel 03 25 38 52 87
Royer, Père et Fils 03 25 38 52 16
Virey 03 25 38 56 00

LE BREUIL
Bernard, Marie 03 26 59 24 94
Charpentier-Sertelet, R. 03 26 59 22 07
Debret, Guy 03 26 59 21 28
Dépit, Didier 03 26 59 24 04
Dépit, Jean 03 26 59 21 22
Dépit, Roger 03 26 59 22 29
Mignon, Anne-Marie 03 26 59 25 20
Mignon, Philippe 03 26 59 24 99
Mignon, Pierre 03 26 59 22 03
Moutardier, Jean 03 26 59 21 09
Sendron Destouches 03 26 59 21 04

LE MESNIL-SUR-OGER
Bardy, Père et Fils 03 26 57 57 59
Billion, F. 03 26 57 51 34
Bliard-Moriset 03 26 57 53 42
Cazals, Claude 03 26 57 52 26
Charlemagne, Guy 03 26 57 52 98
Charlemagne, Robert 03 26 57 51 02
Chrochet, Jean Pierre 03 26 57 55 24
Coop. Le Mesnil 03 26 57 53 23
Delamotte 03 26 57 51 65
Gonet, François 03 26 57 53 71
Gonet, Philippe 03 26 57 53 47
Jacquart, André 03 26 57 52 29

Jardin, René 03 26 57 50 26
Launois, Leon 03 26 57 50 28
Launois, Père & Fils 03 26 57 50 15
Lebis, A. 03 26 03 61 65
Lorin, Michel 03 26 57 54 13
Moncuit, Pierre 03 26 57 52 65
Moncuit, Robert 03 26 57 52 71
Moncuit-Bigex, Alain 03 26 57 95 65
Moussy-Mary, J. 03 26 57 94 46
Pattin, J.-B. 03 26 57 92 30
Pernet, Jean 03 26 57 54 24
Pertois, Bernard 03 26 57 53 18
Pertois, Dominique 03 26 57 52 14
Pertois-Moriset 03 26 57 52 14
Peters, Pierre 03 26 57 50 32
Poyet, Michel 03 26 57 97 41
Robert, Alain 03 26 57 52 94
Robert, André 03 26 57 59 41
Rocourt, Michel 03 26 57 94 99
Salon 03 26 57 51 65
Schmitte, Bernard 03 26 57 54 14
Solor-Descotes 03 26 57 50 86
Turgy, Michel 03 26 57 53 43
Vergnon, J-L 03 26 57 53 86

LES MESNEAUX
Bougy Moriset 03 26 36 22 35
Féry Bourgeois 03 26 36 22 77
Jacquinet & Fils 03 26 36 25 25
Jacquinet, Michel 03 26 36 23 04
Leroy-Bertin, Maurice 03 26 36 23 60
Michaut Lionel 03 26 36 33 41
Trousset, Jackie 03 26 36 22 95

LES RICEYS
Augé-Dascier 03 25 29 31 83
Batisse, André 03 25 29 35 38
Bauser, André 03 25 29 31 54
Bauser, René 03 25 29 32 92
Bonnet, Alexandre 03 25 29 30 93
Cheriot, Guy 03 25 29 35 38
Clergeot, Michel 03 25 29 36 68
Coop. des Riceys 03 25 29 33 29
Dechannes, Roland 03 25 29 32 63
Defrance, Jacques 03 25 29 32 20
Defrance,Terebenec 03 25 29 17 85
Despret, Jean 03 25 29 36 75
Forez, Guy de 03 25 29 98 73
Foureur, Père et Fils 03 25 29 88 72
Gaetan, Pehu 03 25 29 39 25
Gallimard 03 25 29 32 44
Horiot Père et Fils 03 25 29 32 21
Horiot, Serge 03 25 29 32 16
Jardin 03 25 29 38 46
Lamoreaux, Daniel 03 25 29 33 41
Lamoureux, Guy 03 25 29 34 39
Lamoureux, J.-J. 03 25 29 11 55
Lamoureux, Jean-Pierre 03 25 29 34 42
Lamoureux-Plivard 03 25 29 30 75
Laurenti Père & Fils 03 25 29 32 32
Leducq, Didier 03 25 29 36 21
Marchand, JP 03 25 29 35 85
Marquis de Pomereuil 03 25 29 32 24
Morize, Père et Fils 03 25 29 30 02
Noirot, Michel 03 25 29 38 46
Sonnet, Alain 03 25 29 38 00
Sonnet, Jacques 03 25 29 37 64
Walczak, Joseph 03 25 29 31 57
Vallet-Gadret, R. 03 25 29 32 31

LEUVRIGNY
Boudin, M. 03 26 58 31 74
Brateau, Michel 03 26 58 31 20
Brateau-Moreaux 03 26 58 00 99
Cave Coop. de Leuvrigny
03 26 58 30 75
Cornet Marie 03 26 58 03 66
Laberthe-Bonnand 03 26 58 03 76
Lasnier, F. 03 26 58 31 88
Mangin 03 26 58 01 18
Rodier, A. 03 26 58 39 52
Rodier, C. 03 26 58 30 03
Vignot, Philippe 03 26 58 05 45

LIGNOL-LE-CHÂTEAU
Mehlinger et Fils

LOCHES-SUR-OURCE
Amyot, Robert 03 25 29 63 19
Dautel-Cadot, René 03 25 29 61 12
Doussot, Alain 03 25 29 67 92
Poinson, Frères 03 25 29 66 18
Tassin 03 25 29 67 15

LOUVOIS
Beautrait, Yves 03 26 57 03 38
Boever, André 03 26 57 03 43
Boever, Pierre 03 26 57 04 06
Bunel, Eric 03 26 57 03 06
Cuvelier Pierson 03 26 57 00 75
de Chassey, Guy 03 26 57 04 45
Faye, Serge 03 26 57 81 66
Henin, Jean-Noël 03 26 57 03 71
Marquis, Friand 03 26 57 03 71
Méa, Guy 03 26 57 03 42

LUDES
Bérèche & Fils 03 26 61 13 28
Blondel, Thierry 03 26 03 43 92
Canard-Duchêne 03 26 61 10 96
Coop. de Ludes 03 26 61 10 63
Coquillard, Brixon 03 26 61 11 89
Doré, Gérard 03 26 61 10 04
Emery, Régis 03 26 61 13 54
Forget-Brimont 03 26 61 10 45
Forget-Chauvet 03 26 61 11 73
Forget-Chemin 03 26 61 12 17
Forget-Favereaux, J.-P. 03 26 61 13 34
Forget-Menu 03 26 61 13 03
Francois, Jean-Claude 03 26 61 12 97
Gaidoz-Forget 03 26 61 13 03
Georgeton-Rafflin 03 26 61 13 14
Huré 03 26 61 11 20
Janisson, Francis 03 26 61 13 23
Jullien-Diot JP 03 26 61 12 58
Lallement, Denis 03 26 61 10 24
Menu, Gilles 03 26 61 10 77
Monmarthe & Fils 03 26 61 10 99
Ployez-Jacquemart 03 26 61 11 87
Quartresols, Jean 03 26 61 10 57
Quatresols-Gauthier 03 26 61 10 13
Quatresols-Jamein 03 26 61 10 22
Quenardel, J-H 03 26 61 10 52
Raffin, Serge 03 26 61 12 84
Sohet, René 03 26 61 12 94

MAILLY
Barbier, A-M. 03 26 49 41 34
Coop. les Clos 03 26 49 41 47

Coop. Mailly Grand Cru 03 26 49 41 10
Decotte Auge, Eric 03 26 49 80 64
Gentil, Bernard 03 26 49 43 33
Remy, Ernest 03 26 49 41 15
Rémy, Frères 06 85 70 39 57
Roguet, Lucien 03 26 49 41 36
Secondé, J-P 03 26 49 44 57

MANCY
Desbordes, José 03 26 59 71 79
Domi-Moreau, M. 03 26 59 72 72
Girardin, Bernard 03 26 59 71 65
Pernet-Lebrun 03 26 59 71 63

MARDEUIL
Albert, Eric 03 26 51 61 66
Barbier, Charles 03 26 51 58 38
Bénard, Gérard 03 26 55 56 21
Blaise-Lourdez et Fils 03 26 55 30 59
Cadel, Guy 03 26 55 24 59
Charlot-Tanneux 03 26 51 93 92
Coop. Vinicole de Mardeuil
03 26 55 29 40
Fourny, A. 03 26 51 57 99
Gaillard, Girot 03 26 51 64 59
Gaillot, Albert 03 26 51 58 39
Gaillot, Michel 03 26 51 58 84
Gamet, Francois 03 26 55 25 46
Garnier, Marcel 03 26 51 58 25
Guiborat et Fils 03 26 51 75 60
Guiborat, Daniel 03 26 51 64 39
Guiborat, M. 03 26 54 27 48
Guichon, L. Albert 03 26 55 32 63
Leclère, Emelie 03 26 55 24 45
Lenique 03 26 55 23 27
Lenique, André 03 26 55 07 82
Lioté, Joannes 03 26 55 32 02
Père, L. Albert 03 26 55 24 98
Plancon, Franck 03 26 55 60 16
Pol Briaux 03 26 51 55 76
Tanneux, Jacques 03 26 55 24 57

MAREUIL LE PORT
Guay-Leblond, Gilles 03 26 58 32 98
Lecart-Bousselet, Daniel 03 26 58 30 11

MAREUIL-SUR-AŸ
Bénard, Roland 03 26 50 60 36
Bénard-Pitois 03 26 50 60 28
Billecart-Salmon 03 26 52 60 22
Bouvet, Guy 03 26 52 62 44
Charbaut, Guy 03 26 52 60 59
Danteny, André 03 26 52 60 30
Danteny-Mangin 03 26 52 60 30
Hébrart, Marc 03 26 52 60 75
Ledru, Gilbert 03 26 52 61 56
Lepitre, Abel 03 26 56 93 11
Lheureux, Saintot 03 26 52 60 68
Niceron, Hervé 03 26 52 60 06
Philipponnat 03 26 56 93 00
Pouillon, James 03 26 52 60 08
Thiébert 03 26 57 86 80

MARFAUX
Lionel-Benoit 03 26 61 82 74
Macquart, Denis 03 26 61 82 78
Moreau, Fabrice 03 26 61 84 25
Pavot-Ballassi 03 26 61 84 63

MERFY

Chartogne-Taillet	03 26 03 10 17
Lemoine, Thierry	03 26 03 10 27
Lemoine-Billet	03 26 03 01 96

MERREY-SUR-ARCE

Cligny, Gérard	03 25 29 99 80
Jacob Père & Fils	03 25 29 83 74
Porte, Jean-Claude	03 25 29 89 09

MEURVILLE

Perron-Beauvineau	03 25 27 40 56
Tapprest, Gilles	03 25 27 38 61
Tapprest, Guy	03 25 27 41 28

MONTGENOST

Copinet, Jacques	03 25 80 49 14
Michel Cocteaux	03 26 80 49 09
Thiebault, Hubert	03 26 80 47 26

MONTGUEUX

Beaugrand	03 25 79 85 11
Beliard-Lassaigne	03 25 74 83 04
Corniot, Jean	03 25 74 84 37
Corniot, Régis	03 25 79 05 22
Doué, Didier	03 25 79 44 33
Doué, Etienne	03 25 74 84 41
Guerinot, Jean	03 25 74 84 76
Henin, Francois	03 25 74 96 94
Lassaigne, Gérard	03 25 74 84 88
Lassaigne, Jacques	03 25 74 84 83
Lassaigne, Olivier	03 25 74 84 75
Lassaigne-Berlot	03 25 74 84 60

MONTHELON

Brest, Gill	03 26 59 73 21
Chopin, Julien	03 26 59 70 46
Coop. Monthelon	03 26 59 70 04
Dérouillat, Franquet	03 26 59 76 54
Franquet, Christian	03 26 59 70 44
Frezier, Denis	03 26 59 70 16
Guichon, Michel	03 26 59 70 56
Hazard, Robert	03 26 59 70 57
Marchand Rivierre, B.	03 26 59 70 55
Marchand, A.	03 26 59 70 63
du Mont, Hauban	03 26 59 70 27
Moussé, Claude	03 26 59 70 65
Muller, Guy	03 26 59 70 24
Parmentier, Gaspard	
Pienne, Alain	03 26 59 70 54
Pienne, Michel	03 26 59 70 94
Pienne, Sylvain	03 26 59 76 31
Robert, Philippe	03 26 59 74 37

MONTIGNY-SOUS-CHÂTILLON

Billet-Quencez	03 26 58 36 23
Conart-Rioblanc	03 26 58 35 64
Lacroix	03 26 58 35 17
Pierlot	03 26 58 09 22
Plinguier, Potel	03 26 58 36 28

MOUSSY

Crété, Pertois	03 26 54 03 63
Crete, Roland	03 26 54 03 61
Michel, Guy	03 26 54 03 17
Michel, Jean	03 26 54 03 33
Michel, José	03 26 54 04 69
Michel, R.	03 26 54 05 52
Pinot, Barthélémy	

Renaudin, R.	03 26 54 03 41
Thiercelin	03 26 54 02 69
Wirth	03 26 54 04 71

MUTIGNY

Humbert, Serge	03 26 52 31 02
Thibaut, Raymond	03 26 52 32 92

NEUVILLE-SUR-SEINE

Charasse, Lucette	03 25 38 21 40
Clérambault	03 25 38 38 60
Deline-Mannoury	03 25 38 21 80
Guyot, Bernard	03 25 38 20 69
Herard, Paul	03 25 38 20 14
Prié, Philippe	03 25 38 21 51

NOË-LES-MALLETS

Brison, Louise	03 25 29 66 62
Drouilly, Jean-Francois	03 25 29 75 32
Thevenin, Claude	03 25 29 61 84
Veuve Doussot	03 25 29 60 61

NOGENT-L'ABBESSE

Beaudouin, Roger	03 26 03 22 78
Fiévet, Ghislain	03 26 03 21 28
Fossé, Laurent	03 26 03 26 63
Huet, Christian	03 26 03 21 89
Maquin, Dominique	03 26 03 28 71
Mouchel, Guy	03 26 03 22 91
Remy, Christine	03 26 88 78 15
Warnet, Patrick	03 26 03 21 55

ŒUILLY

Lemarie, Philippe	03 26 58 30 82
Littière, Alain	03 26 58 01 32
Mortier, Gilles	03 26 58 08 48
Rasselet	03 26 58 30 26
Tarlant	03 26 58 30 60

OGER

Bonnet, F.	03 26 57 52 43
Bonnet-Gilmert, Robert	
Bonville, A	03 26 57 53 88
Bonville, Ed	03 26 57 53 19
Chapuy	03 26 57 51 30
Chinchilla	03 26 57 52 61
Coop.Les Côteaux Champ.	03 26 57 53 37
Coop.Les Grappes d'Or	03 26 57 55 79
Desautels-Roinard	03 26 57 53 75
Descotes-Lemaire	03 26 57 53 61
Dzieciuck, Bernard	03 26 57 50 49
Fierfort, G.	03 26 57 55 13
Milan, Jean	03 26 57 50 09
Vaugency, Henry de	03 26 57 50 89
Vincey, Jackie	

OIRY

Lang-Biémont	03 26 55 43 43
Malard, Jean-Louis	03 26 55 20 59
Martin, Christophe	03 26 57 67 30

OLIZY

Bétouzet, Luc	03 26 58 10 38
Coop. Olizy	03 26 58 10 76
Leveau-Berat	03 26 58 10 31
Mimin, Gilbert	03 26 58 10 63
Rigaut, Jean	03 26 58 10 74
Vincent, Lucien	03 26 58 10 71

PARGNY-LES-REIMS

Jackowiak, Denis	03 26 49 20 25
Leguay-Truchon	03 26 49 78 46
Leloir, Gérard	03 26 49 21 38
Pascal Cossy	03 26 49 21 05

PASSY GRIGNY

Caillot, Maurice	03 26 52 94 86
Caillot, Renée	03 26 52 90 27
Cez, Pascal	03 26 52 95 56
Cez, Robert	03 26 52 90 66
Coop. Passy Grigny	03 26 52 92 65
Houlle, Marc	03 26 52 90 04
Legendre, J.-C.	03 26 52 90 68
Lequart, Claude	03 26 52 90 29
Liébart, Christian	03 26 52 90 08
Pelletier, Jean-Jacques	03 26 52 90 36
Pelletier, Jean-Michel	03 26 52 65 86
Robion, Chantal	03 26 52 01 67
Robion, Jacky	03 26 52 92 88
Rocourt, Alain	03 26 52 92 15
Thevenet, Lucien	03 26 52 90 63
Thévenet-Delouvin, X.	03 26 52 91 64

PÉVY

Degenne-Squelart	03 26 48 23 52
Hautbois, Jean-Pol	03 26 48 20 98
Vaquette-Driguet	03 26 48 23 23

PIERRY

Bagnost & Fils	03 26 54 04 22
Billiard, G.	03 26 54 02 96
Bouché Père & Fils	03 26 54 12 44
Broggini, J. et D.	03 26 54 01 96
Canteneur	03 26 54 03 20
Coop. d'Astrée, Vincent	03 26 54 03 23
Gobillard, Paul	03 26 54 05 11
Lagache, Gilbert	03 26 54 03 12
Lenique, Michel	03 26 54 03 65
Mandois, H.	03 26 54 03 18
Michel, Guy	03 26 54 67 12
Michel, J.B.	03 26 55 10 54
Picart, Robert	03 26 54 57 87
Pothelet, Paul	03 26 54 02 88
Sélèque, Richard	03 26 54 02 55
Vollereaux	03 26 54 03 05

POLISY

Brosolette, Francois	03 25 38 57 17
Moutard, René	03 25 38 52 37

PORT À BINSON

Cordoin-Didierlaurent	03 26 58 09 24
Harlin	03 26 58 34 38
Lecart, René	03 26 58 30 08
Meunier-Planquette	
Rigot, Gilles	03 26 58 03 45
Sombert-Lecart	03 26 58 38 22

POUILLON

Bourdaire-Massonnot, D.	03 26 03 17 92
Cuillier-Blin, Patrick	03 26 03 18 74
Debrosse, Dominique	03 26 03 00 83
Doury, Philippe	03 26 03 12 49
Massonnot, Philippe	03 26 03 12 15
Milet-Govin, Eric	03 26 03 18 26
Simon, Georges	03 26 03 16 29

POURCY

Meunier-Benoit	03 26 59 43 53

PROUILLY

Couvreur, Alain	03 26 48 58 95
Fauvet-Courleux	03 26 48 24 78
Malingre, Pierre	03 26 48 55 74
Malingre-Truchon	03 26 48 58 85
Waquelin-Fauvet, André	03 26 48 58 38

REIMS

Abelé	03 26 87 79 80
Balahu de Noiron	03 26 54 45 53
Billiard	03 26 77 50 10
Bonnet, Ferdinand	03 26 84 44 15
Bur, Paul	03 26 07 34 10
Chanoine	03 26 36 61 60
Chaudron	03 26 66 44 88
Goulet, George	03 26 66 44 88
Heidsieck, Charles	03 26 84 43 50
Henriot	03 26 89 53 00
Irroy	03 26 88 37 27
Jacquart	03 26 07 88 40
Krug	03 26 84 44 20
Lanson	03 26 78 50 50
Marie-Stuart	03 26 47 92 26
Massé	03 26 47 61 31
Médot	03 26 47 46 15
Montaudon	03 26 47 53 30
Mumm	03 26 49 59 69
Paillard, Bruno	03 26 36 20 22
Paillard, Rémy	03 26 40 07 06
Palmer	03 26 07 35 07
Piper-Heidsieck	03 26 84 43 00
Pommery	03 26 61 62 63
Roederer, Louis	03 26 40 42 11
Ruinart	03 26 77 51 51
Taittinger	03 26 85 45 35
Thiénot	03 26 47 41 25
Veuve Clicquot	03 26 89 54 40

REUIL

Alliot, Vincent	03 26 58 01 02
Biliard, Arnaud	03 26 58 66 60
Bondon-Mouton	03 26 58 38 87
Braux, Frédérick	03 26 58 32 47
Clément, Gérard	03 26 58 05 71
Clément, James	03 26 58 00 08
Collard, Michel	03 26 58 32 29
Dourdon-Viellard	03 26 58 06 38
Kremer, Jacques	03 26 58 67 00
Lagache, Jean	03 26 58 32 07
Leveau, Gérard	03 26 58 01 80
Léveque-Boulaqrd	03 26 58 08 60
Marquette, Jacques	03 26 58 37 68
Nanet-Garitan	03 26 58 00 79
Pernet, John	03 26 51 09 00
Pessenet, Daniel	03 26 58 04 76
Pessenet, Jean-Jacques	03 26 58 03 43
Pessenet-Hegenberger	03 26 58 38 87
Poudras, Michel	03 26 58 01 71
Vollereaux, Christian	03 26 57 68 50

RILLY-LA-MONTAGNE

Adam, Daniel	03 26 03 40 77
Allemandou, Claude	03 26 03 40 40
Beurton, J-M.	03 26 03 46 27
Binet	03 26 03 49 18
Bouxin, Michel	03 26 03 40 35

Chauveet, Marc	03 26 03 42 71
Chauvet, Henri	03 26 03 42 54
Couvreur, Jaques	03 26 03 40 05
Couvreur, Yves	03 26 03 47 04
Couvreur-Deglaire	03 26 03 44 54
Couvreur-Fondeur	03 26 03 41 14
Delaunois, André	03 26 03 42 87
Delaunois, Daniel	03 26 03 48 85
Delaunois Pere & Fils	03 26 03 40 53
Didier, Herbert	03 26 03 41 53
Dumont, Daniel	03 26 03 40 67
Fagot, Francois	03 26 03 42 56
Fagot, Joseph	03 26 03 40 60
Fagot, Michel	03 26 03 40 03
Garnotel, Adam	03 26 03 40 22
Germain, H.	03 26 03 49 18
Guiardel, Louis	03 26 03 42 55
Jeangout-Fagot	03 26 03 40 63
Lacour	03 26 03 45 13
Lemoine	03 26 03 40 25
Lepitre, Veuve Maurice	03 26 03 40 27
Manceaux, Maurice	03 26 03 42 57
Manceaux, Roger	03 26 03 42 57
Martial-Couvreur, Ch.	03 26 03 48 07
Morizet, Tièche	03 26 03 43 19
Pacque, Claude	03 26 03 41 62
Paques et Fils	03 26 03 42 53
Paulet, Hubert	03 26 03 40 68
Philbert Père & Fils	03 26 03 42 58
Pouillon-Chayoux	03 26 03 47 46
Regnault, Jean	03 26 03 40 18
Robert Chauvet	03 26 03 44 14
Vilmart	03 26 03 40 01
Vilmart, Franck	03 26 03 41 57

ROMERY

Charpentier, Pierre	03 26 58 46 70
Sacret	03 26 57 04 07
Tribaut	03 26 58 64 21

ROUVRES-LES-VIGNES

Chrétien, Jean-Guy	03 25 92 03 17
Falmet, Marcel	03 25 92 00 99
Legout, Philippe	03 25 92 04 69

SACY

Chemin, Jean-Luc	03 26 49 22 42
Coop. de Sacy	03 26 49 22 90
Degenne, Damien	03 26 49 75 92
Degesne-Ronseaux	03 26 49 22 33
Goulin-Roualet	03 26 49 22 77
Grill, J-C.	03 26 49 23 04
Hervieux-Dumez	03 26 49 23 86
Mimin-Prévost	03 26 49 78 65
Mobillion	03 26 49 27 01
Perseval-Dumez	03 26 49 22 79
Ponsart-Brochet	03 26 49 75 85
Poret, Jany	03 26 49 22 45
Prévost-Hannoteaux	03 26 49 78 65
Rigaut-Poret	03 26 49 22 22
Robert, Denis	03 26 49 22 65
Wafflart, J	03 26 49 22 32
Wafflart-Briet	03 26 49 22 41
Valentin, J.-L.	03 26 49 22 51

SAINT-EUPHRAISE

Chemin, Roger	03 26 49 27 08
Chemin-Marchal	03 26 49 20 99
Delong, Guy	03 26 49 20 86

Lallement, Yves	03 26 49 21 08
Marly, Yves	03 26 49 20 91
Moreau-Couillet	03 26 49 21 69

SAINT-MARTIN-D'ABLOIS

Cez, Jean	03 26 59 93 54
Coop. St-Martin-d'Ablois	03 26 59 34 39
Desmoulins	03 26 59 93 10
Didier-Ducos	03 26 59 93 94
Didier-Niceron	03 26 59 90 25
Huot, L.	03 26 59 92 81
Jamart	03 26 59 92 78
Joffre-Desmoulins	03 26 59 99 11
Lalouelle, Jean-Pierre	03 26 59 92 20
Ouy, Champillon	03 26 59 93 77
Rigolot, Lucien	03 26 59 95 52
de Villepin	03 26 59 92 74

SARCY

Ballassi-Descotes	03 26 61 86 75
Bouchet-Mézières	03 26 61 86 33
Camus-Laluc	03 26 61 86 09
Couvreur, Gérard	03 26 61 86 49
Jobart, Abeel	03 26 61 86 63

SAULCHERY

Figuet, Bernard	03 23 70 16 32

SAULCY

Geoffroy, James	03 25 27 09 98
Huguenin, Richard	03 25 27 21 10
Parisot, Claude	03 25 27 12 04

SERMIERS

Coop. Sermiers	03 26 97 62 09
Lacuisse Frères	03 26 97 64 97
Rat-Winkler, Jean	03 26 97 62 94
Thuillier, Robert	03 26 97 62 20

SERZY-ET-PRIN

Bailly, Alain	03 26 97 41 58
Delozanne, Chemin	03 26 97 43 77
Delozanne, Yves	03 26 97 40 18
Delozanne-Gaudin, M.	03 26 97 42 51
Housset, Bernard	03 26 97 45 53
Jumeau Delozanne	03 26 97 46 61
Rogier	03 26 97 42 84

SÉZANNE

Debruyne-Leherle	03 26 42 03 66
Dugay, Maurice	03 26 80 60 73
Pinard, Pierre	03 26 80 58 81

SILLERY

Fresnet-Baudot	03 26 49 11 74
Langlais-Decotte	03 26 49 41 64
Secondé, François	03 26 49 16 67

TAISSY

Barthelemy	03 26 05 02 43
Brochet, Oliver	03 26 05 78 67
Gondé-Rousseaux	03 26 82 22 41

TAUXIÈRES

Clément, Nicolas	03 26 57 83 13
Cochut	03 26 57 03 25
Coop. de Louvois et Tauxières	
	03 26 57 03 22
Lhopital-Yannick	03 26 57 04 56

Louvet, Yves	03 26 57 03 27
Mahé, F.	03 26 57 03 76
Richard, J.J.	03 26 57 83 07

TORVILLIERS

Jaillant-Badelet	03 25 79 16 97

TOURS-SUR-MARNE

Charles-Lafitte	03 26 59 50 50
Charlin, C.	03 26 51 88 95
Chauvet	03 26 58 92 37
Delporte, Yves	03 26 58 91 26
Faucheron-Gavroy	03 26 52 10 08
Glorieux	03 26 58 91 45
Lahaye, Joël	03 26 58 96 70
Lamiable	03 26 58 92 69
Laurent-Perrier	03 26 58 91 22
Rousseau-Lefevre	03 26 58 95 30

TRÉPAIL

Beaufort, Claude	03 26 57 05 63
Carré, Claude	03 26 57 06 04
Carré, Guébels	03 26 57 05 02
Carré-Herbin	03 26 57 05 74
Coop. Trépail	03 26 57 05 12
Dupont, J-C.	03 26 57 05 59
Fredestel	03 26 57 06 19
Gabriel, Pierre	03 26 57 05 46
Guébels, Gilbert	03 26 57 05 58
Guébels, Guy	03 26 57 05 65
Maizières, Georges	03 26 57 05 04
Mercier-Offret	03 26 57 82 06
Petiau, Gilbert	03 26 57 05 48

TRESLON

Bergeronneau, Frank	03 26 97 43 12
Lagille, Bernard	03 26 97 43 99

TRIGNY

Blin, Joannesse	03 26 03 18 82
Blin, R.	03 26 03 10 97
Forest, A.	03 26 03 14 33
Goulard Gérard, J.-L.	03 26 03 18 78
Guillemart, Michel	03 26 03 01 69
Malot, J.C.	03 26 03 11 81
Rogé, Jean-Claude	03 26 03 16 39

TROIS-PUITS

Baillette, Jean	03 26 82 37 14
Baillette, Pierre	03 26 82 09 41
Larnaudie-Gadret	03 26 82 37 50
Larnaudie-Hirault	03 26 85 47 14

TROISSY

Charpentier, André	03 26 52 70 68
Charpentier, Didier	03 26 52 74 05
Charpentier, Yvan	03 26 52 74 71
Coop. Troissy	03 26 52 70 14
Jacquesson, Gilbert	03 26 52 70 69
Jobert, Bernard	03 26 52 70 52
Leconte, Agnus	03 26 52 70 24
Lourdeaux, Jean-Louis	03 26 52 72 36
Masse-Liébart	03 26 52 70 17
Mathelin, Didier	03 26 52 71 66
Mathelin, Hervé	03 26 52 70 25
Moreau, Yves	03 26 52 70 35
Moreaux, Patrick	03 26 52 70 16
Orban, Charles	03 26 52 70 05
Vieillard, Raymond	03 26 52 70 90

Visse	03 26 52 70 08
Bracquemart-Patrel	03 26 52 70 55

UNCHAIR

Chalmet	03 26 48 20 35
Chereau-Lamblot	03 26 48 52 14
Potié-Lamblot	03 26 48 52 55

URVILLE

Billette, Daniel	03 25 27 40 09
Coop. d'Urville	03 25 26 40 14
Drappier	03 25 27 40 15
Labbé, Bernadette	03 25 27 46 80
Perrin, Daniel	03 25 27 40 36

VANDEUIL

Fournaise-Dubois	03 26 48 28 95
Morel, Yves	03 26 48 52 39

VANDIÈRES

Ardinat, José	03 26 58 36 07
Coop. Vinicole l'Union	03 26 58 68 68
Delabarre	03 26 58 02 65
Delouvin, Bertrand	03 26 58 07 96
Delouvin, Gérard	03 26 58 04 17
Delouvin-Bagnost	03 26 58 03 91
Faust, Serge	03 26 58 02 12
Leriche-Tournant	03 26 58 01 29
Liébart, André	03 26 58 06 66
Nowack, Bertrand	03 26 58 02 69
Plekhoff, André	03 26 58 07 81
Salomon, Denis	03 26 58 05 77
Tournant-Salomon	03 26 58 02 53

VAUDEMANGE

Beaufort, William	03 26 67 97 12
Bourgeois, Alain	03 26 52 16 94
Charpentier, Paul	03 26 52 23 57
Coop. Vaudemange	03 26 69 10 98
Coop. Vaudemanges	03 26 67 98 84
Francart, Philippe	03 26 67 99 06
Hautem, Philippe	03 26 67 97 03
Lapie, Didier	03 26 67 95 20
Machet, Pascal	03 26 67 96 10
Moncuit-Valentin	03 26 67 96 03
Moreaux, Guy	03 26 52 25 84
Perrot, Pascal	03 26 52 12 96
Rochet-Bocart, Jacques	03 26 67 99 15

VENTEUIL

Autréau-Lasnot	03 26 58 49 35
Boulard Mignon	03 26 58 60 79
Boyer-Rouillère	03 26 58 60 31
Coop. de Venteuil	03 26 58 48 46
Coutelas-Rahir	03 26 58 48 60
Degardin-Bouché	03 26 58 60 37
Déhu-Lechevalier	03 26 58 48 19
Demay-Déhu	03 26 58 49 21
Drot, Francois	03 26 58 48 69
Dubois, Claude	03 26 58 48 37
Grumier, Andry	03 26 58 49 33
Grumier, Maurice	03 26 58 48 10
Guerre, Michel	03 26 58 62 72
Hennequin	03 26 58 60 46
Launay, J-F.	03 26 58 48 54
Liébart & Fils	03 26 58 48 09
Marniquet, J-P.	03 26 58 48 99
Marx-Barbier	03 26 58 48 39
Marx-Coutelas	03 26 58 63 64

Mignon Père & Fils 03 26 58 48 90
Mignon, Gérard 03 26 58 49 57
Mignon, Thierry 03 26 58 61 62
Moutte, L et JB 03 26 58 49 06
Petit Mignon, James 03 26 58 49 58
Poirrier, V et R
Potel-Prieux 03 26 58 48 59
Prévoteau, Gérard 03 26 58 49 09

VERNEUIL
Bouby-Legouge 03 26 52 90 11
Coop. Verneuil 03 26 52 93 17
Copin 03 26 52 92 47
Godard, Laurent 03 26 52 93 76
Legouge-Copin 03 26 52 96 89
Léveque, Paul 03 26 52 93 90
Lheureux 03 26 52 91 27
Piot, J-F 03 26 52 94 52

VERT-TOULON
Francois-Charlot, Louis 03 26 52 21 61
Lefevre, Jean-Claude 03 26 52 15 17
Leherle, Raymond 03 26 52 26 94
Mathieu, Claude 03 26 52 02 08
Prat, Alain 03 26 52 12 16
Ravillion, Henri 03 26 52 10 95

VERTUS
Bonnet 03 26 52 22 46
Bouché, René 03 26 52 23 95
Boulonnais, J-P. 03 26 52 23 41
Burgeois-Boulonnais 03 26 52 26 73
Colin 03 26 58 86 32
Coop. Henri Augustin 03 26 52 13 41
Coop. de Vertus 03 26 52 14 53
Coop. La Vigneronne 03 26 52 20 31
Doquet, Jean-Claude 03 26 52 14 68
Doublet-Hadot 03 26 52 26 96
Douquet-Jeanmaire 03 26 52 16 50
Doyard, Robert 03 26 52 14 74
Doyard-Mahé 03 26 52 23 85
Duval-Leroy 03 26 52 10 75
Faucheret, Guy 03 26 52 18 13
Férat, Pascal 03 26 52 25 22
Férat, Pierre 03 26 52 15 30
Fourny, Veuve 03 26 52 16 30
Geoffroy 03 26 52 28 69
Goerg, Paul 03 26 52 15 31
Gonet, Philippe 03 26 59 44 50
Guyot, Pierre 03 26 52 10 79
Jacopin, Guy 03 26 52 20 30
Larmandier, Guy 03 26 52 12 41
Larmandier-Bernier 03 26 52 13 24
Napoleon (A.Prieur) 03 26 52 11 74
Pernet et Pernet 03 26 52 22 57
Person, T. D 03 26 59 98 23
Pesnel-Haumont 03 26 52 13 15
Pougeoise, Charles 03 26 52 26 63
Pougeoise, Georges 03 26 52 26 85
Pougeoise-Kint, Patrick 03 26 52 27 83
Rouge, Michel 03 26 52 15 68
Rutat, René 03 26 52 14 79
Severin-Doublet 03 26 52 10 57
Thomas, Frédéric 03 26 52 12 85
Weynand 03 26 52 25 74
Viard-Rogué 03 26 52 16 76

VERZENAY
Arnould, Michel 03 26 49 40 06
Arnould-Ralle 03 26 49 40 12
Bernard, André 03 26 49 40 28
Bovière, Denis 03 26 49 43 40
Bovière-Perinet 03 26 49 80 96
Busin, Christian 03 26 49 40 94
Busin-Beaufort, Jacques 03 26 49 40 36
Cappelle-Charpentier 03 26 49 81 01
Carlini, De Jean-Yves 03 26 49 43 91
Chardonnet-Decotte, P. 03 26 49 44 84
Coop. de Verzenay 03 26 49 40 26
Desautez 03 26 49 40 59
Floquet-Gelot 03 26 49 42 92
Foureur 03 26 49 45 20
Francinet 03 26 49 40 86
Godmé Père & Fils 03 26 49 41 88
Godmé, Hugues 03 26 49 48 70
Hatté, Bernard 03 26 49 40 90
Hatté, Ludvic 03 26 49 43 94
Henriet, Marc 03 26 49 41 79
Henriet, Michel 03 26 49 40 42
Hevry-Quenardel 03 26 49 44 52
Janisson, Manuel 03 26 49 40 19
Lallement 03 26 49 43 52
Landragin 03 26 49 48 01
Lefèvre, Henri 03 26 49 40 18
Morel, Jean-Paul 03 26 49 48 01
Mouzon, Jean-Claude 03 26 49 48 11
Namur, J-M 03 26 49 40 56
Penet, J-M 03 26 49 40 71
Périnet, Pierre 03 26 49 40 68
Pithois, Michel 03 26 49 41 77
Quenardel 03 26 49 40 63
Rosseaux, Vincent 03 26 49 43 66
Rosseaux-Batteux, Denis 03 26 49 81 81
Rousseaux-Fresnet, J.-B. 03 26 49 45 66
Rousseaux, G. 03 26 49 40 78
Rousseaux-Pecourt 03 26 49 42 73
Thibaut, Guy 03 26 08 41 30
Vignon, Michel 03 26 49 80 39

VERZY
Burlot-Nahé 03 26 97 91 71
Coop. de Verzy 03 26 97 98 04
Cuperly 03 26 70 23 90
Deville, J-P 03 26 97 93 50
Deville, Pierre 03 26 97 91 75
Faucheron, J-M 03 26 97 96 53
Fresnet-Juillet 03 26 97 93 40
Hanotin, J. 03 26 97 93 63
Hurier, Alain 03 26 97 93 60
Hurier-Jouette 03 26 97 90 87
Lallement, Alain 03 26 97 92 32
Lallement, Juillet 03 26 97 91 09
Lallement, Pierre 03 26 97 91 09
Lallement-Deville 03 26 97 95 90
Lardennois 03 26 97 91 23
Lefèvre, Etienne 03 26 97 96 99
Lepreux, J-P 03 26 97 95 52
Mouzon-Leroux 03 26 97 96 68
Penet-Chardonnet 03 26 97 94 73
Renoir-Bouy 03 26 97 90 55
Roze, Jean 03 26 97 90 90
Sabatier-Loquard, Viguie 03 26 97 98 07
Sacy, Louis de 03 26 97 91 13
Thill, Fernand 03 26 97 92 29

VILLEDOMMANGE
Bardoux 03 26 49 25 35
Bergeroneaux 03 26 49 24 18
Bergeronneau-Marion, F. 03 26 49 75 26
Camus, Daniel 03 26 49 25 29
Chardonnet, René 03 26 49 25 21
Charlier, Jaques 03 26 49 25 19
Charlier, Laurent 03 26 49 26 47
Cl de la Chapelle 03 26 49 25 33
Coop. V. D. C. 03 26 49 26 76
Coop. Villedommange 03 26 49 75 10
Devilliers, Pascal 03 26 49 26 08
Ducret, Fresne 03 26 49 24 60
Froux, Guy 03 26 49 25 14
Jacquinet, Olivier 03 26 49 21 04
Lebœuf 03 26 49 24 39
Poret, Denis 03 26 49 25 23
Serrurier, J-M. 03 26 49 24 10
Veuve Bardoux 03 26 49 24 05
Villart, Henry 03 26 49 25 03

VILLERS-ALLERAND
Prévot, Claude 03 26 97 66 85
Prévot, René 03 26 97 61 16
Stroebel Frères 03 26 97 60 12
Stroebel, Marcel 03 26 97 60 40

VILLERS-MARMERY
Adnet, Pascal 03 26 97 93 46
Boutillez, Gérard 03 26 97 95 87
Boutillez-Guer 03 26 97 91 38
Brassart, Emelie 03 26 97 90 23
Coop. de Villers-Marmery 03 26 97 91 51
Delabarre, Alain 03 26 97 92 96
Henriet-Bazin 03 26 97 96 81
Lejeune 03 26 97 93 98
Loncle 03 26 97 91 73
Lustig, Roger 03 26 97 91 03
Malot, Sadi 03 26 97 90 48
Margaine 03 26 97 92 13
Remy, Jean 03 26 97 94 32
Simonet, Jackie 03 26 97 92 41
Urbany-Cheminon 03 26 97 93 41

VILLERS-SOUS-CHÂTILLON
Allait, Claude 03 26 58 33 29
Boutillier-Bauchet, René 03 26 58 02 37
Charpentier, J. 03 26 58 05 78
Château de Villers 03 26 58 33 01
Chevalier-Girot, Jackie 03 26 58 06 46
Chopin, Ouy 03 26 58 05 24
Clouet, Bérnard 03 26 58 01 13
Collard-Chardelle 03 26 58 00 50
Coop.Villers-sous-Châtillon
03 26 58 33 26
Coutelas, David 03 26 59 07 57
Coutelas, Hubert 03 26 58 06 57
Guérin, José 03 26 58 00 76
Guérin, Luc 03 26 58 36 27
Hubert Père & Fils 03 26 58 33 11
Lemarie-Tournant 03 26 58 36 79
Loriot, Eric 03 26 58 36 26
Loriot, Roger 03 26 58 33 42
Loriot, Xavier 03 26 58 08 28
Marle, Alain 03 26 58 07 03
Ohl-Thevenet, J.-L. 03 26 52 19 33
Robert-Allait 03 26 58 37 23
Rosseau, Bernard 03 26 58 33 20
Trujillo-Poittevin 03 26 58 36 70

VILLE-SUR-ARCE
Barbe, Régis 03 25 38 78 47
Coessens, Alain 03 25 38 77 07
Coop. Chassenay d'Arce 03 25 38 30 10
Feries, Jean-Marie 03 25 38 74 13
Féviés, J-N. 03 25 38 76 49
Fèvre 03 25 38 76 63
Massin, Dominique 03 25 38 74 97
Massin, Rémy et Fils 03 25 38 74 09
Massin, Thierry 03 25 38 74 01
Massin, Yvon 03 25 38 75 20
Penot, Claude 03 25 38 76 46
Thévenin, Philippe 03 25 38 78 04
Thévenin, Raymond 03 25 38 75 21

VILLEVENARD
Barnier, David 03 26 52 82 84
Barnier, Roger 03 26 52 82 77
Coop. Villevenard 03 26 52 81 66
Michel, André 03 26 58 97 22
Niquet-Michault, Jacky 03 26 52 82 34
Piètrement-Renard 03 26 52 83 03
Rihn, Jacky 03 26 52 82 62
Thomas, Jean-Pierre 03 26 52 82 56

VILLIERS-AUX-NOEUDS
Germain-Brochet 03 26 36 32 66
Leroy 03 26 36 27 68

VINAY
Arrois, René 03 26 59 90 12
Closquinet, Roger 03 26 59 90 73
Coop. P. Decarrier 03 26 59 90 09
Filaine, Eric 03 26 59 90 13
Franquet, Hervé 03 26 59 90 74
Guinard, Jean 03 26 59 91 29
Lecomte Père & Fils 03 26 59 90 79
Lorrette 03 26 59 08 53
Pierre Mignon 03 26 59 90 58
Thomas, Christophe 03 26 59 96 20

VINCELLES
Beaufrère, Jean-Francois 03 26 58 23 94
Blin, H. 03 26 58 20 04
Durdon, Jacki 03 26 58 24 26
Hu, Christian 03 26 58 85 16
Sévilland, Nicholas 03 26 58 23 88

VINDEY
Depoivre, Bernard 03 26 80 56 34
Depoivre, Michel 03 26 80 50 20
Depoivre, Yves 03 26 80 67 72
Doyard, Bernard 03 26 80 67 49
Gonet, Michel 03 26 80 50 03

VITRY-EN-PERTHOIS
Chevalier, Dominique 03 26 73 76 90
Gérardin, Hugues 03 26 74 62 05
Munier-Chevalier 03 26 74 62 45

VIVIERS-SUR-ARTAUT
Arnaud, Nicolas 03 25 38 51 09

GLOSSAIRE

A

À la glace, dégorgement mécanique durant lequel le col de la bouteille est refroidi.

À la volée, dégorgement manuel.

Agrafe, muselet en métal maintenant le bouchon en place.

Alcool, dans ce contexte il s'agit de l'alcool d'éthyle qui se forme durant la fermentation.

Aldéhyde, phénomène se produisant dans un vin grâce à l'oxydation de l'alcool ce qui produit un effet important sur le bouquet du vin.

AOC (Appellation d'Origine Contrôlée), désignation d'origine relative à la qualité des vins français

Appellation, désignation d'origine.

Assemblage, vins de base mélangés afin de produire une cuvée.

Autolyse, les cellules de la levure se brisent grâce aux enzymes. Dans le domaine du champagne, c'est un procédé biochimique nécessaire afin de donner au vin son goût particulier.

B

Billes, essai de Moët & Chandon visant à simplifier le remuage après la deuxième fermentation. La levure est enveloppée dans une coquille d'algues et par conséquent, elle n'a jamais besoin d'être éliminée graduellement.

Blanc de blancs, vin blanc produit à partir de raisins blancs.

Blanc de noirs, vin blanc produit à partir de raisins noirs.

Bouchon de champagne, dispositif le plus commun utilisé pour fermer temporairement une bouteille de champagne entamée. Il existe plusieurs modèles de ce bouchon.

Brut absolu, Brut intégral, Brut non Dosé, Brut Zéro, champagne sans sucre.

C

Cava, vin pétillant espagnol.

Cendres noires, terre noire riche en énergie utilisée comme engrais en Champagne.

Chaptalisation, ajout de sucre au moût de raisins avant la fermentation afin d'obtenir une teneur en alcool plus élevée.

Clarification, processus durant lequel certaines particules se dissocient du vin. Cette étape a lieu par filtration ou par ajout de matière emportant avec elle les particules vers le fond de la cuve à fermentation.

Clone, plante qui grâce à une reproduction asexuée possède les même caractéristiques génétiques que le plant originel.

Clos, vignoble clos.

Comité Interprofessionnel du Vin de Champagne (C.I.V.C.), organe de direction en Champagne.

DOCG (Denominazione di Origine Controllata e Garantita), label de qualité italien pour les meilleurs vins du pays.

Coopérative-manipulant, coopérative faisant du champagne sous sa propre étiquette.

Craie de Belemni, *Belemnita quadrata,* terre à champagne.

Crayères, mines de craie gallo-romaines utilisées comme caves en champagne.

Cru, lieu d'où proviennent les raisins.

Cuvée, deux significations : mélange ou premier pressurage.

D

Débourbage, transversage ou collage.

Dégorgement, élimination des sédiments.

Dégustation à l'aveugle, les dégustateurs ne connaissent pas le nom du vin versé dans leur verre.

Dégustation en semi-aveugle, dégustation dans laquelle les participants connaissent à l'avance quels vins vont être dégustés mais sans savoir dans quel ordre ils vont leur être présentés.

Demi-muid, barrique en bois contenant six cents litres.

Deuxième taille, troisième pressurage, interdit actuellement.

Dosage, ajout de sucre.

E

Échelle des crus, classement des crus.

Épinette, sécateur utilisé lors des vendanges.

Équilibre, relation entre les divers composants du vin. Un bon vin possède un bel équilibre.

Ester, élément doux parfumé se formant lors de la fermentation et durant le processus de maturation du vin.

Étoffé, caractéristique importante du vin possédant une teneur en alcool élevée et une bonne pesanteur.

Extrait, tous les composants restant après évaporation de l'eau et de l'alcool.

F

Falaises (les), collines en Champagne.

Fermentation malolactique, processus de fermentation qui transforme l'acide malique ferme en acide lactique.

Filtration, élimination des particules de fermentation, etc., avant la mise en bouteilles.

Foudre, grand fût de chêne.

Foule (en), forme ancienne d'accolage.

G

Grand cru, les dix-sept villages les mieux classés sur les 324 de la région d'après l'échelle des crus.

J

Jambes, (ou « larmes »), traces de liquide coulant le long des parois du verre. Indication d'un taux élevé en glycérol, en sucre ou en alcool.

Jéroboam, gabarit de bouteille équivalent à quatre bouteilles de taille normale. Cette bouteille est même appelée double magnum. Elle contient trois litres de vin.

L

Lattes (sur), les bouteilles sont posées à l'horizontale lors de la conservation en cave.

Liqueur d'expédition, ajout de sucre.

Liqueur de tirage, ajout de levure et de sucre avant la deuxième fermentation en bouteille.

Longueur en bouche, goût restant en bouche après avoir avalé ou craché le vin. Un grand vin possède toujours une longueur en bouche persistante.

M

Macération, processus durant lequel le moût de raisins extrait la matière colorante ou le tannin des peaux des raisins.

Madérisé, caractéristique d'un vin ayant trop vieilli, ce qui crée une robe sombre et une bouche de sherry, de pommes trop mûres, de raisins secs et de prune.

Marque Auxiliaire (M.A.), marque propre de l'acheteur.

Monocru, vin provenant uniquement d'un village.

Mousse, bulles et écume formées par l'acide carbonique dans le vin.

N

Négociant-manipulant, maison de champagne.

O

Œnologie, science du vin.

P

Premier cru, villages immédiatement classés après les grands crus, 90-99 % sur l'échelle des crus. Les raisins de ces 41 villages sont en général considérés comme étant de la deuxième meilleure qualité.

Pupitre, grands panneaux de bois utilisés pour le remuage.

R

Récolteur-manipulant (R.M.), producteur vendant son propre champagne.

R.D., récemment dégorgé.

Remuage, les bouteilles sont tournées aux divers stades d'élaboration du champagne afin de rassembler tous les dépôts avant le dégorgement.

Remueur, personne effectuant le remuage.

S

Sulfitage, ajout de soufre afin de protéger le vin contre l'oxydation ou d'interrompre la fermentation.

Sur pointes, étape de l'élaboration du champagne dans laquelle les bouteilles sont debout, la tête à l'envers avec les sédiments entassés sur le bouchon, prêtes à être dégorgées.

T

Transvasage, transvasement du vin dans une autre bouteille.

U

Umami, mot japonais signifiant riche en arômes ou délicat; un goût que certains chercheurs considèrent comme étant un cinquième parfum basique.

V

Vinifier, processus durant lequel le vinificateur transforme les raisins en vin.

Vins de réserve, vins plus âgés utilisés pour donner aux champagnes non millésimés une bouche plus mature.

Vitis vinifera, famille des ceps de vigne qui constituent l'origine du vin.

CRÉDITS PHOTOGRAPHIQUES

Toutes les photographies sont de Pål Allan à l'exception de la photo de la page 30 : © Veuve Clicquot.

Cartes : © Stig Söderlind, Stockholm.

REMERCIEMENTS

Richard Juhlin remercie chaleureusement les nombreuses personnes qui lui ont apporté leur aide et leur soutien autour de sa passion pour le champagne. La liste serait trop longue s'il fallait les nommer toutes. Il remercie néanmoins tout particulièrement sa famille, pour s'être montrée si compréhensive, et surtout Sara ainsi que son père, Erik Juhlin, qui lui apporte constamment son aide de manière inconditionnelle. Un grand merci également à Flammarion, Lennart et Bodil qui, de différentes manières, ont contribué à la version finale de cet ouvrage tant au niveau des illustrations que du contenu. Merci également à Pål Allan, photographe international, et à tous les membres du club de champagne et du T.J.C.C. En outre, Richard Juhlin souhaite remercier Les Champagnes de Vigneron et tous les producteurs de champagne. Merci à tous! Sans leur soutien et leur intérêt, Richard n'aurait jamais osé se lancer dans cette tâche colossale.

Les éditrices remercient Loréa Albistur, Felicity Bodenstein, Diane Gaudin et Jean Tiffon pour leur aide lors de la réalisation de ce livre. Elles remercient également Bodil Tammisto, Christophe Luciani et Caroline Parisot pour leur précieux concours et leur disponibilité.

LE CHAMPAGNE CLUB

Si vous souhaitez approfondir votre lecture et découvrir toutes les fiches de dégustation, même celles des vins dont la note est inférieure à 80 points et si vous voulez être informé quotidiennement de la manière dont tous les vins vieillissent, vous pouvez devenir membre du club de champagne de Richard Juhlin. Grâce à lui, vous pourrez également rencontrer d'autres personnes aussi passionnées que vous et participer à diverses activités intéressantes autour du champagne.

L'adresse du site Internet est la suivante : www.champagneclub.com

Si vous souhaitez soumettre des échantillons à Richard Juhlin, merci de les envoyer à l'adresse suivante :
Richard Juhlin
Stenbitsv. 12
181 30 Lidingö
Suède

Direction de l'édition : Ghislaine Bavoillot
Direction artistique Flammarion :
Antoine du Payrat
Responsable de l'édition :
Nathalie Démoulin
Conception graphique : Isabelle Ducat
Maquette : David Fourré
Traduit du suédois par Marianne Chédeville,
Hélène Costantini, Agneta Grataloup,
Wandrille Micaux, Karin Nilsson,
Caroline Parisot, Agneta Nordh
Lecture : Sophie Meurisse, Diana Darley
et Jocelyne Warolin
Fabrication : Élodie Conjat
Photogravure : Penez Éditions, Lille

© Éditions Flammarion, 2004
Numéro d'édition : FT1342
ISBN : 2082013421
Dépôt légal : novembre 2004

Imprimé en Italie par Errestampa

www.editions.flammarion.com